中华学术·有道

内北国而外中国

萧启庆

——

著

蒙元史
研究

中华书局

图书在版编目(CIP)数据

内北国而外中国:蒙元史研究/萧启庆著. —北京:中华书局,
2025.6. —(中华学术·有道). —ISBN 978-7-101-16941-6

Ⅰ. K281.2;K247.07

中国国家版本馆 CIP 数据核字第 2025Y0Y512 号

书　名	内北国而外中国:蒙元史研究	
著　者	萧启庆	
丛书名	中华学术·有道	
责任编辑	吴爱兰	
装帧设计	刘　丽	
责任印制	管　斌	
出版发行	中华书局	
	(北京市丰台区太平桥西里 38 号　100073)	
	http://www.zhbc.com.cn	
	E-mail:zhbc@zhbc.com.cn	
印　刷	北京盛通印刷股份有限公司	
版　次	2025 年 6 月第 1 版	
	2025 年 6 月第 1 次印刷	
规　格	开本/920×1250 毫米　1/32	
	印张 29⅝　插页 2　字数 750 千字	
印　数	1-4000 册	
国际书号	ISBN 978-7-101-16941-6	
定　价	148.00 元	

目　录

代序　千山独行:我的习史历程

一、楔子

最近媒体记者在一篇专访中说:"熟悉中国史研究的学者获悉萧启庆当选院士后,都不得不赞叹'他的研究非常冷门,也非常了不起'",以冷门研究当选院士似乎是大家对我的印象。

时代会变,学术风气也会变,热门可以转变为冷门,冷门也可以回复为热门。冷热之变,主要由于社会价值的变化,与学术本身并无必然的关联。一门学问由冷转热时,固然群趋若鹜,由热转冷时,则有赖少数人耐得住寂寞,辛苦撑持,加以改变,使其适应新的学术环境,不至因风气变化而消失,并希望有朝一日冷门又可以复兴为热门。三十多年来我或多或少扮演了这样一个角色。

二、经历

我的习史历程大体可分为四个阶段:

（一）台大植根

我进入台大历史系是在 1955 年秋天，那时正是历史系的第一盛世，老师多为来自大陆重要学府的著名学者，身教言传使我受益无穷，我的史学基础便是在大学时代奠立的。

台大诸师中，姚师从吾（1894—1970）对我的影响无疑最为深远。从吾师早年毕业于北大，师事柯劭忞、张相文，亦为胡适入室弟子，其后长期负笈德国，在学术上深受大史学家兰克（Leopold von Ranke）及班汉姆（E. Bernheim）之影响。归国以后，结合兰克史学与乾嘉考证学，研究北亚史及辽金元史，成为我国现代辽金元史研究的奠基人。1949 年以后更将辽金元史研究移植于台湾，一方面主持台大历史系辽金元史研究室凡 20 年，另一方面倡设中国边疆历史语文学会及宋史研究会，倡导宋辽金元史及边疆历史语文之研究，遂使辽金元史成为 1950 及 60 年代台湾史学界的一门显学。

我在大二、大三时选修了从吾师的"辽金元史"与"东北史专题研究"。在这两门课程中，初次接触到北亚游牧民族与征服王朝的历史，开始体认到在中国史乃至整个亚洲史上，北亚游牧民族与中原农耕民族具有相似的重要性，而在中国历史上游牧民族所建立的征服王朝如辽、金、元、清更与汉族王朝也有相同的影响。过去的汉族中心观掩盖了中国历史的多元性，这是国史研究中的一个严重缺失，有待弥补。

当时报考研究所需呈交学士论文，我在从吾师指导下，完成了论文。由于年少喜好卖弄风雅，替论文取了一个典雅而令人费解的题目：《忽必烈潜邸旧侣考》。题目中所谓"潜邸旧侣"乃是指忽必烈即位前的顾问。这篇论文对忽必烈将以草原为重心的大蒙古国转化为以中原为重心的元朝之由来及过程，尤其是汉族士人在此转化过程中的贡献作了详明的考述。后来申请哈佛奖学金时曾附上此一论文,杨师联陞(莲生)(1914—1990)在对从吾师的推荐函所作回信中说到对我两篇习作的印象:"两文俱甚坚实,足见学有根底","对西方学者及日本学者亦颇注意,审查哈佛大学奖学金申请书时,自当特为注意"。我之获得到哈佛求学之机会或许与这篇最早的习作不无关联。

1959年秋,我考入台大历史研究所,仍然追随从吾师研习蒙元史。那时历史所开设了满、蒙文课程,蒙文是由札奇斯钦师讲授,斯钦师出身蒙古喀剌钦部,早年毕业于北大政治系,并曾在日本进修,精通蒙、日、英文。虽仅在来台后才开始治史,但不久即成为享誉国际的蒙古史家。他的蒙文班开始时有同学七八人,最后却剩下我一人。每次上课都是师徒二人面面相对,负担殊为沉重,但也因而从斯钦师学到不少蒙古语文与历史的独门知识。

1960年代初是台湾学术界初露生机的时代,也是台大辽金元史研究室的黄金时代。那时"长科会"(即后来的"国科会")初设,从吾师膺任讲座教授,同时亦为东亚学术委员会主持研究计划,手头资源丰富,显得意气风发。陶晋生与李敖二兄方自军中归来,成为从吾师的专任助理,供职图书馆的王民信兄与我则是兼任助理,而王德毅兄时任历史系助教,也从旁协助从吾师,于是形成了一个研究团队,我在其中颇得师长教诲之益与友朋切磋之乐。

我于1963年完成了硕士论文《西域人与元初政治》。"西域人"乃指元代所谓色目人。此一论文自政治史的观点,对自成吉思汗至忽必烈汗时代西域人在政治上所扮演的重要角色及影响作了较详尽的探讨,以彰显蒙元时代政治的多元性与复杂性。论文口试通过后,从吾师曾赐函述其对此一论文的感想:"(一)总印象:论材料的搜集、内容的解释、全文的组织,均见功力,具有卓见。(二)中国材料部分水平已高,当为国外同治此一问题者(除日本外)所不及。今后当留心补充,期臻完善……(三)附录(史源与参考书目录）极佳,可与若干史学名著比美。"由于当时我即将赴美留学,从吾师在信中又说了不少勖勉的话:"来台以后,颇感寡合,自我陶醉之余,对吾弟等期望颇殷。然自问亦实非自私,特为时代惜才而已!日暮途远,所可自慰者,惟期诸弟俱能青出于蓝,卓有树立,对祖国史学能维持住好的传统,不让西人用他们的偏见来写我们的历史,于愿已足。"从吾师爱国家爱学生之热情,洋溢纸上。从吾师表面看来极为质朴,李敖形容他是"中原一老农",不过状其形貌而已。实际上他为人颇为细腻,对学生的关怀也非常真挚。他的厚望更坚定了我研习蒙元史的决心。

（二）留美深造

1963 年 9 月,我到了哈佛,开始了十一年的留美生涯。

哈佛六载,完成了硕士与博士学位。在校期间,除了修习史学、语言及社会科学等一般课程外,主要是师承柯立夫（Francis W. Cleaves,1911—1995）及杨联陞两位先生。联陞师以博习多闻知名于国际汉学界,其治学能大处着眼、细处下手,即是以社会科学的观念设定题目与组织材料,却立足于严谨的训诂与考证上。他的著作给予我治史必须宏观与微观兼顾的启示。

柯立夫师则是我在哈佛接触最多而对我影响最深的师长。他是一位传统学者,也是一位传统的美国绅士。自学术言之,立夫师师承法国伯希和（Paul Pelliot,1878—1945）。伯希和是 20 世纪前半西方最伟大的东方学家,也是举世公认的语文（philology）学派的大师。立夫师精通汉、蒙、满、波斯及多种欧洲古今语文,其著作以译述与考证见长。一生主要精力贯注于三项工作:(1)《蒙古秘史》的重构与译注,(2)元代汉、蒙文合璧碑的译注,(3)《元史》的译注。其中第三项于其生前未能完成,而第一、二项则对蒙元史的探讨及早期蒙古语文之重构作出了重大贡献。学界公认他是美国蒙古学及蒙元史研究的奠基人。但是，二次大战后，美国汉学及东方学学风丕变，社会科学派势力日升，立夫师却固守语文考证之阵地，不免日益孤立，却是终身不悔。而在为人方面，立夫师亦可说是战后美国社会中的"今之古人"。他终身未娶，始终独居，在生活上力求维持新英格兰的传统方式。晚年独居于一个广达百余亩的农庄，不惜将退休金全数花在照料几十头牛马上，农庄中不装电话，更无其他现代设备。待人接物，尤有古风。他待学生如子弟，呵护无微不至。对师长之崇敬则终身不改。对伯希和与田清波神甫（Rev. A. Mostaert, 1881—1971）固然如此，而其与我国留美前辈洪业先生间的师友深情更是流传康桥已久的士林佳话。总之，他笃实的治学方法与古朴的处世之道在强调功利的美国社会与学院中显然格格不入，对我却有不少影响。

我的博士论文《元代军事制度》（*The Military Establishment of the Yuan Dynasty*）是由柯、杨二师联合指导的。选择此一题目乃是因为军事制度在元朝的重要性。蒙元帝国的创建原为一伟大军事成就，元朝建立以后亦主要倚靠武力维持其政权。因而要了解元代之政治与社会都必须研究其军事制度。此一论文系以草原与中原的军事传统为经，而以军事制度的三面——兵制、宿卫与镇戍——为纬，探讨元代军事制度的由来、演变及其与该朝兴亡的关系。并将有关的重要史料《元史·兵志》译注为英文。这一论文由哈佛大学出版社于 1978 年刊行，自此中外学界对元朝的军事制度才有较为全面的认识。

1969 年夏天，我自哈佛毕业。第一份教职是在明尼苏达州立圣云大学（St. Cloud State University）。这是一所纯教学的大学，所授皆为通论性课程，学校亦缺乏研究资源，研究与教学不易配合。

在圣云大学首尾五年，其中一年却是回国担任台大历史系客座副教授。1971 年 9 月回到台大时，从吾师已逝世一年有余，我被安排在他留下的研究室中,由于该室已被定名为"姚从吾教授纪念研究室",室中的陈设与图书与八年前改变不大,睹物思人,能不怅然?好在同室者尚有晋生兄,当时他已返国数年,主讲"辽金元史",我则与他分工,讲授"内陆亚洲史"及"西方对前近代中国历史研究的评介"二课。这一年在台大颇得教学相长之乐,当时接触到的诸学弟多已成为今日台湾学术界的领导人物。

(三)星洲坚持

1974年9月,由美归亚,转至新加坡大学历史系任教。当时家岳父执教于星洲南洋大学,内子国璎因而得以侍奉双亲,欣悦不已。不久她获聘于新大中文系,我们的工作乃趋于安定,从此栖迟星洲凡二十年。

在生活上,星洲二十年可说是我们的黄金岁月。新大待遇优渥,而星洲的文化与物质生活兼具东西方之利便。但自学术研究观点言之,则是利弊兼具。新大虽为该国第一学府,定位却是教学大学。而且当时新大历史系与中文系有一协议,即是历史系仅可教授近代史课程,以致我的工作以讲授近代史为主。

在教学与研究脱节的情形下,我面临了一个重要抉择:改行研究近代史以配合教学,或是不管教研脱节而继续辽金元之研究?结果我选择了后者,主要是由于一种使命感的驱策。当时大陆正逢十年浩劫,学术研究完全停顿,而在台湾,由于斯钦师及晋生兄出国讲学,年轻一辈尚无人兴起,在中国人世界中,辽金元研究似乎面临存亡的危机,我遂兴起一种无法旁贷的责任感,不计现实利害而继续辽金元研究。好在新大当局甚为宽容,对我的研究与教学不能够完全契合并未计较。

对一个前近代中国史的研究者而言,新加坡的环境并非特别不利。就数据方面言之,前近代中国史的研究主要需要的是一个具有核心典籍的图书馆。新大中文古籍收藏尚称丰富,而对大陆书刊的开放远较台湾为早。并且由于新大为一英文大学,英文书刊之收藏甚为齐全。因此,对我而言,在星洲从事研究并无严重的资料不足的问题。就研究所需时间言之,虽然每年大部分的时间都花在讲授近代史上,但新大的寒暑假合计长达四五个月,可以用于研究与写作。而且由于没有研究计划的压力,一切皆出于自我要求,在写作上反而可以质量兼顾。在这种自我要求的情形下,我的学术渐趋成熟。生平受到学界较为重视的论著不少是写成于星洲。

在星洲从事蒙元史研究自然面临独学无友的问题。在蕉风椰雨的南洋,北亚史很难成为一个引人兴趣的范畴,而新加坡的学术社群很小,人人练的都是独门功夫。因而,我既无商榷切磋的对象,也无法培养后进。由于地缘关系,澳洲国立大学的罗意果(Igor de Rachewiltz)教授成为合作最密的同道。我曾对他开玩笑说:"我们是南半球仅有的两个蒙元史学者。"当然,星洲仅是接近南半球而已,我的戏言不过是彰显我们的孤立与寂寞。但是,历史研究原是一项寂寞的事业,历史学人必须耐得寂寞。星洲二十春,我熬过了寂寞,并因坚持信念而产生一些成绩。

(四)清华丰收

1994 年 9 月,应清华大学历史所邀约而返台任教。我在同年出版的《蒙元史研究》序言中说:

> 今秋此书出版之时,我的工作及生活环境将经历重大的变动。过去二十年来在新嘉(加)坡的生活可说是安乐丰盈,但对于一个知识分子而言,总觉此处安身有余,却是立命不足。世间之事,东隅桑榆,不易兼得。取舍之间,往往因年岁而不同。年轻岁月,不得不为稻粱而营营。中年以后,不再受

迫于生计，更期盼精神上的满足。经此抉择，衷心希望研究与教学的结合更为紧密，或可在辽金元史研究上作出较多的贡献，弱水三千，我取一瓢，别无奢求。

六年的清华岁月证明当年作了正确的抉择。

六年来，我又享受到教学相长的乐趣。除去通识课程外，最常讲授的是"辽金史专题研究""元史专题研究"及"汉学述评"等课程。在"辽金史专题研究"与"元史专题研究"两门课程中，我逐年就这三代的政治、经济、社会与文化等方面中的重要课题，选择中外学者的重要论著及史料，与同学们共同阅读讨论，颇能引起同学兴趣。现在以辽金元史为专业，攻读博士、硕士者各有四人，人数之多已超过当年台大辽金元史研究室全盛时代的情况，也足以比美大陆上任何辽金元史重点单位。因而辽金元史的教学已成为清华历史所的一项特色。

清华是一个注重研究的大学，人文社会科学院的同仁面临与理工方面相同的压力，也必须申请计划、组织团队、评比研究成果的质量及争取奖励与荣誉。对于做惯个体户、只顾自我要求的我而言，这是一种不同的科研体制。经过一两年的调适，我融入了这个体制，也力求发挥其优点。几年来，在同仁及同学的鼓励与"国科会"的支持下，完成了几个自认为重要的计划，成果较前丰硕，学术生涯可说进入了丰收期。

这几年来，我的研究成果得到学术界的肯定，先后获得各种奖励，而膺选院士则是最近与最大的鼓舞。学术界不因我远离三十年而忘记，也不因我研究的是一冷门而忽视，我内心充满感激。

三、取径

元朝是中国史上的一个特殊朝代，元史也是一特殊的研究范畴。元朝不仅是第一个由游牧民族所肇建而统治全国的王朝,而且是一个包拥欧亚的世界帝国之一部分。当时中外关系的紧密、活跃民族的繁多,以及少数民族语文史料及域外记载之繁富,在中国史上都可说是绝无仅有的现象。元朝可说是最具世界性与民族文化多元性的时代。元代历史的特色形成元史研究特有的学风:(一)研究者须如傅斯年先生所说的兼通"汉""虏"二学,指涉架构包含中原史及内陆亚洲史二部分。(二)研究者着重非汉文史料的搜求以及各种语文史料的对勘与名物典章的考释。(三)元史研究是蒙古帝国史的一部分,早已成为世界性的学问,中国学者不能唯我独尊,最忌闭门造车。蒙元史研究虽是源远流长的,却因上述困难而令人望而却步。

元史研究有两条主轴,一为探讨元朝在中国史上的独特性,一为考察其在中国史上的延续性。前者着重横向地探讨草原传统及外来文化冲击所造成的元朝制度与文化上的特色。后者则着重纵向地研析元朝与前后各代之异同及其在中国历史发展中的地位。过去蒙元史专家往往偏重前者而忽视后者,而一般历史则多跳越元朝,对此一朝代在中国史上的地位未能深入探讨。

在研究方法方面,过去学者之偏好亦有所不同。一派着重历史重大问题与趋势之探讨,另一派则偏重以语言学的方法从事于各种语文史料的比勘与译释以及名物的考证,可说是文本取向的。蒙元史研究因牵涉甚多不同语文的史料,如忽视语文考证往往不能扩张史料,而其研究亦必流于空疏以致产生甚多讹误。但语文考证派的学者则多落入见树不见林的窘境,以史料研究取代史事研究,而以语文考证当成历史研究的目的。在中国乃至世界蒙元学界,崛兴于三十年代的第一代学者偏重语文考证。第二代以后之学者较为着重历史重大问题与趋势之探讨,但在择题方面比较偏重上述的第一条研究主线。

就研究方法而言,早年师长甚为注重我的语文训练,似乎也期许我在语文考证方面做出一些成绩。但是,观察学术潮流,我体认到:对一个史学工作者而言,语文考证是研究的重要基础,而不是目的。几十年来,我的撰述虽以乾嘉考证和蒙古"小学"为基础,也尽量搜求各种语文的史料,但在择题与概念设定方面,尽量自宏观的历史学及社会科学概念出发,希望能做到宏观与微观兼顾。而且自大学时代以来,我对日本东洋史学及西方东方学的著作一直十分关注,不断汲取其优长,希望不自外于世界蒙元史研究的主流,也希望对这主流作出更多贡献。

在研究重心方面,早年我较为着重上述的第一条主轴,如探讨北亚游牧民族南侵原因、蒙元军事制度、西域人的政治角色之类,都是想探究草原传统对中原历史的冲击。近年来也重视第二条主轴,如《元朝科举与江南士大夫之延续》一文探讨江南士大夫家族是否因蒙元统治而中断。当然我也体认到这两条主轴不可偏废,因而也想结合两条主轴而勾勒出蒙元时代在中国历史及北亚历史长河中的地位。今后当多写《蒙元统治对中国历史发展影响的省思》这类的文字。

四、成果

谈到研究成果,我的主要成就在于蒙元史研究。先后出版专著二册、论文集三册、联合编著一册及论文约五十篇。涵盖蒙元时代的政治、军事、社会、文化、人物评传与综论等方面:

(一)政治

在政治史方面,由于元朝是一个"少数政权"统治下的多元民族国家,我主要系自政治文化与政治利益的角度探讨各族群间的政治冲突与调和。蒙元时代的政治结构前后不同,政治权力分布与政治冲突的性质也先后有异。大蒙古国时代是以草原为重心,汉地不过为一殖民地,其时政治完全为蒙古人与西域人所主宰,汉人影响不大。忽必烈建立元朝后,政治重心始行南移,汉人的政治地位略为上升,但无法改变元朝政权的特质。终元一代,始终有草原派与汉地派及儒治派与理财派的冲突。我最早的两种论著《忽必烈潜邸旧侣考》与《西域人与元初政治》都是讨论蒙元早期的政治,已如上述。中期政治一向是元史研究中薄弱的一环。发表于《剑桥中国史》(*Cambridge History of China*)第六卷的《元朝中期政治》(Mid-Yuan Politics)一章部分弥补了这一缺陷。该文的主旨是从朝廷文化取向与权力结构探讨元朝为何不能在中原落地生根与获致政治安定。该文指出中期诸帝虽较忽必烈实行更多汉法,但未能根本转化元朝的政权性质。源自草原的制度与观念〔如蒙古封建与家产制度(patrimonial-feudalism)及政权为黄金氏族成员公有的观念〕未被根除,而与承袭自中原的各种制度(如官僚制度及君主集权制度)相互抵牾,冲突不断,以致元朝未能成为一个真正的中原政权。直至最后,元朝仍带有殖民政权的性质。

“遗民”是中国历代鼎革之际不可或缺的政治、社会与文化现象。汉族王朝相互更迭之际,士人不仕异朝是由于儒家忠君思想,而元朝兴亡之际则具有统治族群更迭的意义,或是“由华夏入夷狄”,或是“由夷狄入华夏”,遗民的处境与意义自然不同。我的《宋元之际的遗民与贰臣》与《元明之际的蒙古色目遗民》分别探讨宋元与元明之际的遗民现象。《宋元之际》系综论江南人士对宋元鼎革的种种反应。显示:江南士大夫对元朝灭宋作出迥然不同的反应,有的遁迹山林,成为“遗民”,有的则改仕新朝,成为“贰臣”,而在遗民之中,政治光谱分布亦颇宽广,从心存复国的“激烈型”到忠宋而不反元的“边缘型”，态度相差甚大。遗民拒仕新朝主要系受绝对忠君观念之影响，“夷夏之辨”所起作用不大。而且遗民现象之存在甚为短暂，前后不过二三十年。宋元之际的遗民似不如前辈学者所说的重要。《元明之际》一文可说是遗民研究的另类思考，因为过去的遗民研究仅着重汉族王朝覆亡后汉族士人的动向，而此文则以元朝灭亡后蒙古、色目遗民的行为与思想为探讨对象。蒙古、色目遗民与当时汉族遗民有相同之处，亦有相异之处。相同之处是各族遗民皆出身士大夫阶层，而且皆因忠君观念影响而拒仕异代。不同之处是：蒙古、色目遗民与汉族遗民在元、明二朝所处地位不同，所受明太祖“本土化”政策之冲击亦全然有异，因而蒙古、色目遗民的亡国之痛与眷怀故国之激情更甚于汉族遗民。蒙古、色目遗民虽无强烈的夷夏观念，却成为族群政治的牺牲品，与民国初年满族遗民的处境有几分相似。

（二）军事

军事史是我研究元史最早的领域，但自撰写《元代军事制度》以来，对此领域的研究中断了一段时间，直到 1990 年左右才重理旧业，发表了两篇文章：《蒙元水军之兴起与蒙宋战争》及《宋元战史的新丰收》。《水军》一文系探讨水军在蒙元灭宋中所起之作用。过去学者一致强调：蒙古征服天下主要倚靠骑兵。英国军事史权威李德·哈特（B. H. Liddell-Hart）曾说：“运用单一军种——骑兵——是蒙古人不断胜利的秘密”，“运动力为其战略及战术上的王牌”。实际上蒙古征战地区地形复杂，单靠骑兵不足以成大事。《水军》一文显示：蒙古之能征服亚欧并统一华夏，优势骑兵并非唯一原因。为适应不同环境，不断建立新兵种、吸收新战法，并充分动员当地一切资源以供作战之需才是蒙古“不断胜利的秘密”。建立水军并恃以灭宋便是最佳例证。而《新丰收》则评介了海峡两岸近年出版的有关宋元战争的三部新著,并探讨了此一战争中若干具有争议性的问题。

(三)社会

元代社会是我用力最多的一个领域。元代是一个多元族群与多元文化的社会。元代的社会阶层结构、族群等级、族群文化关系与前后各代皆有甚大的不同。在社会阶层方面与前代的主要差异在于新旧菁英阶层的更替,即是中原社会中的传统菁英——士人(儒士)——地位较前低落,代之而起的则为一个皇室家臣集团,亦即当时所谓"大根脚"家族。我的《元代的儒户:儒士地位演进史上的一章》系探讨儒士的地位,而《元代四大蒙古家族》《元代几个汉军世家的仕宦与婚姻》及《蒙元时代高昌偰氏的仕宦与汉化》三文则系探讨新菁英阶层的性质与地位。

关于儒士在元朝的地位,过去学者因受南宋遗民"九儒十丐"说法的影响而认为特别卑下。元朝儒士大多编为"儒户",《元代的儒户》一文系透过儒户的法定权利与义务而探讨儒士在元代社会中的实际地位。该文显示:儒士虽失去唯我独尊的传统地位,但与当时僧道相当,仍然享有不少经济上的优待,仅是仕进之路较前狭隘。因此,在士人地位演变史上,元朝儒士地位特殊,却非特别卑下。

元朝的新统治菁英阶层与其他各代不同,具有两项特色:一为族群多元化,包括蒙古、色目、汉人及少数南人。另一为闭锁性:统治菁英阶层甚少吸收新血,层次愈高,愈是如此。《四大蒙古家族》一文系自四个最为溃贵的家族之历史,研析蒙古统治菁英阶层的性质与演变,反映出蒙元政权具有韦伯(Max Weber)所说的"家产制"性格,即是政府为皇室家务组织的扩张,而皇室家臣则构成最高统治阶层。忽必烈虽然采用官僚制组织,但未削减家产制的影响,以致统治菁英阶层的性质并未改变。《几个汉军世家》一文研析六个重要汉军世家的历史,显示:汉军世家因在征服中原过程中立有大功,取得家臣身份,成为蒙元社会中的最上层。《高昌偰氏》系以一个家族的历史检视色目菁英阶层的政治与文化演变。该文指出偰氏原为突厥、回纥、畏兀儿等国世家,因归降蒙古时代较早,亦跻身皇室家臣之列,以致仕宦不绝,但汉化较深,故兼具"根脚"与"科第"双重世家身份,情形较为特殊。总之元朝统治菁英阶层甚为闭锁,重家世而轻成就,与中国近世各代的情形大不相同。

科举制度正是造成近世儒士地位及高度社会流动率的一个重要机制,元朝儒士地位低落的一个原因是科举制度未受重视。元代政治社会环境与汉族王朝时代迥异,故科举的机制及其影响亦不相同。可惜过去学者对科举制度对元代社会的影响未加研究。多年来我一直从事"元代的科举与社会"的计划。这一计划包括两部分,第一部分为《进士录》之重建。第二部分则是根据《进士录》探讨科举恢复对当时菁英构成及中国近世社会发展的影响。第一部分现已杀青,各科《进士辑录》并已陆续在各学报发表。第二部分亦已大体完成。第二部分之研究显示:就科举制度的规模而言,由于元朝恢复科举之目的仅在于为原有以特定标准选官用人的方法增添一个补充途径,因而考试规模始终窄隘,竞争空前激烈。就菁英流动率而言,元朝科举产生的官场新血少于宋金明清等朝,但考试对各族群之影响大小不一,甚多蒙古、色目、汉人进士来自元朝官宦家庭,不少南人进士则出身于南宋仕宦家族。就科举对文官构成之影响而言,元代进士多数以中品官职终仕,而有五分之一仕至高官,但因进士仅占当时文官的 3.4%,显示科举对元朝政权的封闭性的特质影响甚小。此一研究第二部分中现已发表的章节包括《元朝蒙古色目进士背景的分析》《元朝科举与江南士大夫之延续》《元朝南人进士分布与近世区域人才升沉》。

(四)族群文化

由于元朝是一个多元族群社会,各族群的政治地位与文化背景相互歧异,族群关系空前复杂。族群政策与族群关系因而成为元史研究的一个重要课题,这也是我多年来注意的一个焦点,发表过几篇论著,或综论当时的族群政策与族群关系,或探讨蒙古人的汉学与汉化,或考述多族士人圈的形成。

《内北国而外中国——元朝的族群政策与族群关系》显示元朝族群政策之宗旨不在于达致族群的和谐与统合,而是对被征服民族实行压制与分化。这一政策严重影响族群关系,造成族群关系在各方面产生很大的落差。在社会、文化方面,元朝中期以后各族群已呈现融合之趋势,但在政治、经济方面,蒙古、色目与汉族间的关系始终以压迫与剥削为主调,导致族群的对立与冲突,而元朝之覆亡与族群关系之恶化具有密切关联。

《元代蒙古人的汉学》与《论元代蒙古人之汉化》二文探讨了汉文化对蒙古族的影响。过去学者多认为元代蒙古人与汉族士大夫文化始终格格不入,与色目人不同。《汉学》一文考述了一一七名蒙古儒者、诗人、曲家及书画家的生平及造诣,显示不少蒙古士人的汉学造诣深湛,足与当世汉族及色目名家争胜。论者多谓此文可与陈垣名著《元西域人华化考》并行。《论汉化》一文则全面评估元朝蒙古人所受汉文化影响之程度,并检讨其无法完全汉化的原因。该文就名字、礼俗及汉学三方面具体衡量蒙古人所受汉文化影响的程度。我同意魏复光(Karl A. Wittfogel)所说:只要征服状态不变,征服民族群便不会放弃其原有族群认同而真正与被征服民族同化。但是征服状态既不能隔绝二民族之间的交流,亦无法阻止蒙古人受到汉文化广泛而深刻的影响。前辈学者显然低估了汉文化对蒙古人的影响。

十余年前笔者在撰写《汉学》一文时即已体认到：元代中后期熟谙汉族士大夫文化的蒙古、色目人士日益增多，业已形成一个士人阶层，此一新兴的蒙古、色目士人阶层并非孤立于汉族士人主流之外，而是基于共同的文化造诣、兴趣与品味，与后者紧密结合，相互之间存有千丝万缕的关系。由于这一体认，笔者遂萌发了"多族士人圈"的概念。五年以前我写了《元朝多族士人圈的形成初探》一文，又扩张成为一本小书，其宗旨即在证明元朝中期以后一个多族士人圈业已形成。各族士人透过姻戚、师生、座师、同年、同僚、同乡等关系，建立紧密的社会网络，并且共同参与诗文唱酬、雅集游宴、书画题跋及著作编刊等文化活动，频繁互动，并且各族士人具有共同的群体意识——信仰、价值、行为规范及政治理念——乃能融为一体。多族士人圈之形成为族群统合跨出重大的一步。这本书稿虽仍待整理，其中《元代蒙古色目士人阶层的形成与发展》《元代各族士人间的文化互动：书缘》及《元代多族士人的雅集》等章节则已发表。总之，上述这些研究打破了学界对元朝族群关系相沿已久的误解。

（五）传记与人物

研究一个时代的历史，必须了解这个时代的重要人物。因此人物研究往往成为时代史研究的重要基础。在西方汉学发展史上，L. C. Goodrich 及恒慕义（Arthur Hummel）主编的人物传记集便是明、清史研究的里程碑。我和罗意果、陈学霖教授联合主编的《蒙元前期名臣传论》（*In the Service of the Khan：Eminent Personalities of the Early Mongol-Yuan Period，1200—1300*）则是蒙元史在这方面的参考著作。此书不是一本历史辞典，而是自成吉思汗至忽必烈汗时代重要政治、军事、文化人物的传论集，各篇传论以详尽为目标。该书系集合中、美、德、意、澳等国蒙元史学者所编著。我执笔的有该书导论及出身畏兀儿族的儒相廉希宪、前期汉军名将史天泽、张柔、严实与平宋大将伯颜、张宏范等人评传六篇。

其他三篇都是关于成吉思汗、苏天爵及金哈剌等个别人物。《凯撒的还给凯撒：从传记论中外成吉思汗研究》一文系自传记探讨二十世纪各国成吉思汗研究的发展，特别强调成吉思汗的政治争议性。笔者希望，随着后意识形态时代的来临，未来成吉思汗的传记应将历史真面目还给这位蒙古凯撒。苏天爵为元代最重要的史学家，《苏天爵和他的〈元朝名臣事略〉》考述了苏氏的生平并评估其名著《元朝名臣事略》的史学价值。金哈剌为一出身汪古族的元季诗人，其《南游寓兴诗集》在中国失传已久，我根据在日本内阁文库发现的抄本考证了金哈剌之族属、家世、科第、仕历、诗集流传及其文学价值。元代蒙古、色目人所撰诗文集流传至今者为数极少，任何失传诗文集之重现皆应具有甚大意义。

（六）综论

一个资深研究者固然应继续从事专题式探讨，将其研究前沿向前推进，但也应不时登高眺远，为范畴内的重大问题勾勒比较全面的图像，也为自己提供反思的机会。因而，近年来我撰写了几篇综论文章。《蒙古帝国的崛兴与分裂》以宏观的视角对蒙古帝国由兴起至分裂的若干主要历史问题作了论述。文中指出蒙古人耗费三代精力缔造庞大帝国，但不及三代，帝国即已分崩离析，成吉思汗的政治体制的内在矛盾、帝国发展方向的争议及各汗国与土著文明的涵化皆导致帝国的分裂，可以说是历史的宿命。

《元朝的统一与统合：以汉地、江南为中心》讨论元朝能够统一中国而无法加以统合。该文指出：元朝所采巩固统一的政策着重因俗而治、多制并举以及对不同的族群给予差别待遇。这些分化政策导致意识形态、政治参与、民族融合与社会阶级等方面的统合程度不高。元朝显然始终未能跨越政治学者所谓"统合的门槛"。蒙元可说是近代殖民政权的先驱,这也是日本侵华时代特别着重研究"异民族统治中国"经验的原因。

《蒙元统治对中国历史发展影响的省思》旨在检讨与思考蒙元统治的影响。此文指出:蒙元统治对其后政治发展的影响大于对社会、文化与经济的影响。明清时代的绝对专制与残暴政治的出现,及国家对社会控制的加强,皆与蒙元统治不无关联。在社会、文化与经济等层面,蒙元统治的近程冲击虽然不小,却无深远的影响。宋朝出现的若干属于"近世"的特征在明、清时代未能延续,与蒙元统治似无太大关联。总之,蒙元统治对中国历史的影响是中国史上的重要课题,仍待进一步讨论。

五、结言

回顾我的学术生涯,研究数量不算庞大,内容也未必精彩。毕竟人文与自然科学性质不同,很难说什么才是突破性的研究。重要的是,每项研究都必须具有意义,一点一滴的累积,聚沙成塔。我的研究也是如此,谈不上什么惊人发现,不过是在元代政治、军事、社会、族群、人物等方面,将研究前沿略微向前推进。如果有任何成就可言,主要由于我对一门冷门学问的执著与坚持,抱着"千山我独行,何必相送"的襟怀,多几分傻劲,少几分功利。

〔原刊于"国科会"《人文与社会科学简讯》第 3 卷第 3 期(2000),页 4—15〕

蒙古帝国的崛兴与分裂

一

　　十三世纪蒙古人的征服战争震撼了整个欧亚大陆。前后八十年间,蒙古兵锋所指,东及日本,西达中欧,北迄西伯利亚,南至爪哇、越南、缅甸,因而创建了历史上幅员最为广大的陆上帝国。蒙古统治中国、中亚及波斯约达百年之久,而俄国更处于所谓"鞑靼枷锁"之下近二百年。

　　蒙古的征服与统治,无疑影响深远。但是影响究竟是正是负,自来聚讼纷纭。一方面,当时俄国人诋詈蒙古征服为"上帝的鞭笞",西欧人称蒙古人为"来自地狱的魔鬼"(devils from the Tartarus)。现代英国波斯学者勃朗(Edward G. Brown)认为,蒙古征服改变了整个世界,造成历史上最大灾难,至今余波荡漾。而俄国诗人普希金(A. S. Pushkin)也有句名言:"鞑靼人(即蒙古人)与摩尔人不同,虽然征服我们,却未带来代数学,也未带来亚里士多德",遂使俄国错失"文艺复兴"的良机。另一方面,不少史家认为,蒙古人使欧亚大陆的大部分笼罩于一世界帝国之下,缔造所谓"蒙古和平"(Pax Mongolica),对促进东西文化交流大有贡献。法国东方史家格鲁塞(René Grousset)在其《蒙古帝国初期史》一书中便将蒙古征服比之为一场风暴。此一风暴"虽吹倒禁苑墙垣,并连根拔起树木","却将花种自一花园传播至另一花园"。其传播文化之功,可与罗马人先后辉映。

蒙古帝国的兴起与衰落是一个令人难解的谜团。为何文化落后、人数不及百万的蒙古游牧民族能够凝聚为一股庞大的力量?又为何能以雷霆之势摧毁数十文明国家而建立一个空前的大帝国?而此一帝国更为何在数十年之间便已分崩离析,不能维持统一之局?本文拟对这几个问题加以解说。至于蒙古各汗国的发展与衰落,不拟讨论。

二

十二三世纪之交,蒙古人仍是一个逐步凝聚的新民族共同体,蒙古高原的新主人。几千年来,曾有无数的游牧民生息于蒙古高原上。按照近代语言学的分类,古来蒙古高原的游牧民分属于阿尔泰语系的突厥语族及蒙古语族。匈奴、突厥、回鹘、黠戛斯属突厥语族,东胡、鲜卑、柔然、室韦、契丹、蒙古则属于蒙古语族。

最早的蒙古人来源于东胡。唐代称蒙兀室韦,在俱轮泊(呼伦池)以北,傍望建河(额尔古纳河)而居。九世纪时,原来称霸蒙古高原的回鹘及黠戛斯相继败亡、种人迁离,蒙古各部向西渗透与发展。据陈得芝的研究,蒙古之西迁,大约在九世纪后期至十世纪初年。此后即与突厥遗民混居。蒙古语言便是蒙兀室韦语言与突厥语言结合而成。

十二世纪初,西迁蒙古人中的一支,也就是成吉思汗(原名帖木真,1162—1227)所出自的蒙古部,游牧于斡难、客鲁连、土兀剌三河的源头。当时蒙古部周围尚有其他一些部落:塔塔儿、蔑儿乞、弘吉剌、克烈、乃蛮等。但是这些部落的种族背景及文化水平不尽相同。有的是突厥化较深的蒙古人,有的是蒙古化较深的突厥种,有的是以游牧营生的"毡帐中百姓",也有的是以狩猎为生的"林木中百姓"。背景既多歧异、种族认同遂甚模糊。仅在成吉思汗统一各部以后,这些部落的人民才融合为一体,"蒙古族"始告出现。

十二世纪时,由于生产力的发展及突厥与畏兀儿(西迁后之回鹘)文明的影响,蒙古各部正跨入文明的门槛,而其社会组织也由氏族制向封建制转变。蒙古的氏族(obogh)原是一个父系外婚单位,其成员皆来自共同的祖先,具有共同祭祀、生产及战斗的功能。但是由于频频战争及阶级分化,氏族遂演变为血缘成分不尽相同、阶级互异的复合组织。其中有世拥统治权的贵族——那颜(noyan)、被统治的平民及俘自他族的奴隶,更有自他族投奔而来的"伴当"(nökör)。这些"伴当"仅为主君个人的附庸,而不属于氏族全体。平日为主君操劳家务,战时则领军出征,相当于欧洲中古的骑士。具有魅力的主君往往拥有为数众多的"伴当",因而势力大增。发展至此,氏族(clan)与部族(tribe)已无可分辨。

各氏族或部族之间为了掠夺财富或扩大权力,几个部族常结为部落联盟,共拥一"汗"为领袖。不过,这种"汗"仅为迎合战争需要而产生,并无持续性的权力,算不上是一个国家的君主。而各部族或氏族领袖为壮大声势,又往往结为"安答"(anda,盟友),誓相扶持。十二世纪后期蒙古人的这种合纵连横,通过争战而趋于统一的情形,与中国史上战国时代的情势有几分相似。真正的蒙古"国家"(state)尚在酝酿之中。

三

成吉思汗之所以能在群雄争峙之间脱颖而出,统一蒙古,正由于他能正确掌握社会变动的脉搏,充分利用机会,造成声势。

成吉思汗出身于蒙古部孛儿只斤(Borjigin)氏,家世甚为潢贵。但九岁时,其父为敌人毒害致死,家势中衰。他凭藉坚韧的毅力、卓绝的机智、超人的魅力,而得克服艰困,重振家声。然后倚赖灵活的外交与日益强大的实力,与群雄争夺霸权。

成吉思汗的崛兴,端赖其父好友克烈部长王汗和札答兰部长札木合两人的扶持。他与王汗谊同父子,而与札木合则义结"安答"。三人联合组成草原上强大无敌的同盟,成吉思汗得以击败世仇蔑儿乞部及塔塔儿部。及至自身羽毛既丰,先后与二盟友决裂,一争雄长。先击败札木合,然后与王汗倒戈相向,于1203年消灭克烈部。此后草原上唯一能与成吉思汗一争雄长的唯有称霸西蒙古的乃蛮部主塔阳汗。据说当时塔阳汗妄自尊大,认为"天上有两个日月,地上怎能有两个大汗?"对崛起东方的成吉思汗甚为嫉视。成吉思汗乃于1204年挥军向西,攻灭乃蛮部。明年又在偰鲁山(今唐努山)捕得札木合,全蒙古遂告统一。

在逐鹿草原的过程中,成吉思汗与札木合的恩怨争战最为重要而且富有戏剧性。《蒙古秘史》中连篇累牍详加叙述。过去俄国东方学家符拉基米尔佐夫(B. Ia. Vladimirtsov)及巴尔道(W. Barthold)皆认为,二人的争战具有阶级意义。成吉思汗代表牧马的贵族,而札木合则代表牧羊者,是一种新兴的民主力量。而德国学者拉希纳斯基(Paul Ratchnevsky)则表示了相反的看法。这两种说法皆为捕风捉影。实际上,蒙古人采取多种畜类的混合游牧制,不以牧马为贵、放羊为贱。而且札木合、成吉思汗都出身贵族之家,二人为争夺草原霸权而争战,不具阶级意义。

四

完成蒙古统一后,成吉思汗于 1206 年受推为大汗,"成吉思汗"一号即采用于此时。成吉思汗又采用"大蒙古国"(Yeke Mongghol Ulus,汉译"大朝")为国号,并进一步改造蒙古社会,为国家建立制度。过去的游牧国家不过是由魅力型君主所组织的部族邦联,不仅动员能力不强,而且缺乏持久性,往往随其领袖之消逝而分崩离析。成吉思汗则将其国家建立于新基础之上。其主要措施有:

(一)千户的编组:成吉思汗废除原有的部族、氏族制度,而将全部的游牧民都编入九十五个千户之中,由贵戚、功臣世袭统领。千户兼具行政与军事双重功能,"上马则备战斗,下马则屯聚牧养"。各千户所属百姓世代皆不得他投,于是全蒙古的百姓皆被纳入严密的军事组织之中。

(二)怯薛制的建立:"怯薛"(Kesig)为皇家的护卫军,兼具质子营、干部学校、皇室家务机构及帝国中央行政机构等多种功能。怯薛共辖万人,皆为已出任千户、百户的"伴当"之子弟,以入为质子的方式充任。因而,怯薛是凝聚整个贵族阶级的重要组织。

(三)大札撒(Yeke Jasagh)的颁布:"大札撒"意即大法令,乃是成吉思汗根据习惯法并配合新国家需要而制定的法典。此一法典严格规定各阶层的义务,以巩固社会及政治秩序。

总之,成吉思汗将蒙古从一松散的部族社会改组为严密的国家,并加以钢铁般的纪律。于是,全蒙古游牧民族皆凝聚于其旗帜之下。其国家组织与过去的游牧国家大不相同。巴菲尔德（Thomas J. Barfield）在其新著《险恶的边疆：游牧帝国与中国》（*The Perilous Frontier: Nomadic Empire and China*）一书中认为：蒙古的政治组织并非草原传统发展的顶点，而为其偏离。确是不错。

五

成吉思汗完成新国家的组织后，即发动对外征服战争。

蒙古人为何发动征服战？而此一庞大之征服运动又何以能持续八十年之久？征服的发动与维持自然不会出于单一原因。每一阶段战争的触发都应有其个别原因。但在整个征服运动背后，必有前后贯穿的力量，征服的狂热始能维持数十年而不堕。

蒙古征服主要由经济及心理两点原因所推动。

在经济的层次，农耕社会的丰裕物质生活一直是游牧民族垂涎的对象，而率众掠夺农耕社会便是游牧君主统一草原后的主要责任。在草原上群雄割据时，部族长可率众掠夺别部。但在统一草原后，唯有以农耕社会为掠夺对象，始能满足部众的欲望。而且又如故傅礼初（Joseph Fletcher）教授所指出：由于生态环境的制约，草原上并无"超部族政体"（supra-tribal polity）存在的必要。超部族政体的存在乃与掠夺农耕社会的欲望相互倚存。若无超部族的政治组织——部族联盟或游牧国家——游牧民便无法凝聚足够力量发动大规模的掠夺战。而可汗如不能满足部众掠夺的欲望，便无法建立其权威。唯有不断对外掠夺，其国家才不致土崩瓦解。对农耕社会的占领与征取贡赋，则可说是掠夺的制度化与永久化。因此，成吉思汗建立统一游牧国家后，不断对农耕社会发动掠夺战与征服战，不仅具有经济上的需要，也有政治上的必然性。

蒙古人持久的征服狂热则必须自心理方面寻求解释。七世纪阿剌伯人的大征服主要是由回教宗教狂热所推动。蒙古征服的背后亦有一股类似的力量。符尔纳斯基（George Vernadsky）便曾形容此一征服是蒙古民族"心灵的爆发"（psychic explosion），而这一心灵力量的来源便是蒙古人创造"世界帝国"的欲望。古来游牧民族便有与中国天命思想类似的普遍王权观念，并由此一王权观念衍生出主宰世界、创造世界帝国的雄心。成吉思汗技巧地利用沙漫教（Shamanism），不仅使蒙古人相信他是受"长生天"的厚爱而统治草原，而且使他们感染宗教性的狂热，深信蒙古民族乃是承受"长生天"之命，"倚恃长生天的气力"而从事征服世界、创建世界帝国之大业。

除去上述两个原因外，过去有不少学者以气候变迁来解释游牧民族对农耕社会的侵略。十余年前甄金斯（Gareth Jenkins）便主张，蒙古征服乃因气候恶化所触发。据他说，十二、三世纪时，蒙古地区气温遽降，以致牧草低萎，牲畜乏食，蒙古人不得不向外另谋生路。但是自整个游牧社会史观之，游牧民唯有凭藉兵强马壮，始能发动有效侵略。迫于饥寒的游牧民则无法与农耕社会的高垒深池、坚甲利兵相对抗。而且蒙古本土的天灾，亦不足以解释蒙古征服何以持续八十年之久。而掠夺财富的强烈欲望及征服新土的宗教狂热才是蒙古征服长期赓续的根本原因。

六

蒙古人八十年的征战，有如汹涌浪涛，前后共有四波。

成吉思汗廿年的征讨为蒙古帝国奠立了基本的规模。他生前的征服战争主要有两方面：一方面，先后征服了北方及西方的突厥、蒙古民族,包括西伯利亚南部的吉利吉思、秃麻、斡亦剌、不里牙惕等"林木中百姓"、立国于吐鲁番盆地的畏兀儿以及游牧于伊犁河流域草原上的哈剌鲁人等。另一方面,则对南方各富庶的定居大国发动大规模的征服战。1205—1227 年间,成吉思汗六伐西夏,迫使此一居于甘肃、宁夏一带,亦耕亦牧的国家降服。1211年,又挥军伐金,金室被迫南迁汴京(今开封),河北、山东、山西的丰饶资源遂陷于蒙古之手。1217 年,成吉思汗更藉口使臣及商队被屠,发动西征,攻灭雄踞中亚的花剌子模,因而取得中亚绿洲城市及东西商道的控制权。成吉思汗攻略蒙古、突厥游牧及狩猎民族的目的与进攻定居国家有所不同。征服前者旨在加以吸收,使所有草原民族皆团结于他的旗帜之下,壮大进攻定居国家的力量。而进攻定居国家的目的则在于掠夺财富与强征贡赋而已。其攻夏伐金之初既无征服的意图,亦无统治的计划。

窝阔台汗(1229—1241)时代的征伐则使蒙古帝国的版图大为扩张。窝阔台汗虽无乃父的雄心与精力,也不常亲历戎行,却能使征服的巨轮运转不息。1232 年发动对金朝的总攻击,明年陷汴京。1234 年又与南宋联盟,攻克金行都蔡州,金朝乃亡。蒙古遂拥有全部汉地,与南宋形成对峙。窝阔台又派遣两支大军西征。一支由绰尔马罕率领于 1230 年出发,负责剿灭花剌子模残余势力。先后征服波斯东部、谷儿只、亚美尼亚及小亚细亚等地,蒙古因而控制西亚部分地区。另一支由十五万人组成的大军则由成吉思汗之孙、尤赤之子拔都率领,而老将速不台则担任实际统兵作战的主将。此军于 1235 年出发,明年即征服伏尔加河下游的突厥种人钦察族。拔都更挥军北向,三年之间,蹂躏了斡罗思(俄国)的大部分国土。1241 年,拔都更以马札儿(匈牙利)庇护斡罗思贵族为藉口,兵分二路,西向进攻马札儿(匈牙利)、孛烈儿(波兰)。北路军进攻孛烈儿,1241 年 4 月,大败孛烈儿、日耳曼及条顿武士团联军于里格尼茨(波兰西部)。侵入马札儿的南路军在拔都率领下,于同年先后攻占马札儿新京佩斯及旧京格兰城。此次战争显示欧洲重装武士全非蒙古轻骑兵之对手,欧洲因而大震。蒙古军如继续西进,征服全欧,应有可能。不意窝阔台汗于1241年冬逝世,拔都为应付国内政治变局,不得不挥军东返。

窝阔台卒后,蒙古朝廷动荡不安,无暇外顾。1251年蒙哥汗(1251—1259)即位后,对外征服始告恢复。蒙哥汗是蒙古帝国的中兴之主,对内重振中央权威,对外则再行攻略。一方面派皇弟旭烈兀远征西亚,建立对该地区的完全控制。旭烈兀军于1256年灭回教亦思马因派所建的木剌夷国(波斯北部),二年后又攻陷报达,灭哈里发(回教最高领袖,阿拔斯王朝君主)。旭烈兀又进军叙利亚及埃及军,但其军在阿因札鲁特为埃及军所败。此后,蒙军在西亚的攻势完全停顿。

另一方面,蒙哥汗又挥军进攻南宋。他一改窝阔台汗以来对宋所采取的多路并进、漫无重点的策略,而改用取蜀出峡、南北对进、会师鄂州(武昌)、南下临安(杭州)的战略。1253年他派遣皇弟忽必烈攻灭云南大理国,造成对宋的斡腹之势。他本人则于1257年亲率大军,进攻四川。另遣忽必烈进攻鄂州,以作牵制。可惜此一战略过于迂远,使蒙古骑兵踯躅于坚不可破的四川山城防御体系之中,一筹莫展。蒙哥汗本人于1259年死于合州的钓鱼城下。虽然死因不明,却是唯一死于疆场的蒙古大汗。

忽必烈汗(1260—1294)的攻灭南宋及海外征讨则是最后一波的征服战。忽必烈于1260年立国中原,建立元朝后,自须以中原王者自居。消灭南宋、一统华夏,乃为政治上所必需。于是,集中汉地一切资源,于1267年重燃蒙、宋战火。成功执行中间——襄、樊——突破,两翼牵制,然后沿江而下,直捣临安的策略。1276年陷临安,三年后又追灭宋朝残余势力于崖山(广东新会岸外)。全中国遂为蒙古人所有,结束了晚唐以来中国长期分裂与战乱的局面,而蒙古也成为历史上第一个征服全中国的边疆民族。消灭南宋前后,忽必烈又对邻近及海外各国发动一连串远征。如两征日本(1274 及 1281 年),南攻安南、占城(1284—1285 年、1287—1288年及 1293 年),屡讨缅国(1283—1287 年),以及远征爪哇(1293年)。但是,其中除征缅之役略有所获外,其他各战,都是舟覆马仰,铩羽而归。

七

何以早期蒙古人能够屡战屡捷,所向披靡?而忽必烈季年所发动的远征都是弃戈曳甲,无功而返?欲解答第一问题,须自欧亚大陆国际情势及蒙古自身所具优点两方面来分析。环顾十三世纪的欧亚大陆,蒙古人并无劲敌。金、宋、西夏三国对峙,不能合作。而且立国皆久,早已衰败不堪,难挡蒙古新锐之势。中亚以西,时值十字军东征方告结束,基督教与回教经过二百年之血战,仇深似海,无法共御强敌。回教世界中,以花剌子模最为强大,但其国之突厥种统治阶层与波斯种百姓隔阂颇深,缺乏凝聚力。而其国苏丹与报达哈里发之间怨隙甚深,亦难缓急为助。而此时之欧洲不仅小邦林立,且有政教之争。罗马教会与东正教会亦势如水火,互不相下。总之,东西文明世界正四分五裂,对蒙古入侵,未能形成有效的共同防御策略,蒙古人善于运用其间矛盾,一一击破。

客观情势对蒙古固然有利,而蒙古本身的优点更为重要。金哀宗(1224—1234)曾分析蒙胜金败的原因说:"北兵所以常取全胜者,恃北方之马力,就中国之技巧耳! 我实难与之敌。"这位亡国之君一语道破蒙古战无不胜的奥秘。有如美国学者 Thomas Allsen

所说:蒙古不仅拥有优势骑兵,而且善于动员定居国家的人力、物力,以供作战之用。

优势骑兵无疑是蒙古人称雄世界的主要资本。近代枪炮广为应用之前,游牧民族的骑兵所向无敌。而蒙古人则将匈奴以来游牧民族的骑兵传统带至巅峰。著名兵略学家蒋方震曾说过:"一个民族的生活条件与战斗条件一致者,强。"蒙古民族正是如此。游牧、狩猎生活使得蒙古人擅长骑射,全国皆兵,并且发展出独特的战略与战术,农耕社会的步兵穷于应付。蒙古人善于利用其骑兵的机动力、冲击力,长于奇袭,达成变幻莫测的效果。他们避免与敌人硬拼,如果攻击欠顺,便后退诱敌,另择有利战场,强迫敌人决战。

在战略层次,蒙古人以善用大迂回著称,常避开敌人防御线的正面,派遣一支队伍跋涉数百里,乃至数千里,出其不意,由敌方弱点攻入其防御体系,然后大军四合,消灭敌军。这种大迂回战略的执行,有赖于各军在长距离运动时仍能紧密协调。这是他们每年举行大围猎时锻炼出来的蒙古功夫,其他民族无法望其项背。

英国著名军事学家李德·哈特(B. H. Liddell-Hart)曾说:"使用单一军种——骑兵——是蒙古人不断胜利的秘密","机动力为其战略及战术上的王牌"。这一说法正确指出骑兵的重要性,但将蒙古人战无不胜完全归功于骑兵则失之于片面。骑兵利于野战,但遇高垒深池、长江大河便一筹莫展。在灭金、西征过程中,随着征战地区地理条件的变化,蒙古人逐渐形成一支以骑兵为核心而兼拥步、工、炮等军种的复合大军。以后伐宋时期,又吸取汉人、南人之长,建立强大水军。因此,不断适应新情势,增加新兵种,吸取新战法,配合骑兵作战,才是蒙古东征西讨、所向披靡的主要原因。

成吉思汗及其继承人的卓越领导也是蒙古人得以征服世界的重要原因。符拉基米尔佐夫曾形容成吉思汗为"天才野蛮人"

(savage of genius)。事实上,有如赖德懋(Owen Lattimore)所说,成吉思汗"是天才而不野蛮,文盲却不愚昧"。他无疑是一充满魅力的领袖、卓越的组织家、"深沉有大略,用兵如神"的战略家。其才能绝不限于毛泽东所说"只识弯弓射大雕"而已。他不仅将蒙古人——乃至所有草原游牧民——组织成一支纪律森严的军队,而且赋予他们征服世界的狂热。此外,他更是气度恢廓,知人善任,颇能听取来自文明各族顾问的意见,为其帝国奠定制度。而且对不同宗教及文化皆加包容。成吉思汗的继承人:窝阔台、蒙哥、忽必烈等大汗都能步武其后,继续扩大帝国的领土并改善其组织。如果没有这些优秀的继承人,成吉思汗的帝国可能与历史上许多威震一时的游牧帝国一样,随着缔造者的逝世而土崩瓦解。

忽必烈晚年对外频频丧师则反映蒙古帝国的发展早已达到极限。就时间而言,蒙古人戎马倥偬已七八十年,久战疲惫,不复当年锐气。就地理而言,气候与地形两皆不利。安南、占城、缅甸、爪哇、日本,或为丛林地区,燠热难当;或为海外岛屿,波涛阻隔。蒙古人或难以适应气候,或无法施展骑兵之长技。即使"长生天"愿意"添助气力",也无法改变时间、空间的不利因素。忽必烈虽未曾有亚历山大那样无地再可征服的悲叹,但未能征服地区确已超越蒙古人之能力,无法征服。

八

蒙古帝国的辽阔版图实际上由两大区域所组成。这两大区域的自然与人文环境互异,统治方式也不相同。北方是游牧民居住的草原地区,南方则为定居地区,包括华北平原、突厥斯坦及伊朗等地。草原地区是帝国的核心,而定居地区则是边陲。

蒙古本土是草原地区的中心,也是整个蒙古帝国的政治重心。窝阔台汗于1235年在斡尔寒河畔建立哈剌和林城,这所宫殿巍峨的草原新都遂成帝国行政中心。中央行政官员最高者为也可札鲁忽赤(大断事官),主管分封领民及刑罚。成吉思汗时由其义弟失吉忽突忽担任,窝阔台汗时由额勒只吉歹继任。窝阔台汗时又设置了所谓"中书省",由汉化契丹人、辽朝东丹王八世孙耶律楚材为中书令,女真人粘合重山任右丞相,怯烈人镇海为左丞相。不过,此时之中书省不过是怯薛组织中必阇赤(秘书)的扩大。耶律楚材负责主理的仅为汉字文书,而镇海则主管畏兀字蒙古文书。蒙古帝国的中央行政机构可说是具体而微,部分行政事务仍由怯薛中的皇家家务机构兼理。

蒙古本土以外的草原地区则分封予各宗室、姻戚及勋臣。自蒙古人观点言之,大蒙古国的人民、土地乃是成吉思汗家族——"黄金氏族"(Altan Urugh)——全体的共同财产,人人皆有应得的"份子"(qubi)。成吉思汗于伐金之前便对诸弟及其正妻所生诸子大行分封。每人皆受封游牧民数千户及大片作为牧场的草原。诸弟所得分地皆在东蒙古一带,故称"东道诸王"。诸子所得多在蒙古之西,故称"西道诸王"。

诸子于初封时所得分地甚为有限。其后随着西征而不断扩张,遂奠定各大汗国的基础:

长子尤赤所得为也儿的石河以西,直至蒙古人"马蹄所至之处"。尤赤分地后成为"钦察汗国"(又称金帐汗国)。辖有西伯利亚南部及南俄,以里海北岸的钦察草原为重心,而以萨莱为首都。

次子察合台的分地为西辽旧境,包括天山南北路直至阿姆河间的地区(城市不包括在内)。后成为察合台汗国,而以阿力马里(新疆霍城县境)为首都。

三子窝阔台则得到叶密立(新疆额敏县)及霍博(新疆和布克

赛尔蒙古自治县）地区。后成为窝阔台汗国。

根据蒙古人"幼子守产"的习惯，幼子拖雷继承了成吉思汗剩余的财产——即蒙古本土。

以后拖雷之子旭烈兀西征后，在西亚形成一股势力，其兄忽必烈汗封之为伊利汗（意为从属之汗），故亦成为一汗国之主。其领土东起阿姆河和印度河，西面包有小亚细亚，南抵波斯湾，北至高加索山，而以桃里寺（Tabriz，今伊朗阿塞拜疆境内）为首都。

除去成吉思汗诸子、诸弟外，受分封的还有姻族（弘吉剌、亦乞列思、汪古、斡亦剌等部）及功臣（如木华黎、博尔术、博尔忽、赤老温等四杰）。他们所得较成吉思汗诸子、诸弟为少，因而不能形成独立的势力。

大汗对于宗王及功臣等——合称"投下"——享有最高宗主权，可以调度其军队，奖惩其功过，在理论上可以削减，甚至剥夺其分地与分民。而各投下主对大汗一方面有领军出征、奉献贡物及维持驿路等义务，另一面也享有共议大政，甚至"选举"大汗的权利。在其分地之内，各投下主世享军政、民政、司法、财政大权，而与所属千户、百户、平民及奴隶都维持着严格的世袭主从关系，不可更易。可说是不折不扣的封建诸侯。

蒙古人对定居社会所采行的统治制度与草原全然不同。成吉思汗时代，蒙古人尚不知统治定居地区的方法，仅知掠夺财富而已。窝阔台即位后，开始建立定居地区的统治制度。对定居地区并不加以分封，而是视为"黄金氏族"的共有财产，由大汗派遣出身定居地区而熟悉治理方法的官员负责征税，税收则由皇族全体分享。窝阔台即位之初，即派熟谙汉法的耶律楚材主管河北赋调（当时河南未下），而"洞悉治理城市的道理和方法"的花剌子模人牙剌瓦赤，则负责征收西域赋调。窝阔台汗季年，由于征服地区的扩大，此一统治体系乃有所调整。牙剌瓦赤奉命东调，"主管汉民公事"，任大札鲁花赤（又称燕京行尚书省）。其子麻速忽则主持中亚地区的政务。而西亚地区则由畏兀儿人阔里吉思负责。三大政区的划分，蒙哥汗时仍加沿用。不过各行尚书省所负责的可能仅为税收而已。

定居地区虽由大汗派员治理，各支宗王却得派遣家臣参决各该地区的行尚书省事，维护各自权益。窝阔台灭金后，又将一部分中原民户分赐各投下为食邑。投下主虽仅能分得部分租赋，而不能直接治理，却可在其分户所在的路州设置达鲁花赤（监临官），负责监督。所以，各投下主也可说是定居地区的"半封建主"。

限于人力及文化背景，蒙古人对定居地区仅能实行"间接统治"。直接治土临民的都是拥有实力的当地人士。负责统治汉地的便是崛兴于金元之际的"汉人世侯"。这些汉人世侯或为迎降蒙古的金朝将吏，或为崛起垄亩的民军领袖。小者据有一州一县，大者跨州连郡。其中实力最强大者如天成刘黑马、真定史天泽、保定张柔、东平严实等，都是"占地二三千里，领兵数万"，世代兼拥一方军、民、财政大权。虽无封建之名，却有封建之实。他们对蒙古汗廷的主要义务为出兵从征与上纳贡赋。为了监视这些当地统治者，窝阔台汗在各重要城市派驻达鲁花赤及探马赤军（先锋、镇戍军）。通过这些当地统治者的协力，蒙古汗廷乃得动员定居地区的人力与物力以作不断征服与供养蒙古统治阶层之用。

总之，大蒙古国的统治制度有草原地区与定居地区之不同。在草原地区所实施的以"黄金氏族"血缘纽带为主要基础的"游牧封建制"，实际上也是对外作战用的预备军事体制。而在定居地区则实施殖民地式的间接统治，以榨取人力、物力为主要目的。

九

蒙古帝国绵亘数万里,而且诸汗国地形各异,民族繁多,语言、文化互不相同,经济水平相去甚远。因此,整个帝国自始即缺乏共同的文化与经济基础。而蒙古民族本身不仅人口稀少,与被征服各国相较,显然不足一与一百之比,在当时交通不便的情况下,以文化落后的少数蒙古人来统治缺乏共同基础的庞大帝国,要想维持长期统一,极为困难。

成吉思汗所树立的政治体系本身便具有严重的内在矛盾:君主专制与氏族公产的观念及封建制度不易相互适应。成吉思汗凭藉其超人的魅力而树立大汗的至高权威,并期望其后裔对大汗绝对服从。但是帝国为"黄金氏族"的共同财产,不是大汗的私产。诸汗国各拥广土众民,具有甚大的自主权,不仅与蒙古本土相去辽远,文化、经济背景又各不相同。要他们对大汗之权威绝对服从而不离德离心,颇为不易。

"黄金氏族"各宗支对大汗继承权的争夺是君主专制与氏族公产相矛盾的表现,也是导致帝国分裂的主要乱源。蒙古人虽有"幼子守产"的习惯,但幼子所得承继的仅为物质财产(包括营盘、牧地、库财、军队),而非政治权位。汗位继承人的身份则缺乏明确的规定。在"黄金氏族"的范围内,父死子继、兄终弟及、叔侄相承均有可能。而新汗的选立又需经过前汗提名及宗亲大会公选的双重程序。汗位继承的缺乏明确规定导致各系宗王争夺汗位及操纵选举的机会大为增加,大汗权威则相对减低。

成吉思汗生前指定三子窝阔台继承大汗之位,而其个人财产则由幼子拖雷所继承,拖雷一系乃取得日后与窝阔台系争胜的资本。窝阔台之子及继承人贵由汗（1246—1248）卒后，拖雷之子蒙哥在尤赤之子拔都鼎力支持下于1251年夺得大汗之位，皇权遂由窝阔台系转入拖雷系之手。蒙哥汗卒后，其次弟忽必烈又与幼弟阿里不哥争位而触发黄金氏族间的大战。忽必烈因有中原人力、物力之支持，得以击败以蒙古本土为基地的阿里不哥而夺获皇座。这种兄弟阋墙、血流漂杵的悲剧屡屡重演。每次皇位争夺，各汗国都党同伐异，深深卷入，造成难以弥补的仇隙。

帝国发展的方向也是蒙古贵族间争议的焦点。草原地区原是帝国的核心。这一地区控制帝国的内线交通，也是骑兵补充的来源。而且唯有继续居住草原，过着游牧生活，各汗国蒙古人才具有共同生活方式与价值观念，帝国的团结始能维持于不坠。但是，对蒙古统治阶层而言，定居社会舒适的生活及滚滚的赋税却是莫大诱惑。因此，留居草原并维持游牧传统，或是移居农耕地区而又改变制度以求适应，便成为一个困扰蒙古贵族而难以两全的问题。忽必烈与阿里不哥之间的斗争固然由于皇位的争夺，也可视为帝国发展根本方向的一个争执。如阿里不哥获胜，帝国则仍以草原为重心。但是，忽必烈的胜利决定了帝国改以中原为重心。对于此一新方向，蒙古贵族有诸多不满。据说当时有西北诸王遣使入朝，质问说："本朝旧俗与汉法异，今留汉地，建都邑城廓，仪文制度，遵用汉法，何故？"1269年窝阔台之孙海都更联合察合台系及尤赤系后王，在中亚塔剌速河畔会盟，相约保持游牧生活与蒙古习俗，而向立国定居地区的忽必烈与伊利汗阿八哈宣战。这一场使蒙古帝国四分五裂的大战，前后赓续三十余年。

各汗国与当地土著文明的涵化更导致了蒙古人丧失共有之认同。居住汉地的蒙古人不得不改营定居生活，文化上受到汉人一定程度的影响，而在宗教上则多皈依喇嘛教。钦察、察合台、窝阔台汗国的重心皆在草原，故得维持游牧传统，但是其人皆改宗回教,并逐渐为当地突厥种人所同化。而伊利汗国的蒙古人则为波斯人所同化,并在十三世纪末也改宗回教。总之,至十三四世纪之交,各地蒙古人已与当地土著涵化,不仅政治上属于不同"国家",而且业已形成不同"民族"。

符拉基米尔佐夫在《成吉思汗传》中曾分析蒙古帝国分裂的原因。他认为,成吉思汗的政治体制原有两大弱点,一为他结合文明与游牧社会为一体的企图,一为他对其家族永不分裂的信念。成吉思汗认为其子孙将永远在一大汗领导下,集体统治,并恪遵"札撒"。这两大愿望皆成泡影,因为"文明与游牧难以相互调协,而'札撒'也无力阻止促使统治家族分裂的许多因素"。符氏的这一观察极为确切。

自忽必烈立国中原、建立元朝起,蒙古帝国业已名存实亡。元朝与海都争战的三十余年之间,忽必烈及其子孙的宗主权仅得到伊利汗国的承认。1303年海都之乱结束后,蒙古世界的和平得以暂时恢复。钦察、察合台汗国不时遣使入贡元朝。伊利汗完者都(1304—1316)致法国国王腓力四世的国书中曾夸称:"东起南宋之国,西抵塔剌之湖,我辈之民族皆联合为一,道路复通。"但是蒙古民族的"联合为一"不过是一假象。元朝与各汗国间的互通使节仅代表国与国之间的宗藩关系。各地蒙古政权皆已地方化,无法共同拥戴一个远在天边、难以认同的大汗。

蒙古人前后耗费了三代的精力而缔造了史无前例的庞大帝国,但不及三代,帝国即分崩离析。创造世界帝国,包融各民族于一炉,原是古来许多民族及宗教的共同理想。但历史证明这种思想不过是镜花水月而已。文化落后、人力缺乏的蒙古人何能例外?

〔原刊于《历史月刊》第34期(1990),页14—39〕

元朝的统一与统合:以汉地、江南为中心

一、导言

中国历史是一出分分合合的连续剧,也是一阕汉胡争鸣的交响曲。无论在这出连续剧或这阕交响曲中,元朝的角色皆甚重要。

继秦、隋二朝,元朝缔造了中国史上的第三次大统一。自唐朝衰亡,中国陷于分裂与扰攘之中近四百年。先有五代十国之割据,后有宋辽夏及宋金夏的对峙与争战。南北对立、干戈不休的局面直至蒙元统一中国始告结束。蒙元版图,"北逾阴山,西极流沙,东尽辽左,南越海表"①,领土之大,超过汉唐盛时,奠定了后来中国疆域的规模。

蒙元之崛兴与统一中国,为北亚游牧及半游牧民族发展史上的一个巅峰,也是游牧民族与中原农耕民族关系史的新页。过去的游牧民族中,匈奴、突厥、回纥皆保持草原游牧国家的性格,仅与汉族争胜于边陲。而鲜卑、契丹、女真等族虽然有志于中原,却无法突破黄河或江淮天堑,仅能统治华北的半壁山河。蒙元则为第

---

① 《元史》卷五八《地理一》,北京:中华书局,1976,页1345。

一个游牧民族所肇建而统治全中国的征服王朝。

元朝统一中国的过程,论著已多,不必赘叙①。本文旨在借元朝之例,考述征服王朝时代统一与统合问题与汉族王朝有何不同。首先拟讨论蒙古统一中国的特殊性质,再由此特殊性质去检讨元廷为巩固统一、施行统合所采取的措施及其得失。但因限于篇幅,本文所涵盖的地理范畴仅限于汉地(即金朝旧境,今日华北、西北)与江南(宋朝旧境的大部分,元朝江浙、江西、湖广等所谓"江南三省")。漠北、西域、四川、云南、吐蕃等地区的问题与汉地、江南不同,本文无法述及。

"统一"的意义,不言自明。"统合"(或作整合)一词,则须略加解说。本文所用"统合"与政治学者所谓"国家统合"(national integration)相同。"国家统合"乃指消弭构成国家的各部门——包括区域、民族、阶级——之间的差异而形成一个向心力高、凝聚力强的政治共同体(political community)②。"国家统合"虽为政治统合的一个层次,但亦牵涉经济、文化乃至心理等方面。"国家统一"

①关于元朝统一中国的过程,参看李天鸣《宋元战史》,台北:食货出版社,1988;陈世松、匡裕彻等《宋元战争史》,成都:四川社会科学院出版社,1988;胡昭曦、邹重华《宋蒙(元)关系史》,成都:四川大学出版社,1992。关于元朝统一的历史意义,参看周良霄《元朝的统一在中国历史上的意义》,《文史知识》第 3 期(1985),页 17—21;舒文《忽必烈平定南宋新论》,《内蒙古大学学报》第 1 期(1991),页 32—41。

②此处"国家统合"之定义系参酌 Philip E. Jacob and Henry Teune, "The Integrative Process:Guidelines for Analysis of the Bases of Political Community", in Philip E. Jacob and James V. Toscano(eds.), *The Integration of Political Communities*(Philadelphia:J. B. Lippincontt. 1964), p. 8;James S. Coleman and Carl G. Rosberg,Jr. , "Introduction", in James S. Coleman and Carl G. Rosberg(eds.), *Political Parties and National Integration in Tropical Africa*(Berkeley:University of California Press,1964), pp. 8-9;Claude Ake, *Theory of Political Integration*(Homewood,ILL:The Dorsey Press,1967), pp. 12-13。

与"国家统合"之间关系错综,而且相互重叠之处颇多。"统一"为"统合"的先决条件,但统一的国家未必产生国家的统合。一个国家能否统合得视其幅员之宽狭、国民同质性的高低及统治阶层的背景与政策而定。中国历代区域间的统合较弱,政治及社会的统合却较强①。元朝为游牧民族所肇建,其面临的"统合"问题与汉族王朝时代自然有所差异。

二、统一的性质

元朝统一中国的性质及其所产生的政权的性格皆与典型的汉族王朝不同。

元朝统一中国的主要动力并非来自中原内部,而是蒙古世界征服的一部分。蒙古征服战争的发动及其赓续乃是出于掠夺财富的强烈欲望和征服新土的宗教狂热。其初攻夏伐金原无统治的计划,目的不过掠夺玉帛子女与强征贡赋而已②。灭金以后,对汉地不得不长期占领。但是,汉地不过是蒙古草原帝国的一个殖民地,短期的掠夺转变为财源与兵源之长期榨取。

忽必烈的即位中原、建立元朝,改变了中原在"大蒙古国"

①关于中国历史上之统合,参看 James T. C. Liu, "Integrative Factors Through Chinese History: Their Interaction", in James T. C. Liu and Wei-ming Tu (eds.), *Traditional China* (New Jersey: Englewood Cliffs, 1970), pp. 10 – 23; James T. C. Liu, "Chinese Culture: High Integration and Hard Modernization", in Ching-i Tu(ed.), *Tradition and Creativity* (New Brunswick, NJ: Transaction, 1987), pp. 85-97; James E. Sheridan, *China in Disintegration* (New York: The Free Press, 1975), pp. 5-18。

②萧启庆《北亚游牧民族南侵各种原因的检讨》,收入萧启庆《元代史新探》,台北:新文丰出版公司,1983,页 303—322。

（Yeke Mongghol Ulus）中的地位以及蒙宋战争的性质。忽必烈之即位中原带有历史之偶然性。若非忽必烈早年与汉地渊源甚深，而于其兄蒙哥在宪宗九年（1259）暴卒四川时正统军鄂州前线，他便不会以汉地为基地，与以蒙古为大本营的其弟阿里不哥对抗，并利用汉地优势人力物力，击败后者，夺得汗位。这样，元朝之立国中原便不致发生。又若阿里不哥得胜，大蒙古国更必以草原为中心。

忽必烈立国中原后，不得不顺应汉地形势采用汉制，改造其政府，将自己装扮为中原帝王。消灭南宋，一统华夏，于是成为政治上所必需。南宋降将刘整在其献策中便说过：

> 自古帝王，非四海一家，不为正统。圣朝有天下十七八，何置一隅不问，而自弃正统邪！①

关于此后蒙宋战争的性质，韩儒林等先生认为："忽必烈对宋的战争不再是成吉思汗初起时那种血肉复仇战争和'各分地土，共享富贵'的掠夺性民族战争了，而是封建统一战争。"②这种看法相当精辟，但亦有值得商榷之处。一方面，元朝始终不是纯粹的中原王朝，而是"大蒙古国"的一部分。而忽必烈亦具有蒙古大汗与中原帝王双重身份。另一方面，作为蒙古大汗，忽必烈负有寻觅新财源、征服新领土与兄弟叔伯"共享富贵"的义务。忽必烈之嗜利黩武终身未变，已为史界所习知。即在统一中国后，他对邻近及海外诸国发动一连串的战争，这些战争皆非巩固统一所必需，而是蒙古世界征服战争的延续。因此，蒙元之平宋并非单纯的中原王朝统一战争，而是兼具蒙古征服战争的性质。

统一后蒙元政权的性格与典型汉族王朝亦有甚大的不同。第

---

① 《元史》卷一六一《刘整传》，页3786。
② 韩儒林主编《元朝史》，上，北京：人民出版社，1986，页291。

一,君主的双重性格:元代君王兼具蒙古大汗与中原帝王的双重性格。虽然忽必烈立国中原后,对各汗国宗主权的象征意义大于实质意义,但为保持其在蒙古世界中之统治合法性,忽必烈及其子孙不能仅以中国的"皇帝"自居,立法施政必须自蒙古"大汗"的观点着眼,否则便会引起严重政治问题。曾有西北藩王质问:

> 本朝旧俗与汉法异,今留汉地,建都邑城郭,仪文制度,遵用汉法,其故何如?[1]

其后中亚诸王以捍卫蒙古传统生活方式为号召,与元廷鏖战三十余年。元廷之不能全盘采用汉法,更无法提倡汉化,其理至显。第二,征服政权的性格:蒙元的最高政治目标为延续蒙古人的"少数统治"。为达此一目标,种族主义始终为元廷统治的最高准则。一方面奉行"蒙古至上主义",确保蒙古人的政治、经济特权[2]。另一方面,对国内各族群进行分化,尊重各族之"本俗",施行多元文化及多元宗教的政策,而不积极加以统合。与近代亚非拉若干殖民政权所施行之政策颇相吻合。

三、统一的规模

统一的政权,必定采取种种措施来巩固国家的统一,元朝亦不例外。但是,元朝为一疆域空前辽阔的少数民族王朝,境内族群之繁多、文化之复杂,在中国史上皆无前例。欲将单一的制度推行于全国,自然扞格难行。因此,在许多方面皆采行"诸制并举"的二

---

[1]《元史》卷一二五《高智耀传》,页 3073。
[2] 羽田亨《元朝の漢文明に對する態度》,收入《羽田博士史學論文集》,上,京都:东洋史研究会,1957,页 671—696。

元或多元政策①。同中许异,异中求同,而不奢求"车同轨、书同文、行同伦"。

(一)地方行政制度的建立

元朝采用汉式中央集权官僚制为统治全国的主要行政制度。除腹里地区(今河北、山西、山东、内蒙古)直辖中央中书省外,全国划为十一行省(北方有陕西、甘肃、辽阳、河南江北、岭北、征东,南方有江浙、江西、湖广,西南有四川、云南),各负方面重任。行省之下,则设有路、府、州、县,分层统治,与汉族王朝并无不同。但是,在中央集权官僚制之下,元廷又保留蒙古原有的封建制度。宗室、勋臣皆享世袭特权。不仅在草原地区拥有兀鲁思(ulus)或爱马(ayimagh),在汉地亦享有五户丝封户——即所谓"投下",遍布多数州县。投下主与朝廷分享其分户所在地之主权②。

此外,元廷在各边远地区又因地制宜,采行不同的统治方式。如在高丽虽设征东行省,却由高丽王室统治。对于畏兀儿族,设有大都护府,由巴尔术阿而忒的斤家族统治。吐蕃直属宣政院管辖,由萨思迦派出身的帝师施行政教合一的统治。云南大理国仍由段氏家族治理,而在湖广、江西、云南等行省境内少数民族地区则仍由土官、土司世袭统治权。林林总总,制度纷杂。

(二)全国交通网的形成

交通的发展为巩固统一及促进统合的先决条件。平宋之后,

---

① 白钢《关于忽必烈"附会汉法"的历史考察》,《中国史研究》第 4 期(1981),页 93—107。
② 洪金富《从"投下"分封制度看元朝政权的性质》,《"中研院"史语所集刊》第 58 本第 4 分(1987),页 843—907;李治安《元代分封制度研究》,天津:天津古籍出版社,1992。

元廷扩张驿站制度并开辟海运、贯通运河,形成一个展延全国的水陆交通网路。

驿站制度早在窝阔台时代即已建立,平宋以后,推及南方。驿站之设置,东北至奴儿干,北至谦谦州、吉利吉思,西南通云南、吐蕃,南接安南、缅甸,共有一千五百余站。各站所用交通工具因地形而异,有马、牛、轿、步、水狗等站之分。对传达政令、输送官府物资殊为利便[1]。

海运的开辟与运河的贯通旨在连接北方政治中心与南方经济枢纽区域,而以东南财富供养军政之需要[2]。在运河贯通方面,除利用隋朝以来部分旧河道外,先后开凿济州河、会通河、通惠河,遂使南自杭州、北达大都的大运河连为一线。而海运则系利用南人航海技术与船舶而发展。粮船由长江口出海,北抵直沽,转运大都。在其盛时,东南粮食由海道北运者为三百五十余万石,由运河输送者更多达五百万石。除去运送官粮外,海运粮船往往夹带私货,而运河之上巨商达官之舟楫更充塞河面,对南北经济文化之交流,作用甚大[3]。

(三)镇戍的广布

蒙古统一中国端赖武力,而武力亦为其维持统一的主要凭借。元朝拥有一支多元民族复合大军。各族群的军队所属军种、气候适应力及政治可靠性往往不同。从而元朝设计出一套较为有效的镇戍制度[4]。

---

① 羽田亨《蒙古驛傳考》及《元朝驛傳雜考》,收入《羽田博士史學論文集》,上,页1—114。

② 吴缉华《元朝与明初的海运》,《"中研院"史语所集刊》第 28 本(1956),页363—380。

③ 周良霄《元代史》,上海:上海人民出版社,1993,页512。

④ Ch'i-ch'ing Hsiao, *The Military Establishment of the Yuan Dynasty* (Cambridge, Mass.:Harvard University Press. 1978),pp. 51-64.

元朝整体的军事布置为:"宿卫诸军在内,而镇戍诸军在外,内外相维,以制轻重之势。"①故有宿卫军与镇戍军两大系统的分别。宿卫军为一多族精英部队,其功能在于捍卫两京,平衡地方武力。

镇戍军在汉地、江南的分布,据《经世大典》说:"大率蒙古军、探马赤军戍中原,汉军戍南土,亦间厕新附军焉。"②换言之,汉地、江南分别划为两大军区,蒙古人组成的蒙古军、探马赤军为汉地的镇戍部队,而由汉族组成的汉军、新附军(南宋降军)则负责镇压江南的任务。汉地镇戍军主要有山东河北及河南淮北两个蒙古军都万户府,分别以山东濮州及河南洛阳为基地。此外陕西、四川及东路蒙古亦皆有蒙古军都万户府的设置③。至于江南镇戍之配置,平宋之初,在江南六十三处派兵镇守。至元二十二年(1285),江浙、江西二省驻军改编为三十七万户府。以江淮及浙西驻军为最多。南方其余各地军力甚为薄弱。元代中期以前,湖广、江西地区叛乱此起彼落,而江淮保持安定,即因驻有重兵。仅在镇戍制度衰败后,主要叛乱始能在淮东、浙西蔓延④。

(四)财经的统一与分歧

统一国家必须具有统一的财政经济制度。而统一的财政经济制度的建立则以统一货币、度量衡及赋税制度为主要手段。混一之前,南北财经制度不同。平宋之后,元廷建立南北一致的货币及度量衡,而对赋税制度却未加以划一。

---

①《元史》卷九九《兵二》,页 2523。
②苏天爵编《国朝文类》(四部丛刊)卷四一,页 60 下。
③史卫民《元代蒙古军都万户府的建置及其历史作用》,《甘肃民族研究》第 3、4 期(1988),页 51—61。
④黄清连《元初江南的叛乱》,《"中研院"史语所集刊》第 49 本第 1 分(1978),页 37—76。

至元十三年(1276)三月宋廷出降后,元廷即着手财经统一的措施,包括:颁行度量衡制度,以统一江南斗斛并严禁使用私制度量衡器具,置行户部于大名,"掌印造交钞,通江南贸易",及以中统元宝交钞兑换南宋交子、会子,禁止用江南铜钱①。此后全国货币统一,唯有云南贝,与交钞并用。

在赋役方面,南北的商税、盐税、杂泛差役等皆经统一。但主要的赋税却是南北异制。北方主要的赋税为岁粮、科差。大体上是以丁与户为征收单位(虽然岁粮亦有按地纳税者,但一般民户大多数交纳丁税)。江南则沿袭宋朝的两税制度,分秋税、夏税,按亩征收②。元廷保留南宋税制,意在避免引起过度的政治震荡。

(五)各族本俗法的并重

统一的国家应有统一的法律,以作共同的行为规范。元朝始终未能定一部完备的法典乃系由于"南不能从北,北不能从南",即是蒙古及色目人与汉族的风俗及法律传统相去甚远,无法调和③。故元朝采取属人主义的原则,种族不同的涉案人由不同裁判管辖机构,依"从其本俗法"的原则加以审理。回回的词讼归哈的大师审理,畏兀儿人由都护府管辖,大都、上都之蒙古人及四怯薛、诸王、驸马所属蒙古、色目人的案件则由大宗正府治理。不同族群(或户计)者同涉一案时,则组织混合法庭——即"约会"——共同审理④。

---

①周良霄《元代史》,页329。

②陈高华《元代税粮制度初探》,收入陈高华《元史研究论稿》,北京:中华书局,1991,页1—20;杨育镁《元代江南田赋制度》,《中国历史学会史学集刊》第21期(1989),页143—170。

③姚大力《论元朝刑法体系的形成》,《元史论丛》第3辑(1986),页105—129。

④岩村忍《モンゴル社會經濟史の研究》,京都:京都大学人文科学研究所,1968,页338—374;海老泽哲雄《約會に関する覚書》,《元代刑法志の研究訳註》,东京:教育书籍,1962,页88—99;Paul Heng-chao Ch'en, *Chinese Legal Tradition under the Mongols*(Princeton:Princeton University Press,1979),pp.82-88。

"本俗法"的尊崇及约会制的施行构成元朝多种法律并行的特色。

(六)多元语文政策的施行

元代种族繁多，语文不同，政府官员来自语文迥然不同的种族。因此，元廷采行多种语文并用的政策。蒙古文、汉文及波斯文（回回）并列为官用语文。朝廷奏对及所受奏章皆用蒙古语文，而所颁诏旨则有蒙汉二本，政府中多数文书亦是如此。有些文册，更需兼用回回文。为执行翻译工作，宫廷中设有怯里马赤（keleme-chi，即口译者）、必阇赤（bichëchi，即秘书）及札里赤（jarlighchi）。中央及地方各机构几乎遍设通事（即怯里马赤）、译史（又称蒙古必阇赤，从事笔译），若干中央机构亦设有回回掾史，从事回回文的译写。译职人员总数达一千一百余名①。负责训练译职人员的机构在中央为蒙古国子学及回回国子学，诸路则设置蒙古字学，与儒学教育体系平行②。在中国史上，元朝显然为推行多元语文政策最有系统的一代。

总之，元朝巩固统一之措施着重"因俗而治"与"诸制并举"，一方面显示元廷的民族分化政策，另一方面则反映元朝辽阔的疆域及多元种族、多元文化的现实，不得不尔。但是，这些"因俗而治"与"诸制并举"的措施，对国家的统合未必有积极的影响。

四、统合的得失

全国统一为统合创造有利条件，加速汉地与江南，乃至中原与

---

① 萧启庆《元代的通事与译史：多元民族国家中的沟通人物》，《庆祝札奇斯钦教授八十寿辰学术论文集》，台北：国学文献馆，1995，页199—267。
② 洪金富《元代蒙古语文的教与学》，台北：蒙藏委员会，1990。

边疆地区的经济与文化之交流。但是元朝征服政权的性格及其所采取的民族分化政策及"因俗而治""多制并举"等措施却为统合制造了甚大的障碍。因此,仅有两个方面的统合较为成功,另外四个方面则颇多局限。

统合较为成功的两方面是:

(一)汉地江南经济的合流

统一以前,南北经济发展甚不平衡,区域差异颇大。两区间之物资交流仅靠互市与走私,互市时断时续,走私数量甚小,风险却大。皆不足懋迁有无。

南北混一后,市场扩大,远程贸易有利可图,南北人物纷纷下海,从事区域间之贸易①。张之翰说:

> 观南方归附以来,负贩之商,游手之辈,朝无担石之储,暮获千金之利。②

可见利润甚大,资本累积颇为迅速。汉族商人中,以经营远程贸易而致巨富者有:济南崔聚,"往来贸易湖湘间";河南人姚仲实,行商各地;扬州人张文盛之商业范围更是"北出燕齐,南抵闽广";回回商人——即所谓斡脱(ortogh)——更凭借勾结官府,形成触角遍及全国的商业网③。

运河开通之后,南北贸易更加兴盛。"江淮、湖广、四川、海外土贡,粮运商旅贸迁,毕达京师"。运河沿线城市——临清、会通

---

① 韩儒林主编《元朝史》,上,北京:人民出版社,1986,页432。
② 张之翰《议盗》,《西岩集》(四库全书本)卷一三,页4上。
③ Thomas T. Allsen, "Mongolian Princes and Their Merchant Partners, 1200 - 1260", *Asia Major*, vol. 2. pt. 2(1989), pp. 83 - 126; Elizabeth Endicott-West, "Merchant Associations in China:The Ortogh", *Asia Major*(3r d series), vol. 2, pt. 2, pp. 127-154.

州、济州等——皆因而繁荣。长江口的昆山、天津前身的直沽则因分别为海运的起点与终点而成为新兴市镇①。

贸易的发达，导致南北经济的互补。最大项目的商品如粮食、丝绸、茶叶等均以江南为主要产地。这些商品均滚滚北输②。据马可·波罗（Macro Polo）说，输入大都之丝"每日入城者计千车"。西北一带，产业落后，所用丝绸自江浙输入，而棉花、棉布则由湖广、河南供应。而西北方之棉花、药材亦源源行销江南。除去供求关系外，南北二方又有分工关系，黄河南北盛产棉花，而长江三角洲纺织技术较高。后者需要前者之原料，而前者则仰赖后者之加工产品③。

全国市场之形成，导致景德镇之瓷器、杭州之丝织品、松江之棉布，乃至云南之普洱茶皆得行销南北。市场之扩大促使生产规模、生产关系随之改变。部分产品已由家庭副业改为商品生产，具体而微的资本主义方式已在杭州相安里的丝织作坊中出现④。

总而言之，由于南北经济发展的不平衡，物资交流的方向是由南而北。从商业层次而言，汉地虽然人口较少，但因生产落后，贵族、官僚云集，遂形成"江南种种物货，辎输商运入北不断"以及"南货北填市，北人南住家"的局面，汉地物资短缺因南货北来而得以缓和⑤，而南人亦有利可图，可说南北两利。从赋税层次而言，仅税粮一项，江南三省所收达六百四十九万六千零一十八石，占全国税粮总数之 53.7%。海运、漕运盛时，每年北运之粮多达八百三十万石，其数之大犹超出江南税粮总数。商税、盐科等抽取北运又不知更有几许。大量岁粮及其他赋税之北运无疑是江南的沉

①周良霄《忽必烈》，长春：吉林教育出版社，1986，页140。
②王逈《元代的国内商业》，《历史地理研究》第 2 期（1990），页248—280。
③李幹《元代社会经济史稿》，武汉：湖北人民出版社，1985，页277。
④郑天挺《关于徐一夔〈织工对〉》，《历史研究》第 1 期（1958），页65—76。
⑤王逈《元代的国内商业》，《历史地理研究》第 2 期（1990），页248—280。

重负担与严重损失。元帝国之繁荣与北方贵族及官僚之奢华生活端赖江南财赋之支撑。

(二)南北文化的融合

宋金对峙时代,南北两方文化虽然偶有交流,但这种交流为间接的、个别的,效果不大。实际上双方隔阂甚深,各自展现出强烈的区域特色①。如程朱理学虽然起源于北方,却在南方完成其体系,金儒之中,流传颇罕。又如杂剧、散曲皆为金季元初崛兴于汉地之通俗文学,而未流传于江南。此外,南北双方之诗文、书画皆各具独特的风格。

南北混一后,书籍、文物的流通,人物的往还皆大为顺畅。江南书籍文物之北流尤其显著。伯颜攻陷临安后,即封存宋室一切"经史子集、禁书典故、文字及书画、纸笔墨砚等物",后皆北运收藏于秘书监,成为元廷的重要文物庋藏②。私人方面,北方官员游宦南方者往往搜罗图籍,捆载北归。张炎、刘容、赵秉正、李秉彝等皆可为例。其中张炎在镇江路购返之书籍多达八万卷。即在蒙古人中亦不乏其例,炮手军总管怯烈氏勣实带从征江南,便是所至唯取图书③。此一风气,至元季未尝少衰。北方出版事业不及南方发达,但南人北游收购文物南归者亦每每可见。

理学北传与剧曲南流为统一后文化上最大收获。金代儒学承袭辽朝和北宋学风,三苏之学最为盛行,程学所传仅剩残支余脉。金儒所知朱学更是一鳞半爪。蒙古灭金伐宋以后,南方儒士及书

---

①关于宋金间的文化关系及其局限,参看陈登原《宋金文物关系》,收入陈登原《国史旧闻》,下,台北:大通书局,1971,页 346—349;陶晋生《女真史论》,台北:食货出版社,1981,页 122—128。

②傅申《元代皇室书画收藏史略》,台北:故宫博物院,1981,页 4。

③程钜夫《故炮手军总管克烈君碑铭》,《雪楼集》(台湾图书馆影印洪武本)卷二,页 6 下。

籍开始广泛北流,影响很大。德安赵复于太宗七年(1235)被俘北上,讲授程朱著作于燕京,回响尤其广泛。其后许衡任国子监祭酒,完全依从理学要求规定课业,"儒风为之丕变"①。延祐元年(1314)兴科举,其制多取资朱子《贡举私议》,理学在学术及政治上的正统地位乃告确立。

剧曲的南流亦是统一的结果。统一前杂剧的创作与演出皆以大都为中心,而前期重要剧作家皆为北人。平宋以后,大批著名剧作家相继南下,包括关、白、马、郑四大家。著名演员如珠帘秀、天银秀、天生秀也纷赴江南作"秀"。作家及伶人之南游,配合江南城市经济之繁荣,遂使杂剧兴盛于江南②。自元朝中期江浙地区已取代大都,成为杂剧的新中心。新起的江南作家与北方徙居江南的作家相互争辉。杂剧之南传,一度压抑了江南本土的南戏,但两者相互影响,戏文唱腔合流,形成南北兼用的新体制。

散曲原是受到游牧民族影响的"俗谣俚曲"。其情形与杂剧相似,早期曲家皆为北人,而以大都为创作中心。至元朝中期,其中心已南移杭州,著名曲家以南人及南徙北籍作家(如曾瑞、贯云石、薛昂夫、阿鲁威)居多③。北方创作已乏善可陈。

美术方面,南北原有风格亦不相同。金人以北宋传统继承者自居,而南宋书画家则崇尚创新。混一之后南北风格自不免相互激荡,趋于融合。如继承金朝书法传统之北籍名家鲜于枢仕宦江

---

① 姚大力《金末元初理学在北方的传播》,《元史论丛》第 2 辑(1983),页 217—224;周良霄《程朱理学在南宋金元时期的传播及其统治地位的确立》,《文史》第 37 辑(1993),页 139—168。

② 蔡美彪《南戏〈错立身〉与北曲之南传》,《元史论丛》第 5 辑(1993),页 218—231。

③ 隋树森《略谈元人散曲由北而南》,收入隋树森《元人散曲论丛》,济南:齐鲁书社,1986,页 109—120。

南,便激起一波复古浪潮①。统一之后南方画坛亦受到北方影响。李成、郭熙风格的山水盛行于金朝及元初北方画坛,在江南影响不大。统一之后,由于北籍官员之提倡,弥漫全国的风气,吸引不少南籍画家参与②。著名画家赵孟頫在其北游之后,融合李、郭及董巨两派山水画之风格于一炉,为元末文人画奠定基础。

南北文化融合似乎反映政治对文化的影响以及南北二方政治力量强弱的不同。江南文化之发达绝不弱于汉地,但在混一之后江南文化受到汉地文化甚大影响,而大都亦成为人文荟萃之文化中心。但在元代中期以后,南方经济极为繁荣,吸引了不少北方人才。剧曲等北方艺文业已江南化,杭州成为剧曲中心,而苏州亦取代大都成为美术中心,政治与文化中心始告分离③。

统合较不成功的四方面是:

(一)意识形态冲突的难消

统一国家必须具有合理的意识形态,指示国家的方向,及赢取官民的认同。元朝却未能建立一套为各族群共同接受的意识形态。"汉法"与"蒙古法"两种意识形态的冲突始终不断④。

---

①Marilyn Wong Fu,"The Impact of Reunification:Northern Elements in the Life and Arts of Hsien-yu Shu(1257? -1302)and Their Relation to Early Yuan Lite-rati Culture",in John D. Langlois(ed.),*China under Mongol Rule*(Princeton:Princeton University Press. 1981),pp. 371-433.

②石守谦《有关唐棣(1287—1355)及元代李郭风格发展之若干问题》,《艺术学研究年报》第 5 期(1991),页 83—131。

③Li Chu-tsing,"The Development of Painting in Soochow in the Yuan Dynasty",in *Proceedings of the International Symposium on Chinese Painting*(Taipei:National Palace Museum. 1970),pp. 483-500.

④李则芬《汉蒙思想冲突对元代政治的影响》,收入李则芬《宋辽金元历史论文集》,台北:黎明文化事业公司,1991,页 537—606;王明荪《元代的士人与政治》,台北:学生书局,1992,页 133—142。

"汉法"与"蒙古法"两者之间原有根本的差异。汉法主要系根据儒家学说，是一种文治思想。蒙古法则为草原传统，是一种武士文化。论治国目标，儒家着重行仁政、尚德治，而蒙古人则以"取天下了呵，各分土地，共享富贵"为最高宗旨。论政治组织，儒家强调一统尊王，蒙古人则视大蒙古国为"黄金氏族"（Altan Urugh）全体成员的共同财产，应行封建。论军事，儒家讲究偃武修文，以文御武。蒙古人则自认承受"长生天"之命而征服世界，奉行军事帝国主义。论财赋，儒家强调轻徭薄赋、藏富于民，反对横征暴敛。蒙古人则认为以财养战及厚赏贵族乃立国根本原则，不可俭省。论用人，儒家讲究选贤与能，由此发展出科举制度。蒙古人则着重"根脚"，强调私属主从关系及勋臣子弟世袭权利。蒙汉两法可说南辕北辙，难以弥合。

　　儒家被中原各王朝奉为正统思想，亦是有效的统合工具。忽必烈立国中原，自不得不采行汉法，尊崇儒家。但他自始即强调"祖述"与"变通"并行、"稽列圣之洪规"与"讲前代之定制"同施，换言之，不仅采行汉法，也保留蒙古旧制[1]。他虽然尊崇儒家，但嗜利黩武终身未变。其时的主要政治斗争似乎是儒臣与色目聚敛之臣之间的冲突。实际上聚敛之臣不过是忽必烈实行蒙古法的工具。元代中期历次主要政争也是汉法与蒙古法的斗争。顺帝初年，蔑儿乞氏伯颜之废科举，压制汉人，及其后脱脱一反伯颜所为而施行"更化"仍是此一斗争的延续。总之，终元一代，"汉法"与"蒙古法"两种意识形态的斗争不断。元廷不仅不能赢取汉族的真正认同，即在蒙古、色目族群之中，意识形态亦无法统一。

---

[1]白钢《关于忽必烈"附会汉法"的历史考察》，《中国史研究》第 4 期（1981），
　　页 93—107。

(二)政治参与的不均

"政治统合"主要是一个参与问题,即如何通过政治参与而使国民建立对国家的认同。近代以前专制政治中群众皆无合法的参与渠道。元代的政治统合实际是各族群菁英的参与问题。

近世各朝主要以科举甄选统治菁英,而科举制度系以普遍性评准使各区域乃至各阶层秀异人士进入统治阶层,为一甚为有效的统合工具。元朝前期未行科举。即在中期恢复科举后,由于录取人数甚少,而且名额分配偏袒蒙古、色目,所起统合作用不大①。

元代统治菁英阶层甚为闭锁,包拥性不大。菁英甄用主要评准有二:第一,家世,即当时所谓"根脚"。若干与皇室建有私属主从关系——即所谓"伴当"(nökör)——而又立有功勋的家族得以世享封建与承袭特权②。第二,民族等级制度:蒙古人为巩固其统治,实行民族分化,乃根据民族差异及归降时代先后,划分人民为蒙古、色目、汉人、南人四等。四等人所受待遇不同,在政治、法律、军事等方面皆是如此③。

从民族差别的观点而言,汉人,尤其是南人与蒙古、色目人的出仕机会相去甚远。元朝中期共有品官二万二千四百九十人,其中30.45%为蒙古、色目人,69.88%为汉人、南人④。表面看来,汉人、南人官员所占比例不可谓不大。但是各族群人口甚为悬殊,据估计,蒙古、色目人仅占总户数之3%,汉人为15%,而南人

①姚大力《元代科举制度的行废及其社会背景》,《元史及北方民族史研究集刊》第6期(1982),页26—59。萧启庆《元代科举与菁英流动——以元统元年进士为中心》,《汉学研究》第5卷第1期(1987),页129—160。
②萧启庆《元代四大蒙古家族》,收入《元代史新探》,页231—264。
③蒙思明《元代社会阶级制度》,北京:中华书局,1980,页25—62。
④《内外诸官员数》,《大元圣政国朝典章》(台北:故宫博物院影印元刊本)卷七。

多达82%①。可见各族群出仕几率的大小相差甚大。

从家世的观点而言，元朝最高阶层的官职几为数十"大根脚"家族所占据，其中有蒙古、色目人，亦有汉人。如木华黎等"四杰"，原为成吉思汗最亲密之"伴当"，其子孙可说累世金紫②。若干功勋卓著的汉军世家如真定史氏、藁城董氏，亦是世享尊荣③。南人之中并无真正"大根脚"家族，完全被摒斥于最高统治阶层之外。

南人，尤其是江南士大夫的出仕困难，是政治统合的严重缺漏。伐宋战争中，元廷为求速胜而采招降政策，降附官员皆优予高职，又规定南宋官吏可"告敕赴省换授"。至元十九年（1282）又遣程钜夫至江南访贤，荐用名士二十余人④。但是，元廷对南人极为猜忌，而北人对南人亦甚歧视，认为"新附人不识体制""南人浅薄不足取"，多方排挤。至元十五年即有诏汰江南冗官，并谕"翰林院及诸南儒今为宰相、宣慰及各路达鲁花赤佩虎符者俱多谬滥，其议所以汰之者"。同年八月即下诏"追毁宋故官所受告身"。南宋降官纷纷被罢职，此后不仅"北方州县并无南方人士"，而江南地方官亦多北人。

即在宋平之初，出仕元朝而得任高职的南人多为武将。士人人数不多，职位亦低。日本学者植松正曾分析南宋进士入元后的政治动向⑤。现有史料可稽之一百五十一人中，退隐不仕者八十

①《异民族の支那統治史》，东京：日本雄辩会讲谈社，1945，页172。
②萧启庆《元代四大蒙古家族》，收入《元代史新探》，页231—264。
③萧启庆《元代几个汉军世家的仕宦与婚姻》，《中国近世社会文化史论文集》，台北："中研院"史语所，1992，页213—277。
④姚从吾《忽必烈平宋以后的南人问题》，收入姚从吾《姚从吾先生全集》第7册，台北：正中书局，1982，页1—86；《程钜夫与忽必烈平宋以后的安定南人问题》，《文史哲学报》第17期（1968），页353—379。
⑤植松正《元代江南の地方官任用について》，《法制史研究》第38号（1988），页1—42。

四人(55.6%),出仕元朝者五十七人(37.8%),动向不明者十人(6.6%)。但在出仕之五十七人中,二十二人仅担任学职。官职较高者不过留梦炎、方回、谢昌元、青阳梦炎、臧梦解等寥寥数人。宋朝灭亡后,江南隐逸之风甚盛,其中固有不少胸怀悲愤不肯出仕新朝的宋遗民,也有不少求官无门而被迫退隐者。而且当时南人北上猎官之风甚炽[1],有如萨天锡《芒鞋》诗所说:"南人求名赴北都,北人徇利多南迁。"北人甚至讥笑北上求官之南人为"腊鸡"。不过因受等级限制及缺乏"根脚",求官者每每无功而返。求仕急切之南士"往往诡籍于北,而讳弃父母之邦",或改籍为汉人,或弃姓更名,冒充蒙古、色目[2]。科举复兴后,虽亦吸引不少南方士人投身场屋,但因录取配额甚少,甚多士人都是"年年去射策,临老犹需冠"。由于南士入仕机会渺茫,而江南经济繁荣,生活丰盈,元季东南文士之间遂行优游风雅的生活新风尚,流连诗酒,超越于政权之外[3]。元末乱起,震碎士人风雅美梦。虽有一些士人为元政权殉身,但更多士人或支持张士诚,或拥护方国珍,或成为明朝的开国功臣。

总之,元朝用人取士,欠缺包容力。有如元季明初学者叶子奇《草木子》所说:

> 元朝自混一以来,大抵皆内北国而外中国,内北人而外南人,以致深闭固拒,曲为防护,自以为得亲疏之道。是以王泽之施,少及于南,渗漉之恩,悉归于北。[4]

---

[1] 陈得芝《元代江南之地主阶级》,《元史及北方民族史研究集刊》第 7 期(1983),页 86—94。

[2] 王礼《西溪八咏序》,《麟原文集》(四库全书本)后集卷三,页 13 下。

[3] 郑克晟《元末的江南士人与社会》,《南开史学》第 1 期(1989),页 18—35。

[4]《草木子》卷三上,台北:中华书局,1959,页 55。

在此闭锁政权之下,汉族皆受歧视,而南人尤受排斥。因此,甚难赢取江南士大夫的真正认同,造成政权在南方的脆弱。

(三)民族融合的局限

一个多民族国家之中,如果统治民族与主要被统治民族的历史与文化迥然不同,国家统合不易达成。唯有在各族群经由同化或涵化而融合后,统合始有可能。

元朝的民族融合是以蒙古、色目的汉化为先决条件。蒙古、色目人数与汉族甚为悬殊。其中蒙古人文化落后,色目人的文化虽然较高,却甚分歧,对汉文化皆不可能产生重大影响。双向涵化的可能不大。

关于色目人汉化问题,陈垣名著《元西域人华化考》自儒学、佛老、文学、美术、礼俗、女学等六方面立论,胪列一百三十二人,证明西域人(即色目)汉化较深①。但色目人不是真正的统治民族,其汉化与否,是一次要问题。蒙古人是否汉化才是主要问题。

蒙古人文化落后,却是"政治主宰民族",这是蒙古人不能真正汉化的症结。一方面,由于文化落后,元廷无法推行"指导的文化变迁"(directed cultrual change),如欧人在亚非拉推行的西化政策,日本在台、韩实施的"皇民化",强迫从属民族接受其本身文化。另一方面,民族及政治认同为蒙古人凝聚力的命脉,亦为其特权之保障,元廷固然不能提倡汉化,而蒙古人亦无法完全汉化。

过去学者多认为:自来建立征服王朝的各民族中,蒙古人与汉族之间的文化差距最大,汉化最浅。这一说法固然大体不错,但仍需修正。近来的研究显示:蒙古人与汉文化并非枘凿方圆,格格不入。

元朝从未实行民族隔离政策,蒙古、色目散居各地,与汉民杂

---

① 陈垣《元西域人华化考》,励耘书屋本。

居。居住环境之变化导致生活方式及社会组织之变化,而且不免与汉族互通姻娅①。过去学者所说:元朝与清朝相似,禁止统治民族与汉族通婚,完全是无根之谈。实际上,当时各民族间的通婚,甚为普遍。而且有如洪金富所说:"许多通婚异族的汉人具有异族化或蒙化的倾向;更多的通婚汉人的蒙古、色目人具有汉化的倾向,或者已经汉化了。"②可见通婚与汉化之间具有因果关系。

笔者曾撰文数篇,探讨蒙古人所受汉化之影响。《元代蒙古人的汉学》一文考述现存记载中谙通汉族士大夫文化的蒙古人,共得一百一十七人,于儒学、文学及艺术皆有相当造诣③。其中少数蒙古人汉学造诣之高,足可与当代汉族及色目名家争胜。可见蒙古人并不是始终徘徊于汉族士大夫文化的门外。

《论元代蒙古人之汉化》一文除纳入上述文字的论点外,并考察了蒙古人在姓名及礼俗两方面所受汉文化的影响④。该文认为:过去学者显然低估了蒙古人所受汉文化的影响。但亦指出:终元一代,蒙古人并未真正汉化,"征服状态的局限"是其主要原因。虽然不少蒙古人已全无"游牧文化认同",但征服状态存在一日,蒙古便不会放下征服者的身段,"自以为右族身贵,视南人如奴隶"⑤,亦不会放弃其民族及政治认同,而与汉人融为一体。

---

① 萧启庆《论元代蒙古人之汉化》,《台湾大学历史学系学报》第 17 期(1992),页 243—271。
② 洪金富《元代汉人与非汉人通婚问题初探》,《食货》(复刊)第 6 卷第 12 期(1977),页 1—19;第 7 卷第 1 期(1977),页 11—61。
③ 该文原有正续二篇,业经合并改写,收入萧启庆《蒙元史新研》,台北:允晨文化事业公司,1994,页 95—213。
④ 萧启庆《论元代蒙古人之汉化》,《台湾大学历史学系学报》第 17 期(1992),页 243—271。
⑤ 孔齐《至正直记》卷三《曼硕题雁》,上海:上海古籍出版社,1987,页 110。

（四）阶级鸿沟的加宽

有如蒙思明所指出："元入中土时,金宋之经济阶级大部皆未被破坏。"[1]因而,汉地、江南原有的阶级差异未经消弭。征服状态则为社会顶层增添了蒙古色目贵族官僚地主,而在其末端奴隶阶层则有扩大的现象。

北方之大地主多为蒙古贵族官僚及汉军世家。蒙古贵族及官僚或因皇帝赏赐,或以投献及其他名义强行圈占田土,遂取代原有女真地主而成为汉地之大地主。汉军世家原来多为金季的土豪,顺应时势归降蒙古后得以雄视一方而广占田土。两者都是因贵而富。

江南地主阶级则以南宋时业已豪富的平民地主最为重要。这些平民地主往往以富求贵,或以贿赂求官,或勾结地方官吏以致把持州县,并进一步以其政治影响力扩大其财富。有如陈得芝所说:"江南地主的经济势力沿着南宋时代的发展趋势不断增长。"[2]

农民之中,北方自耕农及驱口（奴隶）较多,南人则租佃关系较为发达。驱口的增多亦可说是征服战争的结果,大陆学者多认为是受蒙古社会奴隶制的影响,而驱口最初的来源以军前掳掠所得人口为主。由于蒙古将吏及汉军军户集中于汉地,故北方驱口独多。驱口既用于家内役使,亦用于生产,其法律地位"与钱物同"。日本学者有高岩估计:全驱口多达一千万人,在总人口中所占比例甚大[3]。南方租佃关系发达乃因地狭人稠。佃户所纳田租多在作物五成以上,并且与地主有强烈人身依附关系,所受剥削,

①蒙思明《元代社会阶级制度》,北京:中华书局,1980,页18—24。
②陈得芝《元代江南之地主阶级》,《元史及北方民族史研究集刊》第7期（1983）,页86—94。
③有高岩《元代奴隸考》,《小川博士歷史學地理學論叢》（東京,1930）,页323—378。

不止一端。

元廷为保持社会安定,减少动乱,屡次施行压抑豪强、扶助贫弱的政策。但其主要政策为保持中原社会现状,以利统治,加以吏治败坏,无法执行改革。每次改革皆是草草终场。社会鸿沟反因征服而加宽。

五、结论

元朝所采巩固统一及促进统合的政策与汉族王朝不同,乃因元朝统一中国的性质及其政权的性格与各汉族王朝迥然有别。

元朝为草原游牧民族所肇建,而其统一中国不过是蒙古世界征服的一环。虽然忽必烈立国中原、建立元朝后,其政权已具有中原王朝的性格,但是元朝仍为蒙古世界帝国的宗主,其统治中原的方式亦带有强烈的征服政权的色彩。忽必烈的平宋不仅具有中原王朝统一战争的意义,亦是蒙古世界征服战争的延续。

元朝征服政权的性格以及其幅员的辽阔、境内民族与文化的繁多导致其特殊的巩固统一之政策。其政策的特色为多制并举,因俗而治,以及对不同族群给予差别待遇。此种政策在政治、军事、财经、法律、语文学等方面皆有深浅不同的显露。

统合原是一个相对性的名词。自古以来,没有统合完全成功的国家,也没有统合完全欠缺的国家。但是,若与汉族王朝相比,元朝的统合显然有较多局限。此类局限的由来则与元朝征服政权的性格具有密切关系。

元朝统合较为成功的方面为汉地、江南经济和文化的合流与交融。汉地、江南原是一个分裂国家的两个部分,其经济、文化的同质性与互补性甚高。南北对峙期间,双方虽然发展了区域性的特质,但在统一之后,趋于融合,甚为自然。

统合较不成功的几个方面则为意识形态、族群政治参与、民族融合以及阶级鸿沟等等。这几方面统合之不成功,与蒙古及汉族文化异质性过高及蒙古政权的征服性格有关。意识形态的冲突乃因蒙古统治阶层的利益与统治中原的实际需要相互抵牾而起。族群的政治参与之不平等乃因蒙古"根脚"制度及为长保政权而制定的民族等级制度而生。民族融合方面虽有不少进展,但真正的融合终因征服状态之存在而无法达至。至于阶级鸿沟问题,宋金原有阶级结构既为元朝所保留,而征服状态又在此结构之顶端增入蒙古、色目贵族官僚地主阶级,而在其末端奴隶阶层亦见扩大。

元朝的统一,和历史上任何国家的统一一样,有人得利,必有人受害。统一对人民的得失决定于族群、地域、阶级的差异。蒙古、色目贵族官僚乃至少数汉军世家无疑为统一的受惠者,高官贵爵、子女玉帛皆为其专利。对南人——尤其是士大夫阶层——而言,统一之害应是大于其利,统一固然为江南人民带来和平与繁荣,却更带来经济的榨取和政治的歧视。榨取与歧视便是南人所付出的"混一的代价"(price of merger)。"王泽之施,少及于南。渗漉之恩,悉归于北""贫极江南,富称塞北",固然是夸大之辞①,但正确反映了南人对统一后的蒙元政权之怨愤。这种怨愤显然成为统合的阻力,亦为元季反元运动的主要推动力。

政治学者有所谓"统合的门槛"(threshold of integration)一词,乃指一社区之中人民的向心力大于离心力、协同的活动(corporate activity)多于非协同的活动,故已可称为"共同体"②。元朝各族

---

① 《草木子》卷三上,页55。

② Philip E. Jacob and Henry Teune,"The Integrative Process:Guidelines for A-nalysis of the Bases of Political Community",p.8.

群、各区域之人民的利益相互抵牾,绝非同舟一命。叶子奇在叙述元朝统治下的各族群待遇不平等时曾说:"公则胡越一家,私则肝胆楚越。"①显然在他看来,元季各地域、各族群之人民皆是"肝胆楚越",而不是"胡越一家"。因而,元朝显然未能迈越"统合的门槛"。

蒙元政权与近代亚非拉殖民政权原多相似之处。近代殖民政权不仅极力维护白种人的特权,而且对治下各族群加以分化而不谋求统合。真正的统合在殖民统治终结之后才告开始。元朝的情形亦是如此,始终未能施行统合。明代元兴,"多数统治"终告恢复,元朝为维护"少数统治"而设置的种种藩篱得以消除,中原社会的再统合始有可能。

元朝的情形与汉族王朝有异,与辽、金、清等征服王朝亦有出入,与今日海峡两岸的情形更大不相同。元朝统一与统合经验是中国历史上独特而有趣的一页。这种独特经验或可为今日研究分合问题者提供参考,却无法完全应用。"古为今用"原不是历史研究的主要目的。

(原刊于《中国历史上的分与合学术研讨会论文集》,台北:联经文化出版公司,1994,页191—212)

---

① 《草木子》卷三上,页55。

蒙元支配对中国历史文化的影响

一、引言

十三世纪的蒙古征服战争震撼了欧亚二洲。其后蒙古统治中国、中亚及波斯约达百年之久,而俄国更处于所谓"鞑靼枷锁"之下近二百年。蒙古征服与支配对各国无疑造成不少影响,有如欧洲中古史学家宋德尔斯(J. J. Saunders)所说:"此一野蛮游牧民的风暴造成整个亚洲及半个欧洲政治景观的改变,世界主要宗教的分布与势力亦起了变化。同时,整个民族往往连根拔起并遭分散,很多地域的族群性格亦因而永远转化。"[①]但是各国所受影响的大小相差颇大,不能一概而论。

在中国历史与文化发展中,蒙元的地位颇为特殊。过去游牧民族(或半游牧民族)或则以"草原国家"(steppe state)及"边境国家"(border state)的身份与中原王朝争胜于边陲,或则在中原建立"征服王朝"(dynasty of conquest),统治华北的半壁山河而与汉族

[①]J. J. Saunders, *The History of the Mongol Conquest* (London: Routledge and Kegan Paul, 1971), p. 1.

王朝形成南北对峙,对中国历史的冲击与文物制度的影响都是局部的。蒙古人则挟万钧雷霆之势,灭夏、金,服大理,平南宋,结束晚唐以来四百年的纷扰与对峙的局面,建立第一个兼统漠北、汉地与江南的征服王朝,南北遂告混一,中原的文物制度遂失去六朝及南宋时代在南方所享有的避风港,受到空前的冲击,乃是很自然的。而且,中原的吞并原是蒙古世界征服的一环,而元朝也是蒙古世界帝国的一部分。当时中外交通之发达,活跃族群之繁多,草原文化、基督教文化、伊斯兰文化、南亚文化与中原文化之相互争胜,在中国历史上都是绝无仅有的现象。元朝族群与文化的"多元性"与"世界性"对中国历史文化的发展自应留下不少烙痕。

谈起蒙元支配对中国历史文化的影响,我们自然需问:经过蒙元统治之后,中原的政治、经济、社会、民族与文化是否发生重大的变化? 中国历史发展是否受到阻扰或挫折? 过去日本东洋史学前辈内藤虎次郎曾将五代与北宋视为中国近世时期的开始,宋代已有若干近世社会的特征,如君主独裁制的强化,工商业的发达,城市的繁荣,商人阶级与庶民的抬头与知识的普及等。后来的研究则显示:近世性的发展在宋亡之后长期停滞,直至十六世纪以后始有另一个发展高峰的来临。中国近世经济社会发展呈马鞍形,中间有一个为时不短的低潮期,这个低潮期为何产生? 内藤氏在京都大学的晚辈田村实造认为:宋、明之间经济社会发展缺乏连续性是由于金元等征服王朝的介入①。真相是否如此? 可惜田村教授对其论点未加申论,仍有值得进一步探讨的必要。

过去学者探讨蒙元统治对中原社会近程冲击者颇为繁夥,谈及长远影响者则为数寥寥,而且往往失之于片断。本文拟自宏观

①田村实造《遊牧民族と農耕民族の歷史關係》,收入田村实造《中國征服王朝の研究》,中,京都:京都大学东洋史研究会,1971,页642—655。

的视角,以宋、金、元、明史事为脉络,综合中外学者的相关论点,对蒙元统治的影响作一较有系统的探讨,希望对问题全貌的了解有所助益。

二、政治

明朝的政治制度及气氛与唐、宋相比,皆有甚大的改变。唐、宋时代,君权虽尊,但皇帝权力的运用却多节制,也很文明。皇帝与“士大夫治天下”的“共治”观念深植人心。宋朝虽已加强君权,却仍遵循古来“刑不上大夫”的传统,不杀大臣及言事官。而明朝不仅废除宰相,皇帝大权独揽,并且运用廷杖、特务、党狱、文字狱,威吓群臣,政治上充满肃杀凛冽的气氛,改变不可谓不大。

元朝在此一重大改变中所起作用为何? 史家之间颇有争议。过去吴晗①、牟复礼(Frederick Mote)②、陶晋生等先生皆认为明初君主绝对专制的建立③,尤其是政治高度残暴化,是受蒙元政治文化的影响。最近中国大陆学者周良霄④、姚大力⑤、张帆⑥等也力主此说。他们的看法在细节上虽有差异,但大体皆认为:(一)成

---

①吴晗《朱元璋传》,北京:生活·读书·新知三联书店,1965。
②Frederick Mote, "The Growth of Chinese Despotism, A Critique of Wittfogel's Theory of Oriental Despotism as Applied to China", *Oriens Extremus* 8(1961), pp. 1-41.
③陶晋生《金代女真统治中原对中国的政治制度的影响》,收入陶晋生《边疆史论集——宋金时期》,台北:商务印书馆,1971,页111—126。
④周良霄《元代的皇权和相权》,清华大学历史研究所主办“海峡两岸蒙元史学术讨论会”论文,台北,1999。
⑤姚大力《论蒙元王朝的皇权》,《学术集林》第15期(1999),页282—341。
⑥张帆《论金元皇权与贵族政治》,《学人》第14期(1998),页297—327。

吉思汗所建立的为一"家产制"国家,大臣多为可汗的家臣,君臣关系类似主君与奴婢。(二)忽必烈建立元朝后,虽采用中原固有的官僚制,主奴关系却向汉式君臣关系渗透,君臣之间尊卑距离拉大。(三)唐宋以来,君主与士大夫"共治"的观念削弱,而制衡君权的一些机制则遭废除或弱化。(四)君臣之间人格上之差距较前更大,大臣在朝廷之上遭受批颊、杖责之事屡见不鲜。(五)宰相权力较前亦增强,但由于宰执皆为皇帝家臣,进退唯君命是从,不能构成对君权之威胁,仅在元季出现过一两位危及君权的权相(张帆、姚大力皆作如是说,而周良霄则认为元代相权遭受分割,皇帝权力独大)。(六)"共治"观念的淡化与制约君权机制的削弱,为明太祖加强君主专制扫清障碍。

傅海波(Herbert Franke)[1]、韦丝特(Elizabeth Endicott-West)[2]、窦德士(John Dardess)[3]则认为明朝的君权膨胀及政治残暴与蒙元经验并无关系,而元季政治的纪纲不振,则是明太祖创制立法的反面教材。他们的论点是:(一)草原政治传统不是君主独裁,而是贵族合议。(二)元朝中央集权程度不高,诸王各拥分地。(三)明朝的政治残暴不必承袭自元朝,而可能渊源于汉族王朝的先例,汉、隋、唐等朝帝王,皆有法外施刑、借事立威的恶例。(四)明太祖鉴于元朝纲纪废弛而导致亡国,不得不申严纲纪,集中权力,并用残暴手段来巩固政权。(五)明朝开国功臣——浙东诸儒

[1]Herbert Franke, "The Role the State as a Structural Element in Polyethnic Socie-ties", in Stuart Schram(ed.), *Foundations and Limits of State Power in China*(London: University of London, 1987), pp. 87-112.

[2]Elizabeth Endicott-West, "Imperial Governance in Yuan Times", *Harvard Jour-nal of Asiatic Studies* 46(1986), pp. 523-549.

[3]John Dardess, *Confucianism and Autocracy, Professional Elite in the Founding of the Ming Dynasty*(Berkeley: University of California Press, 1983).

亦极力鼓吹加强君权作为社会道德更新(sociopolitical regeneration)的手段。

这两种看法可说各有短长。事实上,蒙古的政治传统有两个层次,一为草原部族联盟的老传统,一为成吉思汗所缔造国家的新传统。在草原老传统中,由于生态环境之制约,国家(state)并无存在的必然性。国家组织不过是部族组成的邦联(confederation of tribes),国家大政皆是由部族领袖联合会议决定,可汗不能专制①。而成吉思汗建国所倚恃的不是部族的力量,而是他个人招募的"伴当"(nököd),这些伴当与他皆有私属主从关系。因而在建国时他能打散原有的部族,将蒙古自一松散的部族社会转化为一个组织严密的国家。

成吉思汗的国家系根据两个原则所组成。一方面根据氏族公产制的原则,将国家视为"黄金氏族"的共有财产,对子弟大行分封,在这个层次的政治,保留了草原老传统中的合议制,具体表现于议决大政的忽里台(quriltai)会议上。另一方面,政府的性质则颇符合韦伯(Max Weber)所说的"家产制"(patrimonial),即是政府为皇室家务机构之扩大,大臣是由家臣——伴当——充任,身份是大汗的"梯己奴婢"(emchü boghol),大汗对大臣拥有绝对的权威,而大臣则必须对大汗绝对效忠。

忽必烈立国中原、建立元朝后,以中原的政治制度与蒙古旧制相糅合。一方面,保留皇族封建旧制,即所谓"投下"。但是,投下主虽可合议选君,却不能过问日常政务,即张帆所谓"宗室分封,家臣治国"。另一方面,中原的官僚制则与蒙古家产制相糅合,政府高官多由曾经服役于怯薛(Kesig,皇帝宿卫)的"大根脚"子弟担

①Thomas Barfield, *The Perilous Frontier*, *Nomadic Empires and China* (London: Basil Blackwell, 1989), pp. 5–8.

任,仍具皇帝家臣身份①。因而,元朝君臣关系与汉族王朝时代相较,确实增多几分主奴色彩,不仅"共治"的观念较弱,中原传统中的若干制约君权的机制亦未能建立,皇权少受约束。而且"刑不上大夫"的观念荡然无存。粗暴的政治文化在元朝遂得到进一步发展。

但是,元朝君主专权的制度未能长远维持。中期以后,由于中央集权官僚制的加强及帝位争夺频繁的影响,权力逐渐集中于相臣之手。君臣权力关系演变的轨迹清晰可寻。拥立成宗的伯颜(八邻部人)、玉昔帖木儿以及拥立武宗的哈剌哈孙都属于传统蒙古家臣的类型,虽有立君大功,但在新君即位之后却是谨守人臣本分,绝对恭顺。仁宗、英宗时的铁木迭儿属于过渡型的权臣,他虽能权倾一时,却始终倚靠皇太后答己的支持,并无独立的权力基础。文宗、宁宗、顺帝时的燕铁木儿、伯颜等人则是权臣的典型,不仅拥有政治、军事大权,而且操纵帝王废立,主君与家臣的关系早已改变②。

明太祖及其开国功臣所见到的不是君尊臣卑的元初气象,而是元季的大臣专权、纪纲不振的乱状。以致明太祖屡次在诏书中指出:"元氏昏乱,纪纲不立,主荒臣专,威福下移","人君不能躬览庶政,故大臣得以专权自恣"③。太祖提高君权显然为其对元季乱状的反动。但是,即使在元季大臣专权时代,粗暴的政治文化绝未改善,这种粗暴的政治文化为明朝所继承。

---

①萧启庆《元代的宿卫制度》,收入萧启庆《元代史新探》,台北:新文丰出版公司,1983,页59—112。

②Ch'i-ch'ing Hsiao, "Mid-Yuan Politics", in Denis Twitchett and Herbert Franke (eds.), *Cambridge History of China*, vol. 6 (New York: Cambridge University Press, 1994), pp. 590-560.

③《明太祖实录》卷一四。

总之,元朝未能始终维持君主绝对专制的体制,中期以后,权臣凌驾君主之上。因而,明太祖之加强君主专制并不是仿效元制,而是以元季政治的"威福下移"为殷鉴。但是,明代政治的残暴化则可能受到蒙元统治的直接影响。

三、经济

宋朝经济蓬勃,学者认为"商业革命""煤铁革命""资本主义萌芽"等现象皆曾在宋朝出现。这些现象以后却未能进一步发展而形成真正的产业革命。蒙元征服与统治是否延阻了这方面的发展?中国大陆学者对这一问题的看法前后颇不一致。二十世纪五六十年代的学者多认为蒙元统治破坏甚大。李剑农便认为辽金元三代为一经济发展的"逆转时代"①。近年来学者多反对"逆转"说。李幹《元代社会经济史稿》便认为"元朝取代宋朝,不是什么历史的倒退","元代整个社会生产力不是停滞不前,而是向前发展的",而"边疆地区的社会经济发展,尤为显著"②。

欲具体研讨蒙元统治对经济发展的影响,需自人口问题着手。过去学者认为元朝人口较宋金时期大为减少。近年研究则修正此一看法。王育民估计:元朝全国人口尚有一万零四百三十八万口,二千三百三十五万户。较宋金增加 14.7%,但因元朝版图扩大,实际增幅为 0.6%,人口并未减少③。

但是,南北二地区人口分布的变化颇大。宋金时代,南方与北

---

① 李剑农《宋元明经济史稿》,北京:生活·读书·新知三联书店,1957。
② 李幹《元代社会经济史稿》,武汉:湖北人民出版社,1985。
③ 王育民《元代人口考实》,《历史研究》第 5 期(1992),页 103—117。

方人口比例约为 6∶4,至元朝则成 6.7∶1,相差甚为悬殊①。人口学者认为元朝为"江南人口优势的确立"时代,这一趋势为明朝所继承。江南人口优势的确立,一方面与蒙古征服时期华北杀戮甚烈及人口不断南移有关,另一方面,也反映南北经济发展差距的增长。

南北经济的不平衡,无疑因蒙元统治而增大。金朝统治下的华北经济原较江南落后。蒙古平金,征战廿余年,中原经济所受摧残颇大。蒙元平宋,已改采招抚政策,江南未受摧残,故其经济能在原有基础上继续发展,拉大与中原经济的差距。

蒙元统治对中国经济发展,兼具有利与不利因素。有利因素有:(一)全国市场的形成:全国统一,打破各地区的经济分隔,促进商品及原料的交换。市场扩大导致生产规模与生产关系的改变。(二)蒙古统治者没有轻商偏见。(三)中外交通大开,有利国际贸易发展。蒙元统治对经济发展不利之处则是:战乱的破坏与外籍官僚资本——斡脱(Ortoq)商人以金权结合政权,干扰正常商业发展。

现有对元朝经济各部门的研究显示,经济并未出现逆转的现象。农业方面,由于忽必烈采取中原传统的劝农政策,南北二地区农业皆恢复很快,耕地总面积超过南北宋,生产技术也有所提高。手工业方面,梁方仲考察了八个部门的生产力,认为比起宋朝来并无倒退现象,并且有所发展②。商业方面,国内外贸易皆甚繁荣,不少商人利用全国市场的形成,经营远程贸易而致富。而陈高华、

---

①周良霄、顾菊英《元代史》,上海:上海人民出版社,1993,页 479。
②梁方仲《元代中国手工业生产的发展》,《中国社会经济史论丛》第 2 辑(1982),太原:山西人民出版社,页 230—282。

吴泰《宋元时期的海外贸易》则认为①，元朝继宋朝之后，海外贸易空前繁荣，对国内工商业发展具有甚大促进作用，并为明代出现的"资本主义萌芽"铺路。

总之，蒙元征服与统治虽然加深人口分布与区域经济的不平衡，但中国整体经济的发展并未受到甚大影响。中国经济发展在两宋达到一个高峰，而在十六世纪以前未能有所突破。异族统治固然可能为一原因，但应非主要原因。今后欲探讨中国经济发展的困境，或许也应注意元、明之间战争的巨大破坏及明太祖的经济社会政策——企图将全国改造成一个"巨大农村社区"(huge village community)②——对经济发展的负面影响，也需多自中原价值体系与政治社会结构着墨，不必过于重视征服王朝的影响。

四、社会

蒙元征服与统治对中原社会的近程冲击，无疑甚为巨大，因为蒙古的社会组织原则与宋代以来中原社会发展的实况之间颇有差异。蒙古的社会组织原则是"封闭的社会阶层，世袭的特权……世代相承的职业和地位，以及根据实际的或者传说的血统将人们分为不同类别"③。宋代社会颇为开放，已无世袭的贵族、封闭的阶级，科举制度成为社会流动的主要渠道，而士人是公认的社会菁英。

---

① 陈高华、吴泰《宋元时期的海外贸易》，天津：天津人民出版社，1981。
② Ray Huang, *China, A Macro History* (New York: N. E. Sharpe, 1990), p. 153.
③ Frederick Mote, "Social Structure under Mongol Rule", in Denis Twitchett and Herbert Franke(eds.), *Cambridge History of China*, vol. 6, pp. 616–664.

元廷为永保蒙古民族的统治地位及便于动员人力与物力为国家所用而建立根脚制度、族群等级制度及户计制度。

根脚制度是根据个人的家世晋用官员,若干皇室的家臣家族被认为是"大根脚",世享荫袭特权。根脚制度亦具有族群含义,因为属于大根脚者皆为蒙古、色目,而汉人,尤其南人之"根脚"皆不大,政治上处于不利地位。

"族群等级制"系根据族群的差异,赋予蒙古、色目、汉人、南人不同的身份、权利与义务。但是,这一制度所造成的不过是"覆盖层化"(superstratification)的现象,即是将人数不多的蒙古、色目人置放于汉人、南人之上,享受尊荣。中原原有的社会结构所受影响不大。在蒙元政权覆灭、异族菁英消失后,中原社会结构恢复了原形。

在根脚制度与族群等级制度之下,受害最大的应为汉族士人。汉族士人,尤其是江南士人,由于儒学在蒙元时代失去"独尊"的传统优势,科举长期未曾举行,而在族群方面又居劣势,以致出仕不易,出路不大,得君行道的机会不多,个别士人不免感到挫折与沮伤,但整个士人群体并未受到致命的打击。

士人在中原社会中是一个根深蒂固的群体,备受尊崇。而且在南宋时代,士人的发展策略与北宋时代已有不同,不再汲汲谋求峥嵘于全国政坛,而力求巩固其在本乡的基础——经营田产,善结婚缘,积极扮演地方领袖的角色。换言之,士人已具有"地方菁英"(local elite)的色彩,其权力与身份已非完全来自国家,而是建立于其在地域社会中的稳固基础上,与明清时代的绅士在制度上相连贯①。士人的地位不致因朝廷鼎革或统治民族变换而发生很

---

① Robert Hymes, *Statesmen and Gentlemen: The Elite of Fu-chou, Chiang-hsi in Northern and Southern Sung* (London: Cambridge University Press, 1986), pp. 215-216.

大的变化。何况士人在元朝所受待遇并非如过去学者所说之恶劣。元代江南士人大多列为儒户。儒户的地位与各种宗教教士相似,享有不少优待,而唯一的义务是每户必须有一人入学读书。儒户制度遂成为宋朝科第官宦世家家学家风延续之保障,当时流传的"九儒十丐"的说法,并不反映实情①。科举恢复后,南人进士多数来自南宋官宦科第世家。而元代进士子孙在明朝仍多为官宦,可见近世士人阶层的稳定性。至少就江南而言,不仅士人阶层之菁英地位未因蒙元统治而大受打击,甚多士人家族的历史亦未因蒙古统治而中断②。总之,元朝根脚制、族群等级制对中原社会并无长远影响,对士人阶层亦是如此。

户计制度对中原社会的影响却较为久远。户计制度是蒙元为动员人力、物力而制定的世袭户役制度。户计类别有军、民、匠、站、盐、医、僧、道、儒等数十种。各色户计皆需世守其业,不能更改③。

各色户计为执行国家指定任务时,每户虽仅需一人供役,但往往牵涉全家。政府为稳定对人力的控制,对诸色户计的迁徙、析居、婚姻等行为都有严格的限制。这种限制人民择业、迁徙的世袭身份制度无疑增强了国家对人口的控制,但扭曲社会的实际状况,妨碍各阶层的自然流动与发展,与宋代社会的开放精神大相径庭。

元朝户计制度为明朝所承袭,改称为"户役"。早在洪武二年(1369),明太祖即下令"凡军、民、匠、医诸色户各以原版抄籍为定,

----

① 萧启庆《元代的儒户:儒士地位演进史上的一章》,收入萧启庆《元代史新探》,页1—58。李玠奭亦有《对元代儒户的一考察——以户籍为中心》,《东洋史学研究》第17辑(1982),页85—142。

② 萧启庆《元朝科举与江南士大夫之延续》,《元史论丛》第7辑(1999),页1—19。

③ 黄清连《元代户计制度研究》,台北:台湾大学文学院,1977;高树林《元代赋役制度研究》,石家庄:河北大学出版社,1997,页127—221。

不许妄行改变",可见明朝户役制度下的各类人户,皆是直接继承元朝而来,而且户役的类别亦系抄袭元朝,共有八十多类。诸色户役,亦系本着"役皆永充,籍不得改"的原则,世代皆需同样服役。

王毓铨教授认为,明朝的户役制度远绍周秦以来的传统役法,是中国古代"家长制度专制封建社会"的体现①。这一社会的主要特征是"政治权力支配经济权力",而其经济基础则是皇帝控制主要生产资料及劳动力——土地和人民。但是,秦汉以来,人民虽有纳粮、当差的义务,历朝却未推行世袭职业身份制。南北朝时代,虽有兵户、寺户、僧祇户等世袭服役户制,但不是普遍的设置,而且在唐宋业已消失。明制显然不能上溯古代,而是继承元朝。有如何兹全教授所说:"编户变了差户,这是中国历史上一大变局,这变局是由元开始,明继承的。全国人户都是为皇帝当差的,这是明清专制主义的基础。"②可见元朝的户计制度对以后的社会乃至政治发展都有深远的影响。

五、民族

蒙元是中国前所少见的民族大迁移与大混居的时代,民族大融合便是蒙元统治的一个结果。

元代徙入中原的各民族,族群之繁、人数之多、分布之广皆远胜前代。自族类观点言之,除去蒙古族外,尚有辽金时代已与汉族混居的契丹、女真、渤海等族,原住中原北边与西边的汪古、唐古、

①王毓铨《明代的配户当差制度》,《中国史研究》第 1 期(1991),页 24—43。
②何兹全《中国社会史中元朝的地位》,《北京师范大学学报》第 5 期(1992),
页 39—46。

畏兀儿、哈剌鲁等族,更有因蒙军而东徙的中亚、西亚及东欧的各族移民,包括钦察、康里、阿速、斡罗思、大食、波斯等族。民族、宗教、文化皆极繁多。就人数而言,据估计,徙入中原的蒙古、色目人大约有四十万户,二百万口,占全国总人数的3%,比例不可谓不高①。就分布而言,清赵翼早已指出,元代蒙古、色目人散居各地,与汉人相混,并无限制,因而在中原、江南分布甚广②。

过去不少学者往往强调元廷的民族歧视政策,蒙古人对汉文化冷漠,因而族群之间更存有明显的社会与政治区隔。事实上,元朝各族交往之密切、相互影响之深,远超过前辈的评估。

早在六十余年前,陈垣名著《元西域人华化考》考证了色目汉化士人一百二十七人的学艺造诣,显示不少色目学者士人的汉学造诣足可与当世汉族名家争胜③。笔者《元代蒙古人的汉学》一文考述了蒙古儒者、诗人、曲家及书画家一百一十七人的生平与造诣,借以说明元代蒙古人并不尽是汉族士大夫文化的门外汉,造诣高超者也大有人在④。笔者《元代多族士人圈的形成初探》一文指出,元朝中期一个熟谙汉族士大夫文化的蒙古、色目士人群体业已形成。此一群体人数日多、造诣日深,并且在各自族群中由上层向中下层扩散。蒙古、色目士人群体并非孤立于汉族士人主流之外,而是与后者密切互动。一方面,蒙古、色目士人与汉族士人透过同乡、姻戚、师生、座师与同年、同僚等关系形成一个紧密的社会网络。一方面,由于各族士人的文化修养、兴趣与品味相同,共同参

---

① 东亚研究所编《异民族の支那统治史》,东京:日本雄辩会讲谈社,1994,页172。
② 赵翼《蒙古、色目人随便居住》,《陔余丛考》,石家庄:河北人民出版社,1992,页291—292。
③ 陈垣《元西域人华化考》,北平:励耘书屋,1935。
④ 萧启庆《元代蒙古人的汉学》,收入萧启庆《蒙元史新研》,台北:允晨文化公司,1994,页95—216。

与诗文唱酬、雅集游宴、书画题跋及著作之编刊与序跋之题赠。另一方面,蒙古、色目士人与汉族士人具有共同的信仰、价值与行为规范,并且相互认同为"吾党"与"吾徒",各族士人间的共同群体意识显然已超越各自的族群意识。一个中国史上前所未见的多族士人圈业已形成①。

不过,当时蒙古、色目人尚未真正汉化。一方面,蒙古、色目士人在其各自族群中未必构成多数。另一方面,蒙古、色目人享有甚多特权,"自以为右族身贵,视南方如奴隶",自然不会放弃其原有的族群与政治认同。在征服状态之下,族群间政治与心理的对立,阻止了真正的民族融合。

蒙古、色目人的真正汉化是在明朝建立以后。明太祖反元后期系以"驱逐胡虏,恢复中华"为号召。建国之后,推行"本土化"政策。一方面扫除汉人中遗留之胡风、胡俗,"其辫发、椎髻、胡服、胡语,一律禁止","诏衣冠复唐制";另一方面,则对蒙古、色目人推行强制汉化,鼓励通婚,"许与中国人结婚姻,不许与本类人相嫁娶"。留居中原之蒙古、色目人既丧失原有的特权,又面临明朝的强制汉化政策,不得不改变身份,自动汉化。至明朝中期,已与汉族"相忘相化","不易识别"。总之,蒙古、色目人之与汉族融合完成于明朝立国之后,但元朝为这次大融合准备了条件。

六、文化

中原文化在蒙元时代经历了空前严峻的考验,一方面遭受蒙

---

①萧启庆《元代多族士人圈的形成初探》,收入萧启庆《元朝史新论》,台北:允晨文化公司,1999,页203—242。

古人的轻蔑与忽视,另一方面则承受外来文化的巨大冲击。

蒙古人入侵中原之初,对中原文化全无了解,亦不关心,以致庙学毁于兵火,儒士沦为奴隶。当时士人甚至有"天纲绝,地轴折,人理灭"的震撼,可见危机之大。斯文之延续端赖耶律楚材等少数仕蒙士人、汉人世侯及全真教士之维护。及至忽必烈立国中原,建立元朝,中原文化之地位始能转危为安。但是由于元朝是蒙古世界帝国的一部分,忽必烈及其继承者不能仅以中原"皇帝"自居,立法施政亦须自蒙古"大汗"的观点着眼。美国学者罗沙比(Morris Rossabi)所著《忽必烈汗传》即认为:忽必烈自认为"普遍帝王"(universal emperor),他必须接受在理论上受其控制地区的文化,而不能独重汉文化①。甚为允当。因而,汉文化必须与外来文化平等竞争,这在中国史上可说空前。

(一)外来文化的影响

蒙元时代,中外交通之密切、文化接触之广泛,确实超过隋唐时代。但外来文化——蒙古、色目文化——对中国的影响则远不如过去学者想象之大:

蒙古文化对中原文化影响不大。当时蒙古人是政治上的主宰族群,在文化上却居劣势,无法推行"强制同化",如欧洲人在亚、非、拉殖民地推行的西化政策以及日帝在我国台湾、朝鲜实施的"皇民化",强迫被征服民族接受其文化。事实上,蒙古文化值得汉族仿效之处不多。对汉族之影响主要限于民间习俗,如语言、名字、服饰、发式、礼仪(胡跪)、婚俗(收继婚)等方面②。民间接受这

---

① Morris Rossabi, *Khubilai Khan and His Times* (Berkeley: University of California Press, 1988), p. 172.

② Henry Serruys, "Remains of Mongol Customs in China during the Early Ming", *Monumenta Sinica* 16(1957), pp. 151–161.

些习俗,主要出于势利心理,而不是由于这些习俗的内在价值。例如:当时不少汉人、南人采用蒙古名,想冒充蒙古人以求谋得一官半职。元亡之后,政治诱因消失,自然无人再仿效蒙俗,加以明廷下令禁止,更彻底扫除了蒙古文化影响的遗痕。蒙元时代的高丽——尤其是宫廷——亦受蒙古文化的类似影响。但在蒙元势力消退后,这类影响亦消失于无形①。

色目文化包括伊斯兰文化、基督教文化与南亚文化,对中原文化亦未产生长远影响②:

第一,世界观未能改变:东西接触确实引进伊斯兰世界的地理知识,来自伊利汗国的天文、地理学家札马剌丁(Jamal al-Din)的贡献最大。札马剌丁于1267年以地球仪进呈元廷,引进地球三分为土地、七分为水的概念③。1286年,奉命为《大元一统志》绘制《天下地理总图》,曾参考《回回图子》。朝鲜李荟、权近于1402年绘成的《混一疆理历代国都之图》便是间接受到札马剌丁《总图》的影响。该图西方部分共有近一百个欧洲地名和三十五个非洲地名,并正确将非洲陆地南部绘为三角形④。可见元代回回专家确将广博之世界地理知识输入中原。但这些地理知识在中原却未产生广泛影响,例如《元史》系根据元朝官方资料撰写,其《地理志》及《外国传》记载汉文化区国家,如高丽、日本、安南所叙较详,而关于蒙古帝国西部,《地理志·西北地附录》所列不过一串地名而

①内藤隽辅《高麗風俗に及ぼせる蒙古の影響について》,收入内藤隽辅《朝鮮史研究》,京都,1961,页151—161。
②Herbert Franke, "Sino-Western Contacts under the Mongol Empire", in Herbert Franke, *China under Mongol Rule*(Brookfield: Variorum, 1994), ch. 7, pp. 49-72. 本节参考该文之处甚多,谨此致谢。
③宋濂等《元史》卷四八《天文志》,北京:中华书局,1976,页995。
④Joseph Needham, *Science and Civilization in China*, vol. 5, pp. 144-145.

已,可见元人对西北所知不多。民间记载亦少新意。显然,中国人的华夏中心世界观,未因蒙元世界帝国的统治而有所改变。有如傅海波教授所说:"以中国为中心的概念未受真正挑战,汉族士大夫并未对中国以外事物产生好奇心。"①

第二,外来科技影响肤浅:当时回教世界科技水平领先欧洲,中原所受外来科技影响主要来自回教世界,如回回炮、西域仪象与历法、回回药方与医疗技术以及衣食用品的制造技术〔如烧酒(阿剌吉)、果子露、金锦缎(纳失失)〕。但是,这些影响颇为零碎而肤浅。当时,中国天文学家虽采用回回天文仪器,却未吸收近东天文学的数学与几何学基础。回回医师在政府机构及民间开业,但是,中医的理论架构却全无外来影响的痕迹。

第三,外来宗教未能吸引汉族信徒:元代盛行的外来宗教,基督教(景教、天主教)、回教、犹太教及藏传佛教的信徒几乎全为外族。基督教的信徒主要为阿速、突厥及蒙古人。回教徒则以阿拉伯、波斯及突厥种人为主。汉人皈依回教者唯有嫁给回回的妇女。藏传佛教则主要流传于吐蕃、畏兀、唐古、蒙古等族之中,对汉族影响甚小。由于基督教为一外族信奉之宗教,和明季汉族士大夫竞相皈依该教的情形大不相同。元亡之后,不免再度消失于中原②。而回教则因在中原根基较厚,在明朝经历本土化的过程,始能落地生根,形成回族③。

第四,中原学术、文学、艺术未受外来影响:当时伊斯兰世界具有甚高的学术、文学与艺术水平,但在现存史料中,却未留下色目

---

①Herbert Franke,"Sino-Western Contacts",p. 53.

②周良霄《元和元以前中国的基督教》,《元史论丛》第 1 辑(1982),页 137—163。

③邱树森《中国回教史》,银川:宁夏人民出版社,1997,页 327—328。

人介绍其本国学艺于中原的迹象。事实上,当时蒙古、色目人的文学、艺术作品与汉族文人并无二致。例如色目诗人马祖常、萨都剌、余阙、金哈剌、迺贤、丁鹤年,曲家贯云石、马昂夫等人的作品所反映的生活、思想与情趣,与汉族文人全然相同,并无异域色彩或腥膻气味。又如著名画家高克恭为回回人,他的山水画却是继承五代董源、北宋米芾的风格,与其回回背景并无关系。在学术方面,西域著作传入中原者固然不少,但仅有《回回药方》等一二种译为汉文。而蒙古、色目人的学术著作如泰不华《重类复古编》、贯云石《孝经直解》、鲁明善《农桑衣食撮要》等所继承的是中原的学术传统,与其本族文化并无关联。

关于元代外来文化的影响不大,牟复礼说:

> 这个时代的汉人菁英不能说是已真正国际化。也就是说他们还未能对外来民族、思想、事物的本身发生兴趣。那个时期的作品中没有多少探讨外来事物的内容,知道外来的事情也没有表现出欣喜。与此相反,许多著述不经意地将远方地名相互混淆。并且分不清摩尼教、景教与佛教,或者引用了某些当时流行的外来语汇,却说无法知道它的真正含意……总之,我们看不到元代外族文化对当时或者以后的汉人生活带来的影响。[1]

总之,外来文化之所以对中原文化未能产生深远影响,究其原因,一方面可能由于明太祖的本土化政策扫除了外来文化影响的遗痕。另一方面则可能由于宋代以来中原文化本身的变化。傅乐成教授比较"唐型文化"与"宋型文化"时说:

---

[1] Frederick Mote,"Social Structure under Mongol Rule",in Denis Twitchett and Herbert Franke(eds.),*Cambridge History of China*,vol. 6,p. 644.

唐代文化以接受外来文化为主,其文化精神及动态是复杂而进取的……到宋,各派思想主流如佛、道、儒诸家,已趋融合,渐成一统之局,遂有民族本位文化的产生,其文化精神及动态亦转趋单纯与收敛。南宋时,道统的思想既立,民族本位文化益形强固,其排拒外来文化的成见,也日益加深。宋代对外交通,甚为发达,但其各项学术,都不脱中国民族本位文化的范围,对外来文化的吸收,几达停滞状态。[1]

可见自唐至宋中国对外来文化的态度已由包容转变为排拒。刘子健教授称这一转变为"文化内向",并将南北宋之际定为转变的枢纽时代[2]。不论中国的"文化内向"发生于唐宋之际或南北宋之际,元代外来文化之所以对中原文化未能产生深远影响,应与宋代以来的"文化内向"大有关联。

(二)本土文化的变化

中原文化在元代发生不少变化,但是这些变化与外来文化及元廷政策皆无直接关联。这些变化的发生主要是赓续宋金时代业已存在的一些趋势,但是蒙元时代的特殊政治社会环境助长了这些趋势的发酵。

1. 道学确立为官学

元廷承认道学为官学主要系继承南宋道学崛兴的动力及配合道学在统一后已成为全国最具影响的学派之现实。南宋季年,道

---

[1]傅乐成《唐型文化与宋型文化》,收入傅乐成《汉唐史论集》,台北:联经出版事业公司,1977,页339—382。

[2]James Liu, *China Turning Inward* (Cambridge, Mass.: Harvard University Press, 1988).

学影响已大,理宗时取消其"伪学"之禁,尊之为儒学正统①。但是,当时科举取士仍未以其为主要评准,而其影响亦不涵盖金朝统治下的华北。

金朝学术传统与南宋不同。金朝儒学以苏轼影响为最大,"苏学盛于北,洛学行于南"是当时南北歧异的忠实写照。当时华北所传二程之学仅为残枝余脉,金儒所知朱学更是一鳞半爪②。蒙古灭金伐宋之后,南方儒士及书籍北流,道学在北方造成甚大冲击并吸引姚枢、许衡等具有强烈传道使命感的士人,这批儒士遂成为道学在蒙元朝廷中的代言人。蒙元灭宋后,南北道学合流,成为儒学主流,为南北士人共同尊奉。1314 年恢复科举,考试程序规定答题以朱熹等道学家注释的四书五经为标准。道学的官学地位遂告确立。这一决定以后为明、清二朝所沿袭,影响极大。但元廷的决定不过是顺应宋金以来儒学内部发展的趋势,并为其政权赢取正统。

元朝继宋朝之后建立道学为官学、为道统,对中国政治、文化的发展具有颇大负面的影响,有如刘子健教授所指出:第一,道学确立为官学,等于被政权收编,儒教国家双重性格中道统抗衡君权的力量因而被削弱,君权上升,士人地位降低。第二,道统的建立,思想遂受束缚,中国思想进入一个"新传统"(neo-traditional)时代③。因此,明朝君主专制的绝对化及政府对思想文化控制的加强皆与道统的建立大有关系。在这方面,元朝至少起了推波助澜的作用。

---

①James Liu,*China Turning Inward*,pp. 146-155.

②周良霄《程朱理学在南宋金元时期的传播及其统治地位的确立》,《文史》第 37 辑(1993),页 139—168。

③James Liu,*China Turning Inward*,pp. 43-51.

2. 俗文学的提升

俗文学的提升、文人画的昌盛与文人主义的兴起,皆与士人在蒙元政治社会结构中的特殊地位有关。由于元朝实行族群等级制,长期未采行科举制度,取士用人重视"根脚"(家世),汉族士人地位因而较前低落,失去固有的社会荣誉,同时又面临严重的出路问题。以致甚多士人不得不在传统的活动范围——仕进、经术、正统文学——之外,寻求安身立命之道,或则屈身胥吏,或则从事医、卜,或则专事书画,或则沉湎诗酒,牟复礼教授所谓"菁英角色的扩散"(diffusion of elite role)遂成为元代士人群体的新特色。菁英角色的扩散导致了上述种种文化新发展。

俗文学——尤其是杂剧与小说——的提升便与士人角色的扩散具有密切的关联。元杂剧的前身是两宋杂剧及金院本,而小说则是由话本发展而来。无论宋代杂剧、话本及金朝院本都是商品经济发达、都市繁荣的结果,乃系民间艺人在勾栏瓦舍中为娱乐市井小民所作表演的脚本。这与士大夫所作的诗词歌赋、诏令典章等"正统文学"之间的"雅""俗"之别,甚为显然①。元杂剧系以金院本为主体,结合讲唱文学与民间伎艺,在金朝季年业已成立,而不是在蒙元时代突然出现。关于杂剧在蒙元时代兴盛的原因,过去学者或说是由于蒙元宫廷的赞助,或说是由于外来文化的影响,或说大蒙古国及元朝初期朝廷文化政策较为宽松,而理学尚未定为官学,作者享有较多创作自由。但真正重要的原因是不少失意士人参加了杂剧创作甚至演员的阵营。有的士人为谋求生计,成了专业作家——书会才人,有的屈身下吏的士人则借创作剧本来抒泄郁闷,成为业余作家。他们挟士人之知识与才能从事杂剧创作,导致杂剧水平的大幅提升。小说发展的情形亦与杂剧近似,由

----

①么书仪《元人杂剧与元代社会》,北京:北京大学出版社,1997,页17。

于士人的参加创作,元末明初始有《三国志演义》《水浒传》等经典小说的出现。关于士人参与俗文学创作的历史意义,杂剧学者么书仪说:"正统文学的一部分神髓化入了俗文学,使广大市井小民提高了文学水平和鉴赏力,未始不可以认为是整个民族文化水准的提高。"①也可以说,由于士人参与创作,俗文学遂成为士人传播其文化与价值于平民阶层的有力工具,拉近了菁英与民众的文化距离。

3. 文人主义的出现

宋代道学兴起后,"文人"作为一个社会文化类型,备受轻视,反映于"一入文人,便无足称"的说法。"文"与"道"原是士人文化的主要内涵。"道"——经术——的研习固然是士人必具的修养,"文"——诗、文、书、画——之创作与陶冶亦为士人不可或缺的素养。但是道学家重道轻文的趋势甚为明显,认为"作文害道",而且又主张"存天理,灭人欲",要使一切思想、感情与言行都合乎天理。元代士人大体受到道学的伦理观与文学观的规范,"文统与道统走向结合毕竟是元代诗文发展的主流"②。

文人主义在元末最后二三十年出现于东南沿海的吴中地区——苏州、松江一带。文人主义的出现一方面反映战乱时代士人对国家与社会的疏离,另一方面则代表士人力求突破道学对于生活与文学的束缚。文人主义是以吴中诗派为代表,而吴中诗派是以客居吴中的杨维桢为领袖,顾瑛、倪瓒为辅佐,高启、杨基、张羽、徐贲等"吴中四杰"为后劲。吴中诗人不乐仕进,甘于隐遁,抛开士人对国家社会的责任,过着亦雅亦俗的生活,不避物质享乐及文人情趣的追求,沉湎于诗酒书画之中,甚至有惊世骇俗的行为。

---

① 么书仪《元人杂剧与元代社会》,页185。
② 马积高《宋明理学与文学》,长沙:湖南师范大学出版社,1989,页135。

他们的诗歌有一种回归自然的倾向,充溢着肯定自我、张扬个性的个性化精神①。

吴中诗派在明初受到致命的打击,明太祖开国后,重新制礼作乐,强制用正统思想规范士人的思想和言论,吴中四杰先后被害,吴中诗派遂告消失。但在晚明反道学思潮兴起后,其高扬自我的文人精神重现于公安、竟陵等派的个性解放的主张上。

文学史学者陈建华认为元末东南沿海城市文化注重个性与创造,富于乐观和开拓精神,与文艺复兴时的意大利异轨同步,遥相辉映②。李修生教授则认为当时东南沿海文化的表现具有"近世意义的启蒙精神"③。但是,无论文艺复兴与启蒙运动在明朝皆未曾出现,主要是政治压抑文化发展的结果。但是,在道学气氛弥漫的宋、元、明时代,元末吴中诗派高扬自我的思想无疑是一条若续若断的清流。

4. 文人画的兴盛

文人画系继承宋、金士大夫画的余绪。士大夫画早在十一世纪即已产生,以苏轼为首倡。但终宋一代,士大夫画的势力仍无法与院派画相抗衡。但在元朝九十年间,文人画灿然大盛,业余士人画家取代宫廷专业画家的势力,美术史家高居翰(James Cahill)目为中国史上的一次主要"艺术革命"④。

文人画在元代的成长与繁荣亦与当时江南士人处境困难及隐逸之风盛行有关。元初的文人画家中有宋朝遗民如钱选、龚开、郑

---

① 王忠阁《元末吴中诗派论考》,桂林:广西师范大学出版社,1998。
② 陈建华《元末东南沿海城市文化特征初探》,《复旦学报》第 1 期(1988),页 31—40。
③ 王忠阁《元末吴中诗派论考》,李修生《序》,页 1—3。
④ James Cahill, *Hills beyond a River*, *Chinese Painting of the Yuan Dynasty* (New York, 1976), p. l.

思肖等人,亦有官职显贵的"元初四家"赵孟頫、商琦、李衎、高克恭。遗民士人固然自甘隐遁,而官职显贵者亦有对隐逸的希企。中晚期画家郭畀、曹知白及"元末四家"黄公望、吴镇、倪瓒、王蒙等人,或为不得志于仕途的隐士,或是但苟全性命于乱世的逸民①。总之,文人画家多是由于不同原因而退隐,书画为其寄情寓兴的工具。

文人画家借山水、竹石表达思想志节,通常多用水墨,风格崇尚平淡朴拙,不求形似,讲求业余色彩,力避讲究尽美尽善的画工之艺。

文人画至元末四家已臻成熟。明代中期吴门派的沈周、文徵明,晚明华亭派的董其昌皆为文人画大家。文人画至此遂成为中国绘画的主流。

简言之,俗文学的提升、文人画的兴盛与文人主义的兴起皆是继承宋、金以来俗文化与士人文化原有的发展趋势,而蒙元时代的特殊政治社会结构中士人地位之低落则加速了这些趋势的发展。日本学者竺沙雅章说:

> 征服王朝的元,对中国文化最大贡献,应该是将这个时代中国传统文化的硬壳打破,使清新的市民文化得以成长……
>
> 换言之,覆盖着中国文明的儒教文化表皮,因为强力的异民族支配而被强制地剥离,累积在下层的文化终于得见天日。②

事实上,蒙元统治并未能真正"打破中国传统文化的硬壳",打破的不过是政治社会结构的一个角落,市民文化因为打破此一角落

---

① 何惠鉴《元代文人画序说》,《新亚学术集刊》第 4 期(1983),页 243—257。
② 伊藤道治等著,吴密察等译《中国通史》,台北:稻乡出版社,页 507、511。

得以浮现。但是,由于道学被确立为官学,传统的意识形态反而有所增强,文人主义的兴起可视为对意识形态增强的反抗,这种反抗将若断若续地经历数百年之久。总之,蒙元统治对中原文化的影响可说正负兼具,却未打乱中原文化发展的常轨。

七、结论

从上文的讨论看来,蒙元统治对中原文明的各方面造成大小不一的影响:在政治方面,明清时代的君主绝对专制与政治残暴,不能完全归咎于蒙元。明代政治的残暴化固然受到蒙元,乃至金朝先例的影响,但明太祖的强化君权却非直接受到元朝的影响。元朝晚期的政治混乱为明太祖建国立制提供了反面教材。太祖一方面继承宋朝以来君权上升的趋势,另一方面力求革除元季政治弊端而加强皇权,但因其个人性格以致矫枉过正。

在经济方面,过去学者显然夸大了蒙元统治对中原经济发展的负面影响。蒙元征服与统治虽然加深了人口分布与区域经济的不平衡,但整体经济的发展并未受到甚大影响。

在社会方面,根脚制、族群等级制与户计制的影响互不相同。根脚制与族群等级制系元廷运用政治力量所设定,对中原社会的短程冲击甚大。但是,此一制度并未改变原有基于经济力量而成长的社会阶级制度。蒙元政权崩溃后,蒙古、色目人的特权地位随之消失,中原的社会结构基本上恢复到蒙古征服前的原形。元朝户计制度为明朝所承袭,此一制度加强了国家对社会的控制,影响了人民与国家的关系。

在民族方面,蒙元为一民族大迁徙与大混居时代,当时各族群交往之密,蒙古、色目人受汉文化影响之大,远超出前辈学者的估计。虽然由于当时蒙古、色目人享有甚多特权,并未真正"汉化",却为明初的民族大融合创造了条件。

在文化方面,外来文化对中原文化并未产生重大影响。而中原文化在此期间的新发展,如道学确立为官学、市民文化之提升、文人主义的兴起与文人画的兴盛,与外来文化及蒙元朝廷政策皆无直接关联,而是宋金时代早已存在的一些趋势在蒙元特殊政治社会环境中发酵的结果。

从以上五方面看来,蒙元统治对中原政治、社会与文化的影响较为深远。君主专制与政治残暴化造成明、清二代政治上的肃杀凛冽的气象。户计制的延续加强了政府对社会的控制并成为明清君主专制的基础,而道学的确立为官学则削弱了道统抗衡君权的力量,也局限了学术文化的发展。与宋代相较,元代以后君权明显上升,而政府对社会与文化的控制则较前增强。

但是,整体言之,中原文明在蒙元时代虽经历了空前严峻的考验,却能浴火重生,而且并未偏离原有的发展主线。在蒙元覆亡之后,中原文明的核心特质如儒教国家、君主专制、官僚组织、士绅社会、士大夫文化以及以汉族为中心的族群结构等皆无根本的改变。宋、明之间文化发展的延续性大于中断性。

为何中原历史文明的发展未因蒙元统治而发生重大的改变?除去中原文明本身的优越性与生命力、蒙古人口稀少与文化落后以及元朝历年不久等尽人皆知的因素外,元、明两朝政权对中原文明的延续亦有贡献。忽必烈是倚靠中原的人力与物力而夺得帝位的,元朝亦是以中原为政治重心,不再是一个草原国家。忽必烈及其继承者虽号称为蒙古世界帝国的"大汗",但为加强其统治的合法性,不得不以中原的正统帝王自居,因而必须尊崇中原的典章文物,照顾臣民的生活福祉,对中原文明未曾过度摧残。而明太祖建立明朝,是以"驱逐胡虏,恢复中华"为号召,在其建国之后则是以

"复古"政策为主调。所谓"复古"即是清除胡元的影响与恢复汉文化的基本精神与政治社会秩序,可说是一种"原型民族主义"(proto-nationalism)的国策①。由于此一国策,明太祖在扫除蒙元统治遗痕与恢复中原旧制方面作出不少贡献。试想元朝在百年之间即已覆灭,或是其继承者为另一征服王朝,中原历史文化的延续问题可能有不同的答案。

至于宋代出现的"近世社会"若干特征为何在十六世纪以前得不到进一步的发展,从上面的讨论可以看出,蒙元似不必承担主要责任。宋代"近世"现象发展最为突出的江南地区在元朝所受破坏最小、干扰最少,蒙元统治至少对该一地区之发展应未带来多少负面效应。为何在宋代之后未能产生产业革命或文艺复兴,"征服王朝的介入"可能不是主要原因。今后对此一问题的研究,或需在中原固有的价值体系与政治社会结构上多所着墨,或需注意明太祖的政策对政治、社会、经济、文化所造成的负面效应,才可能寻得"近世社会"未能进一步发展的答案。当然,这个答案也可能永远不会出现。

〔原刊于韩国《国际中国学研究》第 2 辑(1999),页 387—410〕

---

① 范德(Edward Farmer)《朱元璋与中国文化复兴》,收入张中正编《明史论文集》,合肥:黄山出版社,1993,页 379—389;Edward Farmer, *Zhu Yuanzhang and the Early Ming Legislation*(Leiden:E. J. Brill,1995),p. 82。

说"大朝"：元朝建号前蒙古的汉文国号

兼论蒙元国号的演变

一

　　中国历代的国号,皆有特殊的意义,与各朝的背景具有密切的关系。汉族王朝与边疆民族所建各王朝的背景互异,国号的来源演变也因而不同。汉族王朝的国号,或是取自初兴之地名,或是采用封邑的名称,大多一次而定。而边疆民族王朝国号的演变较多曲折,最初多以种族或部族命名,仅在控制汉人地区并建立边境国家或征服王朝后,始采用汉式国号,以减低种族色彩,增强政治号召。但是汉式国号主要用以羁縻汉人,赢取中原正统。在本族语文中,多仍因袭旧号,不肆更革,以利本族之团结。如果边疆民族所建国家始终立国故地,未入中原,更不采用汉式国号。秦汉时代的匈奴,隋唐时代的突厥(Türk)、回鹘(Uyghur)虽都声势壮大,立国久长,但都未更名。总之,国号是一种政治符号,名称的演变,往往反映国家性质的嬗递,在政治与文化上都具有相当的意义①。

---

①阿保机于916年建国时,以族名契丹(Kitan)为国号。辽朝一号则采行于大同元年(947),当时契丹方陷大梁,有久居中原之意〔另说改号于(转下页注)

在过去一般印象中,元世祖忽必烈汗(Qubilai Qan,1260—1294)于至元八年(1271)采用"大元"一名之前,蒙古迄无国号。实际的情形,并非如此。自成吉思汗(Chinggis Qan,1206—1227)时代开始,即有 Yeke Mongghol Ulus 的国号,汉译为"大蒙古国"。这一事实,自柯立夫师(F. W. Cleaves)及田清波神甫(Antoine Mostaert,1881—1971)详加论证后①,卅年来,学者知者渐多②。但是,

---

（接上页注）天显十三年(938),见佟家江《契丹首次改辽年代考》,《民族研究》第 4 期(1983),页 58—60〕。姚师从吾曾指出:"'大辽'当是汉地新朝的通称,而不通行于本部。"〔见所著《契丹汉化的分析》,《姚从吾先生全集》第 5 册(台北,1981),页 35〕以后于圣宗统和元年(983)正式恢复契丹国号,但于道宗清宁元年(1055)又复用大辽一名〔冯家升《契丹名号考释》,《燕京学报》第 13 期(1933),页 1—48〕。可见辽朝始终摇摆于汉式国号与种族旧称之间。至于满洲初起之国号,黄彰健曾指出:奴儿哈赤所用之国号凡五变,计为女直、女真、建州、后金、金〔见所著《奴儿哈赤所建国号考》,《明清史研究丛考》(台北,1977),页 48〕。可见满清最先亦以族名为国号。天聪十年(1636)改国号为金,乃因当时太宗皇太极已有征服中原之志,而汉人以前对金朝积怨颇深,为减少汉人疑虑,故改号为清。实际上,"清"与"金"不过一音之转,在满文发音中并无区别。见孙文良等《清太宗全传》(长春,1983),页 266—267。关于边疆民族所建国家的一般国号与年号,参看陆峻岭、林幹合编《中国历代各族纪年表》,呼和浩特,1980。

① F. W. Cleaves, "The Sino-Mongolian Inscription of 1362 in Memory of Prince Hindu", *Harvard Journal of Asiatic Studies*（以下简写作 *HJAS*）12（1949）, pp. 94–95, n. 6; A. Mostaert et F. W. Cleaves, "Trois Documents Mongols des Archives Secrètes Vaticanes", *HJAS* 15（1952）, pp. 486–491.

② 近人论及大蒙古国一辞者尚有:韩儒林《耶律楚材在大蒙古国的地位和所起的作用》,见所著《穹庐集》(上海,1982),页 192,注 1;Chin-fu Hung(洪金富), "China and the Nomads: Misconceptions in Western Historiography on Inner Asia", *HJAS* 41（1981）, pp. 608–609; Igor de Rachewiltz, "Qan, Qa'an and the Seal of Güyüg", in K. Sagaster and M. Weiers(eds), *Documenta Barbarorum* (Wiesbaden,1984), pp. 270–281。柯、田二氏译 Yeke Mongghol Ulus 为"empire des Grands Mongols",而罗意果(Igor de Rachewiltz)氏则提出异议,认为应译作"Great Mongol Nation"。

蒙古政权在汉地曾使用"大朝"为国号一事,一直受到中外历史学人的忽视①。过去仅有古泉及金石学者注意到此一重要名词。而古泉及金石学者亦未能加以系统论证,更未能指出其应有的历史意义②。

本文的目的在于证明"大朝"确为蒙古在汉地使用的国号,探讨其由来及使用的起讫时期,并进一步探索蒙元国号的演变及"大朝"一名在其中的地位,更希望从国号的更革中看出蒙元国家性质的转变。

二

"大朝"一词,在当时史料中,出现极为频繁。现依史料的性质,分为四类,以求证明确为蒙古政权在汉地的国号。

(甲)钱币

大蒙古国在汉地所铸钱币,今仍存世的仅有两种,皆以"大

---

①屠寄《蒙兀儿史记》与柯劭忞《新元史》皆未提及此名词。王国维校注赵珙《蒙鞑备录》,考证綦详,于"大朝"一词却未加注,显然视之为普通名词,而无注释的必要。见《蒙鞑备录》(蒙古史料四种本),3b。赵氏原文将引见下文。

②金石学者对"大朝"一词的讨论,都很简单。如胡聘之说:"按元至世祖,始建国名。故宪宗前所立碑版,多署大蒙古、大朝等号。"〔《山右石刻丛编》(光绪二十七年刻本),24.3b〕又如沈涛说:"案元自世祖以前,未建国号,亦无年号纪年。国中军民文书,但称'大朝',以甲子纪年而已。"〔《常山贞石志》(光绪二十二年刊本),15.18a〕古泉学者中以翁树培及宣哲网罗材料最富。分别见于翁氏《古泉汇考》(无刊本)及宣氏《大朝通宝续考》,皆引见丁福保编《古钱大辞典》(上海,1938),下编,页95a—95b、95b—97b。

朝"命名。此二种钱币为"大朝金合"与"大朝通宝"(图一)。"金合"质白铜,文字有正书与篆书二种,而"通宝"则有金质与银质之别。

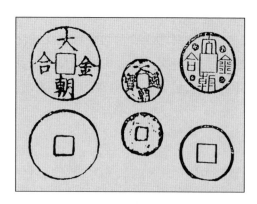

图一　大朝钱(采自丁福保《古钱大辞典》)

古泉学者清朝翁树培(1765—1811)、李佐贤(道光十五年进士),民国罗伯昭、宣哲(古愚)、陈进宜及日本奥平昌洪等①,皆认为系蒙古未改大元以前所铸。罗伯昭并认为大朝钱两种皆为辅币,乃系铸以权钞者。而奥平昌洪则认为大朝通宝是为布施寺院而铸造,俗称"供养钱"或"庙宇钱",与一般通货有别。但无论是辅助货币抑为供养钱,都系以"大朝"为号,可见"大朝"是一种正式名号,而且甚为通行。

(乙)公文

公文用语,代表官方立场。"大朝"是否为一正式国号,于公

①参看李佐贤《古泉汇》(同治三年石泉书屋本)贞集,2.7b;陈进宜《元大朝金合钱考》,《古泉学》1:5(1937),页34;奥平昌洪《东亚泉志》(东京,1939),11.54b—55a;罗伯昭《元初权钞钱说》,《古钱大辞典》,总论,58a—61b。

文中加以探索，最为直接。宋人赵珙《蒙鞑备录》"国号年号"一节说：

> 去年春，珙每见所行文字，犹曰"大朝"。①

赵珙于宋宁宗嘉定十四年（1221）出使蒙古，行抵燕京。翌年归后，撰成《备录》。由其所记可见当时蒙古于汉地所行公文中多用"大朝"。不过，当时公文现仍存世者不多，用到"大朝"一词的更少。窝阔台汗（Ögödei Qaghan，1229—1241）十二年（1240）"谕高丽诏"说：

> 若将民户数目隐匿，依大朝条例治罪。②

此处"大朝条例"显系指蒙古法令——"札撒"（jasagh）而言。

《高丽史·高宗世家》中亦有一例，即高宗十八年（1231）所受蒙古来牒，质问使臣被杀事。其中"大朝"二字用法较为特殊。牒文说：

> 蒙古大朝国皇帝圣旨，专命撒里打·火里赤（Sartagh Qor-chi）统领大军，前去高丽国，问当时如何杀了著古与（Ja-ghuyu）使臣？③

此一牒文原由蒙文直译为汉文。其中"蒙古大朝国"一词，当系由 Yeke Mongghol Ulus 一词译来，此词的汉文直译为"大蒙古国"，而在汉地的惯译则为"大朝"。此牒译文显系合二为一，而成"蒙古

---

① 《蒙鞑备录》，3b。
② 《元高丽纪事》（《学术丛编》本），7a。
③ 郑麟趾《高丽史》（国书刊行会本），23.344b。此牒有日本村上正二的日译及美国 Gari Ledyard 英译。见村上《蒙古来牒の翻訳》，《朝鮮學報》第 17 辑（1960），页 81—86；Ledyard，"Two Mongol Documents from the Koryǒ Sa"，*Journal of American Oriental Society* 83（1963），pp. 225–239。

大朝国"①。汉文碑乘中也有"大朝蒙古国"②的用法,可见"大朝"
与"大蒙古国"常相混用。

(丙)碑传

现存石刻集、石刻目录以及元人文集中的碑乘文字,提及"大
朝"者很多③。这些史料中,"大朝"一词有下列三种用法:

第一,用于碑首的标题,冠于地名、人名之上作国号用。如李
庭撰《大朝宣差京兆路总管仆散夫人温迪罕氏墓志铭》④、王鹗撰
《大朝宣差万户张侯去思之碑》⑤及郝希哲、汤举合撰《大朝故九原
帅府都总押观察使樊公墓表》⑥等都是。用于碑首者又有"大朝
国"的用法,更可见出"大朝"是用为国号,如《三灵侯庙像记》,碑
首作"大朝国解州闻喜县"⑦,《修释迦院记》则作"大朝国怀州河
内县"⑧。

第二,用于碑末所记立石或撰文年月之上,兼具国号与年号的

---

① 村上正二与 Ledyard 皆认为"蒙古大朝国圣旨"为蒙文圣旨惯有词头"Yeke
　Mongol-un ulus-u qa'an-u jarligh"之汉译(启庆按:正确之拼法应为"Yeke
　Mongghol Ulus-un qa'an-u jarligh"),应该不错。不过,Ledyard 又认为汉译中
　之"朝"字系赘字,不知"大朝"为一久已通行的名词,并非译者杜撰或粗失
　之误。

② 见任守中《重修十方云光洞记》,著录于吴式芬编《攈古录》(吴氏家刻本),
　17.9a;吴式芬《金石汇目分编》(《石刻史料丛书》乙编本),9.50b。

③ 笔者搜求所得,合翁树培及宣哲二氏所引,共有八十五条。其中得自文集
　者共有十五条,得自金石集者则有七十条。此处不及细列,下文仅加举例。

④ 李庭《寓庵集》(藕香零拾本),6.68b—69a。

⑤ 此碑乃系关于汉军名将张柔者,甚为重要,迄未收入金石集中。笔者所用
　为拓本,今藏"中研院"史语所傅斯年图书馆。

⑥ 牛诚修编《定襄金石考》(雪华馆丛编本),2.21a—21b。

⑦《山右石刻丛编》,25.1a。

⑧ 顾燮光《河朔金石目》(上海,1930),7.7b。

作用。元代采用年号前的碑刻,有的不冠国号,径以甲子系年,如"岁次辛卯""岁次甲辰"之类。有的以动物名称系年,如"狗儿年""鸡儿年"之类,在汉译蒙文白话碑文中尤见普遍。另一种则冠以"大朝"或"大蒙古国"的国号。相较之下,冠以"大朝"者远多于以"大蒙古国"为称者①。例如《尊胜陀罗尼真言幢》,署为"大朝壬子七月立石"②;《鳌屋重阳万寿宫圣旨碑》,为"大朝辛亥七月初九日立石"③;《大蒙古国累朝崇道教序》,为"大朝辛亥七月立石"④等都是。

第三,"大朝"二字,置于碑传正文之中,或用于系年,或用于纪事。用于系年者如张本《德兴府秋阳观记》说:

> 大朝庚辰岁(1220),长春真人卧云海上,以真风玄行闻于辇毂。⑤

又如李俊民《重修悟真观记》说:

> 大朝丁酉岁(1237),遣使马珍考试天下随路僧道等,共止取一千人。⑥

又如元好问《中令耶律公祭先妣文》也说:

> 维大朝癸卯岁(1243)八月乙巳朔。⑦

用于纪事时,皆指蒙古而言,如顾行《重修王母宫碑》内有:

①见页86注①及注②。
②《常山贞石志》,15.17b。
③蔡美彪《元代白话碑集录》(北京,1955),页117。
④《攈古录》,17.6b;《金石汇目分编》,12A.100a。
⑤李道谦编《甘水仙源录》(正统道藏本),9.239a。
⑥李俊民《庄靖集》(四库珍本十集),8.15b。
⑦元好问《遗山先生文集》(四部丛刊本),40.8a。

大朝有天下,元帅史公阔阔都被命为泾邠二州达鲁
花赤。①

又如李俊民《故王公辅之墓志铭》内也有:

大朝委刘中试诸路精业儒人,(王)从俭中平阳选。②

碑传文字中用大朝一名者,存于石刻者远较存于文集者为普遍,因
石刻所存多保持原状,而文集多经后人删改。"大朝"二字恐多改
为"皇元""大元"等词。

(丁)史籍

史籍多出于后人手笔。在名词运用上,往往反映史家所处时
代的观念,未必保持史事发生的习惯用语。因而,要在史籍中发现
"大朝"这类名词,远较石刻集中困难。但在元季、明初所修的《宋
史》《金史》《元史》中,仍有数处提及"大朝"。如《宋史·理宗本
纪》赞说:

蔡州之役,幸依大朝,以定夹攻之策。③

又如至正五年(1345)阿鲁图(Arughtu)等《进〈金史〉表》说:

弗折衷于大朝,恐失真于他日。④

又如《元史·任志传》说:

数与金兵战,比有功。金尝擒其长子如山以招之,曰:……

---

① 张维编《陇右金石录》(《石刻史料丛书》甲编),5.8b。
②《庄靖集》,9.15b。
③《宋史》(百衲本),45.20a。
④《金史》(百衲本),目录上,3a。

志曰:"我为大朝之帅,岂爱一子?"亲射其子,殪之。①

　　像这类"大朝"的用法,当系沿袭碑传旧称,可说是史家编辑后的漏网之鱼。

　　正史之外,相传为宇文懋昭所著的《大金国志》也有几处提及大朝。《章宗纪年》卷上记述金章宗明昌五年(1194)爱王叛金引蒙古为助说:

　　　　爱王闻大兵至,忧惧不知所出。掌书记何大雅说王曰:"主以讨臣,今兹之来,头势甚重……不若求援于大朝,为讨之。"爱王许诺。②

此处之"大朝",即指蒙古而言。又《东海郡侯纪年》卷上记述蒙古之兴说:

　　　　又有朦(蒙)古国,在女真东北,唐谓之蒙兀部……蒙人称帝,既侵金国……至是,"大朝"乃自号"大蒙古国"。③

　　同卷中又有"大朝国势益强""今尽为大朝所有"等语④。"大朝"皆系指蒙古,而非指金朝。

　　元代中叶人释念常所著《佛祖历代通载》,为佛教重要史籍,于蒙元史事记载甚详,多可补明修《元史》之缺漏。其中记述多以"大朝"称蒙古。例如:壬辰(1232)年,"大朝遣使过宋,议夹攻金"。"庚戌(1250),大朝灭辽东、高丽"。庚申年(1260),"大朝遣郝经通好"等都是⑤。可见元代史家对"大朝"一名,仍多熟谙。

------

①《元史》(百衲本),193.6a。
②《大金国志》(国学基本丛书本),19.139—140。
③同上,22.157。
④同上,22.156—157。
⑤《佛祖历代通载》(《大正新修大藏经》本),21.702a、702b、705a。

在上述四类史料中,碑传显示出"大朝"一词在当时士民之间施用极广,兼具国号与年号的作用。钱币及公文则反映此一名词不仅是民间习惯用语,而且是官方使用的名称。史籍的记载虽仅可视为二手史料,但也足以显示此名词曾经通行于一时,且为史家所通晓。

"大朝"一名的使用,始于何时? 终于何时? 在现存史料中,当以前引《大金国志》所记史事为最早。若《章宗纪年》明昌五年一条所记为真实,则1194年时"大朝"一名即已存在。但是其时下距成吉思汗统一蒙古尚有十二年,蒙古与中原接触不多,当不致已有此汉式名号。而且《大金国志》一书本身亦有问题。《国志》虽号称为金归正人宇文懋昭于端平元年(1234)进呈于宋廷,自来学者多认其为伪书①。所记明昌五年(1194)爱王叛金事,王静安(国维)先生已指出系抄自张师颜《金人南迁录》,而《南迁录》的本身便是伪书②。至于本文前引《东海郡侯纪年》一条,则系抄自李心传《建炎以来朝野杂记》乙集。其中"至是,'大朝'乃自号'大蒙古国'"一句,《杂记》原作"至是,'鞑靼'乃自号'大蒙古国'"③。可知"大朝"二字乃是篡改"鞑靼"而来。改"鞑靼"为"大朝",反映后来人的观念,而无法据以断定"大朝"一名起源甚早。而《杂记乙集》成书于宋宁宗嘉定九年(1216),其书用"鞑靼"称蒙古而不用"大朝",或反映"大朝"一词尚未采行,至少南宋人知者不多。

现存的可靠史料提及"大朝"者,以前引《蒙鞑备录》为最早。根据《备录》,得知"大朝"一号的使用,不得迟于1221年赵珙出使

---

① 见《钦定四库全书总目》(上海,1936),50. 5b—6a;余嘉锡《四库提要辨证》(北京,1958),5. 269—271。

② 王国维《南宋人所传蒙古史料考》,《海宁王静安先生遗书》(台北,1970)第2册,页725—751。

③ 《建炎以来朝野杂记》(《宋史资料》第1辑),乙集,19. 10a。

时①。现存石刻及文集中碑传以"大朝"系年者,时间皆不甚早。最早者为《牛头寺长春真人述》,所系为癸未年(1223)②。其次则为《重阳万寿宫记》,立石于己丑年(1229)③。早期碑刻不以"大朝"系年,一方面固然可能由于其时蒙古在中原占地未广,而且战尘未定,蒙金孰存孰亡,未可逆料,士民不愿轻奉蒙古正朔,以免遭受横逆。更可能是"大朝"一名尚未采行,以致仍以甲子纪年。

忽必烈定都中原后,先后采行中统(1260—1263)、至元(1264—1294)为年号。汉式年号采行后,"大朝"一名,施用仍广。一方面,系年时仍常以"大朝"冠于年号之上,如《释迦院常住记》,末作"大朝至元二年二月造"④;《性公通玄大师塔幢》,署作"大朝至元四年"⑤。另一方面,也有碑末仅以年号纪年、碑首却仍冠"大朝"国号者,如至元六年(1269)之《大朝故九原帅府都总押观察使樊公墓表》⑥,至元七年之《大朝济渎投龙简记》⑦等都可为例。可见此时"大朝"与"中统""至元"相并行,一为国号,一为年号,作用不同。不过自至元八年十一月采行"大元"为国号后,"大朝"遂失去国号的作用。此后的史料中,"大朝"之名,仅有二例。一为至元廿年之《宪州权官之铭》,碑首仍冠大朝之号⑧。另一例则见于《高丽史·刑法志》。该志忠烈王五年(1278)记载说:"都兵马使据判出牒云:'大朝令诸路断酒,国家亦宜行之。'"⑨应该皆为因循

①《蒙鞑备录》,3b。
②毕沅《关中金石记》(丛书集成本),8.156;《金石汇目分编》,12A.19a。
③《攈古录》,17.6b。
④顾燮光《河朔访古新录》(上海,1930),3.4b。
⑤缪荃孙《艺风堂金石文字目》(光绪三十二年刻本),15.11a。
⑥牛诚修编《定襄金石考》(雪华馆丛编本),2.21a—21b。
⑦《河朔访古新录》,11.6a。
⑧《山右石刻丛编》,26.42a。
⑨《高丽史》,85.706a。

旧习而加使用。大势所趋,则是称"元朝"而不再称"大朝"。

三

　　"大朝"一词来源如何? 在蒙元国号演变中有何意义? 关于
其来源,过去秦宝瓒认为"蒙古未入中国前,版图最广,故称大
朝"①。而宣哲认为"大朝"不过与"国朝""皇朝"相当,是一种尊
称②。这两种说法,都不过臆测而已。

　　实际上,"大朝"与"大蒙古国"都是蒙文 Yeke Mongghol Ulus
的汉译。后者为直译,前者为简译。在此简译中,省去种族之称的
蒙古,并将原意为"人民""国家"的 Ulus 一字③,依汉人的观念,译
为"朝"字。如前文所说,汉文史料中亦有"蒙古大朝国""大朝蒙
古国"的用法。一方面反映当时名词使用的混淆,另一方面也显示
"大朝"与"大蒙古国"二词皆由 Yeke Mongghol Ulus 而来,而"大
朝"可说是一种更为汉化的译法。

　　"大朝"一词,即系由 Yeke Mongghol Ulus 而来,要寻求"大朝"的
历史意义,必须自后者下手。成吉思汗究在何时采用 Yeke Mongghol
Ulus 一名为国号,因缺乏明确的记述,已难以确考。《建炎以来朝野杂
记》乙集称成吉思汗先世已自号"大蒙古国"④,其事不可信⑤。1206

---

①秦宝瓒《遗箧录》,自刊本,刊地不详,光绪二十九年(1903)刻本,原书未见,
　引自《古钱大辞典》,下编,97b。
②同上,下编,96a。
③"Ulus"一词,有人民、部族联合体、分地以及国家等意。见符拉基米尔佐夫
　(B. Ya. Vladimirtsov)著,刘荣焌译《蒙古社会制度史》(北京,1980),页 155。
④《建炎以来朝野杂记》乙集,19. 10a。
⑤王国维已指出:李氏所记多本于王大观《行程录》,而《行程录》则为伪书,
　所记与史实多所抵牾,同页 80 注②。

年全蒙古统一时,有关史料皆记载采用成吉思汗尊号事,但未言及采行国号①。但从蒙古人历史发展看来,Yeke Mongghol Ulus 一号采用于此时最有可能,盖此时成吉思汗不仅为蒙古部之主宰,所有蒙古民族皆已成为其家产,故以 Yeke Mongghol Ulus 称其国家,最为适宜②。Yeke Mongghol Ulus 一名之采用至迟亦不得晚于 1211年伐金之时③。这一名称此后遂成为日益扩大的蒙古帝国的正式国号,在公文——尤其是外交文书上当多用之。在现存史料中,最

①中外史料中言及此时采用"大蒙古国"为国号者,唯有幻轮著《释氏稽古略续集》:"元自太祖成吉思皇帝,于宋宁宗开禧二年丙寅岁(1206),法天启运,称圣武年号,建大蒙古国号。"(《大正新修大藏经》本,1.903c)但是幻轮为明季僧人,不谙蒙古史事,所言不足为据。
②蒙古早期文献中,又有"Qamugh Mongghol Ulus"一词,容易引起混淆,误为国号〔参看 N. Ts. Munkuyev, "Novye Materialy Polvenii Mongol'skikh", in *Tataro Mongolv Azii i Europe*(Moskva,1970),pp. 382-418〕。不过,《元朝秘史》中仅有"qamugh Mongghol"(旁译为"普达达")与"qamugh ulus"(旁译为"普百姓")(分见于第 52 及 254 节)。柯立夫师译前者为"all the Mongghols",后者为"the whole nation",皆译为普通片语而非专名,见 F. W. Cleaves, *The Secret History of the Mongols*(Cambridge, Mass. ,1982),pp. 11 and 191。"Qamugh Mongghol Ulus"全词,最早仅见于 1225 年左右所立之所谓"成吉思汗石",为时甚晚。罗意果教授译作"the empire of all the Mongols",见 de Rachewiltz, "Some Remarks on the Stele of Yisüngge", in W. Heissig, *et. al.* (eds.), *Tractata Altaica* (Weisbaden, 1976), p. 487。最近罗氏又提出修正,认为应译为"the entire Mongol Nation",见前引"Qan, Qa'an, and the Seal of Güyüg", p. 279, n. 21。哈勘楚伦教授则译作"泛蒙古国",见所著《成吉思汗五行碑文与道尔吉板萨老夫》,台湾政治大学《边政研究所年报》第 14 期(1983),页 131。显然,"Qamugh Mongghol Ulus"一词,仅为一种族观念,指全部蒙古人民而言,而非国号。
③元季欧阳玄《高昌偰氏家传》叙 1209 年畏兀儿归降事,言及偰俚伽帖穆尔(Bilgä Tämür)建言国主:"挈吾众归大蒙古国。"〔《圭斋文集》(四部丛刊),11.5b〕畏兀儿语与蒙语相通,偰俚伽所指当为蒙文国号。可见此时已有 Yeke Mongghol Ulus 一号。而《佛祖历代通载》则系"大蒙古国号始建于辛未(1211)"(207. 701a)。

早载有蒙文 Yeke Mongghol Ulus 全名者即为 1246 年贵由汗（Güyüg Qaghan, 1246—1248）致罗马教皇英诺森四世（Innocent IV）国书所用玺书。玺书前半部为"长生天气力里，大蒙古国与寰宇之汗圣旨"（Möngke tngri-yin küchüdür Yeke Mongghol Ulus-un dalai-in Qanu jrlgh）（图二）①，可以为证。

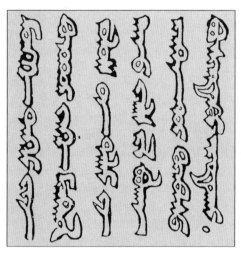

图二　贵由汗玺书（见注①）

　　"大朝"与"大蒙古国"则是使用于汉地的汉文国号。汉文"大蒙古国"一名在伐金之初当已采用。《元史·耶律留哥传》记载 1212 年事，称留哥与按陈·那衍（Alchin Noyan）订盟时说："愿附

①此一国书波斯文原件，今藏于梵蒂冈秘档（Secret Archives of Vatican）。本处玺书照片，系采自 Rachewiltz, "Qan, Qa'an and the Seal of Güyüg", plate I。此玺之对音及全文翻译，见 A. Mostaert et F. W. Cleaves, *op. cit*., pp. 485 and 494-495。本处译"Yeke Mongghol Ulus-un dalai-in qanu Jrlgh"为"大蒙古国与全世界之汗圣旨"，系从罗意果说，以 Yeke Mongghol Ulus-un 与 dalai-in 为双重所有格（见罗氏前揭文，页 275），与田、柯二氏译法不同。

大蒙古国,削平疆宇。"①《元史》所说固然出于事后的记载,不尽可信,但《建炎以来朝野杂记》用及此一名词,而《杂记》成书于嘉定九年(1216),足证"大蒙古国"的汉名在1216年前必已通行。

至于"大朝"一名,如前文所说,其采行的下限不得晚于1221年。从当时的历史环境判断,此号的采用,大概是在1217年木华黎(Muqali,1170—1223)受命伐金、建牙燕京以后。此时蒙古虽然仍为以草原为重心的游牧国家,但已有加速征服汉地、增强殖民统治的意图。在金朝降臣怂恿下,开始采用中原的部分文物制度。赵珙说:

> 彼亦不知其为蒙是何等名字,何谓国号?何谓年号?今所行文书,皆亡臣识字者强解事以教之耳?

又说:

> 又称年号曰兔儿年、龙儿年。至去年方改曰庚辰年(1220),今日辛巳年(1221)是也。②

"大朝"一名的采用,当为此一系列采行汉制中的一环。"大蒙古国"一名显然种族意味过强,不足以羁縻汉地士民,遂将其简化为"大朝"。"大朝"之称,已蕴含中原王朝的意义,不似"大蒙古国"全为外来征服政权的意味。

"大朝"与"大蒙古国"两个汉称,此后并行达五十年之久。但是两者适用的范围不尽相同,似有分工的作用。如前文所说,"大朝"一词,应用于货币、公文,尤其是民间碑乘之上,最为普遍,但在外交文书上较为少见。反观"大蒙古国"一词,在现存史料中,见于民间

---

① 《元史》,149.2b。
② 《蒙鞑备录》,3b。

碑乘者，不过六起①，见于对内公文者不过二起②，而在现存外交文书中则占多数。如中统元年（1260）《和宋书》开端为“皇天眷命大蒙古国皇帝致书于南宋皇帝”③。中统二年五月《移宋三省牒文》词头为“大蒙古国中书省移宋三省”④，至元三年（1266）八月招降日本书开端亦为“上天眷命大蒙古国皇帝奉书日本国王”（图三）⑤。

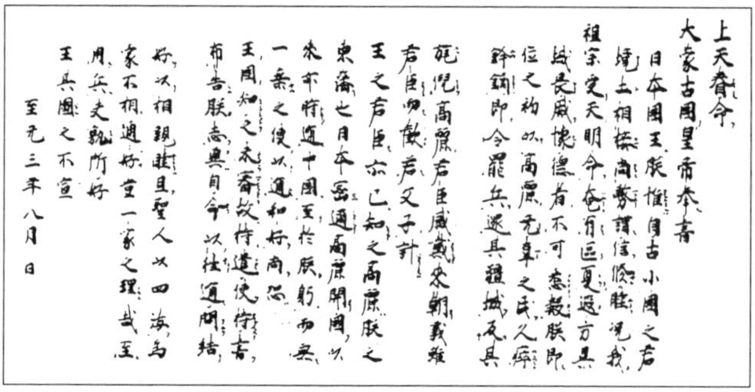
上天眷命
大蒙古國皇帝奉書
日本國王朕惟自古小國之君
境土相接尚務講信修睦況我
祖宗受天明命奄有區夏遐方異
域畏威懷德者不可悉數朕即
位之初以高麗無辜之民久瘁
鋒鏑即令罷兵還其疆域反其
旄倪高麗君臣感戴來朝義雖
君臣而歡若父子計
王之君臣亦已知之高麗朕之
東藩也日本密邇高麗開國以
來亦時通中國至於朕躬而無
一乘之使以通和好尚恐
王國知之未審故特遣使持書
布告朕志冀自今以往通問結
好以相親睦且聖人以四海為
家不相通好豈一家之理哉至
用兵夫孰所好
王其圖之不宣
至元三年八月 日

图三　招降日本国书（见注⑤）

①汉文“大蒙古国”一词，见于碑乘者有《李君墓志》（1232）、《后土庙重修记》（1242）、《重修玉莲洞记》（1258），见于《山右石刻丛编》，24. 1b、24. 12b、24. 47a；《1251 年盩厔重阳万寿宫圣旨碑》，蔡美彪《元代白话碑集录》（北京，1955），页 117 及《攈古录》，17. 6b；《北京大庆寿寺海云大禅师碑》（？1255），周康燮编《陈垣先生近廿年史学论集》（香港，1971），页 22；《紫阳真人（杨奂）祭无欲真人》（1255），《甘水仙源录》，6. 0189 上。

②《经世大典站赤》（《永乐大典》）卷一九四一六，7a）所载太宗元年（1229）十一月制云：“大蒙古国，众寡小大，罔不朝会。”孔元措《孔氏祖庭广记》（丛书集成本）卷一二末（页 156）牌子称“大蒙古国领中书省耶律楚材”云云（1242）。

③王恽《秋涧先生大全文集》（四部丛刊本），96. 6a；《玉堂嘉话》，页 4。

④同上，81. 1a，《中堂事记》，中。

⑤原书之钞本，藏于日本奈良东大寺尊胜院，原为调伏异朝怨敌抄收所收。本文采自朝鲜史编修会编《朝鲜史》第 3 编第 4 卷（京城，1934），附图第九。全文亦引见《元史》，208. 21a；《高丽史》，26. 394b。《高丽史》略去“上天眷命”四字。

至元八年(1271)九月致日本国书亦以"大蒙古国皇帝差国信使赵良弼"启端①。郝经(1223—1275)的几道致宋朝文移也都以"大蒙古国国信使"的头衔启端②,可见外交文书中多用"大蒙古国",而少用"大朝"。显然"大蒙古国"为蒙古的正式汉文国名,使用以对外为主,"大朝"则稍欠正式,以对内使用为主。当然,这种分工,不尽严格。

"大朝"与"大蒙古国"二汉名,后为"大元"一号所取代。忽必烈于中统元年(1260)即位并立国中原后,中原不再是蒙古帝国的殖民地,而已成为国家的重心,于是遂有仿效汉唐,采用汉式年号、国号的必要,以取得中原正统正朝的地位③。而"大朝"一号,究属权宜,不似正式国号。汉人群臣纷纷上言,以建国号为请④。忽必烈乃接受刘秉忠(1216—1274)的建议,采用"元"字为国号⑤。

"元朝"一号的采行,虽是蒙元历史上的一个分水岭,但其与"大朝"一名的延续性却一直为学者所忽视。过去学者多认为"元"字应作肇始解,英译作"First Beginning"或"Origin"⑥。最近也有人认为以"元"为号,与蒙古旧俗天(tengri)的崇拜有关⑦。

---

① 《朝鲜史》第 3 编第 4 卷,页 443 引东大寺文书。

② 郝经《陵川集》(《四库珍本》四集),37. 1a、9a、19b;39. 1a。

③ Herbert Franke, *From Tribal Chieftain to Universal Emperor and God:The Legitimation of the Yüan Dynasty*(München,1978),pp. 26-29.

④ 《秋涧先生大全文集》"建国号事状",86. 9a。

⑤ 《元史》,157. 8a;Hok-lam Chan(陈学霖),"Liu Ping-chung(1216—1274):A Buddhist Taoist Statesman at the Court of Khubilai Khan",*T'oung Pao* 53(1967),p. 133。

⑥ E. O. Reischauer and J. K. Fairbank, *East Asia:The Great Tradition*(Boston,1958),p. 272;H. Franke,*op. cit*,p. 28.

⑦ 此为 M. D. Sacchetti 之说,引见 Franke,*op. cit.* ,p. 28。另陈述先生主张"元"字代表黑色,而蒙古人尚黑,故用"元"为国号〔《哈喇契丹说——兼论拓拔改姓和元代清代的国号》,《历史研究》第 2 期(1956),页 67—77〕。按,实际上蒙古人尚白而不尚黑,陈先生所言,仅可备一说。

"元"字出典于《易经》。《建国号诏》说:"可建国号曰'大元',盖取《易经》乾元之义。"①却未敷陈其意义。实际上,《易经》中"元"字的本义为"大"②,元朝应即"大朝"之义。刘秉忠等人建议以元朝为国号时,显然即着眼于此义。《经世大典·序录》有明白的解释:

> 盖闻世祖皇帝初易"大蒙古"之号为"大元"也……元也者,大也。大不足以尽之,而谓之"元"者,大之至也。③

可见"元"之国号,实与"至元"年号相互呼应。而至元的意义又与后来武宗海山汗(Qaishan Qaghan, 1308—1311)所采年号"至大"相同。至少就文字的层面看来,"元朝"与"大朝"实为同义,两者都是 Yeke Mongghol Ulus 的简译。不过,"元朝"较"大朝"更富文义,作为中原王朝的国号,较为适合。

"元朝"一号采行后,"大朝"与汉文"大蒙古国"二名并遭废弃。但是,三者共同来源的 Yeke Mongghol Ulus 一名在蒙文文书中却延用不衰。现存的几篇元季汉、蒙二文合璧碑中,"大元"一名,或径译为"Yeke Mongghol Ulus",或译为"Dai Ön Yeke Mongghol Ulus"(大元大蒙古国),或译为"Dai Ön kemeke Yeke Mongghol Ulus"(称作大元的大蒙古国)④。形式虽异,意义则一:"大元"即 Yeke Mongghol Ulus。"大元"不过是继"大蒙古国"与"大朝"而起

---

① 《国朝文类》,9.5a;《元史》,7.13b—14b;《大元圣政国朝典章》(台北,1972),1.2b。

② 高亨《周易大传今注》(北京,1980),页53。

③ 《国朝文类》,40.4b。

④ 皆见于柯立夫师译注名碑文中,分别为:"The Sino-Mongolian Inscription of 1346", *HJAS* 15 (1952), pp.70−71;"The Sino-Mongolian Inscription of 1335", *HJAS* 13 (1950), p.71;"The Sino-Mongolian Inscription of 1338", *HJAS* 14 (1951), pp.53 and 67;"The Sino-Mongolian Inscription of 1362", pp.62 and 83。

的汉文国号,蒙古王朝的真正国号仍是 Yeke Mongghol Ulus。

四

综言之,蒙古之有"国号",并不始于忽必烈时代。在采行"大元"一号之前,蒙古已有 Yeke Mongghol Ulus 的蒙文国号及"大蒙古国"与"大朝"两种汉文国号。

在蒙古人看来,蒙古一贯的国号是 Yeke Mongghol Ulus,而"大蒙古国""大朝"与"大元"皆不过是蒙文国号随着环境而改变的三

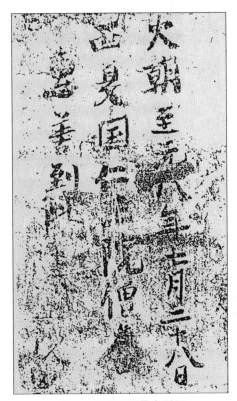

图四 元代西夏僧人题记

种汉文形态。在此三种汉文国号中,"大朝"是一种过渡形态。"大蒙古国"是蒙文国号的直译,也是早期的正式汉文国号。其使用对象不在于汉地士民,而在外交书中使用最为普遍。"大朝"一名则是中原殖民地化过程中的产物,以羁縻中原汉人为其主要作用,而在汉地士民中使用最为广泛。而"元朝"一号,则采行于立国中原以后。"大朝"与"元朝"两词的意义完全相同,后者不过是前者的文义化。从"大朝"到"元朝"名号的嬗递,反映出蒙古从游牧国家到中原王朝转变的完成。但是,由于蒙元不仅是一中原王朝,而且是一世界帝国,因而"大朝"之名虽随"大元"一名的采行而消逝,蒙文原名 Yeke Mongghol Ulus 却继续沿用不废,迄于元亡,都未改变①。

〔**附记**〕本文撰成后,承畏友罗意果教授(Igor de Rachewiltz)惠读一过,指正良多,谨志铭感。

〔**补记**〕近年在内蒙古呼和浩特城郊万部华严塔内发现之《元代西夏僧人题记》云:"大朝至元八年七月二十八日西夏国仁王院僧惠善到此。"可见在至元八年(1271)十一月采行"大元"为国号前,"大朝"一号通行,即前西夏之僧人亦使用之。该题记为元人

---

①明代蒙古人仍自称为 Yeke Mongghol〔见 Mostaert et Cleaves, *op. cit.*, pp. 493–495;Henry Serruys, *The Mongols in China during the Hung-wu Period*(1368–1398)(Bruxelles,1959),pp. 56–57, n. 64〕。而且亦以"大元"为号。如瓦剌(Oyirad)部的也先(Esen Tayishi)于 1453 年自称为"大元田盛(大圣)大可汗",而鞑靼部的巴图孟克(Batu Möngke)则自称为"达延汗"(Day-an Qaghan),"达延汗"即"大元汗"之意(见 Henry Serruys,*op.*,*cit.*,pp. 291–292)。蒙古人此时所处环境与元代已大不相同,但显然仍以大蒙古国及大元的继承者自居,欲与明廷争取正统地位。

墨迹,弥足珍贵,兹列为附图四。原载于史金波等编《西夏文物》(北京,1988),图版413。

〔原刊于《汉学研究》第 3 卷第 1 期(1985),页 23—40〕

大蒙古国时代衍圣公复爵考实

　　汉朝以后,中国历代朝廷皆尊崇儒家,奉为正统思想,以"道统"支持其"政统"。孔氏子孙因而受到优渥礼遇,享有种种政治及经济特权。北宋以后,孔子嫡长子孙受封为"衍圣公",孔家遂一直称为"衍圣公府"。历代对孔氏子孙的推恩并不因朝代鼎革及统治种族更易而有所改变。金、元、清等边疆民族王朝皆加仿效,以赢取中土菁英的向心力,加强其政权的合法性①。

　　儒家在元朝虽从未享有定于一尊的地位,但是衍圣公爵位的恢复却时间很早。窝阔台汗五年(1233)六月即"诏以孔子五十一世孙元措(1181—约1252)袭封衍圣公"②。当时汴京初陷,金室未灭,大蒙古国仍是以草原地区为政治重心,中原不过为大蒙古国的一个殖民地。衍圣公爵位之恢复显示蒙廷支持中原正统思想之意愿,具有重要象征意义,对兵燹余生之士大夫更起甚大鼓舞作用。基于此一事件之重要性,姚师从吾于二十三年前发表《金元之际孔元措与"衍圣公职位"在蒙古新朝的继续》一文③,考述衍圣公

①中国历来各王朝,尤其是明、清二代对孔府的优遇以及孔府状况,见何修龄等《封建贵族大地主的典型——孔府研究》,北京,1981;齐武《孔氏地主庄园》,重庆:重庆出版社,1982。
②《元史》(北京:中华书局,1976)卷二《太宗本纪》,页32。
③《姚从吾先生全集》(台北:正中书局,1982)第7册,页66—78。

复爵的经过及其影响。从吾师认为,衍圣公之得以复爵,除去儒家传统在中原势力雄厚以及蒙古可汗尊重信仰自由等因素外,名诗人元好问(1190—1257)的推荐及时任大蒙古国中书令耶律楚材(1189—1244)的提携,皆有贡献。

继从吾师之后,陈高华教授于六年前发表《金、元二代的衍圣公》一文①,对衍圣公之地位在金、元二朝的演变作了较为全面的考述。陈氏认为每当改朝换代之际,"历代衍圣公总是能顺应朝代的变化,保全自己的特殊地位"(页142),而"由少数民族统治者建立的金、元朝,在尊孔崇儒方面,超过了前代"(同上)。孔元措能在蒙古新朝恢复地位,除朝中有耶律楚材作主外,地方上有赖汉人军阀严实(1182—1240)的庇护。陈氏并根据孔元措编著的《孔氏祖庭广记》进一步指出:在1235年蒙古对原来金朝统治地区的人口调查登记——即"乙未籍户"中,孔府取得如下的特权:

(1)"宣圣子孙"十五家,加上颜回(孔子弟子)子孙八家,孟轲(孔子再传弟子)子孙二家,林庙户(洒扫户)一百家,共一百二十五户,可以免当任何赋役,"不属州县管辖"。

(2)历代拨赐给孔庙的地土六百顷,"免赋役,供给祭祀"。

(3)诸路征收的历日银,一半用来修宣圣庙。益都、东平两路的历日"银尽数分付袭封孔元措,修完曲阜本庙"(页136)。

由于此等经济特权的恢复,衍圣公之复爵始具实质意义,而在战火之中"灭尽什五"的曲阜林庙亦因而得以修复。

数年前笔者检读民国李经野修《曲阜县志》,发现蒙元东平耆

---

①陈高华《元史研究论稿》(北京:中华书局,1991),页328—345。

老李世弼所撰《褒崇祖庙记》一文①。此文系世弼于己亥年(1239)正月应孔元措之请而撰写,并于次年由元措立石于曲阜孔庙②。文中叙述元措自汴京归返山东后之生活以及取得经济特权的经过甚为详瞻,可补习见史料之不足,尤可看出衍圣公特权之取得,不仅有赖于耶律楚材及严实之庇护,而且倚恃禅僧海云(1203—1257)及全真道士萧元素之鼎力支持,始能成为事实。大蒙古国时代汉地文献现存不多,此文尤觉珍贵。兹略加考订,藉以反映中原版荡之际,释、道二教对儒家之支持,并为从吾师及畏友陈教授二人的大作添一足注。

《褒崇祖庙记》中主要部分,系以"宣圣五十一代孙袭封衍圣公曰"为始,显系根据孔元措口述,应甚可靠,其文云:

(1)元措以太常卿寓于汴。岁癸巳(1233),当京〔城〕之变③,被领中书耶律公奏禀,檄迁于博(今山东聊城),再迁于郓(即东平,今山东郓城县东)。其衣食所须,舍馆之安,皆行台严相资给之。亲族三百指,坐享温饱,咸其所赐也。以至岁时之祭祀,宾客之往来,闾里之庆吊,穷乏之赡济,莫不仰庇而取足焉。

(2)行台□□□善,而欲归美于上。乃闻之中书。遂令孔氏阖门勿算赋,虽看林庙户亦然。吾相贤明,可谓知本矣。

①李世弼,东平须城人,金兴定二年(1218)与子昶(1203—1289)同登进士第。曾任东平府学教授。其子昶仕事严实,为东平万户府知事,当与元措熟识。昶后为忽必烈朝名臣。见苏天爵《元朝名臣事略》(北京:中华书局,1962)卷一二"尚书李公",8b—9。关于李世弼父子的学术渊源,见高桥文治《泰山學派の末裔达——十二、三世紀山東の學藝について》,《東洋史研究》第45卷第1号(1986),页1—37。
②李经野修《曲阜县志》(台北成文出版社编中国方志丛书影刊,1934)卷八,3b—4b。
③"城"字,据阮元编《山左金石志》(《石刻史料丛书》甲编卷二一,2a—2b)增。此书著录《祖庙记》,云原碑"在曲阜县孔庙",惜未录原文。

（3）既而都运张公告公曰："瑜申禀上司,专以本路历日所售白金修饰圣庙。中书又虑不足,并以益〔都〕历金增焉。其事已付山丞相,府君当亲诣焉!"

（4）公闻之忻然。遽率子弟,具骖乘,不远千里,直抵燕京(今北京),邂逅竹林堂简老、长春宫大师萧公,皆丞相之师友,喜而相许优佑之。

（5）萧诘朝先往,道经河冰未坚,祝曰："此行未致私,以□宣圣故。"遂策马而前,余者以冰坼不继。

（6）简虽不亲行,继以侍者往,皆为之先容,而言于山相曰："宣圣治世之□,如天地日月,莫能形容。今其孙以林庙故,亲来赞成其事,不亦善乎!"丞相敬而从之。

（7）丁酉岁仲冬二十有六日①,公自然而适固安(今河北固安)之西□,谒山相帐下。由二师先言,故信宿而就其事。宣圣之后,悉□租赋,而颜孟之裔亦如之。袭封之职,祭祀之田,并令仍□。朝廷优恤,德至渥也。

（8）然权与于行台严公,维持于中书耶律公,成于丞相山公。事历三相,而复还旧观……

由此文看来,孔元措之回归山东固出于耶律楚材之奏禀,但返鲁之后全族生活皆仰赖严实之"资给",而孔、颜、孟三族子孙及林庙户之得免赋役,亦出于严实之申禀。严实原任东平行尚书省事,于窝阔台汗七年(1235)改任东平路行军万户。上文第一、二段中之"行台严相"及"行台"皆指严实而言。实"以百城长东诸侯",为其时山东势力最大之汉军将领,兼拥当地军政大权于一身。东平为其基地,而博州及曲阜皆为其辖境。孔元措返鲁后始终处于其势

---

① 丁酉,原作乙酉。如为乙酉,则为 1225 年,其时蒙古仍未灭金,与此事件历史环境完全不符。孔元措北行燕京,当在丁酉,即窝阔台汗九年(1237)。

力范围之内。严实中年以后,"折节自厉,间亦延致儒士,道古今成败"①,以笃于兴学养士著称于当世。东平乃成为金源遗士荟萃之地,也是汉文化复兴之重镇②。孔元措受到严实的庇护,并不意外。从文中元措口气看来,元措对严实的护佑极为感激。此后元措将其女嫁与实之次子忠济(? —1293),即后来之东平嗣侯。孔、严二族遂成姻亲。元措此举除去报恩载德外,或亦有结纳权贵之意③。严实卒后,忠济袭爵,扩建东平府学,学分东、西二庑,西庑即专授孔氏族姓。而元措受朝命而建立的雅乐队,亦设置于府学之中④,可见大蒙古国时代孔府始终受到严氏父子的庇荫。

耶律楚材对儒家扶持甚力,而儒家在大蒙古时代得以稍复元气多赖楚材护佑之功。但是,《祖庙记》将孔、颜、孟三族子孙蠲免赋役之决定,完全归功于"中书",意即耶律楚材,恐未必完全符合事实。楚材官职之汉称虽为"中书令",但在蒙古行政体系中不过是必阇赤(bichēchi,即秘书),主要职掌为处理汉文文书。窝阔台汗初即位,制定汉地赋调,楚材曾兼掌之,新置十路课税所即出于他的建议,亦由他统辖⑤。但是窝阔台汗六年(1234),其汉地赋役

---

① 元好问《遗山先生文集》(四部丛刊本)卷二六《东平行台严公神道碑》,4b。
② 关于严实之生平及其兴学养士之贡献,见孙克宽《元初东平兴学考》,收入《孙氏元代汉文化之活动》(台北:中华书局,1968),页109—138。Hsiao Ch'i ch'ing, "Yen Shih,1182-1240",*Papers on Far Eastern History* 33(1986),pp.113-127。
③ 《遗山先生文集》卷三二《东平府新学记》,9a。
④ 同上。
⑤ 《元史》卷二《太宗本纪》,页30。宋子贞,"元故领中书耶律公神道碑",苏天爵《国朝文类》(四部丛刊本)卷五七,13a。关于耶律楚材之生平及其维护汉文化之贡献,见韩儒林《耶律楚材在大蒙古国的地位和所起的作用》,《穹庐集》(上海:上海人民出版社,1982),页178—194。Igor de Rachewiltz, "Yeh-lü Ch'u-ts'ai(1189-1243):Buddhist Idealist and Confucian Statesman", in A. F. Wright and Denis Twitchett(eds.), *Confucian Personalities*(Stanford:Stanford University Press,1962),pp.189-216。

权即告丧失。此年失吉忽突忽（Shigi Qutuqu）受命为中州断事官①，蒙文职称为"也可·札鲁忽赤"（yeke jarghuchi），即"大断事官"，汉人称之为"燕京行尚书省"或"燕京行台"。此一中州断事官"主治汉民"，遂为汉地最高统治者。括户口、定赋役皆为其职掌②。孔氏等族子孙的蠲免赋役即是由失吉忽突忽奏准施行的。此次免役圣旨碑石，今仍存于曲阜文庙，并经蔡美彪教授收入《元代白话碑集录》一书中，称为《曲阜文庙免差役赋税碑》③。孔氏《祖庭广记》及《曲阜孔府档案史料》中的相关记载主要系根据此碑④，碑文曰：

> 皇帝圣旨里，扎鲁火赤（jarghuchi）·也可那演（yeke noy-an）胡都虎、斡鲁不众扎鲁火赤·那演言语："今准袭封衍圣公孔〔元〕措申：曲阜县现有宣圣祖庙，其亚圣子孙历代并免差发。目今兖国公后见有子孙八家，邹国公后子孙二家，事除已行下东平府照会。是亚圣之后，仰依僧道体例一体蠲免差发去讫，并不得夹带他族。仰各家子孙准上照会施行。"奉到如此……丁酉年一月。

蔡先生于此碑注释中已说明扎鲁火赤·也可那演即"断事官大官人"，意即大断事官，指失吉忽突忽，此碑异译为"忽都虎"。斡鲁

①关于失吉忽突忽，参看姚师从吾《黑鞑事略中所说窝阔台汗时代胡丞相事迹考》，见姚著《东北史论丛》（台北：正中书局，1959），下，页339—363。

②关于"燕京行尚书"，参看陈得芝《蒙元朝前期的燕京行尚书省》，《国际元史学术讨论会论文提要》（南京，1986），页75—77。

③蔡美彪《元代白话碑集录》（北京：科学出版社，1954），页42。

④孔元措《孔氏祖庭广记》（丛书集成本），页48—49；中国社会科学院历史研究所编《曲阜孔府档案史料》（济南：齐鲁书社，1980）第2编，页3。

不则为忽突忽管下的众断事官之一①。此一圣旨颁布之丁酉年，蔡先生考订为成宗大德元年（1297），实际应为窝阔台汗九年（1237），两者相差六十年。

《褒崇祖庙记》中有关蒙廷发付历日钱用以修复曲阜及各地孔庙之记载，道出其中曲折，可补其他记载之缺漏。其中牵涉人物甚多。第三段中之都运张公乃指东平路征收课税使张瑜。窝阔台汗二年（1230），楚材奏设十路课税使，"设使副二员，皆以儒者为之"②，张瑜即膺东平之选，此时仍然在任③。请准上司以东平路历日钱发付孔府乃在其职权范围之内。负责处理增付益都历日钱之官员，《祖庙记》仅云为"山丞相"，而《祖庭广记》则称之为"朝廷断事官耶律丑山"，可惜其人未见著录他处，已不可考。但应为忽突忽之下"众扎鲁火赤·那演"之一。耶律楚材原已首肯以东平、益都二路历日钱拨付孔府，却须得到断事官耶律丑山之同意，始能付诸实行。可见汉地财赋系由忽突忽领导之断事官系统所管辖，楚材无法直接处理。

第三、四、五段中之竹林堂简老及长春宫大师萧公则分别为佛僧与道士，尤堪注意。《祖庭广记》称"古燕义士萧元素与朝廷断事官丞相耶律丑山为师友"④，可见萧公名元素。长春宫为全真教在燕京的最重要宫观，原系邱处机（1148—1227）住持之所⑤。萧

---

① 斡鲁不，于蒙哥汗元年（1251）与牙剌瓦赤（Mahmūd Yalavach，？—1254）等任燕京等处行尚书省事（《元史》卷三《宪宗本纪》，页45）。
② 宋子贞《元故领中书耶律公神道碑》，《国朝文类》卷五七，13a。
③ 张瑜，狼川人，1219年已任木华黎（Muqali，1170—1223）麾下左司郎中，可见任职蒙甚早，见《元朝名臣事略》卷一4a引元永贞《东平王世家》。宋人赵珙于1221年出使蒙古，所著《蒙鞑备录》中称张瑜为木华黎通译，"乃金人旧太守，女真人也"。见王国维《蒙鞑备录笺证》（蒙古史料四种本），7b。
④《孔氏祖庭广记》，页49。
⑤ 郑素春《全真教与大蒙古国帝室》（台北：学生书局，1987），页124。

元素既然为"长春宫大师",当为全真教士。过去由于《祖庭广记》未提及元素属于长春宫,故全真教与孔府恢复特权之间的关系未能引起学者注意。元素与断事官耶律丑山谊居师友,地位当不低,可惜生平已不可考。至竹林堂简老,即印简,以其法号"海云"著称于世。程钜夫《海云和尚简公塔碑》称印简"年十九住兴州仁智寺,历燕京之庆寿、竹林……诸大刹"①,可见此"竹林堂简老"即海云。海云为临济禅僧,大蒙古国时代与邱处机并称为汉地两大宗教领袖,与蒙古王朝权贵均有交往,影响力甚大②。其协助孔府之事,虽不见于《祖庭广记》,王万庆撰《大蒙古国燕京大庆寿寺西堂海云大禅师碑》及释念常编著《佛祖历代通载》却有记录。《海云大禅师碑》脱落过多,不便征引③。而《通载》说:

> 初,孔圣之后袭封衍圣公元措者,渡河复曲阜林庙之祀。时公持东平严公书谒师。师以袭封事言于大官人。师为其言曰:"孔子善稽古典,以大中至正之道,三纲五常之礼,性命祸福之原,君臣父子夫妇之道,治国齐家平天下正心诚意之本。自孔子至此袭封衍圣公凡五十一代。凡有国者,使之承袭祀事,未尝有缺。"大官闻是言,乃大敬信。于是从师言,命复袭其爵,以继其祀事。师复以颜、孟相传之道,令其子孙不绝及

---

① 《程雪楼集》(陶氏涉园刊本)卷六,8b。

② 关于海云,参看冉云华《元初临济僧人——海云的禅法和思想》,《华冈佛学学报》第 5 期(1981),页 37—55。Jan Yün-hua, "Chinese Buddhism in Ta-tu: The New Situation and New Problems", in Hok-lam Chan and Wm. T. de Bary (eds.), *Yüan Thought* (New York: Columbia University Press, 1982), pp. 375-418。

③ 周康燮编《陈垣先生近廿年史学论集》(香港:存萃学社,1971),页 22—29。关于此碑,参看陈垣《谈北京双塔寺海云碑》,收入《陈垣学术论文集》(北京:中华书局,1982)第 2 册,页 383—387。

习周、孔儒业者为言,亦皆获免其差役之赋,使之服勤其教,为
国家之用。①

《通载》的记载全系根据《海云大禅师碑》,以孔元措复爵之事归功
于海云,显然夸大其贡献。元措之复爵,事在窝阔台汗五年
(1233),而其北行燕京则在九年,可见海云之进言,与元措之恢复
衍圣公头衔并无关系。至于海云进言之对象,本碑明言:"简虽不
亲行,以侍者往,皆为之先容,而言于山相曰……"可见海云之代表
系向耶律丑山进言。而《通载》却说海云直接向大官人——即失
吉忽突忽——关说,当不正确。过去学者往往蹈袭此误。

　　衍圣公特权恢复有赖释、道二家扶持一事反映出大蒙古国时
代儒家势力远弱于释、道。蒙古人对宗教为国祈福及羁縻人心之
作用本有认识,故界予释、道二教特权甚早。早在成吉思汗十四年
(1219),大汗即命海云及其师中观(约 1161—1220)统领汉地僧
人,免其差发②。全真教之声势尤为显赫。教主邱处机于成吉思
汗十八年西觐大汗,讲道雪山,为其教取得免差权。其后"黄冠之
人,声势隆盛,鼓动山岳",盛况可谓空前。朝廷之上、官府之中,全
真教士皆有发言力量③。蒙古人对儒家学说及儒士重要性之体认
则较为缓慢。亡金士大夫或混于杂役,或坠于屠沽,或去为黄冠,

---

①《佛祖历代通载》(《大正新修大藏经》本)卷二〇一,704a。
②岩井大慧《元初に於ける帝室と禅僧の關係について》,收入岩井氏《日支
　佛教史論考》(东京:东洋文库,1957),页 451—544。札奇斯钦《十三世纪
　蒙古君长与汉地佛道两教》,收入札奇氏《蒙古史论丛》(台北:学海书局,
　1980),下,页 749—982。
③陈垣《南宋初河北新道教考》(北京:中华书局,1962),页 1—80;姚从吾《成
　吉思汗信任邱处机这件事对于保全中原传统文化的贡献》,收入《姚从吾先
　生全集》(台北:正中书局,1982)第 6 册,页 1—138。

地位甚低,而各地庙学亦多毁于战火,无力修复①。美国学者狄百瑞(Wm. T. de Bary)称蒙元初年之儒家为"贱民之正统"(pariah orthodoxy),可说不无道理②。耶律楚材对儒家护持甚力,但其个人力量究属有限,恢复孔府特权一事,须经释、道二家奥援始得有成。而且《曲阜文庙免差役赋税碑》说:孔、曾、孟三家后裔之免除赋役系"仰依僧道体例,一体蠲免差发去讫",可见诸圣子孙之免役乃系援引僧道之先例③。

释、道二家对儒家之扶持显示了宋、金以来三教合流之趋势,也反映出中原文化面临空前危机时各种宗教及哲学维护传统之共同努力。宋、金以来,三教合一之说甚为流行④。全真教主王喆(1112—1170)创教,便欲"援儒、释为辅,使其教不孤",因而主张三教的同源与合一⑤。萧元素为"宣圣故",冒寒远行,即是秉承此种精神。而海云虽为禅僧,其思想之一特点"就是综合性倾向,特别是对孔子的尊重和对儒家思想的吸收"⑥。前引《祖庙记》及《通载》所记他对耶律丑山为孔氏所作说辞,对孔子学说之重要性可说推崇备至。佛教史家冉云华认为"这样对孔子的称赞,在佛僧中还很少见"⑦。蒙元时代,释、道二教相互竞争甚烈,但在扶持孔门方

①萧启庆《大蒙古国的国子学:兼论蒙汉菁英涵化的滥觞与儒道势力的消长》,收入《劳贞一先生八秩荣庆论文集》(台北:商务印书馆,1986),页61—86。
②Wm. T. de Bary, *Neo-Confucian Orthodoxy and the Learning of the Mind-and-Heart*(New York:Columbia University Press,1981) ,p. 50.
③见页 97 注④所引。
④关于三教合一思想,参看 Liu Ts'un-yan and Judith Berling, "The Three Teachings, in the Mongol-Yüan Period ", in Hok-lam Chan and Wm. T. de Bary (eds.),*op. cit.*,pp.479–512.
⑤陈俊民《全真道教思想源流考略》,《中国哲学》第 11 期(1984),页 140—168。
⑥冉云华前揭文,页 48。
⑦同上,页 49。

面却是有志一同,并无轩轾。

由上面考述看来,孔元措虽于窝阔台汗五年(1233)即已恢复衍圣公之位号,但在四年后始取得各项经济特权,爵位之恢复自此始具实质意义。其经济特权之取得,不仅倚恃耶律楚材及严实之推动力,而且有赖于断事官耶律丑山之首肯。此即《祖庙记》所谓"权舆于行台严公,维持于中书耶律公,成于丞相山公"。此外,全真道士萧元素及禅僧海云之关说亦甚重要。大蒙古国时代衍圣公府之恢复可说是中央及地方汉人官员(包括汉化契丹人)及释、道二教相互合作、殚心戮力的结果。衍圣公府及诸圣子孙原是中国传统文化之象征。在传统文化面临空前危机时,各种汉人势力破除畛域,共同予以维系,甚为自然。

〔原刊于《大陆杂志》第 85 卷第 6 期(1992),页 28—32〕

大蒙古国的国子学:兼论蒙汉菁英涵化的滥觞与儒道势力的消长

一

国子学是中国历代培植贵胄子弟的机构,有时独立存在,有时与太学兼行。这两个机构不仅负有教育的任务,也具有重大的政治意义。其演变足以反映历代统治阶层的性质及社会政治的变化。

汉代并无国子学而有太学。当时太学较具平民性,学生可因"父任"而入学,也可由郡国推选。西晋初创国子学,较太学更具贵族性,可说是士族特权在教育上的反映。这种情形至唐代迄少改变。唐代并设国子学、太学及四门学,分别招纳三、五、七品以上的官宦子弟,仍反映出森然的门第观念①。

①关于国子学及太学在中国历史上演变的讨论,乃系根据:陈登原《中国教育史》,上海,1937;熊明安《中国高等教育史》,重庆,1983;吕思勉《汉兴太学三雍》、《国子太学》,见《吕思勉读史札记》(上海,1982),页 670—763、900—904。

自唐季宋初开始,中国逐渐由门第社会转变为科第社会。士族地位大形低落,平民地位日升,这也反映于教育制度之中。宋代七品以上官员子弟得入国子学,八品以下官员子弟及庶人之俊异者得入太学,入学资格较唐代大为放宽。贵族性质较浓的国子学更逐渐为太学所取代。而且政府与社会皆着重科举取士,太学毕业生往往须参加会试或廷试始能出仕,贵族教育机构的重要性遂大为降低。明、清两代的中央教育机构趋向于一元,仅设国子学而不设太学。国子学生或来自州县拔贡,或由捐纳而取得入学资格,士庶混杂,贵族性因而更低。而且学生并不真正在监肄业。国子学遂沦为科举的附庸,作为贵游子弟登龙捷径的原有意义已经完全丧失。

　　征服王朝统治阶层的来源,与汉族王朝有所不同,而整个社会的种族、语言与文化结构也大有差异。国子学的组织因而不同。征服王朝时代的国子学多因种族与语言的复杂而趋向于多元,金、元两代的情形可为代表。金朝设有国子学、太学及女真国子学。国子学与太学分别招收三品及五品以上的官员子弟,不拘种族,讲授限于汉文经典词赋。而女真国子学则以女真人为主要对象,以女真文讲授①。元代不设太学,但分设有国子学、蒙古国子学及回回国子学。国子学兼收各族官员子弟,但教学以汉文典籍为限。蒙古与回回国子学的学生也不限种族,却分别以讲授蒙古及波斯语文为主,充分反映出复合社会的特色②。但在征服王朝时代,政府用人着重"根脚"(家世),多依世选及荫补授官,学校不是入仕的主要途径。

　　本文的研究对象是大蒙古国(Yeke Mongghol Ulus)的国子学。

①《金史》(中华书局本)卷三二,页376。
②《元史》(中华书局本)卷八一,页3029。

"大蒙古国"是忽必烈于 1260 年在中原立国,建立元朝之前蒙古的国号。因此,大蒙古国的国子学也可视为元朝国子学的前身。不过大蒙古国的政治重心仍在漠北,汉地不过是一殖民地。当时国子学的组织与性质,与其元朝后身自然有不少差别。过去的学者多因史料的限制,凡论及元代国子学者,多以忽必烈以后的制度为限。对大蒙古国的国子学或则完全忽略,或则未能正确论述①。本文拟根据《析津志》及《道藏》中的新史料,辅以元人文集中相关的材料,对大蒙古国国子学的起源、组织与功能加以探讨,一方面可以填补旧史记载的缺略,另一方面也为中国教育史及大蒙古国文化与政治史添一足注。

本文的探讨除以国子学的制度为经外,又拟以下列的两个问题为纬:大蒙古国时代蒙、汉菁英涵化的滥觞及儒道二家影响力的消长。一方面,过去的学者多认为元朝在我国历史上各征服王朝中,抵御汉化最久且力,蒙、汉二族菁英分子相互涵化的程度甚低②。仅有的涵化现象是在元世祖忽必烈(1260—1294)立国中原以后始告开始的。大蒙古国国子学的历史则反映出:太宗窝阔台汗(1229—1241)初年蒙古汗廷已设立学校,促使蒙、汉菁英分子学

---

①近人研究元代国子学者有下列二文:袁冀《元代之国子学》,见所著《元史研究论集》(台北,1974),页 203—235;金钟圆《元代蒙古国子学의太学에대하여》,《东洋史学研究》第 3 辑(1969),页 30—51。袁、金二文皆未触及大蒙古国国子学,而金钟圆认为元代于国子学之外又设有太学,显非事实。此外丁崑健近作《蒙古征服时期(1208—1259)华北的儒学教育》〔《华学月刊》第 129 期(1982),页 26—48〕一文,虽不专以国子学为研究主题,却对大蒙古国国子学有较为详备的论述。但是丁氏此文亦受材料局限,不仅未及见《析津志》,亦未见到《道藏》中有关材料,因而所言与本文出入颇多。下文将提出商榷。

②赵翼著,王树民校证《廿二史札记校证》(北京,1984),下,《元诸帝多不习汉文》,页 686—687;Karl A. Wittfogel and Feng Chia sheng, *History of Chinese Society*, *Liao* (960-1125) (Philadelphia, 1949), pp. 8-10。

习对方的语言与文化。另一方面,作为一个菁英分子的教育机构,国子学向为儒家的堡垒,而大蒙古国的国子学却自始即为道士所掌握,直至宪宗蒙哥汗时代(1251—1259)始为儒家所夺取。这一取一夺反映出金元之际儒道二家声势的嬗递。这两个问题在蒙元时代文化与政治史上都有重大的意义,而大蒙古国国子学的历史正好为这两个问题提供了部分答案。

二

关于大蒙古国的国子学,《元史》的记载极为简略。《选举志》说:

> 太宗六年癸巳,以冯志常为国子总教。命侍臣子弟十八人入学。①

又说:

> 国初,燕京始平,宣抚王檝请以金枢密院为宣圣庙。太宗六年,设国子总教及提举官,命贵臣子弟入学受业。②

这两段记载不仅过分简略,无法显示创设国子学的意义,而且由下文所列举的各项证据看来,至少含有两点重大错误:第一,太宗六年为甲午,五年始为癸巳。《元史》称国子学设于六年癸巳,可见其草率,实际是设于太宗五年(1233)。第二,元史称国子总教为冯志常,实际应为冯志亨(1180—1254)。可见元史将国子学设置年代及主持人的姓名都误记。而《新元史》不仅沿袭《元史》

①《元史》(中华书局本)卷八一,页3029。
②同上,页2032。

的错误,称国子学设立于太宗六年,复误改国子总教的姓名为冯光宇,可说全无根据①。

元季熊梦祥编纂《析津志》一书,是北京地区最早的方志②。此书录有关于创设国子学的原始文献数篇,可资考证,甚为珍贵③。《析津志》简述国子学设置经过说:

> 太宗五年癸巳,初立四教读,以蒙古子弟令学汉人文字,仍以燕京夫子庙为国学。④

该志所录《蛇儿年(1233)六月初九日圣旨》石刻原文,叙述建校时的构想与规定甚详:

> 皇帝圣旨:道与朵罗觯、咸得卜、绵思哥、胡土花、小通事合住、迷速门、并十投下(投下,原误作役下)管匠人、官人。

---

①柯劭忞《新元史》(开明二十五史本)卷六四,页156上。

②《析津志》的作者熊梦祥,元季任大都儒学提举、崇文监丞。此书在明朝即已散佚。今幸经北京图书馆重加辑录出版,题作《析津志辑佚》(北京,1983)。

③《析津志》中有关大蒙古国国子学的文字,原窜入清季徐维则铸学斋藏本的所谓《宪台通纪》中(见辑佚,李致忠《整理说明》,页10—11)。但因流传极罕,蒙元史研究者从未得见。今幸经《析津志》辑佚中录入,可供研究。相关的圣旨全文或节该(摘要)共录有五道,而熊梦祥亦偶加按语。宋濂于元季曾见其中二道圣旨石刻原文,撰有长跋并节录部分原文。《乾隆钦定国子监志》(四库珍本五集,卷六一,页12上—15上)及《同治畿辅通志》(卷一三九,商务印书馆本,1934,页5398—5399)皆加征引,称引自宋濂《潜溪集》。可惜宋濂《宋文宪公集》(四部备要)、《宋学士文集》(四部丛刊)及《宋景濂未刻稿》(四库珍本四集)皆未收入此跋。笔者承洪金富博士代查"中研院"史语所藏明本《潜溪集》微卷,亦未发现,不得覆按,殊为遗憾。又《析津志辑佚》中关于国子学史料的重要性,温岭(陈高华)撰《读析津志辑佚札记》(《中国史研究》第2期(1984),页132)一文曾论及之,本文受其启发之处不少。

④《析津志辑佚》,页197。

这必阇赤一十（八）个孩儿①，教汉儿田地里学言语文书去
也……

　　但是你每官人底孩儿每，去底十八个蒙古孩儿每根底②。
你每孩儿每内，更拣选二十二个作牌子，一同参学文书弓箭。
若这二十（二）个孩儿内，却与歹底孩儿，好底孩儿隐藏下底，
并断案打奚（*aldashi*）罪戾。③

　　这孩儿每学得汉儿每言语文书会也，你每那孩儿每亦学

---

①原文作"十个"。"八"字据下文及后引各史料增补。

②"根底"一词，在元代直译蒙文公牍中用作后置词，有"对""对于""在"
"把""同"等意。参见亦邻真《元代硬译公牍文体》，《元史论丛》第 1 辑
（1982），页 169。

③"案打奚"，或作"按打奚""按答奚"，为元代的重要法律名词。此字系蒙文
aldashi 之对音。Aldashi 是由动词 alda（犯过）加字尾 shi 而成的名词，意为
责罚〔见 F. W. Cleaves, "The Sino-Mongolian Inscription of 1240", *Harvard
Journal of Asiatic Studies* 23（1961），pp. 62-73；Igor de Rachewiltz, "Some Re-
marks on Töregene's Edict of 1240", *Papers on Far Eastern History* 23（1981），
pp. 39-63；蔡美彪《元代两种圆牌之解释》，《历史研究》第 4 期（1980），页
124—132〕。苏联 N. Ts. Münküyev 认为此字系由动词 ala（杀）加被动词字
尾 da 而成，意为斩杀，当误。Igor de Rachewiltz 已驳之〔分别见 Münküyev,
"A New Mongolian P'ai-tzu from Simferopol", *Acta Orientalia* 21. 2（1977），
pp. 201-214；Igor de Rachewiltz, "The Secret History of the Mongols: Chapter
Eight", *Papers on Far Eastern History* 21（1980），p. 48〕。《黑鞑事略》（蒙古
史料四种本，页 17 上）说："有过则杀之，谓之按打奚。"而徐元瑞《吏学指
南》（台北，1970，页 64）则说："断按打奚罪戾，谓断没罪过也。"以"没"字当
按打奚，而"没"字似应作没收入官解。不过，无论"杀"或"没"，似仅为责
罚的一种，因 *aldashi* 一字本身并无"没""杀"之意。元代法律条文多数仅
申明应该怎么做，不应该怎么做，用"禁止""罪之"字样代表具体刑罚的规
定（见杨一凡《明初重典考》，长沙，1984，页 26）。这种"罪之"、"禁止"的
字样，可能即由"案打奚"一字而来，反映出当初蒙古法律观念的粗疏，未能
仔细以罪量刑，载之明文。此处所引《析津志》"断案打奚罪戾"，亦即治罪
责罚之意。

底蒙古言语弓箭也会也。粘哥、千僧奴底孩儿亦一同学者。若学底会呵,不是一件立身大公事那甚么?①

这一石刻圣旨,是由蒙古文直译,较为难解。大意是:令朵罗觯等官人,选其优秀子弟二十二人,编排为班(牌子)。与遣送至汉地的蒙古书生(必阇赤,bichēchi)②十八人,一同学习。蒙古子弟研习汉人语言文书,汉人子弟则学习蒙古语言与弓箭。

元人所撰碑记,多有可为上引圣旨作印证者。许有壬所撰《上都孔子庙记》说:

> 太宗嗣位,择必阇赤子十八人,学汉语文字。汉官子弟参学国语弓矢。且分四队以教,命中书令杨惟中主其事,作屋居之,饩廪育之,榎楚督之,迄定宗朝不辍。③

马祖常《大兴府学孔子庙碑》说:

> 太宗皇帝首诏国子通华言,乃俾贵臣子弟十八人,先入就学。时城新刳于兵,学官摄于老氏之徒。④

而马氏所撰《光州孔子庙碑》则说:

> 始宪宗皇帝都和宁(即和林,Qara Qorm),遣国子二十人,就学今都之南城孔子庙旁,旨意训诲,载刻碑中。⑤

---

①《析津志辑佚》,页197。
②"必阇赤"为蒙文bichēchi对音。原义为秘书,书记。关于元代必阇赤之制度,参看札奇斯钦师《说元史中的"必阇赤"并兼论元初的中书令》,见所著《蒙古史论丛》(台北,1980),上,页365—464。不过此处之必阇赤应作"书生"或"学生"解。《析津志辑佚》(页179)说:"必阇赤,谓学文字者。"故不能拘泥于秘书之意。
③《至正集》(宣统三年本)卷四四,页43上。
④《石田文集》(元四家集本)卷一〇,页1上。
⑤同上,卷一〇,页7下。

马、许二氏所言大体与《蛇儿年圣旨》相合。不过马、许二氏皆元代中后期人,上距建学时已近百年,制度早变,因而偶有误解。许氏所云"择必阇赤子十八人"一语,应为择贵臣子十八人为必阇赤之意,必阇赤在此意为书生①。马祖常所谓宪宗皇帝遗国子二十人云云,显然指同一事件,不过误以太宗为宪宗,十八人为廿人。

三

前引蛇儿年圣旨及几种元人碑乘文字反映了国子学的大体情况。但其中仍有不少问题,有待进一步阐释。以下拟根据前引文字,并参以元代其他史料,对下列各问题加以讨论,以求进一步了解大蒙古国国子学的实际情况及其意义:

(甲)宣圣庙的创建人与年代

国子学所在地为燕京宣圣庙,亦即《析津志》所谓夫子庙,乃是宣抚王檝(约 1181—1240)就金枢密院遗址改建而成②。《元史》王檝本传说:

> 时都城庙学既毁于兵,檝取旧枢密院地创立之,春秋率诸

---

① 《析津志辑佚》,页 197。许有壬《雪斋书院记》也说:"太宗择必阇赤子,教汉语文字。"〔《圭塘小稿》(三怡堂丛书本)卷六,页 4 下〕错误相同。
② 国子学地址的变迁:国子学,即宣圣庙,在金中都故址章宗养鱼池旁(见《析津志辑佚》,页 197)。忽必烈即位后,于中都故址之东北,营建大都,至元九年(1272)初步落成。至元七年(1270),许衡受命重建国子学,当时仍设中都旧址。至元二十四年,于大都城东新建国子学,以南城国子学旧址为大都路学(《元史》卷八一页 2032 并前引马祖常《大兴府学孔子庙碑》)。

生行释菜礼,仍取岐阳石鼓列庑下。①

按王檝,字巨川,是大蒙古国早期位居高官的少数几位汉人儒士之一。年少时应科举不第。入仕蒙古后,于甲戌年(1214)授宣抚使兼行尚书六部事②。与耶律楚材(1189—1241)交往甚密,时相唱和。楚材对他称誉备至:"巨川宣抚,词翰俱妙,阴阳历数,无所不通。"③而有"关西夫子"之称的杨奂(1186—1255)也称他"才子名摇动江城"④。可见檝与楚材相似,博学多才,颇为当世名士所重。他以燕京地方官的地位复建宣圣庙,并不意外。

宣圣庙的创建究在何时? 耶律楚材《释奠》七律序说:

> 王巨川(檝)能于灰烬之余,草创宣圣庙,以己丑二月八日丁酉率诸士大夫释而奠之礼也。诸儒相贺曰:"可谓吾道有光矣。"⑤

按己丑年为太宗元年(1229),早于国子学的建立凡四年。而《析津志》说:

> 建国之始,今南城文庙收一修建旧疏云:壬午年(1222)行省许以枢密院旧址改建文庙。是岁,中都破之第八年也。⑥

按行省当指王檝,因檝为行尚书省六部事。可见燕京宣圣庙

---

①《元史》卷一五三,页 3612。
②《元史》卷一五三,页 3612。孙克宽教授曾著《元王檝使宋史补》一文,见所著《元代汉文化之活动》(台中,1968),页 331—337。惜此文仅探讨王檝使宋事迹而不及于其他。王氏实为大蒙古国早期最重要的汉臣之一,其事迹有待进一步的探讨。
③《湛然居士集》(四部丛刊)卷六《寄巨川宣抚》,页 12 下。
④《还山遗稿》(适园丛书)上,《祭国信使王宣抚》,页 6 下—7 下。
⑤《湛然居士集》卷三,页 6 下。
⑥《析津志辑佚》,页 199。

早在壬午年(1222)便已建立。楚材所说己丑年,当为始行释奠的年代,而不是孔庙重建的年代。金元之际,中原庙学多毁于战火,由于护持乏人,恢复远较道观佛寺为慢。耶律楚材至有"精蓝道观已重建,独有庠宫尚堁垣"[1]的感叹。燕京宣圣庙可说恢复最早,遂为国子学的创建奠立了基础。

(乙)国子学的主持人及其与全真教的关系

中国历代的国子学及太学,向为儒家所掌握,而大蒙古国国子学却由全真教士所主宰,可谓一特殊现象。关于国子学的主持人及职责区分,《蛇儿年圣旨》续说:

> 教陈时可提领选拣好秀才二名管勾。并见看守夫子庙道人冯志亨,及(此字疑衍)约量拣选好秀才二,通儒道人二名,分作四牌子教者。[2]

《析津志》又录有甲午年(1234)二月二十四日所颁诏书大意,说及国子学的负责人:

> 四教读者刘某、赵某。通事二人,罗某、刘某。总教官三员:宣授蒙古必阇赤四牌子总(教)冯志亨[3],宣授金牌提举国子学事(事,原误作士)中书杨惟中,御前宣国子学事仙·孔·八合识李志常。[4]

可见国子学共设总教官三人,下设管勾二人,由儒人(秀才)充任,而由陈时可负责选拣。教读者四人,其中儒人与道士各半,皆由冯

---

①《湛然居士集》卷一三《重修宣圣庙疏》,页 11 下。
②《析津志辑佚》,页 197—198。
③原脱教字,据《国子监志》卷六一,页 13 下补。
④《析津志辑佚》,页 199。

志亨拣选。另有通事二人,当为负责传译者。

国子学有关人员中,最重要者当推三名总教官。其中李志常(1193—1256)、冯志亨皆为全真道士。志常,道号真常,为邱处机(1148—1227)十八大弟子之一①。1227年任都道录,负责教门与汗廷的联络,故为汗廷所重,玺书称他为"仙·孔·八合识"(Sien Kūn baghshi),意即仙人师父②,备受尊崇。1238年嗣为教主。金状元王鹗(1190—1273)称他"以儒家者流,决意学道"③,而王磐(1202—1293)也说"真常本儒者,喜文学"④,可见他本为儒者出身的道士。他对流离失所的士大夫甚为眷顾。王鹗撰《真常真人道行碑》说:

> 时河南新附,士大夫之流寓燕者,往往审名道籍。公委曲招宴,饭于斋堂,日数十人。或者厌其烦,公不恤也。其待士之诚类如此。⑤

徐霆《黑鞑事略》所说"长春宫多有亡金朝士,既免跋焦,免赋役,又得衣食,最令人惨伤也"⑥,当即指此事而言。早在1229年,他

---

① 李志常的事迹,见王鹗《玄门掌教大宗师真常真人道行碑》,李道谦《甘水仙源录》(正统道藏本)卷三,页51上—55下;李道谦《终南山祖庭仙真内传》(正统道藏本)卷下,页662下—666上;陈铭珪《长春道教源流考》(《道教研究资料》第2辑)卷四,页173—181;陈垣《李志常的卒年》,《陈垣史学论著选》(上海,1980),页522—524。

② "仙·孔·八合识"为一蒙汉文混合名词。"仙"为蒙文中汉语借字,"孔"为蒙文kün(kümün),意为人,"八合识"为蒙文baghshi,意为师父,合之则为"仙人师父"。以此号称李志常,除王鹗撰道行碑外,又见于《1235年鳌屋重阳万寿宫圣旨碑》,见蔡美彪《元代白话碑集录》,页3。

③《甘水仙源录》卷三,页154下。

④ 王磐《诚明真人道行碑铭》,《甘水仙源录》卷五,页173上。

⑤《甘水仙源录》卷三,页155上。

⑥《黑鞑事略》,页16上。

便曾向窝阔台汗进呈儒、道二家经籍,《道行碑》说:

> 己丑(1229)秋七月,见上于乾楼辇(即怯绿连河,Kerülen)。时方诏通经之士教太子。公进易、诗、书、道德、孝经。具陈大义,上嘉之。①

可见他早已在蒙古汗廷提倡汉文化。国子学的设立,出之于他的倡议,不无可能。不过他本人忙于教门事务,当无法直接参与国子学的管理与教学。

真正负责国子学的当为总教冯志亨。志亨,字伯通,道号寂照。1223 年因李志常的推荐,拜邱处机为师。生平与李志常最为亲睦②。他出任国子总教便是出于志常的推荐。《真常真人道行碑》说:

> 癸巳夏六月,承诏即燕京教蒙古贵官子弟十有八人。公荐寂照大师冯志亨佐其事,日就月将,而才艺有可称者。③

志亨本人也确具主持校务的学养。他早年为金太学生,而且能文善诗,现仍有不少诗文传世④。与他常相往来的有"梁运使斗南(陟)、陈翰林秀玉(时可)、吴大理卿德明(章,?—1246)辈。每论

---

① 《甘水仙源录》卷三,页 153 上。
② 冯志亨事迹,见赵著《佐玄寂照大师冯公道行碑》,《甘水仙源录》卷六,页 189 下—191 下;《长春道教源流考》卷五,页 218—219。
③ 《甘水仙源录》卷三,页 153 上。
④ 所撰诗《送真人于公如北京》,见《甘水仙源录》卷一〇,页 24 下。所撰文有《敕建普天黄箓大醮碑》,《宫观碑志》(正统道藏本),页 103 下;《张安宁碑》,牛诚修《定襄金石考》(雪华馆丛编)卷二,页 15 下—19 下。志亨又曾跋马丹阳书"祖庭心死"四字及清和真人翠筠亭诗词,见吴式芬《金石汇目分编》(《石刻史料丛书》乙编)卷一二之一,页 100 上。

及当世人物,至以宰辅之器许之,其雅量高致为可知已"①,可见他与儒士交往甚密,而且备受推重。

国子学负责人中唯一与道教无关的是杨惟中(1206—1260)。惟中虽以"自知读书"见称,后来又延南儒赵复北上,使理学得以北传。他本人却称不上是儒士。此时,当是以中书的身份兼任提举国子学事②。他的这一兼职,碑传中并未述及。但是,姚燧撰《姚文献公神道碑》说:

> 公(姚枢)闻太宗诏学士十八人,即长春宫教之③,俾杨中书惟中监督,则往依焉。④

可见惟中担任提举国子学事,确有其事。姚枢(1201—1278)因惟中之援引而在国子学任职⑤。

除此三人外,宣圣庙创建人王檝与奉命协办国子学的陈时可也都与全真教有密切的关系。王檝虽与楚材为好友,与邱处机却更情逾非常。处机应诏西行,有诗与王檝相唱和。檝为处机题《瑞应鹤诗》,楚材曾为诗加以讥诮,有句云:"昔日谈禅明法界,而今

---

① 赵著《佐玄寂照大师冯公道行碑》,页191上。其诸友中,吴德明,金承安进士。见《李庭寓庵集》(藕香零拾卷二,页19上),《挽吴德明》。

② 杨惟中的事迹,见《元史》卷一四六,页3467—3468;苏天爵《元朝名臣事略》(上海,1962)卷五,页10上—11下;Chan Hok-lam,"Yang Wei-chung(1206—1260)",in *Papers on Far Eastern History* 29(1984),pp. 27-44。

③ 国子学虽由道士掌管,但非设于长春宫。

④ 苏天爵《国朝文类》(四部丛刊)卷六〇,页10下。

⑤ 陈学霖教授认为姚枢就此成为"十八学士"之一,从冯志亨进修〔见 Chan Hok-lam,"Yao shu(1201-1278)",in *Papers on Far Eastern History* 22(1980),p. 19〕。此说恐未必正确。因姚枢并不具"国子"身份,且已年逾而立,并曾从名士宋九嘉、元好问、杨奂等游。实际上,他可能担任"教读"之类职务,而非学生。

崇道倡香坛。诸行百辅君都占,潦倒鲰生何处安?"①显然责其背禅而就道。槐又曾于癸未年(1223)疏请处机住持燕京十方天长观②。而李志常《西游记》叙述二人关系说:

> 权省宣抚王公巨川,咸阳巨族也,素慕玄风。近岁又与父师(邱处机)相会于燕,雅怀照瑛,道同气合,尊仰之诚,更甚畴昔,故会藏事,自为主盟。③

可见处机的葬事亦是王槐所主持。陈铭珪(教友)认为二人实有师、弟之关系,应是不错④。

王槐与处机弟子冯志亨亦有密切的关系。据赵著《寂照大师冯公道行碑》说,槐之改金枢密院为宣圣庙,即出之于志亨的劝说⑤。此一说法,就时间先后而言,似不可能⑥。但是《蛇儿年圣旨》称志亨为"见(现)看守夫子庙道人",可见国子学设立前的宣圣庙已由冯志亨管理。这可能由于王槐本人为全真信徒,且与冯志亨为故交,在创建宣圣庙后,即交由志亨掌管。窝阔台汗任用志亨主管国子学,不过承认既成事实而已。

陈时可,字秀玉,原为金翰林学士⑦。出仕蒙古乃出于耶律楚

---

① 《湛然居士集》卷六《寄巨川宣抚》,页13上。
② 李志常《西游记》(蒙古史料四种本)"附录",页2下—3上。
③ 同上,卷下,页26上下。
④ 《长春道教源流考》卷三,页106—107。
⑤ 赵著《佐玄寂照大师冯公道行碑》,页192上。
⑥ 据《佐玄寂照大师冯公道行碑》说(页189下),志亨于癸未年(1223)始拜邱处机为师,前此则居于家乡同州(陕西),当不至认识已居高官的王槐。
⑦ 陈时可,《元史》无传。鲜于枢《困学斋杂录》(知不足斋丛书本,页18下):"寂通老人陈时可,字秀玉,燕人,金翰林学士,仕国朝为燕京路课税所官。"孙克宽《湛然居士集中的中原儒士初考》略考其生平,见孙著《蒙古汉军及汉文化研究》(台北,1958),页91。

材的推荐,于太宗二年(1230)任燕京路课税使①。他早年曾与楚材同学禅于万松老人行秀(1166—1246)门下,后来却改宗道教。楚材曾为诗戏之,有句云:"不见桃源路渺茫,清溪招引到仙乡。"②他与邱处机的关系甚为密切。处机西行,有诗与他唱和。处机卒后,时可为撰《长春真人本行碑》与《处顺堂会藏记》③。嗣教主尹志平(1169—1251)请撰《本行碑》时,对他说:"知先师者,君最深,愿得君之词,以示来世。"④陈铭珪也说:"陈时可,元初儒者也。与长春游最久,所为碑与记,其推挹又最至。"⑤可见他与处机可能亦有师、弟关系。据说他与冯志亨也常相往来,交情应该不泛⑥。国子学创建时他奉命协助安排人事,固然可能由于燕京地方官的地位,但是全真教士得以主宰国学,尤其是冯志亨得任国子总教,很可能得力于他的推毂。

全真教士执掌国学一事,一方面反映大蒙古国初期该教影响之壮大。全真教自金季声势已大,蒙古人优遇教门,原有牢笼之意⑦。自1223年邱处机西觐成吉思汗,取得免差权后,声势更大。

---

①《元史》卷一,页30、35、36。
②《湛然居士集》卷九《戏陈秀玉》,页14下—15上。
③《甘水仙源录》卷二,页136上—139上;卷九,页232上—233下。时可又曾于戊子年(1228)与李志常共跋处机遗墨,共九行,刻石于山东潍县玉清宫,见毕沅《山左金石志》(嘉庆二年自刻本)卷二一《玉清宫摹刻邱长春遗墨跋语碑》,页2上。亦见吴式芬《攗古录》(家刻本)卷一七,页1下。
④陈时可《长春真人本行碑》,《甘水仙源录》卷二,页136上。
⑤《长春道教源流考》卷三,页115。
⑥同页115注①。
⑦关于金元之际全真教的历史,参看陈垣《南宋初河北新道教考》(北京,1962),页1—80;姚师从吾曾撰文多篇论全真教,最后一篇,也是他总结性的研究则为《成吉思汗信任邱处机这件事对于保全中原传统文化的贡献》,见《姚从吾先生全集》(台北,1982)第6册,页1—138;窪德忠《中國の宗教改革——全真教の成立》(東京,1967)。

据元好问说,当时"黄冠之人,十分天下之二,声势隆盛,鼓动山岳"①。朝廷之上,官府之中,全真教士都有很大的发言力量。在燕京,上述的王檝、陈时可便是两位有力的支持者。宫掖之中,大皇后脱列哥那(Töregene)似乎也倾向于全真,不久之后《道藏》的刊刻便是得力于其赞助②。另一方面,也反映出全真教的兼容并蓄,不拘门户之见。王喆创教,便欲"援儒、释为辅,使其教不孤",主张三教的同源与合一③。并以维系中原文化为任务,着重救济士人,提倡教育④。当时传统文化面临存亡的危机,全真教士自揽教授蒙、汉菁英子弟的任务,以弥补两族的鸿沟,也是很自然的。

国子学的建立,与当时主政中枢、以用夏变夷为己任的耶律楚材有无关系?时人陈学霖、丁崑健二教授都认为国子学的建立是出于楚材的主张⑤。自窝阔台即位后,楚材以增加税收而取得大汗的信任,从而以儒道进说,并请恢复汉地的秩序及安揖士人。在他的策动下,采取了一系列的行动,如设置十路征收课税使,以儒者为之(1229),恢复衍圣公的职位(1233),设立编修所、经籍所(1235),以及考选儒士、设置儒户(1237—1238)等,都有利于安定

①《遗山先生文集》(四部丛刊)卷三五《清真观记》,页22下。
②Igor de Rachewiltz, "Some Remarks on Töregene's Edict of 1240", pp. 42–48.
③关于元代三教合一的思想,参看 Liu Ts'un-yan and Judith Berling, "The Three Teachings, in the Mongol-Yüan Period", in Hok-lam Chan and Wm. T. de Bary (eds), *Yüan Though* (New York, 1982), pp. 479–512。
④见姚师从吾前揭文。
⑤见 Hok-lam Chan, *op. cit*., p. 30;丁崑健前揭文,页30—31。

秩序、存续文化①。建议设立国子学,与上述诸行动,可说是桴鼓相应。《元史》本传也说他"又率大臣子孙,执经解义,俾知圣人之道"②。这与国子学的设立虽未必为一事,但性质相同。因而,楚材为国子学倡议者之一,大有可能。

但在国子学主持人的选择上,楚材显然未能影响③。楚材素主"以儒治国,以佛治心",对全真教甚为嫉视,斥为"老氏之邪"④。戊子年(1228)东返后即撰《西游录》,对全真教攻讦极烈⑤。绝不至推挽全真教士主持向为儒家堡垒的国子学。全真教士的把持国子学反映出楚材权力的极限。当时他在汗廷的地

---

① Igor de Rachewiltz, "Yeh-lü Ch'u-tsai (1189—1243): Buddhist Idealist and Confucian Statesman", in A. F. Wright and Denis Twitchett (eds.), *Confucian Personalities* (Stanford, 1962), pp. 189—216.

②《元史》卷一四六,页 3459。

③ 丁崑健氏不仅认为国子学系因楚材建议而设立,而且楚材"找来与他志同道合的陈时可、冯志常(启庆按:"常"应作"亨")、杨惟中负责其事"(前揭文,页 30)。丁氏并列举两点理由支持楚材与国子学关系密切之说:(一)国子学为培植"必阇赤"之机构,似直属于中书令。(二)负责国子学的陈时可、杨惟中与楚材关系密切(页 47,注 26)。笔者认为丁氏所举这两点理由都不无疑问:第一,前文说过,国子学的学生虽称为"必阇赤",但应作书生解,而不是指元代一般的必阇赤——秘书。因此,国子学不能视为培植"必阇赤"的机构,也未必直属于中书令。第二,如前文所说,陈时可虽为楚材提携的儒士,但为全真信徒。而冯志亨与楚材的"志同道合",史料中全无迹象。丁氏此说,完全忽略志亨为楚材向所嫉视的全真教士。

④ 关于耶律楚材与全真教的关系,见陈垣《耶律楚材父子信仰之异趣》,《陈垣史学论著选》,页 253—260;姚师从吾《元邱处机年谱》,《东北史论丛》(台北,1959),下,页 263—268。

⑤《西游录》,今有下列几种注释本:姚师从吾《耶律楚材西游录足本校注》,《姚从吾先生全集》(台北,1982)第 7 册,页 203—284;Igor de Rachewiltz, "*The Hsi-yu lu* by Yeh-lü Ch'u-ts'ai", *Monumenta Serica*, vol. 21 (1962), pp. 1—128;向达校注《西游录、异域志》,北京,1981。

位,不过是必阇赤之长。所谓中书令,不过窃号自娱而已①。对于政策及用人,他的权力都有很大的局限。延续中原文化、调和蒙汉冲突,原是以楚材为首领的儒士、全真教会以及汉军将领的共同目标。但是,三者之间不仅有合作,而且有竞争,也有冲突。在掌握国子学一事上,全真教取得了上风。这种上风的取得,不仅凭借教门本身的力量,而且有赖于若干与楚材关系密切之儒士的支持,充分反映出大蒙古国时代宗教、学术与政治权力间的复杂关系。

(丙)学生的出身、人数与待遇

依《蛇儿年圣旨》的规定,"蒙古孩儿"入学者十有八人,另有学习蒙古语言、弓箭者廿二人。前引各文献称前者为"国子"、为"贵臣子弟"、为"贵官子弟",称后者为"汉官子弟"。显然两者分别来自蒙古、汉人高官家庭。

又按《蛇儿年圣旨》规定,汉官子弟廿二人由受诏各官员"孩儿每"中选出。但在受诏各官员中,仅知咸得不即石抹咸得卜②、绵思哥为耶律绵思哥③,前者为燕京行省,后者为中都路也可·达鲁花赤(Yeke Darughachi),都是燕京地方大员,也都是契丹人,属

---

①韩儒林《耶律楚材在大蒙古国的地位和所起的作用》,《穹庐集》(上海,1982),页178—194。

②《元史》卷一五〇,页3557。

③绵思哥袭乃父耶律阿海之职,任寻思干(Samarqand)达鲁花赤(同上,卷一五〇,页3550)。美国学者 Paul D. Buell 推测绵思哥曾负责平定1238年 Bukhara 之 Tarabi 之乱,而于窝阔台季年始返中原,任职中都〔见所著"Sino-Khitan Administration in Mongol Bukhara", *Journal of Asian History* 13.2 (1979),p.140〕。但由蛇儿年圣旨看来,绵思哥于1233年即供职中都,Buell 所云,当为误测。

于广义的汉人。其余朵罗解、胡土花①、小通事合住②、粘哥、千僧奴等的种族与职位皆不可确考,但都应为驻节燕京的高官,而且多数应为契丹、女真人。

上述学生的人数,原为建校时的计划,未必是建校后的实际人数。不过,《蛇儿年圣旨》于己酉年(1249)刻石时,其旁列有蒙古必阇赤札鲁古真(Jarghuchin)等十九人与汉人必阇赤文宣奴等廿八人③,可能为己酉年的人数。宋濂跋文说:"其数比旧有所加者,续有慕效而来者耳!"④不过,国子学生的人数似甚稳定,始终维持在四五十人的水平,是一个小型的菁英教育机构。

学生所受待遇,也充分显示了国子学的贵族性。马祖常《大兴府学孔子庙碑》称赞窝阔台汗待遇国子学生之厚说:

---

① 此一胡土花,不知是否即失吉忽突忽(Shigi Qutuqu)。失吉忽突忽为蒙古塔塔儿氏人,幼为成吉思汗母之养子。成吉思汗即位后封为普上断事官。蒙古陷金中都(燕京),他奉命负责接收。1234 年灭金后,复出任中州断事官,"主治汉地民户"。在此以前,或已在中原任职。关于失吉忽突忽的事迹,见姚师从吾《黑鞑事略中所说窝阔台汗时代胡丞相事迹考》,《东北史论丛》,下,页 339—363;施一揆《论失吉·忽突忽》,《元史及北方民族史研究集刊》第 5 期(1981),页 20—29;Paul Ratchnevsky,"Sigi Qutuqu,ein mongol-ischer Gefolgsmann im 12-13 Jahrhundert",*Central Asiatic Journal* 2(1965),pp. 98-120。

② 小通事合住,事迹难详。《元史·郭德海传》:"太宗诏大臣忽都虎(即忽突忽)拭天下僧尼道士,选通经文者千人。有能工艺者则命小通事合住领之。"(《元史》卷一四九,页 3523)可见合住乃系失吉忽突忽之下属,在汉地主管匠人者。又《大元马政记》(学术丛论本,页 20 下)所载太宗五年谕汉地官员征收羊马税圣旨中,亦有小通事合住名。

③ 此一题名不见于《析津志》,而引见于《国子监志》及《畿辅通志》。惜二书皆未引录全部名单,而札鲁古真及文宣奴二人事迹也不可考见,无法探知国子学毕业生日后的事功。

④《国子监志》卷六一,页 13 下。

饥焉粟肉,渴焉酒醴,力焉仆使,恩义甚备,其养贤劝善之
诚,固已高出于百王之上矣!①

马氏此段文字乃是根据《蛇儿年圣旨》。圣旨说:

仍道与朵罗解,仰于新拜降户内,每人拨与使唤的小孩儿
一个者。各人并教读人等,每人日支米面各一斤,肉一斤。本
处官人每底孩儿不在此限。外据家粮每人日支米一升。这必
阇赤孩儿每,晚饭后与解渴酒四瓶。②

可见教员及蒙古学生每日可得米面各一斤、肉一斤、酒四瓶,又有
书僮一人,以奉使令。学生的家属每人亦得到一斤米的津贴。不
过"本处官人底孩儿"得不到相同的待遇,大概由于可以走读。我
国历代为优待贵游子弟向学,国学及太学多有廪给之设,但待遇并
不优厚。如宋代太学生最初由官府给食,后来仅贴补若干文为"添
厨"③,与大蒙古国国子学生的待遇相去甚远。

(丁)教学内容与学生出路

国子学的教学以语文、文书为主要内容。如前文所说,蒙古子
弟以学习汉语、汉文为主,而汉人子弟则学习蒙语与弓箭。蒙古子
弟所习汉人文书性质为何?前引《蛇儿年圣旨》并未明言。但《析
津志》载有蛇儿年所颁另一圣旨节该(摘要)说:

燕京去底必阇赤孩儿省谕底圣旨,教汉儿文书并言语去
也。然虽汉儿字难学有,那般有虽深细的文字不教呵。但是

---

① 《石田文集》(元四家集本)卷一〇,页1上。
② 《析津志辑佚》,页198。
③ 朱瑞熙《宋代社会研究》(河南,1983),页89—90。

容易施行的文字学的会呵,不好那甚么?①

可见蒙古子弟所习汉人文书以易习而实用者为原则。但是,在执行时,这一原则并未严格遵守。赵著《寂照大师冯公道行碑》说:

> 先是,承诏教授胄子十有八人。公乃于名家子弟中,选性行温恭者如其数,为伴读。令读《孝经》、《语》、《孟》、《中庸》、《大学》等书。庶几各人口传心授之间,而万善固有之地,日益开明,能知治国平天下之道,本自正心诚意始。是后日就月将,果皆克自树立,不惟俱获重用,复以才德见称于人。②

可见蒙古及汉人子弟,除学习语言外,都兼习《孝经》《四书》等儒家经典。不过《孝经》不仅是儒家经典,也是道教历来抗佛的利器,而全真教尤重《孝经》③。冯志亨在国子学讲授《孝经》,是与全真教的精神相符的。

国子学的另一特色,则为匠艺的兼授。《钦定国子监志》引《通谕受学弟子员》诏说:

> 习汉人文书之外,兼谙匠艺事,及药材所用,彩色所出,地理州郡所纪,下至酒醴、曲蘖、水银之造,饮食烹饪之制,皆欲

---

①《析津志辑佚》,页199。此一圣旨当即《畿辅通志》(页5399下)所谓《通谕国(原误作夏)学圣旨碑》,《国子监志》(卷六一,页12—13上)所谓《通谕受学弟子员》。二书未录此段文字,却另录有一段(即本页注③所引),不见《析津志》。关于此一圣旨的颁布时间,《国子监志》说:"所颁之年月与前(指蛇儿年六月初九日圣旨)同,不书何日,意稍后于前耳。"可见亦系颁于癸巳年六月。
②赵著《佐玄寂照大师冯公道行碑》,页191上。
③龙晦《全真教三论》,《世界宗教研究》第1期(1982),页27—36。

周览旁通。①

在汉人传统价值观中,匠艺乃属末流,自不会成为菁英教育的一部分。蒙古国子学传授匠艺,反映出蒙古人对匠艺的重视及国子学的实用目的。蒙古人因工艺技术落后,而且并无劳心劳力之分,在进入文明地区后,最重匠人的罗致。对于匠艺精巧者,往往赏以官职,赐以牌符②。因而国子学也教及匠艺。不过,诏书中用"兼谙"二字,匠艺当非设学的最初宗旨,也不是教学的重点。

关于学生的出路,也就是当初设学的目的,现已无史料足以充分显示。《蛇儿年六月圣旨》有下列一段规定,是现存唯一的线索:

> 必阇赤每,比至会汉儿言语呵,说话仰胡土花,小通事(合住),与两个熟会言语的通事转言语者。③

可见依设校时的构想,学生毕业后,以担任通事,即怯里马赤(kele-mechi)为主。在征服王朝时代,由于种族、语言皆为多元,负责转译语言的通事原是沟通各民族的重要媒介人物,也是统治征服地区不可或缺的臂助④。大蒙古国早期的情形更是如此,据说当时"出入用事者又皆诸国之人,言语之不通,趋向之不同"⑤,沟通问题,甚为严重。蒙古人最初多以契丹及畏兀儿人担任通事,燕京市学也有通事速成班。这些速成的通事往往"恣作威福",为蒙古统

①《国子监志》卷六一,页13上。
②李景林《元代的工匠》,《元史及北方民族史研究集刊》第5期(1981),页36—47。
③《析津志辑佚》,页198。
④关于通事的重要性,参看姚师从吾《辽金元时期通事考》,《姚从吾先生全集》第5册,页15—32。
⑤宋子贞《元故领中书耶律公神道碑》,《国朝文类》卷五七,页22下。

治者及汉地百姓都带来不少问题①。癸巳年六月创设国子学时，汴京已陷，灭金在即，蒙古人在汉地的目标将由征服转变为统治，自需更多可靠的通事与官员。训练蒙、汉二族高官的子弟，通谙双方的语言与文化，出任通事及其他官职，可说是一个合理的构想。担任通事，可能只是这些贵族子弟的初步官职。由于他们的出身以及特有的训练，以后当会出任更重要的治民之官。可惜现有史料已无法证明。不过前引《寂照大师冯公道行碑》所说"不惟俱获重用，复以才德见称于人"，多少反映这种情况。

中国历代设置国子学的目的，不仅在于充实贵游子弟的学养，而且赋予登用的资格。大蒙古国国子学的宗旨显然不尽相同。大蒙古国的政治制度带有甚强"家产制度"（patrimonialism）的色彩。政府是皇室家务机构的延伸，而官员则视为黄金氏族（Altan Urugh）的家臣，世代相袭，用人最重"根脚"（出身），官贵子弟在皇家卫队——怯薛（Kesig）中历练后，便可出任官职，原不必经由学校②。因此，国子学的意义，不在于贵游子弟登用资格的养成。它是蒙古汗廷为适应新的政治情势，而企图涵化蒙、汉菁英的第一所教育机构。

四

国子学设立后的发展与存续，旧有史料缺乏有系统的记载。《元史》对此全未提及。而许有壬《上都孔子庙记》则说："迄定宗

---

①《黑鞑事略》，页 10 上。
②萧启庆《元代的宿卫制度》，见拙著《元代史新探》（台北，1983），页 59—111。

朝(1246—1248)不辍。"又说:"燕庙学汩于道流,夺而归之儒。"①
马祖常《大兴府学孔子庙碑》也说:"时城新刬于兵,学官摄于老氏
之徒。迨世祖皇帝教命下,始正儒师,复学官,庙事孔子,归儒垣四
侵地,勒石具文,作新士子。"②可见国子学至少存续至定宗时代,
而且不久在忽必烈的支持下,儒者自道士手中夺取了庙学控制权。

儒者取得国子学控制权究在何时?最近丁崑健教授根据许有
壬、马祖常的记载而引申说:"一直到至元八年,许衡奉命主持国子
学,原道士身份的国子学负责人才把职权交出来。"③这一说法,即
就丁氏所引史料而言,亦不无疑问。马祖常说儒家夺取国子学是
在世祖"教命下"之后。按教命一词,乃指诸侯之言④。而至元八
年(1271)忽必烈早已贵为天子,其命自不得谓为教命。

国子学的由道归儒,显然发生在忽必烈的潜邸时代。《析津
志》于此有详细记载。该书说:

> 宪宗皇帝元年(1251),道士冯志亨退庙及地,与在京儒
> 士主领。明年壬子(1252),世祖皇帝潜邸,三月令魏祥卿传
> 旨,六月令杨中书(惟中)传旨,二次令阿鲁瓦赤(按即牙鲁瓦
> 赤,Maḥmūd Yalavach)众断事官增修文庙。癸丑年(1253)六
> 月二日,宣授燕京路都总管赛典赤(Sayyid Ajall)出色银钞,奉
> 令增修一新,此皆文庙石刻所记也。⑤

此段所叙虽为燕京宣圣庙,而非国子学。但是,国子学与燕京宣圣

---

①《至正集》(宣统三年本)卷四四,页43上。
②《石田文集》(元四家集本)卷一〇,页1上。
③丁崑健前揭文,页31。
④教命一词,指诸侯之言,原出蔡邕独断,见《辞海》(台北,1962),上,页
　1031。
⑤《析津志辑佚》,页199。

庙原为一事。可见国子学控制权由全真道士转入儒者之手,是在宪宗蒙哥汗初年。

宪宗年代,儒、道二家的相对声势已起变化,非复当初全真教独擅胜场之势。一方面,全真教自金季以来,由于扩张过当,引起各方嫉视。早在金章宗明昌年间(1190—1195),朝廷已惧其"有张角斗米之变",而以"惑众乱民"的罪名,加以取缔。大蒙古国时代,全真教声势更大,受到朝廷的猜忌,事属自然①。加以此时中原禅僧、西域喇嘛相继取得皇族之信任,极力攻击道教,以求恢复侵地,终于在宪宗八年(1258)廷辩中击败道士,勒令焚毁"伪经"、恢复侵寺,足见全真之势渐衰②。另一方面,儒士的声势已渐恢复。蒙古灭金后,儒士入仕者日增。太宗季年以后,虽然在汗廷之上,色目贾胡纵横,士人黯然无光,但各地汉军将领多能引用士人,复兴儒学。最重要的是忽必烈信用儒士。忽必烈早年便已广揽"四方文学之士",作为未来"大有为于天下"的政治资本。乃兄蒙哥汗即位后,受命主治汉地,延揽更多士人,力图以汉法治理汉地③。而且忽必烈不仅与儒士有密切关系,而且亲近僧人,与道教关系则较疏远。宪宗八年之廷辩,便是由他所主持,他可能是右佛而左道的。国子学的由道归儒,一方面是忽必烈尊崇儒学的表现,另一方面则与佛教力攻全真、恢复侵寺相平行,可视为全真教广泛受嫉、由盛转衰的一面。

---

①陈垣《南宋初河北新道教考》,页49—67。
②札奇师斯钦《十三世纪蒙古君长与汉地佛道两教》,见所著《蒙古史论丛》,下,页949—982;陈得芝《元外剌部〈释迦院碑〉札记》,《元史论丛》第2辑(1983),页251—260;野上俊静《元代道佛二教の確執》,《大谷大學研究年報》第2期(1943),页213—275;J. Thiel, "Der Streit der Buddhisten und Tao-isten zur Mongolenzeit", *Monumenta Serica* 20(1961),pp. 1–81。
③萧启庆《忽必烈潜邸旧侣考》,《元代史新探》,页263—302。

儒士虽于宪宗元年取得燕京庙学的主权,道士的争夺却未立即停止。三年后,忽必烈乃再度勒令交付。《析津志》存有令旨二道,记叙其事甚详。其中一道颁发于宪宗四年(1254)。当时忽必烈方平大理,返抵六盘山,戎马倥偬,仍不忘处理燕京儒、道的争端。令旨说:

> 长生天气力里,蒙哥(原误作古)皇帝福荫里,忽必烈大王令旨里,道与赛典赤:据恁说将来底宣圣庙并赡学地土,已前牙鲁瓦赤,塔剌浑断事官每断定与秀才每来;其先生冯志亨即时当面说与情愿分付文字;如今冯志亨却行争占夺事。为此,今与这文字去也。如委是实已前众断定来呵,又兼本人既有前愿分付文字,如何再争夺得?如今依先断定底,庙舍土地分付与秀才每者,冯志亨先生每今后再不得争夺,准此。甲寅年(1254)五月二十八日,六盘山口子里写来。①

按受旨者赛典赤即赛典赤·赡思丁(Sayyid Ajall Shams al-Din,1211—1279),时为燕京行六部事,故以他为命令执行人②。牙鲁瓦赤为燕京行尚书省事,是赛典赤的上司③。而塔剌浑(Targhun)则与赛典赤同为行六部事④。宪宗元年(1251)庙学由道归儒,即出于他们二人所作裁断。此后因冯志亨继续争夺,故忽必烈颁布令旨命赛典赤切实执行。此令执行后,燕京儒人奉笺申谢,表示"已前田地得了也"。忽必烈乃于同年七月一日另颁令旨,由使臣

①《析津志辑佚》,页200。
②见《元史》卷一二五《赛典赤·赡思丁传》,页3063—3073。其事迹可参看:何高济、陆峻岭《元代回教人物牙老瓦赤和赛典赤》,《元史论丛》第2辑(1983),页241—250;白寿彝《赛典赤·赡思丁考》,见所著《中国伊斯兰史存稿》(银川,1982),页216—298。
③《元史》卷三,页45。牙剌瓦赤事迹,见前注引何、陆二氏文。
④《元史》卷一二五,页3063。

传谕燕京儒人："谢的表文我都理会得也。"并对儒人表示："已后我与你每做主。"意则支持儒人①。至此,在燕京庙学的争夺战中,儒士已大获全胜。加以冯志亨于此年逝世,李志常也卒于两年之后,全真教遂失去两员主将,此后已无力反击。

前引诏旨中所说争执的重点是宣圣庙及赡学田土的所有权,并未说到国子学的绝续。但由马祖常所说"始正师儒,复学官,庙师孔子……作新士子"一段看来,国子学当仍继续存在,并且从此摆脱全真教士的掌握,开始走向儒学化的途径。

五

要言之,大蒙古国国子学的历史反映出两项重要现象:第一,蒙、汉二族菁英分子的有限度涵化自窝阔台时代即已开始。灭金前后,大蒙古国对中原政策的重点正由征服转变为统治。在这一过程之中,蒙古汗廷对训练少数蒙、汉菁英熟谙对方语言文化以利统治的必要,已有体认。国子学遂因此应运而生。在此以前,蒙、汉二族隔膜极深,甚难沟通。国子学的学生,可说是第一批对异族语言文化具有正式训练的菁英。过去学者多认为元代蒙、汉菁英分子的相互涵化极为有限。即有之,也不会早于忽必烈的立国中原。实际上,这种有限度的涵化在窝阔台汗时即已肇其端绪,而且表现在政策之中。第二,国子学自创设后,即归道士掌握,而且儒家经典在国子教育中的地位不过与匠艺近似,不及语文教育重要。这些事实一方面显示出蒙古人的统治政策迁就汉地的现实,另一方面也反映出蒙古人着重实用,不受意识形态的牵羁。儒家思想

---

①《析津志辑佚》,页200。

自来为中原各王朝尊为正统,"尊儒"是以道统支持政统的必要手段。但是当时蒙古仍立国于草原,中原不过是一罗掘兵财二源的殖民地。蒙古人并无以尊儒为手段来攫取正统地位的必要。在蒙古人看来,儒家不过是中原"三教"之一,而且不是声势最大的一个。反观当时全真教在中原"声势隆盛,鼓动山岳",蒙古人自有加以牢笼的必要。国子学遂由全真教士所掌握。国子学的儒学化是在忽必烈的潜邸时代方始开始,而于他迁都中原、创建元朝后始告完成①。不过,其时的历史环境与窝阔台汗初创国子学时已完全不同。

〔**附记**〕本文承洪金富教授惠读一过,指正良多,谨此致谢。

(原刊于《劳贞一先生八秩荣庆论文集》,台北:商务印书馆,1986,页 61—86)

---

① 关于儒学,尤其是理学与元朝国子学的关系,参看安部健夫《元代知識人と科舉》,《史林》第 42 卷第 6 期(1959),页 113—152;Wm. T. de Bary, *Neo-Confucian Orthodoxy and the Learning of the Mind-and-Heart*(New York, 1981),pp. 48–50;丁崑健《元世祖时代的儒学教育》,《华学月刊》第 136 期(1983)页 48—59,第 137 期(1983)页 39—55;姚大力《金末元初理学在北方的传播》,《元史论丛》第 2 辑(1983),页 217—224。

忽必烈"潜邸旧侣"考①

一、引言

　　十三世纪初年成吉思汗首创的蒙古帝国，原是一个以蒙古草原为重心的大游牧帝国。蒙古人入侵中原农业地区的目的，可说是纯掠夺性的，不外乎土地的占领和资源的利用。根本无暇顾及当地百姓的生计，遑论怎样去承受中原传统的文物制度。事实上，他们不了解华北农耕地域和塞外游牧地域自然与人文环境的迥

①"潜邸"：《元史》卷四《世祖本纪》云："甲辰，帝在潜邸，思大有为于天下。"按：潜字原取潜龙之义。《易》乾："潜龙勿用。"孔颖达正义："潜者，隐伏之名；龙者，变化之物；言天之自然之气，起于建子之川，阴气始盛，阳气潜在地下，故言初九潜龙也。此自然之象。圣人作法，言于此潜龙之时，小人道盛，圣人曾有龙德，于此时唯宜潜藏，弗可施用。"（《周易正义》上《经乾传》第一）程传："圣人侧微，若龙之潜隐，未可自用，当晦养以俟时。"据此则知所谓潜邸即谓天子未即位前之所居也。本文所谓"潜邸旧侣"所指涉的为忽必烈在潜邸时的一班共患难、打天下的朋友。虞集《道园学古录》卷二〇《董文用行状》说："元帅阿术奉诏取宋，召公为属。公辞曰：'新制，诸侯总兵者，其子弟弗复任兵事。今伯兄（文炳）以经略使总重兵山东，我不当行。'帅曰：'潜邸旧臣，不得引此为说。'"从而可知，潜邸旧臣因地亲任专，当时人亦以另眼目之也。

异,硬要把游牧封建制度(nomadic feudalism)施行于中原,锋镝余生的汉地百姓在蒙古亲贵和色目酷吏竭泽而渔、诛求无厌的剥削下,彻底斫丧了生机。在这种情况之下,社会秩序瓦解了,农业经济破产了。这真是一个危机时代!

元世祖忽必烈汗扭转了此一颓势。他把蒙古游牧帝国改建成一个以中原农业地区为主干的中国式的王朝。这一转变在中国历史上是极重要的一页。

什么是促使忽必烈扬弃蒙古传统而建立继续汉唐帝业的"元朝"的主要原因呢? 实在是一个值得探讨的问题。

忽必烈之所以会改弦易辙,一反传统而重视汉地和倾心汉化,原因自然很复杂,有政治、经济和文化等因素。但最重要的,最初启迪他了解这些原因,后来协助他发挥这些有利因素,在思想上影响他,在行动上协助他的,则是他在潜邸时代的一些杰出辅佐的贡献①。《元史》卷四《世祖本纪》说:"甲辰(1244),帝在潜邸,思大有为于天下,延藩府旧臣及四方文学之士,问以治道。"这一批人物,可考者约有六十余人,当时忽必烈恢复汉法、击败蒙古本位主义而跃登汗位、实行汉化等伟业都可说是他们殚精竭虑、苦心运用的杰作。《经世大典·序录·礼典》"进讲"条说:"世祖之在潜藩也,尽收亡金诸儒学士及一时豪杰知经术者而顾问焉。"②赵孟頫撰《靳公墓志铭》也说:"(靳德进)且言世祖潜邸,延四方儒士,谘取善道,故能致中统至元之治。上(成宗)皆嘉纳。"③叶子奇《草木子》卷三《克谨篇》说得更清楚:"大抵北人性简直,类能倾心听人,

①参看姚从吾先生撰《忽必烈对于汉化态度的分析》,载《大陆杂志》第11卷第1期(1955)。
②《元(国朝)文类》(江苏书局本)卷四一。
③《松雪斋文集》(四部丛刊本)卷九。

故世祖既得天下,卒赖姚枢牧庵先生①,许衡鲁斋先生诸贤启沃之力,及施治天下,深仁累泽,浃于元元。"从上引元代文献不难窥出其中一些消息来。

本文的主旨在探讨忽必烈的潜邸幕府集结的原因和经过、他们本身之间的渊源和派别以及他们的表现和贡献。但最主要的,还是在追寻忽必烈扬弃蒙古传统而创建元朝的来龙与去脉。

二、潜邸幕府形成的背景

蒙古铁骑挟雷霆万钧之势进入中原,带来绵延不绝的战祸。恐怖主义本是蒙军战略重要的一环,凡抗拒者,即加屠杀,进入中原以后,所屠名城,不可胜计。加以自金廷南迁以后,中央政府威令消失,河朔地区,民军蜂起,贻害尤甚于蒙军。当时中原地区经过兵燹和民军的双重祸害,形成空前混乱萧条的惨况②。刘因撰《武强尉孙君墓铭》说:"金崇庆末(1212),河朔大乱,凡二十余年,人民杀戮几尽,其存者以户口计,千百不一余……其存焉者,又多转徙南北,寒饥路隅,甚至髡钳黥灼于臧获之间者皆是也……当其扰攘时,侵陵逼夺,无复纪序。"从其中可以看出破坏之烈。

蒙古人缺乏治理农业地区的知识和经验是造成中原不治的主要原因。他们漠视农业地区与游牧地区生态环境的不同,行国与居国社会结构的迥异,妄想把游牧的封建制度搬到中原来,把住有定着农民的土地分配给蒙古亲贵作分地,乃使华北地区的一统局

---

①此处所谓"姚枢牧庵先生"实误。枢字公茂,号雪斋。牧庵为其从子燧之号。此处当指姚枢。
②参见王国维《耶律文正(楚材)年谱》(王忠悫公遗书内编)余记。

面变成由一连串支离破碎的封建采邑所构成的地方分权状态①。由于这些亲贵不能亲自统治分地,也无法亲自征收租税赋役,所谓"扑买"制便应运而生。"扑买"制也就是一种包税制度(tax-farming system)。宋子贞撰《耶律文正公神道碑》说:"(太宗时)燕京刘忽笃马(Fathma)者,阴结权贵,以银五十万两扑买天下差发。涉猎发丁(Sharaf al-Din)者以银二十五万两扑买天下系官廊房地基水利猪鸡②。"这些承包税收的,多为中亚的回教商人,也就是所谓"斡脱"(Ortaq)的组合③。他们不仅需满足蒙古贵族的欲望,而且要填塞自己的私囊,因而专事聚敛。当时汉地百姓的赋税负担是双重的,不仅要负担中国固有的地税和户税,而且要负担蒙古制度的差发。在这多重剥削下,百姓无法生活,只得背井离乡,辗转逃亡,如邢州,"受封之初,民万余户,今(1251)日减月削,才五七百户耳!"④便是一个典型的例证。

窝阔台汗时,耶律楚材任中书令,他对这两种社会的歧异认识很清楚,所以企图用事实来说服蒙古人。《元史》卷一四六本传说:"近臣别迭等言:'汉人无补于国,可悉空其人,以为牧地。'楚材曰:'陛下将南伐,军需宜有所资,诚均定中原地税、商税、盐酒、铁冶、山泽之利,岁可得银五十万两、绵八万匹、粟四十余万石,足以供给,何曰无补?'"盖当时蒙古人对中原所看重的,无非是它的经济价值,楚材为劝阻变汉地为牧地的荒谬主张,不得不委婉地投其所好。可见他调和蒙汉、安定中原的工作是异常艰巨的。《耶律

---

①H. F. Schurmann, *Economic Structure of the Yüan Dynasty* (Cambridge, Mass. , 1956) , pp. 2-8.

②《元文类》卷五七。

③参看村上正二撰《元朝泉府司と斡脱錢》第 1 章及第 2 章,载《東洋學報》第 13 卷第 1 期。

④见《元史》卷四《世祖本纪》。

文正公神道碑》说:"国家承大乱之后,天纲绝,地轴折,人理灭,所谓更造夫妇,肇有父子者信之有矣! 加之南北之政,每每相戾;其出入用事者又皆诸国之人。言语之不通,趋向之不同;当是之时,而公以一书生孤立于庙堂之上而行其所学,戛戛乎其难哉! 若此时非公,则人之类又不知其何如耳?"耶律楚材终于在蒙、汉的夹缝中倒下去,未能充分发挥他的主张。他的失败,主要乃是因为当时的统治阶级还不了解两种社会本质上的歧异,也不知道治理汉地必须采用汉法,因此无法完全采纳他的主张。耶律楚材死后,定、宪两朝汉人的地位更完全为西域人所压倒,在蒙古汗廷里没有发言的地位,政局更是江河日下。

　　这种统治方法的错误,随着时间而日益显著;蒙古人对于汉地的知识和经验却也随着时间而日益增长。蒙古贵族中的开明分子逐渐认清这种竭泽而渔、强人所难的殖民地式的统治终必失败,而且中原的文物制度确有可以借重之处。他们渐渐了解:产生于草原地区的游牧封建制度绝不能移植于中原,要治理农业地区便得使用农业地区的老办法(汉法)。因囿于知识和经验,蒙古人无法完全依靠自己,不得不借重汉地的人材,利用他们的知识和能力来协助自己。基于此一认识,蒙古开明派便和汉地士大夫深相结纳。这便是蒙古帝国中汉地重心主义的潜力所在,也就是忽必烈集结幕府、采用汉法的主要根源。

　　客观形势是促成忽必烈结集潜邸幕府的主要原因,却不是唯一的原因。忽必烈何以会成为一个态度开明的汉地重心主义者呢? 这也是一个重要问题。

　　一个人的个性,便是一个人的命运,而他的身世和早年的环境则凝铸成他的个性的模型,同时也形成他生命未来的轨迹。忽必烈是拖雷(Tolui)之子,成吉思汗之孙。拖雷生前有很高的政治地位,1232年卒,窝阔台汗为酬庸他的功勋,便以真定民户封给他的未亡人莎儿合黑塔尼(Sorqoqtani)作汤沐邑①。据多桑《蒙古史》的记载,她是王汗的侄女,道德能力皆受时人敬重。在她的领导之下,除去管理分地的政治和经济外,并进一步利用分地的巨家大族如藁城董氏等,作为网罗汉地人才的媒介。虞集撰《董文用行状》可为一证:"时藁城奉庄圣太后汤沐,庚戌(1250)太后使择邑中子弟来上,公始从忠献公谒和林城(Qara Qorum)。"②这种发掘汉地人材而加以利用的作风,在盛行利用西域人的当时,实在不多见,可说是这一系特有的开明作风。忽必烈当时还不满三十岁,耳濡目染,在思想和观念上都深受影响。他不仅关心分地的事务,对儒学的绝续也深为关注。孛朮鲁翀撰《真定路宣圣庙碑》说:"初镇州置真定路,以中山冀晋赵深蠡府一州五土地人民,奉我睿宗(拖雷)仁圣显懿庄圣皇后汤沐,首务立学养士。当是时也,世祖圣德神功文武皇帝渊潜朔庭,闻镇之学缓未即叙,龙集丁未(1247)敕有司勿怠其事。"孔庙原是中国儒教文化的象征,忽必烈关心庙学的存圮也充分表示他关切中国传统文化的存续。

　　忽必烈由于年轻时常和汉地人物接触,因而对中国的历史文

---

①屠寄《蒙兀儿史记》卷一九《后妃传》认为真定路归为莎儿合黑塔尼汤沐地,在1251年宪宗即位后,注云:"据月乃合旧传。"笔者曾反复查阅该传,迄未发现足以支持此一论断的字句。按孛朮鲁翀撰《真定路宣圣庙碑》说:"初镇州置真定路,以中山冀晋赵深蠡府一州五土地人民,奉我睿宗(拖雷)仁圣显懿庄圣皇后汤沐,首务立学养士。当是时也,世祖圣德神功文武皇帝渊潜朔庭,闻镇之学缓未即叙,龙集丁未(1247),敕有司勿怠其事。"可见早在1247年以前,真定已隶莎儿合黑塔尼为汤沐邑,《元史》卷二《太宗本纪》:"(八年七月)诏以真定民户奉太后汤沐。"此处所谓太后即指莎儿合黑塔尼而言,因出于事后追记,故曰太后。可知真定隶于莎儿合黑塔尼事在1236年,而非1251年,屠说实误。
②《道园学古录》卷二〇。

化也颇有心得①。对那些常为士人所称道的历史上的名君不禁怀有向往之情,尤其唐太宗更成为他崇拜和私淑的偶像。箭内亘博士曾著《元世祖与唐太宗》一文,论述此事,确鉴可信②。太宗即位之前,也就是秦王时代,招致房、杜等十八学士的事情,后世传为美谈,忽必烈对此尤为钦羡,便也延揽人材去加以仿效。潜邸旧臣之一的徐世隆所撰《王鹗神道碑》说:"上之在潜邸也,好访问前代帝王事迹。闻唐文皇为秦王时,广延四方文学之士,讲论治道,喜而慕焉。"③从而可知,忽必烈集结幕府一念可能便是受了唐太宗招致十八学士的启发。

　　总之,忽必烈集结幕府,推行汉法,一方面是时代演进的结果,一方面也与他个人的身世有关。

三、潜邸幕府集结的经过

　　忽必烈延聘人材,组织幕府,似以 1244 年为滥觞。《元史》卷

---

① 忽必烈的汉文程度如何,史无明文。但由下引两段记载可以肯定他至少略谙汉文:(1)《元史》卷一三〇《不忽木传》:"世祖尝欲观国子所书字,不忽木年十六,独书《贞观政要》数十事以进,帝知其寓规谏意,嘉叹久之,(许)衡纂历代帝王名谥统系,岁年为书,授诸生,不忽木读数过,即成诵,帝召试,不遗一字。"(2)《元史》卷一六九《王伯胜传》:"王伯胜,霸州文安人。兄伯顺,给事内廷,为世祖所亲幸,因以伯胜入见……帝顾伯顺曰:'此儿当胜卿,可名伯胜。'"参看吉川幸次郎撰《元の諸帝の文學》(五),载《東洋史研究》新 1 卷第 3 号。小林高四郎撰《蒙古秘史の研究》,页 376 注 2。
② 载《蒙古史研究》,页 979—989(中译本页 94—103,陈捷、陈清泉选译)。忽必烈即位后,屡颁"寻魏徵之旨",见魏初《青崖集》(四库珍本初集)卷四。盖忽必烈以唐太宗为理想的君主、魏徵为理想的大臣。他本人既私淑太宗,所以也希望臣下以魏徵作楷模。
③ 引自《元朝名臣事略》卷一二。

四《世祖本纪》说："岁甲辰,帝在潜邸,思大有为于天下,延藩府旧臣及四方文学之士,问以治道。"此时政权仍操于窝阔台系之手,忽必烈政治地位并不太高,因格于客观情势,并不能遂行"大有为于天下"的野心。召集藩府旧臣及四方文学之士,不过集思广益,为未来的改革绘下蓝图而已。因此,在1251年拖雷系夺得政权以前,忽必烈的集结人才只是小规模的。此为第一期。

在这一时期所延揽的人材,可分两类:一类是藩府旧臣,一类是四方文学之士。藩府旧臣可考者有燕真(Elcin)、贾居贞、孟速思及董文炳、董文用等①。四方文学之士被召最早者为当时佛教领袖海云。《佛祖历代通载》卷二一说:"壬寅,护必烈大王请师赴帐下,问佛法大意。"按壬寅即公元1242年,犹早于甲辰两年。据《通载》说,他曾建议忽必烈:"宜求天下大贤硕儒,问以古今治乱兴亡之事。"可知忽必烈在1244年开始留心延聘人材的举动,也许便是受海云的影响。

海云于1244年南返,其徒刘秉忠仍留藩邸②。刘秉忠在潜邸旧侣中,不仅入幕最早,而且也最得忽必烈的信任。他平生以荐士自任,对金莲川幕府的形成有极大的贡献。他在1247年推荐同学张文谦③、李德辉④,1250年推荐马亨⑤入潜邸。

金状元王鹗亦于1244年被召。据《元史》卷一六〇《王鹗传》说:"甲辰冬,世祖在藩邸,访求遗逸之士,遣使聘鹗。"他为忽必烈

①贾居贞入潜邸事见《牧庵集》卷一九《参知政事贾公神道碑》,孟速思见《元史》卷一二四本传,董氏昆仲事见前揭《董文用行状》。燕真事见《元史》卷一三〇《不忽木传》。
②见《藏春集》(台湾图书馆藏传钞本)卷六"附录",张文谦撰《文贞刘公行状》。
③见《元史》卷一五七《张文谦传》。
④《牧庵集》卷三〇《李德辉行状》。
⑤见《元史》卷一六三《马亨传》。

讲解儒家经典及治理中国的方法,忽必烈对他说:"我虽未能即行汝言,安知异日不能行之耶?"这句话充分表示此一时期忽必烈征聘文学之士的目的所在。

　　1251 年,忽必烈之兄蒙哥即大汗位,政权转入拖雷系之手。蒙哥汗即位后,便将赤老温山(Čilaghun,今独石口)以南的汉地交给忽必烈去经营,这便是因为在蒙古亲贵中忽必烈是对汉地情形最有深刻研究的。忽必烈受命后,即在金莲川设置幕府,积极网罗人材,来规划和执行重建汉地的工作。《陵川集》附录苟宗道撰《郝经行状》说:"岁壬子,今上以皇太弟开府金莲川①,征天下名士

①金莲川究在何地,难于确定。因金、元两代塞北以金莲川为名之地有数处之多。忽必烈设置幕府之金莲川前后似有两处。1251 年以前之金莲川应在漠北额尔浑河(Orkhon)上游流域。张德辉《塞北纪行》载:"过大泽泊,周广约六七十里,水极澄澈。北语谓'吾惧竭脑儿'。自泊之南而西,分道入和林城,相去约百余里。"据李文田证,此地即忽必烈早年驻帐的金莲花滩。耶律铸《双溪醉隐集》卷五《金莲花甸》诗注:"和林西百余里,有金莲花甸,金河界其中。东汇白龙涡,阴岸千尺,松石千叠,俯拥龙涡,环绕平野。"诗云:"金莲花甸涌金河,流遶金沙漾锦波,何意盛时游宴地,抗兀来俯视龙涡。"又《红吒拨》诗注:"余避暑所,川野无非金莲,金莲川由此得名。"其地之地理景观可以想见。姚从吾先生撰《金朝上京时期的女真文化与迁燕后的转变》(《边疆文化论集》第 2 册)对此地有详尽的考证,可参看。忽必烈于 1251 年出王漠南后建幕府之金莲川,则为另一地,亦即金世宗清暑的凉径。本名曷里浒,蒙古语杂色斑色曰(alak),曷里浒即其对音也,此地有各色金莲花,故有此名。《金史·世宗本纪》"大定八年"条:"五月庚寅改旺国崖曰静宁山,曷里浒东川曰金莲川。"所谓曷里浒东川者即金莲花甸东部之意。《元史》卷六四《河渠志》:"滦河源出金莲川中。"可知滦河上流即今上都河上流流域即称为金莲川。箭内互氏认为今张家口外广大区域,东自上都河流域,西至昂古里泊皆可称为金莲川。旺国崖即静宁山,原指昂古里泊以东某山。"金莲川"之名,盛行于元初,经年既久,遂归消灭,至武宗时,殆以旺兀察都之名代之矣。《口北三厅志》"古迹沙城"条注曰:"沙城、昌州、王国崖、旺兀察都、中都皆同地。"此说甚有见地。今蒙语 Onggacha 有船、凹地、槽之意,因滦河上游以西,张家口一带之地,(转下页注)

而用之。"《元史》卷一四六《杨惟中传》说:"宪宗即位,世祖以太弟镇金莲川,得开府,专封拜。"从此以后,四方人材如潮似水地流入忽必烈的金莲川幕府之中。这是第二期。

金莲川幕府集结的方式,大体言之,可分三种:

第一种是原已成名的名流学者而由忽必烈遣使礼聘的。他们多是金季已享盛名的人物,金室既屋,他们或者暂依诸侯,求一枝栖;或者高蹈远引,退隐山林。这时忽必烈多方征求人材。每于召见名流时,请他们推举治国之才。这些名流学者也喜欢互相标榜,互相援引。如忽必烈召见李治[①]时,李治即曾向他推荐:

> 今儒生有如魏璠、王鹗、李献卿、兰光庭、赵复、郝经、王博文辈皆有用之材,又皆贤王所尝聘问者,举而用之,何所不可。[②]

又如忽必烈于1247年接见张德辉时,亦曾向张德辉访求人材。据王恽撰《张德辉行状》说:

> 又访求中国人材,公因举魏璠、元好问、李治等二十余人。王屈指数之,间有能道其姓名者……其年夏(1248),公得告

(接上页注)湖沼颇多,故称 Onggacha,又称为 Onggachatu。《元史·世祖本纪》所谓"宪宗尽属以漠南汉地军国庶事,遂南驻爪忽都之地",爪忽都当为爪忽都之误,其声音与旺忽察都都稍近似。箭内亘氏认为即旺忽爪都之倒误(见陈捷、陈清泉译《元代经略东北考》"一、元代之东蒙古",页54—57)。可知金莲川、爪忽都同属一地,泛指张家口外,东自上都河,西至昂古里泊间的广大地域而言。此地居漠北与汉地之间,为军事、经济及政治上的枢纽地带。故忽必烈受命出王漠南后建幕府于此,后又建立上都(开平),都是由于它地位的重要。

① 李治《元史》作李冶。缪荃孙撰《敬斋古今黈跋》据《遗山集》改作李治,今从之。《蒙兀儿史记》与《新元史》皆云:"本名李治,后改今名。"出于臆测,兹不取。

②《元朝名臣事略》卷一三引"王庭问对"。

将还,因荐白文举、郑显之、赵元德、朱进之、高鸣、李槃、李涛数人。①

从右引两段文字来看:张德辉所推举的人材,"王屈指数之,问有能道其姓名者",可见忽必烈对汉地人物颇为留心,行情很熟。李治所推荐的儒生"皆贤王所尝聘问者",足证他征聘顾问的范围极广,吸收人材是大规模的。

忽必烈征聘名士遗老,派有专人负责。一为藁城董氏子弟董文用,一为云中怀仁人赵璧。董文用于 1250 年因忽必烈之母在真定汤沐地选拔优秀子弟而入选,忽必烈经常派遣他负责征聘遗老。据虞集撰《董文用行状》说:

> 又使为使召遗老于四方,而太师窦公默、左丞姚公枢、鹤鸣李公俊民、敬斋李公治、玉峰魏公璠偕至,于是王府得人为盛。

另一位经常仆仆于风尘马迹之间负责征聘名士的赵璧,由于他既精蒙语又通儒术而被派担任此一使命。据《元史》卷一五九《赵璧传》说:"命驰驿四方,聘名士王鹗等。"按王鹗之被征聘,是在 1244 年,可知赵璧之负征聘名士之使命是早在 1244 年即已开始,忽必烈幕府中早期的人物大概都是他负责征聘的。

当时各地名士被忽必烈礼聘入幕的,除去前引的窦默、姚枢、李俊民、李治、魏璠、王鹗等外,名学者赵复、许衡、张德辉②、郝经

---

① 引自《元朝名臣事略》卷八。
② 赵复被聘事见《元史》卷一八九本传。许衡事见耶律有尚撰《考岁略》(《鲁斋遗书》"附录",明万历本)。张德辉事见《元史》卷一六三"附录"。郝经事见郝文忠公《陵川集》"附录",苟宗道撰《郝经行状》。

及太一教大师萧公弼、吐蕃喇嘛大师八思巴（hP'ags-pa）①等也都先后被聘顾问。在忽必烈出王漠南后几年间，享有盛名的名流学者几乎已被他礼聘殆尽了。

第二种人也是知识分子，不过他们并无籍籍之名，所以他们的进入幕府，或者由于朋友的荐举，或者出于同门的援引，和前述由忽必烈主动征聘者不同。他们后来都成为政府的重要干部，和前述名士一经顾问即行离去而不担任职位者亦大异其趣。援引人材最多的为刘秉忠，据王磐撰《文贞刘公神道碑铭》说：

> 燕闲之际，每承顾问，辄推荐南州人物可备器使者，宜见录用。由是弓旌之所召，蒲轮之所迓，耆儒硕德，奇才异能之士，茅拔茹连，至无虚月，逮今三十年间，扬历朝省，班布郡县，赞维新之化，成治安之功者，皆公平昔推荐之余也。②

刘氏援引入幕的，除去前引在 1251 年以前入幕的张文谦、李德辉、马亨等人外，1251 年他又推荐刘肃、脱兀脱、李简、张耕治邢州③，1253 年他又推荐王恂入幕，其弟秉恕旋亦受召入侍潜藩。又有张易，曾和秉忠同学，在世祖初年恩遇甚隆，后因阿合玛（Ahmad）事被诛。碑传无征，史不为立传。据《中堂事记》说他在 1259 年曾奉令向李俊民"就问祯祥"④，可知也是潜邸旧侣，当亦为秉忠所荐。

畏兀人（Uighur）廉希宪亦为潜邸中核心人物。此人为王鹗弟子，涵濡汉化颇深。他也拔引不少人物，如寇元德"早以文学名天

---

①萧公弼事见《静修文集》卷四《洺水李君墓表》。八思巴事见《佛祖历代通载》卷二一引王磐《八思巴行状》。
②《佛祖历代通载》卷二一，《藏春集》卷六。
③《元朝名臣事略》卷七引韦轩李公撰《藏春集序》。
④《秋涧先生大全文集》卷八〇《中堂事记》。

下，相国廉希宪荐事今上潜邸"①，张础"业儒，丙辰岁（1256）平章廉希宪荐于世祖潜邸"②等，他们后来都成为循吏。

第三种人既不是学者，又无盛名，但他们都业有专精，或擅长医药，或善于建筑，或长于烹调，或精于吏事，或因特殊机遇而被忽必烈用为宿卫。他们不是理论家而是践履笃实的实行者。他们在潜邸的地位虽不甚高，但却是不可或缺的技术人员。这一批人员有许国桢（医药）③、赵炳、贾居贞、高觿、也黑迭儿（以上筑城）④、贾昔剌（烹调）、谭澄、张惠⑤（以上善蒙语）、贺仁杰⑥、谢仲温⑦、姚天福⑧、高天锡⑨、谒只里⑩、昔班⑪（以上任宿卫）等人。

据笔者统计，忽必烈所延揽的人材，从1244年起，到1260年即大汗位止，可考者约有六十余人，都是当时东西各国及北中国最优秀的俊彦。在当时，忽必烈的幕府有如吸引人材的磁石，四方英材纷纷来归。除去由于金亡之后，士大夫失去凭依，亟欲求一明主，一方面发挥所学，谋求前程，另一方面改革现状，拯治汉地外，忽必烈的待人有度、礼遇贤士也是一大吸引力。他绝不像一般蒙

---

① 见于《静修文集》卷四《处士寇君墓表》。
② 见于《元史》卷一六七《张础传》。
③ 《元史》卷一六八《许国桢传》。
④ 赵炳见《元史》卷一六三《赵炳传》。贾居贞见前揭《神道碑》。高觿见《道园学古录》卷一七《高鲁公神道碑》。也黑迭儿见欧阳玄《圭斋文集》卷九《马合马沙碑》。
⑤ 贾昔剌见《道园学古录》卷一七《宣徽使贾公神道碑》。谭澄见《牧庵集》卷二四《谭公神道碑》。张惠见《元史》卷一六七《张惠传》。
⑥ 贺仁杰见《牧庵集》卷一七《贺公神道碑》。
⑦ 见《元史》卷一六九《谢仲温传》。
⑧ 字尤鲁翀《菊潭集》（藕香零拾本）卷二《姚天福神道碑》。
⑨ 《元史》卷一五三《高宣传》。
⑩ 《元史》卷一五四《谒只里传》。
⑪ 《元史》卷一三四《昔班传》。

古贵族那样颐指气使,对于贤士,极为礼遇。如对待李俊民,来时以"安车征召",返时又"遣中贵护送"①。体贴王鹗年老不耐漠北冬寒,便遣人护送南返,临别时还殷殷垂询:"子何所欲?"②他对人极有分寸,对于亲近之臣如赵璧:"呼秀才而不名,赐三僮,给薪水。命后亲制衣赐之,视其试服不称,辄为损益,宠遇无比。"③这是何等的亲切! 对于德高望重的师儒,则又显得极有礼貌,如对窦默:"壬子冬(1252),赐以貂尾裘帽。时皇太子未冠,上命公教之。及征大理,以玉带钩为赐,曰:'此金内府物也,汝老人佩服为宜;且太子见之与见朕无异。庶几知所敬畏。'逮公南还,命大名、顺德各给第宅田土,冬夏皆有衣物,岁以为常。"④这又是何等的尊敬!

忽必烈对于任何贤士都是曲尽其能地款待。张德辉的《塞北纪行》记述他于1247年被召北上在潜邸中的生活情形说:"仆自始至愆归,游于王庭者凡十阅月。每遇燕见,必以礼接之。至于供帐、衾褥、衣服、饮食、药饵,无一不致其曲。则眷顾之诚可知矣!"忽必烈这种对贤士的态度不仅没有征服者的气焰,甚至比一般中原明君更礼貌,更亲切。张德辉解释他礼遇贤士的原因为"好善忘势",他说:"自度衰朽不才,其何以得此哉? 原王之意,出于好善忘势,为吾夫子之道而设,抑欲以致天下之贤士也。"张氏所谓"好善",在当时不仅是一理想问题,也是现实问题。因为忽必烈深知欲拯治汉地,唯有恢复汉法,实行两元政治。而实行汉法,又必须以利用汉地人材为先决条件,因此他不得不放下征服者的威严,大开幕府,"欲以致天下之贤士"。那些在兵燹之中度过三十年艰苦

---

①《元朝名臣事略》卷八引《杨文献公集》。
②《名臣事略》卷一二引李恺撰《言行录》。
③《元史》卷一五九《赵璧传》。
④《元朝名臣事略》卷八引李谦撰《窦默墓碑》。

岁月的中原士人骤然蒙其"眷顾",自然竞趋麾下,贡献出自己的才智能力,来协助他达到恢复汉地秩序、重建中原的理想。

四、潜邸旧侣的派别及其主张

本章依据潜邸人物的学术、言论、进用途径和相互关系而分为几个集团加以研讨。旨在检定潜邸旧侣构成的成分,并进而分析他们助成汉化的态度和贡献。

(一)邢台集团

这是一个以邢台人刘秉忠为核心的政治集团。其中人物如张文谦、李德辉、刘肃、李简、张耕、马亨、王恂、刘秉恕等都是秉忠荐引的。而文谦是他的同学,秉恕是他的幼弟,王恂是他的门人,都和他有密切关系。邢州之治是这一集团事业的发轫,而其中人物也多为邢州人(如刘氏昆仲、张文谦、马亨),所以称之为"邢台集团"。

他们多不是正统儒家,有的以术数进身,有的以吏事被召。大多为学驳杂,不专一格。刘秉忠便是一个典型。他曾"与全真道者居",而又曾剃度为僧,同时还精通阴阳天文,"读书明易,讲明圣人之学",实在是一位"亦儒亦僧亦道"的神秘人物①。张文谦、张易、王恂等也都曾"洞究术数"。不过他们虽非正统儒家,但匡救文教之心绝不逊于一般儒者。刘秉忠曾向忽必烈上书陈时事所宜者数十条,首先指出"可以马上得天下,不可以马上治"。因此劝

---

① 参看孙克宽先生撰《元代神秘人物及其藏春集》,载《蒙古汉军及汉文化研究》(文星版,1958),页99—106。

忽必烈效法周公的故事而行之,把握时机,整顿政治,保存中国传统的典章礼乐和三纲五常之教。尊崇孔子,修复庙祀,奠立太平之基和王道之本①。他的这些意见,约而言之,便是请忽必烈用中国传统的儒道来治理中原农业地区。

秉忠在潜邸时代的事功也足以显示他促成两元政治的贡献。协助忽必烈组织幕府详见上章。与张文谦共同建议用张耕、刘肃、李简等汉人以汉法治邢州,结果邢州大治,下章将有详细的论述。由于此事,忽必烈从此信任汉人,奠下两元政治的基础。《元史》卷一五七《张文谦传》说:"由是世祖益重儒士,任之以政,皆由文谦发之。"可见这一派人物的贡献所在。

(二)正统儒学集团

潜邸幕府中,又有不少学崇程、朱的儒者,他们在潜邸中多处于师儒的地位,故称之为正统儒学集团。

元初以前,北方原无朱学。1235 年,姚枢敦请南方大儒赵复北上讲学,才把朱学的种子传播到北方,再经杨惟中的提倡,创立太极书院,以赵复为师儒(1240—1241),然后始造成"伊洛之学遍天下"的盛况②。姚枢曾和窦默、许衡相聚于苏门山(河南辉县)切磋研究。后来许衡成为这一派的宗师,影响有元一代学术甚巨③。

上述几位学者,都是忽必烈的潜邸旧侣。窦默在 1249 年被召,姚枢在 1250 年被召,杨惟中在 1252 年被忽必烈推荐为河南经略使,许衡则在 1254 年被"王府征为京兆教授",赵复亦曾被召见,

①《元史》卷一五七《刘秉忠传》。
②参看《郝文忠公集》卷二六《太极书院记》、《牧庵集》卷四《叙江汉先生事实》及同书卷一五《姚文献公神道碑》。
③参看《宋元学案》卷九〇《鲁斋学案》百家按语。

年月已不可考。这些儒者对于发扬儒家学说、保存传统文化都有过人的热情。他们在王廷中多处于师友的地位,努力把儒家的哲学,所谓内圣外王之学,尤其是程、朱的性理之学,传播进蒙古汗廷,使他们了解中国治术的窍要①。他们不仅要保存中国文化,而且要传道解惑加以发扬。杨惟中的"慨然欲以道济天下",姚枢的"汲汲以化民成俗为心",许衡的"不如此则道不行",都清楚地表明了这种态度。

窦默曾对忽必烈讨论三纲五常和帝王之学,对他灌输中国传统的政治哲学②,并向他推荐姚枢。姚枢受召后,即殚精竭虑地劝说忽必烈采行汉法,并且协助他推行,他在潜邸时代所上的建议书,计划详密,后来成为忽必烈治理汉地的蓝图,《牧庵集》卷一五《姚文献公神道碑》存其纲目,略谓:"首以二帝三王为学之本,为治之序,与治国平天下之大经,汇为八目,曰:修身、力学、尊贤、亲亲、畏天、爱民、好善、远佞。次及其救时之弊,为条三十,曰:立省部,则庶政出一;纲举纪张,令不行于朝而变于夕;辟才行,举逸遗,慎铨选,汰职员,则不专世爵而人才出;班俸禄,则脏秽塞而公道开;定法律,审刑狱,则收生杀之权于朝,诸侯不得而专,丘山之罪不致苟免,毫发之过免罹极法而冤抑有伸;设监司,明黜陟,则善良奸窳可得而举;阁征敛,则部族不横于诛求;简驿传,则州郡不困于需索;修学校,崇经术,旌节孝,以为育人材厚风俗美教化之基,使士不媮于文华;重农桑,宽赋税,省徭役,禁游惰,则民力纾不趋于浮伪,且免习工技者岁加富溢,勤耕织者日就饥寒;肃军政,使田里不知行营往复之扰攘;赒匮乏,恤鳏寡,使颠连无告者有养;布屯田,以实边戍;通漕运以廪京都;绌债负,则贾胡不得以子为母,如

①参看孙克宽先生撰《元初儒学》(台北,1952),页 41。
②《元朝名臣事略》卷八引李谦撰墓碑。

牸生牸牛十年千头之法破称贷之家;广储蓄,复常平,以待凶荒;立平准,以权物估;却利便,以塞幸途;杜告讦,以绝讼源,各疏弛张之方。"要言之,他对忽必烈指陈了作为中原帝王应有的修养和治理汉地必要的方法,"世祖奇其才,动必召问",以后即以此作为治理汉地的蓝图。

这一集团另一位值得注意的人物是许衡。他是元代的儒宗,一生徘徊于学术和政治之间。1254 年受聘为京兆教授,大化秦人。他在至元三年(1266)所上《时务五议》,见解精辟,影响深远。尤其"立国规模"一条,更直接加强忽必烈采行汉化的决心。这篇奏议,虽不是上于潜邸时代,但从其中可窥见元初诸儒保存中原文化的苦心及蒙古人不得不采行汉法的症结所在,略谓:"国朝土宇旷远,诸民相杂,俗既不同,论难遽定。考之前代,北方奄有中夏,必行汉法可以长久。故后魏、辽、金,历年最多,其他不能实用汉法者皆乱亡相继,史册具载,昭昭可见也……国家仍处朔漠,无事论此。必如今日形势,非用汉法不可也……然万世国俗,累朝勋贵,一旦驱之下从臣仆之谋,改就亡国之俗,其势有甚难者。苟非聪悟特达,晓知中原实历代帝王为治之地,则必咨嗟怨愤,喧哗其不可也……以北方之俗,改用中国之法,非三十年不可成功……要在陛下笃信而坚守之,不责近效,不惑浮言,庶几可以得天下之心,成至治之效。"[1]从其中不难看出:蒙古人入据中原后,已有非用汉法不为功之势,然因"万世国俗"的束缚和"累朝勋贵"的阻挠,迄未能认真"改用中国之法",所以许衡、姚枢等儒者不得不苦口婆心加以劝说。陶宗仪《南村辍耕录》说:"中书左丞魏国文正公鲁斋先生(许衡)应召赴都日,道谒刘先生(因)。因谓曰:'公一聘而起,毋乃太速乎?'答曰:'不如此,则道不行。'"许衡所谓"不如此,则

---

①见《元文类》卷一三,《鲁斋遗书》卷七。

道不行",实可代表这一集团的根本精神。

(三)以汉地世侯为中心的金源遗士集团

忽必烈在出王漠南以前,已明了汉地世侯是安定中原的柱石,所以屡加征聘。出王南以后,关系更趋密切。史天泽和董俊两家的地盘,本来便是拖雷家的汤沐邑,因而忽必烈和两家的关系尤为密切。他深知汉地世侯不仅拥有"胜兵各合数万"①,在他们的幕府中,还有一批足智多谋的文士,若能收为己用,则声望实力一定两俱大增。于是在 1252 年推荐史天泽出任河南安抚使。若将此事细加揣摩,便知完全是一种借花献佛的手段。他想把实力强大的史氏收归麾下,结果也如愿以偿。不久,藁城董氏昆仲也先后入侍潜藩。济南张柔、东平严忠济则在 1259 年从征伐宋。他们所收揽的文士如张德辉、杨果(原属史天泽),郝经、王鹗(原属张柔),杨奂(原属赵天锡),宋子贞、商挺、李昶、徐世隆、贾居贞、刘肃(原属严忠济)等也都先后被忽必烈所网罗。

这些文人,大多数是金源遗士。自认为"亡国累臣,义不可再仕",而欲高蹈远引,以抗其节②。但为了劝说忽必烈改善汉地政治,不得不屈己降志,接受征聘。这派人士和前述的正统儒学集团相较,在经历上,前者在金源时代多已有显赫的官历,至少也是科举出身,而后者多为一介平民,到元代始行入仕。前者多以文采

---

① 见魏初《青崖集》(四库珍本初集)卷五《总管王公神道碑》。关于当时汉地世侯的情形,可参看爱宕松男撰《李璮の叛乱と其の政治の意義》一文,载《東洋史研究》第 6 卷第 4 号,1941。

② 他们这种遗民思想到处流露,如李俊民抗志遁荒,不縻好爵,出处之际,能节其身。集中诗作,于入元后只书甲子。隐然自居陶潜,故其诗亦为幽忧激烈之音,系念宗邦,寄怀深远(参看顾嗣立《元诗选》,秀野草堂本甲集)。其他各人也多如此。

胜,后者多以经学胜,用史传惯用的术语来说,前者是文苑派,后者是儒林派。不过,他们之间虽有这样的差异,但对中原文化的维护并无二致。这种卫道精神在他们与忽必烈间的谈话中流露无遗。

1247年,忽必烈召见张德辉,询问治道。谈话记录今存于王恽撰《张德辉行状》中①,如云:

(1)王从容问曰:"孔子殁已久,今其性安在?"

对曰:"圣人与天地终始,无所往而不在。王能行圣人之道即为圣人。性固在此帐殿中矣!"

(2)王曰:"或云:辽以释废,金以儒亡,有诸?"

对曰:"辽事臣未周知,金季乃所亲见。宰执中虽用一二儒臣,余则武弁世爵。若论军国大计,又皆不预。其内外杂职以儒进者三十之一,不过阅簿书,听讼理财而已。国之存亡,自有任其职者,儒何咎焉?"王悦。

王曰:"农家亦劳,何衣食之不赡?"

对曰:"农桑天下本,衣食所从出。男耕女织,终岁勤苦,择其精美者输之官;余粗恶者将以事俯蓄。而亲民之吏,复横敛以尽之,民鲜有不冻馁者矣!"

(3)戊申释奠,致胙于王。

王曰:"孔子庙食之礼何居?"

对曰:"孔子万代王者师,有国者尊之,则严其庙貌,修其时祀。其崇与否,与圣人无所损益,但以见时君尊师重道之心何如耳!"

由这次对话可以看出:张氏是如何苦心孤诣地维护中原文化。他

---

① 此一行状不见于现在流传于世的百卷本《秋涧先生大全集》中。此段文字引见于《元朝名臣事略》卷一〇。

使忽必烈认识儒教,尊崇孔子,提醒他农桑是"天下之本",和游牧生活不是一回事。他并进一步澄清当时流行的"金以儒亡"的观念,使忽必烈有改用儒者治国的勇气。

1256年元好问门人郝经被召,他上"立国规模"二十余条。他认为创法立制"有天下规模,有万世规模。当今依仿前代,建立万世规模"①。中统元年(1260)又上"立政议",首先指陈开国以来汉地不治是由于未行汉法。接着他便列举元魏和金源实行汉法而获大治的史实作证。进而强调:"今有汉唐之地而加大,有汉唐之民而加多,虽不能使如汉唐,为元魏之治亦可也。"②因此他建议:"大为振藻,与天下更始,以国朝之成法,援唐宋之故典,参辽金之遗制,设官分职,立效安民,成一王法。"

从上述诸人的谈话记录和建议中,可以得到一个明晰的概念。他们想使忽必烈认识中原文化的性质和内涵,治理汉地便必须采行汉法,因此必须创建制度才能恢复秩序、重建中原。但他们深知由于"万世国俗"(蒙古文化)的束缚和"累朝勋贵"(保守派)的阻扰,实行全盘汉化的可能性不大。他们退一步请求"以国朝之成法,援唐宋之故典,参辽金之遗制,设官分职,立政安民,成一王法"。用现代文化史的术语来说,他们不愿意把游牧制度移植于中原,但也不敢奢望征服者能全盘汉化,他们所期求的是揉合蒙古制度("国朝成法")和中国治道("唐宋故典"),而和辽金相似地处于"涵化"(acculturation)状态的"征服王朝"(dynasty of conquest)③。

---

①见《郝文忠公集》"附录",苟宗道撰《郝文忠公行状》。
②《郝文忠公集》卷三二,《元文类》卷一四。
③参看 Karl A. Wittfogel and Feng Chia-sheng, *History of Chinese Society*, *Liao (907–1125)* (Philadelphia, 1949), pp. 4–16。

1247 年,张德辉与元好问曾联袂北上,奉忽必烈为"儒教大宗师"①。这一名号,诚如爱宕松男氏所说:"有中国文化保护者的意味。"②元、张此举不过是想促请忽必烈积极负起保护中原文化的重任,降旨有司免兵赋一事,便是所收的近效,似没有谄媚征服者的意思。实际发动这件事的似为元好问。他之所以不愿臣事元廷,乃是因为他依然眷恋金室。但是由于挽救斯文的责任感,他又不能高蹈远引,以抗其节。凌廷堪说得好:"先生以金源遗老而往见元世祖于潜邸者,亦许鲁斋不如此则道不行之义也……夫鲁斋未仕金,故拜爵而不辞。先生已仕金,故往见而不受禄,出处之道,易地皆然也。"③

这一系统的人物,和忽必烈并无亲密的关系,未被重用,在事业上都没有显赫的建树。这和元初矫文以质的朴素主义的风气或不无关系④。至于史天泽和董氏昆仲,因为不仅实力雄厚,而且和忽必烈有很深的历史渊源,所以极被忽必烈所倚重。阎复撰《董文用神道碑》称:"其眷遇之隆,汉人无出其右。"⑤其情况可以想见。

(四)西域人集团

蒙军征服西域在先,占领中原于后。蒙军所指,通道尽辟。及其东还,大量西域人随军而来。西域人文化水准较蒙古人为高,而且擅长理财,故于蒙元初期,西域人颇为活跃,如奥都剌·合蛮(Abd al-Rahman)、马合木·牙剌瓦赤(Mahmud Yalavaci)等先后

①见前揭《张德辉行状》。
②见所著《忽必烈汗》(支那历史地理丛书),页 104。
③缪钺编《元遗山年谱汇纂》卷下,载《国风》第 7 卷第 3、4 期,页 39。
④参见郑清茂译,吉川幸次郎著《元杂剧研究》,1960,页 113。
⑤《静轩文集》(藕香零拾本)引《常山贞石志》卷一九。

主持治理中原的燕京行尚书省①，于汉地广事聚敛。忽必烈因欲在汉地实行宽大政治，故与牙剌瓦赤等发生冲突②。李治"王庭问对"说："（忽必烈）又问：'回鹘人可用否？'对曰：'汉人中有君子小人；回鹘人亦有君子小人；但其贪利嗜财，廉谨者少，在国家择而用之耳。'"其时汉地人士厌恶西域人之情可知。忽必烈对西域人士之操守似亦表示怀疑。因此，在潜邸中，西域人的数目远少于汉地文人。

就今所知，潜邸旧臣中的西域人，有阿里海牙、孟速思、廉希宪、叶仙鼐（以上畏吾人）、也黑迭儿（大食人）、札马剌丁、阿合马（以上回回人）③。

这些西域人中，阿里海牙、叶仙鼐都是战功彪炳的战将；孟速思、阿合马皆以理财著称，札马剌丁则是科学家，最值得注意的当为廉希宪和也黑迭儿二人。

廉希宪，是一位纯粹的儒者，汉化之深为西域人中所仅见④。他好读书，忽必烈目之为"廉孟子"。后忽必烈命他受僧戒，他却回答"已受孔子戒"。1254 年，忽必烈命希宪担任京兆分地的安抚

①燕京之"尚书省"，在蒙古人视之，不过一治理汉地财赋及刑政的机构，本名应为"也可·札鲁忽赤"（Yeke Jarghuci）。"尚书省"之名盖出诸汉人之口。参看田村实造撰《元朝札鲁忽赤考》（桑原博士还历纪念《東洋史論叢》）；翁独健撰《元典章译语集释》（二）"札鲁忽赤"条（载《燕京学报》第 30 期）。

②见《元史》卷四《世祖本纪》及《元朝名臣事略》卷七引《史天泽行状》。

③《元史》卷二〇五《阿合马传》称为回纥人，实误。据多桑（d'Ohsson）《蒙古史》（*Histoire des Mongols*）三卷三章引《史集》称阿合马为细浑河畔费纳客成城（Fenaket）人（冯承钧译本，页 339）。钱大昕《廿二史考异》卷一〇〇说："阿合马，本出回回（Sarta'ul），故世祖言：回回人中，阿合马才任宰相。而传称回纥人（Uighur）。盖明初史臣昧于回回、回纥之有别也。"洵然。Herbert Franke 撰有《Ahmad》一文，载 *Oriens* I（1948），pp. 222-236，可参看。

④陈垣《元西域人华化考》（励耘书屋本）卷二，页 9—10。

使,使关中的政治复运于轨。他又极力招揽儒者如许衡等人,发展教育,大化关中。同时极力维护儒生,在京兆时,贯彻士类毋隶奴籍的命令。伐宋时又解放五百多名被俘的儒生①。从而可知,希宪不仅对中原文化涵濡颇深,而且对中原文化的维护态度及助成汉化的一番努力与中原学者并无二致。至元时代,汉人大臣拥护他对抗阿合马,便是因此。

西域,本是文化的辐辏区域,西域人也较有包容性与适应性,善顺人意,易于择善而从②。大食人也黑迭儿用汉法建筑宫殿城廓,便是顺从蒙古人之意而作。他早岁也曾任事潜邸。欧阳玄撰《马合马沙碑》说他"世祖居潜,已见亲任……庚申即祚,命董茶迭儿局(Cadir),凡潜邸民匠隶是局者,悉以属之。茶迭儿者,国言庐帐之名也"③。燕京的都城及宫殿便是也黑迭儿所建;而它的建造法式全为汉法。《元史》卷一二五《高智耀传》说:"言西北藩府遣使入朝,谓本朝旧俗与汉法异。今留汉地,建都邑城廓,仪文制度,遵用汉法,其故何如?"这也是潜邸中的西域人助成汉化的例证。

(五)蒙古集团

就现存史料观之,潜邸旧侣中的蒙古人似乎为数不多。乃因:①史阙有间,蒙文史料不存,没有《蒙古秘史》一类的《世祖实录》可资征引。赵翼论《元史》云:"惟中叶以后,大都详于文人而略于种人。则以文人各有传志之类存于世;而种人无之,故无从搜括耳。"④不特中叶以后,而元初的情形更是如此。②忽必烈的分地

①《元朝名臣事略》卷七引河南高公撰《廉希宪家传》。
②参看岩村忍撰《元朝統治下の漢人と西域人》载《蒙古史雜考》(东京,1943),页57—81。
③见《圭斋文集》卷九。
④见《廿二史札记》卷二八。

在漠南，且又醉心于中原文化，"只想建立一个继续汉唐帝业的新朝"①，因而他所延揽的汉人也比蒙古人稍多。

现今所知的蒙古旧侣不过五六人。即为：①乃燕（Nayan）。②霸突鲁（Ba'atur）。皆木华黎（Moqali）之后，札剌尔（Jalayir）氏。③脱兀脱（Toghtō）、博尔朮（Bōrju）之弟，阿儿剌（Arulat）氏②。④忙哥，忙兀（Manghud）氏。⑤阔阔（Kökö），蔑里吉（Merkit）人。⑥八春（Balcun），不详。

潜邸中蒙古旧侣的态度，似乎也比蒙古保守派开明得多，因为他们既然侧身事潜邸，和汉地士大夫接触的机会特多，耳濡目染，自不免开放其心胸，拓展其目光。他们也曾经多方协助忽必烈治理汉地，如脱兀脱于 1251 年任邢州安抚使，忙哥于翌年任河南经略使，成绩卓然，不容抹煞③。他们之中，也不乏饱学之士，如乃燕，以明习典故而获得忽必烈的激赏，被称为"薛禅"（Secen），意即大贤④。又如阔阔，师事王鹗，对中原文化深为倾慕⑤。

这些蒙古人目睹中原文明的昌盛，自不免由惊异而钦仰，由钦仰而生仿效之心，更不会苦苦留恋于蒙古的行国生活了。忽必烈驻跸燕京一事，即出于蒙古旧臣霸突鲁的建议。《元史》卷一一九本传说：

> 世祖在潜邸，从容语霸突鲁曰："今天下稍定，我欲劝主上（蒙哥汗）驻跸回鹘以休兵息民。何如？"对曰："幽燕之地，龙蟠虎踞、形势雄伟，南控江淮，北连朔漠。且天子居中以受四

①参见葛鲁赛（Rene Grousset）著《蒙古史略》（冯承钧译本），页 63。
②脱兀脱史无传，考证见下节。
③关于脱兀脱事迹，《元史》纪传相矛盾。《廿二史考异》卷九八指其为："吴缜所谓予夺不常也。"
④见《元史》卷一一九《脱兀脱传》。
⑤见《元史》卷一二四《阔阔传》。

方朝觐。大王果欲经营天下,驻跸之所,非燕不可。"世祖曰:
"非卿我几失之。"

这种以汉地为重心的论调,显然较蒙古本位主义者开明。由此可
知潜邸中的蒙古开明人士对助成汉化是全心全力的,而且确有很
大的贡献。

五、潜邸旧侣助成汉化的贡献

(一)治理汉地

忽必烈受命治理汉地后,为改善汉地纷乱不治的现况,便接纳
汉臣建议,先后选用干员,在邢州、河南、京兆等地恢复汉法,实行
宽大政治,获得成功。使汉地重新恢复安定与繁荣。《牧庵集》卷
一五《中书左丞姚文献公神道碑》说:"自昔在潜,听圣典,访老成,
日讲治理,如邢州、河南、陕西皆不治之甚者。为置安抚、经略、宣
抚三司,其法:选人以居职,颁俸以养廉,去污滥以清政,劝农桑以
富民,不及三年,号称大治。诸路之民,望陛下之治己,如赤子求
母。"此事之重要性可知。兹加考证如次:

1. 邢州之治

忽必烈治理汉地的具体表现,开始于邢州(今河北邢台)。
《元史》卷四《世祖本纪》略叙其事:"辛亥(1251),邢州有两答剌罕
言于帝曰:'邢,吾分地也;受封之初,民万余户,今日减月削,才五
七百户耳。宜选良吏抚循之。'帝从其言,承制以脱兀脱及张耕为
邢州安抚使,刘肃为商榷使,邢乃大治。"

按所谓"答剌罕",蒙文作(darqan),意即自由自在王,蒙古可

汗分封功臣勋戚时,常赐以土地,以该地的赋税徭役归之,称之为某地的"答剌罕"①。《元史》卷二《太宗本纪》八年丙申七月以中原诸州分赐诸王贵戚条下有"李鲁带,邢州"的记载。卷九五《食货志》则说:"八答子:五户丝,丙申年分拨顺德路一万四千八十七户。"按顺德路即邢州,丙申年亦即太宗八年。所以李鲁带或即八答子。当为蒙古勋贵,邢州两答剌罕之一。另一答剌罕,据《元史》卷一三八《哈剌哈孙传》:"哈剌哈孙(Qaraghasun),斡剌纳儿(Olonar)氏,曾祖启昔礼(Kisilig)。(太祖)还攻灭王可汗,并其众,擢启昔礼为千户,赐号答剌罕。祖博理察,太宗时从太弟睿宗攻河南,取汴、蔡,灭金,赐顺德以为分邑。"可知为哈剌哈孙之祖博理察(Boricagh),两人都是蒙古勋戚。由于不谙治理汉地之法,唯事聚敛,百姓为逃避苛捐杂税,因而辗转逃亡。李谦撰《张文谦神道碑》说:"邢初分隶勋臣二千户为食邑,岁遣人更迭监牧,类皆不知抚治。加之频岁军兴,郡当驿传冲要,征需百出,民不堪命。"②故《世祖纪》所记两答剌罕之言当为实情。但置官整治虽出于答剌罕之请求,而经纶推动则皆发自潜邸亲臣张文谦与刘秉忠。《张文谦神道碑》又说:"会郡人赴恳王府,公与太保(刘秉忠)实为先容,合辞言于世祖曰:'今民生困敝,莫邢为甚。救焚拯溺,宜不可缓。盍择人往治,要其成效,俾四方诸侯,取法于我,则天下均受赐矣!'世祖从之。"从而可知邢州之治实出于潜邸亲臣中的邢州人刘、张二人的推动。

此次治邢人选,除脱兀脱外,张耕、刘肃、赵良弼等皆汉人。屠

①参看姚从吾先生译注札奇斯钦先生校补《蒙古秘史新译并注释》第51节,注2"元初答剌罕略考"。载《台湾大学文史哲学报》第9期;韩儒林《蒙古答剌罕考》,华西协和大学《中国文化研究所集刊》第1卷第2期(1940),页155—180。
②《元文类》卷五八。

敬山以为脱兀脱为畏吾人，然考《牧庵集》卷二七《提刑赵公夫人杨君新阡碣》云："当宪庙世，世祖方渊龙，收召闻望之臣，求治道之宜今者……而邢则今中书右丞相之祖封国，政弛民散，最号弗治，求潜藩制官，惟岁入其贡赋，为置安抚司，后邢易为顺德，升州为府，乃以近故太师广平王从祖托克托与公为断事官，位安抚上……"按《元史》卷一〇八《诸王表》并无广平贞宪王之号。而《元朝名臣事略》卷三则有《太师广平贞宪王事略》，文前小传云："王名玉昔，阿尔拉（Arulat）氏，赐号月吕禄那演（Örlüg-noyan）。"玉昔即玉昔帖木儿（Us Temür），为博尔朮之孙。从而可知，脱兀脱为博尔朮之弟，蒙古阿尔拉氏。屠说误。惟两年之后，脱兀脱亦且被黜。《元史》卷一五九《赵良弼传》："脱兀脱以断事官镇邢，其属要结罪废者，交构嫌隙，动相阻要。世祖时征云南，良弼驰驿白其事，遂黜脱兀脱。罢其属。邢大治，户口倍增。"故邢州之治，实为潜邸中汉臣的初步贡献。

当时所行政的内容，《元史》记载过略，仅可从《元朝名臣事略》卷一〇《刘肃事略》中稍窥端倪，该文引高文定公撰墓碑："公到郡，公私阙乏，日不能给。遂兴铁冶以足公用，造楮币以通民货。车编甲乙，所领而传，马给圉户，恒奉而驿，宾馆得所，川梁仓庾，簿书期会，群吏法守惟谨，四方传其新政焉。"综言之，刘肃、张耕等汉人官吏一改往昔蒙古统治者只知"征求需索""不知抚治"的作风。一面致力于民力的培养，一面积极从事于境内资源的开发、纸币的发行和税率的改正，使荒芜已久的邢州恢复安定和繁荣。流亡外地的百姓，相率还乡，"不期月流亡复益十倍"，"归者两万，邢遂大治"。由于这次优异的表现，忽必烈对汉人的能力和汉法的功效都更有信心。《元史》卷一五七《张文谦传》说："于是世祖益重儒士，任之以政。"洵非虚语。

2. 河南之治

当时的河南,因与宋接壤,仍旧是交战地区,情形特别混乱。忽必烈有鉴于此,便请求蒙哥汗允许他在河南、陕西"试治",以图挽救。西溪王公撰《史天泽行状》说:"上在潜邸,壬子春(1252),行幕驻岭上,极知汉地不治,河南陕西尤甚,宪宗方倚任牙鲁瓦赤,乃因朝觐,请分河外所属而试治之,乞不令牙鲁瓦赤有所钤制,诏许之。"《元史》本纪也说:"壬子……帝言之宪宗,立经略司于汴,以忙哥、史天泽、杨惟中、赵璧为使;陈纪、杨果为参议;俾屯田唐邓等州,授之兵牛,敌至则御,敌去则耕。仍置屯田万户于邓,完城以备之。"

据《牧庵集》卷一五《姚文献公神道碑》说,此事是由儒者姚枢所策划。河南经略司设置的意义和邢州安抚司不同。前者旨在开斥边徼,后者意在爬梳芜秽。所以他们在河南主要的措施,也具有军事意义,但主要仍不外恢复汉法以代替扰民的习惯法。西溪王公撰《史天泽行状》说:"公于是选贤才举幕府以清其源,置提领布郡县以察奸弊,均赋税以药疲困,更钞法以通有无,设行仓以给军饷,人始免攘夺矣!立边城以遏寇冲,民皆得以保全矣!诛奸恶以肃官吏,立屯田保甲以实边鄙。利则兴之,害则除之。"

河南西南端的军事重镇邓州,是当时蒙军进攻襄樊的根据地,忽必烈遣军屯田于此,"授之兵牛,敌至则守,敌去则耕",置屯田万户主其事,而以史天泽之侄史权任之,成效卓著。据《秋涧集》卷四八《千户张君家传》说:"继移镇入邓,凡百草创,都督史侯皆拟易治一新……于是招流散,复田庐,治渠堰,整屯戍,谨斥堠,咸领办有方。"河南另一名邑卫辉原为史天泽的封邑,在天泽调任河南经略使后,忽必烈在此设置都转运司,仍由天泽旧部王昌龄主持,经过数年的建设,也已恢复旧观。详见《秋涧集》卷四七《王昌龄行状》,兹不赘引。

《史天泽行状》记述河南大治的情况说:"不一二年而河南大

忽必烈"潜邸旧侣"考 | 159

治。行于野民安其乐郊,出于途商免其露处;观民俗则庶而有教,察军志则又知夫怯私斗而勇公战。威行惠布,阳开阴肃,内外修治,略无遗策,河远流润,卫亦复承平之旧,宋为堕其北门矣!"观此可知,混乱的河南在忽必烈和潜邸诸臣的治理下,有了长足的进展,不仅恢复了秩序和繁荣,而且完成了战斗的准备,成为蒙军进攻襄樊的根据地。

3. 关中之治

河南是蒙军进攻襄樊一带的根据地,关中则为进攻四川的大本营。当时关中混乱的情形一如河朔。《寓庵集》卷六《故宣差京兆府路田公墓志铭》说:"关中新被兵,城郭萧条,不见人迹。残民往往窜伏山谷间,相与捋草实,啖野果,以延旦夕之命。强梁啸聚,伺隙相攻。"《元史》卷一五九《商挺传》说:"兵火之余,八州十三县,户不满万,皆惊忧无聊。"所以忽必烈在继河南之后,又在关中施行改革。本纪说:"癸丑(1253),受京兆分地……奏割河东解州盐池以供军食,立从宜府于京兆,屯田凤翔,受盐入粟转漕嘉陵。夏,遣王府尚书姚枢立京兆宣抚司,以孛兰、杨惟中为使,关陇大治。甲寅(1254)六月,以廉希宪为关西道宣抚使,姚枢为劝农使。"

世祖的受领京兆和设立宣抚使于此,也都是出于姚枢的经纶。首任的两位宣抚使,孛兰因无碑传可征,事迹已湮。杨惟中则是治理河南的功臣,他到任后,便一本旧贯,大刀阔斧地展开除暴安良的工作,据《陵川集》卷三五《杨忠肃公神道碑》,惟中杀郭千户以徇,然后关中肃然,乃进一步改革。改革的实况见于《元史》卷一五九《商挺传》:"挺佐惟中,进贤良,黜贪暴。明尊卑,出淹滞,定规程,主簿责,印楮币,颁俸禄。务农薄税,通其有无,期月,民乃安。"这是杨惟中治理关中时的情形。

明年,杨惟中他调,代以廉希宪。希宪遵循惟中旧规,治理关中,"讲民瘼,不惮设施,摧摘奸强,扶植贫弱,事无遗便"(《元朝名臣事略》卷七引河南高公撰家传)。重要政绩有:(一)废除荼毒平民的羊羔利。家传说:"富民贷钱民间,至本息相当,责入其本,又以其息为券,岁月责偿,号羊羔利,其征取之暴……民不胜其毒。公正其罪,虽岁月逾久,毋过本息对偿,余皆取券焚之,后著之令。"(二)贯彻解放隶奴籍儒生的命令:"国朝创制,凡名为士类者,毋隶奴籍;独京兆多豪右,废格不行。公至,一如命。"(同上)(三)延访耆宿,待以师友之礼,并向忽必烈推荐大儒许衡出任京兆提学:"秦人新脱于兵,欲学无师,闻衡来,人人莫不喜来学。郡县皆建学校,民大化之。"(《元史》卷五八《许衡传》)(四)劝农,时姚枢任关中劝农使,极力推广农业,"凡今关中桑成列者,当所训植"(《牧庵集》卷一五《姚文献公神道碑》)。从而可知,忽必烈出王关中后,在数年间,先后任用杨惟中、廉希宪,把"城郭萧条""不见人迹"的关中,整顿得焕然一新,不仅改善了政治、繁荣了经济,并且重建了教育制度,润泽了那久已沦为"文化沙漠"的关中地区。

(二)劝导弗杀与建立军功

潜邸时代,忽必烈曾两次率师出征。第一次是 1254 年讨平大理,这次战役,是蒙哥汗包围南宋远大计划的前奏。另一次是在 1257 年,蒙哥汗分兵三道伐宋,忽必烈率领东路兵渡淮攻鄂。

在这两次战中,潜邸人物又一次表现出他们的才干,他们的贡献,可分两方面来说。

第一,劝导弗杀。蒙古军原是奉行铁血主义的一支铁军,无论征欧灭金,恃其武力慓悍,唯以屠杀为能事,杀人屠城之事,屡见不鲜,铁骑过处,整个社会都遭到惨烈的破坏[1]。而在征服大理与攻

---

[1]参看蒙思明撰《元代社会阶级制度》(一)"元前社会原有之阶级",《燕京学报》专号之六(1939)。

伐南宋两役中,却一反故态,力避杀戮,招降吏民,并加安抚。蒙古人对战争态度的转变,就现存史料观之,实应归功于潜邸中汉人学者的劝导。

忽必烈统军出征大理时,姚枢便告以曹彬伐江南、不杀一人的故事,忽必烈深受感动。《姚文献公神道碑》说:"壬子夏,(世祖)入觐,受命征大理,至曲先脑儿。夜宴群下,公为陈宋祖遣曹彬取南唐,敕无效潘美伐蜀嗜杀,及克金陵,未尝戮一人,市不易肆,以其主归。明日早行,上据鞍呼曰:'汝昨所言曹彬不杀者,吾能为之。'公马上贺曰:'圣人之心,仁明如此,生民有幸,国之福也。'"同时,徐世隆则以孟子"不嗜杀人者能一之"的观念来打动忽必烈,据《元朝名臣事略》卷一二引某公撰墓碑说:"壬子岁,自漠北遣使来征,公见于日月山之帐殿。上方治兵征云南,问此行如何?对曰:'昔梁襄王问孟子:天下乌乎定?曰:定于一。襄王曰:谁能一之?曰:不嗜杀人者能一之。夫君人者不嗜杀人,天下可定,况蕞尔之西南夷乎?'上曰:'诚如威卿所言,吾事济矣!'是岁云南诸处来降。"后来,忽必烈进攻大理时"饬公(姚枢)尽裂橐帛为帜,书止杀之令,分号街陌。由是其民父子完保,军士无一人敢取一钱直者"(《姚文献公神道碑》)。可知蒙军攻大理时的不滥杀,实是受了姚枢等婉劝的结果。后来,忽必烈率军伐宋,曾在小濮州召见东平名士宋子贞、李昶访问得失,二人也劝他"不杀",尤其宋子贞更指出:"本朝威武有余,仁恩未洽。天下之民,嗷嗷失依,所以拒命者,特畏死尔。若投降不杀,胁从者弗治,则宋之百城,驰檄而下,太平之业,可指日而待也。"这更易为忽必烈所接受,在伐宋时他也下令"戒诸将妄杀"。

这些汉地学者之所以劝导忽必烈"不嗜杀人"或"毋妄杀",主要是针对元初用兵滥杀的惨剧而发。他们的劝说方式殊为委婉,他们指出招抚不杀可以分化被侵者的抵抗意志,宋之百城,可以驰敕而下。这些话,对蒙古人而言,可以说是求之不得的。从此蒙古人除了武力作战以外,又有了政治作战的新武器。以后蒙军所趋,各地望风归附,正是为此。据前揭《徐世隆墓碑》说:"上既登极,每有征伐,必谕不杀。于是四方奉正朔之国,相蹑于道……不嗜杀人之效,其捷若此,然一言寝意,皆自公启之。"这对忽必烈的统一中国与安抚四邻,都有极大功效。另一方面,江南百姓因而得以不伤于兵刃,南方文物也得以不毁失于兵燹。这可能才是潜邸汉臣劝导忽必烈"弗杀"的本意所在,也是应该特别加以表扬的。

其次,他们在军事上的实际表现,也是值得注意的。征服大理之役,虽以蒙古军为主力,而潜邸诸臣如姚枢、刘秉忠等运筹帷幄,董氏昆仲(文用、文忠)等参赞军务,都有功绩。1259 年伐宋之役,几乎全用汉军,而以满城张柔的军队为主力。潜邸人物在这次作战中有很出色的表现。赵良弼"亲执桴鼓,率先士卒,五战皆捷"。董氏昆仲在羊罗渼战役有辉煌的战绩①。姚枢运筹帷幄,贾似道尝比之为王猛②。其他人物,不胜枚举。

总之,在远征大理与攻伐南宋的两次战役中,潜邸汉臣们曾有良好的表现;整个的作战计划可以说是由他们来参与决定的。他们劝导忽必烈"不妄杀"一事,不仅攸关战争的胜负,而且彻底改变了蒙古人对战争的态度,保存了江南不少的生命和文物。

(三)与保守派的斗争

1254 年前后,可说是忽必烈一生事业的奠基期。在文治方面,他重建汉地的秩序和繁荣。在武功方面,他率领大军远征云南也全胜而归。但一方面,由于功高震主,另一方面,他所表现的重

---

① 见元明善《清河文集》(藕香零拾本)卷六《藁城董氏家传》。
② 见前揭神道碑。

视汉地、重用汉人的汉化倾向,与蒙古祖制确有不合,因而颇招奉行蒙古本位主义的保守派之忌。忽必烈在潜邸诸臣拥护下与保守派相抗,两派明争暗斗,终宪宗之世,未尝停止。

这一斗争于1257年春突趋激烈。是由阿蓝答儿(Alamdar)向宪宗进谗而起,阿蓝答儿是宪宗的亲信,也是保守派的中坚份子。据《元史》卷一五九《赵良弼传》说:"阿蓝答儿当国,惮世祖英武,谗于宪宗,遂以阿蓝答儿为陕西省左丞相,刘太平参知政事,钩校京兆钱谷。"钩校的实况,《牧庵集》卷二四《谭公(澄)神道碑》言之最详:"遣阿蓝达尔至京兆,大集汴蜀兵民之官,下及管库征商之吏,皆入计局。为条百四十二,文致多方。且晓众曰:'惟刘万户、史万户两人罪请于朝(盖谓忠顺公、丞相忠武两公也),自余我到专杀。'虐焰薰天,多迫人于死。"这次钩校表面上是检查京兆与河南的财赋,实际上是要否定忽必烈用汉人治汉地的成绩并彻底瓦解他的势力。

这时忽必烈处境殊为艰困,因为争位之举时机未到;若非潜邸诸臣应付得当,则忽必烈可能从此被挤出政治圈外。当时史天泽、廉希宪皆勇于任责,而又有谭澄等弥缝其间,使局势缓和不少。最重要的还是姚枢劝忽必烈暂时委曲求全,把王妃送回和林,作久居状,以释宪宗之疑,详见《姚文献公神道碑》,此处不加赘引。忽必烈依策而行,与宪宗相会于也可·迭烈孙(Yeke Deresün),兄弟二人相见而泣,宪宗遂罢关西钩考。但二人间的误会并未因而冰释,两派间的冲突更形成两股相互激荡的暗流,酝酿着另一次轩然巨波的来临。

宪宗蒙哥个性刚明沉毅,能厘革前朝的弊政,可说不失为明君。但和雄才大略、规模宏远的忽必烈相比,未免稍逊一筹。加以忽必烈有汉地雄厚丰饶的人才物力作后盾,而且手握重兵,幕府人才济济,羽翼已丰,宪宗对他无可奈何。宪宗生前本有择立己子为嗣的心愿,但因对忽必烈有所顾忌而未能发表。当他战死钓鱼城下,诸子皆幼,断非忽必烈的对手。保守派遂用阿蓝答儿之计,拥立忽必烈之弟阿里不哥来和忽必烈对抗。

这时忽必烈正统兵围鄂州(武昌),未即班师。及至保守派拥立阿里不哥的消息传来,群僚纷纷劝忽必烈北返。郝经首先上"班师议",请他以金海陵王的故事为戒。并提出计划,略谓:"愿大王以社稷生灵为念,奋发乾纲,断然班师,与宋议和。置辎重,以轻骑归,渡淮乘驿,直造燕都,则彼之奸谋冰释瓦解。"(《郝文忠公集》卷二)忽必烈采纳郝氏的计划,接受贾似道的请和,班师北返。抵燕京后,赵良弼、廉希宪、孟速思、商挺等都劝他先发制人,即大汗位。忽必烈遂于开平召开库里尔台(Quriltai)大会,经与会者一致拥戴,忽必烈遂正式即大汗位。

依蒙古习惯法,忽必烈在开平召开的库里尔台大会,徒具形式,与传统完全不合,他的承继汗位,完全是以实力破坏惯例的行动①。也就是汉地重心主义压倒蒙古本位主义的表现。

当时忽必烈虽已即位,但阿里不哥仍对立于和林,漠北地区和以六盘山为轴心的甘肃、四川及陕西一带都属于他的势力范围,忽必烈的处境仍然很艰困。幸赖廉希宪和赵良弼等人的小心应付,扑灭刘太平、阿蓝答儿的势力,保守派的势力始为之稍杀②。至元元年(1264),阿里不哥降,忽必烈的帝位始告稳定。

总之,从以北方草原为重心的蒙古帝国到以汉地为重心的元朝,这一转变原是从错误中得到的教训,也可说是历史推演的结

---

① 参看箭内亘撰《蒙古の國會即ち"クリルタイ"に就いて》,《蒙古史研究》,页402—404。
② 参看田村实造选《アリブカの亂について——モンゴル帝國ガろ元朝へ一》,《東洋史研究》第14卷第3号,页12—13。

果。从以上的陈述可以看出,忽必烈的这一个重要抉择,一方面固然由于他个人的睿智,但主要的还是由于潜邸旧侣的促成。他们启迪了忽必烈的汉化思想,尽力协助他重建汉地作为他个人的政治资本,并且进一步压制蒙古本位主义的反动而创建元朝。忽必烈固然是这一幕历史的主角,而真正的导演却是潜邸旧侣!

〔本文系笔者 1959 年自台湾大学历史系毕业的学士论文,承姚从吾先生及札奇斯钦先生指导,谨此致谢。

本文原载《大陆杂志》第 25 卷第 1、2、3 期(1962),页 16—22、25—28、22—27〕

宋元之际的遗民与贰臣

历代鼎革之际,亡国遗士应该高蹈远引以期保全节义,抑是改仕新朝而求行道泽民？这是一个困扰历代士大夫的难题,也是史家文人臧否古人的争论焦点。这一问题之所以争论不休、难以取舍,乃因牵涉到儒家价值体系中"忠君"与"行道"孰轻孰重的大是大非。汉族王朝相互取代之际,出处行藏对士大夫而言已是一个不易取舍的难题。在征服王朝取代汉族王朝的时代,此一问题更因牵涉到"夷夏大防"与"由夏入夷"而益形尖锐。而在各征服王朝中,宋元之际江南士大夫在出处问题上尤其面临空前严峻的考验。宋元之际忠义之士的事迹一直广受注意。浴血抗敌、壮烈殉节的烈士文天祥、陆秀夫、李庭芝与国亡不仕、孤忠芳节的遗民谢枋得、郑思肖、谢翱等人,都是历来志士仁人仿效的榜样,也是史家文士歌颂的对象。以致在一般印象中,烈士与遗民代表宋元之际巨大世变中江南士大夫反应的主流。

事实上,在任何重大历史变革的时代,都不免泥沙俱下,鱼龙同现。面对外在环境不可抗拒的改变,每个人根据其政治理念、道德信仰与实际利益的轻重权衡而作出不同之反应。今日如此,宋元之际也是如此。

根据其对当时世变所作的反应,宋元之际的江南士大夫大体可归为三类,即"忠义""遗民"与"贰臣"。忠义系指抵抗元军而致杀身的烈士,遗民乃指忠于故国、不仕异代的节士,而贰臣则指背弃宗邦、改仕新朝的现实主义者。"忠义"之士因及时殉国,而不必面临亡国后出处问题的煎熬,故不在本文讨论之列。本文系以宋亡后的遗民与贰臣为讨论对象。

政治环境与文化背景

元朝平定南宋、混一南北,是中国历史上的空前变局。以前北方游牧民族曾经屡次征服华北半壁山河,却未能平定江南,一统华夏。而元朝则是第一个游牧民族所肇建而统治全中国的征服王朝。

元朝的统一中国,一方面结束了晚唐以来四百年的分裂与扰攘,另一方面却对中国——尤其是江南——的文化与社会秩序造成甚大的冲击。古来建立征服王朝的各北方民族中,蒙古人与汉文化差距最大,因而对中原传统尊崇最少。蒙古灭金之际,华北遭受兵燹之害极烈,当地社会文化亦受到巨大破坏,汉族文人甚至有"天纲绝,地轴折,人伦灭"的毁灭感。忽必烈即位后,元朝政府表面上已采行汉制,但对中原文化及社会传统的尊崇仍多局限。元廷对各民族文化采取一视同仁的态度,对各种思想与宗教不偏不倚,并予尊荣。儒家思想遂由"道"转变为许多"教"的一种,而儒士不过是一个受到优崇的"身份群体"(status group)而已。

元代士人,尤其是江南士人,在出仕问题上面临着两大困难:

第一,元朝用人取才最重家世,即当时所谓"根脚"。此一"根脚"取才制,与唐宋以来中原取士以科举为主要管道的制度可说南辕北辙,大不相同。元朝中期以前,一直未恢复科举制度,汉族士人遂丧失此一主要的入仕管道。

第二,元朝为巩固其统治,实行民族分化,乃根据民族差异及归降时代先后,划分人民为蒙古、色目、汉人、南人四等,赋予不同待遇。在此族群等级制之下,南人地位最为低下,仕进最为困难。伐宋战争中,元廷为求速胜而采招降政策,降附官员皆优予高职。但是,元廷对南人极为猜忌,而北方汉人对南人亦甚歧视,多方排挤,至元十五年(1278)即有诏汰江南冗官及"追毁宋故官所受告身"。南宋降官纷纷罢职,此后不仅"北方州县并无南方人士",而江南地方官亦多北人。

南宋遗民谢枋得、郑思肖说元朝法律规定"九儒,十丐","介乎娼之下,丐之上者,今之儒者也"。这种说法并不可靠,或许是一种社会传闻,但这种传闻反映出江南士人所面临的问题及其集体心理。总之,元初江南士人在仕隐问题上所牵涉的不仅是有无出仕的意愿,而且亦是机会问题。

在出处问题上,江南儒士亦面临两种思想的新压力:

第一,两宋忠君观念的绝对化。古代孔孟倡导有条件的忠君观念,有如孔子说"邦有道则仕,邦无道则可卷而怀之",人臣没有为一族一姓竭尽愚忠的义务。两宋时代,此一观念为绝对忠君观所取代,其形成与宋代君主专制政体的强化相平行。北宋司马光首倡尊君之论,认为君尊臣卑,"犹天地之不可易也"。程朱理学更使君臣大义名分提升到近乎宗教的境界。二程、朱子皆视君臣关系为纲常中最重要之环节,"君臣父子,定位不易",是"天下之定理,无所逃于天地之间"。可见君臣关系一经形成,永不可变。即使朝代变革,亦不可改事他主,"饿死事小,失节事大""忠臣不事二主,烈女不事二夫"都反映绝对化的忠君观念。五代冯道之历事四朝,便受到宋儒欧阳修等人之强烈指责。为朝廷守节遂成为人臣应尽的义务。

美国汉学前辈牟复礼(F. W. Mote)曾将元朝的隐逸分为两类,

一类为"自愿的隐逸",即指根据早期儒学思想中"无道则隐"原则而退隐的士人;另一类则为"强迫的隐逸",则指根据理学中忠君思想而不得不归隐山林的士大夫。宋朝之遗民皆属第二类的隐逸。

第二,夷夏之辨思想的制约。先秦儒家提倡尊王攘夷,严夷夏之防。但是先秦儒家区别华夏、夷狄之主要标准是文化,而不是种族,即所谓"进于夷狄则夷狄之,进于华夏则华夏之"。这种文化主义的夷夏观对外族统治并不强烈排斥,其所关注的重心在于劝说征服者行道。宋朝理学家大体接受这种思想,于夷夏之防并无多大发挥。

南宋时代,国势不振,饱受外族侵凌,文人之中,爱国思想颇为高涨。少数学者如功利派之陈亮,更发展出类似近代民族意识的观念。他扬弃儒家传统的文化普遍主义与天下观,而认为"中国"即汉族,中国"天地之正气也,天命之所钟也,人心之会也,衣冠礼乐之所萃也,百代帝王之所以相承也"。换言之,中国为一具有共同土地、血缘、历史、文化的民族,因此他对夷狄具有强烈排斥感,也猛烈批评主张与金朝媾和的理学家。美国学者田浩(Hoyt C. Tillman)称陈亮的华夷观为"原型民族主义"(protonationalism)。不过在宋元之际,与文化主义的华夷观相较,这种"原型民族主义"在士大夫之间并不占有上风。士人对蒙元政权之能否接受,决定于个人对"夷夏""行道""忠君"等等观念孰轻孰重的评估,与个人利害吉凶的抉择。

元初的南宋遗民

宋亡之后,遗民之多,超越前代。《宋史·忠义传》记载忠义及遗民一百七十四人，与《新唐书》《旧唐书》比较多出五倍。而清敕编《古今图书集成》更载有宋朝遗民七百人事迹，人数之多，仅次于清初的明朝遗民。

元初遗民政治态度强弱不一，相去甚远。大体可分激进、温和与边缘等三型：

激进型

激进型的遗民多系由宋末力抗元军的忠义军转化而来，且多与奋战江、浙、闽、广的义军领袖文天祥素有渊源。宋亡之后，因受文氏"忠肝义胆不可状，要与人间留好榜样"精神的激励，而抗节不仕，成为遗民。这些由"忠义"转化而来的遗民，对宋朝的忠心及对蒙元的厌恶情绪皆甚明显。往往慷慨悲歌，一言一行，皆甚激烈。

与文天祥有关的激进型

谢枋得（1226—1289），信州弋阳人，宋宝祐进士，为文天祥之同年。国亡，遂隐姓埋名，卖卜江湖，达十年之久。元廷五次征召，皆不应，坦言自己"忠臣不事二君，烈女不事二夫"，"某愿一死全节矣，所恨时未至耳"。至元二十五年（1288）元廷派人强行押解北上，枋得以死抗争，终至绝粒而死。明刘俨序其《叠山集》云："公之为文，一字一语，悉忠孝之所发。"

谢翱（1249—1295），建宁浦城人，以布衣追随文天祥转战南北。宋亡，弃家远游，家产散尽。在十七年遗民生涯中，始终不改冠服，且终身不用元朝年号。每遇天祥忌日，必召集同志，登高哭祭。撰有诗文多篇悼念天祥，如《哭所知》《西台哭所思》《西台恸哭记》等。张丁《西台恸哭记》说："若其恸西台，则恸乎丞相也；恸丞相，则恸乎宋之三百年也。"换言之，谢翱所表达的对天祥的感情，实是对宋室乃至国家民族的感情。

王炎午(1252—1324),庐陵人,为文天祥之同乡兼同学,曾佐天祥军。及天祥被俘,炎午曾"作生祭文丞相文,以速丞相之死",乃是敦劝文氏为国捐躯。天祥就义,炎午又为文祭之,从此终身不仕。

邓光荐(1232—1303),庐陵人,为文天祥之同门。从宋二王南逃崖山,被俘北上,为道士。在大都与狱中之文天祥联络。南归后,致力于忠义军文献之撰述。著有《文丞相传》及《文丞相督府忠义传》。

刘辰翁(1232—1310),庐陵人,为文天祥之同门,景定三年(1262)进士,宋季浮沉下僚。宋亡后,托迹方外,飘泊各地,多与故老遗民往还,辰翁为宋元之际名词家,其词以感怀时事、悼念故国为主要内容。

与李庭芝有关之遗民

龚开(1222—1307),为山阳人,曾参李庭芝幕,与陆秀夫为友。宋亡后,先后居住于杭州及平江。曾撰《陆君实传》与《文丞相传》,显然亦以忠义之文献自任。龚开为名画家,尤善以画马来表达他的遗民思想。其名作《瘦马图》中立一骨瘦嶙峋却是姿态庄严之瘦马,借以表示他虽一贫如洗,却富有高贵之抗议与抵抗精神。

在以上诸人外,郑思肖(1241—1318)虽未参与抗元战争,却是态度最为激烈的遗民。思肖为福建连江人,宋太学生。宋亡后,寓苏州佛寺,与世隔绝,终身不娶。他坐卧不向北,听见人说北方话便掩耳疾走,以示决绝。善画墨兰,亡国后画兰不画土,根露于外,人问其故,思肖答曰:"地为番人夺去,汝犹不知耶!"他生平以道义纲常自励自期,忠于父君,终身不放弃复国希望。如其诗句云:"不信山河属别人""此地暂胡马,终身只宋民""梦中亦问朝廷事,诗后唯书德祐年""此身不死胡儿手,留与君王取太平"。

思肖为宋守节,虽然主要出于君臣伦纪的观念,但他却是宋朝遗民中最具种族意识的,这在《心史》一书中表露无遗。他将鞑子比拟为猪狗,"上下好色贪利,如蝇见血,如蚁慕膻,灭天理,穷人欲,罔所不至"。所撰《古今正统大论》中,认为夷狄不能建立正统王朝:"中国之事,系乎正统,正统之事,出于圣人。""君行臣事,夷狄行中国事,古今天下之不祥,莫大于是。""君臣华夷,古今天下之大分也,宁可紊哉!"这种以严格华夷区别正统与非正统的思想,在当时并不多见。

温和型

"温和型"的遗民多未曾参加抗元的实际行动。宋亡以后,守节不仕,或以诗词书画寄寓怀抱,或则家居著述,弘扬学术,或则寄身方外,以求解脱,对宋朝皆心怀忠爱,却无激烈行动,兹分述如下:

诗人词客

遗民中著名之诗人词客,除去前述之谢翱、谢枋得、郑思肖外,尚有林景熙、汪元量、方凤、张炎等。

林景熙(1242—1310),温州平阳人,宋季以太学生入仕。宋亡后,番僧杨琏真伽发宋陵,景熙与唐珏等冒死收拾宋帝后遗骨,并加迁葬。其《白石樵唱》中诸诗,如"江湖有梦追前事,天地无根笑此生""江湖旧梦衣冠在,天地春风鼓角知",多是抒写故国之梦的伤心事。

汪元量,钱塘人,以琴艺供奉宋廷,临安陷落后,随谢太后北徙元京,在大都居住十三年。后自请为道士,因得南归,遁迹于湘、蜀、赣、浙之间,不知所终。其《湖山类稿》中诸诗对宋王朝的覆灭作了多角度、多层次的反映,举凡"亡国之戚,去国之苦,艰关愁叹之状,一一形之于诗"。可说是宋朝亡国的伤心史。

方凤(1240—1321),婺州浦江人,曾任容州文学,宋亡后,归隐仙华山。同里吴渭立月泉吟社,凤与谢翱受聘为评选人。他认为,如果遭遇世变后,竟无黍离之悲,则"是无心人矣,而复尚有诗哉!"故其诗中眷念邦国之心跃然纸上。

张炎(1248—1322),家居临安,南渡功臣张俊六世孙,门第豪华。临安陷落后,家产全被抄。他虽一度应召北上大都缮写金字藏经,旋即南返。此后漫游吴越,曾卖卜为生,与郑思肖、邓牧等遗民野老相唱和。张炎为宋元之际大词家,其《山中白云词》所咏为身世之感、亡国之痛,眷怀故国之情,始终如一。

书画名家

钱选,吴兴人,乡贡进士出身,以善绘事而负盛誉,与赵孟頫等号称"吴兴八骏"。赵孟頫等应诏入仕,而钱选却是"不管六朝兴亡事,一樽且向图画开",甘心"隐于绘事以终其身"。从此成为职业画家,人物、山水、花鸟、鞍马等,无不擅长。据石守谦说:"钱选的画作不仅仅是他个人独特情性的记录,更捕捉了南宋隐逸文化的最后一缕芬芳。"

博学鸿儒

不少宋代士大夫于亡国后,居家不出,从事学术著作,以保存历史文化与弘扬民族精神为职志,成就最大者有王应麟、胡三省、马端临及金履祥。四明王应麟及天台胡三省二人为师生。应麟于宋季辞官归里,即不复出,著有《汉制考》《通鉴答问》《困学纪闻》及《玉海》,殊为博学。三省为文天祥同年,宋亡不仕,著有《资治通鉴音释》,所著颇富微言大义,既着重君臣伦纪,亦强调夷夏之辨。马端临,饶州乐平人,宋末右丞相廷鸾之子。国变之后,随父隐居,以二十三年时间完成《文献通考》,为一制度史皇皇巨著。而金履祥为金华人,宋亡后隐居婺州,所著书一概采取干支纪年,不书元朝年号,自序所著《通鉴前编》说:"幸而天运循环,无往不复,圣贤有作,必有复兴三代唐虞之治于千载之下者,区区此编之所望也。"其渴望民族复兴之情跃然纸上。

总之,遗民著述多在史学范畴之内,或重伦理纲常,或重夷夏之辨,其意皆在检讨当时之世变。

方外之士

宋亡后,少数士人更隐身方外。如马臻,于宋亡后遁入道门,隐居西湖之滨,日与遗老接,于清虚淡泊之中,深寓亡国之悲。又如邓牧,钱塘人。宋亡后,隐居余杭洞霄宫,自号"三教外人",以示冲决一切网罗的独立性。所著《伯牙琴》,对专制统治严词抨击,幻想恢复尧舜时代"君民相安无事"的社会,可说具有民主及无政府思想,亦为经历世变后对传统政治的大胆检讨。

边缘型

"边缘型"之遗民,乃指其人政治态度模棱两可,虽然忠于宋室,却不排斥元朝统治,亦不避讳与北人为友。而且政治行为前后不一,或是先归隐山林,而后出仕元朝;或是先归顺元朝,却又罢官归田,并不失遗民情操。兹以周密及方回为例说明。

周密,吴兴人,出身仕宦世家,宋末仕至义乌令,宋亡时家产尽毁,一度贫病交加。但因亲戚支持,得以寓居杭州并维持丰足生活。自此不再出仕,甘为遗民、逸民,而以山水、书画、吟咏、著述自娱。他很有才华,不仅工于诗、词、书、画,而且精于文物鉴赏,也是野史、笔记的作家。并因建立起广大的社会网络,成为南北混一后杭州文人圈的中心人物。一方面,他与各地遗民互通款曲,保持密切联系;另一方面,却又与仕元贰臣及南下各族官员颇多往来。甚多遗民,皆因周密之介绍而出仕元朝。加拿大学者谢慧贤(Jennifer W. Jay)认为:周密虽为宋朝遗民,但其决定退隐乃系因其家族历代仕宋,不可背弃,并需保存其文化,而与反对异族统治无关。

周密所言所行，对于元朝统治不是消极的抗议，而是微妙的包容。

方回的经历则与周密相反，而且曾受周密诋诟。方回，歙县人，宋景定进士，在知严州任内降元。周密《癸辛杂识》说其知严州后：

> 未几，北军至，回倡言死封疆之说甚壮。及北军至，忽不知其所在，人皆以为必践初言矣！遍寻之不获，乃迎降三十里外，鞑马毡裘，跨马而还，有自得之色，郡人无不唾弃之。

周氏将方回描写成一个表里不一、屈身事敌的小人。但据邓文原《故征事郎徽杭等处榷茶提举司吴君墓志铭》说，方回之降元，是为维护一城百姓而采取的不得已行动。

方回于德祐二年（1276）降元，任建德路总管，五年后即罢官归田。在以后二十多年中，他客游四方，在其诗词中经常倾诉故国之思，所反映的是一种遗民的感情。

周密与方回的遭遇及行为虽然不同，但与典型的遗民与贰臣相较也颇有轩轾。他们都可说是徘徊于纲常及现实之间，结果却大不相同，周密可说是左右逢源，方回则是进退失据。

从上述可知，元初遗民的政治光谱分布颇为宽广，从心存复国、言辞激烈的激进型，到忠宋而不反元的边缘型，态度颇不相同，行为遂各歧异。

改仕新朝的贰臣

宋元之际，抗节不仕的遗民固然甚多，改仕新朝的贰臣为数亦不少。元军平定江南之时，大兵所至，宋朝守土武将文臣望风降附者比比皆是。宋亡后，或受元廷征召，或多方钻营以求入仕的宋臣也大有人在。

日本学者植松正《元代江南地方官之任用》一文,曾分析南宋进士入元后的政治动向。现有史料可稽之一百五十一人中,退隐不仕者八十四人(55.6%),出仕元朝者五十七人(37.8%),动向不明者十人(6.6%)。而在出仕元朝之宋进士五十七人中,二十二人仅担任学职。而陈得芝《论宋元之际江南士人的思想和政治动向》则对所辑得宋理宗、度宗二朝进士在宋元之际的动向作出统计:以身殉国者七十一人(21.65%),入元隐遁不仕者一百七十四人(53.05%),归降及出仕元朝者八十三人(25.3%)。两者的统计类别不尽相同,结果亦有差异,但可看出易代之际,殉国及甘为遗民之进士固然甚多,出仕新朝者亦有不少。至于不具进士资格之宋朝官员在鼎革之后,仕隐之间的比例现尚不可知晓。

出仕元朝的宋朝士大夫中,以下数人地位较显,官职较高:

留梦炎(1219—1299),淳祐四年(1244)状元及第,官至左丞相,和文天祥一样,为地位崇高之"状元宰相"。德祐二年(1276)宋廷降元后,衢州破,梦炎亦降。仕元为礼部尚书,翰林学士承旨。

程钜夫(原名文海,1249—1318),江西建昌人,因叔父宋建昌通判程飞卿降元,入为质子,因得忽必烈之赏识而受重用。"在朝几四十年,入居翰林、集贤,商议中书,出司风纪",先后历仕四朝,在南人文士中,最受元廷信任,"混一以来,朔南之士,一人而已"。至元二十三年(1286),钜夫奉诏求贤于江南,荐赵孟頫、余恁、万一鹗、张伯淳、胡梦魁、曾晞颜、孔洙、曾仲子、凌时中、包铸等二十余人于朝,忽必烈皆加任命。因而,程钜夫可说是元廷对江南士大夫的统战专家,也是江南民瘼的代言人。

赵孟頫(1254—1322),为宋朝皇室近支,太祖十一世孙,宋末任真州司户参军。宋亡后,闭门读书。因得程钜夫推荐而出仕元朝,深受忽必烈之喜爱与敬重。先后历仕五朝,官至翰林学士承旨,为最高文学侍从之臣。

叶李,杭州人,宋京学生,曾伏阙上书,攻击权相贾似道,因而下狱,并赢得直言谠论的美名。宋亡后,隐居富春江上。忽必烈闻其名,屡加征召,李不得不出仕元朝,颇受重用,官至中书平章政事,为忽必烈朝中最有实权的南人士大夫。

为何不少江南士人不能守节而改食元禄?张宏生《感情的多元选择——宋元之际作家的心灵活动》中,认为宋朝士大夫之出仕蒙元的原因大约有四:

(1)权变之策:在元朝强大军事压力下,宋朝守土官员不得不开城降敌,以求保全一城百姓。

(2)政治压力:元廷下令征召,无法拒绝。

(3)生计压力:不少士人因家贫亲老,为饥寒所迫,而不得不为五斗米折腰。

(4)为改变社会待遇:取得学官、儒户之身份,以求豁免差徭,并"少避啬夫、亭长之诃辱"。

在这四点原因中,第(1)(2)可说是迫于政治大情势的改变,第(3)(4)则是出于经济现实的考虑。但在政治压力方面,不能排除功名富贵的因素。留梦炎之降元固是为了身家性命、功名利禄,赵孟𫖯之应诏何尝不是如此?据说,宋亡后,孟𫖯居家读书,其母说:"圣朝必收江南才能之士而用之,汝非多读书,何以异于常人?"经术文章原是汉族士人功名利禄的敲门砖,并不因由夏入夷而改变。赵孟𫖯如此,甚多江南士大夫亦是如此。

出仕元朝的贰臣,大多以天命归元及元朝统一天下的功绩,为自己背弃宗国、出仕夷狄作辩护。程钜夫便屡屡称颂元朝"以神武不杀定四海""以仁得天下",而元朝之"剪金茹宋,讨服薄海内外诸国",是"有大功德于天下,而天之所以爱斯民也"。而赵孟𫖯以宋朝宗室的身份,却认为元朝灭宋是天命攸归,所撰《玄武启圣记序》说：

> 大元之兴，实始于北方。北方之气将王，故北方之神先降，事为之兆，天即告矣。

孟頫对忽必烈及其平宋大将伯颜"兵不血刃、市不易肆"，混一天下之仁德亦大加称赞，《述太傅丞相伯颜功德》诗云：

> 兴废本无运，辅成见人庸。
> 舆地久已裂，车书当会同。
> 九域自此一，益见盛世崇。
> 大哉先帝仁，允矣丞相忠。

孟頫此诗不仅肯定了元朝灭宋之合法性，亦说明了其改仕元朝的正当性。

贰臣大多忠心服仕元廷，而少有故国之思。程钜夫、留梦炎都为元廷推荐贤才、巩固在江南的统治，作出甚大贡献。叶李以廉介刚直见知于忽必烈，担任平章政事时，对权臣桑哥之虐政匡正甚多。即连赵孟頫亦对忽必烈怀有知遇之感，入朝之初，可说竭尽忠诚。但因所任多为闲职，不能一展抱负，唯有寄情于诗文书画。

贰臣以南方降臣的地位，在元廷不免受到猜忌而产生挫折感。忽必烈任命程钜夫为御史中丞时，台臣便举"钜夫南人，且年少"为理由来反对。赵孟頫的宋朝宗室身份，亦是被人指责的话柄。而留梦炎的操守，即连忽必烈亦有所指责。据说，忽必烈与赵孟頫议论留梦炎、叶李二人优劣，孟頫认为留优于叶，忽必烈对此看法大为不满：

> 卿意岂以梦炎优于李哉？梦炎在宋状元及第，位至宰相。贾似道误国，罔不上道。梦炎徒依阿取容，曾无一言以悟主听。李布衣之士，乃能伏阙上书，请斩似道。是李贤于梦炎明矣！

可见忽必烈对梦炎依阿取容,甚为鄙薄,除大加批评外,并命孟頫赋诗以讥之。赵诗云:

> 状元曾受宋家恩,国困臣强不尽言。
> 往事已非那可说,且将忠直报皇元。

在此诗中,孟頫一方面遵命批评梦炎,另一方面则技巧地表达自己对"皇元"的忠心。

在江南士人社会中,仕元贰臣之行为颇受争议。一方面,由于现实利益的考虑与西瓜偎大边势利心理的作祟,北上入仕者受到不少人士的羡慕与逢迎。戴表元《送邓善之》序云:

> 大德戊戌(二年,1298)春,巴西邓善之(文原)以材名被征,将祗役于京师。于是,甘泉近臣,乘缒而致词,瀛州县官,扬镳而先途,友朋星罗,从徒蚁奔。披末光、附余声之士饯善之于郊者,退而无不颂善之于家曰:"嘻乎伟哉! 善之其果能去此而行其志也乎哉!"

可见当时攀名附势者大有人在。

另一方面,不少人从君臣大义及夷夏之辨的观点,对出仕新朝者加以谴责。如赵文(1239—1315)《拜祖庭归途有感》云:"不知江右明经士,曾识春秋两字无?"赵文《相扑儿》云:"此儿巧捷未足称,江南何限无骨儿!"都是对仕元南士一般性的讥刺。

赵孟頫身份特殊,他的仕元争议更多。在忠于宋室者眼中,孟頫于蒙古是贰臣,于赵氏是逆子。因而,他颇受到家族亲友的訾议,他的侄子还因此与他断绝往来。有如么书仪《元代文人心态》所说:"外部的非议和内心的自遣,都使他心情紧张,产生难言的痛苦。"

留梦炎的仕元更受到江南士人之讥讽,如罗志仁《绝句》将梦炎的行径与文天祥相对照：

> 啮雪苏郎受苦辛，庾公老作北朝臣。
>
> 当年龙首黄扉客，犹是衡门一样人。

诗中以天祥比拟为啮雪守节的苏武，而讥刺梦炎为出仕西魏的庾信。可见在现实与道德之间，贰臣处于非常尴尬的地位。

对元朝态度的转变

　　宋亡之初，遗民抗节自高，对贰臣往往严词谴责。但随着岁月更易，这种情形在二三十年间便发生甚大变化。一方面，元朝统治早已巩固，故国复兴则已绝望，而遗民对故主的孤忠也为时间浪潮所冲淡；另一方面，权位的诱惑、贫困的煎熬以及对元朝统治性质认知的改变，驱使甚多遗老接受征召，重登仕途，而遗民思想也在江南士大夫诗文中消失无踪。

　　劳延煊教授《元代南方知识分子》对这种转变的解释是："时间的过去，使得宋代遗民体验到故国之思的无用，逼得他们面对现实。"而且南方的知识分子逐渐都有了"中原不改汉衣冠"的观念，加上延祐以后，科举复兴以及元代中期诸帝对于汉文化的重视，遗民思想不再见之笔墨。据谢慧贤的观察："至 1300 年（即大德四年），宋朝遗民已绝不构成一个分隔而可见的社会群体。无论就其对宋朝忠心的概念以及对元朝态度的转变而言，他们与包括贰臣在内的一般江南士人并无多大差异。"总之，作为一个重要的政治、社会及文化现象，元初遗民的存在，前后不过二十余年。

　　总而言之，面临宋元之际翻天覆地的变化，江南士大夫作出迥然不同的反应，有的基于"君臣名份"或"春秋大义"而遁居山林，为故国守节。有的则以"顺从天命"或"得君行道"为名而改仕新朝。遗民与贰臣原是两个不同的政治类型,但不久之后遗民型人物即多转化为贰臣。宋元之际的遗民似不如前辈所说的重要。

不论古今,在政治现实面前,多少人能够长期坚守原则? 在"留梦炎型"人物已是司空见惯的今日,我们何忍厚责古人不能人人都做文天祥、谢枋得?

〔原刊于《历史月刊》第 99 期(1996),页 56—64〕

元明之际的蒙古色目遗民

一、引言

中国史上，每当朝代鼎革之际，都有不少胜国遗士，宁愿老死丘壑，为故主贞介自守，而不肯屈尊降志，改事新朝。"遗民"可说是世变时代不可或缺的政治、社会与文化现象。

近世以来的中国史，原是一个"夷夏"更迭的局面，既有汉族建立的宋明二朝，亦有北方游牧民族或半游牧民族所创建的辽、金、元、清等朝。除去辽、金、元三代的更易是以"夷"代"夷"外，其他几次变革都牵涉统治族群的变换，不是"由夏入夷"，便是"由夷入夏"。

遗民不仅存在于"由夏入夷"的宋元及明清鼎革之际，元亡明兴及清朝覆灭、民国肇建的时代亦有不少。但是，由于传统"夷夏之辨"及近代民族主义观念的影响，各朝遗民所受重视的大小与评价的正负却是大有轩轾。宋明遗民向来被视为民族气节之象征，备受颂赞,相关论著因而较多①。元清遗民不仅不受学者重视,而且受到不少呵责与诋嗤②。

元朝为一多元族群之社会。在元廷采行的族群等级制之下,共有四大族群,即蒙古、色目、汉人、南人③。汉人、南人同属汉族,构成被统治的多数族群,而蒙古、色目则为少数统治族群。各族群身份之高下、权利义务之大小,颇有差异,其与朝廷之关系及其对元朝覆亡之反应自然有所不同。

关于明初汉族遗民,至今尚无直接而较为全面之研究。但是,钱穆、劳延煊、郑克晟等先生探讨元明之际文士之思想与动向的大作都触及遗民问题。钱穆《读明初开国诸臣诗文集》正续二篇指出,元末文士,不论仕明与否,皆不忘故主,对元室依回思念,并无重光中华的欢欣之情。钱先生认为,明初文士"拘君臣之小节,昧

---

① 前人有关宋朝遗民之著作:程敏政《宋遗民录》,《知不足斋丛书》本;万斯同《宋季忠义录》,四明丛书二辑本;佚名《昭忠录》,《丛书集成初编》。今人对宋遗民之研究:孙克宽《元初南宋遗民初述》,《东海学报》第 15 期(1974)。劳延煊《元初南方知识分子》,《香港中文大学中国文化研究所学报》第 10 期(1979);Jennifer W. Jay, *A Change in Dynasties: Loyalism in Thirteenth-century China*. Bellingham: Western Washington University, 1991。前人有关元朝遗民之著作:邵廷采《明遗民知所传》,《思复堂集》本;孙寰镜《明遗民录》,民国初年上海新中华图书铅印本。今人有关研究则有:何冠彪《论明遗民之出处》,收入何氏《明末清初学者思想研究》,台北:学生书局,1991;John Langlois, Jr., "Chinese Culturalism and the Yuan Analogy: Seventeenth-century Perspectives", *Harvard Journal of Asiatic Studies* 40:2(1980)。
② 前人有关元遗民之著作有张其淦《元八百遗民诗咏》,收入《明代传记丛刊》,台北:明文书局,1991;汪兆镛《元粤东遗民录》,1992。
③ 蒙思明《元代社会阶级制度》,北平:哈佛燕京学社,1938;萧启庆《元朝的族群关系与族群政策》,收入历史月刊社编《族群融合三千年》,台北:历史月刊社,1996。

民族之大义,距孔子春秋之义尚远"①。劳延煊《元明之际诗中的评论》指出,元明之际的文士皆尊奉元朝为正统王朝,元亡以后对元朝皆有故国之思,对于张士诚则有深厚的同情,而对于朱元璋则多表厌恶②。郑克晟《元末的江南士人与社会》则认为元末江南士人不论是否参加张吴政权,或参加朱明政权,乃至独立,都相当怀念元朝,而与明政权格格不入③。上述三位先生似皆同意:元明之际汉族文士的夷夏之辨观念极为淡薄,而又不满朱明所作所为,因而呈现强烈遗民情结。

至于当时蒙古、色目人之动向与汉族文士有无异同,至今尚无研究。本文主旨即在考述元明之际蒙古、色目人对当时国变之反应,而以元亡后蒙古、色目遗民的行为与思想为重点。为求了解蒙古、色目遗民现象发生的原因,拟先对元朝及明初若干制度与文化背景略作探讨。

二、背景

元代蒙古、色目人系来自漠北与域外的一个"命运共同体",与蒙元政权休戚与共。蒙古与色目人的处境固然有所不同,却是大同小异。元朝时代,蒙古各部逐渐凝聚为一个民族共同体④,皆被视为"国族",大多数蒙古人编为军户,捍卫宗邦,与清朝八旗子弟相似。色目人族类复杂,有文化、语言与蒙古相似的突厥各族如

①钱穆《读明初开国诸臣诗文集》及《读明初开国诸臣诗文集续编》,皆收入钱穆《中国学术思想史论丛》第 6 册,台北:东大出版公司,1978。
②该文载于《陶希圣先生八秩荣庆论文集》,台北:食货出版社,1979。
③《南开史学》第 1 期(1989)。
④周清澍《蒙古和蒙古族的形成》,《文史知识》第 3 期(1985)。

畏兀儿、哈剌鲁、康里、钦察，亦有文化、语言与蒙古迥异的回回、吐蕃、唐古、也里可温等。但是不论族属为何，色目人协助蒙古人统治汉地、江南，亦因而分享蒙古人之种种特权。而其特权之维系端赖蒙元政权之存续。

蒙古、色目遗民之出现与这两族群之汉化具有密切之关联。蒙古、色目文化与中原文化原本不同。各族进入中原之前，皆未受到汉文化之熏染，亦不会受到中原儒家伦理之影响。但在元朝立国中原后，蒙古、色目人大量徙居中原与江南，与汉族杂居共处，通婚共事，以致蒙古、色目子弟因受汉文化之熏染，"舍弓马而事诗书"者与日俱增。及至科举制度恢复后，由于政治诱因，研习汉学更在蒙古、色目族群中形成一股新风潮①。元朝中期以后，熟谙汉族士大夫文化之蒙古、色目文士不再是零星的个体，而已形成一个人数日益庞大之群体②。汉化蒙古、色目文士不仅熟谙汉族之经术与文学，其立身与出处进退之道亦往往受到儒学伦理之规范，以致下述蒙古、色目遗民大多来自文士阶层。

元朝士人出处观念中，"夷夏之辨"的影响远不及"君臣大义"重要。先秦儒家提倡"尊王攘夷""严夷夏之防"。其区别"夷""夏"之主要标准是文化，而不是种族。此种文化主义夷夏观对异族统治并不排斥，其所关注的重心在于劝说征服者实行"先王之道"。元儒不谈"夷夏之防"，而着重"用夏变夷"。大儒许衡有诗云："光景千载都是我，华夷千载亦皆人。"③可见他认为区分夷夏

----

① 陈垣《元西域人华化考》，北平：励耘书屋，1935；萧启庆《元代蒙古人的汉学》，收入萧氏《蒙元史新研》，台北：允晨文化公司，1994。
② 萧启庆《元朝多族士人圈的形成初探》，《第二届宋史学术研讨会论文集》，台北：中国文化大学，1996。
③ 许衡《鲁斋遗书》卷一一《病中杂言》，四库全书本。

并不重要。郝经则说："能行中国之道,则中国主也"①,即是认为"夷"人能行汉法,即为"正统王朝"。虽然元朝族群鸿沟并未消失,大多数儒士却已尊奉元朝为正统王朝②。以致元明之际士人笔下出现"父老歌延祐,君臣忆至元"的诗句③,并承认元朝为"百年礼乐华夷主"④。

两宋时代起,古代孔孟所提倡的有条件的忠君观为绝对忠君观所取代,而后者之形成与宋代君主专制政体的强化相平行。程朱理学将君臣名分提升到近乎宗教境界,君臣关系一经形成,永不可变。即使朝代变革,亦不可改事他主,程颢所说"饿死事小,失节事大",即反映绝对化的忠君观念⑤。美国汉学前辈牟复礼(F. W. Mote)曾将元代隐逸分为两类,一为"自愿的隐逸",即指根据早期儒家思想中"无道则隐"原则而退隐的士人,另一类则为"强迫的退隐",则指受理学忠君思想而不得不归隐山林的士大夫⑥。明初各族遗民多属第二类的隐逸。

"忠君"的观念原不是中原或儒家的专利,而为多数社会所共有。在蒙古原有之游牧封建社会中,"忠"即是一种最高道德原则⑦。成吉思汗特别要求臣属(伴当 nököd)对"正主"(ejen)的绝对忠诚。游牧骑士之忠君观与宋儒所强调之人臣必须"奉君忘

①郝经《陵川文集》,卷三八《复与宋国丞相论本朝兵乱书》,乾隆五十九年钱塘朱氏刊本。见页185注①②引钱、劳二氏文。
②见页185注①②引钱、劳二氏文。
③贝琼《清江贝先生集》,四部丛刊本,卷八。
④宋讷《西隐集》卷三《壬子秋过故宫十九首》之十八,四库全书本。
⑤郑昌淦《中国政治学说史》,台北:文津出版公司,1995,页248—249。
⑥F. W. Mote, "Confucian Eremitism in the Yuan Period", in Arthur F. Wright (ed.), *The Confucian Persuasion* (Stanford University Press, 1960).
⑦札奇斯钦《从元朝秘史和黄金史看蒙古人的价值标准和道德观念》,收入札奇斯钦《蒙古史论丛》,上,台北:学海出版社,1980。

家,徇国忘身……临难死节"颇有吻合之处,两者可能具有相互增强之功。元末拜住(字明善)的故事或有助阐明此点。拜住出身于康里名族,康里为突厥种而非蒙古,但两者皆为游牧民族,伦理相近。拜住为大德贤相不忽木之孙、元朝中期名臣回回之子、大书法家巎巎之侄,累官太子司经。明兵入大都,拜住投井自杀前对家人说:

> 吾始祖海蓝伯封河东公者,与太祖同事王可汗,太祖取王可汗,收诸部落,吾祖引数十骑驰西北方,太祖使人追问之,曰:"昔者与皇帝同事王可汗,王可汗今已灭,欲为之报仇,则帝乃天命,欲改事帝,则吾心不忍,故避之于远地,以没吾生耳。"此吾祖言也。且吾祖生朔漠,其言尚如此,今吾生长中原,读书国学,而可不知大义乎!况吾上世受国厚恩,至吾又食禄,今其国破,尚忍见之?与其苟生,不如死。①

海蓝伯于其主王可汗覆亡后,原不肯归顺成吉思汗,宁愿"避之于远地,以没吾生",做一个"草原式遗民"。其五世孙拜住,除受其言行启发及感激元朝累世厚恩,更因曾在国子学读圣贤书,不能"不知大义",遂自决殉国。元末蒙古、色目遗民虽未能以死报国,其思想应与拜住相似。

　　明太祖开国前后的政策对遗民之动向亦有不小的影响。第一,民族政策之疏离:太祖初起并无民族意识,以后却刻意将社会革命转化为种族革命②。至正廿七年(1367)遣军北伐,明白宣示"驱逐胡虏,恢复中华"的目标。明朝建立后,更强力推行同化政

---

① 《元史》卷一九六《忠义四》,北京:中华书局点校本。
② 蒙思明《元代社会阶级制度》第5章。

策,禁止胡语、胡服、胡姓、辫发椎髻及本族自相婚姻等。虽然太祖又屡次宣示"华夷无间"、"一视同仁"、"蒙古、诸色人等皆吾赤子,果有材能,一体擢用"①,并且屡次诏用故官,招抚蒙古将士。但是,明太祖所推行的实际上是一种"内中华而外夷狄"的大汉族主义之民族政策,对当时滞留中原的蒙古、色目人而言,其震撼之大,恐有过于同盟会反满革命对满洲人所产生之影响。第二,杀戮政治之震慑:明太祖出身卑微,猜忌士人。一方面求才若渴,另一方面却倚靠暴力建立君主权威,完全否定士人"有道则见,无道则隐"的自主权。《大诰》中甚至规定:"寰中士夫,不为君用,罪至抄劄。"②士人出仕压力之大,远超过清初。但是,出仕士人,动辄得咎,荣辱生死,系乎君主一念,有如太祖诗云:"金樽相共饮,白刃不相饶。"甚多汉族士人最后皆"白刃"加颈,死于非命,即从龙功臣,亦所不免③。以致士人多不乐仕进,而在其诗文中多蕴追怀故元之情④。汉族士人如此,蒙古、色目士人自然更是如此。

元明之际,与历史上任何重大变革时代相似,不免泥沙俱下,鱼龙同现。面对外在环境不可抗拒的改变,各人根据其政治信念、族群背景与实际利益的轻重权衡而做出迥然不同的反应。

蒙古、色目人——尤其是士人——对当时世变之反应有以下四种形态:

---

① 谭希贤《明大政纂要》卷一,光绪廿一年思贤书局本;李东阳等《弘治大明会典》卷二二,正德四年刊本。
② 蔡志纯《明朝前期对蒙古的民族政策》,《西北史地》第 2 期(1985);林丽月《明代的民族政策与族群关系》,收入历史月刊社论《族群融合三千年》。
③ 吴晗《朱元璋传》,北京:生活·读书·新知三联书店,1965,页 266—275;谢国桢《明清笔记谈丛》,上海:上海古籍出版社,1981,页 3。
④ 同页 185 注①②。

1. 忠义："忠义"乃指为捍卫朝廷而致杀身的"烈士"。赵翼曾指出"元季殉国多进士"①。蒙古、色目进士(如泰不华、余阙)及著名人士(如理学家伯颜师圣、画家伯颜不花的斤、曲家全普庵撒里)等多人皆殉于国难②。

2. 北还：明军北伐，元顺帝仓皇辞庙，撤回塞北，随驾而去之蒙古、色目文士当有不少。金哈剌可以为例。哈剌，汪古人，为进士出身之诗人，官至中政院使，"后随驾北去，不知所终"③。后明廷又陆续放返若干元臣归于北方④。

3. 贰臣：贰臣乃指改仕异代之元臣。蒙古、色目人改仕新朝者人数不少，现知者以将士占多数⑤。文士仕明者以畏兀儿人偰斯及蒙古乃蛮氏答禄与权为最著。二人皆出身世家并登进士第。偰斯仕明官至礼部尚书⑥，而与权则累官翰林应奉⑦。

4. 遗民则为本文论述的对象。

①赵翼《廿二史札记》卷三〇，北京：中华书局，1984。

②《元史》卷一四三《泰不华传》《余阙传》，卷一九五《伯颜不花的斤传》《全普庵撒里传》及卷一九〇《儒学二》。参看陈高华《读〈伯颜宗道传〉》，收入陈高华《元史研究论稿》，北京：中华书局，1991。

③萧启庆《元色目文人金哈剌及其〈南游寓兴诗集〉》，《汉学研究》第 10 卷第 2 期(1995)。

④放归北方之蒙古、色目人中，以木华黎之裔大将纳哈出最为重要，见钱谦益《国初群雄事略》卷一二，北京：中华书局，1982。汉人中亦有因其"不忘旧主"而放归塞北者，如蔡子英。子英，河南永宁人，元进士。见朱睦㮮《皇朝中州人物志》卷二《蔡子英传》，《明代传记丛刊》本，台北：明文书局。

⑤Henry Serruys, *The Mongols in China during the Hung-wu Period* (Bruxelles, 1959)一书对蒙古降人有详细之讨论。

⑥雷礼《国朝列卿记》卷二三《偰斯传》，明刻本；《明太祖实录》卷一一二。

⑦《明史》卷七九及卷一三六《答禄与权传》，北京：中华书局点校本；杨镰《答禄与权事迹钩沉》，《新疆大学学报》第 4 期(1993)。

三、激烈型遗民

明初蒙古、色目遗民大体可分"激烈"与"温和"二型。"激烈型"遗民多系元朝官员,长期抵抗各路民军。兵败时因种种原因未能及时殉国。鼎革以后,激烈型遗民对故国之眷怀及对新朝之厌恶表现极为明显。不惜以一死拒绝明廷征召,以求保全节义。

激烈型之遗民可以伯颜子中与王翰为代表。

伯颜(1327—1379),字子中,畏兀儿人[1],而非如某些著作所说之回回人[2]。其祖宦江西,遂占籍进贤[3]。子中自幼即就读龙兴路学,从淳安儒士夏溥习,长于《春秋》,后又问学于江西进士李廉、毛元庆及刘闻。伯颜五度中江西乡试,但因不利于会试,而须由教职入官,历任龙兴路东湖书院山长及建昌路教授。

至正十二年(1352),红巾陈友谅军进攻江西,行省用子中为赣州路知事,佐参政全普庵撒里抗敌。至正十八年,江西陷,子中间道入闽。其时陈友定乘乱崛起,据有八闽之地,但仍效忠元廷,迭任福建行省参政、平章,辟子中为行省员外郎。子中曾受命至大

---

[1] 伯颜子中之传记(见本页注[3])皆称其为西域人,未明言其族属。梁寅《送贡士颜子中》诗中有"北庭贵胄多才华"之句(见《石门集》卷二,四库全书本)。"颜子中"即伯颜子中。"北庭"即畏兀儿旧都别失八里,元人常称畏兀儿为北庭人。

[2] 黄庭辉《元代回回诗人伯颜子中生平事迹考评》即认为子中为回回,该文见《宁夏大学学报》第2期(1989)。

[3] 伯颜子中事迹见朱善继《朱一斋先生文集》,《四库存目丛书》卷六《伯颜子中传》;郎瑛《七修类稿》卷一六丁之翰《伯颜子中传》《七哀诗》,台北:世界书局,1984。《明太祖实录》卷一二八亦有子中传。《明史》则附其传于卷一二四《陈友定传》后。

都献捷,迁吏部侍郎。至正廿八年(1368),明军入福建,子中奉命出使广东何真,为福建求援,至则广东已附明。子中为明将廖永忠所俘,不肯降附,永忠义而释之①。据说当时子中未殉国是因"欲有所为也"。子中自此"潜形遁迹,隐约江湖间,时宦寓公知名愿交者,皆不得一见"②。明廷求之不得,遂簿录其妻子,送京师。有人加以安慰,子中答曰:"吾身且不有,奚顾妻子哉?"③后返回故乡,于进贤北山自创茅屋三间,"闭门淡如,时寓其忠愤于词翰之间而已"④。其友熊钊,进贤人,大儒虞集弟子,至正四年(1344)乡贡进士。其人"操行孤厉",亦自甘为遗民⑤。二人"每语及往事,相对悲鸣烦促,涕泗潸然下"⑥。子中常怀鸩自随,有志随时杀身成仁。洪武十二年(1379),明廷诏郡县举元遗民,江西布政使沈本立密言子中于朝,以币礼征,子中度不能脱,乃预备牲礼,作《七哀诗》,祭其先祖及昔时共事死节之士,望北再拜,饮药而卒,壮烈殉节,年五十二。

子中善诗,王礼《麟原文集》载有《伯颜子中诗集序》,序中首述子中作诗之由来:"子中既断发自废为民,忠愤色郁,仰屋浩叹,付之无可奈何,而心不能自平,时时以其慷慨之情,憔悴之色,一寓于诗。"又称赞其诗曰:"美哉沨沨乎! 殆有唐之正音而阳明之气也。"⑦王礼,庐陵人,为子中至正十年(1350)乡贡同年,亦为江西行省之同僚。王序作于至正十八年(1358),所录当为子中在江西

---

① 《明太祖实录》卷一二八。
② 《七修类稿》卷一六。
③ 《明太祖实录》卷一二八。
④ 《七修类稿》卷一六。
⑤ 范涞修《万历南昌府志》卷一八,万历十六年刊本。
⑥ 《七修类稿》卷一六。
⑦ 《麟原文集》前集卷四,四库全书本。

所作。惜此集已佚,顾嗣立《元诗选》①二集收有子中诗八首。

子中之诗处处流露国破家亡之哀痛。如五律《过故居》:

> 白头过故里,荒草没柴门。
>
> 乡旧仍相见,儿童且不存。
>
> 忠清千古事,骨肉一家魂。
>
> 痛哭松楸下,云愁白日昏。

此诗前半首系袭贺知章《回乡偶书》之意。但贺诗不过感叹岁月无情,人事沧桑。子中则因身世特殊,为国事弄得家破人亡,妻子沦为奴拏,贺诗中之轻微感喟遂转变为深刻之沉痛。

五七歌行体之《七哀诗》则为其绝命诗,系仿王粲《七哀诗》、杜甫《同谷七歌》。七首分别为自哭、哭祖、哭父、哭母、哭师、哭友、哭子,最后则哭不得不自鸩以全志节,以示无愧于国家、祖先、母仪、师友、子女②。其自哭一首云:

> 有客有客何累累,国破家亡无所归。
>
> 荒村独树一茅屋,终夜泣血知者谁。
>
> 燕云茫茫几万里,羽翮铩尽孤飞迟。
>
> 呜呼我生乱中遭,不自我先兮不自我后。

此首除叙述国破家亡之遭际外,亦敷陈其孤忠心志。虽已成羽翮铩尽的孤飞之雁,却仍终夜泣血,向心燕云,可惜苦无人知,确足以自哀与共哀。翁方纲《石洲诗话》称《七哀诗》"沉痛郁结,令人不忍卒读",确是不错③。

---

①《元诗选》,二集庚,北京:中华书局,1987。

②《七哀诗》最后一首不见于《元诗选》二集,而见于《朱一斋先生文集》卷六及《七修类稿》卷一六。

③《石洲诗话》卷五,古今诗话丛编本。

王翰之生平、志业与伯颜子中颇为近似。

王翰（1333—1378），字用文，蒙古名为那木罕（Nomuqan）。据吴海《王氏家谱序》说，其家本为山东阳谷之汉人，陷于西夏李元昊，占籍甘肃灵武，遂"杂为夏人"。曾祖从蒙古下江淮，世袭千户，戍庐州①。其父也先不花，历任千户、淮西宣慰副使②。其家"坟墓三世皆在庐州"，王翰即系生长于庐州。说为唐古（即西夏）军人聚居之地，当地唐古军人社区具有极强族群意识③。王翰远祖虽出于汉族，但其族群意识以及对元朝的认同，与其他唐古军人子弟应无不同。不过王翰家族已再汉化并与汉人通婚④。其生母夏氏为降元宋将夏贵之后，继母孙氏为合肥人。

王翰年十六，即袭父职为千户。后福建行省平章政事燕赤不花辟之为从事，此为其至福建之始。及陈友定据有八闽，王翰受其赏识，招至幕府，至正廿六年（1366）又获命为潮州路总管，在任年余。不久明军攻闽，至正廿八年（1368）二月潮阳陷。王翰曾企图浮海至交趾、占城，当是师法宋末陈宜中之所为，但未能如愿⑤。

此后十一年间，王翰屏居永福县东观猎山，"谢绝人事，与樵夫牧竖为伍"⑥。吴海称他"昔时皂盖朱幡，今日麻袍草履，此山之巅，彼水之涘，长吟独行，与石为友"，故其自号为"友石山人"⑦。

① 吴海《闻过斋集》卷一，嘉业堂丛书本。关于王翰事迹及文学，参看马明达《元末西夏人那木翰事迹考述》，《西北民族研究》第 2 期（1991）；李佩伦《论元代宁夏诗人王翰》，《宁夏社会科学》第 4 期（1993）。
② 《闻过斋集》卷五《故王将军孙夫人墓志铭》。
③ 余阙《青阳文集》卷二《送归彦温赴河西廉访使序》，四部丛刊续编本。
④ 同本页注②。元代西夏人与汉人通婚颇为频繁，参看孟楠《元代西夏遗民婚姻研究》，《宁夏社会科学》第 2 期（1992）。
⑤ 《闻过斋集》卷五《友石山人墓志》。
⑥ 《闻过斋集》卷三《悠然轩记》、卷六《友石先生传》。
⑦ 《闻过斋集》卷七《友石山人真赞》。

其室南有山,故取陶渊明之典,名其轩为"悠然轩"。但是,王翰不是真正"谢绝人事"的隐逸,而是胸怀故国的遗民。吴海为其相互砥砺志节的知友。吴海,闽县人,虽未仕元,但屡却明朝征召,甘为遗民①。

洪武十一年(1378),明廷辟书至,王翰闻命而叹:"女岂可更适人者。"及官府迫其就道,翰决心一死以全忠节。先将年方九岁之子王偁托孤于吴海②,然后赋诗见志,自杀而亡,年四十六。吴海所撰《王山人哀辞》以"仁者杀身以成仁兮,义者忘躯而循义"来解释王翰自决的意义③。

王翰虽然出身将门,却是善诗能书,《友石山人墓志》说:"平居阅书史,喜为诗,敏常先于人。"潮阳存有其摩崖题名,钱大昕称其善篆书④。其诗集名《友石山人遗稿》。明陈仲述序《遗稿》称其诗"咏于感慨者,极忠爱之诚,得于冲淡者,适山林之趣","凡其所作,皆心声之应,而非苟然炫葩组华之比",确是不错⑤。王翰晚年诸诗,强烈反映了其不忘故国、矢志守节的思想,如《和马子英见寄韵》:

> 望国孤忠徒自愤,持身直道何所求。

又如《送陈仲实还潮阳》:

> 归去故人如有问,春山从此蕨薇多。

又如《送别刘子中》:

> 谁怜苏子卿,天涯守汉节。

---

① 《明史》卷二九八。
② 王偁《虚舟集》王汝至序,弘治六年袁州刊本。
③ 《闻过斋集》卷六。
④ 钱大昕《潜研堂金石文跋尾》卷二〇《王用文题名》,石刻史料新编本。
⑤ 《友石山人遗稿》卷首,嘉业堂丛书本。

不仅显示王翰心怀故国,而且决心效法夷、齐、苏武,为故国守节。

最能表现其志节者为七律《自决》。此诗相当于伯颜子中之《七哀诗》,为其自决前所赋:

> 昔在潮阳我欲死,宗嗣如丝我无子。
>
> 彼时我死作忠臣,覆祀绝忠良可耻。
>
> 今年辟书亲到门,丁男屋下三人存。
>
> 寸刃在手顾不惜,一死却了君亲恩。

在此诗中,王翰表明十年前未能殉国,乃因未有子嗣,于孝道有亏。而今一死则可忠孝两全。陈仲述序《友石山人遗稿》称此诗:"凛然如秋霜日烈之严,毅然如泰山岩岩之象,出处之分明,死生之理得。"①

子中、王翰皆是以色目人之身份出仕元朝,奋力挽救狂澜。失败后皆由特殊原因未能立即殉国,此后孤忠苦志,绝不与新朝妥协。守节逾十年后,仍因拒应征召而从容自决。有如丁之翰《伯颜子中传·赞》所云:"不事二君非难,捐生为难。捐生非难,而从容就死为难。"②子中与用文为元朝守节之坚贞与壮烈,不仅超越当时著名之汉族遗民戴良、王逢、李祁等人,亦胜过宋朝激烈派之遗民谢枋得、谢翱、郑思肖。而其坚贞与壮烈之由来,恐唯能自二人之族群背景及明初之酷烈政治现实寻求解释。

四、温和型遗民

"温和型"之遗民于元亡后仍然心怀故国,不肯出仕明朝。或

---

① 《友石山人遗稿》卷首,嘉业堂丛书本。
② 《七修类稿》卷一六。

隐于僧,或隐于道,或以诗、词、散曲、书画寄寓性情。就现有文献所载,其人并无激烈之言辞与行动。温和型之遗民绝大多数属于元朝官宦阶层,偶有一二人在元朝并未出仕,但其家族却属仕宦背景。

(一)丁鹤年

温和型遗民中最著者当推丁鹤年(1335—1424)。鹤年出身于四世仕元之回回世家①。曾祖一代以捐助忽必烈军赀而入仕。其祖苦思丁官至临江路达鲁花赤,父职马刺丁则任武昌县达鲁花赤,鹤年生长于武昌②。鹤年之兄登进士而仕宦者三人③,而其次兄烈瞻则为万户④。故其家与元朝渊源甚深,虽未能跻身核心统治家族,却为一官宦科第世家。

鹤年之家虽然世奉回教,却是汉化甚深。嫡母王氏、生母冯氏似皆为汉人。诸兄固然读书有成,由科第入仕。其姐月娥(?—1360)亦读书知礼,鹤年读书,即系由其姐启蒙⑤。鹤年自幼即"欲奋身为儒士"⑥,年十七而通《诗》《书》《礼》三经,一生行事皆以儒家伦理为准绳,尤以孝知名,其友乌斯道曾作《丁孝子传》表扬之⑦。鹤年自始即不愿入仕,其父曾欲以其从父官职承袭机会予之,鹤年却加辞谢,而其理由为:"吾宗固贵显,然以文学知名于世者恒少,吾欲奋身为儒生,岂碌碌先荫而苟取禄位而已耶!"⑧可见

①关于丁鹤年家族之世奉回教,参看《元西域人华化考》卷三之考证。
②戴良《九灵山房集》卷一一《高士传》,金华丛书本。
③《九灵山房集》卷一三《鹤年吟稿序》。
④《丁鹤年集》卷二《哭阵亡仲兄烈瞻万户》,丛书集成本。
⑤乌斯道《春草斋集》卷七《月娥传》,四明丛书本。
⑥戴良《九灵山房集》卷一一《高士传》,金华丛书本。
⑦《春草斋集》卷二。
⑧戴良《九灵山房集》卷一一《高士传》,金华丛书本。

鹤年系因欲为儒生而不肯承荫入仕。元亡时,鹤年三十三岁,仍为一布衣。

鹤年一生经历国破家亡、颠沛流离之苦难极深。至正十二年(1352)徐寿辉克武昌,奉嫡母避兵镇江,栖迟凡十年。其后因其兄吉雅谟丁宦浙东,乃往依之。其时方国珍据浙东,深忌色目人,鹤年畏祸,迁避无常居①。昌国、鄞县、慈溪、定海、奉化皆有其流寓之迹,以在定海浃口居住最久,在此营有"海巢"②。鹤年在四明地区滞留约廿年,在此期间,"或旅食海乡,为童子师,或寄食僧舍,卖药以自给,虽久处艰瘁,泊如也"③。

鹤年在四明地区相交最深的挚友为戴良。戴良为明初浙东遗民圈之重要人物,婺州浦江人。自洪武六年(1373)隐居四明。十五年受明廷礼聘至南京,因不愿出仕而"忤旨待罪",明年卒,"盖自裁也"。戴良寓居四明时,常与流寓于此的耆儒故老"相与宴集为乐,酒酣赋诗,击节咏歌,闻者以为有黍离麦秀之遗音焉"④。丁鹤年亦为此四明遗民圈之一员,与良相交极厚。戴良曾为鹤年作《高士传》《鹤年吟稿序》及《皇元风雅序》,并有诗赋多篇寄怀鹤年⑤。而鹤年兄弟亦有诗与良唱酬⑥。

---

① 瞿佑《归田诗话》下卷《梧竹轩》,《诗话丛刊》本。亦见《明史》卷二五八《丁鹤年传》。
② 全祖望《鲒埼亭集》外编卷一八《海巢记》,国学基本丛书本。
③ 戴良《九灵山房集》卷一一《高士传》,金华丛书本。
④ 钱谦益《列朝诗集小传》,上,甲前集,《九灵山人戴良》,上海:古典文学出版社,1957。赵友同《故九灵先生戴公墓志铭》,载于《九灵山房集》卷三〇。关于戴良之生平,参看《南开史学》第1期(1989)之引郑克晟文。
⑤《九灵山房集》卷一四《题马元德伯仲诗后》、卷一七《怀鹤年有赋》、卷二五《寄鹤年》、卷二九《皇元风雅序》。
⑥ 丁鹤年题赠戴良之诗有《题戴先生九灵山房图》及《寄奉九灵先生四首》,皆见于《丁鹤年集》卷二。其兄爱理沙则有《题戴叔能先生九灵山房图》,见《丁鹤年集》"附录"。

洪武十二年(1379),鹤年于离乡卅年后返回武昌迁葬①。此后滞留武昌十余年。晚年则与表兄赛景初同寓杭州,身为遗民时间长约六十年。而丁氏家族为国家破灭付出了极为沉痛之代价。鹤年三兄弟似皆死于国难②。其姐月娥更是于陈友谅军攻陷太平时抱女赴水而亡③。丁氏家族之惨剧可能反映了蒙古、色目人之共同苦难。

明朝建立后,鹤年始终未曾出仕,但与宗室、官员却不乏来往。在其返回武昌后,武昌太守傅习征其为幕宾,鹤年婉却之。鹤年与楚藩关系甚为密切。楚昭王朱桢、庄王朱孟烷皆敬重鹤年,曾欲荐之入仕,鹤年不应,却与楚藩官员过从颇多,而与管时敏交往尤密,时敏任楚府左长史④,所撰《蚓窍集》即为鹤年所定,且有其评语⑤。正统九年(1444)楚康王刊《鹤年先生诗集》,即时敏之子延枝所编⑥。可见鹤年虽不仕明,但对明朝人员亦不拒斥,与伯颜子中、王翰之行为大不相同。

鹤年晚岁信奉佛教,《丁鹤年集》第三卷称《方外集》,所收皆为与僧侣唱酬之作。陈垣先生对鹤年之由回而儒而佛曾详细论证,并认为"鹤年之依佛,殆一种避祸不得已之苦衷,暂行遁迹空门而已"⑦,故鹤年之皈依佛教与清初之明朝遗民士大夫多遁逃于禅以保全志节的情形相类似⑧。

---

①《春草斋集》卷二。
②关于鹤年诸兄死于国难,参看厚田村萌《丁鹤年集考识》,《学海月刊》第1卷第6册(1934)。
③乌斯道《春草斋集》卷七《月娥传》,四明丛书本。
④《丁鹤年集》卷三有《送长史管公时敏朝京》。
⑤《蚓窍集》,四部丛刊三编本。
⑥关于鹤年与楚藩之关系,参看本页注②引厚田村萌之考证。
⑦《元西域人华化考》卷三。
⑧陈垣《明季滇黔佛教考》,北京:科学出版社,1959。

戴良序《丁鹤年集》，誉鹤年为继贯云石、马祖常、萨都剌、余阙而起之色目大诗人。并认为鹤年作诗，"凡幽忧愤闷，悲哀痛苦之情，一于诗发之"，"一篇之作，一语之出，皆寓夫忧国爱君之心，愍乱思治之意，读之使人感慨激烈，不知涕泗之横流也"。戴良之序作于至正丙午（1366），时为元亡前一年①。故所言丁鹤年在国亡前后之诗颇为适当。而《四库提要》所云"至顺帝北狩之后，兴亡之感，一托于诗，悱恻缠绵，眷眷然不忘故国"，用以形容鹤年在元亡后所作亦颇确切。

鹤年所作诸诗，以《自咏》五首表现其亡国之痛及遗民思想最为清楚②。此诗第一首有"九江太守先效死，诸公四海尚偷生"、第二首有"生惭黄歇三千客，死慕田横五百人"之句，意在指责元臣不能如江州总管李黼之为国捐躯，或如古代春申君及田横之部下杀身殉主，却仍苟且偷生。第二首又有"纪岁自应书甲子，朝元谁共守庚申"一联，首句用陶渊明国亡后书事但以甲子系年之典，次句以"庚申"系指元顺帝。第四首"草泽遗民今白发，凭高无奈思纷纷"中之"草泽遗民"，当是自指。第五首则为：

> 九鼎神州竟陆沉，偷生江海复山林，
> 频繁谁在隆中顾，憔悴惟余泽畔吟。
> 啮雪心危天日远，看云泪尽岁时深。
> 百年家国无穷事，可得忘机老汉阴。

此首显系描述他本人在国亡后之经历及心情：元朝覆亡后，他仍偷生各处。在此明廷频频招纳贤才之际，他却宁愿仿效屈原，行吟泽畔。但是国亡已久，岁月流逝，自己希望能如《庄子》中之隐士汉

---

① 《琳琅秘室丛书》本《丁鹤年集》戴序原云作于"至正甲午秋"，陈垣考订"甲午"为"丙午"之讹，见《元西域人华化考》卷四。
② 此诗不见于《琳琅》本及《集成》本，而见于《元诗选》初集辛《丁鹤年集》。

阴老,忘却过去国事沧桑。

在此诗中,鹤年对元朝灭亡深感沉痛,对元臣不能为国捐身亦多指斥,并表示自己愿为元守节,不仕新朝。但是,诗中亦透露鹤年愿作一真正隐士,忘却世事。全无伯颜子中和王翰《七哀》《自决》那种终夜泣血、一死以报国恩的激情。

鹤年虽因家世仕元,不得不为元朝遗民,但因在元末历一官,故无为元殉节之义务。戴良为鹤年作传,表彰鹤年为一坚持君子出处进退之"高士",以之与东汉申屠蟠相比拟,而不强调其为故国守节之遗民,应有深意。而鹤年中岁以后与楚藩往来之密切,一方面因其在明朝生活长达六十年,不能不顺应时势。另一方面亦因其自始即采取较为温和之立场。

(二)《梧溪集》中之遗民

丁鹤年之外,王逢《梧溪集》及无名氏《录鬼簿续编》所载之蒙古、色目遗民为数最多,皆可列为温和型。

王逢(1319—1388)为明初浙西著名遗民。逢字原吉,号席帽山人,江阴人。终身未仕,元季曾为张士诚划策,促其归顺元朝。元亡后,明太祖屡加征召,逢却"坚卧不起,隐上海之乌泾,歌咏自适"[1]。明初廿年中,逢所往来,多为遗民,而其《梧溪集》七卷中之诗透露出强烈黍离之泣、故国旧君之思,甚至有盼望元朝匡复之心迹。钱谦益《列朝诗集小传》以逢与激烈派之宋朝遗民谢翱比拟,"翱之于宋也,原吉之于元也,其为遗民一也"[2]。《梧溪集》有关各族遗民之记载因而最多。

---

[1]《明史》卷二八五《文苑传》。
[2] 钱谦益《列朝诗集小传》(明代传记丛刊)卷三至一三《甲前集·席帽山人王逢》,页54—55。

《梧溪集》卷五载有《俭德堂怀寄》廿二首①,乃为怀念廿二位明初退隐之元朝遗民而作,诗前各系小序,便于考索。其中完哲、买住、铁穆、长吉彦忠、剌马当、观同皆为蒙古、色目人。

1. 完哲

《怀寄》之二小序云:

> 完哲清卿,江阴上万户、赠都元帅丑厮公之弟。泰州不守,以材胥赠万户,累迁福建参政,乱后归养吴中。

序中未言及完哲之族属。《梧溪集》卷二《故将军歌》前小引则称其兄丑厮为"蒙古氏",可见为蒙古人。丑厮于至正十二年(1352)战死于安庆②。故完哲既为元朝之高官,亦为烈属。《怀寄》之二诗云"故国龙鼎移,高堂雪满簪",意即鼎革之际,完哲因有皓首老母,需人侍奉,未能殉国,而于"乱后归养吴中"。

2. 买住

《怀寄》之三小序云:

> 买住昂霄,以江阴副万户,累迁中政院判官、福建宪佥,遂航海归隐,以孝闻。

买住之族属不详,应为蒙古或色目人,官至福建廉访佥事。《怀寄》之三诗云:"书来悟前梦,甘膬为亲谋。"可见买住乱后归隐亦为事亲。

3. 铁穆

《怀寄》之四小序云:

> 铁穆公毅,由进士累迁通显,今隐居海上。

---

① 《梧溪集》,丛书集成本。
② 卢思诚修《江阴县志》卷一五,光绪四年(1878)刊本。

铁穆,字公毅,族属不明。其名"铁穆",当为习见蒙古名"铁穆尔"（意为铁）之简称,应为蒙古或色目人,系由进士出身而致显宦,乱后在上海地区隐居教授。《梧溪集》另有《同前进士铁公毅、张林泉夜宿朱良佐梅雪斋》,可见王逢与铁穆时相唱游①。

4. 长吉彦忠（张吉）

《怀寄》之五小序云:

> 长吉彦忠,今姓张。由进士擢宣城录事,乱中奉母慈溪黄氏,客授云间……

小序未明言彦忠族属。《梧溪集》卷四上有《赠俊德教谕彦中录事》,诗中有"吾友两孝张,其先西夏氏",张彦中任录事,应即"今姓张"而任宣城路录事之长吉彦忠,原为西夏人,此诗应系作于元亡前。而《怀寄》之五诗中则有句"甲子书茅屋,庚申梦紫宸",言其于元亡后不肯承认明朝正朔,仍然奉元顺帝（庚申帝）为正主,乃系咏其遗民孤忠。由小序并可知彦中系进士出身,其母为南人慈溪黄氏,乱后在松江（云间）任教维生。

5. 剌马当

《怀寄》之八小序云:

> 剌马当文郁,西域人。由父荫累迁南台御史,今寄迹全真道中。

王逢又有《白云一坞辞》,其引曰:

> 白云一坞者,西域马公文郁随所寓之名也……尝为颍州,著廉断声,拜南御史。会乱,遂变名"云林子",黄冠野服,超然物外,盖十余年矣!②

---

① 《梧溪集》卷四下。
② 《梧溪集》卷四上。

可见剌马当,字文郁,又称马文郁,西域人,出身官宦之家,因荫得官,历任知颍州、南台御史。元末乱起,寄迹全真教中十余年,道号"云林子"。王逢另有《怀马文郁御史蕲惟正同知兼简陆公叙薛孟式》七律,可知王逢系剌马当任南台御史时之旧交①。至于其原有宗教信仰,陈垣认为:"剌马当其名……'剌马'云者,未识是喇嘛教之喇嘛否乎?"②实际上,剌马当为阿拉伯文 Ramadan 之音译,为伊斯兰教习见之教名,与喇嘛教全无关系。剌马当原为一回回,国亡后遁入全真。

《怀寄》之八诗云:

> 清修马道士,忆遇小林邱。
> 脱略青骢迹,追随白兔游。
> 君亲心独耿,河海泪独流。
> 好在医闾北,徘徊紫气浮。

自王逢观之,剌马当虽然身为道士,君亲之思仍然极为强烈。好在医巫闾山北之蒙古,仍有王气徘徊。此点当为二人之共感。

6. 观同

《怀寄》之九小序云:

> 观同用宾,蒙古人。由中舍拜南台御史,弹经略使忤旨,左迁江西省都事,不赴,隐居海上。

观同任南台御史事在至正廿年(1360)③,其罢官退隐,已在元末。元亡后即未再出。王逢诗云:

---

①《梧溪集》卷六。
②《元西域人华化考》卷三。
③陈棨仁《闽中金石略》卷一二《王伯颜不花等题名》,菽庄丛书本。

> 一气分光岳,三河溃蓟幽。
>
> 青门种瓜老,终系故秦侯。

意指元亡后观同效法东陵侯邵平于秦亡后种瓜于长安青门之外,仍然心系故国。

除去《俭德堂怀寄》中之六人外,《梧溪集》尚载有以下蒙古、色目三人事迹:

1. 伯颜守仁

伯颜,字守仁,蒙古人,籍淳安。至正四年(1344)、十年两中江浙乡试,先后任宗晦、二戴及安定书院山长及平江路教授。至正十六年张士信据平江,守仁遂退隐,"放游九峰三泖间",王逢《题伯颜守仁教授竹石》序称守仁"托写竹石以自见,志节在苦寒内,士咸高之"①。守仁显然是以绘画竹石表达其坚贞。永嘉曹睿有《赠颜守仁》五律,颜守仁即伯颜守仁之简称。其诗三四二联为:

> 宁甘首阳贫,寂寞在空谷。
>
> 怀者能几见,高风见流俗。②

即是赞美守仁之遗民情操。

2. 景福

王逢《寄福建参政景福仲祯》七律序云:

> 今削发为僧,名福大全,前南台御史丑闾时中仲子也。③

---

① 《梧溪集》卷四上。王逢又有《览鲁道原提学旧送伯颜守仁会试序》,见《梧溪集》卷六。顾清修《正德松江府志》(正德七年刊本)卷二五《科贡上》于至正四年江浙行省乡试榜下称伯颜"字近仁,第十一名,后改字彦仁,平江路教授",所谓"字近仁",当误。
② 赖良《大雅集》卷四,《元人选元诗》本。
③ 《梧溪集》卷四下。

景福之父丑闾,唐兀氏,元统元年(1333)进士①,曾任南台御史及安陆知府,至正十二年(1352)殉国安陆,《元史》列入《忠义传》②。故王逢诗有"一门忠孝三世传"之句。景福于至正十八年任行省理问,参预建宁防务③。理问之秩不过正四品,其升任参政当已在元亡前夕。以其家庭背景及仕宦之显赫,景福于国亡后遁入空门,并不意外。

3. 买闾

据王逢《赠买闾教授》序可知④,买闾字兼善。元初其祖哈只仕江南,遂家上虞。父名亦不刺金。买闾为至正廿二年乡贡进士,历任尹和靖书院山长、嘉兴路教授。及张士诚据江南,买闾隐居十余年,"曲奉二亲"。张士诚自称吴王,事在至正廿三年,故王逢作此诗时已在洪武十年(1377)左右。陈垣因其祖父二人之名而考订其家为回回,确是不错⑤。

赖良编《大雅集》录有买闾诗十首,称之为会稽人⑥。其七律《感怀》云:

> 关河北望正愁人,且复云间托此身。
> 一片丹心昭日月,数茎白发老风尘。
> 箕求嗣世惭无子,菽水承欢喜有亲。
> 自是故园归未得,杜鹃啼破越山春。

---

①丑闾,见萧启庆《元统元年进士录校注》上,《食货》(复刊)第13卷第1期。
②《元史》卷一九五《忠义三》。
③贡师泰《玩斋集》卷九《建安忠义之碑》,四库全书本。
④《梧溪集》卷四下,又该集卷五又有《怀哲操》乃系称颂买闾"敬亲爱弟"之美德。
⑤《元西域人华化考》卷四。
⑥《大雅集》卷五、卷六、卷八。

此诗表达了强烈忠君孝亲思想。而其《述怀》诗则有"愿效商岩翁,行歌紫芝采",意即自愿仿效汉初商山四皓,隐居山中,采芝而食。

以上所述《梧溪集》中之蒙古、色目遗民共九人。元亡前,皆属仕宦科第阶层。显达者官至行省参政、宪佥,滞塞者亦是教授、山长。国亡后,皆隐居浙西吴中一带,因而与王逢互有往来。其中有人隐于僧,有人隐于道,有人以书画见其志节,亦有人以奉养高堂或双亲为借口。虽然其思想多已难以深究,但皆为心系故国、宁愿饿死首阳之守节遗民。

(三)《录鬼簿续编》中之蒙古、色目遗民

《录鬼簿续编》为继钟嗣成《录鬼簿》而编写的一部曲家生平、创作的专著。《续编》著者之名已无法探知。书成于明永乐以后,著者大约为浙西人,所录元末明初曲家七十八人,大多活跃于杭州、金陵、苏州、京口一带①。下述四人亦是如此②。

1. 丁野夫

《续编》云:

> 丁野夫,西域人,故元西监生,羡钱塘山水之胜,因而家焉。动作有文,衣冠楚楚。善丹青,小景皆取诗意。套数、小令极多,隐语亦佳,驰名寰海。

由此可知野夫为当时名曲家兼书家。其善于绘事亦见于夏文彦《图绘宝鉴》之记载:

---

① 王钢校订《校订录鬼簿三种》前言,郑州:中州古籍出版社,1991。
② 见《校订录鬼簿三种》所收《录鬼簿续编》。

丁野夫，回纥人。画山水人物，学马远、夏珪，笔法颇类。①

《宝鉴》书成于至正廿五年（1365），由此可见野夫画艺在元季已成名。由《宝鉴》亦可知野夫为回纥人（即畏兀儿人），而非回回人②。钱塘平显《松雨轩集》中有诗三首系题野夫画并记二人旧游之情。由其诗可知，野夫系隐居于钱塘南郭外之梅村③。

2. 赛景初

赛景初为一系出回回名门之多才文士，亦为丁鹤年之表兄，《续编》云：

> 赛景初，西域人。大父，故元中书左丞；考，浙省平章政事。公天性聪明，姿状丰伟，幼从巙文忠公学书法，极为佳妙，文忠深嘉之，后授常熟判官，遭世多故，老于钱塘西湖之滨。

赛景初为赛典赤赡思丁之曾孙，纳速剌丁之孙，乌马儿之子④。赛典赤是忽必烈时代之云南行省平章政事，亦为开辟云南的大功臣，后封咸阳王。其家累代金紫，极为显赫⑤。

由《续编》可知，赛景初不仅善曲，而且能书，为书法大师巙巙弟子。但其在元季，官不过常熟判官。曾仕张士诚为枢密院都事之张宪《临安道中先寄赛景初》一诗有句云"千里淮王府，先登得壮侯"，可知景初曾仕张，但张士诚曾归顺元朝，景初仕张，或在此

---

①《图绘宝鉴》卷五，丛书集成本。

②白寿彝主编《回回人物志·元代》即称野夫为"元明之际的回回曲家和画家"，见该书页184。

③《松雨轩集》卷六《题丁野夫画》、卷七《题丁野夫梅村卷》、卷八《题丁野夫画》，《武林往哲遗书》本。参看孙楷第《元曲家考略》，上海：上海古籍出版社，1981，页87—88。

④孙楷第《元曲家考略》，页41—42。

⑤《元史》卷一二五《赛典赤·赡思丁传》。

期间,不算失节①。景初晚年与其表弟丁鹤年同寓杭州。《丁鹤年集》卷一中有诗三首皆与景初有关②。其中《赠表兄赛景初》云:

> 萧条门巷旧王孙,旋写黄庭换绿樽。
>
> 富贵倘来还自去,只留清气在乾坤。

此诗之意,赛景初以旧日王孙之身份,不追求富贵,卖字换酒,只是为乾坤保留清气。

3. 沐仲易

仲易亦为能书善曲之色目遗民。《续编》云:

> 沐仲易,西域人,故元西监生,读书敏捷,工于诗,尤精书法,乐府、隐语皆能穷其妙,一时士大夫交口称叹。公貌伟隽,有自赋《大鼻子》〔哨遍〕,又有《破布衫》〔耍孩儿〕,盛行于世。

据孙楷第考证:沐仲易可能为回回人,即《太和正音谱》及《群英乐府格势》之穆仲毅、王逢《梧溪集》之木仲毅。"西监生"即回回国子监生。仲毅可能于元时出身回回国子监,曾任江浙行省宣使、左右司员外郎,元亡前后,退隐松江,与王逢为友③。王逢《梧溪集》卷五有《经由小来径简木仲毅》及《谢木仲毅员外过乌泾别业》二诗。《过乌泾别业》后序云:"毅性周谨,事上莅下,非礼法不陈道。""去乱远引,今为农海上。"诗中有"归耕全晚节,怀旧过寒檐""不解吴侬语,犹森蜀将髯""芝岭归秦皓,桃源记晋潜""衔才纷祢戮,昧识总申钤"。可见在王逢看来,仲毅虽然相貌不似华人,亦不谙吴侬软语,外表不够本土化,但其退隐归耕,不仅足以保全晚节,

---

①《玉笥集》卷五,四库全书本。
②《丁鹤年集》卷一《题表兄赛景初院中新竹》《赠表兄赛景初》及《雨窗宴坐与表兄论作诗写字之法》。
③《元曲家考略》,页85—87。

而且可避免祢衡被戮之悲剧。

4. 虎伯恭

虎伯恭之事迹仅见于《续编》：

> 虎伯恭，西域人，与弟伯俭、伯让以孝义相友爱，日以考经行史为事，发明性理之举，诗学韦、柳，字法献、羲，至于乐府、隐语，靡不究意，与余为忘年交，不时买舟载酒，作湖山之游，当时钱塘风流人物，咸以君之昆仲为首称焉！

可见虎伯恭学问才艺，颇为全面，不知是否仕元，其徜徉湖光山色之间，当在元亡之后。

除以上四人外，《续编》所载元末明初之蒙古、色目曲家尚有杨景贤（蒙古氏）、兰楚芳（西域人）、全普庵撒里（畏兀儿氏）、金元素（康里人，实为汪古氏）、金文石父子①、月景辉（也里可温）等六人。或因其人卒于元亡以前，或因其人后曾仕明，或因于明初仕隐不明而未列入。

本节考述之四位遗民皆色目人，在元或仕或未仕，但皆为多才多艺、汉化颇深的文人。元亡后皆隐居浙西，钱塘山水更吸引了不少遗民。自元朝平宋以后，江南已取代大都成为剧曲创作与演出中心，作家云集。且因《续编》著者为浙西人，所记遗民以隐居浙西者为主。

五、结论

前文考述之蒙古、色目遗民共十六人。因受史料限制，上述十

---

① 萧启庆《元色目文人金哈剌及其〈南游寓兴诗集〉》，《汉学研究》第 10 卷第 2 期（1995）。

六人皆系寓居两浙及福建、江西者。其他各地区亦应有不少遗民，但因缺乏记载，以致其事迹湮没不彰，无法探究。在滞留中原而又不愿或无缘出仕明朝的蒙古、色目人中，上述十六人不过沧海一粟而已。

十六人中，列为"激烈型"之遗民二人，"温和型"者十四人。自其背景言之，激烈型遗民伯颜子中及王翰皆曾历任高职并力抗明军。但在温和型遗民中具有类似经历者也不乏其人。"激烈""温和"二型遗民差异之由来不仅由于个人的经历，与其性格、思想及家庭情状皆有关系。

元明之际，不仅有蒙古、色目遗民，亦有汉族遗民。与汉族遗民相较，蒙古、色目遗民有相同之处，亦有相异之处。

蒙古、色目遗民与汉族遗民相同之处为：

第一，背景相似：汉族遗民大多出身士大夫阶层，蒙古、色目遗民亦是如此。就社会背景言之，其家族累代仕元而本身亦曾任官者占绝大多数，与元室渊源甚深。就文化背景言之，大多数之遗民皆为汉化文士，而且颇具才艺，或为诗人，或为曲家，或为画家，受汉文化熏染颇深。

第二，思想相近：宋元时代，"君臣大义"思想之影响大于"夷华之辨"。元明之际，不少汉族士人漠视华夏光复之盛事而不肯改事明朝，主要乃因受到绝对忠君观的影响。而蒙古、色目遗民的言行之中亦显露强烈的"忠臣不事二主"思想。

由于背景与思想颇为接近，蒙古、色目遗民与汉族遗民交往颇为密切，不仅时相唱和，而且互相砥砺气节。伯颜子中之与熊钊、王翰之与吴海、丁鹤年之与戴良都是志节相同的生死之交。而王逢身为汉族文人，却与为数甚多之蒙古、色目遗民时相过从与频繁唱酬。可见在明初各地之遗民群体中，忠于故国旧主理念之影响显然超越了种族之藩篱。

不过,蒙古、色目人与汉、南人在元朝与明初的处境不尽相同,对元明鼎革之反应自然亦有歧异。蒙古、色目在元朝为享受特权的统治族群,与元室可说是同舟一命,安危与共。因而,元明鼎革对当时蒙古、色目人冲击之大远超过汉人。丁鹤年、伯颜子中等人国破家亡的惨剧是当时大多数汉族士人幸未经历的。因而,蒙古、色目遗民诗歌中所表现的亡国之痛、身世之感、眷怀故国之激情更胜于汉族遗民。而明太祖"恢复中华"的号召及其推行的"本土化"政策更增大蒙古、色目遗民之疑惧,坚定其不仕异代之决心。伯颜子中与王翰自决拒召之壮烈是当时汉族遗民望尘莫及的。

总之,元明之际蒙古、色目遗民之出现,一方面是元朝"少数统治"倾覆的必然结果;一方面与明太祖的民族政策与专制政治大有关联;另一方面则系受到宋代以来盛行的绝对忠君观之影响。汉化之蒙古、色目人大多受到此一观念之影响而自甘遁隐以求保全气节。自此一方面言之,蒙古、色目遗民之产生也可说是汉化的结果。

(原刊于《庆祝邓广铭教授九十华诞论文集》,石家庄:河北教育出版社,1997,页 103—121)

元代科举与菁英流动:以元统元年
进士为中心

一、序论

就"统治菁英"(governing elite)①的甄用而言,元代是中国近世社会史上较为特殊的时代。自北宋以后,中国社会已由"门第社

---

① "统治菁英"一词,系由意大利社会学家柏莱多(Vilfredo Pareto, 1848—1923)所首创。"菁英"乃指一个社会中握有权力与影响力的少数人。"统治菁英"则指直接或间接参与统治的少数人而言,柏氏亦称之为"统治阶级"(governing class)。统治菁英可为一开放的集团,亦可为一个闭锁的集团。统治菁英成员的变化——平民上升为菁英,或菁英下降为平民——则称为"菁英流动"(circulation of the elites)。柏氏认为:菁英流动率愈大,则其"权"与"能"愈能配合,较为健康。菁英阶层愈为闭锁则趋于僵化〔见 V. Pareto, *Mind and Society* (trans. by A. Bonjiono and A. Livingston, 4 vols., New York, 1935), vol. I, p. 169 and vol. III, p. 1423; *The Rise and Fall of the Elites* (trans. by Hans L. Zetterberg, Totowa, New Jersey, 1968)〕。瞿同祖先生首将柏氏观念运用于中国史,称政府官僚为"统治菁英",绅士为"非统治菁英",士大夫以外的百姓为"非菁英"〔见 T'ung-tsu Ch'ü. "Chinese Class Structure and Its Ideology", in J. K. Fairbank ed., *Chinese Thought and Institutions* (Chicago, 1957), pp. 235-250〕。

会"转变为"科第社会"①。世家大族多已衰败不堪,"世胄蹑高位,英俊沉下僚"的现象大为减少。"统治菁英"的甄选已以科举为重要方法,文章经术为主要评准。"知识菁英"遂成为"统治菁英"的主要来源。科举出身的菁英来自平民之家者比例甚高②。"朝为田舍郎,暮登天子堂"遂成为读书人的共同理想。菁英流动率高是中国近世的一大特色。

　　元代的情形则大不相同。蒙元国家原带有强烈的"家产制"(patrimonialism)色彩③。即在忽必烈汗立国中原后,亦未能完全

---

① 过去陈寅恪认为盛唐以后科举之士已渐取代士族在政治上的重要性。孙国栋氏则修正了此一说法,认为唐代后期士族仍占优势。见孙国栋《唐宋之际社会门第之消融》,《新亚学报》第 4 期(1959),页 211—304。Denis Twitchett 根据敦煌资料分析唐代统治阶级的构成,亦认为士族始终占有优势。见所著"The Composition of the T'ang Ruling Class", in Denis Twitchett and A. F. Wright(eds), *Perspectives on the T'ang*(New Haven,1974),pp. 47—86。

② 美国柯睿哲氏(E. A. Kracke, Jr.)根据南宋绍兴十八年(1148)及宝祐四年(1256)的登科录,认为半数以上的进士皆来自平民家庭的新血,见所著"Family vs Merit in Chinese Civil Service Examinations under the Empire", *Harvard Journal of Asiatic Studies* 10(1947),pp. 103—123。另孙国栋及陈义彦根据《宋史》中北宋官员的列传,指出北宋官员中布衣入仕者亦占 50% 左右。见孙国栋前揭文;陈义彦《从布衣入仕情形分析北宋布衣阶层的社会流动》,《思与言》第 9 卷第 4 期(1971),页 244—253。关于宋朝科举所产生社会流动的局限,参看李弘祺的讨论,见 Thomas H. C. Lee, *Government Education and Examinations in Sung China*(Hong Kong,1985),pp. 119—230。

③ "家产制度"一词系德国社会学家马克思·韦伯(Max Weber,1864—1920)所首创,为其所论几种政治主宰形态的一部分。"家产制度"系由"家长制度"(Patriachalism)所衍生。政府不过是皇室家政机关的延长,官员多具有皇室家臣的关系〔Max Weber, *Theory of Social and Economic Organization* (New York,1947),pp. 341—358〕。笔者曾以此观念解释成吉思汗的"怯薛"为大蒙古国政府的雏形,见 Hsiao Ch'i-ch'ing, *The Military Establishment of the Yuan Dynasty*(Cambridge,Mass. ,1978),p. 38。美国学者 *Thomas T. Allsen* 则认为蒙哥汗时代蒙古政府仍具有"家产制"的性质,见其所著(转下页注)

采行"官僚制度",以普遍性的评准甄选官员。用人选官,最重"根脚"(ijaghur)。高官厚禄几为数十个"大根脚""老奴婢根脚"或是"根脚深重"的家族所垄断。这些根脚深重的家族多在蒙古建国过程中立有殊勋,并早与皇室建立私属主从关系。其子弟得以世享封荫特权①。元季诗人陈高所云高门子弟"自云金张胄,祖父皆朱幡,不用识文字,二十为高官"②,并非例外的情形。

　　根脚世家,系以蒙古、色目人为主。但其中也包括一二十个汉人家族(即"汉人世侯"之裔)。究其起源,都可说是蒙元王朝的"军事菁英"。这些"军事菁英"的后裔遂构成"统治菁英"的中上层。根脚世家以外的布衣之士(包括大多数的汉人、南人以及蒙古、色目人的下层),主要凭借保举及充任胥吏取得入仕的资格。保举有赖贵人援引,为数不多,任吏则地位不高,前程有限。两宋以来独享统治权力与社会荣耀的"知识菁英"遂多遭摒斥于统治阶层以外。其情形有如散曲家张可久所说:"淡文章不到紫薇郎,小根脚难登白玉堂"③。

（接上页注）"Guard and Government in the Reign of Grand Qan Möngke, 1251–1259", *Harvard Journal of Asiatic Studies* 46 : 2(1986), pp. 495–521。忽必烈立国中原,虽局部恢复中原的官僚制度,但其国家仍具有"家产制"色彩。故忽必烈以后的元朝,或可目为"家产官僚制度帝国"(patrimonial-bureaucratic empire),与韦伯"家产制"及"官僚制"的"理念型"(ideal type)皆有所不同,而为两者的复合。美国印度史家 Stephen P. Blake 曾以此观念分析帖木儿后裔创建的莫卧儿帝国之结构,见所著"The Patrimonial-bureaucratic Empire of the Mughals", *Journal of Asian Studies* 39 : 1(November,1979), pp. 77–94。

① 参见拙著《元代四大蒙古家族》,收入《元代史新探》,台北:新文丰出版公司,1983,页 143—230。
② 陈高《不系舟渔集·感兴》,四部丛刊三编,3. 10b—11a。
③ 张可久《水仙子·归兴》,见杨朝英编《朝野新声太平乐府》(北京:中华书局,1958)卷二,页 64。

元朝因重视根脚,故不急于采行科举,以致迟至延祐二年(1315)始恢复科举。科举的恢复在元代史上自是一件大事,对元代社会,尤其是菁英阶层的构成,有何实际影响应为值得深入探讨的问题。研究此一问题,或可从两方面着眼:第一,科举是否为统治菁英阶层注入大量"新血",促使原来甚为闭锁的统治阶层趋于开放?第二,科举出身的进士是否成为统治阶层的主流——不仅在人数上压倒出身他途的官员,而且在权势及荣耀上亦是如此?关于第二个问题,过去研究者多已触及,一般皆强调:(一)进士录取人数有限。五十年间,前后共行十六科,录取总数不过一千二百人,仅占当时官员总数的百分之四点三而已。与宋、明等代的比例相去甚远①。换言之,科举仅为选用官员的一个辅助方法,而不是主要方法。(二)进士未获重用。宋代卿相以进士为主。进士一旦登第,"指日金马玉堂"。元代进士则多屈居下僚,不仅无法与根脚子弟互争雄长,即与起身胥吏者相较,亦居劣势。少数科第出身的头面人物,不过位列翰苑,点缀升平,并不是政治上的决策者②。在这两个论点中,第一点因数字俱在,应属无可否认。至于第二点,当亦近于事实,但迄今尚缺乏有系统的研究,仅为一种"工

---

① 这些数字系根据姚大力《元朝科举制度的行废及其社会背景》,《元史及北方民族史研究集刊》第6期(1982),页26—59。但是所列进士录取一千二百人的总数包括至正二年(1342)起每科所取国子生十八人在内。国子生虽与参加会试、御试的一般考生同考,但不同榜,而且授官品级亦不同,是否应该合而计之,值得商榷。日本元史前辈有高岩所著《元代科举考》〔《史潮》第2卷第2期(1932),页33—55〕云十六科共取一千三百名,当为误计。按历录取总数,如不包括国子生在内,应为一千一百三十九名,见杨树藩《元代科举制度》,《台湾政治大学学报》第17期(1968),页99—120(页111—113);丁崑健《元代的科举制度》,《华学月刊》124期(1982),页46—57;第125期(1982),页28—51(页39—42)。

② 姚大力前揭文,页48—49;韩儒林主编《元朝史》(北京:人民出版社,1986),上,页344—346。

作假设",有待进一步的证实。但无论如何,进士以六至八品起官,最后位至中层官职者比比皆是,位至三品以上中枢或地方大员者亦为数不少①。因此,即使进士无法与根脚子弟争逐极品,但仍为元代后期统治菁英的一个重要出身。不过,本文因限于篇幅及材料,不拟就此深论,他日当另外为文讨论。

本文讨论的对象是上述的第一个问题,即进士是否多为出身于平民家庭的"新血"。由于元代为一多元族群、多元文化的复合社会,其政治、社会结构远较汉族王朝时代为复杂。当时蒙古、色目、汉人、南人等族群的文化与历史相互歧异。各集团原有菁英阶层的性质也各不相同,与宋、明等代具有较为同质的菁英阶层者亦有差异。研究元代的进士不得不将各族群的背景列入考虑。本文因而特别着重蒙古、色目、汉人、南人进士背景的异同,及其与蒙元"军事菁英"及宋、金仕宦和科第菁英阶层间的关系。本文除去分析进士家庭的仕宦背景外,又拟讨论进士之家所属的"户计"(意义详下)以及蒙古、色目进士之家与汉人(广义)通婚的频率,并视之为影响流动的两个辅助因素。但因在元代科举制度中,族群及地域皆有法定配额,框框已定,内中变化不大,不再作深究。此外,进士家庭的经济背景,因材料欠缺,仅在讨论"户计"时,略为触及。

本文是以元统元年(1333)科的百名进士为分析对象,其他各科进士仅作举例印证之用。如此做法,主要系受材料局限。研究科举作为社会流动的主要渠道,以进士录最为有用。但是现存的

---

① 姚大力认为:以科举进身而入相者只有九人,官至省部宰臣者约廿余人,位至行省宰执及各路总管者约二三十人(前揭文,页49)。笔者浏览元统元年及至正十一年进士仕历及《元史》与元人文集中进士传记资料,感觉进士位至高官者不算太少。但此一问题仍待进一步统计与分析,当另文讨论之。

元代进士录不过二种①：一为《元统元年进士录》（以下简称《进士录》），另一则为《辛卯（至正十一年，1351）会试题名记》②。后者系根据国子监石刻，内容仅有进士姓名和甲第次序，别无其他资料，可资研究之处不多。前者系根据进士所填报的"家状"，于御试放榜后汇印成书。进士姓名之后，详列其里贯、氏族或种族（限于蒙古、色目人）、户计类别、专治经书名称（限于汉人、南人）、表字、岁数、出生月日时辰、父系祖先三代名字及官职科第、母亲姓氏（偶有祖母姓氏）、父母存殁现状、兄弟或从兄弟科第、婚姻状况、乡试地点与名次、会试名次及初授官职。内容甚为丰富，对进士家世背景的考察极为有用，因而成为本文的主要根据。元代史籍、元明人文集及地方志中亦有不少有关本科进士的传记资料，亦加采择，作为分析的辅助史料。

　　本文所用"进士录"的版本是以拙著《元统元年进士录校注》为主③，但又辅以最近根据钱大昕手抄本所作补校。《进士录》通行于世者原仅有民国初年徐乃昌景雕元刻本，收入《宋元科举三录》一书中。三录本缺陷甚大，鲁鱼亥豕，断烂脱落之处，所在多是，对于研究与引用，局限甚大。笔者于数年前加以校注，补正不少。去年复得钱大昕所辑《元进士考》手抄本中《元统元年进士录》部分④，与

①此二种进士录皆为正科进士名录，此外尚有国子贡试题名及乡试题名数
　种，未计在内。
②《辛卯会试题名记》见王昶编《金石萃编未刻稿》（上虞罗氏贻安堂刊本），
　卷下，人字，34a—62b。笔者撰有《至正十一年会试题名记校补》，刊于《食
　货》（复刊）第 16 卷第 7、8 期（1987），页 69—84。
③拙著《元统元年进士录校注》，《食货》（复刊）第 13 卷第 1、2 期（1983），页
　72—90；第 13 卷第 3、4 期（1983），页 47—62。
④钱大昕编《元进士考》仅为摘录元代进士姓名科次的一个稿本。但其中元
　统元年部分，钱氏抄录《进士录》全文。原稿现藏北京图书馆，为《宋元科举
　题名录》中之一部分，善本编号为三三四七。

《三录》本中不少出入，可补注《校注》的缺失。下文根据"校注"者不再一一征引，凡据钱抄本之处则在附注中说明。

元代科举制度与前后各代皆有不同。欲探讨科举与菁英流动的关系，必先了解元代科举制度本身的重要规定。据《科举程式条目》：科举每三年举行一次，分乡试、会试、御试三层次。乡试在全国十七处举行，每处各族皆有一定的录取配额。全国共录取三百人，其中蒙古、色目、汉人、南人各七十五人。于大都举行会试、御试后，四族类各录取进士廿五人，共一百人。但前后十六科，所取少则五十人，多则九十余人，而且蒙古、色目与汉人、南人所取之数亦不尽相同①。唯有元统元年（1333）取足百人之数。《元史》盛称此科："科举取士，莫盛于斯！"②因此，本科可说是最合《程序》的一次，但与前后各科相较，却非典型。此科登科百人中，蒙古、色目各廿五人，合为一榜，通称右榜。汉人、南人各廿五人，亦为一榜，称左榜。这一百名进士的家世背景便是本文分析的对象。

二、仕宦

进士是否为宦场新血，须自其家庭有无仕宦背景的角度加以考察。表一、表二便是旨在显示元统元年（1333）进士具有仕宦家庭背景者的比例，以及其祖先所任官职的高低性质。

①关于元代科举的各项规定，见《大元圣政国朝典章》（下称《元典章》）（台北：故宫博物院影印元刻本，1972），31.8b—12a;《通制条格》（北平：国立北平图书馆本，1930），5;7b—18b;《元史》（北京：中华书局点校本，北京，1976），81.2019—2023、92.2344—2347。关于元代科举制度的研究，见页216注①所引各文。

②《元史》，81.2026。

此处所谓"仕宦",乃采用广义。第一,此处列为"仕宦"之进士祖先,不以供职元朝者为限。元统元年上距宋亡不过五十余年,距离灭金亦仅百年。因此,南人进士曾、祖二辈中,服仕宋朝者比比皆是,汉人曾祖辈任官金朝者亦偶一有之。此等祖先所任职位虽不属元朝,但其家庭无疑仍是属于仕宦阶层。其次,"仕宦"所指涉的对象,不仅包括列朝的品官,而且也包括宋朝的科第之士及元朝的胥吏及教官在内。宋朝的科第之士,均已具有任官的资格。即未任官,其家庭亦与官员同属"官户"的阶层,享受特权。元代胥吏的地位和前代不同。上层胥吏多享有品秩,中央胥吏更可高达六、七品,因此吏与官相互重叠,可说是"统治菁英"的下层①。教官的情形亦略近似。元代学校皆已官学化,教授、山长之类教官系由政府任命,具有品级,且可转任其他官职②。总之,此处所谓"仕宦"乃涵盖各种源流的异质菁英在内。

表一的制作系以家庭为单位。凡进士前三代直系祖先中,一人以上曾在金、宋、元朝担任官吏或教职者,其家庭即列为仕宦之家。四色进士原各有廿五家,但因《进士录》脱落甚多,凡三代官职似皆脱落者,即归入"缺载"一栏,而不列入"总计"之中。

表一　仕宦与非仕宦家庭之比较

种族 经历	蒙古	色目	汉人	南人
仕宦	14(58.33%)	17(68.00%)	18(72.00%)	14(58.33%)
非仕宦	10(41.67%)	8(32.00%)	7(28.00%)	10(41.67%)

①关于元代的胥吏,参看宫崎市定《宋元時代の法制と裁判機構》,《東方學報》(京都)第24期(1954),页115—226;牧野修二《元代勾當官體系の研究》,东京:大明堂,1979。
②拙著《元代的儒户:儒士地位演进史上的一章》,《元代史新探》,页30—33。

种族 经历	蒙古	色目	汉人	南人
总计	24(100.00%)	25(100.00%)	25(100.00%)	24(100.00%)
缺载	1	0	0	1

表一清楚地显示:四色进士多皆出身于仕宦之家。其中以汉人进士的比例最高,色目次之,两者出身仕宦之家者分别占72%及68%。蒙古及南人较低,也都占58%以上。合而计之,出身于非仕宦家庭的进士不过占38%,"新血"可说不多。

表二旨在进一步显示进士祖先所任官职的性质及品级的高低。本表系以进士的个别祖先为计算单元。百名进士共有祖先(男性)三百人。但在进士录中进士姓名及官职两皆脱落者有三十一人,任官与否难以判断,故列入统计者实有二百六十九人。

表二显示:蒙古、色目进士祖先与汉人、南人进士祖先所任官职的性质与品级的高低皆迥然有别。蒙古、色目进士的祖先以担任中级官职者为最多(分别为29.69%及20.83%),膺任高官者也不少(分别为7.81%及12.50%)。而屈居下级官吏者则分别为10.94%及11.11%。另外少数担任蒙制官(3.12%及4.17%)。无人曾任教职,自然更无供职宋、金二朝。

汉人进士的祖先无人位居高官,而以担任下级官吏及教职者最为普遍,合而计之,高达34.33%。充任中级官职者亦不少(14.93%)。另有一人曾服官金朝,而高丽进士之祖先则皆任本国官职。汉人进士祖先中绝无金朝科第出身者,这一现象与南人的情形呈一强烈的对照。

南人进士的祖先则以南宋的官宦与科第之士最为普遍。两者合计超过百分之三十。而在元朝有出仕机会者不多,其中以担任教官者为最多(5.33%)，另有二人位至中官(3.03%)。自元朝的观点看来，南人进士大多出身平民之家，但这些平民家庭，不少为宋朝的官宦世家。

表二　进士祖先官职分析

种族 经历		蒙古	色目	汉人	南人
高官		5(7.81%)	9(12.5%)	0(0%)	0(0%)
中官		19(29.69%)	15(20.83%)	10(14.93%)	2(3.03%)
低官	下官	6(9.38%)	6(8.33%)	13(19.40%)	0(0%)
	胥吏	1(1.56%)	2(2.78%)	7(10.45%)	0(0%)
	教官	0(0%)	0(0%)	3(4.48%)	4(5.33%)
蒙制官		2(3.12%)	3(4.17%)	0(0%)	0(0%)
封赠		0(0%)	2(2.78%)	2(2.99%)	0(0%)
官不详		0(0%)	2(2.78%)	1(1.49%)	1(1.52%)
前朝官		0(0%)	0(0%)	1(1.49%)	8(12.12%)
前朝学位		0(0%)	0(0%)	0(0%)	12(18.18%)
外国官		0(0%)	0(0%)	3(4.48%)	0(0%)
无职		31(48.44%)	33(45.83%)	27(40.29%)	39(59.09%)
总计		64(100%)	72(100%)	67(100%)	66(100%)
缺载		11	3	8	9

说明：
"高官""中官"与"低官"的划分系依据元朝的"迁官法"。"高官"系指从三品以上，"中官"包括正四品至正七品，而"低官"则指从七品以下。《元史选举志》说：从七品以下属吏部，正七品以上属中书，三品以下非有司所可与夺，由中书取进士止①。任命者的不同，不仅反映官职的高低，也应显示其重要性的大小。

"胥吏"与"学识"，如前文所说，皆为官僚组织下层的一部分，原可列入"下官"。表中三者分列，意在突出汉、南人与蒙古、色目所任官职之异趣。

————————

①《元史》，82.2064。

"蒙制官"乃指蒙古旧制下的官职,如"昔宝赤"(siba'uchi)①,本"爱马"(ayimagh)②里"钵可孙"(bökesün)③等,皆无适当之汉制品级,而其地位可高可低,难以归类,故予分列。

"封赠"乃指所得封衔如"国公""郡侯"之类,非本人任官所得资品,而因子孙贵显乃得封赠。在此亦列入,乃因"封赠"亦可反映家族中之仕宦传统④。

"前朝官"系指宋、金二朝之官职。

"前朝学位"系指宋朝之进士(包括漕贡、恩勉及乡贡进士)及太学生在内。

"外国官"在此则专指高丽官职。左榜进士李谷为高丽人,其祖皆供职本国。因其品级与元制不同,亦予分别。

"官不详"者则有一人,即南人进士余观之曾祖。《进士录》显示其曾任官职,但职位名称已脱落,无法知其品级,故列为"官不详"。

在上述的统计中,有下列二点现象值得深入一层加以讨论:

第一,蒙古、色目进士出身于中、上级官员之家者为数甚多,甚堪玩味。蒙古、色目人仕进较为容易,何以官宦子弟仍需在场屋之中与布衣寒士争一日之短长?此一现象,需自元代官制去寻求解释:元代虽重门第,但是高门子弟并非人人可得高官厚禄。忽必烈定制以来,武官子孙固可承袭,文官子孙仅可承荫,降四品补用,且限一名,并又规定"若有余子,不得于诸官府自求职事,诸官府亦不许任用"⑤。当然,这种规定可能形同具文。而且"根脚深重"之

---

①"昔宝赤",即鹰人、养鹰人。《元史》兵志称之为"主鹰隼之事者"(99.2524)。除"怯薛"中设有昔宝赤外,各地又设有打捕鹰房,辖户甚多,专事饲养管理皇室狩猎所用鹰鹘。参见片山共夫《元朝の昔寶赤について》,《九州大学東洋史論集》第 10 期(1982),页 59—75。

②"爱马"即投下,指诸王及功臣封邑,见杨瑀《山居新话》(知不足斋丛书),2a,周良霄认为"爱马"与"兀鲁思"(ulus)皆指漠北的封国,见所著《元代投下分封制度初探》,《元史论丛》第 2 辑(1983),页 53—76。

③"钵可孙",掌给马驼刍粟。见《元史》,90.2292。F. W. Cleaves, "Bökesün, Bokegul", *Ural-Altaische Jahrbücher* 35(1964),pp. 384–393;39(1967),pp. 49–52。

④《元典章》,10.32a—34a。

⑤《元史》,83.2060。

家,除子弟一人荫袭父职外,余子往往可进入"怯薛"(Kesig),担任皇家侍卫,然后便可出仕,官职可高可低①。但此一终南捷径,即在高门子弟中,亦非人人可得。就读国学与应试科举便成为长子以外官宦子弟入仕的补救途径。本科进士中便有出身甚为显赫的蒙古、色目高门子弟二人。现在以此二人为例,加以说明。

蒙古进士月鲁不花(1308—1366)出身逊都思氏豪门②。五世祖赤老温为成吉思汗的"四杰"(Dörben külüd)之一。"四杰"人人善战知兵,为成吉思汗最亲密的勋臣。四家子孙多是世代金紫相继,位列王、相。元人目此四家为"大根脚"。其中赤老温家较为隐晦,但仍不失为中上等的官宦世家。月鲁不花之曾祖察剌月里曾从窝阔台汗经略中原,官至随州达鲁花赤(darughachi)。祖忽讷以万户平宋有功,官至江西肃政廉访使。忽讷卒后,当系由长子式列乌台承荫。次子脱帖穆耳(1265—1344)即月鲁不花之父,以勋家子得为怯薛歹(Kesigdei,即侍卫),后任为千户所达鲁花赤,镇戍明州、越州。脱帖穆耳虽然出身将门,身列戎行,但已"息马投戈,以文易武",令其诸子从会稽名儒韩性(1266—1341)游。月鲁不花为其第三子,自无承袭资格,乃与其弟笃列图、完泽不花皆治举业,笃列图后于至正五年(1345)登进士第。月鲁不花家可说是蒙古军事高门转变为科第之家的一个佳证。

_____

① "怯薛",为皇室之卫队,兼具质子营及官员培成所的性质。多由官员子弟入充"怯薛歹"(kesigdei)。凡充怯薛歹者,入仕时享有优待。怯薛可说是存在于官僚组织之上的蒙古、色目统治阶层之核心组织。参看 Hsiao Ch'i-ch'ing, *op. cit.*, pp. 33–46;片山共夫《怯薛と元朝官僚制》,《史學雜誌》第 92 卷第 12 期(1980),页 1—37。

② 关于月鲁不花家族的历史,参看拙著《元代四大蒙古家族》,页 149、152—157、164、173、189—190、209。

色目进士廉士矩①则出身于门第潢贵的畏兀儿世家，曾祖布鲁海牙(1197—1265)为忽必烈汗之母唆鲁和帖尼的家臣，与可汗之家具有密切的关系，官至御史大夫、大司农。因其曾任廉访使，子孙皆以廉为姓②。布鲁海牙共有十三男、五十三孙。其中以廉希宪(1231—1280)最为显赫，为忽必烈汗朝的名相，有"廉孟子"的美誉。希宪诸兄弟多已高度汉化，如希闵精通儒典，希贡更为享誉甚大的书法家。士矩之祖，名字已佚，但为希宪昆弟，应无可疑。《进士录》载其官衔为"□阳郡侯"，显为封赠。士矩之父廉甫，散官资品为将仕郎，不过是八品卑秩。事实上，廉氏一族即在希宪兄弟一辈中，已有多人未曾任官。士矩的父亲一辈中，惠山海牙已自科举入仕，为至治元年(1321)进士③。士矩之能单凭学力，不倚门第，而入国学、登科举，亦属自然。

至于中门以下的蒙古、色目子弟以进士登仕更不足为怪。兹以色目进士慕禼之家为例说明。此家原为居住于阗(Khotan)的回回人。曾祖迷儿阿里已任职中原，为大名宣课提领，为下级小官。

①廉士矩，《进士录》中脱落其名，仅作"廉□□"。"校注"未补。见王沂撰《送廉县尹序》(《伊滨集》，《四库珍本初集》，15.46a—17a)云：士矩为魏国孝懿公(即布鲁海牙)之后，曾为翰林检阅，皆与《进士录》合。又云"登至顺三年丙科"，丙科即第三甲。按元统元年即至顺四年，三年当为四年之误，足见廉某即士矩。

②关于廉氏家族的历史见《元史》，125.3070—3072、126.3085—3097、145.3477；元明善《平章廉文正公神道碑》，载于苏天爵编《国朝文类》(四部丛刊)，6.1a—16b。参看匡裕彻《元代维吾尔族政治家廉希宪》，《元史论丛》第2辑(1983)，页241—250。笔者亦撰有《廉希宪传》，将在 Igor de Rachewiltz, Hok-lam Chan and Hsiao Ch'i-ch'ing(eds.), *The Yuan Personalities*, vol. I 中发表。又北京西郊高梁河畔有魏公村，亦称畏兀村，据云即廉氏故居，见杨镰《贯云石评传》(乌鲁木齐：新疆人民出版社，1983)，页189—190。

③《元史》，145.3447。

祖勘马剌丁(1239—1279)于宋平之初授官南土,官至广东海盐课提举。卒后,由长子沙哈不丁承荫为道州行用库使,仅为九品卑官。次子哈八石(1284—1330,汉名丁文苑)即慕㦂之父,为延祐二年(1315)首科进士,其家已成为科第之家。哈八石官至山北道廉访佥事,不过正五品①。其子即得承荫,亦仅为正九品。于是慕㦂乃效法其父,复以科举入仕。

总之,不仅中级以下蒙古、色目官员无法徒赖荫袭,即是高门华族,亦因子孙繁衍,必须在荫袭之外,另辟蹊径,以求入仕。这亦可由其他各科进士取得印证。元代历科进士中,出身高门华族者为数甚多。如答禄乃蛮氏,为太阳罕之后,"子孙振振,接踵儒科,以武易文",其家守恭、守礼、与权等人皆为进士②。大德名相哈剌哈孙(1257—1308)族孙燮理溥化③、伯牙吾台氏名将和尚之后裔孛颜忽都④、至元儒相康里不忽木(1255—1300)之裔太禧奴⑤等也都是进士。此外,高昌偰氏⑥、汪古马氏⑦、回回丁

---

① 许有壬《至正集·赠奉训大夫渔阳县男于阗公碑》(宣统三年刊本),51. 25a—27a;同上,《丁文苑哀辞》,68. 2a—25a。
② 关于答禄家族之历史,见《元史》,121. 12a—17b;黄溍《金华黄先生文集·答禄乃蛮氏先茔碑》(四部丛刊),28. 12a—17b;拙著《元代蒙古人的汉学》,《国际中国边疆学术会议论文集》(台北:台湾政治大学,1985),页382—385。
③ 关于燮理溥化,见上注引拙著,页385。
④《元史》,134. 3259;杨维桢《东维子文集·孛元卿墓志》(四部丛刊),24. 16b—17a。
⑤ 宋濂《宋文宪公集·平章政事康里公神道碑》(四部备要),41. 482a—484a。
⑥ 偰氏子孙先后登进士第者二代之间共有九人。见欧阳玄《圭斋文集·高昌偰氏家传》(四部丛刊),11. 3a—13a;《金华文集·合剌普华公碑》,25. 1a—5b;陈垣《元西域人华化考》(励耘书屋本),2. 28b—33a。
⑦ 马氏系出月合乃,为忽必烈汗初年之礼部尚书。其家登进士第者,有世德、祖常等四人,另有祖谦等三人为国子进士,祖周等三人为乡贡进士。见《金华文集》"马氏世谱",43. 1a—5a;苏天爵《滋溪文稿·马文贞公墓志铭》(适园丛书),9. 10a—17a;陈垣前揭书,2. 17b—22a。

氏①等更都出了多名进士。此等例证足以显示"根脚"之不足恃。社会学上所谓"出身"(ascription)与"成就"(achievement)原不过是相对的概念。即在元代这样着重出身的社会中,高门子弟仍须凭个人的成就赢得一官半职。

第二,南人进士祖先属于宋代仕宦阶层者所占比例甚高,供职元朝者却不多。汉人的情形却反是,进士祖先仅一人供职金朝,无人出身金朝进士,但出任元代官职者为数甚多。此一歧异须自金、宋灭亡的先后及元朝对汉、南人待遇的不同来解释。蒙古灭金下距元统元年(1333)已百年。此科进士多出生于1300年前后,曾祖一辈在金亡之前多仅为子弱冠少年,自不及登第、入仕②。其后即成为蒙古子民,入仕蒙古,乃属自然。而且元朝对汉人待遇尚称不恶。汉人固难与蒙古、色目角逐卿相之位,但担任中下级官职者甚多。尤其平宋以后,江南需官甚多,而元廷又不相信南人,以致"江南官吏尽是北人",北方汉人如不嫌江南孤远,欲求一官半职,并非难事③。过去学者多将汉人、南人混为一谈,两者所受待遇实不相同。反观南宋之亡下距元统元年不过五十余年。宋亡时,南人进士曾祖多已过盛年,故多曾仕宋。祖父一辈之活跃期则在宋、元鼎

---

① 丁氏出于苫思丁,为临江路达鲁花赤。历世虽无显宦,但与色目名族如赛典赤、阿里海涯(后称贯氏)等姻娅相联。丁氏昆季为进士者有爱理沙、吉雅谟丁(从兄,又名马元德)等三人,而丁鹤年则为元季明初的名诗人。见《丁鹤年集》(四明丛书)"附录";戴良《九灵山房集·高士传》(四部丛刊),19.1a—4a;陈垣前揭书,3.41a—46b、4.63b—68b。

② 较早科次之进士当中有不少出身于金朝仕宦科第之家,如延祐二年首科进士王沂〔见楼占梅《伊滨集中的王徵士诗》,《史学汇刊》第12期(1983),页57—76〕、泰定元年进士吕思诚(《元史》,185.4247)皆可为例。

③ 程钜夫《雪楼集·吏治五事》(湖北先正遗书),10.1a—4b。俞希鲁《至顺镇江志》(宋元地方志丛书)载有镇江路所属地方官之氏族与籍贯,除蒙古、色目人外,几尽为汉人。唯有教职以南人为主,可见汉人、南人仕路宽窄之不同。

革前后,不少亦曾任宋官。至于父亲一辈,多生于宋亡前后,除年龄较长之宇文公谅之父曾供职外,余皆不及仕宋。而元朝对南人甚为歧视,北人又复排斥南人,讥南人为"不识体制",不仅"北方州县并无南方人士",即在江南,南人除特殊机缘外,也仅可出掌教席,或担任卑职小官①。虽然程钜夫(1249—1318)等人曾呼吁"通南北之选",为南人陈情,但南人仕途并未得到拓展②。因此,南人进士虽多出身于宋朝的仕宦之家,与元代官场却无渊源,与汉人进士的情形大不相同。

表一、表二皆以进士祖先之宦历为统计对象,故未触及进士兄弟之仕宦纪录。《进士录》中记有本科进士之兄弟曾登进士及乡试中选者。此项资料不仅可显示家庭之学术背景,亦可进一步证实官宦之家——尤其蒙古、色目——在科举中占有甚大优势。《进士录》以外的资料亦可补充,兹据以制为表三:

表三　元统元年进士兄弟登科

族别	进士姓名	家庭背景	兄弟姓名	登科类别
蒙古	虎理翰	仕宦	伯忽	乡贡
	完迬口先	仕宦	完迬溥化	进士
	完迬口先	仕宦	完迬口木	乡贡
	月鲁不花	仕宦	笃列图	进士
色目	别罗沙	仕宦	默契理沙	进士
	普达世理	非仕宦	纳失理	进士
	寿同海涯	仕宦	仁同海涯	乡贡

①关于南人仕路之窄隘,参据姚师从吾《忽必烈平宋以后的南人问题》,《姚从吾先生全集》第7册(台北:正中书局,1982),页1—85;陈得芝《元代江南之地主阶级》,《元史及北方民族史研究集刊》第7期(1983),页86—91。
②见页227注③引程钜夫文。

族别	进士姓名	家庭背景	兄弟姓名	登科类别
汉人	王充耘	仕宦	王相（从兄）	进士
南人	雷杭	仕宦	雷机（从兄）	进士
	宋梦鼎	仕宦	宋季武	乡贡

史源：《元统元年进士录校注》；吴福原修《成化淳安县志》（成化十二年刊），11.18b。

　　由表三可以看出本科进士有兄弟先后登科者（包括乡贡）为一甚为普遍的现象，占全部进士家庭的十分之一。而其中蒙古、色目人更占有六家，如加上父子相继登科的哈八石与慕高，则共有七个蒙古、色目家庭各产生二名以上的进士或乡贡。占五十个蒙古、色目进士家庭的16%之多，甚为惊人。而在此八家中，七家皆为仕宦之家。如上文所说，在其他各科中，蒙古、色目高门父子兄弟接踵登科也是常见的现象①。这一现象或是反映蒙古、色目人中汉化甚深的家庭并不太多，而以仕宦家庭最为普遍。这些汉化较深的蒙古、色目子弟，在科举中面对的竞争不大，以致进士高度集中于少数家庭。

三、户计

　　"户计"是元代户役制度的一部分，也是国家支配全部人力、

---

① 高门及仕宦家庭父子兄弟在历科中相继登第者，除前引之例外，尚有捏古氏笃列图（字敬夫）及其子揭毅夫、族弟帖哥，畏兀人沙班及其子善材、善庆，回回人萨都剌及其侄仲礼。关于笃列图见《元代蒙古人的汉学》，页388；沙班父子见陈垣前揭书，2.11b—12a；张以宁《翠屏集・联桂堂记》（《四库珍本二集》），4.46a。萨氏叔侄登第事，见潘柏澄《萨都剌生平考略》，《史原》第9期（1979），页91—100；萨都剌《雁门集》（上海：上海古籍出版社，1982）卷一引《萨氏家谱》，页9（但《家谱》云仲礼为元统元年进士，当误）。

物力资源的一种制度。全国人户皆经佥定为国家承当特定的差役。"诸色户计",如军、民、匠、站、儒、道、僧等,都本着"籍不准乱,役皆永充"的原则,世守其业。义务既不相同,权利相去亦大①。因而户计的差别可视为影响子弟读书、仕进的一个因素。

《进士录》中列有各进士出身的户计,如右榜状元同同出身"侍卫军户",左榜状元李齐则出身于"匠户"。但是《进士录》中的此项资料不尽完备。百人之中,户计类别缺载者达四十四人之多,而蒙古、色目占三十一人。此项缺陷或可归之于下列三个原因:(一)《进士录》有关记载的脱落。(二)进士祖先担任官职,得以优免差役,因而未列入普通户计之中。此种情形在蒙古、色目人中应较普遍②。(三)其家为民户,而汉人,尤其是南人,大多皆属民户,进士在填报家状时乃未填入。因此表四列为"缺载"的十三个汉、南人家庭中,原为民户者,或占多数。

表四乃根据《进士录》中的户计资料而制成③。廿五名蒙古进士中,现知其户计者共十一人,全部出身军户。色目进士廿五人中,现知其户计者仅八人。其中军户出身者也多达六人(75%);此外一人出自鹰房户,一人出自昔宝赤户④,都是属于皇室供役户

①关于"户计"制度,见黄清连《元代户计制度研究》,台北:台湾大学文学院,1977;大岛立子《元代户计と徭役》,《歴史學研究》484(1980),页23—32。
②《进士录》中,蒙古、色目进士户计不详而祖先曾任官职者比例甚高。蒙古进士中有十人,色目进士中有十一人。可见官宦之家多未列入户计。
③黄清连前揭书有本科进士"所属户计表"(页167—168),取材与本表相同,目的亦相似。但因制作方法不同,结果遂相异。方法上的主要歧异有二:第一,黄氏合蒙古、色目为一表,汉人、南人为一表;本表则将四色进士皆加区分,借以显示各色进士出身户计的差异。第二,户计类别认定上的差异。黄氏所列"户计类别"中,有"氏族""各州路所属氏族户计""各州路所属氏族""录事司(户?)"等,皆视之为户计类别。笔者则认为"氏族"等等并非户计类别,仅为进士所属氏族及行政区划。
④"鹰房户""昔宝赤户"意义相同,见页223注①。

计。显然,蒙古、色目,除去任官者外,大多纳入军户,以作政权之保障。蒙古军户十一户中,仅三户具有仕宦纪录,色目军户六户中,亦仅三户为仕宦家庭,其余各家当为普通士兵之家。前述的右榜状元同同便是出身于全无仕宦纪录的士兵之家。此类普通蒙古、色目军户为数众多。平宋以后,已无大规模战争,奋战沙场、立功升官的机会不易多得。科举的恢复,对此类家庭子弟鼓励较大。此可能为元廷恢复科举的一个原因。

表四　进士出身的诸色户计

种类 户计	蒙古	色目	汉人	南人
军	11(100%)	6(75%)	10(52.63%)	0
民	0	0	3(15.79%)	7(41.18%)
儒	0	0	3(15.79%)	10(58.82%)
匠	0	0	1(5.26%)	0
屯	0	0	1(5.26%)	0
礼乐	0	0	1(5.26%)	0
鹰房	0	1(12.50%)	0	0
昔宝赤	0	1(12.50%)	0	0
总计	11(100%)	8(100%)	19(100%)	17(100%)
缺载	14	17	5	0
外国	0	0	1	

汉人进士户计可究明者十九人中,以出身军户者为最多,达十人(52.63%)。民户、儒户次之,各三人(15.79%)。匠户、屯户及礼乐户又次之,各一人(5.26%)。南人进士户计类别与汉人进士大不相同。其户计可知的十七人中,出身儒户者多达十人(58.82%),其余七人皆民户出身(41.18%)。如前文所说,列为不详的汉人进士五人、南人进士八人中,当有不少亦为民户出身。

何以汉人进士出身于军户者为最多,而南人进士则多来自儒户? 这可由元代社会南北发展的差别来解释。蒙元征服对汉地、江南所引起破坏的程度不同,对两地社会结构的影响也相异①。金元之际,汉地干戈扰攘垂数十年,所受破坏甚大。加以平金伐宋,所需人力孔殷。签军(即指定为军户)频频,整个社会趋向军事化,军户遂在汉地人户中占有甚大的比例。据估计,汉地在籍二百余万户中,至少有六分之一为军户,有些地区更高达三分之一②。忽必烈汗初年有所谓"七十二万户军数",其中虽亦有蒙古、探马赤军户,但显然以汉军军户为主,可见其数目之庞大③。汉军军户因须供给军人之装备、军需,在签军时便以"酌中户内丁多堪当"为选拔标准,每户往往拥田四顷左右,有些地区为凑足军数,上户亦经签入。因此,汉军军户中原有甚多中上之家,加以军户所受待遇不为太恶,供役所需人力、物力固然不轻,但所拥田土四顷之内可以免税,其家又可免除科差及杂泛差役,另外又有贴户可以助役,因而具有维持中上之家的条件。其子弟除去一人服军役外,其余仍可读书仕进。大多数的民户,原为贫弱下户,条件反不如军户。

汉人军户之中,实有不少仕宦及书香之家。汉人进士出身的十家军户中,《进士录》列有祖先仕宦纪录者多达六家。其中如于及,出身于山东益都军户。祖父某,官浦江县尹。父钦止,任岳州教授,长于诗,今仍有诗存世④。故其家可说是书香之家。更多的

---

①蒙古征服,对汉地、江南影响不同,参看蒙思明《元代社会阶级制度》(北京:中华书局,1980),页18—24;陈得芝前揭文,页85—88。

②关于元代的军户,参看陈高华《论元代的军户》,《元史论丛》第 1 辑(1982),页 72—90; Hsiao Ch'i-ch'ing, *The Military Establishment of the Yüan Dynasty*, pp. 17–25 and 27–32。

③*Ibid.*, pp. 91 and 298, n. 403。

④席世臣《元诗选癸集》(扫叶山房刊本),癸,页 6b。

军户,虽非书香门第,却是仕宦之家。如庄文昭,出身河南安阳军户。其祖德忠①、父思诚、从伯溥皆曾任官②。又如出身山东济南军户的程益,其先世虽然"世服田亩",但后来亦成为官吏之家。曾祖万、祖壁皆为吏,其父恭由吏入官,先后曾任句容及南陵县尹,号称能官③。又如许寅之家,在《进士录》中虽无仕宦记载,实际上为一由耕读而至于仕宦的家庭。许寅出身于山西黄杨许氏。据说,其家人"三时力田,一时为学","褒衣博带,出入闾巷间,其族数十家化之,皆敦于礼"④。寅之祖父义甫⑤攻诗赋,有声于时。叔祖恒甫,治经义,通《周易》。恒甫之子克敬仕至翰林编修,当为学者。总而言之,汉地军户不仅为数众多,而且其中不乏官宦书香之家。汉人进士多出其中,应可理解。

再看南人的情形。元代平宋,速战速决。而元廷亦以保持当地社会秩序为政策重点。江南社会的上层——也就是南宋的官户、形势户——虽然失去政治上的影响力,但其经济实力及社会地位改变不大⑥。江南上层人户,大多列入儒户。在江南诸色户计中,儒户较为重要,而无军户。南方之新附军虽亦世代为军,一如汉军,但并未单独籍为军户。此乃因新附军人及其家小皆支领口粮,而非自给自足,赋役义务乃与普通民户相同⑦。而儒户不仅为数众多,且为南宋乔木故家。元代南北儒籍设置时间不一,户数多寡相去亦远。汉地儒籍设定于至元十三年(1276),总数不过3890

①庄德忠,《进士录》原缺德字,"校注"未补。今据钱抄补。
②《至正集·安阳郡伯庄公墓志铭》,58.5a—7b。
③《滋溪文稿·博兴知州程府君墓志铭》,18.6a—8a。杜槃修《弘治句容县志》(弘治六年刊),6.4a。
④余阙《青阳文集·梯云庄记》,四部丛刊三编,3.7b—9a。
⑤《进士录》称许寅之祖名肯终,《梯云庄记》则称之为义甫。义甫或为其字。
⑥陈得芝前揭文。
⑦Hsiao Ch'i-ch'ing, *op. cit.*, p.20.

户,仅为汉地在籍总户数的 0.16%①。江南儒户于至元廿七年(1290)定籍。入籍的标准甚为宽大,尽量纳入旧宋的科第簪缨之家。据估计,纳为儒者不下十万家,占江南总户数的 0.85%②。而且儒户的法定权利义务甚为有利。唯一的义务为须有子弟一人入学以备选用。权利方面,儒户既得廪饩生料之资,又可蠲免赋役。而其他户计子弟入学却仅能免除本身差役。加以科举恢复之前,儒户子弟或则为官为吏,或则担任教席,机会亦较其他户计为高。因此儒户的身份对士大夫家风的维持甚为有利。

累世学问的家庭环境是儒户子弟读书登科最有利的条件。书香世家,在儒户中真是比比皆是。南人进士中,雷杭便是出身于福建建安的经学世家。杭之曾祖时为宋太学上舍生。祖父桂子及伯祖龙济皆为宋乡贡进士③,父逢年入元未仕,从伯德润都为福州儒学教授及长乐县主簿。雷氏祖先虽未曾大显于宦场,却已奠立经学传家的家风。元季明初的名文人宋濂(1310—1381)于年轻时便"辄闻闽中雷氏兄弟以《易经》相传授,所为经之大义流布,四方多取之以为法"④。雷杭及其从兄机(1294—1351)皆以《易经》登进士第,而杭更著有《周易注解》行世⑤。杭辈子孙于元季明初成为进士者更是络绎不绝。雷氏可说是绵延宋、元、明三代的经学科第

---

① 汉地儒户与该地区在籍总户数之比例,应为 0.16%。《元代史新探》中(页 35)误植为 0.61%,相去甚大,特此更正。

② 见拙撰《元代的儒户:儒士地位演进史上的一章》,页 6—17。陈得芝、陈高华二先生认为笔者对江南儒户总数的估计,"似乎偏高一些"〔见二氏所撰《萧启庆著〈元代史新探〉评介》,《中国史研究》第 4 期(1984),页 160—167〕。此一问题有待进一步的探讨。但是,江南儒户数目甚为庞大,应属无可置疑。

③ 雷龙济事迹见陆心源辑《宋史翼》(归安陆氏刊本),32.24a。

④《宋文宪公集·元故翰林待制朝散大夫雷府君墓志铭》,5.99a—100a。

⑤ 王梓材、冯云濠《宋元学案补遗》(四明丛书本),2.68b。

世家①。

元统元年（1333）进士中最有盛名的刘基（1311—1375），出身于青田儒户，也是家学渊源。曾祖濠，为宋翰林掌书。祖庭槐，宋太学上舍生，据说他"博学坟籍"，学问很广。父爚，亦通经术，仕元为遂昌教谕，可见刘氏也是世代书香②。

宇文公谅是出身于宋朝官宦诗书门第的另一例证。宇文氏原为成都名族，"以《诗书》为世业"，历代皆有显宦③。公谅之曾祖峒曾任宋大理寺丞，知嘉定府。祖大钧为万州知州，父挺祖则于宋季任平阳县尉，因四川兵燹连年，徙居湖州，其家遂为湖州儒户。由于家庭的熏染，公谅不仅"通经史百家言"，而且在诗书画等方面都有相当的成就，在本科进士中，才艺最广④。此类例子，仍有不少，不胜枚举。

儒户由于家庭背景及法定地位的优越，囊括汉人、南人进士中不少名额，并非意外。不过儒户并不包括南北书香世家的全部。汉地儒户屡经考试与分拣，至元十三年（1276）籍定的三千余户仅为金朝科第世家的一部分。而江南儒籍设定时，不少儒人因为"或避隐山林、或出仕他处，或游学远方"而未能入籍，沧海遗珠，数不在少⑤。而且南北儒户定籍后，又已四五十年。其间自有不少新兴学问之家，亦不在儒籍之内。因此，不具备儒户身份并不意味其

①夏玉麟纂《嘉靖建宁府志》（嘉靖十八年）载有雷氏登科子弟甚多，见该书15. 1a—2a、6a、8a、11b、88a—88b，16. 36a，18. 71a、79a。
②张时彻《诚意伯刘文正公神道碑铭》，载于刘基《诚意伯文集》（四部丛刊本）卷首。
③危素《危太朴文集·宇文氏族谱序》（嘉集堂刊本），9. 9a—10a。关于成都宇文氏世系，见费著《成都氏族谱》（适园丛书），11b—12b。
④《元史》，190. 4349。
⑤见拙撰《元代的儒户：儒士地位演进史上的一章》，页16—17。

家缺乏学术传统。前述汉人军户内若干官宦书香之家可作北方儒籍漏列或新兴学问之家的例证。此外籍隶山东邹县民户的李之英（1300—1335）亦出身于新兴学问之家。李氏原为女真蒲察氏。之英曾祖、祖父二代皆无仕进纪录。但其父俨任儒学教谕，"以醇儒著名于邹、鲁间"，教子严笃，之英以是成材①，可见也是家学有自。

南人进士祖先曾登宋朝科第而其家户计并非儒户者为数更多。如籍为民户的宋梦鼎、王充耘、李炳、许广大，户计不详的张兑、张宗元、鞠志元、陈毓等八家都是儒籍遗珠。此等家庭虽然名列儒籍之外，但其中不少仍能克守世业。天台人许广大便可为例。其曾祖德著为宋宝祐四年（1256）进士②。祖、父二代皆未出仕。但其家"以子孙众多，俾人专一经，故许氏明经者代不乏人"。广大之父嗣"少受《尚书》，于诸经无所不通"③，可见许氏仍以经学传家。又如澧州慈利人张兑，其高祖文震为宋嘉定十年（1217）进士，官至知江安县。以后，其家"世治儒术"，但无显者。兑父杏孙（1286—1339），通尚书，以之授兑④。兑后来以《尚书》登进士第，可见亦得力于家学。总之，南人进士不仅有十人出身于儒户，另有八人亦出身于南宋科第旧家。

换一个角度考察，亦可看出汉、南人进士真正出身于全无仕

①陈绎曾《同知锦州事李君墓志铭》，拓本，编号01962，藏台北"中研院"史语所。
②许德著，"校注"作"渔著"，今据钱抄本改。其登宝祐四年进士第事，见万斯同《宋季忠义录》（四明丛书），13.23a。《宝祐四年登科录》《粤雅堂丛书》中不见其名。但该书（页95b）所载第五甲第一七七名，姓名皆缺，本贯为台州，当即德著。
③《金华文集·赠文林郎江浙儒学副提举许公墓志铭》卷三六，页1a—3a。许嗣又曾撰《家训诗》，教诲广大以修己治人之道，见王直《抑庵集》（四库珍本八集）后集卷三六，13—14b。
④《青阳文集·张同知墓表》，7.2b—3b。陈光前纂《万历慈利县志》（万历二年刊，15.8a）称杏孙为"邑闻人云"。

宦、学术背景家庭者为数甚少。汉人进士出身于"非仕宦"家庭的七人中,出身于军户者四人(成遵、许寅、邓世伦、李哲)、儒户一人(郭文焕)、户计不详者二人(王明嗣、张文渊)。自军户出身的四人中,许寅之家,实际上为一官宦书香之家,已如上述。儒户出身的郭文焕则为四川成都人,故其家为宋人。既为儒户,自必为书香门第。因此汉人进士中真正出身于非仕宦书香门第者不过五人。南人进士出身于非官宦家庭十一人中,四人出身儒户(余观、江文彬、朱彬、张本),三人出身于民户(李祁、聂炳、陈植),另有四人户计不详(张兑、邓梓、徐邦宪、艾云中)。四家儒户必为书香门第,户计不详的张兑,亦出身书香之家,已如上述。所以南人进士中,真正非仕宦书香门第出身者不过七人而已。更进一步地证明南人进士为南宋官宦家庭的延续。

户计的分析,并不能反映进士家庭的实际职业类别及经济状态。如前文所说,户计仅反映一个家庭的户役类别,名列军户、儒户、匠户的家庭,必须每代提供一人为军、为儒,或为匠,但是该家庭可以工、农,或工、商为主要职业,而且既可田连阡陌,亦可贫无立锥。因此,进士家庭的实际职业与经济状态已难以有系统地加以研究。今仅知本科进士中有不少出身贫家者。右榜进士中,余阙(1303—1358)"家贫,年十三始能就学,嗜欲甚浅,不知有肉味"①。又如慕嚞之父哈八石贫不能举葬②。左榜状元李齐(1301—1353),因家贫而客授江南③;张桢(1305—1368)则因家贫而遭受其出身富家的妻子鄙视④;成遵也出身于贫家,端赖勤苦自学,始

---

①《宋文宪公集·余左丞传》,40.471a—472a。
②《至正集·丁文苑哀辞》,68.23a。
③《元史》,194.4394。
④同上,186.4265。

得有成①。但其中慕斛之父哈八石原为中级官员，其贫穷乃为特殊情形，成遵则因少年丧父而致家庭经济困难，并不反映其出身于农、工贫家。因而，本科进士真正出身下层贫家者并不多见，其情形正如历代进士一样。

四、婚姻

在多元族群、多元文化的社会中，异族联姻是彼此相互涵化的重要因素。由于元代科举系以汉学为评准，蒙古、色目进士之家纳娶汉女为一值得探究的因素。元代各族间互联姻娅，颇为频繁②。蒙古、色目人与汉人(广义)联姻常促成其家庭之汉化。嫁与异族的汉人妇女中，不少略谙诗书，往往遵循汉人价值观念，督促子女读书习文③。

---

① 同上，186.4278。

② 关于元代各族间之通婚，参看洪金富《元代汉人与非汉人通婚问题初探》，《食货》(复刊)第 6 卷第 12 期(1977)，页 1—19；第 7 卷第 1、2 期(1997)，页 11—61；Hsiao Ch'i-ch'ing, *op. cit.*, p. 146, nos. 283 and 285；池内功《元朝における懞漢通婚とその背景》，《アジア諸民族における社會と文化・岡本敬二先生退官紀念論集》(东京，1984)，页 218—238。并参看页 241 注①所引文。

③ 如珊竹氏名将乌也而妻张氏教其子读书，以致其家子孙甚为汉化〔姚燧《江东宣慰使珊竹公神道碑》，《江苏金石志》(《石刻史料丛书》)卷一九，49a〕；又如至元、大德间名臣彻理，出身燕只吉歹氏，其母为女真蒲察氏。元代女真人已汉化，列为汉人。蒲察氏教子读书，以致彻理"六经二氏，悉通源委"〔姚燧《牧庵集・平章徐国公神道碑》(四部丛刊)，14.10b—16a〕。又如暗都剌与凯霖兄弟，出身于回教世家，由于"鞠于外家，攻儒书。既长，则习礼训"，并且从外家改姓为荀。亦为边族人氏受母氏影响而汉化的例证。见《至正集・西域使者哈只哈心碑》，53.39a—41b；何高济《元代伊斯兰教人物——哈只哈心》，《中外关系史论丛》第 1 期(1985)，页 68—77。

唐、宋以来，中国社会最重科第，各阶层人士都不免染有"状元情结"，以金榜题名与洞房花烛并列为人生最大乐事。元代科举恢复后，入嫔异族的汉人妇女，常将此种状元情结灌输于其子弟，以求跃登金榜，光大门楣。如蒙古哈儿柳温台氏马马之妻张氏，出身黄冈书香世家。其孙哈刺台便是经张氏灌输"状元情绪"而登进士第。苏天爵撰《元故赠长葛县君张氏墓志录》的记载极为有趣：

> 初，皇庆科举诏下，哈刺台甫十余岁，县君（张氏）呼而教之曰："我昔居父母家，岁时亲戚小儿来者，吾亲必祝之曰：'长大作状元！'自我为汝家归，恒在军旅，久不闻是言矣！幸今朝廷开设贡举，汝能读书登高科，吾复何恨？"于是悉资给之，俾从师受业。泰定三年（1326）策试进士，哈刺台果中第二甲第一人。①

张氏孙男七人之中，除哈刺台外，又有三人亦"治进士业"，应该都是受此汉人婆婆的影响。事实上，元代列科蒙古、色目进士之母为汉人者，为数不少。如延祐五年（1318）状元忽都达而（1296—1349）之母冯氏，为宋朝宦家之裔②。至顺元年（1330）状元笃列图（1312—1348）之母潘氏，亦汉人③。又如汪古马祖常昆弟皆进士，其家自其高祖庆祥起，每代皆与汉人联姻④。这些汉人母亲皆可能发挥黄冈张氏相似的影响。

元统元年（1333）蒙古、色目进士之家与汉人联姻者亦甚普

---

①《滋溪文稿·元故赠长葛县君张氏墓志铭》，21. 12a—14a。
②《金华文集·揑古舒父神道碑》，27. 13a—16a。
③笃列图之生母，据虞集云为王氏〔见《道园类稿·靖州路总管揑古公墓志铭》（《元人珍本文集》影印元抚州路学刊本），46. 23a—31a〕。王逢则云为潘氏〔《梧溪集·故内御史笃公挽词》（丛书集成本）卷三，页98〕。但不论王氏或潘氏，皆应为汉人。
④洪金富前揭文（一）表五，页9。

遍。《进士录》中载有各进士之母亲或妻子所属种族或氏族(如为蒙古、色目人)或姓氏(如为汉人)。例如色目进士丑闾(字益谦)本人为哈剌鲁人,"母康里氏……娶钦察氏"。又如脱颖(字尚宾)为蒙古札剌亦儿氏,"母姬氏……娶宋氏"。若进士本人未娶,则记作"未娶"。四色进士皆作如此记载。但是汉、南人进士之家的婚姻对象皆为本族人,故无研究必要。现将蒙古、色目进士的此项资料制为表五①。表中"婚姻对象"各依其种族或姓氏判断其种族类别。如为札剌亦儿、康里、钦察之类必为蒙古、色目者,列入"蒙古、色目"。如为姬氏、宋氏等汉姓,则列为"汉人"(广义,包括契丹、女真、高丽在内)。以姓氏来判断种族,自然无法绝对正确,但应与事实相去不远。凡姓氏或氏族脱落者则列入缺载。因本表旨在说明联姻汉人为有助于蒙古、色目人登第的因素,凡一人娶妻两次以上而其中一人为汉人者即列入汉人计算。

表五显示蒙古进士之母为汉人者高达总人数的68.18%,妻子更高达71.43%。色目人通婚比例较低,母亲为汉人者为54.55%,妻子为汉人者则为46.15%,亦都在半数左右。

表五　蒙古色目进士家庭之婚姻

	蒙　古		色　目	
	母	妻	母	妻
汉人	15(68.18%)	10(71.43%)	12(54.55%)	6(46.15%)
蒙古色目	7(31.82%)	4(28.57%)	10(45.45%)	7(53.85%)
总数	22(100%)	14(100%)	22(100%)	13(100%)
未娶	0	7	0	5
阙载	3	4	3	7

---

①同上,(二),页17。亦据《进士录》作通婚表,目的与本表相同,但在种族认定上,洪氏与笔者不同,故统计结果亦异。

色目进士之家通婚比例较低，应可归因于宗教。蒙古人或保持原有沙满教（Shamanism）的信仰，或改宗佛教，皆不构成联姻汉人的宗教藩篱。而色目进士中之回教徒达八人之多（包括回回、达失蛮及穆速鲁蛮）。由于宗教原因，回教徒所娶多为同教中人①。例如进士慕离、□合谟沙、阿都剌、剌马丹等四人之母，皆为阿鲁温（Arghun）氏。上述四人中，剌马丹本人所娶为穆速鲁蛮（Mussulman），其他三人则未娶。此外，别罗沙之母为回回氏，娶答失蛮（Dashman）氏。回回、穆速鲁蛮②及答失蛮③皆指回教徒而言，而阿鲁温则为中亚信奉回教的一个部族④。若扣除此等回教徒间的互婚，则蒙古、色目进士家庭与汉人通婚的比例便甚接近。

表五虽足以证明蒙古、色目进士之家多与汉人姻娅相联，但更

① 回教徒亦有娶汉人者。本科回教徒进士中，乌马儿之母为李氏，穆古必立母为罗氏，脱颖母为胡氏，娶杜氏，当皆汉人。其他汉回通婚的例证并讨论，参见杨志玖《元代汉回通婚举例》，载杨著《元史三论》（北京：人民出版社，1985），页156—162；白寿彝、马寿千《几种回回家谱中所反映的历史问题》，《北京师范大学学报》第2期（1958），页72—75；洪金富前揭文，（二），页27—40。

② "Mussulman"，为波斯文，意义与回回同，为阿剌伯语 Muslim 之讹。参看 M. T. Houtsman, et. al., *The Encyclopedia of Islam*（Leyden, 1913），II, pp. 755-756；桑原骘藏著，冯攸译《中国阿剌伯海上交通史》（台北：商务印书馆，1962），页88—89。

③ "Dashman" 一词源自波斯文，"danishmand"，意即智者，原指回回教士而言。在元代用语中，乃指一般回回。参看田坂兴道《中國における回教の伝來とその弘通》（东京：东洋文库，1964），页767—769。

④ "阿鲁温"，又作阿儿温、合鲁温、阿儿浑、阿鲁浑等。十一世纪畏兀学者喀什噶里（Mahmud-Kashghari）已提及 Arghu，指坦罗斯（Talas）与八剌沙衮（Balasaghun）之间地区，即今苏联吉尔吉斯共和国全部及哈萨克共和国一部分地区。其居民为突厥种，信奉回教。元代阿鲁温人多居住于北方天德州（丰州）和荨麻林（今张家口西洗马林）一带，为织造户计。但内地各省亦有其人散布。参看 Paul Pelliot, *Notes on Marco Polo*, I（Paris, 1959），pp. 49-51；杨志玖《元史的阿儿浑人》，见所著《元代三论》，页226—236。

有少数进士与汉人的血缘关系更为深远。《进士录》中偶有记载祖母氏族或姓氏者，显示进士祖母中亦有汉人。例如蒙古进士阿虎歹之祖母为孟氏，唐兀进士安笃剌之祖母为刘氏、樊氏，应该皆为汉人。《进士录》以外的材料亦可据以补充。如廉士矩家自布鲁海牙、廉希宪以还便与汉人姻娅相联[1]。又如慕卨之祖父堪马剌丁娶叶里干氏，继娶蒋氏、周氏、龙氏。慕卨之父哈八石为龙氏子。但龙氏早卒，而蒋氏"贤而读书"，待哈八石如亲生，可见慕卨之父子已含汉血，且由汉母教养成材[2]。显然不少蒙古、色目进士的汉族血缘超出一半，而且其文化取向与其祖母、母亲为汉人亦有关系。

五、结论

元代用人，向重"根脚"。科举制度的恢复应为平民子弟带来入仕的机会。但由上文看来，元统元年（1333）百名进士中，仅有35%强的进士来自全无官宦传统的家庭。其中，色目与汉人进士的新血最少（32%及28%）。蒙古及南人进士中的新血也仅略过四成。再从进士祖先所任官职分析，便可看出四色进士家庭背景的明显差异。蒙古、色目进士祖先以担任中级官职者为最多，也有不少担任高官者，屈居下僚者较少。汉人进士祖先则以担任下级官、吏、教职者为最多，充任中级官职者次之，无人膺任高官。南人进士祖先则以南宋官宦、科第之士为最多。有缘出仕元朝者不过寥

---

[1] 布鲁海牙之妻为西辽皇室姻族石抹氏（即萧氏，辽代作述律）。廉希宪二娶，其中一妻为女真人完颜氏，皆为广义的汉人，见页 225 注②所引。
[2] 见页 226 注①所引。

寥数人,其中又以教官为多数。总之,蒙古、色目与汉人进士可说多数出身于元朝的官宦之家,而南人进士则为宋朝仕宦家庭的延伸。四色进士家庭背景的歧异反映了此四个种族集团在元代社会中地位的不同。

进士家庭所属户计的分析,亦反映出元代社会结构的特点,有助于对四色进士出身歧异的了解。户计具有记载的十一名蒙古进士全部出身于军户,而十一户中有八户全无仕进记录。现知其户计的八名色目进士中,出身军户者也多达六名,其中三户无仕宦记录。可见蒙古、色目进士中的新血大多出身于普通士兵之家。蒙古进士出身军户者较色目进士为多,一方面显示蒙古人留着军籍者比例较大,另一方面可能亦反映出蒙古进士家庭的仕宦传统弱于色目进士家庭的原因。

汉人进士亦以出身军户者为最多,民户、儒户次之。南人进士则以儒户出身者占多数,民户次之。此一歧异反映出南北社会结构的不同。汉地社会军事化程度甚高,军户所占比例甚大,而且军户原多为中上家庭,其中不少为官宦书香世家。江南社会受战祸影响不大,南宋仕宦兼地主家庭多得列为儒户,享受种种优待。在政治上虽暂时失去雄风,但在经济及家风上多能保持其优势。科举恢复后,儒户子弟得以赢取甚多进士名额。

对蒙古、色目进士家庭婚姻关系的分析,则显示蒙古进士的母亲、妻子为汉人者高达 60%—70%。而色目进士家庭与汉人通婚者亦达 50%左右。色目人通婚率较低,乃因其中不少为回教徒,格于宗教,难与异教中人通婚。但是,总而言之,蒙古、色目进士多出身与汉族姻娅相联的家庭。与汉人联姻可能影响了其子弟的文化取向。

整体言之,元统元年(1333)进士中的新血的比例较宋、明两代为少。宋、明两代进士中的新血都在 50% 左右①。何以元代进士中新血较少,为一须加解释的重要问题。要解答此一问题,须将蒙古、色目与汉人、南人分而论之。元代蒙古、色目人的总数可能有四十万户左右②。而蒙古、色目官员的总数尚不足七千人③。而且由于着重"根脚",一家有二人以上任官者当不在少,因此蒙古、色目的仕宦家庭当不致超过三四千家,在蒙古、色目总户数中仅占 1% 左右,却产生 63% 的进士。同时,蒙古、色目进士父子兄弟相继登科比例之高,亦甚惊人。这种进士高度集中于少数仕宦家庭的现象,反映出仕宦之家的环境有利于子女汲取汉文化。在经济上,蒙古、色目仕宦之家的物质条件远较同族类的平民(多数为军士)家庭为优越,子弟延师就学,利便甚大。自社会观点言之,官宦之家与汉人士大夫阶层交往密切,或则谊属同僚,或则姻娅相联,或则诗酒唱和,其子弟受汉文化影响的机会自然较为优越④。在政治上,蒙古、色目仕宦子弟有学习汉人文学经术以保持其家庭政治地位的必要。仕宦子弟并非人人可以仰承祖先余荫而坐拥高官厚禄。不具荫袭资格的仕宦子弟,掌握学问有助于官职的弋取,加以政府亦加鼓励,不少仕宦子弟得以进入国学,受业名师⑤,优势甚

①南宋进士中之新血超出半数,见页 214 页注②。明朝则有 46.7% 的进士为新血,见 Ping-ti Ho, *Ladder of Success in Imperial China* (New York: Columbia University Press, 1962), pp. 107–125。
②元代蒙古、色目人之确数已不可知。此一估计系据东亚研究所编《异民族の支那统治史》(东京:日本雄辩会讲谈社,1945),页 172。
③此为大德末年数字,见《元典章·内外诸官员数》,7.27a。
④拙撰《元代蒙古人的汉学》一文引有蒙古人熟谙汉学者例证甚多,此等蒙古人皆为中上层人物。陈垣《元西域人华化考》所引之汉化色目人亦多出身官宦阶层。
⑤即是具有承荫资格的仕宦子弟,如试通一经一史,便可于应得品级量进一阶叙用。见《元典章》,8.18b。

大。反观下层蒙古、色目子弟类多出身于军营之中，所得接触的汉人或为军伍同袍，或为田里、市井之家，欲掌握汉人的学术精髓，并非易事。因此，科举制度虽给予下层蒙古、色目子弟与仕宦子弟在场屋中争胜的机会，但两者的起点不同，遂造成进士高度集中的现象。

至于汉、南人进士中亦少新血，主要由于竞争过于激烈。种族配额所造成的"假平等"现象，对汉、南考生极为不利。江南各省人口既多，人文荟萃，士人为数繁多，如江浙、江西每科均有数千人应试，所取乡贡进士不过各为廿余人，其中能幸登御试进士榜者为数更少。至于汉地，虽然人口远较江南为少，竞争不及后者激烈，但如真定一区，每科亦有考生六百人，争取十一名乡贡名额①。在激烈竞争之下，书香及仕宦门第子弟自然占有优势。

但是，从另一角度来看，本科进士中有35%强为新血，仍不得不说是一重要现象。在最重"根脚"的元代社会中，这些来自蒙古、色目士兵之家及汉人、南人平民之家的子弟（如同同、余阙），如无科举，可能埋没于营垒畎亩之中，终身无品秩之望。而且南人进士类多出身南宋仕宦门第，自元朝而言，亦为新血。因此，作为一个为统治菁英招募新血的渠道，元代科举并不全如明初文人徐一夔所说："名有而实不副。"②

总之，科举的恢复，一方面使蒙古、色目、汉人仕宦子弟在荫袭以外开辟一条入仕的"正途"，一方面使南宋科第簪缨世家子弟获得重返政坛的机会，再一方面更使为数不少的各族下层子弟能够进入统治阶层。换言之，元代科举制度虽受不少局限，但仍有助于减少门第、族群、地域的隔阂，以文学经术为评准，为元代统治阶层

①姚大力前揭文，页48。
②徐一夔《始丰稿·送赵乡贡序》（四库珍本十集），5.24b—26b。

注入一批学养、背景相近似的新菁英。设若元代不速亡,科举制度或能使"统治菁英"的成份及性质发生不小的改变。

附录　元统元年四色进士族类识别

本文上列各表,皆将四色进士分列。但在《进士录》中,蒙古、色目合为一榜,汉、南人合为一榜,不加分别。欲将四色进士分列,稍有技术困难。区别汉、南人进士,困难较小,因为"科举程序条目"明白规定何省所产为汉人进士,何省所产为南人进士。据规定,江浙、江西、湖广(即江南三省)所产生者为南人进士。中书省(包括大都、上都、真定、东平、山东、河东等六处)及辽阳、陕西、甘肃、岭北、征东、四川、云南等七行省产生者为汉人进士。而河南行省兼有汉、南人进士。"条目"并未明言河南何处所举为汉人进士,何处为南人进士,但由他处探知河南北部,即金朝河南地区所举为汉人进士。而以南宋旧域,即两淮及汉水流域所产为南人进士①。元统元年(1333)河南所举成进士者共三人(罗谦、张桢、张文渊),分别籍隶南阳与汴梁,故皆为汉人。将右榜五十名进士依上述标准分列,则汉、南人进士各得廿五人。与规定名额相符。

区别蒙古、色目进士则较困难。在"科举程序条目"中,蒙古、色目进士配额遍布各省,故无法援引汉、南人之例而对蒙古、色目进士加以区别。元代以蒙古、汉人、南人之外的各种人泛称为色目。但是官方文书中并无蒙古、色目之名单。私籍中唯有陶宗仪

---

① 袁桷《清容居士集·江陵儒学教授岑君墓志铭》(四部丛刊),29.4b。该墓志云:"襄、郢、东西淮之士隶南选。"

《辍耕录》列有蒙古七十二种,色目三十一种①。但其中重出脱漏极多,前辈学人屡加指摘,难以凭信②。最主要的困难是若干部族究属蒙古,抑属突厥?难以确定。本文暂将比较成问题的乃蛮、怯烈③以及察罕达达④断为蒙古,与其他明显属蒙古种的各族进士合计,则蒙古进士为廿五人。此外,唐兀、畏兀儿、回回、哈儿鲁等明显为色目进士廿四人,加上族属不详者一人,则色目进士合计为廿五人,亦与规定名额相符。

兹根据《元统元年进士录校注》及上述原则,将四色进士姓名及所属省区或族属分别列为六、七、八表,以便读者复按:

表六　汉南人进士省别

族别	省区别	人　名
汉人	中书省	李齐、王明嗣、庄文昭、张颐、韩玙、任登、张周幹、张崇智、成遵、周璿、程益、刘文□、许寅、于及、邓世伦、李哲、李幹、罗谦、张桢
	河南	张文渊

① 陶宗仪《南村辍耕录·氏族》(台北:世界书局,1963),1.12—2.13。
② 前人对《辍耕录》记载的批评,钱大昕,见《补元史氏族表》(广雅书局《史学丛书》),1.1a—1b;箭内亘《元代社會の三階級》,载于所著《蒙古史研究》(东京:刀江书院,1931),页263—360;韩儒林《蒙古氏族札记二则》,见所著《穹庐集》(上海:上海人民出版社,1982),页51—60。
③ 怯烈与乃蛮,元人皆目之为蒙古,而非色目。群见拙著《元代蒙古人的汉学·怯烈与乃蛮族属小考》,页401—402,n.13。黄时鉴《元代乃蛮是蒙古而非色目考》〔《中国蒙古史学会论文选集》(1983),呼和浩特:内蒙古人民出版社,1987,页1—5〕所见与笔者相近。陈得芝在其近作中亦断定怯烈族为蒙古人,见所著《十二世纪以前的克烈王国》,《元史论丛》第3辑(1986),页1—22。
④ 察罕达达(Chaghan Tatar),意即白鞑靼,为塔塔儿之一部。据拉施特主编,余大钧、周建奇译《史集》(第1卷第1册,页167)云:塔塔儿有六部,察罕塔塔儿为其一。察罕塔塔儿即察罕达达。突厥种之汪古部,虽亦称察罕达达,但系他称,而非自称,详见周清澍《汪古部事辑》,页192—197。

族别	省区别	人　　名
汉人	陕西	杜彦礼、赵毅
	辽阳	李之英
	四川	郭文焕
	征东	李谷
南人	江浙	宋梦鼎、朱文霆、宇文公谅、张宗元、雷杭、徐祖德、江文彬、刘基、许广大、张本、王充耘
	江西	李炳、李毅、陈植、邓梓、徐邦宪、朱彬、艾云中、熊燨
	湖广	李祁、聂炳、张兑、余观、鞠志元、陈毓

表七　蒙古进士族别

族别	人　　名
札剌亦儿	博颜达、博颜歹、脱颖
弘吉剌	虎理翰、也先溥化
斡罗台	*朵列图、买间
塔塔儿	△囊加歹、察侊
乃蛮	+彻台、寿同
亦乞列思	敏安达尔
忙兀台	安迪□先
札只剌台	亦速歹
怯列歹	燕只杰
燕只吉台	□□达
逊都台	月鲁不花
不详	阿虎歹、□□□、百嘉讷、护都不花、栢延乌台、野仙脱颖、明□□、同同

附注：*朵列图氏族原作乞失里台，乞失里台为斡罗台之别名
　　　△囊加歹氏族原作察罕达达
　　　+包括达鲁乃蛮

表八　色目进士族别

族别	人名
唐兀	余阙、墄仙普化＊、买住、伯颜、丑间、明安达耳、安笃剌、塔不歹
回回	△慕㑞、乌马儿、穆古必立、别罗沙、□合谟沙、阿都剌、剌马丹、脱颖
畏兀	寿同海涯、普达世理、道同、铎护伦、廉士矩+
哈儿鲁	大吉心、丑间、托本
不详	札剌里丁

附注：＊墄仙普化族别据《钱抄》补

△回回包括达失蛮、穆速鲁蛮及阿鲁温

+廉士矩之名据页 225 注①补

元代的宿卫制度

一、引言

　　宿卫组织是传统中国的一项重要军事和政治设施。军权原是专制时代皇权的最重要支柱,而宿卫则是维持中央武力优势、达成内重外轻的重要工具。

　　秦汉以来,中央控制的官僚组织逐渐遍及全国,中央集权日益成为普遍接受的政治理想,但是政府欲求有效地控制地方,除去以天命说这一类传统性的合法论来加强官民的向心力,以科举制度来造成知识分子对中央政权的倚赖与拥戴,或以行政控制来防阻地方将吏与豪族的离心行为外,掌握足以压制地方叛乱的武力则是另一重要手段①。换句话说,武力是历来各王朝维持其政权存在的王牌;而维持强大的中央武力则是达成中央集权的王牌。

---

① 据朱坚章氏的统计,自秦到明末间,一百零一起篡弑案中,41.6%的篡弑者为方镇,占各种篡弑者之首位。而武力则为这些方镇夺取权势的必要条件〔《历代篡弑研究》(台北,1964),页 57—69〕。帝王欲防阻方镇之篡夺,控制足够兵力于己手,乃属必要。

因此,在内外军力关系上,历来各代都是以居重驭轻为理想。为国防与地方治安计,不得不屯驻适量的镇戍部队于边疆及地方①。但是在正常情况下,中央政府总设法保持足以制衡地方武力的精兵,归中央甚至宫廷直接指挥。西汉在京师设置南、北军,而以郡国正卒轮流番上,隋唐的关中本位政策,宋代的强干弱枝,明代的设置七十四京卫,清朝设立数目与各省驻防军相埒的禁旅八旗和在京绿营等都是出于同样的构想。这种直属中央政府的"宿卫"或"禁军",是帝王保存其权威的主要保障。尤其自宋代开始,为伸张君权、压抑地方,禁军更空前地扩大。国军的禁军化是宋代以后地方分离与篡夺皇权次数减少的主要原因之一,也是中国史上达成高度君主专制和中央集权的重要手段。

禁军一方面是帝王的保障,另一方面也足以成为帝王的直接威胁。由于禁军是京畿地区的主要武力,而且地近禁阕,如控制不善,便会有反噬之虞。陈寅恪氏曾指出:唐代在"'关中本位政策'即内重外轻之情形未变易以前,其政治革命唯有在中央发动者可以成功。"②换句话说,在唐代的初制未破坏以前,唯有操纵禁军,政变始有成功的可能。唐代如此,其他各代何尝不然? 这正如在罗马帝国时代,皇帝的亲卫军 Praetorian Cohorts 是意大利境内主要的武力,因而也成为废立帝王的主要工具一样。由于禁军足以反噬,中国历来之帝王不得不采取预防反侧之道。主要的办法是将禁军分为两个以上的单位,不仅统属各异,且以不同来源的份子构成,使之相互牵制。西汉时,禁军主要分为南军和北军。南军是由郡县的役男所组成,属卫尉,防守宫城。北军是由三辅役男所组

---

①萧启庆《元代的镇戍制度》,《姚师从吾先生纪念论文集》(台北,1971),页145—164。
②陈寅恪《唐代政治史述论稿》(台北,1956),页38—39。

成,属中尉,防守京师宫城以外的部分。另有郎中令管辖的郎官,多为高官子弟,负责宫殿内的警卫和行幸游猎的扈从,是君主的真正亲兵[1]。唐代的南军卫兵是由上番府兵担任,而北卫禁军则是由职业士兵担任[2]。而宋太祖在以禁军统帅发动政变成功后,为防阻类似事件的重演,所采取的重要军事改革之一便是把殿前都检点的禁军统帅权分置于侍卫亲军和殿前马步军司之下[3]。综而言之,历代禁军的分立,不仅代表各单位功能的分化,而且是使之相互牵制,以策安全。

除去扈卫帝王、压抑地方这一主要军事功能外,历代禁军尚带有一政治功能,即为安置功臣子孙。一方面借以牢笼功臣,另一方面则借禁军以磨练来自较为可靠家庭的子弟,使之成为未来的政治和军事干部。西汉郎中令所辖的郎官多为二千石以上官员的子弟,他们凭借在宫廷的磨练和经历然后登用于仕途,多能跻身高位。武帝以后,郎中令改名光禄勋,扩大组织,吸收六郡良家子为期门、羽林,带有天子的侍从私兵的性质,西汉后期的名将多出身于此[4]。唐代南军卫率内,防卫京师的十二卫和六率府的宿卫官(即所谓亲卫、勋卫和翊卫)多是由高官子弟担任;而担任掌管宫廷门禁与侍从天子、太子的四卫四率府(即左右监门卫,左右千牛卫,左右监门率府,左右内率府)也多以三、四品官子孙荫任[5]。秦汉时代,原已以官僚为政府官员主要构成份子,这种以高官子弟充任亲军中的亲军,并进一步拔擢为官员的措施,可说是家产制度

---

[1] 滨口重国《秦漢隋唐史の研究》(东京,1966),上,页251—266。贺昌群《汉初的南北军》,《中国社会经济史集刊》第5辑(1937),页75—84。
[2] 滨口重国前揭书,页6—7。
[3] 罗球庆《北宋兵制研究》,《新亚学报》第3期(1957),页169—270。
[4] 滨口重国前揭书,页252、267—273。
[5] 同上,页7—8。

（patrimonialism）的遗痕。在宋代，由于官员的登用大体依理性化、普遍化的评准，这种措施似已不再存在。但在金、元、清等北亚民族所建立的征服王朝下，宿卫的组织又成为帝王个人世袭财产的重要部分，而担任宿卫也成为入仕的捷径。

　　北亚游牧国家多注重宿卫的设施。《辽史》说："辽之先世，未有城郭、沟池、宫室之固。毡车为营、硬寨为宫，御帐之官，不得不谨。出于贵戚侍卫，着帐为近侍，北南部族为护卫……硬寨以严晨夜，法制可谓严密矣。"[1]可见由于自然环境的关系，游牧国家的统治者有加强宿卫、维护自身安全的必要。在北亚游牧民族上古时代，即在八世纪以前，游牧国家君长宿卫的组成，史无记载，但当时氏族组织极强，宿卫主要以统治氏族的成员所组成，自可推知[2]。九世纪以后，氏族组织弱化，氏族的力量已不再是游牧君长崛兴唯一的凭借。游牧君长必须吸收其他氏族中游离出来的豪健之士，成为自己的私属人，组织之为宿卫。在跟其他氏族或部族争霸时，不仅须倚恃自己的私属人，而且须凭借自己所属的氏族或部族的力量。但当与其他氏族的争衡结束后或胜利在望时，游牧君长便须凭借私属集团来压抑氏族的牵羁，以达成绝对化其权力的目标，完成较为强固的国家组织。这种私属集团的存在，是中世游牧国家不同于上古游牧国家的一个主要原因，也是中世游牧国家能进而征服农耕地带组成征服王朝的基因之一。这种私属集团常组织

---

[1]《辽史》卷四五，页9下。

[2] 八、九世纪前后，也就是回纥时代与契丹时代之际，为北亚史上古与中世的分野，日本学人多持此说。参看村上正二《蒙古史研究の動向》，《史學雜誌》第 60 卷第 3 期（1951），页 237—246；《征服王朝》，筑摩书房《世界の歷史》六（东京，1961），页 147—185；田村实造《中國征服王朝の研究》（京都，1964），上，页 53—56；护雅夫《古代トルコ民族史研究》（东京，1967）第 1 册，页 46—49；《遊牧民族史上における征服王朝の意義》，岩波讲座《世界歷史》（东京，1970）第 9 册，页 12—17。

成宿卫的形式,或至少带有宿卫的性质。因此,中世时代的北亚社会中,宿卫不仅是游牧君长保卫自身安全的必要措施,也是伸张其权力、强化其国家组织的主要凭借。即在游牧国家乃至征服王朝的组织完成后,这种私属于君长个人的宿卫,仍是君权的主要支柱,在政治和军事上扮演极重要的角色,同时也因带有皇帝私属的身份,享受极大的特权①。

北亚游牧民族在中国所建立的诸征服王朝的政治制度,多为中国和北亚两个不同政治传统的辐合,而不是如过去学者所主张的全盘袭用汉地的制度②。作为整个政治结构的一部分,征服王朝下的宿卫制度自然也是中国与北亚旧制涵化的结果。而且,由于宿卫为最接近权力泉源——征服帝王——的一种组织,较之一般的政治组织保了更多北方游牧民族的传统,所受中国官僚组织的影响更小。本文所要讨论的元朝的情形便是如此。

据《元史·兵志》说,元代整个的军力结构是:"元制,宿卫诸军在内,而镇戍诸军在外,内外相维,以制轻重之势。"③而在宿卫之内,又有怯薛(Kesig)④与卫军两个不同的组织,相互制衡。从表

①关于私属的宿卫在辽国形成过程中的重要性,参看岛田正郎《辽朝御帐官考》,《法律论丛》三八·一(1964),页1—63。

②K. A. Wittfogel and Feng Chia-sheng, *History of Chinese Society*, *Liao*(907-1125)(Philadelphia,1949),pp.4-16.

③《元史》卷九九,页1上。

④怯薛是蒙文 Kesig(<Kesig)的对音。此字为借自突厥语 kägik 的外来语。kāzik 意为轮当〔见 C. Brockelmann, *Mittelturkischer Worschatz Mahmua al-Kas-gharis Divan Lughat at-Turk*(Budapest-Leipzig,1928),p.106〕。而在蒙文中其意为部分,轮番,番卫等〔见 A. Mostaert, *Sur quelques passages de l'Histoire Secrete des Mongols*(Cambridge,Mass.,1953),p.377〕。在元代史料中,用以专指皇家宿卫。关于此字的语源,讨论者甚多。可参看伯希和(Paul Pel-liot)《蒙古侵略时代之土耳其斯坦评注》,见冯承钧《西域南海史地考证译丛》(台北,1962)三编,页22—24;idem.,*Notes on Marco Polo*(转下页注)

面看来,元代宿卫的结构与中国历代禁军相似。但是,实际上元代宿卫的两个组成成份,分别代表北亚和中国宿卫组织两个不同的传统。卫军是以唐代的卫率为楷模而创立,只是皇家的卫队,和制衡地方武力的中央军。而怯薛则是草原社会的产物,它兼有帝王的亲卫、皇家的家务干部、质子营和贵族子弟训练学校等性质。蒙古帝国时代,它更是帝国的中央政府。元朝成立后,它的行政权力虽因中国行政体系的恢复而丧失不少,但不仅仍保留相当大的权力,而且超乎中国的官僚组织之上而存在,并成为任官的终南捷径和蒙元阀阅社会中蒙汉贵族特权阶级的堡垒。它的成员——怯薛歹(Kesigdei)——始终带有帝王私属人的色彩,在中国史上找不出类似的组织来。所以元代的宿卫——尤其是怯薛——不仅是一种军事组织,在元代整个政治结构中也占有极大的重要性。

　　日本箭内亘博士曾企图对元代的宿卫组织作一全面的探讨,他的名作《元朝怯薛考》不仅讨论了怯薛,同时也触及卫军①。但是,箭内的大文出版于五十年前,那时,讨论蒙古社会结构的划时代巨著符拉基米尔佐夫(B. Vladimirtsov)的《蒙古社会制度史》还未出版②。

(接上页注)(3 vols. ,1959-1974),Ⅱ,p. 851;F. W. Cleaves, "Names and Terms in the History of the Nation of Archers by the Grigor of Akanc" ,*Harvard Journal of Asiatic Studies* 12(1949), pp. 400 – 433 (p. 437);idem. , "A Chancellery Practice of the Mongols in the Thirteenth and Fourteenth Centuries" ,*Harvard Journal of Asiatic Studies* 14(1951) , pp. 493-526(p. 517, n. 66);G. Doerfer, *Turkishe und Mongolische Element im Neupersischen* (4 vols. , Wiesbaden. , 1963-1975) ,Ⅰ,pp. 467-480;羽田亨《羽田博士史學論文集》(京都,1957—1958) ,上,页 146—147。

①箭内亘《元朝怯薛考》,《蒙古史研究》(东京,1930),页 11—262。

②B. Ja. Vladimircov, *Obscestvennyj stroj Mongolov. Mongol'skij Kocevoj Feodaligm*, Leningrad,1934;法译本 Michel Carsow(tr.), *Le Regime Social des Mongols. Le Feodalisme Nomade* ,Paris,1948。下文所引皆系根据法译本。

因而,箭内氏对怯薛与蒙古社会结构的关系未能究明。本文旨在综合箭内所未见及之史料及该文章出版后中外学者对元代宿卫各方面的研究成果,对元代宿卫制度重新作一全盘的检讨:分析怯薛与卫军的由来及演变,元朝时代怯薛与卫军及其他汉式机构的相互影响与调节,以及宿卫制度在整个元代政治结构中的功能和地位,希望能从对宿卫组织的分析中,寻绎出元代政治及社会结构的若干特质来。

二、蒙古帝国时代的怯薛

怯薛原是一种纯粹的蒙古组织。它不仅在忽必烈建立元朝以前即已存在,而且成立于成吉思汗统一蒙古之前。它是由蒙古氏族社会崩坏过程中产生的游离份子,服属于游牧主个人的所谓"伴当"(nököd,单数 nökör)演变而来。

十二世纪初,成吉思汗崛起时,蒙古的氏族(obogh)已不仅是基于共同血缘的亲族结合,而是包容几个互有主从关系的异质社会单位的组织。最上为主宰的氏族,其下为隶属的氏族,最下为世袭的奴隶群,这些隶属集团都是属于主宰氏族的全体,而非属于主君个人①。"伴当"则与这些隶属集团不同,系以个人为单位,且是主君个人的财产。

关于"伴当"的性质及他们与主君之间的关系,自来争议颇多,迄无定论。俄国符拉基米尔佐夫认为伴当与主君的地位是平等的。这种主君与伴当间的平等关系是他的"游牧封建制"(no-

---

①Vladimirtsov 前揭书,页 73—109。参看 P. Pelliot et L. Hambis, *Histoire des Campaignes de Gengis-Khan*(Leiden,1951),p. 85。

madic feudalism)理论中最重要的环节之一①。日本护雅夫氏则强调主君与伴当间所存在的是一种主从关系,而称这种主从关系是来自家产制度②。美国社会学家克瑞德氏(Lawrence Krader)也持有近似的看法③。各学者对伴当的性质的解释虽互有出入,大体上却都同意:伴当是以个人为单位,不以氏族为单位,大多数来自别一氏族,而投效于一有前途之氏族或部族长。他们是主君个人的"梯己奴婢"(ömcü boghol)④,和一般隶属集团之为全氏族或部族财产者不同。主君有给予伴当以保护及生活资料的义务,而伴当也有为主君担任卫士、操作家务,或统御军队的责任。若一主君势力强大、伴当众多时,他可能将其伴当组成一支特殊的卫队。成吉思汗崛起时,这是蒙古常见的现象,《元朝秘史》中有不少例证。譬如,成吉思汗年幼时,泰亦赤兀部(Taici'ud)的塔儿忽台·乞邻

①同页 256 注①,页 110。参看 J. Nemeth, "Wanderungen des Mongolischen Wortes nökür 'Genosse'", *Acta Orientalia* III. 1. 2(1953), pp. 1–23。村上正二《チンギス帝國成立の過程》,《歷史學研究》一五四(1951),页 12—26;村上正二《モンゴル朝治下の封邑制の起源》,《東洋學報》四四(1961),页 305—339; B. Grekov et A. Iakouboyski, *La Horde d'Or et la Russie* (Paris, 1961), pp. 39–49。

②护雅夫《Nökör 考序説》,《東方學》五(1952),页 56—68;《Nökür 考——チンギスーハン國家形成期における》,《史學雜誌》第 61 卷第 8 期(1952),页 1—27。

③L. Krader, "Feudalism and the Tatar Polity of the Middle Ages", *Comparative Studies in Society and History*, I(1958), pp. 76–99.

④《元朝秘史》(叶德辉刊本,1908),4. 21 下—24 上,第 137 节。姚从吾、札奇斯钦二先生《蒙古秘史新译并注释》(以下简称《新译》),《文史哲学报》第 9 期(1960),页 17—99;Ⅱ,《文史哲学报》第 10 期(1961),页 185—252;Ⅲ,《文史哲学报》第 11 期(1962),页 339—408。此段见I,页 90。参看村上正二《元朝秘史に现はれた'奄出'(ömcu)の意味について》,《和田博士還暦紀念東洋史論叢》(东京,1951),页 703—716。村上正二《モンゴル朝治下の封邑制の起源》,《東洋學報》四四(1961),页 4—15。

勒秃黑（Tarqutai Kiriltugh）曾率领他的"土儿合兀的"（turgha'ud，单数为 tughagh）①攻击成吉思汗家。在后来成吉思汗的制度中，"土儿合兀的"即是护卫或散班（即日卫），而《秘史》此处的旁注便是"伴当"②。1203 年，怯烈部（Kereyid）的王罕（Ong Qan）也有一千 turgha'ud，《秘史》旁注则为护卫③。

　　成吉思汗最初组织怯薛似在 1189 年。此时成吉思汗被乞牙惕（Kiyad）诸氏族长公推为蒙古本部的汗——实际上不过是乞牙惕诸氏族所形成的氏族同盟的共主。据《秘史》说，成吉思汗在此

---

① "秃鲁花"为蒙文"turghagh"的对音。此字来自突厥语 turghagh/tu qaq，原由动词 tur—（站立）加字尾—ghaq/qaq 而成为名词。Turghaq/Turqaq 在十一世纪之突厥语典 *Qutadghu Bilig* 中已著录之，意为宿卫，哨兵〔W. Raeoff, *Versucheines Worterbuches der Turkdialekte*（St. Petesburg, 1893 – 1911），Ⅲ，1457〕。《元朝秘史》中，此字屡次出现，但有不同之旁注：伴当（§79），护卫（§170—171），散班（§191—192），而未有释之为质子者。Rasid al-Din 书中亦屡见之，Berezin 释之为战士或留住（Berezin, *op. cit.*, V. 280, XV. 128）。伯希和《蒙古侵略时代之土耳其斯坦评注》，页 24—26。除《秘史》外，在蒙古文籍中，仅见于蹈袭《元朝秘史》之《黄金史》〔（*Altan Tobci nova*）（*Altan Tobci；A Brief History of the Mongols by bLobzan bs Tan-jin*,（Cambridge, Mass,1952,p. 155））〕："turghasud"，为复数形"turghaghud"之误印。故在关于蒙古帝国时代的文籍中，未见其直言为质子之意者。至《元史·兵志》始曰："或取诸侯将校之子弟充军，曰质子军，又曰秃鲁华军。"（99.2 下）但无疑在成吉思汗立怯薛时，已带有收容质子的意义，以致原义为散班扈卫之"turghagh"转而带有质子之意。札奇斯钦先生之解释与笔者不同，详见于《说旧元史中的"秃鲁花"（质子军）与〈元朝秘史〉中的"土儿合黑"（散班）》，《华冈学报》第 4 期（1967），页 157—189。Igor de Rachewiltz 认为：古突厥语中，已以"turghaq"称贵族子弟为人质者，然就笔者所知，此说并无根据〔de Rachewiltz, "Personnel and Personalities in North China in the Early Mongol Period"，*Journal of the Economic and Social History of the Orient* 9（1966），pp. 88–144（p. 134, n. 1）〕。
② 《元朝秘史》，2. 13 上—14 下，第 79 节;《新译》，Ⅰ，页 53。
③ 《元朝秘史》，6. 1 上—11 上，第 170—171 节;《新译》，Ⅱ，页 202—205。

时任命了"带弓箭的"（qorci，即豁火赤），厨子（ba'urci 保兀儿赤），放牧羊只的（qonici 即火你赤），带刀的（üldüci ~ ildüci，即云都赤），牧养马群的（adughuci），管理修车及掌管家内人口的（ger dotura gergen tudghar）①，以及所谓"远箭"（qola-yin qo'ocagh）和"近箭"（Oyira-yin odora）两名②。另外，者勒蔑（Jelme）和孛斡儿出（Bo'orcu）则被任命为这些干部之长（aqa）③。虽然《秘史》于此未提及怯薛一词，但是上述各职位中的大多数后来都成为怯薛执事的各部门。由于这些职务多与草原游牧主的家事有关，所以这些职位的确立可说是成吉思汗家务组织的扩大，也象征着他手下的伴当的专业化。

《秘史》于此虽未提及怯薛一词，但波斯史家拉德丁（Rasid al-Din）的《史集》（Jami al-Tavarikh）记述发生于此后不久的十三翼之战成吉思汗方面的阵容时却提及他的怯薛歹（Keziktan，蒙文为 Kesigden'kesigdei，即怯薛之成员）④，可见怯薛在此时已经初步形成。从成吉思汗在此战中的阵容也可看出此时他的国家的性质以

---

①《元朝秘史》，3.44 下—48 上，第 124 节；《新译》，Ⅰ，页 81。

②远箭与近箭，据巴尔道（W. Barthold）说，实为汗的使者（见 Barthold, *Turkestan Down to the Mongol Invasion*（3rd ed. , London,1968）,p. 383。巴氏对上述各任命，讨论甚详，但其中颇有错误，详见伯希和《蒙古侵略时代之土耳其斯坦评注》，页 21—22。

③《元朝秘史》，3.48 下—50 上，第 125 节；《新译》，Ⅰ，页 82。

④I. Berezin. "Sbornik letopisej", *Trudy vostocnago otdelenija Imperatorskago Russkago Archcologiceskago Obscestva* XIII（1868）, pp. 151–155。《元朝秘史》及《圣武亲征录》虽皆言及十三翼战争，但未明言成吉思汗的第二翼中包括他的伴当和怯薛。宿卫，《元朝秘史》汉文对音为"客卜帖兀勒"，蒙文原文为"kebte'ül"。此字乃是由动词 kebte—加字尾 gül 而成，意为夜间之卫士（参见伯希和《蒙古侵略时代之土耳其斯坦评注》，页 26—27）。此字除《元朝秘史》外，亦见之于 Juvaini 书〔J. A. Boyle, *History of the World-conqueror*（Cambridge, Mass,1958）,Ⅰ,p. 273〕，但未见于元代史料中。

及他的伴当和怯薛的重要性。在此战中,成吉思汗与其劲敌札木合(Jamugha)各形成十三个翼(Küriyen,即圈子)。成吉思汗的十三翼中,只有第一、二两翼为他所有,其他各翼皆为乞牙惕各氏族长所有。第一翼系由成吉思汗之母诃额仑·额客所率领,当为乃夫也速该的遗产。第二翼则包括成吉思汗、诸子、诸将、伴当及怯薛歹等,当为成吉思汗个人拥有的部众。自此战之后,至1206年大蒙古国成立以前,乞牙惕诸氏族长因与成吉思汗发生歧见,纷纷叛去,而成吉思汗始终所倚恃的则为他个人所聚集的伴当和怯薛歹。在1206年成吉思汗的八十八名千户长之中,至少有二十八名在1189年时已担任他的伴当或怯薛歹,另有若干名是他们的兄弟①。所以,成吉思汗在1189年至1206年之间能将乞牙惕氏族联盟转变成以他个人为中心,而且包括全体蒙古人在内的国家,主要得力于他自己的伴当和怯薛歹。凭借着他们的协助,成吉思汗对内摆脱乞牙惕氏族长的牵羁,对外压制其他各氏族或部族的抗争,而完成蒙古国的建国。

成吉思汗于建国完成前,又在1203年正式建立怯薛。当时他已是大部分蒙古的主人,自有足够数目的追随者组成规模较大的卫队和家事工作机构。因而,他任命八十人为宿卫(Kebte'ud,单数kebte'ül)、七十人做散班(turgha'ud),厮杀则教在前,平时则做护卫的勇士(ba'atud)。这些卫士以及家事工作者合称为怯薛②。1206年,成吉思汗成为全蒙古的可汗时,怯薛又再度扩张,宿卫增至一千人③,散班增至八千人(包括一千勇士在内)。另有豁儿臣(qor-cin,箭筒士)一千人,和散班同具白日护卫的功能,怯薛的实力遂

---

① 《元朝秘史》,7.18 上—20 上,第 191 节;《新译》,Ⅱ,页 215。
② 《元朝秘史》,7.18 上—20 上,第 191 节;《新译》,Ⅱ,页 215。
③ 《元朝秘史》,9.35 下—38 上,第 225 节;《新译》,Ⅲ,页 349。

增至一万人①。这一万的数目便是后来怯薛理论上的定额。

怯薛之下所有的单位——宿卫、散班、豁儿臣,以及其他家事工作者——都分为四个轮值组②。各单位的输值组合成为四个具有各种功能的轮值班,称为四怯薛。分由四位元勋——即四杰(dörben külü'üd)——博尔忽(Boroghul)、博尔尤(Bo'orču)、木华黎(Muqali)、赤老温(Čila'un)及其子孙世袭率领③。四怯薛之长及其成员——怯薛歹(Kesigdei)皆按一定的干支轮值,三日一更。无论怯薛长或其部下,误值者皆受严厉处分④。

怯薛歹都是当时蒙古社会中的优选分子,于1203⑤及1206年⑥,从千户、百户、十户及"白身人"(düri-yin gü'ün)⑦的子弟中选拔而来。唯有"能干、健康与漂亮"者始为合格。1206年征选怯薛歹的诏旨规定:怯薛歹报到时,须依其父兄的阶级,分别携带一个弟弟及若干数目的伴当。所需的马匹和伴当皆需由原属单位供给,而不需自行料理。可见怯薛是一支由全国各行政及军事单位征召和支持的精兵。

如此的措施可有下列数点解释:第一,怯薛歹的父兄多为行政军事单位的负责人。父兄对成吉思汗的忠诚既经考验,子弟的忠

① 《元朝秘史》,9.38 上—40 下,第 226 节;《新译》,Ⅲ,页 350。
② 《元朝秘史》,7.20 上—22 上,第 192 节;《新译》,Ⅱ,页 227—228,9.40 下—44 上,第 227 节;《新译》,Ⅲ,页 3。
③ 《元史》,99.1 上—2 上。
④ 《元朝秘史》,7.20 上—22 上,第 192 节;《新译》,Ⅱ,页 226—227,9.40 下—44 上,第 227 节;《新译》,Ⅲ,页 350—351;《元朝秘史》续集,2.36 下—46 下,第 278 节;《新译》,Ⅲ,页 400—403。又参见《元史》,99.1 下—2 上。
⑤ 《元朝秘史》,7.18 上—20 上,第 191 节;《新译》,Ⅱ,页 225。
⑥ 《元朝秘史》,9.30 下—35 下,第 224 节;《新译》,Ⅲ,页 348—349。
⑦ 关于"白身人"的意义,参看 Vladimirtsov 前揭书,p. 154;Mostaert 前揭书,pp. 252–253。

心也较可预卜。由这些可靠份子担任卫士,成吉思汗始能安心。第二,服役怯薛也是在当时蒙古社会中腾达的捷径。这点在下文中再予讨论。因而,使贵族子弟担任怯薛,实际上是将对贵族的恩惠延及子孙。第三,此一措施也是一种征取人质的办法。

在蒙古社会中,当某人献身于一游牧主为伴当时,往往自动以其子为质。例如:札剌亦儿人(Jalayir)古温·兀阿(Kü'ün U'a)便曾以其二子——木华黎和不合(Buqa)——献给成吉思汗为“门限内的奴婢”(bosugha-yin boghol)或“梯己的奴婢”(ömčü boghol)①。有时呈献质子并非出于自动而是由对方要求的。成吉思汗即曾要求契丹人耶律阿海留质,而阿海即以其弟秃花为质,后来秃花即担任成吉思汗的宿卫②。依成吉思汗的制度,败降的国家,除去履行其他义务外,皆须留质,而这些人质多被留置于卫队之中③。《元朝秘史》说,金主(可能为宣宗)即曾遣一子入质担任成吉思汗的侍卫(turghagh)④。后来旭烈兀(Hüle'ü)征西亚也曾“选亚美尼亚、谷儿只诸王子嗣中之青年俊杰者为侍卫。称为怯薛(kēsigt'oyk')”⑤。由于这一措施,原意为成吉思汗散班的秃鲁花(turghagh)一词遂又有质子之意。由此看来,成吉思汗要求军政首领以其子弟担任怯薛实是取质的一种方式。杨联陞先生指出中国

①《元朝秘史》,4.21 下—24 上,第 137 节;《新译》,Ⅰ,页 137—138。另一例,见《秘史》,2.41 上—42 上,第 97 节;《新译》,Ⅰ,页 63。

②《元史》,150.9 上。

③《元高丽纪事》(国学文库本),11.16;黎崱,《安南志略》(乐善堂刊,1882),2.16;参看杨联陞先生,"Hostages in Chinese History",*Studies in Chinese Institutional History* (Cambridge,Mass.,1963),pp. 48–49。

④《元朝秘史》续集,1.18 上—19 下,第 253 节;《新译》,Ⅲ,页 371—372。

⑤R. Blake and Richard Frye,"History of the Nation of the Archers (the Mongols) by Grigor Akanc",*Harvard Journal of Asiatic Studies* 12 (1949),pp. 369–399 (pp. 343–345).

历史上质子制度的由来与家族的发达以及集体责任制有关①。在氏族制尤为发达的蒙古社会中,取子弟为质以保证父兄的忠心是很自然的。此时成吉思汗所主宰的范围已日益扩大,如何阻止对部下的控制因空间扩大而弱化,自是他最关心的问题。以征募卫士的方式使取纳人质系统化显然便是一个有效的手段。

服役于怯薛固然是任质的一种方式,但这不仅是一种义务,而且是一种很大的权利。成吉思汗称怯薛歹为其"梯己的护卫"(emcü kesig)②,为其"福神"(qutugh),含有极亲密的意义,和一般的军士不同③。怯薛并享有许多特权,如未得成吉思汗本人的同意,各班首长不能擅自责罚怯薛歹④。成吉思汗的诏旨规定:普通怯薛歹的地位比千户高,即使怯薛歹的马夫(阔端臣 kötölcin)也比百户为高⑤。而且,成吉思汗认为在他身边担任怯薛是一种学习的方式⑥。这些有缘亲炙可汗的"学员"之有权成为未来的统治阶级,是自然的事。

怯薛的功能甚为广泛。第一功能是担任可汗的护卫⑦,同时,也是整个蒙古国军的核心。用成吉思汗的话说,即是他的"大中军"(yeke ghol)⑧。由于怯薛歹都是由贵族家庭遴选而来,在质的方面,无疑是一支精兵。从量的方面而言,在仅有九十五个千户的

---

① 杨联陞先生前揭文。

② 《元朝秘史》,10.3 下—4 上,第 231 节;《新译》,Ⅲ,页 353。

③ 参看村上正二《モンゴル朝治下の封邑制の起源》,《東洋學報》四四(1961),页 22—23。

④ 《元朝秘史》,10.40 下—44 下,第 227 节;《新译》,Ⅲ,页 350—351。

⑤ 《元朝秘史》,9.44 下—45 下,第 228 节;《新译》,Ⅲ,页 351。

⑥ 《元朝秘史》,9.30 下—35 下,第 224 节;《新译》,Ⅲ,页 348—349。

⑦ 《元朝秘史》,9.38 上—40 下,第 226 节;《新译》,Ⅲ,页 350,10.1 页上—3 上,第 230 节,《新译》,Ⅲ,页 352—353,10.6 下—8 上,第 233 节,《新译》,Ⅲ,页 354。

⑧ 《元朝秘史》,9.38 上—40 下,第 226 节;《新译》,Ⅲ,页 350。

蒙古国军中,一万之众的怯薛自占有相当大的比重。

其次,怯薛又掌管王室的家事工作。上文已说过,怯薛是由"伴当"制度演变而来。而在伴当的功能中,家事为一重要项目。当成吉思汗初度为汗时,家事工作已趋专业化。执事者如厨子、牧养骟马者等皆经特别指定。据《元朝秘史》说,这些执事以后皆置于怯薛辖下,和其他怯薛歹一样,担任三日一更的轮值①。《元史·兵志》说:"其他预怯薛之职而居禁近者,分冠服、弓矢、食饮、文史、车马、庐帐、府库、医药、卜祝之事,皆世守之。"②这些执事的名称见于《兵志》和《元朝秘史》,包括昔宝赤(鹰人,siba'üci)、保儿赤(厨司,ba'urči)、火你赤(牧羊人,qoniči)、帖麦赤(牧骆驼人,temēči)等③。显然代表一个草原王室的家事工作干部。

最后,怯薛也是蒙古帝国最初的中央行政机构。当 1206 年蒙古的行政结构形成时,唯一不属于怯薛的中央文职为札鲁忽赤(Jarghuci,断事官),由失吉忽突忽(Sigi Qutuqu)担任。这一职位的任务是惩治盗贼及造谣者和注册人口等④。但是,怯薛中的宿卫(kebte'ül)却有权派员与忽突忽共同决断后者管辖下的案件⑤。显然,怯薛在行政上所扮演的角色不下于札鲁忽赤。窝阔台可汗(Ögödei Qaghan)时,额勒赤吉歹(Elcigidei)是"众怯薛官人之长"⑥,宋使彭大雅称之为(中书省)"相"⑦。怯薛中掌理一般行政事务的主要机构似为必阇赤(bicēci),意即秘书,《元史》称之为

①《元朝秘史》,7.20 上—22 上,第 192 节;《新译》,Ⅱ,226—229. 45 下—49 上,第 229 节;《新译》,Ⅲ,页 351—352。
②《元史》,99.2 上—2 下。
③《元史》,99.2 下—3 上。
④《元朝秘史》,8.27 上—33 上,第 203 节;《新译》,Ⅱ,页 25。
⑤《元朝秘史》,10.8 上—9 下,第 234 节;《新译》,Ⅲ,页 354—355。
⑥《元朝秘史》续集,2.36 下—46,第 278 节;《新译》,Ⅲ,页 403。
⑦《黑鞑事略》(台北,1962,蒙古史料四种本),2 上。

"为天子主文史"①。虽然《元朝秘史》未明言必阇赤与怯薛的关系,《元史·兵志》怯薛之下却列有必阇赤。必阇赤之属于怯薛也可由"四环卫必阇赤""宿卫官必阇赤"等名词得到证明②。在蒙古帝国的初期,必阇赤的功能显然大于秘书。耶律楚材、粘合重山和镇海(Cingqai)皆被汉人称作中书省相。而宋使徐霆则说,他们的蒙文头衔是必阇赤③。据《元史·宪宗本纪》说怯烈人孛罗合(Bolgha)于 1252 年时为必阇赤,职掌为:"掌宣发号令、朝觐、贡献及内外闻奏之事。"④而《也先不花传》却称他为中书右丞相⑤。法王使臣鲁伯鲁克(William Rubruck)则称之为朝廷的秘书长(grand secretary of the court),为首相(chancellor)⑥。而波斯史家术凡尼(Juvaini)则说他是众秘书之长,且有权与其他一、二大臣决定税收和任命,并称他为国家的栋梁之一⑦。从以上可看出:必阇赤原是

---

①《元史》,99.2 下。必阇赤为蒙文 bicei(<bici'eci<bicigeci)之对音。Bicigeci 是由动词 bici—(写)加字尾—geci 而成,其意为秘书。Kowalewski,Ⅱ,1150b: "Bicigeci:Scribe,copiste,secretaire."《华夷译语》(涵芬楼秘笈四集),上,14 下释之为"吏"。关于此字之字义,参看 Pelliot"Le mots mongols dans le 高丽史 Korye sa",*Journal Asiatique* 217(1930),pp. 253-266(p. 257);Doerfer,*op. cit.*,Ⅱ,pp. 264-267;关于必阇赤的制度,参看坂木勉《モンゴル帝國における必阇赤—bitikci—憲宗メンゲの時代までむ在中心として》,《史學》四二·四(1970),页 81—109。札奇斯钦先生《说元史中的"必阇赤"并兼论元初的中书令》,《边政研究所年报》第 2 期(1971),页 19—113;真杉庆夫《元代の必阇赤について》,《元史刑法志の研究譯注》(东京,1961),页 88—99。

②《元史》,135.1 下、146.12 下。

③《黑鞑事略》,页 2 上。

④《元史》,3.4 下。

⑤《元史》,132.25 上。

⑥Rockhill,*The Journey of William of Rubruck*(London,1900),pp. 168 and 187.

⑦A. Boyle *op. cit.*,Ⅱ,605。而 Rasid al-Din 也称 Bulgha 为"bitikchi,vizers,chamberlains,and ministers"之首长,见 J. A. Boyle,(tr.),*The Successors of Genghis Khan*(New York,1971),p. 206。

怯薛的一支,不仅掌理文书,而且负有全国中央行政的责任。在元世祖忽必烈(Qubilai)将政府机构的功能进一步分化以前,怯薛的任务不仅在于保护皇室及处理家务,而且是具体而微的中央行政机构。

国家行政与王室家务的合一原是历史上许多新兴社会常见的现象,可说是家产制度的遗痕。马克斯·韦伯(Max Weber)曾详论之[1]。我国古代也有相似的现象。在秦汉时代,政府机构大体已为理性化的官僚组织,许多机构却仍可看出是源出于宫廷。如宰相是由冢宰而来,而九卿也是由皇室家庭执事演变而来[2]。

三、元代的怯薛

自忽必烈于1260年创立以汉地为中心的政权——元朝以后,大体上采用了中国传统的政治制度,创建了许多专业化的官僚组织,并且设立了中国式的皇家卫队——卫。怯薛,如同其他许多早期的蒙古机构,不能不有所改变,并且丧失不少权力。但是,蒙元统治者仍处心积虑地维持怯薛的组织和精神。怯薛依然是产生官吏的摇篮,而怯薛歹仍是一最受优待的特权集团。元室不欲将怯薛大事更革的原因是:第一,忽必烈及其子孙不仅是中国的皇帝,而且也是整个蒙古帝国的可汗。而怯薛为蒙古皇家威权的象征,不得不予以保留。第二,怯薛是维持可汗与贵族间封建关系的必要连锁。若欲将此一关系维系不断,此一连锁便不可或缺。第三,

---

[1]Max Weber, *Theory of Social and Economic Organization*(New York,1947),pp. 341–358.
[2]钱穆《中国历代政治得失》(香港,1966),页8—12。

传统的怯薛制度在维持蒙古王室和贵族的认同（identity）上，是一极为重要的工具。

中国式的卫军皆受最高军事机构枢密院的统辖；而怯薛则直属于帝室①。因为怯薛歹仍被视为帝王的"梯己的奴婢"，而不是汉式政府的一部分。怯薛由四功臣子孙率领的原则仍然保持，但是赤老温之家已不再率领怯薛。四怯薛三日一轮值的制度仍如旧贯②。箭内亘博士曾根据若干载有怯薛执事人员姓名及轮值日期的文献，断言自忽必烈时代起，已不遵守原有每一怯薛皆按三地支的日期而轮值的制度③。笔者曾爬梳出更多的这类文件，发现虽不无例外，但大体上这一制度仍被遵守④。从此也可看出这一蒙古旧制虽在汉制的激荡下，仍有极大的保守性。

怯薛，如箭内氏所指出，仅负责宫城的防卫，而卫军则须防卫京师及其附近⑤。由于元代帝王已不再像帝国扩张时代的祖先一样地东征西讨，因而怯薛作为"大中军"的军事功能显然大为减少。在元代，仅可偶然发现以怯薛出征的记录。如在1288年，曾以"怯薛卫士及汉军五千三百人，从皇孙北征"⑥，又曾"诏安童以本部怯薛蒙古军三百人北征"⑦。元代末年，元室企图力挽败亡的狂澜时，又曾有派遣怯薛歹出征的记录⑧。大体而言，怯薛原有的"大中军"的功能已为人数众多的卫军所取代。

怯薛的行政权力与皇家家务执事的功能也较前略小。由于

①《元史》，99.3上。
②《元史》，99.1下—2上。
③箭内亘《元朝怯薛考》，页234—240。
④见拙作《元代四怯薛轮值次序小考》，待刊。
⑤箭内亘《元朝怯薛考》，页253。
⑥《元史》，15.7上。
⑦《元史》，15.10上。
⑧《南台备要》（《永乐大典》，卷二六一○—二六一一，台北，1962），2.12上。

中央政府的中书省、枢密院和御史台的建立,怯薛失去了处理皇室事务以外的行政权力。它替皇室处理家务的权力亦由许多中国式的机构所分享。在忽必烈时代,为应付实际需要和建立皇室的威严,设置了许多这类处理宫廷事务的机构。这些机构在功能上自不免与怯薛相冲突。例如:宣徽院下的尚饮局①、尚食局②的职掌与怯薛旧有的荅剌赤(daraci,司酒)③及博儿赤(bōrci)④相同,侍正府⑤的职掌与速古儿赤(sügürci)相同⑥。太

①《元史》,87.16 上。

②《元史》,87.18 下—19 上。

③荅剌赤是 daraci 之对音。Daraci 系由 darasun 演变而来,削落原有字尾 -sun,而加上 denominal noun 字尾 -ci。Darasun 原意为"des boissons fortes;vin ordinaire fait avec des grains, vin jaune"(Kowalewski,III,1644),参看 Pelliot,"Les mots mongols…"(p.257);Doerfer,*op. cit.*,II,pp.326—327。蒙文 daraci 一字本身却未见于任何载籍。其意无疑为"司酒人"。《元史》81.1 上下:"酒人,凡六十人,主酒(原注:国语曰荅剌赤)。"同上 99.2 下:"掌酒者曰荅剌赤。"

④博儿臣(Bōrci<ba'ughci<baghurci),意即厨子。《元朝秘史》中仅见多数形之对音:保兀儿臣(ba'urcin),旁译为"厨子",见 Haenisch, *Wörterbuch*……12. 札奇斯钦先生《说元史中的"博儿赤"》,《田村博士頌壽紀念東洋史論叢》(京都,1968),页 667—676。

⑤《元史》,88.7 下—8 上。

⑥Sügürci 是 Sügür(<sikür)加字尾 -ci 而成。Sikür 意为伞(Kowalewski,III,1515b-1516a);Sügürci 疑为掌伞人之意,但蒙文字本身未见著录〔F. W. Cleaves,"The Fifteen Palace Poems by K'o Chiu-ssu",*Harvard Journal of Asiatic Studies* 20.3.4(1957),pp.438—440,n.41;Pelliot,"Lesmots mongols……",262;Doerfer,op. cit., I,pp.357—358〕。而《元史·兵志》"怯薛"条说(99.2 下):"掌内府尚供衣服者曰速古儿赤。"《元史》80.1 上:"司香二人,掌侍香,以王服御者(原注:国语曰速古儿赤)摄之。"可见在元代怯薛中,速古儿赤之职在掌管皇室之服御。自来学者多不能解释何以原意为"掌伞人"之速古儿赤职司服御。笔者认为速古儿赤乃系"伞子"一词之蒙译。伞子为金、元时代宫廷仪卫的一种,《金史》56.3 上:"宣徽院……掌朝会燕享,凡殿庭礼仪及监知御膳,所隶弩手、伞子二百三十九人,控鹤二百人。"(转下页注)

仆寺①及尚乘寺③的职掌与乌剌赤(ulācl)④和莫伦赤(morinci)⑤
相同,而蒙古翰林院⑤则与旧有的必阇赤和札里赤〔jarli(gh)ci〕
相近⑥。

　　怯薛的执事与这些新机构之间的关系是一有趣的问题。许多
怯薛执事似在中国式的机构之下执行其任务。主管侍者(侍御)
的侍正府下,有四名未明言来自怯薛的速古儿赤,另有二十四名充
作奉御的速古儿赤,《元史百官志》明言是来自怯薛。在蒙古翰林

（接上页注）同上,56.16 上:"卫尉司,掌中宫事务……护卫三十人……伞子
　　八人。"《元史》82.23 上:"凡控鹤伞子,元贞元年,控鹤提控,奉旨充速古儿
　　赤一年,受省劄,充御前伞子。"可见伞子为侍御之一种,一如速古儿赤,而
　　速古儿赤可能为"伞子"的译语。不过一般伞子不属怯薛,而属于怯薛之伞
　　子——速古儿赤——则以掌管内府衣服为主要功能。
①《元史》,99.2 上。
②《元史》,90.14 上。
③乌剌赤为蒙文 ulāci 之对音。ulāci 由名词 ulā(<ula'a<ulagha)加字尾-ci 而
　　成。Ulagha 原意为马,多特指驿马而言(Kowalewski, I, 394)。《元朝秘史》
　　中 ulāci 仅出现于复数形 ula'acin(兀剌阿臣),旁译为"马夫",由上下文看
　　来,乃系指驿马马夫而言(§279-280)。ulagha, ulaghaci 二字原分别由突
　　厥语 ulagh、ulaghci 二字借用来。参看 W. Radloff, I, 1679-1680; Pelliot,
　　"Neuf notes sur des questions d'Asie Centrale", T'oung pao 26(1929), p. 220;
　　W. Kotwicz, Contributions aux etudes altaiques. A. Les termes concernant le serv-
　　ice des relais postaux (= Collectanea Orientalic, II, Wilno, 1932), pp. 19-30;
　　Doerfer, III, pp. 19-30。
④莫伦赤为蒙文(Morunci<morinci)之对音。Morinci 是由 mori(n)加字尾-ci
　　而成。《至元译语》(《事林广记》,庚集,卷一〇),页 58 下:"牧马人,木里
　　赤。"(Murici)《元史·兵志》"怯薛"条(99.2 下):"典车马者,曰:乌剌赤,
　　莫伦赤。"
⑤关于蒙古翰林院的设置,参看《元史》,87.4 下—5 上;山本隆义《中國政治
　　制度的研究》(京都,1968),页 347—387。
⑥札里赤为蒙文 Jarlighci 的对音。Jarlighci 为 Jarligh 加-ci 而成。Jarligh 意为
　　圣旨(Haenisch, Worterbuch, …, 86, Kowalewski, III, 230)。故 Jarlighci 之意
　　为"书写圣旨曰札里赤"(《元史·兵志》"怯薛"条,99.2 上)。

院之下,1275年时有十一名"写圣旨必阇赤",1282年又任命了四名蒙古必阇赤。这些必阇赤可能也是由怯薛派遣而来。另外,也有怯薛执事与其他机构的人员共掌某一职务的。例如:掌管城门的八剌哈赤(balaghaci)①便和六卫军共同守卫大都城门②。以上所说都是怯薛执事与中国式机构的职掌相混杂者。在这种情形下,怯薛未必丧失其功能。即使怯薛歹与其他机构共同执行某一功能,怯薛由于享受特权,当仍占较为重要的地位。值得附带一提的是,元代由于怯薛歹处理皇家事务,故未大量任用宦官。因而,元代未有汉族王朝时代宫廷政治中宦官跋扈的现象③。

即使在汉制的侵蚀下,怯薛仍保有相当大的政治权力。从表面上看来,元代怯薛的政治角色,类似我国历代的内朝,实际上不尽相同。箭内亘氏曾指出《元史》中"近侍"二字,多指怯薛而言,而怯薛每每利用其宫中的地位,或越职奏事,或擅自发布圣旨,侵越中书省等政府机构的职权④。换言之,和历代内朝的角色相似。

事实上,怯薛政治权力的由来,不尽由于少数近臣或"近侍"

①八剌哈赤为蒙语 balaghaci 之对音。balaghaci 是由 balaghasun 一字除去 denominal suffix-sun,加-ci 而成。而 Balaghasun 一字为 balghasun 的古典形,其意为"ville, village"(Kowalewski, II, 1077b)。Balaghaci 之复数形 balaghacin 见于《元朝秘史》,旁译为"管城的"(Haenisch, *Wörterbuch*…, 12)。《元史·兵志》"怯薛"条:"司昏者曰八剌哈赤。"(99.2下)《元史·舆服志》言及庆典时殿下执事,亦云:"右阶之下,伍长凡六人……凡宿卫之人及诸门者户者皆属焉。"〔原注:如怯薛歹、八剌哈赤、玉典赤(ödönci)之类是也〕(80.2上)可见八剌哈赤乃系司宫城门户者。参看白鸟库吉《高麗史に見えたる蒙古語の解釋》,《東洋學報》第8卷第2期(1929,页149—244),页171—172;Pelliot, "Les mots Mongols…", pp. 256—257。
②《元史》,90.4下—5上。
③《元史》,204.1上。参看劳延煊《论元代高丽奴隶与媵妾》,《庆祝李济先生七十岁论文集》(台北,1967),2.1005—1031(页1027—1031)。
④箭内亘前揭文,页258—262。

僭越或篡夺政府机构应有的权力，或由于某一帝王的利用，以牵制外朝的官僚。怯薛可说是接近权力源头——帝王，并超乎政府机构之上的一个决策团体。

怯薛的政治权力至少部分是承继漠北时代的旧制，而保留了相当的权力。如前文所说，漠北时代，怯薛是中央政府的主要构成部分。怯薛有权派员与札鲁忽赤决定后者职权下的政刑事务。元代札鲁忽赤的权力较前为小，主要是在大宗正府之下，处理蒙古和色目人等的司法案件。而怯薛一仍旧贯可派员充任札鲁忽赤的职务①。又如枢密院为元代最高的军事机构，怯薛也有权派员担任枢密院之高职，参与决策②。对于中书省和御史台等机构也许有相同的权力。不过限于史料，无法确证。

元代的高官，多数出身怯薛，这在下文将予讨论。因此，元代的内朝与外朝不似自来各代划分得严格。出身怯薛的省、院、台官员，仍须在怯薛轮值。《元史·刑法志》"卫禁条"便说："诸省部官名隶宿卫者，昼出治事，夜入宿卫。"③1311 年，"敕省部官弗托以宿卫废职"④。1320 年又规定：各省部官"除入怯薛之外，其余无怯薛的，交勾当里，早聚晚散者"⑤。换句话说，省部官员如入怯薛轮值，便可不至省部办公。因此，内朝的怯薛与省部的高官实在难予严格的区分。怯薛与外朝人员交织不可分辨最有力的证明是公文开端所载上奏时侍坐的怯薛执事官的名单，如：

> 至大二年十一月初五日，也可怯薛第一日，宸庆殿西耳房

①《元史》，87.1 下。参看田村实造《元朝札鲁忽赤考》，《中國征服王朝の研究》（京都，1971），中，页 444—463。
②《元史》，13.12 上。
③《元史》，102.7 上。
④《元史》，24.14 下—15 上。
⑤《元典章·新集·朝纲》，页 13 上。

内有时分。速古儿赤也儿吉尼丞相、宝儿赤脱儿赤颜太师(即狐头)、伯答沙丞相、赤因·帖木儿丞相、昔宝赤玉龙·帖木儿、札蛮平章、哈儿鲁台参政、大顺司徒等有来。尚书省官三宝奴丞相、帖木儿丞相等奏过事内一件。[1]

可见出身怯薛的"丞相""太师"之类的高级官员,仍带着"速古儿赤""宝儿赤"等怯薛执事官的头衔,与其他怯薛人员共同轮值,随侍帝王,参与奏闻和决策。用中国传统的外朝官与内朝官两名词来指称他们,不很确当。怯薛人员与政府高官原属于同一贵族集团。无官职的怯薛歹固可随时派充"外朝"的官职,而出身怯薛的高官也仍需参加怯薛的轮值,并且在帝王的身边参与政策的决定。在蒙元各机构汉化过程中,最接近权力泉源的怯薛可说是受影响最少的一个。

怯薛组织的保守性与贵族性也可从怯薛的构成成份看出。忽必烈以后,四怯薛及执事官在原则上仍是世袭,而怯薛歹也仍由官吏子弟来充任。王恽即曾指出:"朝廷一切侍从、宿卫、怯薛丹等官员多系功臣子孙"[2],这些"功臣子孙"大体仍以质子——秃鲁花(turghagh)——的方式入充怯薛歹。1263 年,忽必烈诏令千户以上统军官员,各以子弟一名入朝充秃鲁花:

> 遵太祖之制,令各官以子弟入朝,充秃鲁花。其制:万户,秃鲁花一名、马一十四、牛二具、种田人四名。千户,见管军五百或五百以上者,秃鲁花一名、马六匹、牛一具、种田人二名;虽所管军不及五百,其家富强,子弟健壮者,亦出秃鲁花一名、马匹、牛具同……马匹、牛具,除定去数目,已上后增者,听。

---

[1] 王士点、商企翁《元秘书监志》(学术丛编本),5.13 上下。
[2] 《秋涧先生大全文集》(四部丛刊),84.5 下。

若有贫乏不能自备者,于本万户内不该充秃鲁花之人,通行津济起发,不得因而科及众军。①

这里所谓"太祖旧制"自是指《元朝秘史》224 节所载成吉思汗于 1206 年命令各统军官及"白身人"以其子弟入充怯薛的规定。两者的要求大体相同。主要的差别仅在于世祖时新添加携带牛具及种田人的规定。这不过是适应定都于农业地区后环境的需要。总之,1263 年规定统军官员以子弟入朝充秃鲁花即是成吉思汗时征募怯薛歹旧制的延伸。五年以后(至元五年,1268),规定更改,万户以下的军官可免送秃鲁花,而"随路总管府达鲁花赤、总管及掌兵万户,合令应当"②。又据《元典章》的记载,平宋以后,江淮新附"三品以上官例取质子一名,以备随朝使用"③。元制:路总管府达鲁花赤、总管及万户皆为三品官。可见自 1268 年以后,例须送子入朝充秃鲁花的是三品以上的文武官员。

这些秃鲁花是否派充怯薛歹呢?札奇斯钦师曾表示怀疑,他指出:有些称作质子军的单位并不驻守京师,当与怯薛无关。但他所指证不驻于大都附近的如唐兀秃鲁花军等都是一种特别的质子军,而不是一般高官所送的秃鲁花④。笔者认为高官所遣秃鲁花大体上仍服役于怯薛。前引《元典章》已显示出江淮新附官所送质子是供"随朝使用"。《元史·舆服志》记载皇家庆典中所用仪卫说:"护尉,四十人,以质子在宿卫者摄之。质子,国语曰:'睹鲁

---

① 《元史》,98.5 下—6 上。
② 《元史》,98.8 上。
③ 《元典章》,8.28 上。沈刻本《元典章》漏"江淮新附官员"及"随朝使用"句中之"朝使用"三字,兹据陈垣《沈刻元典章校补》(台北,1967)页 51 增。
④ 札奇斯钦先生《说旧元史中的"秃鲁花"(质子军)与元朝秘史中的"土儿合黑"(散班)》,《华冈学报》第 4 期(1967),页 157—189(页 159—169 及 188)。

花(turghagh)。'"①此外,元代史料屡次提及官员子弟以质子入宿卫的例子②。可见,忽必烈以后,质子虽未必都入充怯薛,但高官子弟所遣质子多仍服役怯薛,而怯薛也仍靠来自高官家庭的子弟来补充它的行伍。换言之,怯薛的组成成份仍是贵族性的。

由于文武高官子弟入充怯薛,怯薛中自不免有汉人、南人参加。汉人、南人官员子弟参加怯薛并不与怯薛原有的贵族精神相抵牾。自进入中原以后,蒙元统治集团已逐渐扩大为含有蒙古人、色目人以及汉人和南人中最与蒙古人合作份子在内的一个集团。罗意果教授(Igor de Rachewiltz)曾指出:蒙古人入侵华北时,凡愿意合作之汉人将领与官僚,蒙古征服者皆认之为伴当(nököd),而赋与伴当应享有的特权③。如此说成立,汉人、南人官员子弟入充怯薛歹乃是理所当然的事。

因为怯薛歹享有不少特权,各族人民自不免钻营以取得这一身份。1303 年,郑介夫所上《太平金镜策》中便指出:当时怯薛歹"不限以员,不责以职,但挟重资、投门下,便可报名请粮,获邀赏赐,皆名曰怯薛歹"④。当时,许多"汉儿、蛮子(南人)军、站、民、匠等"户,以及富人,甚至"无赖",都窜名为怯薛歹⑤。汉人、南人大量渗入蒙古传统制度核心组织自为蒙古统治者所不欲,故自 1303 年以后,禁止汉人、南人入怯薛的记载极多。1303 年便曾下令禁止"街市汉人"投入怯薛⑥。1307 年,又命分拣汉入、南人投充怯薛歹、鹰房子以影避差徭和滥请钱粮者,"今后除正当怯薛歹蒙古、

---

① 《元史》,80. 2 上。
② 《元史》,166. 14 下、169. 11 下、170. 20 上。
③ Igor de Rachewiltz, *op. cit.*, pp. 134–142.
④ 《新元史》(艺文印书馆本),193. 24 上。
⑤ 《通制条格》(国立北平图书馆本,1930),13. 7 下。
⑥ 《通制条格》,28. 2 下。

色目人外，毋得似前乱行投属"①。1309 年又诏："遵旧制：存蒙古、色目之有阀阅者，余皆革去。"②1323 年，更命"宣徽院选蒙古子男四百，入充宿卫"③，可见元室力求保持怯薛为一由蒙古和色目的贵族子弟所组成的精兵。箭内博士曾指出：忽必烈时代，怯薛已有不少汉人参加，成宗铁木儿朝以后，汉人数目减少了④。事实上，箭内所说，仅可指怯薛中的高级执事官，而在《元史》中有传者而言。一般怯薛歹中汉人、南人的数目当是有增无减，屡次下禁令正是由于汉族平民大量涌入怯薛，国家的户计制度受到破坏，财税亦因而受损，并且威胁怯薛中蒙古与色目贵族子弟的认同。即在立禁之后，似仅有汉族平民（"街市汉人"）被逐，汉族高官子弟人质者当仍保留。且从三令五申一事看来，即使禁止汉族平民入怯薛一事也未能认真执行⑤。

通元一代，怯薛歹仍为政治和经济上的特权集团。在政治上，服役怯薛可说是登龙的捷径。《经世大典·序录》说：

> 用人之途不一。亲近莫若禁卫之臣所谓怯薛者，然任使有亲疏，职事有繁易，历时有久近，门第有贵贱，才器有大小，故其得官也，或大而宰辅，或小而冗散，不可齐也。国人之备宿卫者，漫长其属，则以自贵，不以外官为达。⑥

这一段文字显示出：在整个元代社会中，怯薛歹为一政治上的特权阶级，而怯薛歹之中各人所享受的特权又因门第及与帝室亲疏的

---

①《元典章》，23 下—24 上。
②《元史》，23.4 下。
③《元史》，28.12 下。
④箭内亘《元代社会の三阶级》，《蒙古史研究》，页 263—360（页 325—327）。
⑤《通制条格》，2.2 上；《元史》，34.20 下、102.7 上；参看《新元史》，193.386。
⑥苏天爵《国朝文类》（四部丛刊），40.10 上。

差别而有所不同,不能一概而论。

三家子孙官阶合计表

代次 官阶	I	II	III	IV	V	VI	VII	总计	百分比
总人数	4	11	15	23	17	8	6	84	100
世爵	1	3	7	7	4	4	0	26	30.9
正一品	0	3	2	5	0	1	2	13	15
从一品	0	0	2	3	1	1	0	7	8
正二品	0	1	1	1	2	0	0	5	5.9
从二品	0	0	1	1	1	0	0	3	3.5
正三品	0	2	1	1	3	2	0	9	10.7
从三品	0	0	0	1	1	0	0	2	2.3
其他	2	4	3	7	6	1	3	26	30.9

整个怯薛可说是存在于官僚制度之外的特殊团体。自忽必烈时代起,元政府大体已官僚化,文武百官都已纳入中国传统的品级制度,并给予散官以为荣衔,无散官品级者则视为白身人。而怯薛则从未纳入此一官僚体系。王恽曾指出怯薛歹多是以白身领宫掖之事,古无是理。他建议应加以勋散阶号,"定夺俸秩,为一代新制,所谓立制自贵近始"①。王氏的建议显然未蒙采纳。元室实无意把这一特权集团改从汉制,遵守严格的品级散阶制度予以升降。

就中国官僚制度而言,怯薛歹都是白身人,而无任官资格。却每受不次之擢,任用为政府的官吏。据姚燧说:"大凡今仕惟三涂,一由宿卫,一由儒,一由吏。由宿卫者,言出中禁,中书奉行制敕而已,十之一。"②换言之,怯薛是进入仕途的三条大道中最重要的一条。其任官权事实上不操于中书省之手,而在于宫廷。出身怯薛

---

① 《秋涧先生大全文集》,85.5 下—6 上。
② 《牧庵集》(丛书集成),4.53。

者约占全部官员十分之一，也为一可惊的事实，因为一万多的怯薛歹，在为数约六千万的全国人口中，仅为极小的一部分。可见怯薛的任官是极简单而又普遍的事实。

怯薛的任官不仅普遍，而且多骤列高位，拔置要津。元末学者叶子奇说："仕途自木华黎等四怯薛大根脚出身，分任台省外，其余多是吏员，至于科目取仕，只是万分之一耳。"①怯薛歹的出任官吏，其品级似无划一的规定。最占优势的自为四怯薛长的子孙，四怯薛长中，除去赤老温家，不知由于何故隐而不彰，其他三家："锡之券誓，庆赏延于世世，故朝廷议功选德必首三家焉。"②所以子孙拔擢高位者极多。兹依《蒙兀儿史记·氏族表》所列三家子孙官阶列表于上③。从上表可以看出，现在所知的三家子孙八十四人，袭世爵（30%）及担任三品以上官职（45.4%），几占总数之75%（其中多有袭爵并兼任官职者），而担任三品以下或未任官职，或经历不详者仅占总人数的30.9%。最值得注意的是位跻正一品者占总人数的15%。元代中书右丞相仅从一品，仅三公为正一品。三家子孙不仅入仕极易，而且不少能位居极品，绝非他人所能比拟。

怯薛的执事官，如必阇赤、宝儿赤、速古儿赤等原都是世袭的职位。担任这些职位者，往往也外调出任政府的官职。《元史·兵志》说：

> 其他预怯薛之职，而居禁近者，分冠服、弓矢……之事。悉世守之。虽以才能受任，使服官政，贵盛之极，然一日归至内廷，则执其事如故，至于子孙无改。非甚亲信，不得预也。④

①《草木子》（光绪戊寅刻本）卷四《杂俎篇》，页17下。
②《国朝文类》，23.9下。
③本表系根据《蒙兀儿史记》，152.17下—18下、153.20上—21下、153.25下—29上。
④《元史》，99.1下及2上。

他们所出任的官职，虽不如四怯薛长子孙所担任者崇高，但比来自普通官员家庭的一般怯薛歹的出处却又高出不少。兹将《元史》中曾任必阇赤、宝儿赤和速古儿赤的初次出任官职的品阶及最高品阶略加统计如下表。至于曾任其他怯薛执事官者，因搜集不易，暂时从略①。

---

①本表系根据下列三表所作成。表中所列仅及于元世祖建立元朝后始初度膺任官职者。在此以前，官职未经系统化，无法比较品级，兹不列。

a. 必阇赤出任官职表

姓名	种族	初任官职		最高官职		资料来源
		官名	品级	官名	品级	
搠思监	怯烈	内八府宰相	正二	太保	正一	元史二〇五,33下
耶律希亮	契丹	符宝郎	〃	翰林承旨	从一	元史一八〇,3下—5上
昔班	畏吾	路达鲁花赤	正三	中书右丞	正二	元史一三四,4下
立智理威	唐兀	路达鲁花赤	正三	行省右丞	正二	元史一二〇,4下
高天锡	?	鹰房都总管	〃	兵部尚书	正三	元史一五三,6下
耶律驴马	契丹	?	?	卫都指挥使	正三	元史一五〇,10下
斡罗思	康里	太府少监	从四	行省平章政事	从一	元史一三四,22上—23上
移剌元臣	契丹	千户	从四	金行枢密院事	从二	元史一四九,22上
阿的迷失帖木儿	?	州达鲁花赤	从四	秘书太监	从三	元史一二四,6上
也先不花	怯烈	裕宗傅	?	行省平章政事	从一	元史一三四,25下
唐骥	畏吾	达鲁花赤	?	达鲁花赤	?	元史一三四,11上

b. 宝儿赤出任官阶表

姓名	种族	初任官职		最高官职		资料来源
		官名	品级	官名	品级	
伯荅沙	蒙古	光禄少卿	从四	开府仪同三司	正一	元史一二四,15下
八丹	畏吾	府达鲁花赤	正四	中书右丞	正二	元史一三四,21上
阔里吉思	蒙古	司农少卿	正四	行省左丞相	从一	元史一三四,20上
博罗普化	康里	府同知	从五	府同知	从五	元史一三四,22上
者燕不花	?	兵部郎中	从五	大司农丞	从三	元史一二三,17上
塔海	合鲁	中书直省令人	?	金枢密院事	正三	元史一二二,7下
塔出	?	千户	从四	?	?	元史一二二,17下

	正一	从一	正二	从二	正三	从三	正四	从四	正五	从五	其他	总数
初任官职	0	0	2	1	5	0	3	7	0	3	5	26
最高官职	2	5	5	2	5	2	0	1	1	1	2	26

　　故就《元史》所载出身怯薛执事的官员而言,初任官职多在三品至五品之间(十八人,占总人数的 69.2%);最后多能跻身一至三品(二十一人,占总人数的 80.7%)。

　　一般的怯薛歹,如前文所述,多系高官子弟入质为秃鲁花者。元制:武职大体可世袭。因此,怯薛歹如系高级武官子弟,在担任秃鲁花之后,往往承袭父兄的官职①。例如,灭里干(Mergen)初直宿卫,后袭父职为万户②;秃满苔儿(Tümender),在留中宿卫之后,也袭兄职为万户③。文官虽不能世袭,却可荫一子孙入仕;而曾任怯薛歹者——"已当秃鲁花"——荫叙时,享有免儤使一年而径受

---

　　c. 速古儿赤出任官阶表

姓名	种族	初任官职		最高官职		资料来源
		官名	品级	官名	品级	
野仙溥化	蒙古	给事中	正四	中书右丞	正二	元史一三九,2 上
自当	蒙古	监察御史	正七	治书侍御史	从二	元史一四三,7 下
博罗溥化	康里	翰林侍讲学士	从二	府同知	从五	元史一三四,22 下
亦力撒合	唐兀	提刑按察使	正三	行省左丞	正二	元史一二〇,3 下
昂阿秃	唐兀	万户府达鲁花赤	正三	万户府达鲁花赤	正三	元史一二三,7 下
暗普	唐兀	千户	从四	廉访使	正三	元史一二三,7 下
教化	阿速	千户	从四	千户	从四	元史一二三,17 下
朴赛因不花	肃良合台	利器库提点	从五	中书平章政事	从一	元史一九六,7 上

①关于元代武官的承袭制,看《元典章》8.24 上—26 下;《通制条格》6.16 上—21 下;《元史》98.2 上、11 下、82.4 下。
②《元史》,154.7 下。
③《元史》,149.6 下。

任命的特权①。荫叙的品级,虽有明确的规定,如正一品子孙叙正五品,从一品子孙叙从五品,以下类推。但如系"正蒙古人,若上位知识,根脚深重人员",其荫叙品级听由皇帝自行决定,不受上列规定的限制②。因此,出身蒙古权贵之门——即有大根脚——的怯薛歹,当有不少经帝王超格拔擢而进入宦途。前引姚燧所说,进入仕途的三条途径之中,"由宿卫者,言出中禁,中书奉行制敕而已",当即此意。

元代的征服社会是一个大体闭锁的阀阅社会。怯薛歹大体出身阀阅世家,而且是帝王的"梯己奴婢",成为政治上的特权阶级乃是很自然的事。

在经济上,怯薛歹也享有特权。依成吉思汗的原制,怯薛歹是由原属的千户、百户负责资助。忽必烈即位之初,显然有意保存这一制度。1263 年诏令官员以子弟入质,特别规定:入质子弟须携带一定数额的马、牛以及"种田人","若有贫乏不能自备者,于本万户内不该出秃鲁花之人通行津济起发"③。这些入充宿卫的质子,须携带牛具及农夫,当仍有自行给养的义务。长期在农业地区中的大都担任宿卫,如欲求自给自足,经营农业,似为唯一可行之法。直至 1283 年,犹有将"权贵所占田土","悉以与怯薛歹等耕之"的措施④。而且,大都地区有不少人,每每推称"俺是怯薛歹有更勾当里差出去了也",而不纳地税⑤。可见在元初怯薛歹仍保持早期自行给养的精神,经营农业。但是,至迟自 1281 年起,元室已

——————

① 《元史》,83.2 上;《通制条格》,13.14 上。
② 《通制条格》,6.11 上—13 上。
③ 《元史》,98.5 下—6 上。
④ 《元史》,12.15 下。
⑤ 《通制条格》,17.1 上—1 下。

开始供给怯薛歹粮食①。这可能是由于怯薛歹的农业经营并不成功,不足以达成自给自足的目标,也可能由于在 1279 年平宋取得富庶的南方以后,府库较裕,元室有能力对此一倚恃甚殷的集团予以优渥的待遇。1292 年,建立了怯薛歹的月廪制②。显然,自此以后,怯薛歹在经济上完全依靠政府的薪水。除去月廪之外,他们又常受到其他的赏赐,马可·波罗(Marco Polo)对怯薛的多彩多姿的描述中,曾特别提及:忽必烈每年赏给一万二千怯薛歹每人十三套奢华长袍,以及其他"不可传言的宝贵"的东西③。怯薛歹所用的马匹及所需养马的草料,也是由政府供给④。

对元室财政损伤最大者为每年给予怯薛歹的额外赏赐。这种赏赐后来成为数额颇大的年赏("岁赐钱""例钞")⑤。每人所得在二十到八十锭之间⑥。1311 年,赏赐怯薛共费钞 240205 锭。1329 年,13000 怯薛歹,每人得钞 80 锭⑦,共计则达 1040000 锭之巨。因此,1342 年主管财政的尚书省便曾请求增加纸币及铜钱发行的数额以应付怯薛的需要⑧。大量平民投入怯薛及其附属单位以避税求赏更损害了税收,增加了支出。1324 年,张珪和宋文瓒在一奏议中曾指出:"一人收籍,一门蠲复。一岁所请衣马刍粮,数十户所征入,不足以给之。"⑨总之,怯薛的优渥赏赐及其成为逃税

①《元史》,11.15 上。

②《元史》,17.3 下。

③A. C. Moule and P. Pelliot(ed. and tr.),*Marco Polo*,*The Description of the World*(2 vols,London,1935−1938),I,pp.225−226.

④《元史》,17.14 上;《通制条格》,15.6 上下。

⑤《元史》,13.6 下、14.22 下—23 上、20.6 上。

⑥《元史》,24.8 上、33.8 上、35.2 下、27 下。

⑦《元史》,33.8 下。

⑧《元史》,23.15 上。

⑨《元史》,175.11 下。

的渊薮使业已捉襟见肘的财政更加困难。

元代后期,怯薛歹的士气和纪律都大形恶化。元季诗人张宪在《怯薛行》中描述了一个"留守亲戚尚书儿"的怯薛歹公然行劫而逍遥法外的故事:

> 怯薛儿郎年十八,手中弓箭无虚发;
>
> 黄昏偷出齐化门,大王庄前行劫夺。
>
> 通州到城四十里,飞马归来门未启;
>
> 平明立在白玉墀,上直不曾误寸晷。
>
> 两厢巡警不敢疑,留守亲戚尚书儿;
>
> 官军但追马上贼,星夜又差都指挥。
>
> 都指挥,宜少止!
>
> 不用移文捕新李,贼魁近在王城里。①

散曲作者刘致也曾指出:

> 怯薛回家去,一个个欺凌亲戚,眇视乡里。②

怯薛歹又常倚恃在宫廷的地位,而任意干涉职责以外的政事③。所以,元代的怯薛虽未曾像其他各朝宦官一样构成严重的祸害,但是,他们所行所为仍对国家的行政体系有所损害。怯薛的腐化,一方面是由于汉族平民的涌入,减低了它的贵族精神;另一方面是由于整个的官僚和贵族阶级都日趋腐败,而怯薛歹多是来自官僚和贵族家庭,他们的腐化乃是势所必然的。成宗以后,不断发生的宫廷斗争更加速了这腐化的过程。

---

① 张宪《玉笥集》(粤雅堂丛书),3.31 上。

② 杨朝英编《阳春白雪》(散曲丛刊),后,3.9 下。

③ 《元史》,22.11 上,13 上,23.1 下;参看箭内亘《元朝怯薛考》,页 258—260。

四、汉唐式的禁卫军——卫

忽必烈于 1260 年在中国自立为可汗,同时也成为中国的皇帝。此后,他采用了一系列的中国式的文武制度,卫军便是其中的一种。卫军的性质与带有贵族性质并执行多种功能的怯薛全然不同。卫军的卫士只是普通士兵,而各卫本身也不过是直属中央政府的军队之一。仅在军事方面,各卫取代了怯薛的功能。

忽必烈的建立卫军,不仅是为了符合中国的传统,而且是迫于事实的需要。1259 年蒙哥汗意外地死于四川后,原有的怯薛是否归于忽必烈麾下已无法知晓。即使受他指挥,亦会有人数不足之感。因为,为数一万的怯薛,不足以充任中国帝王的禁军。这种禁军不仅需用以拱卫帝室,而且还需以平衡地方军队的势力。而且,此时忽必烈正在与乃弟阿里不哥(Arigh Böke)做汗位的争夺,仍处于战争状态。蒙古军的忠心似分裂于两边。汉军各将虽支持忽必烈,但此时汉军国家化尚未完成,他们的军队仍带着私人军队的色彩,忽必烈自无法随心所欲地加以运用。处于这种情势,忽必烈不得不尽可能地从汉军将领处抽调或征募部分军队,为他自己创立一支中央新军。当时,忽必烈的汉人幕僚多主张中央集权,也极力加以鼓吹。据姚燧说,最初提议建立卫军者便是乃叔——自忽必烈潜邸时代已担任其智囊的——姚枢①。姚燧归功于乃叔也许并非溢美,但是追从汉制、建立卫军似为忽必烈汉人顾问众口无异

①《牧庵集》(丛书集成),15. 179。

辞的共同愿望①。

卫军的雏形于 1260 年即已形成。此年,忽必烈自各地汉军中征调六千五百人组成武卫②。不久扩张至万人,由史天泽旧部董文炳、李伯祐等担任都指挥使,归平章塔察儿统率,对抗阿里不哥,并象征汉军初步的国军化。四年以后,易名为侍卫亲军。1274年,侍卫亲军分化为三卫。1297 年,又吸收南宋旧军,续增二卫,形成"设五卫以象五方"的五卫③。在元代后期,色目卫军激增以前,这五卫一直是卫军的核心,也成为后来续置各卫的模型。忽必烈于 1294 年逝世时,已设立十二卫,到元末更增至三十四卫④。

和元代其他许多制度相似,卫军建置上各种特色的来源甚为廪杂。其中大多数皆称为卫,有两个单位称为率府,也有许多仅称为万户府而执行禁军的任务,《元史·兵志》也列之于宿卫之下(为行文方便,本文概称之为卫)。"卫"与"率府"两名词在唐代同时使用,分别指皇帝及太子的卫队而言。元代卫和率府的统帅都称为都指挥使⑤。唐代各卫的统帅称将军,而不称都指挥使。都指挥使一名起于五代而为宋代所袭用。所以,元代卫军及统帅的名称是沿袭唐宋之旧的。但是,如果撇开这些名称不谈,则各卫的组织和唐宋卫军的组织并无因袭关系,而和蒙古建制的万户的组织相同,元代各卫的下属构成单位为千户、百户和十户⑥,除去少

---

① 参看郝经《郝文忠集》(乾坤正气集),18.15 下;胡祗遹《紫山先生大全文集》(三怡堂丛书),12.6 下、22.31 上。

②《元史》,99.17 上下。

③《元史》,99.3 下。

④ 见附录。

⑤《元史》,98.1 下、99.1 上。

⑥《元史》,86.4 上下。

数例外,各卫分别管辖八到十三千户①。都指挥使的阶级为正三品,与上万户相同②。各卫建置下的人员也和万户下的相同③。唐代卫与率府之下为折冲府(领千人左右),而府之下则为团(领三百人)、队(五十人)、火(十人)④。宋代的厢都指挥使下则有军(二千五百人)、营(五百人)和都(一百人)⑤。组织和元代的卫全然不同。所以,就组织而言,元代的卫军不是沿袭唐宋制度,而是一般万户的中央化。

就整体而言,卫军是一个多元种族的团体,而其中各种族的成员又能相互制衡。在元末的三十四卫中,十二卫是以色目人为主而组成,五卫以蒙古人所组成⑥。换言之,以非汉人(广义的)所组成者占三十四卫的一半。这一比例要比整个元代武装部队中非汉族军所占的份量大得多。由于元室必须屯驻大量蒙古军于大都及南方之间的枢纽区域及其他几个战略上重要地区,自无法屯驻大量蒙古军于京师⑦。色目军之集中于禁卫,可能半出于元室一贯的政策,半出于政局演变的结果。既无法集蒙古军于京师,代以色目军,以之与卫军中的汉军单位相制衡,原是很自然的事。笔者尚未发现有以色目军屯驻京师以外,担任一般镇戍工作的证据。在元代后期,色目各卫的急遽增加可由附录二看出。色目各卫的膨胀和色目权臣如钦察人燕帖木儿(El Temur)、康里人哈麻等相继当权有关。如1320年代,燕帖木儿当权时,不仅钦察卫由一卫

---

①见附录。
②《元典章》,7.4 上。
③《元史》,86.4 上下。
④参看滨口重国《府兵制より新兵制へ》一四。
⑤《宋史》,193.11 上下。
⑥见附录。
⑦萧启庆《元代的镇戍制度》,页147—150。

扩张至三卫,而且成立都督府,统率钦察各卫、哈剌鲁(Qarlugh)以及若干蒙古军单位。这些色目卫军是元季政客在政争中的资本,也是他们维持权势的支柱,这在下面将详加讨论。把这些政治资本尽量扩张,原很自然。

各卫中的蒙古和色目军士如何选择而成,无法知道。汉族卫士最初则显然自一般军队中择其精锐及物力富足者而组成①。此外,也有自平民中直接佥选的;佥选为卫士的资格,较一般士兵为高。在佥选为卫士后,其家庭即成为军户②,和普通军士并无不同。

卫士所负担的义务,也和一般军士相似。须自筹给养和轮流上番。汉军卫士不仅须自"备资装",而且须自筹每年夏间随皇帝往上都住夏时行军所需用之马及牛车③。色目卫士则可能全由政府负责补给,因为色目军不像汉军户有赡军地和贴军户的支持。卫士上番的时间则较一般军士的戍期为短。依 1283 年的规定,卫士每年分两批上番,各担任九个月的宿卫工作,另有三个月可在家休息④,和一般军士的戍期至少两年以上者不同。这是由于卫士的主要任务不出于大都及上都两京区域,和一般军士常须出戍远地者不同。但在卫士出戍边区时,情形便和一般镇戍军一样,常常久戍不得更代。1315 年,仁宗出巡和林,便发现有"卫士弊衣者,驻马问之,对曰:'戍守边镇十余年,以故贫耳。'"⑤总之,卫士的组成成份,和一般军士相似。虽然他们是军士中的精锐,但和怯薛歹之来自一特别的社会阶级者不同。他们所负担的义务也和一般军

①《元史》,5. 12 下、10. 5 下、99. 9 下。
②《元史》,99. 9 下—10 上。
③《元典章·新集·兵部》,页 1 上—8 下;《元史》,17. 3 下。
④《元史》,12. 23 上。
⑤《元史》,26. 4 上。

士相似,不像怯薛之享有种种特权。

卫军虽不如怯薛那样兼有多种政治的功能。但在军事和经建方面,也负有多重任务。第一,担任防守两京及其附近的地区。大多数的卫军皆驻守大都。而在上都,经常维持建制的则有虎贲卫①。在大都与上都之间的长城线,则置有隆镇卫,负责扼守各关口②。而且,卫军似不仅负责防守两京本身。武卫置营于涿州(今县)③,右卫置营于永清(今县)④。而在泰定四年(1327),左、右翼蒙古侍卫都驻扎在河南省(汴梁)直北,大概相当于冀南、豫北一带⑤。所以各卫军负责防守的地区实包括腹里接近大都的地区,即河北省及山西之大部分及上都附近,在东南与山东河北蒙古军都万户府的防区相联,在西南与河南淮北蒙古军都万户府的防区相连,而在西方则与以奉元为总部的陕西都万户府相接。北边蒙古⑥,亦常有卫军屯戍。第二,各卫是元室的中央军,对抗叛乱之宗室,或各省百姓之反叛,卫军常出动征伐。元室对抗海都的武力便是钦察(Qimcagh)卫⑦。征乃颜,诸卫汉军和阿速卫都是主力⑧。东征日本,五卫军也曾出动⑨。而元末讨伐南方民众的反叛,最初也是以卫军为武力。1351 年,御史大夫也先帖木儿(Esen Temür)曾"率诸卫兵十余万",讨伐刘福通⑩。1354 年,右丞相脱

---

①《元史》,86. 23 下—24 下、99. 8 下。
②《元史》,86. 9 下—11 下、99. 6 上下。
③《道园学古录》,23. 206。
④《通制条格》,19. 5 下—6 上。
⑤《元史》,99. 30 上下。
⑥《元史》,页 162。
⑦《道园学古录》,23. 388—396。
⑧《元史》,162. 8 上。
⑨《元史》,12. 14 上、16 上。
⑩《元史》,138. 29 上。权衡《庚申外史》(台北,1968),页 25。

脱（Toghtō）出师伐张士诚，虽然总率"诸王诸省军"，但似以阿速卫为主力①。直至各卫军溃败后，元室始募"义兵"以应难。所以，卫军一直是元室中央的主要武力。第三，卫军的另一功能为屯田。屯田为各卫之下所设屯田千户所的主要任务。拥有一到二个屯田千户所者共有十三个卫。每一屯田千户所大约有二千士兵，耕种约一千三百顷地。但在 1307 年以后，这些军屯与民屯同趋于败废②。第四，各卫军是两京地区的重要劳役单位。杨联陞先生曾指出：我国历代政府多以士兵从事公共工程的营缮③。元代情形也是如此。武卫的主要职能便是"掌修治城隍及京师内外工役之事"④。其他各卫也常从事类似的工作⑤。经常从事营建，难免不疏忽军事训练。早在忽必烈时代，胡祗遹已指出：卫士仅知做工而不知战斗⑥。这种情形自然愈演愈烈⑦。这可能也是必须增设新的卫军单位的原因之一。

元代的卫军，和我国历代禁军，以及罗马帝国的 Praetorian co-hortes 一样，难免不卷入宫廷政治的漩涡之中。由于卫军是两都地区仅有的常备部队，因而成为政治野心家力图掌握的对象。自十四世纪初，元代政变不绝，成功者多赖卫军为后盾。1323 年，御史大夫铁失〔Te（g）si〕发动政变，弒英宗硕德八剌和丞相拜住（Bei-ju），而拥立泰定帝也孙铁木儿（Yesun Temür）。铁失这次政变成

<hr/>

①《元史》，138. 30 上。

②《元史》，99. 6 下—29 上。

③杨联陞先生，"Economic Aspects of Public Works in Imperial China"，*Excursions in Sinology*（Cambridge，Mass.，1969），pp. 191–248。

④《元史》，99. 4 上下。

⑤《元史》，13. 13 下，16. 4 下，22. 20 下，64. 8 下、17 下。

⑥《紫山先生大全文集》，21. 20 上。

⑦《元史》，13. 11 上、30. 11 上；《国朝文类》，15. 8 上。

功的原因之一便是"以所领阿速卫兵为外应"①。1328 年,泰定帝
死后,武宗海山的旧臣钦察人燕帖木儿(El Temur)先后拥立武宗
之子和世瓎(Qusila,即后来之明宗)和图帖睦尔〔Tu(gh)Temür,即
文宗〕,击败回回人倒剌沙(Daula Sa)所支持的泰定帝之子阿速吉
八(Arigiba?)的上都派。燕帖木儿成功,便是由于他"时总环卫
事"②,而以卫军为主要武力凭借。

由于卫军在政治危机中具有举足轻重的力量,元代中后期的
权臣多极力掌握卫军。虽然格于朝廷的大法,他们无法自为帝王,
但一旦有大量卫军在手,退则可保持权位,进可废立帝王。1325
年,中书参知政事塔不台便曾指出:"大臣兼领军务,前古所无,铁失
以御史大夫,也先帖木儿(Esen Temür)以知枢密院事,皆领卫兵,如
虎添翼,故成其逆谋,今军卫之职,乞弗以大臣领之。庶勋旧之家,
得以保全。"③但是,这时的泰定帝及他的继承人已无力剥夺权臣的
统帅权了。1328 到 1332 年间控制元廷的燕帖木儿便握有六个卫
军,其中三卫都是以和他同种的钦察人所组成。1329 年,甚至设立
"大都督府"来统率他手下的各卫,俨然与最高军事机构枢密院分庭
抗礼④。顺帝初年当权的伯颜(Bayan)也拥有七卫的都指挥使或
达鲁花赤的头衔⑤。继他而起的脱脱(Toghtō)也统有四卫之多⑥。
这时的禁军已是名存实亡,不过是权臣操纵朝政的工具而已。

---

①《元史》,28.16 下—17 上、207.2 下。

②《元史》,138.6 下—12 下;冯承钧《元代几个南家台》〔《辅仁学志》第 4 卷
第 2 期(1934),页 1—38〕一文中,认为此次政变为蒙元朝廷中钦察派(燕
帖木儿所领导)与回回派(倒剌沙所领导)间的斗争,结果钦察人得势。

③《元史》,29.23 下。

④《元史》,138.12 下。

⑤杨瑀《山居新话》(知不足斋丛书),页 21 下—22 上。

⑥《元史》,138.26 下。

五、结论

宿卫制度是近代以前诸帝国所通有的措施。元代的宿卫则代表征服王朝下的一种特殊形态。它是由两个来源不同、性质互异的单位所组成:一是草原游牧社会统治者所特有的怯薛;另一是中国历代帝王所通有的卫军。

怯薛原为成吉思汗手创的蒙古帝国两大支柱之一——另一为千户制度。它原是由游牧主的"伴当"演变而来。"伴当"是氏族社会衰落过程中产生出来的游离份子,附属于游牧主个人,是他的"梯己奴婢",在古来盛行氏族共产制的游牧社会是一种新现象。如一游牧主势力庞大,常将其伴当组成卫队,而与属于全氏族的氏族军相别。成吉思汗初度组织怯薛是在1189年左右被推为蒙古本部可汗时,以后经过1203年一度扩大,至1206年蒙古帝国成立时,已扩大至一万人。在蒙古帝国的建立过程中,成吉思汗的"梯己奴婢"——"怯薛"——贡献至大,可说是他达成霸权和绝对化其权力的重要工具。

怯薛在蒙古帝国的政治组织中,占有核心的地位。它不仅是皇家的卫队、家务机构和帝国的中央军,也是主要的中央行政机构,此外又兼具质子营和军官学校的性质。1206年成吉思汗将以前的伴当和怯薛歹外任为千户、百户以后,为了阻止他们的忠心因空间扩大而弱化,于是有系统地从千户、百户等游牧封建主中索取子弟为质,置于怯薛之中。蒙古的政体原是一种绝对专制与游牧封建制相融合的结构①。成吉思汗的能够在封建架构之上,保持

---

① 关于蒙古政体中的专制成份,参看 Lawrence Krader, *op. cit.*, pp. 98–99。

绝对(或近乎)的君权,以怯薛的组织有系统地征取质子可能是一重要因素。这些服役于怯薛的质子,以可汗"梯己的护卫"的身份享有甚大特权,而且往往用为方面之任。蒙古帝国原是成吉思汗家族的家产(patrimony),和成吉思汗及其继承人有私的主从关系者受到优遇和重用原是自然的事情。

　　忽必烈建立元朝以后,大体上恢复了中国政治组织,政府官员——尤其文官——业已官僚化。蒙古的旧制或被调整以求配合,或完全被汉式机构所取代。怯薛自不例外,但在所有蒙古机构中,怯薛可说是保存原来面目最多的一个。一方面,中国式的行政及军事机构的设立无疑削弱了怯薛的若干权力——怯薛不再是正式的中央行政机构,它的"大中军"的功能为卫军所取代,处理皇家家务的权力也由许多中国式的宫廷机构所分享。但是,另一方面,怯薛却未成为中国式政府的一部分,而是超越它而存在,而且从未官僚化——仍然保留相当大的政治权力,参与决策,类似中国的内朝。怯薛的组成成份,仍是贵族性的,不仅怯薛长和各执事官仍为世袭,而一般的怯薛歹也是由三品以上官员的子弟以选充"秃鲁花"的方式充任。他们虽未拥有中国式的品级和散官,从中国制度而言,是一种白身平民,但由于是可汗的"梯己奴婢",享受种种普通官员所不能享有的特权。在经济上,怯薛歹按例可得到甚为优渥之赏赐,构成国家财政的沉重负担。在政治上,怯薛长及执事官凭借着"根脚深重",往往骤列高官,而一般以质子入宿卫的怯薛歹在入仕时也享有优待。总之,怯薛是一存在于官僚制之上的蒙古色目统治阶层的核心组织,不受官僚制政府的束缚,却有权参与甚至支配政府的运作。由于怯薛歹是特权阶级,元代中期以后乃成为各色人等钻营的对象,大量汉族平民渗入怯薛,无疑威胁了怯薛中蒙汉色目贵族子弟的认同和它的贵族精神。同时,由于整个官僚及贵族阶级都日趋腐败,怯薛的日益腐化乃是不可避免的。

卫军则是全然不同于怯薛的另一宿卫组织。它是在忽必烈成为中国式专制帝王以后,因袭中国中央军事集权——"居重驭轻"——的传统,同时为保持专制君主尊严而设置的。卫军的编制虽源自蒙古旧制的万户制,但卫军设置的构想、名称及官职等都是来自唐宋。卫军军士的成份及其待遇和普通士兵并无不同,与怯薛歹之来自高官家庭,享受种种特权者毫不相似。卫军的主要功能是在平衡地方武力,不像怯薛之兼有多种政治功能。元代后期,政争频仍,原来作为皇权干城的卫军,已转变为权臣废立帝王、操纵朝政的工具。怯薛的衰败象征着蒙古统治集团的颓废,而卫军的变质则表示元代帝王已无法维持中国式专制帝王的绝对权力。

元代的宿卫之由怯薛与卫军等两个不同成份所组成,反映了元的征服王朝的性格——一为征服政权所原有,另一为适应被征服社会的需要而恢复的当地传统制度。它同时也反映了元朝的双重性格——一方面为继承唐宋帝业的绝对君主,另一方面为蒙古帝国的共主,黄金氏族的最高主宰。后来,明代大体上承袭了元代的卫军制度,甚至整个的兵制,却未因袭怯薛制度①。这无疑是两个政权的起源与性质不同的缘故。

附录　元代卫军组成表

名称	建立年代	上司机构	主要种族成份	组成单位		备考
				一般千户	屯田千户	
右卫	1271	枢密院	汉人	11	2	原由武卫军(建于1260)分组

---

①关于元明卫军的因袭关系,看 Romeyn Taylor, "Yüan Origins of the Wei-so System", in C. Hucker(ed.), *Chinese Government in Ming Times*(New York, 1969), pp. 24-40。

名称	建立年代	上司机构	主要种族成份	组成单位		备考
				一般千户	屯田千户	
左卫	1271	"	"	11	2	"
中卫	1271	"	"	11	2	"
前卫	1279	"	"	11	2	"
后卫	1279	"	"	11	2	"
武卫	1289	"	"	7	6	
唐兀卫	1281	"	唐兀	9	0	
贵赤卫	1287	"	?	8	0	
哈剌鲁万户府	1287	大都督府（1329 以后）	哈剌鲁	3	0	
左都威卫	1294	储政院	汉人	2	2	由五投下探马赤总管府演变而来（1292）
右都威卫	1294	"	蒙古	5	1	
西域亲军	1295	枢密院	色目	13	0	由虎贲军改立（1279）
虎贲亲军	1295	"	汉人	6	0	蒙古侍卫总管府分立而来（1281）
左翊蒙古侍卫	1303	"	蒙古	7	0	"
右翊蒙古侍卫	1303	"	蒙古	12	0	
卫侯直	1307	徽政院	?	0	0	
左卫率府	1308	储政院	汉人	11	3	由阿速拔都达鲁花赤演变而来（1272）
右卫率府	1308	"	?	5	0	"
康里卫	1308	枢密院	康里	?	?	
左阿速卫	1309	"	阿速	15	0	

元代的宿卫制度 | 293

名称	建立年代	上司机构	主要种族成份	组成单位		备考
				一般千户	屯田千户	
右阿速卫	1309	〃	阿速	9	0	
镇守海口侍卫	1309	〃	汉人,康里,钦察,唐兀	?	?	
隆镇卫	1312	〃	阿速,哈剌鲁,汉人	11	0	
忠翊侍卫	1321	〃	汉人	2	2	由屯田万户府演变而来(1292)
宗仁卫	1322	枢密院	蒙古	10	2	
右钦察卫	1322	大都督府(自1329起)	钦察	18	2	自钦察卫(原设于1286)分立而来
左钦察卫	1322	〃	〃	11	1	〃
龙翊侍卫	1328	〃	〃	9	1	
宣忠斡罗斯扈卫	1330	〃	斡罗斯	?	?	
东路蒙古侍卫	1331	〃	蒙古	?	?	
威武阿速卫	1334	〃	阿速	?	?	
宣镇侍卫	1337	枢密院	?	?	?	
女直侍卫亲军	?	〃	女直	?	?	
高丽女直汉军	?	〃	女直	?	?	
万户府管女						
直侍卫亲军						
万户府						

(上表系根据《元史》99.3 下—8 下、86.3 下—27 上、89.7 上—9 上)

〔原载台湾政治大学《边政研究所年报》第 4 期(1973),页 43—95〕

元代的镇戍制度

一、元代镇戍制度形成的因素

镇戍制度是近代以前中外诸王朝的重要设施之一。为了镇压内乱、抵御外侮、保存皇室威权,不得不屯驻适量的武力于国内及边塞之重镇。一个王朝的镇戍制度系基于其治安及国防政策而设计,并且随着国内外客观情势的递嬗而变化①。

元代的内外情势皆甚紧迫。就国内情势而言,统治种族——蒙古人——远较被统治种族的汉、南人为少;而后者对征服者的政治可靠性不大,故征服者与被征服者之间的紧张气氛始终存在。就对外情势而言,元室虽未遭遇任何主要的外患,却不断面临以内亚草原为根据地的蒙古亲族的挑战。

元代社会是以种族歧异为基准的多层社会②。蒙古及色目人

①关于中外历史的镇戍制度,陶恩培(A. J. Toynbee)有一综论,见 *A Study of History*,7A(Oxford University Press,1954),pp. 108–163。
②箭内亘《蒙古史研究》,东京,1930,页 211—360;蒙思明《元代社会阶级制度》,北平,1938。

为统治阶层,汉人及南人构成了被统治阶层。前者仅占全国总人口极小的部分,以极少数的统治种族来控御广大的汉、南人,后者的政治可靠性自为一值得顾虑的因素。蒙元征服华北以前,北方已受女真人统治一百年(1127—1234),而关内东北角更曾为契丹所统治近二百年(937—1123),故华北居民——"汉人"——对外族统治较为习惯,最初对蒙古政权并未显示多少不满;元之代金,不过朝代更易而已。但自中统三年(1262)李璮联宋反元以后,蒙古人对汉人的信任开始动摇,不得不采取多种预防反侧的政策①。由于华中、华南从未被外族统治,南人士庶对赵宋之忠心似亦较对北人完颜氏者为高,蒙人对南人的顾虑更大。南方知识分子如郑思肖、谢枋得辈将其对外族征服者之愤恨著于文辞②,一般民众则将其对异族政权之不满表诸行动。自元陷临安以后,南方"盗贼"不绝③,1283 年,江南即有"盗贼"二百余起④,而 1289 年更有四百余起⑤。欲使此等顽抗之百姓顺服,维持治安,必须设置长期性的镇戍军乃属显而易见。

如何分布镇戍军却为一复杂的问题。在诸汉族王朝时代,种族问题不大,君主最关切的是如何阻止地方将吏控制足以反抗中央的军队,因而集中精兵于京师,仅留驻少数警察性的军队于州郡。东汉之废州郡兵、隋唐府兵制度下的"关中本位"政策、宋代

---

① 爱宕松男《李璮の叛亂と其の政治の意義》,《東洋史研究》第 6 卷(1941),页 253—278;孙克宽《蒙古汉军及汉文化研究》(台北,1958),页 44—65。

② F. W. Mote, "Confucian Eremetism in the Yüan Period", 载于 A. F. Wright 编 *The Confucian Persuasion* (Stanford, 1960), pp. 202-240(232-236)。

③ 关于元代江南的叛乱,参看陶希圣《元代长江流域以南的暴动》,《食货》第 3 卷第 6 期(1936),页 35—44;孙克宽《元代汉文化之活动》(台北,1968),页 338—344。

④ 《元史》卷一七三,页 7 下。

⑤ 《元史》卷一五,页 17 上。

的"强干弱枝"等,都是基于此一设想。但异族王朝却不能全盘抄袭这类"强干弱枝"政策。在异族王朝如蒙元统治下,叛乱随时随地可能发生,如不能及时敉平而任其蔓延,政府必岌岌可危。因受交通条件所限,如边远省份有叛乱发生,欲求遣自京师的大军在其蔓延之前迅速加以敉平,似不可能。诚如马可·波罗(Marco Polo)所说:"若期望派自华北(Catai)一省之军队(抵至江南)须时二月,(故敉平叛乱)为一旷日持久之事。"①因此,元室不仅须顾及京师之安全,且须将戍军按各地情况适量地分驻各地。换句话说,干固须强,枝亦不可弱。

　　除了在汉地的治安负担外,元室还须保卫包括今日内、外蒙古、新疆及部分俄属突厥斯坦(Russian Turkestan)等地的草原与绿洲地带。在汉族王朝时代,欲与游牧民族争霸及保持与西亚和南亚的通运,以军事及外交手段控制一部的草原及绿洲地区亦为一重要国防政策,但如失去此等地方的控制,并不足以构成对中央政权的致命打击。如汉唐盛世虽曾努力经营西域和漠北,后因补给困难、交通不便,且受国内情势牵羁而闭关自守,并无大伤。但对征服王朝而言,草原地区为必要的军事动力储备所,如失去对此地区的控制,或在草原地带的霸权为另一后进游牧民族所取代时,便会面临草原民族袭击和汉地反叛的双重威胁。其政权之命运,不问可知。如辽末女真之崛起、金季蒙古之勃兴,都构成对汉地征服政权之致命打击。因此之故,征服王朝对北方草原地区不能不善加防守。对蒙元政权而言,漠北草原地区尤有特殊之重要性。此一地区构成了十三四世纪整个蒙古世界的东部心脏地带②,作为

①A. C. Moule and Paul Pelliot(ed. and tr.), *Marco Polo. The Description of the World*(2 vols., London, 1935-1938), I, p. 348.

②George Vernadsky, *Mongols and Russia*(New Haven, 1953), p. 82.

大蒙古帝国名义上的"大汗",忽必烈及其继承人若欲在蒙古族人间扮演政治上的领导角色,便不能失去对此地区的控制。但是,欲控制此一地区并非易事。自 1251 年拖雷(Tolui)之子宪宗蒙哥(Möngke)任大汗始,蒙古帝国便已分裂。窝阔台(Ögödei)及察合台(Caghatai)之后裔否认拖雷一系的宗主权,1269 年两系子孙在窝阔台之孙海都(Qaidu)领导下,于今日俄属突厥斯坦形成一蒙古宗王联盟;此后三十余年间,不时攻略外蒙及新疆地区[①]。直至1303 年海都死后,元室与中亚诸宗王间的和平关系始获重奠[②]。在此期间,元室又更于 1287 年在今日内蒙及满洲西部面临成吉思(Cinggis)诸弟之孙乃颜(Nayan)及合丹(Qadan)的挑战[③]。即在海都之战结束后,中亚宗王的反叛仍不时发生。故终元之世,元室必须结集重兵于草原地区。

二、汉地江南的镇戍制度

元代的镇戍系统主要形成于征服南宋以后。在此之前,蒙古人亦曾驻扎军队于征服地区。如成吉思汗及窝阔台汗征服华北及

①关于海都之乱,参看惠谷俊之《カイドウの亂に關するの一考察》,《田村博士頌壽紀念東洋史論叢》(京都,1968),页 89—104;W. Barthold, *Turkestan down to the Mongol Invasion* (3rd ed. ,London,1968),pp. 490—494。
②海都之乱结束后,蒙古诸汗国间重建和平的情形,可参看佐口透《十四世紀に於ける元朝大カーンと西方三王家の連帶性について》,《北亞細亞學報》(1942),页 151—214;W. Kotwicz, "Les Mongols, promoteurs des l'idée de paix universalle au début du XIII-e (应为 XIV-e) siècle", *La Pologne au VII-e Congrés International des Sciences Historiques*(Warsaw,1933),pp. 199-204。
③关于乃颜之乱,参看箭内亙前揭书,页 611—612;Paul Pelliot, *Notes on Marco Polo* (3 vols. ,1959-1974),II,pp. 788-789。

中亚后,即屯驻军队于各地要邑①。在华北地区,不仅金朝降军及各地自卫武力被改编为"汉军"屯戍各地②,1236 年蒙古探马赤军(Tammaci)③亦驻守于大城如益都、济南、平阳、太原、真定及东平等地④。窝阔台晚年,以在各城市屯驻探马赤军为其生平四大建树之一⑤。但此时蒙古人仍在继续其征服计划,军队随战事发展而转移。忽必烈曾说:"昔我国家出征,所获城邑,即委而去之,未尝置兵戍守,以此连年征伐不息。"⑥故在此一阶段,并无长期性的镇戍制度之设立。

自征服南宋以后,情势与前不同,全中国皆已归属蒙古,征服已至(或已近)极限。这时蒙古人所面临的问题:如何把临时占领

---

① 《元朝秘史》(叶德辉刊本,1908)续卷二,页 25 下—28 下;姚从吾、札奇斯钦二教授《蒙古秘史新译并注释》三,《文史哲学报》第 11 期(1963),页 339—408(页 341—342)。

② 关于汉军之成立,参看孙克宽《蒙古汉军及汉文化研究》,页 1—10;《元代汉文化之活动》,页 237—330;Igor de Rachewiltz, "Personnel and Personalities in the Early Mongol Period", *Journal of the Economic and Social History of the Orient* 9(1966), pp. 88—114(pp. 103ff)。

③ 探马赤军实即蒙古军之一种。《元史》卷九八页 2 上说:"蒙古军皆国人,探马赤则诸部族也。"箭内亘氏以诸部族指契丹、女真等非蒙古诸族而言(前揭书页 807)。村上正二与护雅夫皆以为探马赤为属于诸投下(即封建贵族)之军,与直属蒙廷之军相别,而其成员皆蒙古人,当近实情。见村上《元朝に於ける投下の意義》,《蒙古学报》第 1 册(1940),页 196—215(页 208—268);护氏《探马赤部族考序说》,《史学杂志》第 55 号(1944),页 34—69。关于探马赤一词的语源,参看周藤吉之《宋代资料に见える头项と探马——辽元の投下との关联に於いて》,《驹泽史学》第 4 卷(1954),页 30—49;杨志玖《元代的探马赤军》,《中华文史论丛》第 6 期(1965),页 181—213;海老泽哲雄《元朝探马赤军研究序说》,《史流》第 7 卷(1966),页 50—65。

④ 《元史》卷一二三,页 3 上。

⑤ 《元朝秘史》续集卷二,页 55 下;《新译》,页 406。

⑥ 《元史》卷八,页 23 下—24 上。

转变为长期统治,设立长期性的镇戍军队乃属必需。故平宋之后,领导伐宋之名将伯颜(Bayan)等设计了于沿江各路置军屯戍的蓝图①。其他地区,当亦有类似的计划。

关于京师以外地区的镇戍制度,叶子奇所著《草木子》中有一概括性的记述:"各路立万户府,各县立千户,所以镇压各处。其所部之军每岁第迁口粮,府县关支,而各道以宣慰司、元帅府总之。"②元代潮州方志《三阳图志》中亦有类似记载③,但此齐一性的兵力分布在《元史》及其他史籍中却无迹可寻。由于每一万户平均约五千人④,若在汉地一百八十五路⑤,每路设一万户,则需九十二万五千人。事实上元室不可能配置如此庞大兵力于各路,因除各路外又得结集重兵捍卫京师和防戍蒙古、新疆及西藏地区(这些地区内,并未设立中国式的州县制)。而且,不顾各地在政治、军事及经济上重要性的歧异,而屯置数目相等的军队,甚不合理。例如,云南行中书省共有三十七路,而河南行中书省仅有十二路⑥,屯驻边远的云南的兵力为驻于"据天下腹心"的河南地区军队的三倍,实难以想象。因而,《草木子》及《三阳图志》所载的制度或仅反映其本地区(浙江及福建)的情况,而非通制。事实上,元代的镇戍制度远较此两书所记载者富有弹性。

《元史·兵志》中对镇戍制度亦有一概括性的记述:"世祖(忽必烈)之时,海宇混一,然后命宗王将兵镇边徼襟喉之地;而河洛山

①《元史》卷九九,页 23 下、25 上。
②《草木子》(北京,1959)卷三下,页 64。
③引见于《永乐大典》卷五三四二,页 17 下。亦见于饶宗颐《潮州志汇编》(香港,1965)卷一,页 9 下。
④元代上万户统军七千以上,中万户府五千以上,下万户三千以上。见《元典章》(沈家本刊本)卷九,页 3 下—4 上。
⑤《元史》卷五八,页 2 上。
⑥《元史》卷六一,页 1 上;卷五九,页 6 下。

东据天下腹心,则以蒙古、探马赤军列大府以屯之;淮江以南,地尽海南,则名藩列郡又各以汉军及新附等军戍焉。"[1]换言之,元代划汉地、江南为两大军区,以淮水为分界线,蒙古军及探马赤军镇守淮水以北,而汉族军队则驻于淮水以南。

此一设置可有两点解释。一为地理的:中国南北地理的分界线为淮水及秦岭。北方黄土地区,如丁文江所说:"为一自大海伸延至突厥斯坦的既无森林又无沼泽的半草原地带。"[2]这种地形对游牧民族骑兵的运动无大阻碍,华北的干冷气候亦使来自内陆亚洲者有宾至如归之感。华南则多丘陵、河渠、湖泊与水田,骑兵无法自由运作,来自草原地区者更难以适应南方湿热的气候。此一地理的因素曾两次阻碍游牧民族的进略于淮水线[3]。第二点解释为政治的:就数量言,蒙古军队不足以均匀地分布全国。集军于黄河流域(自 1194 年黄河改道后,河水由淮入海,故黄河下游,实即淮河)等于在政治中心——大都——及政治上不可靠的南方之间树立起一道防线,而南方则由可靠性较低的汉军及新附军镇戍。

①《元史》卷九九,页 17 上。《经世大典·序录》(《国朝文类》卷四〇—四二)的记述则自相牴牾。一处说:"大率蒙古军、探马赤军戍中原,汉军戍南土,亦间厕新附军。"(卷四一,页 60 下)另一处则说:"以蒙古军屯河洛、山东,据天下腹心。汉军、探马赤军戍淮江之南,以尽南海,而新附军亦间厕焉。"(卷四一,页 64 上)如下文所展示,蒙古军于平宋后即集中黄河流域。而且元季方志也反映南方驻军多为汉军。《至顺镇江志》(卷一七,同治二年本,页 17 上、28 下)所记镇守镇江上万户府所隶各千户皆为汉军。而至正时南京所驻万户亦为汉军。因此本注所引《元史》虽系根据上引《经世大典》第二条,但《元史》编者却已改正大典的错误。江南驻军是以汉军为主,新附军次之。
②见丁氏书评"Professor Granet's *La Civilization Chinoise*", *Chinese Social and Political Science Review* 15. 2(1931),p. 268。
③关于阻止游牧民族南下江南的各种地理因素,参看姚从吾先生《东北史论丛》(台北,1959),下,页 108—113。

因黄河流域位于大都及长江之间,蒙古军退可保卫京师,进可征剿南方之叛乱。

蒙古军集驻于北方的过程始于1278年,即宋都临安陷落后第二年,屯戍江南的军队被发还北方各万户①。这些军队后来构成了两大蒙古军团,一为山东河北蒙古军都万户府②。先以沂(山东临沂)为大本营,自1329年后移于濮州(山东濮县)③;另一为河南淮北蒙古军都万户府,以洛阳为大本营。两都万户府初各统四万户,至1329年,山东河北都万户府已扩张至六万户府,此两都万户府即为蒙古军的主力④。在满洲地区,又有两个相似的设置,即东路蒙古军都万户府⑤及东路蒙古军都元帅府⑥。另在西边,则有设于凤翔的陕西蒙古都万户府⑦和设于成都的四川蒙古军都万户府⑧。这些蒙古军单位皆直辖于枢密院,与汉军及新附军隶于行中书省者不同。

在淮河以南的广大地区,即以前南宋的领域,则由汉军及新附军戍守。据《经世大典·序录》说,伯颜等于南方六十三处置兵屯戍⑨。另据《元史·兵志》,长江沿岸(据上下文,似指北岸而言)共置兵三十一翼⑩。在1282年,又曾分兵于沿江地带——自荆西归

---

① 《元史》卷九九,页19上下。
② 《元史》卷八七,页20上—21下。
③ 《元史》卷三三,页22下。
④ 《元史》卷六八,页13下—15上。
⑤ 《元史》卷一二八,页16上;卷一三一,页16下。
⑥ 《元史》卷三四,页13下;卷九二,页15下。
⑦ 《元史》卷一九,页23下;卷三四,页15下;卷九九,页30下。
⑧ 《元史》卷一六,页21上下。
⑨ 苏天爵编《国朝文类》(四部丛刊)卷四一,页64。
⑩ 《元史》卷九九,页26上。

州至江阴——共立戍二十八所①。三年以后,在江淮及江西两行中书省境内的汉军、新附军及少数的蒙古军被改编为三十七万户府,府分上、中、下三等,各以兵数为差。上万户府统七千人,中万户府五千人,下万户府三千人:

> 上万户府:宿州、蕲县、真定、沂郯、益都、高邮、沿海,共七翼。

> 中万户府:枣阳、十字路(山东莒县南)、邳州、邓州、杭州、怀州、孟州、真州,共八翼。

> 下万户府:常州、镇江、颍州、庐州、亳州、安庆、江阴水军、益都新军、湖州、淮安、寿春、扬州、泰州弩手保甲、处州、上都新军、黄州、安丰、松江、镇江水军、建康,共二十二翼。②

这些万户府虽皆以地命名,但其中如真定、益都及上都等皆不在江淮江西境内,似指军队原来起源之处,而非实际驻扎之处。至于其余的各翼中,八翼驻于长江及钱塘江间的三角地带,十三翼驻于淮河长江之间,四翼驻于淮河流域以西长江以北,二翼驻于浙东。结集重兵于长江三角洲及淮河流域是可理解的事,盖前者为当时全国经济枢纽区域③,而后者因地处政治重心的北方与经济重心的南方之间,向为我国历史上最重要的战略地带之一④。

自南宋以来,南方不仅人口稠繁,而且大都会较多。欲控制南

①《元史》卷九九,页 21 下。
②《元史》卷九九,页 22 下。《元史》所列者仅三十五翼,差二翼。屠寄认为泰州弩手保甲应分读为泰州、弩手及保甲,见《蒙兀儿史记》(结一宦刊本)卷八,页 16 下;乾隆史臣则以为:"疑此外建康翼之下,尚有太平、保定二翼也。"见江苏书局本《元史》卷九九,考证页 1 下。
③冀朝鼎(Chi Ch'ao-ting),*Key Economic Areas in Chinese History*(London,1936),p. 113。
④同上,pp. 105-107。

方,必先紧密地掌握此一区域里神经中枢的大都市,因此南方大城多屯有重兵。1284年,扬州即驻有三十翼(翼在此处显指千户而言)大军[1]。1290年,于扬州、建康及镇江三角地带设立七万户[2]。当时世界第一大城的宋旧都杭州则设有四万户[3]。外国游客至杭州者皆有戒兵森严之感,据马可·波罗说,杭州共驻军三万人,而在杭州的"一万二千桥梁上,每桥皆驻兵十人,日夜戍守"[4]。北非回教大游历家伊本·巴图他(Ibn Batuta,1304—1378),对"行在"(Khansa即杭州)驻军也有类似的记述[5]。

至于南方其余各地的镇戍情形,因文献不足,难以确考,但于重要地区当亦设置万户。在1285年以前,浙东至少驻有五万户[6]。至于江西行中书省——约相当于现在江西及广东的一部分,在1284年,赣州、潮州、吉安、抚州、建昌等地皆有军队屯扎[7]。据《潮州志》说,该地所立者为万户[8],可推想上述各地所立者当亦为万户。又据《元史·兵志》,江西行省各地原驻军二百二十六

①《元典章》(沈家本刊本)卷三四,页24上下。"翼"为关于元代军事的文献中常见的一词。《元典章》中常作"奕"。《国朝文类》(卷四一,页59下)说:"号部伍曰翼。"颇费解。冈本敬二与小竹文夫认为翼指千户而言(《通制条格研究译注》页66,注2),实不确。《元史》用例中,翼有指万户而言者(卷九九,页22下、24下、25上下),亦有指千户及百户而言者(如《元史》卷八六,页19上;卷九九,页4下)。故翼实指任一军事单位而言,大可为万户,小可至百户。

②《元史》卷九九,页24上。

③同上。

④Moule and Pelliot 前揭书,页335。

⑤Henry Yule, *Cathay and the Way Thither*(4 vols., London, 1915–1916), IV, p. 130.

⑥《元史》卷九九,页22下、23下—24上。

⑦《元史》卷一三,页3上。

⑧《永乐大典》卷五三四三,页17下。

所①,1298年合并为六十四所。福建原置军不详,该年合为五十三所②。至于相当今湖北南部、湖南、广西、贵州及广东西南部的湖广行中书省,无法得知其详。四川境内,除去蒙古军都万户府外,尚有十三万户,云南则有四万户③。

华中、华南的军力分布,虽不得详知,但可推断:因大部的蒙古军集中于黄河流域、汉军及新附军则结集于长江下游,华南各地之驻兵数量当较薄弱。从元室常自江浙及河南派军至湖广江西剿平叛乱一事,亦可看出后两地区原驻兵力不足以镇压。陶希圣教授在其《元代长江流域以南的暴动》一文中曾胪列了《元史》中关于自1274至1348年间发生于南方的叛乱的记载共一百一十二条④,现就此一百一十二项案件略加分析:其中发生于湖广境内者共四十一起,福建二十一起,江西二十起,长江三角洲仅有六起,浙东十一起,江东四起,云南二起。湖广、江西、福建三地区不仅发生叛乱的频率高,叛乱规模亦较大。几乎所有拥众逾万人的叛乱在此三地区发生,可见元代对南方控制的力不从心。同一期间,人口繁稠的长江三角洲仅发生六次小暴动一事,亦值得注意。为何元代能在长江三角洲维持安定的秩序呢? 牟复礼教授(F. W. Mote)认为主要由于该地区经济的繁荣⑤。但从军事的观点看,江南的安定当部分归因于此一地区的重戍。仅在元代镇戍制度衰坏以后,红

---

①《元史》卷九九,页27下。
②《元史》卷九九,页27下。
③分见《元史》卷一〇〇,页21下—24上、26上—27下。
④见陶氏前揭文。John W. Dardess 近作"The Transformations of Messianic Revolt and the Founding of the Ming Dynasty"〔*Journal of Asian Studies*,29.3(May 1970),pp. 539-558〕页541说,自1279年后,通元一代江南共有暴动二十余起,实为低估。
⑤*The Poet Kao Ch'i*,1336-1374(*Princeton*,1962),p. 18.

巾军那样的主要叛乱始能蔓延于曾有重兵屯驻的长江三角洲及淮河流域。

三、内陆亚洲的镇戍

除汉地之外,元代版图尚包括今日东北、内外蒙古、新疆及西藏。其中仅东北的辽东一带向为汉族文明传布之地,上述诸地区的居民皆非汉族,其文化亦与汉族有异。元代在此诸地区的行政设施因而与汉地不同。西藏地区(元称吐番)——包括今日青海、西康和西藏——置于主管佛教事务的宣政院之下①。《元史》中胪列在西藏的军事单位甚多,但无法判明这些单位所辖者为元室的正规军抑为藏人的土著部队②。藏境最大的元军组织为脱思麻(Mdosmad)探马赤军四万户府,设于今日青海境内③。至于今日东北地区,除了上文提及的二支蒙古军分驻于沈阳及辽西外,另有高丽女直汉军万户府设于沈阳④。

外蒙及今日新疆地区最值得注意。发生在此地区内的海都之战消耗了元室庞大的兵力,而戍边的重担更使兵源所自的军户衰竭,结果摧毁了元室军事基础。蒙元虽崛起于漠北,但自忽必烈时代已以汉地为重心。作为一个以汉地为根据地的政府,元室在此一草原地区的争夺战中,似不得不采取守势。元室须自汉地派出

---

① 参看韩儒林《元代中央政府是怎样管理西藏地方的》,《历史研究》第 7 期 (1959),页 51—56;C. Tucci, *Tibetan Painted Scrolls* (2 vols., Rome, 1949), 1, pp. 32-33。
② 《元史》卷八七,页 9 下—15 上。
③ 《元史》卷八七,页 10 下。
④ 《元史》卷一三八,页 15 下;卷一五四,页 8 下。

主力军出征蒙古草原或新疆绿洲,不仅难于获得足够的马匹以装备大量的骑兵,而且由于距离及地形的关系,在运输补给上亦有难以克服的困难①,因而极难发动大规模的攻击战。

元军在蒙古的大本营设于蒙古旧都和林(Qara Qorum)。设于此地的宣慰司都元帅府为蒙古地区名义上的最高军事指挥单位②。实际上蒙古及新疆地区的元军最高指挥却为蒙古皇子③。因为草原地区的战争实为蒙古皇族间的封建战争,双方皆有大量皇族参与,除了统治氏族——"黄金氏族"(Altan Urugh)的族员便无人能有服众的声望。1307 年置岭北行中书省后,汉式机构的权力始告增大。

在元室对抗海都的三十余年中,军事前线约在金山(Altai)——外蒙与新疆的自然界线附近④。元军于此山北坡的镇海城(Cingqai Balaghasun)设有屯田⑤。波斯史家拉施德丁(Rasid al-Din)对元军在蒙古及新疆的分布情形有较为详明的叙述⑥:两军以一约有四十日程的沙漠——当指戈壁大沙漠而言——分界。元室设有七军对抗海都,其中五军驻于沙漠边缘——大约为戈壁的北边及西边;第六军驻于唐古(Tangghud,旧日西夏,即今甘肃、宁

---

①苏天爵《滋溪文稿》(适园丛书)卷一一,页 7 下—8 上。
②《元史》卷五八,页 39 上。
③皇子那木罕(Nomuqan)、甘麻剌(Kammala)、阔阔出(KöKöcü)、海山(Qaisan)等,先后担当此一任务。彼等之列传,见《新元史》卷一一三——一一四。
④《国朝文类》卷二三,页 12 下。
⑤《元史》卷一〇〇,页 13 下。关于镇海城之方位,见 E. Bretschneider, *Medieval Researches from Eastern Asiatic Sources* (2 vols;London,1910),1,p. 60,n. 144;Arthur Waley, *Travel of An Alchemist* (London,1931),34;Paul Pelliot, *T'oung Pao* 15 (1914),p. 628。
⑥Yule, *Cathay and the Way Thither*, Ⅲ, pp. 132-133; J. A. Boyle(trans), *The Successors of Genghis Khan* (New York,1971),pp. 285-286.

夏及绥远西南)境内的 Caghan nur(今哈密西北),第七军则在火州(Qara Qoco)附近。

实际上,火州成为元军的前线是在 1286 年以后的事。元军及海都军冲突初起时,前线实远在火州之西。1270 年,元室曾在位于伊犁河畔的阿力马里(Almaligh)置戍,而以皇子那木罕(Nomu-qan)统之①。1277 年那木罕为二叛王所执,阿力马里的防线遂告瓦解②。元军退守天山北麓的畏兀儿旧都别失八里(Bes baligh)③及南路的斡端(Odon)④。而于两地设立宣慰司都元帅府,并在别失八里以西的曲先苔林(Güsen Daril)设戍⑤。别失八里及斡端的戍军先后于 1286 及 1289 年为海都军所击溃⑥。此后数年间,元军最西的戍军不逾火州。据拉施德丁说⑦,西边元军为宗王阿难苔(Ananda)、阿只吉(Ajigi)及尤伯(Cubai)所统率,驻扎于火州及唐古。自成宗铁木耳(Temür)即位后,元军始在天山北路重振声威。1295 年,复立两都元帅府于北庭及曲先苔林⑧。北庭实即别失八里。这两个组织是此后在天山北路的统帅机关。

蒙古及新疆区域元军的数量则为一难以解答的问题,仅可约

①《元史》卷六三,页 32 下。
②安部健夫《西ウイダル國史の研究》(京都,1954),页 100—102。
③《元史》卷一六五,页 20 上;安部前揭书,页 105—109。
④《元史》卷九九,页 18 下、20 下;卷一〇,页 1 下;卷二一,页 16 下;卷一六六,页 6 下。关于元代在天山南路的设施,参看佐口透《元代のターリム南邊地帶》,《北亞細亞學報》二(1943),页 313—349。
⑤《元史》卷一二,页 11 上;卷二〇,页 16 下。关于曲先苔林,参看 Cleaves, "Darugha and Gerege", *Harvard Journal of Asiatic Studies* 16 (1953), pp. 237-259(pp. 234-244, n. 33)。
⑥安部前揭书,页 108—109。
⑦d'Ohsson, *Histoire des Mongols* (4 vols., La Haye et Amsterdam,1834-1835), II, p. 533;J. A. Boyle, *op. cit.*, p. 322。
⑧《元史》卷一八,页 11 上。

略估计。虞集撰《高昌王世勋碑》说:(至元)十二年(1275),都哇(Du'a)、卜思巴等率兵十二万围火州。扬言曰:"阿只吉、奥鲁只〔Au'ur(gh)ji〕诸王以三十万众犹不能抗我而自溃,尔敢以孤城婴吾锋乎?"①诸王阿只吉与奥鲁只为1280年代新疆及唐古区的元军统帅,彼等统军三十万众一事,出自都哇等之口,显属夸大。据拉施德丁说,成宗(1295—1307)初年任新疆及唐古地带统帅的阿难苔领军十五万②。此一数字与姚燧所估计相近,据姚燧说:1281年"西北边"共有军十万③。因而驻扎此一区域之元军大约在十五万左右,屯驻于蒙古的元军当亦不少于此数。

　　补给驻扎于边远地区之驻军,对元室所引起之困难,并不下于汉族王朝时代。当汉唐扩张之际,每设屯田于草原边缘或西域绿洲地区,以便就地补给远征军。元代循此前例,以善于耕作的汉军及新附军屯田于外蒙境内可发展灌溉农业之和林、镇海、谦谦州(Kemkemjiüt)及五条河等地④,今日新疆境内之别失八里及阔端(Qodon=Qotan 和阗),及旧日唐古境内之亦集乃(Izinai,今称 Edzinghol,甘州北)、肃州及瓜州等地。但于干燥地区发展农业为一事倍功半的事。至少蒙古境内诸屯田未能达成驻军自给自足之目的。元室仍需自汉地转运粮食至其地,或募商就地和籴,付以高价。世祖一朝每年约转运和籴米二十万石。成宗初年,增至三十

---

①《道园学古录》(万有文库)卷二四,页403。

②Boye, *op. cit.* , p. 324.

③《牧庵集》(丛书集成)卷一四,页101。

④《元史》卷一〇〇,《兵志》"屯田"。关于元代屯田设施,又可参看:国庆昌《元代的军屯制度》,《历史教学》第11、12期合刊(1961),页39—46;施一揆《〈元代的军屯制度〉一文史料订正与商榷》,《历史教学》第2期(1962),页56—57;王毓铨《明代的军屯》(北京,1965),页16—22;好并隆司《元の屯田考》,《冈山史学》三(1957),页1—26。

万石①。每石运费,据至元中之估计约为一百贯②,其时华北米价仅约二十贯一石③。1287 年,岭北行中书省向商人购入米价为钞 142 两(=贯)一石④,至少七倍于汉地米价。供给粮食一项所加于元廷之负担极为沉重。据 1311 年的报道,政府每岁总支出约二千万锭,而"北边军需"一项即占六七百万锭,约占总支出的三分之一⑤。

另一令元室头痛的问题是如何供给出戍草原地区军人的马匹。以集约农业为主的汉地,向无余地足以牧养大量马匹;自来各代除了在河西等边缘地带畜养部分马匹外,多赖以丝或茶向游牧民族市马以补不足⑥。元室拥有漠北良好牧地,漠北蒙古诸部当仍资牧养为生,马匹供应似不成问题⑦。实际上,元室却不能经常自漠北取得所需。如在阿里不哥据蒙古与忽必烈对抗时、海都之乱期间蒙古经常沦为战场之际,或蒙古受风暴袭击畜群死亡时,元室得仰赖于汉地之马匹。元政府本身饲马不多,仅在一二十万匹之间⑧,比诸盛唐养马七十万匹远为逊色⑨,故不足以供大军之需要。元室常以和买(即征购)及括马(无价征收)等方式搜括汉地

---

①《永乐大典》卷一一五九八引《经世大典·市籴粮草》,页 15 上。

②《滋溪文稿》卷一一,页 7 下。

③前田直典《元朝時代に於ける紙幣の價值變動》,《歷史學研究》一二六(1947),页 26—49(页 37—40)。

④《永乐大典》卷一一五九八,页 14 下。

⑤《元史》卷二四,页 15 上;田山茂《元代財政史に關する覺書——收支の額を中心として》,《東洋の政治經濟》(广岛,1949),页 187—268(页 259)。

⑥H. G. Creel, "The Role of the Horses in Chinese History", *American Historical Review* LXX,3(1965),pp. 647—672.

⑦参看《元史》卷一〇一,《兵志》"马政"条;札奇斯钦先生《谈元代的马政》,《文史哲学报》第 15 期(1966),页 187—207。

⑧《元史》卷二二,页 32 上下。

⑨前揭 Creel 文,p. 665。

民间马匹,据杨志玖估计,元代百年间共搜括汉地马约百万匹①。括马固然扰民,养马及和买所费则构成财政上沉重负担。1309 年养马十一万匹,费钞五十万锭②。1323 年购马以给岭北戍军所费亦达千万贯(即二十万锭)③。而且以汉地农家驮马用于漠北作战马,殊难有效。1303 年郑介夫曾指出:"且南北风土不同,生长于南者,则不禁其冷,生长于北者,则不禁其热。若刷东南之马,以供西北之用,则立见其死亡耳!且牧于野者,安于水草,习于驰骤,以之临敌,易于鞭策。畜于家者饱之以刍豆,勤以剪拂,一旦置之荒郊,便已无力"④。故比诸汉唐,元代马政的困扰并无不同。但因元室必须掌握草原地区,问题反而更为迫切。

四、镇戍的组织

元代镇戍军的统率系统,倾于地方分权,与汉族王朝时代的制度稍异。汉族王朝时代,或由中央政府直接统率各地驻军,或将地方军政之权分开。元代除屯驻黄河流域及其他各地区的蒙古军直辖于枢密院外,分驻各省之汉军及新附军等皆归各行中书省管率指挥。换言之,各省军政之权合一。

元代初期曾施行各省军政分立之制,政属行中书省,军属行枢密院。但行枢密院为一临时性的设置:"遇方面有警,则置行枢密

①杨志玖《关于元朝统治下"经济的破坏"问题》,《史学月刊》第 6 期(1957),页 7—11(页 9)。
②《元史》卷二三,页 10 下。
③《元史》卷二八,页 14 下。
④《新元史》卷一九三,页 28 上。

院;事已则废,而移都镇抚司,属行省。"①1273年行枢密院初设于邻接宋境的地域,用以指挥伐宋军事。翌年,立行中书省,废行院。平宋以后,1285年为镇压叛乱,南方四省各置行院主其事;1294年乱平,又废行院。此后,虽不时建置行院以应变,却从未成为常设机构(唯一的例外为设于外蒙的岭北行枢密院,1329年设,存续达三十九年之久)②。设置行院的理由为:"盖欲养兵力,分省权,而免横役。"③而其结果则为:"兵民政分,势不相营,奸寇伺发,溪峒以哄。"④在异族王朝如元代统治下,各地政军必须紧密合作,就地作迅速决策及行动;如无行政长官的合作,军事统帅便难以有效地敉平叛乱,维持治安。这当为元代置军权于行中书省之手的理由。此一制度虽曾受到主张中央集权之汉族官吏如程钜夫等之批评⑤,但因元代政权的性质与唐宋不同,异族统治者觉得地方分权制更便于统治不靖的地方,故始终未改此一制度。此外,因各行省仅丞相或平章二官可知兵事⑥,丞相或平章多由蒙古人、偶以色目人充之⑦。即使此二职无人充任,汉人居次位者亦不能指挥军事⑧。所以对蒙古统治者而言,地方分权之弊可由种族控制之利来弥补。

行中书省之下,设有都镇抚司协赞行省官员主持军事。都镇

---

① 《元史》卷九八,页1下。
② 关于元代行枢密院之沿革,参看丹羽友三郎《元代の樞密院と行樞密院について》,《名古屋商科大學商學會論集》第12卷(1967),页1—17。
③ 王恽《秋涧先生大全文集》(四部丛刊)卷三五,页11下。
④ 《国朝文类》卷二五,页4下。
⑤ 程钜夫《雪楼集》(《湖北先正遗书》)卷一〇,页6下。
⑥ 《元史》卷九八,页16下;卷二六,页8上。
⑦ 参看吴廷燮《元行省丞相平章政事年表》,《二十五史补编》(上海,1936)第6册,页8253—8289。
⑧ 《元史》卷一八四,页7下;卷三五,页26下。

抚司的长官都镇抚皆由枢密院直接任命。另在万户之下设有镇抚,千户之下设弹压,百户之下设军司,皆直属都镇抚司①;另一安全措施为自镇抚至军司皆有二员,一以蒙古人充,一以汉人充,这种表示种族平衡而实则互相牵制的制度和清代要职满汉各半相似。

至于镇戍军统率将领的种族成份,蒙古军自以蒙古人担任,汉军及新附军将领则多为汉人、南人②,担任监督之责的达鲁花赤则尽由蒙古及色目人担任③。自弹压及千户以上皆须三年一转④,这和汉族王朝时代并无不同,意在阻止将领私有其军或与当地豪族建立紧密联系。

五、镇戍军士的轮戍制及其对军户经济的影响

元代各镇戍的士卒,除了镇守黄河流域的蒙古军“即营以家”外,其他各地的军士都是岁时践更⑤。这些军士的戍守地点皆非彼等征发所自或其家庭所在的州县。管理征发士卒及军户的机构

---

① 参看村上正二《元朝の行中書と都鎮撫司について》,《加藤博士還暦紀念東洋史集説》(东京,1941),页821—840。
② 可以至顺年间镇江上万户府为例。此一万户为汉军。《至顺镇江志》(卷一七,1910,页17上—28下)列有将吏名籍。万户、千户单位的达鲁花赤皆为蒙古或色目,万户、千户及百户则皆为汉人。
③ 《元史》卷一三,页7下。参看札奇斯钦先生《说旧元史中的达鲁花赤》,《文史哲学报》第13期(1964),页293—441(376—409)。
④ 《元史》卷一四页20下,卷九九页19下;《元典章》卷九,页3上。
⑤ 《国朝文类》卷四一,页64上;《元史》卷九九,页20上。

称作奥鲁〔au'uru(gh)〕①。服役地点非奥鲁所在地,更期长短因戍地而异。戍守内地各省,依 1300 年规定,是每更二年②。戍守边远各地如两广海南及四川,依 1283 年规定为每更三年,实际上常是一岁更役,显然因南方瘴疠盛行,北人无法适应③。戍守蒙古者更期最长,盖因旅途需时甚久。1293 年定为三年,1302 年展至六年④。实际上,士卒多是久戍不得更代。1317 年仁宗出巡,发现有卫士戍守边镇达十五年,以致衣服敝旧者⑤。

戍卒的经济负担甚重。依规定:新附军人正身每月受米六斗,盐一斤,家眷每人米四斤。而蒙古汉军只有本人月受米五斗,盐一斤,家小皆无盐粮。其待遇之差别并非出于元室有意优遇新附军,实因新附军无贴军户及赡军地四顷以协助气力⑥。故除新附军外,士卒之家小开支皆须自筹,士卒出戍皆须自置行装。据宋濂说:"北兵戍南土者,宗族给其衣装,谓之'封椿钱'。"⑦其他开支亦大。大德五年(1301)某监察御史指出:"屯戍征进军人久服劳苦,近者六七千里,远者万里之外。每遇捕出征,万死一生;所需盘费、鞍马、器仗,比之其他差役尤重。"⑧换句话说,军人虽可免四顷地税及不担负差役,但其出戍时的负担实超过一般民户的付税当差。

---

①《国朝文类》卷四一,页 61 上;关于奥鲁,参看村上正二《元朝兵制史に於ける奥鲁の制》,《東洋學報》第 30 卷第 3 期(1943),页 1—49;岩村忍《元朝奥鲁考》,《蒙古史杂考》(东京,1942),页 119—144。此文已改写,收入岩村氏近著《モンゴル社會經濟史の研究》(京都,1968),页 245—262。

②《元史》卷二〇,页 5 下。

③《元史》卷九九,页 25 上下、29 上;卷一九,页 22 下;卷三四,页 14 下。

④《元史》卷二一,页 2 下。

⑤《元史》卷二六,页 4 上。

⑥《元典章》卷三四,页 51 下、60 上。

⑦宋濂《宋学士文集》(成都,1911)卷五四,页 12 下。

⑧《元典章》卷四六,页 9 上。

大德四年(1300),王忱指出:士卒出戍外省所需约一千贯。据他说,此数非四顷田土所能供给①。如出戍北边或西北边,所费自然更重。大德七年时之估计,拨往和林之侍卫军,仅其起发所费,即需八十锭,故军户唯有售田以行,以致"往日军户地有曾至三十二顷,今皆消乏破散,不可胜数,中等人家庄田废尽,现今乞匄为生者处处有之"②。同年,同金枢密院事千奴于一奏议中指出:"蒙古军在山东河南者往戍甘肃,跋涉万里,装驼鞍马之费,皆其自办。每行必鬻田产,甚则卖妻子。"③

由此可见,至十四世纪初,镇戍的重担已使军户物力衰竭。自此以往,士卒军前逃亡,军户弃业出走,或更改户计以免应役之例,日多一日④。此一情势,加上其他因素,不仅促使军户制度的崩溃,也加速了镇戍制度的瓦解。

六、镇戍制度的恶化及其瓦解

镇戍制度之恶化为一逐渐过程,此一过程于1350年淮河流域香军起义,元军崩坏时,达于顶点。镇戍的瓦解自与元代军事制度衰坏的一般因素——如军官的腐败及军户的衰竭相关,这些因素将在另文中述及,此处只拟讨论镇戍制度本身的衰败过程。

镇戍制度衰败的最基本的原因是经理不当及移置失所。若欲

①《滋溪文稿》卷二二,页1上。参见胡祇遹《紫山先生大全文集》(三怡堂丛书)卷二二,页4下。

②《元典章》卷二四,页10上。

③《元史》卷一三四,页17上;《元典章·新集·户部》,页42下—43上。

④《元典章》卷三四,页37上—41上、45下、53下。

维持镇戍之效率,军队必须不断地作有计划的调动以适应新的军事情况。此种调动,且须从全国及地方两方面着眼,又须有干练之军官管理镇戍之行政,统率戍卒,俾使轮戍制度运作不息,否则必致行伍乏卒、戍所无人,整个制度必致失去机能。1291年,江淮行省已发现置戍失宜之情况①。1297年中书省臣奏,沿江原设三十一翼军,仅存一二②。1311年,江浙省臣又指出:由于"承平日久,将骄卒惰,帅领不得其人,军马安置不当",以致"海寇出没",故"斟酌冲要去处,迁调镇遏"③。由此可知,原设之戍所——包括设在最重要的扬子三角洲及淮河流域者在内——或者未能善加维持,或多被弃置,主要乃因行省及地方将吏之无能及疏忽所致。自1308年起,宫廷内争不绝,元室注意力集中于两都,对各省事务渐至疏忽,屯戍失所之事自然日益恶化。

第二原因乃为军队多未实补,戍所渐成空壳。依原制,凡遇军士逃亡、病死或战殁,统兵官应遣人至该卒原属之奥鲁取人代之④。但或因军官贪吃空额之关系,多未补实。大德三年(1299),便已发现"江南军数多缺,官吏因而作弊"⑤。虽然累次下令禁饬,由于军官之腐化及无能,"军数多缺"的情形反日甚一日。复由于军户非贫即逃,即使军官欲实补空额,亦有无兵可补之苦。1345年,可能因军户制已经名存实亡,负责征集军士、管理军户及士兵补给之诸军奥鲁便被取消。此后整个轮戍制度似已废弃不行⑥。《明太祖实录》中记有太祖所叙一故事,最能描述元代末期戍所有

①《元史》卷九九,页23下。
②《元史》卷一九,页16上下。
③《元史》卷九九,页28下。
④《元典章》卷三四,页52上下。
⑤《元史》卷二〇,页2上;《元典章》卷三四,页52上下。
⑥参看村上正二《元代兵制史に於ける奥鲁の制》,页342—343。

名无实的情形：

> 朕（太祖）昔下金华时，馆于廉访司，有给扫除老兵数人，
> 能言元时点兵事。使者问其主将曰："尔兵有乎？"曰："有。"
> 使者曰："何在？"主将举其所佩系囊，出片纸，指其名曰："尽
> 在此矣！"其怠弛如此！①

从一般情形判断，此一故事所叙并非孤例，它反映了元季军队已不
能适当地补充足额，而所谓镇戍军不过躯壳犹在而已。

镇戍军衰败以后，自不能如世祖时代一样地随时镇压叛乱。
1330 年代叛乱次数的增加足以反映出镇戍制度已不甚有效。至
1340 年代，此一情形更加恶化，镇戍部队甚至已不能敉平小型的
叛乱。至正六年（1346），一伙仅四十人之众的所谓"骑贼"，纵横
运河之上，掳掠了三百艘运粮船，元军无法对付②。发生于翌年的
另一事件也反映出元军的无能。据陶宗仪的记载："中原红寇未起
时，花山（南京附近）贼毕四等仅三十六人……纵横出没，略无忌
惮，始终三月余，三省拨兵，不能收捕，杀伤官军无数。朝廷招募辚
徒朱陈，率其党羽，一鼓而擒之，从此天下之人，视官军为无用。不
三五年，自河以南，盗贼充斥，其数也夫！"③

由此可见，在 1350 年代，大革命爆发前夕，元军已完全不能维
持地方秩序。因而，1351 年白莲会起事于淮河及汉水流域，攻城
夺寨，未遇到镇戍军的抵御④。自此以后，直至 1368 年元室被逐

---

① 《明太祖实录》（台北，1966）洪武三年三月。
② 《元史》卷四一，页 7 下。
③ 《辍耕录》（台北，1963），页 433。又见《元史》卷四一，页 12 上下。
④ 权衡《庚申外史》（国学文库），页 22—24；参看吴晗《朱元璋传》（上海，
  1949），页 28—30。

为止,元廷初靠京师的禁卫军以讨叛军①,以后则仰赖所谓"义兵"。这些"义兵"半为以保卫乡里为动机的民兵,半为面临绝境的元廷所雇用的募兵。所谓镇戍军早已烟消云散了②。

(原载于《姚师从吾先生纪念论文集》,台北,1971,页 145—164)

---

① 权衡《庚申外史》,页 24—30。
② 参看王崇武《论元末农民起义的发展蜕变及其在历史上所起的进步作用》,《历史研究》第 4 期(1954),页 87—114(页 95—101);Romeyn Taylor, "Social Origins of the Ming Dynasty", *Monumenta Sinica* 22(1961),pp. 1–78(pp. 31–33)。

元代几个汉军世家的仕宦与婚姻

元代统治菁英研究之二

一、导言①

　　元代的"统治菁英"（ruling elite）具有两大特色。第一，民族多元性：统治菁英阶层包括蒙古人、色目人、汉人（指金朝旧境之汉族人士及契丹、女真、高丽等族）以及为数不多的南人，反映出元朝多元种族的社会结构。此一统治阶层虽以蒙古、色目为主导，但汉人之角色不应受到忽视。第二，闭锁性：统治菁英是一个自我闭锁的集团，层次愈高，愈是如此。中下层的官员可由胥吏晋身，新人不少。而高级职位却由为数不多的蒙古、色目、汉人世家所垄断。这些家族多为蒙元建国过程中立有功勋的"军事菁英"（military elite），其成员代代撄朱夺紫，封相拜将。中国近世社会以菁英流动率高为特色，而科举为晋身官场的主要途辙，累世卿相的世家多以科举为维持家声于不坠的工具。元朝统治菁英的情形全然不同。

　　元代统治菁英的形成自与蒙古人征服中土有关，也反映了蒙

---

①为节省篇幅，凡资料在表格中已注明者，不再另加注释。

古原有的政治社会结构。成吉思汗创建了"大蒙古国"(Yeke Mongghol Ulus),建构于符拉基米尔佐夫(B. Ia. Vladimirtsov)所谓"游牧封建制"(nomadic feudalism)之上①。这种游牧封建制亦可称为"家产封建制"(patrimonial feudalism)。在此制度下,分封的对象包括宗室与功臣。以这两种人为分封对象则是基于蒙古人原有的两种观念:氏族公产、家产制。一方面,蒙古人由氏族全体享有牧地共同使用权的观念而衍生出全体皇族——即"黄金氏族"(Altan Urugh)共享帝国政权的观念。皇室成员皆应裂土分民,共享富贵。另一方面,在蒙古人观念中,政府不过是皇室家政机构的延伸。若干与大汗建有私属主从关系、功勋卓著的家臣——即"伴当"(nökör)——亦得比照皇室成员的待遇,世享分地与分民②。

蒙古人征服汉地后,曾有移植游牧封建制于中原的企图,由于种种原因,未能全盘实现。却在汉地建立"投下"制,帝室宗戚及蒙古勋臣皆得分予民户,世食赋税③。另一方面,若干降附甚早、且在蒙古征服汉地过程中功勋卓著的汉军将领受到与蒙古勋臣相似的待遇,享有世代兼统军民之特权,遂成为当时人所谓"汉人世侯"。忽必烈(Qubilai Qan,1260—1294)定都中原、建立元朝后,为

---

①符拉基米尔佐夫著,刘荣焌译《蒙古社会制度史》(北京,1980),页140—192。

②萧启庆《元代四大蒙古家族》,见萧著《元代史新探》(台北,1983),页141—230。Thomas T. Allsen 近著"Guard and Government in the Reign of the Grand Qan Möngke, 1251 - 1259"一文〔*Harvard Journal of Asiatic Studies* 46:2 (1986),pp. 495-521〕从蒙哥汗政府的组织及人员讨论蒙古政府的家产制性格。

③关于投下的研究甚多,近年来出版者有周良霄《元代投下分封制度初探》,《元史论丛》第2辑(1983),页53—76;洪金富《从"投下"分封制度看元朝政权的性质》,《"中研院"史语所集刊》第58本第4分(1987),页843—907;李治安《元代中原投下封地置路州发微》,《蒙古史研究》第3辑(1989),30—42;李治安《元代的分封制度》,《文献》第1期(1990),121—132。

适应中原环境并巩固皇权,力图恢复汉地传统的中央集权官僚制的组织及君主专制的政体。一方面,压抑蒙古投下主之特权以提高君权。另一方面,推行废侯置守及汉军国军化的政策,转变汉人世侯为新体制下的官僚。但是,忽必烈不仅是元朝的"皇帝",而且是"大蒙古国"的"可汗"(qaghan),完全扬弃祖制、顺从汉俗,其政权之合法性便会发生问题而受到抵制。因而,忽必烈及其子孙从未能将元朝政权完全官僚化与中央化。不仅投下封建制与官僚制并存,而在官僚制之下高官家族仍享有甚大之荫袭权利。汉军世家得以与蒙古、色目官贵形成统治菁英的上层。

约十年前,笔者曾撰《元代四大蒙古家族》一文,研析蒙古统治菁英中四个最为潢贵的家族①。本文可说是前文的赓续,而以六个汉军世家为研究对象。这六个家族——天成刘氏、真定史氏(或称永清史氏)、保定张氏(或称满城张氏、顺天张氏)、东平严氏、济南张氏、藁城董氏——都是蒙元时代重要汉军世家,在蒙古平金、伐宋战争中都各著勋劳。其中除董氏实力较小外,其他五家都是"地方二三千里,胜兵合数万"②的有力世侯。忽必烈汗改制后,各家都转变为官僚家庭。其中荣辱浮沉却各有不同。不过,各家显晦虽然有异,但皆属上层统治菁英,则无疑问。

本文正文共分三节。第二节论述各家崛兴的经过、世侯的性质以及忽必烈初年推行集权政策对各家所生影响。讨论大蒙古国时代世侯制度及各世侯家族在此一阶段历史的文章已多③。

---

① 见页 320 注 ② 引萧启庆文。
② 魏初《青崖集·故总管王公神道碑铭》(文渊阁四库全书),5.10b。
③ 有关汉人世侯及汉军的通论性文字有:孙克宽《蒙古帝国初期汉军的建制》及《汉军分子的分析》皆载于孙氏《蒙古汉军及汉文化研究》(台北,1958),页 1—5、6—10;《元代汉军人物表》,载于孙氏《元代汉文化之活动》(台北,1968),页 237—249;到何之(梁太济)《关于金末元初的汉人地(转下页注)

本节论述多系根据前人之研究,参以己意,以作进一步的分析。第

(接上页注)主武装问题》,载于南京大学历史系元史研究室编《元史论集》
　　(北京,1984),页 164—199;唐长孺、李涵《金元之际汉地七万户》,《文史》
　　第 11 辑(1981),页 123—150;黄时鉴《关于汉军万户设置的若干问题》,
　　《元史论丛》第 2 辑(1983),页 43—52;林美莉《宋金元之交的地方豪强与
　　政权转移之关系》,《大陆杂志》第 75 卷第 3 期(1987),页 115—123,第 75
　　卷第 4 期(1987),页 163—173;爱宕松男《李璮の叛亂と其の政治の意
　　義》,《東洋史研究》第 6 卷第 4 号(1942),页 253—278;井の崎隆興《蒙古
　　朝治下における漢人世侯——河朔地區と山東地區の二つの型》,《史林》
　　第 37 卷(1954),页 537—558;池内功《モソゴルの金國經略と漢人世侯の
　　成立》(一)(二)(三)(四),分别载于《四国学院大学创立三十周年纪念论
　　文集》(1980),页 51—96,《四国大学论集》第 46 期(1981),页 42—61;第
　　48 期(1981),页 1—39;第 49 期(1981),页 11—29;Igor de Rachewiltz, "*Per-
　　sonnel and Personalities in North China in the Early Mongol Period*", *Journal of
　　the Economic and Social History of the Orient* 9(1966), pp. 88-144; Ch'i-ch'ing
　　Hsiao, *The Military Establishment of the Yüan Dynasty* (Cambridge, Mass.,
　　1978), pp. 12-14; F. Aubin, "The Rebirth of Chinese Rule in Times of Trou-
　　ble: North China in the Early Thirteenth Century", in S. R. Schram(ed.), *Foun-
　　dations and Limits of State Power in China*(Hong Kong, 1987), pp. 113-146。
　　研究个别汉军世家的论文有:孙克宽《元代汉军三世家考》,《元代汉文化
　　之活动》,页 250—330;池内功《史氏一族とモンゴルの金國經略》,《中嶋
　　敏先生古稀紀念論集》(东京,1980),上,页 481—511;野泽佳美《モンゴル
　　太宗定宗期における史天澤の動向》,《立教大學東洋史論集》第 1 期
　　(1988),页 39—68;《張柔軍團の成立過程とその構成》,《主教大學大學院
　　年報》第 3 期(1986),页 1—18;藤島建树《元朝治下における漢人一族の
　　步み——藁城の董氏の場合》,《大谷學報》第 66 卷(1986),页 13—25;
　　Hsiao Ch'i ch'ing, "Yen Shih(1182-1240)", *Papers on Far Eastern History* 33
　　(1986), pp. 113-127。此外,本文亦曾参考:Hok-lam Chan, "Li T'an"; Hung
　　Chin-fu, "The Tung Brothers"; Hsiao Ch'i ch'ing, "Shih Tien-tse", "Chang
　　Jou", "Chang Hung-fan"。以上五文皆将发表于 Igor de Rachweiltz, Hok-lam
　　Chan, Hsiao Ch'i-Ch'ing and Peter Geier(eds.), *In the Service of the Khan, Emi-
　　nent Personalities of the Early Mongol-Yüan Period, 1200-1300* (Wiesbaden,
　　1993)。

三节讨论元廷施行中央集权官僚制后各家仕进的情况,借以证明即在官僚制下世侯子孙仍能维持世家身份于不坠,并且进一步显示各家盛衰如何不同,为何不同。第四节则探讨各家在大蒙古国时代及元朝的婚姻对象。一方面借婚姻关系以反映各家族政治社会地位的改变,另一方面则借以显示此一菁英阶层的闭锁性。

二、汉人世侯之性质及其转变

汉人世侯是蒙古征服汉地的产物。各世侯原有之家庭背景不尽相同。六大家族中,刘伯林(1150—1221)原为金集宁县射士,然后晋任威宁(察哈尔兴和县)防城千户[①],属于下层统治阶级。其他五家都不是金朝的统治阶层,而且有贫有富,不可一概而论。史氏为河北永清豪富[②],济南张荣(1181—1263)为一富农[③],而张柔(1190—1268)[④]、严实(1182—1240)与董俊(1186—1233)[⑤]都出身于普通农家。大陆学者多称汉人世侯为"地主武装",而称同时崛起山东、反抗金朝的红祅军为"农民起义"[⑥]。这种以政治动向而决定其原有阶级背景的标签并不反映实情。

自 1211 年蒙古入侵中原,尤其是 1214 年金廷南迁汴京后,大河以北,金朝统治瓦解。蒙古大军过处,官吏往往迎风而降,而民

①宇文懋昭著,崔文印校证《大金国志校证》(北京,1986),下,24.324。《元史·刘伯林传》(北京,1976),149.3515。
②章学诚编《永清文征·行六部尚书史公神道碑铭》(章氏丛书),14.20b。
③程钜夫影印洪武本《程雪楼集》(北京,1989),16.3b。
④王鹗《大朝宣差万户张公孝思之碑》,台北:"中研院"史语所藏拓本。
⑤苏天爵《国朝文类·藁城董氏家传》(四部丛刊),70.2b;元好问《遗山先生文集·东平行台严公神道碑》(四部丛刊),27.1a—7b。
⑥例如:页321注③引到何之文。

众则多结寨自保。和历代鼎革之际相似,汉地社会呈现高度军事化现象。民间武力领袖的影响,小者仅及一村一镇,大者连州带郡,其后或受金廷招安,或则适应大势,迎降蒙古。投降蒙古的民间武装领袖及金朝官吏中较重要者有四五十人①。而本文所讨论的六大家族便是其中之佼佼者。

六大家族迎降蒙古的时间及形势不尽相同,但都拥有相当实力。其中刘伯林、史秉直(1175—1245)投降最早,董俊、张柔次之,山东地区之严实、张荣又次之。刘伯林投降于 1212 年成吉思汗进攻山西时。伯林时任威宁防城千户,降后得授都提控之职②。史氏投降是在 1213 年,当时蒙古大帅木华黎(Muqali, 1170—1223)攻河北、山东,秉直率里中数千口迎降。木华黎命秉直管领降人家属,屯霸州,而以其长子天倪(1197—1225)为千户,从弟怀德领黑军③。董俊原为藁城县义军将领,1215 年迎降,授知中山府事④。张柔于金末河朔扰攘之际,聚宗族数千家以自卫,后受金廷招抚,官至权右都监,行元帅府事,1218 年于紫荆关兵败被执而降,得官原职⑤。山东世侯投降较晚,乃因其地不仅距离漠北遥远,而且邻近宋境,是蒙、金、宋三国反复角逐之区,局势混沌,豪强多难决定行止。张荣原为济南乡民领袖,拥众观望,迟至 1226 年始归附,授山东行尚书省、兼兵马都元帅、知济南府事⑥。而严实则反复于金、宋、蒙之间。初为金东平行台下之百户,其后两度降宋、两度投

① 见页 321 注③引 Igor de Rachewiltz 文及池内功文。
②《元史・刘伯林传》,149.3515;池内功《モンゴルの金國經略》(二),页43—48。
③《元史・史天倪传》,147.3478—3486。
④《畿辅通志》(上海,1934),171.6357;李正儒修《重印嘉靖藁城县志》(1934),8.32b。
⑤《元史・张柔传》,147.3472。
⑥ 同上,《张荣传》,150.3557—3559。

蒙,为一典型之变色龙。1220年初度降蒙,因"挈所部彰德、大名、磁、洛、恩、博、滑、濬等州户三十万来归"[1],拜东平行尚书台事。1225年再度归降,官复原职。

汉人世侯协助蒙古人征服中原,出力甚多。蒙古人兵源不裕,而且长于野战,短于攻城,故有赖汉军为之攻城夺寨。1217年成吉思汗率其大军西征中亚后更是如此。当时木华黎受命继续伐金,其军约十万人中,蒙古及探马赤(Tammachi)军不过二万三千人,为数甚少,其余皆为广义之汉军(包括契丹、女真军)[2]。而在广义汉军中,蒙古入关之初契丹军比重甚大,后因缺乏补充人力,乃渐式微。因此,灭金伐宋皆以狭义之汉军,亦即汉人世侯所统率之军队为主力[3]。

蒙古人进入中原之初,汉人纳土归顺者,即按金制授官。虽然亦偶授以蒙古官制下的千户、百户之类职位,但在成吉思汗之世,迄无统一制度之迹象。1229年窝阔台汗(Ögödei Qaghan,1229—1241)即位后却依蒙古制度改组汉军,任命萧(石抹)扎剌、刘黑马(1200—1262)及史天泽(1202—1275)为万户,兵力较小者则为千户[4]。萧札剌为契丹人,而且并无根据地,不是典型的汉人世侯,可以不论[5]。刘黑马则为刘伯林之子,此时以天成(今天镇县,山西大同东北)为基地,所统为平阳、宣德等路军[6]。而史天泽为史秉直之子,以真定为基地,所统为真定、河间、大名、东平、济南五路

---

①同上,《严实传》,148.3505。
②黄时鉴《木华黎国王麾下诸军考》,《元史论丛》第1辑(1982),页57—71。
③见页321注③引黄时鉴文。
④王恽《秋涧先生大全文集·中书左丞相忠武史公家传》(元人文集珍本丛刊),48.12b;钱大昕《十驾斋养新录·太宗三万户名不同》(上海,1937),9.206—207。
⑤见页321注③引唐长孺、李涵文。
⑥《元史·刘伯林传》,149.3517。

军。因此,刘、史二家是六大家族中最早跻身万户者。

1234 年灭金前后,蒙廷扩建汉军,张柔、严实亦升任万户,分统"山东之兵"及"燕南之兵"①,与刘、史二家并称。至于济南张荣无疑亦为万户,但何时受命,现无文献可征②。而藁城董俊生前官至左副元帅,官职在六家中最为卑微。

汉人世侯不仅是汉军高级将领,也是威震一方的世袭统治者。其特权有:

(一)世拥大藩

各家皆长期垄断其辖境内的行政、财政、司法权。各世侯既为万户,又为一路之管民长官。各家的辖地为:

(1)史氏:领有真定路,共十一州,三十余城镇③。1252 年,史天泽又得到卫州(卫辉)五城为分邑④,以其子史格(1234—1291)为节度使治之。史氏是汉人世侯中唯一得到正式分邑者。

(2)保定张氏:所辖为保州(即保定),下辖卅余城镇。1241年,保州升为顺天路,增辖不少州县⑤。

(3)严氏:所辖为东平路。严氏辖地,原为世侯中最大者。"所统有全魏、十分齐之三、鲁之九",共有五十四州县⑥。1234 年左右重新划境,严实失去对大名、彰德的管辖权,所余为东平、德州、兖州、济州、单州等⑦,相当于后来的东平及济宁二路,领域仍

---

①王国维《黑鞑事略笺证》(蒙古史料四种本),26a。
②参看唐长孺、李涵前揭文,页 128;黄时鉴《关于汉军万户设置的若干问题》,页 48。
③《元史·地理志》,58. 1756;《秋涧集》,47. 1a—b。
④《元史·史天泽传》,155. 3660。
⑤《元史·地理志》,58. 1354。
⑥《元史·地理志》,58. 1365。
⑦元好问《遗山先生文集·东平行台严公神道碑》(四部丛刊),26. 3b。

然很大。

（4）济南张氏：张荣之官职为山东行尚书省，知济南府事①。所辖为济南路，下有淄、陵二州②。但在1235及1253年，蒙廷曾将河间路若干州县划归济南，以旌张氏之功③。

（5）刘氏：刘伯林于1214年自威宁移屯天成，天成遂成为刘氏基地，前后凡二十余年，池内功曾指出《元史·刘伯林传》所云伯林"在威宁十余年"是错误的④。但天成仅为西京属县，而伯林为西京留守，其子黑马更为平阳、宣德等路万户，不知大同、宣德等是否为其辖境？而且自1235年以后，黑马用兵川、陕。1257年受命管领成都军民大小诸务，可能与天成脱离关系。因而，刘氏是六家之中世侯色彩较淡的一个。

（6）董氏：董俊以龙虎卫上将军、行元帅府事，驻藁城。藁城原为真定一属县，1234年升为永安州⑤。但是董俊卒后，其子文炳（1217—1278）、文直（1225—1276）相继为藁城令，可见董氏以相当于千户的地位，所辖不过一县⑥。

在其辖境内，世侯皆享有较为全面的统治权。"得专杀"，而且有自行征税之权，"宽急丰约，各惟其意"，更得自辟署州县官。这些属官有的是擢自将校，有的是其宗族故旧，对他们皆有甚大之依附性⑦。

---

① 《元史·张荣传》，150.3558。
② 《元史·地理志》，58.1372。
③ 《元史》，58.1364；《国朝文类·济南大都督张公行状》，50.14b。
④ 《元史·刘伯林传》，149.3516；池内功《モソゴルの金國經略》（二），页44—47。
⑤ 《元史·地理志》，58.1356。
⑥ 《国朝文类·藁城董氏家传》，70.4a。
⑦ 唐长孺、李涵《汉地七万户》，页132—133。

（二）世掌大军

军队是世侯的权力基础，为万户者，多拥有万人左右或更多的军队。万户一职自是世代相袭。如军队扩张，成立新万户时，万户一职，例由该家子弟充任。史、严二家的情形较为清楚。史天泽于1252年出任河南经略使，其伯兄天倪子史权（活跃于1252—1264年）即代任万户，率军屯邓州①。二年后，蒙哥汗为谋伐宋，籍新军。天泽又奏以仲兄天安之子史枢（1221—1287）为征行万户，配以真定、彰德、卫州、怀孟新军，戍唐、邓②。东平自严实卒后，其次子忠济（？—1293）承袭为东平路行军万户、管民长官，初统十七千户。1255年山东括新军，益兵逾二万，忠济弟忠嗣（？—1273）、忠范（？—1275）任万户，以次诸弟暨勋将之子为千户，戍宿州、蕲县，而忠济皆统之③。因此，蒙哥汗时史氏当统有二万户，严氏更辖有三万户之多。济南张荣致仕后，其济南行军万户、管民总管二职先后由其长子邦杰（？1211—？1255）、长孙宏（1229—1287）承袭④，但其次子邦直（？—1264）亦曾任邳州行军万户⑤，因而，济南张氏可能亦拥有二万户。至于天成刘氏，黑马于1241年改授都总管万户，统西京、河东、陕西诸军万户，已成为西陲汉军的统帅，但其家似仅有一基本万户，后来为其子元振（1227—1275）、其孙纬

---

①《元史·史天倪传》，147.3482。

②《元史·史天倪传》，147.3484—3485。

③《元史·严实传》，148.3507。

④《国朝文类·济南路大都督张公行状》，50.14b。张邦杰及张宏生卒年系据洪金富考证，见《元代汉人与非汉人通婚问题初探》（二），《食货》第7卷第1、2期（1977），页11—61（24，注87）。

⑤《雪楼集·济南公世德碑》，16.4a；《国朝文类·济南路大都督张公行状》，50.14b。

所继承①。董氏自董俊卒后,文炳、文直相继为藁城令,并兼任千户。

此外,各诸侯还竞相收罗亡金遗士,"以系民望,以为雄夸"②,东平、真定、保定尤其成为人才荟萃之地,才俊之多,绝不下于蒙古首都和林(Qara Qorum)和统治汉地的中心——燕京。他们利用这些人才在所辖地区推行汉地传统式的改革,恢复秩序,发展经济,保存文化③。因此,各世侯辖地,在政治、军事、经济、文化上都具有一定程度的自足性。

大蒙古国时代汉地封建化的现象,乃是金元之际汉地现实与蒙古制度相结合的产物④。一方面,金朝中央集权的统治体系瓦解,豪强竞起,拥众据地,蒙古人不得不承认既成事实,对这些豪强加以羁縻。另一方面,界予协力者兼统军民的世袭权,亦与蒙古政治传统相吻合。罗意果(Igor de Rachewiltz)认为汉人世侯所受之优遇乃是比照成吉思汗原有各伴当而来。成吉思汗建国后,其原有之伴当皆因功勋而得分封为千户、万户,世统草地军民。汉人豪强归降后,亦取得与蒙古统治菁英相似的特权⑤。

自窝阔台汗即位起,汉人世侯受到蒙古朝廷中集权与分权两股相互矛盾潮流的夹击。一方面由于中书令耶律楚材(1190—1244)的建议,蒙廷施行军、民财政分治,"长吏专理民事,万户府总军政,课税所掌钱谷,各不相统摄"⑥。1230 年设置十路课税使,

---

①《元史·刘伯林传》,149. 3517—3518。

②《青崖集·故总管王公神道碑铭》,5. 11a。

③参看页 321 注③引孙克宽《元代汉军三世家考》,Igor de Rachewiltz、Hsiao Ch'i-ch'ing 及 F. Aubin 等人之文。

④韩儒林主编《元朝史》(北京,1986),上,页 244。

⑤Igor de Rachewiltz, "Personnel and Personalities", pp. 129-132。

⑥《国朝文类·中书令耶律公神道碑》,59. 13a。

皆以儒者担任,刘氏所在之西京、史氏之真定、严氏所辖之东平、张荣所辖之济南,皆驻有课税使①。1236 年,窝阔台又命探马赤军分镇汉地②,刘氏、严氏、史氏、济南张荣及益都李璮(?—1262)的辖区都正是探马赤军分镇之地。在此前后,蒙廷又在各地设置达鲁花赤(darughachi)③,监督汉人世侯之行政。如达达儿人(Tatar)塔思火儿赤(Tas Qorchi)便受命为东平路达鲁花赤,"位在严实上"④。在此中央化政策中,探马赤军的屯驻对各世侯可能收到监视之效,而达鲁花赤对世侯也具有牵制作用。显赫如史天泽对真定达鲁花赤也不得不多所忍让⑤。至于军、民、财政分权,显然未能做到。各世侯此后仍多兼有万户及管民长官的头衔。征税权恐仍掌握在世侯手中,课税使只有依额覆按的权力。即在课税使任命五六年后,仍有旨令东平万户严实弗征赋税⑥,可见政策未能贯彻。盖中央集权政策与世侯的利益有根本冲突,后者自然加以抵制。

另一方面,世侯的身份又受到蒙古朝廷企图将草原游牧封建制正式移植中原的严重威胁。1236 年窝阔台汗拟根据新完成的户口调查,"割裂州郡,分赐诸王贵族,以为汤沐邑"⑦。这一计划,

---

①《元史·太宗本纪》,2. 32。
②同上,123. 3023。"探马赤军"为自蒙古各军中选拣组成之军队,担任长期镇戍之任务。见杨志玖《元史三论》(北京,1985),页 1—66;史卫民《蒙古汗国时期的探马赤军》,载白滨等编《中国民族史研究》(北京,1989)(二),页 227—239。
③达鲁花赤为派驻征服地区的监临官,后为各地方官署之长官,参看札奇斯钦《说元史中的达鲁花赤》,见所著《蒙古史论丛》(台北,1980),上,页 465—632;E. Endicott-West, *Mongolian Rule in China. Local Administration in the Yüan Dynasty*, Cambridge, Mass. ,1989。
④《元史·忙兀台传》,131. 3186。
⑤《国朝文类·中书右丞相史公神道碑》,58. 6b。
⑥《元史·石天禄传》,152. 3602。
⑦《国朝文类·中书令耶律公神道碑》,57. 17a。

如依原案实施,不仅耶律楚材之中央集权政策将付诸东流,而世侯亦将沦为各宗王之下属,种种世袭特权势必损失殆尽。故耶律楚材与严实等世侯联手反对,朝廷不得不改变计划,采纳楚材的折衷方案:诸王贵族仍享有分地分民,而不直接统治,也不能向其分民直接课征赋税。其分民所在地——投下,仍由朝廷命官治理,但领主得自行委任其陪臣担任投下达鲁花赤,以之监临。其分户所应缴纳之丝料由朝廷与领主分享①。从表面看来,领主对其投下并无统治权,与其分民亦仅有经济关系。事实上并非如此。宗王贵族多认为对其投下所在地享有"部分主权"(partial sovereignty),而视其分民为私产,当地官员虽属朝廷命官,但投下主亦待之如陪臣,投下所在地之世侯不仅需向朝廷纳一质子,亦需遣一子担任投下主之宿卫,实际也是质子②。蒙古投下主遂成为汉人世侯的上司。汉人世侯不仅代朝廷守土,亦为投下主看管私产。因此,世侯对投下主多需结纳奉迎,事之唯恐不谨。按 1236 年的分封,济南成为成吉思汗弟哈赤温(Qachi'un)子济南王按只吉歹(Eljigidei)的分地。真定则主要属于拖雷妻唆鲁和帖尼〔Sorqoqtani,后由其幼子阿里不哥(Arigh Böke,?—1266)继承〕、平阳属成吉思汗子术赤(Jochi,?—1224)、而东平更分属于十位诸王勋臣③。

汉人世侯与其辖地所属投下主相互结纳的情形由张荣家最能清楚看出④。张荣长子邦杰以质子侍按只吉歹王藩,娶阿可亦真

---

① 同上。参看洪金富《从"投下"分封制度看元朝政权的性质》,页 852—857。
② 刘因《静修集·泽州长官段公墓碑铭》(四库全书),9. 15b—16a。
③ 洪金富《从"投下"分封制度看元朝政权的性质》,页 895、898—900。
④ 李治安氏认为世侯之存在,制约投下势力之发展:"在太原、平阳等汉世侯不太强地区,诸王封君的势力得到长足的扩展……而在汉世侯势力较强的山东、河北等大部分地区,诸王贵族封君的权力却未能充分施展。"见《元代中原投下封地置路州发微》,页 31。

氏,可能即按只吉歹之女,而后来邦杰子又有二女分嫁按只吉歹后王(见下文),张氏这种以婚姻与投下主相结纳的情形,和李璮与益都投下主——成吉思汗幼弟铁木哥斡赤斤(Temüge Otchigin)之孙塔察儿(Tachār)结为姻娅一样。史氏与董氏与其辖地所属的唆鲁和帖尼结合也甚紧密,以致唆鲁和帖尼之子蒙哥汗即位后,两家皆受重用。

由以上讨论看来,汉人世侯是大蒙古国时代汉地双层封建制中的一个层面。元人郝经曾将蒙古投下比喻为汉之邦国,而将汉人世侯比之为唐之藩镇①。事实上,投下主是理论上的封建主,在汉地拥有分地、分户,却不直接统治,与汉之邦国不尽相同。而汉人世侯则无封建之名,而具封建之实,世代兼统军民。但是,汉人世侯对蒙古朝廷多很温驯,不具唐季藩镇的独立性,学者常称日本德川幕府的政治体制为"中央集权封建制"(centralized feudalism),与大蒙古国的世侯制庶几近之。

汉人世侯雄霸一方的局面,前后持续凡四五十年,直至忽必烈立国中原后,始有急遽而根本的改变。当初维持世侯存在的历史条件已不存在,以草原地区为政治重心的大蒙古国转变为以汉地为重心的元朝。大蒙古国时代,汉地不过是蒙古的殖民地,蒙古朝廷有赖汉人世侯以维持对汉地的"间接统治"(indirect rule)。自汉地成为政治重心后,对汉地的"间接统治"必须转变为"直接统治"(direct rule),以求有效控制汉地并免除尾大不掉之忧。统治方式既变,政治组织自需随之改变。而且在汉人儒臣影响下,忽必烈力图以"汉法"治理汉地,而汉法中最主要的项目便是恢复中央集权官僚制以取代蒙古原有家产、封建制度。但皇族成员共享富贵这一原则原是大蒙古国的根本大法,取消投下特权,便会引起蒙古贵族

①郝经《陵川集·河东罪言》(四库全书),32.24a—b。

集体反对,招致国本动摇,因而不易进行。压抑汉人世侯却是忽必烈即位后朝议的一个焦点,也成为朝廷积极进行的重要政策。

忽必烈即位后,于 1260 年 5 月设立十路宣抚司,意在监视诸万户①。此时虽无废侯置守之计划,压制世侯之意已明。严实嗣侯严忠济素以"强横难制""裘马相尚,宴饮无度"知名,遂成为第一个压制的对象,于 1261 年 5 月罢职,由其弟忠范代之。设置十路宣抚使及罢免严忠济等压抑世侯的政策可能是触动李璮于1262 年叛元降宋的主要原因②。

李璮之乱是元朝政治史上一件大事,影响极大。一方面由于李璮岳父王文统(? —1262)身居中书平章,牵连其中,忽必烈自是对汉臣之信任大为减少③。另一方面,李璮之乱敉平后,忽必烈采取了一系列措施,全面废除世侯制。这些措施包括④:①削弱各世侯家族势力,"治大藩者,子弟不得亲政"。②严格执行地方军、民分治制度。管民官、管军官不相统摄。③罢诸侯世袭,行迁转法。④易将,使将不专兵。⑤选怯薛担任万户监战达鲁花赤,监视汉军万户。⑥取消汉人世侯的封邑。⑦分割世侯旧有地盘,众建投下。这些措施在 1263 至 1266 数年之间大体完成。

这些措施的推行使汉军世家由世侯转变为中央集权制度下的官僚家庭。但对个别世家的影响相差甚大:

(1)真定史氏:史天泽拥立忽必烈功劳甚大,于中统年间位居

①唐长孺、李涵《汉地七万户》,页 136—137。
②爱宕松男《李璮の叛亂》,页 22—23。
③关于王文统与李璮之乱的关系,参看陈学霖《王文统"谋反"与元初政局》,《"中研院"第二届国际汉学会议论文集》(台北,1989),页 1129—1159。
④周良霄《李璮之乱与元初政治》,《元史及北方民族史研究集刊》第 4 期(1980),页 6—13;唐长孺、李涵《汉地七万户》,页 136—140;李治安《元代中原投下封地置路州发微》,页 41。

中书右丞相,位高望重。平定李璮之乱,亦为主帅之一。而且极能顺应时势,据说,李璮乱后,议者以诸侯权重为言。天泽自动言于朝廷:"自今兵民之家,父死而子始继,兄终而弟可及,其子弟同时并官者,无以职掌小大皆罢之,请由臣家以始。"而且主动辞去卫州封地。其家子弟一日之间解虎符、金、银符者十七人①。文职方面,天倪长子史楫(1214—1272)原任真定路总管,即日解官,而由季弟江汉大都督史权代任。史权后迁河间,史氏遂与真定脱离关系。武职方面,1266 年,董文炳奉命取代史氏两万户为邓州光化行军万户②,不知此两万户原为何人所统率? 1269 年蒙古进围襄阳,大举扩张军队,又召用了一批汉军世家子弟,天泽长子史格(1234—1291)被任为万户,当时朝议以为史格应避史氏的邓州旧军,故格与张柔之子弘范(1238—1280)易军而将,任亳州万户③。此外,天安子史枢(1221—1287),原任真定新军万户,李璮乱后,仍任军职,参与伐宋及高丽之役,但所统是否仍为原军,已不可知④,总之,史氏原来势力甚大,可能是压抑主要对象之一。不过由于天泽功勋卓著,而且仍受忽必烈倚重,因而成为最重要的官僚家庭。

(2)保定张氏:张柔拥立忽必烈颇著功勋,而且主动支持中央集权政策,因而甚受忽必烈尊崇,1262 年被封为安肃公。李璮乱后,其八子弘略解去行军万户、顺天路管民长官二职,宿卫京师⑤。其军职似由弘彦继任,弘彦系于 1265 年任郓州万户⑥。弘范则于

---

① 《牧庵集·平章史公神道碑》,16. 1b—2a。
② 《元史·董文炳传》,156. 3670。
③ 《牧庵集·平章史公神道碑》,16. 1b—2a。
④ 《元史·史天倪传》,147. 3485。
⑤ 《元史·张柔传》,147. 3477。
⑥ 文廷式《文廷式全集》(台北,1969)第 10 册,《纯常子枝语》引《经世大典·张柔传》,37. 10b。

1264年代弘略(?—1296)任顺天路管民总管。明年,弘范转任大名路总管,张氏与保定之政治关系从此切断。1269年弘范受诏起为益都、淄莱行军万户,统李璮旧军征襄阳,不久又改任邓州万户,从此恢复军权。

（3）东平严氏：1265年,严忠范罢任东平行军万户、管军长官二职,调往京师,任兵刑部尚书。另一原任万户之严忠嗣(?—1273)则罢官家居。此后忠范昆季中似仅有忠杰担任万户[①],统率严氏硕果仅存之万户。

（4）济南张氏：由于济南距益都最近,张氏受李璮之乱的震撼最大。张宏于1261年告发李璮,有功朝廷。李璮乱后,宏仍不免罢去济南行军万户、管民总管二职,迁调为真定路总管。1264年正月,更以"前在济南,乘变盗用官物"的罪名而罢职[②],而其《行状》则说他得罪之原因是："有故吏掇拾公诸父罪,辞连公。"[③]此"诸父"乃指邦直而言。邦直原任邳州万户,可能与李璮有所牵连,1264年5月,朝命追治"李璮逆党万户张邦直兄弟及姜郁、李在等廿七人罪"。明年,邦直遭处决,罪名却变为"违制贩马"[④]。朝廷减轻邦直罪名,可能为了保全张氏。1264年后数年间张氏似乎无人担任万户。1272年,宏被任为新军万户,张氏始恢复军职,但所统已非济南旧军[⑤]。张荣幼子邦宪曾任淮南路总管,可能是1264年张宏罢职后张氏子弟唯一担任文职者[⑥]。

---

① 《至顺镇江志》,15.5b。
② 《元史·世祖本纪》,6.105。
③ 《国朝文类·济南路大都督张公行状》,50.18b。
④ 《元史·世祖本纪》,6.105。
⑤ 《国朝文类·济南路大都督张公行状》,50.18b。
⑥ 毕沅等《山左金石志·济南郡公张宓神道碑》(《石刻史料丛书》甲编),24.34a。

（5）天成刘氏：刘氏远驻西陲，未受李璮之乱的直接影响。黑马于1262年卒后，次子元振承袭成都军民经略使之职。1270年却因"勋旧之家事权太重，宜稍压抑"而遭降为成都副万户。五年后元振子纬袭职，刘氏始恢复万户地位。黑马第五子元礼任兴元、成都等路兵马左副元帅，未受改制影响①。

（6）藁城董氏：董氏与忽必烈渊源久远，关系最密。藁城为唆鲁和帖尼之分地，而董文炳长期担任藁城令，与唆鲁和帖尼及其子弟建立亲密的主从关系。文炳之三弟文用与八弟文忠分别于1250年及1252年以分地长官子弟入质，成为忽必烈潜邸侍臣②。1253年忽必烈奉诏征大理，文炳关山万里，奔赴前线，加强了忽必烈对其昆季之信任③。忽必烈即位后，即以文炳为燕南宣抚使，明年迁山东东路宣抚使。同年忽必烈自各汉军万户抽调军马，成立武卫军，捍卫中央④，而以文炳为侍卫亲军都指挥使，仲弟文蔚（？—1268）则任武卫军千户。李璮乱后，文炳出任山东经略使，负安揖之责。1266年，忽必烈又以文炳代史氏两万户为邓州光化行军万户、河南等路统军副使⑤。可见董氏不仅不是忽必烈压抑的对象，而且为其中央化政策之主要执行者，甚受优遇。揭傒斯《廉访使董公神道碑》说："天下初定，诸将并解兵职，唯董氏不许。"⑥亦可看出董氏所受优遇。

总之，由于忽必烈推行各种中央集权的措施，六大世家遂失去

①《元史·刘伯林传》，149.3519。
②《道园学古录·翰林学士承旨董公行状》，20.7b。
③《国朝文类·藁城董氏家传》，70.5a。
④关于侍卫亲军的成立及其作用，参看史民民《忽必烈与武卫军》，《北方文物》2（1986），页29—34；井户一公《元朝侍衞親軍の成立》，《九州大學東洋史論集》第10期（1982），页26—57。
⑤《国朝文类·藁城董氏家传》，70.5b—6b；《元史》，148.3494。
⑥《揭傒斯全集》（上海，1985），页387。

世侯的地位。但是,各家所受影响不尽相同。河北三家——保定
张氏、真定史氏、藁城董氏——所受负面影响不大。此三家族都由
地方世侯转变为中枢官僚家庭,继续享受尊荣,其中董氏得利最
大,山东两大世侯——济南张氏、东平严氏则遭受压抑最大,乃因
两者与忽必烈渊源不深,而忽必烈对他们亦颇为猜忌。日本井
の崎隆兴曾依世侯对蒙古朝廷的政治态度将其区分为二型,并
自地缘政治的观点加以解释。他称史氏等河朔地区的世侯为
"忠诚型",而称山东李璮及严氏等为"抵抗型"。河朔地区离蒙
古权力中心近,其地世侯对蒙廷不得不忠诚奉仕,山东则不仅距
离遥远,而且接境宋朝,故其地世侯或则依违两国之间,或则不时
反抗蒙廷①。忽必烈优遇忠诚型的世侯家族而压抑反抗型者,甚
为自然。至于天成刘氏虽在蒙古入侵金国之初曾经显赫一时,此
时却是长镇西陲,而且与忽必烈渊源甚浅。李璮乱后,刘氏虽未受
到特别的压制,而且在蒙宋争夺四川的战争中仍具举足轻重之势,
但未受到重视,无缘进入中朝,乃成为一个区域性的军事官僚
家庭。

表一　天成刘氏世系

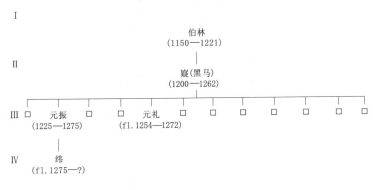

---

① 见页 321 注③引井の崎隆兴文。

附注:《元史·刘伯林传》云元振为黑马长子(149.3518)。今据《蒙兀儿史记》51.3a,改为仲子。

史源:《元史》,149.3515—3520;《蒙兀儿史记》,51.1a—4a。

表二 保定张氏世系

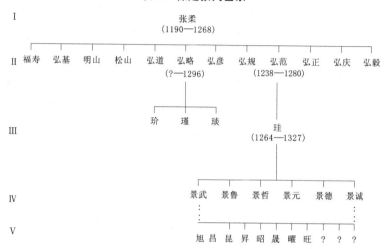

附注:张柔十二子名系根据王磐撰《神道碑》(载《畿辅通志》,168.6243—6245),元好问《顺天万户张公勋德第二碑》(《遗山先生文集》,26.11a—20a)未著柔诸子名,而《元史·张柔传》及《经世大典·张柔传》皆云十一人,各仅著录数子之名。《神道碑》之记载最早亦最为完备,兹从之。

史源:《经世大典·张柔传》,载于《文廷式全集》第10册《纯常子枝语》,37.8a—10b;《畿辅通志》,168.6243—6245;《道园学古录》,14.1a—9b、18.6a—14a;《元史》,147.3471—3478、156.3679—3684、175.4071—4083;易县博物馆《河北易县发现元代张弘范墓志》,《文物》第2期(1986),页72—74。

表三 东平严氏世系

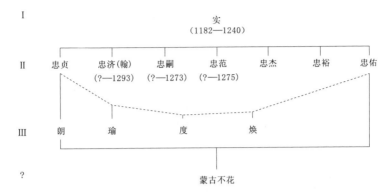

史源:《元史》,8.177、148.3505—3508;《遗山集》,26.1a—7a、7a—10b;《待制集》,8.5a;《嘉靖归德府志》,4.27b;《梧溪集》,3.110、3.125、5.282。

表四 济南张氏世系

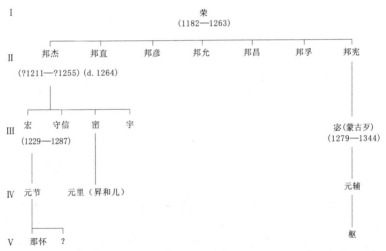

史源:《雪楼集》,16.3a—5b;《国朝文类》,50.14a—21a;《山左金石志》,25.33a—36b;《元史》,150.3557—3559。

表五　真定史氏世系

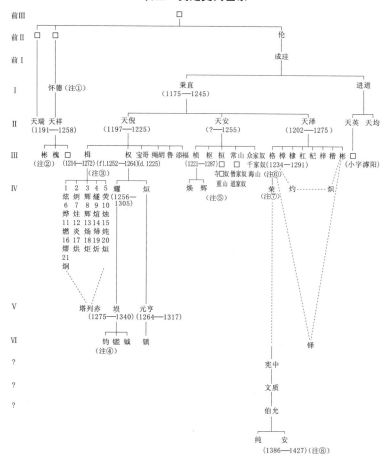

附注：

①史怀德：《元史·史天祥传》(147.3486)云为秉直弟，误。崔铉《史氏庆源之碑》以怀德为秉直从弟，据改之。见《永清文征》，2.16b—20a。

②天祥之子：《庆源之碑》云天祥三子，名为镇国、□□、兴驴。而《元史·史天祥传》则以彬、槐为天祥子。盖碑所录皆乳名。今取碑所云三人之数，而取《元史》所录之名。但天泽第八子亦名彬，其中尚有待发之覆。

③《庆源之碑》云天倪五子，并列其名。但次子名脱落。又云"宝哥等三子俱幼"。《元史·史天倪传》则云："子五人，其三人尚幼，俱死于难，惟楫、权尚在。"则权为天倪次子，而宝哥等三幼子俱死于武仙之乱，未及成年。

④史燿诸孙：柳贯《大司农史义襄公墓志铭》云燿有孙男四，即钧、银山、长安、金山（《待制文集》，10.20b）。今知燿仅有一子，即壎，而虞集《江西史公神道碑》则云壎有子三人，即钧、镒、钺（《道园类稿》，42.40b）。柳贯所云银山、长安、金山，当皆乳名。镒、钺必当其中之二，另一人当早夭。

⑤史辉：枢次子兴楫次子皆名辉，二者当有一误。

⑥天泽诸子名：《庆源之碑》云天泽有五子，首为百家奴、幼为赵家奴，余名皆脱落。按该碑撰于1240年，其时天泽仅有五子，而其子之名皆为乳名，当皆格、樟等人。

⑦《元史·史天泽传》云史格有二子，即燿、荣。按燿为史权子，系过继于格者，故列于权之下，此处不再列。

⑧史安世系：明杨士奇《丰城史氏谱序》云，史安出于史格之后，"有仕邓州者，子孙留家焉"（《东里全集·续集》，13.17a—19a）。而史格子荣为邓州旧军万户，史安或即其裔。

附考：史氏尚有多人，不知出于何系。按史氏自第三代以下，系以木、火、土、金等偏旁为行辈。依此可推知其代次。属第三代者有：史椿（《山右石刻丛编》，26.10a—14b）。属第四代者：史炤、史熹（皆见《吴文正公集》，35.12a—14a）、史燮（《常山贞石志》，23.1a—3b）、史熵（《至正四明续志》，2.10b）、史燎（《秘书监志》，10.3b）、史灿（《至顺镇江志》，15.8a）。属第五代者有：史塾（《常山贞石志》，24.8b—11a）、史埙（《元史》，35.1b）、史墉（《滋溪文稿》，18.11b）。此外代次不详者亦有不少：史庄（或即史椿，《滋溪文稿》，22.9b）、史景让（《吴文正公集》，14.13b—14a、21.9b—11a，《危太朴集》，3.7a）、史修靖（《道园类稿》，40.38b）、史均保（《嘉靖河间府志》，17.13a）。其中史修靖为天泽诸孙，当属火字辈。《类稿》称其为尚书，"修靖"或为其谥号。

史源：《永清文征》，2.16b—28a；《秋涧集》，34.6b—11b、48.11a—21b；《牧庵集》，16.1a—9a、16b—20a、22.8a—b；《雪楼集》，22.10b—12a；《待制文集》，10.18b—20a；《清容居士集》，44.13b—14a；《巴西集》下，55b—58b；《道园类稿》，42.35b—41b；《国朝文类》，58.1a—9a；《东里续集》，13.17a—19a、16.18a；《元史》，147.3478—3489、155.3657—3665；钱大昕《十驾斋养新录·史氏墓三碑》，15.386—387。

表六　藁城董氏世系

俊（1186—1233）

文炳（1217—1278）　文蔚（?—1268）　文用（1224—1297）　文直（1225—1276）　文毅　文振　文进　文忠（1231—1281）　文义

土元（?—1275）　土选（1253—1321）　土秀　土贞　土尊　土楷　土英　土昌　土恒　土廉　土方　土表（1245—1297）　士珍（1256—1314）　士良（1264—1327）　士恭　士信　士能（1278—1320）

守仁　守礼　守谦　守恕　守懃（1277—1345）　守愿　守恩　守愚　守思　守惠　守纪　守缨　守敏　守绪　守绅　守绍　守义（1270—1320）　守约　守中　守正　守廉　守格　守进　守简　守康　守诚（1273—1333）　守让　守训

钧　铖　铤　镆　铒　键　钥　铉　锗　锴　镇　镂　钜　留僧　七儿　锅　镟　镊　钚　铦　铛　修　钦　鉴

世臣　　　辅臣　敏臣　秦臣　　渊臣　献臣　良臣　谦臣

附说:文炳昆季名字及次序皆据元明善《藁城董氏家传》(《清河集》,7.74a—83a)。而李冶撰《太傅忠烈公神道碑》(《藁城县嘉靖志》,8.34b—35a)则云俊有子九人,但仅列八人之名,无文用、文直,而有文宜,并云文宜为藁城令,当即文直。

史源:《清河集》,6.61b—63a、7.74a—83a;《秋涧大全集》,52.9b—12a;《牧庵集》,15.19a;《揭文安集》,12.28b—33a;《金华文集》,26.1a—4a、4a—9b;《道园学古录》,20.9a—14a;《道园类稿》,37.30a—36a、43.1a—12a;《吴文正集》,32.18a—25a、34.1a—6a;《滋溪文稿》,12.8b—11a、11a—16a;《国朝文类》,49.10b—21b、61.881—887;《常山贞石志》,18.14a—16a、16a—16b、21.11a—34b、22.27b、23.1—9b、22b—32a、23.13a—22a;《藁城县嘉靖志》,8.34b—35a;《元史》,148.3491—3505、190.4339。

三、元朝汉军世家的仕进

忽必烈即位后所推行的集权化与官僚化政策,并未能够贯彻。一方面,蒙古投下主的封建特权保留仍多[1]。另一方面,新官制也为官宦高门留下不少登仕捷径,汉军世家因而仍能与蒙古、色目世家代代共享金紫。

忽必烈定制以后,文官的登庸以荫叙为主,推举及胥吏入流出职为辅[2],而武官则端赖世袭。和中原其他各代相似,元朝文官荫叙以降四品为原则,即正、从一品官之子得承荫正、从五品官,六、七品官子只能承荫流外吏职。虽然官员子弟承荫各限一名,但是高门登仕者多,承荫机会较大,荫叙的品级也高。推举有赖高官之

[1] 见页320注③引周良霄、洪金富二文及李治安《忽必烈削弱宗藩实行中央集权》,《南开学报》第3期(1985),页11—17。
[2] 《元史》,81.2016。关于元代承荫制,参看 Elizabeth Endicott-West, "Hereditary Privilege in the Yüan Dynasty", *Journal of Turkish Studies* 9 (1985), pp. 15-20;关于吏制,参看许凡(王敬松)《元代吏制研究》,北京,1987。

提携，世家子弟机缘自然较多。至于胥吏入流出职之起点既低，前程亦欠远大，世家子弟多不屑一顾。

在军职方面，世家子弟的地位更为稳固。按1278年的规定，高级军官阵亡，其子承袭其位。若系年老或病死，则子孙降等承袭。而下等军官——总把、百户——若非阵亡，其子孙不得承袭。但是，"是法寻废，后无大小，皆世其官，独以罪去者则否"。总之，军官世享承袭特权，待遇较文官远为优渥①。据说当时人"宁弃相而专将"，盖"以相能振耀一时，未若既将可传子孙"②。换言之，据有将位是维持家族政治地位的保障。

除去荫、袭权外，担任皇家宿卫——"怯薛"（Kesig）更是世家子弟的一条登龙捷径。怯薛原为大蒙古国的皇家卫队、家务机构和中央军，也是主要的中央行政机构，更兼具质子营及干部学校的性质。忽必烈改制以后，怯薛仍具有质子营及干部学校的功能，其成员系由三品以上官员子弟选充③。高官子弟担任"怯薛歹"（Kesigdei）后，多经过特别的"敕选"，即"别里哥（belge）选"，而得出任官职。《经世大典·序录》说：

> 用人之途不一，亲近莫若宿卫之臣所谓"怯薛"者。然而任使有亲疏，职事有繁易，历史有久近，门第有贵贱，才器有大小，故其得官也，或大而宰辅，或小而冗散，不可齐也。④

可见凡任怯薛歹者皆可出仕，但其品秩高低有别，门第贵贱是一个

---

① Hsiao Ch'i-ch'ing, *The Military Establishment*, pp. 26 and 73。
②《牧庵集·真定新军万户张公神道碑》，23.2a—2b。
③ Hsiao Ch'i-ch'ing, *The Military Establishment*, pp. 33-44.
④《国朝文类·经世大典·序录》，40.10a。

主要评准,而由怯薛出任官职者为数甚多①。姚燧说:"大凡今仕惟三途,一由宿卫,一由儒,一由吏。由宿卫者,言出中禁,中书奉行制敕而已,十之一。"②总之怯薛是超越官僚制的一个传统蒙古组织,世家子弟服仕其中,而能不受任官资格的束缚进入仕途。

六大世家的仕进状况可由表七至表十五看出,而这些表格则系根据表十六至表廿一——"六大世家仕进资料表"制成。表七旨在显示各家任官成员的总数及其与各该家族"知名人数"间的比率。所谓"知名人数"乃指各家姓名仍存者的人数,而非各家男性成员的实际人数。"知名人数"与实际人数之间自有不少差别,声势盛而碑传史料多的家族,其"知名人数"必多,与实际人数相去不大,而较为晦暗而碑传不多的家族则"知名人数"较少,而其"知名人数"总数与实际人数相差必大。六大世家"知名人士"共有二百四十七人,任官人数则为一百五十一人(61.13%)。元朝政府组织不大,大德年间有品级官员为二万二千四百九十人,其中汉人(应包括南人)仅占一万五千七百三十八人③。百余年间,六大世家便产生官员一百五十人以上,更占各家族"知名人士"之61.13%,可谓惊人。

表七　各家任官人数比率

	刘氏	史氏	保定张氏	严氏	济南张氏	董氏	总计
知名人数	5	82	31	13	18	98	247
任官人数	5	54	18	9	14	51	151
%	100	65.85	58.06	69.23	77.78	52.04	61.13

---

① 片山共夫《怯薛と元朝官僚制》,《史學雜誌》第 89 卷第 12 期(1980),页 1—37;片山共夫《元朝怯薛出身者の家柄について》,《九州島大學東洋史論集》第 8 期(1980),页 20—50。

② 《牧庵集》,4.5a。

③ 《大元圣政国朝典章·内外诸官员数》(台北,1976),7.27a。

在各个别家族中,若自任官人数言之,以史氏(五十四人)、董氏(五十一人)为最盛,保定及济南两张氏(分别为十八人及十四人)次之,而严(九人)、刘(五人)二氏更次之。若自"知名人数"及"任官人数"的比率言之,则以刘氏(100%)及济南张氏(77.78%)为最高,严、史二氏次之(分别为69.23%及65.85%),而保定张氏及董氏则殿诸家之后(分别为58.06%及52.04%)。但是,此一比率并不反映各家之荣枯及仕宦之难易。刘氏碑传最缺,此一家族现存之唯一传记资料为《元史·刘伯林传》,该传仅录有曾任官职五个成员之名,其家因而得登榜首。而董氏仕宦虽然极盛,却因现存碑传史料最多,"知名人数"与实际人数最为接近,以致居于榜末。

表八旨在显示各家族入仕的各种途径。六家虽共有一百五十一人入仕,而表中仅列七十八人,乃因另有七十三人现已无法知其入仕途径而略去。

表八 各家入仕途径比率

入仕途径	刘氏		史氏		保定张氏		严氏		济南张氏		董氏		总计	
	人数	%	人数	%	人数	%	人数	%	人数	%	人数	%	人数	%
降附	1	20.00	5	29.46	1	8.33	1	16.67	1	12.50	1	3.33	10	12.82
承袭	3	60.00	4	23.53	4	33.33	3	50.00	4	50.00	8	26.67	26	33.33
承荫	0	0	1	5.88	0	0	0	0	1	12.50	1	3.33	3	3.85
门功	1	20.00	3	17.65	3	25.00	1	16.67	0	0	2	6.67	10	12.82
宿卫	0	0	2	11.76	2	16.67	1	16.67	0	0	15	50.00	21	26.92
推举	0	0	1	5.88	1	8.33	0	0	1	12.50	1	3.33	4	5.13
战功	0	0	1	5.88	1	8.33	0	0	0	0	2	6.67	4	5.13
总计	5	100.00	17	100.00	12	100.00	6	100.00	8	100.00	30	100.00	78	100.00

表中所谓"降附",乃指各家第一代成员(少数为第二代)因投

降蒙古而得官。其授官时间自然在忽必烈改制之前。因降附而得官者共有十人(12.82%)。

"承袭"均指军职而言,六家共有廿六人,为各种入仕途径中比率最高者(33.33%)。除董氏外,各家承袭人数相去不远,因每家均有一万户可以承袭,而董氏先后承袭者共有八人,乃因董氏有几个侍卫亲军都指挥使及洪泽屯田万户等军职可供世袭。

文职"承荫"者仅有三人,占入仕途径可知者总人数的3.85%。各家承荫者稀少显然并不反映实际,而是由于缺乏明确记载。"不详"的七十三个案中不少应系由承荫而进入仕途者。

"门功"系指子弟因父兄功勋而得朝命授予官职者。如刘黑马诸子中,除元振得袭父职为成都路军民经略使外,元礼又因父功得为京兆路奥鲁万户。因门功而登仕者共有十人,占仕宦人数之12.82%。

"推举"指子弟得高级官衙或高官之保荐而得任官职,如张弘范子珪(1264—1327)年十六便因行省推荐而得摄管军万户①。

"战功"则指子弟随父兄作战有功而获得正式官职,如董士选(1253—1321)从父文炳伐宋得任管军总管而入仕途②。以"推举"及"战功"而入仕者各有四人(5.13%)。

以"宿卫"(包括"内供奉")入仕者仅次于"承袭"一项,共有二十一人(26.92%)。其中以董氏为最多,共十五人,占全家入仕途径可知者的50%,而刘氏子弟全无担任宿卫的记录,严氏、济南张氏也各仅有一人。担任宿卫人数的多寡反映各该家族与汗廷关系的疏密。自忽必烈朝起,刘、张、严三氏无疑已与汗廷疏远。而董氏自忽必烈潜邸时代,即与汗廷建立密切关系,故其子孙多担任

①《道园学古录·蔡国张公墓志铭》,18.6a—14a。
②《吴文正集·董忠宣公神道碑》,32.18a—25a。

宿卫及内供奉然后出仕。

除去"降附"一项外,无论"承袭""承荫""门功""宿卫"皆与门第有直接关联。即是"推举"及"战功"与门第亦有间接关系。总之,世家子弟多倚恃门第而入仕,而各家入仕人数的多寡又与各该家族与汗廷关系的疏密具有关联。

表九　六家仕宦品级合计

	上品	中品	下品	旧制	不详	总计
起仕	24(15.89%)	43(28.48%)	7(4.64%)	27(17.88%)	50(33.11%)	151(100%)
终仕	67(44.37%)	43(28.48%)	4(2.65%)	17(11.26%)	20(13.25%)	151(100%)

表九则显示六大世家整体的仕宦品级。表中之"上品"乃指正一品至从三品的官职而言,"中品"则为正四品至正七品,而下品则为从七品至从九品。《元史·选举志》云:"凡迁官之法,从七以下属吏部,正七以上属中书,三品以上非有司所与夺,由中书取进止。"①可见元廷对各品官依其轻重分为三级。表中之"旧制"官乃指忽必烈定制以前的各种官职,其中有蒙制官如"万户""千户",也有金制官及随意任授的,如"都提控""行六部尚书事"等。这些官职都无法依忽必烈朝所定官品加以归纳。"不详"则指其起仕或终仕官职无纪录者而言。由于史阙有间,各家起仕或终仕未有记录者为数不少(分别为33.11%及13.25%),甚为遗憾。

由此表看来,各家由上品入仕者二十四人(15.89%),中品入仕者四十三人(28.48)%,下品入仕者七人(4.64%),以旧制官入仕者二十七人(17.88%)。"终仕"栏更可看出六大世家的显赫。六家以上品终仕者达六十七人(44.37%),以中品终仕者四十三人(28.48%),以下品终仕者仅四人(2.65%),而以旧制官终仕者为

---

①《元史·选举志》,83.2064。

十七人(11.26%)。六大家族可说是实质上的"世封之家"。

表十至表十五则显示各个家族仕宦的荣衰及代次间的变化。分而观之,六大家族之荣枯,相去甚为悬殊。刘氏、严氏、济南张氏无疑较为晦暗。自中统初年刘黑马卒后,刘氏仅有三、四两代三人曾登仕途。第三代的元振、元礼分别以旧制的摄万户、京兆路奥鲁万户起仕,而以成都副万户及延安路总管(皆从三品)终仕。刘纬则袭父元振职为万户,官至陕西行省参政①。总之,刘氏以世袭万户之职为主,而且局限四川、陕西一隅,从未能进入中朝。忽必烈以后,此一家族更是默默无闻,早无刘黑马膺任汉军万户之首时之声华。

东平严氏子弟的宦途亦不顺畅。二代以后,除三人以旧制官起仕,三人始任官职不详外,仅有二人分别以中、上品官起仕。终仕方面则有上品四人、中品二人、旧制官三人。中统削藩后,严实诸子中,忠范转任兵、刑二部尚书,1275年以工部侍郎为国信副使使宋,不幸被宋军所杀而以悲剧终其一生②。忠杰则任管军万户,继承父兄世职,但在1277年转任镇江路达鲁花赤,后官至浙东道宣慰使③。世袭万户一职由何人接任,已不可考。幼弟忠佑曾任温州路总管④。第三代中,现仅知忠济之子瑜官至归德府尹⑤。又有严度不知系何人之子,以宿卫入仕,官至甘肃行省左丞。另有代次不详的严蒙古不华(其汉名或字为子鲁),1355年以宜兴分帅抵御张士诚有功,升任江浙行省参政,后转左丞。严氏子孙虽较隐

---

①《元史·刘伯林传》,149.3518—3520。
②《蒙兀儿史记·严实传》,52.5a—b。
③《至顺镇江志》,15.5b。
④《乾隆浙江通志》,116.31a。
⑤《嘉靖归德府志》,4.27b。

晦,但至元季仍稍有余晖①。

济南张氏的情形与刘氏相似,未能为官中朝。自从李璮之乱张邦直被处死后,其弟邦宪官至济南路总管,邦允、邦昌官不过中品。第三代中,邦杰之子宏承袭祖业,官至新军万户、襄阳统军使;邦宪之子宓(又名蒙古歹,1279—1344),以质子入侍武宗潜邸,仁宗朝以知藤州入仕,官至山东宣慰使,是张荣后裔中官位最高者②。第四、五代中,宏之子元节、孙那怀(Noqai)先后承袭万户职,宓之子元里〔一名升和儿(Shingqor),过继于宏〕因宏姻戚吴王教命,得任吴王食邑建昌路达鲁花赤,后来不知所终。宓子元辅荫授奉元务提领,官至松江财赋司副提举,不过七品卑职。总之,济南张氏子孙中,官至上品者不过六人(42.86%)、中品者二人(14.29%)、下品者一人(7.14%),仅较刘氏、严氏略为显赫。而且张氏四、五两代活动时期已在元季,其持久力亦胜于刘、严二家族。

史氏、董氏、保定张氏则是较为显赫的三个家族。保定张氏在元朝前、中二期声势甚盛。第二代中,官至上品者三人,以旧制官终仕者一人,最后官职不详者二人。其中弘略官至河南行省参政,而弘范的成就最高。他于1278年受任蒙古汉军都元帅,领军二万,追讨宋帝昰、帝昺。明年在崖山消灭宋军,完成忽必烈统一中国的大业,可惜归朝后即病卒,未能在本职江东宣慰使外另加官爵,死后追封献武王。张氏一、二两代以战功卓著而受重用。忽必烈曾说:"此家父子相继,自太祖皇帝以来,定中原,取江南,汉人有劳于国者,是为最。张氏、史氏俱称'拔都'(bātur,即"英雄"),史

①王逢《梧溪集》,3.110,《梁溪行赠严子鲁参政》,3.125,《奉谢严子鲁左丞枉顾》,注云:"其祖武惠公,以山东五十四州归附。"同上,5.282,《寄李元直待制》。谢应芳《龟巢稿·严将军战马歌》(四库全书本),2.42b—43a。
②同页335注⑥;《潜研堂金石文跋尾》,20.17a—19a。

徒以筹议,不如张氏之百战立功也。"①此一记载可能淡化史氏之
武功,却反映张氏一、二两代战功之宏伟。第三代以后,张氏虽仍
世袭万户,却不以战功见称。第三代官至上品者一人、中品者一
人,最后官职不详者二人。其中弘略之子玠,以宿卫为南台御史,
最后官职不详。瑾,官至翰林待制。琰,曾任开化县尹。弘范的独
子珪(1264—1327)则是此一家族最后的重要人物,也是元朝中期
的重臣。早年因行省荐,以摄管军万户入仕,累任枢密副使、中书
平章、翰林学士承旨等职,封蔡国公,是仁宗(r. 1312—1320)朝中
儒臣抵抗蒙古保守派的重镇。张氏第四代现仍知名者六人,皆为
珪子,其中五人曾入仕,二人官至上品,二人官至中品。其中珪长
子景武承袭保定万户。但是,张氏在1328年的两都之战中遭到近
乎全族覆灭的命运。此年泰定帝(r. 1323—1328)殁后,武宗
(r. 1308—1311)子和世琜(Qoshila,即明宗,r. 1329)及图帖穆尔
(Tugh Temür,即文宗,r. 1329—1332)与泰定之子阿剌吉八(即天
顺帝,r. 1329)争夺皇位,因而发生了一次惨烈战争。图帖穆尔部
参知政事也先捏杀景武兄弟五人并强纳珪女为妻。后来御史奏请
平反,并未得到文宗(即图帖穆尔)之允准,张氏遂在元代中期以
后之频繁政争中遭到重大打击。虽然第五代中,仍有张昌承袭保
定管军上万户,张旭任监察御史。但是,张氏盛世已一去不复返。

若论任官者之众,以真定史氏居首(五十四人),董氏次之(五
十一人)。史氏功业在第二、三代达到巅峰。李璮乱后,史天泽仍
为忽必烈所倚重,先后膺任中书右、左丞相和枢密副使等要职,并
加开府仪同三司、平章军国重事的荣衔。死后更进封恒阳王。天
泽一生,"出入将相近五十年","柱石四朝",是元代汉臣中成就最

①《道园学古录·淮阳献武王庙堂之碑》,14.7a。

大、地位最高者①。在其荫护下,史氏第三代子弟仕宦甚盛。共有十一人官至上品,四人官至中品。天倪子楫、权,天安子枢、桓都官至上品。天泽八子,六人官至上品,二人累官中品,而以长子史格官职最高,官至湖广行省平章政事。天泽从兄天祥之子史彬、史槐也分别仕至上品及中品官。史氏第三代多以兵马立功,似乎缺乏天泽的政治才能,不能入居中枢,影响大政,以致第四代的政治地位与祖、父二辈相较便见逊色。第四代出仕者廿一人,其中官职不详者二人,官至中品者十三人,官至上品者仅六人。天倪长子楫有子八人出仕,其中七人官至中品,一人终仕官职不详,表现平平。次子权有子二人,皆出仕,官至上品。其中的史耀(1256—1305)过继于史格,得袭邓州旧军万户,官至大司农,是史氏第四代中官位最高者。天安诸孙中,史焕官至上品,史辉官至中品。天泽诸孙现仅有三人知名,其中史荣承袭邓州旧军万户,终仕官职不详。史炽,官至安陆知府,史照,官至齐河县尹。另有熹、煓、燮、燎、灿、修靖等六人皆为天倪、天泽孙辈,却不知出于何支,也分别官至从七品至正三品。

史氏第五代以下,现知曾任官职者为数不多。其中天倪曾孙、史耀之子史壦(1275—1340)官阶最高。壦以宿卫入官,以正三品之枢密院断事官起仕,而以江西行省左丞终仕,阶正二品。史烜之子元亨(1264—1317)亦自宿卫入官,为龙兴路同知,不过仕途并不顺畅,以饶州路同知终。史楫之孙名塔列赤者,曾任鄂州管军千户,却不知终于何官。另有史埙者,不知出于何支,曾任镇江路录事,后任后卫亲军都指挥使。由其任后卫亲军指挥使一事看来,可能为天安孙史焕之子,因而承袭父职。史氏第六代子孙中,现仅知史壦之子钧、鑑二人皆以六品官入仕,钧官至宜兴州知州,鑑不知

———————————
①《秋涧集·中书左丞相史公家传》,48.18b。

以何官终。

史氏后裔中,又有史景让、史均保二人,代次及所属支系均不可探知。景让曾任抚州尹,与名儒吴澄为友,吴澄卒于1333年,景让当为元代中期人。均保曾任任邱军民长官,此一军民长官当为至正末年的新制官,品级已不可知。又有史宪中、文质父子,曾分别任河南行省都事及户部郎中。据说二人出于史格之后仕于邓州而落籍该地者①,或为邓州旧军万户史荣之子孙。史文质于明初任富州吏目,其家落籍富州,称丰城史氏。文质之孙史安(1386—1427),永乐九年(1411)举进士,历官礼部仪制司郎中,而殁于1427年交趾之役②。其时上距史氏初兴已逾二百年矣。

董氏登仕人数略少于史氏,但其家族与汗廷关系之密切、官位之崇高,及仕宦之持久,较之史氏有过之而无不及。董氏六代之中,五十一人登仕,除董俊以旧制官终不计外,官至上品者廿六人(50.98%),官至中品者十五人(29.41%),官仅下品者不过二人(3.92%),另有七人终仕官品不详(13.73%)。董氏第二代九昆季,除文振、文义早逝外,皆曾出仕。以文炳、文用、文忠最为杰出,三人才能各异,贡献亦不相同。文炳为忽必烈最亲信之大将,在汉军国军化、平定阿里不哥与李璮之乱及征服南宋战争中皆有卓绝的功勋,官至中书左丞,不过二品,实不足反映其重要。文用为一儒士,历任御史中丞、翰林学士承旨(从一品),以直言敢谏、荐用儒士、力抗聚敛之臣著称。早在1257年,便受命为皇子那木罕(Nomoqan)、忽哥赤(Hügechi)授经,晚年更为皇孙铁穆耳(Temür)——即未来之成宗(r. 1295—1307)——之傅,因而与未来的皇帝建立师生关系。文忠则任符宝郎、典瑞卿(正三品),不

①杨士奇《东里全集》(四库全书)续集《丰城史氏谱序》,13.18b。
②《明史》,154.20;《东里全集》续集《史君墓表》,16.18a。

仅职司印鉴,而且照顾忽必烈之起居,以忠勤敬慎得上心,而忽必烈对之亦"亲犹家人"。这种宫廷近臣的职位使其子孙多得以"内供奉"的身份进入仕途。除此三人外,文蔚(?—1268)官至武卫军千户。文直(1225—1276)始终担任藁城令,为董氏看管根据地。文毅官至荆湖北道宣慰副使,文进则任顺德路判官。整体而言,文炳昆季仕至上品者不过三人、中品者四人,声势不若年龄相若之史氏第三代,但其与汗廷关系之亲密则为后者所不及,这种亲密关系,使其贵盛在第三、四两代达到巅峰。

董氏第三代子弟共有十人入仕,七人仕至上品(70%),二人官至中品(20%),一人官居下品(10%)。文炳三子,士元(?—1275)战殁,官不过侍卫亲军千户。士选(1253—1321)是董氏第三代中最杰出者,以侍卫亲军总管起仕,历宦四朝,官至陕西行省平章政事。虞集称他"出入进退,信如金石,无可疑者。天下公议,以为正人,有古大臣之节,无间然矣!"①而孙克宽教授也推崇他的方正敢谏、亲儒好士与汲引南方学者,对促成"延祐儒治"有不少贡献②。士选之弟士秀则官至前卫都指挥使。文用七子仅知三人曾入仕,其中士亨过继于文蔚,袭侍卫亲军副指挥使。士恒官至南康路总管,士廉官不过翰林编修,都未能大显。文直的独子士表(1245—1297),以战功晋身,官至洪泽屯田万户,为董氏增一世袭职位。文忠五子,三人入仕。长子士珍(1256—1314)、三子士恭(1278—1330)都官至上品。士珍为大儒许衡(1209—1281)弟子,由忽必烈太子真金东宫侍从出身,官至御史中丞,历仕四朝,是仁宗朝的重臣。士恭继承父业,由典瑞少监进身,亦官至西台御史中丞。

---

① 虞集《道园类稿·董忠宣公家庙碑》(元人文集珍本丛刊),37.30a—36a。
② 孙克宽《元代汉文化之活动》,页319—321。

董氏第四代仕宦最盛。共有廿一人登仕,其中官至上品者十二人(57.14%)、中品官五人(23.81%)、下品官一人(4.76%),另有三人官职不详(14.29%)。文炳诸孙中,士元之子守仁官至中书参政。士选有四子登仕籍。其中守恕(1277—1345)以承袭士选旧职右卫都指挥使入仕,后官至江西行省参政。守悫、守忠分别仕至官属上品的浙东廉访使及云南行省参政,而六子守思因得守恕一系让予嫡长承荫权,得以自溧阳州判官入仕,官至汉中道廉访佥事,不过正五品。文用诸孙中,士楷之子守缉、守缨分别以中下品终仕,大概由于士楷未曾任过重要官职。另有守敬、守绪、守纮、守约皆曾出仕,现仅知此四人为文用孙,不知父为何人。其中守敬、守绪皆以左都威卫副指挥入仕,不知承袭自何人。守纮、守约也都官至中品。文直之孙、士表之子守义(1270—1320)则继承乃父洪泽屯田万户的职务。文忠之孙入仕最众,共九人。士珍有六子登仕,守中(1273—1333)、守正、守庸、守简(1292—1346)等四人都官至上品,守恪、守逊官至中品。其中守庸于1323年任御史中丞时以阿附逆党铁失(Tegshi,?—1323)免官。后又起复,于顺帝朝官至江浙行省左丞[1]。可见亲臣世家之成员享有不少特权。此外士良有子守诚,官至河南行省参政,士恭子守让、守训分别官至东昌路总管与中书参知政事。

董氏第五代子孙共有十人登仕,而第六代则有二人。第五代子孙中,五人官至上品(50%),三人官至中品(30%),二人终仕官职不详。文炳曾孙中,仅知守恕有子三人为官。长子鉴以枢密院判官入仕,因病未能承袭其父原职右卫都指挥使,而由鉴子世臣承袭。守恕次子某、三子某同由宿卫入仕,分别任为某路总管府判官及中书照磨,其终仕官职皆不可知。文直曾孙中,现仅知守义长、

---

[1]《元史·泰定帝纪》,29.640。

次子曾出仕,长子钧由宿卫除典瑞院经历,后迁宣忠扈卫副都指挥使,遂让父爵于母弟,其弟钊乃得袭洪泽屯田万户。文忠曾孙中有五人登仕。四人为守中之子,其中董镨、董钥分别官至上品,而董铉、董镟也仕至中品。另有士珍孙董镐于1353年任浙西廉访使,不知系何人之子。士珍曾孙中又有渊臣曾任保定路治中。他和世臣是现知董氏第六代中仅有的两名登仕者。总而言之,董氏五、六两代虽然出了不少高官,不过现有记录的出仕人数已不如第四代,但是这并不一定反映事实。董氏第五、六代子孙已是元季人。第五代多卒于元亡之后,生前虽多位尊权重,死后却无碑传表扬,事实上现无第五代子弟碑传存世。第六代子弟元亡时仍为年轻后生,自然未能大显。因此,第五、六代入仕人数较少并不反映董氏之衰落。如将董氏、史氏略作比较,即可看出董氏尊显之持久性。就年龄及时代而言,董氏第四代相当于史氏第五代。董氏第四代("守"字辈)人物正盛,无论自出仕人数与终仕品级言之,史氏都无法比拟。

虞集《江西省参政董公神道碑》说:

> 国家祖宗,临治中原,豪杰率其民庶,奋忠勇,籍贡赋,以自归于天朝,大者数十家,战伐功多,以显著于当时者。至于世祖皇帝之朝,功成治定,列诸侯王,以表崇报,子孙以世家名,赫然并著于天下者,皇多有之。若夫忠诚淳古见信于朝廷,始终如一,百十年来,诸父昆弟,至于孙曾,为列圣信用,亲切不异国人,任使无间于台省,家法清严,孝友正直,则未有若藁城董氏者也[1]。

虞氏此文正确地描述了董氏在数十家汉人世侯中脱颖而出,享有

---

[1]《道园类稿》,43.1a—b。

汗廷信任，"亲切不异国人（蒙古人）"，历百余年而不衰。虞氏认为董氏之所以成功，在于"忠诚淳古""家法清严"。此一说法有相当程度的正确性。元末色目著名诗人迺贤（1309—？）的记载亦可为证，迺贤曾造访藁城董府，所著《河朔访古记》说：

> 余尝过其第中，见其冠盖蝉联，子弟皆清修好学，有承平公子之风。

可见董氏清淳家风至元末不变。

但是董氏之成功又和此家与忽必烈的渊源及其为元廷执行的功能有关。自忽必烈潜邸时代开始，董氏昆季即成为宫廷近臣。董氏子弟与皇室成员亲如家人，因而得到信任。其次，董氏弟子文武兼济，能为元朝皇室执行多方面的功能。一方面，作为一个汉军世家，自董俊、文炳以降便注重武艺，多立战功，因而保有数个侍卫亲军都指挥使的世袭职位。另一方面，董氏是各汉军世家中最为爱重儒学者，子弟多受业名儒，与儒素之家联姻。因而董氏子弟不仅多富于学问、长于吏治，而且与朝野儒者建有良好关系①，为蒙古朝廷与汉儒者间之桥梁。其作用甚为重要，故能长享富贵。

表十　刘氏仕进统计

| 代次 | 起　　仕 | | | | | |
	上品	中品	下品	旧制	不详	总计
Ⅰ	0	0	0	1(100.00%)	0	1(100.00%)
Ⅱ	0	0	0	1(100.00%)	0	1(100.00%)
Ⅲ	1(50.00%)	1(50.00%)	0	0	0	2(100.00%)
Ⅳ	1(100.00%)	0	0	0	0	1(100.00%)
总计	2(40.00%)	1(20.00%)	0	2(40.00%)	0	5(100.00%)

---

①孙克宽《元代汉文化之活动》，页315—321；参看页321注③引 Hung Chin-fu 及藤岛建树文。

	终 仕					
代次	上品	中品	下品	旧制	不详	总计
Ⅰ	0	0	0	1(100.00%)	0	1(100.0%)
Ⅱ	0	0	0	1(100.00%)	0	1(100.00%)
Ⅲ	2(100.00%)	0	0	0	0	2(100.00%)
Ⅳ	1(100.00%)	0	0	0	0	1(100.00%)
总计	3(60.00%)	0	0	2(40.00%)	0	5(100.00%)

表十一 真定史氏仕进统计

	起 仕					
代次	上品	中品	下品	旧制	不详	总计
Ⅰ	0	0	0	3(100.00%)	0	3(100.00%)
Ⅱ	0	0	0	4(80.00%)	1(20.00%)	5(100.00%)
Ⅲ	1(6.67%)	0	0	4(26.67%)	10(66.67%)	15(100.00%)
Ⅳ	1(4.76%)	3(14.29%)	1(4.76%)	0	16(76.11%)	21(100.00%)
Ⅴ	1(25.00%)	2(50.00%)	1(25.00%)	0	0	4(100.00%)
Ⅵ	0	2(100.00%)	0	0	0	2(100.00%)
?	0	0	0	0	4(100.00%)	4(100.00%)
总计	3(5.56%)	7(12.96%)	2(3.70%)	11(20.37%)	31(57.41%)	54(100.00%)
	终 仕					
Ⅰ	0	0	0	3(100.00%)	0	3(100.00%)
Ⅱ	1(20.00%)	0	0	4(80.00%)	0	5(100.00%)
Ⅲ	11(73.33%)	4(26.67%)	0	0	0	15(100.00%)
Ⅳ	6(28.57%)	13(61.90%)	0	0	2(9.52%)	21(100.00%)
Ⅴ	2(50.00%)	1(25.00%)	0	0	1(25.00%)	4(100.00%)
Ⅵ	0	1(50.00%)	0	0	1(50.00%)	2(100.00%)
?	0	2(50.00%)	1(25.00%)	0	1(25.00%)	4(100.00%)
总计	20(37.04%)	21(38.80%)	1(1.85%)	7(12.96%)	5(9.26%)	54(100.00%)

表十二 保定张氏仕进统计

	起 仕					
代次	上品	中品	下品	旧制	不详	总计
Ⅰ	0	0	0	1(100.00%)	0	1(100.00%)
Ⅱ	1(16.67%)	3(50.00%)	0	1(16.67%)	1(17.67%)	6(100.00%)

	起 仕					
代次	上品	中品	下品	旧制	不详	总计
Ⅲ	1(25.00%)	2(50.00%)	0	0	1(25.00%)	4(100.00%)
Ⅳ	1(20.00%)	3(60.00%)	0	0	1(20.00%)	5(100.00%)
Ⅴ	1(50.00%)	1(50.00%)	0	0	0	2(100.00%)
总计	4(22.22%)	9(50.00%)	0	2(11.11%)	3(16.67%)	18(100.00%)
	终 仕					
Ⅰ	1(100.00%)	0	0	0	0	1(100.00%)
Ⅱ	3(50.00%)	0	0	1(16.67%)	2(33.33%)	6(100.00%)
Ⅲ	1(25.00%)	1(25.00%)	0	0	2(50.00%)	4(100.00%)
Ⅳ	2(40.00%)	3(60.00%)	0	0	0	5(100.00%)
Ⅴ	0	0	0	0	2(100.00%)	2(100.00%)
总计	7(38.89%)	4(22.22%)	0	1(5.56%)	6(33.33%)	18(100.00%)

表十三　东平严氏仕进统计

	起 仕					
代次	上品	中品	下品	旧制	不详	总计
Ⅰ	0	0	0	1(100.00%)	0	1(100.00%)
Ⅱ	1(20.00%)	0	0	3(60.00%)	1(20.00%)	5(100.00%)
Ⅲ	0	1(50.00%)	0	0	1(50.00%)	2(100.00%)
?	0	0	0	0	1(100.00%)	1(100.00%)
总计	1(11.11%)	1(11.11%)	0	4(44.44%)	3(33.33%)	9(100.00%)
	终 仕					
Ⅰ	0	0	0	1(100.00%)	0	1(100.00%)
Ⅱ	2(40.00%)	1(20.00%)	0	2(40.00%)	0	5(100.00%)
Ⅲ	1(50.00%)	1(50.00%)	0	0	0	2(100.00%)
?	1(100.00%)	0	0	0	0	1(100.00%)
总计	4(44.44%)	2(22.22%)	0	3(33.33%)	0	9(100.00%)

表十四　济南张氏仕进统计

	起 仕					
代次	上品	中品	下品	旧制	不详	总计
Ⅰ	0	0	0	1(100.00%)	0	1(100.00%)
Ⅱ	0	0	0	2(28.57%)	5(71.43%)	7(100.00%)

代次	起 仕					
	上品	中品	下品	旧制	不详	总计
Ⅲ	0	1(33.33%)	0	1(50.00%)	0	2(100.00%)
Ⅳ	2(66.67%)	0	1(33.33%)	0	0	3(100.00%)
Ⅴ	1(100.00%)	0	0	0	0	1(100.00%)
总计	3(21.41%)	1(7.14%)	1(7.14%)	4(28.57%)	5(35.71%)	14(100.00%)
	终 仕					
Ⅰ	1(100.00%)	0	0	0	0	1(100.00%)
Ⅱ	2(28.57%)	2(28.50%)	0	3(42.86%)	0	7(100.00%)
Ⅲ	2(100.00%)	0	0	0	0	2(100.00%)
Ⅳ	1(33.33%)	0	1(33.33%)	0	1(33.33%)	3(100.00%)
Ⅴ	0	0	0	0	1(100.00%)	1(100.00%)
总计	6(42.86%)	2(14.29%)	1(7.14%)	3(21.43%)	2(14.29%)	14(100.00%)

表十五 藁城董氏仕进统计

代次	起 仕					
	上品	中品	下品	旧制	不详	总计
Ⅰ	0	0	0	1(100.00%)	0	1(100.00%)
Ⅱ	0	3(42.86%)	0	3(42.86%)	1(14.29%)	7(100.00%)
Ⅲ	2(20.00%)	7(70.00%)	1(10.00%)	0	0	10(100.00%)
Ⅳ	6(28.57%)	7(33.33%)	2(9.52%)	0	6(28.57%)	21(100.00%)
Ⅴ	2(20.00%)	6(60.00%)	1(10.00%)	0	1(10.00%)	10(100.00%)
Ⅵ	1(50.00%)	1(50.00%)	0	0	0	2(100.00%)
总计	11(21.57%)	24(47.06%)	4(7.84%)	4(7.84%)	8(16.57%)	51(100.00%)
	终 仕					
Ⅰ	0	0	0	1(100.00%)	0	1(100.00%)
Ⅱ	3(42.86%)	4(57.14%)	0	0	0	7(100.00%)
Ⅲ	7(70.00%)	2(20.00%)	1(10.00%)	0	0	10(100.00%)
Ⅳ	12(57.14%)	5(23.81%)	1(4.76%)	0	3(14.29%)	21(100.00%)
Ⅴ	5(50.00%)	3(30.00%)	0	0	2(20.00%)	10(100.00%)
Ⅵ	0	0	0	0	2(100.00%)	2(100.00%)
总计	27(52.94%)	14(27.45%)	2(3.92%)	1(1.96%)	7(13.73%)	51(100.00%)

表十六　天成刘氏仕进资料△

代次	人名	入仕方式	始任官职	终任官职	史源
I	刘伯林	降附	都提控*	西京留守兼兵马都元帅*	《元史》149.3515—3520；《蒙兀儿史记》51.1a—4a
II	黑马	承袭	副都元帅*	成都路军民经略使*	同上
III	元振	承袭	万户（3A）	成都路副万户（3B）	同上
III	元礼	门功	京兆奥鲁万户（5A）	延安路总管（3B）	同上
IV	纬	承袭	万户（3A）	陕西参政（2B）	同上

△以下各家资料表中，现尚知名，但无仕进纪录者皆未列入。

＊忽必烈改制以前，无法列其品级之官职。

表十七　真定史氏仕进资料

代次	人名	入仕方式	始任官职	终任官职	史源
I	史秉直	归降	行六部尚书事*	同左*	《永清文征》2.20b—23b
					《元史》147.3478—3479
	怀德	归降	统领黑军*	同左*	《元史》147.3486
	进道	归降	义州节度使行北京路兵马都元帅*	同左*	《永清文征》2.24a—28a
II	天瑞	不详	不详	枣强□□提提举*	《永清文征》2.18a
	天祥	归降	黑军都镇抚*	北京七路兵马都元帅*	《元史》14.3486—3489
	天倪	归降	千户*	河北西路兵马都元帅*	《元史》147.3478—3481
	天安	战功	行北京元帅府事*	权真定等路万户*	《元史》147.3483—3484；《畿辅通志》141.6337
	天泽	承袭	河北西路兵马都元帅*	中书左丞相、开府仪同三司（1A）	《元文类》58.1a—9a；《秋涧集》48.11a—21b；《元史》155.3657
III	彬	不详	不详	江东提刑按察使（3A）	《元史》147.3489
	槐	不详	不详	霸州御衣局人匠都达鲁花赤（5B）	《元史》147.3489

代次	人名	入仕方式	始任官职	终任官职	史源
Ⅲ	楫	门功	知中山府事*	真定路总管(3A)	《秋涧集》54.6b—11b；《元史》147.3481—3485
	权	承袭	万户*	河间路总管(3A)	《元史》147.3482—3483
	枢	门功	知中山府*	山东宣慰使(2B)	《元史》147.3483—3485；《秋涧集》65.6a—7b
	桓	不详	不详	镇江路达鲁花赤(3A)	《至顺镇江志》15.16a
	格	门功	卫州节度使*	湖广平章政事(1B)	《牧庵集》16.1a—9a；《元史》155.3663—3665
	樟	承袭	真定顺天新军万户(3A)	同左(3A)	《元文类》58.8a；《秋涧集》48.20b—21a
	棣	不详	不详	卫辉路总管(3A)	《元文类》58.8a；《秋涧集》48.20b—21a
	杠	不详	不详	湖广行省左丞(3A)	《元文类》58.8a；《秋涧集》48.21a；《秘书监志》9.5a
	杞	不详	不详	淮东道廉访使(3A)	《元文类》58.8a；*《秋涧集》48.21a
	梓	不详	不详	澧州路同知(4B)	《元文类》58.8a
	楷	不详	不详	南阳府同知(5B)	《元文类》58.8a
	彬	不详	不详	中书左丞(2A)	《元文类》58.8a
	椿	不详	不详	河中知府(4A)	《山右石刻丛编》26.12
Ⅳ	炫	不详	不详	常德府管军总管(4B?)	《秋涧集》54.10a
	辉	不详	不详	孟州知州(5A)	《秋涧集》54.10a
	燧	不详	不详	东昌府同知(5B)	《秋涧集》54.10a
	煊	不详	不详	潼关提举(6A)	《秋涧集》54.10a
	炀	不详	不详	岭南按察司佥事(5A)	《秋涧集》54.10a
	烁	承荫	善化县尹(7A)	不详	《巴西集》下，56b
	炖	不详	行省宣使(5B)	南台御史(7A)	《秋涧集》54.10a；《南台备要》6；《至正金陵新志》6.57a

代次	人名	入仕方式	始任官职	终任官职	史源
IV	烜	不详	不详	莱州知州(5A)	《山左金石志》21.37a；《雪楼集》7.1a—2b
	耀	行省荐	千户(4B)	大司农(2A)	《牧庵集》16.9a；《待制文集》10.18b
	烜	不详	不详	广德路总管(3A)	《巴西集》下,56b；《安徽金石略》10.6a
	焕	不详	不详	后卫都指挥司使(3A)	《元史》147.3485；《秋涧集》65.6b
	炫	不详	不详	常德府管军总管(4B?)	《秋涧集》54.10a
	辉	不详	不详	秘书少监(4B)	《元史》147.3485；《秘书监志》9.8a
	荣	承袭	邓州旧军万户(3A)	不详	《牧庵集》16.7b,8a
	炽	不详	不详	知安陆府(4A)	《牧庵集》22.8b
	照	不详	不详	齐河县尹(7A)	《吴文正集》35.13a
	熹	不详	不详	陕西廉访司金事(5A)	《吴文正集》35.13a；《至正金陵新志》6.52a
	煓	不详	不详	奉化州知州(5A)	《至正四明续志》2.10b,7.23a
	燮	不详	左藏库大使(6A)	岳州路总管(3A)	《牧庵集》15；《隆庆岳州府志》13.68
	燎	不详	不详	秘书监著作佐郎(6B)	《秘书监志》10.3b
	灿	不详	不详	镇江路总管(3A)	《至顺镇江志》15.8a
	修靖	不详	不详	某部尚书(3A)	《道园类稿》40.38b
V	塔里赤	不详	鄂州管军千户(4B)	不详	《秋涧集》54.10a
	壔	宿卫	枢密院断事官(3A)	江西行省左丞(2A)	《道园类稿》42.35b—41a
	元亨	宿卫	龙兴路同知(4B)	饶州路同知(4B)	《巴西集》下,55—58
	埙	不详	镇江路录事(8A)	后卫都指挥使(3A)	《元史》35.773《至顺镇江志》16.2b
VI	钧	不详	籍田署令(6B)	宜兴州知州(5A)	《待制文集》10.20b；《道园类稿》42.35b—41
	鑑	不详	兴国路判官(6A)	不详	《道园类稿》42.35b—41

代次	人名	入仕方式	始任官职	终任官职	史源
?	景让	不详	不详	抚州县尹(7A)	《吴文正集》14.13a,21.11a;《危太朴集》6.7a
?	均保	不详	不详	任邱军民长官(?)	《嘉靖河间府志》40.13
?	宪中	不详	不详	河南行省都事(7B)	《东里续集》13.17a—19
?	文质	不详	不详	户部郎中(5B)	《东里续集》13.17a—19

表十八　保定张氏仕进资料表

代次	人名	入仕方式	始任官职	终任官职	史源
I	张柔	降附	行元帅*	行工部事、蔡国公(1A)	《畿辅通志》168.6243;《遗山集》26.10b—20a
II	弘基	不详	不详	顺天宣权万户*	《纯常子枝语》37.10b
	弘略	门功	权顺天万户*	河南行省参政(2B)	《元史》147.3476
	弘彦	战功	新军总管(4B?)	侍卫军副指挥使(3B)	《纯常子枝语》37.10b
	弘规	门功	新旧军总管(4B?)	不详	《纯常子枝语》37.10b
	弘范	门功	御用局总管(5B)	江东宣慰使(3B)蒙古汉军都元帅*	《张淮阳集》卷首;《道园学古录》14.1a
	弘正	承袭	顺天宣权万户(3A)	不详	《纯常子枝语》37.10b
III	玠	宿卫	南台御史(7A)	不详	《至正金陵新志》6.37b;《元史》147.3478
	瑾	不详	不详	翰林待制(5A)	《永乐大典》3528.19b
	琰	不详	开化县尹(7A)	不详	《嘉靖衢州志》2.41a
	珪	推举	摄管军万户(3A)	翰林学士承旨(1B)	《道园学古录》18.6a
IV	景武	承袭	保定万户(3A)	保定万户(3A)	《道园学古录》18.6a
	景鲁	不详	翰林待制(5A)	礼部侍郎(4A)	《道园学古录》18.6a;《申斋文集》1.4b,4.20a
	景哲	不详	南台御史(5A)	浙东海右道廉访佥事(5A)	《至正金陵新志》6.57b
	景元	宿卫	秘书少监(4B)	河南江北道廉访使(3A)	《学古录》18.13b;《秘书监志》9.10a
	景诚	不详	不详	内正司丞(5B)	《学古录》18.13b
V	旭	宿卫	监察御史(7A)	不详	《学古录》18.13b;《可闲老人集》3.47b
	昌	承袭	保定管军上万户(3A)	不详	《学古录》18.13b

代次	人名	入仕方式	始任官职	终任官职	史源
I	严实	投降	东平行尚书省事*	东平行军万户*	《遗山集》26.1a；《元史》148.3505
	忠济	承袭	东平行军万户管民长官*	同左	《元史》148.3507；《秋涧集》67.81
	忠嗣	门功	东平人匠总管*	东平管军万户*	《元史》148.3508；《遗山集》10.13a,17b
	忠范	承袭	东平行军万户管民长官*	工部侍郎(4B)	《秋涧集》67.4a,81.13a；《平宋录》上.9b；《柳待制文集》8.22a；《蒙兀儿史记》52.5a
	忠杰	承袭	管军万户(3A)	浙东道宣慰使(2B)	《至顺镇江志》15.5b
	忠佑	不详	不详	温州路总管(3A)	《乾隆浙江通志》116.3a
III	瑜	不详	不详	归德府尹(4A)	《嘉靖归德府志》4.27b
	度	宿卫	州同知(6A)	甘肃行省左丞(2A)	《柳待制集》8.5a—b
	蒙古不华	不详	不详	右丞(2A)	《梧溪集》3.110,125

表二十　济南张氏仕进资料

代次	人名	入仕方式	始任官职	终任官职	史源
I	张荣	归降	山东行尚书省兼兵马元帅*	济南公	《元史》150.3557；《雪楼集》16.3a—5b；《秋涧集》82.6a,11b
II	邦杰	承袭	山东行尚书省兼兵马元帅*	同左*	《雪楼集》16.4a；《元文类》50.14b
	邦直	不详	不详	邳州行军万户(3A)	《雪楼集》16.4a；《元史》150.3559
	邦彦	不详	不详	权济南行省事*	《雪楼集》16.4a；《元史》150.3559
	邦允	不详	盘阳军节度使*	知淄州事(5A)	《雪楼集》16.4a；《元史》150.3559

代次	人名	入仕方式	始任官职	终任官职	史源
II	邦昌	不详	不详	奥鲁总管(5B?)	《雪楼集》16.4a;《元史》150.3559
	邦孚	不详	不详	大都督府郎中*	《雪楼集》16.4a;《元史》150.3559
	邦宪	不详	不详	淮南路总管(3A)	《山左金石志》24.34a
III	宏	承袭	山东行省兼兵马元帅*	新军万户襄阳统军使(?)	《元文类》50.14a—21a
	宓	质子宿卫	知滕州(4B)	山东东西道宣慰使(2B)	《山左金石志》24.32b—36b
IV	元节	承袭	万户(3A)	征西万户(3A)	《元文类》50.19b
	元里	推举	建昌路达鲁花赤(3A)	不详	《元文类》50.19b;《雪楼集》16.4a
	元辅	承荫	奉元路务提领(8B)	松江财赋司副提举(7B)	《万历绍兴府志》24.14b;《山左金石志》24.35b
V	那怀	承袭	征西万户(3A)	不详	《元文类》50.19b

表二十一 藁城董氏仕进资料

代次	人名	入仕方式	始任官职	终任官职	史源
I	董俊	归降	知中山府*	龙虎上将军行府事*	《国朝文类》70.1a—3b;《畿辅通志》171.6358
II	文炳	门功	藁城令*	中书左丞(2A)	《元文类》70.1a—16a;《嘉靖藁城县志》8.21a,9.1a
	文蔚	门功	藁城行军千户*	武卫千户(5A)	《元史》148.3593—3895
	文用	潜邸宿卫	左右司郎中(5A)	翰林学士承旨(1B)	《道园学古录》20.7a;《吴文正集》67.1a
	文直	潜邸宿卫	藁城令*	同左(7A)	《国朝文类》65.23a—26
	文毅	不详	邓州行军千户(4B)	荆湖北道宣慰副使(4A)	《常山贞石志》21,11a—11b

代次	人名	入仕方式	始任官职	终任官职	史源
II	文进	不详	不详	顺德路判官(6A)	《国朝文类》70.4a
	文忠	潜邸宿卫	符宝郎(6A)	典瑞卿(3A)	《牧庵集》15.19a
III	士元	内供奉	侍卫亲军千户(5A)	同左(5A)	《国朝文类》70.4a；《常山贞石志》18.14a—b
	士选	战功	管军总管(4B)	陕西行省平章(1B)	《吴文正集》31.18a—25a；《道园类稿》37.31a—36a
	士秀	裕宗东宫宿卫	前卫都指挥使(3A)	同左(3A)	《国朝文类》70.16a
	士亨	承袭	侍卫军指挥副使(3B)	同左(3B)	《畿辅通志》171.6361
	士恒	特旨授	真定路判官(6A)	南康路总管(3A)	同上
	士廉	不详	国子助教(8A)	翰林编修(8A)	同上
	士表	战功	邓州新军千户(4B)	洪泽屯田万户(3A)	《常山贞石志》23.12b
	士珍	侍裕宗潜邸	枢密院参议(5A)	御史中丞(2A)	《常山贞石志》23.1a—7b
	士良	宿卫	曲阳县尹(7A)	知开州(4A)	《滋溪文稿》12.10b
	士恭	宿卫特授	典瑞少监(4A)	西台御史中丞(3B)	《金华文集》26.1a—4a
IV	守仁	宿卫	金右卫部指挥使(4A)	中书参政(2B)	《秋涧集》51.11a；《畿辅通志》146.5663
	守恕	承袭(宿卫)	右卫都指挥使(3A)	江西行省参政(2B)	《道园类稿》43.1a—12a
	守悫	不详	侍正府判官(4A)	浙东廉访使(3A)	《元史》156.3679；《常山贞石志》24.65a—b
	守忠	不详	太常礼仪院判官(5A)	云南参知政事(2B)	《吴文正集》32.23b；《元史》156.3679

代次	人名	入仕方式	始任官职	终任官职	史源
IV	守思	承荫	溧阳州判官(7B)	汉中廉访金事(5A)	《至正金陵新志》6.80a;《江苏金石志》24.20b;《道园类稿》43.4b—5a
	守绲	不详	不详	太常礼仪院太祝(8B)	《元史》190.4339
	守缨	不详	不详	晋州知州(5A)	《至正金陵新志》6.16a
	守敬	承袭	左都卫副指挥使(3B)	不详	《静轩集》5.41b;《秋涧集》40.9b
	守绪	承袭	左都卫副指挥使(3B)	不详	《静轩集》5.41b
	守纮	不详	真定路治中(5A)	不详	《嘉靖藁城县志》6.15a
	守约	不详	亳州知州(5A)	归德知府(4A)	《嘉靖藁城县志》6.14b
	守义	承袭	洪泽屯田万户(5A)	同左(3A)	《常山贞石志》23.17b—22b
	守中	太学内供奉	尚服院(不详)	江南湖北廉访使(3A)	《揭傒斯全集》7.385—388
	守正	不详	不详	枢密副使(2B)	《常山贞石志》23.5b
	守庸	不详	御史中丞(3B)	江浙行省左丞(2A)	《常山贞石志》22.26—27a,23.5b
	守恪	不详	不详	礼部郎中(5B)	《常山贞石志》23.6a
	守逊	不详	不详	颍州知州(5A)	《常山贞石志》23.6a
	守简	宿卫	典瑞院金事(3B)	御史中丞(2A)	《常山贞石志》23.22b;《金华文集》26.4a—9b;《滋溪文稿》12.11a—16b
	守诚	不详	武邑县主簿(9A)	河南行省参政(2B)	《滋溪文稿》12.10b;《嘉靖藁城县志》6.15a
	守让	不详	南台御史(7A)	东昌路总管(3A)	《金华文集》26.3b;《至正金陵新志》6.63b
	守训	不详	工部司程(7A)	中书参政(2B)	《金华文集》26.3b;《元史》113.2863

代次	人名	入仕方式	始任官职	终任官职	史源
V	鉴	不详	枢密院判官(5A)	枢密院判官(5A)	《道园类稿》43.6b,11a
	(守恕次子)	宿卫	某路总管府判官(6A)	不详	《道园类稿》43.6b,11a
	(守恕三子)	宿卫	中书照磨(8A)	不详	《道园类稿》43.6b,11a
	钧	宿卫	典瑞院经历(5B)	宣忠扈卫副指挥使(3A)	《常山贞石志》23.21a
	钊	承袭	洪泽屯田万户(3A)	同左(3A)	《常山贞石志》23.21a
	锞	宿卫	不详	不详	《常山贞石志》23.21a
	锗	不详	武备库使(5B)	甘肃参知政事(5B)	《揭傒斯全集》7.387;《常山贞石志》23.6a
	铉	不详	章佩监异珍库使(5B)	秘书少监(4A)	《常山贞石志》23.6a;《嘉靖藁城县志》6.15a
	钥	不详	监察御史(7A)	广东廉访使(3A)	《常山贞石志》23.6a;《元史》46.956
	镱	宿卫	不详	宣徽院判官(5A)	《常山贞石志》23.6a;《嘉靖藁城县志》6.15a
	镐	不详	宣徽院判官(5A)	浙西廉访副使(4A)	《常山贞石志》23.6a;《万历杭州府志》9.51b
	钺	内供奉	早逝不及仕	同左	《常山贞石志》23.6a
	镆	内供奉	不详	不详	《常山贞石志》23.6a
	镣	内供奉	不详	不详	《常山贞石志》23.6a
VI	世臣	承袭	前卫指挥使(3A)	不详	《道园类稿》43.6b,11a
	辅臣	内供奉	不详	不详	《常山贞石志》23.6b
	渊臣	不详	保定路治中(5A)	不详	《嘉靖藁城县志》6.15a

四、婚姻

在门第社会中,婚姻是家族政治社会地位的一个指标,也是增益其政治社会地位的工具。地位如有改变,婚姻的策略与择婚的对象都会随之改变。汉军世家的地位前后不同,其婚姻关系自然也有所歧异。大蒙古国时代,各汉军世家都局居一隅,而且在其领域内,居于主宰地位,故各世家主要以僚属为择婚对象,借以巩固其势力,间亦与邻近世侯家族联姻,以增长声势并树立奥援。此一模式可称之为"世侯型婚姻",地域色彩浓厚为其主要特征。忽必烈废侯置守后,各家族成员已成为中央集权官僚组织之一部分,政治社会网络较前大为辽阔,政治上所需之奥援与前此也大不相同。因此,择婚对象不再局限一隅,也不再限于其部属,而是以上司或同僚为择婚对象。这一类型的婚姻可称之为"官僚型婚姻"。

大蒙古国时代,六大家族地位大体相同,婚姻模式自应相似。忽必烈废侯置守后,各家族对新体制调适成败有相当程度的差异,婚姻关系因而各不相同。兹考述各家族婚姻关系如次:

(一)天成刘氏

有关刘氏婚姻的记载最少,仅存一例,即黑马之孙、元振之子纬纳畏兀儿族儒臣廉希宪(1231—1280)之女为妻。希宪为忽必烈的潜邸旧侣、中朝大臣,曾任中书平章等重职,并两度供职秦、蜀,一次是在1254年,任京兆安抚使,为忽必烈治理京兆(西安)分地。另一次则是在1260年受命为京兆四川宣抚使,又任秦蜀行省左丞、平章,与黑马合力剿平阿里不哥之支持者,曾奏荐元振为成都经略总管万户①。希宪之许配其女于刘纬当在此时期。因此,刘氏得与希宪联姻乃因后者为秦蜀同僚,而非因其为中朝大员。

表二十二　刘氏婚姻资料

娶 入				
代次	夫名	妻名	岳父名	官职	史源
IV	刘纬	廉氏	廉希宪	秦蜀行省平章	《清河集》5.54b

（二）东平严氏

东平严氏现存婚姻资料亦少,且限于早期。婚姻对象背景可考的三例都反映了严氏婚姻对象限于东平本地。严实七女,现仅知二婿,一为张晋亨(？—1276),一为齐荣显(？—1270),二人都是实部千户,亦为其得力干部。严实次子忠济则为孔元措(1182—1252?)之女婿。孔元措为孔子后裔,金季袭封衍圣公,蒙古陷汴,元措东返。其时曲阜隶东平,元措东返后端赖严实荫护,故元措以己女妻忠济以报德。严、孔联姻反映严氏对儒教之维护,但对严氏政治、社会地位亦有所增益。

表二十三　东平严氏婚姻资料

娶 入				
代次	夫名	妻名	岳父名	官职	史源
I	严实	杜氏	不详	不详	《遗山集》26.2b
II	忠济	孔氏	孔元措	衍圣公	《遗山集》31.12a

嫁 出				
代次	女名	父名	夫名	官职	史源
II	不详	严实	齐荣显	千户	《元史》152.3601;《蒙兀儿史记》52.7a
	不详	严实	张晋亨	武安军节度使、千户	《元史》152.3589

---

①《国朝文类·廉文正公神道碑》,65.1a—16b;《元史·刘伯林传》,149.3518。

(三)济南张氏

济南张氏的婚姻对象限于济南僚属及与济南有关的蒙古宗王及高官。以僚属为婚姻对象的例子有(a)张邦直妻为济南路参议段徽(? —1256)女。(b)张宏第三妻为姜氏,此一姜氏可能为张荣幕僚莱阳姜椿之女。椿子彧(1218—1293),先事荣为参议,复事宏,官至燕南按察使[1],张宏之婿姜从吉即彧子,两代联姻,大有可能。(c)邦彦之女婿王忱(1238—1287),济南人,父廷为济南元帅府知事。忱在张宏幕府,提领青州,后为河间临邑主簿。刘敏中撰《济南王氏先德碑》云忱"先配夫人张氏,济南权府女也"[2],当为邦彦女。此外,张氏第四代元辅之妻刘氏,为安定(河北蔚县)故家知州刘仲谦之女,仲谦可能亦为张氏僚属。

与蒙古投下主联姻是张氏一大特色。由于成吉思汗季弟合赤温子按只吉歹一系宗王为济南路之投下主,张荣后裔乃与此系宗王结联姻娅。荣长子邦杰,初以质子侍从王藩,娶阿可亦真氏,而生张宏于兀鲁回河(Ulqui,今锡林郭勒盟乌拉根郭勒),此一"王藩"当指按只吉歹,而阿可亦真或为该系王女。宏长女也速贵嫁与诸王忽剌忽儿(Qulaqur),三女则为金刚奴王妃。忽剌忽儿,按只吉歹子,拥立忽必烈有功[3],《元史》作忽列虎儿[4],金刚奴当亦系按只吉歹系后王。按张宏生于1229年,其二女之嫁于宗王当在忽必烈废侯置守之后。张氏已失去对济南之统治权,婚姻之形成或

---

① 《松雪斋文集·提刑按察使姜公墓志铭》,8.9b。

② 《中庵集》,17.1a—6a。

③ Rashid al-Din, *The Successors of Genghis Khan* (trans. by John A. Boyle, New York,1971),pp. 256、262、264.

④ 《元史·宗室世系表》,107.2711。关于此家之世系,参看 L. Hambis, *Le chapitre cvii du Yuan che* (Leiden,1945),pp. 329-334。

是由于家庭间的传统关系①。这一婚姻关系对张氏子弟的影响可说利害兼具。一方面，也速贵之兄弟元里（升和儿）即因"被吴王教"而得任建昌路达鲁花赤，吴王即按只吉歹孙朵列纳（＊Dörene）或其子泼皮。元里即系因姻戚而得任命。另一方面，1287年斡赤斤那颜后裔乃颜（Nayan）反，哈赤温系亦牵涉其中，金刚奴即为其一。据说宏女也速贵"以祸福顺逆，反复开喻，不听，故及于祸，始逮赴诏狱"，后因忽必烈念也速贵"是济南张相子"，才得释出②。与按只吉歹家的婚缘，可能为张氏的仕进增添了一层阴影。

张荣后裔又两度与济南路有关的蒙古官员结联姻娅。邦宪子宓之妻迈里吉真（Merkitjin），蒙古人，济南路达鲁花赤曲列尔（Qūril）之孙、监十路总管阔阔台（Köködei）之女。其子元辅娶也速伦（Yesülen），为彰德顽间中丞孙女。此一顽间，当即纳林完间，蒙古燕只吉台（Eljigedei）氏，其家世袭彰德路达鲁花赤，而完间本人则于至元末年官至山东东西道廉访使③，张氏与其家婚缘当系缔结于此时。

除上述几类婚缘外，张氏与其他汉军家族缔姻者有一例。张宏之四女嫁与洪泽屯田千户梁绍祖。绍祖为大名万户王珍部千户梁桢（1227—1297）之子④，此一婚姻何以形成，已不可知晓。

总之，济南张氏未能摆脱济南的区域色彩。忽必烈废侯置守前，此一家族系以蒙古投下主及属僚为婚姻对象。其后，张氏虽已

①张氏与按只吉歹家之婚姻关系，下列二文亦曾论及：海老泽哲雄《モンゴル帝國の東方三王家に關する諸問題》，《埼玉大學紀要》第21卷（1972），页31—46；洪金富《元代汉人与非汉人通婚问题初探》（二），页11—61。

②《国朝文类·济南路大都督张公行状》，50.19a。

③萧启庆《元代蒙古人汉学再探》，《国史释论·陶希圣先生九秩荣庆祝寿论文集》（台北，1988），下，页549—565。

④张宏一女嫁梁绍祖，据《国朝文类》，50.19a。但袁桷撰《梁桢神道碑》云，绍祖所娶为"天水郡侯秦稳女"（《清容居士集》，26.3a），宏女或为继室。

失去对济南路之统治权,但其家之婚缘,仍是沿袭过去之关系,而未能开拓婚源,与中枢官僚家庭结为姻娅,反映此一家族在政治上的局限。此外,因与蒙古官贵频频联姻,张荣子孙颇为蒙古化,洪金富曾论及之,下再赘言。

表二十四　济南张氏婚姻资料

娶　入				
代次	夫名	妻名	岳父名	官职	史源
I	张荣	宋氏	不详	不详	《山左金石志》24.33b；《揭文安集》6.2a
	张荣	沈氏	不详	不详	《山左金石志》24.34a
II	张邦杰	阿可亦真	不详	宗王	《元文类》50.15a
	张邦直	段氏	段徽	济南路参议	《山左金石志》21.7b—8a
	张邦宪	马氏	不详	不详	《山左金石志》24.34a
	张邦宪	王氏	不详	不详	《山左金石志》23.34a
III	张宏	某氏	不详	不详	《元文类》50.19a
	张宏	赵氏	不详	不详	《元文类》50.19a
	张宏	姜氏	姜椿(？)	张荣幕僚	《元文类》50.19a；《松雪斋集》8.9b
	张宓	迈里吉真	阔阔台	监十路总管	《山左金石志》24.35a—b
IV	张元辅	也速伦	顽间	中丞	《山左金石志》24.35a—b
	张元辅	刘氏	刘仲谦	知州	《山左金石志》24.35a—b

嫁　出				
代次	女名	父名	夫名	官职	史源
III	不详	张邦彦	王忱	河间临邑主簿	《中庵集》17.3b
IV	也速贵	张宏	忽剌忽儿	宗王	《元文类》50.19a
	不详	张宏	姜从吉	不详	《元文类》50.19a；《松雪斋集》8.4b
	不详	张宏	金刚奴	宗王	《元文类》50.19a
	不详	张宏	梁绍祖	洪泽屯田千户	《元文类》50.19a；《清容居士集》26.1a

（四）保定张氏

保定张氏第一、二代系以张柔僚属为主要婚姻对象。张柔五妻中，次妻靖氏可能为靖安民（？—1220）之女，安民与柔为金末义军同僚，曾任中部西路经略使、易水公，张柔与之结为姻戚，殊为自然。柔之三妻毛氏（1198—1259）系金大名潞州录事毛某（字伯朋）（1166—1215）之女。毛氏为临清人，宋、金科第世家，伯朋为金明昌名臣王翛然之婿，并与大儒元好问（1190—1257）妻毛氏有同谱之谊。1215年，金北京陷落后，毛氏归张柔，因其知书识礼，"沉郁有策略"，遂成为柔之得力内助。其姊则嫁与柔部千户乔惟中①。柔与毛氏育有二女，长适惟中子顺天路人匠总管乔琚，据郝经说，此女"幽闲执礼，有母氏之风，赋诗弹琴，窈窕物外人"，元好问号之为"静华君"②。柔次女名文婉（1225—1284），嫁与郭彦成之子弘敬（？—1253）。彦成易州定兴人，与柔同邑，并为柔之姐夫，深得柔之信任，尝摄行帅府事，而弘敬"性警敏，美姿容，读书善射"，柔器重之，故妻之以女，而任之为易州太守③。张氏与乔、郭二氏都有两代姻缘。张柔之另一女婿石某及弘范妻赵氏亦皆为张柔部将之子女。1240年张柔攻宋寿州，百户赵明、石文阵亡。柔哭之曰："后当为婚姻，不负汝也。"乃命弘范妻赵明女，而以己女适石氏子④。可见柔以婚姻为巩固其部众之工具。

张氏及其部众为一紧密之婚姻集团，亦可自乔惟中及何伯祥

---

①关于保定张氏早期之婚姻关系，参看续琨《元遗山研究》（台北，1974），页98—99及页321注③引野泽佳美《张柔军团》一文。

②《陵川集·公夫人毛氏墓铭》，35.29b；《遗山集》，29.11a；《静修集》，9.15b—17a《郭夫人张氏墓志铭》、11.7a—8a《静华君张氏墨竹诗序》。

③《静修集·易州太守郭君墓铭》，9.13a—15a。

④《纯常子枝语》，37.9b。

（1203—1259）二家婚姻关系看出。惟中长、次二女皆适千户贾某，此一"千户贾某"，当为贾辅（1192—1254）之子贾文备（? —1304）或贾文谦①。贾辅隶柔部为千户，"有处剧弭繁之智"，经常为张柔留守，是张柔集团的要员②。而何伯祥则为柔麾下勇将，易州涞水人，官千户、易州等处军民总管，其"夫人郭氏，万户张公之甥也"，当为郭彦成之女③。可见张柔与部属不仅多同乡里，而且婚娅相联。

张氏第三、四两代现存婚姻资料不多。但是，张氏婚姻关系显已摆脱地域色彩。弘略子张瑾娶严实旧部东平千户朱楫孙女、管军总管朱克正之女，弘略与克正皆曾参与伐宋及平定江南，当为军中僚属，因此而联姻④。张珪有五女，长、三两女皆适藁城董士选之子董守悫，守悫为太常礼仪院判官，后官至浙东廉访使。次女嫁与秘书监丞赵伯忽，五女嫁与保定翼上千户忽都帖木儿。天历之乱时，知枢密院事也先捏迫娶珪女，当为第四女，原未婚者。在此五个婚例中，长、二、三三女的婚姻对象都是中朝官员。第五女婿虽为张氏世统万户中之军官，但依其名字看，应为蒙古人，已非旧日张柔集团成员之后裔。至于四女婿也先捏虽为中朝大员，但出于迫婚，而非出之于张氏之自由选择，可以不计。

表二十五　保定张氏婚姻资料

		娶　　入			
代次	夫名	妻名	岳父名	官职	史源
I	张柔	李氏	不详	不详	《畿辅通志》168.6244

---

① 《遗山集》，29.11a，《千户乔公神道碑铭》；野泽佳美《张柔军团》，页13。
② 《陵川集·祁阳贾侯神道碑铭》，35.19b—27b。
③ 《陵川集·军民总管何侯神道碑铭》，35.35a。
④ 《秋涧集·长清县朱氏世系碑铭》，52.14a。

娶　　入				
代次	夫名	妻名	岳父名	官职	史源

代次	夫名	妻名	岳父名	官职	史源
I	张柔	靖氏	靖安民（?）	（金）中都西路经略使	《畿辅通志》168.6244；《金史》118.13a
	张柔	毛氏（1198—1259）	毛伯朋	（金）大名潞州录事	《畿辅通志》168.6244；《遗山集》28.18a；《陵川集》35.21a
	张柔	马氏	不详	不详	《畿辅通志》168.6244
	张柔	赵氏	不详	不详	《牧庵集》1.16b
II	弘范	赵氏	赵明	百户	《张淮阳集》卷首；《牧庵集》1.18a
III	瑾	朱氏	朱克正	管军总管	《秋涧集》52.14a
	珪	孙氏	不详	不详	《道园学古录》18.13b

嫁　　出				
代次	女名	父名	夫名	官职	史源

代次	女名	父名	夫名	官职	史源
II	不详	张柔	乔琚	顺天路人匠总管椎州新城长官	《畿辅通志》168.6244；《遗山集》29.11a；《陵川集》35.29b
	张文婉	张柔	郭弘敬	易州太守	《畿辅通志》168.6244；《静修集》17.7b
	不详	张柔	石某	不详	《纯常子枝语》37.9b
IV	不详	张珪	董守悫	太常礼仪院判官	《道园学古录》18.13b
	不详	张珪	赵伯忽	秘书监丞	《道园学古录》18.13b
	不详	张珪	董守悫	太常礼仪院判官	《道园学古录》18.13b
	不详	张珪	也先捏	知枢密院	《元史》32.16b,18a；《道园类稿》43.7a—b
	不详	张珪	忽都帖木儿	保定翼上千户	《道园学古录》18.13b

（五）藁城董氏

藁城董氏第一、二代的婚姻，亦具有甚大区域色彩，几乎全以藁城附近的汉军家族及藁城僚属为对象。最为密切的是藁城王善（1183—1243）一门。善与董氏同里，累任右副元帅等职①，与董俊同为活跃于藁城、中山一带的汉人小世侯。故需相互结纳。董俊之第二妻即王善之妹，而董文炳、文蔚妻皆善女，故董、王二氏亦系两代交亲（王善最喜以婚姻结交其他汉军世家，有十一女，其女婿包括邸澄、赵椿龄、史权、贾文谦等，都是河北重要汉军世家子）②。文用二妻，一名王茶哥，为王义（1181—1249）女，另一为周惠女。王义，宁晋人，亦为河北中部汉军将领。周惠，隰州人，蒙哥汗时授江淮都转运使③，不知与董氏有何渊源。文直妻杨氏则为藁城丞杨沂之女。

第三代起，董氏婚姻对象系以中朝大臣、侍卫亲军将领及名士硕儒子女为主。与中朝大臣之家联姻例子不少：董士恭娶忽必烈朝名臣、中书左丞张文谦（1217—1283）女；而文谦子御史中丞张晏又娶文忠次女——即士恭之姐妹——为妻。士选之子守恕娶御史中丞张士谦之女，文忠之子守中妻为翰林承旨王鹗（1190—1273）孙女、翰林直学士王之纲之女，守正妻为上都留守贺仁杰（1234—1307）之女。董氏又曾与保定张氏及真定史氏联姻。如前文所说，张珪二女嫁与董士选之子守悫。而董文忠长女嫁与史天祥长子中书左丞史彬，董士珍长女则嫁与史天泽之孙兴国路总管史燮。董

①《元史·王善传》，151. 3572。
②沈涛《常山贞石志·知中山府事王公神道碑》（《石刻史料丛书》甲编），15. 35b—36a。
③王义，见《紫山集·行深冀二州元帅府事王公行状》，18. 35a—41b。周惠事见《秋涧集·都转运使周府君祠堂碑铭》，54. 11b。

氏与各侍卫军都指挥使联姻的例子有董士恭女适武卫指挥使郑某、董士珍孙女适右卫指挥使塔海帖木儿（Taqai Temür）、董守义女适武卫指挥使王善果。其他汉军世家与董氏联姻的存例则有董士珍孙女嫁平阳翼万户郑君用、董守义娶元帅赵炜女、董守惠娶真定路判官赵宽（？—1338）女。郑君用，当为泽州阳城人郑鼎（1215—1277）之后，其家世袭平阳太原万户①。赵炜家世不详，或亦出于汉军世家。赵宽，云中蔚州人，深、冀元帅赵瑨（1202—1284）之孙，官至真定路判官。不过这些汉军世家原非真定、藁城系统，而且其后裔服官中朝或四方，已成为中央化官僚制的一部分。董氏后裔与彼等联姻，与世侯家族相互联姻，性质已大不相同。

　　与儒者家庭频频联姻是董氏一大特色。除去上述的王鹗、张文谦等官高位隆的儒者外，董氏又曾与几个官职卑微的儒士联姻。董氏与汴梁名儒侍其轴一家有密切的姻娅关系，《藁城董氏家传》说："侍其提学家子孙与之婚姻至今。"②汴梁陷后，董俊即礼聘侍其轴归教其诸子，文炳、文用昆季皆系受侍其所教育。侍其轴又曾提举真定八州学校，在真定一带颇受崇敬。文炳长子士元之妻即侍其轴之女淑媛（1233—1293）③，而董文用之一孙女则嫁与侍其正，侍其正当为轴孙。董氏又与真定地区另一名儒乌冲（1264—1315）及南儒陈孚（1259—1309）皆结有婚缘。乌冲为大宁川州人，河南按察使乌褆之子，大儒刘因（1249—1293）弟子，"于经史无不通"，却高蹈深隐，终身未仕，其女适士珍子守简。陈孚为台州宁海人，翰林编修，其女长妫嫁与文用之子士楷，而其孙女，即江浙

①《元史·郑鼎传》，154.3634—3638。
②《国朝文类·藁城董氏家传》，70.14b。
③《秋涧集·千户董侯夫人碑铭》，52.9b—12a。

行省员外郎陈遘(1296—1344)女复嫁与士楷之子守缉。故陈氏与侍其氏相同，皆曾与董氏二度联姻。董氏与儒者联姻频频反映出董氏热心于儒教。在汉军世家中，董氏素以家法严谨见称。这种严谨家风之形成或与联姻儒者有所关联。董氏之儒家化与济南张氏之蒙古化成一鲜明之对照。

表二十六　藁城董氏婚姻资料

代次	娶 入				
	夫名	妻名	岳父名	官职	史源
I	董俊	李氏	不详	不详	《畿辅通志》171.6357
	董俊	王氏	王善(兄)	右副都元帅知中山府事	《畿辅通志》171.6357；《常山贞石志》18.22b
	董俊	张氏	不详	不详	《畿辅通志》171.6357；《常山贞石志》18.22b
	董俊	王氏	不详	不详	《畿辅通志》171.6357；《常山贞石志》18.22b
	董俊	杜氏	不详	不详	《畿辅通志》171.6357；《常山贞石志》18.22b
II	董文炳	王氏	王善	右副都元帅知中山府事	《常山贞石志》15.36a
	文蔚	王氏	王善	右副都元帅知中山府事	《常山贞石志》15.36a
	文用	王茶哥	王义	武安军节度使	《吴文正集》34.6a；《紫山集》18.40b
	文用	周氏	周惠	江淮转运使	《吴文正集》3.6a；《秋涧集》54.11b
	文直	杨氏	杨沂	藁城丞	《国朝文类》65.23a—26a
	文忠	顾氏	不详	不详	《牧庵集》15.25a
III	董士元	侍其淑媛	侍其轴	真定提举	《秋涧集》52.9b—12a
	士元	张氏	不详	不详	《秋涧集》52.9b—12a
	士选	张氏	不详	不详	《秋涧集》52.9b—12a
	士楷	陈长妫	陈孚	翰林待制	《元史》190.4339
	士表	耶律氏	不详	不详	《常山贞石志》23.15a

娶 入				
代次	夫名	妻名	岳父名	官职	史源

代次	夫名	妻名	岳父名	官职	史源
III	士表	刘氏	不详	不详	《常山贞石志》23. 15a
	士珍	柴氏	不详	不详	《常山贞石志》23. 5a
	士良	牛氏	不详	不详	《滋溪文稿》26. 8b—11a
	士良	唐氏	不详	不详	《滋溪文稿》27. 8b—11a
	士良	李氏	不详	不详	《滋溪文稿》26. 8b—11a
	士恭	张氏	张文谦	中书左丞	《金华文集》26. 3b
	士恭	乔氏	不详	不详	《金华文集》26. 3b
IV	董守恕	张氏	张士谦	御史中丞	《道园类稿》43. 9a
	守悫	张氏	张珪	翰林学士承旨	《道园学古录》18. 13b
	守悫	张氏	张珪	翰林学士承旨	《道园学古录》18. 13b
	守惠	赵氏	赵宽	真定路判官	《滋溪文稿》18. 11a
	守绅	陈氏	陈遘	江浙行省员外郎	《金华文集》38. 16a
	守义	赵氏	赵炜	元帅	《常山贞石志》23. 15a,20b
	守义	杨氏	不详	不详	《常山贞石志》23. 15a,20b
	守义	郭氏	不详	不详	《常山贞石志》23. 15a,20b
	守中	王氏	王之纲	翰林直学士	《揭傒斯全集》7. 387
	守正	贺氏	贺仁杰	上都留守、陕西平章	《牧庵集》17. 17a
	守简	乌氏	乌冲	处士、名儒	《金华文集》26. 8b;《滋溪文集》26. 8b—16a

嫁 出				
代次	女名	父名	夫名	官职	史源

代次	女名	父名	夫名	官职	史源
III	不详	董文直	萧允功	真州路同知	《国朝文类》65. 23a—26b
	不详	董文用	赵珌	不详	《畿辅通志》171. 6361
	不详	董文用	周俶	不详	《畿辅通志》171. 6361
	不详	董文用	王良杰	齐东县尹	《畿辅通志》171. 6361
	不详	董文忠	史彬	中书左丞	《牧庵集》15. 23b

续表

嫁出					
代次	女名	父名	夫名	官职	史源
Ⅲ	不详	董文忠	张晏	御史中丞	《牧庵集》15. 23b；《元史》157. 3698
	不详	董文忠	王某	不详	《牧庵集》15. 23b
Ⅳ	不详	董士选	张某	典瑞院使	《吴文正集》22. 23b
	不详	董文用(祖)	吴某	不详	《道园学古录》22. 7a
	不详	董文用(祖)	张继祖	不详	《道园学古录》20. 7a
	不详	董文用(祖)	侍其正	不详	《道园学古录》20. 7a
	不详	董文用(祖)	王惟贤	不详	《道园学古录》20. 7a
	不详	董士珍	史燮	兴国路总管	《常山贞石志》23. 6a
	不详	董士珍	韩某	不详	《常山贞石志》23. 6a
	不详	董士良	王继贤	燕南乡贡进士	《滋溪文稿》26. 8b—11a
	不详	董士恭	刘文铎	不详	《金华文集》23. 3a
	不详	董士恭	郑某	武卫指挥使	《金华文集》23. 3a
	不详	董士恭	苏枢	广东宣慰司都元帅府都事	《金华文集》23. 3a
Ⅴ	不详	董守恕	姚某	某官	《道园类稿》43. 11a
	不详	董士选(祖)	王某	千户	《吴文正集》22. 24a
	不详	董守义	□□	淮安□□□□	《常山贞石志》23. 21a
	不详	董守义	刘铣	涞水县尉	《常山贞石志》23. 21a
	不详	董守义	赵裕	不详	《常山贞石志》23. 21a
	不详	董守义	王善果	武卫指挥使	《常山贞石志》23. 21a

			嫁　　出		
代次	女名	父名	夫名	官职	史源
V	不详	董守简	郑郊	秘书监丞	《滋溪文稿》12.15b—16a
	不详	董守简	张歪头	崇福司丞	《滋溪文稿》12.15b—16a
	不详	董士珍（祖）	塔海帖木儿	右卫指挥使	《常山贞石志》23.6a
	不详	董士珍（祖）	郑君用	平阳翼万户	《常山贞石志》23.6a

（六）真定史氏

真定史氏早期的婚姻,论者已多。陶晋生曾自种族间通婚的观点论及史氏早期婚姻关系①,而池内功与井户一公则自权力关系的观点论之②。大体言之,史氏前三代的婚姻,属于"世侯型"的婚缘(除去其中最年轻的史杞、史彬),而第四代以降则属于"官僚型"。

由于史氏在大蒙古国时代先后拥有北京及真定两个权力基地,前三代的婚姻反映此二基地中的权力关系。而北京对史氏婚缘之形成,尤其重要,因史氏活跃于北京时,正是其第二代之适婚年龄,而在此时期形成的社会关系以后对第三代之婚配颇有影响。史氏在北京并不处于主宰地位,因而其婚配对象不限于下属,而包括上级官员及同僚。史氏与上司联姻之例有:史秉直女嫁与木华黎、天倪长子楫娶乌也而(Üyer,1163—1258)女。而天祥女又嫁与

---

① 陶晋生《金元之际女真与汉人通婚之研究》,《田村博士頌壽紀念東洋史論叢》(京都,1968),页711—716。
② 见池内功《史氏一族とモンゴルの金國經略》及井户一公《元朝侍卫亲军》二文。

乌也而之孙、北京都达鲁花赤撒里（Sarig）之子□□马①。木华黎是蒙古在汉地的最高统帅，而乌也而则为北京路都元帅，都是史氏的上司，自是结纳的对象②。史氏与北京同僚及下属联姻的例子甚多，包括：秉直次女嫁与同知刘天锡、史进道五女分别嫁与北京管民长官张之翼、监军张之纲、北京同知吾古伦、北京都元帅舍人某、奥屯元帅之子某。史天祥三女分别嫁与北京达鲁花赤之子□□马、北京□□宣差、千户（后为左副元帅）完颜胡速③之子完颜某及□□张□□顽羊。而史楫正配亦即完颜胡速之女。其中刘天锡、吾古伦、奥屯元帅等应为史氏同僚。张之翼、之纲与史氏同里，当为史氏所提携，为史进道部④。完颜胡速为天祥部下战将。北京地区种族复杂，统治阶层亦是如此。史氏前三代婚配对象为契丹、女真、蒙古人，而背景不可考者甚多，似多结褵于此一时期。

自天倪、天泽建立真定基地后，史氏子弟改以其家部属为主要婚配对象。如史权之岳父王善为史氏势力范围内之小世侯。天泽之婿张思忠（1237—1275）为其部千户。天安之女婿崔德彰（1232—1280）则为天倪部千户崔祥之子，其本人则属天泽部，赤官千户⑤。

---

①崔铉《史氏庆源之碑》云：天祥"女三人，长适北京达鲁火赤男□□马"（《永清文征》，14.18a）。而姚燧《江东宣慰使珊竹公神道碑》（《江苏金石志》，19.49a）云乌也而子撒里，"世金紫，为北京等路都达鲁花赤"，《庆源之碑》所云"北京达鲁火赤"省去"都"字，当即撒里。

②《元史·吾也而传》，120.2967—2969。

③完颜胡速为史天祥部将，见《元史》，147.3487。

④段绍先《都元帅史公（进道）神道碑》（《永清文征》，14.26b）云："先是公幕府有良参佐，即北京管民长官、万户张之翼也，与公同里闬，又长女之婿。"

⑤崔氏与史氏之婚姻关系，池内功已言之，见所撰《史氏一族とモンゴルの金國経略》，页504。但池内氏误以德彰之谥号"桓靖"为其名，并误称其父祥为"崔韩祥"。关于崔氏，见吴澄《吴文正公集》（元人文集珍本丛刊本），35.12a。

天泽另一部属李伯佑家族——与史氏婚缘尤密,李氏系出"三韩",是久居中原的高丽人,先后为天倪、天泽部将,官千户。天泽任河南经略使时,伯佑留守真定,二人关系密切,以致"约相婚姻",天泽之次妻即其姊妹,而其"女孙二十四人,归史氏者六人",今仅知史杠之妻为其孙女①。

第三代较为年轻的史氏后裔,多婚嫁于忽必烈改制以后,四代以下更是如此。婚姻对象遂不再局限于真定集团之中。朝廷大臣与史氏联姻者有姚枢(1203—1280)、董文忠、游显(1210—1283)、王少师、高觿(1238—1290)、吴元珪(1251—1323)等。史董二氏的姻缘如上述。姚枢为忽必烈朝初期重要儒臣,任中书左丞、翰林承旨,为天泽中书同僚,其二女皆配天泽五子史杞。游显也是忽必烈朝名臣,官至江淮行省平章,天泽孙史炽为其女婿。王少师可能为王盘(1202—1293),曾任太常少卿,其子典瑞少监王师圣娶史耀女。高觿为忽必烈的宿卫旧臣,官至河南宣慰使,其子中政院使高师颜娶天泽从孙史修靖之女。吴元珪为元朝中期名臣,官至枢密副使,其女嫁与天泽孙史庄。各地地方官与史氏联姻者有蒙古巴尔(1204—1274)、王汝明(1209—1268)、赵宽、赵世美等。蒙古巴尔,蒙古人,彰德路达鲁花赤,其女谔都岱"适大丞相忠武公之子右丞史侯",此一"右丞史侯"可能为史格②。王汝明为张柔旧部,其

---

①《牧庵集·侍卫亲军指挥使李公神道碑》,19.14a—18b。
②胡祗遹《怀孟路达鲁噶齐兼诸军鄂勒蒙古公神道碑》〔《紫山大全集》(四库全书),15.22a〕称蒙古巴尔女适史天泽子"右丞史侯"。拙著 *The Military Establishment of the Yüan Dynasty*(p.146,n.285)推论此"右丞史侯"即史格,因史格曾任湖广行省右丞。Elizabeth Endicott-West 则认为:天泽八子中有二人曾任右丞,即格与杠,故此一"右丞"究为何人不能断言(见所著 *Mongolian Rule in China*,p.150,n.44)。实际上,史杠并未任右丞。《元史·史天泽传》(155.3663)虽云杠本为"湖广行省右丞",但"右丞"为"左丞"之误。见《牧庵集·江汉堂记》,7.2a;《秋涧集·左丞史公哀辞》,(转下页注)

季女"适史某,丞相开府公之孙",究为天泽何孙已不可考。赵世美为顺德路总管,其妻为史权女,其女复嫁与权之孙元亨。赵宽背景见前述,其女一适董守惠,一适史氏第五代而支系不详之史墉,故赵氏与史、董二豪门都是姻娅相联。

史氏择婚具有一定程度的保守性,即与某些旧姻戚重修旧好,再建姻娅关系。大蒙古国时代的姻戚中,除李伯佑家外,乌也而、崔德彰二家在元朝都曾与史氏重续旧缘。史楫之女嫁于乌也而之另一孙——撒里之子拔不忽(1245—1308),拔不忽官至江东宣慰使。而崔德彰家更曾两度与史氏再缔姻缘。天泽子史梓之女嫁与德彰之子崔显,显官至常熟知州。而德彰二女则嫁与史照、史熹。史氏与乌也而家为二代之间三度联姻,与崔家更在三代之间四缔姻缘。这些家庭间姻缘的缔结最初固出于政治的考虑,后来则应因感情的因素婚缘始得一再更新,与政治当无关系。

表二十七　真定史氏婚姻资料

代次	娶　人				
	夫名	妻名	岳父名	官职	史源
I	史秉直	张氏	不详	不详	《永清文征》2.17b
	史秉直	纳合氏	不详	不详	《永清文征》2.17b
	史进道	刘氏	不详	不详	《永清文征》2.17b
	史进道	王氏	不详	不详	《永清文征》2.17b
	史进道	萧氏	不详	不详	《永清文征》2.17b
	史进道	黄氏	不详	不详	《永清文征》2.17b

(接上页注)19.12a。故此一"右丞"应为史格。不过姚燧《平章政事史公神道碑》(《牧庵集》,16.7b)云史格妻为"木年氏、刘氏、两张氏",而无此蒙古氏。故史格是否娶蒙古巴尔之女,仍无法肯定。

				娶 入	
代次	夫名	妻名	岳父名	官职	史源
II	史天瑞	王氏	不详	不详	《永清文征》2.17b
	史天祥	王氏	不详	不详	《永清文征》2.18a
	史天倪	程氏	不详	不详	《永清文征》2.18a
	史天倪	完颜氏	不详	不详	《永清文征》2.18a
	史天安	张氏	不详	不详	《永清文征》2.18a
	史天安	贺氏	不详	不详	《永清文征》2.18a
	史天安	□氏	不详	不详	《永清文征》2.18a
	史天安	王氏	不详	不详	《永清文征》2.18a
	史天安	张氏	不详	不详	《永清文征》2.18a
	史天泽	石氏	不详	不详	《元文类》58.8a
	史天泽	李氏	李伯佑（兄）	千户	《元文类》58.8a；《永清文征》2.18a
	史天泽	纳合氏	不详	不详	《元文类》58.8a
	史天泽	木捻氏	不详	不详	《元文类》58.8a
	史天英	蒙古达氏	不详	不详	《永清文征》2.18b
	史天均	萧氏	不详	不详	《永清文征》2.18b
	史天祚	张氏	不详	不详	《永清文征》2.18b
III	史楫	完颜氏	完颜胡速（？）	北京路左副元帅	《永清文征》2.18b；《秋涧集》54.9b
	史楫	删只达氏	乌野而	北京都元帅	《永清文征》2.18b；《秋涧集》54.9b
	史楫	蒲散氏	不详	不详	《永清文征》2.18b；《秋涧集》54.9b
	史权	王氏	王善	金吾卫上将军、知中山府	《常山贞石志》15.36a
	史桢	刘氏	不详	不详	《永清文征》2.18b
	史枢	奥屯氏	不详	不详	《永清文征》2.18b

			娶 入		
代次	夫名	妻名	岳父名	官职	史源
III	史桓	张氏	不详	不详	《永清文征》2.18b
	常山	刘氏	不详	不详	《永清文征》2.18b
	史格	刘氏	不详	不详	《牧庵集》16.7b
	史格	储氏	不详	不详	《牧庵集》16.7b
	史格	张氏	不详	不详	《牧庵集》16.7b
	？	鄂都岱	蒙古巴尔	彰德路达鲁花赤	《紫山集》15.22a
	史杠	李氏	李伯佑（祖）	千户、侍卫军指挥使	《牧庵集》19.14a
	史杞	姚氏	姚枢	翰林承旨	《牧庵集》15.17b
	史杞	姚氏	姚枢	翰林承旨	《牧庵集》15.17b
	史彬	董氏	董文忠	典瑞卿	《牧庵集》15.25b
IV	史耀	刘氏	不详	不详	《牧庵集》16.10b
	史烜	张氏	不详	不详	《巴西集》下.56b
	史炽	游氏	游显	江浙行省平章	《牧庵集》22.8a—b
	史燮	董氏	董文忠（祖）	典瑞卿	《常山贞石志》23.1a—3b
	史照	崔氏	崔德彰	千户	《吴文正集》35.13a
	史熹	崔氏	崔德彰	千户	《吴文正集》35.13a
	史庄	吴氏	吴元珪	枢密副使	《滋溪文稿》22.9b
	不详	王氏	王汝明	新军总管	《青崖集》5.10a
V	史壦	王氏	不详	不详	《道园类稿》42.40b
	史壦	袁氏	不详	不详	《道园类稿》42.40b
	史壦	孔氏	不详	不详	《道园类稿》42.40b
	史壦	周氏	不详	不详	《道园类稿》42.40b
	史元亨	赵氏	赵世美	顺德总管	《巴西集》下57b
	史埔	赵氏	赵宽	真定路判官	《滋溪文稿》18.11b

			嫁 出		
代次	女名	父名	夫名	官职	史源
II	不详	史秉直	木华黎	太师国王	《永清文征》2.18a
	不详	史秉直	刘天锡	同知	《永清文征》2.18a
	不详	史进道	张之翼	北京管民长官万户	《永清文征》2.19a
	不详	史进道	张之纲	监军	《永清文征》2.19a
	瑞哥	史进道	吾古伦	北京同知	《永清文征》2.19a
	杏哥	史进道	不详	北京都元帅舍人	《永清文征》2.19a
	秀哥	史进道	奥屯某	父为元帅	《永清文征》2.19a
III	不详	史天祥	□□马	父为北京达鲁火赤	《永清文征》2.18a
	不详	史天祥	完颜某	北京□□宣差千户完颜胡速之子	《永清文征》2.18a
	不详	史天祥	□□张□□顽羊	不详	《永清文征》2.18a
	明童	史天安	李某	不详	《永清文征》2.18a
	不详	史天安	崔德彰	千户、都转运使	《吴文正集》35.13a；《滋溪文稿》23.14a
	不详	史天泽	张思忠	镇抚	《秋涧集》48.4a
IV	不详	史权	赵世美	顺德总管	《巴西集》下57b
	不详	史楫	拔不忽	江东宣慰使	《江苏金石志》19.51b
	不详	史梓	崔显	常熟知州	《滋溪文稿》23.14b
V	不详	史耀	王师圣	典瑞少监	《待制文集》10.20a；《牧庵集》16.14a
?	不详	史修靖	高师颜	中政院使	《道园类稿》40.38b
?	不详	不详	刘浚	连江县宁善乡巡检	《元史》195.4421

元代几个汉军世家的仕宦与婚姻 | **389**

五、结论

大蒙古国时代的汉人世侯是蒙古政治传统与金元之际汉地政治现实结合的产物。六大世家多不属于金朝统治阶层,也不尽属于地主阶级,而是乘世乱而崛兴的豪强。蒙古人因势利导,给予蒙古社会中"伴当"相似的特权,使之成为"征服菁英"的一部分。各家在其辖地之内都是世享军政、民政、财政、司法大权的"世侯"。蒙古人之能征服及统治汉地,端赖汉人世侯之协力。当时汉地不过是大蒙古国的殖民地,而汉人世侯即为蒙古朝廷在此殖民地施行"间接统治"的主要工具。

忽必烈立国中原、建立元朝后,将统治汉地的方式由"间接统治"转变为"直接统治",并将蒙古原有的家产制、封建制政治组织转变为中央集权官僚制。由于忽必烈推行废侯置守及汉军国军化的政策,汉军世家遂由封建之家转变为官僚之家。

在忽必烈革新政制之后,汉军世家仍然备受优遇,代代仕宦不绝。六大世家现仍知名者二百四十七人中,一百五十一人(61.13%)曾任官职。其中以高品终仕者达六十七人(44%),以中品终仕者亦有四十三人(24.48%)。从入仕途径来看,汉军世家的荣显确实受到保障。最普遍的途径为"承袭"(33.33%)及"宿卫"(26.92%)。这两条捷径可说是军事菁英家族的特权。此外,各家成员由"承荫"入仕者应有不少,但因史料之缺陷,本文未能清晰证明,为一遗憾。

忽必烈中央化与官僚化政策对各家影响不尽相同,六家成员之荣枯因而相去甚远,不能一概而论。其中严氏、济南张氏子弟受重用者不多,而张氏更是局居一隅,未能入仕中央。史氏、董氏及保定张氏都是元朝汉人中最显赫的家族。保定张氏第二、三代功业甚盛,可惜此家在元季政争中遭灭顶之祸,以悲剧终场。史、董二氏最为贵盛。史氏前后六代共有五十四人入仕,其中廿人官至上品(37.04%)。而董氏六代之中,亦有五十一人入仕,官至高品者更多达廿七人(52.94%)。董氏贵盛之持久性又超越史氏,直至元季仍甚显赫。

总之,忽必烈虽欲将其政府官僚化,但未能贯彻。有如元季史家权衡所说:"元朝之法,取士用人,唯论'根脚'。其所与图大政者皆根脚人也。"①汉军世家,由于"根脚"大,出仕甚易。不过各家之显晦又决定于其与汗廷关系之疏密。

婚姻关系亦反映六大家族的阀阅地位及其前后身份的转变。大蒙古国时代各家主要以部属为择婚对象,以加强其集团之凝聚力。忽必烈改制后,各家地位改变,择婚对象亦随之改变。史氏、董氏、保定张氏三家史料较多,其择婚模式较为清晰。各家择婚不再限于一隅,而改以中朝高官、地方大员或硕学名儒为主要对象。另有二点,值得特别注意:第一,史氏、董氏及保定张氏三家之间有相互联姻的现象;第二,各大家族亦有与蒙古、色目官贵之家联姻的记录。史、董、张三家都是声华最盛的汉人家族,相互联姻,并不意外。而汉军世家与蒙古、色目官贵之家同属元朝统治菁英的高层,互结姻缘,亦很自然。

汉军世家虽然位列统治菁英的高层,但若与最显赫的蒙古世家相比,则仍逊色不少。拙作《元代四大蒙古家族》曾显示:木华黎、博尔尤(Bōrju,?—1227)、博尔忽(Boroghul,?—1217)、赤老温(Chila'un)等四大家族始终兼具封建及官僚双重性格。一方面,即在忽必烈改制之后,各家仍然世享分地、分民与食邑,同时世袭

---

① 权衡《庚申外史》(豫章丛书),下,22b。

各种王爵及怯薛长,不失其封建贵族的地位。另一方面,各家成员(赤老温家除外)以三品以下官职起仕者极少,而以一品及三公等极品终仕者更达三家现知人数的三分之一①。反观六大汉军世家从未享有封建诸侯之名,后更失去封建之实。仕进方面,虽然汉军世家官至上品者为数不少,但是位列三公或官至一品者并不多见。总之,蒙元政权是以若干与皇室关系久远的蒙古贵族家庭为核心,而汉军世家则居于高层统治菁英的边缘,协助前者,统治华夏。

汉军世家是蒙古征服中土的副产品。其贵显完全得力于政治——与蒙古汗廷的密切关系。与两晋南北朝世家名门植根于家财、家学及地方势力者不同。与宋、明、清科第世家直接倚恃学力,间接凭借财富以维持门楣者更有异。汉军世家的荣枯全系于蒙元政权的盛衰。明初大学士杨士奇(1365—1444)为史天泽后裔丰城史氏之家谱作序,曾为史氏之盛衰大致感慨:

> 呜呼!当元之兴,史氏一门父子兄弟,功德之建在国家,在生民。封爵之崇峙,冠缨之连续,何其盛也!及天命去元,凡其佐运辅理之家,亦随之俱落,如史氏然者,又何其衰也!②

随蒙元之兴而起,因蒙元之亡而落,原是征服菁英的共同命运,何独史氏如此?

〔附记二则〕

一、天成刘氏婚姻:近日重读赵珙《蒙鞑备录》,检获有关刘氏婚姻记载一则,乃本文所未载。该书《诸将功臣》一节云:刘伯林"有子甚勇,而鞑主忒没真长子战死,遂将长子之妃嫁伯林之子。

---

① 见页 320 注②引萧启庆文。
② 《东里全集》续集《丰城史氏谱序》,13. 18b。

同辙人破燕京等处,甚有功"(王国维《蒙古史料四种》本,76)。今知伯林仅有刘嶷(黑马)一子,而嶷"骁勇有志略,年岁弱冠,随父征伐"(《元史》149.3516,《刘伯林传》)。《备录》所云娶成吉思汗长子遗孀者似即刘嶷。但是《备录》所载有二疑点,有待澄清。第一,《备录》云成吉思汗以其长子遗孀转嫁刘伯林子于陷燕京之前,燕京之陷事在1215年,其时刘嶷仅十六岁,应非适婚年龄。究竟系《备录》记事前后有误,或系伯林另有长子,或系刘嶷早婚,皆有可能,已难考实。第二,成吉思汗嫁与伯林长子者是否为其嫡长子之妻亦不无疑问。按成吉思汗嫡出之子四人,尤赤(Jochi,? —1224)居长。1221年赵珙受宋廷命至燕京晋见木华黎时,尤赤仍然健在,正征战于西域疆场之上。《备录·太子诸王》一节云:"成吉思汗有子甚多,长子比因攻打西京、云中时阵亡。"据伯希和(Paul Pelliot)之考证,此一比因(Bigin)乃指成吉思汗庶出幼子拙赤觯(Jürchedei)。长子为幼子之误。伯林之子所娶当为拙赤觯之遗孀〔见 Pelliot "Sur un passage du Cheng-wouts'ing-tcheng lou",刊于《庆祝蔡元培先生六十五岁论文集》(北平,1934),下,页907—938〕。刘伯林、刘嶷父子显然甚早已成为成吉思汗以婚姻相结纳之对象。而自当时蒙古皇室婚姻习惯言之,此一太子妃应为蒙古人。若此说正确,则刘氏现知二婚姻对象,一为蒙古人,一为畏兀儿人。

二、刘伯林玄孙刘文起事迹:刘氏史料最少,第四代之后,即无记载。本文发表后,友人四川省社会科学院历史研究所陈世松教授惠寄所撰《茂汶较场坝点将台元将题刻》一文(刊于该院出版之《历史知识》1984:4,55—56)。该文系考述四川阿坝藏族自治州茂汶羌族自治县较场坝点将台的一通题刻。题刻云:

大元开国忠顺公玄孙刘上万户文起引兵至此。至元癸巳七月廿七日记。

据陈教授考订,忠顺公即刘伯林。刘文起为其玄孙,而为刘纬嫡子,袭父职为上万户。癸巳为至元三十年(1293)。文起于是年统兵至茂州,乃为进兵吐蕃。陈氏此文不仅为刘氏家族增添一代记录,亦反映出刘氏子孙长留川陕,僻居一隅,以致在文献中难得一见。此一史料,殊为珍贵。陈教授远道惠寄,盛情可感,谨此致谢。

(原刊于台北"中研院"史语所主编《中国近世社会文化史论文集》,台北:"中研院"史语所,1992,页213—277)

蒙元水军之兴起与蒙宋战争

一

蒙元水军之崛兴,在中国历史发展过程中,具有两点重大意义:第一,自政治及军事史观点言之,蒙元凭借其新兴水军,征服南宋,成为第一个克服江淮天堑而统治全中国的游牧民族所建王朝。第二,自中国海权发展史观点言之,蒙古人与南宋争战四十年,逐渐建立起一支强大水军,承继南宋的海权而加以发扬,中国海权史的巅峰得以在明初出现①。

自窝阔台汗(Ögödei Qaghan, 1229—1241)于1234年灭金后,蒙古人业已掌握中原的人力与物力。但欲进一步征服华中、华南,必先克服地理的障碍及南宋水军的优势,却非易事。中国南北地形迥异,作战方式因而不同。中原多平原旷野,利于骑兵驰突,南

---

①故罗荣邦(Jung-pang Lo)教授曾著三文,阐论宋元明三代海权的发展:"The Emergence of China as a Sea Power during the Late Sung and Early Yüan Periods", *Far Eastern Quarterly* 11:2(1952), pp. 489–509; "Maritime Commerce and Its Relation to the Sung Navy", *Journal of the Economic and Social History of the Orient* 12:1(1969). pp. 57–101; "The Decline of the Early Ming Navy", *Oriens Extremus* 4(1958–1959), pp. 149–168。

方则河川纵横,湖泊密布,攻守多赖舟楫。"南船北马"一谚所反映的不仅是两地区交通工具的不同,也是战争工具的歧异。北人较善弓骑,而南人独擅舟楫,各有所长,乃是自然环境所造成。历史上的分裂时代,"任何北中国之强大武力如不能获得水军优势或坚强之海上力量,即不能统一中国"①。但是华北舟材、水手皆不充裕,营建强大水师并非易事。北方政权如欲征服江南,必先掌握两淮、荆襄或四川等南北间的渐移地区,然后营建水师,始有成功可能。晋、隋、宋之统一中国皆是循此轨辙。而元朝以前边疆民族所建各王朝,都仅能割据华北,而无法一统天下,不能以强大水军克复江淮天堑乃是主要原因。

南宋江海水军,两俱壮大。主要为适应国防之需求,而其社会经济条件亦足以配合。南宋立国,乃是凭借"襟江带海"的形势。东侧倚大海为屏障,北方则以淮河、汉水为第一防线,长江为第二防线,而其三大防区——两淮、荆襄(京湖)、川蜀——皆需凭借长江加以贯穿。因此整个国防必须以强大水军为支柱,始能抵消金人的优势骑兵。自高宗初建水军后,至南宋中期,已建立水军廿余支,长江中下游及两浙沿海地区尤为水军布防重点所在②。鄂州(湖北武昌)、池州(安徽贵池)、建康(南京)、镇江、江阴、许浦(江苏常熟县浒浦)、嘉兴、临安(杭州)、定海等地皆置水军。又在建康、定海设立沿江、沿海制置使司,分别指挥江上及海上水军,实力之强大与组织之完善都属空前。而江南社会经济之发展亦足以支持强大水军。江南滨海各路已成为人口稠密之经济重心,都会繁

①包遵彭《中国海军史》(台北,1969),上,页141。
②研究南宋水军的论著,除前引罗荣邦的论文外,尚有曾我部静雄《南宋の海军》,载于《羽田博士還曆纪念東洋史論叢》(京都,1955),页585—607;王曾瑜《宋朝兵制初探》(北京,1983),页170—180。

荣,海外贸易发达,造船业进展颇大①,商船众多。水军之船舰及水手皆得源源补充,不虞匮乏,而火器之运用更增加水军之威力。宋人之能抵御金人南侵,主要倚恃水军。绍兴年间户部尚书章谊(1078—1138)所说"巨浸湍流,盖今日之长城也。楼船战舰,盖长城之楼橹也"②,确实反映了长江大海及水军在南宋国防上之重要性。而罗荣邦教授所云:中国史上的海权时代乃由南宋奠立基础,确是不错③。

蒙古人崛兴朔漠,东征西讨,所向无敌,主要倚恃其精良骑兵。英国著名军事学家李德·哈特(B. H. Liddell-Hart,1895—1970)曾说:"运用单一军种——骑兵——是蒙古人不断胜利的秘密","运动力为其战略及战术上的王牌"④。不过骑兵仅在平原野战中最具威力。中国古代兵籍便认为:林木丛茂之地、沼泽难行之地、涧谷山阜之地、沟坑坎坷之地等,均为骑兵的"败地""死地"⑤。遇到

---

① 南宋造船的水平,可自 1974 年在泉州出土海船残骸看出,其技术水平已具备建造远航海军战船的条件〔见泉州湾宋代海船复原小组《泉州湾宋代海船复原初探》,《文物》第 10 期(1965),页 28—38〕。宋代新型战船有铁壁铧嘴海鹘战船、多桨船、高速车船、无底船等。重要造船地有虔州(江西赣州)、吉州(江西吉安)、明州(浙江宁波)、婺州(金华)、温州、台州、潭州(湖南长沙)、鼎州(常德)、嘉州(四川乐山)、楚州(江苏淮安)、凤翔(陕西凤翔)等,其中明州、泉州、广州所造航海大船,尤为著名,参看陈高华、吴泰《宋元时期的海外贸易》(天津,1981),页 165—168;章巽《中国古代的海上交通》(北京,1986),页 66—67;金秋鹏《中国古代的造船和航海》(北京,1985),页 102—111;Joseph Needham et. a1. , *Science and Civilization in China*,vo1. 4,pt. 3(Cambridge,England,1971),pp. 439—486。

② 黄淮等编《历代名臣奏议》(台北,1964)卷三三四《舟师水战之利》,12b—13a。

③ Jung-pang Lo, "Emergence of China", pp. 489-490.

④ B. H. Liddell Hart, *Great Captains Unveiled*(Boston,1927),pp. 27 and 32.

⑤ 曾公亮《武经总要》(四库珍本初集)卷四《用骑》,6b—7a;袁庭栋、刘泽模《中国古代战争》(成都,1988),页 333。

长江大河、高壁深垒,骑兵更是一筹莫展。蒙古大将阿术(Aju,1227—1281)在率军进攻襄阳时便曾奏称:"所领者蒙古军,若遇山水寨栅,非汉军不可。"[①]由上可见,蒙古骑兵之运作,受到各种地形、地物之限制,并非无往而不利。如以为蒙古之征服天下唯赖骑兵,则为一错误观念。在灭金、西征过程中,随着征战地区地理条件的变化,蒙古人不断吸收各民族的资源与人力,形成一支以骑兵为核心而兼拥步、工、炮等军种的复合大军,而水军则是适应对宋作战需求而成长的军种。

本文旨在探讨蒙元水军形成和成长的过程以及其在蒙宋战争中所起作用,并对蒙古人何以能建立强大水军及克复宋朝水军之优势等问题略加说明。至于个别战役中水军的作用,近年出版有关宋元战史的著作中都有详赡的讨论[②]。本文仅在必要时提及而不拟详论。本文论题与罗荣邦教授诸文所论,有部分重叠之处。但罗教授着重蒙元水军成长后在发扬中国海权中所起的作用,与本文轻重有别,或可并行而不悖。但本文之撰写受罗教授诸文之启发甚大,谨志铭感。

二

蒙元水军的起源与成长,并非一蹴而就,而是经历一段从无到有、由弱至强的漫长过程。草原阶段的蒙古军,不仅没有水军,也没有真正的船舶,仅有就地取材而制成的简易济水工具,其情形和

---

① 《元史》(北京,1976)卷六,页118。
② 陈世松、匡裕彻等《宋元战争史》,成都,1988;李天鸣《宋元战史》,台北,1988。此外,胡昭曦、邹重华编《宋蒙(元)关系研究》(成都,1989)亦载有战史多篇,颇具参考价值。

其他游牧民族相似。蒙古人祖先室韦人"渡水则束薪为筏,或以皮为舟者"①。十三世纪初年的蒙古人仍是如此。成吉思汗(Chinggis Qan,1206—1227)崛兴之初,与王罕(Ong Qan,?—1203)及札木合(Jamugha,?—1205)结为联盟,攻击其宿敌蔑儿乞(Merkit)人,便是乘坐以猪鬃草(saqal bayan)结成的筏子(sal)而渡河②。除草筏外,蒙古人尚有浑脱(以浑脱羊皮制成之浮囊)③、皮筏等④。但这些都是浮渡工具,而非战斗工具。

　　蒙元水军萌芽于绵亘廿余年的蒙、金战争中,但在此期间,真正的水军并未形成。中原地形有利于骑兵,有如郝经(1223—1275)所说:"关陇、江淮之北,平原旷野之多,而吾长于骑,故所向不能御。"⑤由于气候关系,华北各河道平均流量少⑥,不仅缺少航运之利,而且可以涉渡之处甚多。加以蒙军作战多在冬季,华北河流冬季多结冰,渡河更不烦舟楫。公元 1232 年正月窝阔台汗对汴京发动大攻势,其军便是在白坡(河南孟津黄河北岸)之西"策马涉河"⑦,而执行大迂回战略的拖雷(Tolui,?—1232)军则在均州(河南禹县)"乘骑浮渡汉水"⑧。在黄河及其各支流上,金朝亦无强大水军足以阻止蒙军超越水障碍。海陵王(1149—1161)伐宋

---

①《隋书》(北京,1973)卷八四《北狄传》,页 1882。

②札奇斯钦《蒙古秘史新译并注释》(台北,1979),页 109。

③参看光远《释浑脱》,《内蒙古社会科学》第 5 期(1983),页 119—121。

④关于内陆亚洲各游牧民族的浮渡工具,参见 Denis Sinor, "On Water-transport in Central Eurasia",收入 Sinor, *Inner Asia and Its Contacts with Medieval Europe*(London,1977),pp. 156—179。陈庆隆《内亚游牧民族的船舟》,《大陆杂志》第 85 卷第 1 期(1992),页 28—32。

⑤郝经《陵川集》(文渊阁四库全书本)卷三二"东师议",1a—10a。

⑥冯绳武等《中国自然地理》(北京,1989),页 154。

⑦《元史》卷一二四《速哥传》,页 3052。百衲本原作"策马沙河"。点校本校勘记认为应改"沙"为"涉"(页 3060),兹从之。

⑧《元史》卷一一五《睿宗传》,页 2886。

前,虽曾在通州(河北通县)之潞河(即白河)大建水师,但系以海
上水军为主,而且海陵之水军已覆没于 1161 年陈家岛及采石二
役①。金廷南迁汴京后,为阻扰蒙军追袭,更于 1216 年下令"沿河
唯存通报小舟,余皆焚之"②。三年后虽曾敕命"沿河造战舰,付行
院、帅府"③,但是亡羊补牢,成效显然有限。金军的少量战舰不足
阻止蒙古进军,蒙军运用步、骑兵即足以制服。如 1231 年汉军将
领济南张荣(1181—1263)在河上夺获金舰五十艘④。明年窝阔台
汗由白坡渡河后,获"汉船"七百余艘⑤,而汉将石天禄(1183—
1236)从大将塔思(Tas,1212—1239)围汴,也掳得战船数艘⑥。在
这些战役中,蒙方都没有运用战舰的迹象。

　　这一时期,蒙军遇到水障碍时,往往仍以简易济水工具渡越。
1233 年,蒙军围攻金帝于蔡州(河南汝阳),便是结筏潜渡汝水,以
达 蔡 州⑦。蒙 古 西 征 中 亚 的 情 形 亦 是 如 此。1220 年 哲 别
(Jebe,?—1224)与速别台(Sübëtei,1176—1248)追逐花刺子模算
端札阑丁(Jalāl-ad-Din)至阿姆河(Amu—darya),乃命其军以牛皮
裹树枝作鞔(革囊),藏军械服用于其中,系鞔于身,手握马尾,随
以泳水,举军毕渡⑧。

---

①关于海陵营建之水军及其覆灭,参看陶晋生《金海陵帝的伐宋与采石战役
　的考实》(台北,1963),页 41—42、96—100、150—166;王曾瑜《南宋对金第
　二次战争的重要战役述评》,载于北京大学中国中古史研究中心编《纪念陈
　寅恪先生诞辰百年学术论文集》(北京,1989),页 315—332。
②《金史》(百衲本)卷一四《宣宗本纪上》,页 22a。
③同上卷一五《宣宗本纪下》,页 22b。
④《元史》卷一五〇《张荣传》,页 3558。
⑤《圣武亲征录》(蒙古史料四种本),页 206。
⑥《元史》卷一五二《石天禄传》,页 3602。
⑦《元史》卷一二〇《肖乃台传》,页 2966。
⑧W. Barthold, *Turkestan down to the Mongol Invasion* (London, 1968), pp. 420-
　421.

不过,在伐金与西征过程中,有时因地形之需求不得不置备船舶。1221 的大将木华黎(Muqali,1170—1223)于攻取葭州(陕西佳县)后,接受右副元帅石天应(？—1222)的建议而造舟楫、建浮桥,以供当地防守之需①。据《高丽史》记载,1232 年高丽曾应蒙廷之要求而派遣船舶三十、水手三千②,当是备渡河攻汴之用。在此期间,蒙军更有"炮水手军"及"船桥军"的设置。早在蒙军初入中原时,燕人薛塔剌海(Tarqai,？—1232)于 1214 年已受命为炮水手元帅③。后来成吉思汗征花剌子模,军至"莫兰"河④,不能涉,清州(河北青县)张荣(1158—1230)于一月之内,"缚战舰百艘",成吉思汗奖其功,称之为"兀速赤"(usuchi,即水手),并任命为炮水手元帅⑤。但是,此时之炮水手军显然是一种遇城架炮、临水造船的工兵。张荣便是以匠军管领的身份负责造船的⑥。而且当时造船机会不多,炮水手军之任务系以架炮为主。薛塔剌海从征西域诸国,"俱以炮立功",而张荣后来也因炮受伤。炮水手军下显然并无常备舰队。又有张札古带(Jaqudai)因从拖雷伐金有功,受命为河东南北路船桥随路兵马都总管⑦。这种船桥军大概也是临水造船或架造浮桥的一种工兵。

①《元史》卷一四九《石天应传》,页 3526。
②郑麟趾《高丽史》(东京,1908)卷二三,页 346。
③《元史》卷一五一《薛塔剌海传》,页 3563。
④"莫兰"非该河本名,而为蒙文 müren(河)之音译。王国维疑即阿梅・沐涟之略,即阿姆河(Amu-darya),见《西游记校注》(蒙古史料四种本),下,10a。
⑤胡祗遹《紫山先生大全文集》(文渊阁四库全书本)卷一六,18b—20b,《清州张侯神遭碑》;《元史》卷一五一《张荣传》,页 1381。
⑥张荣之为匠军将领,亦可从李志常《西游记》中的记载看出。全真教主邱处机应成吉思汗之召西行,于阿里马(Almaligh)之东园,遇窝阔台麾下之"大匠张公"。此一"大匠张公",王国维疑即张荣(《西游记校注》,下,10a)。如此说正确,则炮水手军为一种匠军更有可能。
⑦《元史》卷一六五《张万家奴传》,页 3880。

总之,蒙金战争时期的蒙古军中并无常备水军,而有临河造船的水手军及船桥军。不过,水手军与船桥军应可视为正规水军之前身。

三

蒙古水军的形成是由于对宋战争的需求。以后则随着对宋战略的变化而逐渐壮大,执行不同战术任务。自 1235 年窝阔台汗初度出兵攻宋,至 1260 年忽必烈汗(Qubilai Qan,1260—1294)立国中原止,蒙宋战争陷于胶着状态。前廿年间,蒙古因限于国内政治情势以及受到军力——尤其是缺乏水军——的制约,并无一举灭宋的企图,仅不断采取有限目标的攻击,蹂躏长江以北的宋朝土地,削弱其抵抗力量,并破坏当地政治社会结构,以达到逐渐动摇宋朝国本的目的①。蒙哥汗(Möngke Qaghan,1251—1259)即位后,则以为大举攻宋时机已臻成熟,乃于 1258 年三路出军,一改窝阔台以来多路并进、全线进攻的方针,而改采取蜀出峡、南北对进、会师鄂州、南下临安的策略,将攻击重点置于四川。窝阔台的战略显然缺乏主攻方向,兵力分散,难能有成。而蒙哥的战略则过于迂远,且将主要兵力耗费于南宋在四川设置的坚不可破的山城防御体系之间,徒劳无功。这两种战略都不能集中优势兵力,进攻长江中下游的宋朝心脏地区。淮、汉地区河流纵横,而且长江中下游为南宋水军布防重点,蒙古缺乏水军,无法达成重大突破。

在这廿余年中,蒙古虽不能采行有效战略,但由于与宋朝在三大战场上不断争战,为适应作战需要,各战场上的蒙古军都先后建

---

①陈世松等前引书,页 371。

立了水军。

伐宋初期，蒙古、汉军仍然常以简易浮渡工具作为渡河或战斗之用。运用皮筏及皮囊渡河之例不少。如 1235 年汉军将领梁瑛（1191—1256）从塔海绀孛（Taqai Gambu）征蜀，宋人守瞿塘峡，瑛做皮浑脱以济①。二年后，汉军将领巩彦晖（1204—1259）随大将张柔（1190—1268）攻淮西，率浮浑脱者十人，夜渡滁州池水②。又二年，汪世显（1195—1243）在万州（四川万县）乘皮筏渡江击败宋军③。临时捆造木筏以济河的例子也有不少。1235 年塔思部将刘拔都儿统率死士五百，乘新造木筏，进击汉水上之宋舰④。又如宋督视京湖军马魏了翁（1178—1237）于 1236 年奏称：当时蒙军在黄陂一带，"呵习水户民，结筏攘舟，为渡河计"⑤。

即在蒙哥汗时代，蒙军仍不断使用皮囊或木筏渡河。忽必烈于 1253 年南征大理，便是乘坐革囊及筏渡越金沙江⑥。据波斯史家拉施特（Rashid al-Din，1247—1318）说，1259 年忽必烈引军攻鄂，"命军士用树皮合在一起，做成了木筏"，渡越大江⑦。又，在四川作战的契丹将领石抹按只（？—1273）于 1258 年为突破宋军对叙州（宜宾）马湖江面的封锁，集军中牛皮作浑脱及皮船，乘之击

①魏初《青崖集》（四库全书本）卷五《故征行都元帅五路万户梁公神道碑》，页 1a。
②《元史》卷一六六《巩彦晖传》，页 3898。
③苏天爵《元朝名臣事略》（北京，1962）卷六"汪义武王"，2b；《元史》卷一二一《按竺迩传》，页 2995。
④《元史》卷一一九《塔思传》，页 2939。
⑤魏了翁《鹤山先生大全文集》（四部丛刊）卷二八《奏虏犯随信光黄等处事宜》，21a—22b。
⑥《元史》卷四《世祖本纪》，页 59。
⑦余大钧、周建奇译《史集》，第 2 卷（北京，1985），页 289；John A. Boyle（trans），*The Successors of Genghis-khan*（New York，1971）（p. 248）将"筏"（til-san）误译为"符咒"（talisman）。

败宋军①。不过,当时蒙军在各战场已有小型舰队,简易浮渡工具之使用,可能不尽由于缺乏船舰,而是为配合河川条件而采取的因应措施。

早期蒙古水军船舰的来源,主要有二:一为掳获,一为自制。各战区掳获数目甚为庞大。在四川战区,1236年赵阿哥潘于利州(广元)嘉陵江上夺蜀船三百艘②。三年后,李毅下万州,会战于瞿塘,获战舰千余艘③。1255年大将兀良哈台(Uriangqadai,1200—1271)在金沙江上击败宋都统张实,夺其船二百艘④。蒙哥汗伐蜀时,张立在大获山夺战舰百余艘⑤,李忽兰吉在钓鱼山下夺得粮船四百艘⑥,而汉军大将史天泽(1202—1275)则在合州(合川)东南黑石峡掳获宋巨舰数百艘⑦。在荆、襄及两淮战场,蒙军夺得之宋船尤多。如1237年张柔部将何伯祥(1203—1259)在德安(湖北安陆)、郢州(钟祥)一带获战舰千余艘⑧。张柔于同年亦在黄州西大湖上掳获宋船万艘⑨。水军万户解成(?—1262)在焦湖之战俘宋

①《元史》卷一五四《石抹按只传》,页3640。
②《元史》卷一二三《赵阿哥潘传》,页3208。
③《元史》卷一五〇《李守贤传》,页3548。
④《元史》卷一二一《速不台传》,页2980。
⑤《元史》卷一六五《张立传》,页3878。
⑥《元史》卷一六二《李忽兰吉传》,页3792。
⑦王恽《秋涧先生大全文集》(元人文集珍本丛刊)卷四八《忠武史公家传》,16a。
⑧《元史》卷一五〇《何伯祥传》,页3544。郝经《何侯神道碑铭》,则作"得船数万艘",显系夸大。见《陵川集》卷三五,33b。
⑨元好问《遗山先生文集》(四部丛刊)卷二六《张公勋德第二碑》,1a。原文云:"得战船万艘。"就其数目之大观之,当为民船,而非战船。张柔所掳与何伯祥所获可能为同一事。

舰三百,后于1259年从攻鄂州,复夺敌舰千余①。水军千户张荣实(1218—1278)于1235年从大将察罕(Chaghan,?—1255)攻襄阳,于汉水上掳得战船数十艘。后从忽必烈攻鄂州,又在阳逻堡俘宋大船廿艘②。同一战役中,董文炳(1217—1278)、文忠(1231—1281)兄弟又掳获蒙冲百艘③。这些记载或有夸大,但蒙军先后掳获数目颇大的宋船,则不容置疑。而且这些宋船种类繁多,有蒙冲,有战舰,有粮船,也有民船。有的可供作战,有的则可供运输。蒙军当不致随夺随弃,前后累积船数甚为可观。

　　同一期间,蒙古必然自制了不少战船。可惜蒙方史料一无提及,仅能从宋方情报中略窥一二。蒙军于1236年春进围江陵(湖北今县),魏了翁向宋廷奏称"蒙军自枝江、宜都境上,伐竹木,毁庐室,斧斤之声日闻,直欲为渡江计",显然是在造船④。三年后,宋廷以边报虏造船于汴,乃遣知招信军余玠(?—1253)率兵进入河南,予以骚扰⑤。明年,四川宣抚使兼知夔州孟珙(1195—1246)得谍报称:蒙古军在邓州(河南邓县)之顺阳聚积造船木材,玠乃遣部将王坚(?—1264)率军潜至敌后,焚其积聚⑥。1257年宋沿海制置使吴潜(1196—1262)奏报:山东汉军将领李璮(?—1262)

①《元史》卷一六五《解诚传》,页3870。解成,传作"解诚"。屠寄据本纪改作"成",兹从之,见《蒙兀儿史记》(结一宧刊本)卷九《解汝楫传》,10a。
②《元史》卷一六六《张荣实传》,页3940。
③同上,卷一四八《董文忠传》,页3502。
④《鹤山集》卷二九《奏外寇未静二相不咸旷天工而违时几》,1a。
⑤佚名《宋史全文续资治通鉴》(四库全书本)卷三三;陈世松《余玠传》(重庆,1982),页9—10。并参看姚师从吾《余玠评传》,载于《姚从吾先生全集》(台北,1982)第6册,页309—378。
⑥《宋史》(北京,1977)卷四一二《孟珙传》,页12377;黄宽重《孟珙年谱》,载于黄氏《南宋史研究集》(台北,1985),页68。

在海州(江苏连云港市海州镇)造船①。以上各项都是宋方传闻之辞,这些传闻是否属实,蒙古究竟造船若干,是何类型,现已无法解答。

蒙古的正规水军成立于对宋开战以后数年间。霸州保定人张荣实在 1237 年已为水军千户②。而易州定兴(河北定兴)人解成,以"善水战"著称,于 1240 年更受命为水军万户③。解成与张荣实都是作战于两淮及荆襄战场,而在四川战区,依当时蒙军使用船舰作战的情形判断,当亦有水军的设置。

在窝阔台汗初度伐宋前后,汉军将领受命为万户者不过八九人④,而解成得以成为水军万户,可见水军已有相当实力,但其实力仍不足以成为进攻的主力。在蒙哥汗大举伐宋前,水军主要用于淮西地区拦截自水上驰援围城的宋朝水军。据李天鸣的研究,在 1242 年至 1245 年间,蒙古军倚恃其骑、步兵之优势,采用水陆协同三面夹击水战法——即是"正面由战舰攻击敌方战舰,左右两岸的军队使用弩炮向敌方射击,并由骑兵予以掩护,以防宋军上岸攻击蒙军的弩炮步队"⑤——在淮河北面诸隘口的战役中,屡次击败驰援的宋朝舟师。宋兼知扬州李曾伯便曾感叹:"盖舟师本吾长技,敌乃习而用之。"⑥但以后宋军不再在淮河北面诸隘口布防,蒙古水军与宋驰援舟师争战于河道广阔的淮河之上,便多为宋军所

<hr>

①吴潜《许国公奏议》(丛书集成本)卷三《奏晓谕海寇复为良民及关防海盗事宜》,页 87—88。

②《元史》卷一六六《张荣实传》,页 3904—3905。

③《元史》卷一六五《解诚传》,页 3870。

④黄时鉴《关于汉军万户设置的若干问题》,《元史论丛》第 2 辑(1983),页 43—51。

⑤李天鸣《宋元战争中元军的水陆协同三面夹击水战战法》,《国际宋史研讨会论文集》(台北,1988),页 273—294。

⑥李曾伯《可斋杂稿》(四库全书本)卷一七《淮阃奉诏言边事奏》,11a。

败,无法阻止宋军水路驰援,因而进展不大。蒙古水军实力更不足与宋军争胜于长江之上。蒙古军虽曾于 1236 年及 1237 年两次兵临江上,但都为宋军击溃①,无法达到渡越长江、直捣宋朝心脏地区的目标。

蒙哥汗大举伐宋时,蒙古军水战经验已丰,而且又于出兵前"募兵习水战"②,实力当又有增长。故在历次战役中,水军已能成功地执行阻援及突破宋军江上防线的任务。在四川战区,原驻成都的都元帅纽璘(Ne'üril,? —1263)率军一万五千及战船二百艘,在叙州(四川宜宾)马湖江面击败宋都统张实所统五百战舰,然后顺利东行,担任封锁重庆江面、阻止宋朝援军的任务③。更重要的是,蒙古水军挫败了宋四川制置使兼重庆府吕文德(? —1269)进援合州钓鱼城的舟师。吕文德所率战船据说达万艘之多,蒙古水军在数量上远居劣势,但因优势骑、步兵配合得当,在五次战役中取得三次胜利,使吕文德救援钓鱼城的任务未能完成④。此外,在鄂州忽必烈部乘宋水军主力援蜀未还,运用部分水军(解成部)及临时征集之民船,在浒黄州击败宋朝水师,得以顺利渡江⑤。总之,此一时期之蒙古水军在数量上仍居劣势,但由于陆上兵种的有效协同及战术运用得当,在历次水战中已取得胜负参半的成绩⑥。不过若欲作为攻宋决胜之主力,其实力仍有待加强。

---

①陈世松等前引书,页 88、98。
②《元史》卷一六五《朱国宝传》,页 3876。
③陈世松《蒙古定蜀史稿》(四川,1985),页 69—70。
④同第页 406 注⑤。
⑤李天鸣前引书,第 2 册,页 745—746。
⑥同第页 406 注⑤。

四

　　蒙古水军是在忽必烈即位以后始得茁壮。忽必烈立国中原，而不再以草原作为帝国的政治重心。大蒙古国的性质乃发生根本的变化，蒙、宋战争的意义亦因而改变。过去蒙古伐宋，不过为其东征西讨以创造世界帝国努力的一环。立国中原后，忽必烈必须以中原王者自居，消灭南宋、一统华夏，乃成为政治上之首要目标。对宋的政略及战略都必须加以修改。在政略的层次，忽必烈一方面施行汉法，加强政治号召，一方面集中一切资源以作攻宋之准备。在战略的层次，忽必烈矫正蒙哥汗的迂远策略，采取中间突破，两翼牵制，然后沿江而下，直捣临安的战略方针。因而于1267年对位居南北要冲、宋人视为天下咽喉的襄阳、樊城发动主要攻势，并在两淮及四川采取牵制性的进攻。

　　这一新战略的先决条件是拥有强大水军，堪与宋军在汉水与长江之上决一雌雄。忽必烈即位前，其谋臣郝经所上"东师议"便曾建议："命一军出襄、邓，直渡汉水，造舟为梁，水陆济师。"[1]在此一建议上，郝经强调水军的重要性。忽必烈采行以荆襄为突破口的新策略，可能由于蒙军已拥有基本水上武力，并已掌握水战之奥秘。但此时水军仍未占有优势，唯有加强实力，始可成为发动总攻势的主要工具。蒙古朝廷上下对此当有共识。监察御史王恽（1227—1304）便曾上《论大作水军事状》：

　　　　征进舟师，固未尝阙。然可大作一军，召募两淮，黄河上

---

①同第页399注⑤。

下并南人归顺者,兼用其力,舡舰一依宋法。精选大将,使之专习水战。①

此状明言蒙古水军不如宋朝,必须仿效后者,大力加强。较王恽建议更具影响的是刘整(1213—1275)的献言。刘整原为宋知泸州兼潼州路安抚副使,于1261年降蒙,任汉军都元帅,佐助征南都元帅阿术围襄阳、樊城。1270年他对阿术进言:"我精兵突骑,所当者破,唯水战不如宋耳。夺彼所长,造战舰,习水军,则事济矣!"②阿术遂与他联合上奏说:"围攻襄阳,必教练水军、造战舰为先务。"③此一建议得到忽必烈的批准而付诸实行。刘整显然并非建议扩张水军的第一人,但他对蒙古水军大肆扩张的推动与执行出力最大。

忽必烈的扩建水军,在围攻襄、樊之前已着手进行。在其即位之初,忽必烈即擢任张荣实为水军万户④,合解成所统,此时已有水军二万户。1265年,阿里不哥(Arigh Böke,?—1266)及李璮之乱皆已平定,北顾无忧,忽必烈乃积极筹划备宋,敕边军习水战,屯田⑤。明年,董文炳受命为邓州(河南邓县)、光化(湖北光化)行军万户兼河南等路统军副使,造战舰五百艘,肄习水战,讲平宋方略⑥。

---

① 《秋涧先生大全文集》卷八六,13a—13b。
② 《元史》卷一六一《刘整传》,页3785。关于刘整降元之经过及其影响,参看陈世松、喻亨仁、赵永春《宋元之际的泸州》(重庆,1985),页74—87。
③ 《元史》卷七《世祖本纪》,页128。
④ 《元史》卷九八《兵志》,页2510。
⑤ 《元史》卷六《世祖本纪》,页106。
⑥ 王磐《赵国忠献公神道碑》(李正儒修《重印嘉靖藁城县志》卷九,1924,3a)及元明善《藁城董氏家传》〔苏天爵《国朝文类》(四部丛刊本)卷七〇,7a—7b〕皆云:"造战舰数百艘。""五百"之数系依据《元史》卷一五六《董文炳传》,页3670。

同年，山东统军副使王仲仁（？—1273）受命督造战舰于汴①，显然都是准备攻宋。襄、樊之围开始后，陕西四川行省于 1268 年受命造战舰五百艘，付刘整使用②。二年后，忽必烈批准阿朮、刘整建议，即命刘整造船五千艘③，水军千户朱国宝（1230—1288）便曾参与督造战舰④。

训练水师与建造战舰同时进行。1267 年均州总管张禧（1217—1291）奉命改任水军总管，其部增加二千五百人，令习水战。其中五百七十人来自汉军将领贾文备（？—1204）部，由千户郝德昌（1204—1273）率领，参加训练，据说"波涛汹涌之间，舟楫艘舰，凡所动用，无不开合进退，缓急向应，钲鼓旗帜，号令一新"⑤，训练可能相当有效。而刘整受命大造战舰后，更是"日练水军，虽雨不能出，亦画地为船而习之"，共训练了七万余水军⑥。

水军的编制亦随着船舰、人员的增多而扩大。襄、樊前线水军即有四万户，刘整于 1271 年受命统领⑦。同时设有水军总管府，汉人文臣游显（1210—1283）任总管水军万户，当为管理水军四万户者⑧。1272 年此一水军总管府即遭废除。此后四万户当直属于指挥荆襄战场的荆湖行枢密院。此时任水军万户者有张荣实⑨、

①《元史》卷六《世祖本纪》，页 110。胡祗遹《同签东川行枢密院事王公神道碑铭》则曰："造船未毕，调充眉州管军万户。"见《紫山先生大全文集》卷一七，3a。
②《元史》卷六《世祖本纪》，页 117。
③《元史》卷一六一《刘整传》，页 3785。
④《元史》卷一六五《朱国宝传》，页 3876。
⑤《青崖集》卷五《故水军千户郝公神道碑》，12b。
⑥《元史》卷一六一《刘整传》，页 3785。
⑦《元史》卷一六一《刘整传》，页 3785。
⑧姚燧《牧庵集》（四部丛刊）卷二二《平章政事游公神道碑》，1a。
⑨《元史》卷一六六《张荣实传》，页 3965。

解成之子解汝楫①、张禧（1273 年始升任为万户）②、帖木儿不花（Temür Buqa，淄莱水军万户）③等。另有邓州新军万户忙兀台（Mang'udai）于 1271 年治水军于襄阳之西汉水南岸的万山④，可能亦为水军万户。中下级水军将领现尚知名者则有王守信（1238—1293，张荣实部千户）⑤，朱国宝（解汝楫部镇抚）⑥，哈剌䚟（Qaradai，1237—1307，镇抚）⑦、郝德昌（张禧部千户）⑧，邢德立、张志（皆千户）⑨，宁玉（1232—1302，摄□□府事，兼主浮梁津渡，教习水战）⑩等人。由上可知，水军将领绝大多数为汉人，所统部队亦为汉军。不过将领中亦有少数蒙古、色目人。帖木儿不花为蒙古苔苔里带（Tatardai）人，所部为淄莱水军，原来当为李璮旧部。忙兀台为蒙古达达儿（Tatar）氏，所统为邓州新军，原为真定史氏旧部。哈剌䚟为色目哈剌鲁（Qarlugh）人，其部可能亦为汉军。此外，清州张荣之孙张君佐（1237—1307）⑪、薛塔剌海之孙薛四家奴⑫，此时均任炮水手元帅，在襄、樊作战，其部可能亦有水军。

　　由于蒙古此时系以襄、樊为主攻地区，四川及两淮蒙军的攻势

---

①《元史》卷一六五《解诚传》，页 3870。

②《元史》卷一六五《张禧传》，页 3865。

③《元史》卷一三二《帖木儿不花传》，页 3219。

④《元史》卷一三一《忙兀台传》，页 3186。

⑤《牧庵集》卷二三《同知广东宣抚司事王公神道碑》，12a。

⑥《元史》卷一六五《朱国宝传》，页 3876。

⑦《元史》卷一三二《哈剌䚟传》，页 3216。

⑧《青崖集》卷五《故水军千户郝公神道碑》，12b。

⑨《元史》卷六《世祖本纪》，页 122。

⑩阎复《静轩集》（藕香零拾本）卷五《沿海上万户宁公神道碑铭》，48b—50a。

⑪《元史》卷一三一《张荣传》，页 3582。

⑫《元史》卷一五一《薛塔剌海传》，页 3564。

仅旨在牵制,在这两个地区并未大肆扩建水军。但是,蒙古此时又责令高丽制造船舰。高丽所造船舰后来均用于1274年第一次征伐日本,但当初忽必烈亦有用以自海道攻宋之意。1268年,忽必烈遣使责问高丽元宗(1260—1274):"今将问罪于宋,其所助士卒、舟舰几何?"①同年又对高丽使臣李藏用(1202—1272)说:"自尔来者言,海中之事,于宋得风三日而至,日本则朝发而夕至。""今出军,尔等必疑将出何地,或欲南宋,或欲日本,尔主当造舟一千艘,能涉大海,可载四千石者。"②忽必烈有自高丽由海上攻宋之意甚为明显③。而且同年他又派遣都统脱朵儿(Todor)及统领王国昌(?—1271)至高丽视察攻宋最为便捷的出发点黑山岛④。此一海上攻宋计划未得实行,可能由于蒙古人对海上航行及作战全无经验,为免重蹈金海陵王水师覆灭的前辙,不得不取消计划。宋文天祥(1236—1283)于1256年所上对策中说:"彼未必不朝夕为趋浙计,然而未能焉!短于舟,疏于水,惧吾唐岛之有李宝(?—约1165)在耳!"⑤此策虽非写于忽必烈之时,却反映了忽必烈不能自海上攻宋的原因。

蒙古虽然不能自海上攻宋,但襄、樊地区的水军已足与宋军相抗衡。蒙军在襄、樊历次战役中投入的舰次及水军人数甚为

---

① 《高丽史》卷二六《元宗世家》,396b。
② 同上,卷一〇二《李藏用传》,202b—203a;《元高丽纪事》(学术丛编本),14a—14b。
③ 日本学者池内宏则认为:元廷责令高丽造舰为攻宋云云,不过为一口实,其实际目的则在攻日。可备一说。见池内宏《元寇の新研究》(东京,1931),页44—47。
④ 《高丽史》卷二六《元宗世家》,397a;《元史》卷一六七《王国昌传》,页3926;《元高丽纪事》,15b。
⑤ 文天祥《文山先生全集》(四部丛刊)卷三《御试策一道》,16a。

庞大①,有效地执行了封锁水道、阻挡敌援的任务。襄、樊之役的十五次水战中,蒙元军获得十三次胜利,十次阻援成功②,宋军每次驰援均投入甚大人力、物力,甚至多达战舰三千艘、战士十万人。蒙元水陆军阻援成功,不仅使襄、樊二城因矢尽援绝而告陷落,而且使宋朝军力——尤其是水军——损失甚大,为以后灭宋减少甚多阻力。

五

襄、樊于1273年陷落后,宋朝中路门户洞开,各战区首尾不能相应。蒙元灭宋的时机乃臻成熟。忽必烈遂于1274年命伯颜(Bayan,1236—1294)、阿术率领大军由汉水入长江,长驱东下,并在四川及两淮发动牵制性的攻势。伯颜大军于1275年进占长江下游重镇建康,然后兵分三路,明年会师临安,迫使宋廷投降。

此一阶段的宋元战争,主要决战于长江之上。水军重要性更见增加。自夺取襄、樊后,蒙元便立即在各战区进一步加强水军,积极备战。襄、樊方面,忽必烈再度接受刘整建议,教练水军五六万,并在兴元金州、洋州及汴梁等处造船二千艘③。同年六月,又

---

①据陈世松等的统计,在襄、樊战役中,蒙军先后投入约一万三千三百舰次,水军约十五万人(陈世松等前引书,页206、376)。但此一统计有待商榷。该书页206之表将蒙古军前后所制船舰及所练水师与历次战役所投入之船数、人数合而计之而得出上述二数。但是历次投入战斗之船舰及水军应系来自上述制造的船舰及训练之水军,两者不应相加。
②李天鸣前引书,第2册,页1090—1091。
③《元史》卷八《世祖本纪》,页148。

敕襄阳造战船千艘①。曾在高丽督造战船的招讨使綦公直又在襄阳参与督造战舰、运舟的工作②。1274 年,元廷又命造战舰八百艘于汴梁,当亦供荆、襄及两淮使用③。

两淮方面,水军亦有所加强。1274 年正月,敕荆湖行枢密院以军三万及水、弩、炮手隶淮西行院④。同年六月,时已调任淮西行中书省(淮西行院改)左丞的刘整又请求增加甲仗及水、弩手,得到批准⑤。明年二月,元廷又以河南战船千艘送至邳州(江苏邳县)⑥。六月,又以涟海新附人丁顺等括船千艘,送淮东都元帅府⑦。淮西舰队后在安庆与荆湖大军会合后,参加了丁家洲、焦山等重要战役⑧。在四川战区,蒙古人管军万户速哥于 1274 年领成都高哇哥等六翼及京兆新军,教习水战,后得出任成都水军万户⑨。总之,发动长江攻势的前夕,蒙古各战区水军实力皆有所增长,而担任主攻的荆湖行中书省(由行枢密院改)麾下之水军尤其强大。

在 1274 年至 1276 年对宋总攻击中,水军已成为攻击主力,而蒙胜宋亡是决定于长江上的三大水战。1274 年十二月,鄂州渡江

①《元史》卷八《世祖本纪》,页 150。
②《元史》卷一六五《綦公直传》,页 3883。王盘《綦公元帅先茔之碑》〔毕沅等编《山左金石志》(嘉庆二年刻本)卷二一,23b—26b〕未言其督造船舰于襄阳之事。
③《元史》卷八《世祖本纪》,页 153—154。
④《元史》卷八《世祖本纪》,页 153—154。
⑤《元史》卷八《世祖本纪》,页 155。
⑥《元史》卷八《世祖本纪》,页 161。
⑦《元史》卷八《世祖本纪》,页 168。
⑧《元史》卷八《世祖本纪》,页 168。
⑨《元史》卷一三一《速哥传》,页 3182。

之役,蒙、宋双方各有船舰万艘参战①。但是宋皆巨舰,蒙元船只十不当一②。蒙军却巧妙运用侧背迂回战术,顺利登陆长江南岸。并在青山矶、浒黄洲江面,击败宋朝水军,掳获战舰千余艘③。由于此役的胜利,蒙军得以控制长江中游,并顺江而下。1275年二月,丁家洲(安徽铜陵东北)之役,蒙军以水陆三面夹击的战术,击溃宋宰相贾似道所率的战船五千余艘、十三四万人的大军,并掳获战舰二千五百艘④。同年七月的焦山(江苏镇江北)之役中,宋都督总统张世杰(?—1279)动员万余艘战舰,而且其中多为黄鹄和白鹞式的海上战舰⑤。蒙军运用火攻,击溃在焦山南北面组成方阵的宋朝舰队,掳获700余艘战舰⑥。此役中,宋朝江上水军毁灭已尽,而海上水军大部亦多已摧毁。

六

　　焦山战役后,蒙元水军在河川上作战的使命已告完成,而海岸作战的阶段于焉开始。1275年冬,蒙元军自建康分三路向宋行在临安发动总攻击。其中左路军即为董文炳所将之"水陆精兵数十万人"(恐为数万人之误),由江阴出发,出江入海,在盐官(浙江海

---

①刘敏中《平宋录》(中国内乱外祸历史丛书),上,页267;《经世大典·序录·征伐·平宋》,《国朝文类》卷四一,16a;《元史》卷八《世祖本纪》,页158。

②刘敏中《中庵集》(四库全书本)卷一五《萨木丹公神道碑》,22a。

③陈世松等前引书,页250—253;李天鸣前引书,第2册,页1155—1161。

④陈世松等前引书,页263—265;李天鸣前引书,第2册,页1185—1188。

⑤《经世大典·序录·征伐·平宋》,17b。

⑥陈世松等前引书,页301—303;李天鸣前引书,第2册,页1225—1227。

宁西南）登陆，与伯颜所率中路军及阿剌罕（Alaqan, 1233—1281）所统右路军会师临安。迫使宋廷于 1276 年正月出降。此后，蒙元水军又在清剿浙、闽、粤沿海宋军及在 1279 年崖山（广东新会南海中）一役击溃宋室最后抵抗力量上起了决定性作用。

过去蒙元军因缺少海上水军，未能自海上攻宋。蒙元水军原为河川作战而建立，所拥船舰，显然多不适航海。海上水军是在焦山战役前后逐步形成的。其船舶主要来源有三：一为自制，一为掳获，一为宋朝降人的奉献。蒙军前后自制的海舶为数不少。1275年占领建康后，千户宁玉督造巨舰可胜万斛者①，此等巨舰之建造当不是为江上之用。焦山战役后，阿术命招讨使王世强造白鹞海船百艘，并自四十一翼万户中，摘派汉军三千五百、新附军一千五百，由王世强及哈剌𩀱统之，此军乃成为董文炳统以出海的水军核心②。临安陷落后，哈剌𩀱升任沿海招讨副使，奉命督造海船千艘③。宋朝建造海舶最重要的为明州（浙江宁波）、泉州、广州等地④，这些地区纷纷落入蒙军之手，蒙军营建海舟，乃能得心应手。

蒙军在历次战役中掳获的宋朝海舶为数甚为庞大。焦山一役即已夺得黄鹄、白鹞海船七百余艘。以后蒙军在东南沿海追剿宋

---

① 阎复《静轩集》（藕香零拾本）卷五《沿海上万户宁公神道碑铭》，48b—50a。
② 《元史》卷一三二《哈剌𩀱传》，页 3215。罗荣邦教授认为：蒙元水军的实力在长江战役结束时已自襄、樊之战之"四翼"扩张至"四十一翼"。此一说法乃系对《元史·哈剌𩀱传》的误解。襄、樊之役的四翼系指水军四万户。1275 年时蒙元水军绝无四十一万户之多。《哈剌𩀱传》所言"就四十一万户翼摘汉军三千五百、新附军一千五百，俾哈剌𩀱、王世强并统之"中之"四十一万户翼"乃指士卒摘发所自之万户，绝非说此时水军有四十一万户翼。元代水军从无四十一万户之多。自襄、樊之役至焦山战役后，蒙元水军实力增加不少，但应无十倍之多。
③ 《元史》卷一三二《哈剌𩀱传》，页 3216。
④ 章巽前引书，页 66。

军的历次战役亦屡有斩获。如 1276 年元军陷兴化（福建仙游东北），掳获海船七十八艘①。同年炮水手元帅薛四家奴败宋军于滦江，获战舰千余艘，其中当有不少海舶②。又如哈剌鞥及元帅刘深于 1277 年与宋张世杰军大战于广东七洲洋上，掳得船二百艘③。此外，宋朝降人先后也奉献了不少海舶，最有名的例子为朱清（1237—1303）、张瑄（？—1303）及蒲寿庚。朱、张二人是以崇明岛为基地的海寇，多年纵横海上，实力甚大④。董文炳派遣王世强及千户董士选招降成功，得海舶五百、众数千人⑤。这些艘舶及人员遂成为董文炳自海道攻宋武力的一部分。阿剌伯裔蒲寿庚曾在泉州"擅蕃舶利者三十年"，受宋任命为泉州市舶司及福建沿海都制置使，其下当有大量海舶。他于 1277 年 1 月投降蒙古，得任闽粤大都督、兵马招讨使，其庞大船队自为蒙古所用。寿庚本人亦曾于 1278 年 3 月与元帅刘深等以舟师下海，进击宋帝昰（1276—1278）、帝昺（1278—1279）⑥。

由于宋水军主力在 1275 年已告摧毁，而蒙元海上水军不断增强，后者在历次战役中皆未受到甚大抵抗。董文炳进攻临安时，经

①元明善《河南行省丞相高公神道碑》，《国朝文类》卷六五，18a。

②《元史》卷一五一《薛塔剌海传》，页 3564。

③危素《危太朴文续集》（吴兴刘氏嘉业堂本）卷八《合鲁公家传》，2a。

④关于朱清与张瑄，参看陈登原《朱清张瑄与海上交通》，《新中华》第 3 卷第 8 期（1934），页 33—40；夏定域《元朱清张瑄事迹录》，《浙江大学文学院集刊》3（1943），页 1—29；Tien Ju-kang（田汝康），"Mongol Rulers and Chinese Pirates"，*History Today* 33（1983）. pp. 33—39；植松正《元代江南の豪民朱清張瑄について》，《東洋史研究》第 27 卷第 3 号（1968），页 46—71。

⑤《藁城董氏家传》，9b—10a。

⑥关于蒲寿庚，参看桑原骘藏著，冯攸译《中国阿剌伯海上交通史》，上海，1930；罗香林《蒲寿庚传》，台北，1955；罗香林《蒲寿庚研究》，香港，1959；陈自强《蒲寿庚宋末提奉市舶三十年说考辨》，载于福建泉州海外交通史博物馆编《泉州伊斯兰教论文选》（福州，1983），页 251—255。

行之处如江阴、许浦、澉浦等地原为宋水军重要基地,却都闻风而降,使文炳所率水军不战而抵临安。夺取临安后,元廷任命王世强为沿海招讨使,哈剌觯为副使(后升为沿海经略使)①,负责绥靖东南沿海任务,曾先后在浙西、福建、广东作战,虽未经历大规模海战,却达到逐渐消灭南宋残余力量的目标。而海上水军在彻底消灭宋朝的崖山之战更担负了独脚重任。崖山为宋帝行在所,忽必烈为彻底消灭宋朝,乃派遣蒙古汉军都元帅张弘范(1238—1280)与江西行省参知政事李恒(1236—1285)会兵进击。在 1279 年 2月发生的崖山海战中,宋军有舰千余艘,内大船极多,而蒙元方面仅有船舰四五百艘。而蒙元舰队凭借正确的战术与充沛的攻击精神击溃了宋朝舰队,帝昺蹈海而死,宋朝遂亡②。崖山海战,不仅结束时逾四十年的宋、元战争,也是蒙元水军发展的一个高峰。

七

以弓马称雄天下的蒙古人能够建立强大水军而覆灭凭借水军立国的南宋,表面看来,似不无意外。实际上,并非无踪迹可寻。蒙古之能够建立强大水军主要由于两点原因。

---

① 《元史》卷一三二,页 3216,《哈剌觯传》。
② 关于崖山海战,参看陈世松等前引书,页 356—361;李天鸣前引书,页 1473—1483;汤翼海《宋代崖门之役史实补遗》,《大陆杂志》第 33 卷第 6 期 (1967),页 12—17;饶宗颐编《九龙与宋季史料》,香港,1959。此外 H. W. Huber 撰有 "Between Land and Sea: The End of the Southern Sung", 自文学观点,尤其是文天祥的诗论崖山海战,该文载于 A. T. Tymieniecka (ed.), *Analecta Husserliana*, vol. 19 (1985), pp. 101 - 128。承闵道安 (Achim Mittag) 博士惠寄该文影本,谨此铭谢。

第一,蒙古人对环境的适应。蒙元水军的诞生与成长乃是经过数代人之努力。自蒙古人初入中原,至灭宋止,前后近七十年。在此七十年中,随着作战环境的变换,不仅蒙古朝廷对水军重要性的体认日深,蒙古、色目将士对水战奥秘的掌握也日益牢固。在蒙、宋战争中、后期,不少蒙古、色目将领担任水军统领而有卓越之表现。骑战与水战之技巧原得自后天的培养,而非来自先天之禀赋。蒙古人在进入中原六十余年后掌握水战之奥妙并不意外。过去论及蒙元海外远征尽告失败者,往往归因于蒙古人不善水战,可能不尽正确。

第二,蒙古人充分利用中土的人力、物力与技巧。营建强大水师的先决条件很多,不仅需要"使船如使马"的舵工、水手,惊涛骇浪中飞戈走戟、一如平地的战士,以及熟谙水战战术的将领,而且还需要大量的木材、帆布、绳索以及卓越的造船技术。蒙古人善于运用汉人、南人的资源以补本身之不足。汉地船材、水手皆不如江南充裕,而造船技术亦较落后,但蒙古人对汉地这些有限资源加以有效动员,故能发挥效用。成吉思汗即已利用汉人张荣等造船,蒙、宋战争更先后在汴梁、邓州、陕西等地造船,都是利用汉地的技术与物资。在河北、山东——也就是古代之燕、齐——之居民,自古便以善于航海见称。而内陆临近河川、湖泊地区也有不少"善水战"之"水乡人"①。现知蒙元水军将领中,十之六七皆为汉人,而以河北、山东人为最众。他们乃是因"善水战""有鼓櫂之勇"而得重用②,负责建立并统率水军。其中解成、张荣实、张禧、张荣、薛

①《元史》卷一五一《王义传》,页3567;参看《紫山集》卷一八《行深冀二州元帅府事王公行状》,35a—40b。
②《元史》卷一六五《解诚传》,页3870;阎复《静轩集》(藕香零拾本)卷五《沿海上万户宁公神道碑铭》,48b—50a。

塔剌海、张札古带等人的子孙都是世统水军、炮水手军或船桥军。蒙、宋战争中，此等汉人水军将领贡献甚大。终元之世，水军也多由其家族所控制。而在蒙、宋战争中之水军士兵也多自汉军单位转调而来。罗荣邦教授认为后来元朝之水军不过是南宋水军之复活，并不完全反映实情①，因为元朝水军是以北方汉人为骨干。

水战本为南人之长技。蒙、宋战争中，蒙元不断运用其所控制南人地区的资源增强其水军，变敌长为己长，襄、樊战役时大肆扩建水军主要出于宋降将刘整之建议，而七万水军之训练也由他负责。蒙元水军之壮大，刘整无疑为一枢纽人物。由于宋降将之助力，蒙军乃能尽得南宋水军之奥秘。蒙、宋战争后期之战舰，大部逐次建造于南宋境内之荆襄、四川、建康、明州等地，蒙元显然利用了此等地区之物力并吸收了宋人先进的造船技术，可能正如王恽所建议："舡舰一依宋法。"可惜已无足够数据可以详考。水军的运作有赖舵工水手，蒙军在历次中大量招募南人水手，其船舰始得运作自如②。

由于上列原因，蒙元水军日趋强大。但是，不仅长江阶段诸役，即在崖山海战中，宋舰队仍占船数上之优势。蒙元水军为何能击败历史悠久而数量上又占优势的宋朝水军？要解答此一问题，必须自宋、蒙战争的整个局势以及双方水军的各种条件两个观点着眼，加以分析。

---

①Jung-pang Lo，"The Emergence of China"，p. 492.

②蒙元招募南人舵工、水手之例很多。1236 年宋起居郎吴泳奏称蒙军以厚利引诱宋朝舟师〔《鹤林集》（四库全书本）卷二〇《边防札子》，15a〕。1259年游显督别帖万户战船，篙师不足，显自降人中选取九百名能操舟者而用之，1257 年宋吴潜奏称，蒙古汉将李璮造船海州，且厚以银两招募南方水手（《许国公奏议》卷三《奏晓谕海寇复为良民及关防海盗事宜》，页 87—88）。又据文天祥说，张弘范率以征崖山的舰队中，水手皆闽、浙人（见《文山全集》卷一六《集杜诗·祥兴·序》，10a—10b）。

水上战争是蒙、宋战争的一环。而战争的胜负又与双方整体政治、军事情势密不可分。宋朝季年,政治腐败,重臣相互倾轧,领导乏人,战和不定。而且南宋一向重文轻武,以致兵备松弛,将士素质与士气两俱低落,缺乏统一指挥,将领党同伐异,不能团结,战略战术被动消极①。反观蒙元方面,事事与宋朝相去甚远。自忽必烈立国中原,摧毁南宋,一统华夏,已成为其首要政治军事目标,其间虽经历不少内忧,却仍能贯注于此一目标。忽必烈本人运筹于上,改变正确之政略与战略。其下伯颜、阿朮、张弘范等人将材优异,指挥统一,严格执行忽必烈所定策略,而且蒙元军军纪严格,赏罚分明,士气与训练皆远胜于宋军。双方胜败之势,甚为明显。

　　从双方水军各种条件来考察,宋败蒙胜亦非偶然:第一,蒙元水军为一新兴力量,吸收了宋水军之优点,而少其缺点。宋朝水军则已趋于衰败。据罗荣邦教授的研究,宋朝水军于 1164 至 1204 年间达到巅峰。其后,在量的方面虽略有增长,但质的方面衰落甚遽。蒙、宋战争开始后,水军损耗甚大,未能及时补充,以致船只短少,士兵缺额,训练不良,士气不振,而且不断征用商船,亦使商船主离心离德②。吴潜即屡次奏陈水军衰败情状。如在 1239 年他指出镇江水军五千人,其中"人物坚壮可以出战者,极不过五百人,余皆疲癃脆懦、纤细短弱,指一可什,决不能于惊涛巨浪之中,飞戈走戟,击刺如神,此皆三十年之积弊"③。十四年后,他对定海水军亦有相同印象,可见情形未见改善④。他因而感叹说:"使天佑国家,虏马不至于饮江,犹之可也。万一如叛臣宗雄武、金之才辈之

————————

① 参看陈世松等前引书,页 374—380;王瑛《综析伯颜攻宋战争中南宋灭亡的原因》,载于胡昭曦编前引书,页 244—297。

② Jung-pang Lo, "Maritime Commerce", pp. 91—100.

③ 《许国公奏议》卷三《奏乞增兵万人分屯瓜洲平江诸处防拓内外》,页 62。

④ 同上,卷四《条陈海道备御六事》,页 94—95。

虑之计,则江南之事,岂不甚岌岌乎?"①可见在这位边防重臣心目中,水军已无力担负江防、海防之重任。襄、樊战役期间,上官涣上封事说:沿江水军"如京口(镇江)、龙湾(建康)、采石舟师粗整,稍堪调用。池阳(即池州)而上,大体疏卤。每隘不过二三千人,船三四只,备御疏漏,见之令人心寒"②,亦可看出长江中游以上水军衰败的情形。总之宋季水军已是外强中干,非复当年盛况。

第二,战略、战术的优劣。宋军在战略、战术上皆采被动消极的单纯防御,其水军亦然。但是,水军是一种机动军种,用于攻击,最为有效,功能与骑兵相近。宋军却未能运用优势水军作为战略攻击的工具。主要用之为水路驰援、解救危城的防御手段。襄、樊被围期间,名儒金履祥(1232—1303)曾上书朝廷,建议派遣重兵,直捣幽、蓟,以牵制襄、樊蒙军③。此一以水师为主力的大胆攻击策略,显然未被采行。宋朝几次派遣水军北上突袭,规模甚小,无法发生作用。蒙元方面,早期水军由于实力不强,仅用作辅助攻击。但在长江战役阶段,水军已成主攻的兵种。在战术的层次,宋舰队在大规模水战中多采被动防御。如在焦山战役,宋舰每十艘连为一舫,贯以铁索,沉碇于江④。崖山之役,宋方也是"綦结巨舰千余艘,中舻外舳,贯以大索,四周起楼棚如城堞"⑤。这种以船舰结为城堡的被动防御完全忽视水军机动的特长,不仅陷于被动挨打,而且多遭火攻而致覆灭。与宋军相反,蒙元多以水军作为攻击的工具,灵活运用正面攻击、侧背迂回、水陆协同夹击等战法,勇猛

①《许国公奏议》卷三《奏乞增兵万人分屯瓜洲平江诸处防拓内外》,页62。
②佚名《咸淳遗事》(粤雅堂丛书),卷下,22a—22b。
③金履祥《仁山金文安公文集》(金华丛书)卷四《附编》,章赞《金履祥传略》。
④《元史》卷一二八《阿术传》,页3122。
⑤《宋史》卷四七《二王纪》,页945。

攻击以破敌主力①。由于战术不同,宋水军多倚恃大船。大船威力虽大,但缺乏机动性,运作全靠风力,无风则陷于被动。焦山之役,宋舰便因无风而致挨打②。而蒙古水军则善于运用"水哨马""拔都兵船"等轻舟,取其往来如飞、便于攻击之利。总而言之,宋军似以水军执行守城步兵的功能,而蒙军则以水军用作冲锋陷阵的骑兵。这种运用上的差别,不仅反映两军策略及士气上的歧异,也反映两国军事传统的不同。

第三,陆上协同作战力量强弱的差异。蒙、宋战争中之水战绝大多数发生于内陆河川之上。内陆水战与海战有一明显的差异。海战中水军独力作战,旁无倚恃。而内陆水战中水军多与步骑兵协同作战,步骑兵的表现往往影响水军的胜负。蒙元水军原来虽处于弱势,但其陆上协同作战力量远胜于宋,因而每每凭借步骑兵的支持而击败宋朝水军。

总而言之,蒙元水军乃是适应对宋作战的需求而产生与发展的。水军的有无与强弱影响了蒙元对宋战略与战术的改变,而战略的变化又促使水军逐渐壮大并担负日益重要的角色。最初水军仅有补助骑、步兵作战的作用,后来却成为长江、大海上攻击并消灭宋朝武力的主要兵种。倚恃此一水军,蒙古人得以克服华中、华南的地理障碍及宋朝的水上优势而统一中国。

从蒙元水军发展的历史看来,蒙古人之能征服欧亚并一统华夏,骑兵之强大并非唯一原因。更重要的是,蒙古人能不断适应不同地理环境,增加新兵种,吸收新战法,并充分动员当地一切资源,

---

① 参看李天鸣前引书,第 3 册,页 2048—2054。
② 袁庭栋、刘泽模前引书,页 381。

以供作战之需①。蒙、宋战争中建立强大水军并恃以攻灭南宋便是这种适应力与动员力的充分表现。金哀宗(1224—1234)曾说过:"北兵所以常取全胜者,恃北方之马力,就中国之技巧耳! 我实难与之敌。"②这位亡国之君一语道破蒙古人战无不胜秘密之所在,其言较前引李德·哈特所说更为周延③。而水战正是蒙古人在蒙、宋战争中学习而得并恃以灭宋的一项"中国之技巧"。

〔原刊于《汉学研究》第 8 卷第 2 期(1990),页 177—200;刘道平编《钓鱼城与南宋后期历史》,重庆:重庆出版社,1991,页 204—231〕

---

①Thomas T. Allsen 即认为蒙古人最善于动员其所控制地区之资源,见所著 *Mongol Imperialism. The Policies of the Grand Qan Möngke in China, Russia, and the Islamic Lands, 1251-1259*(Berkeley,1987),p. 7。

②《金史》卷一一九《完颜娄室传》,4b。

③B. H. Liddell Hart, *Great Captains Unveiled*(Boston,1927),pp. 27 and 32.

元代的儒户:儒士地位演进史上的一章

一、引言

在中国的传统社会里,以儒士为中心的知识分子——也就是通称的"士大夫"——是一个最受尊崇的"身份团体"(status group)①。不仅名登仕版的"大夫"有其法定的崇高身份,即使是未入仕途的"士"人也享有种种的优待。士人固然可能富埒王侯,也可能贫无立锥,在经济上属于迥然不同的"阶级"(class),但在法制及社会上所享受的特权和荣誉则大同小异。

---

① "身份团体"(status group)一词,系 Max Weber 所创,指享有相似社会地位的人群而言,以别于以经济为主要评准的"阶级"一词,见 Weber, *Essays in Sociology*(trans. by H. H. Gerth and C. W. Mills, New York, 1946), pp. 186-187。Weber 本人即曾以此观念分析士人在中国社会的地位:见所著 *The Religion of China* (trans. and ed. by H. H. Gerth, New York, 1964), pp. 107-141。以此观点研究中国社会最深入者当推瞿同祖先生,见 T'ung-tsu Ch'ü, "Chinese Class Structure and Its Ideology", in J. K. Fairbank (ed.), *Chinese Thought and Institutions* (Chicago, 1957), pp. 235-250; idem, *Law and Society in Traditional China* (The Hague, 1965), pp. 128-206; idem, *Han Social Structure* (Seattle, 1972), pp. 63-159。

传统中国社会的塑造，受儒家影响最大。以士居四民之首的说法，虽然可能出之于管仲，但似为封建后期思想界普遍的看法①。造成士人优越地位最具决定性的影响当推儒家的尚贤观念。儒家思想原以政治为主要对象，而以教育为培养优良统治者的手段。士君子熟谙经术文学，乃为推行礼乐教化所不可或缺。因此，儒家虽主张有教无类，却又认为劳心的"君子"，应该"治人"和"食于人"，居于劳力的"小人"之上，享受优崇②。

　　自从汉武帝罢黜百家、独崇儒术以后，至少在形式上儒家思想已成为国家的最高指导原则。虽然，历代帝王大多阳儒阴法，"以儒术缘饰吏治"，但像汉宣帝那样公然承认"汉家自有制度，本以霸王道杂之"的③，究属少见。因此儒家思想对中国政治、法制有一定程度的约束性，后世帝王非崇敬儒士便无法使其政权合法化。除去这思想上的顾虑外，在实际的层次，也有不得不崇敬儒士的苦衷。历代帝王创业，大多凭借武力，但都面临"天下自马上得之，不可以马上治"的问题。为长治久安计，不得不崇用和优遇士人，以取得佐治的人才。因此，历代君主不仅赋予已登仕版的官吏种种特权，即使在野的士子也多享有政治、经济和法律上的优遇，和农、工、商人在身份上判然有别。瞿同祖教授认为在野士人的实际权力与在朝官员虽大有区别，两者所受优遇及荣耀则颇为近似，同为中国社会中的"秀异分子"（élite）④。

---

① 陈登原《国史旧闻》（台北，1971），上，页 228—229。
② 关于儒家的社会阶层论，参看 T'ung-tsu Ch'ü, "Chinese Class Structure and Its Ideology", pp. 246-248；何炳棣（Ping-ti Ho）先生所著 *The Ladder of Success in Imperial China* (New York, 1964), pp. 1-9 and 17-21。
③《汉书》（百衲本）卷九二〇。关于中国历朝阳儒阴法的事实，萧公权先生曾著文讨论，见所著 "Legalism and Autocracy in Traditional China"，《清华学报》新 4 卷第 2 期（1964），页 108—122。
④ Ch'ü, "Chinese Class Structure and Its Ideology", pp. 246-247.

儒士的受优遇,在西汉已见端倪。汉代社会中,无论在朝的"大夫"或在野的"士"都享有崇高的身份①。但儒士的地位,并非一成不变。自东汉季年以迄唐代,儒士的地位大不如前。一方面,佛、道日盛,儒家思想的普遍性和影响力都大为削减;南北各朝,或崇僧伽,或尚玄门,儒士的政治与社会地位乃大受威胁。另一方面,在政治上,政府为门阀所控制。当时,"士庶之分"的"士",是指累世簪缨的膏粱华族而言。膏粱华族,固多屡世经术,但其政治与社会地位之取得,主要是以门第为凭借;儒士所专擅的学术既不是月旦人物的评准,更不是撄朱夺紫的主要工具②。

儒士地位的真正奠定在于两宋。若干史家认为中国近世型的士大夫即出现于宋代③。儒士在宋代地位上升乃由下列几点原因所促成:第一,思想上,儒家复兴运动肇始于中唐,至北宋中期而达于波澜壮阔、包罗万象的地步;相反地,佛、道二家已呈再衰三竭之势。这时儒家的声势,乃是空前所未有。此后,学问与儒家的古典教育几乎成为可以互换的名词,所有的读书人也都自命为儒士。第二,政治上,宋代帝王为提高君权计,极力压抑武人、阀阅,提倡文治,奖励教育,扩大科举,以为牢笼士人之具,给予种种优待④,以致当时人有"为与士大夫治天下,非与百姓治天下"的说法。第三,经济上,八世纪初,均田制即已衰败不行,加以二税制度以亩定

---

①Ch'ü, *Han Social Structure*, pp. 63-159.

②毛汉光曾分析两晋南北朝五品以上官员逾四千人,结果证明67.1%来自士族家庭,见所著《两晋南北朝士族政治的研究》(台北,1966),上,页362。

③宫崎市定《宋元の經濟的狀態》,载《東洋文化史大系·宋元时代》(东京,1941),页138—139;岛田虔次《朱子學與陽明學》(东京,1967),页14。

④参看刘子健《略论宋代地方官学和私学的消长》,载宋史座谈会编《宋史研究集》第4辑(台北,1969),页189—207;王德毅《略论宋代国计上的重大难题》,载《姚师从吾先生纪念论文集》(台北,1971),页127—143(页132—134)。

税,政府对土地兼并已不予干涉,至宋代而形成散布各地广袤的庄园,尤以江南最为普遍。另一方面,宋代城市繁荣,商业发达,形成一个有余资可以教育子弟的中产阶级。这些新兴的地主及都市中产阶级之家,是士大夫的温床,也是他们的经济保障。宋代进士多数来自这些拥有坚实经济基础的新兴家庭①。

宋代士人成为最受优遇的身份集团,可由下列事实看出:第一,在政治前途上,由于科举的扩张,读书人的出路有了保障,儒家的经术文学与仕进发生制度性的连锁。进士的上升,虽在中唐已发其滥觞②,但科举在宋代始成为最主要的登仕途径③。第二,在经济上,士大夫享有种种优免。不仅官员之家列为官户,可以免除

① 关于庄园之兴起与科举之家的关系,参看周藤吉之《宋代官僚制と大土地所有》(东京,1950)。E. A. Kracke, Jr. 则认为宋代东南进士最多,盖与该地区都会勃兴、商人兴起有关:见氏著"Rgeion, Family and Individual in Chinese Examination System", in J. K. Fairbank (ed.), *Chinese Thought and Institutions*, pp. 260–262。

② 陈寅恪认为唐高宗、武后以后,朝廷及民间皆重进士而轻明经,代表士族之衰替及新门之勃兴,见《唐代政治史述论稿》(重庆,1944),页 53—68。孙国栋氏则修正了此一说法,孙氏根据《旧唐书》列传,证明唐代后期官员为名族及公卿之家出身者仍达 68.8% 之多,见孙著《唐宋之际社会门第之消融》,《新亚学报》第 4 期(1959),页 211—304(页 279);Denis Twitchett 近曾利用敦煌资料分析唐代统治阶层的组成,也认为贵族始终占据优势。见氏著"The Composition of the T'ang Ruling Class", in Denis Twitchett and A. F. Wright (eds.), *Perspectives on the T'ang* (New Haven, 1974), pp. 47–86。

③ 孙国栋及 Kracke 二氏的研究皆证明:由于科举之扩大,无官宦家庭背景者得以大量入仕。孙氏分析宋史中北宋官员列传,指出 46.1% 的官员系寒族出身(前揭文,页 279)。Kracke 研究南宋之进士录,证明及第进士之半数来自无仕宦背景的家庭〔Kracke, "Family *vs* Merit in Chinese Civil Service Examinations under the Empire", *Harvard Journal of Asiatic Studies* 10(2): pp. 103–123(1947)〕。

徭役及身丁钱,而太学、州学生及得解举人也可免除徭役身丁①,在学学生又享有廪给膳食②;宋代正是学田及贡士庄的扩张时代③。第三,在刑罚上,宋代继承古来"刑不上大夫"的传统,除去品官及其家人犯法,可以免杖,又可免官赎罪外④,曾与省试的举人犯罪,徒杖也可听赎⑤。第四,在荣誉上,士人成为万民羡慕的对象。高门贵族,早成过去;僧、道二门,经过屡行屡禁,声势远不如前。而读书一途,前程既大,又享受种种优遇,儒士遂成为钦慕的对象。"万般皆下品,唯有读书高"一谚正反映了这一事实。

在明、清两代,随着科举制度的改革,经政府认可而享优待的儒士数目大为增加,他们的特权也有了更明确的规定。秀才、举人以及品官,皆成为政府认可的"绅衿"或"绅士",在政治、经济和司法上享有许多优待。绅士地位的取得,固有一部分是靠财力捐纳而来,但大多数是凭赖个人的学问。关于明清时代绅士的地位,论者已多,不需费辞⑥。

在儒士地位的演进史上,自来论者多认为元代是一个儒士地

①王德毅《宋史研究论集》(台北,1968),页 209—212;Brain E. McKnight, *Village and Bureaucracy in Southern Sung China* (Chicago, 1971), pp. 95-121; idem,"Fiscal Privileges and the Social Order in Sung China",in John W. Haeger (ed.), *Crisis and Prosperity in Sung China* (Tuscon, 1975), pp. 91-92。

②王健秋《宋代太学与太学生》(台北,1965),页 189—197;赵铁寒《宋代的州学》,载《宋史研究集》(台北,1964)第 2 辑,页 343—362。

③杨联陞《科举时代的赴考旅费问题》,《清华学报》新 2 卷第 2 期(1961),页 116—130(页 117—118)。

④T'ung-tsu Ch'ü, *Law and Society in Traditional China*, p. 179.

⑤邓嗣禹《中国考试制度史》(台北,1967),页 172—173。

⑥Chang Chung-li, *The Chinese Gentry* (Seattle, 1955);T'ung-tsu Ch'ü, *Local Government in China under the Ch'ing* (Cambridge, Mass., 1962), pp. 168-192;Wolfram Eberhard, *Social Mobility in Traditional China* (Leiden, 1962), pp. 204-219.

位特为低落的时代。蒙元继金朝之后,以异族入主中国,建立第一个统治全中国的征服王朝。金朝虽然也以外族入主,但颇重进士,元初人有"辽以释废,金以儒亡"①的说法,可见儒士并未受到压抑。元代的情形却是不同。元代儒士极受歧视的说法,最初出于南宋遗民的笔下,即是所谓"九儒十丐"的说法。谢枋得《送方伯载归三山序》说:

> 滑稽之雄、以儒为戏者曰:"我大元制典,人有十等,一官二吏,先之者,贵之也;贵之者,谓有益于国也。七匠八娼、九儒十丐,后之者,贱之也;贱之者,谓无益于国也。"嗟乎,卑哉!介乎娼之下、丐之上者,今之儒者也。②

郑思肖的《铁函心史》也说:

> 鞑法:一官、二吏、三僧、四道、五医、六工、七猎、八民、九儒、十丐,各有所统辖。③

谢、郑二氏原是宋遗民中有名的激进派,一方面哀故国的沦亡,另一方面悼衣冠的沉丧,语出过激,并不意外④。但是二氏所说影响极大,近代前辈学人多仍以"九儒十丐"一说为引得来衡量元代的社会。例如钱宾四先生在其名著《国史大纲》中说:"大体当时的社会阶级,除却贵族、军人外,做僧侣信教最高,其次是商人,再次是工匠,又次是猎户和农民,而中国社会上自先秦以来甚占重要位

①苏天爵《元朝名臣事略》(北京,1962)卷一〇,7b—8a。
②《谢迭山集》(丛书集成)卷二,页 20—21。
③《铁函心史》(台北,1957),下,77b。
④关于谢、郑二氏的思想,参看 Frederic W. Mote,"Confucian Eremitism in the Yüan Period", in A. F. Wright (ed.), *Confucianism and Chinese Civilization* (New York, 1964), pp. 252-290;姚从吾师《铁函心史中的南人与北人问题》,《食货》(复刊)第 4 卷第 4 期(1974),页 1—18。

置的士人却骤然失却了他们的地位。"①蒙思明先生所著《元代社会阶级制度》一书也说："儒人在元代地位的卑劣，虽不至于如谢迭山、郑所南之所形容，居于娼之下，丐之上，要亦备受苛虐，而无以异于农民、军、站诸户者也。"②因而，蒙氏在分析元代阶级结构时，便将儒置于僧侣、贵族、地主、富商等所谓"上层阶级"之下，与军、民、站、医各色户计并列为"中层阶级"，仅高于奴隶、娼妓、佃户等所谓"下层阶级"③。可见自来学者即使不完全肯定"九儒十丐"的说法，也多认为元代儒人地位特别低落④，是中国历史的一个特殊时代。

过去研究元代士人活动者已有不少。这些文字的出发点大多肯定元代士人地位极其低下，失去传统的出路，从而分析他们在其

---

①《国史大纲》(台北，1954)，下，页470。

②《元代社会阶级制度》(北平，1938)，页168。

③同上，页98—206。蒙氏之书，取材宏博，见解颇有过人之处，无疑是元史研究的重要著作。但上引元代阶级的分析，颇有观念不清的毛病。蒙氏认为元代社会不仅有基于种族而设立的阶级之间的矛盾，而且有基于经济因素而产生的阶级之间的矛盾。经济阶级间之矛盾，终于超过种族间的矛盾而导致元代社会的崩溃。但是，蒙氏所胪列的由经济因素而形成的各阶级中，许多与经济因素无关。地主、富商、佃户固可说由经济而形成，军、民、匠、站及僧侣等则都是由政治力量而设定的户计，最初非由经济力量所形成，而实际上也可贫可富，不能一概而论。军、民、匠、站等户计中固有地主、富商、佃户，而富商、地主、佃户也必定是这些户计中的一种。元代户计制度中，地主、富商并不另立。因而，蒙氏所谓"日趋混合而后元代社会阶级"，实际上包含基于两个全然不同标准而设定的人户类别，无法说明它们个别的经济力量及负担。

④近似此类的见解，又可见于赵翼《陔余丛考》(北京，1957)卷四二，页943；陈登原前揭书，下，页568—569；岩村忍《蒙古史杂考》(东京，1943)，页57—58。前辈学人中对"九儒十丐"一说，也有不肯轻信者，如阮元《两浙金石志》(广东，1824)，14.12b；陈垣《元西域人华化考》(北平，1934)，8.125a—126a；姚师从吾前揭文，页15—16。

传统活动范围——仕进、经术及古典文学——以外的种种活动,如屈身胥吏,退为医卜,遁隐江湖,退避玄门,或从事于"俚俗"的杂剧创作①。本文则拟从制度史的观点来分析元代儒士的法定政治、经济地位,并将元代儒士与当时其他各身份团体,以及前后各代儒士的地位略作比较,希望从而了解元代儒士的地位是否空前低落,达到"九儒十丐"的地步。

为使分析具体计,本文研究的对象限于所谓"儒户"。儒户并不包括元代全部儒士在内。最初设立儒户时,虽以将金、宋科第之家尽量纳入为原则,但在当时未获纳入之士人已有不少。以后,其他户计下的人丁亦可从师就学,研习学问。这种士人,虽在实质上和自来儒士并无不同,但在法定身份上不属儒户。因此,研究元代的儒户并不等于研究士人的全部。但是,以儒户为分析对象有较为具体之利,因为儒户是元代法定的"诸色户计"的一种,正和民、军、站、匠、僧、道等户一样②。依职业来划分户计并界定人民对国家的义务和权利,是元代的一种创制,部分为以后明、清所承袭③。在这种户计制度下,儒户有其法定的权利和义务,正和明、清时代的绅士一样,便于分析。至于不在儒户的士人,并不具有法定的儒

①这类研究元代士人生活及出处的文字有:程树德《国故谈苑》(上海,1939),上,《元代士人之思想及生活》,页87—95;周祖谟《宋亡后仕元之儒学教授》,《辅仁学志》第14卷(1946),页191—214;孙克宽《元代汉文化之活动》(台北,1968),同人《元初南宋遗民初述》,《东海学报》第15期(1974),页13—33;吉川幸次郎著,郑清茂译《元杂剧研究》(台北,1960),页110—162;Wai-kam Ho 何惠鉴,"Chinese under the Mongols", in Sherman E. Lee and Wai-kam Ho(eds.),*Chinese Art under the Mongols*(Cleveland,1968),pp. 73-112; Frederic Mote,*op. cit*;Lo-shu Fu,"Teng Mu,A Forgotten Chinese Philosopher",*T'oung pao* 52:35-95(1965)。
②关于元代的户计制度,黄清连君有颇为深入的研究,见所著《元代户计制度研究》(台北,1977)。
③Ping-ti Ho,*op. cit.*,pp. 55-67.

人身份,他们的义务权利和浮沉荣辱,与儒士的身份相关不大。因此,对儒户的分析,最可具体地看出儒人在元代制度中的地位。

二、儒户设立的由来及经过

元代以前,原无儒户的设置。元代儒户的诞生,原是为救济在兵燹中流离失所的儒士。一方面使他们与僧、道相等,取得优免赋役的地位;另一方面,也有为国储存人才之意,并不是有意压抑儒士。

蒙古人崛兴于漠北,在成吉思汗(Chinggis Khan)六年(1211)伐金以前,和中原既少接触,对中原的城廓衣冠文明也认识不深。加以,蒙人的伐金,不过是其征服世界战争的一环,汉地不过是以草原社会为中心的大蒙古国(Yeke Mongghol Ulus)的殖民地之一,主要着眼点在于经济的剥削和兵源的罗掘。一直到忽必烈(Khubilai)于中统元年(1260)即位,五十年间,蒙人迄无在汉地建立中国式王朝的计划。当时——尤其是在最初二十年间——蒙人对汉地文化及社会传统,不仅认识肤浅,而且可说是漠不关心。儒家政治学说的重点在于偃武修文、化民成俗和藏富于民,这和蒙古人征服汉地之目的南辕北辙,全无相合之处。儒士之用途受到忽视,原是自然不过的。成吉思汗时代,耶律楚材供职汗廷,当时便有人怀疑:"国家方用武,耶律儒者,何用?"①这恐怕是当时普遍的看法。

蒙古征服者的蔑视,加上遍地烽火和朝代鼎革,自来以仕进为主要出路的汉地士大夫自然受到极大的打击。从他们的观点来

①苏天爵《国朝文类》(四部丛刊)卷五七,1a。

看,金亡(1234)前后,真是一个"天纲绝、地轴折、人理灭"①的时代。他们不仅失去传统的上进之路,有的更完全失去生计的凭借,不得不在向来为士大夫所卑视的各种行业中求一枝栖。宋使徐霆于窝阔台汗(Ögödei Khaghan)七年(1235)访问燕京,据他说:

> 外有亡金之大夫,混于杂役,堕于屠沽,去为黄冠,皆尚称旧官。王宣抚家有推车数人,呼"运使",呼"侍郎"。长春官多有亡金朝士,既免跋焦,免赋役,又得衣食,最令人惨伤也!②

更有许多士大夫沦为驱口(即奴隶),供人驱策。因此,在这一朝代更移、价值变换的时代,向来"治人"和"食于人"的士君子,真是百无一用,失去了传统的地位。

后来儒士取得赋役的优免,乃是援引僧、道之例。在入侵之初,蒙人对儒士的价值虽全无认识,僧、道等宗教士却很早便受到汗廷的青睐。蒙古人固有的宗教为萨蛮教(Shamanism),虽以长生天(Möngke tenggri)为最高主宰,而蒙古可汗亦自称系"倚恃长生天的气力"而君临世界,但宇宙间森罗万象,莫不视为神灵,是一种泛神教。而萨蛮,也就是蒙语所说的"孛额"(bo'e),以能与神灵相通,祈祷祝福,所以极受崇敬。蒙古人在入侵各文明地区后,对各地宗教之高下优劣固无力加以判别,因而一视同仁,而把各种教士皆比之为萨蛮③,视为"告天祝寿者",有益于国,予以"答剌罕"(dark-

---

① 苏天爵《国朝文类》(四部丛刊)卷五七,页 22。
② 《黑鞑事略》(收入王国维编注,蒙古史料四种本),页 495。
③ 札奇斯钦师《西域和中原文化对蒙古帝国的影响和元朝的建立》,《大陆杂志史学丛书》(台北,1967)第 2 辑第 3 册,页 129—135(页 130)。关于蒙古的天授王权的观念,参看萧启庆《北亚游牧民族南侵各种原因的检讨》,《食货》(复刊)第 1 卷第 12 期(1972),页 1—11;Igor de Rachewiltz, "Some Remarks on the Ideological Foundations of Chingis Khan's Empire", *Papers on Far Eastern History* 7:21–36(1973)。

han）的身份①，别于编氓，优免赋役。这种宗教普遍优容政策在成吉思汗时代即已确立，著之于他的法典——"札萨"（Jasagh）之中②，为

---

① "答剌罕"为一种封号，原多赐予有功者，有此称号者，可享蠲免赋役、有罪不罚等特权。陶宗仪《南村辍耕录》："答剌罕，译言一国之长，得自由之意，非勋戚不与焉。"（世界书局本，卷一，页 32—33）波斯蒙古史家朱凡尼（Ala-ad-Din Ata-Malik Juvaini）对答剌罕之特权叙述较详："答剌罕（darkhan）者，可免赋役，每战之战利品皆得独享，未经许可亦得出入宫帐，犯罪免罚。且此种种特权，可泽及九代。"〔Juvaini, *History of the World-Conqueror* (trans. by J. A. Boyle, 2 vols. , Cambridge, Mass, 1958）, I, pp. 37-38〕。此种封号原虽仅给予功臣，但宗教士似亦经推及，由下列诸事可证：一，据释念常《佛祖历代通载》（《大正新修大藏经》）卷二（702e—703a）记载禅僧海云于 1219 年经成吉思汗传旨予以优待，说："传成吉思汗皇帝圣旨，道与摩花理（Mukhali）国王：'尔使人来说底老长老、小长老，实是告天的人。好与衣粮养活者，教做头儿，多收拾那般人，教在意告天，不拣阿谁，休欺负，交达里罕（即答剌罕）行者！'"伊儿汗国的学者及理财家 Nasir al-Din Tusi 在其论财政一文中也说，凡经国王擢升为答剌罕之回教及基督教士，皆蠲免赋役〔M. Minovi and V. Minorsky, "Nasir al-Din Tusi on Finance", *Bulletin of the School of Oriental and African Studies* 10：776（1940）〕。显然，教士之免赋役系比照答剌罕之特权。但教士恐不得享有免赋役以外的特权。参看 H. F. Schurmann, "Mongolian Tributary Practices of the Thirteenth Century", *Harvard Journal of Asiatic Studies*, 19：322-324（1956）；岩村忍《モンゴル社會經濟史の研究》（京都，1968），页 120—121；韩儒林《蒙古答剌罕考》，载华西协合大学《中国文化研究所集刊》第 1 卷第 2 期（1940），页 155—180。对此封号的演变与意义，考证甚详，但未言及教士亦可分享答剌罕之特权。

② 成吉思汗对各宗教普予尊崇的规定，见 Juvaini, *op. cit.* , I, p. 16；"札萨"中对教士普遍蠲免赋税的规定则见之于 Makrizi（1364—1442）所录："He decided that no taxes or duties should be imposed upon the descendants of Ali-Bek Abu-Taleb, without exception, as well as upon *fakirs*, readers of the *Al-koran*, those who washes the bodies of the dead. "〔V, A. Riasanovsky, *Fundamental Principles of Mongol Law*（Tientsin, 1937）, p. 83〕关于对"札萨"的讨论，参看 George Vernadsky, "The Scope and Contents of Chingis Khan's Yasa", *Harvard Journal of Asiatic Studies*, 3：337-360（1938）；柯立夫师（F. W. Cleaves）, "Fifteen Palace Poems by K'o Chiu-ssu", *Harvard Journal of Asiatic Studies* 20：429-430（1957）；田村实造《中國征服王朝の研究》（1971，京都），中，页 387—443。

其子孙所奉行不渝。

　　汉地各宗教中,新道教之一的全真教主邱处机于成吉思汗十八年(1223)西会成吉思汗,讲道雪山,即已取得免差权,造成全真教在蒙元初年的显赫声势①。至于佛教,据《佛祖历代通载》的记载,禅僧海云早于成吉思汗十四年即已取得诏旨,命"在意告天、不拣阿谁休欺侮、交达里罕(darkhan)行者!"②这时海云所取得之免差权,不知是否包括全部佛教僧侣在内,或仅及于海云之门徒。但在窝阔台即位之初,佛教僧侣已全部优免赋役,则是不容置疑的③。自北朝以来,佛道由于屡经政府压抑,特权早已所剩无几,地位远逊于儒士。蒙古初年确实是一个例外的时代。

　　儒人之取得和僧、道相等的权利,而有儒户之设,是在窝阔台汗十年(1238),也就是所谓戊戌之试以后④。戊戌之试及儒户之设,主要由于耶律楚材的推动⑤。楚材虽在成吉思汗时代即已供职汗廷,但当时他不过"备员翰墨,军国之事,非所预议",没有充分的发言权。在窝阔台即位后,楚材以增加税收而取得大汗的信

---

①邱处机西行后,为全真教取得之免差诏,见李志常《长春真人西游记》(蒙古史料四种本)"附录",页398。关于邱处机之西行及元初全真教兴起的关系,姚师从吾曾有论著多篇,其中最后一篇为《成吉思汗信任邱处机这件事对于保全中原传统文化的贡献》,《文史哲学报》第13期(1966),页209—307。

②《佛祖历代通载》卷二一,703a。关于海云与蒙古汗廷之关系,参看岩井大慧《日支佛教史论考》(东京,1957),页462—524。

③蒙元官籍中所载僧人得与道士同享免差之诏旨最早者为己丑年(1229)所颁,见《通制条格》(国立北平图书馆刊本),29.8a—b。

④关于这一次的考试,参看安部健夫《元代知識人と科舉》,《史林》第42卷第6期(1959),页113—152。

⑤关于耶律楚材的事迹,参看 Igor de Rachewiltz, "Yeh-lu Ch'u-ts'ai(1189-1243):Buddhist Idealist and Confucian Statesman", in Arthur F. Wright and Denis Twitchett(eds.), *Confucian Personalities* (Stanford,1962), pp.189-216。

任。从而以儒道进说,并请恢复汉地的旧秩序及安揖士人。据宋子贞《中书令耶律公神道碑》说:"因时时进说周、孔之教,且谓:'天下虽得之马上,不可以马上治。'上深以为然。国朝之用文臣,盖自公发之。"①楚材的劝说,显然发生一定程度的影响力。在楚材的策动下,采取了一连串的行动,恢复以儒士为中心的汉地旧秩序,如设置十路征收课税使,以儒者为之(1229);恢复孔元措衍圣公的职位,使孔门得与早已取得封号的释、道领袖相抗礼(1233)②;设立编修所、经籍所于平阳、太原(1235)等等。而考选儒士、设置儒户便是这一连串努力的延续③。

　　楚材推动戊戌之试的动机有二:第一,在政治上,为汉地草创的行政体系遴选适当的官吏,并且为国储材。《元史》楚材本传说他请求举行考试的理由是:"制器必用良工,守成者必用儒臣;儒臣之事业,非积数十年,殆非易成也。"④这也是自来各代举行科举之目的。楚材的另一目的是在于救济儒士,使儒士在经济上取得与僧、道相等的特权,同时并以"考汰三教"为借口,压抑日益膨胀的佛、道教团。这一次的考试儒生,原是与考汰僧、道合并举行。宋子贞撰《神道碑》说:

①《国朝文类》卷五七,13a。
②姚师从吾《金元之际孔元措与"衍圣公职位"在蒙古新朝的继续》,《"中研院"史语所集刊》第39本(1969),下,页189—196。
③《佛祖历代通载》以衍圣公的恢复及儒士的考试与免差皆得力于海云在忽都护(Khutukhu)大官人前进言所致(卷二一,页704)。《元史》卷一四九(13b)郭德海传则归功于德海,二人赞助或有其事,主要的推动者当为耶律楚材。楚材当时也可能受到大儒元好问的影响。元好问于1233年汴京陷落后即上书楚材,请代设法救助亡金遗士,参看姚师从吾《元好问癸巳上书耶律楚材书的历史意义与书中五十四人行事考》,《文史哲学报》第19期(1970),页250—289。
④《元史》卷一四六,7b。

丁酉(1237),汰三教,僧、道试经,通者给牒、受戒、许居寺、观。儒人中选者,则复其家。公初言:"僧、道中避役者多,合行选试。"至是,始行之。①

虞集《金燕南河北道肃政廉访司事赵公神道碑》:

金之亡,其民颠沛奔走无底止,四民无所占籍,征调一起,柔强并驱,俊乂无别。太宗皇帝思养其贤才而用之。乃择知名之士,乘传行郡县,试民之秀异者,以为士籍,而别于民;其尤异者复其家,而浮图老子之徒,亦有定数。然后军旅、驿传、工人之役,逢掖不与,得以世修其业。而二氏之竞起,亦自此始矣。②

可见楚材之倡议汰试三教,在使儒生取得与僧、道相等的优免赋役之权,能够"世修其业"。虞集所谓"二氏之竞起"云云,则不是很中肯的说法,若非不明道、释、儒免赋役的先后,便是出之于儒家本位,出主入奴的说法。事实上,不是道、释二家由此变成儒家的竞争者,而是儒人由此取得与僧、道相等的地位。

儒家本为一哲学体系,而非宗教。儒者以修齐治平为鹄的,具有入世的精神,本不应与僧、道相提并论。但是,另一方面,儒家祭天祀祖,崇拜孔子如教主,宋代以来更奉四书如圣经,易于误为宗教。即是现代西方人仍多有此误。加以,自南北朝以来,即有人以儒与道、释并列,合称"三教"③。宋、金以来更有"三教合一"之说④。当时蒙古人对儒家哲学层次当无认识之可言,若说儒家为

① 《国朝文类》卷五七,18a。
② 《道园学古录》(万有文库)卷四二,页716。
③ 陈登原前揭书,下,页163—164。
④ 道端良秀《中國佛教史》(京都,1958),页203—206;Jing-shen Tao, *The Jurchen in Twelfth-century China*(Seattle,1976),pp.105-106。

宗教,则是他们所能理解的。后来蒙哥汗便曾问过西夏人高智耀:"儒者何如巫、医?"①又据叶子奇《草木子》说:

> 昔世祖曾问:"孔子如何人?"或应之曰:"是天的怯里马赤(Kelemechi)。"世祖深善之。②

按蒙文 Kelemechi,意即通事③,"天的怯里马赤",意即天的通译者,这和蒙古人观念中的萨蛮并无不同。叶子奇认为这种解释:"盖由其所晓以通之,深得纳约自牖之意。"可见蒙人所了解之孔子及儒家当与此说相去不远。汉人援引道、释之例,为儒者取得优免赋役之权,乃是很自然的。耶律楚材于邱处机西会成吉思汗时,即曾寄望他为"儒、佛之先容",使儒者、僧人取得与道家子弟相等的权利④。但由于邱氏仅为道士发言,以致楚材未能如愿。十五年后,楚材已居权位,才能为儒者取得比照僧、道的权利。

僧、道的考试,由于禅僧海云的反对,未能严格举行,"虽考试亦无退落者"⑤。而儒生则因考试的顺利举行,获利颇大。《元史·选举志》及近代学者多以戊戌之试为元初唯一的科举。严格而论,这次考试不能称之为科举。在形式上,只有路试而无

---

①《元史》卷一二五,11b。

②叶子奇《草木子》(北京,1959)卷四下,页83。

③现代蒙语作 Kelemürchi。参见伯希和(Paul Pelliot)的解释,见于冯承钧《西域南海史地考证译丛续编》(台北,1964),页71。

④姚师从吾《耶律楚材西游录足本校注》(大陆杂志史学丛书)第2辑第3册,页86。

⑤《佛祖历代通载》卷二一,702b—703a。通载系此次考试僧道于乙未年(1235),当为误系。又,考试僧道之诏旨,最初见颁于己丑年(1229),当因僧道之反对,未果施行。见《通制条格》,29.8—9a。参看 de Rachewiltz, *op. cit.*, pp. 202-203。

会试①。在难易上，"不失文义"便可中选②，一次便录取四千零三十人③，远较宋、金科举为容易。科举的目的本在于为全国选拔合格之官吏，而这次考中之儒生只有少数获得出仕的机会，而且仅得为地方性的议事官④。因此，戊戌之试在历史上的重要性，不在于举拔官吏，而在于救济流离失所及陷于奴籍的儒士，使他们以"儒户"的身份，取得优免赋役的特权。自来的科举都禁止"贱民"参与，戊戌之试却特别规定："儒人被俘为奴者，亦令就试，其主匿弗遣者，死。"在录取的四千多人中，竟有四分之一原来具有奴隶的身份⑤。凡中选者都能免赋役⑥。后来元人每提及此次考试，往往盛赞儒人因此而免役，而不及于举人仕官之事。元末的许有壬仍说：

①此次考试的诏书，今存于《庙学典礼》（四库全书珍本初集），1.1a—b，据云："委令断事官蒙格德依（此为四库馆臣之误改，原作尤忽得）与山东征收课程所长官刘中遍历诸路，一同监试。"《元史·选举志》（卷八一，2b）及《耶律楚材传》（卷一四，7c）所言略同，皆不及会试、廷试之事。《选举志》虽列杨奂（原误作杨英）为第一，但从元好问所撰《故河南路课税所长官廉访使杨公神道碑》可知，奂仅试于东平，"两中赋、论第一"，并无会试之事〔《遗山先生文集》（四部丛刊）卷二三，3b〕。又如刘祁："岁戊戌，诏试儒人，先生就试，魁西京，选充山西东路考试官。"亦未及会试事，见王恽《秋涧先生大全文集》（四部丛刊）卷五八，5a。

②《庙学典礼》卷一，1b。

③《元史》卷二，6b。

④丁丁年选试儒人免差诏说："其中选儒人，与各处达鲁噶齐（即达鲁花赤 darughachi）、管民官一同商量公事。"（《庙学典礼》卷一，1b）"其中选者，除本贯议事官"（《元史》卷二，6b）。或曰"一同商量公事"，或曰"除本贯议事官"，未必为正选官员可知。孟文昌《陕西学校儒生颂德之碑》则说："太祖、太宗……设科取士，给复其家，中优选者，并蒙宠擢。"（王昶《金石萃编未刻稿》，罗振玉影印，1918）可见仅成绩优异者始获任命。

⑤《元史》卷一四九，8a。

⑥《庙学典礼》卷一，1b。

"圣朝戊戌之试,复其家者,子孙于今赖之。"①可见戊戌之试的选举官吏的意义,不及于设立世袭儒户之意义的重大。

戊戌之试,是蒙廷保护儒人的滥觞。但是自窝阔台汗晚年以后,耶律楚材失势,西域回教及景教徒纵横于汗廷,儒者的权益遂无人维护。这一情势,至蒙哥汗(Möngke khaghan)(1251—1259)初年,迄未改变②。以致政令未能贯彻,儒户遂又"混为编氓",名存实亡,和普通民户承担相同的赋役义务③。

自蒙哥汗初年以后,汉地儒士稍有生机复苏的希望。这时,虽然汗廷中蒙古本位主义弥漫,当权者仍多西域人。但是,皇弟忽必烈受命代统汉地,有意别树一帜,他的潜邸顾问中,颇多儒者④。这些儒者每以儒道进说,并以儒人福祉为言。例如:宪宗二年(1252),张德辉、元好问北上谒见忽必烈,奉以"儒教大宗师"之名号,并陈言:"累朝有旨蠲免儒户兵赋,乞令有司遵行。"据说忽必烈加以采纳而颁旨施行⑤。另一方面,这时无论在蒙哥汗廷或忽

---

①见《至正集》(三怡堂丛书)卷三二,8a;又《元朝名臣事略》引野斋李公撰《张文谦先茔碑》:"会朝廷试天下儒士,公试大名,中选得免本户徭役。"(卷七,2b)赵孟頫《松雪斋文集》(四部丛刊):"会朝廷分遣学士周砥,简汰儒籍……试中得免编户。"(卷八,10b)

②关于这一时期的政治情势,参看萧启庆《西域人与元初政治》(台北,1966),页36—52。

③陶宗仪《南村辍耕录》(台北,1963)卷二,页40。

④萧启庆《忽必烈潜邸旧侣考》(大陆杂志史学丛书)第2辑第3册,页268—284。陈学霖氏(Hok-lam Chan)对忽必烈潜邸旧侣曾作传记性的个别研究,颇深入,见所著"Liu Ping-chung(1116-74),A Buddhist-Taoist Statesman at the Court of Khubilai Khan", *T'oung Pao* 53:99-146(1967);"Wang O (1190-1273)", *Papers on Far Eastern History* 12:43-70(1975);"Yang Huan",ibid,14:37-59(1976)。

⑤《元朝名臣事略》,109a;欧阳玄撰《许文正公神道碑》亦云:"世祖龙潜,诸儒请上其尊号曰:'儒教大宗师。'"可见确有其事〔《圭斋文集》(四部丛刊)卷九,6a〕。

必烈潜邸旧侣中，西域人颇有汉化已深、对儒士遭遇颇能同情者。如宪宗二年，汪古人马月合乃料民中原，曾举行局部性的考试："通一经，即不同编民。"①有"廉孟子"之称的畏兀儿人廉希宪也在陕西贯彻了"士者毋隶奴籍"的命令②。及至忽必烈即位以后，在汉地建立中国式的政府，并已有继承历代正统的观念，在表面上不得不对儒家有所尊崇③，儒士的福祉较前受到重视，是势所必然的。

在蒙哥汗时代及忽必烈汗初年，对儒士贡献最大的当推西夏人高智耀。早在窝阔台时代，太子阔端（Ködön）镇西凉，儒者多隶役，智耀代为陈情，为境内儒者取得免役权。蒙哥汗即位后，智耀北上觐见，请蠲儒户赋役，乃有宪宗九年（1259）之诏"免汉儿（按：即汉人）、河西（按：指西夏人）秀才（按：即儒士）差发、徭役"。同时他又向忽必烈陈述："释教固美矣！至于治天下则有儒者之道。"④因而，忽必烈登极以后，便令他统领汉北、河西儒户，并依原价赎出陷身为驱的儒人⑤。驱儒因而被赎者达三四千人。虽然王恽曾批评他为一"事佛敬僧"的"有发僧"⑥，但出身西夏科第世家的高智耀，对解放儒士有极大的贡献，正和耶律楚材一样。元末的陶宗仪对他的功绩仍称道不已⑦。

儒户的招收，不免有过滥的现象。高智耀便曾因此受到攻击，

①马祖常《石田文集》（四库珍本六集）卷一三，15b。
②《元朝名臣事略》卷七，12b；参看陈垣《元西域人华化考》。
③姚师从吾《元世祖崇尚孔学的成功与所遭遇的困难》，《史学汇刊》第2期（1969），页1—15。
④《庙学典礼》，1.2a—3b。
⑤原诏今存于《通制条格》，3.9b—10a。
⑥《秋涧集》，86.9b。
⑦陶宗仪《南村辍耕录》（台北，1963）卷二，页40；参看陈垣前揭书，2.8a—9b。

他的答复是:"譬之于金也,有浅深,谓之非金,不可;儒者,学问有高下,谓之非儒,亦不可。"①由于滥收及民户之冒入避役,以后遂又经过几次分拣和考试,汉地儒籍方告确定。中统四年(1263)初次加以分拣,至元七、八年间(1270—1271),举行户口总调查时,又行分拣②。

汉地儒籍最后的设定,是在至元十三年(1276)。大概仍是由于儒户包容过滥,损及赋役,而受到批评,遂有这一年的差官试验儒人一事。《元史·世祖本纪》说:

> (至元十三年三月)戊寅,敕诸路儒户通文学者三千八百九十,并免其徭役。其富贵以儒户避役者为民,贫乏者五百户隶太常寺。③

此时主试儒人于河南的王恽,后来在所撰"定夺儒户差发"事状中,对这次考试的过程有较为详细的陈述:

> 至元十三年蒙上司差官试验、分拣元籍、除差儒人;该试中儒人内,两丁近下户计拨太常寺礼乐户。窃见:试中儒人户内,多有户下余丁,不曾就试,官司收系当差;又有因故不及号试儒人,亦行全户收差。④

可见至元十三年(1276)之试系就原籍为儒户的儒人而做的一次甄别试。除去落第者外,又有因种种缘故未及就试者,以及富户避役者,也经刷落,重归民户当差。考选合格的则仍保持儒户身

---

① 《庙学典礼》,1.3b。
② 《通制条格》,2.15b—16a。
③ 《元史》卷九,7b。
④ 《秋涧集》卷九一,8a—b。

份,但中选者并未因而任官①。以后元代官牍凡提及儒籍时,每每以"儒户免差事……儒户除迆北路分于至元十三年选试外"为言②,可见至元十三年中选的三千八百九十户便是汉地籍定的儒户。以后并未举行类似的甄别试,汉地儒籍大概从此便未经过主要变动。

以上所谈仅为汉地儒籍的设立。至于在原来的南宋境内——即元代所谓江南,因元廷伐宋时,已知尊儒,所以曾屡次诏令征募儒士和官赎为驱口的儒士③。江南儒籍的设立,标准也较汉地为宽大。江南儒籍最初设立于至元十四年(1277),并未经过类似汉地的考试,仅根据坊里正等人的攒报,凡是旧宋的"登科、发解、真材、硕学、名卿、士大夫"皆可入籍。当时临安陷落不及一年,各地秩序仍未恢复,遗漏谬误,在所难免。因而,各地学官又续置补充儒籍。这些籍册与至元十四年籍册出入很大,但始终未曾像汉地一样有系统地加以分拣。至元二十七、八年间(1290—1291),有关官员屡次行文反复讨论如何鉴定江南儒籍的问题。最后决定根据至元二十七年江南户口总调查时各儒户提供之手状,呈交尚书省鉴定然后入籍。凡登记在这次户籍上——即所谓至元二十七年籍

① 王恽"用中选儒士"事状曾建议,将试中儒人内,材堪从政者,选补令史、书吏。这一建议与下述的岁贡儒吏之法颇有相似之处,不过王氏建议似并未获采纳(《秋涧集》卷九〇,14b)。程钜夫《东庵书院记》"至元十三年,诏试天下士,君(渤海解君)中首选,由是阶入仕"可能是一特例,而非通例(《雪楼文集》,《湖北先正遗书》卷一三,29a)。

② 《庙学典礼》卷二,5a,9b;卷三,11a,12a。

③ 中统二年(1261),遣王祐于西川采访医、儒、道、僧(《元史》卷四,1a)。至元十年(1273),诏命南儒为人掠卖为奴者,赎为民(《元史》卷八,页3)。最大的一次招抚南宋儒士是在至元十三年(1276)下临安后,"安宋士民诏"说:"前代圣贤之后,高尚儒、医、僧、道、卜、筮、通晓天文、历数,并山林隐逸之士,仰所在官司,具名以闻。"(《元史》卷九,页6)。

的——便永为儒户,此后江南儒户便没有什么变动①。

总之,最初设立儒户的目的,一方面在于援引僧、道免差的先例,救济流离失所的儒士,另一方面也有为国储存人才之意。及至忽必烈即位以后,已以继承中国历代正统的王者自居,优待儒士在政治上乃属必需。至于儒籍的设定,从戊戌年到至元十三年,汉地儒籍屡经变动,经过几次分拣和考试,所余儒户为数不大。江南儒籍更革很小,而入籍的标准也远为宽大。

三、儒户的数目

元代儒户的总数已无法确知。汉地儒户远少于江南,则可肯定。汉地儒户的数目,便是前述的至元十三年(1276)籍的三千八百九十户。这时汉地在籍军民总户数为二百三十二万②,儒户不过占0.17%。

江南儒户的总数,已无完整数字可供稽考。现在仅能从《庙学典礼》及元、明方志的记载中窥见一鳞半爪,加以推断。兹将现在所知各地之儒户数及与该地总户数的比率列表于后:

表一　各地儒户数及与总户数的比率③

地名	浙东道	庆元路	镇江府	松江府	建康路	总计
总户数	888924	241457	113407	163931	223278	1630997

①《庙学典礼》卷三,10a—19a。

②此为至元七年籍数,见爱宕松男《蒙古人政権下の漢地に於はる版籍の問題》,载《羽田博士頌壽東洋史論叢》(京都,1950),页383—429(页419)。

③户数系依《元史・地理志》(卷五八至六三)。各地儒户数乃系根据下列各项资料:浙东道,据《庙学典礼》卷三,17b;庆元路,据袁桷《延祐(转下页注)

地名	浙东道	庆元路	镇江府	松江府	建康路	总计
儒户数	8724	3405	839	186	739	13893
%	0.98	1.41	0.74	0.11	0.33	0.85

由上表可知,五地儒户平均占总户数的0.85%。元代江南各省入籍户数为一千一百八十四万零八百户[1],若依上述比例推算,则整个江南儒户总数当在十万零六百四十七户左右,加上汉地儒户,总数约为十一万零四千五百四十户。

这一江南的儒户数,仅为一极为粗略的估计,因为上述五地都属于江南浙西道、江东建康道和浙东海右道,相当于宋代的浙东、江西、江南东,原是宋代人文荟萃之区,南宋时这些地区进士之多,其他各地无法望其项背[2]。上述各地合儒户资格者的比例自然应超过其他各地甚大,因而上列的数字只可视为最高的可能数而已。

汉地、江南的金、宋科举之家能有幸入籍为儒户者,在比例上相差颇大。金、宋二代每科及第进士人数本在伯仲之间。金代治下的户口虽远少于南宋,但自承安五年(1200)至天兴二年(1233)

(接上页注)四明志》(四库珍本六集)卷一三——四;镇江府,据俞希鲁《至顺镇江志》(台北:华文书局,中华文史丛书第八)卷三,16b—23b;松江府,据顾清《松江府志》卷六,引见青山定雄《宋元地方誌に見える社會經濟史料》,《東方學報》(京都)二五·二(1938),页297注30;建康路则系依张铉《至正金陵新志》卷八,页646〔南京文献,一七(1948)〕。又:庆元路虽地属浙东,但在元代不属浙东海右道肃政廉访司治下,另设有浙东道宣慰司都元帅府,故与浙东道分列。

[1]《元史》卷五八,页1。

[2]Kracke, "Region, Family and Individual in the Chinese Examination System", pp. 256-257.

三十四年间，共录取进士七千四百人①，府试举人至少五倍于此。但至元十三年（1276）所甄定的汉地儒户数不及四千。南宋自淳祐四年（1244），三十年间，共取进士近六千人，取解者或十倍于此②。但江南儒户，如前所述，可能多达十万左右，足可容纳南宋所有的科第之家。但因江南儒户中也有并非科第之家冒入儒籍的，真正的科第之家当有不少未得入籍，如至元二十四年平江路便有咸淳元年（1265）状元阮登炳、范仲淹之裔范士贵等人，由于攒籍时"或隐避山林，或出仕他处，或游学远方"，而未能入籍③。福建建宁路朱熹门人蔡元定的后裔则籍为马站户，谢枋得为之上表陈情④。元统元年（1333）南人进士二十五人中，其祖先为南宋进士或太学生，而家庭并非儒户者达七人之多，可见遗漏仍不在少数。不过，在比例上，南宋场屋及学问之家入籍儒户者仍属不少⑤。《至正金陵新志》便说："集庆儒户，多前代故家……归附后，子孙相继以科第儒术显荣其家。"⑥谢枋得所谓"建安科举士余二万，儒者六百"⑦云云，显然是夸大之辞，不足取信。宋代大多数的科第簪缨之家，都是倚恃儒户的地位得以保持书香门第的地位。而元代江南的儒户也可视为宋统治阶层及其边缘人物的一个变相延续。在北方，这种延续性则远为薄弱。

元代歧视南人，事事薄南厚北，南人仕途尤为窄隘。但在设定

①Jing-shen Tao, "Political Recruitment in the Chin Dynasty", *Journal of the American Oriental Society* 94:23–34(1974), p. 28.

②刘伯骥《宋代政教史》(台北，1971)，下，页964。

③《庙学典礼》卷三，18a。

④《谢迭山集》卷二，页21。

⑤《元统元年进士录》，载徐乃昌辑《宋元科举三录》(南昌，1923)，15a—28a。

⑥《南京文献》卷一七，页678。

⑦《谢迭山集》卷二，页21。

儒户上却厚南薄北,可谓一反常态。这一反常的现象可能由于下列的两点原因:第一,时间的因素。北方儒户设定于至元十三年,上距金亡已逾四十年,不仅金代场屋之士早已物化,即戊戌中选者也多已弃世,而其子孙在兵火动乱之余,未必谙于学问。因此,至元十三年甄试落榜者必然很多。南方儒籍的设立,在南宋新亡之后,场屋之士十存八九,多能籍为儒户。第二,经济的因素。汉地学田、贡士庄远少于江南①,若由政府负责廪给儒士,是一财政负担。加以至元十三年前后,元室征日伐宋,财政困难。当时西域权臣阿合马(Ahmad)当政,广事罗掘,以济不足②;而儒户免差,有损赋役。甄别从严,是很自然的。而江南各地学粮殊富,赡士兴学,不需政府负担。因此元廷能够兼容并蓄,广籍旧宋士人为儒户。元室并非对江南儒士的爱护多于汉地儒士,不过由于时间和空间的因素不同,政策有了变化。

四、儒户的义务和权利

儒户是诸色户计的一种,具有法定的权利和义务。儒户的权利和义务,大体上和僧、道、达失蛮(Dashman,回教教士)③、也里可

①杨联陞师前揭文,页 117—118。

②参看萧启庆前揭书,页 61—69。王恽《便民三十五事》中"议恤民"云:"戊戌年中选儒户,比之僧道,百分无一,前省收入民编,却有告难蠲除者,合无依旧除免?"(《秋涧集》卷九〇,8b)所言前省可能即指至元中期以前负责尚书省之阿合马而言。

③"达失蛮"系蒙文 *Dashman* 一字的对音,系借自波斯文 *Danishmand* 一字,意即智者、学者,盖泛指回教教士。见 Cleaves 前揭文,页 442—443。关于元代回教的盛况,见田阪兴道《中國における回教の伝來とえの弘通》(东京,1964)一书,讨论綦详。

温(Erke'ün,基督教士)①等宗教户计相同。它们对国家仅奉行精神上的工作,而不必如军、站等服役户计一样须有沉重的人力及财力的负担,而所得到的特权却相当于各色服役户计。

各色宗教户计的主要义务是"告天祇福",儒户的唯一义务是就学,以便在考选吏员时参加考试。这种就学的义务,和所有诸色户计一样,是世袭性的。原则上,每户须有一名子弟入学,仅在无余闲子弟的情况下才可以豁免。至元十九年(1282)中书省札称:"诸州、府直隶者,有受敕教授,仰本路官将管下免差儒户内,选拣有余闲子弟之家,须要一名入州学……若无余闲子弟可以读书,不得椿配。"②南方儒户如"设有门馆,或父兄自教",子弟可免入学③。但如有余闲子弟,不遣入学,而别习他业,则须受议处④。可见,不论入学或父兄自教,每家至少应有一名子弟世守儒业。不过读书入学并非儒户的专利,诸色人户子弟入州县学读书者,也享有免除本身差役的权利⑤。

儒户在学校中的义务和地位,乃因个人年龄及学历而定。元贞元年(1295)江南所行的办法是:十五到三十岁间的年轻学生,须常川在学,坐斋读书。三十至五十岁的中年儒生,每月仍须供月课。至于在宋代已获功名的耆儒,列入前廊耆旧,仅须于每月朔望为学生讲书⑥。除去学与教外,在籍儒户便别无义务。

---

① "也里可温"系蒙文 erke'ün 的对音,或指天主教士,或指景教教士,用法不一。参见 Paul Pelliot, *Notes on Marco Polo*(2 vols. ,Paris,1959—1963),I, p. 49。关于也里可温教在元代的发展,参看陈垣《元也里可温考》(上海,1923)。

②《庙学典礼》,1. 12a。

③《庙学典礼》,3. 9b—10a。

④《通制条格》,5. 5a。

⑤《通制条格》,2. 15b—16a;《元典章》(《大元圣政国朝典章》,修订法律馆刊本,1908),17. 10a。

⑥《庙学典礼》,5. 1a—13b。

儒户的特权，除去将在下面讨论的参加岁贡儒吏的考试外，主要是经济性的。第一，所有在籍儒人可得到相当于奖学金性质的廪给。在学的生员，日行二膳，皆由学校供给，名儒耆旧而无依靠者，也月给生料①。这些廪给膏火之资，多由各地学田、贡士庄的收入来支付，数目因各地学生钱粮多寡而异，并无统一性的规定②。即以建康言，便有"每名一石者，有五斗者，有一名两处支粮者，有一家数口共食行供饮膳者，有不系贫寒之士，冒滥支请者"③。九江大儒黄泽，最初得有廪米六斛、钞三十千，后来被削减达三分之二④。可见这种耆儒廪给并未制度化。

儒户的第二项权利是蠲免部分赋役义务。儒户享有与各色宗教户计类似的赋役蠲免权，初见于丁酉年（1237）"选试儒人免差"诏中⑤，以后屡见于载籍和石刻，乃是不容置疑的，主要的问题在于蠲除的范围。

元代的赋役，自平宋以后，南北不同。汉地税制甚为复杂。大体言之，北方民户负担的义务共有三大类别，一为税粮，一为科差，一为杂泛差役。税粮又分地税和丁税，二者仅科其一，丁税少而地税多者，纳地税；地税少而丁税多者，纳丁税。科差则是一种户税，有包银、丝料、俸钞等项。杂泛差役计有里正、主首、和雇、和买等等，甚为繁重。江南的税制大体上沿袭宋代的两税，因地而课，另外加上源自北方科差项目下的户钞和包银，杂泛差役的项目和北方大体相似⑥。

---

① 《庙学典礼》，1. 15b、18ab。

② 《通制条格》，5. 5b。

③ 《庙学典礼》，5. 15a—b、1. 5b。

④ 黄宗羲《宋元学案》（上海，1933）卷九二，页 31。

⑤ 《庙学典礼》，1. 1a。

⑥ 关于元代的税制，参看《元史》卷九三《食货志》；H. F. Schurmann, *Economic Structure of the Yuan Dynasty* (Cambridge, Mass. ,1956)。关于役法，参看梅原郁，《元代差役法小论》，《东洋史研究》第 23 卷第 4 号（1965），页 39—67。

儒户免差的诏旨,现存尚多。在这些诏旨中,儒户免差,多与僧、道等相提并论。而且这些诏旨的形式,和金帐汗国、伊儿汗国教士免差的所谓"答剌罕诏旨"相同。可见都是沿袭帝国未分裂前教士免差的旧制①。依其所说蠲免范围,儒户免差的诏旨可分两类:一类规定儒户如拥有田产,须纳地税,如营商,须纳商税,此外一切差发(泛指赋与役而言)均行免除。这类的诏旨,可以"丁酉年选试儒人免差"诏为例:"中选儒士,若有种田者,输地税;开张门面营运者,依行例供出差发。除外,其余差发,并行蠲免。"②这一诏旨乃是有关儒人免差诏令中最早的一个。另一类的诏旨可以宪宗九年(1259)"秀才免差发"诏为例:

> 和尚每,叶儿羌每(即也里可温)、先生每(即道士)、达失爱满每(答失蛮)的体例里,汉儿、河西秀才每,不拣甚么差发徭役不教当者,秀才的功业习学者。③

在元代文献中,"差发"一词,泛指所有赋役义务。因此,若依此诏旨规定,则儒人免除一切赋税和徭役义务,包括地税和商税在内。

从表面看来,这两类诏旨可能反映出蠲免的范围因时间的关系前后有了改变,实际则不然,因为属于第一类者,有迟至至元二十五年(1288)者④;而第二类的诏旨则先后颁布于宪宗九年与元统二年(1334)之间。可知这两类诏旨规定之所以不同,并非由于时间先后。真正的原因可能是:第二类为第一类的简写,仅说出儒

---

① H. F. Schurmann, "*Mongolian Tributary Practices of the Thirteenth Century*", pp. 321–322.

② 《庙学典礼》,1.1a。这类诏书又见同书,2.12a—b;《秋涧集》,91.7b;蔡美彪《元代白话碑集录》(北京,1955),页32。

③ 《庙学典礼》,1.2d;《秋涧集》,91.8d;蔡美彪前揭书,页84;严观《江宁金石记》(1804),7.1b。

④ 蔡美彪前揭书,页32。

人可优免差发,而省去儒人需纳地税、商税一事。这些免差诏旨,原本多为蒙文,汉文为译文;翻译时可能经过省略或误译。例如1276年《龙门禹王庙令旨碑》蒙文和汉文本现皆存在,可资对照,所谈虽无关儒户,却可参考。八思巴字蒙文本说:和尚、也里可温、先生、达失蛮,"除地税、商税外,不拣甚么差发休着者"①(C'aŋ t'amkhadacha bushi aliba alba qubchiri ülü üjen)②,而汉文却说:"地税、商税,不拣甚么差发休着者"③。可见蒙汉文本出入甚大,汉文本当为误译或简省④。总之,第二类的诏旨是第一类的简省,是不容置疑的⑤,因为儒人及其他宗教户计的蠲免差发,不及于地税、商税有其他记载可以证明。

儒户不能免除地税、商税,其规定除早见于"丁酉年选试儒人免差"诏中外,忽必烈中统五年(1264)又曾明定税率:"僧、道、也

①蔡美彪前揭书,页84。
②Nicholas Poppe, *The Mongolian Monuments in hP'ags-pa Script* (Wiesbaden, 1957) , pp. 46-47.
③蔡美彪前揭书,页25。
④不过亦不能一概而论,因为蒙文碑中,亦有简写为"不拣甚么发休当者",例见 Poppe, *op. cit.* , pp. 47、52。
⑤Erich Haenisch 曾研究元代汉蒙文寺、观免差诏旨;他指出:《元典章》《通制条格》等官籍所载的多为普遍性的寺观免差诏旨,多说寺、观须纳商、地税,此外差发均行蠲免。而石刻所载多为特别颁于某一寺、观的诏旨,则多说:"不拣什么差发休着者。"所以,他认为这种差别反映元代寺、观争取免差甚力,往往运用关系,直接向朝廷取得免除全部赋役的特权。见 Haenisch, *Stuergerchtsame der chinesischen Klüsten onter der Mongolen-herrschaft* (Leipzig, 1940) , pp. 45-52。此一论点,用之于佛、道寺院,可能允当,用于有关儒户免差各文献,则不适切。因为我们所谓第二类的诏旨,即写作儒户蠲免全部差发者,不仅见于文庙碑刻,又载于公私各著作(见第页451 注③),当系直接根据官文书而来;而且对象是普遍性的,并非专指某地儒生而言,当非某地儒生取得特殊性的免差权,而儒人也无法窜改这类公私著作,以求自免。

里可温、答失蛮、儒人，种田者依例出纳地税（原注：白田每亩三升，水田每亩五升），买卖者出纳商税。据不该纳丁税。"①可见地税、商税，并不免除，而由于缴纳地税的缘故，丁税则可完全蠲除。至于户税性的科差，也是完全蠲免。《元史·食货志》"科差条"即明言："凡儒士及军、站、僧、道等户皆不与。"②

江南儒户的赋税负担和汉地相似，不能免除地税和商税。至元二十六年（1289）圣旨说："迤南新附去处……籍内儒户，除纳地税、商税外，其余杂泛差徭并行蠲免。"③南方的主税——夏秋二税，主要是以亩定税，自然不能免除。科差项下的包银和户钞，则和汉地一样可以蠲除。

至于杂泛差役，儒户之可享优免，是毫无疑问的。至元二十五年江淮行中书省致淮东浙西廉访司札中明白指出："儒户除纳税粮外，和买、和卖、仓场、库官，大小科差并从免除。"④因此，儒户无疑可蠲除大小各项杂泛差役。但是关于儒户免役尚有一值得细加探讨的问题，即是：这种蠲免是及于儒户全"户"，或仅是局部性的？元代役法的轮充，一户的田粮、丁口、产业都加以考虑⑤。《至元新格》规定："诸差科户役，先富强，后贫弱，贫富等者，先多丁后少

---

①《通制条格》，14.1a—9a；《元史》，94.8b。此诏亦见于《元典章》，24.1a—1b，但条格中"据不该纳丁税"一句，典章少一"不"字，意义全变。Schurmann 前揭书（p.32，n.20）以条格为正，笔者所见相同，因为条格一般错误较少，而且儒户除纳地税、商税外，免纳丁税，较合《食货志》所说丁地仅需纳一的制度。

②《元史》，93.13a。

③《庙学典礼》，2.5b、9b、12a—b。

④《庙学典礼》，2.20b。同类诏书又见同上，2.25b；蔡美彪前揭书，页34；《元典章》，31.7；《两浙金石志》，14.12a。

⑤参看梅原郁前揭文，页417。

丁。开具花户姓名,自上而下,置簿挨次。"①儒户田土,在评估该户差役负担时,原则上不予计入。大德二年(1298)永州路曾申呈上级,询问:"儒户田土,以几亩为率,除免杂泛差役,余上田亩与民一体差役?"所得到的答复是:"儒户免差不以田亩为限。"②在这一点上,儒户如系田连阡陌者,得益自然很大。但在计算丁口时,儒户家中似仅儒士本人可免计入,并非全户可免。至元八年(1271)户籍条画说:

> 一,儒人户计,中统四年,分拣过儒人内,今次再次保勘到,委通文学,依旧免差;不通文学者收系当差……诸色人户下子弟,读书深通文学者,止免本身差役。③

此处明白规定儒户以外户计子弟精于儒业者,仅可免除本身差役,其家仍当一切赋役。至于原来在籍为儒户者究竟是免全户抑仅免本人,则未明言。但当时官员执行时,显然解释为仅免儒士本人。孟文昌《陕西学校儒生颂德之碑》说:

> 至元十载,皇子安西王胙土关中,秦、蜀、夏、陇,悉归控御……闲者,有司以旧制:儒其户者,止当复身。贤王虑文风不振,特颁教令,凡士之居境内皆隶儒籍,仍全复其家。④

文中所说:"有司以旧制:儒其户者,止当复身。"可见并非全户免役,至少官员执行时依此解释。而安西王的免复儒士全家,当仅为其治下的单行法。至元十三年(1276)重行考选汉地儒士以后,儒者仅免一身差役,则已成为明确的规定。至元二十七年(1290)尚

---

①《元典章》,3.2a。
②《庙学典礼》,5.27b—28b。
③《通制条格》,2.15b—16a;《元典章》,17.10a。
④《金石萃编未刻稿》卷上,15b—16a。

书省咨文说:"腹里儒户、至元十三年试中者,止免一身差役。"①王恽的"请定儒户差发事状"也可为证:

> 至元十三年,蒙上司差官试验,分拣元籍,除差儒人……窃见:试中儒人多有户下余丁不曾就试,官司收系当差……若蒙将元籍试中儒人户下余丁不曾就试户计,照依丁酉年试验儒人圣旨体例,全免本户差发外……②

可见至元十三年考试后,中选儒人户下余丁仍须当差役,不能免除。从上引至元二十七年尚书省咨文看来,王恽的建议当未蒙采纳,此后在衡量儒户差役赋担时,除去田产及儒士本人不予计算外,户下余丁仍须负担③。

儒士本人免除杂泛差役的特权,在大德(1297—1308)后期一度取消,以后则时征时免。从至元时代到大德初年,儒士始终保持免役权。虽然各地官吏屡将儒户差充里正、主首等役,但都经下令改正④。直至大德八年(1304),嘉兴路儒人犹因得以更正免差而立碑志功⑤。但是,在大德中期,和许多宗教及服役户计一样,却完全取消。这一役制的更改乃是由于富户纷纷诡寄于免役户计,以致普通民户的差役义务过度沉重,不胜负荷。元廷乃决定取消

①《庙学典礼》,3.2a、12a、13b。

②《秋涧集》,91.7b—8a。

③胡祇遹在其"语录"中却说:"亡金举子到殿,免本身杂役;我朝全免一家差发,延及子孙,恩莫荣焉!"(《紫山先生大全文集》,26.33b—34a)由于胡氏于至元三十年即已谢世,此处所说当不会指延祐恢复科举以后对举子的优待。但此说与上述诸证不合,兹不取。不过此中可能尚有待发之覆。

④此类改正儒户差充徭役的命令,见《庙学典礼》,4.11a—13b、30a—31b、5.28b—29b、6.9b—16a。

⑤《两浙金石志》,14.47b—51a。

儒户以及许多其他户计的免役权。这一改革最早见于大德五年
(1301)八月圣旨：

> 仰不以是何投下及运粮、水手、香莎、糯米、财赋、医、儒、
> 僧、道、也里可温、答失蛮、火佃、舶商等诸色有田纳税富豪户
> 计，即与其余富户，一例轮当里正、主首、催办钱粮、应当杂泛
> 差役，永为定例①。

当时儒人便曾以学校废弛、人材凋零归咎于新加的差役负担。郑
介夫于大德七年所上太平策中便曾提到："学校遂成废弛，言者皆
归咎于差役所致……使前数年不当差役，亦未见一人成材者。"②
可见当时儒人免差权的取消，乃属实情。此后，在至大年间
(1308—1311)一度恢复③，但在皇庆元年(1312)，又再规定儒户杂
泛差役与民一体均当④，而在元统二年(1334)又再颁旨规定："秀
才儒户每，不拣甚么差发，依着世祖皇帝圣旨体依里，休当者！"⑤
可见此时元廷对儒户等户计的差役问题已无一定的制度，只是随
需要而更改。但一般说来，在元朝大部分的时间里，儒户是可优免
差役的。

　　除去受廪及优免赋役两大经济特权外，儒户在金军、刷马等事
上，也享有优待。这一点也与各种宗教户计相同。如至元四年
(1267)二月，金平阳、太原人为军，儒户及军、站、僧、道、也里可

---

① 《通制条格》，17.5a—b。
② 柯劭忞《新元史》（开明书局二十五史）卷一九三，836b。
③ 《元典章》，2.14b。
④ 同上，31.7b—8a。此令又重申于延祐五年(1318)（《元典章》，3.4b），至治
　二年(1322)（同上，"新集"，"户部"，36a)。
⑤ 见《江宁金石记》，72a—b；蔡美彪前揭书，页84。

温、达失蛮等除外①。可见,在原则上儒户是不得佥为军户的。元代马匹短缺,因须在内陆亚洲作战,政府频频刷马,以供军用,一般人民是不得有马的。儒人的马,却至致和元年(1328)都未曾拘刷②。普通人民也不得骑乘马匹,但是"僧、道、秀才、也里可温、答失蛮、畏吾儿大师内,若有尊师宿德,有朝廷文面,方许乘骑"③。可见儒士及各教教士也是特受优待的。

从上面的讨论可以看出儒户的权利大于义务。唯一的义务是入学以备选用。在权利方面,既免佥军刷马之扰,又得廪饩生料之资,在赋役方面也享受优免甚大:科差既完全免除,而在元代大部分的时间中,杂泛差役也蠲免甚大,而其他户计子弟入学却仅能本身免役。儒户由于有以上各种特权,乃成为各色人户逃避赋役的对象。至元二十七年(1290)江淮等处行尚书省报称:"所辖等处,多有豪富势要兼并之家,往往托以儒户之名,厚贿构结有司官吏,苟避差徭,不当户役,因而靠损贫民。"④大德三年(1299),建德路申称:"一等富户,不通文字,计嘱儒学官吏,买作儒户,与免差役。"⑤连"豪富势要兼并之家"竟然也千方百计要窜入儒籍,可见儒户法定地位的优越性。

---

①《元史》,98.7a。又《元史》,17.10a:"(至元二十九年七月癸亥)也里虭里沙沙尝签僧、道、儒、也里可温、答赤(按:应作失)蛮为军,诏止令隶军籍。"儒户及各色宗教户计尝佥为军一事,可能指中统三年三月戊午之事而言:"括木速蛮,畏吾儿,也里可温,答失蛮等户丁为兵。"(《元史》,5.3a)可见当为佥儒户等户下壮丁为兵,并非改动户计类别,是一时的权宜措施。至元二十九年复令这些出身儒户及宗教户计之兵士止名列军籍,当不再服役,可见原则上儒户及宗教户计是不能佥军的。
②《大元马政记》(《广仓学窘丛书》,27b)。
③同上,35b。
④《庙学典礼》,3.3a。
⑤同上,6.8a—b。又参见同书,2.27a、3.7a。

五、儒户的出路

在经济方面,儒户享有种种优待,比起其他户计,算是处于有利地位。儒户,以及一般儒士在元代的主要问题是出路问题。

在讨论元代儒户的出路时,不得不兼及一般并非出身儒户的儒士。因为儒户并不享有读书的专利权,在元代法制上,也没有专供儒户的仕进之路,儒户的出路问题,也就是一般读书人的问题。

自来儒士读书的目的,主要在于以经术文学为敲门砖,打开登仕之门。元代儒士虽仍以古典学养为学术专业,但在延祐二年(1315)科举恢复之前,学术和政治失去传统的连锁[1]。即在科举恢复以后,平均每年也不过录取二十三人(其中仅有一半为汉人、南人)[2],远少于宋、金,故在解决儒士的出路问题上,不过是杯水车薪而已。

元代官员的登庸,武官端赖世袭,文职则以荫补为主,制举、保举为辅[3]。世袭和荫补乃是以家庭背景——也就是所谓

---

[1] 关于元代迟迟未行科举的原因,参看安部健夫《元代知識人と科舉》,页885—924;John W. Dardess, *Conquerors and Confucians*, *Aspects of Political Change in Late Yüan China* (New York,1973), pp. 35-37。关于科举恢复的背景,参看宫崎市定《元朝治下の蒙古の官職をめぐる蒙漢関係》,《東洋史研究》第 23 卷(1965),页 428—451。

[2] 十六届所取共 1139 人,平均每届 7118 人。见杨树藩《元代科举制度》,《台湾政治大学学报》第 17 期(1968),页 99—120(页 112—113)。

[3] 爱宕松男《元の中國支配と漢民族社會》,载岩波讲座《世界歷史》(东京,1940)第 9 册,页 283—285。

"根脚"①——为主要评准,和学问全无关系。凡在蒙古建国、伐金、灭宋过程中立下功勋的蒙古、色目、汉人家庭,便是"大根脚"之家,世享荫袭特权,垄断了绝大部分五品以上的职位。保举有赖于达官贵人的援引。至于制举,学问虽为一考虑因素,但人数寥寥,仅有名满天下的硕儒名士如刘因、赵孟𫖯、吴澄等才能获此特达之遇②,一般儒士无缘问津。

除去根脚问题外,士人入仕的另一障碍是元代特有的种族阶级制度。元代法制优待蒙古、色目(西域人),轻待汉人,尤其歧视南人。在官吏的登庸上,前两者受到极大的优待③。蒙古、色目人数甚为有限,但在大德末年担任品官者多达六千七百八十二人,占全部内外品官的 30%④。这些蒙古、色目人之中,绝无籍属儒户者⑤,而在早期也少有儒士。他们自外侵入了传统由儒士所主宰的领域,攫取了几及三分之一的官职——而且由于根脚关系多属上层职位遂使儒士的仕途更为窄隘。

因此,一般儒士由于根脚既小,又乏援引,又无籍籍声名,而且大多数为种姓制度下最受歧视的南人,故欲径任品官极为困难。

---

① 《草木子》,页 82:"仕途自木华黎(Mukhali)王等四怯薛(kesig)大根脚出身分任台省外,其余多是吏员,至于科目取士,止是万分之一耳。"权衡《庚申外史》(豫章丛书),下,27a:"元朝之法,取士用人,惟论根脚。其所与图大政为将为相者,皆根脚人也。"拙作《元代宿卫制度》〔台湾政治大学《边政研究所年报》第 4 期(1973),页 43—95〕对根脚子弟由怯薛而获出仕的实况,有详细讨论,可参看。

② 《元史》,81. 22b—23b。

③ 箭内亘《蒙古史研究》(东京,1930),页 263—360;蒙思明前揭书,页 36—53;萧启庆前揭书,页 79—90。

④ 《元典章》"内外诸官员数",7. 38a—b。

⑤ 蒙古色目人中无籍属儒户者,由《元统元年进士录》可知,蒙古、色目进士五十人,无一人出身儒户。见《元统元年进士录》,2b—14b。

真如散曲家张可久所说:"淡文章不到紫薇郎,小根脚难登白玉堂。"①他们的主要出路是下列两途:

（一）补吏

充任胥吏,是元代儒人的主要出路。在分析充吏与儒人出路的关系之前,须对元代吏制略加剖析,以助了解。自来论及元代社会者,每为士人沦为胥吏而悲哀。事实上这是不尽正确的。儒士失去传统的出路,不得不屈身于他们向来卑视的胥吏之中,固足悲哀。但元代的官吏之分,不同于唐、宋,却每为论者所忽视。过去我国官与吏原是分别继承封建时代的士庶之分,官多来自中、上家庭,吏多来自市井之家;官为劳心治人的"君子",吏则为供人役使的"小人","清""浊"有别。而且在法制上对吏极为歧视,一入吏途,终身无品秩之望。所以士人多视吏职为异途,宁可老死丘壑,也不肯屈身为吏②。元代的情形却大不相同:官与吏不过是上、下之别,并非泾渭有别的两个途径,而且在官僚组织的下部,官与吏有相互重叠的现象,上层胥吏,即所谓首领官,多享有品秩、俸禄和职田;而中央的首领官吏可高达六、七品。而且,在理论上可上升为上层官僚。至于下层胥吏,固然不拥品秩,相当于唐、宋的流外胥吏,但年资既深,也可经考铨而入流③。因此,补吏成为元代士人的主要入仕途径,姚燧《送李茂卿序》说:

---

①张可久《水仙子·归兴》,见杨朝英编《朝野新声太平乐府》(北京,1958)卷二,页64。
②参看James T. C. Liu, "The Sung Views on the Control of Government Clerks", *Journal of the Economic and Social History of the Orient* 10:2 (1967), pp. 317-344;宫崎市定《宋元時代の法制と裁判機構》,《東方學報》(京都)第24期(1954),页115—226(页153—156)。
③爱宕松男《元の中國支配と漢民族社會》,页285—287。

> 大凡今仕唯三途,一由宿卫,一由儒,一由吏。由宿卫者,言出中禁,中书奉行制敕而已,十之一。由儒者,则校官及品者,提举、教授,出中书;未及者则正、录而下,出行省宣慰,则十分之一半。由吏者,省、台、院、中外庶司、郡、县,十九有半焉。①

元末明初学者方孝孺也说:

> 元之有天下,尚吏治而右文法。凡以吏仕者,捷出取大官,过儒生远甚,故儒生多屈为吏。②

可见充吏是元代士人入仕的最主要途径,胥吏出身约占全体官员85%左右。而元代士人之甘为吏胥,固然由于科举停止后,其他入仕途径不多,但也由于胥吏所受歧视远较以前为少。方氏所论,显然夸大了由吏胥而致朱紫的容易,但充吏无疑是缺少"根脚"的士人最宽广的登仕之途。

在制度上,元代专为儒士经由充吏而入仕的途径有岁贡。这种岁贡是由地方定期向中央提供考试合格的儒生,出充中央院、台、省、部的吏职。岁贡儒士多与岁贡原来供职地方的胥吏合并举行,合称"岁贡儒吏"。岁贡儒吏可视为科举中断时代的一种变相的科举。上贡的儒士是由儒学教授于"系籍儒生内"考选,评准是:除去"洞达经史"外,还须"通晓吏业"。而上贡原在地方官衙任职的胥吏,也需经过考试。除去具备一般胥吏的必备条件——"行移有法,算术无差,字画谨严,语言辩利"外,尚需通诗、书、论、孟各经之一。因此,儒与吏的考选评准颇有相通之处,而与传统科举制度的要求也稍有吻合。主要的不同在于,元代考试儒、吏,不

---

① 《牧庵集》(四部丛刊),4.10。
② 《逊志斋集》(国学基本丛书),22.63。

尚词赋,而着重"儒知吏事,吏通经术",即儒吏兼通①。虽然这些考试不免流于形式②,但其要求正符合了宋、金以来反对儒、吏分途的一种实用主义的趋向。

对于没有"根脚"的儒士而言,岁贡可说是入仕的一条捷径。合格的儒、吏,遇各部有阙即可补为六部令史。六部令史不算卑微,常以正、从八品的职官充任,称为"职官吏员"③。而出任六部令史的上贡儒、吏,满一任(九十个月)后,即可叙为正八品的职事官④。科举恢复以后,三甲进士所叙也不过是正八品而已⑤。而考选合格的儒、吏因名额关系无法上贡而补廉访司书吏者,于一任考满后,也可叙为正九品。在少有入仕机会的汉人尤其南人之中,这可算是幸运了。

岁贡儒、吏的名额,前后屡变,当是随中央各机关吏员的缺额而定。最初定于至元六年(1269),当时尚未灭宋,故所言仅及于上都、北京等处⑥。宋平之后,遂于至元十九年作全国性的新规定:按察司、上路总管府三年一贡,每次二名,儒、吏各一;下路总管府二年一贡,仅一名,儒、吏递进⑦。至元二十三年起,仅由各道按察司每三年分别上贡二名,儒、吏各一⑧。至大元年(1308)则又恢

①《元典章》,12.1a—3b;《庙学典礼》,1.11a;《元史》,83.13a—b。
②胡祗遹在其杂著《时政》一文中,曾指出岁贡的弊病,他说:"吏部所举取人入仕之法,止有岁贡一科,所举例皆不公,兼不经程试,纵非无赖小人,即为无学新进。"(《紫山先生大全文集》,22.30b—31a)
③《元典章》,12.21b、22a。
④《元史》,83.13a。
⑤杨树藩前揭文,页113—118。
⑥《元典章》,12.1a—b。
⑦《庙学典礼》,1.12b;《元典章》,12.2b。
⑧《元史》,83.17a。令又重申于元贞元年,见《庙学典礼》,4.28a。

复了至元十九年的规定①,以后似无改变,所以至元十九年之制行之最久。兹依这年的规定,算出每年全国岁贡儒、吏的总数。

元代的按察司设于各道,共计 22。路分上、中、下。其中上路 60、中路 184、下路 124②。至元十九年的规定,未提及中路,此处作上路计算。如此,则 22 道,244 上、中路每三年上贡儒、吏共 532 人,平均每年 177.33 人。其中儒占 88.66 人。124 下路每二年上贡儒、吏共 124 人,平均每年 62 人。其中儒占 31 人。合计每年共贡儒、吏 239.33 人,而儒占 119.66 人。若仅就以儒士上贡者而言,其数不及北宋(193.6)、南宋(148.8)和金(148.5)等朝代每年录取进士的平均数③;若合儒、吏两者而言之,则远超以前任何一代以科举入仕者的数目。所以,作为一个入仕的途径,元代岁贡儒、吏所提供的机会,在数量上说,并不亚于宋、金的科举。而元代恢复科举以后,由于平均每年所取不过 23 人,对儒人就业的机会结构影响甚小,并不能取代岁贡儒吏的作用。岁贡与科举的差别只是所提供的机会的质的问题:在科举制度下,进士初叙即可达六品至八品,而在岁贡制度下,上贡儒、吏须在职九十个月后始能获得八、九品的官职。

岁贡儒、吏虽可为元代儒士解决部分就业问题,而且提供尚称不恶的前途。但是,岁贡名额仍然有限,对一般儒士而言,不过是杯水车薪,所济无多。一般的儒士如欲入仕,多只能入充下级官衙——录事司、县衙门——的胥吏。但这和儒士的身份并无关系。下级衙门的胥吏,来源复杂。大多数的是"仅至十岁以上,废弃学

---

①《元典章》,12.3a。

②据《元史·地理志》统计而出。

③Jing-shen Tao,"*Political Recruitment in the Chin Dynasty*",p.28.

业"而在衙门做胥吏学徒出身的①,也有部分是"土豪之家买充者"②。儒士屈身为吏,不得不和他们为伍,自难免有委屈之感。而且司、县吏员升迁甚为缓慢。县吏出身者,如无特殊机遇,往往需二三十年时间,始能取得路、府衙门较高级的吏职,然后于正、从九品内迁除③。这正如郑介夫《太平策》所说:"吏员困于路、县,终老无受敕之期。"④

(二)教官

出任儒学教官是儒者登仕的另一条主要途径⑤。儒学系统中最高的为中央的国子学,国子学的各级教官,名额既少,而且和一般教职不属于一个升迁系统,一般儒士是无望染指的⑥。一般儒士欲由教职入仕,多寄望于地方学校。但是,教官品秩既低,升迁又难,并非入仕的康庄。

元代各路、府、州、县皆设有学校,而书院之山长也由政府任命。教官的名额曾因时、地而异。平宋之初,江南因学粮既富,儒

①《元典章》,12.24a。

②同上,12.48a。

③《元典章》,12.38a—b:"照依定例:吏目两考升都目,一考升提控案牍,再入三考,才方入流,正、从九品内迁除,前后不过二三十年。"但实际亦有迁转极速者,胡祇遹《时政》说:"吏人出身太速,才离府州司县,即入省部;才入省部,一考即为府州司县。"(《紫山先生大全文集》,22.31a)在《即今弊政》一文中,胡氏又指出:"至于内外掾吏,一岁之间五七转,按合任岁月不三之一,已行迁注。"(同上,22.34a)元代吏治本极混乱,制度多不能严格执行,因而,有办法便能缩短法定的迁转岁月,而获迁注品官。

④《新元史》卷一九三,385c。

⑤元代学校除儒学系统外,另有蒙古学、回回学、医学、阴阳学等(见《元史》,81.14a—15a、21a—22b)。这些专业教育的教官各有选拔的标准,一般儒士若非经过再教育便无法问津。

⑥关于元代的国子学,见《元史》,81.16a—20a。

士又多,所设教官多于汉地。但自大德五年(1301)以后,南方教官即遭裁减,与汉地相齐一,都以至元二十一年(1284)"中书札付腹里教官额"为准绳,规定是:"教授,路设一员,学正、学录各一员。散府,上、中州设教授一员,下州设学正一员,县设教谕一员……路、府、州、县各添直学一员。"①《元史·选举志》的记载即根据这一规定,但加上"书院设山长一员"一语②。兹依这一记载作表以估计全国教官的名额:

表二　地方学校及书院教官名额

	路(185)	府(33)	上中州(60)	下州(299)	县(1127)	书院(407)	合计
教授	1×185	1×33	1×60	0	0	0	278
学正	1×185	0	0	1×299	0	0	484
学录	1×185	0	0	0	0	0	185
山长	0	0	0	0	0	1×407	407
教谕	0	0	0	0	1×1127	0	1,127
直学	1×185	1×33	1×60	1×299	1×1127	1×407	2,111
总计							4,592

附释:(一)路府州县数系根据《元史·地理志》。
　　　(二)书院数依据何祐森《元代书院之地理分布》,《新亚学报》第2期(1956),页361—408。何氏所列仅为现在所知的元代书院:其名已湮的书院当不在少。故此处所列之书院数仅为最低可能数。

从表二可知:全国儒学教官名额不过四千六百人左右。

教官的任用,据至元二十一年(1284)"江淮以南选取教官格例"的规定:凡在南宋时曾以进士及第者可优先出任为教授;白身儒人则需考试经赋,始能出任学职,一般仅能担任学正、学录以下的职位③。成绩优秀的学生经考试后仅能担任相当于助教的直学

①《庙学典礼》,6. 31b。
②《元史》,81. 20b。
③《庙学典礼》,2. 14b—16a。

之职①。

由于各级教职名额有限,而儒人数目众多,欲想谋一教职,并非易事。如大德四年(1300),山长、学正缺额仅有一百余处,候缺者却有五百多人,而候任县学教谕的,也有四百多人②。又如大德九年南北府州教授出缺仅有八十九处,候缺者却有五百多人,其中有守候已八九年者③。

教职既取之不易,同样困难的是升迁。从直学至教授,循序而升,须经过层层考试,最快也需十四年的岁月④。实际上,所费时间更多。大德五年湖广行省呈文说:"自直学至教授中间,待试听除,守缺给由,所历月日,前后三十余年,比及入流,已及致仕。"⑤换言之,一般教官若要做到教授之职,多需三十余年。而在教官中,山长、学正以下皆无品级,府、州教授不过正九品,是刚入流的卑官。路教授也不过从八品⑥。路教授须历两任,才能转任职事官⑦。而一个上县县丞也是正八品的职位,高级胥吏也有六、七品的。所以,许多路教授在任满之后,又转任吏职⑧。总而言之,一般由儒学教官出身者,如无特达之遇,最多做到下级州县官,便已达到致仕年限了。难怪刘基要慨叹:"今之学校掌出为教官,循次待用,至得官教授亦难矣!教官名九品职,而不得与民事,故谓之'冷官'。由是以达于县府,然后得行其所志,壮日去而老及之矣,

<hr>

① 《元典章》,9.23b。
② 《庙学典礼》,6.21b。
③ 《元典章》,9.20a。
④ 同上,9.23a—b。
⑤ 《元典章》,9.24a。
⑥ 同上,7.32a—35a。
⑦ 同上,9.18b;《庙学典礼》,2.10a。
⑧ 《元史》,83.17a。

如之何其不皇皇也!"①

因此,担任儒学教官虽为儒人最近本业的出路,但是品秩既低,前程有限。难怪当时人多目为"去闲凉不远",以致"勇于有为者,弃而不受"了②。

从以上的分析看来,儒士求仕的机会,确是窄隘于前。即使如此,儒士仍有一定程度的机会。经由岁贡儒、吏而进者,每年达二百多人,而各级儒学教职也容纳了四千多人。其他由地方胥吏辗转而进者,以及转入蒙古学、医学、阴阳学而入仕者尚不包括在内,由这些途径进用迟早都可获得一品半秩。因此,比起前代来,儒士入仕的主要问题,不在于机会的"量"的问题,而在于职位的"质"③。无论由吏进或以学官进,大多数的士人都必须永沉下僚,位居人下。这是元代士人沮伤的主要原因。

以上是泛论儒人——包括儒户在内——入仕的几种可能性。儒户设置最重要目的之一原在于"教育人材""以备选用",现拟对儒户在仕进及教养上是否比其他户计处于较为有利的地位,略作探讨。

儒户的实际仕进情况,因史传及碑传多不提及传主的户计类别,无法全盘予以统计。唯一可资统计的资料是《元统元年进士录》,不仅述及中第进士三代祖先的经历,而且也指出户计类别,便于统计。兹依之作表三。此表的目的在于从进士三代祖先的经历观察科举恢复前儒户及非儒户的仕进状况,从而看出儒户在仕进上是否居于较为有利的地位。由于汉人在仕进上较南人远为有

①《诚意伯集》(四部丛刊),5.14上。
②《紫山先生大全文集》,4.17b、8.20a。
③参看劳延煊《读郭天锡日记》,《食货》(复刊)第5卷第11期(1976),页1—11(页2—3)。

利,不能混而论之,故分列之(蒙古、色目未列,不仅由于二者中并无籍隶儒户者,而且他们在仕进上也居于绝对有利地位,汉、南人无法与之相比)。

表三　元统元年儒户与非儒户出身汉、南人进士祖先仕进状况

| 仕进 | 出身 | 总人数 | 任职宋金 | 元代官职 | | 无官职 |
				教官	其他官职	
儒户	汉人	9(100%)	0(0%)	1(11.11%)	3(33.33%)	5(55.56%)
	南人	30(100%)	8(26.67%)	4(13.33%)	1(3.33%)	17(56.67%)
其他户计	汉人	66(100%)	1(1.52%)	2(3.03%)	21(31.82%)	42(63.63%)
	南人	45(100%)	10(22.22%)	0(0%)	0(0%)	35(77.78%)

(资料来源:《元统元年进士录》,15a—18a)

从表三看来,出身儒户南人进士的祖先,在元代获得官职者,虽也不多(16.66%),但比起其他户计人士胜过很多。其他户计南人四十五人中,竟无一人入仕,反映出南人登仕的不易,也可看出儒户身份的不无小补。再从职位看,南人出仕者,主要是担任教官,担任其他官职者仅一人(宣慰副使),可谓例外。至于汉人进士祖先中,儒户的仕进(44.44%)也较非儒户(34.85%)占优势,不过相差不大。这大概由于汉人仕路较南人为宽,所以儒户身份助益不大。这也可从职位类别看出:无论儒户或非儒户,汉人担任教官者都远少于担任其他官吏之职者。由于汉人仕路较宽,即是儒户也不必经由教职而得官了。

由于读书及仕进在制度上的关联不大,儒户制度教养人材的功效,遂不免大打折扣。郑介夫《太平策》中论及儒户之不能造就人材的症结,说:

> 今之隶名儒籍者,不知壮行本于幼学,而谓借径可以得

官,皆曰:"……何须虚费日力?"但厚赂翰林集贤院,求一保文,或称茂异,或称故官,或称先贤子孙,其人即保教授……但求迁转之速,何问教养之事,学校遂成废弛,言者皆归咎于差役所致。不思唐宋盛时,儒人未尝免差,而士风甚盛,人材甚广,无他声名诱之于前,利禄引之于后也。使前数年不当差役,亦未见有一人成材者。果业儒而获用,则人自慕尚,虽当役不足以抑之。苟业儒而无用,则人皆厌弃,虽免役亦不是以励之也。①

换句话说,唐宋时代,由于"业儒而获用",因而士气高、人材多。元代则因儒士的登仕并无制度上的保障,士人惟有旁觅捷径以登仕途,以致荒废本业,学校废弛,儒户制度优待儒人以造就人材的目的遂也不能实现。郑氏所论,洵属实情。不过,从元统元年(1333)汉、南人儒户子弟及第的比例看来,儒户制度对培养人材仍有一定程度的作用。汉人进士二十五人中,儒户子弟三人,占全部的 12%,而儒户仅占汉地在籍总户数的 0.16%。而南人进士二十五人中,出身儒户者更达十名之多,占全部的 40%,而据以上的估计,儒户不过占江南总户数的 0.85%。儒户子弟在科举中有如此优异的表现,一方面固然由于宋、金以来的家学传统,另一方面,赋役的优遇,廪饩的资助,军、站的免除,当也不无贡献。因此,宋、金的科第簪缨之家,在蒙元时代,虽因缺乏入仕的"根脚"及科举的中断,而失去传统的优势,在政治上尤为显然,但在儒户制度的优遇下,使他们的家风及专业得到一定程度的延续,这在科举恢复之后表现得也尤为显然。

---

① 《新元史》卷一九三,386b。

六、余论

从法定的权利和义务来看,元代儒户所受的待遇,并不为恶。
而在诸色户计中,儒户的地位也绝不算低。前人显然过份夸张了
元代儒人身份的低下。

在前人的记述中,郑思肖置儒于丐之前、民之后;谢枋得位儒
于娼之后、丐之前,并加上"后之者,贱之也"一语,以见儒人地位
的低下。事实上,不仅属于"贱民"阶层的娼、丐的地位绝不能与
儒相比拟,即是民户及各种服役户计如军、站、匠、灶等所受的待遇
也不如儒户。儒户所受的优遇约略和僧、道、也里可温、达失蛮相
当。现从上述各户计中略选数例,将他们的权利和义务与儒户略
作比较。

在元代户计制度中,乞丐不成一类别,没有法定的权利和义
务,因此无法比较。谢枋得列于儒前之娼人,地位远低于儒户,则
可断言。在这方面,元代继承了中国的社会传统,仍视娼人为"贱
民"。无论在婚媾、服饰、仕进和刑罚等方面,娼人都受极大的歧
视①,无法如儒户之享有权利和优免,事属显然。

民户占元代人口的大部分,是主要的纳税者,各种赋役全不能

---

① 在元代法律中,娼人与乐人同属一类,极受歧视。在婚媾上,乐人不得与一
般骨头成亲,仅能自相匹配(《元典章》,18.46a—b;《通制条格》,33.2a—
b);娼女有妊,官府勒令用药堕胎(《通制条格》,5.21a)。在服饰上,娼人
必须穿着紫皂衫子,娼男头裹青巾,娼女带抹子,不得头戴笠子,或穿戴金
衣服。娼人又不得坐乘马匹(《元典章》,29.4b、8b—9a)。在仕进上,科举
恢复以后,娼优之家,不许应试(《通制条格》,5.14b)。在刑法上,良人杀
娼,与杀人奴婢同,仅徒刑五年、杖一百七十下(《元典章》,42.23a)。这些
规定,都和其他各代大体相似。

免,因此,比起儒户来,少权利而多义务①。军、站、匠、灶等,替国家执行各种不可或缺的服务。从表面看来,他们所享的优待,或不亚于儒户,但他们的负担远超过儒户。兹以军户为例加以说明②。军户除去和儒户同样免除科差及杂泛差役外,所拥土地四顷之内,又可免税,而且更有贴军户可以助役。在这些方面,显然优于儒户。而军人出征,可月支口粮,约略与儒户的廪饩生料相当。但是,军户供役所需的人力、物力负担很重。儒户除就学、讲学外,全无负担。而军人出征,最快也需二年一更,阵亡时其家便需另补一丁。正军服役,贴户需另选两人轮番供役。在经济上,军人出征所需盘费、鞍马、器仗皆需自备,所费不赀,以致有初拥田三十二顷而终以应役亡家的。儒户的权利和义务远优于军、匠、站等户最明显的证据无过于这一对照:一方面,儒户由于义务小而权利大,以致成为各色户计免役诡寄的对象,另一方面,"军、站、民、匠诸色户计……往往为僧为道,影蔽门户,苟避差役"③。元廷不得不三令五申,严饬禁止。

在各色户计中,地位最堪与儒户相比拟的是僧、道、也里可温、达失蛮等宗教户计。论者多以为元代僧、道地位远高于儒。郑思肖列之为十等人中的第三、四等,紧接于官、吏之后。今人蒙思明也把僧侣与儒户分置于"上层"及"中层阶级"。事实上,两者的地位绝不如此悬殊。在上文已经说过,儒户的设立原是援引僧、道免差的先例而来,以后他们的义务及经济政治权利仍然相当。在义务方面,儒者的入学和僧道的"告天祝寿",都是惠而不费的工作。

① 关于民户的权利和义务,参看蒙思明前揭书,页150—159。
② 关于军户,参看 Ch'i-ch'ing Hsiao, *The Military Establishment of the Yuan Dynasty* (Cambridge, Mass., 1978), pp. 17–25。
③ 《通制条格》,29.1a;《元典章》,36.30a—b,22b—29a。

在经济权利方面,近人多认为元代僧、道享受完全免输权,例如蒙思明便说"其在经济方面,则僧侣种田免租,营商免税,一切差役亦不承当"[1],这是不正确的说法。事实上,僧、道赋役的优免和儒户甚为近似。这由免差诏旨往往以"僧、道、也里可温、达失蛮、儒人"并列,便可见其端倪。依原有的规定,寺院不免地、商税,仅免科差及杂泛差役[2],正与儒户相同。元贞元年(1295)改为:汉地寺观该年以前旧有土地,江南寺观宋亡以前原有常住及朝廷赐与者皆可免纳地税,续置者仍须纳税[3]。从表面看来,这种待遇似乎优于儒人。但是,免纳的范围,仅限于寺、观的公产,而僧、道的私产则不享蠲免[4],这正和儒学学田及贡士庄可以免税[5],而儒户私田便须纳税一样。由于帝室崇信佛教,少数寺院固然可能取得诏旨,蠲免赋役[6],但这种蠲免只是个别性的,并非制度上的一环。

在政治方面,少数僧侣确是权势炙手可热,"帝师之盛,尤不可与古昔同语"[7]。但是,元朝究竟不是以佛教为国教、以僧侣治国的。佛僧所能担任的只是僧官系统——中央的宣政院、地方的广教总管府——的官职,所谓"和尚头目"而已,即是这一系统的官职也是僧俗并用[8]。所以,僧侣从政的机会还是微乎其微的。反观儒人,虽然充任高级官职的机会不大,中、下级官、吏之职还是有

①蒙思明前揭书,页79。
②《通制条格》,29.9a;《元典章》,24.1a—b。
③《通制条格》,24.12b—13a;《元典章》,29.14b。参看陶希圣《元代的佛寺庄园及商店》,《食货》第1卷第3期(1935),页32—38(页37—38)。
④《通制条格》,6b—7b;《元典章》,24.12b。
⑤《通制条格》,5.2b—3b。
⑥参看第页452注⑤引Haenisch书。
⑦《元史》,202.1a。
⑧《元史》,87.8a-b。参看札奇斯钦师《说元代的宣政院》,《中国历史学会史学集刊》第3期(1971),页39—62。

缘问津的。因此,从各方面看来,僧侣地位并不高于儒户。但是,由于与唐、宋相比,僧侣、儒士的地位在元代颇有彼长此消之势,因而使人产生僧、道地位远高于儒士的印象。加以写史权操于儒人之手,儒人对僧、道的上升难免含有醋意,更易使人有僧、道不可一世的错觉。

总之,在元代社会中,除去统治阶层的贵族和官吏外,儒户仍是诸色户计中最受优遇的一种,在军、民、匠、站及贱民之上。"九儒十丐"一说,并不反映事实。不过,元代儒户却失了儒士在中国社会中唯我独尊的地位,而与各教僧侣相并列。

和宋代的科第之士及明清的绅士相比,元代儒户在经济上享有优待并不逊色,赋役既有相当的优免,而又享有膏火廪饩的资助。在刑罚方面,元代法典中,未见有儒士可以减刑的规章①。元代儒户和其他各代儒士相差最大的是在仕进机会及在社会上所受尊敬两方面。在仕进方面,主要的差别在于机会的"质","量"的方面,相差不大。在根脚和种姓制度的阻碍下,元代儒户及其他士人仍有不少入仕的机会,不过多只能永沉下僚,和唐、宋、明、清科第之士有樱朱夺紫之望的情形有异。与此相关的是元代士人在社会上所受尊崇不如前后各代。

元代儒士在社会上之不受尊敬,自然与科举久废、仕进唯重根脚种姓有关。陆文圭所说"宋暮年,儒风骤盛;荒邑小聚,犹数十家,书声相闻。科场既罢,士各散去;经师宿儒,槁死山林;后生晚

---

① 元代法律中唯一有关儒户的特殊规定为"约会"制,"约会"相等于混合法庭,凡儒人犯罪,儒学教官亦得参与审问,地方官不得专断。"约会"制适用于许多户计,不以儒户为限,而且"约会"不能视为减刑特权。关于"约会"制,参看海老泽哲雄《約会制に関する覚書》,载小竹文夫及冈本敬二编《元史刑法志の研究訳註》(东京,1965),页69—87。

进,靡所矜式"①,当是实情。当时欲求登仕者,往往旁觅捷径,读书求学的价值遂被否定②。社会人士乃不觉得一袭青衿的可贵可羡之处。其次,儒人在法定地位上,仅与各教僧侣相当,"四民之首"的地位遂大打折扣,已不是高高在上的天之骄子。第三,元代官吏之中,非儒士出身者不少,其中的蒙古、色目更往往不识汉文③,而且文化背景不同,对儒者价值自难于肯定。至元前期执政的回回阿合马便以"大恶儒者"④见称。胥吏虽多为汉、南人,但其中非儒者出身的很多,他们对儒士多带有传统性的嫉视,"吏性不喜儒,阳尊而阴疾之"⑤。在这种情形之下,官吏"轻视学舍,厌鄙儒生"⑥,乃是很自然的,遂使儒士处于"武夫豪卒诋诃于前,庸俗胥吏姗侮于后"⑦的情况。法制上对儒户的优待也往往成为具文⑧。因此,儒人在社会上所受的尊敬大受影响。

––––––––––

①《墙东类稿》(常州先哲遗书),12.5b。

②参见前所引郑介夫《太平策》。

③蒙古、色目官员不谙汉文者多,有下列记载可证,《南村辍耕录》:"今蒙古、色目人之为官者,多不能执笔花押。例以象牙或木,刻而印之。"(卷二,页44)。《草木子》:"北人不识字,使之为长官,或缺正官,要题判署事及写日子,七字钩不从右七而从左钩转,见者为笑。"(卷四下,页82—83)陶、叶二氏皆元末明初人,可见当时蒙古、色目虽有汉化颇深者,但不谙汉文仍是很普遍的。

④余阙说:"自至元初奸回执政,乃大恶儒者,因说当国者罢科举,摈儒士,其后公卿相师皆以为当然,而小夫贱隶亦以儒为嗤诋。"〔《青阳文集》(四部丛刊),4.9a〕

⑤《墙东类稿》,6.4a。

⑥《两浙金石志》,14.48a。

⑦同上,6.3a。

⑧《两浙金石志》载"嘉兴路儒人免役碑":"凡遇科差,无所不至,以致礼义扫地而尽。"(14.48b)《墙东类稿》:"官吏特不喜儒,差徭必首及之。"(5.13b)同书:"有中人之产,则役使之,困辱之,产不尽不止,以故儒道益轻。"(12.5b)可见当时官吏中颇有视儒士为非我族类者,因而对其权益不加维护。

从以上的讨论可以看出:若与宋代科第之士及明清的绅士相比,元代儒户的地位容有不及人处。虽然两者在经济上所享的优免在伯仲之间,但在仕进上,元代儒户及一般士人并无制度性的保障,"士"与"大夫"间的连续性大为削弱,因此儒士所受的尊敬也大不如前。但是,整个来说,元代儒户所受的优遇仍算很大;设置儒户的目的原在于优遇儒人而非加以歧视。在贵族、官吏之下的各色户计中,儒户和各教教士同是最受优遇的阶层。

从儒户在元代社会中的地位也可看出元代在中国历史上的连续性和特异性。一方面,元代虽以异族入主,但究竟是一个建立于中国的王朝,对中国的政治和文化传统不得不有所顾虑,对中国社会中的"秀异分子"必须予以尊崇。而且,蒙古入主中国后,也面临"天下不可自马上治"的问题。虽然政府中高级职位大多给予蒙古、色目,但办理实际事务的职位,仍需汉、南人来充当,不得不设立儒户,以期培养人才。另一方面,儒人的不能独享殊荣也反映了元代的国家与社会和汉族王朝时代的迥然有别。元朝不仅是一个征服王朝,而且在理论上仍是蒙古世界帝国的一部分,是一个多元种族、多元文化的社会。若欲以"儒道"来君临比汉、唐更为扩大的"天下",以儒家伦常来规范文化不同的诸民族,自然有扞格难行之处[1]。因此,元室对各民族的文化采取一视同仁的态度,对

---

[1] 前引姚师从吾《元世祖崇尚孔学的成功与所遭遇的困难》一文,主旨虽在强调忽必烈崇尚儒家思想之努力,但文末亦述及当时用汉法治国之困难。John W. Dardess 近著 *Conquerors and Confucians* 一书中强调:仅在天历元年(1328)文宗即位以后数十年间,元廷始纯从中国的观点看事物,元朝政治始趋于儒家化,在此以前,内陆亚洲草原及各汗国在元室政治上仍具极大份量,许多政策皆受牵羁(页1—52)。

各种思想及宗教也不偏不倚,并予尊荣①。儒家思想遂从"道"的地位转变为许多"教"的一种,而儒士也失去唯我独尊的传统地位,不过是几个受到优崇的"身份团体"之一而已。

〔原载《东方文化》(*Journal of Oriental Studies*)第 16 卷第 1、2 期(1978),页 151—178〕

---

① 元朝对各民族的文化采取不偏不倚的态度,可从下列诸事看出:第一,在法律上,采取各从本俗的观点,婚姻、丁忧、葬法皆然,不以业经"儒家化"的中国法律来规范各族。第二,在文字上,八思巴字、蒙文、汉文及亦思替非文书在公牍中都有一定的地位。第三,在教育上,除儒学外,又有蒙古字学、回回学等相并行。第四,在宗教上,各族宗教皆普行优崇。爱宕松男教授对此讨论颇详,见所著《元代色目人に關する一考察》,《蒙古學》一(1938),页 33—67。

元代的通事和译史：多元民族国家中的
沟通人物

一

语言、文字是人类的主要沟通媒介。为促进沟通的顺畅，语文相异国家之间的交往固然有赖于翻译，多元民族国家之中政令的传达、族群之间的交流，亦往往以传译为凭借。一国之中，族群愈繁多，翻译人员愈见重要。

中国史上译职人员设置甚早，但其功能、多寡及地位却因各王朝的性质不同而有所歧异。汉族王朝及征服王朝时代译职人员的角色便是大有轩轾。

中国是否自古以来即为"统一的多民族国家"，仍多争议。但是，汉族王朝时代国家系以汉族为主体，少数民族不过是朝廷羁縻之对象，出仕中土者人数不多，缺少政治重要性。因而，汉语、汉文遂成为国内主要的——甚至唯一的——官方语文。除在少数民族地区外，政府机构不必设置译职人员。而译职人员主要为涉外事务而任用。据说周朝即已有"象胥""行人"的设置，职司外来使节之传译,但其详情已不可得知①。秦、汉统一中国后,对外往来增加,先后设置九译令、译官令,分别隶属于主管宗藩关系的典属国及职司朝廷礼仪的大鸿胪,而汉朝在交通要道上的西域诸国更设有为来往使节传译的"译长"之职。可见译职人员系为维护中国的世界秩序及宗藩关系而设置②。

隋、唐帝国建立后,中国声威传播更远,星使往来愈为频繁,译职人员之重要性自然增大。唐朝鸿胪寺下设有四方馆接待各国使臣,馆中配置译语人二十名,负责为使臣口译,而中书省之下则设有蓄书译语六名,显系从事外交文书之翻译;笔译、口译已经分途。笔译人员之创设似乎反映邻近各国文化之提升。唐朝以前,东亚、中亚、东南亚各国或则采用汉文,或仍处于先文字阶段,其与中土朝廷往来文书多系采用汉文③。唐朝时代各国文化上升有迹可循,纷纷采行文字(如突厥、回纥等),唐朝之外交文书遂趋于多元化,不得不任用专业笔译人员,处理文书。

宋、明二代外交形势不同,接待外国使臣的机构及译职人员的设置也互相歧异。宋朝武力不振,无法维持以华夏为中心的世界秩序,因而采取了差序的多元外交体制,这种体制反映于对外来使

①关于中国史上译职人员之起源与发展,参看周密《癸辛杂识》(北京:中华书局点校本)外集《译者》;文廷式《纯常子枝语》(江苏:广陵古籍刻印社影印本)卷二五《通事》;马祖毅《中国翻译简史——五四运动以前部分》,北京:中国对外翻译出版公司,1984。

②参看 Pamela K. Crossley《明清四夷馆的结构与象征》〔Structure and Symbol in the Ming-Ch'ing Translator's Bureau(Ssu-i Kuan)〕,载于《中央及内陆亚洲研究》(Central and Inner Asian Studies)第 5 期(1991)。

③过去学者认为创建北魏之鲜卑曾制作文字,但无可靠证据,参看刘学铫《鲜卑族曾否制作文字初探》,载于《两岸蒙古学藏学学术讨论会论文集》,台北:蒙藏委员会,1995。关于唐朝译职人员之设置,参看李方《唐西州的译语人》,载于《文物》第 2 期(1994)。

节的接待上。一方面，宋朝对辽、金二国相继建立平等的外交关系，设有往来国信所主管使介之交聘①；另一方面，与其他各国则仍维持传统的封贡关系，并依各国方位及语文的不同而设置礼宾院、四方馆、同文馆等机构主理其朝贡及互市之事。南宋遣往金朝使节团中皆有"译语亲事官"随行；国信所则设有通事，接待金使时诸事多由通事"传语"②。在与吐蕃交往中，北宋亦设有"译语"，常住礼宾院，职司起草及译释"蕃书"，或充当皇帝及大臣之翻译。与其他各国往来的情形亦应相似。

　　明朝继蒙元统治之后统一中国，代表华夏中心世界秩序的重振，其涉外及翻译机构之规模即为此一重振的象征。明朝仍以鸿胪寺主掌朝会宾客之事，下设外夷通事，负翻译之责；另外设置会同馆，款待外使；更在翰林院之下设立规模庞大之四夷馆，从事藩属及外国各种语言的教学及转译，初有鞑靼、女真等八馆，后则增至十馆③。诸馆初选国子监生习译，后又兼选官民子弟肄学，并任用以"夷"语为母语之人士任教。明朝的翻译机构在汉族王朝中无疑最为宏大，组织亦较严密。但其功能显然仍是局限于外交，而与内政并无多少关联。

　　译职人员在汉族王朝时代的地位普遍不高。早期翻译的工作

---

① 陶晋生《宋辽关系史研究》，台北：联经出版事业公司，1984，页15—42。
② 《宋会要辑稿·职官》（北京：中华书局影印本）卷一三、三五、三六，参看《诸客司》《四方馆》《诸司往来国信所》等节；马端临《文献通考·职官十》（十通本）卷五六；倪思《重明节馆伴语录序》，收入王民信编《南宋国信语录四种》（《宋史资料萃编》第4辑），该序对通事之角色记载颇详；任树民《北宋官办蕃学之研究》，载于《民族研究》第4期（1993）。
③ 关于明清四夷馆及会同四译馆之演变，参看神田喜一郎《明の四夷館に就いて》，载于《史林》第12卷第4期（1927）。伯希和（Paul Pelliot）《四夷馆与会同馆》（Le Seu-yi-kouan et Houei-tong-kouan），载于《通报》（T'oung Pao）第38卷（1984）。

系以口译为主,译职人员可能多为出身外族之文盲,而主管翻译者往往以宦官为之,未必通谙外语。唐、宋常用居住中土或边疆之胡人担任译语人,不加信任。翻译人员至多处于官僚组织之边缘,以致在史籍之中,难以见其面影。明朝译职已与官学及科举发生关联,而且四夷馆译字生得"与乡会试科甲一体出身",地位不可谓不高;但后来却贬抑为"杂流",升转前程甚受局限,遂使该馆招生甚为困难,与清朝同治时代初创同文馆的情形有几分相似。

征服王朝时代,由于国家性质的改变,译职人员的功能较汉族王朝时代更为宽广,而其地位亦较前增高。少数民族入主中原后,一方面仍需维持中国的传统世界秩序,以巩固其政权的合法性,不得不任用少数译职人员参与涉外事务的运作,一如汉族王朝时代。另一方面,译职人员在内政方面的重要性大为提升。在少数民族统治下,国内各族群间的权力关系发生重大改变:不仅统治民族拥有崇高的地位,其他少数民族亦往往享有与汉族同等或更高的地位(如金朝之契丹、元朝之色目及清朝的蒙古等皆可为例)。政府官员的民族成份及国家的语文政策皆因而由一元转变为二元,甚至多元;译职人员遂成为国内各族群间沟通不可或缺的一环,其在政治上的重要性遂大为增高。

早期各征服王朝——北魏及其继承国家,除设有大鸿胪及蕃部主掌蕃客朝觐外,中央各部门多设有"译令史"及"通事",显然系负责国内各族群间的传译。通事即鲜卑语所谓"乞万真"(tilma-chi)。"乞万真"为元朝"怯里马赤"(kelemechi)一词之先例,意即口译人①。当时北朝各族尚未自创文字,故无设置笔译人员的必

①《魏书》(北京:中华书局点校本)卷一一三《官氏志》;《南齐书》(北京:中华书局点校本)卷五七《魏虏传》;白鸟库吉著,方壮猷译《东胡民族考》,上海:商务印书馆,1934,页175—180。

要,"译令史"应和后来以笔译为职掌的"译史"有所不同。

后期各征服王朝的语文情形较前期王朝更为复杂,其译职人员之功能亦愈形重要。创建辽、金二朝的契丹、女真民族,不仅语言与汉族有异,而且皆自制文字,用于官文书,与汉文并行国中。故辽、金二朝译职人员之工作,除口译外,又增加繁难的文书迻译。但是,辽、金二朝的政治结构及人口分布互不相同,两朝译职人员之多寡及轻重亦有所差异。辽代实行二元统治制度,这种二元制度的意义不仅是政治的,亦为地理的。在政治制度方面,辽朝系"以国制(契丹制)治契丹,以汉制待汉人",契丹与汉人分置于不同制度下。自地理方面言之,契丹及其他游牧民族多留居北方游牧地区,燕云地区居民则仍以汉族为主,民族混杂较少,译职不必遍设于政府各机构。五代时契丹初入中原,即已设有通事①。辽道宗太康九年(1083)有令"定诸令译史迁叙等级",可见译史之设置,当不在少数。而且通事、译史地位不低,韩德让(耶律隆运,941—1011)及杨耨姑等皆系先任通事而后膺任高职②。

金朝的政治制度系由二元转变为一元,各族群皆处于单一制度下,不加分隔。而且,女真猛安谋克户大量移居中原,与汉民混杂。女真、汉人及契丹构成单一政治制度下的三大族群,三族人士同在政府任官,而三种语文亦取得相似地位。宋楼钥《北行日录》云:

> 又闻彼中有三等官,汉官、契丹、女真三者杂居,省部文

---

① 姚从吾《辽金元时期通事考》,收入《姚从吾先生全集》第 5 册,台北:正中书局,1981。

② 《辽史》(北京:中华书局点校本)卷二四《道宗纪》;叶隆礼撰,贾敬颜等点校《契丹国志》卷一八《耶律隆运传》,卷一九《番将除授职名》,上海:上海古籍出版社,1985。

移、官司榜示，各用其字，吏人及教学者亦以为别。①

可见金朝采行三种语文并重的政策。直至章宗明昌二年（1191）
始有改变②。因此，译职人员的设置极为普遍，中央机构及诸府以
上之地方官署遍设"通事""译史"（地方官署称作"译人"）及契丹
译史等。除尚书省所属之高丽、夏国、回鹘译史系为翻译外交文书
而设立外，大多数的译职人员皆系从事女真、汉族及契丹三大族群
间的沟通工作。此外，又有"诸部通事""部落通事"及"小部落通
事"等职，则是为国内少数民族而建置③。总之，金朝译职人员之
设置反映一个多元民族国家的需要。而且，金朝通事、译史的地位
较前大为提高，往往以宗室及高官子弟、终场举人、女真进士等充
任。通事、译史虽不过相当于"令史"，不具品级，但是，令史考满
之后，起官可能高至正六品，高官贵爵往往由此出身，远非汉族王
朝时代译职人员沦为杂职的情形所可比拟④。金朝的译职制度为
元、清二朝树立了先例。

　　清朝之译职制度兼具汉族王朝及征服王朝的特色，外交及内政
译职人员并重。外交方面，清朝继承明朝的制度，初设会同馆及四
夷馆，而两者于乾隆七年（1742）合并，改称"会同四译馆"。该馆除
供给外使馆舍外，亦设有回回、缅甸等八馆，从事外交文书的翻译⑤。

---

①楼钥《北行日录》（知不足斋丛书），上卷。
②金朝前期，女真文与汉文之互译，多系通过契丹文而重译，参看唐长孺《论
　金代契丹文字之废兴及政治影响》，收入唐氏《山居存稿》，北京：中华书局，
　1989。
③《金史》（北京：中华书局点校本）卷五五—五七《百官志》，卷五二《选举志》。
④孟繁清《金代的令史制度》，载于《宋辽金论丛》第 2 辑（1991）。
⑤关于明清四夷馆及会同四译馆之演变，参看神田喜一郎《明の四夷館に就
　いて》，载于《史林》第 12 卷第 4 期（1927）。伯希和（Paul Pelliot）《四夷馆
　与会同馆》（Le Seu-yi-kouan et Houei-tong-kouan），载于《通报》（T'oung Pao）
　第 38 卷（1984）。

内政方面,清室向来以满文、蒙文、汉文并重,直至清季,内廷及八旗重要文件仍以满文书写①,故翻译工作特别重要。诸司衙门皆置满洲、蒙古、汉军笔帖式(bithesi),翻译书写各种语文之章奏文牍②。清初之笔帖式往往参与决策,政治上颇有影响③。笔帖式人员任用既广,迁擢亦优,不仅是官僚系统主流之一部分,而且是满员进用的重要途径。

元代幅员之辽阔,民族之复杂,语言之繁多,在中国史上皆属空前。因此,元代译职人员之重要不仅汉族王朝时代无法比拟,即较之辽、金、清等征服王朝亦大为增强。美国学者赛诺(Denis Sinor)称大蒙古国为内陆亚洲史上翻译人员的"黄金时代",元朝在中国史上亦是如此④。基于译职人员在征服王朝时代的重要性,姚师从吾曾撰《辽金元时期通事考》一文,论述通事在此三朝之重要性⑤。而赛诺亦出版《中古内陆亚洲的译者》一文,考述自古代至蒙古帝国时代口译者在内陆亚洲的重要性,其中着墨最多的是蒙古时代。两文为蒙元时期译职人员之研究奠定基础。但是,二文所涵盖的仅为口译者,即英文所谓 interpreter,而不及于笔译者(translator)。姚师之文举出若干事例以说明译者之重要,是一篇

①Pamela K. Crossley 及 Evelyn S. Rawski《清史满文侧影》(A Profile of the Manchu Language in Ch'ing History),载于《哈佛亚洲学报》(Harvard Journal of Asiatic Studies)第 53 卷第 1 期(1993)。
②陈文石《清朝的笔帖式》,载于《食货》(复刊)第 4 卷第 3 期(1974);李红《清代笔帖式》,载于《历史档案》第 2 期(1994)。
③杨锦麟《笔帖式与 1673—1683 年清朝决策系统》,载于《厦门大学学报》第 2 期(1984)。
④D. Sinor《中世纪内陆亚洲的通译》(Interpreters in Medieval Inner Asia),载于《亚非研究》(Asian and African Studies)第 10 卷第 3 期(1982)。
⑤姚从吾《辽金元时期通事考》,收入《姚从吾先生全集》第 5 册,台北:正中书局,1981。

抽样性的研究,并无意图考述译职人员在政治社会制度中的重要性。而赛诺之文征引范围不出于西文之原手及转手史料,所论以蒙古帝国与西方交涉时通译扮演的角色较为详细,而于译职人员在蒙元政府中的地位所述不过浮光掠影而已。因此,在姚、赛二先生大作之后,蒙元时代译职人员地位问题仍留有不少研究空间。

本文拟从政治制度史及社会史的角度,考析大蒙古国(Yeke Mongghol Ulus,1206—1259)及元朝时代译职人员的功能及政治、社会地位。除姚、赛二先生大作外,宫崎市定①、罗意果(Igor de Rachewiltz)②、洪金富③、陈高华④及王风雷⑤等先生皆有相关论著发表,或论述"蒙古必阇赤"的民族成分,或讨论蒙元时代语言问题,或研析蒙古语文教学,或考述地方官学,皆与本文有重叠之处。笔者受惠不少,一并致谢。

二

自成吉思汗于 1211 年南侵金国,至忽必烈于 1260 年即位中原,五十年间,大蒙古国为一不断扩张的帝国。肇建伊始,大蒙古国的语言问题甚为复杂,对翻译人员的需求亦极迫切。一方面,蒙古四方征伐,与东西各国或和或战,信使往来,络绎不绝;传达言

---

① 宫崎市定撰,胡其德译《以元朝统治下的蒙古官职为中心的蒙汉关系》,《食货》(复刊)第 5 卷第 8 期(1975)。
② 罗意果《元朝语言问题散论》(Some Remarks on the Language Problem in Yuan China),载于《澳洲东方学会会报》(*Journal of the Oriental Society of Australia*)第 5 期(1967)。
③ 洪金富《元代蒙古语文的教与学》,台北:蒙藏委员会,1990。
④ 陈高华《元代的地方官学》,载于《元史论丛》第 5 辑(1993)。
⑤ 王风雷《元代的诸路蒙古字学》,载于《内蒙古社会科学》第 3 期(1992)。

词,翻译文书,亟需专才。另一方面,版图迅速扩张,国内民族日益繁多;这些民族不仅文化迥异,语言亦多不同,行政用人皆需采行多元政策。蒙廷不得不建立一个多元民族的官僚体系,大量任用被征服各民族的菁英,协助统治——尤其在幅员广大,户口繁庶的定居地区。其时各族了解蒙古语言者固然甚少,而蒙古文字创行不久,不仅外族知者无多,蒙古人亦多为文盲。以蒙古语文作为帝国唯一官方语文全无实行可能,蒙廷不得不借助各地原有之语文以布达与推行政令。

大蒙古国的公文制度牵涉多种语文,必须经过翻译。据宋朝使臣之记载,此一制度为二元乃至三元的。1221 年赵珙奉使燕京木华黎(1170—1223)军前,所撰《蒙鞑备录》说:

> 迄今文书中自用于他国者,皆用回鹘字,如中国笛谱字也。今二年以来,因金国叛亡降附之臣无地容身,愿为彼用,始教之文书,于金国往来,却用汉字。[①]

赵珙所谓"回鹘字"乃指畏兀字蒙古文而言。于1235—1236 年奉使的徐霆所言更为明白,《黑鞑事略》说:

> 鞑人本无字书,然今之所用则有三种。行于鞑人本国者则只用小木,长三四寸,刻之四角,且如差十马则刻十刻,大率只刻其数也……行于回回者则用回回字,镇海(1169—1252)主之……行于汉人、契丹、女真诸亡国者只用汉字,移剌楚材(即耶律楚材,1190—1244)主之。[②]

则大蒙古国的公文书至少牵涉三种语文。在蒙古本国,蒙古文仍未通行,不得不刻木为契。西域各国则用回回字(即波斯文)。而

---

① 王国维《蒙鞑备录笺证》,蒙古史料四种本。
② 王国维《黑鞑事略笺证》,蒙古史料四种本。

在旧金境内汉人、契丹、女真等族群间则采用汉字文书。

据波斯史家志费尼(Juvaini,1226—1283)的记载,大蒙古国的公文制度更为复杂。志费尼记叙蒙哥汗(1251—1259)朝中诸大臣时说①:

> 他们由谙习波斯文、畏兀文、汉文②、土番文、唐兀文等各种书记随同。以致无论向什么地方宣写敕旨,都可以用该民族的语言和文字颁发。

可见蒙廷之公文除蒙、汉二文外,如有需要,亦以其他语文撰写。志费尼所说之书记(scribes),即蒙文之"必阇赤"(bichechi)③。用

①何高济译《世界征服者史》(呼和浩特:内蒙古人民出版社)第 3 期(1981),页 723。

②何高齐译作"契丹文"。何译是根据 John A. Boyle 英译本。英译原作 Khitayan,意为汉文,而非"契丹文"。见 Boyle 译,*The History of World-conqueror*(Cambridge, Mass: Harvard University Press, 1958), vol. II, p. 607。

③"必阇赤",或作闍者亦、必赤赤、必彻彻,为蒙文〔bich-chi(bichigechi)〕,乃是由动词 bichi—(写)加字尾—gechi 而成,意即秘书。此词在制度上之意义前后变化颇大。《黑鞑事略》徐霆疏:"鞑人无相之称,只称之曰必彻彻,必彻彻者汉语令史也,使之主行文书耳。"《元史》(北京:中华书局点校本)卷九九,《兵志》云:"为天子主文史者曰必阇赤。"《华夷译语》(涵芬楼秘笈四集)译"吏"为"必阇赤"。而《至元译语》则译"秀才"为"纳阑必阇赤"(narin bichechi; narin 意为细致、文雅)。"必阇赤"本义原与翻译无涉,但有如下文所显示,元朝之"蒙古必阇赤"即译史。关于必阇赤之字义,参看伯希和著,冯承钧译《高丽史中之蒙古语》,收入冯氏《西域南海史地考证译丛续编》,台北:商务印书馆,1964;翁独健《元典章译语集释》,《燕京学报》第 30 期(1940);方龄贵《元明戏曲中的蒙古语》(上海:汉语大辞典出版社,1991),页 42—46。关于"必阇赤"制度之演变,参看札奇斯钦师《说元史中的"必阇赤"并兼论元初的中书令》,收入所著《蒙古史论丛》上,台北:学海出版社,1980;真杉庆夫《元代の必阇赤について》,收入《元史刑法志の研究譯注》,东京:教育书籍社,1961;片山共夫《元朝必阇赤考》,载于《モンゴル研究》第 17 期(1986)。

元朝名词来说,可作"令史",也可作"译史"。蒙元时代之诏敕原本多为蒙古文,将诏敕转为汉文、波斯文,已牵涉翻译之工作。

蒙古朝廷对口译人员——即"通事",蒙文称为"怯里马赤"(＊kelemechi)①——的需求亦甚迫切。当时蒙廷之情形有如宋子贞(1185—1266)所说:"其出入用事者,又皆诸国之人,言语之不通,趣向之不同……"②因此,君臣与同僚之间皆需通事传达言语。例如成吉思汗召见全真教主邱处机(1148—1227),即是由契丹人耶律阿海(约1151—1223)及河西人(即唐兀)阿里鲜担任传译。据李志常(1193—1256)《西游记》说:"师有所说,即今太师阿海以蒙古语译奏,颇惬圣怀。"③可见耶律阿海的翻译工作甚为称职。又据赵珙之记载,主持汉地征伐之太师国王木华黎有赖金国降臣左右司郎中萧神铁木儿及狼川人张瑜"通译其语言"。其他各将领亦应有通事之配置。

担任通事自必熟谙两种以上之语言。蒙古人中,如木华黎之子孛鲁(1197—1228)之"能诸国语者",似不多见④。赛诺教授指出:蒙古人不善于学习外族语言,而且人丁稀少,人力弥足珍贵,故其通事系自被征服民族中征募而来。此一说法,就元朝而言,不尽

---

① "怯里马赤",意为通事,即口译者。《至元译语·君官门》译"通事"为"乞里觅赤",当为 kelemechi 之对音。但 kelemechi 之形式未见于畏兀字蒙文文献中。在古典蒙古文中,通译者称 Kelemürchi,亦作 kelechi,见 J. E. Kowalewski《蒙俄法辞典》(Dictionaire Mongol-Russe-Francais)(Kazan,1814) vol. 3,p. 2473。叶子奇《草木子》卷四下云:"立怯里马赤,盖译史也,以通华夷言语文字。"怯里马赤固为通译之一种,但在元代制度中,职司口译,为通事,而非译史。参看白鸟库吉《高麗史に見えたる蒙古語の解釋》〔《東洋學報》第 18 卷第 2 期(1929)〕及上注引伯希和及翁独健文。

② 苏天爵编《国朝文类》(四部丛刊)卷五七,宋子贞《中书令耶律公神道碑》。

③ 李志常《西游记》卷下,蒙古史料四种本。

④ 王国维《蒙鞑备录笺证》,蒙古史料四种本。

正确(见下)，但就大蒙古国时代而言，大体不错。蒙廷与欧洲各国之外交折冲多用俘虏之斡罗思、法国、库蛮(即钦察)等族人为翻译①，而与高丽交涉时所用通事则多为高丽人②。

汉人(广义，包括契丹、女真)为蒙古人在东方之主要统治对象，因此蒙、汉间的通译人才需求甚大。早期蒙廷对汉地所用通事主要来源有下列三途：

第一，自归降较早、文化较高之游牧或半游牧民族中征募：契丹、畏兀、汪古、唐兀等族多与蒙古语言文化相近(唐兀例外)，却又与汉文化接触较多。金元之际的汪古人及一部分契丹人皆居住于汉地与蒙古草原间的边缘地区，对南北两个不同文化世界皆有接触，担任蒙汉沟通的媒介，最为适合③。耶律阿海及其弟秃花(？—1231)便是居住于桓州(内蒙古正蓝旗西北)的契丹人。阿海以"通诸国语"见称，在蒙廷虽无通事之名，却显然为成吉思汗倚重的传译人④。木华黎之通译萧神铁木儿亦可能是契丹人⑤。汪古人中，安天合为金元之际的有名译史兼通事⑥，其舅马庆祥

---

①D. Sinor《中世纪内陆亚洲的通译》(Interpreters in Medieval Inner Asia)，载于《亚非研究》(*Asian and African Studies*)第10卷第3期(1982)。

②郑麟趾《高丽史》(国书刊行会本)卷二六《元宗世家》；卷一二三《康允绍传》。

③参看Paul Buell《汉蒙边界地区在成吉思汗崛起中的角色》(The Role of the Sino-Mongolian Frontier Zone in the Rise of Chinggis Khan)，载于Henry Schwarz编《蒙古研究》(*Studies on Mongolia*)，Bellingham：West Washington University，1975。

④《元史》卷一四九及一五〇，《耶律秃花传》及《耶律阿海传》。

⑤王国维《蒙鞑备录笺证》，蒙古史料四种本。

⑥安天合之族属仍有争论。此处以其为汪古人系从周清澍说，见周氏《汪古部事辑》，载于《中国蒙古史学会成立大会纪念集刊》，呼和浩特：中国蒙古史学会，1979。而洪金富及赛诺则分别以其为畏兀及粟特人，见洪氏前揭书，页64，注(52)。

（1178—1223）亦出身译史，"凡诸国语言文字，靡所不通"①。天合受其陶冶，"习诸国语，洎字书授之"②，于金季已成译史。金亡以后，天合或因翻译工作而得到中书丞相镇海之荐引，终取得"相臣"的地位③。畏兀人不仅与蒙古语言相近，而且蒙古文系根据畏兀字所创制，畏兀人因而多善蒙古书，在蒙廷担任王傅及必阇赤者极多。现虽无畏兀人担任通事及译史的记载，但徐霆说："当时回回多会诸国言语，直是了得。"④此处之回回应指畏兀而言，畏兀人担任通译者应有不少。至于唐兀人在大蒙古国时代任通事之例证，仍有不少。前述之阿里鲜即为其一，又有僧吉陀、秃儿赤父子自成吉思汗时起相继为秃鲁哈必阇赤（turqaq bichechi）兼怯里马赤⑤。"秃鲁哈"即宫廷宿卫——怯薛（Kesig）中之"日卫"⑥。僧吉陀父子所任乃是在宫廷轮值日班的秘书兼通事。更有朵吉一门四代相继"以言语材艺"，任怯里马赤，"译诸国语"⑦。可见自成吉思汗起唐兀人担任宫廷通事者大有人在。

第二，培养被俘汉族少年为通译：蒙古掳掠所得人口中，不少幼童皆为宫掖或贵族家庭所扶养成人，因而善于蒙古语，蒙廷常用

---

①黄溍《金华黄先生文集》（四部丛刊本）卷四三《马氏世谱》。
②元好问《遗山先生文集》（四部丛刊本）卷二七《恒州刺史马君神道碑》。
③洪金富前引书，页17—21。
④王国维《黑鞑事略笺证》，蒙古史料四种本。
⑤《元史》卷一三三《暗伯传》。
⑥"秃鲁哈"亦作"秃鲁花"。"秃鲁花"为蒙古文"turghagh"一词之对音，《元朝秘史》译为"护卫""散班"。但此词亦有"质子"之义。参看札奇斯钦师《说〈元史〉中的"秃鲁花"（质子军）与〈元朝秘史〉中的"土儿合黑"（散班）》，载于札奇氏《蒙古史论丛》，下，页797—854；萧启庆《元代的宿卫制度》，载于萧氏《元代史新探》，台北：新文丰出版公司，1983，页59—111。
⑦宋濂《宋学士集》（四部丛刊本）卷七一《星吉公神道碑》；《元史》卷一四四《星吉传》。

之为通事或执行类似的任务。现存例证不少,较早者有王德真(1202—1272)、郝和尚(1204—1252)、刘敏(1203—1262)、杨惟中(1206—1260)等人。王德真为隆兴丰利人,成吉思汗得之于野狐岭,命宫掖抚养之。"三年通蒙古语,译说辨利,太祖出入提携之",长任奉御,实即怯薛之职①。郝和尚为安肃州人,九岁为蒙古兵所掠,隶郡王迄忒(即德清郡王怯台),因而长通译语②。刘敏为宣德人,十二岁为蒙古所得,隶中宫帐下,"不三四年,诸部译语无不闲习,稍得供奉上前",成吉思汗任敏为奉御,西征时,携以同行③。杨惟中则为弘州人,"以孤童子事太宗",故在蒙古宫中长大④,屠寄(1856—1921)认为他"通蒙兀畏兀语"应该不错⑤。以上四人,多出生蒙、汉边界地区,而在稚年被俘,因而兼通蒙、汉双语。其中虽仅知杨惟中有"通事"职衔⑥,但王德真、刘敏皆任奉御,成吉思汗出入与偕,当亦是用为传译。而郝和尚、杨惟中更曾屡次奉使外国,当亦因其语言条件优长。这些由蒙古人扶养成人的汉人,最为汗廷所倚信,因而大多飞黄腾达,刘敏、杨惟中、郝和尚皆是蒙古统治汉地的重要人物。

第三,就地取材:各级蒙古、色目官员在其所辖地区召募通译语者为通事。任何征服社会皆有不少当地人士愿习学征服者之语言,或求一技之栖,或借征服者之气焰,以谋衣食。据徐霆之记载,

①胡祗遹《紫山先生大全文集》(三怡堂丛书)卷一六《德兴燕京太原人匠达鲁噶齐王公神道碑》。
②《元史》有关郝和尚及其子天挺族属及籍贯记载不一,颇滋纷扰。据王磐《忠定郝公神道碑》,可确定郝氏为安肃人,而非蒙古人。见《弘治重修三原志》卷一○。
③《遗山文集》卷二八《大丞相刘氏先茔神道碑》。
④郝经《陵川集》(文渊阁四库全书)卷三五《宣抚大使杨公神道碑》。
⑤屠寄《蒙兀儿史记》(结一宦刊本)卷六一《杨惟中传》。
⑥《元史》卷一四○《耶律楚材传》提及"通事杨惟忠",当即"惟中"。

当时燕京市井中便有不少通事速成班：

> 燕京市学，多教回回字（即畏兀字）及鞑人译语。才会译
> 语，便仿通事，便随人行打，咨作威福，讨得"撒花"，讨得物
> 事吃。[1]

所谓"撒花"，为蒙文"sauqa"的音译，意即礼物[2]。这种出身市井
的通事，与日本侵华时宪兵队的通译一样，狐假虎威，索贿迫财，应
该甚为普遍。不过可能限于下级衙署，与前述二类不同。

　　蒙古汗廷有系统培养通译人才开始于1233年6月。此时汴
京已陷，灭金在望。蒙古在汉地之目标由征服转变为统治，自需更
多通译人才，故在燕京设置国子学[3]。有关创设国子学的数篇原
始文献今见于元季熊梦祥编《析津志》中，该书简叙国子学创设经
过说：

> 太宗五年癸巳（1233），初立四教读，以蒙古子弟令学汉
> 人文字，仍以燕京夫子庙为国学。[4]

该志所录蛇儿年（1233）六月初九日圣旨石刻原文，叙述建校时之
构想及规定甚详：

> 皇帝圣旨：道与朵罗觯、咸得卜、绵思哥、胡土花、小通事
> 合住、迷速门、并十投（原误作役）下管匠人、官人。这必阇赤

---

① 王国维《黑鞑事略笺证》，蒙古史料四种本。

② Pelliot《撒花小考》(Sao-houa, Saugh, Saguate)，载于《通报》第32卷（1936）；
　　方龄贵《元明戏曲中的蒙古语·撒和》，页29—35。

③ 萧启庆《大蒙古国的国子学：兼论蒙汉菁英涵化的滥觞与儒道势力的消
　　长》，载于《中国历史论文集·劳贞一先生八秩荣庆论文集》，台北：商务印
　　书馆，1986，页61—86。收入萧氏《蒙元史新研》，台北：允晨文化公司，
　　1994，页23—47。

④《析津志辑佚·学校》，北京：古籍出版社，1983。

一十（八）个孩儿，教汉儿田地里学言语文书去也。但是你每官人底孩儿每，去底十八个蒙古孩儿每根底，你每孩儿每内，更拣选二十二个作牌子，一同参与文书弓箭。若这二十（二）个孩儿内却与歹底孩儿，好底孩儿隐藏下底，并断案打奚罪戾。

这孩儿每学得汉儿每言语文书会也，你每那孩儿每亦学底蒙古言语弓箭也会也。粘哥、千僧奴底孩儿亦一同学者。若学底会呵，不是一件立身大公事那甚！①

此一石刻圣旨，系由蒙古文直译，较为难解。大意是：令朵罗觸等汉地官人，选其选秀子弟二十二人，编排为班（牌子）。与遣送至汉地的蒙古书生（必阇赤）十八人，一同学习。蒙古子弟研习汉人语言、文书，而汉官（广义，包括契丹、女真人）子弟则学习蒙古语言与弓箭。

蒙廷设立此校之目的，据蛇儿年六月圣旨说：

必阇赤每，比至会汉儿言语呵，说话仰胡土花、小通事（合住），与两个熟会言语的通事转言语者。

可见设校时之构想，学生毕业后以担任通事为主。该校蒙古学生所学实际上不止汉人语言，该校实际负责人为全真教士冯志亨（1180—1254）。据赵著《寂照大师冯公道行碑》，冯志亨的教学方法是："令读《孝经》、《语》、《孟》、《中庸》、《大学》等书。庶几各人口传心授之间，而万善固有之地，日益开明，能知治国平天下之道，本自正心诚意始。"②可见学生所学尚包括儒家经典在内。毕业生

①《析津志辑佚·学校》，北京：古籍出版社，1983。
②李道谦编《甘水仙源录》（正统道藏）卷六，赵著《佐玄寂照大师冯公道行碑》。

不仅可任通事,亦应可担任译史乃至行政官员。此校至宪宗时代仍然存在,学生人数始终维持在四五十人的水平,规模不大,但应为蒙古汗廷训练了不少高等通译人员。

三

忽必烈于1260年建国中原后,表面上大体采用中原传统政治制度,而汉人入仕者较大蒙古国时代亦大为增加。但是,元朝政府对翻译人员之需求并未减低。

翻译人员需求仍大之原因,可分口译人员及笔译人员两方面来说明:

口译人员之需求不减,主要乃因政府中蒙古、色目官员比率仍高。据大德年间(1297—1307)之统计,蒙古、色目官员占朝官总数的44.90%,京官之30.60%,而在外任官中亦占28.60%①。元朝中期以前,蒙古、色目官员不通汉语者大有人在,如1288年秘书请求设置通事,理由为监官扎马剌丁(Jamal al-Din)西域人,华言未通②;又如1321年状元泰不华(1304—1352)之父塔不台,任台州路录事判官,却是"敦庞质实,宛如古人,而于华言尚未深晓"③。"华言未通"之蒙古、色目官员与汉人同僚议事时沟通不免困难。马祖常(1279—1338)叙述元代早期地方政府的情形说:"国家官制,率以国人居班簿首,州县又仍国初官,各置达鲁花赤,员并守令

①《大元圣政国朝典章》(简称《元典章》,台北:故宫博物院影元刊本)卷七《内外诸官员数》。
②王士点、商企翁编《秘书监志》(广仓学窘丛书)卷一。
③苏天爵《滋溪文稿》(适园丛书)卷三〇《题兼善尚书自书所作诗后》。

佐丞连位坐署，哄然言语、气俗不相通。"①当时官署采行集体责任的圆坐制，官员共坐一堂却往往无共同语言。总之，中期以前，族群不同官员之间的语言问题仍甚严重，不得不借助通事来传达。

笔译人员之需求仍大，乃因元廷必须维护以蒙古为中心的多元民族国家体制。有如罗沙比（Morris Rossabi）所言：忽必烈自认为"普遍帝王"（universal emperor），必须接受在理论上受其他控制地区的不同文化，而不能独重汉文化②。在蒙古人意识形态中，"大元"不过是"大蒙古国"的延续，而大蒙古国是以蒙古人为中心的世界帝国，包罗万方，不以中原为限。因此，元朝虽以汉人为主要统治对象，但汉文仅列为官用书面文字之一，地位低于蒙古文。忽必烈即位之后沿用畏兀字蒙古文为主要官方文字，1269 年更采用国师八思巴（1235—1280）所创新字为"国字"，"凡有玺书颁降者，并用蒙古新字，仍以其国字（即各国原有文字）副之"③。除蒙、汉二文外，元廷仍采用回回文——亦称"亦思替非（＊Istifi）文字"——为第三官用文字；元代所谓"回回文"即波斯文④。据黄时鉴之解释，采用波斯文为官方语文之原因有二：第一，当时居留汉

①《石田先生文集》（元人文集珍本丛刊）卷一三《霸州长忽速剌沙遗爱碑》。

②M. Rossabi《忽必烈汗传》（*Khubilai Khan：His Life and Times*）（Berkeley：University of California Press，1988），p. 172。

③《元史》卷二〇二《释老传》。关于八思巴字之施用情形，参看罗常培、蔡美彪编《八思巴字与元代汉语》，北京：科学出版社，1959。

④韩儒林《所谓"亦思替非文字"是什么文字》，收入《韩儒林文集》，南京：江苏古籍出版社，1990。据伊朗学者穆札法尔·巴赫蒂亚尔之考证，"亦思替非文字"并非一般波斯文，而是古代波斯人所创造的一种特有文字符号系统及计算方法，用以书写政府税收事项。元朝政府加以采用，可能由于这种文字便于统计数目而又具有保密性。见穆札法尔·巴赫蒂亚尔《亦思替非考》，载于《伊朗学在中国论文集》，北京：北京大学出版社，1993，页 44—50。

地外族人士中,使用波斯语文者甚多;第二,波斯语文盛行于中亚、北亚乃至东亚①。虽然波斯语文是否为元代色目人中最为通行的语言,仍为一颇具争议性的问题②,但其为元廷采用为官方语文当为不争的事实。

公文兼用三种文字,又具保密防弊之意。蒙古人数既少,最初识字者亦不多,而对各被征服民族官吏之忠诚又缺乏信心,不得不对后者在公文上舞弊营私严加防范。早在窝阔台时代,蒙古文书制度中已有此类防范措施。据徐霆说,行于汉地之公文用汉文,而由耶律楚材主持,但是"又于后面年月之前,镇海亲写回回字云:'付与某人。'此盖专防楚材故也,必以回回字为验,无此则不成文书,殆欲使之经由镇海,亦可互相检柅也"③。可见耶律楚材发布之汉文公文须经镇海以"回回"字副署,始能生效。徐霆虽未明言,但由"互相检柅"一句看来,镇海所发回回文书,亦需楚材以汉文副署。这种以不同文字来防范越权或舞弊的制度在元朝推广及于各级官衙。当时法律规定:

> 诸内外百司有兼设蒙古、回回译史者,每遇行移及勘合文

---

① 黄时鉴《元朝中国的波斯语文》(The Persian Language in China during the Yuan Dynasty),载于《远东史论丛》(*Papers on Far Eastern History*)第 34 期 (1986)。主张元朝色目人以波斯语为共同语言之学者甚多,参看杨志玖《关于马可波罗在中国的几个问题》,收入杨著《元史三论》,北京:人民出版社,1985,页 108。

② Sinor 氏认为元代色目人中最流行的应为突厥语(即畏兀言或库蛮语),而非波斯语,见所撰《内陆亚洲书目札记》四(Notes on Inner Asian Bibliography, Ⅳ),载于《亚洲历史学报》(*Journal of Asian History*)第 23 卷(1989)。

③《黑鞑事略笺证》,页 10 上。参看柯立夫师(F. W. Cleaves)《十三四世纪蒙古中书的一项措施》(A Chancellery Practice of the Mongols in the Thirteenth and Fourteenth Centuries),载于《哈佛亚洲学报》第 14 卷(1951)。

字,标译、关防兼用之。①

可见凡设译史之机构,皆须以蒙古或回回字标译事目。如事关钱谷,更须"备细译写"②。元朝最重驿传,调用铺马,所用"起马札子"必须以蒙古文书写,称之为"别里哥"(belge),意即符验,"阴寓防范之意也"③。总之,多种文字并用兼具政治及安全意义。

四

忽必烈建立元朝后,译职人员可分两大类,一属宫廷,一属政府。两者性质全然不同。本节拟考述宫廷中的译职人员,而政府的译职人员则留待以下数节再加叙述。

宫廷中译职人员又可分为两类,一属怯薛,一属经筵。经筵设置于泰定帝(1324—1328),为时甚晚,且专为帝王译讲学术,与政府之运作并无直接关联,而经筵译讲官皆系自一般官员中选调,与本文所考述的专职翻译人员不同,故不拟讨论④。

怯薛是蒙古传统政治制度的核心组织。大蒙古国时代,怯薛不仅是大汗的卫队、皇家家务机构和大中军,亦是帝国中央行政机构,同时更兼具质子营及政军干部学校的性质,其成员——"怯薛歹"(kesigdei)——皆系统治阶层子弟以入充质子的方式选任。忽

①《元史》卷一〇二《刑法志》。
②《元典章》卷一四《用蒙古字标译事目》。
③胡行简《樗隐集》(文渊阁四库全书)卷一《兵部译史房题名记》。
④元代经筵进讲,"用国语汉文两进读",即是经过翻译。如康里巎巎为元顺帝敷陈经义,朵尔直班则为翻译,"曲尽其意,多所启沃"。经筵讲稿亦有汉、蒙文两种本子。参看张帆《元代经筵述论》,载于《元史论丛》第5辑(1993);王风雷《元代的经筵》,载于《内蒙古大学学报》第2期(1993)。

必烈采用中原政治制度后,宫中仍为蒙古传统文化之堡垒。怯薛虽失去中央行政机构及大中军的作用,其他各项功能仍然维持于不堕。怯薛歹仍由官宦子弟充任,执行皇室各项家务如故。皇室召见大臣,商议朝政,皆有各类怯薛执事轮值代表参加。而出身怯薛的省、院、台官员仍需参与轮值,并在帝王身边参与决策。在蒙元各机构汉化过程中,最具贵族性而又最接近权力泉源的怯薛所受影响可说最小①。

《元史·兵志》叙述怯薛各执事的名称,中有"书写圣旨曰'扎里赤'"②,"为天子主文史者,曰'必阇赤'"③。既未提及传达言语的"怯里马赤",亦未提及担任笔译之译史。有如下文所说,未提及怯里马赤,显然为《兵志》之疏漏,而译史之工作则可能由必阇赤兼任。

欲了解宫廷中翻译的运作,必先考述奏对及诏旨所用之语言、文字。虞集《送谭无咎赴吉安蒙古学官序》说:

> 集昔以文史末属,得奉禁林。见廷中奏对文字、言语,皆以国语达。若夫德音之自内出者,皆画以汉书而下之,诏诰出于代言者之手,又循文而附诸国语,其来尚矣!④

虞集(1272—1348)于文宗朝膺任奎章阁侍书学士,并讲学经筵,对内廷情形极为熟悉,所记自较可信,但因所叙甚简,并不完全反映实情。

---

① 见第页489注⑥引萧启庆文及李治安《怯薛与元代朝政》,《中国史研究》第4期(1990)。
② "札里赤"亦作"札里尔赤",为蒙文 jarlighchi 之对音。"Jarlighchi"为 jarligh 加字尾-chi 而成。Jarligh 意为圣旨。Jarlighchi 有如《元史·兵志》所云,意为"书写圣旨"者。
③《元史》卷九九《兵志》。
④ 虞集《道园类稿》(元人文集珍本丛刊)卷二一。

虞氏所谓"廷中奏对文字、语言,皆以国语达",应是不错。换言之,百司臣工所上奏章及廷中君臣口头应对皆用蒙古语文。关于奏章必有蒙文本上呈一事,可由其他记载证实。据《元史·刑法志》所载规定:

> 诸内外百司,五品以上进上表章,并以蒙古字书,毋敢不敬,仍以汉字书其副。

可见朝廷所受奏章,皆有蒙文、汉文二本,而以蒙文本为正,汉文本为副,宫中之必阇赤不必再事翻译。

虞集所记君臣皆以蒙古语相互应对一事,衡诸事实,亦属不错。君臣以蒙语应对有其事实及政治需要。蒙元早期诸君(包括忽必烈)汉语造诣不深,自需舌人传达言语[1];中后期诸帝皆受蒙、汉双语文教育,应通华言[2]。但为维护统治民族之尊严,朝中议事仍以蒙语言为媒介。汉人大臣中善于蒙语者颇不乏人,如忽必烈时代参知政事贾居贞(1218—1280)便是"善国言,大小庶政,不资舌人,皆持入奏"[3]。色目大臣中——尤其是畏兀人——精通蒙语者更多。但就整体而言,不能以蒙语参与朝议之各族大臣为数当属不少,传译人员之安排乃为不可或缺。

1260年燕京行省(即中书省之前身)曾订立省规,其中之一

---

[1] 忽必烈之汉语造诣显然不深,其与许衡(1209—1281)对话便是倚靠译者。《考岁略》说:"先生每有奏对或欲召见,则上(指忽必烈)自择善译者然后见之。"见《鲁斋遗书》(四库全书本)卷一三。

[2] 关于元朝帝王之汉学造诣,见吉川幸次郎《元の諸帝の文學》,收入《吉川幸次郎全集》第15册,东京:筑摩书房,1986,页231—313;H. Franke《蒙古皇帝能否读写汉语汉文?》(Could the Mongol Emperors Read and Write Chinese?),《大亚洲报》(Asia Major)(复刊)第3卷(1952);罗贤佑《元朝诸帝汉化述议》,《民族研究》第5期(1987)。

[3] 姚燧《牧庵集》(四部丛刊本)卷一九《参知政事贾公神道碑》。

为:"奏事上前,宣读、通译人各一员。"①换言之,行中书省奏事,必携宣使及通事(或译史)各一名,以便传译。此一规定,后来是否为中书省或其他衙署所遵行,已不可究晓。但是,即使此一制度延续未变,朝廷未必信任各官衙所遣通译,忽必烈接见非蒙古族大臣时必有怯薛中之怯里马赤随侍。由《秘书监志》中之二文件可以看出②:

> 至元十年(1273)九月十八日,秘书监丞札马剌丁于万寿山浴堂根底,爱薛做怯里马赤奏:……。

> 至元十二年(1275)正月十一日,本监官焦秘监、赵侍郎及司天台鲜于少监一同就皇城内暖殿里,董八哥做怯里马赤奏:……。

在此二文件中,上奏者札马剌丁为回回,焦秘监即焦友直,赵侍郎即赵秉温(1222—1293),皆为汉人,鲜于少监亦应为汉人,当皆不谙蒙语,故需借助于舌人。为札马剌丁"做怯里马赤"之爱薛(Isa,1227—1308),原为拂林人,来自叙利亚西部,"于西域诸国语、医药、星历无不研习"③,数度奉使绝域。伊利汗国史家拉施特(Rashid al-Din,1247?—1317)《史集》称他为 Isa kelemechi,意指"怯里马赤爱薛",可见爱薛原有"怯里马赤"头衔④。以其语言及星历造诣,为回回天文学者札马剌丁担任传译,最为适合。为焦友直担任传译之"董八哥",即董文忠(1231—1281),出身汉军世家

①王恽《秋涧集》卷八〇《中堂事记》。
②《秘书监志》卷一及卷三。
③关于爱薛,参看程钜夫《程雪楼集》(陶氏涉园影印洪武本)卷五《拂林忠献王碑》;韩儒林《爱薛之再探讨》,收入其《文集》,页81—96;沈福伟《元代爱薛事迹新论》,《中外关系史论丛》第2期(1987)。
④J. A. Boyle 译《成吉思汗的继承者》(The Successors of Genghis Khan),纽约:哥伦比亚大学出版社,1971,页330。

藁城董氏，长期服事宫中，忽必烈待之"亲犹家人"，因其行八，而呼为"董八哥"①。文忠当精通蒙、汉二语。文忠与爱薛担任传译时，其官职分别为符宝郎及领广惠司事，皆为重要之职官。担任怯里马赤，当系返回怯薛轮值时所任工作。

除去职官轮值宿卫担任怯里马赤外，怯薛中尚有专任怯里马赤，如前引唐兀人朵吉之后裔搠思吉、星吉及僧吉陀之子秃儿赤皆袭怯里马赤②，所袭当为怯薛中之怯里马赤，而非政府中之怯里马赤。后者为一种吏职，不能世袭；而前者如怯薛中其他执事一样，皆可世袭。至于怯薛中怯里马赤的名额有多少，则因缺乏记载，已不可考知。

关于朝廷所颁诏旨使用的文字，虞集所说"若夫德音之自内出者，皆画以汉书行之，诏诰出于代言者之手，又循文而附诸国语"，仅属部分正确。事实上诏旨并非尽以汉文为原本，蒙文为副本。《经世大典·序录·帝制》说：

> 国朝以国语训敕者曰"圣旨"，史臣代言者曰"诏书"。③

《序录》亦为虞集主撰，所叙较为清晰。由其可见元廷所颁诏旨可分两类：一类为以蒙文为正本之"圣旨"，另一类则为以汉文为正本的"诏书"。蒙文圣旨当系由怯薛中之扎里赤、必阇赤或蒙古翰

---

①《牧庵集》卷一五《董文忠神道碑》。参看洪金富所撰《董氏兄弟合传》（The Tung Brothers），载于罗意果、陈学霖、萧启庆等合编《蒙元前期名臣传论》（*In the Service of the Khan:Eminent Personalities of the Early Mongol-Yuan Period*,1200-1300），Wiesbaden:Harrasowitz,1993。

②《元史》卷一三三《暗伯传》。

③ 苏天爵《国朝文类》卷四〇。关于"圣旨"与"诏书"的区别，参看杨师联陞《〈元典章〉拾零》（Marginalia to the Yüan tien-chang），《哈佛亚洲学报》第19期（1956）；海老泽哲雄《元典章の聖旨に關する一問題》，收入《木村正雄先生退官紀念東洋史論集》，东京：汲古書院，1977。

林院所属"写圣旨必阇赤"(亦称札尔里赤,即扎里赤)撰写并译写为汉文。此类圣旨经由怯薛撰发,不经过主持大政的中书省,故称"内降旨",为数颇多①。由现存之蒙、汉文碑看来,圣旨多系因特定目的而颁与某一特定机构或人物(以寺院免差发者为最多),汉译文则为硬译之白话,不求典雅②。汉文诏书内容所涉则多为较具普遍性的国家政策或重要事件,由翰林国史院撰发,即虞集所称"诏诰出于代言者之手",所用汉文皆为文言。至于诏书的蒙文副本当系由蒙古翰林院负责译成。

总之,元朝宫廷之运作以蒙古语文为主要媒介。口译人员——怯里马赤——负责君臣间蒙语与汉语及其他语言之间的传译工作,较为繁重;笔译人员——扎里赤、必阇赤——仅负责部分诏旨的撰译,另一部分则由汉式官僚组织中的翰林国史院及蒙古翰林院分担。而宫廷中的译职人员仍为蒙古传统组织——怯薛的一部分,怯里马赤、必阇赤皆以皇室家臣的身份执行任务,与政府中的译职人员并未融为一体。

五

政府中的译职人员为汉式官僚组织的一部分,其名称、职能、名额、升迁皆有较为明确的规定。而且《元史·百官志》对政府各机构译职人员之配额具有较为全面之记载③,故其情形较宫廷译

---

① 《元史》卷二三《武宗二》。
② 收集此类汉译白话碑文较为齐备者为蔡美彪《元代白话碑集录》,北京:科学出版社,1955。
③ 《元史》卷八五至九二。

职人员远为清晰。

如兼顾名称及职能,政府中之译职人员可分为三类:

第一,通事与怯里马赤:二者本为一事,一为汉名,一为蒙古名,皆司口译。但《元史·百官志》记述各机构有关人员时或称"通事",或称"怯里马赤",并不统一。如中书省所设曰"怯里马赤",枢密院、御史台所设则称"通事";翰林国史院、蒙古翰林院所置皆曰"通事",而奎章阁学士院所置则称"怯里马赤"。其间全无规矩可寻。若比较《元史》与其他记载亦可看出"通事""怯里马赤"并无不同。如《元史》称礼部设有怯里马赤一人,而马祖常《中书省礼部合化堂记》则说该部所设为通事一人[1]。《百官志》有关各部门记载名称之歧异,显然乃因编者未加统一而致混淆。通事之设,有如许有壬所说:"本为蒙古、色目官员语言不通,俾之传达。"[2]所传达者主要应为蒙、汉二语。但《元典章》中有"回回通事"一词[3],当为前述札马剌丁之类"华言未通"的色目人所设置。但系因人设事,制度上并无规定。

第二,译史与蒙古必阇赤:有如前述,"必阇赤"意为"秘书",而"蒙古必阇赤"意为"蒙古文秘书",与译史之意并不相同。姚师从吾认为"译史"之蒙古文应为 orchighulaghchi[4]。就字面而言,应是不错。但是,此一蒙文名词并未出现于元代文献,而译史与蒙古必阇赤二辞则往往混用,难以区别,《元史·百官志》便是如此。据该志,中书省及六部所设曰"蒙古必阇赤",枢密院及御史台所设则称"译史"。同一系统之机构中,笔译人员之名称往往不同。

---

① 马祖常《石田先生文集》(元人文集珍本丛刊)卷八。

② 《至正集》卷七五《风宪十事》。

③ 《元典章》卷二二《隐匿商税罪例》。

④ 姚从吾《辽金元时期通事考》,收入《姚从吾先生全集》第 5 册,台北:正中书局,1981,页 14。

如监察系统中,御史台(即中台)、江南行御史台及各肃政廉访司设有"译史",而陕西行御史台则设有蒙古必阇赤。军政系统中,枢密院下设有译史,而各行枢密院之下则有蒙古必阇赤。宫崎市定认为:"按《元史·百官志》,译史这种翻译官通常设在汉人机构或次要的官衙里。"①反言之,蒙古必阇赤仅设置在较为重要及处理蒙古事务的机构。此一说法,与《百官志》记载并不吻合。而且,《百官志》与其他史料叙述同一机构之笔译人员时往往所用名称不同,如《百官志》称江南行御史台所设为"译史",而《南台备要》②及《至正金陵新志》则称之为"蒙古必阇赤"③。又如《元史·百官志》所说礼部所设为蒙古必阇赤,而前引《合化堂记》则称之为"国字译史"。可见译史即蒙古必阇赤,国字译史则为俗称,但亦可看出蒙古必阇赤兼具译史作用。"译史"与"蒙古必阇赤"二名词的相互交替作用,反映出翻译蒙古文书与撰写蒙古文书二者之间相互重叠,并无清晰之分野。"译"与"撰"的孰轻孰重可能决定于译职人员所属机构之性质与高低。

第三,回回掾(令)史:设于一级机构之回回译职人员称"回回掾史",二级以下机构则称"回回令史",亦称"回回译史",其主要执掌自然为回回文书之译写。王恽《中堂事记》记述燕京行中书省掾属,在回回译史麦尤丁名下注云:

> 其所译簿籍,捣治方厚,尺纸为叶,以木笔挑书普速蛮书,该写众事。④

①宫崎市定撰,胡其德译《以元朝统治下的蒙古官职为中心的蒙汉关系》,《食货》(复刊)第5卷第8期(1975)。
②《永乐大典》卷二六一〇《立江南行御史台条画》。
③《至正金陵新志》(宋元地方志丛书)卷六《官守志》。
④王恽《秋涧集》卷八〇《中堂事记》。

王恽所谓"普速蛮(Pusalman)书",即回回字——波斯文。

为了解各种译职人员在中央及地方政府机构中的总体配置情况,兹以《元史·百官志》的记载为主,参以其他资料,加以统计,制为表一。所谓"地方政府",包括行政(行中书省、宣慰使司、宣慰使司都元帅、路总管府)、军政(行枢密院)、监察(行御史台、肃政廉访司)等三大系统。"通事"与"怯里马赤"、"译史"与"蒙古必阇赤"并无区别,表中分列,意在反映史籍记载原状。表中又列入"蒙古书写"及"回回书写",二者分别为"译史"及"回回令史"之助理,但可擢升为译史与回回令史,可视为译职人员之后备,亦一并列入。

表一 译职人员总数

职称\机构	通事/怯里马赤	译史/蒙古必阇赤	回回掾(令)史	蒙古书写	回回书写	合计	%
中央	133/43	201/105	52	39	2	555	48.39
地方	238/9	329/6	10	0	0	592	51.61
合计	351/52	530/111	62	39	2	1,147	100

史源:本表主要系根据《元史·百官志》制作,但《百官志》颇有缺载之处。本表又据《元典章》卷一五《禄廪》补入各行省及宣慰使司译职人员数目,复据《延祐四明志》卷二《职官考》所载类推各宣慰司都元帅府译职人员数目。

表一显示,各级机构译职人员总额为一千一百四十七名。据大德时期之记载,政府有无品级官吏总额为二万六千七百二十八名①,译职人员占 4.29%。若论各级机构译职人员之多寡,中央机构译职人员之总数几乎与地方机构相等,可见中央机构中译职人员设置较为普遍。若论各种译职人员之比率,译史(蒙古必阇赤)之数目远多于通事,中央政府中两者为二对一之比。地方政府中

---

① 《元典章》卷七《内外诸官员数》。

因诸路总管府皆设译史、通事各一名,总数差距较小,但译史人数仍多于通事,乃因译史需处理大量文件,比职司口译的通事需求量更大。此外,回回掾(令)史几全置于中央机构中,可见地方机构处理回回文书之机会不大。至于蒙古书写及回回书写亦集中于中央机构,显然地方机构处理之蒙古及回回文件较少,译史兼事书写可以应付裕如。

除去表一所显示的情况外,元代译职人员之配置尚有下列诸特色:

第一,译职人员配置之多寡与机构事务之繁简有一定关联,配置译职人员最多者为中书省及枢密院。前者主理全国政务,配有蒙古必阇赤二十四名、怯里马赤五名、回回省掾十五名、蒙古书写二十三名及回回书写二名。枢密院掌理全国军政,亦配有译史十四名、通事三名、蒙古书写二名。事务清简之太常礼仪院、太史院等仅各有译史一名、通事一名。

第二,主理蒙古事务的机构所配置译职人员较多。如大宗正府,执掌有关蒙古及色目人之词讼,业务范畴虽甚窄隘,却设有通事三名、蒙古必阇赤十三名、蒙古书写一名,名额几与枢密院相等。又如蒙古翰林院,职"掌译写一切文字,以及颁降玺书",设有通事二人、必阇赤十四人、译史一人。

第三,宫务系统官署配置译职人员较多。如"掌供玉食"的宣徽院设有蒙古必阇赤六人、回回掾史二人、怯里马赤二人、蒙古书写二人。储政院、中政院之配置亦类似,皆高出一般衙署,反映宫中蒙古、色目官员较多,而宫廷亦为蒙古文化之堡垒。

第四,军事单位中,枢密院所属之卫军指挥使司各设通事、译史一至二名。而品级相当之万户府则未配置译职人员,万户以下之千户、百户更是如此。

第五,地方官署中,设置译职人员的最低层级为路总管府,置有译史、通事各一名。路以下之府、州、司、县则未配置。1298 年江西行省曾以新设州司能否设置译史请示，中书省之批示为："各路所辖州郡，例不设立译史。"①可见府、州不设译职人员为通例②。有如前文之说，凡五品以上官衙所进表章，须以蒙古文书写，而府、州长官、正官皆在五品以上，如需进上表章或其他蒙古公文，应是如何处理？现缺乏明确记载；美国学者韦思特（Elizabeth Endicott-West）认为，可能由一般官员译写③，亦可能由各该地区之蒙古教授或学正代劳。府州县官绝大多数皆为汉人，并无设置专职通事的必要。

第六，回回掾史、令史之设置较不普遍，仅有二十机构有此配置，其中配额最多者为中书省（名额见上）。六部之中，以户部为最多，有回回令史六人，兵部最少，仅有一人。户部之多设回回令史，可能由于该部业务多涉回民——尤其斡脱（ortoq）商人——之税务。若干机构（如礼部、都水监、大司农司、宣政院）之业务显然与回回人无主要关联，却亦设有回回令史。但是若干主管回回事务的机构如广惠司（掌回回药物）、回回司天监、回回炮手军上万户府，却无配置回回令史之记载，则可能由于记载不备。

第七，在少数民族地区，有无配置专与各该地区少数民族沟通的翻译人员，《元史》全无记载。金朝在某些地区设有部落通事、诸部通事等，元朝亦应如此。现由石刻史料得知出身僰族世家之

---

① 《元典章》卷一二《各州不设译史》。
② 府、州亦设置译史者，如松江府，但可能为例外。见《元典章》卷一二《府州译史转补路译史》。
③ Elizabeth Endicott-West《蒙古在中国的统治：元朝地方行政》（*Mongolian Rule in China：Local Administration in the Yüan Dynasty*，Cambridge，Mass：Harvard University Press，1989，p. 85。

王廳任云南行省寸白译史①,寸白即爨僰。又忽必烈晚期权臣桑哥(?—1291)早年曾任"西蕃译史","能通诸国言语"②,不知"西蕃译史"为吐蕃官职,抑为元朝官职。但在少数民族地区,"寸白译史""西蕃译史"之类的译职人员应设置不少,可惜少见记载。

第八,元朝的通事与译史系专为国内沟通而设置。就现有史料看,并无常设的对外翻译人员。金朝为处理外交文书而设置高丽、夏国、回鹘译史,元朝似乎并无类似的设施。负责接待外使的会同馆(原称四宾馆),仅设蒙古必阇赤一名翻译人员,当系处理与国内各机关间之文书,与外交并无直接之关联。明、清二代之四夷(译)馆储备大量译语人材,元朝并无类似设施。

总体而言,元朝译职人员之制度,大体仿自金朝。两代译职人员名称——译史和通事——全然相同,而配置之层次亦颇近似。但是,元朝版图之广大及民族之复杂皆远超金朝,因而元朝不仅将金朝局限于华北一隅制度推广及于全中国,而且将金朝的女真、汉族、契丹三种语文的翻译制度变更为蒙古、汉族、回回三种语文的翻译制度。不过,金、元二代翻译制度有一共同缺陷,即是:译职人员仅配置于中、上层机构,而与人民直接接触之下层机构全无译职人员之配置;译职人员之设置全为政府各机构间文件的译写及不同族群官员之间语言的传达,与一般人民并无关系。官民之间如何沟通,似乎不在构想之内。元朝之翻译制度一方面反映出元朝多元种族国家的情况,另一方面亦反映专制官僚国家的运作。

①方国瑜《云南史料目录概况》第 3 册,北京:中华书局,1984,页 1090。
②《元史》卷二〇五《奸臣传》。

六

译职人员来源如何，如何选任，素质又如何，皆为研究译职制度不可忽略之问题，因其影响此一制度之效率甚大，而且有助于对译职人员地位之了解，必须加以探讨。

通事与译史在元朝政制中皆为胥吏。欲研究译职人员之选任及地位，必先对一般胥吏之地位及任用方法略加了解。元代胥吏的地位与汉族王朝时代大不相同。中国史上的官与吏原是分别继承封建时代的士庶之分，官多出身中上阶层家庭，吏则来自市井之家；法制上对吏甚为歧视，一入吏途，终身无品秩之望，因而士人多视吏职为异途，宁可老死丘壑，也不肯屈身为吏①。元朝之官吏不仅不是泾渭有别之两个途径，而且相互重叠。胥吏虽然不具品级，但在考满之后不仅可以入官，而且可以高达五、六品。元代用人，最重"根脚"。所谓"根脚"，意即家庭背景。凡与皇室渊源愈深之家族根脚愈大，政府中高级职位几乎为数十个家族所垄断②。中下层之官僚主要出身于胥吏，而胥吏位至上层者亦有不少。

通事、译史既为胥吏，其任用方法与一般胥吏雷同之处自有不少。但是，译职人员有其特殊语文要求，征募来源自有不同之处。不过，译史与通事虽皆从事翻译，工作性质相互歧异。译史从事文字翻译，必须通晓蒙、汉两种文字（回回译史为例外），不经过学校

① 宫崎市定《宋元時代の法制と裁判機構》，《東洋學報》（京都）第 24 卷（1954）。
② 萧启庆《元代四大蒙古家族》，收入《元代史新探》，页 141—230；《元代几个汉军世家的仕宦与婚姻》，载于《中国近世社会文化史论文集》，台北："中研院"史语所，1992，页 213—277。并收入萧氏《蒙元史新研》。

教育难以培养。而通事职司口译，与文字无涉，其人可以通晓两种语言，却可能为文盲。在元代多元社会中，此类人才之培养，不必仰赖学校。因此，译史与通事任用之标准出入颇大。两者之选任方法可以分述。

译史之来源有下述几途：

第一，学校考选：由翰林院（应为蒙古翰林院）、蒙古及回回学校学生中选充。蒙古国子学、蒙古字学及回回国子学的设置，旨在培养语文及通译人才。据洪金富之考述，设在京师的蒙古国子学，兼收官民子弟，在其盛时，学生达五六百人。路、府、州则设蒙古字学。官员子弟入学名额并无限制，上、下路民间子弟之名额分别为三十人及二十五人，州、府为一二十人①。全国共有一百八十五路、三十三府、三百五十九州，在学总额应在万名左右。虽然诸路并未遍设字学，而府、州设学者更可能居于少数，但在学学生总数应敷千余名译职人员任命的需求。不过，在学学生未必皆能卒业，而卒业生中唯有高材始能参加翰林院主持之考试。《元史·百官志》说："上自国学，下及州县，举生员高等，从翰林考试，凡学官（即字学教授及学正）、译史取以充焉。"②可见译史之选任以国学及字学出身正途。

在现存文献中，尚可考稽系由学校出身之译史有张士杰（1265—1333）、张震（1264—1343）、王珪、秦起宗（1272—1337）等四人。张士杰为汤阴人，许有壬撰其神道碑云："初制国字，学者通其字，卒难其言。公入胄监，习其书，又精其言。甫冠，从戍北庭蒙古吏。"③可见张氏出身蒙古国子学，而得出任北庭都元帅府译史。

①洪金富《元代蒙古语文的教与学》，页30—42。
②《元史》卷八七《百官志》。
③《至正集》卷五七。

张震为清苑人,据虞集说:震于颁行"国字"后,"八岁入小学……弱冠入右学,期年而通其要,选为中书省书诏史……叙留守译史"①。文中所谓"右学",当指蒙古国子学而言,"中书省书诏史"应为蒙古书写。王珪为保定遂州人,"早游成均,后以通国书入仕"②。而秦起宗为广平洺水人,"年十七,国家始置蒙古字学,习之者得见用。公习之未久,已能转授里中。业成,游京师,就试翰林院,得为武卫译史"③。秦氏出身地方蒙古字学,经翰林院考选而得任译史。除上述四人外,另有泽州人元亨(1270—1322)④、清苑人周贞(1271—1322)⑤亦可能出身蒙古国子学而任译史。

回回字教育仅有国子学的设置,而无地方字学。回回国子学创建于1289年,凡"公卿大夫与富民之子"皆可入学。至1325年,仅有学官及学生五十余人,规模较小。"凡百司庶府所设译史,皆从本学取充焉。"⑥可见回回国子学主要在于培养译史,可惜现存碑传史料中未见出身国子学之回回译史。

第二,职官转充:职官转任吏职是元代官制的特色,不仅胥吏考满可以任官,下级品官亦得转任高级吏职,然后返任职官。忽必烈时代已有职官充吏之制度,但通事、译史并未包括在内。武宗改革吏制以全面提升中上层胥吏素质,始建立以职官转充通事、译史的制度,并规定职官转任者须占各该吏职名额之半数⑦。中书省

---

① 《道园类稿》卷四三《顺德路总管张公神道碑》。
② 危素《危太朴集》(元人文集珍本丛刊)卷四《龙山堂记》。
③ 《道园类稿》卷四三《天水郡侯秦公神道碑》。
④ 《至正集》卷五四《铅山州知州元公墓志铭》。
⑤ 《滋溪文稿》卷一七《周侯神道碑铭》。
⑥ 《元史》卷八一《选举志》。关于元朝回回字的教学及其对明朝的影响,参看刘迎胜《明代中国官办波斯语教学教材源流研究》,载于《南京大学学报》第3期(1991)。
⑦ 许凡《元代吏制研究》,北京:劳动人事出版社,1987,页107—113。

之通事、译史由正、从七品文资流官内选任;枢密院、御史台及各行中书省之通事、译史由正、从八品官内选任;而六部及宣慰司之译职人员则由九品官内选取。但各该职官必须"识会蒙古、回回文字,通晓译语"。转任译职之职官于考满后返任官职,于原来资品之上加叙一等①。现存碑传史料中,由职官转充译职者有秃满答及前述之张士杰及元亨三人。秃满答为蒙古只温台氏,原任"昌国州佐",转任江浙行省"译曹掾"②。"州佐"当指州判,昌国为下州,州判为正八品,转为行省译史,正合规定。张士杰于选充中书译史前任同知颍州事,阶承事郎,官正七品,亦与规定相合③。而元亨在转任中书省译史前原为利器库大使,阶正六品④,与规定稍有不合。

第三,蒙古书写升充:蒙古书写之地位低于译史。据规定,枢密院、宣徽院等一品机构之蒙古书写在职三十月后,即可发充三品机构任译史。御史台于 1321 年援引此例,为该台任满之蒙古书写争取到发补殿中司及各道廉访司充任译史的权利。该台书写李彦敬便是因此而升充殿中司译史⑤。

第四,蒙古字学教职人员转充:蒙古字学教官,有如儒学人员,官卑职微。诸路教授不过正九品,而学正、学录更不入流,加以升迁困难,不如译职之宽广。因此,蒙古字教授亦得比照儒学教授、学正发补令史之例而转任译史。1319 年都指挥使司蒙古教授程暹因而转充国子监蒙古必阇赤⑥。又如陇西人李师尹是以南甸路

---

①《元典章》卷一二《职官补充官员》及《选取职官令史》。
②柳贯《柳待制文集》(四部丛刊)卷九《东阳秃满长官去思碑》。
③《至正集》卷五七。
④《至正集》卷五四《铅山州知州元公墓志铭》。
⑤《元典章·新集·吏部》,《蒙古书写转补译史》。
⑥同上,《蒙古教授充职官诏史》。

蒙古教授而转任四川行省译史①。

在以上四途中,以出身国子学及地方字学而经翰林院试验发补为正途,人数亦最多。蒙古字学教授大多亦出身学校。而由职官转任译职者大多曾任译职,其中亦不乏出身蒙古国子学及字学者。至于蒙古书写,由于名额不多,由此升任译史者显然甚少。

通事的任用,与译史全然不同。其选任既无正规学校教育之要求,亦不需经过翰林院试验发补,而是由各官衙长官"自行踏逐选取"。其任用方式与宣使、奏差等"宣达吏员"相同,而与各种"案牍吏员"不同②。1283 年中书省初订通事任用标准:"深通译语,廉慎行止,不作过犯相应人员。"同时命令各路总管府将现有通事资历上呈该省及吏部审查③。1292 年又规定:通事、知印"于本处宣使、奏差内公选通晓蒙古语言人员转补……如无相应者,许本衙门自行踏逐相应人员内选充"④。1308 年命令译史一半由职官转任之同时,通事之任用亦有同样之规定,但另一半仍然"例从长官选保"⑤。

在现存史料所见通事中,阔阔出(1251—1336)可为机构长官拔擢之一例。阔阔出为蒙古拓拔氏(即土别燕氏),因受御史大夫玉昔帖木儿(1242—1295)之赏识而得任御史台通事⑥。至于职官转充通事之例有秃忽赤(1245—1313)。秃忽赤为蒙古人,历任江西行中书省及行枢密院通事,考满出职为通山县达鲁花赤,转任湖

①吴澄《吴文正公集》(元人文集珍本丛刊)卷一六《送四川行省译史李岩夫序》。

②关于"案牍吏员"与"宣达吏员"之区别,见许凡前引书,页4—5。

③《元典章》卷一二《选择典史通事》。

④同上,《宣使奏差等出身》。

⑤同上,《职官补充吏员》。

⑥《道园类稿》卷四五《蒙古拓拔公先茔碑》。

广行省通事,历江浙行省都镇抚,又任中书省通事①。

　　大多数之通事、译史是否称职,已无法证明。但是,现有资料显示:蒙古、色目译职人员具有汉学造诣者颇多。据吴澄(1249—1333)之记载,蒙古通事秃忽赤"本国言语暨别国言语俱精,儒书吏文亦闯其樊"②,显然不仅精通数种语言,而且兼治汉学。蒙古译史之中,凯烈氏(即怯烈)谙都剌,习国语(即蒙古语),而又"通经史",于成宗时任翰林院札尔里赤③。曾任御史台译史的怯烈台氏达礼麻识理(？—1367),"幼颖敏,从师授经史,过目辄领解"④,显然亦受过正统儒学教育。而江淮行省译史蒙古人张信(1248—1319),以"好读书"见称,所读当为汉籍⑤。色目译史中,翰林院译史偰帖该出身于著名仕宦科第世家——高昌偰氏。其家两代之间,九人登进士第,而帖该亦为乡贡进士,熟谙汉语汉学,不言可喻⑥。又有亦都忽立(1249—1315),亦为回鹘人(即畏兀),曾任中书蒙古译史,其人通儒学,礼秀士,喜谈仙佛,善作大字,显然亦精通汉学⑦。

　　汉人通事、译史中精通蒙古语文者亦不乏其人。契丹人(广义之汉人)萧君弼(1233—1297)之父即"习蒙古语",而君弼更是"素练国典,且闲译语,而又应对辩敏",无疑适任传达言语之职,历任

---

①《吴文正公集》卷三五《安定州达鲁花赤秃忽赤墓表》。

②同上。

③《元史》卷一九二《良吏传》。

④《元史》卷一四五《达礼麻识理传》。

⑤郑元祐《侨吴集》(台北:台湾图书馆影印旧抄本)卷一二《广济库提领张君墓志铭》。

⑥《金华文集》卷二五《合剌普华公神道碑》。关于高昌偰氏之学术与事功,参看陈垣《元西域人华化考》卷二。

⑦刘壎《水云村稿》(四库全书)卷八《延平路宣相杏林公墓志铭》。陈垣《元西域人华化考》将亦都忽立列入《佛老篇》,见该书卷三。

宣抚司、河东山西道提刑按察司及御史台怯里马赤①。陇西人李师尹为云南行省参知政事李仲渊之子,吴澄称其人"精于国语,习于国字,口宣耳受,指画日别,如水之注下,如火之照近,沛然了然,略无停滞,虽处之阴山、大漠之北,与其种人未易优劣也"②。吴澄本人应不谙蒙古语文,但在其印象中,李师尹之蒙古语文已达母语水平,与蒙古人难分轩轾,无疑适任译史之职。此类熟谙两种语文之译职人员甚多,不胜枚毕。而滥竽充数、无法胜任之译职人员自然亦有不少,下级衙署尤其如此。但因缺乏记载,现已无法究明。

七

汉族王朝时代,译职人员处于官僚组织的边缘,地位不高,前程有限,而充任者显然多系来自市井而非菁英阶层。与汉族王朝相比,过去学者多认为少数民族王朝时代——尤其是元朝——之译职人员地位较高。姚师从吾便说过:辽金元时代,由于"翻译工作,在在需要,通事与译史的职责与地位,倍见尊重"③。赛诺认为:"元朝通事(interpreters)、译史(translators)之身份较高于唐朝,反映出其工作需求之增加。"④而韦思特氏之意见亦甚相似,其言

①刘敏中《中庵先生刘文简公文集》(北京图书馆古籍珍本丛刊)卷六《大同县子萧公神道碑铭》。
②吴澄《吴文正公集》(元人文集珍本丛刊)卷一六《送四川行省译史李岩夫序》。
③姚从吾《辽金元时期通事考》,收入《姚从吾先生全集》第 5 册,台北:中华书局,1981。
④D. Sinor《中世纪内陆亚洲的通译》(Interpreters in Medieval Inner Asia),载于《亚非研究》(Asian and African Studies)第 10 卷第 3 期(1982)。

曰:"由于蒙古人对吏业专长及语言能力之重视,译史及通事等职位显然为跃登官僚组织中较高职位的跳板,虽然现有史料难以证实。"①各位学者所言大体正确,可惜皆未加论证。

现为较有系统地讨论译职人员之政治、社会地位,特制表二至表四,胪列现有史料较为完备之五十四名通事及译史相关资料。表五至表七则系根据表二、三、四之资料而制作,旨在显示译职人员的政治前程及种族与社会背景。本节拟讨论译职人员的政治前程,而将其种族及社会背景之研析留待下节。

由于译职人员为胥吏之一部分,在讨论译职人员之前,必须将吏员出职制度略加介绍。

元代胥吏出职为官,多需经历三考。每考为时三十月。服职九十月期满,如无差错,谓为"考满",考满之后由吏职升任官职则称"出职"。有如许凡(王敬松)所显示:"胥吏出职初任官职之高低与其所属官衙之品级具有密切之关联。"②官衙品级愈高,其吏员出任官职之品级亦愈高。虽然同为胥吏,考满出任官职之品级相去颇为悬殊。

就译职人员而言,最高者莫如中书省所属之蒙古必阇赤、怯里马赤及回回省掾。怯里马赤与回回省掾考满出职授从六品官,而蒙古必阇赤最受优遇,得以正六品出职(原为从五品)。以正七品出职者有御史台、枢密院及诸行省之通事、译史。以从七品出职者有六部、各行台、行院之通事、译史。以正八品出职者则有宣慰司之通事、译史。而廉访司之通事、译史出职须经历巡检一任始得授

---

①Elizabeth Endicott-West《蒙古在中国的统治:元朝地方行政》(*Mongolian Rule in China:Local Administration in the Yüan Dynasty*,Cambridge,Mass:Harvard University Press,1989),pp.118-119。

②许凡前引书,页16—55。

从九品,而诸路总管府之译史、通事考满更需经历务使、务提领各一界(每界一二年)始得出任巡检。不过,正如其他吏员一样,译职人员不必三考考满始能出职。若提前出职,则按其资历,叙以较低职位,如六部通事、译史"三考注从七品。一考之上,验月日定夺。一考之下,二十月以上者正九品。十五月以上,从九品。十月以下,令史充提控案牍,通(事)、译史充任巡检"①。此外,以职官出任译职者,其升迁规定与职官同,即是内任(在京师)以三十月为考满,外任以三岁为考满,任满照原有品级升一等②。

表二　通事(怯里马赤)资料表

族群	姓名	籍贯	祖先官职	任译职机构	起官	终官	史源
蒙古	秃忽赤	蒙古	千户	行省、行院	县达鲁花赤	州达鲁花赤	《吴文正集》35,8下
蒙古	阔阔出	拓拔氏	摄国王事	御史台	廉访金事	礼部尚书	《道园类稿》45,9上
蒙古	观音奴	拓拔氏	礼部尚书	御史台	元帅府架阁库照磨	不详	同上
色目	王相嘉世礼	西夏	不详	行省	不详	不详	《夷白斋稿》21,6上
汉人	靳仁	洛阳	福州路判官	中书省	路经历	路总管	《梧溪集》4下,9上
汉人	郭野仙不花	顺德	不详	中书省、行省	县尹	路判官	同上5,6上
汉人	萧君弼	契丹	桓州判官	宣抚司、按察司御史台	行台御史	行台御史	《中庵集》16,10下

---

①《元史》卷八四《选举志》;《元典章》卷八《循行选法体例》。
②许凡前引书,页50—52。

族群	姓名	籍贯	祖先官职	任译职机构	起官	终官	史源
色目	参麦丁	回回	不详	中书省	不详	中书平章政事	《秋涧集》80,5下;《元史三论》,253—254。
色目	奕赫抵雅尔丁	回回	大都兵马指挥使	中书省	行省员外郎	中书参议	《元史》137,3318

表四　译史(蒙古必阇赤)资料

族群	姓名	籍贯	祖先官职	任译职机构	起官	终官	史源
蒙古	张信	蒙古	奥鲁千户	行中书省	广济库提点	同上	《侨吴集》12,8下
蒙古	张衷	蒙古	广济库提点	枢密院	不详	不详	同上
蒙古	秃满答	只温台	不详	行中书省	县尹	县达鲁花赤	《柳待制集》9,16下—18下
蒙古	达礼麻识理	怯烈台	行省参政	经筵、御史台	御史台照磨	知枢密院事	《元史》145,3451
蒙古	谙都剌	凯烈	路达鲁花赤	翰林国史院	翰林应奉	路总管	《元史》192,4364—4365
蒙古	唐仁祖	畏兀	达鲁花赤	中书省	翰林直学士	翰林承旨	《元史》134,3253
色目	怯烈	西域	不详	中书省	云南行省磨官	行省左丞	《元史》133,3236
色目	亦都忽立	回鹘	工部尚书	中书省	州达鲁花赤	路达鲁花赤	《水云村稿》8,25下
色目	傁帖该	畏兀	行省参政	翰林国史院	不详	不详	《黄金华集》25,4下
汉人	也怜帖木	河西	不详	行御史台	廉访司经历	不详	《东维子集》12,5上
汉人	王寿	涿州	不详	中书省	兵部员外郎	集贤大学士	《元史》176,4103
汉人	张震	清苑	未仕	中书省、大都留守司	府同知	路总管	《道园类稿》43,37上

族群	姓名	籍贯	祖先官职	任译职机构	起官	终官	史源
汉人	赵侃	安阳	廉访金事	翰林国史院	（早卒）	（早卒）	《傅与砺文集》10,1上
汉人	程恭	章邱	按察司书吏	廉访司	儒学教授	县尹	《滋溪文稿》18,6上—8上
汉人	元亨	泽州	枢密院都事	武备寺	武备架阁管勾	知州	《至正集》54,51上—52下
汉人	张士杰	汤阴	千户	北庭帅府、行省	州同知	同知副都元帅	同上 57,2上—3下
汉人	秦起宗	洺水	未仕	武卫	太仆寺经历	路总管	《道园类稿》43,15上—23下
汉人	李师尹	陇西	行省参政	行中书省	行台御史	行台御史	《吴文正集》16,18上；《榘庵集》12,14上
汉人	潘思敬	济南	都转运副使	宣慰司	不详	不详	《中庵集》7,327—328
汉人	杨让	宣德	路总管	不详	不详	不详	《雪楼集》16,5上—6下
汉人	杨恭	同上	同上	不详	不详	不详	同上
汉人	唐居安	汤阴	路同知	通政院	不详	不详	《养吾斋集》29,4上
汉人	姚积中	河南	务使	御史台、太史院	不详	不详	《雪楼集》7,6上—8上
汉人	王珪	济南	知州	行中书省	（早卒）	（早卒）	《榘庵集》8,2上
汉人	周贞	清苑	未仕	翰林国史院	广盈仓监	金宣徽院事	《滋溪文稿》17,12下—14上
汉人	萧谦	契丹	征南千户	河南行省	行省架阁管勾	县尹	《至正集》52,32上—34下
汉人	萧剌哈不花	契丹	征南千户	翰林国史院	州判官	县尹	同上
汉人	褚不华	隰州	不详	中瑞司	海道副千户	廉访副使	《元史》194,4395

族群	姓名	籍贯	祖先官职	任译职机构	起官	终官	史源
汉人	王道	蠡州	路总管	中书省	太宗政府员外郎	兵部员外郎	《吴文正集》33,22 上;《秘书监志》9,179
汉人	李允	高邑	江浙参政	宗仁卫	不详	不详	《滋溪文稿》16,2 上
汉人	郭继善	德州	宣慰副使	某部	不详	不详	《畏斋集》6,17 下
南人	白景亮	南阳	不详	征东行省	知州	路总管	《元史》192,4369
南人	孙伯颜	雩都	(宋)官宦世家	翰林院、大司农	运粮同提举	路总管	《黄金华集》37,15 下
南人	朱晞颜	长兴	不详	平阳州(?)	不详	州监税	《瓢泉吟稿》提要
南人	朱合班	湘乡	未仕	不详	县尹	不详	《至正集》55,4 下—5 下
南人	赵大讷	浦江	(宋)宗室	不详	路录事	路知事	《宋文宪公集》42,1 上
南人	茅义	镇江	(宋)进士、通判	不详	不详	不详	《至顺镇江志》18,18 下;19,5 上
南人	孙淑弥	新安	不详	不详	官于湖广	不详	《云阳集》3,14 上—15 上
南人	徐子信	四明	廉访使	廉访司	不详	不详	《羽庭集》5,14 下—15 上
南人	胡天祺	饶州	不详	池阳、集庆	巡检	不详	《佩玉斋类稿》6,7 上
南人	叶森	江阴	不详	某郡(?)	州判官	县尹	《梧溪集》6,20 下;《墙东类稿》15,22 下
南人	谢椿	不详	(宋)制置使	秘书监	秘书监校书郎	不详	《秘书监志》1,27

族群	姓名	籍贯	祖先官职	任译职机构	起官	终官	史源
籍不详	祝君宝	不详	不详	江浙行省	不详	奉化知州	《山居新话》53下
	丁也先	不详	不详	不详	县令	不详	《道园学古录》37,11下
	彭克明	不详	不详	中瑞院	不详	知州	《山右石刻丛编》38,38下

表二、三、四所列五十四人中,二十四人或因缺乏考满初任官职之记载,或因其人殁于译职而未任官(赵侃、王珪),或因其官职品级难以确定(如胡天祺任金谷典司巡检),可以不计外,其他三十人中,初任官职与上述规定相合者多达二十人。如亦都忽立于忽必烈时期任中书省蒙古译史(即蒙古必阇赤),考满后授完州达鲁花赤,阶从五品,合于早期中书蒙古必阇赤以从五品出职的规定①。又如萧君弼之由御史台怯里马赤出职任行台监察御史,阶正七品,亦与规定相吻合②。与规定不合之十人中,考满所叙职位过高者六人,过低者四人。品秩过高者往往皆有特殊原因。如唐古人唐仁祖(1249—1301)出身世家,其祖、父二辈皆为宫掖侍从;仁祖学习蒙古文,乃系受忽必烈之命,而其任中书蒙古掾(即必阇赤)前后达十二年之久,故得超擢为从三品之翰林直学士③。又如阔阔出原为御史台通事,曾为进呈传国玺出力,因此而授承直郎、

---

① 刘壎《水云村稿》(四库全书)卷八《延平路宣相杏林公墓志铭》。陈垣《元西域人华化考》将亦都忽立入《佛老篇》,见该书卷三。
② 刘敏中《中庵先生刘文简公文集》(北京图书馆古籍珍本丛刊)卷六《大同县子萧公神道碑铭》。
③ 《元史》卷一三四《唐仁祖传》。

汉中廉访佥事,阶正六品,比应得之品级高二阶①。又如南阳人白景亮,原任征东行省译史,出职应授正七品官,景亮却得任南恩知州,阶正五品。《元史》列其入《良吏传》,并特别注明"超授",当因特殊功绩②。至于铨叙品级低于规定之译职人员则可能皆因未曾考满而提前出职。

表五　译职人员出职后得仕途

	上品(%)	中品(%)	下品(%)	合计(%)	品不详	职不详
起职	1(3.03)	16(48.48)	16(48.48)	33(100)	3	18
终职	14(41.18)	15(44.12)	5(14.71)	34(100)	0	20

表五中所谓"起职"及"终职"乃指译职人员考满任官之最初及最后官职。"上品"乃指正一品至从三品的官职,"中品"指正四品至正七品,而"下品"则指从七品至从九品。《元史·选举志》云:"凡迁官之法,从七以下属吏部,正七以上属中书,三品以上非有司所与夺,由中书取进止。"③可见元廷对各品官依其轻重分为三级,而正、从七品为中品及下品官职之分野。所谓"品不详"乃指官职品级已不能确定,而"职不详"则指其人官职缺乏记载。此两类人物皆不列入百分比率之计算。

由表五看来,译职人员考满出职初授官职属于中品及下品者各近一半(48.8%),以上品出职之唐仁祖为一例外,原因有如上述。表中所显示近半数译职人员以中品出职一事,衡诸全局,可能偏高。依规定,仅有中书省、枢密院、御史台及行中书省之译职人员能以正七品以上官位出职。此等机构译职人员总额不及二百

---

① 《道园类稿》卷四五《蒙古拓拔公先茔碑》。关于阔阔出与传国玺发现之关系,参看陶宗仪《南村辍耕录》(台北:世界书局,1963)卷二六《传国玺》。
② 《元史》卷一九二《良吏传》。
③ 《元史》卷八三。

名,在总数逾千的译职人员中所占比率不大。但碑传史料中传主生前以高官居多数,而译职人员能跃登高位者原来多属高级官衔,因此统计数字与事实之间可能有甚大之落差。但上述之数字反映出译职人员以中品官位出职者比比皆是。

在研析译职人员最后官职之前,必须了解有关胥吏出职最高秩限之规定①。对于出身中、上级官衔的高级胥吏之前程,元廷并未设立上限。换言之,胥吏出职后,立即成为主流官员之一部分,依照一般职官之规定升迁,职位及品秩皆无限制。但对路、府、州、县出身的吏员则规定仅可升至四品。而仁宗、英宗两朝更规定"吏人转官,止从七品"②。但由于下级衙门多不设置通事、译史,此一规定对译职人员影响不大。

表五显示:译职人员最后官职为中品者达 44.12%,而官至上品者亦多达 41.18%,滞留下品者则不过 14.71%③,出身译职的高官蒙古怯烈氏达礼麻识理、回回人麦朮丁及汉人王寿(1251—1301)皆官至从一品,最为显赫。麦朮丁于 1261 年燕京行中书省初建时即任该省回回译史,后以善于理财受到重用,历任尚书省及中书省参知政事,左、右丞等职,位至中书平章政事,忽必烈汗对其倚任始终不衰④。王寿为涿郡新城人,"长以通国字,为中书掾"⑤,当为蒙古必阇赤。可能因其精通蒙古语文而得入侍裕宗

---

①许凡前引书,页 52—55。
②《元史》卷二五《仁宗纪》。
③韩国学者周采赫《元朝官人层研究》(汉城:正音社,1986)页 236 列有《元通译入仕者官宦品位统计表》,该表列入统计者三十二人,官至高品者三十一人,官至中品者无一人,官滞下品者一人。结果与本文不同。可惜该书未列出相关史料,无法复按。
④关于麦朮丁事务,参看杨志玖《元代回回人的政治地位》,收入杨氏《元史三论》。
⑤《元史》卷一七六《王寿传》。

真金东宫,后并成为忽必烈宠臣康里不忽木(1255—1300)之岳父,可说已打入蒙古、色目统治阶层核心,官至集贤大学士。达礼麻识理于1345年起历任经筵及御史台译史,出职为御史台照磨,官不过正八品。此后于元季风雨飘摇之际,宦途一帆风顺,于元亡前夕累官知枢密院事①。除上述三人外,在出身译职之南人中亦有仕至上品者,江西雩都人孙伯颜(1284—1347)由于"精于译语"而历任翰林国史院及大司农译史,考满后补官京畿运粮同提举,官至佥宣徽院事②。元朝南人仕途较狭,孙伯颜仕至正三品,已算高官。

总之,无论就起职及终职言之,译职出身者的前程均可谓为不恶,不少以中品官位出职。元朝科举恢复之后,一甲至三甲进士亦不过自从六品至正八品注授③,与译职出身人员相较,并无优势。而译职人员在入官之后,即汇为职官主流之一部分,不仅未受歧限,因其语言专长可能得到不少利便。因此,位至高官者比例甚大。胡行简《兵部译史房题名记》云:"凡官府必设译史,以通语言、辨文字,惟兵部史专督海宇内外邮传,选任为甚重。居是职者,阶为卿相,班班可考。"④兵部不过三品衙门,其译史出职多贵为卿相,一、二品机构译职人员自然更是如此。姚师从吾所云:元朝对译职人员"倍见尊重"及韦思特所说译职为跃登高级官职之跳板,皆是不错。

①《元史》卷一四五《达礼麻识理传》。
②《金华文集》卷三七《孙公墓志铭》。
③《元史》卷八二《选举志》。
④胡行简《樗隐集》(文渊阁四库全书)卷一《兵部译史房题名记》。

八

　　若对译职人员的种族及社会背景加以研析,不仅有助于对译职人员的政治、社会地位的了解,而且可以反映各族群涵化之深浅。一方面,如果译职人员大多出身菁英家庭,而非市井之家,可见译职人员地位不低。另一方面,若是译职人员之来源遍及各族群,而非局限于某一特定族群,可见各族群相互涵化日深,不必倚赖某一特定族群为中介。

　　关于译职人员之种族背景,过去学者多认为:蒙元时代翻译工作多为色目人所垄断,造成色目人的特殊地位。罗意果便曾说过:

　　　　作为上层菁英集团的蒙古人……多不屑于学习汉族语文而倚赖通事与译史。由于其职业背景,属于中介集团的其他异族人士往往多才多艺,除其母语外,多能兼习蒙、汉二语。大多数通事皆为色目人;至于汉人,熟谙蒙语者极少。元朝史料显示,汉人学习蒙语有禁,而汉人官员入朝多倚赖通事。[1]

此说之含义为:蒙、汉二族语言隔阂,必须仰赖色目人为翻译。政治上之意义,不可言喻。

　　事实上,顺帝以前,元朝未曾禁止汉人学习蒙古语文,亦无将汉人、南人摈斥于译职之外的意图。1337 年下诏"禁汉人、南人不得习学蒙古、色目文字"[2],仅是南方变乱初起时的权宜措施,并无

---

①罗意果《元朝语言问题散论》(Some Remarks on the Language Problem in Yuan China),载于《澳洲东方学会会报》(Journal of the Oriental Society of Australia)第 5 期(1967)。

②《元史》卷三九《顺帝本纪》。

前例可寻。而且据《元史·许有壬传》说:"廷议:禁汉人、南人习学蒙古、畏吾儿字书。有壬争止之。"①可见并未实行,不可用为汉人、南人不能学习蒙古语文的证据。从规定来看,蒙古国子学既有汉人学生固定名额,而路府州学亦允许"民间子弟"入学,皆不排斥汉人、南人。现知各级蒙古学校毕业生中即有不少汉人、南人。而1297年圣旨译该说"如今蒙古文字学的多是汉儿、回回、畏兀儿人有"云云②,可见汉人入学者众多。而现存记载中所见之蒙古教授、学正多为汉人、南人③,皆可证明汉人、南人未遭排斥,而且学习者不少。至于译职人员之任用,亦不排斥汉人、南人。唯一具有种族意义的规定是1271年所颁《蒙古学校条画》说:"省、部、台、院令蒙古子孙侄作蒙古字必阇赤头儿。"④此一条画仅规定中央高级衙署蒙古必阇赤之长必须为蒙古子弟,却未规定一般通事、译史必须任用蒙古人。

表六 译职人员族群背景

族群\职别	蒙古(%)	色目(%)	汉人(%)	南人(%)	不详(%)	合计(%)
通事	3(42.86)	1(14.29)	3(42.86)	0(0.00)	0(0.00)	7(100)
译史	5(11.11)	5(11.11)	22(48.89)	10(22.22)	3(6.67)	45(100)
回回令史	0(00.00)	2(100.00)	0(0.00)	0(0.00)	0(0.0)	2(100)
合计	8(14.81)	8(14.81)	25(46.30)	10(18.52)	3(5.56)	54(100)

表六显示:除回回令(掾)史外,其他各种译职并非某一族群之专利。通事七人,蒙古及汉人各三名(汉人中有契丹一人)、色目人仅一人。译史四十五人中,广义之汉人(包括汉人、南人)有

①《元史》卷一八二。
②《元典章》卷一二《路译史出身》。
③洪金富前引书,页37—38。
④《元典章》卷三一《蒙古学校》。

三十二人,另有族籍不详者三人,亦具汉姓,当为汉族,合计达三十五人,占总数的 77.78%。故现存传记资料之译职人员多数为汉族人士。色目及蒙古任译史者仅各有五人,但亦可看出蒙古人并非倚恃色目人为通译。色目五人中,除怯烈仅知其为西域人而不详其族属外,三人为畏兀人,可见元朝情形与大蒙古国时代相似,不少畏兀人仍然担任译职。另有一人为河西(即唐兀)人。此外,尚有搠思吉、星吉父子于宫廷担任怯里马赤,可见唐兀人任译职者不在少数。

此表足以显示蒙古人担任译职者不少,而汉族人士尤多。但不能正确反映译职人员中各族人士的比率。主要原因是此表主要系根据碑传史料所编列,而现存蒙古、色目人之碑传史料远少于汉人。因此,蒙古、色目人担任译职的实际比率应高于此表所反映。

为进一步了解上一统计之正确性,现以元代官书、文集、石刻中所存官衔职官题名加以考索。此类题名记录某一职位在某一特定时期或先后在职人员名单,反映较以传记资料编列的表格为完备。可惜此类资料大多不提及职官之族属及籍贯。凡史料未提及其人族属时,仅能根据其姓名加以臆测。

王恽《中堂事记》录有 1260 年燕京行中书省初创时译职人员名单:

> 通译史三人(应为四人之误):
> 阿里和之(原注:西域人)、道奴大哥、王合剌、王炳(原注:字焕卿,太原人)。
> 回回译史一人:
> 麦尤丁。①

---

①王恽《秋涧集》卷八〇《中堂事记》。

当时该省犹在草创阶段,人员不多。通译史当身兼通事、译史之职。四人之中,确知为色目及汉人者各一人,王合剌有汉姓而用蒙名,在元代译职人员中不乏其例,当为汉人。而道奴大哥名似契丹或女真,亦为广义之汉人。回回译史麦朮丁则为回回。

《秘书监志》一书录有该监自至元中期至至正初年全部译职人员名单。译史十五人中,注明籍贯而可确定为汉人者三名(师赟、唐完者、王恺),姓与名皆为汉式者七名(刘渐、许宗吾、盖洋、刘道源、张遹、刘继祖、刘德让),皆应为汉人。具有汉姓及蒙古名者二人(路朵儿别台、翟完者),具有蒙古名而无汉姓者则有三人(咬住、伯户、朵难)①。元代汉人为政治利益而采用蒙古名者甚多,而蒙古人采用汉名者极少②。仅有蒙古名而无汉姓者未必为蒙古人,而兼具汉姓蒙名者则应为汉人。因而秘书监十五译史中,汉人似有十二人,疑似蒙古人者不过三人。该监历任怯里马赤中,注明籍贯而知为汉人者一名(耿撒里台),具有汉式姓名者二人(谢元凤、郝黑的),有汉姓却有蒙名者一人(王伯颜察儿),名似蒙古或畏兀人者三人(怯烈、暗都剌斡哈、别的斤),注明为回回者二人(速来蛮、达理于实),未注明族属而具伊斯兰教名者一人(马合某)。该监历任回回令史十二人中,具有伊斯兰教名者十人(如沙不丁、阿里等),名似蒙古、畏兀者二人(别的斤、迭里月失),而名似汉人者则无一人。总之,该监译职人员中,汉人颇多,而色目人——尤其回回——亦不少。但是在各政府机构中,秘书监情形

---

① 《秘书监志》卷一一《题名》。
② 汉人采用蒙古名,见赵翼《廿二史札记》卷三〇《元汉人多作蒙古名》,北京:中华书局,1984。关于蒙古人采用汉名,参看萧启庆《论元代蒙古人之汉化》,《台湾大学历史学系学报》第 17 期(1992)。

较为特殊①:该监一度主管回回司天监,监官回回人较多。该监译职人员中从事于回、汉二语之翻译者应有不少,自以回回人充任较为适合。此种情形应非通例。

《满洲金石志》所收碑记则显示:自1318年至1347年间,历任广宁路通事者有刘重喜等七人,译史则有何忽秃不花等二人②。根据前段所言区别蒙古、汉人的原则,其中仅有一人(秃哥里不花)可能为蒙古人,其他八人皆应为汉族。广宁路北去蒙族聚居之地不远,尚且如此,南方各路之通事、译史更应如此。

表七　译职人员家庭背景

背景 \ 族群	蒙古(%)	色目(%)	汉人(%)	南人(%)	籍不详(%)	合计(%)
上品	3(37.50)	2(25.00)	5(20.00)	1(10.00)	0.(00)	11(20.37)
中品	2(25.00)	1(12.50)	9(36.00)	0(0.00)	0.(00)	12(22.22)
下品 低官	1(12.50)	0(0.00)	3(12.00)	0(0.00)	0.(00)	4(7.41)
下品 胥吏	0(0.00)	0(0.00)	1(4.00)	0(0.00)	0.(00)	1(1.85)
蒙制官	1(12.50)	1(12.50)	0(0.00)	0(0.00)	0.(00)	2(3.70)
前朝官	0(0.00)	0(0.00)	0(0.00)	4(40.00)	0.(00)	4(7.41)
布衣	0(0.00)	0(0.00)	5(20.00)	1(10.00)	0.(00)	6(11.11)
不详	1(12.50)	4(50.00)	2(8.00)	4(40.00)	3(100)	14(25.93)
合计	8(100)	8(100)	25(100)	10(100)	3(100)	54(100)

附说:1. 表中官品系祖先三代所达最高官品。正一至从三品为"上品",正四品至正七品为"中品",从七至从九品为"下品"。

2. 祖先无人任官者为"布衣"。

3. "蒙制官"乃指忽必烈定制以前的蒙古官职。

4. "前朝官"乃指南宋官职。

---

①关于秘书监,参看傅申《秘书监及其他》,收入傅氏《元代皇室书画收藏史略》,台北:故宫博物院,1980。

②罗福颐辑《满洲金石志》(《罗雪堂先生全集》第2辑)卷四及卷五。

上述三史料与表六所显示出入不大。汉人担任译职者甚多，地方层次尤其如此。蒙古人担任译职亦不乏其人，而色目人除任回回令（掾）史外，为数并不甚多。古来汉人因受华夏中心观之影响，学习缺舌蛮语兴趣不大。但在少数民族统治下，现实环境不同，利之所在，对学习蒙古语不免趋之若鹜。但是回回语文用途不广，汉人热衷于此者并不多见。

关于译职人员之社会背景，表七显示：55.55%的译职人员来自蒙元官宦家庭，另有7.41%则出身南宋仕宦之家，两者合计达62.96%。出身布衣家庭及家世不详者不过占37.04%。在缺乏记载并列入不详之十四人中，当不乏出身官宦之家者。总之，大多数译职人员出身官宦家庭而非市井之家，而且20.37%之译职人员出身于上品官僚之家。不仅甚多汉人、南人高门子弟投身译职，蒙古、色目世家成员由译职出身者亦不乏其人。

蒙古译职人员中，以阔阔出之家最为知名。阔阔出之祖按扎儿为成吉思汗、窝阔台汗麾下名将，探马赤五锋之一，出征中原，摄国王事①。其父拙赤歌为忽必烈潜邸宿卫，殁于李璮之乱。其子观音奴亦以通事晋身②。色目人中，前述的偰帖该之家族最为著称。其家自成吉思汗时代起，历代皆任高官，其父偰哲笃为1315年首科进士，官至江西行省右丞③。汉族译职人员中以中书省蒙古必阇赤王道之家世为最显。王氏为博野人，曾祖兴秀（？—1268）为蒙古早期汉军将领，历任万户、招抚使等职。祖彦博（1220—1308），官至南康路总管。父辈元恭，官至庆元路总管④。

①《元史》卷一二二《按扎儿传》。
②《道园类稿》卷四五《蒙古拓拔公先茔碑》。
③《金华文集》卷二五《合剌普华公神道碑》。关于高昌偰氏之学术与事功，参看陈垣《元西域人华化考》卷二。
④《吴文正公集》卷六六《王安定公墓碑》。

都可说是历代仕宦。

高门子弟之愿意屈身译职,并不意外。科举恢复前,荫袭及充吏为入仕主要途径。但是,高门子弟并非人人可由荫袭得官:武官子弟可有一人承袭父兄职位;文官子孙仅可荫叙,降四品补用,且限一名。充任胥吏遂成为高门嫡长以外子孙入仕补救途径。而在各种胥吏中,译职前程较广。元季明初学者徐一夔说:“元制,蒙古字视儒学出身为优。器局疏通之士,多由此进。”[1]世家子弟不乏出身译职,而译职对布衣家庭子弟自然更具吸引力。

九

元代中叶以后,各族群相互交往已久,涵化渐深,蒙古、色目人精熟于汉语、汉文者之人数大为增长,而汉人熟谙蒙古语文者亦日益加多,族群间语文之隔阂及译职人员之实际功能皆较前减少。但是为维持统治民族之尊严及国家体制之完整,奏章与重要公文仍需以蒙古文撰写,译史依然不可或缺,正如清朝中期以后,满人大多不通满文,但重要文件仍需译为满文。不过,通事之功用却难免受到质疑。

汉人名臣许有壬(1287—1364)之奏章《风宪十事》即对通事之继续存在提出抨击。此一奏章可能系有壬于至治年间(1321—1323)任南台监察御史时所上[2]。《十事》中之《冗食妨政》一节说:

> 通事之设,本为蒙古、色目官员语言不通,俾之传达,固亦

<hr>

[1]《始丰稿》(武林往哲遗书)卷一二《国子助教李君墓志铭》。
[2]《元史》卷一八二《许有壬传》。

切用之人。然而今日各道监司大率通汉人语言,其不通者虽时有之,而二十二道之中,盖可屈指而知也。则是所用之时常少,而无用之时多。虚靡廪禄,又与出身,日无所事,不过挟司官之势,凌侮吏曹,俯视官府,擅立威权,恐喝有司,嘱托公事……故其为己营私,既专且精也,举世皆知。①

可见有壬认为当时通事的设置已是有百弊而无一利。他建议:各道廉访司及各路总管府皆可裁省通事、书吏,而由译史兼司其职。

有壬之建议在当时虽未见采行,但可见官员之间对通事之有弊而无用,已有体认。而据《南台备要》所显示:在至正十年(1350)所施行的大裁员中,御史台属下殿中司及各道廉访司之通事皆遭裁去②。监察系统之通事既遭裁省,其他各系统所属通事的命运可能亦是如此。而元季增设各机构中,或是全然未设译职人员,或是仅置译史而无通事,而兼设译史、通事之单位为数甚少③。可见通事之配置的实际需求已是甚小,而译史之继续存在主要乃因政治的要求而不是由于实际的需要。

十

本文的主要论点为:

1. 大蒙古国幅员辽阔,民族繁多,遂采用多种语文并用的政策,通译人才甚受重视,多系取自各被征服民族。但在灭金之前,即已设学训练专业译职人员。

---

① 《至正集》卷七四。
② 《永乐大典》卷二六一〇《沙汰减并》。
③ 《元史》卷九二《百官志》。

2. 忽必烈立国中原、建立元朝后,译职人员需求不减,乃因国内之民族依然复杂,而元廷又必须维持以蒙古族为中心的多元民族国家体制,不得不同时采用三种官方语文。

3. 元朝译职人员分属宫廷与政府。宫廷译职人员隶属怯薛,其身份为皇室家臣,有世袭倾向。而政府译职人员则为汉式官僚组织的一部分,属于胥吏阶层。

4. 政府译职人员总额一千一百余名,在各级单位中配置甚为普遍。由译职人员配置方式可看出其功能的两大特色。第一,译职人员系以对内沟通为主要功能,与汉族王朝时代以外交为主不同。第二,译职人员皆配置于中上级单位,与人民直接接触之下层行政机构则全无设置,译职人员显然系为统治阶层内部沟通而配置,充分反映出元朝多民族专制官僚国家的性格。

5. 与汉族王朝相较,元朝颇重视译职人员之培养与选任。但在译职人员中,译史及通事的选任方法不同:前者主要以学校为来源,后者则由各单位长官选保,着重实际语言能力。

6. 汉族王朝时代,译职人员大多永沉于官僚组织之边缘,而元朝译职人员则有不恶的政治前途。译职人员于任满之后以下品及中品职官出职者几乎各近半数(皆为 48.48%)。此后即与职官主流汇为一体,升迁未受歧视。官员出身译职而升至中品及上品官职之比率逾四成,而滞留下品者不过一成有余(14.71%)。

7. 由民族及家庭背景的分析,可看出译职人员多系来自不同族群的菁英家庭。担任译职者以汉人、南人为最多(分别为46.30%及 18.52%),蒙古、色目次之(皆为 14.81%),并非如过去学者所说译职系由色目人所垄断。而出身元朝及南宋官宦家庭之译职人员亦达总数之 62.96%,其中出身上品官宦家庭者更多达20.37%,可见译职地位之崇高及其吸引力。

8. 元朝后期,译职人员功能减小,不少机构之通事皆遭裁减,反映出各族群间语文隔阂日小,相互涵化程度渐深。但为维持国家体制,译史仍然不可或缺,因而未遭裁汰。

总之,元朝译职人员设置之普遍及其地位之崇高,在中国史上可称为空前,反映出沟通人物在多元民族国家中之重要及元朝民族关系的复杂。但是,即使在元朝,译职人员的沟通功能亦仅为阶段性的。蒙元前期各族群间语文的隔阂甚大,译职人员所起的沟通作用颇巨。中期以后,隔阂减少,译职人员所起作用亦相对减少。一个多元民族国家能否顺利统合(integration),决定于甚多因素,语文问题不过是其中之一端。元朝虽能统一中国,却未能加以统合,则系由于族群之间及地域之间在意识形态及政治、经济利益等方面的持续冲突,而不是由于语文的隔阂①。蒙元前期政府之运作端赖译职人员之沟通,而元朝之速亡则与译职制度之消长并无必然之关联。

（原刊于《庆祝札奇斯钦教授八十寿辰学术论文集》,台北:联合报文化基金会国学文献馆,1995,页199—267）

---

① 关于元代的国家统合及其局限,参看萧启庆《元朝的统一与统合:以汉地、江南为中心》,载于《中国历史上的分与合学术研讨会论文集》,台北:联合报文教基金会,1995。

内北国而外中国:元朝的族群政策 与族群关系

　　元朝是中国史上的一个征服王朝。征服王朝时代的族群生态、族群政策及族际关系皆与汉族王朝时代有很大歧异。

　　汉族王朝时代,国家系以汉族为主体,少数民族大多居处边陲内外,与中原人民有明显的地理区隔。各朝的族群政策与边疆政策相互重叠,其目的在于羁縻少数民族,安定边陲。

一、族群生态

　　征服王朝时代,少数民族不仅入主中原,而且大量迁徙族人至内地,并赋予特权。而多数族群——汉族——反沦于被统治地位,中原遂形成一个多元族群社会。族群政策之对象乃由边陲少数民族转移至中原汉人,而政策之目的更由消极的羁縻转变为积极的统治:一方面在求确保征服民族的统治权,另一方面则欲控制汉族并使后者无法反抗。

　　在各征服王朝中,元朝族群生态的特色最为突出:

　　第一,族群繁多。

　　元代版图辽阔,远大于汉、唐盛时,境内民族极为复杂。大漠南北为蒙古族游牧之地;东北地区有契丹、女真、高丽等族杂居;西北地区有畏兀、唐兀;西南则有吐蕃、白人、罗罗等。林林总总,不胜枚举。

西征蒙军更带返数目庞大之中亚、西亚、南俄及东欧各族人士。论种族,其中有突厥、波斯、大食、斡罗思乃至欧洲人;论宗教,有佛教、也里可温(基督教)、回回等教信徒;论职业,更有贵族、官吏、将士、僧侣、商贾的差异。这些不同民族、宗教、职业的人士东来以后,与蒙古、汉族共栖于中原大地之上。因此,元朝民族之繁多,文化对照之强烈,在中国史上可称独一无二。

第二,统治民族人口罕少与文化落后。

公元十三世纪初年,蒙古人口不足百万,移居中原者更不超过三四十万人。与人口多达六千万人之汉族(实际人口可能近亿)相比,极为悬殊,元朝可说是真正的"少数统治"。而蒙、汉两族文化之性质既不相同,水平亦颇有轩轾。蒙古原为近乎纯游牧的"行国"社会,欠缺农耕经验,而且建国前后始创文字,多数蒙古人为文盲,挥戈跃马为其特长,治国行政为其所短。

反观当时汉族社会的历史文化渊源久长,农业、商业高度发达,而国家、社会系以士大夫为主导。两者相较,可说南辕北辙,差距之大,远过于金朝女真及清朝满人与汉族。总之,因受先天条件限制,蒙古人在对众多民族——尤其是汉族的统治上,面临极为严峻的问题。

二、族群政策

元朝族群政策之制定,不仅是为因应复杂的族群生态,也是为执行当时的最高国策——永保以贵族阶层为中心的蒙古族之统治权。因此,元廷族群政策的宗旨不在于族群间的和谐与统合,而是在政治与文化方面,对被征服民族分别采行压制与分化的政策。

族群等级制

在政治方面,元廷采用"政策等级制",以凸显蒙古人之优越地位及压抑被征服各族群。依照族群降附次序先后及政治可靠程度,分别赋予不同的身份与权利。

各主要族群法定地位之顺序为:

蒙古 蒙古为征服民族,故称"国族"。移居中原之三四十万蒙古人中,少数为贵族与官僚,多数则名列军籍,有如清朝旗人。

色目 "色目"并非一个民族,而是为政治需要而设定的一个族群,用以协助蒙古统治,牵制汉族。"色目"泛指蒙古、汉族以外各族人士,包括汪古、唐兀、吐蕃、畏兀、回回、哈剌鲁、康里、阿速、钦察等族。徙居中原之色目大约亦有三四十万。

汉人 "汉人"乃指淮河以北,原来金朝境内之居民,多属汉族,但亦包含业已汉化之契丹、女真、高丽等民族。汉人在籍人口约一千万。

南人 指原南宋境内居民,绝大多数属汉族。南人臣服元朝最晚,因而地位最为低下,在籍总人数为五千万。

各族群所受待遇相差甚大,表现于下列三方面:

任官 重要官职之任命,蒙古人享有优先权,此外则依色目、汉人、南人之次序而有所差异。中央及行省各重要机构须由蒙古人担任首长,色目人中仅个别亲信可以充任。各级地方官署之长官——达鲁花赤——皆由蒙古、色目人担任,其不公平之程度远大于清朝"满缺""汉缺"之分。

法律 刑罚之轻重,因罪犯所属族群之不同而有极大区别,杀人、斗殴、窃盗等方面皆是如此。

武装 为防止汉族反抗,元廷对汉人、南人拥有武器严行禁止(军人例外),而蒙古、色目不在此限。

由上述可知,各族群所受待遇具有结构性的不平等。蒙思明教授《元代社会阶级制度》考述此一制度极为详瞻,但他称之为"种族阶级"则不适切。原因有二:第一,族群划分标准并不全依"种族",色目既非种族,亦非民族。而汉人、南人同属汉族,其差别仅是区域。第二,各族群所受待遇虽有轩轾,却不构成个别"阶级"(class),因为其成员可贫可富,不必同属一个阶级。法定的族群"身份"(status)与"阶级"不应混为一谈。显然,"族群等级制"是一种身份制度,与"种族阶级"之涵意差异颇大。

多元文化制

蒙古人文化落后,无法推行"强制同化政策",如欧洲人在亚、非、拉丁美洲若干殖民地推行的西化政策,以及日帝在台、韩实施的"皇民化",强迫被征服民族接受其文化。同时,元廷既不愿蒙古人"下从臣仆之谋,改就亡国之俗",完全汉化,以致丧失民族认同;亦不愿各被征服民族皆接受汉文化而导致牵制力量的消亡。元廷遂推行多元文化政策,这种政策见于三方面:

多语兼用 蒙古语文虽然号称"国语""国字",却不是唯一的官方语文,而与汉文及回回文(即波斯文)并列。教育制度与政府运作也皆是三种语文兼用。

诸教并崇 蒙古人原信萨满教,是一种泛神教。在其领土扩张以后,蒙廷对各种宗教皆尽力拉拢,兼容并蓄。元朝建立后,虽然皇室皈信藏传佛教,但元廷对各教之尊崇如故,并分设专门机构负责倡导,而各教寺观及教士皆享有赋役优待。

各从本俗 元朝对各族群之殊风异俗,不加规范,并行尊重。当时之法律即明确规定对各族婚丧礼俗之维护。元朝法律采取属人主义的原则,族群不同的涉案人分由不同裁判管辖机构依其"本俗法"审理。

就整体而言,元朝的族群政策与近代亚、非、拉丁美洲殖民政权的措施颇为相似。很多殖民政权为维护白人少数统治,在政治上极力压抑土著,而在文化上则对治下各族群进行分化,不求统合,元朝的情形也是如此。

三、族群关系

族群关系的良窳不仅决定于政府的政策,而且受到各族相对情况的影响。各族人口的多寡、文化的高低、经济的荣枯以及族群意识的强弱,皆足以影响族群关系的发展。政策愈能反映社会现实与合乎公平正义的原则,族群和谐与融合愈有可能。反之,则对立乃至冲突不免发生。现自政治、经济、社会、文化、心理等五方面检讨元朝之族群关系。

政治关系

族际政治关系是一个权力分配问题,在专制体制之下,也就是各族菁英的参与问题。

"族群等级制"是造成各族菁英权力分配不均的重要因素,另一因素则是元廷甄用官员主要以"出身",而不以"成就"为标准。

中国近世各朝,主要以科举甄选官员。元朝前期未行科举,即在中期恢复科举后,由于录取人数甚少,而且名额分配偏袒蒙古、色目,所起族群平衡作用不大。

元朝官员的任用主要是以家世为标准,即当时所谓"根脚"。"根脚"乃指一个家族与蒙元政权之渊源,渊源愈深,根脚愈大,则其子弟入仕机会愈高,前程亦愈广。元朝最高阶层官职几为数十"大根脚"家庭所占据,其中有蒙古、色目,亦有少数汉军世家。南人之中并无"大根脚"家族,因此入仕既难,欲求高职更不易。因而,"根脚"制在实质上蕴含甚大族群歧视意义,与"族群等级制"互为表里,共同排斥汉族——尤其是南人——于权力圈外。

元朝中期共有品官二万二千四百九十人,其中 30.12% 为蒙古、色目人,69.88% 为汉人、南人。从表面看来,汉人、南人官员所占比例不可谓不大。但若与前述各族群人口比率相对照,则可看出各族群出仕几率相差的悬殊。

在四个族群中,南人在政治上最受压迫。南宋培养出为数庞大的士大夫阶层,鼎革以后,此一阶层不仅受到蒙古、色目人之压抑,亦备受北方汉人之歧视,出仕机会极少。大多数江南士大夫或埋身乡校,或隐遁山林。其中固有不少心怀故国的宋遗民,但因求官无门而被迫退隐者为数更多。

科举恢复后,不少江南士人投身场屋以求一官半职,但因录取配额甚少,甚多儒士都是"年年去射策,临老犹儒冠",与蒙古、色目根脚子弟"不用识文字,二十为高官"的情形对照极为强烈。江南士人对政治歧视之不满可以想见,这种不满遂成为元季族群对立的一个根源。

经济关系

元朝族群经济关系,基本上是一种剥削关系,即是:蒙古、色目贵族与官僚凭借政治力量获取巨额财富,不事生产而享受丰裕生活。

蒙古、色目贵族与大臣的财富来自合法的封赏与非法的掠夺。元廷对贵族、官僚的封赏极为丰厚,对宗室、姻戚、勋臣前后两次分封民户为采邑。采邑户多达二百八十万户,为全国在籍民户的五分之一。

对贵族、官僚之赏赐名类繁多，可归纳为赐田、赐币帛及杂赐三项，每项数目皆甚庞大。即以赐币帛中的朝会之赐而言，武宗海山即位，对来朝诸王共赐钞三百五十万锭，超出政府常赋岁入京师总数。赏赐浩繁是元室财源枯竭的重要原因。此外，贵族大臣更凭借权势，或强夺官田，或隐占民户，掠取更多财富。

政权与金权结合在元朝甚为彰显。蒙古人没有儒家的反商情结，元朝统治阶层兼营商业牟取厚利颇为习见，又常以回回商人之商业组合"斡脱"（ortoq，意为合伙）为其代理。斡脱商人凭借贵族、官僚的支持，垄断全国高利贷及奢侈品市场，其触角更远及国外，势力极大。不少色目商人更借金权而跻身政府高位，直接影响朝政，官商关系密不可分。

蒙古、色目贵族、官僚及官商无疑是元朝的新兴剥削阶级。但是，当时中原社会各族群之中，皆有贫富的差别，族群地位并不代表经济地位。一方面，在汉族之中，有如蒙思明所说："元入中土时，金、宋之经济阶级皆未被破坏。"即汉地、江南原有地主阶级未因蒙古征服而削弱，经济势力雄厚依旧。汉族地主更常与蒙古贵族、官僚相互结纳以巩固其势力。

另一方面，蒙古军户虽然获配田土、驱口及免除赋役，与汉族平民相较，可说处于有利地位。但是，由于军役繁重，以致破产者甚多，"每行必鬻田产，甚至卖妻子"，贫困情形，一如清朝中期以后的八旗子弟。不少蒙古人甚至沦为奴婢，卖身海外。可见即使在"族群等级制"之下，并非所有蒙古人皆获大利。

社会关系

"族群等级制"是一种歧视制度，而不是"隔离"（segregation）制度，与南非式"种族隔离"（apartheid）更不相同。各族人民的迁徙、杂居与交往未受限制。

清代史家赵翼《陔余丛考》中早已指出："元制,蒙古、色目人随便居住。"当时甚多蒙古、色目人因任官、屯戍及营商而在汉地、江南安家落户。同时,亦有不少汉族人民因屯戍、俘掠或流放而移住漠北、西域。元朝是中国史上少见的民族迁徙混居的时代。

分布全国各地之蒙古、色目人大多数散居民间,而不构成独立之地区。事实上,除屯驻河南、山东之蒙古军及两都地区之蒙古、色目卫军人口较为集中外,各地蒙古、色目人口皆不多,不得不与当地居民混居。大都蒙古贵人宅第便是"与民居犬牙相制";各省军人有的固然"以营为家",有的则是"错居民间"。总之,蒙古、色目人并未如金朝南徙之猛安、谋克一样"筑寨而居",或如清朝旗人之群居于"满城"之中,而必须融入汉族主流社会。

蒙古、色目与汉族由杂居而趋于融合的最佳指导是族际通婚。过去魏复光(Karl A. Wittfogel)认为:元朝与清朝相同,禁止族际通婚,可说全无根据。元廷不仅未曾禁止族际通婚,而且立法加以规范。有关通婚的现存记载甚多。例如《元统元年进士录》显示,该科录取蒙古、色目进士五十人中,其妻子为汉族者十六人,母亲为汉人者更多达二十七人,充分反映通婚之频繁。

当时各族人士通婚及其他形式的社会互动之基础为"社会阶层"(social stratum),而不是族群。换言之,族群不同而阶层相同的人士互相交往,而阶层歧异者虽属同一族群亦少有接触。例如,在上层蒙古人中,皇族按只吉歹之家的封地在济南,此家便与当地汉军世家张荣一族建立密切的联姻关系,而中下层之蒙古人与汉族亦有类似的关系。

除去婚姻外,各族人士间之师生、同门、同好及同僚等关系亦足以构成超越族群壁垒而密切交往的基础。可见"族群等级制"并不能完全阻挡族群融合的自然趋势。

文化关系

文化背景互异之各族群相互杂居,密切互动,自然导致族群间的涵化,甚至同化。元朝族际文化关系的主要问题是:蒙古、色目是否深受汉文化影响而达到汉化的程度? 蒙古、色目文化对汉族又有何影响? 现对这两个问题略加探讨如下:

蒙古、色目汉化问题 元廷虽欲防止蒙古、色目人之汉化,但居住中原之蒙古、色目人却不免接受当地主流文化的影响。元廷亦承认蒙古、色目子弟必须研习汉学始有治理中原的能力,忽必烈创设国子学,令蒙古、色目子弟入学,便是基于此一考量。元仁宗恢复科举,以汉文、汉学为考试内容,更导致"诸部子弟""以读书稽古为事",研习汉学在蒙古、色目族群中遂形成一股洪流。

过去学者对元朝统治阶层汉文化造诣的印象,受赵翼之误导甚大。赵翼所说"元代不惟帝王不习汉文,即大臣习汉文者亦少也",不尽正确。事实上,元朝中期后诸帝中,仁宗、英宗、文宗及顺帝不仅具有汉文学与艺术的造诣,而且热心提倡。而蒙古、色目官员中精通士大夫文化者更大有人在。色目人中,诗人萨天锡、余阙、丁鹤年,曲家贯云石,画家高克恭,书法家嵲嵲等人的成就之大,皆可与历代名家相颉颃。而蒙古人中,泰不华为一全能文人。此外,阿鲁威的散曲、杨讷的杂剧、朵尔直班的书法,皆可跻身当代名家之列。

整体而言,元代蒙古、色目汉学者与日俱增,而且其专长逐渐由儒学的研习,进而登入文学、艺术的殿堂。这些蒙古、色目文士并非孤立存在于汉族士大夫阶层之外,而是与后者紧密结纳,相互之间存有千丝万缕之关系,形成中国史上前所未有的多民族文人圈。

士大夫文化之外,蒙古、色目人在宗教、礼俗(包括姓氏、婚姻、丧葬、居处)等方面也受到汉文化甚大影响,在此无法一一详述。

总之,不少蒙古、色目人已改采汉族风俗,甚至掌握汉文化的精髓,其文化认同已发生重大改变。但是在当时,蒙古、色目人尚不能说已真正"汉化"。相对于汉族而言,蒙古、色目皆享受甚多特权,自不愿改变族群认同而导致特权的丧失,正如清朝后期满人在文化上与汉人已无二致,却不愿放弃其族群认同一样。元朝之蒙古、色目及清朝之满人,皆为政治阻挠民族融合的例证。

蒙古、色目文化影响　元代中外交通发达,蒙古、色目人又大量移居中原,中原汉族与外来文化接触之频繁可说空前。如果蒙古、色目文化对汉族产生深刻影响,并不令人意外,然而,事实却非如此。

蒙古原有文化值得汉族仿效之处不多,对汉族之影响限于民间习俗,如语言、姓氏、服饰、发式、礼仪("胡跪")、婚俗("收继婚")等方面,其影响与士大夫阶层关系不大。民间接受这些习俗大体上出于"西瓜靠大边"的势利思想,而不是由于这些习俗的内在价值。例如:当时不少人采用蒙古名,便是为冒充蒙古人身份以谋求一官半职。元亡以后,政治诱因消失,自然无人再仿效蒙俗。加以明廷下令"其辫发、胡服、胡语、胡姓,一切禁止",更彻底扫除了蒙俗影响的痕迹。

色目(西域)文化对汉族的影响,似乎限于科技及衣食用品方面。科技方面,于此时传入者有回回天文历算与仪器、回回医药、武器等。衣食方面则有烧酒、果子露、金锦等。影响所及主要在于宫廷及政府,而不在于民间。

至于精神文明方面,汉族所受外来文化影响似乎极小,宗教、学术、文艺等方面皆是如此。宗教方面,当时也里可温教、回教、藏传佛教之信徒多为色目及蒙古人,而少汉人。学术方面,西域学术著作传入中原者虽然不少,但译为汉文者似仅有《回回药方》等一二种。而色目人之汉文著作如鲁明善《农桑衣食撮要》、贯云石《孝经直解》等，所继承的是中原学术传统，与西域文化并无关联。在文艺方面，色目文人的诗词书画所反映的情怀与中原骚人墨客无不同，嗅不出一分瓿裘湩酪之气。有如德国学者傅海波（Herbert Franke）所说：

> 就文化意义而言，这些外族人士皆成为汉族。如欲在其文学作品中寻求其外族起源之痕迹，必然徒劳无功。其诗歌与汉人所写全无区别，正如中古时代欧洲诗人以拉丁文赋诗时便会失去其民族特色。

总之，元代汉族虽与蒙古、色目广泛接触，所受影响似甚浮浅。此一现象可能反映蒙古、色目为外来族群，文化参差不一，无法发挥较大影响，也可能是两宋以来汉文化已凝聚为一自足的内向文化，对外来文化排斥甚力之故。

族群心理

族际的政治、经济、社会与文化关系皆可影响各族群的自我意象及异族意象，而这些意象经过长期积淀便形成族群心理的重要部分，进一步影响族群的统合或冲突。

蒙古人征服世界本有"承受长生天之命"的信念，并将此信念转化为宗教狂热，以致无坚不摧，而其征服之实际目的则在于对农耕社会财富的掠夺。忽必烈立国后虽然以赋税的征收取代赤裸裸的掠夺，而在其天命观中亦强调德威并重，但蒙古人仍不免以征服者自居，而视汉族为剥削对象。元季儒者孔齐《至正直记》中说："自以为右族身贵，视南方为奴隶。"可说是对蒙古人征服情结的最佳写照。

汉人、南人历史经验不同，族群意识的强弱因而不同。汉人经历契丹、女真统治达数百年,族群意识不强。金元鼎革之际,不仅汉族地方豪强纷纷投靠蒙古,士大夫亦是如此。名儒耶律楚材、姚枢、许衡、郝经等不仅出仕蒙元,并且以"天命攸归"及"能行中国之道,则中国主也"为异族政权寻求合理的解释。

反观南人从未经历异族统治,蒙元灭宋,不仅是朝代更替,还牵涉到"由华夏入夷狄"的春秋大义。宋亡之初,江南士大夫出仕元朝者为数不少,但遗民之多却为当时特色。遗民之中,如郑思肖那样专从夷夏之辨指斥鞑靼人"灭天理,穷人欲,罔所不至"者固属少数,但多数遗民拒不仕元不仅由于理学中君臣大义的影响,而且还受到春秋大义思想的激励。

在蒙元统治下,汉族人士对蒙古、色目必然形成一些刻板意象。汉族对色目人的普遍印象是狡诈贪婪。这一印象形成甚早,出使蒙古的宋朝使臣徐霆便认为:"回回之狡心最可畏,且多技巧,多会语言,真是了得。"

忽必烈时代之汉臣也说:回鹘"盗国财物","贪利嗜财,廉谨者少"。而忽必烈权臣阿合马"挟宰相权为商贾,以网罗天下大利",则是汉族印象中色目贪官的典型。在马可波罗(Marco Polo)看来,至元十九年(1282)阿合马被杀就是汉人反抗回回助纣为虐的结果。

蒙古人给予汉族的原有印象并不算坏:"风俗浑厚质朴""性简直,类能倾心听于人",可说是一种"高贵的野蛮人"(noble savages)。但在统治中原时所表现的则是行政无能:"不识字""不能执笔画押""不谙政事"。

元朝中期以后,蒙古人握权已久,业已腐化,汉族的印象为:"徒能生长富贵,裔膻拥毳,素无学问""累世承袭,骄奢淫逸,自奉而已",可说是世家纨绔。

元朝末年,吏治恶化,"上下贿赂,公行如市",汉族士人归咎于"蒙古色目人罔然不知廉耻之为何物"。总之,在汉族印象中,蒙古人无知无能、骄奢淫逸而又世享特权。随着政局恶化,这种印象愈为强烈,而与潜在夷夏之辨思想相结合,形成元末革命的一个动力。

过去,钱穆及劳延煊二先生皆认为,元季汉族儒士并无强烈的夷夏之辨思想,而且对元朝并无恶感。这种说法并不全面,而且士大夫与群众族群意识之强弱有甚大之落差,正如清朝的情形。

从各方面看来,元朝的族群关系无疑甚为紧张。在政治、经济方面,蒙古、色目与汉族间的关系是以压迫与剥削为主调,自然造成后者的怨愤与族群的对立。在社会、文化方面,各族群在杂居之后,原有趋于融合与同化的自然倾向。但是,不平等的政策却使真正的族群统合无法实现。而蒙古、色目人的征服心态与贪黩更导致各族群在心理上的对立。总之,征服状态与元廷政策之欠缺公平性,导致族群间的对立乃至冲突。

四、国家覆亡

元朝的族群政策一直靠武力维持,及至武力衰败,政策遂难以贯彻。顺帝初年之当政者伯颜的错误决策,更激化族群对立。伯颜为巩固蒙古人之地位,企图重振"蒙古优先"的原则而推行蒙古"本土化"政策。包括重申诸司百官必须以蒙古、色目为长,停罢科举,申严汉、南人武器之禁,禁止汉、南人学习蒙古文字。据说伯颜甚至建议"请杀张、王、刘、李、赵五姓汉人",族群关系遂进一步恶化。

元朝覆亡与族群关系恶化具有密切关联。长久以来,大陆学者对元末革命运动的性质争论不休。反元"农民起义"究竟是"民族斗争"还是"阶级斗争",或是前后曾经蜕变? 诸说纷纭,莫衷一是。但是,族群冲突无疑是运动发动的一个因素。而在其最后阶段,民族主义更成为唯一号召。至正十一年(1351)白莲教领袖韩山童起事颍上,自称宋室后裔,其文告中说:

> 蕴玉玺于海东,取精兵于日本;贫极江南,富称塞北。

前二句说他是从日本搬取精兵而来的赵宋子孙,后两句则是对蒙古人剥削汉族的强烈谴责,显然是以汉族的民族意识为诉求。以后群雄并起,多用民族口号。

朱元璋初起时并无民族意识,但在至正十八年(1358)克服婺州时已树起"山河奄有中华地,日月重开大宋天"的旗帜。而在至正二十七年遣军北伐时更揭示"驱逐胡虏,恢复中华"的民族目标。

元季明初学者叶子奇《草木子》检讨元亡的原因说:

> 元朝自混一以来,大抵皆内北国而外中国,内北人而外南人。以致深闭固拒,曲为防护,自以为得亲疏之道。是以王泽之施,少及于南,渗漉之恩,悉归于北……迄今天禄之迁,尽归于南,于此可见乘除胜复之理也。

在叶氏看来,元朝灭亡的原因在于对各族群待遇的极度不公,过分厚遇北人(蒙古、色目)而排斥汉族,以致物极必反。他更认为:"治天下之道,至公而已尔。公则胡越一家,私则肝胆楚越。"换言之,任何多族群国家的当政者必须大公无私而不厚此薄彼,才能创造"胡越一家"的共同体,否则不免沦于"肝胆楚越"、同舟异命的惨局。

〔原刊于《历史月刊》第 94 期(1995),页 51—58〕

元朝多族士人圈的形成初探

一、导言

  族际互动是中国史上各征服王朝时代的重要现象。征服王朝时代族群繁多，关系复杂，族际互动的疏密良恶不仅决定族群间的融合或冲突，而且密切影响当代的治乱与兴衰①。

  元代为一复合社会，其种族之复杂、文化之繁富，在中国历史上都可称为空前。各族群间文化与政治上的相互激荡与彼此影响，构成元史研究的中心课题。而征服民族与主要被征服民族——汉族（包括汉人与南人）之间的政治、社会与文化关系尤为学者注意的一个焦点。但因牵涉广泛，较为全面的著作，尚不多见。

  过去不少学者认为元朝对汉文化抵制最力，而族群之间更存有明显的政治与社会区隔。在政治与社会方面，蒙元史先进箭内亘（1875—1926）之《元代社会の三階級》及蒙思明（1908—

①关于元朝的族群关系，参看萧启庆《内北国而外中国——元朝的族群政策与族群关系》，《历史月刊》第 94 期（1995），页 51—58。

1974)之《元代社会阶级制度》皆将蒙古、色目、汉人、南人等四个族群视为不同的"种族阶级"而强调其政治、社会、经济权益相去的悬殊①。这种看法衍生出各族群之间存有不可逾越的鸿沟之错误印象,如日本学者村上正二即以"差别"与"隔离"来形容元廷的族群政策,而美国学者艾本华(Wolfram Eberhard, 1909—1989)更曾说:"蒙古人制定严格之民族立法。汉人既不可学习蒙语,通婚亦为法令所禁止。汉人不能供服军役,亦不可持有武器。"②在元朝的所谓"民族立法"之下各族群似乎成为相互隔离的绝缘体。

在文化方面,过去不少学者认为古来征服中原的游牧民族或半游牧民族虽然族类各异,最后都难逃汉化的命运,而元代蒙古、色目人对汉文化却是抵制最力,汉化因而最浅。乾嘉史学大师赵翼(1727—1814)即主张"元代不唯帝王不习汉文,即大臣习汉文者亦少也",意即元朝统治阶级——包括蒙古人与色目人——多为文盲,与汉文化枘凿方圆,格格不入③。日本学者羽田亨(1882—1955)对传统的吸收论最早提出批判,其《元朝の漢文明に对する态度》即主张:元代奉行"蒙古主义",汉人及汉文化皆不受尊重,由于羽田氏为京都北亚史与东亚史之先进巨擘,数十年来日本学者一直遵奉其说为圭臬,而称元朝之文化与族群政策为"蒙古至上

---

① 箭内亘《元代社會の三階級》,收入箭内氏《蒙古史研究》,东京:刀江书院,1930,页 263—360。蒙思明《元代社会阶级制度》,北平:燕京大学,1938。
② 村上正二《元朝の文化政策について》,《歷史教育》第 8 卷第 8 期(1960),页 1—10;W. Eberhard, *Conquerors and Rulers*, Leiden: E. J. Brill, 1965, p. 133。
③ 赵翼著,王树民校释《廿二史札记校证》卷三〇《元诸帝多不习汉文》,北京:中华书局,1984,页 431—432。

主义"①。在西方，魏复光（Karl A. Wittfogel，1896—1988）与冯家升（1904—1970）之《辽代社会史》则自人类学"涵化"（acculturation）的观点对吸收论作出较有系统的批评。他们认为：征服状态造成了族群间的鸿沟，征服民族与被征服民族不可能相互认同，完全同化。两者的文化关系是双行的涵化，而不是单向的"同化"（assimilation）。真正的同化仅在征服王朝崩溃、民族鸿沟消失之后始有可能。而各征服民族与汉文化之关系每因其自身文化背景及所处历史环境的歧异而有很大的差别。各征服王朝中，由半农耕、半游牧民族所建立的金朝与清朝倾向于汉文化的吸收，汉化因而较深，而元朝则与同为游牧民族所肇建的辽朝相似，对汉文化抗拒甚力，因而汉化较浅②。

上述的说法显然低估了各族群之间的文化与社会关系，以致不少学者提出不同看法。陈垣（1880—1971）即为此一方面之先驱，其名著《元西域人华化考》考证了色目（即西域人）汉化士人一百二十七人之学艺造诣，显示色目人在汉文化方面造诣甚高者大有人在，与当时汉族相较毫不逊色。陈氏此书对上述误解的厘清起了部分作用③。杨志玖先生则自儒家思想的吸引力考述了色目人之汉化④。在蒙古人方面，神田喜一郎、吉川幸次郎、傅海波（Herbert Franke）、傅申、姜一涵、Marsha Weidner、罗贤佑、谢成林、李则芬等人之论著论述了元朝帝王之文学与艺术修养，皆认为中

---

①羽田亨《元朝の漢文明に對する態度》，收入《羽田博士史學論文集・歷史篇》，京都：东洋史研会，1957，页686—687。

②Karl A. Wittfogel and Chia-sheng Feng, *History of Chinese Society, Liao*（*907 – 1125*），Philadelphia：American Philosophical Society, 1949, pp. 1–32.

③陈垣《元西域人华化考》，北平：励耘书屋，1935。

④杨志玖《元代西域人的华化与儒学》，《中国文化研究集刊》第4期（1987），页188—203。

后期诸帝多甚崇尚风雅、嗜爱艺文,而且不无造诣,并非"不习汉文"①。至于帝王以外之蒙古人,笔者《元代蒙古人的汉学》一文曾考述蒙古儒者、诗人、曲家及书家一百一十七人的生平及造诣②,借以显示蒙古人并不尽为汉族精致文化的门外汉,不少蒙古学者士人的汉学造诣足可与当世汉人、色目名家相互争胜。

本文拟自社会文化史的观点,展示元朝各族士人间的互动关系,所拟建立的主要论点为:元朝中期以后,一个人数虽不庞大,却是日益扩张的蒙古、色目士人阶层业已成立。此一异族士人阶层并非孤立于汉族士大夫阶层之外,而是与后者声气相通,紧密结纳,相互之间存有千丝万缕的关系。各族间共同的士人群体意识业已超越种族的藩篱,遂形成中国史上前所未见的多族士人圈。

本文所谓"士人"是一个文化群体,也是一个社会阶层。自文化观点言之,士人必须具有正统儒学教育与士大夫文化(literati culture)的修养,并接受儒家基本理念与道德准则的规范。因此,此处所谓"士人"兼含着重学问、德行之"儒士"与爱好词章、艺术之"文人"。自社会观点言之,其人可能为累世金紫的名公显宦,

①神田喜一郎《元の文宗の風流に就いて》,《羽田博士頌壽紀念東洋史論叢》(京都:东洋史研究会,1950),页477—488;吉川幸次郎《元の諸帝の文學》,《吉川幸次郎全集》(东京:筑摩书房,1967)第15册,页232—311;Herbert Franke, "Could the Mongol Emperors Read and Write Chinese?", in Franke, *China under Mongol Rule*, Aldershot, England, 1994, pp. 28–41;傅申《元代皇室书画收藏史略》,台北:故宫博物院,1981;姜一涵《元代奎章阁及奎章人物》,台北:联经出版事业公司,1981;Marsha Weidner, "Painting and Patronage at the Mongol Court of China, 1260–1368", Ph. D. dissertation, University of California, Berkeley, 1982;罗贤佑《元朝诸帝汉化述议》,《民族研究》第5期(1987),页67—74;谢成林《元代宫廷的绘画活动》,《九洲学刊》第3卷第2期(1986),页45—52;李则芬《元代诸帝的汉学修养》,收入李氏《宋辽金元历史论文集》,台北:黎明文化事业公司,1991,页743—748。
②此文收入萧氏《蒙元史新研》,台北:允晨文化公司,1984,页95—216。

可能为领率乡里的缙绅，亦可能为一袭青衿的布衣，但都属于备受尊崇的菁英阶层。因而，本文之"士人"与"士大夫"一词同义，包含已仕或未仕的读书人。虽然士人原为中原社会的特有产物，但士人的文化素养具有普遍性，可为异族人士所接受，凡接受士大夫文化的外族人士亦可视之为士人。至于精通其本族语文而不谙熟汉文化的外族人士则不能列为士人，因不谙汉文诗、书则与汉族士人之背景互不相同，双方密切交往的可能性不大。

元代族类极为繁多，当时官方分为蒙古、色目、汉人、南人四大族群。其中汉人、南人均属汉族，在种族及文化上并无不同，差别不过是地域①，故在本文中对汉人、南人不加区别，视为一体。契丹、女真之原有种族与汉族虽不同，但二者在元朝业已汉化并经官方划分为"汉人"，在此视之为汉族，而不另列。因此，本文所谓"多族"乃指蒙古、色目、汉族三大族群而言。

二、蒙古、色目士人层的出现

汉族士人层之存在，不待赘言。而多族士人层之成立乃是由于蒙古、色目士人层的出现。

（一）蒙古、色目文化简析

蒙古、色目人之文化背景不仅与汉族大不相同，而蒙古、色目之间及其族群之内各族属之背景亦互有歧异。因而各族群中士人阶层出现之难易及先后颇有轩轾。

蒙古人与汉族原有极大文化差距。十三世纪初年，蒙古仍为

_____

①蒙思明《元代社会阶级制度》，页33—36。

一近乎纯游牧的行国社会，文化缺乏累积。建国前夕，始创文字。在此之前，蒙古人皆为文盲，所受汉文化影响极小，自然亦无汉文士人出现。即在建国之后，虽蒙古文字业已制定，大多数之蒙古人却羁身军籍，忙于戎马，无暇诗书。因此，蒙古士人阶层出现之较为缓慢，其理至显。

色目人不是一个民族，而是元廷因政治需要而设定的一个族群。凡不属蒙古及汉族的民族皆经划入，背景极为复杂。色目各民族中，有的汉文化影响较深，原有汉文士人阶层之存在。有的虽未受汉文化影响，本身文化水平却甚高，因而不乏本土知识分子，却无汉文士人。

唐古、汪古二族在色目人中受汉文化的影响较深。唐古人即西夏人，西夏原是一个包拥蕃、汉的国家，国中蕃、汉文兼用，并施行科举以汉文试士，因而原有一个人数颇多、水平颇高的汉文士人阶层[1]。蒙元初年入仕的西夏人李桢、高智耀、朵儿只等都属于此一阶层。汪古为居住于漠南阴山地区的突厥语部族，为金朝扼守边墙，两者关系密切。其文化成份"是以北方草原游牧的文化形成为主体，融合汉文化和西方国家其他民族的文化"[2]。汪古人中似应有汉文士人存在。如元朝名文人马祖常之高祖马庆祥（原名习礼吉斯），于金季仕至凤翔兵马判官，其人"善骑射而知书，凡诸国语言文字靡所不通"，应该熟谙汉文。

畏吾儿、回回、也里可温（Erke'un）原来皆无汉文士人，却有本土知识分子阶层。畏吾儿即九世纪西迁新疆哈剌火州（Qara Qocho，高昌）及别失八里（Besh Baliq，北庭）之回纥人。西迁后之

---

①吴天墀《西夏史稿》，成都：四川人民出版社，1982，页201—202。
②洪用斌《汪古部社会制度初探》，《中国蒙古史学会成立大会纪念集刊》，呼和浩特：中国蒙古史学会，1979，页220。

畏吾儿人已经改营城廓生活,创造了本族文字、文学及艺术,并已放弃摩尼教而信佛教,因而培养出不少熟谙释典之佛教知识分子。畏吾儿人是蒙古初起时之文化启蒙者,世俗知识分子如塔塔统阿、哈剌亦哈赤北鲁、岳璘帖穆尔等人主要为蒙廷担任文教工作,而佛教知识分子往往兼通畏吾儿文、藏文、梵文,具有多元语文的才能,后来多成为宫廷翻译家①。

　　回回乃指原住中亚与西亚信奉伊斯兰教的各族而言,包括大食、波斯人及伊斯兰化的突厥人(包括哈剌鲁、阿儿浑)。回回因有伊斯兰文明为基础,文化水平甚高。蒙元初年之回回大多担任理财、行政、科技等工作②。钦察(Qipchaq,原住中亚黑海以北一带)、康里(Qangli,中亚咸海以北一带)、阿速(Asud,西亚高加索北部)原有文化皆甚低下,三者皆为处于先文字阶段突厥游牧部族,其中钦察、康里信仰萨满教(少数康里人改信回教),而阿速人虽已信仰希腊东正教,但所受基督教文明影响似乎不大③。而且在蒙元初期,三族人士主要从事征战,无缘参与文事,以致康里、钦察人中士人出现较晚,而阿速人中始终无士人阶层之涌现。

---

① 胡其德《元代畏兀儿人华化的再检讨——一个新的诠释》,收入《中国边疆史学术研讨会论文集》(台北:蒙藏委员会,1995),页169—201。
② 关于元代回回之文化活动,参看杨志玖教授新著《元代回族史稿》,连载于《回族研究》第4期(1992),页3—14;第1期(1993),页12—22;第2期(1993),页4—21;第3期(1993),页4—15;第4期(1993),页4—16;第1期(1994),页20—30;第2期(1994),页25—40;第3期(1994),页10—19;第4期(1994),页9—25。关于哈剌鲁,参看陈高华《元代的哈剌鲁人》,《西北民族研究》第1期(1988),页145—154。关于阿儿浑,参看杨志玖《元代的阿儿浑人》,收入杨氏《元史三论》,北京:人民出版社,1985,页226—236。
③ 陆峻岭、何高济《元代的阿速、钦察、康里人》,《文史》第16辑(1982),页117—130。

（二）士人阶层出现的阶段

蒙古、色目士人层的出现自然为两族人士踊跃研习汉学的结果，而蒙古、色目人之所以竞相学习汉学则又是蒙元朝廷转移其政治中心至中原并将蒙古、色目大量南徙后的必然趋势。关于蒙古人研习汉学的原因，笔者在《元代蒙古人的汉学》中指出：除去中原文化自身的优越性与吸引力之外，尚有三点原因：(1)中原环境之熏染；(2)元朝政府的倡导；(3)个人政治利益的追求。这些原因亦可适用色目人，在此不拟赘述。

依士人人数之多寡、造诣之深浅，蒙古、色目士人阶层之出现可分为下列三阶段：

第一，大蒙古国(Yeke Mongghol Ulus)时代(即蒙古忽必烈于1260年立国中原以前)：此时蒙古立国草原，中原不过是一殖民地，汉人也不是蒙古人统治的主要对象。当时徙居中原的蒙古、色目人并不多见，研习汉学的诱因亦甚弱。在此期间，蒙廷为教习汉学而成立的机构为燕京国子学。此一国子学系建立于太宗五年(1233)，招收蒙汉官宦子弟为学生。但是此校规模甚小，教育系以训练通事为目的，所起培养儒士的作用显然不大①。除此校外，蒙古诸王中，唯有忽必烈注重汉文教育，先后命其近臣子弟从汉儒受儒书，元朝早期的少数蒙古、色目儒士多为忽必烈在其潜邸时代培养成材的。

第二，元朝前期(即忽必烈时代，1260—1294)：忽必烈建立元朝于中原，汉人已成为其主要统治对象。忽必烈虽不愿全盘推行汉法与儒治，但是，为争取汉人之支持，加强其政权之合法性及蒙

①萧启庆《大蒙古国的国子学：兼论蒙汉菁英涵化的滥觞与儒道势力的消长》，收入萧著《蒙元史新研》，页63—94。

古、色目人之统治能力,不得不鼓励上述二族群子弟学习汉文化。他在中央及地方广设学校。在中央,国子学重建于至元七年(1270),以大儒许衡主持。中央以外,各斡耳朵、诸王爱马(即投下)及蒙古、色目军人为主的各卫军亦皆设有儒学,方便中下层蒙古乃至色目子弟入学。国子学尤为蒙古、色目官宦子弟汉学者的摇篮。除去学校培养成材者外,也有少数蒙古、色目士人是因为家庭熏陶或是因从汉儒就学而有所成就。例如著名画家高克恭(1248—1310)出身于回回平民家庭,其父高亨却于《易》《诗》《春秋》和理学皆有造诣,克恭便是随父诵习经义而奠定学问基础的①。在此期间,蒙古、色目士人较大蒙古国时代无疑增加不少。不过,在科举恢复以前,官宦子弟多倚持"根脚"(即门第)入仕,仕宦与学术仍缺少制度性的关联,蒙古、色目子弟研习汉文化的诱因并不大。因而蒙古、色目士人数目仍然有限。

第三,元朝中后期:汉学在蒙古、色目人中日益普遍,与仁宗爱育黎拔力八达(1311—1320)以降诸帝之提倡大有关系。延祐二年(1315)科举制的恢复尤为重要。科举系以汉文、汉学为考试内容,凡想借科举晋身官场的蒙古、色目子弟皆须钻研汉学,故对其研习汉学具有极大激励作用,有如《元诗选》编者顾嗣立所言说:"自科举之兴,诸部子弟,类多感励奋发,以读书稽古为事。"②元代科举前后共十六科,共录取一千一百三十九人,其中蒙古、色目人各占四分之一,约三百人。乡试登榜而会试、廷试落第之蒙古、色目进士应三倍于此,故前后曾登乡进右榜的蒙古、色目人约为一千八百人。而参与乡试不幸落榜的蒙古、色目士子更可能数十倍于此。换言之,科举的复兴诱使数万蒙古、色目子弟埋首经籍,投身

---

①吴保合《高克恭研究》,台北:故宫博物院,1987,页7—8。
②《元诗选》(秀野草堂本),初集,庚,页1下。

场屋,企图以学问来求取禄位。研习汉学在当时蒙古、色目族群中显然已蔚为风气。元季帝王文宗图帖睦尔(Tugh Temur, 1328—1332)及顺帝妥懽帖睦尔(Toghon Temur, 1333—1370)更相继设置奎章阁、宣文阁,提倡艺文,并以勋旧贵戚子孙肄业其中。对蒙古、色目子弟学习汉文化当具示范作用①。

蒙古、色目士人人数的扩张及其对汉文化浸润之深化,可由表一及表二看出②。此二表所统计的对象为蒙古、色目"汉学者"而非"士人"。两者意义不尽契合。所谓"汉学者"乃指谙习汉人所特有而为士大夫专擅的儒学、文学、美术并有所成就而见于记录者。"汉学者"与"士人"所涵盖者的重叠性颇高,但后者涵盖较前者为广,因汉学者必为士人,而士人大多数未必有所成就而留下记录。本文在此处之讨论以汉学者取代士人,乃因汉学者留有记录以致可以统计。蒙古、色目汉学者增加的趋势,就人数而言,前期蒙古汉学者不过十七人,占总人数(包括一人兼一门以上而致重见者) 10.90%。在中、后期则持续增加,分别增至 28.21% 与 58.97%。前期色目汉学者仅占总人数的 8.15%,在中、后期分别为 40% 与 45.19%,显然是与日俱增。就专长而言,前期大多数之蒙古及色目汉学者皆为儒学者,长于文学、艺术者甚为少见。而在中、后期两者擅长文学、美术之人数皆有大幅增长。蒙古、色目士人已由儒学之研习登入文学、艺术的殿堂,从知识的吸收转入汉文化感性部分的培养。于是,始有才能较为全面的蒙古、色目士人出现。此处所述之汉学者的情形应为整个蒙古、色目士人阶层发展趋势之缩影。前期蒙古、色目士人寥寥无几,而且熟谙汉族文学、

①姜一涵《元代奎章阁及奎章人物》,台北:联经出版事业公司,1981。
②表一系采自萧启庆《元代蒙古人的汉学》,页204。表二则系根据笔者所收集的资料而编制的"色目汉学者资料表"。因限于篇幅,在此暂不列入。

艺术者不多,因而,蒙古、色目士人在本族群中尚不能构成一个阶层,与汉族士人不能密切交流。中期以后,由于蒙古、色目士人人数大增并对汉文化之钻研更为深入,真正的蒙古、色目士人阶层始告出现,而这一阶层的士人不再孤立于汉族士人之外,而是两者密切交融,形成一个多族士人圈。

表一　蒙古汉学者专长及时代分布

专长 ＼ 时代		前期	中期	后期	未定	合计
儒学		13 (21.67)	22 (36.67)	25 (41.67)	0 (0)	60 (100)
文学	诗歌	1	3	25	3	32
	散文	1	5	10	0	16
	剧曲	1	2	1	0	4
	合计	3 (5.77)	10 (19.23)	36 (69.23)	3 (5.77)	52 (100)
美术	书法	1	8	25	0	34
	绘画	0	4	6	0	10
	合计	1 (2.27)	12 (27.27)	31 (70.45)	0 (0)	44 (100)
总计		17 (10.90)	44 (28.21)	92 (58.97)	3 (1.92)	156 (100)

表二　色目汉学者专长及时代分布

专长 ＼ 时代		前期	中期	后期	未定	合计
儒学		5 (12.5)	22 (55.00)	13 (32.50)	0 (0)	40 (100)
文学	诗歌	1	13	21	4	39
	散文	1	5	3	0	9
	剧曲	1	6	10	1	8
	合计	3 (4.55)	24 (36.36)	34 (51.52)	5 (7.58)	66 (100)

时代 专长		前期	中期	后期	未定	合计
美术	书法	2	7	11	4	24
	绘画	1	1	3	0	5
	合计	3 (10.34)	8 (27.59)	14 (48.28)	4 (13.79)	29 (100)
总计		11 (8.15)	54 (40)	61 (45.19)	9 (6.69)	135 (100)

三、社会网络

元朝虽然区别蒙古、色目、汉人、南人为四等。但是,四等人制不过是一种"族群等级制",即是赋予各族不同的"身份"(status),并因身份的差异而给予不同的权利。这种身份制度所蕴含的是族群歧视(discrimination)制度,而不是"隔离"(segregation),各族人民的迁徙、杂居与交往自由完全未受限制。

元朝各族人士互动的基础是社会阶层(social stratum),而不是族群。蒙古、色目士人交往的主要对象为汉族士大夫,而不是本族群的中下层。而其交往之基础与汉族王朝时代士大夫并无不同。汉族王朝时代之社会网络主要系以姻戚、师生与同年、同僚、同乡为经纬,元朝的情形大体相似。

(一)姻戚

过去学者所说元朝禁止征服民族与汉人通婚,可说是完全无根据。元朝不仅未曾禁止异族通婚,而且立法加以规范,近年的研究更显示,各族群间通婚颇为频繁,而族群间之通婚不仅促进血缘交融,并且与涵化具有密切的关联①。

中国士人婚姻素来注重门第,因为婚姻与仕宦原是相辅相成。唐代以后,门第观念虽较前减弱,士绅家庭之婚姻仍然讲求门当户对,人物相当。

元代蒙古、色目士人与汉族士人通婚者甚多,例如:元统元年(1333)进士录显示,该科录取蒙古、色目进士五十人中,其妻子具汉姓者十六人,母亲具汉姓者更达二十七人②。这些具汉姓的女子,当有不少为真正之汉人,亦应有不少出身汉人士族,充分反映族际婚姻之频繁,可惜这些汉族女子之家世往往不可追寻,是否出于书香门第及因何与异族联姻,已难以探究。

在现存史料中,各族士人因科举或学问而结联姻娅者尚存有数例:

1. 许有壬娶赵世延女:

许有壬(1287—1364),河南汤阴人,延祐二年(1315)进士,元朝中后期著名之文学家、政治家。其续弦赵鸾(1308—1341)为汪古人赵世延(1260—1336)之女。赵世延"以勋门将胄",官至奎章阁大学士,在政、学两界皆拥有崇高地位。其女鸾幼承庭训,不仅通经,且能书、善琴,为一才女。世延以赵鸾为有壬继配,乃因师生关系。赵世延为延祐二年(1315)会试读卷官,有壬为其大力拔擢的门生。陈旅《故鲁郡夫人赵氏墓志铭》说:

> 鲁公(指世延)文学政事重海内,选婿之称难其人。初参政(指有壬)以进士廷对,鲁公参与中书为读卷官,其对在第

---

①洪金富《元代汉人与非汉人通婚问题初探》,《食货》(复刊)第 6 卷第 12 期(1977),页 1—19;第 7 卷第 1、2 期(1977),页 11—61。
②萧启庆《元代科举与菁英流动——以元统元年进士为中心》,《汉学研究》第 5 卷第 1 期(1987),页 129—160。

三等,谓同列曰:"此人言行磊落,可力争宥第二等。"世以为
知人。及参政为两淮使,丧偶且期,值鲁公还金陵别业,因请
好,于是夫人归焉。①

以后翁婿二人在政治及学术上合作颇多。

2. **不忽木娶王寿女**:

不忽木(Buqumu),康里人,是色目人中最早的儒者与曲家,也
是世祖末年成宗初年的朝廷重臣。其原配寇氏卒后,娶王寿女,寿
为雄州新城人,官至集贤大学士,曾与不忽木同侍裕宗真金东宫。
吴澄《鲁国太夫人王氏神道碑》叙王氏(1275—1310)归不忽木的
经过说:

> 会康里公丧初配,议者咸曰:"贵族重臣,有学行可妻,宜
> 莫如公。"遂以夫人归焉。②

王寿以其女为不忽木继配,显然不仅因为后者的政治地位,也是由
于他的学术。王寿本人虽是以胥吏晋身官场,却是一个士人。因
此,这一段婚姻,也可称为士族联姻。不忽木育有二子,次子巙巙
(1295—1345)是最负盛誉的书法家,便是王氏之子。

3. **笃列图娶马祖常妹**:

笃列图(1312—1348),蒙古捏古氏,父亲靖州路总管,母为汉
人王氏。笃列图为至顺元年(1330)右榜状元。其妻为汪古族著
名文人延祐二年(1315)进士马祖常之妹。至顺元年祖常为礼部
尚书,知贡举,笃列图正为其拔擢之门生。笃列图与祖常之妹结
姻,即因此一关系,故王逢咏其生平,有"琼林宴状元,银屏会佳
婿"之句。

---

①陈旅《安雅堂集》(元人文集珍本丛刊)卷一一,页 15 上—17 下。
②吴澄《吴文正集》(文渊阁四库全书)卷七三,页 7 下。

4. 赵期颐娶答禄乃蛮氏：

赵期颐出身汴梁宦家，泰定四年（1327）进士，累官西台治书侍御史，诗文及篆书皆颇出色。其妻答禄乃蛮（Dalu Naiman）氏，为乃蛮塔阳罕（Tayang Qan）弟屈出律（Kuchulug）之后[1]。其家虽累代将门，但久居汉地，落籍河南永宁，与汉人通婚频繁，子孙多钻研儒学，高度汉化，期颐所娶为台州路达鲁花赤别的因（1229—1309）之孙女，其兄弟守恭、守礼皆为进士，守礼为期颐之同年，两家可能因此而联姻。期颐并因此婚姻而成为至正二年（1342）进士及名文人答禄与权之姑父。

5. 周永言欲以丁鹤年为婿：

丁鹤年（1335—1424），回回人，出身宦家，其兄吉雅谟丁及爱理沙皆为至正进士，鹤年却不事科举，亦未出仕。鹤年为元末明初大诗人。其在早年已露才华，据戴良《高士传》说：

> 豫章周怀孝，楚大儒，时寓武昌，执经问难者比肩立，然独器重鹤年，且欲同归豫章而妻以爱女。鹤年以母老，诸兄皆官千里外，无他兄备养，辞不行。[2]

此段姻缘，虽因鹤年急于归里事母而未能达成，但可反映汉族名儒因爱惜色目青年之才华而欲以爱女妻之。

合上五例，可见蒙古、色目、汉族士人阶层之婚姻往往超越族群之界限，而以材识及士人之共同身份为基础。

---

①黄溍《金华黄先生文集》（四部丛刊）卷二八《答禄乃蛮氏先茔碑》，页12上—17下；杨镰《答禄与权事迹钩沉》，《新疆大学学报》第4期（1993），页97—103。
②戴良《九灵山房集》（四部丛刊）卷一九《高士传》。

（二）师生

师生关系在儒家伦理中，与君臣、父子并列，甚为重要。这种关系在士人社会网络中是最基本，也是最经久的一环。

汉学原为汉族人士所专长，蒙古、色目人则较为后进，因而在各族群人士之师生关系方面，大多系汉人为师，蒙古、色目人为生。

就教学的性质而言，师生关系大体可分为学校、家塾与拜师及问学三种而言：

1. **学校**

元代的学校，有国子学、地方官学及书院三种。就异族人士师生的关系而言，有关地方官学与书院的记载极少，在此不拟叙述。

国子学系以官宦子弟为教育对象，而学生录取名额中，蒙古生占一半，而色目、汉人则各占四分之一，故对蒙古、色目生大有优待，国子学遂成为培养蒙古、色目士人的一个主要摇篮。

国子学向以名儒任教。执教国子学的名儒许衡、吴澄（1249—1333）、虞集（1272—1348）等人遂皆拥有不少蒙古、色目弟子。

在书院中肄业而与汉儒形成师生关系者，今仅知哲理野台。哲理野台为蒙古脱托历人，至顺元年（1330）进士，能诗善书。早年肄业西湖书院，为著名文人义乌黄溍（1277—1357）弟子①。

2. **家塾与拜师**

散处各地之蒙古、色目人，大多皆无进入国子学之机会。不少官宦人家聘请汉族名儒为家庭教师，教导子弟。最早之例证为汪古马氏。早在宪宗二年（1252）马月合乃受命料民丁于中原，即罗致名士敬铉"授业馆下"②。马氏为元朝科第最盛之色目世家，其

---

① 金涓《青村遗稿·送杨仲章归东阳诗卷序》，丛书集成本。
② 《元史·马祖常传》（北京：中华书局点校本）卷一三四，页3245。

家学术之盛,当以聘敬铉为师为滥觞。元朝立国中原以后,蒙古、色目人聘请汉儒为师者自然更多。如蒙古酎温台氏蓦克笃(1245—1301),官至福州新军达鲁花赤[1]。许有壬所撰墓碑称他"雅尚儒术,延名师以教子",以致其子万嘉闾(1278—1342)、诸海皆以汉学见长,其甥海直则登至治元年(1321)进士第。又如蒙古珊竹氏拔不忽(1245—1307)出身将门,官至江东宣慰使,晚年居真扬间,聘王柏弟子、孔孟颜三族教授张瑄及吴澄为师,以教其子。更如顺帝初年之权臣马札儿台(1285—1347)聘浙东大儒吴直方教授其子脱脱(1314—1355),脱脱深受儒学陶冶,后任中书右丞相,曾大行"更化",推行儒治。曾聘浦江名儒郑深(1314—1361)为其子哈剌章之师,哈剌章于元亡前夕,官至中书平章政事。

除去延揽汉儒为家塾塾师外,又有不少蒙古、色目家遣其子弟从学于汉儒,而其从学方式已难确考。

——蒙古士人自幼拜师于汉儒者有:(1)靖安王阔不花(？—1335)早年从李注习经义[2];(2)拔不忽幼师李康伯,继师翰林学士周正方;(3)阿荣受业于状元宋本;(4)泰不华先后师事周仁荣与李孝光;(5)燮理溥化为揭傒斯(1274—1344)门人;(6)月鲁不花及其弟笃列图皆为绍兴名儒韩性(1266—1341)弟子;(7)囊家台受业于翟炳;(8)迺穆泰受业于赵赟。

——色目士人自幼拜师于汉儒者有:(1)马九皋(约1270—约1351)为南宋遗老刘辰翁(1232—1297)弟子[3];(2)赡思(1277—1351)为翰林学士王思廉(1227—1320)弟子;(3)余阙(1303—1358)为吴澄门人张恒弟子;(4)也速答儿赤,从宋进士黄坦及李

①以下各例见萧启庆《元代蒙古人的汉学》,页 113、122、138。
②见萧启庆《元代蒙古人的汉学》,页 119、122、129、133、144—145、147、194。
③赵孟頫《松雪斋集》(海王邨古籍丛刊本)卷六《薛昂夫诗集序》,页 16 下。

宗哲学;(5)伯颜宗道(1295—1358)少从江淮儒士黄履道学;(6)迺贤(1309—?)师事鄞人郑觉民、高岳学;(7)伯颜子中(1327—1379)早年为淳安儒士夏溥弟子。

3. 问学

"问学"乃指士人成年后向名师请益,并因而建立师生之谊。如汪古人高唐王阔里吉思问易学于江西永新人吴鄷(即张应珍)。

畏吾儿人小云石海涯,早年承袭父职为两淮万户府达鲁花赤,辞职后北上大都,问学于诗文大家姚燧,以致后来成为著名曲家。又如马祖常青年时曾以经史疑义问学于名儒张䇓①。

以上所述皆为汉人为师而蒙古、色目人为徒的例证。及至元代中后期,不少出身中下门第之蒙古、色目人在汉学中浸润已深,却无仕进之途径,因而出任教职。如于阗人李公敏"教授于青齐之间"②。回回人买闾及哲马鲁丁分别担任和靖书院及书院山长,而伯颜宗道更是誉满河北、学者云从的经师,皆应有不少汉族弟子,可惜不见于记载。

(三)座师与同年

隋唐以来,科举制度下的座主与同年是士大夫社会政治网络的核心部分。及第者视座主为恩门,而同年之间亦互相视为手足,如清王夫之《宋论》所说,座主与门生之间"揄扬名目,至于终身,敦尚恩记,子孙不替"。

元朝科举制度不及唐宋重要,但是座师与同年仍构成士人间超族群关系的重要基础。

---

①杨镰《贯云石评传》,乌鲁木齐:新疆人民出版社,1983,页58。
②马祖常《马石田文集》卷九《送李公敏之官序》,郑州:中州古籍出版社,1991,页182。

元朝科举制度下的座主与同年是一个多族的群体。无论乡试、会试与御试，考试官皆于"有德望文学常选官内选差"，族属不是选考试官的主要评准。事实上，考试官以汉人占多数，但也不乏蒙古、色目官员，例如延祐二年（1315）首科廷试，知贡举为平章政事李孟（1255—1321），读卷官为参知政事赵世延与集贤大学士赵孟頫（1254—1322）。其中赵世延为色目人。至正十一年（1351）廷试提调官中书平章政事定住（？—1355），读卷官为中书左丞韩元善、翰林学士李好文（1270—1324）、参知政事乌古孙良桢及翰林待制吴当。其中定住为蒙古人。而每科考试录取之乡进士及进士原则上各族人数相等，维持族群均衡的原则。

与前代相似，元朝各科座主与同年不分族群保持密切的联系并不时聚会。如泰定元年（1324）进士宋褧所撰《同年小集》记述其在北京座主及同年于天历三年（1330）聚会的情形：

> 天历三年二月八日，同年诸生谒座主蔡公于崇基万寿官寓所。既退，小集前太常博士、艺林使王守诚之秋水轩，坐席尚齿，酒肴简洁，谈咏孔洽……右榜则前许州判官奥鲁不华、前沂州同知曲出、前大司农照磨谙笃乐、奎章阁学士院参书雅琥。左榜则前翰林编修王瓚、前翰林修撰张益、前富州判官章毅、翰林应奉张彝、编修程谦。疾不赴者前陈州同知纳臣、深州同知王理、太常太祝成鼎。①

泰定元年科共录取进士八十六人。此次参加同年小集者十一人，因疾不赴者三人。序中所说座主为蔡文渊，东平人。右榜各人皆蒙古、色目人，而左榜则为汉人、南人，可见年谊超越族群之分。

年谊之联系亦反映于同年进士的文字往来。此类唱和、序跋、

---

① 宋褧《燕石集》（北京图书馆古籍珍本丛刊）卷一二，页 209。

墓表在各科进士现存文集中极为繁多,兹以元统元年(1333)进士余阙《青阳集》中所见为例:

余阙,唐兀人。所著《青阳集》五卷中,有关同年之文字共有九篇,牵涉同年八人①,其中有蒙古人虎理翰(1306—?,弘吉刺氏)、察伋(1305—?,塔塔儿氏)、月鲁不花(1308—1366,逊都思氏),有色目人普达世理(1308—?,畏吾儿人),有汉人成遵(1304—1359)、许寅(1304—?),亦有南人许广大(1309—?)、张兑(1304—?)。

上文所述许有壬与赵世延及笃列图与马祖常等家之联姻,更显示座师、门生间关系的密切。

(四)同僚

元朝的政府是一多族群的官僚组织。虽然"族群等级制"造成各族政治菁英政治权力的不均,但并未阻绝汉人、南人的入仕。元朝中期共有品官二万二千四百九十人,其中 30.12%为蒙古、色目人,69.88%为汉人、南人,可见官僚组成的族群多元性②。

各级政府机构内官员成份也是多元的。不过,其成份的族群分配因机构性质的差异而不同。有些机构是蒙古、色目人的堡垒,汉族人士很难插足其间(如怯薛、徽政院、大宗正府、枢密院、宣政院等主管蒙古、吐蕃事务,宫中事务及军令的机构)。大多数机构皆是各族兼用而不限于蒙古、色目。而主管文史、图书及教育的机构中,汉族官员则占多数。翰林国史院、集贤院、国子学、秘书监、奎章阁与宣文阁等皆是如此。据估计,翰林国史院人员中,汉人、

---

① 余阙《青阳集》,四部丛刊本。
② 《大元圣政国朝典章》(台北:故宫博物院影印元刊本)卷七《内外诸官员数》,页 27 上。

南人约占 52%,蒙古、色目人约占 31%,而族属不明则有 16%①。秘书监官员之名录仍存,据初步统计,各族群官员之比率与翰林国史院相似。

蒙元前期,由于语言及文化的差异,各族同僚不仅不易建立友谊,而且沟通甚为困难。有如马祖常所说,同一机构之中,各族官员"连位坐署,哄然语言,气俗不相通"②,唯有倚靠翻译人员的协助,始能商讨公事。但是,这种情形在中期以后发生甚大的改变。蒙古、色目官员汉文化水平提高,尤其是在科举恢复以后,各族群官员间之隔阂大为减少。而各文教机构所任用之蒙古、色目官员大多为进士或通谙汉文之士人,与汉族同僚具有共同的文化素养,交流交融甚少障碍。在现存元人文集中,例证甚多。

本节的探讨显示:蒙古、色目士人透过姻戚、师生、座主与同年、同僚等关系而与汉族士人形成一个超越族群藩篱的社会网络。

四、文化互动

诗文、书、画是中原士人文化的主要内涵,亦为其社会生活的重要工具。文人之间的诗文唱和、观书读画、题跋赠序等活动,不仅可以切磋攻错,而且用以敦睦情谊。居下位者借此结纳长上,居上位者亦可示惠后进。蒙古、色目士人唯有参加大型活动,始能与汉族士人的主流融为一体。

元朝前期,蒙古、色目士人人数不多,在汉文化中浸润亦不深。

①山本隆义《元代に於ける翰林學士院について》,《東方學》(1955),页 19—28。

②马祖常《马石田文集》卷一三《霸州长忽速剌沙遗爱碑》,页 244。

除去高克恭、不忽木少数汉化先进外，蒙古、色目人参加汉族士人文化活动者尚属罕见。但在中期以后，参与程度大为增加。现借唱酬、雅集与游宴、题跋书画等活动的考述来显示各族士人间文化互动。

（一）唱酬

元朝各族士人相互唱酬的诗文极为繁多，无法枚举。现选泰不华及廼贤与汉族士人间唱酬为例，加以说明。泰不华是状元出身的蒙古显宦，而廼贤则为色目人，大半生皆为一介布衣。故以此二人为例应具族群及社会代表性。

泰不华（1304—1352），字兼善，号白野，蒙古伯牙兀台（Baya，udai）氏，为家世较寒微的蒙古文人，父塔不台，为台州录事判官，遂定居台州。家贫，处州安定书院山长、金华大儒王柏的再传弟子周仁荣养而教之，又曾师事隐居雁荡的学者李孝光，乃登至治元年（1321）第，为右榜状元，时年十八岁①。

泰不华在元代蒙古、色目士人中最为多才多艺，在儒学、小学、诗歌、书法等方面皆有相当成就，才艺之广，汉文人中亦不多见。泰不华为少年状元出身，前后历仕三十年，是声满全国的名宦。但是，其仕宦地区主要有二：一为大都，一为两浙。在大都，历任集贤修撰、秘书监著作郎、秘书卿、礼部尚书。在两浙地区则先后任南台御史、绍兴路总管、都水庸田使（设于苏州）、浙东宣慰使及台州路达鲁花赤，最后在台州任内殉国，故其社交圈对象主要限于此二地区。

泰不华之诗集《顾北集》早已散佚。《元诗选》初集中所辑不过二十四首，仅可反映其部分之唱酬对象。《顾北集》中赠诗对象

---

① 萧启庆《元代蒙古人的汉学》，页 132—133。

有虞集、宋本（1281—1334）、宋褧（1294—1364）、赵知彰、述律杰（萧存道）、祁志诚、吴善、姚子中、王奏差、刘提举、李供奉等，全无蒙古、色目人。其中，虞集为泰不华在奎章阁的上司，宋本为其同年，宋褧为宋本之弟，赵知彰曾任南台御史，为泰不华南台同僚，述律杰为契丹族出身的儒将，任云南宣慰司都元帅，却善于吟咏，喜与中州名士唱和，吴善为名满江南的墨工，祁志诚则为全真教之大师，皆为汉族。

《顾北集》外，今尚存泰不华行书《赠坚上人重往江西谒虞阁老》七言律诗[1]，释文为：

> 昔年曾到楚江千，探得骊珠振锡还。
> 忆惜匡庐成独往，眼中秦望共谁攀。
> 声华牢落金闺彦，烟雨凄迷玉笋山。
> 绝代佳人怜庚信，早年词赋动天颜。

其书法笔划轻灵，却是不飘不滑，极有韵致。而诗中则对顺帝即位后被迫乡居的一代词臣虞集作了甚大之推崇。

现知曾赠诗泰不华的文人中，除雅琥（约 1300—?）、逎贤（见下）外皆为汉族人士，包括虞集、袁桷（1266—1327）、柯九思、宋褧、吴师道（1282—1344）、苏天爵（1294—1352）、傅若金（1303—1342）、李孝光、叶懋、朱德润（1294—1365）、顾瑛、郯韶、郑元祐、吴克恭等。雅琥为也里可温人，泰定元年（1324）进士，能诗亦能书。曾任奎章阁参书，为泰不华奎章阁之同僚。袁桷为其集贤院上官。吴师道则为其同年，而傅若金则是北上求仕的江西才子。李孝光以下则为泰不华在两浙的师友，李孝光为其师，叶懋任嘉兴路总管，朱德润为书画家，曾任征东儒学提举，晚年乡居昆山。顾、

---

[1]收入《罗雪堂先生全集》（台北，1970）第 5 编第 13 册，页 5293—5294。

郯、郑、吴皆是以顾瑛为中心的昆山玉山草堂文人圈(见下)的成员,泰不华虽未身临草堂,却与此一文人圈保持联系。

迺贤(1309—1368),字易之,为出身葛逻禄(即哈剌鲁)氏的元季著名诗人[①]。其先人随哈剌鲁军移戍庆元(浙江宁波)。兄塔海,为延祐五年(1318)进士。不过迺贤并无显赫家世,早年可能肄业国子学,但未得晋身官场的机会,以致长年乡居于鄞。至正六年,北上大都觅职,奔走于权贵之门。可惜未得一官半职,故有"朝士谁青眼,山人尚白衣"之叹。在"念我客京华,飘零六徂春"之后,黯然返乡。当时大乱已起,而迺贤授徒自守,"萧然一室不色忧"。但在其晚年却是时来运转,先受到刘仁本的推荐出掌东湖书院,更于至正二十三年(1363)接受元廷之征召,北上出任翰林国史院编修,五年之后死于直沽军中,下距元亡不过三月而已。其著作传世者有《金台集》与《河朔访古记》。

迺贤生平唱和对象共有三圈,一为其庆元师友,一为在大都求官时的友人,一为道教教友。至于其晚年任官的唱和则不见于《金台集》中[②]。

迺贤大半生乡居庆元,名列当地"耆儒",有一定声望。与故乡及其周近地区师友唱和诗较多。《金台集》中迺贤赠诗的浙东诗友对象,包括其师郑觉民,友人叶恒、张仲深、倪可与、林庭立、徐仁则、完者都、王冕(?—1359)、王祎、韩文峤、刘师向等,其中完者都为朵鲁伯觯氏,时任浙东都元帅,驻守庆元,是一位"涉猎经史,博通武经"的蒙古儒将,其他人皆为南人,惟有叶恒官至县尹,其余皆为布衣文人。此外,危素虽为京华名宦,却是至正三年

①关于迺贤事迹,参看陈高华《元代诗人迺贤生平事迹考》,《文史》第32辑(1990)。
②《金台集》,海王邨古籍丛刊影印《元人十种诗本》。

（1343）至庆元为三史征集文献时始与迺贤结识，以致迺贤有《和危太仆检讨、叶敬常太史东湖纪游》一诗。而浙东师友以诗文与迺贤唱和的则有郑觉民、刘仁本、朱右、乌斯道、袁士元、张仲深、沈梦麟等人，其中刘仁本为台州路天台人，出身乡贡进士，入方国珍幕，为其佐谋议，官至温州路总管，工于吟咏，对迺贤有拔擢之恩；沈梦麟，归安人，亦为乡贡进士，官至武康县尹。而袁士元为郧山书院山长。其他皆为布衣文人。可见迺贤虽为色目人，却密切融入浙东本土士人圈。

迺贤北上大都，主要为通过诗文的切磋而谋求一官半职，故其《金台集》中唱和之对象，主要为文人出身的官员，有蒙古、色目人，亦有汉人。蒙古人有泰不华及答禄与权，泰不华时任礼部尚书，答禄则任秘书监郎官。色目人中则有偰哲笃、偰伯僚逊父子。二人皆进士出身，哲笃时任廉访使、伯僚逊为至正五年新科进士，时任翰林应奉。汉族人士唱和的对象有国子祭酒赵期颐、侍书御史李好文（1270—1342）、翰林待制杨舟、翰林应奉危素、国子助教段天祐、宣文阁授经郎贡师泰（1298—1362）。在不少诗篇中，迺贤自荐之心表露甚明。如《投赠赵祭酒二十韵》有句云：

　　　　鄙人自致惭无术，男子平生谩负奇。

　　　　久望车尘空感激，欲趋门屏愧驰驱。

　　　　…………

　　　　何蕃独重阳司业，严武深怜杜拾遗。

　　　　怀宝山林当一出，平津正在礼贤时。

可见色目寒士必须对汉族出身的成均祭酒诸般阿谀，以谋求一官半职。

大都士大夫与迺贤的唱酬诗，现在尚无发现。但是为《金台集》作序的欧阳玄、李好文、贡师泰、程文、杨彝、张起岩等都是名满天下的汉族士大夫。

遐贤信仰道教,陈垣已加以证明①。《金台集》中,与道士唱酬者约占诗篇的十分之一,如《送陈道士复初归金华》《玄圃为上清周道士赋》等,这些道士皆应为汉族人,且多寓居浙东。

泰不华与遐贤虽同为蒙古、色目士人,但是出身不同,遭遇互异。因而,二人之唱酬对象有相同之处,亦有不同之处。不同之处为:泰不华唱和系以同僚为主,辅以对他仰望的文人。而遐贤之唱和系以乡土布衣及方外之交为主,而其唱和之官员则多为其求官之对象。两人相同之处则是唱和的对象不以族群自限,而以汉族士人占多数。

泰不华与遐贤的唱酬是以个人为对象。而《西湖竹枝集》所代表的则是集体的唱和,其中亦有蒙古、色目人之参与。

《西湖竹枝集》是元季诗坛巨擘杨维桢(1296—1370)所编集的竹枝词集。"竹枝词"原为中唐刘禹锡根据巴渝民歌发展出的七绝小诗,歌咏风土及男女悦慕之情,似歌似谚。至正初年杨维桢闲居西湖,与文学道士张雨及吴兴苕溪名士郯韶等放浪湖上,首倡西湖竹枝,歌咏杭城山水、人物,以率直为工,一时蔚为风气,"好事者流布南北,名人韵士,属和者无虑百家"②。维桢于至正八年(1348)辑为一册,词前皆系以作者小传。《西湖竹枝集》遂成为元季东南诗坛一项重要活动记录。

《西湖竹枝集》收录诗人一百十八家。有宫廷文学侍从、山野名士,乃至僧道、女子,而以活跃东南的汉族士人为主,但亦有三名蒙古及六名色目诗人。

三位蒙古诗人同同、聂镛及不花帖木儿:

---

① 陈垣《元西域人华化考》卷三,页36。
② 《西湖竹枝集》(钱塘丁氏刊本),杨维桢序。

同同为元统元年(1333)右榜状元,《竹枝集》所系小传云:"官翰林待制,诗多台阁体,其诗文鲜行于时云。"

聂镛为落籍大都的蒙古人,《竹枝集》说他"从南州儒先生问学,通经术,善歌诗,尤工小乐章,其音节慕萨天锡",而张宪之《赠答蓟丘聂茂宣》亦有"蓟门学士燕南豪"之句,可见聂镛之家早已落籍大都地区,其本人少年求学南方,而其诗风则学萨都剌。他曾与金坛良堂草堂主人张经唱酬,当为一名闻东南之布衣诗人。

不花帖木儿为"居延王孙",《竹枝集》说他"以华胄出入贵游间而无裘马声色之习。所为诗,落笔有奇语"。

七位色目诗人为马祖常、边鲁、掌机沙、完泽、甘立、燕不花、别里沙。马祖常以外之六人为:

1. 边鲁,字鲁生,畏吾儿人,小传称其"天才秀发,善古乐府,尤工画花竹,然权贵人弗能以势约之"。

2. 掌机沙,为回回阿鲁温氏,"礼部尚书哈散公之孙也。学诗于萨天锡,故其诗风流俊爽,观于竹枝,可称才子矣"。

3. 完泽,字兰石,西夏人,任平江路十字翼万户府镇抚,《竹枝集》称其"聪敏过人,善读书,尤工于诗律"。

4. 甘立,字允从,大梁人。《竹枝集》称其"平日学文,自负为台阁体,然理不胜才,惟诗善练饬,脱去凡近"。

5. 燕不花,字孟初,《竹枝集》称之为张掖人,当系出西夏,《竹枝集》又说他"出贵胄而贫,贫而有操,不妄接于人。读书为文,最善持论。尝建月旦评,人以为其言多中云"。

6. 别里沙,字彦诚,回回人,"早登上第,官至光州路达鲁花赤,学问精明,居官有政,诗有唐人之风"。可见别里沙为一进士出身之回回诗人。

总之,《西湖竹枝集》虽系东南汉族士人所倡导,蒙古及色目各族亦广泛参与。

（二）雅集与游宴

唱酬是士人个人的活动，雅集与游宴则是集体的活动。元代中期以后的雅集与游宴，往往超越族群藩篱，不乏蒙古、色目士人参与。

1. 雅集

元朝中期最有名的一次大规模艺文活动为天庆寺雅集①。雅集主人为鲁国大长公主祥哥剌吉（约 1282—1332）。祥哥剌吉为忽必烈太子真金之孙女，答剌麻八剌（庙号顺宗）之女，武宗、仁宗为其兄，英宗、文宗皆其侄，而文宗亦为其女婿。其夫婿则为出身蒙古翁吉剌部的济宁王琱阿不剌。家世可说潢贵无比。祥哥剌吉本人不仅"诵习经史"，而且雅爱艺术，为元朝最重要的书画收藏家及赞助者。

祥哥剌吉于至治三年（1323）在大都天庆寺举行雅集，到会者皆为"中书议事执政官，翰林、集贤、成均（即国子学）之在位者"。"酒阑，出图书若干卷，命随其所能，俾识于后"。当时题画诗今存者仍多。题画者廿余人中，唯有世延为色目人，余皆汉人、南人。但是，主人为蒙古人，上述机构之主持者中必有甚多蒙古、色目人。因此，天庆寺之会无疑是一次超族群的大型雅集。

玉山草堂雅集则是元季东南最著的文艺沙龙。主人为布衣士人顾瑛（德辉，1310—1369）。顾瑛为崑山富豪，"不仕王侯，高尚其事"的隐士，却是爱好风雅而又喜欢热闹。他在崑山之西营建的玉山佳处，兼有湖山与建筑之胜，共有亭阁二十四处。顾瑛常招文人雅士作诗于其间，前后二十年之久。在此作客而现尚知其名者

---

① 关于天庆寺雅集，参看傅申《元代皇室书画收藏史略》，页 13—15；姜一涵《元代奎章阁及奎章人物》，页 12—16。

有七八十人之多,其中有达官,有布衣,有僧,亦有道,但皆为名重东南的文人①。杨维桢、李孝光、柯九思、黄溍、陈旅、张雨、张翥、高明、倪瓒、王蒙等都名列其中。

参与玉山草堂的艺文活动的蒙古、色目雅士共有五人。其中昂吉、聂镛、旃嘉间等三人皆为草堂的座上客,并皆留有诗篇。

昂吉字启文,西夏人,至正八年(1348)进士,杨维桢《送启文会试序》称他"西凉世家东瓯学,公子才名久擅场",可见昂吉出身温州地区之西夏世家。登进士第后,授翰林编修,改绍兴路录事司达鲁花赤。官至绍兴路达鲁花赤。顾瑛在《草堂雅集》中称他:"多留吴中,时扁舟过草堂。其人廉谨寡言笑,非独述作可称,其行尤可尚也。"昂吉是玉山草堂多年常客,他在草堂所题诗文,以至正元年之《芝云堂题句》为最早,而在至正八、九年雅集全盛时代更是主客之一,为雅集所撰文有《玉山草堂分韵诗序》《序玉山雅集图》《听雪斋分题诗序》,所赋诗有《玉山草堂题句》《湖光山楼题句》《听雪斋题句》《柳堂春题句》《渔庄题句》及《芝云堂题句》等,可见昂吉能文善诗②。现知他曾题姚廷美《有余闲图》,必然亦能书,故能与草堂中汉族士人水乳交融。

聂镛生平如前述,至正八年(1348)在玉山参与《碧梧翠竹堂题句》,"太拙生蓟丘聂茂宣"③。他又有《寄怀玉山二首》④,可见

---

① 关于顾瑛及其玉山雅集,参看铃木敬《中国绘画史》中之二,东京:吉川弘文馆,1989,页181—194;David Sensabaugh, "Guests at Jade Mountain:Aspects of Patronage in Fourteenth Century K'un-shan", in Chu-tsing Li(ed.), *Artists and Patrons*(Lawrence,1989),pp.93-100;么书仪《元代文人心态》,北京:文化艺术出版社,1993,页250—266。
② 顾瑛编《玉山名胜集》(四库全书)卷一,页16下—17上;卷二,页15下—16下;卷五,页3。
③《玉山名胜集》卷三,页16。
④ 顾瑛编《玉山名胜外集》(四库全书),页27下—28上。

他与顾瑛交情不浅。

旃嘉间应为蒙古、色目人，但其族属及事迹皆难于确考。曾参与至正九年《听雪斋题句》[①]。

马九霄及泰不华二人似未身临草堂，却应顾瑛邀请，分别为草堂中玉山佳处、柳堂春、渔庄等撰写匾额及对联。草堂各处亭馆，"其匾书卷，皆名公巨卿，高人韵士手书以赠"。题匾者包括赵孟頫、鲜于枢、虞集等南北名家。

泰不华是蒙古书法名家，任庸田使时，"常欲访界溪未果"，而于至正十二年死于方国珍之乱。他与草堂常客郑元祐、道士萧元泰相友善，当因此关系为草堂中之渔庄、金粟影、雪巢、拜石坛、寒翠所五处题匾并撰联，是诸名家中为草堂题匾最多者。

马九霄，本名唐古德，字立夫，九霄为其号，畏吾儿人。著名散曲家马昂夫（即薛昂夫）之弟。先后历官江西行省掾、淮东廉访司经历，官阶不高，却与乃兄皆以文才扬名，时人唐元比之为二苏。九霄与名学者吴澄、吴当祖孙、贡奎、许有壬皆有唱酬。善画，《书史会要》又说他"能篆书"。与兄马九皋并称。他的书法较汉族诸名家应该不致逊色太多。九霄大约在淮东任职时与顾瑛认识，应邀为草堂中之"玉山佳处"及"柳堂春"二处题写匾额及对联。

2. 游宴

大规模的雅集固然有各族士人参加，小规模的游宴亦往往如此，兹举较早举行的霜鹤堂之会与至正九年（1349）《道山亭燕集联句》及至正二十一年（1361）玄沙小集为例，加以说明。

霜鹤堂之会在大德年间举行于杭州。霜鹤堂为鲜于枢所建的府邸，落成之日遍请了当时寓居杭州的各族名士。据陆友仁《研北杂志》之记载：

---

① 《玉山名胜集》卷五，页3下—4上。

鲜于伯机作霜鹤堂,落成之日,会者凡十有二人:杨子构肯堂、赵明叔文昌、郭佑之天锡、燕公楠国材、高彦敬克恭、李仲宾衍、赵子昂孟𫖯、赵子俊孟吁、张师道伯淳、石民瞻岩、吴和之文贵、萨天锡都剌。①

道山亭燕集由福建廉访司长官、僚属举行于福州乌石山,有廉访使僧家奴、廉访佥事申屠驷、奥鲁赤及赫德尔四人宴饮并作联句:

> 追陪偶上道山亭,叠嶂层峦绕郡青。(申屠驷)
> 万井人家铺地锦,九衢楼阁画帏屏。(僧家奴)
> 波摇海月添诗兴,座引天风吹酒醒。(赫德尔)
> 久立危栏频北望,无边秋色杳冥冥。(奥鲁赤)②

诸联叙景抒感,皆颇工整。四位作者族属互异。僧家奴为蒙古偌湎沃麟氏,"小间经史不离手,亦不辍于吟咏",著有《嵊山诗集》,大儒虞集为之序,称其诗"浩荡英迈""无幽忧长叹之声"。申屠驷为河南寿张人,进士出身。赫德尔似为回回,至顺元年(1330)进士。奥鲁赤族属不详,其名属蒙古文,应为蒙古人。

玄沙小集则是由宣政院使廉惠山海牙所邀集,于至正二十一年(1361)初春在福州西郊玄沙寺举行,参加者为翰林院经历答禄与权、户部尚书贡师泰(1298—1362)、治书侍御史李国凤(?—1367)及行军司马海清溪③。五人设宴于玄沙寺山堂,饮酬,廉惠山海牙"数起舞,放浪戏谑",李国凤"援笔赋诗,佳句捷出",而答禄与权则"设险语,操越音,问禅于藏石师"。当时,元朝已日暮穷

---

① 陆友仁《研北杂志》(四库全书)卷上,页44上。
② 陈棨仁《闽中金石略》(菽庄丛书)卷一〇,页3下。
③ 贡师泰《玩斋集》(文渊阁四库全书)卷六《春日玄沙寺小集序》,页24上—25上。

途,四人乃因各种挽救危亡之任务而至闽中。故在当日将离玄沙寺返城时,贡师泰持杯敛容说:"吾辈数人,果何暇于杯勺间哉？盖或召,或迁,或以使毕将归……故得以从容相追逐,以遣其羁旅怫郁之怀,而非真欲纵情丘壑泉石。"于是,诸人以杜甫诗"心清闻妙香"句为韵,各赋诗一首,借初春游赏抒写对国事之忧心。

参加玄沙小集之五人中,除海清溪族属不明外,四人分属不同族群。廉惠山海牙,畏吾儿人,儒臣廉希宪之从子,至治元年(946)进士。答禄与权为蒙古乃蛮氏,至正二年进士,能诗能文。贡师泰出身安徽宣城书香世家,由国子学晋身,为元末诗文大家,属南人。而李国凤则出身济南官宦之家,至正十一年进士,属汉人。四人分属四大族群,出身、地位、文化却甚为相似,故其交流交融,绝无障碍。总之,由《道山亭燕集》及《玄沙小集》看来,元季各族官员不仅共宴共游,而且一同联句赋诗,共抒情怀。

(三) 书画品题

观赏书画并加品题是士大夫敦睦友谊、切磋艺文的重要方式。士人聚会,或出自身近作,或珍藏古人名家作品,央友品题。汉族王朝时代士大夫如此,而元朝各族士人间亦往往如此。

元朝各族士人之书画品题活动,可分宫廷及民间两方面考述。

1. 宫廷

元朝灭金亡宋之后,宫廷收入金、宋帝室旧藏,庋藏丰富,更任用不少画家。京城大都遂一跃而成为全国艺文重心。中后期诸帝如仁宗、文宗、顺帝皆雅好翰墨,奎章阁遂成为品鉴及创作中心。兹以奎章阁的活动为例,说明各族士人对宫中艺文品鉴共同参与。

奎章阁系元文宗所创立,存在前后不过十一年(1329—1340),却是各族士人荟萃之地。艺文活动,无日无之。而书画收藏及品题是奎章阁的主要工作。由现在之书画原件及各种书画录仍可看出各族官员共同参与阁中的书画品题①。

天历二年(1329),文宗御奎章阁,命柯九思鉴别《曹娥碑》真伪,并命虞集题记。同观者有大学士忽都鲁都儿迷失、承制李泂、供奉李纳、参书雅琥、授经郎揭傒斯、内掾林宇、甘立。其中忽都鲁都儿迷失为畏吾儿人,雅琥为也里可温氏,甘立为西夏人,余皆汉族士人。

同年十一月,奎章阁联衔进入赵幹《江行初雪图》,联衔者有忽都鲁都儿迷失、赵世延、撒迪、虞集、朵来、李泂、沙剌班、李纳、雅琥、柯九思、张景先。其中忽都鲁都儿迷失、沙剌班为畏吾儿人,赵世延为汪古人,雅琥为也里可温人,而撒迪、朵来可能皆为蒙古人。

联衔进画者不必精于艺文,而题画者则对诗、书、画应有相当之造诣。当时,奎章阁奉命题画者甚多,蒙古、色目士人题画真迹仍存在的有雅琥跋董源《夏景山口待渡图》,诗书皆佳。其他阁臣题跋同图者为柯九思、虞集、李泂。

2. 民间

经过宫廷提倡及中原文化之熏陶,蒙古、色目人贵族及士大夫拥有或多或少之书画收藏者大有人在。前述之鲁国大长公主祥哥剌吉是因地位高贵而致收藏极丰富的显例。即是地位不高的蒙古、色目官员,也往往小有收藏,历任长兴州同知、临安县达鲁花赤的钦察便可为例。钦察之族属已不可考,但应为蒙古、色目人,其家却收藏唐宋古画数帧,屡请郭畀(1280—1335)为他鉴赏与作画②。郭畀,镇江人,为一书画、诗文造诣甚高,却是屡屡求仕不遂

---

① 傅申《元代皇室书画收藏史略》,页43—52。

② 郭畀《云山日记》(台北:学生书局,1973)卷下,页24下;石守谦《有关唐棣(1287—1355)及元代李郭风格发展之若干问题》,《艺术学研究年报》第5期(1991),页81—131。

的失意江南文人,但因书画姻缘而与蒙古、色目官员建立友谊。现存元人文集中尚有甚多汉族文人为蒙古、色目友人之藏品所题诗文,不及一一枚举。

元朝中期以后,蒙古、色目士人精于翰墨图绘者大有人在,并且出了不少名家。因而汉族士人与蒙古、色目士人各就对方作品加以品题者与日俱增。

蒙古、色目书画家作品经当时汉族文人品题者颇多,现以蒙古画家张彦辅及色目大书家嶐嶐为例。

张彦辅,蒙古人,却是太一教道士。善写山水,亦长于画马及竹石。顺帝时成为“待诏上方,名重一时”的宫廷画家①。他的作品现仍存世者有《棘竹幽禽图》。图中尚有杜本(1276—1350)、雅琥、林泉生(1299—1361)、邵弘远、吴睿、凌翰、潘纯等七人题记。除雅琥外,皆为江南名士。彦辅其他画作经汉族士人品题者为数不少。如著名文学道士张雨题彦辅《雪山楼观图》,而称他“清材绝似王摩诘,爱向高堂写雪山”,比彦辅为王维,甚为推崇。又如陈基《跋张彦辅画〈拂郎马图〉》则说:

> 自出新意,不受羁绁,故其超逸之势,见于毫楮间,往往尤为人所爱重,而四方万里,亦识九重之天马矣!

嶐嶐,康里人,为名相不忽木之子。家世潢贵而又仕途顺畅,官至翰林学士承旨②。《书史会要》言其书法:“正书师虞永兴,行草师钟太傅、王右军。笔画遒媚,转折圆劲,名重一时。评者谓国

①关于张彦辅,参看陈高华编《元代画家史料》(上海:人民出版社,1980),页276—280;萧启庆《元代蒙古人的汉学》,页171—177。
②关于嶐嶐,参看傅申《元代皇室书画收藏史略》,页63—65;北村高《元代卜ルる系色目人康裹嶐嶐について》,《龍谷史壇》第85期(1985),页28—43。

朝以书名世者,自赵魏公后,便及公也。"书法,兼长真行草书,而以章草最为擅长。与赵孟頫齐名,故有"北巎南赵"之称,可见其声誉之高。

巎巎书法真迹及碑刻传世者仍甚多。当时汉族士人为其书卷题跋者亦有不少。现存元人文集中尚有虞集《题李重山所藏巎子山墨迹》、贡师泰《跋巎子山书陆喜五论》、刘仁本《跋康里子山平章公瑞果卷》、陈基《跋康里承旨遗墨》、徐一夔《题康里公书写鲜都生三大字后》,而林弼则有《书张师夔所藏康里子山书捕蛇说》等。巎巎为翰苑名臣,书名极高,为其墨迹题跋者不必为其友朋。

蒙古、色目士人为汉族古人及时人书画题跋者亦有不少。蒙古士人为古人书画题跋者有忽都沓儿(塔塔儿氏,延祐二年右榜状元)与赵孟頫同跋王羲之《快雪时晴帖》、泰不华跋宋郭忠恕《雪霁江行图》《睢阳五老图》及欧阳修《自书诗》。题当世士人书画者有泰不华题柯九思画竹、察伋题钱选《秋江待渡图》、也先溥化题赵孟頫《人骑图》、哲理野台题赵孟頫《水村图》、泰不华题跋鲜于枢《御史箴》及八礼台题吴镇《墨菜图》。

色目士人为古人书画题跋者有小云石海涯题马和之《袁安卧雪图》、赵世延题宋徽宗《御河鸂漱图》、萨都剌题马麟画《钟馗图》、脱脱木儿跋北宋张先《十咏图》、迺贤题张萱《美人织锦图》及斡玉伦都跋范宽《山水》与《五老图》。为时人书画题跋则有迺贤跋赵雍《挟弹游骑图》与罗秩川《山水》,廉孚跋《秋山烟霭》,盛熙明跋赵孟頫《杂书》,昂吉题姚廷美《有余闲图》,甘立题王渊《花鸟》,丁鹤年跋王冕画梅及金哈剌题李衎、李士行所写竹、商琦所绘画、柯九思所写竹及《小景》与王冕所画梅竹。

五、结论

　　蒙古、色目与汉族之间,原有甚大的文化差异。元朝建国中原之后,蒙古、色目大量徙居中原,与汉民杂居共处。由于汉文化的吸引力、中原环境的熏染以及政治的诱因,"弃弓马而就诗书"的蒙古、色目子弟与日俱增,而在科举制度恢复之后,蒙古、色目士人不仅人数大增,而且钻研愈广,从儒学的研习登入文学与艺术的殿堂。在蒙古、色目族群中,士人阶层遂告产生。

　　在元朝"族群等级制"之下,蒙古、色目人之身份高于汉人。但是身份之差异不足以阻隔各族士人之交流。蒙古、色目士人并非孤立于汉族士人圈之外,而是与后者密切交融,形成一个超越族际藩篱的多族士人圈。

　　蒙古、色目士人与汉族士人间的交融反映于其社会关系及文化生活。在社会关系方面,元代的蒙古、色目士人与汉族士人并无不同。蒙古、色目士人经由姻戚、师生、座主与同年、同僚的关系,与汉族士大夫形成一个超越族群的社会网络。在文化生活方面,蒙古、色目士人则透过唱酬、雅集、游宴、书画品题而成为参与汉族士人文化活动的主流。在这些活动之中,蒙古、色目士人的人数虽然不多,其文化水平也未必很高,却与汉族文人密切交流,形成多族士人圈不可或缺的两个环节。

　　因限于篇幅而上文未能言及的重要课题为:士人群体意识的凝聚,即是各族具有共同的意识、信仰、价值观与行为准则。蒙古、色目士人往往以仲尼之徒自居,而以儒生伦理为行为规范。如赵思永出身西域世家,却是"日种学绩文,非儒生不交,纨绮气习,濯刮殆尽"①。而汉族士人亦视蒙古、色目士人为己类,如许有壬称蒙古酮温台氏万嘉间"确然无间于吾徒"②,许谦称奈曼和利氏鲁古讷丁"吾党之士,鲜能及之"③。显然各族士人之群体意识已凌驾于族群意识之上。

就人数而言之,蒙古、色目士人在其本族群之中未必居于主流,也无法影响朝廷的族群政策。而且,在族群等级制之下,蒙古、色目人是特权阶层,蒙古、色目士人未必愿意扬弃本身的族群与政治认同。但是在文化方面,蒙古色目士人与汉族士人并无不同。虽然在元朝灭亡及族群等级制消失以前,真正的民族同化与融合不可能发生。而且,在各族群的菁英与群众之间,族群认同可能有不少的落差。但是,多族士人圈的形成已经为族群融合跨出重大的脚步。

〔原刊于《第二届宋史学术研讨会论文集》,台北:中国文化大学,1996,页165—190〕

---

①许有壬《至正集》(河南教育总会刊本)卷六五《皦思永字说》,页4下。
②许有壬《至正集》卷一一四《赠万国卿郎中》,页6上下。
③安熙《安默庵先生文集》(元人珍本文集丛刊)卷四,页234。

元代四大蒙古家族

一、序论

  蒙古人所建立的元朝,是历史上第一个由边疆民族建立而统治全中国的"征服王朝"①。蒙古人的征服与统治对中国的政治与社会影响很大。蒙古与中国的政治、社会结构原不相同。秦代以后,中国的政治组织已脱离封建制度的型态②,而以中央集权官僚

①关于中国史上"征服王朝"(dynasties of conquest)的讨论,参看 K. A. Wittfogel and Feng Chia-Sheng(冯家升), *History of the Chinese Society, Liao*(*903－1125*)(Philadelphia,1949),pp. 4-16。二位作者认为北亚游牧及半游牧民族所建征服王朝的典章制度,是中国和北亚两个不同传统涵化的结果,并不是过去学者所说的全盘袭用中国制度。对于此一观念的商榷,参看田村实造《中國征服王朝の研究》(京都,1971),中,页 623—655;护雅夫,"总说",岩波讲座《世界歷史》(东京,1970)第 9 册,页 3—17。
②关于封建制度(feudalism)一词,本文大体上依照史屈莱伊(Joseph Strayer)、考本(Rushton Coulborn)及顾理雅(H. G. Creel)等人的定义。封建制度是一种统治方式。要件为:主君与陪臣之间的关系是建立在私属的主从关系(vassalage)上,主君畀予陪臣以分地(fief)以酬庸后者的服务;在其分地之内,享有局部的主权(limited sovereignty)。封建制的其他特征是:政府功能缺乏分化、权力世袭、贵族阶层的存有等。参看 J. R. Strayer and （转下页注）

制为国家组织的常规。两晋南北朝时代,若干封建现象又告复苏,但只是暂时的现象。至两宋时,中央集权官僚的体制已告确立。一方面君权大为提高,另一方面,官吏的登用以科举为主,"世胄蹑高位,英俊沉下僚"的现象大为减少,流动性的增大促使中国社会从"门第社会"转变为"科第社会"①。若干史家以晚唐两宋为近世中国的开始,可说是不无道理。

　　成吉思汗创建的"大蒙古国"(Yeke Mongghol Ulus)则是建构于符拉基米尔佐夫(B. Ia Vladimirtsov)所谓"游牧封建制"之上②,而且由于蒙古社会刚脱离氏族的阶段,因而带有强烈的家产制(patrimonialism)③的色彩。国家是成吉思汗的家族——即乞颜·孛儿只斤(Kiyad Borjigin)——也就是所谓"黄金氏族"(Altan Urugh)的共有财产④。政府则是皇家的延长,若干与成吉思汗早年建有私属主从关系,并在建国过程中建有功勋的"伴当"(nökör)成为大蒙古国的统治阶层,世享分地与分民。

　　这两种性质不同的社会相遇后,自不免相互激荡。漠北四大汗时代,蒙古人确曾有全盘移植游牧封建制于中原的企图。忽必

(接上页注) R. Coulborn, "The Idea of Feudalism", in R. Coulborn(ed.), *Feudalism in History* (Hamden, Conn, 1965), pp. 3 – 11; H. G. Creel, *The Origins of State Craft in China*, vol. I(Chicago, 1970), pp. 319–321.

① 参看孙国栋《唐末之际社会门第之消融》,《新亚学报》第 4 期(1959),页 211—304。

② 符拉基米尔佐夫著,刘荣焌译《蒙古社会制度史》(北京,1980),页 140—192。西方学者对"游牧封建制"这一观念提出商榷者,颇不乏人,参看 Lawrence Krader, "Feudalism and the Tatar Polity of the Middle Ages", *Comparative Studies in Society and History* I(1958), pp. 76–99。

③ 此处家产制国家的定义,系根据马克斯·韦伯(Max Weber), *Theory of Social and Economic Organization* (New York, 1947), pp. 341–358。

④ 参看《大元圣政国朝典章》(沈家本刻本)卷九"改正投下达鲁花赤":"太祖皇帝初建国时,哥哥弟弟每商量来取天下呵,各分土地,共享富贵。"

烈定都中原、建立元朝以后,为适应农业地区的环境并巩固皇权计,已有改弦易辙的打算,力图恢复汉地传统的中央集权官僚制的组织和君主专制的政体,并曾定立新章以约制蒙古贵族的权益。但是忽必烈不仅是元朝的"皇帝",而且是"大蒙古国"的"可汗"(Khaghan),完全扬弃祖制,顺从汉俗,则其政权的合法性便会发生问题而受到蒙古贵族的抵制。因而忽必烈及其子孙从未能将元朝的政制完全官僚化与中央化。封建制与官僚制的并存便是蒙、汉两种政制涵化的结果①。

　　蒙古人的征服遂在中原造成"超层化"(superstratification)的现象。元代政府及社会的最上层有一群为数不多的蒙古、色目及汉人家族。这些家族都是蒙古建国扩张过程中树有功勋的"伴当"的后裔。它们仕宦贵显的程度则又因与成吉思汗家族的历史渊源的疏密而不同。这种历史渊源在元代用语中称为"根脚",当为蒙语 huja'ur(根源)的翻译。渊源愈深者则根脚愈大,也愈贵显。元代虽然帝系屡变,政变不穷,若干新人以拥立新汗而得宠,以致攫朱夺紫,赐印拜相,但只可说是例外的现象。这些新贵家庭往往及身而衰,难能传世。反观起源于成吉思汗时的所谓"老奴婢根脚"②家庭多能历久不衰,世享封袭的特权。政府人事的变迁往往

---

① 参看姚师从吾《元世祖崇尚孔学的成功与所遭遇的困难》,《史学汇刊》第 2 期(1969),页 1—15;萧启庆《忽必烈潜邸旧侣考》(大陆杂志史学丛书,台北,1967)第 2 辑第 2 册,页 268—284;周良霄《论忽必烈汗》,《中国社会科学》第 2 期(1981),页 97—106。白钢《关于忽必烈"附会汉法"的历史考察》,《中国史研究》第 4 期(1981),页 94—107。

② 此一名词见于《宪台通纪》(《永乐大典》卷二六〇八),18 上。"老奴婢根脚"疑系译自蒙语 ötegü boghol。揭傒斯撰《竹温台神道碑》的蒙文本则以 ötegü boghod(复数)翻译汉文"元勋"一词,见 F. W. Cleaves, "The Sino-Mongolian Inscription of 1338", *Harvard Journal of Asiatic Studies* 14(1951), pp. 55 and 95, n. 112。因此,"老奴婢根脚"可能即"元勋"一词的口语。

不过是这些家族易椅而坐的游戏。这些家族构成元代统治阶层最崇高也是最重要的部分。

本文的主旨在于分析四个蒙古贵族家庭的起源、封建、仕进、婚姻、家学与家风,以求了解蒙古贵族阶层的成份、性质与演变,并进一步有助于了解蒙元征服政权的组成与性质。本文研究的对象是博尔术(即蒙古秘史的孛斡儿出)、木华黎(木合黎、模合里)、博尔忽(孛罗合勒)、赤老温等四人的直系后裔。选择这四个家族为研究的理由是:它们的始祖同被成吉思汗称为"啜里班·曲律"(Dörben külüd),即"四杰"或"四骏",且命之世领四怯薛(Kesig)①。元人多联称之,目为蒙古贵族中的贵族,例如元明善《东平忠宪王碑》说:"高祖忠武王(木华黎)与博尔术、博尔忽、赤老温佐太祖定平天下,号为四杰。"②直至元季的叶子奇仍目木华黎等四怯薛家庭为"大根脚"③。把这几个家族视为一体而加以研究不仅是研究蒙古贵族中最显贵的家族,也是尊重当时人的观念。

不过,在实际的层次,四杰之中,赤老温家较其他三家远为隐晦。就仕进记录言,这一家不过是蒙古贵族中的中上层,和其他三家世为膏粱华腴者不同。元人著作中虽多以四杰并称,却往往能分别其轻重。虞集《逊都思氏世勋之碑》便称赤老温为四杰中的"次四"④,元明善《太师淇阳忠武王碑》更略去赤老温,而说:"有佐命元勋曰博尔浑、曰博尔朱、曰木华黎,及即宝位,锡之券誓,庆赏延于世世,朝廷议功选德,必首三家焉!"⑤赤老温家何以未能像

---

①关于 dörben külüd 一词的讨论,参看 Paul Pelliot et Louis Hambis, *Histoire des Campaignes de Gengis-khan* (Leiden, 1951), pp. 340-352。

②苏天爵《国朝文类》(四部丛刊)卷二四,页 2 上。

③《草木子》(北京,1959),页 82。

④《道园学古录》(四部丛刊)卷七六,页 153 上。

⑤《国朝文类》卷二三,页 9 下。

其他三家一样累世公卿,其中固有待发之覆,但此家无疑较为隐晦不彰,和其他三大家族不易同列而论。不过本文不因其隐晦略而不论,一方面是由于成吉思汗时代四家已被视为一体,一方面也可资以比较与对照。

本文的写成是根据中文、蒙文及波斯文的史料。有关的主要波斯文史料是拉施德丁(Rashid al-Din)的史集(Jami al-Tawarikh)。史集的"突厥蒙古部族志"及"成吉思汗本纪"中论军队的一章①有不少关于四大家族的珍贵史料,与汉文、蒙文记载可以相互补充发明。但是史集所载与汉文史料出入很大,引起不少研究分析上的困难。第一,史集所记各家世系与汉文史料所载相互牴牾,甚难调和。因此史集所载有关各世家的史实在本文中未纳入主要根据汉文史料而制成的表一至表四各家世系表,而史集所载的世系则见于表五至七(木华黎家未列,因史集中关系此家世系的资料极少)。本文的讨论主要根据表一至表四,而表五至七不过供参考之用。第二,拉施德丁足迹从未及于中土,而他的史源主要是蒙文记载,为他提供讯息者亦为蒙古人。因此,史集从未提及所述各人的汉式官衔。由于这一原因,史集所提及的各人而未见于汉文史料者一概不纳入各家仕进资料及统计表中,否则影响统计甚大。

---

① 关于拉施德丁著史集《突厥蒙古部族志》,本文所用者为 L. A. Khetagurov 俄译本,*Sbornik letopisei*, vol. 1, part 1, Moskva-Leningrad, 1952,《成吉思汗及其先世》,见 O. Smirnova 所译,*Sbornik letopisei*, vol. 1, part 2, Moskva-Leningrad, 1952。又《史集》卷二,《成吉思汗的继承者》中亦有一些关于四大家族的史料,见 J. A. Boyle(tr.),*The Successors of Genghis Khan*, New York and London, 1971。

表一　博尔术家世系表

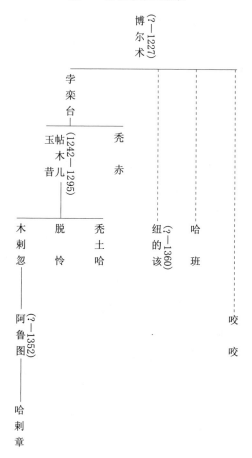

史源:《元史》,119·18 下—22 上,139·12 上—15 上,145·10 下,33·
22 下;《国朝文类》,23·3 上—9 上。

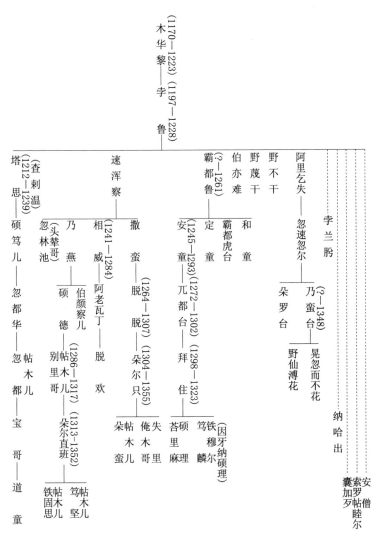

前表史源:《元史》,119.1 上—15 下,128.11 上—14 上,126.1 上—4 下,136.11 上—18 上,139.1 上—11 下;《文类》,24.1 上—10 下;《金华文集》,24.1 上—8 上,25.20 下—25 上;《存复斋文集》,4.10 下—11 上;《至正集》,9.53 下—54 上;钱谦益《国初群雄事略》(适园丛书),11.1 上—14 下;钱大昕《十驾斋养新录》,13.30,306—308;《元统元年进士录》上,13 上。

附注:元明善撰《丞相东平忠宪王碑》(《国朝文类》卷二四,1 上—10 下)以霸都鲁为塔思之次子,与《元史》、黄溍撰拜住碑及元永贞撰"东平王世家"皆不合。近代钱大昕、屠寄、柯劭忞等家所作氏族表及箭内亘、韩白诗(Louis Hambis)等研作木华黎家世系皆误从元明善,以致霸都鲁以下代次皆误。钱氏晚年及见元永贞"东平王世家",据以更正,惜柯、屠以下,仍蹈袭前误,以讹传讹。钱氏称世家为"拜住门客所撰,又系进呈本,当必不误"(《十驾斋养新录》卷一三),所见颇是。"世家"于延祐四年进呈后刊行,《国朝名臣事略》《十驾斋养新录》及王国维《蒙鞑备录笺证》等皆曾征引,明杨士奇《文渊阁书目》卷六亦曾著录,惜今不见流传,不知仍存于天壤间否?

表三　博尔忽家世系表

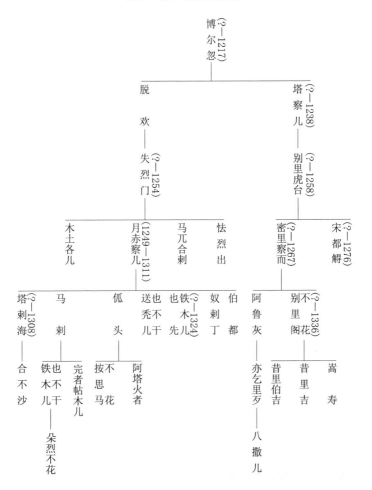

史源：《元史》，119·22 上—27 上；《文类》，23·9 下—20 上；《山右石刻丛编》，34·38 上—44 上，37·1 上—12 上；宇亢鲁翀《菊潭集》，42 上—43 上；缪荃孙《艺风堂文集》，4·15 上—18 上。

表四　赤老温家世系表

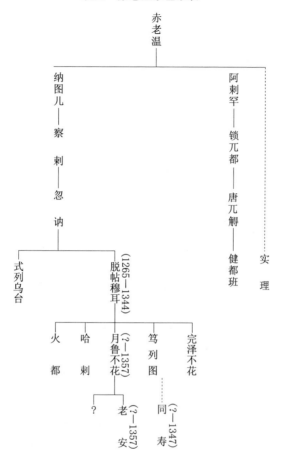

史源:《道园学古录》,16·10上—12下;《金华文集》,35·8下—10上;同上,25·25上;《元史》,145·5上—15下。

表五　拉施德丁所记博尔术家世系

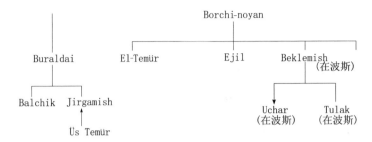

史源：*Sbornik letopisei*，vol. I，part 1（trans. by A. Khetagurov），pp. 169−170；part 2（trans. by O. Smirnov，），p. 267. *The Successors of Genghis Khan*（trans. by J. A. Boyle），p. 252。

表六　拉施德丁所记博尔忽家世系

史源：*Sbornik letopisei*，vol. I. part 1，p. 26。

表七 拉施德丁所记赤老温家世系

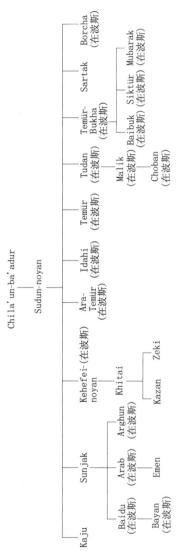

Chila'un-ba'adur

Sudun-noyan

Kaju — Sunjak — Kehefei-noyan (在波斯)

Baidu (在波斯) — Arab (在波斯) — Arghun (在波斯)

Bayan (在波斯) — Emen

Khitai — Kazan — Zeki

Ara-Temür (在波斯) — Idahi (在波斯) — Temür (在波斯) — Tudan (在波斯) — Temür-Bukha (在波斯) — Sartak — Borcha (在波斯)

Malik (在波斯) — Choban (在波斯)

Baibuk (在波斯) — Siktür (在波斯) — Mubarak (在波斯)

史源：*Sbornik letopisei*, vol. I, part 1, p. 174; vol. I, part 2, p. 267。 *The Successors of Genghis Khan*, pp. 252, 270 and 312。

二、起源

四大家族的创业之祖——博尔朮、木华黎、博尔忽、赤老温都是成吉思汗建国过程中最得力的伴当。"伴当"是蒙古氏族社会衰败、封建社会形成过程中的产品。"伴当"多来自别一氏族或部族、投效于一声势已壮或前程似锦的氏族或部族族长,承认后者为主君(ejen)。他们是主君的"梯己奴婢"(emchü boghol),与主君有个人从属关系,有别于属于全氏族或部族的世袭隶属民(Ötegü boghol)及普通奴隶(Ötele boghol)①。伴当有为主君统御军队、担任卫士及操作家务的责任,而主君也有给予伴当生计及保护的义务。这些网罗自外族的伴当,是主君对内摆脱氏族牵绊、绝对化其权力的工具,也是他对外与别族争胜、扩大势力的倚恃。成吉思汗能压制群雄、统一蒙古,颇得力于他人数众多、人才济济的伴当,而上述四人正是他伴当中最得力的人物。

博尔朮、木华黎、博尔忽、赤老温成为成吉思汗伴当的方式虽然不同,时间却都很早。其中赤老温父子结识成吉思汗最早。赤老温系出逊都思氏,但为泰亦赤兀氏的脱朵格的隶属民②。成吉思汗少年时代为泰亦赤兀人所擒,赤老温及其弟沉白以"逃鹞之雀,丛薄犹能生之"为理由劝说其父锁儿罕失剌予以援手,成吉思

---

① 符拉基米尔佐夫前揭书,页 140—154;村上正二《モンゴル朝治下の封邑制の起源》,《東洋學報》四四(1961),页 305—339。护雅夫《Nökör 考序说》,《東方學》五(1952),页 56—68。

② *Sbornik letopisei*, vol. 1, part 1, p. 173.

汗始得脱难①。不过赤老温父子迟至 1202 年阔亦田战役后始来
投奔②,因此赤老温虽然结识成吉思汗最早,归顺却可能最晚。博
尔朮出身阿鲁剌氏(Arulad),与成吉思汗所属的孛儿只斤氏本属
于同一族系(yasun)③。博尔朮之父纳忽,有"伯颜"(bayan)之称,
当为一富人,而且"所居与烈祖神元皇帝接境,敦仁里之好"④,与
成吉思汗家可能谊属世交。博尔朮年十三时,与追寻失马之成吉
思汗相遇,二人结为"伴当",追回失马;成吉思汗归后不久,便招
之为伴。此后博尔朮便留事成吉思汗,未再离开⑤。1189 年成吉
思汗当选本部小汗后,便任命博尔朮与者勒蔑同为怯薛之长。成
吉思汗对博尔朮于"除了影子之外,没有别的伴当的时候"来与他
作伴,甚为感激⑥。

　　木华黎出身札剌亦儿氏(Jalayir)。札剌亦儿氏早为孛儿只斤
氏所征服,因而成为后者的世袭隶属民⑦。因此札剌亦儿氏不属
于蒙古的贵族阶层,不过木华黎家族显然原甚富厚,其祖帖列格图
也有"伯颜"之称⑧。木华黎的出仕成吉思汗是在后者于 1197 年
击灭主儿乞人后,木华黎之父古温兀阿以木华黎和其弟不合,其叔

---

① 姚从吾、札奇斯钦二师译注《蒙古秘史》,第 82—87 节。二师的《蒙古秘史》
　 译本,载于《文史哲学报》第 9 期(1960),页 1—99(第 1—147 节);第 10 期
　 (1961),页 185—258(第 148—208 节);第 11 期(1962),页 339—408(第
　 209—282 节)。为方便计,以下引用秘史,仅引节数。
②《蒙古秘史》,第 146 节。
③ 同上,第 46 节。关于蒙古皇族的世系,参看高文德、蔡文纯《蒙古世系》(北
　 京,1979),页 2—3。
④ 苏天爵《国朝文类》卷二三,页 4 上。
⑤《蒙古秘史》,第 90—93 节;*Sbornik letopisei*,vol. 1,part 1,p. 170-171。
⑥《蒙古秘史》,第 124—125 节。
⑦ *Sbornik letopisei*,vol. I,part 1,p. 92;part 2. p. 19.
⑧《蒙古秘史》,第 137 节。

赤老温孩亦赤也以其从弟统阿合失送给成吉思汗,作为他的"门限内的奴婢"(bosukha-yin boghol)和"梯己的奴婢"(emchü boghol),于是在传统的氏族隶属关系之外,又加上私人的主从关系,木华黎等遂也成为成吉思汗个人的"伴当"①。

博尔忽与成吉思汗建立关系最晚却最密切。博尔忽系属忽神氏。忽神氏可能早已成为主儿乞人的隶属民,因为博尔忽乃是木华黎之叔者卜客自主儿乞营盘内捡得的小儿。者卜客在1197年谒见成吉思汗,便将他献与成吉思汗之母诃额伦,从此他便成为诃额伦的四个养子之一②。在当时蒙古社会中,养子虽不能加入养父母的氏族,却与亲生子享有同等的财产权,地位甚高③。

四人入仕的时间虽然前后不一,但都是成吉思汗早年最亲密的"伴当"。博尔忽与成吉思汗既有养兄弟的关系,其间的亲密自不在话下。成吉思汗本人认为博尔忽"自给我做伴以来,使唤援助,从未落后"④。博尔朮则无疑是成吉思汗所有伴当中最亲密的一位。阎复《太师广平贞宪王碑》说:"(成吉思汗)每遇武忠(博尔朮)警夜,寝必安枕。寓直于内,与语或至达旦,鱼水之契,殆若天授。""及得天下,君臣之分益密,视夫人蔑里乞真不废丘嫂礼。"⑤拉施德丁也说,博尔朮因协追失马而赢得成吉思汗的完全信任,成吉思汗置之于内圈,示之以尊崇⑥,又说博尔朮、博尔忽立功甚多,成吉思汗对二人极为欣敬,甚至说:"但愿我们没有悲伤。但愿博

---

①见村上正二前揭文。
②《蒙古秘史》,第137—138节。
③符拉基米尔佐夫前揭书,页98—99。
④《蒙古秘史》,第214节。
⑤《国朝文类》卷二三,页4下—5上。
⑥*Sbornik letopisei* vol. I, part 1, p. 171.

尔尤不死,但愿没有博尔忽死亡的悲伤!"①《蒙古秘史》则以博尔
尤、木华黎二人为成吉思汗最亲密的诤臣,1206 年分封功臣时的
恩赏辞(soyurghal jarligh)说:"你们两个劝说我做正当的事,直到
做了方止;阻扰我做错误的事,直到不做方止。"②事实上,博尔尤、
木华黎往往能一言以解成吉思汗之怒,而成吉思汗对他们也是言
听计从③。由于关系密切,成吉思汗将他们留在身边,"做左右的
侍从"④。至于赤老温,虞集《逊都思氏世勋之碑》说:"初父子俱事
太祖,以忠勇见知主,以衣物相易,与缔交,相谓曰'安答'(anda),
盖永以为好也。"⑤1206 年的封赏辞也说:"想着赤老温、沉白两个
从前种种良言,(我)如何酬答呢?"⑥可见赤老温父子都是成吉思
汗时相顾问的"安答"。用当时另一蒙古术语来说,四杰都是成吉
思汗的 inagh⑦。

　　成吉思汗连年征战的建国过程中,各臣属功业最重要的基础
自然是战功。四人之中,战功最不卓著的当推博尔忽,大概由于他
年齿最幼的缘故。恩赏辞中,成吉思汗对他最称道的是:"凡紧急
的战争中,阴雨的黑夜里,不曾教我空腹过夜。在与敌人互相抗拒
时,不曾教我没有肉汤过夜。"⑧这是由于博尔忽最初担任"赏食

---

①*Ibid.*
②《蒙古秘史》,第 205 节。
③《蒙古秘史》,第 260 节。
④《蒙古秘史》,第 209 节。
⑤《道园学古录》卷一六,页 10 上。
⑥《蒙古秘史》,第 219 节。
⑦《蒙古秘史》第 266 节称木华黎、字斡儿出二人为成吉思汗的 ina'ud。ina'ud
　为 inagh 的复数形;秘史旁译为"宠信的每"。此字有密友、顾问、宠臣等
　意,参看 J. E. Kowalewski, *Dictionnaire Mongol-Russe-Francais* (Kazan. 1814),
　I, p. 276.
⑧《蒙古秘史》,第 214 节。

者"(buka'ul)及"保儿赤"(ba'urchi,司膳)之故①。不过,元明善《太师淇阳忠武王碑》说他"身百余战,竟薨于敌"②,可见也颇著战功。赤老温则以骁勇过人著称,成吉思汗赐号"把阿秃儿"(ba'atur),意即英雄。拉施德丁也称赤老温为"无与伦比的英雄"③。不过赤老温虽然骁勇过人,似未以帅材著。而博尔术、木华黎则是成吉思汗众多"伴当"中帅材最著、战功最显者,博尔术"以意志沉雄,善战知兵"著称,而且"征伐四出,无役弗从"④。木华黎之父古温兀阿在成吉思汗麾下已多立战功,而木华黎本人"多谋略,雄勇冠一时"⑤。成吉思汗在封赏辞中,认为博尔术、木华黎二人功业最高,说:"今国内平定,多汝等之力,我之与汝,犹车之辕,犹身之臂,汝等宜体此意,弗替初心。"⑥因而封赏特厚,在诸人上。

博尔术等四人,由于善战知兵,成吉思汗目之为"四杰"(dörben külüd)。"四杰"一辞,最早见于1199年的记载。当时王汗(Ong khan)为乃蛮(Naiman)所败,特别请成吉思汗派四杰往救,四杰的勇武当已闻名漠北⑦。以后成吉思汗于1206年封赏

①《蒙古秘史》,第213节;*Sbornik letopisei*,vol. I,part 1,p. 171。
②《国朝文类》卷二三,页9下—10上。
③*Sbornik letopisei*,vol. I,part 1,p. 174.
④《国朝文类》卷二三,页4下。
⑤苏天爵《国朝名臣事略》(北京,1962)卷一,页1上。关于木华黎的事功,可参看荻原淳平《木華黎王國の成立過程について》,《内田吟風博士頌壽紀念東洋史論集》(東京,1978),页371—390;I. de Rachewiltz, "Muqali, Bōl, Tas and An-t'ung", *Papers on Far Eastern History* 15(1978), pp. 45–62;Luc Kwanten. "The Career of Muqali:A Reassessment", *Bulletin of Sung and Yuan Studies* 14(1978), pp. 31–38。
⑥《国朝名臣事略》卷一,页2上。
⑦《蒙古秘史》,第163节。关于此役的年代,参看王国维《圣武亲征录校注》(蒙古史料四种本),页28下—29上;Pelliotet Hambis,*op. cit.*,p. 342.

时,又教他们四人"做左右的侍从",同时,"厮杀的时候教忽必烈、哲别、者勒蔑、速别额台四位猛狗(dörben nokhas)做前进的先锋"①。可见"四杰"与"四狗"都是成吉思汗心目中的勇将,而"四杰"与成吉思汗的亲密则过于"四狗"。

　　四杰的事业在1206年大蒙古国成立时即已奠定。以后在大蒙古国扩张过程中,四人功业显隐略有不同。其中赤老温事迹最为隐晦,自1206年以后便不著其事迹②,柯劭忞谓其早卒③,甚为可能,当未能参与帝国扩张之大业,以致不及其他三家的显赫④。博尔忽则于1217年讨伐林木中百姓豁里·秃马惕(Khori Tumad)人时中伏被杀⑤,可谓早夭,以致功业未能大著。博尔尤晚年事迹也不得详知。他虽自太祖元年(1206)起即任右手万户,统率西蒙古各千户,但常从成吉思汗征伐,与木华黎之独当方面不同。他大

①《蒙古秘史》,第209节。

②《蒙古秘史》,第219节。

③《新元史》(开明廿五史本)卷一二一,页269中。

④关于赤老温家何以不如其他各家受宠,原因仍不能确定。赤老温早逝,可能为一原因。拉施德丁则说:当初锁儿罕失剌拯救成吉思汗脱泰亦赤乌之厄时,他虽曾给予成吉思汗一些旅行必需品,但未给他其他的东西,如打火石等。因此,他的子孙虽受恩宠,却不免受到猜忌(Sbornik letopisei, vol. I, part 1, p. 173)。此说与《秘史》所记不合。据《秘史》(第146节)说:锁儿罕失剌来归时,成吉思汗似对锁儿罕失剌以前的大恩甚为感激。他对后者说:"把(我)颈项上沉重的木头,给扔在地上;把(我)脖领上枷锁的木头,给卸下撒开,你们父子都是有大恩(于我)的。您为甚么(来)迟了呢?"1206年封赏时,成吉思汗又重述了锁儿罕失剌父子对他的大恩。并降圣旨说:"以蔑儿乞的地方薛凉格河做为你的封地,使你苔儿罕,直到你子子孙孙,都叫配带弓箭,〔饮宴时〕喝盏。封为苔儿罕,九次犯罪,不科刑罚。"(《蒙古秘史》,第219节)成吉思汗显然未因细故而忘大恩。

⑤《蒙古秘史》,第240—241节;《圣武亲征录》,页72下。

概于太祖 1221—1222 从攻西域时病卒①。博尔尤后期战功虽不及木华黎，但辅弼之功或有过之。木华黎后期战功无疑最为突出，权势也最盛，伐金初期，木华黎追随成吉思汗，已著战功。1217 年，成吉思汗准备领军西伐花刺子模（Khorezm），以平金之任专责木华黎，封之为太师国王都行省，承制行事，并有旨曰："太行之北，朕自经略，太行之南，卿其勉之。"②宋人赵珙于 1220 年出使蒙古，对木华黎之印象为："十年以来，东征西讨，威震夷夏，皆决于己，故曰'权皇帝'，衣服制度，全用天子礼。"③拉施德丁则说："当成吉思汗遣彼至与契丹（Kitai）交界之哈刺温山（Khara'unjidün），契丹人（指汉人）称之为'国王'（goyon），意即高阶地位崇高者。其后，成吉思汗即以此衔予之。"④这些记载都反映出木华黎功业之高与声誉之隆。他本人虽于 1223 年即已逝世，却已奠定灭金的基础。在成吉思汗众多的伴当中，无疑最为杰出。

三、封建

由于四杰是成吉思汗早年以来最亲密的"伴当"，同时也是蒙古帝国肇建过程中杰出的功臣，他们的家族遂成为蒙古帝国最显

①屠寄《蒙兀儿史记》（结一宦本）卷二八，页 4 上；博尔尤曾从成吉思汗西征，1221 年蒙军围攻玉龙杰赤，博尔尤身与其役，统成吉思汗的中军（personal division）攻之，见 W. Barthold, *Turkestan down to the Mongol Invasion*（3rd ed., London, 1968），p. 433。1222 年，邱处机东返，成吉思汗命"万户播鲁只"以甲士千人护送，播鲁只即博尔赤，见《西游记》（蒙古史料四种本）卷上，页 55 下。

②《国朝名臣事略》卷一，页 3 下；《圣武亲征录》，页 90 上。

③《蒙鞑备录》（蒙古史料四种本），页 5 下—6 下。

④*Sbornik letopisei*, vol. I, part 2, p. 270；part 1, p. 93.

赫的封建主。各家族的封建特权包括:(1)千户、万户;(2)食邑;(3)王爵;(4)怯薛长的世袭。

(一)千户、万户的封袭

"大蒙古国"的建立,不仅是蒙古社会从氏族制转变为封建制的一个里程碑,也是四大家族成为世封之家的滥觞。成吉思汗于1206年统一蒙古后,便将各"伴当"依功勋的大小分封为各级的"官人"(noyan)①。据《蒙古秘史》说,成吉思汗共建立九十五千户,受封者八十八人。博尔朮、木华黎二人分别名列第二、三位,博尔忽名列十五,赤老温虽未列名,但其父锁儿罕失剌则列名卅七②。博尔朮、木华黎二人由于"功勋尤大",因而封赏特厚,"位次排列在众人的上面,九次犯罪不要罚"。博尔朮加封为右手万户,掌管西边直到阿勒台(Altai)山的各千户,木华黎则为左手万户,统领东边直至哈剌温·只敦即兴安岭的各千户③。拉施德丁《史集》"成吉思汗军队"一章所记则为成吉思汗季年的情形,与《秘史》所记互有出入。据拉施德丁说,成吉思汗所遗留的十二万九千人中,博尔朮、博尔忽、木华黎所统皆属中军十万一千人中,与分予诸弟、诸子的二万八千人不同。博尔朮、博尔忽除各领一本管千户外,同时又为右翼三十八千户的正副统帅。木华黎则为左翼六十二千户的统帅,他的本管千户则已增至三千户。拉施德丁所记,不仅赤老温未列名千户长中,亦无其父锁儿罕失剌之名,但是右翼第十名之

<hr />

①符拉基米尔佐夫前揭书,页163—192。
②《蒙古秘史》,第202节。
③《蒙古秘史》,第205—206节。

宿敦官人（Sudun-noyan）则为赤老温之子①。

左右万户主要是统帅权的界予，真正作为封赏的份子（khubi）则是千户。千户长不仅是军官，而且是世袭的封建领主。千户长受封的并不是一支为数约千人的军队，而是在战时可提供大约一千战士的游牧营帐（ayil）群以及赖以资生的牧地——"嫩土"（nuntugh）。这些分民与分土便成为这一千户长的"投下"，也就是元代蒙古语所说的"爱马"（ayimagh）②。在其投下之内，千户长集军政、行政、司法、财政权于一身。根据成吉思汗的法典——"大札萨"（Yeke Jasagh），部民一经分定，便必须世守其位，不能脱离③。部民对领主有服兵役、缴纳实物贡赋的义务④。成吉思汗分封之后，这些千户的投下便很少变动。以后元代各征行镇戍蒙古军万户府的士兵便是由此征调而来。

四大家族在漠北分封的嫩土已无法确考其位置。博尔朮于1206 年受封为西边直到阿勒台山的右手万户，其孙玉昔帖木儿在仕忽必烈汗廷之前，也曾"统按台部众"⑤，他家的嫩土当在西蒙古阿尔泰山（Altai）周近。博尔忽家的分地全无记录，不过博尔忽既

---

① *Sbornik letopisei*, vol. I, part 2, pp. 268-281。本田实信曾将秘史与拉施德丁所记各千户官人加以比较，见所著《チンギスハンの千户》，《史學雜誌》第62 卷第 8 期（1953），页 1—26。

② 关于投下，参看村上正二《元朝に於けゐ投下の意義》，《蒙古學報》第 1 册（1940），页 169—215；陈述《投下释义》，《东北集刊》第 1 册（1941），页 1—10；吴晗《读史札记》（北京，1961），页 142—155；Paul Ratchnevsky, "Zum Ausdruck 't'ouhsia'in der Mongolenzeit", *Collectanea Mongolica* （Wiesbaden, 1966），pp. 173-191。

③ Ata-Malik Juvaini, *The History of the World-conqueror*（trans. by J. A. Boyle, Cambridge, Mass. ,1958），I. pp. 32-33.

④ 符拉基米尔佐夫前揭书，页 180—181；Ch'i-ch'ing Hsiao, *The Military Establishment of the Yuan Dynasty*（Cambridge, Mass, 1978），p. 10。

⑤ 《国朝文类》卷二三，页 5 下。

为右手千户,分地当也在西蒙古。其次子塔察儿(即佴盏)即已移营东方之官山(今内蒙南部之平地川)①,以后并定居于山西闻喜县之东镇②,不知北方之嫩土是否由长子脱欢一系所保存?关于木华黎家的分地,《蒙古秘史》说他所统为东至哈剌温·只敦的各千户,不过指出其统帅区的方位。《元史·地理志》"上都路"条说:"元初札剌儿部、兀鲁(Urūd)郡王营幕地。"③可见元初木华黎家的分地可能在后来的上都(多伦)一带。木华黎之孙速浑察承袭国王号后,曾置营上都西阿儿察秃④。木华黎的后裔每每担任辽阳、北京等行省事,当也是由于其家封地位于这一地区的缘故。至于赤老温家最初的分地,《蒙古秘史》有明确的记载,1206年大行封赏时,成吉思汗应锁儿罕失剌之请,下令"蔑儿乞惕的薛凉格河地面依作你,作为你的封地,使你成为'答剌罕',自在下营"⑤。可见赤老温家的分地原在北蒙古的薛凉格(Selengge)河一带。但是此家子孙以后散居河西、中原,不知是否仍保持漠北分地?

四大家族成员承袭万户、千户的次序,不易确考,而且汉文、波斯文资料也难以吻合。据《元史·博尔术传》说,博尔术之子"孛栾台袭爵万户"⑥,孛栾台子玉昔帖木儿"弱岁袭爵,统按台部众"⑦,而玉昔帖木儿死,又由长子木剌忽"袭爵为万户"。《史集·

---

①《元史》卷一一九——一二五下。
②胡聘之《山右石刻丛编》(光绪廿七年刊)卷三,页38下。
③《元史》卷五,页5下。
④《元史》卷一一九,页13上。张德辉《岭北纪行》:"北入昌州,中有癖舍,乃国王所建,亦有仓廪。"姚师从吾认为此一国王即速浑察,见《张德辉岭北纪行足本校注》,《文史哲学报》第11期(1962),页10—11。
⑤《蒙古秘史》,第219节。
⑥《元史》卷一一九,页20上。
⑦《国朝文类》卷二三,页5下。

部族志》及"成吉思汗的军队"中对博尔朮家万户承袭序均有记载。《部族志》称:"窝阔台汗时,其个人所属之万户由其侄孛栾台(Buraldai)负责,蒙哥汗时孛栾台之子 Balchik 任之。忽必烈汗时,同一千户由博尔朮之二子管辖。后来亦在忽必烈汗时,由孛栾台子 Jirgamish 管辖。此一孛栾台有子多人,皆为高官。其中之一为宝儿赤玉昔帖木儿(Uz-Timür)。他为高官,且为宠信之臣(inak),颇负时誉。"[1]军队志所记大体相同,但指明忽必烈汗时初统万户者名为 E1 Timur[2]。汉文史料与波斯文史料不同之处在于:(一)汉文史料以孛栾台为博尔朮之子,而拉施德丁则称其为博尔朮之侄。(二)波斯文史料中所列之 Balchik、E1-Timür、Jirghmish,皆未见汉文碑传中[3]。(三)拉施德丁未说及玉昔帖木儿统军事。中外史料记载分歧,无法别其是非。但亦可看出,此家始终世统一万户,但后来之万户不必与成吉思汗始封时之万户同义。成吉思汗时,博尔朮所任之万户意即右手各千户之统帅,而后来之万户可能为博尔朮原有个人千户之扩张,为此家所世有。

博尔忽家的千户承袭序,《史集·成吉思汗的军队》说:"窝阔台汗时,统率此一千户者为其子 Jubukur-Khubilai。忽必烈汗时,则由 Tukchi gürgen 代之。此一 Tukchi gürgen 娶 Kalmishak 之姐,旭

---

①*Sbornik letopisei*,vol. 1,part 1,p. 170.

②*Ibid.*,vol. I,part 2,p. 267.

③伯希和与韩白诗认为 Balchik 可能便是《元史·宪宗本纪》所记 1251 年拥立蒙哥汗有功的"西方大将班里赤"及 1259 年重贵山大会中的"阿儿剌部人八里赤",确有可能。二氏又疑 El-Timür 即《元史·食货志》中的"武木台驸马",则极难断言。二氏说见 Pelliot et Hambis, *op. cit.*, pp. 353–359。又《元史·世祖本纪》(卷一三,页 14 下)有 1284 年"徙千户只儿海迷失"的记载,此一只儿海迷失是否即拉施德丁所说博尔忽之裔 Jirghamish 殊难断言。

烈兀之侄女 Shirin。"①拉施德丁所说之 Jubukur-Khubilai 及 Tukchi
gürgen 在汉文史料中不见其面影②,汉文史料所显示的承袭次序
与拉施德丁所记也绝不相同。元明善《太师淇阳忠武王碑》及《元
史》本传明言博尔忽的长子脱欢"嗣父官"③,大概是承袭千户或右
手副万户之意。以后可能是由脱欢之子失烈门及失烈门之子月赤
察儿相继承袭。博尔忽次子塔察儿以行省兵马都元帅从窝阔台伐
金,颇著战功,但碑传中并未提及承袭千户事。这一系自塔察儿之
子别里虎台起,一直世袭蒙古军万户及河南淮北蒙古军副都万户,
直至元季至正年间而不变,但这些职位都是征行及镇戍万户,与原
封千户未必有关联④。

木华黎家的千户、万户承袭序,已无法考出。一方面由于拉施
德丁关于此家的记述甚为简略,未言及三千户的名字及千户、万户
的承袭⑤。另一方面,由于木华黎家世袭"国王"爵位,而且木华黎
家与封地相近的兀鲁(Urūd)、忙兀(Mang'ud)、弘吉剌(Onggirad)、
亦乞列思(Ikires)合称"五投下",五投下军世由木华黎家统率。汉
文史料着重的是"国王"爵位的承袭及五投下的统率。关于国王
的承袭,将在下文讨论。现在对五投下军的统率略作讨论。可以
看出木华黎家军权的递变与延续。五投下共拥有十六千户,在左
翼六十二千户中占甚大比重⑥。木华黎家统率五投下军的记录至

①*Sbornik letopisei*,vol. I,part 2,P. 267;part 1,171.
②关于 Jubukur-Khubilai,伯希和及韩白诗认为 Jubukur 应读为 Jütüger,可能即
姚燧《姚文献公神道碑》中的木土各儿,木字可能为术字之误,此说不免牵
强,见 Pelliot et Hambis,*op. cit.*,pp. 376–378。
③《国朝文类》卷二三,页 10 上;《元史》卷一一九,页 22 上。
④《山右石刻丛编》卷三四,页 38 上—39 下;卷三九,页 1 上—4 下。
⑤*Sbornik letopisei*,vol. I,part 1,p. 92 and part 2, p. 270.
⑥此系根据 *Sbornik letopisei*(vol. I,part 1,pp. 271–272)所记军数。亲征录所
记投下军数则较多。

少可上溯至 1217 年。当时五投下的千户构成木华黎所统伐金军的主力①。1255 年遣军伐宋，左翼官人中有木华黎的曾孙忽林池(Khurumshi)，弘吉剌的按赤那颜(Alchi-Noyan)、纳陈驸马(Nachin Küregen)，亦乞列思的帖里干驸马(Derekei Küregen)，兀鲁部的怯台(Kehetei)、不只儿(Bujir)和忙兀部的木哥寒札(Möngke-Qalja)及茶寒诺颜(Chaghan-Noyan)②。后来在 1274 年，"世祖命相威总速浑察元统弘吉剌等五投下兵从伐宋"③，可见自窝阔台汗末期至忽必烈初年速浑察父子一直统率五投下军。迟至元廷退出大都后，明太祖洪武元年(1368)仍有"郡王阿怜歹入觐，诏郡王总五投下之众，屯会州"④，此一阿怜歹世系不详，但可能为木华黎弟带孙的后裔。总之，通元一代，五投下构成一个武力集团，往往由木华黎家族率领。

木华黎家除去统率五投下的部族军外，又统有所谓"五投下探马赤军"。此一军队是从五部主力中抽调部分人马所组成，以担任先锋及镇戍为主要任务⑤。木华黎受命伐金时曾集合五部探马赤军，以从征战。忽必烈即位后，推行集权政策，于 1264 年以五投下

---

① 《圣武亲征录》，页 90 上—91 上。关于五投下军，参看海老泽哲雄《モンゴル二元時代の五投下について》，《山崎先生退官記念東洋史論文集》(东京，1976)，页 63—73；黄时鉴《木华黎国王麾下诸军考》，《元史论丛》第 1辑(1981)，页 57—71。

② *The Successors of Genghis Khan*，pp. 224-225.

③ 《元史》卷一二八，页 11 下。

④ 刘佶《北巡私记》(雪窗丛刻)，页 5 上。

⑤ 荻原淳平《木華黎王國下の探馬赤軍について》，《東洋史研究》第 36 卷第 2 号(1978)，页 79—105；参看杨志玖《元代的探马赤军》，《中华文史论丛》第 6 期(1965)，页 185—213；同上，《探马赤军问题再探》，《民族研究》第 1期(1981)；同上，《探马赤军问题三探》，《南开学报》第 1 期(1982)。黄时鉴前揭文，页 64—68。

探马赤军成立蒙古探马赤总管府,1294 年又更名右都威卫使司①,
五投下探马赤遂永远成为中央的卫军。基于此一事实,拉希纳斯
基(Paul Ratchnevsky)教授认为木华黎家在 1264 年后即失去军
权②。这一看法并不正确。1264 年以后木华黎家所失去的不过是
探马赤军统帅权,而探马赤军仅为五投下军的一部分。如前文所
显示,直至元末,五投下军仍为元廷所倚重。木华黎等投下各千
户,原为成吉思汗所封建,忽必烈虽然力行中央集权政策,但无意
冒有违祖制的大不韪而予以剥夺。

　　至于赤老温家的千户承袭更是纷然难考,仅有之中文及波斯
文史料也是相互牴牾,仅能记以存疑。《史集·氏族志》所记较
"成吉思汗的军队"一章为详明,据云:"赤老温有一子即 Sudun-
noyan,此人在成吉思汗时为左翼之官人,甚受尊崇。窝阔台时仍
存,隶属拖雷汗诸子及(其妻)唆鲁合黑塔尼别乞。忽必烈汗在位
时,其子 Khachu 继之。"③又称拖雷卒后,窝阔台汗以原属拖雷诸
子的逊都思二千户赐予己子阔端(Köten)④。虞集《逊都思氏世勋
之碑》称赤老温之孙、阿刺罕之子锁兀都从太子阔端镇河西⑤。不
知拉施德丁所谓逊都思二千户是否即锁兀都所领从阔端镇河西
者,亦不知锁兀都是否即 Sudun 的别译⑥,更不知两者是否即《元

①《元史》卷九九,页 4 下—5 上;卷一二三,页 2 下—3 上。
②Ratchnevsky, op. cit., pp. 173–177.
③Sbornik letopisei, vol. I, part 1, p. 174.
④The Successors of Genghis Khan, p. 169.
⑤《道园学古录》卷一六,页 10 下。
⑥伯希和及韩白诗认为锁兀都(＊So'udu)即 Sudun,见 Pelliot et Hambis, op.
　cit., p. 154。但是拉施德丁称 Sudun 为赤老温之子,而虞集则称锁兀都为赤
　老温之孙,代次不合。

史·食货志》的宿敦官人①,若三者皆合,则赤老温家的千户在窝阔台汗季年已扩张至二千户,以后仕奉阔端及其子孙。黄潜《逊都台公墓志铭》称赤老温家另一支——纳图儿一系历代亦统兵,但纳图儿所统为"卫兵",当为怯薛,而非本领千户。其子察剌统以征西域的也是如此。以后忽必烈汗时忽讷任管军万户,其子脱帖穆耳任东平等处管军千户所达鲁花赤,所统之军当为汉军,可以看出纳图儿这一支始终与本管千户无关②。

(二)食邑的分赐

除去漠北的分民、分地外,四大家族在汉地和江南又多拥有食邑。元代的食邑制原是蒙古游牧封建制与汉地中央集权官僚制两个体制相互妥协的产物。窝阔台汗灭金后,本拟将蒙古的游牧封建制全盘移植于汉地,裂土分民,以赐诸王功臣,但是由于中书令耶律楚材及汉人世侯严实等的联合反对,不得不把原计划加以修改,遂于 1236 年根据癸巳(1233)及乙未年(1235)籍,将部分汉地民户分赐诸王功臣为"五户丝户"③。凡经指定为五户丝户的民户,在所应缴纳的丝料(科差的一种)全额 22 两 4 钱中,16 两纳入

①《元史》卷九五,页 25 上。但《元史》(卷一二六,页 13 上)又有一宿敦,珊竹台人纽邻之兄,党于阿里不哥。另《史集·忽必烈汗本纪》中有一 Borcha,为 Sudun-noyan 之子,在忽必烈与阿里不哥争位时,为支持忽必烈的左手众官人之一(The Successors of Genghis Khan,p. 252)。此一 Borcha 可能即《元史·宪宗本纪》中之"博里察万户",《世祖本纪》中之"宿卫将军孛里察"。

②《金华黄先生文集》(四部丛刊)卷二五,页 8 下—9 上。

③《元史》卷二,页 5 下;《国朝文类》卷五七,页 17 上。关于五户丝及江南户钞,可看岩村忍《モンゴル社會經濟史の研究》(京都,1968),页 401—469。李金枝、赵秉崑《耶律楚材与五户丝制》,1981 年中国蒙古史学会年会所提论文。

国库,6 两 4 钱缴于所属诸王功臣,以为"汤沐之资"。1252 年,壬子年籍成,蒙哥汗又加拨一小部分民户予诸王功臣,并将各户纳给领主的丝量增加一倍。当时汉地在籍总户数为一百七十四万户,分拨给诸王、后妃、公主、驸马者有七十四万七千六百四十二户,赐予功臣者为十八万八千一百八十一户,合计占总户数的 43%[1]。

四大家族分得的五户丝户数及食邑所在为[2]:

1. 木华黎家

①木华黎国王(应作塔思)[3]:三万九千零一十九户,东平。

②拾得官人[4]:一百一十二户,东平。

2. 博尔朮家

右手万户三投下孛罗台:一万七千三百三十三户,广平洺水。

3. 博尔忽家

①博罗浑官人(即博尔忽):四百一十五户,保定。

一千一百户,淇州。

②塔察儿官人:二百户,平阳。

三千户,息州[5]。

4. 赤老温家

---

[1]《元史》卷九五,页 18 上—24 下。参看梁方仲编《中国历代户口田地田赋统计》(上海,1980),页 307—316;岩村忍前揭书,页 449。

[2]《元史》卷九五,页 18 上—24 下。

[3]分赐五户丝户时,木华黎已死,此时之嗣国王为其孙塔思。《元史·太宗本纪》(卷二,页 6 上)记五户丝户之分赐,即无木华黎,而有国王查剌温,即塔思。拉施德丁亦称霸都鲁之子爵 Chila'un Guyang,当即塔思,与《元史》合。见 *Successors of Genghis Khan*, p. 227。

[4]疑此拾得官人即塔思子硕笃儿(Sikdür)的异译。塔思卒,时硕笃儿年幼,弟速浑察继。硕笃儿年长,诏别赐民三千户为食邑,得建国王旗帜(《元史》卷一一九,页 12 下)。又速浑察孙名硕德,又作拾得,但为忽必烈时人,时间过迟。

[5]据《元史》卷一一九,页 26 下补。

宿敦官人:一千户。

四大家族分得的五户丝户共计 62179 户,占功臣分赐总数的33.04%,比例不可谓不大。而木华黎一家即分得四万户,远超出其他功臣之上,显然由于木华黎及其子孙在成吉思汗、窝阔台汗两朝功业最盛的缘故。

忽必烈平宋以后,又依汉地五户丝户的前例,于 1281 年建立江南户钞制,将江南户口拨赐给诸王公主二十五人、功臣廿五人及怯薛的十二部门。办法是:一万户田租中,输钞百锭,给予领主①。赤老温家未能分得,其他三大家族分得的江南户钞计有②:

1. **木华黎家**

木华黎国王:四万一千零一十九户,韶州。

2. **博尔朮家**

孛罗台万户:一万七千九百一十九户,全州清湘。

3. **博尔忽家**

博罗浑官人:四千户。

三家合计共得六万二千九百三十八户,占功臣所得总数十九万一千三百五十五户的 32.89%,与五户丝户所得的比例甚为接近。又值得注意的是五户丝户及江南户钞的建立,前后相距达四十五年,只有十七功臣前后均得到这两种分赐。其他有的家族曾分得五户丝户,后来在平宋时,未著功绩,以致未能分得江南户钞,赤老温家便是如此。也有后起之家,原来默默无闻,但崛兴于伐宋之役而得分赏,这类家族的荣显都是暂时性的,只有木华黎、博尔朮、博尔忽这类家族称得上世封之家,有赏必与,不受时间限制。

食邑制的意义不仅是经济的。领主与食邑所在地州县的关系

---

① 《元史》卷一二,页 13 下;《大元圣政国朝典章》卷二四,页 7 上。
② 《元史》卷九五,页 18 上—24 下。

带有一定程度的封建性。在理论上,领主对食邑并无行政权,州县官吏也非领主的陪臣,但领主有权向朝廷荐举食邑所在地的达鲁花赤(darughachi),监督行政,而且关于达鲁花赤的迁调,可"于本投下分拨到腹里江南州郡内三年互相迁调"[1]。所以,这些达鲁花赤可说是领主的家臣,与中央任命的官僚共同管理领主食邑所在的州郡。朝廷与投下主对这些州郡都拥有部分主权。事实上,朝廷也视食邑所在地为各家封邑。这由各家封谥之号可以看出,如木华黎家霸都鲁一系世谥东平王,博尔朮家世封淇阳王,博尔忽家世封广平王。所以,这些家族不仅是"达达国土"的封建主,在一定程度内也可说是汉地江南的封建主。

(三)王爵的承继

蒙古入主中原后,仿中国之制,封宗亲勋臣为王。依元代的制度,宗室驸马,通称"诸王",赐印统兵[2]。异姓功臣封王者并不多见。四大家族中,除去赤老温家全无封王记录外,其他三家的成员,由于有功王室,皆得封王,且得世袭。封王虽来自汉地的传统,但用汉式王号分封"黄金氏族"的成员及历代可汗最亲密的伴当,可说是以中国之瓶,装蒙古之酒,是游牧封建制的一种变形。

四家中封王最早者为木华黎。早在1217年,成吉思汗便封之为"太师国王",并赐誓券黄金印,文曰:"子孙传国,世世不绝。"[3]忽必烈即位前,蒙古原无封王之制,木华黎独为例外,足见其地位之优崇。以后,其子孙袭国王之号共十二人,凡十四传(见表十二,木华黎家仕进资料表)。现存记录中拥此王号最晚者是也先不花

---

①《元典章》卷九,页9上。
②《蒙兀儿史记》卷一五〇,页1上。
③《元史》卷一一九,页4上。

（野仙溥花），见于 1365 年的记载①，已属元末。此家的拥此王号，可说与元室相终始。

木华黎的后裔除去拥有"国王"头衔外，其孙塔思的后裔又得比照国王的待遇。塔思原继承其父孛鲁为国王，死后由弟速浑察继为国王。塔思之子硕笃儿成年后，"诏别赐三千户为食邑，建国王旗帜，降五品印一，七品印二，付其家、置官属，如列侯故事"②。这一王位以后袭传共四代四人（见表十二）。最后一人的道童已是木华黎七世孙。蒙古退出中原后，又有纳哈出据辽东顽抗，得封开元王。总计木华黎家得袭国王号及建国王旗帜者共十九人，占全家总人数四十八人的 39.58%。

博尔尤家的封王则迟在 1301 年。玉昔帖木儿因拥立铁木儿汗有大功。是年卒后，追封广平王③。此后袭广平王者有秃秃哈、木剌忽、哈班、阿鲁图、咬咬等五人，占全家现知总人数十二人的 41.66%。

博尔忽家的封为淇阳王更迟至 1308 年。博尔忽之曾孙月赤察儿手握重兵，坐镇蒙古，而且对海山汗之夺位，建有大功。海山即位后便封之为淇阳王，佩黄金印④，荣崇震于一时。其子塔剌海、仳头（即脱儿赤颜）、也先帖木儿、完者帖木儿相继袭封。完者帖木儿于 1335 年夺爵（原因详下），以后未见续封，所以此家的淇阳王位仅历时廿七年，共五人，占该家族现知人数三十一人的 16.13%。

---

① 同上，《元史》（卷一四二，页 8 上）《也速传》有至正廿五年东联辽阳也先不花国王的记载。《辽东志》（辽海丛书）卷八页 10 上亦有"辽阳丞相也先不花驻兵开原"的记载，此一也先不花，当即野仙溥花，至正廿五年仍任国王。
② 《元史》卷一一九，页 12 下。
③ 《国朝文类》卷二三，页 8 上。
④ 《国朝文类》卷二三，页 14 下。

元代王号的封袭原是"黄金氏族"的特权,而四大家族中有三家皆得封王,且袭王号者更多达二十八人之多,占三家现知一百一十人的26.328%。王爵袭传最短的博尔忽家也达廿七年,木华黎家国王一号袭传更达一百四十八年之久,是元代绝无仅有的例子。

(四)怯薛长的世袭

四大家族中,除赤老温家外,都世袭怯薛长的职位,终元一代,迄少改变,反映出这几家族与历代可汗始终保持最亲密的私属主从关系。

怯薛原是蒙古帝国的重要支柱,以后也是元朝政制的核心[①]。怯薛的组织原由"伴当"制演变而来,当一游牧主势力庞大时,常将他的伴当,组织为怯薛,是他的梯己卫队,有别于氏族军。1206年时,成吉思汗的怯薛已扩大至万人。怯薛在整个国家政治军事组织中居核心地位。它不仅是皇室的卫队、家务机构和"大中军",也是帝国的中央行政机构,同时还具有质子营以及政军干部学校性质。它的成员怯薛歹(Kesigdei),都是已出任千、百户的伴当的子弟,以入质的方式充任的。在服务怯薛后,这些质子往往派充方面之任。因而,怯薛可视为皇室与"伴当"家庭间延续私人主从关系的一个组织。忽必烈采行汉制后,怯薛的部分功能虽为汉式机构所取代,但它仍是超出中国式官僚机构之上、最接近权力源头的一个贵族机构,也是在官僚制君臣关系之外,延续私属主从关系的一个机构。

由于四杰是成吉思汗最亲密的伴当,因而,成吉思汗命令四怯薛之长由四杰家族世袭,《元史·兵志》说:

[①]关于怯薛,参看萧启庆《元代的宿卫制度》,台湾政治大学《边政研究所年报》第4期(1973),页43—95;Hsiao Ch'i-ch'ing, *op. cit.*, pp.33-47。

太祖功臣博尔忽、博尔尤、木黎华、赤老温,时号啜里班·曲律(Dörben Külüd),犹言四杰也。太祖命其世领四怯薛。凡宿卫,每三日一更。申酉戌日,博尔忽领之,为第一怯薛,即也可怯薛(yeke kesig)。博尔忽早绝,太祖命以别速部代之,而非四杰功臣之类,故太祖以自名领之。其名"也可"者,言天子自领故也。亥子丑日,博尔尤领之,为第二怯薛。寅卯辰日,木华黎领之,为第三怯薛。巳午未日,赤老温领之,为第四怯薛,赤老温后绝,其后常以右丞相领之。①

这一段文字清晰地叙述出四怯薛分别由四杰家族世袭为长,担任三日轮值。不过,其中有两个问题须加说明:第一,博尔忽虽早逝于1217年,但其家族并未绝祀,事实上,博尔忽子孙仍掌怯薛,不过所掌者为第四怯薛而非第一②。第二,赤老温家也未绝后。但是不知何故这一家未能世袭怯薛长,元代文献中确无赤老温子孙担任怯薛长的记录。赤老温本人或曾被任为怯薛长或怯薛官。《逊都思氏世勋之碑》说:"宿卫之士必有其长为之怯薛官,亦非贵近臣不得居其职,则以命之。"③赤老温家后来在何时不复为怯薛长,由于何故,都已不易究明。赤老温之子阿剌罕"亦以恭谨事上",当亦为怯薛官,但不必为怯薛长。阿剌罕之子锁兀都从太子阔端镇河西,担任王府怯薛长,从此便离开中枢。赤老温另一子纳图儿曾为御位下必阇赤,且曾领卫兵出征,当亦为怯薛官。自其子察剌从成吉思汗西征,以功任业里城子达鲁花赤后,此系便离开中枢④。元朝建立后,绝无赤老温后裔任怯薛长的迹象。不过第四

---

①《元史》卷九九,页1下—2上。
②Hsiao Ch'i-ch'ing, *op. cit.*, pp. 213–214.
③《道园学古录》卷一六,页10下。
④《金华黄先生文集》卷三八,页8下。

怯薛长是由博尔忽家担任,而非如《元史·兵志》所说,由中书右丞相担任。

各家成员担任怯薛长者可由以下方式考出:元代史料所引奏文起头部分往往记有是日为某某怯薛长轮值的日次。例如:

> 延祐元年七月初四日,拜住怯薛第三日,香殿里有时分……①

从这类文件可以归纳出四怯薛的轮值次序及博尔尤、木华黎、博尔忽三人子孙何人曾任怯薛长、在何时。兹将由这些文件归纳出的三大家族成员担任怯薛长的次序及年代胪列于后。"也可怯薛"因与本文无关,兹不具论。此外,亦有非三大家族成员,由于特殊原因暂充怯薛长者,也因与本文无关,不加列入②:

第二怯薛:

木剌忽(1314—1316),阿鲁图(1336—1350),咬咬(1352),哈剌章(1363)。

第三怯薛:

安童(1286—1289),兀都台(1294—1296),拜住(1314—1320),笃连帖木儿(1334—1352)。

第四怯薛:

月赤察儿(1287),也先帖木儿(1316—1320),完者帖木儿(1366)。

从以上可以看出,第二、三、四怯薛之长,迄于元末皆以三家子孙担任为原则,外人担任,则为例外。由此可见,三大家族子孙始终是大汗"梯己奴婢"之长,维持最亲密的主从关系。

---

① 王士点、商企翁《秘书监志》(广仓学窘丛书)卷一,页 14 下。
② 资料来源:Hsiao Ch'i-ch'ing, *op. cit.*, pp. 213–214;片山共夫《元朝四怯薛の輪番制度》,《九州大學東洋史論集》第 6 期(1977),页 91—129。

四、仕进

四大家族在元朝,除去保持相当浓厚的封建色彩外,许多成员也成为中国式官僚组织的最高阶层。

自窝阔台汗时代起,蒙古人在汉地已局部恢复中国传统的中央集权官僚制的政治组织,但是由于蒙古贵族及汉地世侯的反对,未能成功。大规模地恢复中央集权官僚制组织则自忽必烈汗始。但是,即使在忽必烈时代,传统官僚制的恢复,并不是完全的。除漠北"达达国土"里游牧封建制大体上仍然存在外,汉地江南也有封建色彩的食邑制度,因而中央集权的程度仍受局限。最重要的,在官吏登用上,元代的制度与官僚制度相牴牾之处甚多。官僚制最重要的特点是官吏的任用不应受家世的影响,而应依客观的标准,选择最适用的人选,并定期予以考核与升黜。但是,元代的官僚制不仅与理想型(ideal type)的官僚制相去甚远,即与两宋的制度也大有出入。元季的权衡说:"元朝之法,取士用人,惟论根脚。其所与图大政者,皆根脚人也。"①叶子奇也说:"仕途自木华黎等四怯薛大根脚出身分任台长外,其余多是吏员,至于科目取士,止是万分之一耳!"②由于"根脚"观念的影响,元代官制可说是游牧封建制与中国官僚制的揉合。而四大家族这类"大根脚"家庭可谓占尽优势,博尔忽一家便有"五世六王六太师"的记录。相比之下,使中国史上所艳称的汉代袁氏"四世三公"的记录大为逊色。

---

① 《庚申外史》(豫章丛书)卷下,页22上。
② 《草木子》,页82。

表八　博尔木、博尔忽、木华黎三家仕进统计表

品级	博尔木家		木华黎家		博尔忽家		总计	
	起仕	终仕	起仕	终仕	起仕	终仕	起仕	终仕
三公	0(0%)	2(16.67%)	0(0%)	2(4.16%)	0(0%)	4(12.90%)	0(0%)	8(8.79%)
一品	3(25.00%)	5(41.67%)	5(10.64%)	13(26.53%)	5(16.13%)	3(9.68%)	13(14.28%)	21(23.08%)
二、三品	3(25.00%)	0(0%)	10(20.83%)	8(16.33%)	7(22.58%)	8(25.81%)	20(21.98%)	16(17.58%)
中下品	0(0%)	0(0%)	2(4.17%)	0(0%)	0(0%)	0(0%)	2(2.99%)	0(0%)
蒙制官	3(25.00%)	2(16.67%)	4(8.33%)	2(4.08%)	4(12.90%)	2(6.45%)	11(12.08%)	6(6.59%)
其他	0(0%)	0(0%)	1(2.08%)	2(4.08%)	3(9.68%)	2(6.45%)	4(4.40%)	3(3.26%)
不详	3(25.00%)	3(25.00%)	26(54.16%)	22(44.89%)	12(38.71%)	12(38.71%)	41(45.05%)	37(40.65%)
总计	12(100%)	12(100%)	48(100%)	49(100%)	31(100%)	31(100%)	91(100%)	91(100%)

表九　赤老温家仕进统计表

品级	起仕	终仕
三公	0(0%)	0(0%)
一品	0(0%)	0(0%)
二、三品	0(0%)	4(21.05%)
中下品	5(26.32%)	3(15.79%)
蒙制官	7(36.84%)	3(15.79%)
其他	0(0%)	0(0%)
不详	7(36.84%)	9(47.37%)
总计	19(100%)	19(100%)

表十　四大家族历代仕宦演变表

(A)博尔术家

代次	三公	一品	二、三品	中下品	蒙制官	其他	不详
Ⅰ	0	0	0	0	1	0	0
Ⅱ	0	0	0	0	1	0	0
Ⅲ	1	1	0	0	0	0	0
Ⅳ	0	2	0	0	0	0	1
Ⅴ	1	2	0	0	0	0	0
Ⅵ	0	0	0	0	0	0	0
Ⅶ	0	0	0	0	0	0	1
不详	0	0	0	0	0	0	1
总计	2	5	0	0	2	0	3

(B)木华黎家

代次	三公	一品	二、三品	中下品	蒙制官	其他	不详
Ⅰ	1	0	0	0	0	0	0
Ⅱ	0	0	0	0	1	0	0
Ⅲ	0	0	0	0	1	1	5
Ⅳ	0	3	0	0	0	0	7
Ⅴ	1	3	1	0	0	0	3

代次	三公	一品	二、三品	中下品	蒙制官	其他	不详
Ⅵ	0	3	3	0	0	0	1
Ⅶ	0	2	2	0	0	0	2
Ⅷ	0	0	1	0	0	0	2
不详	0	1	1	0	0	0	2
总计	2	12	8	0	2	1	22

(C)博尔忽家

代次	三公	一品	二、三品	中下品	蒙制官	其他	不详
Ⅰ	0	0	0	0	1	0	0
Ⅱ	0	0	0	0	1	1	0
Ⅲ	0	0	0	0	0	1	1
Ⅳ	1	1	2	0	0	0	2
Ⅴ	2	2	2	0	0	0	3
Ⅵ	1	0	3	0	0	0	5
Ⅶ	0	0	1	0	0	0	1
总计	4	3	8	0	2	2	12

(D)赤老温家

代次	三公	一品	二、三品	中下品	蒙制官	其他	不详
Ⅰ	0	0	0	0	1	0	0
Ⅱ	0	0	0	0	0	0	2
Ⅲ	0	0	0	1	1	0	0
Ⅳ	0	0	1	0	1	0	0
Ⅴ	0	0	1	1	0	0	1
Ⅵ	0	0	1	0	0	0	4
Ⅶ	0	0	0	1	0	0	2
不详	0	0	1	0	0	0	0
总计	0	0	4	3	3	0	9

	人名	代次	初任官职	终任官职	三公	王爵	史源
1	博尔尤	1	右手万户*	右手万户*	无	无	《元史》119.18b—20a,《国朝文类》24.4a—5a
2	孛栾台	2	右手万户*	右手万户*	无	无	《元史》119.20a,《国朝文类》23.5b
3	玉昔帖木儿	3	御史大夫(1B)	知枢密院事(1B)	太傅、太师(1A)	无	《元史》119.20b,《国朝文类》23.3b—9a
4	秃赤	3	御史中丞(2A)	御史大夫(1B)	无	无	《国朝文类》23.8a,《宪台通纪》1.9a
5	木剌忽	4	知枢密院事(1B)	知枢密院事(1B)	无	广平王2	《元史》24.15a,20b,22a,108.7a
6	脱邻	4	不详	不详	无	无	《国朝文类》23.8a
7	秃土哈	4	不详	御史大夫(1B)	无	广平王1	《元史》27.7ab,《宪台通纪》1.18b—19a
8	阿鲁图	5	经正监(3A)	中书右丞相(1A)	太傅(1A)	广平王4	《元史》139.12a—14a
9	咬咬	5	知枢密院事(1B)	甘肃行省左丞相(1A)	无	广平王5	《元史》42.15b,43.5b,45.2b
10	哈班	?	不详	不详	无	广平王3	《元史》33.22b,108.7a
11	纽的该	5	同知枢密院事(2A)	知枢密院事(1B)	无	无	《元史》139.14a—15a
12	哈剌章	7	怯薛官*	不详	无	无	《元史》145.10b

编制体例附释:

1. 本表所列人物,仅以汉文史料著录者为限,波斯文史料所记者与汉文史料往往相互牴牾,难以吻合,兹不录。

2. 凡属传统蒙古体制的官职,或临时任命,而无正常品级者,皆加 * 号。而有品级之官职则注品级于官职之后。

3. 追封王爵及三公者概不予胪列。

4. 王号后右下角之数字表明承袭序。

5. 关于品级,根据《元史》卷八五至九一。

	人名	代次	初任官职	终任官职	三公	王爵	史源
1	木华黎	1	左手万户*	左手万户*	太师(1A)	国王 1	《元史》119. 1a—8a,《国朝文类》24. 1a—2b
2	孛鲁	2	左手万户*	左手万户*	无	国王 2	《元史》119. 8b—10a,《国朝文类》24. 2b—3a
3	塔思	3	左手万户*	左手万户*	〃	国王 3	《元史》119. 10a—13a,《国朝文类》24. 3ab
4	速浑察	3	左手万户*	总中都行省蒙古汉军*	〃	国王 4	《元史》119.13ab
5	霸都鲁	3	先锋元帅*	不详	〃	国王	《元史》119. 15ab,《国朝文类》24.3b—4a
6	伯亦难	3	不详	〃　〃	〃	无	《元史》119.10a
7	野蔑干	3	〃　〃	〃　〃	〃	〃	同上
8	野不干	3	〃　〃	〃　〃	〃	〃	〃
9	阿里乞失	3	〃　〃	〃　〃	〃	〃	〃
10	硕笃儿	4	〃　〃	〃　〃	〃	建国王旗鼓 1	《元史》119.12b
11	忽林池	4	北京辽阳行省事(1B)	北京辽阳行省事(1B)	〃	国王 5	《元史》7. 12a,8. 11a
12	乃燕	4	不详	不详	〃	无	《元史》119. 13b—14b
13	相威	4	南台御史大夫(1B)	江淮行省左丞相(1B)	〃	〃	《元史》卷128.11a—14a
14	撒蛮	4	不详	不详	〃	〃	《元史》119.16b

	人名	代次	初任官职	终任官职	三公	王爵	史源
15	安童	4	中书右丞相(1A)	中书右丞相(1A)	″	″	《元史》126.1a—4b,《国朝文类》24.1a—10b
16	定童	4	不详	不详	″	″	《元史》119.15b,《国朝文类》24.4a
17	霸都虎台	4	″ ″	″ ″	″	″	同上
18	和童	4	″ ″	″ ″	″	国王6	同上
19	忽速忽尔	4	″ ″	″ ″	″	国王7	《元史》139.1a
20	忽都华	5	″ ″	″ ″	″	建国王旗鼓2	《元史》119.12b
21	硕德	5	同知通政院使(3A)	同知通政院使(3A)	″	无	《金华文集》25.22a—23b,《元史》119.14b—15a
22	伯颜察儿	5	不详	不详	″	″	《元史》119.14b
23	阿老瓦丁	5	南台御史大夫(1B)	南台御史大夫(1B)	″	″	《元史》128.13b—14,《南台备要》1.7ab
24	脱脱	5	上都留守(2A)	江浙平章政事(1B)	″	″	《元史》119.17a—18b
25	兀都台	5	太常卿(3A)	太常卿(3A)	″	″	《金华文集》24.2a,《国朝文类》24.8ab
26	朵罗台	5	不详	不详	太尉(1A)	国王8	《元史》139.38
27	乃蛮台	5	宣徽院使(1B)	辽阳左丞相(1A)	无	国王10	《元史》139.1a—3a
28	忽都帖木儿	6	不详	不详	″	建国王旗鼓	《元史》119.13a
29	别里哥帖木儿	6	同知通政院事(3A)	同知通政院事(3A)	″	无	《金华文集》25.20b,25b

	人名	代次	初任官职	终任官职	三公	王爵	史源
30	脱欢	6	不详	集贤大学士(1B)	〃	〃	《元史》
31	朵儿只	6	集贤学士(2A)	中书右丞相(1A)	〃	国王9,11	《元史》139.3a—5b
32	拜住	6	太常礼仪院使(2A)	中书右丞相(1A)	〃	无	《金华文集》24.1a—8a
33	野仙溥花	6	监察御史(7A)	辽阳行省左丞(1A)	〃	国王14	《元史》139.3a,《蒙兀儿史记》157.43a
34	晃忽而不花	6	不详	大都留守(2A)	〃	〃	《国朝文类》24.17b
35	宝哥	7	〃 〃	不详	〃	建国王旗鼓	《元史》119.13a
36	朵尔直班	7	工部郎中(5B)	湖广平章政事(1B)	〃	无	《元史》42.17a,139.6a—12a
37	朵蛮帖木儿	7	不详	翰林学士(2A)	〃	〃	《元史》139.5b
38	俺木哥失里	7	〃 〃	不详	〃	国王12	《元史》139.5b
39	苔里麻硕理	7	宗仁卫指挥使(3A)	中书右丞(2A)	〃	无	《元史》113.4b,29.8a
40	笃麟铁穆尔	7	蒙古卫都指挥使(3A)	宣徽院使(1B)	〃	〃	《金华文集》24.6b,《元史》41.7b
41	道童	8	不详	不详	〃	建国王旗鼓	《元史》114.13a
42	铁固思帖木儿	8	〃 〃	中书参知政事(2A)	〃	无	《元史》113.13b
43	笃坚帖木儿	8	〃 〃	不详	〃	〃	《元史》139.12a
44	孛兰肸	?	〃 〃	〃 〃	〃	〃	《国朝文类》59.19a

	人名	代次	初任官职	终任官职	三公	王爵	史源
45	纳哈出	?	〃 〃	署丞相(1A)	〃	开元王	《国初群雄事略》12.1a
46	襄加歹	?	〃 〃	不详	〃	国王 13	《元史》45.16a
47	索罗帖睦尔	?	同知将作院事(3A)	宣政院副使(2B)	〃	无	《存复斋文集》4.10b—11b
48	安僧	?	万户(3A)	淮东宣慰使(2A)	〃	〃	《至正集》36.53b—54a

表十三 博尔忽家仕进资料表

	人名	代次	初任官职	终任官职	三公	王爵	史源
1	博尔忽	1	千户*	千户*	无	无	《元史》119.22a,《国朝文类》23.9b—10
2	脱欢	2	〃 〃*	〃 〃*	〃	〃	〃
3	塔察儿	2	燕南断事官*	行省兵马都元帅*	〃	〃	《元史》119.25a—26b,《山右石刻丛编》37.1b—2a
4	失烈门	3	不详	不详	〃	〃	《元史》119.22a,《国朝文类》23.10a
5	别里虎台	3	行省兵马都元帅*	行省兵马都元帅*	〃	〃	《元史》119.26b,《山右石刻丛编》37.2a
6	木土各儿	4	不详	丞相(1A)	〃	〃	《国朝文类》60.14a
7	月赤察儿	4	宣徽使(1B)	和林右丞相(1A)	太保、太师(1A)	淇阳王 1	同上 23.9b—20a,《元史》119.22a—25b
8	马合兀剌	4	不详	不详	无	无	《国朝文类》23.13a
9	怯烈出	4	〃 〃	〃 〃	〃	〃	《国朝文类》59.19a

	人名	代次	初任官职	终任官职	三公	王爵	史源
10	密里察而	4	大河以南统军*	蒙古军万户(3A)	〃	〃	《山右石刻丛编》37.2ab
11	宋都鼒	4	蒙古军万户(3A)	江西都元帅(3A)	〃	〃	《山右石刻丛编》37.2b,《元史》169.26b—27a
12	塔剌海	5	右都威卫使(3A)	中书右丞相(1A)	太尉、太保(1A)	淇阳王2	《国朝文类》23.15ab
13	马剌	5	大宗正府也可札鲁忽赤(1B)	遥授右丞相(1A)	无	无	《国朝文类》23.16b
14	佤头	5	宣徽使(1B)	中书丞相(1A)	太师(1A)	淇阳王3	《国朝文类》23.16b—18a
15	送秃儿也不干	5	内供奉*	不详	无	无	《国朝文类》23.18a
16	也先铁木儿	5	知枢密院事(1B)	中书右丞相(1A)	〃	淇阳王4	《蒙兀儿史记》23.13b
17	奴剌丁	5	内供奉*	不详	〃	无	《蒙兀儿史记》23.13b
18	伯都	5	不详	〃 〃	〃	〃	〃
19	阿鲁灰	5	蒙古军万户(3A)	江西道都元帅(3A)	〃	〃	《山右石刻丛编》37.2b
20	别里阁不花	5	副都万户(3B)	副都万户(3B)	〃	〃	《山右石刻丛编》2b—3a
21	合不沙	6	不详	不详	〃	〃	《国朝文类》13.18b
22	铁木儿也不干	6	右都威卫使(3A)	通政院使(2B)	〃	〃	《国朝文类》23.18a
23	完者帖木儿	6	知枢密院事(1B)	御史大夫(1B)	太傅	淇阳王5	《元史》38.15b,16b
24	按思马不花	6	不详	不详	无	无	《国朝文类》23.18a

	人名	代次	初任官职	终任官职	三公	王爵	史源
25	阿塔火者	6	〃 〃	〃 〃	〃	〃	同上
26	亦乞里歹	6	蒙古军万户(3A)	蒙古军万户(3A)	〃	〃	《山右石刻丛编》34.38b
27	昔里伯吉	6	蒙古军副都万户(3A)	同左(3B)	〃	〃	《山右石刻丛编》34.42b,37.3ab
28	昔里吉	6	不详	不详	〃	〃	同上 34.3a
29	嵩寿	6	〃 〃	〃 〃	〃	〃	同上

表十四　赤老温家仕进资料

	人名	代次	初任官职	终任官职	三公	王爵	史源
1	赤老温	1	怯薛官*	怯薛官*	无	无	《道园学古录》16.10ab
2	纳图儿	2	御位下必阇赤*	不详	〃	〃	《金华文集》35.8b
3	阿剌罕	2	怯薛官*	〃 〃	〃	〃	《道园学古录》16.10b
4	察剌	3	业里城子达鲁花赤*	随州军民达鲁花赤(4B)	〃	〃	《金华文集》35.8b
5	锁兀都	3	阔端太子从臣*	阔端太子从臣*	〃	〃	《道园学古录》16.10b
6	忽讷	4	随州军民达鲁花赤(4B)	江西湖东道廉访使(3A)	〃	〃	《金华文集》35.8b—9a
7	唐兀鳟	4	王府怯薛官*	王府怯薛官*	〃	〃	《道园学古录》16.10b
8	式列乌台	5	不详	不详	〃	〃	《金华文集》35.9a

	人名	代次	初任官职	终任官职	三公	王爵	史源
9	脱帖穆耳	5	上千户所达鲁花赤(5A)	上千户所达鲁花赤(5A)	〃	〃	《金华文集》35.8b
10	健都班	5	领王府军民诸色人匠*	侍御史(2B)	〃	〃	《道园学古录》16.11b—12a
11	火都	6	上千户所达鲁花赤(5A)	不详	〃	〃	《金华文集》35.10a
12	哈剌	6	不详	〃 〃	〃	〃	同上
13	月鲁不花	6	台州路录事司达鲁花赤(3A)	山南道廉访使(3A)	〃	〃	《元史》145.5a—8a,《元统元年进士录》,上12下。
14	笃列图	6	衡阳县丞(5A)	不详	〃	〃	《金华文集》35.10a
15	完泽不花	6	不详	〃 〃	〃	〃	同上
16	老安	7	〃 〃	枢密院判官(5A)	〃	〃	《元史》145.15b
17	同寿	7	〃 〃	〃 〃	〃	〃	同上
18	百家奴	7	〃 〃	〃	〃	〃	同上
19	实理	?	〃 〃	同知徽政院事(2A)	〃	〃	《金华文集》25.25a

忽必烈定制以后,文官子孙仅可降四品承荫,且限一名。武官子孙可承袭,亦限一名[1]。但是这些规定并不适用于勋臣之家。《元史·选举志》说:"其出宿卫勋臣之家者,待以不次。"[2]高门子

---

[1]《元典章》卷八,页10上下。
[2]《元史》卷八一,页1下。

弟,除一人荫袭父职外,多可进入怯薛。这些高门子弟在充任怯薛
歹后,经过特别的敕选,即"别里哥"(belge)选①,便可出任政府的
官职。《经世大典·序录》说:

> 用人之途不一,亲近莫若宿卫之臣所谓怯薛者,然而任使
> 有亲疏,职事有繁易,历时有久近,门第有贵贱,才器有大小,
> 故其得官也,或大而宰辅,或小而冗散,不可齐也。②

可见凡任怯薛歹者皆可出任,但其品秩高低有别,而门第的贵贱是
一个主要评准。

　　四大家族的仕进状况可由表八与表九"四大家族仕进统计
表"看出。此二表乃是根据表十一至十四"四大家族仕进资料表"
做成。在分析这二表的内涵前,有几点须加以说明:第一,凡封袭
为王者,资料表内皆加胪列,并注明承袭次序,统计表则未计入。
资料表中之列入乃为方便上一章的讨论。未列入统计表的原因是
由于王爵乃属世袭,仅反映始封者的成就,以后各人的承袭乃系仰
先人之余荫,与其在官僚制内的表现无关。而且王爵无品级,严格
言之,不是官僚制的产物。第二,三公虽为一荣衔,但非世袭,而且
有品级(正一品),可视为仕进的极峰,故予计入。凡封为三公
者,其最后品级便以三公计算。如兀都台最后实职为太常卿,仅
为正三品,但因封为太尉,便以一品计算。第三,"蒙式官"项下
计入者大多为忽必烈定制以前传统蒙古官职,无法变换为汉制

---

①Belge 原意为记号、印。《新元史·郑介夫传》(卷一九三,页 783 中):"今乃
　以省部除授之官,指为常选;以天子委用之人,指为别里哥选。"参看山崎忠
　《别裹哥文字考》,《東方學報》(京都)第 24 期(1954),页 397—442。
②《国朝文类》卷四〇,页 10 上。关于怯薛歹的入官,参看萧启庆《元代的宿
　卫制度》,页 61—64;片山共夫《怯薛と元朝官僚制》,《史學雜誌》第 89 卷
　第 12 期(1980),页 1—37。

品级。这类职位在当初蒙古体制内大多甚为崇高,如左右手万户之类。但在这类中也包括史料中仅著录为怯薛官、内侍奉的各人。第四,凡史源中未列其官职者,即列入"不详"。因此,列入不详者可能终身未仕而无记录,但更可能是由于记录不备。各家现存史料不多,元季尤少[1],以致列入不详者高达各家总人数的40%左右,可谓美中不足。第五,史料中未明言出任官职,却曾封袭为王者亦列入不详。这类人物共有十一人。因此,列入不详者未必是白身人。

在讨论四大家族仕进时,赤老温家必须与其他三大家族分而论之。因为赤老温家已沦为统治阶层的一个中等家庭,而其他三家则是青紫相继,"朝廷议功选德,必首三家焉!"[2]如将赤老温家与其他三家合而论之,则足以遮掩其他三家的突出性。

博尔尤、博尔忽、木华黎三家以低于三品官阶起仕者仅二人(朵儿直班、野仙溥花),皆出于木华黎家,可谓例外,占三家现知总人数的2.22%。以二、三品高职起仕者则有十九人,占总人数的21.11%,其中博尔尤家三人、木华黎家八人、博尔忽家七人。初仕即为一品大员者更多达十三人,占总人数的14.44%。其中更有几位年方廿左右便官居极品。至元名相安童便是廿岁膺任中书右丞相的重寄,在此以前除任怯薛长外,别无政治经验[3]。孤头年十八任仁宗潜邸怯薛官,同年便拜宣徽使、中书右丞相[4]。安童之孙拜

①各家碑传最晚者,木华黎家为黄溍《札剌尔公神道碑》,成于1350年;博尔忽家为张敏《八撒儿公德政碑》,成于1337年;博尔尤家的仅存碑乘为阎复《太师广平贞宪王碑》,更早成于1305年,此后六十余年,即无完整记录。
②《国朝文类》卷二三,页9下。
③同上,卷二四,页4下。
④同上,卷二三,页17上。

住也是行年廿三便任右丞相①。这种少年宰相仅可能产生于世封之家,与个人能力的关系不大。

三家成员任官的起点既高,最后的官职自然更高。现有资料全无三家成员以中下品阶终其身的记载。即是位至二、三品者也仅有十六人,占总人数的 17.78%,其中木华黎家七人、博尔忽家八人,而博尔术家并无一人。博尔忽家以二、三品终其身者最多的原因是密里察而一系世袭河南淮北蒙古军副都万户及万户。三家成员官至一品及位列三公者更是比比皆是。官至一品者共达廿人,占总人数的 22.27%。其中木华黎家占十二人,博尔术及博尔忽两家分别有五人及三人。三家荣为三公者亦达八人,占总人数的 8.99%。其中以博尔忽家为最多,占四人,而木华黎、博尔术家则各有二人。若将三家封为三公及官至一品者合计则多达廿八人,几达三家总人数的三分之一,可谓惊人。

事实上,这些数字仍不能完全显示三大家族的显赫。前文说过,列入“蒙式官”项下的各人,其中不少都是蒙古帝国最显赫的万户、千户(共六人),但因未拥有汉式品阶而未列入计算。其次,凡袭王爵而无任官记录者皆列入“不详”项下共十二人。若把这两项与上述位至三公及官至一品者合而计之,则已超过总人数的一半。

三家显赫的持续性也很惊人。博尔术、博尔忽家第一、二代,木华黎家前三代大多仕进于忽必烈汗建制以前,品级无法计算。以后各家浮沉略有不同,但都可说累世金紫。博尔术家最显赫的是三、四、五代。其中玉昔帖木儿久任御史大夫,并以太傅知枢密院事辅佐皇孙铁木儿统军北边,后来拥铁木儿为汗,是为成宗,立有大功,进爵太师,是元贞、大德间最为炙手可热的权臣。其弟秃

---

① 《金华黄先生文集》卷二四,页 3 下。

赤任御史大夫，其子秃土哈、木剌忽分别官至御史大夫与知枢密院事，并相继为广平王①。其孙辈中，阿鲁图于至正前期官至中书右丞相，晋封太傅，咬咬官至甘肃行省左丞相②，纽的该则于 1360 年为知枢密院事③。三代之间共有二人位晋三公，五人官至一品（见表十"四大家族历代仕宦演变表"），其中五人并曾承袭广平王位。

木华黎家则以四、五、六三代功业为最盛。第四代，除二人袭王爵外（忽林池、硕笃儿），官至一品者共三人（安童、忽林池、相威）。其中以二度为相的安童为最著④。第五代虽无安童之类的出色人物，但是承先人余荫，封为三公者一人（兀都台），官至一品者三人（乃蛮台、阿老瓦丁、脱脱）、三品者一人（硕德），其中三人曾袭王爵（忽都华、朵罗台、乃蛮台）。第六代声势仍盛，官至一品者三人（脱欢、朵儿只、拜住），二、三品者三人（别里哥帖木儿、野仙溥花、晃忽而不花），另有三人承袭王爵（忽都帖木儿、朵儿只、野仙溥花），其中以拜住最为有名。拜住踵武乃祖安童，是英宗时的儒相⑤。朵儿只也曾于至正初官至中书右丞相，并曾两度袭为国王⑥。

博尔忽家则以四、五两代最为显赫。第四代中，晋位三公者一人（月赤察儿），官至一品者一人（木土各儿），三品者二人（密里察儿、宋都䚟）。其中月赤察儿历仕忽必烈、铁木儿、海山三朝，1300

①《元史》卷一一九，页 22 上—25 下；《国朝文类》卷二三，页 10 下—15 上。
②《元史》卷四五，页 2 下。
③同上，卷一三九，页 14 上；卷一四〇，15 上。
④《国朝文类》卷二四，页 4 下—8 上；《元史》卷一二六，页 1 上—4 下；《国朝名臣事略》卷一，页 7 上—11 下。
⑤《金华黄先生文集》卷二四，页 1 上—9 上。关于拜住事迹，参看萧功秦《英宗新政与南坡之变》，《元史及北方民族史研究集刊》第 4 期（1980），页 38—46。
⑥《元史》卷一三九，页 3 上—5 下。

年辅佐晋王甘麻剌督军蒙古,击败叛王海都笃哇,颇著汗马之功。1308年复协助海山——未来的武宗击败海都之继承人察八儿的余众。此为月赤察儿与武宗、仁宗一系相结纳的开始。武宗即位后,曾下诏月赤察儿说"朕昔入继统,公之谋猷尤多",故封之为淇阳王,以太师衔出任和林行省右丞相,坐镇蒙古①。由于月赤察儿的权势,其家的地位在下一代达到巅峰。第五代中,晋位三公者二人(塔剌海、佤头),官至一品者二人(马剌、也先帖木儿),其中三人曾相继承袭淇阳王位(塔剌海、佤头、也先帖木儿),都是月赤察儿之子,仰承其余荫者。另有二人仅官至三品(阿鲁灰、伯里阁不花),则出于塔察儿一系,与月赤察儿无关。

博尔忽、博尔术两家自第六代起,木华黎家自第七代起,声华稍逊于前。博尔术家自第五代以后仅有第七代的哈剌章于1366年左右担任怯薛官,不知是否曾任官职②。另有代次不详的哈班曾于1309年承袭广平王,此外便不见此家的仕进纪录。博尔忽家情形较好。第六代至三公者一人(完者帖木儿,并袭淇阳王),官至二品者一人(铁木儿也不干),三品者二人(亦乞里歹、昔里伯吉)。第七代则仅有八撒儿承袭河南淮北蒙古军都万户,秩正三品。三家中以木华黎家情形最好,第七代官至一品者共二人(朵尔直班、笃麟铁穆尔),二品者二人(朵蛮帖木儿、苔里麻硕理),另有二人承袭王爵(宝哥、俺木哥失里)。第八代中仅知一人官至正二品(铁固思铁木儿),承袭王爵者一人(道童),另有代次不详的安僧于天历初任淮东宣慰使,囊加歹于1359年任国王,索罗帖睦尔官至宣政院副使,秩正二品。另有一纳哈出于北元时代任丞相并封开元王,继续在辽东抗明。

①《国朝文类》卷二三,页14下。
②《元史》卷一四五,页10下。

三大家族最后几代仕进记录逊色于前,一方面可能仅为记录不备所造成的错觉。最后几代已近元末,碑传残缺,仕进纪录自然只有一鳞半爪,不能完全反映实况。另一方面则由于元代中期以后,政争不绝,帝系屡变,这几个家族的成员难免卷入漩涡,成则加官进爵,败则削封罢官。前述的玉昔帖木儿、月赤察儿即为拥立有功而致光大门楣的例子。博尔忽家第六代起一蹶不振则也与卷入政争有关。月赤察儿子嗣淇阳王也先帖木儿与御史大夫铁失相勾结,于1323年弑英宗于南坡,迎立泰定帝。也先帖木儿虽因此得官拜中书右丞相,但不久即遭诛戮。虽然其侄完者帖木儿得嗣王爵,但在武宗、仁宗一系夺回政权后,完者帖木儿于1335年遭夺爵流放,理由为他是"也先帖木儿骨肉之亲","乃贼臣也"①。以后便不见有承袭淇阳王的记载,博尔忽家脱欢一系也未再见仕进的记录。

但是,在一般情形之下,三大家族某一成员的政治错误,并不会导致整个家族的覆亡。一方面由于各家族宗支繁衍,同一家族的子孙往往党同伐异,支持政争中不同的皇裔。例如在绵亘五年的泰定帝与武宗、仁宗后裔的争斗中,木华黎的后裔便分属不同的阵营中。拜住与英宗同遭难于南坡,其从弟朵儿只也险遭不测②。但是拜住的从叔嗣国王朵罗台则是泰定帝的主要支持者。泰定帝卒,朵罗台等拥立天顺帝于上都,与武宗之子和世㻋、图帖睦尔(即明宗、文宗)相抗衡,兵败被戮③。但是朵罗台的受戮对整个木华黎家影响不大,1329年朵儿只受命嗣国王④,国王之位乃得赓续,

---

①《元史》卷三八,页15下;《蒙兀儿史记》卷二八,页13下。
②《金华黄先生文集》卷二四,页6上;《元史》卷一三九,页5上。
③《元史》卷一三九,页3下。
④《元史》卷一三九,页1上—2下。

不过暂时由阿里乞失一支转移至速浑察系,不久朵罗台之弟乃蛮台且又重得国王之位①。事实上,木华黎家国王之位,乃是成吉思汗所封,有"传国永世"的誓券,不致因卷入政争而夺爵灭门。其他二家也是"老奴婢根脚",威望素著。不问大汗为何人,都需要这些家族的子孙来点缀宫廷。博尔术家嗣国王秃土哈(脱忒哈),原官御史大夫,1320 年以阴与徽政院使失烈门谋废英宗的罪名伏诛,但英宗不久即以其兄木剌忽嗣封为广平王。此后文宗夺得政权后,木剌忽以党于天顺帝的罪名夺爵,但其族人哈班(世系不详)不久又奉诏代嗣②。所以,个人的失足并未引起家族的禁锢。

就时间而言,三家功业可说是与蒙元一代相终始。即使博尔忽家,脱欢一系虽因也先帖木儿事件的影响,在 1335 年以后便无仕进的纪录。塔察儿一系现存最晚碑传为 1339 年撰成的《八撒儿公德政碑》,当时八撒儿仍官拜河南淮北蒙古军副都万户③,此后此系子孙,当仍继续承袭军职。博尔术家的咬咬于 1357 年时任甘肃行省右丞相④。纽的该于 1360 年时仍任知枢密院事⑤,而哈剌章担任怯薛官更是在元亡前二年事。木华黎家的铁固思铁木儿在 1367 年担任中书参知政事,分省保定,下距元亡仅一年⑥;纳哈出更在蒙古退出汉土后,继续在辽东抗明,直至 1387 年始降明。

①《元史》卷二七,页 7 上下。
②《元史》卷三三,页 22 下。
③《山右石刻丛编》卷三四,页 38 上—39 下。又同书(卷三四,页 41 上—42 下)柴缉熙撰《迁修洞霞观记》亦撰于 1339 年,亦称八撒儿为"今蒙古军副都万户"。
④《元史》卷四五,页 2 下。
⑤《元史》卷一四〇,页 15 上。
⑥《元史》卷一一三,页 12 上、13 下。

赤老温后裔的仕进纪录,与上述三家相比不免有续貂之感。赤老温之子阿剌罕一系,除阿剌罕本人可能以怯薛官身份侍奉成吉思汗外,其子锁兀都、孙唐兀觯、曾孙健都班先后都担任阔端家的王府官,1328 年健都班入朝,官至侍御史,秩正二品,以后便无此系的消息①。赤老温另子纳图儿曾任御位下必阇赤。纳图儿之子察剌于窝阔台时官至随州军民达鲁花赤,其子忽讷曾以管军万户从伐宋,宋平后,弃武就文,官至江西湖东道肃政廉访使,以后虽也每代均有人入仕,但无大贵者,且有二人藉科举进身,与一般家庭子弟争胜于场屋之间(月鲁不花、笃列图)②。整个说来,赤老温在元代服仕子孙中,从无一人官至一品。官至二、三品者不过四人(忽讷、健都班、月鲁不花、实理),官至四、五品者三人(察剌、脱帖穆耳、老安)。在蒙元社会中,赤老温家不过是一个中上等的蒙古官贵家庭。

五、婚姻

婚姻是门第社会中家族地位的反映,也是增益家族政治社会地位的有力工具。因此,分析四大家族的婚姻,对了解这些家族的地位及其保存之道应有很大的帮助。

元代蒙古贵族的婚嫁受到一些特殊习俗的限制。第一,蒙古习尚氏族外婚制,凡来自同一祖先的家族都不能互为姻娅③,也就

---

① 《道园学古录》卷一六,页 9 上—11 上。
② 《金华黄先生文集》卷三五,页 8 下—11 上。
③ 参看高文德《蒙古奴隶制度研究》(呼和浩特,1980),页 207—222;符拉基米尔佐夫前揭书,页 76—78。

是元代文献中所说的"自家骨头（yasun）休成亲"。第二，由于蒙古人原在草原上聚族而居，邻近居民多属同族，必须舍近求远，同距离遥远的外族通婚甚为不便，遂造成世婚制的盛行，即甲乙两族维持固定的婚约，世结姻娅。成吉思汗家与弘吉剌（Khonggirad）及亦乞烈思（Ikires）等氏族便是如此。通元一代，弘吉剌氏等都是"生女世以为后，生男世尚公主"①。第三，蒙古建国以后，阶级森然。不仅封建贵族与平民（kharachu）之间有不可跨越的鸿沟，大小贵族之间，也是上下有分，难通姻娅。第四，元代贵族的婚姻也受到征服社会中种族阶层制度的影响。过去学者多认为元代禁止种族间的通婚，这一说法并不确实②，但是征服民族与被征服民族在政治社会权益上相去颇远，足以构成通婚的障碍。由于上述种种的局限，蒙古贵族联姻的对象自然十分狭窄。

表十五　四大家族婚姻对象统计表

对象类别	博尔尤家	木华黎家	博尔忽家	赤老温家	总计
皇族	1(4.76%)	0	19(90.47%)	1(4.76%)	21(27.27%)
四大家族其他	0	2(33.33%)	2(33.33%)	2(33.33%)	6(7.79%)
九十五千户其他	2(20.00%)	6(60.00%)	2(20.00%)	0	10(12.99%)
其他蒙古	2(15.36%)	7(53.85%)	3(23.07%)	1(7.09%)	13(16.88%)
色目	0	1(50.00%)	0	1(50.00%)	2(2.60%)
汉人（广义）	1(12.50%)	2(25.00%)	2(25.00%)	3(37.50%)	8(10.39%)
氏族不详	2(11.76%)	6(35.29%)	5(29.41%)	1(5.88%)	17(22.08%)
					77(100%)

①《元史》卷一一八，页1上。
②洪金富《元代汉人与非汉人通婚问题初探》，《食货月刊》（复刊）第6卷第12期（1977），页1—19；第7卷第1、2期（1977），页1—51。

表十六　四大家族婚姻对象资料表

A. 博尔术家

a. 娶入

婚次	夫名	妻名	氏族	父名	史源
1	博尔术	蔑里乞真	蔑儿乞(?)	不详	《国朝文类》23.5a
2	字栾台	完颜	女真	〃〃	同上
3	玉昔帖木儿	抄真	不详	〃〃	同上 23.8a
4	〃	秃忽鲁	〃〃	〃〃	同上
5	木剌忽	八都马	皇室姻族	〃〃	同上
6	〃	某公主	皇族	〃〃	《元史》108.7b

b. 嫁出

婚次	女名	父名	夫名	氏族	父名	史源
1	失邻	玉昔帖木儿	长寿	土别燕	完泽	《国朝文类》23.8a
2	不兰肳	〃	不列秃	怯烈	苔失蛮	同上；《牧庵集》13.10b

B. 木华黎家

a. 娶入

婚次	夫名	妻名	氏族	父名	史源
1	木华黎	普哈伦	不详	不详	《金华文集》24.1b
2	〃	赖蛮公主	乃蛮	〃〃	《蒙鞑备录》13a
3	〃	不详	汉人	史秉直	《永清文征》2.18a
4	字鲁	合笃辉	不详	不详	《金华文集》24.2a
5	〃	奔只海	〃〃	不详	同上 25.21a
6	速浑察	秃禾忽都	〃〃	〃〃	同上
7	霸都鲁	铁木伦	弘吉烈	按陈	《国朝文类》24.8a
8	乃燕	锁台	兀鲁	不详	《金华文集》25.22a
9	撒蛮	字罗海	〃〃	〃〃	《元史》119.17a
10	安童	普颜忽都	怯烈	〃〃	《国朝文类》24.8a

婚次	夫名	妻名	氏族	父名	史源
11	硕德	脱脱真	雍吉剌	〃 〃	《金华文集》25.23b
12	兀都台	吐萨怯温	笃思剌	〃 〃	同上 24.2b
13	〃	特济格	怯烈	苔失蛮	《牧庵集》13.10b
14	别里哥帖穆尔	伯笃都弥实	阿儿剌	不详	《金华文集》25.24b
15	拜住	妥妥徽	汉人	土禄不花	同上 25.24b
16	孛兰肹	不详	忙兀	博罗欢	《国朝文类》59.19a
17	晃忽儿不花	〃 〃	八邻	囊家台	同上 24.17b

b. 嫁出

婚次	女名	父名	夫名	氏族	父名	史源
1	不详	霸都鲁	木苏	国戚	不详	《国朝文类》24.4a
2	别速真	〃	伯颜	八邻	晓古台	同上 24,4a,17a
3	忽都台	〃	月赤察儿	阿尔剌	失烈门	同上 23.15b
4	不详	兀都台	相嘉硕利	八邻	囊家䚲	同上 24.8b
5	〃 〃	别里哥帖穆尔	实理	逊都思	不详	《金华文集》25.25a
6	〃 〃		勃罗帖穆尔	弥氏(?)	不详	同上

C. 博尔忽家

a. 娶入

婚次	夫名	妻名	氏族	父名	史源
1	博尔忽	阿勒塔泥	不详	不详	《蒙古秘史》§214
2	〃	铁魁	〃 〃	〃 〃	《国朝文类》23.10a
3	脱欢	秃灭	〃 〃	〃 〃	同上
4	失烈门	石氏	女真	〃 〃	同上
5	秃赤	失邻	皇族	忽觇都	Rashid/Boyle, p. 312
6	月赤察儿	抹开公主	〃 〃	宗王斡赤(祖)	《国朝文类》23.15a
7	〃	也逊真公主	〃 〃	宗王塔察儿(祖)	同上
8	〃	燕铁木儿公主	〃 〃	宗王察八儿	同上
9	〃	赤邻	别速	玉龙铁木儿	同上

婚次	夫名	妻名	氏族	父名	史源
10	〃	完泽	札剌儿	不详	同上
11	〃	忽都台	〃	霸都鲁	同上
12	怯烈出	不详	忙兀	博罗欢	同上 59.19a
13	密里察而	博罗海	不详	不详	《山右石刻丛编》37.2b
14	塔剌海	朔思蛮公主	皇族	宗王察带（祖）	《国朝文类》23.16a
15	〃	也里干公主	〃 〃	宗王失秃儿	同上 23.16b
16	〃	木忽里	逊都思	宿敦官人（祖）	同上
17	马剌	孛泽公主	皇族	宗王月鲁	同上
18	〃	梭儿合公主	〃 〃	宗王斡罗思	同上
19	〃	完踶斤	怯烈	怯烈	同上
20	㧰头		皇族	楚王牙忽都	同上 23.18a
21	伯里阁不花	亮者	札剌儿	不详	《山右石刻丛编》37.3a
22	昔里伯吉	宝口	不详	不详	同上 37.3b

b. 嫁出

婚次	女名	父名	夫名	氏族	父名	史源
1	忽神真	博尔忽（?）	忽必烈汗	皇族	拖雷	Rashid/Boyle, p. 244
2	不详	失烈门	笃哇	〃 〃		《国朝文类》23.13a
3	也逊真	月赤察儿	怯薛	不详	不详	同上 23.18a
4	蒙哥	〃	鲁王爱牙赤	皇族		同上
5	阔阔失	〃	宗王小薛	〃 〃		同上
6	梭台	〃	宗王罕差	〃 〃		同上
7	晏忽都	〃	朱（?）	汉人（?）	不详	同上
8	宝奴	〃	宗王彻彻秃	皇族		同上
9	八迭儿	月赤察儿（祖）	宗王沙剌班	〃		同上 16.10b
10	奴只罕	〃	亲王朔思班	〃		同上
11	不鲁合只罕	〃	越王阿剌 苔失里	〃		同上

D. 赤老温家

a. 娶入

	夫名	妻名	氏族	父名	史源
1	锁兀都	牟忽黎	不详	不详	《道园学古录》23.18b
2	唐古觯	忽都觯	伯要真	〃	同上
3	忽讷	博罗真	不详	〃	《金华文集》35.9a
4	脱帖穆耳	不详	哈鲁	〃	同上 35.10a
5	〃	高氏	汉人（？）	〃	同上
6	〃	朱氏	〃 〃	〃	同上
7	实理	不详	札剌亦儿	别里哥帖穆耳	同上 25.25a

b. 嫁出

	女名	父名	夫名	氏族	父名	史源
1	不详	脱帖穆耳	齐伯颜察儿	汉人	不详	《金华文集》33.10a
2	〃	〃	朵儿伯觯	不详	〃	同上
3	〃	〃	忽都苔儿	〃	〃	同上
4	木忽里	宿敦官人	塔剌海	忽神	月赤察儿	《国朝文类》23.16b
5	Baikha	Ja'utu	药布忽儿（Yobukhur）	皇族	阿里不哥	Rasid/Boyle, p. 312

兹将现所能见的四家婚姻资料列于表十六"四大家族婚姻对象资料表"中，并据以制成表十五"四大家族婚姻对象统计表"。在全部七十四个婚例中，氏族不详者比率颇高，占十五例（20.27%），须特加说明。这一现象的造成主要由于史料的缺陷。史料中仅列配偶之名而未提及其氏族及家世者都列入此类。例如木华黎之嗣国王孛鲁之妻有二人，黄溍撰拜住碑及别里哥帖穆尔碑中分别记作"高祖妣讳合笃辉，追封鲁国王夫人"[1]，"妣奔只海，

---

[1]《金华黄先生文集》卷二四，页 2 上；卷二五，页 21 上。

追封鲁国王夫人",以致无法判别二人的氏族。这些身份不明者固有出身寒门的可能,但在门第森然的蒙古社会中,这种可能性不大。因此,"氏族不详"的比率高,不能视为四大家族与寒门通婚的佐证。

各家婚姻的对象中,以皇族为最多,共廿例,占全部的27.02%。讨论之先必须指出,此处所谓皇族乃为广义,指涉的对象包括成吉思汗及诸弟全部后裔在内。蒙古人观念中,"大蒙古国"原是黄金氏族共有财产。在理论上说,各宗王子女与皇帝子女地位相当,男的称太子(köbegün 或 taiji),女的称公主(beki)[1]。

四大家族中与皇室通婚者绝大多数出于博尔忽家,占廿例中之十八例,博尔尤及赤老温家各有一例,而木华黎家则从未与皇室联姻。这种疏密悬殊的现象,自不能由各家的显晦来解释,而与各氏族间联姻的习惯有关。博尔忽家显然是元代皇室世婚的几个主要对象之一。元明善《淇阳忠武王碑》说此一家族是"男婚帝族,女媲王家"[2]。至于博尔忽家所属的忽神氏是否为孛儿只斤氏古来世婚的对象,抑是世婚关系乃是由于后来政治需要始告建立,仍不无疑问[3]。博尔忽之妻阿勒塔泥及铁魁出身不明,博尔忽家之尚主最早见于记载的是拉施德丁所记的秃赤驸马(Tukchi küregen),所尚失邻公主(Shirin akha)为拖雷末子忽觌都(Khutukhtu)之女,已经是忽必烈时人[4]。博尔忽家女子入嫔皇室最早者当推忽必烈妃、爱牙赤(Ayachi)之母忽神真(Hüshijin)。据拉施德丁说,忽神真为

---

①萧启庆《元丽关系中的王室婚姻与强权政治》,《第一届中韩关系史研讨会论文集》,台北,1983。
②《国朝文类》卷二三,页19上。
③同上,卷二三,页10上;《蒙古秘史》,第214节。
④*The Successors of Genghis Khan*, p. 312; cf. also Pelliot et Hambis, p. 376.

博尔忽之女,但依年龄判断似不可能,应为塔察儿或失烈门之女①。失烈门又有一女为察合台汗笃娃(Du'a)之妃②。博尔忽家之与皇室广泛持续地联姻似仅始于月赤察儿。月赤察儿及其子、孙三代共娶九公主,并有女七人嫁入皇族。而且往往一人娶公主数人(月赤察儿娶公主三人,其子塔剌海、马剌各尚主二人)③。可见自月赤察儿起,博尔忽家无疑是皇室最密切的姻族之一。这种密切的世婚关系,可能与月赤察儿及其诸子政治上的显赫有关。而且这一家族的塔察儿一系与皇室全无联姻的痕迹,亦可看出婚姻与政治的密切关联。

其他三家之鲜与皇族通婚乃是出于不同原因。木华黎家全无联姻皇室的记录,乃是因为札剌亦儿氏原是孛儿只斤世代隶属民,以致被认为"亲连天家,世不婚姻"④。仁宗曾诏拜住姻宗室女,而拜住却之,可能由于拜住懔于传统之故⑤。博尔朮家所属的阿鲁剌氏原出于海都,依蒙古习惯,与成吉思汗属同一"骨头"(yasun),故不能联姻。但是屠敬山先生曾指出:"年代远隔,已视为异姓,非周道百世不婚也。"⑥可见观念并非一成不变。《元史·诸王表》称

---

①*The Successors of Genghis Khan*, p. 244。博尔忽卒于 1217 年。爱牙赤生年虽不详,但其异母兄生于 1243 年,爱牙赤当晚于此。爱牙赤最早事迹仅见于 1271 年(《蒙兀儿史记》卷七六,页 11 上),其母当不至生于 1217 年以前。

②《国朝文类》卷二三,页 13 上。

③同上,卷二三,页 15 上—16 上。

④同上,卷二四,页 1 下。

⑤《金华黄先生文集》卷二四,页 5 下。

⑥《蒙兀儿史记》卷一五一,页 5 上。著成时代远晚于《蒙古秘史》的《史集》已不以阿鲁剌氏与孛儿只斤为同族,可见蒙古人的族系观念并非一成不变(*Sbornik letopisei*, vol. I, part 1, p. 169)。亦可为屠说之一证。

玉昔帖木儿子刺忽为驸马①,其妻当出于皇族②。至于赤老温家仅有宿敦官人之曾孙女、即爪都(Ja'utu)之女(Baikha)嫁入皇族,为阿里不哥子要不忽儿(Yobukhur)③。此外便不见联姻皇室的记录,当是由于家世式微的缘故。

除去与皇室联姻外,四大家族似以成吉思汗所封九十五千户的后裔为主要婚姻对象。其中又可分两类,一类是四大家族相互联姻,另一类是与四大家族以外的千户后裔通婚。四大家族的始祖原都是九十五千户的成员,因而四大家族与其他千户家庭应可合而观之,同为蒙古帝国的原始贵族阶级,门第相当,互结秦晋,原颇自然。四大家族相互通婚之事,由于资料缺乏,现仅知三起,即霸都鲁之女嫁与月赤察儿④,别里哥帖穆尔女嫁与赤老温之裔实理⑤,宿敦官人孙女木忽里嫁于塔刺海⑥,以上六人都属于博尔忽、木华黎、赤老温三家。博尔术家则未见有与其他三大家族联姻的记载,可能由于史籍的疏漏。

四大家族与其他千户后裔联姻者达十次之多,占总数的12.99%。其中以木华黎家的六次为最多,对象家世都很显赫:霸

<hr/>

①《元史》卷一〇八,页7上。
②木刺忽是否为驸马仍有争议。阎复《太师广平贞宪王碑》说:"木刺忽未及冠,诏选皇弥甥女八都马妻之。"(《国朝文类》卷二三,页8上)而钱大昕也说:"元之同族不得有尚主事,表称驸马,似误也。"(《廿二史考异》,上海,1937,页1487)。屠寄认为木刺忽于八都马逝世后,始尚公主(《蒙兀儿史记》卷一五一,页7下),不无可能。而《元史·食货志》岁赐节中之忒木台驸马经屠寄考订为博尔术之弟,虽非博尔术之直系后裔,不在本文范围之内,但可为博尔术一族因功勋卓著而偶有尚主的旁证。
③*The Successors of Genghis Khan*, p. 312.
④《国朝文类》卷二三,页15上。
⑤《金华黄先生文集》卷二五,页16下。
⑥《国朝文类》卷二三,页16下。

都鲁妻铁木伦为弘吉剌氏按陈那颜之女,忽必烈汗察必皇后之姐①。兀都台妻特济格出身怯烈氏②,曾祖昔勒字斡忽勒为九十五千户之一,祖孛鲁欢为蒙哥汗廷的重臣,尤凡尼称之为"朝廷栋梁"及众秘书之长③,父达失蛮也官至宣政使④。孛兰肹妻则出身忙兀名族,为江浙行省平章政事博罗欢之女,博罗欢之曾祖畏答儿为成吉思汗之千户,世统忙兀部⑤。此外,木华黎家更与伯颜家联姻达三次之多,即霸都鲁女别速真嫁与伯颜,其孙兀都台女又嫁于伯颜之孙相嘉硕利⑥,而伯颜孙女,即囊家觯女则又嫁于木华黎家的晃忽儿不花⑦。伯颜之祖阿剌里、叔祖纳牙阿都在九十五千户之列,伯颜本人更是出将入相,功业彪炳,其子囊家觯及孙相嘉硕利分别官至枢密副使和南台御史大夫⑧。两家门第甚为相当,所以忽必烈敕别速真嫁与伯颜时有诏云:"为伯颜妇,不惭尔氏矣!"⑨

其他三家中,赤老温家现无与其他千户家族联姻的记录,而博尔术、博尔忽家各有两次。博尔术家的两次分别为:玉昔帖木儿的

①同上,卷二四,页 8 上。
②姚燧《牧庵集》(四部丛刊)卷一三,页 10 下。
③Juvaini, *op. cit.*, II, p. 605.
④《元史》卷一三四,页 25 上;《牧庵集》卷一三,页 7 上—11 下。关于此家世系,参看 Louis Hambis, *Le chapitre cvii du Yuan che* (Leiden, 1954), p. 43.
⑤孛兰肹之名不见于木华黎各碑传中,世系不明。但姚燧《平章政事忙兀公神道碑》明言:"博罗欢女六人,次适国王弟孛兰肹。"(《国朝文类》卷五九,页 19 上;《牧庵集》卷一四,页 9 下)
⑥《国朝文类》卷二四,页 4 上、8 上、17 上。
⑦《国朝文类》卷二四,页 17 下。
⑧关于伯颜及其子孙事迹,见《元史》卷一二七,页 1 上—20 下;《国朝文类》卷二四,页 11 上—19 下;刘敏中《中庵集》(四库全书珍本三集)卷一五,页 1 上—5 下;F. W. Cleaves, "The Biography of Bayan of the Barin in the *Yuan shih*", *Harvard Journal of Asiatic Studies*, vol. 19(1956), pp. 185-303.
⑨《元史》卷一二七,页 1 上。

长女失邻嫁与长寿，次女不兰盼嫁于不列秃①。长寿出身土别燕
(Tübe'en)世家，曾祖为土薛千户②，祖线真是中统年间的中书右丞
相，父完泽则为至元季年的左丞相，与玉昔帖木儿同为拥立元成宗
铁木儿汗的功臣，而长寿本人也官至中书右丞③。不列秃则为前述
怯烈氏达失蛮之子，本人官至泉府少监④。博尔忽家与其他千户
家族联姻的两次则为月赤察儿弟怯烈出娶前述的博罗欢之女⑤及
月赤察儿子马刺娶怯烈氏完躔斤⑥。完躔斤之父怯烈为前述昔勒
孛斡忽勒之曾孙，湖广左丞相也先不花之子，本人也官拜中政使⑦。

若将四家族间互婚及与皇室及其他千户家族联姻者合计共达
卅七次，占全部婚例的48.05%，比率已很高，如把氏族不详者除
去，自然更高。可见四大家族是以皇室及九十五千户家族为主要
婚姻对象。

四大家族与皇族及九十五千户以外蒙古家庭联姻者共有十三
例，占总数的16.88%。事实上，这些不能确定的蒙古家庭也可能
是九十五千户之后或其他蒙古贵族家庭，唯因资料含混而不能确
指。博尔尤曾孙木刺忽所娶八都马为"皇弥甥女"⑧，木华黎曾孙
霸都鲁女婿木苏为"国戚"⑨，都可能出身于皇室姻族弘吉烈、亦乞

---

① 《国朝文类》卷二三，页 8 上;《牧庵集》卷一三，页 10 下。
② 《元史》卷一三〇，页 14 下;《蒙古秘史》第 201 节所记之 Tusakhul 即此人。
　　《元史·食货志》岁赐节(卷九五，页 26 上)作秃薛官人。
③ 《元史》卷一三〇，页 14 下—15 上;《国朝名臣事略》卷四，页 1 上—2 上;阎
　　复《静轩集》(藕香零拾)卷三，页 20 上—21 下。
④ 同页 647 注④。
⑤ 《国朝文类》卷五九，页 19 上。
⑥ 同上，页 23、16 下。
⑦ 《元史》卷一三四，页 3268。
⑧ 《国朝文类》卷二三，页 8 上。
⑨ 同上，卷二四，页 4 上。

列思等。月赤察儿庶妻赤邻,为别速氏千户玉龙铁木儿,此一玉龙铁木儿是否为九十五千户之裔难以断言,但在忽必烈季年也是相当重要的人物①。月赤察儿长女婿千户怯薛(Kesig)的情形也相似,不知是九十五千户之裔,抑是新兴千户②?

　　四大家族与汉人(广义)、色目家庭联姻者共十例,占总数的12.99%。这些汉人色目家庭大多数也是官宦之家。其中与色目人联姻者有二例:木华黎妻赖蛮公主,当为乃蛮太阳汗之女③;赤老温四世孙脱帖穆耳妻为哈鲁氏(Kharlukh),则不详其家世④。与汉人联姻者则有八例,其中木华黎家占二例,一为木华黎娶史秉直之女为庶妻⑤,拜住娶土禄不花之女妥妥徽⑥。史秉直为河北永清豪族,其子天倪、天泽都是木华黎倚恃甚殷的汉军名将,史氏与木

---

①同上,卷二三,页15上。据《元史·食货志》(卷九五,页31下),1283年发拨江南户钞,玉龙帖木儿千户得浔州三千户。《元史·兵志》于1293年又有玉龙帖木儿万户的记载(卷一○○,页14下)。不知两者是否为一人。亦不知月赤察儿之岳父"别速氏玉龙铁木儿"是否出自九十五千户别速氏迭该、古出古儿、者别等家中。但以常理度之,以月赤察儿家世之显赫,其妻当来自名族。

②《国朝文类》卷二三,页13上。

③《蒙鞑备录》,页13上。黄溍《拜住碑》则称此木华黎妻为普哈伦,不知是否即此乃蛮公主?木华黎又有女真贵嫔四人,皆有"夫人"衔,当为侍妾之类,未计入,见同上。

④《金华黄先生文集》卷三五,页10上。

⑤章学诚《永清文征》(章氏遗书外编)卷一四,页18上。

⑥《金华黄先生文集》卷二五,页24下。关于贾氏,见《元史》卷一五三,页3下—7上;《道园学古录》卷一七,页6上;《秋涧大全集》,页1上。贾脱里不花又作秃坚里不花。考订土禄不花(Tügel Bukha)是否即贾脱里不花唯一未解决的问题是拜住碑称土禄不花为太府卿,而有关贾氏的各碑传未记此官衔,而其最高职为宣徽院使,不知是否史阙有间而使然。又袁桷撰"妻某氏封东平王夫人制"称拜住妻妥妥徽"素系相阀,克嫔王门"〔《清容居士集》(四部丛刊)卷三六,页25上〕。此处所谓相阀,当属广义。

华黎联姻当是由于相互的政治需要。妥妥徽之父土禄不花则可能
是贾脱里不花(Tügel Bukha),为贾昔刺之曾孙。贾氏虽为汉人,
由于世为汗廷宝儿赤,已被元室视为"氏族与蒙古同,甚亲幸之",
是一蒙古人目为己类的蒙化汉人家族。博尔尤家与汉人联姻者仅
有一例,即字栾台妻为完颜氏,当为女真贵族①。博尔忽家与汉人
联姻凡二次,失烈门妻石氏为金宰相女②;月赤察儿女晏忽都则适
于朱氏,此一朱氏虽不详其家世,但依月赤察儿之权势观之,当亦
为汉族官贵之家③。赤老温家与汉人联姻多于其他三家,凡三次。
脱帖穆耳之妻高氏、朱氏皆汉人,而其女又嫁齐伯颜察儿④,当为
取蒙名的汉人。这几位赤老温家的婚配对象可能出身于中等汉军
家庭,与脱帖穆耳身份相似,和其他三大家族情形不同。

总而言之,四大家族对象是以皇室及九十五千户的后裔为主,
三家之间姻娅相联,似乎构成一个内婚集团。四大家族与其他蒙
古家族亦有通婚之例,但因史料疏漏,无法确定这些家族并非皇族
及世家。色目、汉人与四大家族有姻娅关系的则多为外族皇室及
显宦之家。

四大家族与天潢贵胄及其他高门世联姻娅,对其政治地位的
增益自有莫大的帮助。如安童年二十便官拜中书右丞相,便是因
其母向妹婿忽必烈力荐,称之"有公辅器"⑤。换言之,安童之受重
用不仅因系出木华黎家,而且由于是忽必烈的姨侄。至元、大德间
的重臣如安童、月赤察儿、伯颜、玉昔帖木儿、完泽等相互之间都有

---

①《国朝文类》卷二三,页 5 上。
②同上,卷二三,页 10 上。
③同上,卷二三,页 18 上。
④《金华黄先生文集》卷三五,页 10 上。《元统元年进士录》(宋元科举三录
　本,卷上,页 3 下)亦称月鲁不花母为朱氏,与碑合。
⑤《国朝文类》卷二四,页 4 下。

直接或间接的姻娅关系。安童的两姐妹分嫁于伯颜及月赤察儿，而玉昔帖木儿和完泽也是儿女亲家。即是汉人重臣史天泽因其姐嫁于木华黎，也与安童有姻戚关系。这些分掌省、台、院，位列三公的门面人物都是姻娅相联，政治上的利便不言可喻。

六、家风与家学

四大家族的崇高地位前后维持达百余年之久，得力于蒙元的封建及荫袭制度之处自不在小。但是封建与荫袭不过是它们长保名位的重要条件，却不是充分条件。

蒙元社会虽因注重根脚而缺少开放性与流动性，却不是一个完全封闭而静止的个体。"大根脚"的蒙古家族之间每每相互竞争以保持其权位。而且通元一代，政争不绝，帝系屡变。蒙古、色目小姓与寒族往往因有功于新帝而骤获大权，超越高门。四大家族之类的高门为免遭超越、维持优势，一方面须防阻子弟之骄逸，另一方面则须注重竞争能力的保有。两者皆有赖家风的保持与家学的培养。在族产封建的蒙元政治制度之下，家风与家学自然以有用于皇室为依归。

四大家族原来出身于游牧封建制下的骑士。它们的传统家风因而着重于游牧骑士伦理中最重要的质素——"忠"与"勇"。成吉思汗生前最看重臣仆对主人的忠诚，而四杰的忠心也是他们得宠的一个主要原因。他们的子孙遂以此为恪遵不替的家训。帝室对四大家族期之以忠勤，而四大家族也以忠勤报之。仁宗于1319年命广平王秃秃哈为御史大夫时便对他说："台端责任綦重，汝勋旧之裔，故特授此官，当思祖父忠勤，仍以古名臣为法！"①木华黎家便是世以忠字为家训。朵尔直班名其大都宅第为"宝忠堂"，他在致黄溍书中说：

> 窃闻古之人，或以善为宝，或以仁亲为宝，而吾家世之传则以忠为宝。子孙宜谨其承，相与保守之而弗失。是用名吾堂曰"宝忠"，庶几退食于斯，心在帝室，夙兴夜寐，靡敢忽忘。不可无告后人，俾继吾志。②

黄溍曾为之作《宝忠堂记》，据他说：

> （朵尔直班）休沐在外，辄与鸿生骏士探讨儒家者流之言，而知忠之为贵。③

朵尔直班是木华黎家的儒者。在他心目中，游牧封建骑士的"忠"显然已与儒家"忠"的观念相揉合。由于君主绝对专制的成立，宋儒论忠已不着重交互通行的古义，而着重"奉君忘家，徇国忘身，正色直辞……临难死节"的单行道式的忠心，与游牧骑士道中的忠心观并无不同。

木华黎另一后裔安僧，天历年间起为淮东宣慰使，也名其堂曰世忠，许有壬曾为之作《世忠堂记》，中云：

> 予闻国初齐忠武王勋名者三人，世号四杰，至治间，王之孙当国，独以忠死。其为世忠，考诸行事可见也。④

可见木华黎世代以忠为家训。

四大家族以忠为家风，也可由各家族成员的谥号看出。谥号原是朝廷对死者立身行事的一种评估，反映出其人生前的行为。

---

① 《元史》卷二五，页 13 下。
② 《金华黄先生文集》卷一四，页 8 上。
③ 同上。
④ 许有壬《至正集》（河南教育总会石印本）卷九，页 52 下—54 上。

木华黎家现知谥号者九人,除霸都鲁谥武靖外①,其他八人皆以忠为谥②。博尔朮及其子孛栾台则分别谥武忠及忠定③。赤老温家之月鲁不花,因于元末死国事,亦得谥忠烈④。这些谥号代表元室对四大家族忠心的肯定。

　　"武"字在各家谥号中的普遍性仅次于"忠"字。博尔朮追谥"武忠",木华黎追谥"忠武",月赤察儿及其子塔剌海则分别谥为"忠武""辉武"⑤。武勇原是游牧骑士道的另一重要伦理。四大家族也是以武勇起家。四家子孙奉武勇为家风,殊为自然。忽必烈建立元朝、采用官僚制度后,四大家族的子孙固然部分出任中书省、御史台的文官,一部分仍留任武职,世统部众。而出任文官者并未因而就文忘武,往往随时跃马挥戈,统军出征。如玉昔帖木儿原任御史大夫,1287 年受命总戎,北讨乃颜,"三战三捷,获乃颜以献"。以后海都叛时,又受命御边,"宗藩帅钺,禀命于公"⑥。月赤察儿原身兼枢密使与宣徽使,1301 年受命佐晋王甘麻剌督军北边,"被甲持矛,身先陷阵",致使笃哇来降,以后一直坐镇北边,直至 1311 年才还朝⑦。即是身任中书右丞相而又文质彬彬的安童,也曾于 1275 年从北平王那木罕北征海都,不幸被俘,留北十年而还⑧。

─────────────

① 《金华黄先生文集》卷二一,页 2 上。
② 七人谥号为:孔温窟哇,忠宣;木华黎,忠武;孛鲁,忠定;速浑察,忠烈;安童,忠宪;兀都台,忠简;乃蛮台,忠穆;拜住,文忠。见《金华黄先生文集》卷二四页 2 下,卷二五页 21 下;《蒙兀儿史记》卷二七,页 10 上。
③ 《元史》卷一一九,页 20 上。
④ 《元史》卷一五四,页 8 上。
⑤ 《国朝文类》卷二三,页 15 上、16 上。
⑥ 同上,卷二三,页 6 下—7 上。
⑦ 同上,卷二三,页 13 上—14 下。
⑧ 同上,卷二四,页 6 上。

四杰后裔每每以家族的武勇传统为傲,随时争取立功沙场的机会,而不以伴食庙堂为满足。例如塔思素以忠勇自许,奋曰:"大丈夫受明主恩,要须决机两阵之间,取功名以报国家,庶不堕我先烈"①,窝阔台汗伐宋,塔思便自动请缨,领兵出征。1289 年,忽必烈再伐海都,月赤察儿也曾请缨,据元明善《太师淇阳忠武王碑》说:

> 王奏曰:"丞相安童、伯颜、御史大夫月儿鲁(即玉昔帖木儿)皆尝受命征伐,三人者臣不可以后之。今劾贼逆命,敢御天戈,陛下怜臣,赐臣一战!"上曰:"乃祖博儿浑佐我太祖,无征不在,无战不克,其勋大矣! 卿以为安童辈与尔家同功一体,各立战功(原作多,据《元史》改),自耻不逮。然亲属橐鞬,恭卫朝夕,俾予一人,不逢不若,尔功非小,何必身编行伍,手事斩馘,乃始快心邪?"②

从这一君一臣的对话可以看出四大家族相互竞争建立军功的心理。以后,月赤察儿子马刺也曾于武宗时请求效命北边,说:"臣家以武显,而臣方壮,不效节于大敌,臣羞此生!"③武宗乃命他行大宗正府也可札鲁忽赤(Yeke Jarghuchi)于北边。

崇武勇、尚战功,一方面是在求保持家族的传统,另一方面也是增益家族地位的手段。元代重武而轻文,马上战功远较案牍之劳为重要。博尔忽、博尔尤二家在至元季年至至大年间连连加官进爵,声华远超出木华黎家之上,便是由于战功显赫、手握重兵之故。相形之下,木华黎家自至元中期——除去阿乞里失一系的乃

---

①同上,卷二四,页 3 上。
②《国朝文类》卷二三,页 11 上下。
③《国朝文类》卷二三,页 16 下。

蛮台外——便有武风凋零的现象,而以文治见长①。

武勇在元代是建功立业的重要条件,学识却是日益重要的变换条件。"天下可得自马上,而不可自马上治",在蒙古人从征服者转变为统治者的过程中,文治成为愈形重要的目标,而文治端赖个人学识。学识遂也成为选择领袖人物的重要条件。蒙古高门子弟虽不必以经术文学与汉人、南人作平等性的竞争来弋取官位,但是熟谙汉人的经术文学确可增益佐治汉地的能力,也可增加高门子弟的竞争力量。

自忽必烈初年以后,四大家族中"汉化"和"儒家化"的成员日渐增多。不过,就现有资料看,四大家族的汉化程度差异颇大。其中木华黎家的汉文化浸淫最久且深,赤老温家纳图儿一系在至元中期以后亦已汉化,而博尔朮、博尔忽两家则全无汉化的迹象。各家之间何以有如此巨大差别,颇难解释。过去学者多认为木华黎家之汉化较深,乃由于封地在汉地,以致受到汉人士大夫影响②。其实东平不过是此家食邑所在而非居住地③。而且博尔朮、博尔忽两家的食邑——广平、淇阳亦在汉地,何以此两家汉化较浅?四家汉化程度的差异似不应从各家分地所在去解释,而应从各家居住地及其与汉地的渊源着眼。

四大家族中以木华黎与汉地渊源最深,而博尔忽、博尔朮两家最浅。博尔忽家脱欢一系定居汉地很晚,脱欢及其子失烈门,或则

_____

①在讨伐海都、笃哇之役中,木华黎家仅有乃蛮台立有战功,但非独当方面,见《元史》卷一三九,页1上下。

②见萧功秦前揭文,页23。John Dardess, *Conquerors and Confucians*(New York, 1973),p. 187,n. 38。

③木华黎家人中,世居东平者似仅有其弟带孙之后塔塔儿台一支,此家自1263年起世袭东平路达鲁花赤,见《元史》卷二九,页15下—16下。

"四征不庭"，或则"长镇徼外"，显然未在汉地安家①。此家的定居汉地似在1264年月赤察儿奉诏出任怯薛长以后。博尔忽家的情形也是如此，玉昔帖木儿"弱冠袭爵，统按台部众"，至元初始蒙"驿诏入朝"②。在此以前，此家似一直以西蒙古为根据地，与汉地无密切的关系。

赤老温家纳图儿一系，自窝阔台汗时察剌出任随州达鲁花赤后便一直奉仕中土，先后徙居河南郏县，浙江明州、越州等地③，所以较为汉化，而阿剌罕一系自窝阔台时从太子阔端镇河西起，直至至顺初年健都班入朝为官止，一直安家河西，汉化便较浅④。木华黎家则自他本人于1217年受封国王、建牙燕京、独负灭金之任以后，与汉地便有不可分割的关系。以后孛鲁、塔思、霸都鲁等都负责汉地军事，不仅所统多为汉军，而且与汉文人接触频繁，此家可能早已落户汉地⑤。至忽必烈即位时，此家与汉地已有四十多年的密切关系，汉化较深，殊为自然。

博尔术、博尔忽两家汉化较浅，主要是靠默证，即史料缺乏两家汉化的证据。因为史阙有间，默证自然未必可靠。不过，下列两条记载可为博尔忽家未汉化的佐证。第一，武宗即位后，欲以塔剌海为相，塔剌海不愿承担，理由是："中书大政，所出（非）细，臣素

①《国朝文类》卷二三，页10上下。屠寄认为此处所谓徼外指甘肃西南边外吐蕃之地（《蒙兀儿史记》卷二八，页10上）。又此家塔察儿一系则自平金后便世居山西闻喜县之东镇，见《山右石刻丛编》卷三四，页14下。
②《元史》卷二九，页20上。
③《金华黄先生文集》卷三五，页8下。《元统元年进士录》所记月鲁不花之里贯即为："贯南阳府郏县，居绍兴路。"
④《道园学古录》卷一七，页10下—11上。
⑤木华黎家部分人至迟在忽必烈汗时必已在大都定居，安重"薨于京师乐安里第"（《国朝文类》卷二四，页7上）。安童之从侄硕德亦在京师迎阳里置有宅第，即朵尔直班易名为宝忠堂者。

未尝学。"①更明显的证据是:阿鲁图以右丞相兼辽、金、宋史总裁。1345 年书成进呈,阿鲁图却奏说:"臣素不读汉人文书,未解其义。"修史总裁不解修史之意,累得顺帝为他解说"史书所系甚重,非儒士泛作文字也",可谓怪事②。这时下距元亡不过廿多年,可见此家始终不谙华学。

赤老温家纳图儿一系虽始终名隶行伍、担任中上级的军官,但因久戍中原江南,汉化渐深。脱帖穆耳以千户身份坐镇明州、越州,前后卅余年,且已与汉人通婚。据说他:"讲阅之暇,日与贤士大夫游","悬弓剑著壁间,聚古今图书布列左右,延名师教其子,每遇风日清美,辄缓辔郊外,徜徉竟日。或幅巾藜杖,命家童抱琴自随,散步闾巷间"。显然已少游牧骑士气象,而为江南山野名士的风范。黄溍说他"息马投戈,以文易武"③,可谓写实。脱帖穆耳之子皆从会稽名儒韩性游,以致其中二人皆能在科场中争胜。三子月鲁不花"为文下笔立就,粲然成章",于元统元年(1333)及进士第④,四子笃列图则为至正五年(1345)进士。兄弟先后高中进士,可见此家汉化之深。

木华黎家不仅儒者辈出,而且是元廷中维护汉法的重心所在,前后共出了三位儒治砥柱。一为至元名相安童。安童本人是否谙华学,现无明证,在行动上,他无疑是维护汉法的。1262 年李璮之乱后,忽必烈对汉人之忠诚已不无怀疑,转而重用西域人,施行聚敛掊克之政⑤。

①《国朝文类》卷二三,页 15 下。
②《元史》卷一三九,页 13 上下。
③《金华黄先生文集》卷三五,页 9 下—10 上。
④同上;《元统元年进士录》,页 13 上。
⑤参看萧启庆《西域人与元初政治》(台北,1966),页 59—61。安童的思想又曾受全真教士祈志诚的影响,见陈垣《南宋初河北新道教考》(北京,1962),页 63—64。

安童自 1265 年为右丞相后，便成为力挽狂澜的砥柱，援引汉儒姚枢、许衡、商挺、窦默等，畀予重任。并与汉儒保持密切关系，在其"府南开一阁，延进贤士大夫，讲论古今治道，评品人物得失"①。他在汉臣拥护下，先后力抗阿合马（Ahmad）与卢世荣的聚敛政策。在政治上他主张"铲除苛暴，开布宽平，抑奢尚俭，薄征厚施"，可说是以儒家学说为宏纲。

安童之孙拜住是木华黎家的第二位儒治砥柱。自幼其母便令"知文学者陈圣贤孝悌忠信之说以开导之"，受过良好的儒学教育。1315 年任太常礼仪使，主掌礼仪与宗庙祭祀，常向儒士谘访古今礼乐治乱得失，与名儒虞集、吴澄常有往还。1322 年拜中书右丞相，独相天下，擢用汉臣张珪、吴元珪、王约等人。据说当时"士大夫遭摈弃者，咸以所长收叙，文学之士，待以不次之除"。他在汉臣辅佐下推行汉法②。拜住为相虽不及二年，即与英宗同被害，但无疑是元季推行儒治最力之一人。

木华黎家第三位儒治砥柱则为至正名相朵儿只。朵儿只出生杭州，自幼便"喜读书"，"于古君臣行事，忠君爱民之道，多所究心"。他在 1348 年出任中书右丞相，据说当时"朝廷无事，稽古礼文之事，有坠必举"③，所采行的政策有举隐逸、汰僧尼、改革地方行政，"请赐经筵官以崇圣学，选清望，专典陈言，以求治道"④。美国学人窦德士（John Dardess）曾称朵儿只为相时代是"保守的儒家行政计划"体现的一个高潮⑤。

---

① 《国朝文类》卷二四，页 7 下—8 上。
② 《金华黄先生文集》卷二四，页 3 上—5 上。关于拜住的政绩，参见萧功秦前揭文，页 40—43。
③ 《元史》卷一三九，页 4 下。
④ 《元史》卷一三九，页 3 上—5 上。
⑤ John Dardess, *op. cit.*, pp. 84–87.

除去上述三位推行儒政的名相外,木华黎后裔中还有几人以谙于儒学见称。安童从兄乃燕(Nayan),"谦和好学,以习能称","明习典故",忽必烈号之为薛禅(Sechin),意即大贤。史料虽未明言所治为何学,但可能为华学①。安童另一从兄相威,虽然身为平宋名将,却"喜延士大夫听读经史,论古今治乱"②。朵儿只之父脱脱,据说也"喜与儒士语,每闻一善言善行,若获拱璧,终身识之不忘"③。脱脱从侄别里哥帖穆尔曾为仁宗解说周文王之所由兴,帝奖之为"蒙古人中儒者"④。拜住之子笃麟铁穆尔曾受经奎章阁,以"端粹博硕,尚文下士"见称⑤,曾为北溪延公塔铭书篆,当以善书见称⑥。别里哥帖穆尔之子朵尔直班更是元季有名的儒者,年少时便以好读书见称,弱冠入经筵,"独以经术侍帝左右,世以为盛事"。据说他正色立朝,以扶持名教为己任,留心经术,尤好伊洛之书,编次为《治原通训》,凡五卷。又喜为五言诗,于字画尤精⑦。陶宗仪《书史会要》曾著录其名,与古来名书家并列,可说是一位多才多艺的文人⑧。

熟谙蒙古本族语文故实亦构成在元廷中领袖人物的条件。蒙古高门子弟是否皆熟谙本族语文,如清初满族子弟一般,由于史料缺乏,所知不多。世祖时曾设蒙古国子学,教授贵族子弟,但名额有限,当仅限于居住京畿的少数高门子弟⑨。其余蒙古子弟皆有

①《元史》卷一一九,页 13 上—14 下。
②同上,卷一二八,页 11 上下。
③同上,卷一一九,页 17 上。
④《金华黄先生文集》卷二五,页 24 上。
⑤《金华黄先生文集》卷二四,页 6 下。
⑥同上,卷四一,页 4 上。
⑦同上,卷二五,页 24 下;《元史》卷一三九,页 5 下—11 下。
⑧《书史会要》(四库全书珍本十集)卷七,页 24 下。
⑨《元史》卷八一,页 14 上下。

赖于家中教导来学习蒙文。四大家族子弟中,现仅知别里哥帖穆尔曾从其母习"国书",当即八思巴字蒙文①。其余可能精于蒙文者有:相威,曾进译语《资治通鉴》,世祖即赐予东宫经筵讲读②,但不知是否为相威本人所译;兀都台曾于1296年进所译太宗、宪宗、世祖实录③,但可能仅是以大司徒身份,未必身与笔译之功;朵尔直班在经筵曾担任经义的翻译,"曲尽其义"④,当对多种语文皆有相当的掌握。至于其余诸人是否熟谙蒙文,现已无法探知。但是阿鲁图等人既"不读汉人文书",应当谙于蒙文,真正的文盲而居高官,殊难想象。

综言之,终元一代,四大家族大体上仍保持封建游牧骑士的忠勤、勇武家风。其中不少人虽出任文官,但仍以浴血沙场为可贵。由于武风仍在,出将入相,角色变换,甚为容易。不过居留汉地日久,各家家风渐有出入。木华黎家汉化最深,出了不少"蒙古人中儒者",而且成为汉法派的砥柱,大有偃武修文的倾向。赤老温家也趋于汉化,接连产生两名进士。相反地,博尔朮、博尔忽两家并无汉化迹象,仍然倚恃军功维持显赫家世。

七、结论

就起源与性质而言,本文所讨论的元代四大蒙古家族与中国历代的阀阅之家不同。像两晋南北朝的势家名门如琅琊王氏、博

①《金华黄先生文集》卷二五,页31下。
②《元史》卷一二八,页13下。
③同上,卷一九,页7下。
④同上,页8上。

陵崔氏等都能保持贵显达数百年之久。但是它们地位的取得与保有仅部分得力于与朝廷的关系,而大部分仰赖于家学、家财与地方势力。另一方面,它们与明清时代的科第世家直接倚赖学力、间接凭借财力来维持门楣者也不同。四大家族的贵显完全得力于政治——由于与成吉思汗家的关系。它们的创业之祖都是成吉思汗的"伴当",与后者有亲密的主从关系,而且在建国过程中立有大功,因而获得在蒙古政治、社会中崇高的地位。蒙古征服汉地、立国中原后,它们又成为屹立于中国社会之上的蒙古征服贵族阶层的最高层。

四大家族显然具有双重性格:一方面,自 1206 年起,这些家族便具有封建主的性质。另一方面,至少自忽必烈建立元朝开始,它们的成员也成为中国式的官僚。作为封建主,这些家族在草原地区世享分民与分地,而在其分地——"投下"——之内,拥有军政、民政、司法、财政等权。其次,在汉地和江南,这几个家族又获得十二万多户的食邑,零星的封赐尚不在内。而且这些家族可荐举陪臣为食邑的达鲁花赤。第三,在原有的万户、千户的头衔之外,四家中的三家成员又世袭各种王号,因而成为蒙元封建阶级中的最高层。第四,四大家族又世袭大汗"梯己奴婢"怯薛歹之长,得以与汗室延续最亲密的主从关系。

自忽必烈恢复中国官僚制政治组织以后,四大家族的成员又成为官僚组织的最高层。从四大家族任官的纪录可以看出元代官僚制的局限。忽必烈虽欲恢复汉地官僚制的政府以巩固皇权、改善行政,却不得不与蒙古传统相妥协,因而用人最重"根脚"。四大家族由于与皇室的关系既深且密,而被视为"大根脚""老奴婢根脚",以致撄朱夺紫,极为容易。不过赤老温家的贵显远不及其他三家。博尔朮、木华黎、博尔忽三家族的成员以三品以下的中下级官品起仕者极少,大多以一至三品的高官为起点,而以一品及三公的高阶为终点者更多达二十八人,几达三家现知总人数的三分之一,可谓惊人。而且三家的贵显具有很大的持续性,各代之间仕进的显晦,仅小有出入,相差不大。三大家族的贵显可说与"黄金氏族"的政权相终始。至于赤老温家,则多以四品以下官起仕,官至二、三品者也不过四人,与其他三家相去颇远,不过仍不失为中上层的官宦之家。

各家地位的保持固然以"根脚"为主要倚靠,不过婚姻与家学家风也是辅助因素。在婚姻方面,四大家族主要以皇室及成吉思汗九十五千户中的其他家族为对象,形成一个内婚集团,姻娅相联,在政治上有很大的便利。在家风、家学方面,各家大多仍保持蒙古骑士之风,以忠勇为尚。不过为了适应汉地统治阶层的需求,各家成员之中也有深为汉化的。但是由于背景及与汉地渊源不同,各家汉化的程度也颇有差异。

四大家族的历史反映了蒙元帝国的性格,"大蒙古国"原为一带有浓厚家产制色彩的封建组织,原为"黄金氏族"所共有,本文所讨论的四大家族则因具有成吉思汗最亲密"伴当"的身份,得以与皇室成员同享封建的特权。忽必烈的建立元朝原是蒙古帝国制度上的一次革命,旨在把家产制、封建制的政制改变为中央集权官僚制,但是在效果上却有很大的局限。不仅蒙古贵族的种种特权未能取消,而且中国传统的官僚制也发生变质。从四大家族成员多能入居高位看来,元代官僚制的上层显然具有浓重的封建色彩。美国舒尔曼教授曾主张元代的政治结构具有两元性,一方面皇权结构及军制渊源于蒙古,另一方面,官僚制则沿袭中国的传统①。

---

①H. F. Schurmann, "Problems of Political Organization during the Yüan Dynasty", *Trudy XXV Mezhdun-arodnogo Kongressa Vostokovedov* (Moscow, 1963), vol. V, pp. 26–32.

但从四大家族的历史看来,元代又何曾保持中国传统官僚制的精神?

元代的政治、社会结构原是蒙古与汉地两个传统激荡之下的混合品。四大家族的子弟不仅保持了封建主的身份,而且成为最高级的官僚,可说享有两个世界最好的部分。

〔原刊于《台湾大学历史学系学报》第 9 期(1983),页 153—205〕

元代蒙古人的汉学

附录 有关元代蒙古人汉学的两点考证

一、引言

塞外游牧民族与中原农耕民族的接触与交融为中华民族形成的一个重要因素,亦为东亚历史研究的重要课题①。这种接触与交融的频率与强度并非一成不变,而是因时因地而异。当游牧民族立国塞外、组成独立游牧国家时,其与中原农耕民族的接触往往限于国家间之争战、朝贡与贸易的层次,文化上之交流与影响为间接的。游牧民族一旦征服中原,建立征服王朝(dynasties of conquest),并将其族人大量移徙塞内,落地生根,族群间之接触就变成直接的,文化之相互影响亦愈形强烈。

根据传统的看法,游牧民族征服中原往往导致本身汉化,"征服民

---

① 关于中国史上农耕民族与游牧民族的关系,参看姚师从吾《国史扩大绵延的一个看法》,收入姚氏《东北史论丛》(台北,1959),上,页1—26;札奇师斯钦《北亚游牧民族与中原农业民族间和平战争与贸易的关系》(台北,1973)。

族”为“被征服民族”所吸收乃是东亚史上之铁律①。近几十年来此种全盘吸收论因备受质疑而遭扬弃。近来学者多认为：征服状态造成族群间难以逾越之鸿沟，征服民族与被征服民族无法相互认同、彼此同化。真正之“同化”仅在征服王朝崩溃、族群间的鸿沟消失之后，始能发生。而且征服民族与被征服民族间的文化关系，往往是双行的“涵化”（acculturation），而不是单向的“同化”（assimilation）。各征服王朝对汉文化之态度更不能一概而论，每因征服民族文化背景及所处历史环境之歧异而有甚大差别。金、清二朝系由半农耕、半游牧民族所肇建，吸收汉文化之倾向较大，汉化因而较深，而由纯游牧民族所建立之辽朝与元朝则对汉文化抗拒甚力，汉化较浅②。

明、清以来的学者多认为：元朝为各征服王朝中汉化最浅者。明季学者王世贞《读元史》说：

> 顾其君臣，日龂龂然思以其教而易中国之俗。省台院寺诸路之长，非其人不用也。进御之文，非其书不览也。名号之锡，非其语不为美也。天子冬而大都，夏而上都，上都漠北也。其葬亦漠北，视中国之地若瓯脱焉，不得已而居之。于中国之民若赘疣焉，不得已而治之。又若六畜焉，食其肉而寝处其皮以供吾嗜而已。于乎！不亦天地之至变不幸者哉？③

---

① 王桐龄《中国民族史》（北平，1928），上，大体上似仍反映传统的看法。

② Karl A. Wittfogel, *History of Chinese Society*, *Liao*（907-1125）（Philadelphia, 1949），pp. 1-32。故司律思神甫（Henry Serruys）则指出由于元朝的统治，明初中原的政治制度、服饰、语言、婚俗皆可看出蒙古人的影响，见所著 "Remains of Mongol Customs during the Early Ming", *Monumenta Serica* 16 （1957），pp. 137-190。

③ 王世贞《读书后》（天随堂刊本）卷五《读元史一》，页 7 下。此文不见于《文渊阁四库全书》本。当因此文含有之种族观点而遭删削。此亦为四库馆臣窜改文献之一例。承洪金富教授代查，谨此致谢。

王氏显然认为蒙古为一以剥削为目的之征服政权,对中原之土地及文化全无认同。清乾嘉史学大师赵翼在其名著《廿二史札记》中有《元诸帝多不习汉文》一节,指出元代"不惟帝王不习汉文,即大臣中习汉文者亦少也"①。换言之,蒙元君臣多为目不识丁的汉文文盲。二百年来赵氏所说流传颇广,影响甚大。日本方面,羽田亨曾撰《元朝の漢文明に対する态度》一文,对同化论提出批判,而认为元朝"蒙古主义"弥漫,汉文化不受尊崇②。羽田氏为京都东亚史及北亚史的先进巨擘,五十余年来,日本元史学者多奉此说为圭臬。

由于上述主流派意见的影响,一般人之印象为:元代蒙古人完全粗朴不文。挥戈跃马,盘弓射雕,可说独擅胜场。诸子百家、琴棋书画,则是一窍不通。与中原精致文化简直是枘凿方圆,格格不入。

此种看法是否合乎史实? 这是元史研究的一个重要课题,有深入考察之必要。赵翼所说不习汉文之元朝大臣,原包括蒙古及色目(西域)人在内。自五十余年前陈垣的名著《元西域人华化考》发表以来,色目人多习汉学的事实已成史学界之共识③。但是元代是中国史上前所未见的多元社会,各族群不仅在政治上的权益颇有差异,而文化取向及成就也不尽相同。色目人之文化成就不足以作为蒙古人动向之指标。在蒙古人与汉文化之关系方面,迄无类似陈著的全面性探讨。过去研究此一问题者多仅注意蒙元

---

① 赵翼《廿二史札记》(台北,1973)卷三〇,页43—432。
② 《羽田博士史學論文集·歷史篇》(京都,1957),页670—696。
③ 陈垣《元西域人华化考》,北平,1935。此书有英译本,见 Ch'en Yüan, *Western and Central Asians under the Mongols* (trans. by Ch'ien Hsing-hai and L. C. Goodrich),Los Angeles,1966。

帝王的汉文化造诣。如神田喜一郎①、吉川幸次郎②、傅海波(Herbert Franke)③、Marsha Weidner④、姜一涵、傅申、谢成林等皆有著述讨论元朝帝王的汉文学及艺术修养⑤，大体皆认为中后期诸帝对汉地艺文多甚嗜爱，而且不无造诣。这一说法可以修正王世贞、赵翼以还旧说的错误。不过上述各文皆未触及帝王以外的蒙古人。关于帝王以外的蒙古人所受汉文化的影响，过去仅有陈登原、舒振邦、朱永邦、司律思(Henry Serruys)神甫⑥，以及小林高四郎⑦等的文章曾经触及，迄无较为全面而深入的探讨。

---

① 神田喜一郎《元の文宗の風流に就いて》，《羽田博士頌壽紀念東洋史論叢》(京都，1950)，页 477—488。

② 吉川幸次郎《元の諸帝の文學》，《吉川幸次郎全集》(东京，1967)第 15 册，页 232—311。

③ Herbert Franke, "Could the Mongol Emperors Read and Write Chinese?" *Asia Major* 3(1952), pp. 28–41.

④ Marsha Weidner, "Painting and Patronage at the Mongol Court of China, 1260–1368", Ph. D. dissertation, University of California, Berkeley, 1982。该论文之一部分系以 "Aspects of Painting and Patronage at the Mongol Court, 1260–1368" 为题发表于 Chu-tsing Li(ed.), *Artists and Patrons* (Lawrence, Kansas, 1989), pp. 37–60.

⑤ 姜一涵《元代奎章阁及奎章人物》，台北，1981；傅申《元代皇室书画收藏史略》，台北，1981；谢成林《元代宫廷的绘画活动》，《九洲学刊》第 3 卷第 2 期(1986)，页 45—52。

⑥ 陈登原《国史旧闻》(台北，1981)第 3 分册《元代蒙汉文化混合》，页 38—41；舒振邦《略谈蒙古民族对元代历史的重大贡献》，《中国蒙古史学会成立大会纪念集刊》(呼和浩特，1979)，页 300—306；朱永邦《元明清以来蒙古族汉文著作家简介》，《内蒙古社会科学》1980 年第 2 期页 150—155、第 3 期页 112—116、第 4 期页 100—103、第 5 期页 70—73、第 6 期页 49—51；Henry Serruys, "Some Types of Names Adopted by the Mongols during the Yüan and the Early Ming Periods", *Monumenta Serica* 17(1958), pp. 353–360。

⑦ 小林高四郎《元代社會における〈文化變容〉小考》，收入小林氏《モンゴル史論考》(东京，1984)，页 101—117。

本文拟以帝王以外蒙古人的汉学造诣作为研究对象。一方面旨在弥补上述诸先生著作所留下之空隙,以求得到对蒙古人与汉文化关系较为全面的了解。另一方面也希望作为陈援庵大作之续貂,藉以纠正元代色目人浸润汉文化颇深而蒙古人则为汉文化门外汉的错误印象。

关于本文研究的范畴有下列三点说明:第一,本文所谓"汉学"乃是指汉人所特有,尤为士大夫所专擅的儒学、文学及美术,也就是汉人大传统中的精致部分。笔者不拟触及宗教及风俗习惯,亦不涵盖社会关系及认同问题。因此,本文所谓"汉学"的范畴较"汉化"或"华化"为窄隘,仅可视为蒙、汉二族群间涵化问题的一个层面。第二,本文虽不包括元代各帝王,但帝王以外的皇室成员仍在本文范围之内,因为上述诸文多未触及皇族。至于元世祖忽必烈汗(Qubilai Qan,1260—1294)之皇储真金(1242—1286)及顺帝妥欢贴睦尔(Toghōn Temür,1333—1370)皇储爱猷识理达腊(Ayushiridara)二人虽未即皇帝位(爱猷识理达腊即帝位于元亡后),但上述诸著作中对二人汉学造诣讨论者颇多,本文不再赘述。第三,关于"蒙古人"的定义:十三世纪的蒙古族为一形成不久的民族共同体,此一共同体系以蒙古部为中心,不仅包含原属蒙古语族之各部落,而且亦纳入了不少蒙古化较深的突厥种以及突厥化较深的蒙古人。成吉思汗立国后,这林林总总的游牧部落皆编入九十五千户之中而成为蒙古人①。如怯烈(Kereyid)、乃蛮(Naiman)二部原应属蒙古或突厥语族,史料相互牴牾,学者间亦

---

①韩儒林主编《元朝史》(北京,1986),上,页9—35;亦邻真《成吉思汗与蒙古民族共同体的形成》,南京大学历史系元史研究室编《元史论集》(北京,1984),页23—62。

争论不休①。但自元朝文献看来,怯烈及乃蛮人皆享有蒙古人之待遇,而元人往往称之为"蒙古怯烈氏""蒙古乃蛮氏"。因而,不论二族原来起源为何,在元朝无疑具有蒙古人之身份,本文将此二族列入研究范畴之内②。

---

①关于乃蛮及怯烈属的争论,参看 Paul Pelliot et Louis Hambis, *Histoire des campaignes de Genghis Khan*, I (Leiden, 1951) , p. 218; Pelliot, " Une tribumé connu des Naiman: Les Bätäkin ", *T'oung Pao* 37 (1943 – 1944) , pp. 35 – 71; S. Murayama, " Sind die Naiman Türken oder Mongolen? " *Central Asiatic Journal* 4 (1958) , pp. 188-198; 陈得芝《十三世纪以前的克烈王国》,《元史论丛》第 3 辑(1986),页 1—22。

②怯烈与乃蛮族属小考:陶宗仪《辍耕录》将怯烈歹(即怯烈)列入蒙古七十二种,而乃蛮歹(即乃蛮)则列入色目三十一种。而蒙古七十二种中又有"蛮歹",应为乃蛮歹之误脱〔《辍耕录》(台北,1963),页 24—25〕。因此,钱大昕《元史氏族表》即列怯烈为蒙古,而以乃蛮为色目〔《元史氏族表》(广雅书局本)卷一页 35 上,卷二页 46 上〕。关于乃蛮应为蒙古的问题,最新黄时鉴指出元代史料中凡指乃蛮人时,往往指为"蒙古乃蛮氏",如和尚〔《元史》(百衲本)卷一三五,页 17 上〕,兀鲁阿迷失〔元明善《清河集》(藕香零拾本)卷六《魏国忠懿公神道碑》,页 7 下〕。又如《至正庚子国子题名记》〔王昶《金石萃编未刻稿》(宣统三年刊本)卷下,页 87 上〕中,乃蛮人脱欢及必礼图皆列入蒙古正榜中。《元史·列传》(百衲本)凡言及怯烈人时,亦多说是"蒙古怯烈氏",如卷一二二之榘直脯鲁华,卷一二四之速哥及卷一三四的也先不花(以上见黄时鉴《元代乃蛮是蒙古而非色目考》,油印本)。除黄氏所举各例外,仍可补充。如答禄文圭与答禄与权皆乃蛮人,方回及朱睦㮮分别称之为蒙古人〔见方回《桐江续集》(文渊阁四库全书)卷二七,页 15 下;朱睦㮮《皇朝中州人物志》(隆庆二年刊本)卷一,页 14 下〕。而张铉《至正金陵新志》〔(宋元地方志丛书本)卷六,页 33 下〕称帖木哥为蒙古乃蛮氏。至于怯烈,如拔实,黄溍称他为蒙古凯烈氏,凯烈即怯烈〔黄溍《金华黄先生文集》(四部丛刊本)卷二五,页 5 下〕;合剌不花,郑玉称他为蒙古怯烈宜氏〔《师山集》(乾坤正气本)卷七,页 3 下〕。而俞希鲁《至顺镇江志》〔(宋元地方志丛书本)卷一九,页 11 下〕称忽哥儿为"蒙古怯烈台人"。可见怯烈与乃蛮在元人心目中都是蒙古人,而非色目。

二、研习汉学之由来及原因

成吉思汗(Chinggis Khan, 1206—1228)建国前夕,蒙古仍为先文字的社会(pre-literate society)。1204 年灭乃蛮,始得畏兀儿(Uighur)人塔塔统阿(Tatar Tonga)为之创立文字。此一时期蒙古人所受文明影响主要来自西域①。相形之下,中原文明对蒙古之影响较为微弱②。

蒙古人与中原文明的直接接触是在成吉思汗六年(1211)大举伐金后才告开始。蒙古人进入中原后,金朝文武百官及汉地世族豪强纷纷归顺。这些契丹、女真及狭义的汉族人士出仕蒙古,为其草创农业地区统治制度。耶律楚材(1190—1244)等人更具有"用夏变夷"之使命感,以促使蒙古人接受中原文明为己任③。但是此时蒙古人戎马倥偬,全无偃武修文打算。而且"大蒙古国"(Yeke Mongghol Ulus)乃是以草原地区为重心,汉地不过是罗掘兵财二源的殖民地。蒙古人无意在中原立国生根。加以蒙古倚恃色目人统治中原,对汉人并不重用,汉人之影响力甚为微弱④。因

---

①札奇斯钦《西域和中原文化对蒙古帝国的影响和元朝的建立》,见所著《蒙古史论丛》(台北,1980),上,页 217—232。
②萧启庆《西域人与元初政治》(台北,1966),页 10—14。
③Igor de Rachewiltz, "Yeh-lü Ch'u-ts'ai(1189-1243):Buddhist Idealist and Confucian Statesman", in Arthur Wright and Denis Twitchett(eds.), *Confucian Personalities*(Stanford,1962),pp. 189-216;韩儒林《耶律楚材在大蒙古国的地位和所起的作用》,见所著《穹庐集》(上海,1982),页 178—194。
④萧启庆前揭书,页 31—52。Igor de Rachewiltz, "Turks in China under the Mongols: A Preliminary Investigation of Turco-Mongol Relations in the 13th and 14th Centuries", in Morris Rossabi(ed.), *China among Equals*(Berkeley and Los Angeles,1983),pp. 281-310。

此,数十年间,蒙古人可说身处宝山空手而归,对中原文化既欠关注,更谈不上钻研之兴趣。

蒙古人之学习汉文化主要是在忽必烈于中统元年(1260)建国于中原以后。忽必烈将以草原为重心的大蒙古国改建为以汉地为重心的元朝,恢复汉式官僚制政府。蒙古人亦因而大量移殖中原,或为将吏,或为士卒。为数数十万的蒙古人遂在中原、江南安身立户,落地生根,不作北归之计。

蒙古人研习汉学的原因甚多。这些原因应与色目人研习汉学之原因相似,因二者皆为来自域外的异族,而且享有类似特权。陈垣《元西域人华化考》一书,对色目(西域)人汉化事迹考证綦详,但对其汉化原因并无系统的分析。陈氏似以中国文化的吸引力作为色目人华化的主要原因:

> 由此可知西域人读书,大抵在入中国一二世以后。其初皆军人,宇内既平,武力无所用,而炫于中国之文物,视为乐土,不肯思归,则唯有读书入仕之一途而已。①

"炫于中国之文物"一说,虽然不无道理,但甚抽象,而且不无汉族中心观之嫌。中原文物固堪夸耀,西域文明之成就亦有足以骄人之处。陈先生未能说明色目人何以舍己从人而趋于汉化。具体地说:元代蒙古人研习汉学主要出于以下三个原因:

第一,环境的影响:元代蒙古人散住中原、江南,与汉人杂居。赵翼早已指出此一事实②。科举恢复后,蒙古、色目乡贡进士各省

---

① 陈垣前揭书,卷二,页 17。杨志玖《元代西域人的华化与儒学》〔《中国文化研究集刊》第 4 期(1987),页 188—203〕则将西域人之华化归功于儒家学说的吸引力。

② 《廿二史札记·色目人随便居住》,页 441—442。赵氏所谓色目人,实包括蒙古人在内。

皆有配额,反映此一现象①。蒙古人定居中原、江南后,身处农业地区,生活方式不得不有所改变。而且居住于汉人社会之中,蒙古人身为少数族群,难免与汉人共为邻里,亦不得不与汉人姻娅相联,受到汉文化的熏染,是很自然的②。这些嫁与蒙古人的汉族妇女或则本身略谙诗书,或则遵循汉人的价值而严厉督促子弟习文读书,以利仕进,其子女往往因而在汉学上取得较大之成就。科第出身的蒙古、色目进士之母亲为汉人者占有甚大比例③,充分证明族群间之通婚为促成蒙古、色目子弟肆力于汉学的一个因素。下文在讨论汉学者生平时,凡其人之祖母或母亲如为汉人则将特别指出。此外,尚有不少蒙古人本身未有汉人血缘,却因身处汉地,由于其他关系,亦受到汉人的文化影响。如名杂剧家杨讷,因乃姐

---

① 《大元圣政国朝典章》(台北:故宫博物院影印元刊本)卷三一,页 10 上—11 上。元廷录取的蒙古、色目进士实际上亦来自全国各地。《元统元年进士录》有关蒙古、色目进士的记录,除指出其所属氏族外,并指出其籍贯。所谓籍贯,即指其家在汉地、江南的户籍所在地,而不是指漠北、西域的故乡,如:"敏安达尔,贯真定路灵寿县,亦乞列思人氏。"〔见萧启庆《元统元年进士录校注》,上,载于《食货》(复刊)第 13 卷第 1、2 期(1983),页 72—90〕事实上,元季载籍中说及蒙古、色目人,往往但言其汉地里贯,如燕山、范阳之类,而不及其族属。乃因此时蒙古、色目人早已定居汉地,原属氏族不及汉地里贯重要。

② 关于元代异族间通婚——尤其蒙汉联姻——及其与蒙古人与西域人汉化的关系,参看洪金富《元代汉人与非汉人通婚问题初探》,《食货》(复刊)第 6 卷第 12 期(1977)页 11—61;第 7 卷第 1、2 期(1977)页 11—61;池内功《元朝における蒙漢通婚とその背景》,载于《アジア諸民族における社會と文化・岡本敬二先生退官紀念論集》(东京,1984),页 218—238。

③ 兹以元统元年(1333)科举为例,该科录取蒙古进士二十五人中,其母亲姓氏可考者二十二人,具汉姓者达十五人之多(68.18%)。具汉姓者虽未必尽为汉人,但其比率之高,极为惊人,见萧启庆《元代科举与菁英流动——以元统元年进士为中心》,《汉学研究》第 5 卷第 1 期(1987),页 129—160。

嫁给汉人杨镇抚,人以杨姓称之,大概因其姐夫的关系而熟谙汉文学①。又如名诗人及书法家泰不华(Tai Buqa,1304—1352)系受汉人教养而成材。据说泰不华之父塔不台(Tabutai)"敦庞质实,宛如古人,而于华言尚未深晓"②,可见其家庭所受汉文化之影响不大,而泰不华却因得到集贤待制周仁荣之教养而成为元代最负盛誉的多才文人之一③。这都是由中原、江南环境促成。

第二,政府的提倡:有元一代虽未推行真正的汉法与儒治,始终维持蒙古至上主义,并重用色目人、压抑汉人以求确保政权。但是蒙古统治者亦深知"天下可得之马上,不可自马上治"的道理。欲求牢握权柄,长治久安,蒙古人本身必须掌握汉人的语文与学问,增加统治的能力。至元十三年(1276)太学生不忽木(Buqumu,1255—1300)等上疏建议扩大国子学说:

> 臣等向被圣恩,俾习儒学。钦惟圣意,岂不以诸色人仕宦者常多,蒙古人仕宦者尚少,而欲臣等晓识世务,以任陛下之使令乎?④

此疏反映元廷不得不激励蒙古人研习儒学之苦衷。元廷必须使蒙古人"晓识世务",以便仕宦,政府方不致全为色目及汉人所操纵。

蒙元朝廷自实用观点鼓励蒙古人研习汉学,可上溯至太宗窝阔台汗(Ögödei Qaghan,1229—1241)灭金前后。早在太宗五年(1233),窝阔台为训练少数蒙古及汉族菁英熟谙对方语言文化,以便统治中原,在燕京创设国子学(又称"四教读"),令蒙古贵官子弟十八人学习汉语、汉文,汉地官员子弟廿二人学习蒙古语言及

---

① 《录鬼簿》(外四种)(北京,1957),页1。
② 《滋溪文稿》卷三〇《题兼善尚书自书所作诗后》,页10上。
③ 《元史》卷一四三,页13下。
④ 《元史》卷一三〇,页5下。

弓箭。由全真教道士冯志亨（1180—1254）为总教。此一国子学可说是蒙、汉二族菁英涵化之滥觞①。

忽必烈为元朝创建人，一生忙于为其帝国创制立法，奠定长治久安之基础。其对蒙古菁英之汉文教育重要性之体认自然较以前各大汗远为深刻。早在其潜邸时代，忽必烈于乃马真皇后（Naima-jin Qatun，1242—1245）称制之三年（1244）即已命近臣子弟阔阔（Kökö，1223—1262）等从金状元王鹗学习②。此后，汉儒张德辉、李德辉、赵璧、姚枢、窦默都曾先后奉命教授太子或贵官子弟③。所授自为汉学。即位以后，更加强蒙古菁英子弟的汉文教育。一方面，皇子所受皆为蒙、汉双语教育，教授汉文者皆为汉人名儒④。另一方面，则于至元七年（1270）重建国子学，以大儒许衡主持。最初仅有侍臣子弟十一人入学。至元廿四年扩大规模，招生百人，其中五十人为蒙古生。成宗铁穆耳汗（Temür Qan，1295—1307）大德八年（1304）起更实施国子贡试法，国子生考试及格者即可任官，对蒙古贵族子弟学习汉学显然具有激励作用⑤。元朝中后期各帝又在宫中建立奎章阁、宣文阁，除去供天子赏鉴艺文外，亦负有教授大臣子孙的任务⑥。下述的蒙古汉学者不少即出身于国子

---

①萧启庆《大蒙古国的国子学：兼论蒙汉菁英涵化的滥觞与儒道势力的消长》，《劳贞一先生八秩荣庆论文集》（台北，1986），页61—86。
②《元史》卷一三四，页8下。
③《元史》卷一五九页14上，卷一六三页11下；苏天爵《元朝名臣事略》（中华书局影印元刊本）卷一一页1下，卷一四页9上。
④王风雷《元代的端本堂教育》，《内蒙古大学学报》（哲社版）第2期（1992），页64—69。
⑤《元史》卷八一，页16上下。
⑥《金华文集》卷二六，页18下。

学、奎章阁。此外,各卫军、斡耳朵(ordo)及投下亦设有儒学教授①。

　　元朝前期数十年间,科举迄未举行,读书与仕进之关联不大,遂造成"学士老弃林丘,遗书束之高阁"的现象②。以致读书无用论盛行,士气消沉。延祐元年(1314)科举的恢复,不仅为汉人士子带来曙光,更加强了蒙古、色目子弟研习汉文经典之兴趣。马祖常《送李公敏之官序》说:

> 天子有意乎礼乐之事,则人皆慕义向化矣! 延祐初,诏举进士三百人,会试春官五十人,或朔方、于阗、大食、康居诸土之士,咸囊书橐笔,联裳造庭,而待问于有司。于时可谓盛矣!③

清顾嗣立《元诗选·顾北集》序说:

> 自科举之兴,诸部子弟,类多感励奋发,以读书稽古为事。④

元代科举前后共十六科,录取进士总数为1139人⑤。其中蒙古人应占四分之一,即三百人。乡试及第而会试、廷试落第者应三倍于此。而乡试不第之蒙古士子更可能数十倍于此。换言之,科举的举行,促成数以万计的蒙古子弟埋首经籍,以学问干取禄位。蒙古文化原为一武士文化,科举之施行对蒙古族群文化取向的改变具

①Hsiao Ch'i-ch'ing. *The Military Establishment of the Yuan Dynasty* (Cambridge, Mass. 1978), p. 31.

②陆文圭《墙东类稿》(四库全书)卷三《策题》,页6下。

③马祖常《石田文集》(元人文集珍本丛刊影印明黑口本)卷九,页8上。

④顾嗣立《元诗选》(秀野草堂本),初集,庚,页1下。

⑤姚大力《元朝科举制度的行废及其社会背景》,《元史及北方民族史研究集刊》第6期(1982),页26—59。

有极大作用①。

第三,政治利益的追求:元廷倡导汉学,因与不少蒙古人的个人利益相吻合,始能产生真正作用。经术文学的掌握,对蒙古上层家庭子弟而言,可以作为服官佐治的工具。对中下层家庭子弟及上层家庭一些庶子而言,则可作为打开登仕之门的敲门砖。严格说来,元代社会并不是一个种族社会,而是一个门第社会——用当时名词言之,是一个"根脚"社会。若干蒙古、色目、汉人家族,因在蒙元建国过程中立有大功而具有"大根脚"之身份,世享封荫特权②。普通蒙古家庭子弟或为小吏,或为士卒,和汉、南人中下阶层并无不同。出身"大根脚"的蒙古人,因享有特权,可以骤获高位,而不必以经术文学与汉人、南人争胜于场屋之中。但是熟谙汉人经术文学,可以增益其在汉人社会中之领导力及统治能力,因而若干高门子弟也不得不研习汉学。加以自忽必烈定立制度后,文官子孙仅可降四品承荫,且限一名,武官子孙可以承袭,亦限一名。虽然这些规定并未严格执行,"大根脚"子弟在充任怯薛歹(kesig-dei)即宫廷侍卫后即可出仕,但并不是人人可得的机缘。因此蒙古、色目名门子弟往往充实学养,以求出仕。科举恢复以后,便有不少高门世家子弟经由科举而登庸③。至于出身小"根脚"的蒙古人——尤其是文官子弟及为数众多的军户子弟,荫袭制度全然不可凭借,必须充实学养开拓自身的政治前途。

---

①同上,页58。
②萧启庆《元代四大蒙古家族》,见拙著《元代史新探》(台北,1983),页142—143、171。
③萧启庆《元代科举与菁英流动——以元统元年进士为中心》,页137—140。

三、儒学

儒学为汉人"大传统"的核心，亦代表维系政统所必需的道统。不仅汉族王朝必须以尊孔崇儒为其政权赢取合法性，边族王朝也是如此。过去学者多受南宋遗民之误导，以为元朝鄙视儒学、轻待学人，使儒者沦于"九儒十丐"的惨境。其实事实并非如此。元廷早已体认到统治汉地必须尊崇儒学、优遇儒士。因此儒学虽然不能唯我独尊、一如过去，却得与各种宗教并重，而儒者仍是受到优待的"身份集团"（status group）之一，绝非娼丐所能比拟①。蒙古族群中亦出现了不少"蒙古人中儒者"。

儒学不止为纯粹的学问，必须用以修身养性、身体力行，乃至治国平天下方为上乘。兹将可考之蒙古儒者六十人依其表现分为四类："儒学研习""儒学倡导""儒治鼓吹"及"儒治实行"。第一类的蒙古儒者对儒学具有一定程度造诣。其人可能身居高位，亦可能一袭青衿，载籍中却没有将学术用之于事功之记载。第二类儒者不仅研习儒学，而且有提倡庙学之事迹。第三、四类之儒者则以鼓吹或施行儒治见之于文献。

（一）儒学研习者

蒙古儒者可分三个时期加以考述。忽必烈时代以前蒙古人研习儒学者甚为罕见。兹以忽必烈时代为前期，成宗至宁宗懿璘质班（Irinchinbal，1332）时代为中期，而以顺帝时代为后期。分期之

①萧启庆《元代的儒户：儒士地位演进史上的一章》，收入萧氏《元代史新探》，页1—58。

标准为各该儒者主要事功表现的时代。

1. 前期

（1）阔阔（Kökö，1223—1262）。字子清，蔑里吉（Merkit）氏。世为阿塔赤（aghtachi），即群牧所官①。早岁入侍忽必烈潜邸，乃马真称制三年（1244）奉忽必烈之命，受业于金状元王鹗，又从张德辉学②。官至大名路宣抚使、中书左丞。为现知最早之蒙古儒者。却因英年早逝，事功表现不大③。

（2）坚童。字永叔，阔阔之子。十岁即从王鹗、张德辉游。至元八年（1271），入国子学，从学于许衡。至元十三年与同舍生不忽木等上疏力陈儒学之要。后曾参修《起居注》。官至河南行省平章政事④。《宋元学案补遗》列入《鲁斋学案》，乃因其为许衡弟子⑤。

（3）野仙铁木儿（Esen Temür）。一作也先铁木儿。氏族不详。与坚童等同受业于国子学，当亦出身于世族。其人"深知治国用贤之说"，任陕西行省平章时，推荐名儒萧㪍于朝⑥。大德元年（1297）官至中书平章，卒赠咸宁贞献王。《宋元学案补遗》亦列入《鲁斋学案》中。

（4）不怜吉䚟（Bürilgidei）。兀良哈（Uriyangai）氏，为名将速不台（Sübötei，1176—1248）之孙，阿术（Aju，1234—1287）之子，家世显赫。受业于许衡，当亦为国子生⑦。累官河南行省左丞相，延

---

①王恽《秋涧先生大全文集》（四部丛刊）卷八二《中堂事记》，下，页9上。
②同上。
③《元史》卷一三四，页8下。
④《元史》卷一三四，页8下。
⑤王梓材、冯云濠《宋元学案补遗》（四明丛书本）卷九〇，页122上。
⑥《滋溪文稿》卷八《萧贞敏公墓志铭》，页6下；《元史》卷一一二页11下，卷一三四页9下。
⑦屠寄《蒙兀儿史记》（结一宧刊本）卷九一本传，页6上。

祐元年(1314)封河南王。《宋元学案》①及《宋元学案补遗》皆列入《鲁斋学案》②。

(5)相威(Sang'ui，1241—1284)。札剌亦儿(Jalayir)氏，为成吉思汗首席功臣太师国王木华黎(Muqali，1170—1223)之长孙，嗣国王速浑察(Suqunchagh)之子。参与平宋，建有功勋。累官江淮行省左丞相。据说相威"喜延士大夫，听读经史，论古今治乱"。至元廿年(1283)进译语《资治通鉴》，忽必烈赐予东宫经筵讲读。当熟谙蒙、汉两种语文及汉地历史，可说为一儒将③。

(6)秃忽赤(Toqochi，1245—1310)。蒙古人，氏族不详。寓居滑州白马县。出身将门，父马哥，官千户。秃忽赤于平宋之役立有战功，官至安定州达鲁花赤。大儒吴澄说他"家世用武，而文事克兼，习尚好儒，而吏事亦熟"，于"本国言语与别国言语俱精，儒书吏文亦闻其樊"，"待士尤厚，每谈析经理，儒生逊服"④。对儒学当有造诣。

(7)蓦克笃(Möngketü，1245—1301)。酐温台(Jighüntei，一作竹温台)氏，祖父某，从右手万户戍广平，因以为家。父忽珊(Qoshang)从平李璮及伐宋有功。母叶氏，当为汉人。蓦克笃以右卫亲军百户入仕，官至福州新军千户达鲁花赤。许有壬称他"雅尚儒术，延名士以教其子"⑤，以致其子万嘉闾、那海皆以汉学见长(见下)，其甥海直亦登至治元年(1321)进士第。

2. 中期

(1)也速䚟儿(Yesüder，1254—1298)。兀里养哈䚟氏(Uriyan-

---

①黄宗羲《宋元学案》(国学基本丛书)卷九〇，页144。
②《宋元学案补遗》卷九〇，页96下。
③《元史》卷一二八，页11上。
④吴澄《吴正正集》(元人文集珍本丛刊影成化刊本)卷三五，页8下—12上。
⑤许有壬《至正集》(河南教育总会刊本)卷五六《蓦克笃公神道碑》，页60下—62下;《至顺镇江志》卷一九，页13下。

gqadai,即兀良哈)氏。本名帖木儿(Temür),避成宗讳而改名。为名将速不台之从孙。父哈丹(Qadan)为大宗正府札鲁忽赤(jarqu-chi,即断事官)。也速�儿弱龄为世祖宿卫,官至江浙行省平章。他虽然生长漠北,但"读书能知大意"。丞相安童曾奏称:"帖木儿,蒙古人,而于汉人文字,无所不通。"又喜荐士,凡所荐拔多至通显①。

(2)脱脱(Toghtō,1264—1307)。札剌亦儿氏。木华黎四世孙,国王速浑察之孙,撒蛮之子,官至江浙行省平章政事。幼失怙恃,世祖亲加教诲,据说脱脱"喜与儒士语,每闻一善言善行,若获拱璧,终身识之不忘"②。暇则好收法书秘画,尤喜古圣贤像。名史家苏天爵为其收藏孔子及七十二贤像作跋。当为好学崇儒之士③。

(3)脱帖穆耳(Tugh Temür,1265—1344)。字可与,逊都思(Suldus)氏。成吉思汗大将赤老温(Chila'un)四世孙,江西湖东道廉访使忽讷之子。脱帖穆耳以千户镇明州、越州,前后三十余年,故久居江南,且与汉人通婚,以致汉化甚深。据说他"讲阅之暇,日与贤士大夫游","悬弓剑著壁间,延名师教其子",黄溍说他"息马投戈,以文易武",当为写实。其子皆从会稽名儒韩性游,而能在科场中争胜,三子月鲁不花(Örlüg Buqa)为元统元年(1333)进士,四子笃列图(Döreitü)则为至正五年(1345)进士。故其家族系由将门转变为科第之家④。

(4)买奴(Mainu,1271—1322)。乃蛮䚟〔Naimadai,即乃蛮

①《金华文集》卷二四《安庆武襄王神道碑》,页8上—12上。
②《元史》卷一一九,页17上。
③《滋溪文稿》卷三〇《书孔子及颜子以下七十二贤像》,页8下—9上。苏氏并未直言其名,仅称此像为"江浙行省平章荣禄公所藏也,公以太师国王诸孙,践扬台省"云云。太师国王为木华黎之封号,而木华黎子孙中曾以荣禄大夫任江浙行省平章者仅有脱脱一人。
④《金华文集》卷三五《逊都台公墓志铭》,页9下—10上。

（Naiman）〕氏。父也先不花（Esen Buqa，1236—1301），官临江万户府上千户所达鲁花赤。买奴自幼"给使于内"，当出身于皇家卫队——怯薛（Kesig）。官至江西湖东道廉访金事。除闲习骑射外，又"读书，知义理"。吴澄称他"褎然武将家之文儒"①。

（5）别里哥帖穆尔（Belge Temür，1286—1317）。札剌亦儿氏。木华黎五世孙，同知通政院使硕德之子，脱脱之从侄。少孤，其母甕吉剌（Onggirad）氏教以国书（即蒙古文）。"刻意为学"，当兼通蒙、汉二学。仁宗时官通政院使，尝为帝解说周文王之所由兴，仁宗奖之为"蒙古人中儒者"②。

（6）脱欢（Toghōn，1292—1328）。斡罗那儿（Oronar）氏。大德名相哈剌哈孙（Harghasun，1257—1308）之子。母为汉人王氏③。哈剌哈孙虽曾倡导儒学儒政，但其本人并不通"汉人之学"。湖广行省右丞刘国杰曾劝他："使子孙留意经史，即公自读也。"哈剌哈孙接受此一建议④，脱欢因而自幼研习汉学。后成宗命入国学⑤。据说脱欢"喜读书""博贯经史""待士有礼"。官至御史大夫，为官"特立正言，得风宪体""不尚苛暴，得众心"，可见脱欢不仅熟谙儒书，而且以儒学作为持身任官之准则⑥。

（7）忽都达而（Qutughdar，1296—1349）。字通叟，捏克觯（Negüdei）氏。居湖南澧阳。祖火者（Qoja）官县达鲁花赤。母冯

①《吴文正集》卷六七《也先不花墓表》，页 11 下—13 下。
②《金华文集》卷二五《札剌尔公神道碑》，页 24 上。
③孔齐《至正直记·脱欢恶妻》（上海，1987），页 10。
④《至正集》卷四三《刘平章国杰神道碑》，页 3 下。
⑤危素《危太朴文续集》（嘉业堂刊）卷七《月鲁帖木儿公行状》，页 16 下。
⑥刘敏中《中庵先生刘文简公文集》（北京图书馆古籍珍本丛刊）卷四《顺德忠献王碑》，页 295—298；虞集《道园类稿》（元人文集珍本丛刊影刊元抚州路学本）卷四三《湖南宪副赵公神道碑》，页 27 下；《元史》卷一三五《哈剌哈孙附传》，页 5 上。

氏,四川人。忽都达而为延祐五年(1318)右榜状元,后官至婺州路总管。据黄溍说,他早年"雅好儒术,游学湖湘间,从名师受经史,而究其大义,肆笔成文,咸造于理,侪辈敬叹,自以为莫及"①,可见他对经术文学都有甚高造诣。其座师袁桷题其所藏赵孟頫《逸马图》有句云:

> 神骏飘飘得自闲,天池飞跃下尘寰;
> 青丝络首谁收得,留得春风十二闲。

诗后附注云:

> 通叟状元以秘书满职言归,泊然若无营者。桷旧与殿庐详定,得通叟卷,气完以充,议者争缄口。今其南归,以子昂画马求言,怆然以别,吾徒之责深缺然矣!至治元年(1321)八月二十九日桷书。②

由诗及注皆可看出袁桷对忽都达而之推崇。诗中之"神骏"不仅指赵孟頫所绘之逸马,亦喻忽都达而之才华。忽都达而之子捏古思(Negüs)为至正七年(1347)山东乡试第二名。

(8)保八〔Bai Ba(r)〕。字普庵,号公孟。或云其为蒙古人,确否已难以考订③。精于易学,著有《易源奥义》一卷、《周易原旨》六卷及《系辞》二卷,合称《易体用》④。任士林(1253—1309)《易体

---

①《金华文集》卷二七《捏古觯公神道碑》,页 13 上—16 上;王士点、商企翁《秘书监志》(广仓学窘丛书)卷一〇,页 2 上。《秘书监志》又收有所撰《皇太子受册贺笺》一篇。
②袁桷《清容居士集》(四部丛刊)卷一三《子昂逸马图》,页 9 下—10 上。
③《新元史》卷二三五,页 16。而四库全书《易源奥义》提要则云保八为色目人。
④陈少彤《保八生平、著作及其哲学思想》,《孔子研究》第 1 期(1988),页 105—112。

用·序》标题下注"为保八侍郎作"①。可知保八时任侍郎。仁宗在东宫,保八以其书进呈,其《进太子笺》之结衔为"太中大夫、前黄州路总管兼管内劝农事",可知保八又曾任黄州路总管②。至于是否即武宗时任尚书右丞之保八,已不可确定③。

(9)札剌觲〔Jalā(r)dai〕。名文人王恽称他"系出中朝勋族",当为蒙古人。由其名判断,或出于札剌亦儿氏④。职断事官,据说他"喜读书,温雅尚礼乐,与贤士大夫相接"。王恽赠诗有句云"读书志在诸君右",显然为一好读书的蒙古儒者。

(10)塔出(Tachu)。系出皇族,为成吉思汗季弟别里古台(Belgütei)之曾孙,霍历极(Qorgi)之子。霍历极"以疾废,不能军",忽必烈允准其居住河南恩州,统领其家之食邑与分民。故塔出长大于中原。至大三年(1310)嗣父位。据说"性温厚,谦恭好学,通经史,能抚恤其民云"⑤。为蒙古皇族通晓汉学之一证。

3. 后期

(1)哈剌不花(Qara Buqa)。杰烈宜(Kereyid,即怯烈)氏。至正四年(1344)官徽州路达鲁花赤。据说"为官廉平自持,专务以

---

① 任士林《松乡集》(四库全书)卷四,页 32 下—33 下。
② 该笺载于四库本《易源奥义》前。
③ 右丞保八为武宗施行新政时之要角。武宗卒后,保八于至大四年(1311)以"变乱旧章"之罪名伏诛。见《元史》卷二三页 6 下、卷二四页 3 下、卷一一二页 17 下。元季另有曾任河南江北行省平章之保八,其墓碑系立于至正四年(1344),卒年当在此前不久,时代太晚,与《易体用》作者并非一人,见武亿等纂《宝丰县志》(道光十七年刊)卷一八《保八墓碑》,页 11 上下。
④ 王恽《秋涧大全集》(四部丛刊)卷一三,页 13 上下。王恽赠诗序云:"作是诗为赠,且见夫妙龄英发之气云。"诗中又有句云:"济时还属黑头公。"可见王恽目札剌觲为后辈。此诗为札剌觲访王恽于卫州时所赠,大概是恽晚年乡居之作。按恽卒于大德八年(1304),因此列札剌觲为中期儒者。
⑤《元史》卷一一七《别里古台附传》,页 2 上。

德化民"。官事毕,则携一羊皮,坐于山巅水涘,歌咏终日。曾从金华四子之一的理学家许谦游,"其学以诚意不欺为主"①。

（2）帖古迭儿（Tegüder）。字元卿,珊竹（Salji'ud）氏。为早期名将纯只海（Chuljighai,? —1240）四世孙。祖、父皆镇徽州。他本人任镇守徽州路泰州万户府达鲁花赤,屡平寇乱。"关弓上马,气夺三军",有"黄胡子万户"之称。但在"平居暇日,与诸儒论说诗书,谦恭下士,不异寒素"②。

（3）脱寅（Toyin）。字正己,一字宗道③。自号蒙谷子。蒙古氏,家于随州。至正三年（1343）与杜本等以遗逸受朝廷征召,授集贤待制,因大臣礼数未尽而辞归④。据说他"为人豪迈,衣冠仍本俗,而所守方介,读书论道,恬然自乐"⑤。名文人揭傒斯为他作《蒙谷子传》,梁寅为他题《蒙谷子图》,而刘基与他唱和,称他"索居守寒素,久已忘世机"⑥。显然为一广受汉文人敬重的蒙古隐士。

（4）丑的。字子元,蒙古哈剌乞〔Qatagi(n)〕氏⑦。曾祖笤于山封中山王。祖德里山任河南行省右丞。父万僧,江浙行省平章。

---

① 《师山集》卷七《合剌不花去思碑》,页 3 下—5 上;《宋元学案》卷八二,页 66 下。

② 《师山集》卷七《珊竹公遗爱碑》,页 2 上—3 下。

③ 《元史》本纪（卷四一,页 3 上）,记脱寅受征召事,记作"脱因",可见"脱寅"一作"脱因"。而刘基有《次韵和脱因宗道感兴三首》,见《诚意伯文集》（四部丛刊）卷一三,页 21 上。可见脱寅又字"宗道"。刘基又有《敬斋铭》一文,为宗道而作,即指脱寅,见《文集》卷八,19 上。

④ 权衡《庚申外史》（广文书局本）,页 17 下;《元史》卷九七,页 4 上。

⑤ 梁寅《石门集》（四库全书）卷二《题蒙谷子图》,页 9 下—10 上。

⑥ 《诚意伯文集》卷一三,页 20 上。

⑦ 哈剌乞氏,据《至正金陵新志》卷六,页 62 上。哈剌乞氏,族属不可考,疑为哈答斤之误。但贡师泰称丑的为蒙古氏,可见为蒙古族,见《玩斋集》（北京图书馆藏元刻本）卷九《丑的公神道碑》,页 18 上—20 下。

丑的由近侍累官江浙行省平章政事。后为张士诚所扣留,卒于明。为人宽仁有雅量,曾任翰林侍讲学士,当谙文学。至正十八年(1358)出私廪,重修杭州西湖书院。贡师泰称他"虽崎岖戎马之间,不忘诗书之乐"①。马祖常、傅若金皆与之唱和,而宋褧更曾为他作《像赞》②,可见他与汉文人交往甚密。

(5)囊加台(Nangghiatai)。字秉彝,蒙古人。寓居澧州。受学于瞿炳,中湖广乡试第一,至正间进士,官至河南行省参政③。

(6)迺穆泰(Naimatai)。字景春,蒙古人,氏族不详。至正末任延平路南安县达鲁花赤。政暇修举学校,时称良吏。为贡师泰门人赵赟弟子,从赟校刊贡氏《玩斋集》④。

(7)脱欢(Toghōn)。字元鼎,氏族不详。陈基《送脱欢参政诗有序》云:"参政元鼎公,以勋阅世胄,折节讲学江汉间,与寒畯韦布之士,角艺有司。擢高第,为天子门生。"⑤可见脱欢出身官宦世家,却由科举进身。官至江西行省参知政事。至正廿二年(1362)陈基与他结交,二人"终日论谈,非古今理乱,则政事得失"。陈基盛赞他"蔚然以文学政事名当世",当亦为蒙古官中的积学之士。

(8)哈剌章(Qarajang)。蔑儿乞觺氏,右丞相脱脱(Toghtō)子。为顺帝太子爱猷识理达腊(Ayushiridara)童年玩伴,浦江名儒

①《玩斋集》卷七《重修西湖书院记》,页7上—9上。
②见傅若金《傅与砺诗文集》(四库全书本),《诗》卷五《和马中丞送丑子元按部湖广》,页27下;宋褧《燕石集》(北京图书馆古籍珍本丛刊)卷一三《丑的子元豸像赞》,页214—215。
③钟崇文修《隆庆岳州府志》(天一阁藏明代方志选刊)卷一四,页84下;《宋元学案补遗》别附,卷三,页18上。
④阳忠谦修《泉州府志》(万历十四年刊本)卷一〇,页23上;《玩斋集·序》,页5上。
⑤陈基《夷白斋稿》(四部丛刊三编)卷二二《送参政脱欢序》,页10上—11上。

郑深(1314—1361)弟子。至正七年(1347),脱脱贬放西宁,以哈剌章托养于郑深①。至正廿七年哈剌章以中书平章政事分省大同。明年谏阻顺帝北遁,不听,乃从行,不知所终。《宋元学案补遗》列入《渊颖学案》②,盖以其为吴莱再传弟子。

(9)雅勒呼③。蒙古哲尔德氏④。曾祖晏彻儿(Elcher,1222—1276)⑤,平宋有功,授淮西道宣慰使。祖、父二代相继为官淮上。雅勒呼生于元季,幼习进士业,通诗、易二经,尤以古诗文自许。元末乱起,不及出仕。明初池州太守延入郡学,教授凡十年。复以文学受明廷征召,任六安州判官。其《家传》作者明人郑真称其"以先代将家,妙膺盛代文学之寄",并比之为匈奴单于之子而仕汉昭帝为宰相的金日磾。虽然金、雅二人显晦有别,引喻稍欠妥当,但是雅勒呼确为元朝所培育而用事于明朝的蒙古儒者。

---

①《元史》卷一三八,页32下;《庚申外史》,页17下—18上。

②宋濂《宋文宪公全集》(四部丛刊)卷四六《故江东金宪郑君墓志铭》,页6下;《宋元学案补遗》卷五六,页54下、60上。

③雅勒呼事迹仅见于明人郑真《荥阳外史集》(四库全书本)卷四七《蒙古哲尔德氏家传》,页5下—16上。可惜该集今仅有四库全书本传世,而四库全书中有关元代蒙古专名对音,皆经馆臣窜改,难以复原。雅勒呼一名即是如此。经查中华文化复兴运动推行委员会、四库全书索引编纂小组主编《钦定辽金元三史国语解索引》(台北,1986,页54),国语解中元史部分,雅勒呼之原文对音有耶虎、牙兀、雅琥、雅鹊、也忽、亚古等。此一雅勒呼究竟原名为何,已难复原。按元季有诗人名雅琥,为也里可温(Erke'ün)人,原名雅古,为基督教名 Jacob 之对音。雅勒呼,蒙古人,本名当不至为 Jacob。关于雅琥,见陈垣《元西域人华化考》(励耘书屋本)卷四,页61—64。

④哲尔德氏,不见于《三史国语解索引》,不知原文为何。

⑤扬恰尔即晏彻儿,见《三史国语解索引》,页55。晏彻儿事迹见《元史》卷八页14上,卷一二七页4下、10下,卷一三一页7下。

（二）儒学倡导者

儒家崇祀孔子，而又最重教育，以兴庙立学作育人材为政府主要任务。元代蒙籍官员中出了不少见诸记载的兴学养士。此类人士本身大多亦谙习儒学。属于此类的计有前期五人、中期十人、后期八人。

1. 前期

（1）爱不哥察儿（1242—1313）。达德履台（Tatartai，即塔塔儿）氏。祖、父二代皆从木华黎平定中原，定居山西阳谷。爱不哥察儿仕至韶州路达鲁花赤。刘岳申说他在任内"正人心，兴学校"①。

（2）拔不忽（1245—1308）。汉名介，字仲清，珊竹氏。成吉思汗开国名将乌也而（Üyer，1163—1258）之孙，河间路总管撒里（Sarigh）之子②。此家与汉人通婚甚早，蒙元时代显赫始终不衰的汉军世家真定史氏便与此家密切联姻。拔不忽之妻即为真定路兵马总管史楫之女③。拔不忽之祖母汉人张氏教其父撒里读书可能为此家汉化之始。拔不忽幼事李康伯，继师翰林学士周正方。至元六年（1269）任濮州尹，兴建庙学，举李和之为师。至元廿年左右以江东宣慰使致仕。晚年居真扬间，聘王柏弟子孔颜孟三族教授张翌及临川大儒吴澄为师，以教其子④。并曾为张翌刊行

---

①刘岳申《申斋文集》（元人珍本文集）卷八《爱不哥察儿公神道碑》，页 14 上—16 下。

②《江苏金石志》卷一九《珊竹公神道碑》，页 49 上—53 上。此碑有钱大昕跋文，见《潜研堂金石文跋尾》（石刻史料新编）卷一八，页 31 下—32 上。

③参看池内功《史氏一族とモンゴルの金國經略》，收入《中嶋敏先生古稀紀念論集》（东京，1980），上，页 481—511。

④按危素编《吴文正公年谱》（《吴文正集》卷首，页 11 上）系此事于大德五年（1301）。而 David Gedalecia 所作吴澄年表则系吴澄教学真扬间事于 1302 年，见 David Gedalecia，"The Life and Career of Wu Ch'eng"，*Journal of the American Oriental Society* 99:4（1979），p. 635。

文集①。而他本人亦"朝夕闻诵其说,遂致知义理之学而笃行之"。临终时嘱咐家人依朱子家礼为他营圹,可见他对理学笃信而力行②。

(3)张信(1248—1319)。字子诚,蒙古人,氏族不详。世居大宁路懿州(今辽宁阜新东北)。其曾祖母为辇遮氏,译言张姓,遂以为姓。父张简为木华黎麾下阳谷奥鲁(A'urugh)千户,徙家山东东平。信于伐宋时任主帅伯颜(Bayan)幕府文书,后官至广济库提领,始终屈居下僚,而持身廉谨,好读书。任弋阳县主簿时曾捐款兴学③。

(4)纳林斡里(完闾)④。出身燕只吉台(Eljigedei)氏名门。高祖图萨博多、曾祖图尔哈彻儿皆曾参与有名的"班朱尼(Balju-na)河饮水"。"班朱尼河饮水"是成吉思汗一生事业之发轫,凡参与者皆称"饮浑河功臣",子孙类多显达⑤。纳林斡里家世袭彰德路达鲁花赤,彰德路为忽必烈之弟旭烈兀(Hülegü)之分地,纳林氏当为旭烈兀一族之家臣。斡里本人于至元末年官至山东东西道肃政廉访使。名儒胡祗遹称他"生长富贵,不见豪习,书翰得法,无事

---

①《吴文正集》卷九《张达善文集序》,页21下—22下。

②同页687注②。

③郑元祐《侨吴集》(台湾图书馆影印旧抄本)卷一二《元从仕郎广济库提领张君墓志铭》,页8下—10上。

④纳林斡里,见于胡祗遹《紫山先生大全文集》(三怡堂丛书)卷一五,页1上—3上;《扬朱台公德政去思碑》卷一五《扬朱台公神道碑铭》,页12上—14上。今存《紫山集》,皆出四库,专名亦经窜改。故纳林斡里之名须加考订。王恽《十月牡丹》诗序云:"彰德路监郡完闾治郡甚有声,壬辰秋让其叔也里不花。"《秋涧集》卷五,页9下—10上。据前引《紫山集》得知纳林斡里曾为彰德路达鲁花赤,让位于其叔。则斡里原作完闾,完闾为元代蒙古人采用汉人通俗名之一,纳林当即蒙文narin之对音,意即细致。

⑤关于"班朱尼河饮水",参看 F. W. Cleaves, "Historicity of the Baljuna Convenant", *Harvard Journal of Asiatic Studies* 18(1955), pp.357–421.

则观书鼓琴"，显然全为儒生风范。他又热心于教育，任彰德路达鲁花赤时曾捐俸为府学置书千卷，补完祭器，每逢祭典，必亲临主持。当地士大夫赋诗颂其德政，积为巨轴，又曾为其立《去思碑》，为胡祗遹所撰。祗遹卒后，斡里曾为胡树像于彰德西郭读易堂[①]，二人交情显然甚深。王恽亦曾为诗称誉斡里，可见后者甚得汉人士大夫之尊敬。

（5）只必（Jibig，1251—1301）。札剌亦儿氏，高祖东平郡王带孙（Daisun），为木华黎之幼弟。父忙哥（Mengge），东平路达鲁花赤。只必嗜读书，习翰墨。至元十四年（1277）袭父职，监东平，尝以其家藏书二千余卷，捐赠东平庙学，供生徒学习。其弟秃不申（Tübshin），袭兄职，亦曾兴建学校[②]。

2. 中期

（1）勖实带（Hüshidei，1257—1311）。晚年易名士希，字及之，自号西斋，怯烈（Kereyid）氏[③]。其家世为炮手军千户，居洛阳鸣皋山下。勖实带从平宋，所至唯取图书。归后在伊川屯所建立伊川书院[④]。割田千亩，以为学产，其子慕颜铁木复建稽古阁，贮书达万卷。勖实带晚年更肆力学问，手不释卷，与汉人士大夫陈天祥、姚燧、卢挚、赵简交往甚密[⑤]。其子孙慕颜铁木、景袠皆通汉学（见下）。

（2）哈剌哈孙（Harghasun，1257—1308）。斡罗那儿氏，为前述

---

① 《秋涧集》卷四〇《故翰林学士紫山胡公祠堂记》，页 7 上—8 下。
② 《元史》卷一一九，页 15 上。
③ 陈垣误以勖实带为回回人，见《元西域人华化考》卷二，页 26 下。
④ 延祐三年《敕赐伊川书院碑》，钱大昕有跋文，《潜研堂金石文跋尾》卷一九，页 7 下。
⑤ 《程雪楼集》（陶氏涉园刊本）卷二二《故炮手军总管克烈君碑铭》，页 6 下—8 上。

脱欢之父。曾祖启昔礼(Kishilig)为成吉思汗开国功臣,世袭答剌罕(darqan)之尊号。哈剌哈孙于大德七年(1303)进位右丞相,为大德晚期权臣,亦为拥立武宗的勋臣。其本人不通汉学,曾说:"世间文字,惟汉人之学为最,惜我不知。"①但"闻儒者谈辄喜"。主政中书时,引儒生讨论坟典,谈及圣王贤相的君臣之道,便叹曰:"人生不知书,可乎?"大德初上奏扩建京师国学。又曾奉行郊祀。后于至大初年任岭北行省左丞相,在和林建孔庙,惜未竣事②。

(3)彻里(Cherig,1260—1306)。燕只吉台氏。曾祖太赤(Taichu),成吉思汗朝马步军都元帅。家于徐州。母蒲察氏,女真人,教子读书,以致彻里"六经二氏,悉涉源委"。程钜夫撰《谥制》说他"以阀阅之胄而加以博学"③,可见他博通儒、释、道三家之学。官至中书平章。至元廿三年(1286)曾奏阻出售江南学田,庙产得以保存,用以养士。又曾廷奏揭发桑哥(Sengge)奸赃,为汉人儒臣抗拒西域聚敛之臣的得力盟友④。

(4)谙都剌(Amdula,1277—1346)。字瑞芝,凯烈(即怯烈)氏⑤。祖阿思兰(Arslan),官至冀宁路达鲁花赤,子孙因其名兰,遂以为氏。父忻都(Hindu),福建行省右丞。谙都剌本人通经史,兼习诸国语。成宗时任翰林院札尔里赤(jarlighchi),职书制诰。授应奉翰林文字,凡蒙古传记,多所校正,寻升待制。元统二年(1334),除益都路总管,务兴学校,以平易治之。可说是精通蒙、

①《至正集》卷四三《刘平章国杰神道碑》,页3下。
②同页681注⑥引《顺德忠献王碑》。
③《程雪楼集》卷三,页1上下。
④姚燧《牧庵集》(四部丛刊)卷一四《平章政事徐国公神道碑》,页10下;《辍耕录》卷二,页43;《元史》卷一三○,页1上—3下。
⑤白寿彝主编《回回人物志·元代》(银川,1985,页143)误以谙都剌为回回人。

汉二学的中级官员①。

(5)万嘉闾(1278—1342)。字国卿,酣温台氏,居镇江。为前述蓦克笃子。母为汉人叶氏。官至江浙行省郎中。与许有壬相交既久且厚,有壬称他"读书好文","天资颖悟,喜交儒士,灼然有见于道义,故确然无间于吾徒也"②。吴澄亦称他"坦坦然有乐为善之心"③。他在云南营建庙学廿四所,而在河间又建学宫,提倡儒学不遗余力④。

(6)鲁古讷丁。奈蛮(即乃蛮)和利(Qori)氏⑤。父为行省左丞。其本人为安熙门人,大德元年(1297)为濬州达鲁花赤,后迁监察御史。据说他"兴学礼士,蔼然有声",自力学问,其师安熙称他"温恭自虚,刻意清苦,吾党之士,鲜能及之"。为他更名良翰,字宪辅,并为其作《御史和利公名字序》以记其事⑥。

(7)不阑奚(Buralki)。出身怯烈世家,祖槊直腯鲁华(Jochi Chaurqan),为成吉思汗之先锋。父明安答儿(Mingghandar)官万户,灭金有功。不阑奚承祖父荫,官至江浙行省平章⑦。元贞初,修复其家食邑所在地阼城的庙学,独捐经史数千卷,并辟良田五顷,以供释奠并廪料之费。

---

① 《元史》卷一九二,页 2 下。
② 《至正集》卷五七《江西等处榷茶都转运使万公神道碑铭》,页 5 下—8 下;同上,卷一四《赠万国卿郎中》,页 6 上下;《至顺镇江志》卷一九《人材志》,页 13 下。
③ 《吴文正集》卷三○《题刘瑞天送万国卿序》,页 9 下—10 上。
④ 《至正集》卷五○《河间重修孔子庙碑》,页 16 上—17 下。
⑤ 关于和利氏,见 Pelliot et Hambis, *op. cit.*, p. 62, n. 20。
⑥ 安熙《安默庵先生文集》(元人珍本文集丛刊)卷四,页 234。熊象阶纂《濬县金石录》(卷下,嘉庆七年刊,页 8 下)称之为鲁曲吕丁。
⑦ 《元史》卷一二二《槊直腯鲁华传》,页 15 下—17 上;《雪楼集》卷一五《送普兰溪平章北还诗序》,页 6 下。

王恽撰文表彰其事，称颂他"出贵种世胄，敦说诗书，好尚礼义，内刚明而外文雅"①，可见他既谙儒学，又肆力倡导。

（8）忙哥帖木儿（Mengge Temür）。蒙古人，氏族不详②。曾治宗王封地，后任临川达鲁花赤。有堂名"正心"，当代诗文巨擘虞集曾为之记，据他说"郡有学士大夫知圣贤之学而不差者，公事之暇，试与讲之，以教诸其民焉"。其子文缜，为至正十六年（1356）乡贡进士③。明初任教于国子学，曾请宋濂作《正心堂铭》。铭称忙哥帖木儿"独能取圣贤为学之道治其身，其天性之过人远矣！文缜又能推之以淑人，非善继其志哉？"④忙哥帖木儿笃习儒学，复加倡导，其子文缜以胜国遗民任教明朝国学，可见此一家族之汉化程度。

（9）纽怜（Ne'üril）。字达可，为生长四川之蒙古人。官至秘书太监。以私财于文翁之石室、杨雄之墨池及杜甫之草堂分别建立书院。更曾遍历东南，收书卅万卷，连艘载归⑤。虞集、贡师泰、张雨、李元珪、黄镇成皆赋诗歌颂此一盛事⑥。其中句曲外史张雨的《赠纽怜大监》诗中有句云：

---

① 《秋涧集》卷四〇《祚城县庙学记》，页18上—20上。
② 《道园类稿》卷二七《正心堂记》，页14上—15下。
③ 吴伯宗《荣进集》（四库全书本）卷四《送芒文缜归临川序》，页19上—20上。
④ 《宋文宪公集》卷三三《正心堂铭》，页9上下。
⑤ 《申斋集》卷六，页24下—26上。
⑥ 《道园类稿》卷八《送秘书也速答儿载书归成都》，页15下—16上；张雨《贞居集》（武林往哲遗著）卷五《赠纽怜大监》，页36上；顾瑛编《草堂雅集》（四库全书）卷七，李元珪《赠也先秘书载书归文翁石室》，页14上。虞、李二人诗所咏显属一事，但称其人为也速答儿（Yesüder）、也先（Esen），不识何故。

论卷聚书三十万,锦江江上数连艘。

追还教授文翁学,重叹使者旁求劳。

此人维护及提倡教育之热忱在汉人中亦为少见。

（10）秃满答（Tümender）。字曼卿,只温台（Jigüntei）氏。历任分水及东阳县达鲁花赤,至顺二年（1331）去职。浦江名文人柳贯撰《去思颂》记其政绩云:"政或少暇,则敷扬经谊以申庠序之教……退食之余,诹经考律,即事穷理。冲襟旷度,萧然若山林之隐夫,布韦之贱士,间则课子姓以学……"①显然为一具有儒者风范而又注意教育之地方官。

3. 后期

（1）完者都（Ölieitü,1299—1344）。朵鲁伯觯（Dörbetei）氏②。世居燕山。历代皆任万户府达鲁花赤。完者都幼孤,自知读书,暇日习弓马。比长,"稍涉猎经史,博通武经"。历任蕲县及开县上万户府达鲁花赤,镇守庆元廿年,平倭寇有功③。至正四年（1344）拜浙东宣慰使都元帅。于其任内"行乡酒礼,以敦礼让之风"。程端礼说当地"风俗为之丕变",过分夸大了他的治效。但完者都显然出身将家,兼习文武,并曾倡导儒学④。

（2）拜住〔Baiju,一称拜住哥（Baijugha）〕。蒙古纥烈（即怯烈）氏。家世煊赫。曾祖孛鲁欢（Boroqul）为蒙哥汗朝之中书右丞相。祖也先不花（Esen Buqa）官至湖广行省左丞相。父亦怜真（Irinjin）为湖南行省（应为湖广行省）左丞相⑤。其叔阿荣之事迹

---

① 《柳待制文集》（四部丛刊）卷九,页 16 上下;陆凤仪《万历金华府志》（万历六年刊本）卷一二,页 31 下。

② 朵鲁伯觯可能即朵儿别氏（Dörben）,又作朵鲁别、朵儿边。

③ 王元恭《至正四明续志》（宋元四明六志）卷二,页 1 上。

④ 《畏斋集》（四明丛书）卷六《完者都公行状》,页 10 下—15 下。

⑤ 《元史》卷一三四《也先不花传》,页 25 上。

见后。而其弟搠思监（Jösgem）亦官至中书右丞相，为顺帝朝中期权臣①。拜住于后至元二年（1336）任庐州路同知，后官至宣政院使。在庐州任内，捐楮币千五百缗，修景贤书院大成殿，名文人揭傒斯曾撰记称颂②。

（3）燮理溥化（Shilig Buqa）。字元溥。斡罗纳儿氏，为启昔礼之裔，哈剌哈孙之族孙。虽出身高门，却由科第登仕，为泰定四年（1327）进士，历舒城、乐安二县达鲁花赤，后至元四年（1338）除南台监察御史，后转西台御史③。曾建舒城明伦堂④、龙眠书院，又重建乐安儒学⑤。溥化为揭傒斯弟子，《揭文安公诗集》即由其编辑⑥。揭氏《送燮元溥序》称他"多文而好学"，"廉敏明恕，见许于士君子"。元溥与虞集亦有密切关系，集屡赠诗勖勉⑦。

（4）八儿思不花（Bars Buqa）。字元凯，氏族不详。黄溍称他为"国人"，当为蒙古人⑧。延祐间登进士第，初授秘书郎⑨。至顺

①《元史》卷二〇五《奸臣传》，页 33 上。
②揭傒斯《元景贤书院大成殿记》，载赵绍祖辑《安徽金石略》（刘世珩刊本）卷六，页 21 下—22 上〔揭氏此文不见四部丛刊本《揭文安集》，亦不见于近刊李梦生点校本《揭傒斯全集》（上海，1985）〕。撰人不详《元庐州路同知拜住公政绩碑铭记》，同上，卷六，页 23 下—24 上；《辍耕录》卷一三《造物有报复》，页 338—339。
③《揭文安公集》卷九《送燮元溥序》，页 10 下；《道园学古录》卷四〇《题斡罗氏世谱》，页 3 上下。
④《道园学古录》卷八《舒城县明伦堂记》，页 7 下；《揭文安公集》卷一〇《龙眠书院记》。
⑤同上，卷三五《抚州路乐安县重修庙学记》，页 12 下。
⑥《揭文安公集》每卷卷首皆有"门生前进士燮理溥化校录"字样。
⑦《道园学古录》卷二七页 5 下，卷二八页 2 下，卷二九页 1 上。
⑧《金华文集》卷一七《送八元凯序》，页 15 下；《吴礼部集》（续金华丛书）卷一四《送浦江邑长元凯公序》，页 18 下。
⑨《秘书监志》卷一〇，页 7 上。

二年(1331)迁浦江县达鲁花赤。柳贯赞其人"儒雅温缜,卓有猷为"①。曾重修浦江月泉书院②。

(5)埜素溥华(Yesü Buqa)。字清卿,宏吉剌(Qonggirad,即弘吉剌)氏。事迹不详。后至元三年(1337)任当涂县达鲁花赤,曾重修天门书院③。

(6)月鲁不花(Örlüg Buqa,1308—1366)。字彦明,号芝轩。逊都思氏。前述脱帖穆耳之子。母为汉人朱氏。幼师韩性。登元统元年(1333)进士第。授台州路录事司达鲁花赤,州无学,乃建孔子庙,延儒士为之师④。迁穰县达鲁花赤,出其田禄,倡建县学⑤。累官山南道廉访使,死于倭贼之手。

(7)阿殷图(Ayintu)。号埜堂,弘吉剌氏。父咬住(一作岳柱),任翰林侍读学士,以孝义获旌赏,称为"孝义之门"⑥。阿殷图于至正九年(1349)迁庆元路总管,后升达鲁花赤,曾重修路学,聘明经学者为师⑦。又曾发现当地大儒王应麟所著《玉海》错简甚多,乃使应麟之孙王厚孙校正⑧。可见阿殷图不仅热心兴学,而且关心文献。

---

①《柳待制文集》卷一七《浦江县官题名记序》,页 12 下—13 下。

②毛凤韶《浦江志略》(嘉靖五年刊)卷六,页 4 上—5 上。

③《安徽金石略》卷五,李习《天门书院记》,页 35 下;同上,卷五,王理《观澜亭记》,页 35 下—36 下。

④《元史》卷一四五,页 4 下—8 上;萧启庆《元统元年进士录校注》,上,页 80。

⑤余阙《青阳集》(四部丛刊)卷三《穰县学记》,页 1 上—3 下。

⑥《道园类稿》卷三二《跋咬住学士孝义卷》,页 19 下—20 上;释大䜣《蒲室集》(四库珍本二集)卷一《高门一首赠岳柱公》,页 3 下;卷二《岳柱留守捕蝗诗》,页 5 下;卷七《送岳柱留守还朝序》,页 17 下。

⑦《两浙金石志》卷一七,黄溍《庆元路重修儒学记》,页 39 下—42 上。

⑧K. T. Wu(吴光清),"Chinese Printing under Four Alien Dynasties", *Harvard Journal of Asiatic Studies* 13(1950),pp. 447–523(p. 471)。

(8)□□□。名佚,危素为其撰《去思碑》称之为"瓮吉剌君",乃以其所属氏族称之而未著其名①。由危素称其为"国人",可知为蒙古人。危素又称"其先世为野□部人",则此家原属瓮吉剌(即弘吉剌)野□部。历代为将,其六世祖纳鲁都以千户从太祖伐金。其家即居山西。□□□官至檀州达鲁花赤,曾兴学校,籍闲田为校产,并在城西年丰镇建孔庙与修学。

(三)儒治鼓吹者

元朝因受蒙古黩武政策及色目聚敛之臣的影响,儒学在朝廷地位始终摇摆不定。汉人儒者虽一直以儒道进说,但是困难重重,效果始终不彰。陈垣论西域儒者在朝廷地位之重要性时说:"中国儒者,其得国主之信用,远不逮西域儒者。""当是时,百汉人之言,不如一西域人之言。"②事实上,西域人儒者所能发挥之作用,又不及蒙古儒者。蒙古人中甚多"根脚深重"之世家子弟,甚为皇室所倚重,与西域人以实用功能而见用者又有亲疏轻重之别。因而蒙古人中信仰及同情儒道者遂成为汉儒笼络及拥护之对象。此类蒙古人中又可分为二类:一为"儒治鼓吹者",一为"儒治实行者"。列为"儒治鼓吹者"皆为中上级之政府官员,并不处于主政地位。但其人或居台谏,或处翰苑,或在经筵。因其地位得以进说儒道、鼓吹名教、促进儒治,直接影响帝王之观念及朝廷之政策。属于"儒治鼓吹者"有六人。其中属中期者一人,后期五人。

1. 中期

伯都(Botu,？—1324)。系出忙兀(Mang'ud)氏世家。为成吉思汗功臣畏答儿(Quildar)之四世孙,其家世袭泰安郡王。父博罗

---

①《危太朴文续集》卷三《檀州达鲁花赤瓮吉剌君去思碑》,页 2 上—4 上。
②《元西域人华化考》卷二,页 28 上。

欢（Borogul，1239—1300）为平宋名将，官至江浙行省平章①。母王氏，为汉人②。伯都幼聪颖，不以贵戚世家自满，长嗜书史。历仕四朝，官至御史大夫。延祐间召为太子宾客，辅导皇储，上书陈古先圣帝正心修身之道。柳贯所撰《谥议》称其"文采彬蔚，克采前美，启沃之言，多本仁义"③，可见伯都系以儒道辅导太子。

2. 后期

（1）月鲁帖木儿（Örlüg Temür，？—1352）。卜领勤多礼伯台（＊Buringhil Dörbetei）④。其家自高祖活祢赤（Qonichi）事成吉思汗为副统军即累代仕宦。父普兰豀（Buralki）官至山北辽东道廉访使。月鲁帖木儿自幼警颖。年十二，成宗命入国子学。自宿卫入仕，于至正间为翰林学士承旨、知经筵事。危素说他"历事累朝，素谙典故，进读之际，引经授史，本于王道，且喜国语"。"议论衮衮，博究名家，扶树名教"，可见月鲁帖木儿为一以蒙语进讲儒教的经筵大臣。早年又尝与国师必牙剌（兰）失里（Biratnashiri）争辩朱子学于仁宗之前，显然勇于卫道⑤。

（2）泰不华（Tai Buqa，1304—1352）。原名达普化。字兼善，号白野。伯牙吾台（Baya'udai）氏。前人多误其为色目人，实为蒙古人⑥。泰不华在蒙古儒者中出身较为寒微。父塔不台，为台州

---

① 《吴文正集》卷三二《鲁国元宪公神道碑》，页 25 上；柳贯《柳待制文集》卷八《伯都谥元献》，页 10 下—11 下；《元史》卷一二一，页 19 下—20 下。
② 《程雪楼集》卷四《御史大夫伯都母王氏封泰安王太夫人制》，页 9 下。
③ 见本页注①。
④ 可能即朵儿别氏，见 Pelliot et Hambis，*op. cit.*，pp. 400-401。
⑤ 《危太朴文续集》卷七，页 15 上—21 下；《元史》卷一四四，页 3 下。必牙剌失里当即《元史》（卷二〇二，页 3 下）之必兰纳识里，文宗时为国师。
⑥ 泰不华族属小考：钱大昕、陈垣都误以泰不华为色目人，盖以不华为钦察伯牙吾台氏，二氏说见《元史氏族表》（广雅书局本）卷二，页 59 上；《元西域人华化考》卷二页 12 下，卷五页 79 下。实际上，蒙古、钦察、康里（转下页注）

录事判官,遂定居台州。家贫,集贤待制周仁荣教而养之。又曾师事隐居雁荡之名儒李孝光。乃登至治元年(1321)第,为右榜状元。在文人圈中极负盛名,官运却不亨通,官至台州路达鲁花赤。据说他自幼便以"好读书,强记闻"见称。其师周仁荣为金华大儒王柏的再传弟子,所治为性理之学。因此泰不华亦为理学家,有志于邵子之学①。而又精于小学,曾赓续宋吴兴张谦中所著《复古

(接上页注)皆有伯牙吾氏,而泰不华则属蒙古伯牙吾氏。韩儒林曾指出:"《元史》卷一四三称泰不华(Tai Buqa)为伯牙吾氏,世居白野山。陶宗仪《书史会要》谓:其人号白野……吾人今知钦察部外,康里、蒙古均有伯牙吾氏,名同而所隶属之部族不同,则泰不华是否为西域人犹未可必也。"见韩氏《西北地理札记》,《穹庐集》(上海,1982),页84。韩教授的论断虽不肯定,但已指出问题症结之所在。笔者认为泰不华系出蒙古的伯牙吾台一事,应可肯定。理由有二:第一,泰不华为右榜进士第一,按元制,"唯蒙古生得为状元,尊国人也"(《畏斋集》卷四《送朵郎中序》,页9下)。第二,元人记载,除韩氏所引《书史会要》外,《秘书监志》(卷一〇,页2下)也说泰不华为蒙古人,而浦江郑氏义门《麟溪集》更称他为"蒙古伯牙吾氏"(《永乐大典》卷三五二八,北京,1959,页27上)。明人所编《元音》(四库全书本,卷九,页16上)亦称他为蒙古人。则泰不华出于蒙古而非钦察,事属显然。近有达应庚撰《元代泰不华族源初探》一文〔载于《甘肃社会科学》第2期(1991),页68—70〕认为泰(达)不华为出身钦察伯牙吾氏的回教徒。其所根据乃为阿訇达浦生所藏江苏六合《达氏族谱》。《族谱》略谓达(泰)不华之父达不台,武将,元初来自西域。不华原名母把拉沙(Mubārak—shāh)。又谓自达不台至达浦生(民国时人)已二十二世云。此谱当系修纂于民国时代,上距元朝已六百年。且在"文革"时已亡佚,无法覆按,所云种种不得不存疑。按自来中国家谱追溯远祖,附会甚多。元代以后之蒙古、色目各族后裔亦是如此,往往攀附各该族群之名人为远祖。如回回名臣赛典亦赡恩丁(Saiyid Ajall)及元季忠烈余阙便是不少家谱攀附之对象。六合达氏与泰不华之关系或亦如此。总之根据前述证据,泰不华仍应断定为蒙古伯牙吾台氏。元代记载中全无泰不华为回教徒的迹象。至于其后裔是否皈依回教,已无法证实,亦与本文主旨无关。

①《元西域人华化考》卷二,页13下—14上。

编》,作《重类复古编》十卷,考证篆书讹字。此外,又曾参修《宋史》。是一位多方面成就的儒者①。

泰不华不仅精通儒学,而且身体力行。《元史》称他"尚气节,不随俗浮沉"。苏天爵说他"论大事,决大疑,持正不阿,凛然有真士风"②。至正元年(1341)任绍兴路总管,曾推行改革。一方面改革财政,废除没官牛租,令民自实田赋,使大户不能避役。另一方面又行乡酒礼,教民兴让,又禁止妓乐。可见泰不华有志将儒学行之于政事③。

(3)拔实(Bagshi,1308—1350)。字彦卿,凯烈(即怯烈)氏。高祖仕事成吉思汗,有战功,世备宿卫。故拔实亦出于官宦世家,十一岁即以近臣子入侍仁宗。顺帝初任翰林直学士兼经筵官,后官至河西道廉访使。据说他"天性颖敏,博学善为文章"。所居"图书满室,矻矻进修"④,十分好学。曾承诏译唐杨相如《君臣政要论》为蒙古文⑤。又曾建议行大禘,罢游猎,置谏官,开言路,蒙古、色目进士当明一经,改革蒙古婚姻之俗。常从儒家观点直言诤谏,黄溍称他为"国之直臣"。

(4)朵尔直班(Dorjibal,1313—1352)。字惟中,札剌亦儿氏。为木华黎七世孙,别里哥帖穆尔之子。少孤,既长,力学自立。顺

---

①《元史》卷一四三,页14上—17下。

②《滋溪文稿》卷三〇《题兼善尚书自书所作诗后》,页12上。

③《元史》卷一四三,页15上。朱德润《存复斋文集》(四部丛刊续编)卷四《送和九思之官绍兴序》,页6上。并参看 John Dardess, "Confucianism, Local Reform and Centralization in Late Yüan Chekiang, 1342-1359", in Hok-lam Chan and Wm. T. de Bary(eds.), *Chinese Thought and Religion under the Mongols*(New York,1982), pp. 330-332。

④《金华文集》卷二五《凯烈公神道碑》,页5下—9上。

⑤此书于至正元年译为蒙文,"以突厥字书之",当为畏兀儿字蒙文,见危素《君臣政要序》,《危太朴文集》卷七,页1下—2下。

帝时历任奎章阁学士、知经筵事,提调宣文阁事等职,是一位翰苑之臣。官至湖广行省平章政事。吴师道说他"生长富贵,雍容妙年,而处之淡然,笃志问学"①,而《元史》则说他"留心经术,凡伊洛之书未尝去手,荐拔人材而不以私恩",而又"正身立朝,无所附丽,以扶持名教为己任"②。可见朵尔直班虽然门第潢贵,而笃志于理学并以之行于政事。在经筵时,担任经义翻译,曲尽其义,多所启沃。曾编次前哲遗言,凡四卷,分别讨论学本、君道、臣职及国政。顺帝喜其书,赐名《治原通训》③。至正九年(1349)任资正院使,主理中宫之事,尝勾稽档案,编成《资正备览》,凡三卷,叙述资正院之由来及执掌,名儒黄溍曾为之作序④。朵尔直班显然不仅精通汉、蒙二学,而且著作与事功并济。

(5)答禄与权。字道夫,号洛上翁。答禄(Dalu,又作达鲁、答鲁)乃蛮氏。为乃蛮塔阳罕(Tayang Qan)弟屈出律(Küchlüg)六世孙。此家虽累代将门,但久居汉地,落籍河南永宁,与汉人通婚频繁,子孙多已改就儒学,高度汉化。黄溍说是"子孙振振,接踵儒科,以武易文"。与权之叔父守恭、守礼皆为进士,而与权于至正二年(1342)登进士第。累官秘书郎、翰林院经历、河南河北道廉访佥事⑤。入明,以元故官受征,授秦王府纪善,官至翰林应奉,于洪武十一年(1378)致仕。为一历仕两朝的蒙古文臣。明太祖时,他

---

①《吴正传先生集》(台湾图书馆影印明钞本)卷一三《敬义斋记》,页358—360。
②《元史》卷一三九,页10下—12上;《宋元学案补遗》卷九三,页15下。
③此书系进呈文宗者,藏于宣文阁,见《元史》卷一三九,页12上。
④《金华文集》卷一六《资正备览序》,页8下—9下。
⑤《金华文集》卷二八《答禄乃蛮氏先茔碑》,页12上—17下。此家事迹又见《元史》卷一二一,页20下—23上。迺贤《金台集》(元人十种诗本)卷二《答禄将军射虎行》,页20上—21上。

上疏建议尊崇尧舜孔孟,又上书议行禘祀①。故司律思神甫曾汇集《明实录》中有关与权之记事,为之作传。他认为与权屡次建言兴复古礼,志在与汉儒争胜②。与权劝行儒道之事迹,虽仅见之明初,但因他是元朝培养的儒士,故亦附见于此。

(四)儒治实行者

"儒治实行者"皆为主政中枢之蒙古重臣。其人对汉学虽未必热谙,但因身居其位而因同情或因信仰而施行儒治。共有五人,其中一人属前期,一人属中期,三人属晚期。五人中三人皆为木华黎后裔。

1. 前期

安童(1245—1293)。安童为木华黎之曾孙,嗣国王霸都鲁(Bātur,? —1261)之子,亦为忽必烈之姨侄。家世之潢贵无与伦比。至元时代两度为中书右丞相。其师承已不可考知,但显然熟知汉学③,在行动上更是维护汉法。李璮之乱后,忽必烈对汉人之忠诚已不无怀疑,加以东征西讨,需财孔殷,乃以西域财经专家取代汉人儒臣,力图增加税收④。安童自至元二年(1265)为相后,乃成为力挽狂澜的汉法砥柱,援引儒臣姚枢、许衡、商挺、窦默等,畀

---

① 《皇朝中州人物志》卷一,页 14 下—15 下。答禄与权的传记,又见《明史》卷一三六,页 7 下;徐乾学《明史列传》(明代史籍汇刊本)卷一一,页 11 上—12 上;朱彝尊《曝书亭集》(四部丛刊)卷六四,页 11 上—12 上。

② Henry Serruys, *The Mongols in China during the Hung-wu Period* (Bruxelles, 1959), pp. 262–274.

③ 鲜于枢《困学斋杂录》(丛书集成)页 5 记有安童向许衡、张德辉、张文谦问学之事。安童思想又曾受全真教之影响,见陈垣《南宋初河北新道教考》(北京,1962),页 63—64。

④ 萧启庆《西域人与元初政治》,页 59—61。

予重任,并经常与儒臣"讲论古今治道,评品人物得失"①。在汉臣拥护下,先后力抗阿合马(Ahmad)、卢世荣及桑哥(Sangha)的聚敛政策。在政治上,他主张"铲除苛暴,开布宽平,抑奢尚俭,薄征厚施",可说以儒家学说为宏纲。可惜聚敛之臣的后台实为忽必烈本人,支持汉法之皇太子真金亦致忧惧以殁。而安童则因出军漠北抵御海都(Qaidu)被俘,离开中枢达九年之久。归朝后虽复拜中书右丞相,但因被谮曾受海都官爵,忽必烈对其信任已不如前②,终至罢相。但安童与真金无疑为忽必烈一朝维护汉法的重要台柱。

2. 中期

拜住(Baiju,1298—1323)。为安童之孙,太常卿兀都台(Udutai,1272—1302)之子。自幼其母即令"知文学者陈圣贤孝悌忠信之说以开导之",曾受儒学基础教育。延祐二年(1315)任太常礼仪院使,主掌礼仪与宗庙祭祀,常向儒士咨询古今礼乐治乱得失。至治二年(1322)拜右丞相,独相天下,擢用儒臣张珪、王约、吴元珪等人。据说当时"士大夫遭摈弃者,咸以所长收叙,文学之士,待以不次之除"。推行汉法,力抗蒙古保守派太皇太后答己(Targi,? —1322)及权臣铁木迭儿(Temüder,? —1322)。拜住为相不及二年即在南坡事变中为铁木迭儿余党铁失(Tegshi,? —1323)等所害,却是元朝中期推行儒治最力的蒙古大臣③。

3. 晚期

(1)脱脱(Toghtō,1314—1355)。字大用,蔑儿乞氏。其家原为宫廷侍从,地位并不显赫。但是脱脱之伯父伯颜(Bayan,? —

---

①《国朝文类》卷二四《丞相东平忠宪王碑》,页 7 下—8 上。
②《元史》卷一五三《石天麟传》,页 11 下。
③《金华文集》卷二四,页 3 上—5 上。萧功秦《英宗新政与南坡之变》,《元史及北方民族史研究集刊》第 4 期(1980),页 38—46。

1340)、父亲马札儿台（Majartai, 1285—1347）先后出任中书右丞相，皆为顺帝初年之权臣。脱脱幼时师事浙东大儒吴直方，受儒学陶冶。两度出任右丞相，一反伯颜排除汉人、废止科举的反汉反儒政策。在吴直方辅导下，大行"更化"，恢复科举，扩大国学，重开经筵，改奎章阁为宣文阁，遴选儒臣进讲，并主持辽、宋、金三史的纂修。虽然论者批评其政策为商鞅、王安石的功利之法，但此为政敌攻讦之言，不足采信①。其政策乃基于儒家思想。《元史》称他"功施社稷而不伐，位极人臣而不骄，轻货财，远声色，好贤礼士，出于天性。至于事君之际，始终不失臣节，虽古之有道大臣何以过之?"②美国学者窦德士（John Dardess）亦说他主政时代之元廷"儒家意识形态与政治权力始结为一体"③。

（2）别儿怯不花（Berke Buqa, ？—1350）。燕只吉台氏。父阿忽台（Aqutai, ？—1307）事成宗为左丞相。别儿怯不花出身国子学，至正七年（1347）累官至中书右丞相。虽与脱脱处于对立地位，亦为儒者。早年任同知太常礼仪院事时，便曾"从耆老文学之士，雍容议论"④。窦德士称其所行为保守的儒家政策，着重地方政府的治理，并强调选用正人以行教化⑤。与脱脱推行儒治的目标并无二致，不过轻重有别而已。

（3）朵儿只（Dorji, 1304—1355）。木华黎五世孙，江浙行省平章政事脱脱之子，拜住之从弟。出生于杭州，自幼"喜读书，不屑屑

---

①《元史》卷六七，页 18 下。
②《元史》卷一三八，页 32 下。关于脱脱事迹，又可参看邱树森《脱脱和辽金宋三史》，《元史及北方民族史研究集刊》第 7 期（1983），页 10—21。
③John Dardess, *Conquerors and Confucians*（New York, 1973），p. 162.
④《元史》卷一四〇，页 1 上。
⑤Dardess, *op. cit.*, p. 82.

事章句,于古君臣行事,忠君爱民之道,多所究心"①。袭国王位,宾客甚盛,尝与其宾客彭承初论《孟子》,对承初说:"他人多以软语媚我,惟子言多规谏,吾其免于过矣!"②至正八年(1348)出任中书右丞相,据说当时"朝廷无事,稽古礼文之事有坠必举"。所采行的政策有举遗逸、汰僧尼、改革地方行政、"请赐经筵官以崇圣学,选清望专典陈言以求治道"。窦德士认为其执政时代为"保守的儒家行政计划"体现之一高潮③。

四、文学

文章与经学原是士大夫文化相互连锁的两环。通经学者类多能文能咏。造诣的高低则因个人的秉赋与功力而有甚大的差别。

异族人士欲求在汉文学上有所成就,似又难于经术的掌握。经术的掌握端赖学者的功力,而文字的驾驭与感情的发抒不能徒持功力。若非自幼浸润于汉文化之中,便不易在文学上有可观之造诣。元代色目人中汉文学家可说人才济济,如诗人萨都剌、迺贤、丁鹤年,曲家小云石海涯(Sewinch Qaya,即贯云石),文家马祖常,其造诣皆足与历代汉文人相颉颃④。与西域人相较,蒙古人似稍逊色。

古来文学有"正统文学""俗文学"之分。元代除诗、词、散文等"正统文学"外,通俗文学散曲、杂剧极为兴盛,蔚为大宗。现可

---

① 《元史》卷一三九,页3上—5上。
② 《危太朴文续集》卷五《判官彭君墓志铭》,页13下。
③ Dardess *op. cit.*, pp. 84–87.
④ 《元西域人华化考》卷四。

考知的蒙古诗歌、散文及剧曲作者仍有不少,兹分三节述之。至于词,唐圭璋所编《全金元词》网罗甚全,共收元代二百二十二位词作家的三千七百二十一首作品①。但其中可肯定为蒙古人所作者并无一首。因此本文无法讨论蒙古词人,十分遗憾。

(一)诗歌

元诗存世者尚多。元、明人所编选集已有不少。清康熙年间张豫章等奉敕编辑之《御定四朝诗》中元诗部分共收作者近二千人②。顾嗣立编《元诗选》共收遗诗尚能成集者三百四十家。而由顾氏原编,席世臣校刊之《元诗选癸集》更自地志、石刻中广肆搜求,收入有单篇传世而不能成集者二千三百多家③。两者合计达二千六百余人。其中少数为色目、蒙古诗人。

蒙古、色目诗人族属之考订为一较为困难之问题。古来选家对蒙古、色目诗人族属之区别往往未加深究。《元诗选癸集》便是如此,或因史料欠缺而对诗人族属略而不谈,留有空白,如"察罕不花,字□□,□□□人";或因难以确定而含混处理,如"月忽难,字明德,蒙古色目人"。此类例子在《元诗选癸集》中所在多是,读者难以别择。近出的几种元代蒙古族诗人或少数民族诗人汉文诗选于诗人之族裔亦未能严正考订。如王叔磐、孙玉溱所编《古代蒙古族汉文诗选》元代部分所收颇富而别择不严④。色目诗人误为蒙古人者有:铁间应为哈剌鲁(Qarlugh)人,完泽、拜帖穆耳、观音奴皆为

---

①《全金元词》,北京,1979。
②《御选元诗》,四朝诗选本,康熙四十八年。
③顾嗣立编《元诗选》初、二、三集,秀野草堂本;席世臣编《元诗选癸集》,扫叶山房本。
④呼和浩特,1984。

唐兀（唐古）人，而买闾则为西域人，不详其族别①。史料不足而无法断定其为蒙古抑为色目人者则有孛罗、塔不傮、月忽难、拜住、达失帖木儿、达不花、伯颜九成、观音奴、帖木儿、和礼普化、奚漠伯颜、闾嘉问、凝香儿等十三人，皆不应收入。此外，王叔磐、孙玉溱等编《元代少数民族诗选》②及鲜于煌编《中国历代少数民族汉文诗选》③中元代部分所列蒙古诗人亦有类似的问题，不再一一枚举。本文力求考订从严，凡无法证明其确实籍属蒙古者皆不收入，以免浮滥。

现有作品存世之蒙古诗人共廿五人。此外尚有四人虽无作品流传，但由文献仍可考知其人能诗。兹依《儒学篇》之例分三期考述。又有三人时间不可考，列入"期不详"。

1. 前期

伯颜（Bayan, 1236—1295）。八邻（Bārin）氏，出身于勋臣世家，长大于西域。至元初年以旭烈兀（Hülegü）使臣身份东来，此后即青云直上，出将入相，累官中书右丞相、知枢密院事④。其间尤

①关于以上各人之族属，见王德毅、李荣村、潘柏澄编《元人传记资料索引》，第 4 册，页 2285、2390、2512、2662。完泽、观音奴族属之考订亦见门岿《元代蒙古族及色目诗人考辨》，《文学遗产》第 5 期（1988），页 104—109；观音奴及拜帖穆耳亦见柴剑虹《〈元诗选〉癸集西域作者考略》，《文史》第 31 辑（1988），页 283—302。但门岿文认为孛罗、拜帖（铁）穆耳为蒙古人而拜帖穆耳即元末殉节之柏帖穆（木）儿（字君寿）则无充分证据，兹不取。
②呼和浩特，1981。
③北京，1988。
④元明善《丞相淮安忠武王碑》，《国朝文类》卷二四，页 17 下。F. W. Cleaves, "The Biography of Bayan of the Bārin in the *Yüan shih*", *Harvard Journal of Asiatic Studies* 19（1956），pp. 185–303。叶新民《伯颜与平宋战争》，卢明辉等编《蒙古族历史人物论集》（北京，1981），页 90—102。笔者亦撰有"Bayan (1237—1295)"一文，见 Igor de Rachewiltz, Hok-lam Chan, Hsiao Ch'i-ch'ing, and Peter W. Geier（eds.），*In the Service of the Khan*, *Eminent Personalities of the Early Mongol-Yüan Period*（Wiesbaden, 1993），pp. 584–607。

以统军灭宋,功勋最高,为元朝早期最为杰出的军事政治家。《元诗选癸集》录其诗四首①。其《奉使收江南》云:

> 剑指青山山欲裂,马饮长江江欲竭。
>
> 精兵百万下江南,干戈不染生灵血。

此诗既显磅礴豪气,又露悲矜之念,虽然遣词用字并非上乘,但元代早期军人能写如此汉诗,已极难能可贵。

2. 中期

(1)童童。一作通通,字南谷②。兀良哈氏。速不台五世孙,其父河南王不怜吉觯事迹已见《儒学》篇。母胡氏,为汉人③。历任集贤学士,河南、江浙行省平章及大禧宗禋院使。皇庆元年(1312)道过荥阳,见汉朝老槐,感而赋诗,与树真形并刻于壁。诗云:

> 龙蟠天矫兴雷雨,虎踞离奇隐鬼神。
>
> 隆准千年成蚁梦,空余古树老荥滨。④

---

① 《元诗选癸集》乙,页5下—6上。

② 童童字南谷,据盛如梓《庶斋老斋丛谈》(《笔记小说大观》十集,卷一,页1下)云:"今河南丞相吉公,武定王之子,亦已封王,诏书褒美,卓绝古今。王之子集贤学士南谷公,以世其家。"武定王即阿尢,河南丞相吉公即不怜吉歹,其子集贤学士南谷公显系童童。许有壬《题南谷平章画像》诗有句云:"河南王孙谪仙人,骑鹤来玩人间春。"(《至正集》卷六,页1下)称之为河南王孙,乃因不怜吉歹封河南王也。吴式芬《攈古录》(吴氏家刻本,卷一八,页30下)著录有《汉槐南谷诗》,显指下文所引童童所作古槐诗。"南谷"当为童童之字或别号。

③ 《石田集》卷六《追封河南王夫人制》,页1下。

④ 毕沅《中州金石记》(丛书集成本)卷五《古槐图记》《古槐诗》,页118—119。又《攈古录》所著录除前注引《汉槐南谷诗》,尚有《虢县汉槐图并记》及《童童达摩诗》。《汉槐南谷诗》及《虢县汉槐图并记》当即毕沅所录。又许有壬有《和南谷平章题李吕公亭韵七律一首》(《至正集》卷二三,页14下),童童显系能诗者。

此诗首两句咏古槐龙盘虎踞形象,第三句用唐李公佐《南柯太守传》典故,譬喻富贵得失之无常,而引出第四句之感叹,全诗不失工整。除能诗外,童童又长于度曲、作画(见下),不愧为多才多艺的蒙古王孙。正由于多才风流,"骑鹤来玩人间春",以致官缄不修,屡为御史所弹劾①。

(2)阿荣(1303—1335)。字存初,自号梅月庄主人。出身怯烈氏世家。曾祖昔剌斡忽勒(Sira Oghul)为成吉思汗必阇赤(bichēchi,秘书)之长②。父按滩(Altan),累官浙东道都元帅③。阿荣幼年从学诗人状元宋本。本弟裒说他:"性识聪颖。及长,遂知好学,涉猎书史,作诗临帖,至于笔札砚墨,雅好精致。棋、槊、射猎、击球等事,虽尝间作,亦视之泊如也。"④年轻时又从名满湖湘之诗人吴元德(字子高)游⑤。后元德赠诗《寄存初》有句云:"追陪常记茸年间,踏云论文几往还,小雪藏春同煮茗,闲庭和雨共看山。"⑥阿荣善诗当系受宋本及吴元德影响。《元史》本传则说他"闲居以文翰自娱","日与韦布之士游,所至山水佳处,鸣琴赋诗,日夕忘返"⑦。可见其人兴趣宽广而有文人风格。至于其诗,据宋裒说:"诗喜学唐,有《海棠曲》,亦得风致。"马祖常更称赞他"倚马才鸣世"。显然甚有诗才⑧。虞集⑨、陈旅⑩、宋裒皆有诗与其

①《元史》卷三〇,页 17 上;卷三五,页 10 上下。
②《元史》卷一四三,页 11 下—12 上。
③《石田文集》卷六《右丞按滩封谥制》,页 10 上—11 上。
④《燕石集》卷八《送存初宣慰十首》,页 177—178。
⑤《滋溪文稿》卷二九《书吴子高诗稿后》,页 11 上下。
⑥明佚名编《诗渊》(北京,1985)第 1 册,页 713。
⑦《元史》卷一四三,页 11 下—12 上。
⑧《石田文集》卷二《次韵阿荣参政》,页 19 下。
⑨《道园学古录》卷二《次韵阿荣存初夜见寄》,页 8 上。
⑩陈旅《安雅堂集》(四库珍本二集)卷二《次韵阿荣参政省中夜坐上都》,页
　5 下。

唱和。

　　阿荣早年以宦族入侍宿卫。天历二年（1329）任中书参知政事兼经筵事，进拜奎章阁大学士。因而成为文宗的最高文学侍从之臣。近日翻检鲍昌熙《金石屑》，得见文宗分赐阿荣、奎章阁大学士嵝嵝、御史中丞赵世安及宣政院使哈剌八都儿（Qara Bādur）之"永怀"二字及嵝嵝所作题记摹本①。"永怀"二字乃系文宗临唐太宗《晋祠铭》所书而亲刻手印。由此事可看出文宗时代宫中艺文气息之浓郁及阿荣与文宗关系之密切（图一）。

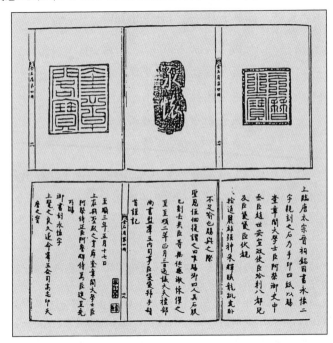

图一　阿荣得赐元文宗手刻"永怀"二字印本及嵝嵝
为印本所作题记，印本原钤"天历之宝"
及"奎章阁宝"二印

①鲍昌熙《金石屑》（石刻史料丛编续编）第 4 册，页 67 上—76 上。参看《金华文集》卷二一《御赐永怀二字》，页 2 下—3 上。

（3）勖实带。事迹见《儒学》篇。据程钜夫说，勖实带有诗五百余篇，曰《伊东拙稿》，藏于家①。陈垣以该稿乃其子慕颜铁木所著，误。

3. 后期

（1）泰不华。事迹见《儒学》。其师李孝光，号"五峰狂客"，著有《五峰集》，以诗文闻名于世。泰不华得其传授，其诗艺成就颇大。所撰《顾北集》今已散佚，《元诗选》初集所辑不过廿四首②。

泰不华之诗兼长各体，五言、七言、古体、近体，皆能写得纯熟自然，用典妥帖。如其五律《衡门有余乐》：

> 衡门有余乐，初日照屋梁。
>
> 晨起冠我帻，亦复理我裳。
>
> 虽无车马喧，草木日夜长。
>
> 朝食园中葵，莫撷涧底芳。
>
> 所愿不在饱，颔颐亦何伤。

泰不华一生忠于国家，最后壮烈殉国。但由此一诗可看出其对屈原、陶渊明独善其身、洁身自好思想的追慕之情。全诗恬淡素雅，自然明畅，甚具陶渊明田园诗的风格③。

---

① 《程雪楼集》（陶氏涉园刊本）卷二二《故炮手军总管克烈君碑铭》，页6下—8上。

② 关于《顾北集》，《台州外书》云："是编有诗无文，盖亦不全之本。"引见《台州经籍志》（书目三编本）卷二六，页14下。此书除习见之《元诗选》初集之庚本外，尚有《台州丛书》己集本及明潘是仁编《宋元四十三家集》本。后者题作《泰顾北集》。皆一卷。此外，蒋易《国朝风雅》（宛委别藏本）录其诗九首，明偶桓编《乾坤清气》（四库全书）卷三，页396。另珂罗板印《元八家法书》中有泰不花行书《赠坚上人重往江西谒虞阁老》七言律诗一首，为《顾北集》所未载。又有咏郑氏义门诗，见《永乐大典》卷三五二八，页27上。

③ 关于泰不华之诗艺，参看白乙拉《元代蒙古族诗人泰不华》，《内蒙古师范大学学报》（哲社汉文版）第3期（1988），页44—49。

泰不华之诗艺颇受自来论者推崇。元苏天爵《题兼善尚书自书所作诗后》说:

> 白野尚书向居会稽,登宋山,泛曲水,日与高人羽客游。间偶遇佳纸妙笔,辄书所作歌诗以自适,清标雅韵,蔚有晋唐风度。①

对其诗歌、书法皆甚赞赏。明胡应麟论其诗则说:

> 达兼善绝句,温靓和平,殊得唐调。二人(兼指余阙)皆才藻气节兼者。②

《元诗选》编者顾嗣立亦以不华之诗艺与余阙相比拟,而说:"故论诗至元季诸臣,以兼善为首,廷心(余阙)次之。"泰不华在元代蒙古诗人中无疑成就较大。

(2)僧家奴(僧家讷、僧嘉讷)。一名钧,字元卿,号嵖山野人。侂潲沃麟氏③。曾祖杰烈(Keyerid)为成吉思汗元从,以下三世皆镇山西。僧家奴以世家子为武宗宿卫。至正初官至广东宣慰使都元帅、江浙行省参政,颇有政声。公余之暇,肆力文史,"小间经史不离手,亦不辍于吟咏"。所撰诗辑为《嵖山诗集》,虞集为之序,称其诗"浩荡英迈","无幽忧长叹之声",可见其诗以豪放为特色④。惜其集已失传。仅存至正十年(1350)在福州乌石山与赫德尔等唱和时所作《道山亭联句》二句⑤。

---

① 《滋溪文稿》卷三〇,页 12 上。
② 《诗薮》(北京,1958)外编卷六,页 233。
③ 侂潲沃麟可能即《元朝秘史》(第 44 节)之沼兀列亦惕(Je'üreyid)氏,《辍耕录》蒙古七十二种中之尤里歹。《秘史》译文见 F. W. Cleaves(trans. and ed.)*The Secret History of the Mongols*(Cambridge, Mass., 1982)p. 9;《辍耕录》卷一,页 26。
④ 《道园类稿》卷一九《嵖山诗集序》,页 3 下—5 下;卷二六《广东宣慰使都元帅僧家讷生祠记》,页 6 上—13 下。
⑤ 陈棨仁《闽中金石略》(菽庄丛书)卷一〇,页 3 下。

（3）赫德尔。氏族不详。至顺元年（1330）进士①，二年任奉化州同知，累官江浙行省参政②。尝赋《万岁山》诗，有"水沂巅崖流自转，山移绝塞势尤雄"之句。又有《道山亭联句》③。

（4）完迸溥化（Öljei Buqa）④。或作完迸不花，字元道，忙古台（Mangghutai）氏。出身下级官僚之家，居沔阳府景陵县。其弟完迸□先，为元统元年（1333）进士，完迸帖木亦为乡贡进士，可见此家之汉化⑤。溥化于泰定元年（1324）任秘书监著作佐郎，出身二甲进士，似于此年登第⑥。至正六年（1346）任平乐府达鲁花赤，作诗挽宋褧，今存宋氏《燕石集》附录⑦。

（5）哲理野台（Jirghu'tai）。字子正，蒙古脱托历（？Tatar）人。早年肄业西湖书院，为黄潽弟子⑧。至顺元年（1330）进士，三年任

---

①《至正四明续志》卷七程端礼《重修奉化州学记》，页22下。
②同上，卷二，页11下。
③杨瑀《山居新话》（知不足斋丛书），页46下—47上。
④完迸溥化与完泽溥化之别：元代晚期有完泽溥化，为哈剌鲁氏，与此一出身蒙古忙古台氏之完迸溥化不同，不可不辨。完泽溥化为松江达鲁花赤抄儿赤（Cha'urchi，汉名沙全）之孙，家于松江，为泰定元年（1324）进士，汉名沙德润。其兄弟、从兄皆以"沙"为姓，有五人登江浙乡试榜，见《元史》卷一三二《沙全传》，页13下；方岳贡修《（崇祯）松江府志》（日本藏中国罕见方志丛刊）卷三四《选举志》，页17上—18上。
⑤萧启庆《元统元年进士录校注》，上，页76。
⑥《秘书监志》卷一〇，页4上。
⑦哀挽宋褧之诗文多篇皆见于北京图书馆古籍珍本丛刊影印清抄本《燕石集》及该馆所藏文津阁四库全书本（原属承德避暑山庄），却不见于文渊阁本，有如杨讷、李晓明所指出：文渊、文津本《四库》颇有出入，此为一例。见杨讷、李晓明《文津阁〈四库全书〉金元别集类录异》，《北京图书馆馆刊》第1期（1992），页83—92。
⑧金涓《青村遗稿·送杨仲章归东阳诗卷序》（丛书集成），页1；《金华文集》卷四《陈子中墓碣》，页2上。

内北国而外中国：蒙元史研究

丹徒县达鲁花赤①。曾为赵孟頫赠宿儒钱重鼎之《水村图》题诗，自称"弟子"，当为孟頫弟子。此诗今存于朱存理《珊瑚木难》及《元诗选癸集》②。原图系描绘江南水村的清静幽致，笔墨秀润，意境清旷③。哲理野台题诗为：

> 四处漫漫水接天，孤村林木似凝烟。
>
> 莫言此处无车马，自是高人远市廛。

此诗对原图情景颇为贴切，且借陶渊明句，称颂钱重鼎为远离市廛之高人。

（6）笃列图（Döretü，1312—1348）。字敬夫，捏古歹（Negus）氏。至顺元年（1330）右榜状元。其祖火失答儿（Qoshidar）为亲王势都儿（Shikdür）之家臣，历任淄莱及信州永丰达鲁花赤，遂家永丰。父卜里雅秃思（Buriyatus，1283—1341），官靖州路总管④。生母为汉人王氏⑤。笃列图累官内台御史。在其参加廷试时，文宗读其卷，叹曰："蒙古人文学如此，祖宗治教之所及也。"因而拔为第一。其妻为名文人马祖常之妹，所以王逢有"琼林宴状元，银屏会佳婿"之句⑥，其诗现存仅二首⑦。

（7）拔实。事迹已见《儒学》篇。其居大都时，家有四咏轩，与

---

①《至顺镇江志》卷一六，页 5 上。

②朱存理《珊瑚木难》（适园丛书）卷二，页 23 上—32 下；《元诗选》，癸集之丙，页 55 上。

③《水村图》现藏北京故宫博物院，收入中国美术全集委员会编《中国美术全集·绘画五·元代绘画》（北京，1989），图 19。

④《道园类稿》卷四六《靖州路总管捏古公碑》，页 23 下—31 上。

⑤王逢《故内御史捏古氏笃公挽词》，则作生母潘氏，见《梧溪集》（丛书集成）卷三，页 98—99。

⑥王逢《故内御史捏古氏笃公挽词》则作生母潘氏，见《梧溪集》（丛书集成）卷三，页 98—99。

⑦《元诗选》，癸集之丙，页 61 下。

友人唱和,辑为《四咏轩诗》,许有壬为之序①。除有壬外,周伯琦、成廷珪等曾与之唱和②。诗今仅存五首,皆系追述茅山游迹及赠和道士者③。

(8)同同(? —1302)。字同初,□□那歹氏,贯真定,世为军户。元统元年(1333)右榜进士第一④。杨维桢《西湖竹枝集》称他"官翰林待制,诗多台阁体,天不假年,故其诗文鲜行于时云"。其诗仅存一首⑤。

(9)月鲁不花。事迹见前。其诗集《芝轩集》已失传。《元诗选》三集收入其诗十首,多为与其方外交释来复相唱和者⑥。而来复《蒲庵集》中亦有《奉寄月彦明中丞》等诗⑦。可见二人交往之密。

(10)察伋(1305—?)。字士安,塔塔儿人,自号"海东樵者"。元统元年(1333)进士,历任翰林国史院编修官、南台监察御史及江西、浙东道等道廉访金事⑧。能诗善书。曾与许有壬、王逢、顾瑛、释来复等相唱和⑨。今仅有诗四首存世⑩。

(11)聂镛。字茂宣(或茂宜),自号太拙生。《西湖竹枝集》称

---

①《至正集》卷三五,页45下—46上。
②《近光集》卷二页14下,卷三页2上、16下;成廷珪《居竹轩集》(四库全书)卷二,页18上。
③《元诗选癸集》,丙,页55上。
④《元统元年进士录校注》,上,页74。
⑤杨维桢《西湖竹枝集》(钱塘丁氏刊本),页5上;《元诗选癸集》,丁,页13上。
⑥《元诗选》三集,庚。
⑦释来复《蒲庵集》(《禅门逸书初编》第7册),页154—155。
⑧《元统元年进士录校注》,上,页88,注129。
⑨见《梧溪集》卷三页52,卷四下页31;李裒《元艺圃集》(四库全书)卷四,页34上;《至正集》卷一〇,页38下;《乾坤清气》卷九,页1上。
⑩《元诗选癸集》戊下,页31上;朱存理《铁网珊瑚》(适园丛书)卷一四,页17上;《永乐大典》卷三五二八引《麟溪集》,页11上。

他:"蒙古氏,幼警悟,从南州儒先生问学,通经术,善歌诗,尤工小乐章。"①不及其籍贯及仕历。但其所撰诗后自署"蓟丘聂茂宣"②,而张宪《赠答蓟丘聂茂宣》中称他为"蓟门学士燕南豪"③,可见其原为家居燕京之蒙古人。张宪诗中复有"青楼买笑土挥金,红粉供筵龙作鲊""漂泊江湖未有涯,南北东西营一饱""空怀长策继董贾,未忍嘉豚追由巢"等句,显然聂镛是一位青年买笑青楼,中年以后落拓江湖、怀才不遇的文士。至正中叶栖留江南。昆山顾瑛玉山草堂及金坛张鉴、张经父子良常草堂的诗酒雅集是当时东南文人圈中的盛事,出入者皆为善歌能画的名士④。聂镛现存诗篇多为与顾瑛、张经的酬唱之作,必定为二大雅集的常客⑤。杨维桢说"其音节慕萨天锡"。由其现存诗看来⑥,聂镛长于抒情,风格委婉细腻,诗艺颇为成熟。

(12)达溥化(Dai Buqa,即溥仲渊)。达溥化,字仲渊,号鼇海,为元季享誉东南的蒙古诗人。过去学者不知达溥化即溥仲渊,须加论证。元末赖良编《大雅集》称"达溥化,字仲困,号鼇海,尨城人"⑦。"困"为渊字古体,仲困即仲渊。元朝蒙古人常以其蒙文名

①《西湖竹枝集》,页30上下。

②顾瑛《玉山名胜集》(四库全书)卷四《碧梧翠竹堂题句》,页24上。

③张宪《玉笥集》(丛书集成本)卷六,页95—96。

④关于《玉山草堂雅集》,见 David Sensabaugh, "Guests at Jade Mountain: Aspects of Patronage in Fourteenth Century K'un-shan", in Chu-tsing Li(ed.), *op. cit.* ,pp. 93-100。关于良常张氏之交游,见庄申《高昌汉化文士与元季画家的交游》,收入庄氏《中国画史研究续集》(台北,1972),页503—504。

⑤《西湖竹枝集》,页30上下。

⑥聂镛之诗见于《元诗选癸集》,辛上,页46下;顾瑛《玉山名胜集》(四库全书)卷三页16上、卷四页24上、外集,页27下—28上;《铁网珊瑚》卷八《题虞胜伯卷》,页14下;卞永誉《式古堂书画汇考》(鉴古书社本),书,卷二一,页8上、57上。

⑦《大雅集》(四库全书)卷七,页18。

之首字或次字缀联字号而成其汉式称号,如阿鲁威称"鲁东泉"。故达溥化亦称"溥仲渊""溥鼊海"。王逢有《寄溥鼊海省郎兼简宗灯二上人》五律一首,乃寄达溥化者,有句云:"省郎前进士,裔出素封家。"①可知达溥化出身官宦之家,而由科第进身。当时可能担任五、六品之行省郎中或员外郎。

达溥化有诗集,名《笙鹤清音》②,虞集为此集作序,序云:

> 溥君仲渊,国人进士。适雅量于江海。其在宪府,吟咏高致,常人不足以知之。予得见其新乐府数十篇,清而善怨,丽而不矜,因其地之所遇,感于事而有发,才情之所长,悉以记之。数年前有萨君天锡,仕于东南,与仲渊雅相好,咏歌之诗,盖并称焉!③

可见达溥化确为蒙古进士,与萨天锡为好友,在东南诗坛并享盛誉。序中所云"宪府"乃指御史台,达溥化或先后供职江南行御史台及江浙行省。《大雅集》所收皆吴越诗人之作品④。达溥化之诗乃因其活跃东南诗坛而收入。

《笙鹤清音》早已散佚。《大雅集》仅录溥化《读班叔皮王命论》及《凤凰山望朝日》二首⑤。而《元诗选》各集刊本皆未收溥化诗。笔者近日喜得日本静嘉堂文库《鼊海诗人集》影本(作者误作傅仲渊),该集收有溥化诗十四首。又得悉顾侠君另有《元诗选癸

---

①《梧溪集》卷三,页58上。
②钱大昕《补元史艺文志》(二十五史补编本,页8437)误列《笙鹤清音》入词曲类,并误"溥仲渊"为"傅仲渊"。
③《道园类稿》卷一九,页19—20上。
④见《大雅集》杨维桢序。
⑤《大雅集》(四库全书)卷七,页18。

集》稿本及未刊本二种,与席世臣刊本颇有出入①。两本皆有《鼇海诗人达溥化鼇海诗人集》,为席刊本所不具。近承上海图书馆陈先行先生函示该集内容及该集所附达溥化小传。小传云:

> 达溥化,字仲困,芜城人。向于秀水曹侍郎溶所得傅仲渊《鼇海诗人集》一卷,出处未详。及见赖良《大雅集》中"达溥化,字仲困,号鼇海",乃知傅即溥之讹也。因为改正录之。

由此可知顾氏已考知溥仲渊即达溥化。而其《鼇海诗人集》乃出于明季清初藏书家曹溶②。静嘉堂本当亦渊源于此。顾氏之二种版本与静嘉堂本大体相似,稍有出入③。合各集计之,达溥化现存之诗共十六首,为元代蒙古诗人中作品传世较多者。而其生前又与大诗人萨都剌齐名于东南,显然为成就较大之蒙古诗人。

(13)察罕不花(Chaghan Buqa)。字君白。苏天爵称他为"国人""朔方贵族",当为蒙古人。三中乡试。泰定三年(1326)任教授④。至正二年(1342)任广西帅府经历⑤。其父殁于王事,不花

---

① 稿本及未刊本原为顾廷龙先生所有,现藏上海图书馆,关于此两稿本之来源及内容,见顾廷龙《顾嗣立与〈元诗选〉》,收入《大公报在港复刊三十周年纪念文集》(香港,1978),上,页207—218;顾廷龙、陈先行《〈元诗选〉琐谈》,《书品》第4期(1991),页2—9。

② 曹溶《静惕堂藏宋元人集目》(古学汇刊九编)未著录此书。但朱彝尊《潜采堂宋金元集目》(古学汇刊八编,页25下)却著录云:"傅仲渊诗集,无序目。"当为同一书。

③ 据陈先行先生云:《元诗选癸集》二本未收静嘉堂本所收《题赵子昂天马图》,却收入《大雅集》中之二首。此二首为静嘉堂所无。曹溶藏本可能原无此二诗,而系顾氏根据《大雅集》录入。而静嘉堂本之《天马图》题诗或系旧藏者根据书画题跋录入,古籍抄本之增补原是生生不息,此为一例。

④ 《墙东类稿》卷七《重作泮宫楼记》,页5上;卷一七《察罕布哈教授满别》,页4上。

⑤ 《滋溪文稿》卷五《送察君白赴广西帅府经历序》,页9下。

笃于孝行,守丧三年,陆文圭作诗赞美,有"正气初不限中华"之句①。今仅存《千佛崖》诗一首②。

（14）不花帖木儿（Buqa Temür）。字德新。《西湖竹枝集》录其诗一首,并称他"国族,居延王孙也。以华胄入贵游间,而无声色裘马之习。所为诗,落笔有奇语"③。当为大德间任江浙左丞相的别不花（Beg Buqa）之裔④。所居名小隐轩,名画家倪瓒曾赋诗赠之,有句云:"莘耕岩筑苟无过,岂有庙堂论道心。"⑤显然为一有志遁隐之贵族诗人。

（15）八礼台。事迹不详。其题元季大画家吴镇所绘《墨菜图》诗自署为"蒙古八礼台",知其为蒙古人⑥。此图系作于至正九年（1349）,可见八礼台为至正初期人。其诗由菜根而喻书生之清苦,写来不失风趣。

（16）八儿思不花（Bars Buqa）。事迹见前。今存有表扬浦江《郑氏义门》诗一首⑦。

（17）别儿怯不花。事迹见前。今存题《郑氏义门》诗一首⑧。

（18）埜仙（Esen）。蒙古氏,乡贡进士。今存题《郑氏义门》一首⑨。

（19）答禄与权。事迹见前。与权能诗善文。逎贤有诗称他

<hr>

①《墙东类稿》卷一六《察罕不花父殁王事》,页2下。
②《元诗选癸集》,丁,页37上。
③《西湖竹枝集》,页24下。
④别不花祖先皆追谥居延王,程钜夫撰《谥制》,见《雪楼集》卷四,页8下—12下。
⑤倪瓒《倪云林先生集》（四部丛刊）卷四《赋居延王孙德新小隐轩》,页7下。
⑥《铁网珊瑚》卷一四,页28上下。
⑦《永乐大典》卷三五二八,页12上。
⑧《永乐大典》卷三五二八,页23上。
⑨同上,页24上。

"承平公子秘书郎,文场百步曾穿杨"①。与权曾与名诗人贡师泰唱和②。危素亦曾请其为张彦辅所作《云林图》题诗③。显然在元朝已有诗名。《永乐大典》收录其诗五十余首,多为抒情小品,似皆仕明以后之作品④。另有《宋承旨还金华》一首,乃送宋濂归隐,亦为明初所作⑤。其仕元时之作品已散佚无存。

(20)巴(把)匝剌瓦尔密(Bazrawarmi,? —1381)。封号梁王,为元末皇室英雄人物。忽必烈第五子云南王忽哥赤(Hügechi)四世孙。其父孛罗(Bolod)以功晋封梁王⑥。巴匝剌瓦尔密于至正中叶袭爵,其时中原已乱。及顺帝北遁,中原归于明朝,而巴匝剌瓦尔密守云南自若,仍奉元正朔。洪武十四年(1381)始兵败自杀。今存诗一首系至正廿三年(1363)明玉珍攻滇时作于由中庆(昆明)奔赴威楚(楚雄)途中,乃战时感怀之作⑦。

(21)阿禧公主(? —1366)。梁王巴匝剌瓦尔密之女。大理九代总管段功之妻。段功以助梁王逐明玉珍军而得妻公主。旋梁王疑段功有异志,杀之。阿禧闻之,不胜悲愤,乃作《愁愤》诗,殉情不食而死⑧。此诗以汉语、蒙语及僰语相混,质朴自然,感情深

---

①《金台集》卷二○上—一二一上《答禄将军射虎行》。
②《玩斋集》拾遗,《和达道夫寄李经历韵》,页 14 下。
③《危太朴集》卷三《云林图记》,页 16 下。
④《永乐大典》卷九○四,页 22 下;卷二二六五,页 18 下;卷二三四六,页 5
　下;卷三三○五,页 12 上;卷三五八○,页 3 下;卷一○九九九,页 20 下;卷
　一三○七五,页 16 上;卷一四三八三,页 17 下。
⑤陈田《明诗纪事》(历代诗话长编),页 136。
⑥巴匝剌瓦尔密传见于《蒙兀儿史记》卷一○五,页 2 下—3 下;《明史》卷一
　二四,页 12 上。
⑦阮元声《南诏野史》,收入王崧纂《云南备征志》(宣统三年刊)卷八,页 22
　下—23 上。
⑧杨慎《南诏野史》(丛书集成本)卷下,页 10—12;倪辂辑,木芹会证《南诏野
　史会证》(昆明,1990),页 358—363。

挚哀婉。又杨慎《南诏野史》载有《金指环》一曲,云为阿嬉下嫁段功时所作。近人夏光南疑为杨氏赝作,当是不错①。

后期诗人现无诗篇存世者有下列四人:

(22)朵尔直班。事迹见前。《元史》本传说他"喜为五言诗"②。

(23)景衮。怯烈氏。勖实带之孙,慕颜铁木之子。其母可能为汉人张氏。天历初年(1328),文宗争位之战,景衮战于灵沟有功,当已袭父职,为炮手千户。建有"希濂亭",供游息,乃其祖旧友翰林学士卢挚所命名,取宋儒周敦颐濂溪隐居之义。进士王沂,官伊川,与景衮交游甚密,经常诗酒唱和。今其《伊滨集》中有《和景衮梅花诗韵》《和答克呀(即怯烈)景衮……五君见寄诗》等篇乃为与其唱和诗。后一诗篇中和呀景衮部分,对其文才武略皆颇称颂。景衮显然继承家学,长于赋诗③。

(24)达里雅饬(Tariyachi)。字子通,蒙古人,氏族不详。曾祖某任燕南廉访使。其本人以世勋任达鲁花赤,经历多县。至正三年(1343)任江宁县达鲁花赤,以浚河祸民,谏止而忤上官,拂袖而去。宿儒刘铣作《送达子通》一文,赞其气节。称之为"天下之奇士"。并说他"所至且为诗歌,畅怀赋景,饮酒谈笑,曾无芥蒂于心者"④。可知为一失意宦场而寄情诗酒的蒙古文人。

(25)旃檀。字南谷,氏族不详。其父阿喇帖木儿(Alagh Temür)于至元廿年(1283)统军镇云南,任临安广西等处宣慰使都

①夏光南《元代云南史地丛考》(上海,1935),页178—179。
②《元史》卷一三九,页11下。
③王沂《伊滨集》(四库珍本初集)卷一八《希濂亭记》,页13下—14上;同上,卷二一《炮神庙记》,页6上—8下。
④刘铣《桂隐文集》(元人文集珍本丛刊)卷二,页28下—29上。

元帅,营建庙学于元帅府所在之曲陀关(今滇南通海县西城公社北)①。旆檀于至正二年(1342)袭父职,镇抚廿余年。元明之际殉节。据说他"长精骑射,嗜文学,当时大儒若虞集、揭傒斯皆以文词相款纳"。其在镇时,"时而横槊赋诗,时而投戈讲道",俨然儒将风范②。其墓在今西城公社白龙寺山脚。至今滇南通海、河西一带仍有蒙裔居住并奉旆檀为祖先③。旆檀可视为屯驻西南边区蒙古人趋于汉化之一例证。

4. 时期不详

以下三人因史料欠缺,不能断定其时期:

(1)朵只(Dörji)。蒙古人,氏族佚,江山县达鲁花赤,仅有《水濂泉》一诗传世④。

(2)埜喇。蒙古人,官右丞,谪滇,至澂江,因爱漱玉山华藏寺幽秀,遂栖息其中,以诗书自娱。卒后藏于寺之半山,墓仍在⑤。今存《华藏寺》一首⑥。

---

① 李泰《都元帅府修文庙碑记》,引见杜玉亭、陈吕范《云南蒙古族简史》(昆明,1979),页62—63。碑记阿喇帖木儿于至正二十年(1360)出镇云南,应为至元二十年之误。

② 同上,附件四,《敕授宣慰司总管始祖公阿喇帖木儿蒙古右旆墓志》,页67—70。此碑为旆氏族孙立于嘉庆十一年(1806),或系根据族史资料而写。但故贾敬颜教授却认为此一墓志并非实录,而系撮录他书,拼合成篇。所反映的多为元季契丹儒将云南宣慰司都元帅述律杰(即萧存道,?—1356)之生平事迹〔见《云南旆姓与述律杰》,收入贾氏遗著《民族历史文化萃要》(长春,1990),页213—218〕。贾氏考述颇有说服力。但是旆檀是否通诗文仍有待进一步探讨。

③ 杜玉亭、陈吕范前揭书,页22—42;方国瑜《云南史料目录概况》(北京,1984)第3册,页1093—1096。

④ 《御选元诗》卷一,页17下;卷四九,页1下。

⑤ 夏光南前揭书,页82、163。

⑥ 《元诗选癸集》,丁,页13下。

（3）哑御史。名不详。据叶子奇《草木子》云："鞑靼哑御史，春日与一瞽者并马出游晋阳，因戏赠以诗。""不待吟讽，亦知其为瞽者之诗也。"《草木子》录其诗①。此诗以盲人之感受描写春景，只闻其声，不见其景，颇为诙谐。可能出于假托。

（二）散文

蒙古散文作者现知无多。读经应举的蒙古士子皆应能文。科举中蒙古、色目考生不仅试策，以时务为题，即使考试经义，亦要求"文字典雅"②。能够下笔为文的蒙古人应该为数不少。但现能考出者却寥寥可数。陈垣考订元代西域文家曾感叹说："考元西域文家，比考元西域诗家，其难数倍。"③因元诗总集今存者远多于元文总集，而元西域人专集大多有诗无文。蒙古人情形更是如此。元代蒙古人专集已无完整者传世，而总集中则皆无蒙古散文作者手笔，考索甚为困难。

但现存史传中，有关于少数蒙古人善于属文的记载。另在石刻、方志、书画录中亦存有若干蒙古作者的文章。兹将这两类作者考述于后，其文字之工拙则不加讨论。

元朝前期蒙古人中，现仅知坚童能文，曾参修《起居注》④。

其他十五人，属中期者五人，后期十人。

1. 中期

（1）阿鲁威（Alqui）。事迹见下文《剧曲》篇。延祐五年（1318）任泉州路总管。莆田洪岩虎、希文父子皆工诗词，为当地

---

①《草木子》卷四上，页73。
②《元史》卷八一《选举志》，页5上。
③《元西域人华化考》，页69下。
④王梓材、冯云濠《宋元学案补遗》（四明丛书本）卷九〇，页122上。

名流,阿鲁威曾与其唱游①。并为岩虎《轩渠集》作后序,盛赞洪氏父子诗艺②。

(2)那木罕(Nomuqan,一作那么罕)。字从善,逊都思氏。进士出身,泰定元年(1324)授秘书郎③。其于三年所作《贺皇后笺》现存于《秘书监志》④。

(3)护都答(沓)儿(Qutughdar)。延祐二年(1315)首科状元,延祐五年任翰林待制,曾撰《重修关帝庙碑》⑤。署作"托托理忽都达儿",托托理为其氏族,当即塔塔儿(Tatar)氏。

(4)忽都达而。事迹见前。黄溍说他"肆笔成文,咸造于理,侪辈敬叹,自以为莫及"。延祐六年任秘书监著作郎时撰《皇太子受册贺笺》,今存⑥。

(5)笃列图。即前文《诗人》篇中字敬夫者。今存有《瑞盐记》一文,撰于至顺四年(1333),时任集贤修撰⑦。

2. 后期

(1)僧家奴。事迹见前。至正五年(1345)任广东道宣慰使都元帅时,撰有《宣圣遗像记》,立石于广州路南海县燕居亭⑧。

(2)兀那罕。斡罗那台(Oronadai)氏。顺帝初年任真定路中

---

① 洪希文《续轩渠集》(四库全书)卷六《陪东泉郡公作霖料院雨登檖江水亭》,页6上;卷九《沁园春·寿东泉鲁公》,页4下—5上。

② 同上,"附录",页2上—3上。

③ 《秘书监志》卷一〇,页7下。

④ 同上,卷八,页13下—14上。

⑤ 《山右石刻丛编》卷二三,页26下—27上。

⑥ 黄溍《捏古鰿公神道碑》,《金华文集》卷二七,页13上—16上;《秘书监志》卷八,页11上。

⑦ 《金石萃编未刻稿》卷中,页27上—28下。

⑧ 戴肇辰修《广州府志》(光绪五年刊本)卷一〇三《金石略》,页21上下。

山府同知,撰有《增修庙学记略》及《中山周氏义行铭》①。

（3）拔实。事迹见前。黄溍称他"博学善为文章",可惜其文无传世者②。

（4）泰不华。曾参修《宋史》。此外所撰《正旦贺表》《赤颊潭灵溥庙记》及其题《范文正公书伯彝颂》与《范文正公与师鲁二帖》等四文现仍存世③。

（5）完迸溥化。事迹见前。至正五年（1345）任平乐府（今广西平乐）达鲁花赤时撰有《广法寺记》④。此外又撰有《盐官县捕盗司记》⑤。

（6）哈剌台（Qaratai）。字德卿,哈儿柳温台氏。祖马马（?—1321）任池州总把。祖母张氏（1256—1340）为黄冈儒者张泰鲁之女。哈剌台于泰定四年（1327）登进士第。历任方城县达鲁花赤、汉阳州判官、徐州同知及内台御史等职⑥。与当代名儒许有壬、苏天爵皆有交往。任职汉阳时,曾刊行宋代以来咏颂当地太平兴国寺古柏之诗集《禹柏诗》,可见其雅好诗歌⑦。至正十一年（1351）为文跋许有壬、许有孚兄弟唱和诗集《圭塘欸乃集》,自署《诸生哈喇台》,当为有壬门生⑧。

（7）同同。事迹见前。今存其撰于至元二年（1336）之《祀中

①吕复修《定县志》（1934）卷二〇,页18下—21上。

②《金华文集》卷二五《凯烈公神道碑》,页5下—9上。

③《秘书监志》卷八,页12上下;黄瑞编《台州金石录》（嘉业堂丛书）卷一二,页19上—21下;《式古堂书画汇考》,书,卷九,43—44。

④《永乐大典》卷二三四三,页13下—14上引《古藤志》。

⑤许传霈纂《海宁州志稿》（1922）卷一九《碑刻遗文》,页12上下。

⑥《滋溪文稿》卷二一《元故赠长葛县君张氏墓志铭》,页12上—14上;同上,卷五,页15上。

⑦同上,卷五,页15上。

⑧《圭塘欸乃集》（四库全书本）跋,页2下—3下。

岳记》①。

（8）月鲁不花。事迹见前。《元史》称他"为文下笔立就，粲然成章"②。显然甚有文才。但已无文传世。

（9）仝全。至正五年（1345）撰《新垒五龙神像记》，署作"前河南行省乡贡蒙古解元仝全撰"③。可见此人为河南乡试蒙古榜第一名，与元统元年（1333）右榜状元同同并非同一人。

（10）答禄与权。"善为文"，有文集十卷④。其集久已散佚。但《永乐大典》引用其文集及所著《窥豹管》若干条，皆系诠释《中庸》之作，可能撰于明初⑤。

（三）剧曲

元曲向与唐诗、宋词并立，是中国文学史上的一座高峰。元季明初之叶子奇已说过："传世之盛，汉以文，晋以字，宋以理学。元之可传，独北乐府耳。"⑥所谓北乐府即指元曲。可见元季人士已将元曲视为当时文化上的最大成就。

元曲的组成，包括两类文体。一为散曲，包括小令、散套等可以清唱的诗歌。一为杂剧，系以散套、宾白、科介混合组成，专在舞台演出。

散曲之兴起原是里巷之曲与北方少数民族音乐之结合。其音

①范懋敏《天一阁碑目》（嘉庆十三年刊《天一阁书目》附），页61下。
②《元史》卷一四五，页4下—8上；萧启庆《元统元年进士录校注》，上，页80。
③《山右石刻丛编》卷三六，页45上。
④焦竑《国史经籍志》（丛书集成本，卷五，页277）及杨士奇《文渊阁书目》（丛书集成本，卷九，页118）皆曾著录此书，可见曾付梓，可惜今已不存。
⑤答禄与权现存之文见于《永乐大典》卷五五一，页16下；卷五五二，页4下、9下、21下；卷五五四，页23下；卷五五五，页17下；卷五五六，页12上、23上；卷二五三九，页21上；卷六五五八，页15下；卷二二一八二，页3上。
⑥《草木子》卷四上，页70。

乐部分系以中原乐系融合契丹、女真、蒙古诸乐,形成北曲。剧曲之中因而原具少数民族文化质素,少数民族作者从事剧曲创作自不意外。不过散曲与杂剧虽起源于民间,但亦须讲求文字技巧,大多数作者仍多出身士大夫阶层。散曲尤为文人学士消闲遣兴、发抒胸臆的工具。非汉族人士从事散曲、杂剧之创作自应在其充分掌握士大夫文化之后。

1. 散曲

关于现存元代散曲,隋树森《全元散曲》一书网罗最富,辑入作者二百余人[1]。其中色目作家为数甚多,而色目作者贯云石、薛昂夫成就极高。蒙古散曲作者为数较少,可列入前期者有伯颜,属于中期者则有阿鲁威、童童学士。另有孛罗御史亦有散曲传世,前人多以为蒙古人,实际上已无法考定其族属,故不讨论[2]。

大将伯颜之曲今仅存一首,见于叶子奇《草木子》。据云"伯颜丞相与张九元帅席上各作一《喜春来》词……帅才相量,各言其志"[3]。二人所作实为小令中吕,而非词。伯颜与张弘范(张九元

---

①北京,1964。

②孛罗御史之散曲,见《全元散曲》,上,页539—541。隋树森氏认为孛罗御史即阿里不哥(Arigh Böke)之孙、乃剌忽不花(Nairaqu Buqa)之子冀王孛罗(见同上)。隋氏所言全无证据。按元制,宗王从无任官职者,故冀王孛罗应非御史孛罗。除隋氏外,叶德均认为御史孛罗即忽必烈时历任御史大夫、枢密副使之孛罗(1246左右—1313)(见叶氏《元代曲家同姓名考》,引见门岿前揭文,页105),而门岿则考订为明宗天历二年(1329)即任后所任命之御史大夫孛罗(前引门岿文)。在此二人中,前一孛罗为朵儿边(Dörben)氏,确为蒙古人,但在至元二十年(1283)出使波斯,长留斯土。且在其出使前,素为忽必烈所倚重,未尝"辞官",亦无熟谙汉学迹象〔参看余大钧《蒙古朵儿边氏孛罗事辑》,《元史论丛》第1辑(1982),页179—196〕,后一孛罗于明宗暴卒后即踯躅官场,与《辞官》套数作者之经历有相似之处,但其人族属蒙古或色目已不可考知。

③《草木子》卷四上,页73。

帅)同为伐宋主帅,此曲当为军中即兴之作。伯颜曲云:

> 金鱼玉带罗襕扣,皂盖朱幡列五侯,山河判断,在吾笔尖
> 头。得意秋,分破帝王忧。

或云此曲乃姚燧之作①。但曲中反映之事功与气概,与姚燧翰苑之臣身份不符,而其笔调与伯颜传世的其他诗篇颇为近似。

阿鲁威为元代最负盛誉的蒙古散曲家②。元杨朝英编《阳春白雪》记其事迹云:

> 阿鲁威,字叔重,号东泉,蒙古氏,南剑太守,诏作经
> 筵官。③

阿鲁威之为蒙古人,由其跋《虞雍公诛蚊赋》自署"和林鲁威叔重父"并钤"和林鲁威氏"即可以证实,盖和林〔(Qara)Qorum〕为蒙古旧都,阿鲁威用以为郡望,表明自己为蒙古人④。其跋《轩渠集》,则自署"燕山阿鲁威",可见其家已久居大都,而以之为籍贯。此为元代蒙古、色目文人通行之作法⑤。

据孙楷第考证,阿鲁威于延祐、至治年间,先后任延平路、泉州路总管⑥。泰定间为翰林侍讲学士,曾奉诏译《世祖圣训》及《资治通鉴》以备进讲,致和元年(1328)任同知经筵事,当精通蒙、汉两

①隋树森《关于元人散曲作者主名的一些问题》,收入隋氏《元人散曲论丛》
　(济南,1986),页91。
②关于阿鲁威之散曲,参看杨泉良、赵中忱《谈蒙古族元曲作家阿鲁威及其散
　曲》,《内蒙古社会科学》第1期(1992),页98—102。
③隋树森《新校九卷本阳春白雪》(北京,1957),页19。
④见叶盛《水东日记》(北京,1980)卷三〇《虞雍公诛蚊赋》,页298—301;汪
　珂玉《珊瑚网》(上海,1936),上,《法书题跋》卷一〇,页238;伯颜(贾敬颜)
　《元蒙古两曲家》,收入贾氏前揭书,页136—137。
⑤洪希文《续轩渠集》(四库全书)"附录",页2上—3上。
⑥孙楷第《元曲家考略》(上海,1981),页8—9、46—47。

种语文,且与名儒赵世延、虞集、马祖常、吴澄等共事。同年挂冠致仕,此后即居杭州。虞集《寄阿鲁羍学士》诗有句云"问讯东泉老,江南又五年"①即指其退休杭州之事。居杭时,与名文人张雨、王叔能、朱德润等或有过从,或相唱和,在汉文人圈中有甚高地位。明徐一夔称他为"元室文献之寄",可说推崇备至②。

明涵虚子朱权编《太和正音谱》卷上《古今群英乐府格势》论列元曲家,称"阿鲁威之词如鹤唳青霄",甚为推崇③。阿鲁威作品存世者共有小令十九首④。其中《蟾宫曲》十六首,皆以《楚辞·九歌》品成。又有《寿阳曲》一首及《湘君怨》二首。其中既有怀古之情,亦有感时之作,风格沉郁悲凉。例如《寿阳曲》:

> 千年调,一旦空,惟有纸钱灰,晚风相送,尽蜀鹃啼血烟树中,唤不回一场春梦。

此曲用王梵志诗"世无百年人,强作千年调"之典,说明人生如梦,写来如泣如诉,隐约有声。

童童学士在《太和正音谱》列入"词林英杰"一百五十人中,未加评骘⑤。童童学士即前述之诗人童童。据说他"善度曲,每以不及见董解元为恨"。其作品今存者有《斗鹌鹑》(开宴)及《新水令》(念远)等二套⑥。

兼长散曲与杂剧的蒙古作者仅有杨讷一人。明贾仲明《录鬼

①《道园学古录》卷二,页10下—11上。
②徐一夔《始丰稿》(四库全书)卷一二《国子助教李君墓志铭》,页7上。
③朱权《太和正音谱》,北京:中国戏剧出版社,1959,页19。
④隋树森编《全元散曲》(北京:中华书局,1964),上,页682—687。
⑤《太和正音谱》。
⑥《全元散曲》,页1261。

簿续编》有传云：

> 杨景贤，名暹，后改名讷，号汝斋，故元蒙古氏。因从姐父杨镇抚，人以杨姓称之。善琵琶，好戏虐。乐府出人头地。锦阵花营，悠悠乐志。与余交五十年。永乐初，与舜民一般遇宠，后卒于金陵①。

据孙楷第考证，杨讷之字景贤又作景言，钱塘人。善谜语，明成祖重语禁，乃特召入宫，以备顾问，乃是控制思想之工具，汤舜民之遇宠亦是因此②。由前引小传看来，杨讷为一流连花丛的纨绔，社会地位不高，与阿鲁威之侍讲经筵者大不相同。

至于其散曲及杂剧的风格，《太和正音谱》说："杨景贤之词，如雨中之花。"③其散曲今仅存小令二首及一套数④。其杂剧据《录鬼簿续编》的记载，共有十八种⑤。今仅有《刘行首》《西游记》尚完整，另有《玩江楼》《天台梦》仅存残曲⑥。《刘行首》讲述马丹阳度化妓女刘倩娇的故事，宣扬超凡脱俗的出世思想。而《西游记》则记述玄奘取经之故事，已具后来吴承恩所著《西游记》小说的故事雏形。该剧全长六本廿四出，结构庞大却颇完整，突破元杂剧四折一楔子的体制。因而，杨讷的杂剧不论在艺术上或体制改革方面，都有较为重要的成就。

---

① 《录鬼簿》（外四种）（北京，1957），页 1。
② 《元曲家考略》，页 43—44。
③ 《太和正音谱》卷上，页 16 下。
④ 《全元散曲》，下，页 1610—1612。
⑤ 《录鬼簿》（外四种），页 104—105。
⑥ 臧懋循《元曲选》（世界书局本），页 1321—1334；隋树森《元曲选外编》（北京，1959），页 633—694。《刘行首》一剧是否为杨讷作品，仍有异说，但严敦易认为杨氏应为此剧作者，见《元剧斟疑》（北京，1959），下，页 697。

五、美术

国画与书法是中国特有的艺术形式,而且与士大夫文化具有密切关联。文人画自唐代王维提倡以后,中经北宋苏轼等人的鼓吹,至元代而大盛,绘画成为文人自我表现的工具。元季四大家之一的吴镇便说过"画事为士大夫词翰之余,适一时之余兴"。而书法与绘画之间的关系更是血肉相连。杨维桢《图绘宝鉴》序说:"士大夫工画者必工书,其画法即书法所在。"①诗、书、画因而相互连锁,构成士大夫文化的重要内涵②。入居中土的外族人士,除去读经能诗外,尚需擅长书法甚至绘画,始能成为全面的文人,而与汉人士大夫密切交往。

(一)绘画

元代绘画的成就甚大,山水画与花鸟画皆有长足进展,与人物画并驾齐驱。尤其元季四大家在山水画上成就卓越,对近世山水画的发展起着甚大作用。其他如钱选的花鸟李衎的墨竹也都达到甚高的水平。而赵孟頫则在山水、竹石、人马、花鸟各方面都有精妙之表现③。

元代绘画之发展固然与两宋以来绘画传统的内在动力有关,但和当时蒙古统治阶层的态度不无关系。过去学者多认为蒙古统治者对中土艺术茫然无知、漠不关心,画院被废,致使大部分画家

---

① 夏文彦《图绘宝鉴》(丛书集成)序,页1。
② 何惠鉴《元代文人画序说》,《新亚学术集刊》(中国艺术专号,香港,1983),页243—258。
③ 王伯敏《中国绘画史》(上海,1982),页381—418。

遁迹山林,借笔墨写愁寄恨,山水画遂成为元代绘画的主流。换言之,蒙古统治者对绘画艺术所起作用全属反面。近来学者则多反对此一看法,而认为元代统治者对美术采取了赞助的态度。元代中后期的帝王如仁宗、文宗、顺帝等皆雅好翰墨,热心于美术活动。当时宫廷收入了金、宋帝室旧藏,皮藏丰富,更雇用了不少画家。京城大都一跃而为全国艺坛的重心。陈高华认为:"山水画的盛行,与其说是由于许多画家不满元朝的统治,毋宁说是由于元朝统治者以及贵族官僚的保护与提倡。"①石守谦进一步指出:元代李(成)郭(熙)风格山水画之盛行,即系由于宫廷及北籍官僚之提倡。元末乱起之后,其地位始由在野文人所喜好之董(源)巨(然)风格所取代②。总之,元代绘画之发展与当时蒙古统治阶层的态度息息相关,而蒙古统治阶层对绘画发展的贡献并非全属负面。

元代色目人中名画家不少,如高克恭的山水、边鲁的花竹,比之汉人大师,并不逊色③。有成就的蒙古画家则较少见。夏文彦于元末所著《图绘宝鉴》一书为研究画史重要典籍,该书卷五所录皆元代画家,达百余人之多。但其中可考定为蒙古人者仅有张彦辅一人。

关于张彦辅,《图绘宝鉴》仅云:

> 太(原误作六)一道士张彦辅,多居京师,善画山水。④

而虞集题彦辅所作《江南秋思图》则说:

---

① 陈高华《元代画家史料》(上海,1980),页 2—3。
② 石守谦《有关唐棣(1287—1355)及元代李郭风格发展之若干问题》,《艺术学研究年报》第 5 期(1991),页 81—131。
③ 《元西域人华化考》卷五,页 85—91 上。庄申《中国画史研究》(台北,1959),页 143—216。
④ 《图绘宝鉴》卷五,页 9。关于张彦辅,《元代画家史料》(页 276—280)收录有关史料,甚为详备。

太一道士张彦辅,族本国人,从玄德真人学道,妙龄逸趣,
特精绘事。①

"族本国人"乃指彦辅为蒙古人,为正一教玄德真人吴全节之弟
子,却是太一教士,居大都太乙崇福宫②。而由陈旅《题天台桃源
图》一诗所说"钱塘道士张彦辅"看来,彦辅之家显然久已落籍杭
州③,后始移居大都。

彦辅在泰定帝时已负画名,虞集为他题画当在此时。其时仍
为"妙龄逸趣"之年轻画家。顺帝即位后,彦辅更得以"待诏上方,
名重一时",成为宫廷画家④。

至于他的艺术,由《图绘宝鉴》得知,他善画山水,危素《山庵
图序》亦作如斯说⑤。其为危素所作《云林图》系"用米氏法"⑥,而
为天台徐中孚所作《江南秋思图》则用"商集贤家法"⑦。米氏乃指
宋朝米芾、米友仁父子。米氏父子继承董巨画风而加发扬,擅于水
墨山水,创造后代称为"米点山水"的独特手法⑧。而商集贤则指元
朝画家商琦,善于壁画山水,而其山水则出于李郭风格⑨。可见彦辅
兼擅董巨及李郭风格之山水画,其用法因作画对象而异,其山水画
颇受当时识者推崇。句曲外史张雨题彦辅《雪山楼观图》称他"清才

①《道园学古录》卷三,页 5 下。
②《道园学古录》卷三《江南秋思图序》,页 5 下;陈垣《南宋初河北新道教考》
　(北京,1962),页 148—149。
③陈旅《安雅堂集》(四库全书)卷三,页 18 上。
④《元代画家史料》,页 276。
⑤《危太朴文集》卷六《山庵图序》,页 15 下。
⑥同上,卷三《云林图记》,页 16 上。
⑦《道园学古录》卷三,页 5 下。
⑧陈高华《宋辽金画家史料》(北京,1984),页 555。
⑨《元代画家史料》,页 140—145。

绝似王摩诘,爱向高堂写雪山"①。张雨为元代后期极负盛誉的文学道士,不仅精于诗词书法,而且亦能绘画。而他将彦辅山水之作,比拟为王维,可见评价之高。张诗真迹今存北京故宫博物院(图二)。

彦辅不仅善画山水,亦能画马及古木竹石。至正二年(1342)曾与周朗同时应诏为拂郎所进之马作画。陈基《跋张彦辅画〈拂郎马图〉》盛赞彦辅所绘说:

> 自出新意,不受羁绁,故其超逸之势,见于毫楮间者,往往尤为人所爱重,而四方万里,亦识九重之天马矣!②

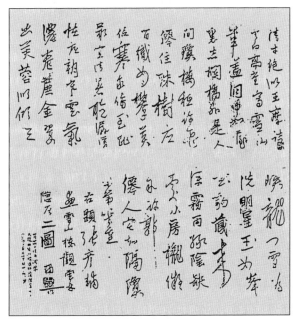

图二　张雨题张彦辅画诗二首

①张雨自书题彦辅所画《雪山楼观》《云林隐居》二图七律二首诗卷之真迹仍存,旧为叶恭绰所藏,现藏故宫博物院。见叶恭绰《遐庵清秘录》(香港,1972),页130—133;《元张雨题画诗二首》,北京:文物出版社,1977。
②《夷白斋稿》外集《跋张彦辅画〈拂郎马图〉》,页43下—44上。

至于古木竹石一类,今由揭傒斯及明人刘崧所品题可知彦辅曾作
《枯木》及《枯木坡岸画轴》①。

彦辅现尚存世的唯一真迹《棘竹幽禽图》亦属古木竹石类(图
三)②,此图现藏美国堪萨斯城(Kansas City)之 Nelson Gallery, At-
kins Museum③。该图作者未署名,但由吴睿题记可知系彦辅于至
正三年(1343)为另一专业画家盛懋所作。图上且钤有"彦辅图书

图三　张彦辅《棘竹幽禽图》

---

①《揭傒斯全集》(上海,1985)卷一,页8;刘崧《槎翁诗集》(四库全书)卷六,
页4上。
②此图收入 Sherman E. Lee and Wai-kam Ho(eds.), *Chinese Art under the Mon-
gols. The Yüan Dynasty*(Cleveland,1968),p. 243;《中国美术全集·绘画五·
元代绘画》,图77。
③据 1984 年 10 月 28 日陈高华教授函告:此图原为上海收藏家张珩(？—
1963)所有,1948 年郑振铎曾将张氏所藏编为《韫辉斋藏唐宋以来名画集》,
刊行于上海,收入此画。后张氏因经商失败,出售所藏,此画乃归美人所有。

游戏清观""西宇道人"二印。"西宇道人"当为其道号①。图中尚有杜本（？—1356）、雅琥（Jacob）、林泉生（1299—1361）等七人题记。

此图系墨本,画修竹二株,石后荆棘一枝。枝上有小鸟两只相向而立,石旁小草丛生。全画用笔瘦劲尖峭,构图平稳,疏密有致。此图显系承继北宋以来古木竹石画之传统。此一画系系由苏轼、文同创始,至元朝经赵孟頫倡导而大盛。着重以书法入画,标榜文人"雅逸淡远,以简御繁"的特殊风格②。元代僧道亦以画竹石为参禅修道之方法。名画僧明雪窗便为此中健者。彦辅、雪窗皆受赵孟頫所绘竹石的影响。美国艺术学者李雪曼（Sherman E. Lee）即认为《棘竹幽禽图》为"赵氏艺术精巧而媚人之变异"（a delicate and charming variation on Ch'ao's art）③。

彦辅之画在明清两代流传不广,各种书画录皆未提及,唯有明人刘崧曾题其画④。在韩国却受重视。丽季名士李齐贤（1287—1367）即有《和郑愚谷题张彦辅（原作甫）〈雪山图〉诗》⑤,有句云:"白云青山张道士,晚出便欲夸精工。"可见彦辅作品在元季已传入高丽,并受名士推崇。此后朝鲜安平大君李瑢（1417—1475）收藏其作品更多。瑢为李朝世宗（1419—1450）第三子,嗜爱中国画,收藏极丰。文人申叔舟（1417—1475）撰《匪懈堂画记》,述

---

① 页 734 注①引刘崧诗则称彦辅为"秋宇道人"。
② 李霖灿《古木竹石画系的研究》,《大陆杂志》第 39 卷第 7、8 期（1969）,页 19—24。
③ Sherman E. Lee, "The Art of the Yüan Dynasty", in Lee and Ho（eds.）, *op. cit.*, pp. 48–49.
④ 同页 734 注③。
⑤ 李齐贤《益斋乱稿》（汉城,1973）卷四,页 17 上。

其庋藏①。由此记可知李瑈所藏彦辅作品共有《溪山雨过图》《绝岸图》《长林卷雪图》及《水墨雪山图》等四轴。其中《水墨雪山图》或即李齐贤和诗有关之《雪山图》。总之，彦辅虽为元朝成就最大之蒙古画家，但其作品在中国本土未受重视，而流入韩国者却是不少。现在其唯一传世之墨迹又已远流美国，或许为历史对此蒙古画家之嘲弄。

张彦辅之外，现知蒙古人能画者尚有八人。皇室之中（帝王及皇储之外），有小薛（Se'üse）及镇南王。

宗王小薛之能画，由翰苑名臣邓文原（1259—1328）之《题小薛王画鹿》可看出。诗中有句云："礼乐河间雅好儒，曾陪校猎奉銮舆……宗藩翰墨留珍赏，凭仗相如赋子虚。"②可见小薛王应诏陪皇帝校猎后画鹿，邓文原奉命题画而以司马相如自居。元代宗王中名小薛者有数人。邓文原卒于致和元年（1328），时间较早。此人或即窝阔台汗之孙，阔出（Küchü）之子小薛。于忽必烈季年受封汴梁路睢州为食邑，于山西上党亦有牧地③。可能因长居中原而熏染汉化。曾归还部分牧地为学田，正合诗中"礼乐河间正好儒"之意④。就史籍记载看来，小薛活跃于忽必烈季年至仁宗皇庆初年，为皇室中汉化较早者⑤。

镇南王之善画，由迺贤《题王虚斋所藏镇南王墨竹》及陆景龙

---

① 此记见申氏《保闲斋集》。此集有明崇祯年间善本，见《奎章阁图书韩国本总目录》（汉城，1965），页 600。原书未见，见傅申前揭书页 102，转引自高裕燮《韩国美术史及美学论考》（汉城，1963）页 71 及李东洲《韩国绘画史》（出版时地不详）页 53。

② 此诗见于《国朝文类》卷七，页 21 下。邓氏《巴西集》通行各本有文无诗，盖非完本。

③ 蔡美彪《河东延祐寺碑译释》，《蒙古史研究》第 2 辑（1987），页 45—56。

④ 宋渤《潞州学田记》，《山右石刻丛编》卷三六，页 33 下—35 上。

⑤ 《元史》卷一八，页 15 下；卷二四，页 21 下。

《题镇南王纳凉图》二诗可以看出①。承袭镇南王一号者前后有忽必烈之子脱欢(Toghōn)及其后裔老章(Lojang)、脱不花(Tugh Buqa)、帖木儿不花(Temür Buqa)及孛罗不花(Bolod Buqa)等五人②。此一能画之镇南王究为何人,已难确考。但是诗人迺贤、陆景龙及收藏《墨竹图》之四明道人王虚斋皆元末人③。而孛罗不花袭镇南王之位于天历二年(1329),当即此一善画之镇南王④。

王室以外能画之蒙古人有童童平章、咬咬、右丞相脱脱、泰不华、伯亮及伯颜等六人。

童童平章即前述之童童学士。曹伯启《题童童平章画梅卷》有句云:"画出孤山清绝景,谁其作者四王孙。"⑤此一童童平章必与童童学士为同一人,因其为河南王之子,而又曾官拜江浙行省平章。可见童童不仅善于赋诗度曲,又能画梅。

咬咬,字正德。威貌(Oyimōd)氏⑥,而张养浩称他为"国人",可见为蒙古人⑦。历任三台御史、大都河间等路转运使,至治元年

①孙原理辑《元音》(四库全书)卷一二,页 14 上;《金台集》卷二,页 18 下。
②《元史》卷一〇八,页 1 下;Louis Hambis, *Le chapitre cvii du Yuan che*(Leiden,1945),pp. 88-90。
③王虚斋为四明道人,见《金台集》卷一页 24 下,卷二页 11 下。
④《元史》卷三三,页 8 下。
⑤曹伯启《曹文忠公诗集》(四库全书)卷九,页 1 上。曹集因经四库馆臣窜改,童童作"通通"。此诗亦见《永乐大典》卷二八一三页 6 下,题为"题童童平章画梅卷"。
⑥威貌,当即《辍耕录》所列蒙古七十二种中之外兀歹、外末歹、外抹歹乃。拉施特(Rashid al-Din)《史集》有畏马忽惕(Oimakut),系古儿列兀惕(Kurlaut)部落之一氏族,与弘吉剌等族族源相近。见余大钧、周建奇译《史集》第 1 卷第 1 分册(北京,1983),页 192。并参看 Paul Pelliot et Louis Hambis, *op. cit.*, p. 216。
⑦张养浩《归田类稿》(四库全书)卷九《转运盐使约约惠政碑》,页 9 下—10 上。

(1321)转工部尚书。久于官场,却以读书绘画为乐。于房山建有别墅,名"云庄"。名文人许有壬为作《云庄记》,称他"所居图书不离手,读二氏而撷其要。援笔戏作山水图画,遂臻其妙。人终身功力,旬月尽之"①。许氏又有诗题其所绘《山水障》《青山白云图》及《山高月小图》②。咬咬显然甚有画才,而以山水见长。诗人傅若金为其作《云庄行》,有句云:"颇闻醉后王摩诘,乘兴时能画辋川。"③以之与唐代大家王维相比,甚为推崇,可惜其画已不可得见。

右丞相脱脱,除善书外,亦具画才。尝得宋画竹大家文同(1018—1079)《竹谱》,一学即臻其妙。曾画墨竹一枝,遗其馆客,名文人欧阳玄为之记,极为赞誉:

> 观其枝叶面向,柯干节脉,皆(文)与可法,而笔意老苍,与近代李蓟丘(衎)诸人所作,迥然不同。④

脱脱又曾作墨竹赠于乃师集贤大学士吴直方。周伯琦为之题诗,有句云:

> 天真洒落运生意,笔力浩瀚回狂澜。⑤

李衎(1245—1320)画竹即是师法文同,功力极深,美术史学者张光宾称之为"文湖州竹派的中兴者"⑥。欧阳玄却认为脱脱所作更近文同风格。词臣为相国题画,难免有阿谀之处。但脱脱善书,

---

①《至正集》卷四〇,页 13 下—14 上。
②同上,卷七页 13 上、14 上,卷九页 27 下—28 上。
③《傅与砺诗文集》(四库全书),《诗集》卷三,页 15 下。
④《圭斋文集》卷一四《太师右丞相画墨竹》,页 4 下。
⑤《近光集》卷三,页 19 上。
⑥张光宾《李衎——文湖州竹派中兴者》,收入张氏《元朝书画之研究论集》(台北,1979),页 59—69。

因而能画,不无可能。

泰不华之能画,仅见于清宋世荦《台郡识小录》,该书称其"兼精绘事"①。其史源已不可追索。泰不华富有文艺才能,善画并不意外。

伯亮之身世不可知,而以画龙见长。唐元《伯亮画龙题咏跋》云:

> 伯亮,蒙古氏,暇日作此卷,征同志题咏,且请予为序首。②

唐元又曾为伯亮题《水墨龙虎图》,亦称其为"蒙古人"③。但不及其身世。不知伯亮为名抑为字。按《福建金石志》载有《伯亮等瑞岩题名》。伯亮署为"大元福建行中书省奉训伯亮",或即此人④。奉训即"奉训大夫",为从五品散官,则伯亮为福建行省中级官员。题名时为至正廿一年(1361),已为元末。

伯颜,与前述之大将伯颜不同。此一伯颜字守仁,籍淳安,原属蒙古氏族不详。至正四年、十年两中江浙乡试。先后任宗晦、二戴及安定书院山长,改平江路教授。至正十六年张士信进据平江,守仁遂遁迹江湖,王逢说他"托写竹石以自见,士节在苦寒内,士咸高之"⑤。伯颜守仁可说是最早以绘画表达遗民情怀的蒙古人。

讨论元代蒙古人之绘画,不能不谈及鲁国大长公主祥哥剌吉(Sengge Ragi,约1282—1332)。祥哥剌吉本人是否善于翰墨已不

①喻长霖纂《台州府志》(1936)卷一〇〇,页17下引。原书为抄本,未刊。
②《筠轩稿》(北京图书馆藏明正德十三年刻本),文,卷一一,页17上。四库全书本《筠轩集》(卷二〇,页20上)改"伯亮"为"八邻"。
③同上,文,卷一三,页2下。
④福建通志局纂《福建通纪·金石志》(1922)卷一三,页35下。
⑤《梧溪集》卷四上《题伯颜守仁教授竹石》,页168;同上,卷六《览鲁道原提学旧送伯颜守仁会试序》,页317。

可知,却是元朝最重要之收藏家及赞助者。其人为忽必烈太子真金之孙女,答剌麻八剌(Darmabala,庙号顺宗)之女,武宗、仁宗为其兄弟,英宗、文宗皆为其侄,而文宗亦为其女婿。其夫婿则为出身翁吉剌世家的济宁王琱阿不剌(Diubala)。祥哥剌吉之家世可说潢贵无比①。《皇妹大长公主鲁王祭孔庙碑》说"大长公主以天人之姿,诵习经史"②。可见她曾受汉文古典教育。此事为过去论者所忽略。

祥哥剌吉喜爱书画,收藏极富。至治三年(1323)曾邀集显宦雅士廿余人,在大都南城天庆寺举行雅集。与会者就其所藏加以品题。名儒袁桷(1266—1327)曾作《鲁国大长公主图书记》一文,记其盛况③。据美术史学者傅申之研究,其收藏至少有六十一件,画多而书少,以宋人作品为最多。傅氏认为祥哥剌吉为"最重要的私人女收藏家",在中国书画收藏史上"是有特殊地位的"④。姜一涵亦曾考述祥哥剌吉之收藏,而认为"这位显赫一时的女流,不但对当时的文艺发生了相当大的激励作用,对于当时的教育和宗教也有相当的影响力"⑤。可见现代史家对其在书画收藏史上的地位之重视。

讨论祥哥剌吉在美术史上的地位之后,必须就其父顺宗答剌麻八剌是否善画一事稍加考述。傅申与姜一涵皆认为答剌麻八剌

①关于祥哥剌吉之生平与家世,见傅申前揭书,页 11—27;姜一涵前揭书,页 11—16,傅申书中祥哥剌吉之部分有 Marsha Weidner 英译本,见 Shen C. Fu, "Princess Sengge Ragi, Collector of Painting and Calligraphy", in Marsha Weidner(ed.), *Flowering in the Shadows*, *Women in the History of Chinese and Japanese Painting*(Honolulu, 1990) , pp. 56-80。
②李经野修《曲阜县志》(1934)卷八,页 7 下。
③《清容居士集》卷四五,页 10 下—11 下。
④傅申前揭书,页 11。
⑤姜一涵前揭书,页 16。

善画,因而祥哥剌吉之雅好书画可说家学渊源①。二人所持唯一证据为袁桷题《顺宗墨竹》一诗。此诗为袁氏《皇姑鲁国大长公主图书奉教题》系列诗中之一首②。袁氏所题书画皆为祥哥剌吉于天庆寺雅集中所展示之珍藏。傅氏根据袁桷题墨竹诗而认为顺宗之画:"似乎也浓淡楚楚,不能太没有程度,否则作为鉴赏家的女儿,也不好意思将父亲的作品杂陈在古今名迹中,来请文人学士题赏吧。"笔者认为袁桷集中《顺宗墨竹》应为《显宗墨竹》之误。名文人柳贯亦曾参与天庆寺雅集。其文集卷六载有题画诗十三首③。所题各画皆在袁桷品题范畴之内,可见所题亦为天庆寺之展品。十三首中无题"顺宗墨竹"者,而有《题金显宗墨竹》七绝一首。金显宗完颜允恭(1146—1185)为金世宗之子,章宗之父,汉化颇深,精于翰墨④。《图绘宝鉴》说他"画竹自成一家,虽未臻神妙,亦不涉流俗,章宗每题其签"。可见墨竹为金显宗的专长之一。其墨竹画在元代流传颇广,王恽、卢亘、张翥、张仲寿等皆有题诗⑤。所题者虽未必与祥哥剌吉所藏同为一本,但可见其墨竹甚受元人重视。而顺宗能画墨竹一事则除袁桷诗外便无旁证。总之,顺宗能画之说显然出于刻本错误,而祥哥剌吉之喜爱收藏未必出于乃父之影响。

以上考定善画、能画及富于收藏者共十人。其中小薛、童童、

---

①傅申前揭书,页19;姜一涵前揭书,页10—11。

②《清容居士集》卷四五,页1上—10上。

③《柳待制文集》卷六,页17上—18下。

④《金史》卷一九,页3下。关于金显宗之画艺,参看庄申《辽金时代之华化画家》,收入庄氏《中国画史研究续集》,页352—377。

⑤诸人题显宗墨竹诗,见《秋涧集》卷二六页9上下、卷三〇页7下—8上、卷三二页14上;张翥《蜕庵集》(四库全书)卷一,页17下;张仲寿《畴斋外录》(武林往哲遗著)"附录",页2上;《元音》卷三,页7下—8上。

咬咬及祥哥剌吉为元朝中期人。泰不华、张彦辅、镇南王、右丞相脱脱、伯亮及教授伯颜等则属后期。其中张彦辅画艺甚为全面,造诣亦高,卓然成家。此外,善于画鹿及龙虎者有小薛及伯亮,善于画梅花、竹石者有童童、镇南王及伯颜,而喜好山水者则有咬咬。描绘飞禽走兽原为游牧民族文化传统之一部分,辽朝契丹人即以喜绘动物见称。绘写山水及松、竹、梅等"君子"则是中原士大夫文化所特有。元代中后期蒙古人亦以此寓情寄性,足见汉化渐深,与汉地士大夫已具同好。

(二)书法

元代色目人中书家辈出,如嶔嶔、廉希贡、余阙、盛熙明等,在当时书坛都属一流人物①。蒙古人中亦有不少以善书见称者。

蒙古、色目人之书法造诣乃是与时俱进。由石刻集中资料可以清楚看出,迄至元代中期初年,蒙古、色目地方官在石刻题名,不乏以八思巴字或畏兀字蒙文署名或篆额②,而以汉字为石刻书丹篆额者甚为少见。但在科举恢复以后,以汉字书碑篆额之色目、蒙古人日益增多,至元代后期更形普遍,充分反映此等族群书法能力之进步。在笔者收集到之石刻资料中,书丹篆额者名似蒙古人而无资料证实其族属者多达卅余例,无法引用,十分可惜。下文仅纳入可肯定为蒙古人者。

考订元代书家以陶宗仪《书史会要》一书最为有用。此书中

---

① 《元西域人华化考》卷五,页 78 上—85 下。

② 如延祐三年(1316)之《法王寺请玉公长老疏》及至治二年(1322)之《泾县承务苏公政绩记》,立石之河南路,宁国路达鲁花赤皆以蒙古文署名。而延祐四年(1317)之《镇江路儒学复田记》则由该路达鲁花赤以蒙古文篆额。分别见于方履篯《金石萃编补正》(扫叶书房,1926)卷三,页 13 上;《潜研堂金石文跋尾》卷一九,页 17 下;《江苏金石志》卷二〇,页 39 下。

列为蒙古书家者,除帝王外,共十四人①。其中阿尼哥为尼波罗(Nepal,今尼泊尔)人,道童与沙剌班(Sarbal)为畏兀儿人,皆非蒙古人。实际为蒙古人者共十一人。兹根据《会要》,并参以其他资料,略考此十一人的生平及艺术成就。就时间而言,除松罋属中期,其他十人皆属晚期。

1. 中期

松罋

《会要》说他"以字行,蒙古人,士夫间多推其书"。其蒙文原名已不可知。名儒同恕于至治二年(1322)所作《伯顺御史松罋说》云:

> 伯顺御史公,寓名松罋……公生长名门,习服忠孝……擢置六察以肃西台。②

可知松罋本名可能为伯顺,出身蒙古名门,曾任陕西行台御史。其任御史事由唐元《题松罋御史鹤庆亭》一诗亦可看出。诗中有句云:"请公下笔自作鹤庆图,醉笔淋漓云雾湿。"则松罋除书法外,又兼长绘事③。文豪虞集及名画家朱德润皆有诗与他酬应④。可见其人在汉文人圈中交游颇广,但其书迹已不可见。

2. 晚期

(1)泰不华。泰不华为蒙古书家中造诣最高者。《元史·本传》说他:"善篆隶,温润遒劲。"⑤而《会要》说:

---

① 《书史会要》(影刊洪武九年本)卷七,页 18 上—20 上;《补遗》,页 15 下;《考详》,页 2 下。以下引用《书史会要》,不再一一注明页数。
② 同恕《榘庵集》(四库全书)卷五,页 1 上—2 下。
③ 《筠轩集》卷四,页 16 下。
④ 《道园学古录》卷三《题蒙古松罋书》,页 23 上;朱德润《存复斋文集》(四部丛刊续编)卷九《寄蒙古松罋员外》,页 5 上。
⑤ 《元史》卷一四三,页 17 下。

篆书师徐铉、张有,稍变其法,自成一家。行笔亦圆熟,特乏风采耳。常以汉刻题额字法题今代碑额,极高古可尚,非他人所能及。正书学欧阳率更(询),亦有体格。

可见泰不华之书法以篆书成就最大,正书次之。

泰不华之篆书显然是以其古文字学训练为基础。其传世篆书墨迹有《陋室铭》及《题睢阳五老图》。前者笔画舒展,结构不拘,无意于精整匀称,而自遒劲温润①。后者篆法纯熟,笔力劲健,结构严谨,疏密得宜。泰不华之篆名极高,至正初年江浙一带石刻多由其篆额,今存于石刻中者仍多②。

其楷书似受乃师周仁荣之影响而师法欧阳询。据《会要》说,仁荣便是以"楷书宗欧阳率更,尤为时所重"。明盛时泰跋泰不华真书《祈泽治平寺佛殿碑铭》说:"此碑自欧阳率更中出,圆活姿媚,风骨俱存。"③而清人严观亦称此碑书法"丰润遒劲"④。正书真迹存世者有《跋欧阳修自书诗》⑤、《跋鲜于枢御史箴》(图四)⑥。后者虽仅小楷书六行,却展示泰不华正书艺术的功力和水平。书法学者王连起认为此跋:"结构谨严得于欧(阳询),笔划舒展取法虞(世南),兼有精紧疏朗之妙,又学得王右军(羲之)的肖挺瘦硬,

①王连起《元代少数民族书法家及其书法艺术》,《故宫博物院院刊》第2期(1989),页68—81。
②其所篆碑额拓本现存者见北京图书馆金石组编《北京图书馆藏中国历代拓本汇编》第50册,元(北京,1990),图39《旌忠庙碑》,图53《贡承务去思碑》,图54《赵承务去思碑》及其篆书全文之《王节妇碑》(图149)。
③盛时泰《苍润轩碑跋》(石刻史料新编)第2辑,页64上。
④严观《江宁金石记》(嘉庆九年刊)卷七,页22上。
⑤《石渠宝笈三编》(台北:故宫博物院影印本,1971),页1399。另有单行影本。
⑥现藏普林斯顿大学博物馆。另有台北汉华文化事业公司出版《鲜于枢御史箴归去来辞真迹》单刊本。

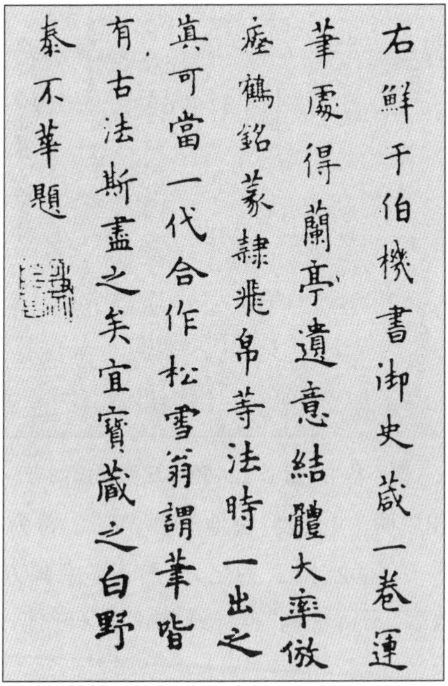

图四　泰不华《跋鲜于枢御史箴》

润之以赵松雪的姿媚遒劲,所以就显得异常飞动灵逸。"①

　　除篆书、正书外,泰不华亦擅行草及隶书。其传世行书真迹有《赠坚上人重往江西谒虞阁老》七律一首(图五)②。其书法笔画轻灵,却是不滑不飘,极有韵致。而其隶书真迹则见于《重修南镇庙碑》③。总之,泰不华之书艺甚为全面,造诣甚高。

①同页 744 注①,页 79。
②珂罗版印《元八家法书》(上海,1918)。今收入《罗雪堂先生全集》(台北,1970)第 5 编第 13 册,页 5293—5294。
③同页 744 注②,图 18。

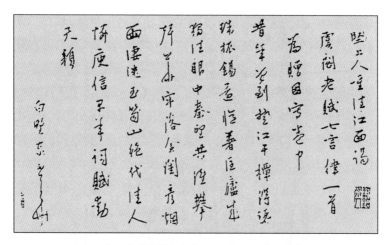

图五　泰不华书《赠坚上人重往江西谒虞阁老》七律

（2）右丞相脱脱。《会要》称他"善大字"。曾为郑氏义门郑大和书"白麟溪"三字。欧阳玄为之题，称其"字画方毅，酷类颜真卿，观者孰不改容，不待赞也"①。颜真卿正草皆佳，欧阳玄似指正书而言。

（3）也先帖木儿（Esen Temür, ？—约 1355）。蔑儿吉觩氏，脱脱弟。母杨氏。幼时与脱脱同受学于大儒吴直方。至正十一年（1351）以知枢密院事统军出讨汝颍红巾军，败归，后流于四川②。《会要》称他"亦能大字"。

（4）别儿怯不花。事迹见前，亦"善大字"。

（5）普花帖木儿（Buqa Temür, ？—1361）。字兼善，达鲁乃蛮氏。其五世祖忠宣王（名不详）从窝阔台汗定河北，其父帖木哥（Temüge）任南台御史大夫，六世簪缨相继。普花帖木儿曾绁绎家乘，编为《中山世家》，贡师泰为之序，显然为元代少数几部蒙古人

①《圭斋文集》卷一四《白麟溪三大字后》，页 4 上下。
②《元史》卷一三八，页 29 下；《庚申外史》，页 24 下—25 上；《草木子》卷三上，页 52。

汉文家谱之一①。普花帖木儿亦官至南台御史大夫。至正廿一年
（1361）为张士诚逼迫自尽②。《会要》称他"善大字"。

（6）拔实。事迹见前，黄溍称他"尤工于篆隶真草"③，而《会要》则说其"行草宗晋人"，可见他字工多体，而以草书成就为最大。

（7）朵尔直班。事迹见前。《会要》仅说他"尝奉敕书邓文肃公（文原）碑"④，而不及其他。而《元史》本传则说其"于字画尤精"⑤。元季胡行简撰《方壶诗序》中论蒙古、色目人文艺成就说：

> 自近世言之，书法之美，如康里子山、札剌尔氏惟中，诗文雄浑清丽如马公伯庸、泰公兼善、余公廷心皆卓然自成一家。⑥

康里子山即巎巎，札剌尔氏惟中即朵尔直班。巎巎精于真行草书，与赵孟頫齐名，有"北巎南赵相颉颃"之说。而胡行简以朵尔直班与之相比，显然朵尔直班书艺极高。其作品见于记录者，除《邓文肃公碑》外，尚有《损庵益公道行碑》及《敕赐经筵题名碑》⑦。又《式古堂书画汇考》著录其《苏文公真迹题跋》一则：

> 右苏文公真迹，此诗不载集中，虎跑泉一在丹阳，一在钱塘。公常（尝）通判杭州，则此泉盖在钱塘也。至正元年二月壬寅朵尔直班跋。下钤"札敕（剌）尔""太师国王世家"。⑧

---

① 《玩斋集》卷六《中山世家序》，页 17 上—19 上。
② 《元史》卷一四〇，页 14 下。
③ 《金华文集》卷二五《凯烈公神道碑》，页 5 下—9 上。
④ 该碑全文见《金华文集》卷二六，页 22 下。
⑤ 《元史》卷一三九，页 12 上。
⑥ 胡行简《樗隐集》（四库全书）卷五，页 2 下。
⑦ 《至正集》卷四四，页 14 上。严观《湖北金石诗》（丛书集成），页 46—47。碑在湖北应山县。
⑧ 《式古堂书画汇考》，书，卷九，5.1 下。

（8）悟良哈台（Uriyangqatai）。《会要》称他为"蒙古人，官至淮南行省平章，尝奉敕书平徐碑"①。此人《元史》无传，身世不详。但由《元史》本传得知他在至正中叶屡在经筵，并曾任太子谕德，当为积学之士。最后于至正十八年（1358）出知行枢密院，节制河北诸军②。

（9）那海（Noqai，亦作诺怀）。字德卿，竹温台氏，蓦克笃之子，万嘉闾之弟。袭父职，至治元年（1321）任镇江上万户府镇抚，至顺三年（1332）升任江浙行省都镇抚③。《会要》说他"善大字，郡之扁榜，多其所书"。尧岳也称他"天资明锐，强记博学……又工大字，名山胜地，题识标榜，竞求其书"④。那海当为一享有区域性声誉的书家。

（10）笃列图。事迹见前文。《会要》称他亦"善大字"。曾为王逢书萝月山房匾⑤。王逢亦善书，"具书家风范"⑥，他请笃列图书匾，可见笃列图确实善于大字，此外又曾为《范文正书伯夷颂卷》作跋⑦，并为《瑞盐记》篆额⑧。

《书史会要》所记蒙古书法家十一人中，以"善大字"而著称者达六人之多，甚为有趣。一方面可能由于蒙古人豪放的民族性，临

①此一平徐碑当指脱脱《平徐勋德碑》，立于至正十五年二月，见《元史》卷四三，页 2 下。
②其事迹见《元史》卷四二页 15 上，卷四三页 1 上、2 上，卷四五页 2 上、10 下；《庚申外史》，页 36 上。
③《至顺镇江志》卷一七，页 18 上。
④同上，卷一三《清远堂记》，页 17 下；蒋彬《广平府志》亦称他"书法本鲁公，作大字，径数尺许，皆端劲有体"，引见孙岳颁纂《佩文斋书画谱》（同文书局石印本）卷三七，页 11 下。
⑤《梧溪集》卷三，页 97。
⑥《书史会要》卷七，页 15 下。
⑦《式古堂书画汇考》，书，卷九，页 432。
⑧范懋敏《天一阁碑目》（嘉庆十三年刊《天一阁书目》附），页 61 下。

池之际不屑于蝇头细书。另一方面亦可能反映此等蒙古书家的政治地位。达官贵人原不需以翰墨争胜。偶一临池,多为书匾题额,因而以善大字而脍炙于人口。

除《书史会要》所记十一家外,尚有廿三位蒙古人,由石刻资料及其他记载亦可考知善于书法。属于前期者一人、中期者七人,后期则有十五人之多。

1. 前期

大将伯颜亦工于翰墨。许有壬跋其花押二纸说:

> 王,国之贵种,而落笔雄伟,若老于翰墨者。昔尝于掌故簿领中间一二见,见辄捧玩不忍去手。①

吴升《大观录》则说伯颜"书工行草,妍秀稳密,蔼乎君谟(任询)遗韵"②。一说其字"落笔雄伟",一说是"妍秀稳密",显然相互牴牾,但对其书艺之赞誉则是相同。

2. 中期

(1)完泽(Öljei,1246—1303)。土别燕(Tübe'en)氏。成吉思汗前锋土薛〔Tüse(?)〕之孙,忽必烈中书右丞相线真(Sechen)之子。至元廿八年(1291)任中书右丞相。成宗即位,位右丞相如故③。《大观录》称其"书体严劲,有平原法度"④。

(2)珊竹充。当为珊竹氏,汉名充。大德八年(1304)书吴澄所撰《滁州新营学记》,署为"武德将军管领汉军上千户所达鲁花赤大宁珊竹充书"⑤。此人当出于前述拔不忽一族。此族自拔不

---

① 《至正集》卷七《跋忠武王画押》,页46下。
② 吴升《大观录》(怡寄轩本)卷一〇上,页1上。
③ 《元史》卷一三〇,页13下。
④ 《大观录》卷一〇上,页1下。
⑤ 《安徽通志·金石文物考》卷五,页8上。

忽之祖乌也而起两代为官北京路(今内蒙古)①。大宁则为至元七年(1270)北京路所改路名。此家族人喜以"珊(散)竹"为姓而缀以汉名或字,拔不忽即有汉名介,此外尚有珊竹仲清、珊竹伯坚等②。珊竹充虽为武将,却是蒙古人中最早能为碑刻书丹的书法家。

(3)别不花(Beg Buqa)。氏族不详。但其裔不花帖木儿为"国人",则别不花应为蒙古人③。别不花出身将门④,历任要职。文宗即位后,别不花任中书左丞,明年因罪流放⑤。曾为《绍兴路至大报恩接待寺记》题额,当亦善篆⑥。

(4)靖安王阔不花(Kökö Buqa,?—1355)。阔不花为忽必烈子镇南王脱欢之后。泰定四年(1327)封靖安王⑦。早年从李注(1244—1308,字才卿)学,习经义。曾为注书写《孙真人所号海霞子卷》,称李注为吾师。注友蒲道源(1260—1336)作跋,称"今天子崇尚儒术,出于生知,璿源金枝之贵,亦皆靡然向化"⑧。"今天子"当指仁宗或英宗,因跋中称阔不花为"镇南王弟"而未述及其王号。阔不花之能书,为元朝中期"璿源金枝"汉化添一例证。

---

①同页 687 注③及④。
②张伯淳《养蒙文集》(台湾图书馆影印旧抄本)卷九,页 303;《师山集》卷九,页 12 下。
③《西湖竹枝集》,页 24 下。
④《雪楼集》卷四《谥制》,页 8 下—13 上。
⑤《元史》卷二二页 9 下、13 上,卷三二页 11 上、12 上、24 上,卷三三页 16 上。
⑥杜春生《越中金石记》(道光间刊本)卷八,页 22 下。
⑦《元史》卷一〇八,页 7 下;《道园学古录》卷二四《高昌王世勋碑》,页 9 上。其卒年据《元史》卷四四,页 5 上。
⑧蒲道源《闲居丛稿》(台湾图书馆影印旧抄本)卷一〇《跋镇南王弟阔不花太子为李才卿书孙真人所号海霞子卷》,页 7 下—8 上。

（5）护都答（沓）儿。托托里氏，事迹见前述。延祐五年（1318）任翰林待制，与同僚大书法家赵孟頫同跋王羲之《快雪时晴帖》。原跋真迹仍存，现藏台北故宫博物院（图六）①。此跋工笔细楷，书法并不流畅，比起赵跋之遒丽，相去甚远。

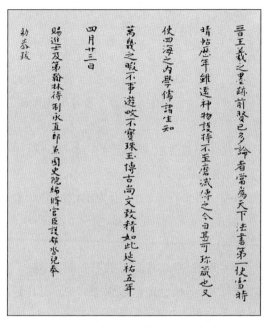

图六　护都沓儿跋《快雪时晴帖》

（6）卜颜帖睦尔（Buyan Temür，一作孛颜帖木儿）。氏族不详。虞集称其父河南行省参知政事"庄武公"为"国之名族"，当为蒙古人，母为汉人朱氏。卜颜帖睦尔历任监察御史、南台经历、江西廉访副使②。早年就业国学，为虞集弟子，集所赋《宪副孛颜帖

①故宫博物院编《故宫法书》第 1 辑（台北，1962），页 5;《故宫书画录》（台北，1955），上，页 1—4。
②《道园类稿》卷三一《贞节夫人怯烈牟氏传》，页 28 上—29 下。卜颜帖睦尔任南台经历事，见张铉《至正金陵新志》（宋元地方志丛书本）卷六，页 41 上。

木儿□□甫行过访》诗中有"韦编犹记成均旧……师友道存风义成"之句①。此诗当撰于至正初年，时虞集退隐乡居，卜颜任江西廉访副使，而犹不忘师谊。虞集又称赞他"谦好君子，崇尚学校"，可见其人颇有儒者风范。石刻集中有《江东道廉访司题名记》为其所书，不著年月②。当系任南台经历时所书，时在延祐六年（1319）以后。由此记可知卜颜善书。

（7）伯颜。朔方人，当为蒙古人。泰定元年（1324）进士。又称萧伯颜。至顺二年（1331）任威州同知。曾书《重修庙学记》③。后至元六年（1269）又曾正书山东城武《慕容氏先茔碑》④。

3. 后期

（1）燮理溥化。事迹见前文。至正二年（1342）任西台监察御史时为《冯公墓志铭》篆盖⑤。

（2）完迮帖穆（Öljei Temür）。当为前述完迮溥化之弟⑥。忙兀台氏。曾中乡试。至元四年（1338）任武昌路通城县达鲁花赤，为《景陵重修儒学记》书丹⑦。

（3）安童。字明德，号雪庄。威茂氏（即威貌）。虞集为其撰《御风亭记》，称其"父名相世家。以天子侍从，受耳目之寄。周询

①《道园类稿》卷八，页7下。
②《安徽金石略》卷三，页32上下。
③黄彭年纂《畿辅通志》（上海，1934）卷一四八，页5723下—5724上，姜允清修《威县志》（万历四十八年刊）卷六页28上称伯颜于大德十一年（1307）任威州同知。其时科举未行，而伯颜为进士，年代当误。
④《寰宇访碑录》卷一二，页26下。
⑤此一《墓志铭》拓本见《石刻拓本汇编》第50册，图11。但溥化所篆盖失拓。
⑥据《元统元年进士录》（完迮）□先条下云："兄……完迮□木，乡试中选。"完迮帖穆应即完迮□木。
⑦张仲炘纂《湖北金石志》（湖北通志单行本）卷九四，页35上。

四方"①。可见安童出身相门,早年服仕怯薛,后曾任风宪官。于真定北门外建造园囿,筑御风亭于其中。"积古法书以为玩,与宾客共乐焉。"又爱宋儒邵雍诗,集古人书以之。至正六年(1346)书真定龙兴寺《通照大师碑》及《住持佛光弘教大师碑》,自署"威茂氏安童书",官衔为"佥湖东江西道肃政廉访司事"②。可见安童为一富于收藏之书法家③。

(4)八八〔Bai Ba(r)〕。哈剌乞氏,与前述之丑的同族。历任南台御史④。湖州路总管。至正六年为归安《重建溪光亭记》篆额⑤。

(5)僧家奴(讷)。事迹见前。至正十年为广州《重建怀圣寺记》篆额,自署"中奉大夫、江浙等处行中书省参知政事僧家讷篆额"。盖其时已由广东宣慰使都元帅之职转任为江浙行省参政⑥。

(6)同同。事迹见前文。后至元二年(1336)撰《祀中岳记》并正书书之⑦。又曾为钱良右《四题千文》卷作跋⑧。

(7)月鲁不花。曾书《绍兴路重修儒学记》(至正十五年)、《庆元路重修儒学记》及《嵊县学记》⑨。明季鉴赏家安世凤曾见

---

①《道园类稿》卷二八,页24下—26下。
②赵之谦《补寰宇访碑录》(上海,1984),下,卷四,页23上;沈涛《常山贞石志》(《石刻史料丛书》甲编)卷二二,页28上—34上、34上—37下。
③另河南许州有《天宝宫创建祖师殿记》,泰定三年(1326)立,吴澄书,安童篆额,如此一安童即威茂氏安童,即安童必兼长正、篆二体,此碑著录于吴式芬《金石汇目分编》(《石刻史料丛书》乙编)卷九之一,页43下。
④《至正金陵新志》卷六,页60上。
⑤陆心源纂《归安县志》(光绪八年刊)卷二五,页17下。
⑥瑞麟修《广州府志》(光绪五年刊)卷一〇三,页24下。
⑦姚晏《中州金石目》(丛书集成)卷四,页141;《寰宇访碑录》卷一二,页12上。
⑧《式古堂书画汇考》,书,卷一七,页157上下。
⑨杜春生《越中金石记》(道光间刊本)卷一〇页24上,卷一〇页50上。

《庆元路重修儒学记》而称其"笔画甚古雅,称黄（潜）之文",但又说"字系以月鲁不花,或非其手书,盖四明之多材,自昔已然矣!"反映明人之种族成见①。

（8）拜住（Baiju）。字明善,逊都思氏。早入国子学,为黄潜门人。至正二年（1342）右榜状元。曾官山东廉访佥事②、枢密副使。明洪武三年（1370）朝鲜李朝太祖击兀剌山城,获之。因其为元朝状元,厚加待遇,赐名韩复。拜住从此长留朝鲜,官至大匡西原君、进贤馆大提举③,经历可谓曲折。至顺二年（1331）正书济南《加封孔子诰并记》,当为登科前手笔。至正十年又曾书《黄州路刘侯兴学碑》④,显然善于正书。

（9）百嘉纳（Baigiyanu,1306—?）。字若思,蒙古人氏,贯河南府洛阳县。前三代皆无仕历,似出身寻常百姓家。元统元年（1333）进士,授襄阳路录事司达鲁花赤⑤。至正十四年（1354）任奉元路同知达鲁花赤,为《龙门重修神禹庙碑》篆额⑥。

（10）燕赤不花（Elchi Buqa）。字子实,号雪庭,散尤台（Saljj'udai,即珊竹）氏,原居滦阳。家世不详。至正廿四年（1364）官福建行省平章政事,游侯官乌石山,正书"天秀岩"三字,镌于石⑦。

（11）察伋。事迹见前文。曾为诗品题钱选《秋江待渡图》,原本今藏北京故宫博物院,今得其真迹影本（图七）。其题诗自署为"昌节察伋",前后钤有"昌节斋图书印""察伋""察氏士安""忠孝

①《墨林快事》（艺术赏鉴选,台北,1970）卷下,页590。
②《金华文集》卷一九《纪梦诗序》,页4下—5上。
③郑麟趾《高丽史》（东京,1908）卷一一二《韩复传》,页359。
④冯云鹓《济南金石志》（道光二十年刊本）卷二,页34上;甘鹏云编《崇雅堂碑录》（甘氏息园刊本）卷四,页24下。
⑤《元统元年进士录校注》,上,页79。
⑥《金石萃编未刻稿》卷下,页68上—70下。
⑦《福建通纪·金石志》卷一三,页36上—37上。

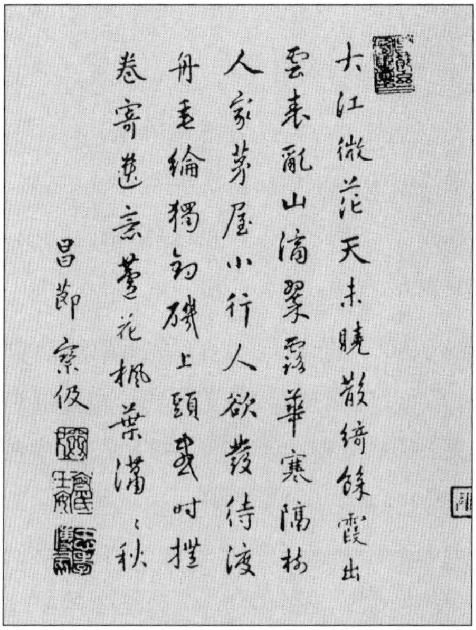

图七　察伋题钱选《秋江待渡图》

传家"等印①。其书正中带草,甚为娟秀。兹录真迹释文于下:

> 大江微茫天未晓,散绮余霞出云表。
>
> 乱山滴翠露华寒,隔树人家茅屋小。
>
> 行人欲发待渡舟,垂纶独钓矶上头。
>
> 感时抚卷寄遗意,芦花枫叶萧萧秋。

可见察伋的书法及诗艺都有甚高成就。

(12)也先溥化(Esen Buqa,1306—?)。字西英,弘吉剌氏。贯山西平阳路太平县,出身军户及中级官员之家,祖父任州同知。元统元年(1333)进士,官历不详②。曾为赵孟頫《人骑图》题有七律

---

① 察伋此诗曾经《秘殿珠林·石渠宝笈续编》(台北故宫博物院影刊,页 985 上)及《式古堂书画谱》(画,页 175 下)录出。

② 《元统元年进士录校注》,上,页 78。

一首。前经录入《石渠宝笈续编》中①，原迹今存北京故宫博物院。兹将也先溥化题诗影本列为附图八，并附释文于下：

宝辔青丝碧玉环，奚官乌帽赭罗襕；

渥洼腰袅产汗血，大宛骐麟生羽翰。

千里风程飞赤电，五花云彩散雕鞍；

当时曾献唐天子，今日人间作画看。

自署"也先溥化"，钤印"西英"。赵氏原图系仿唐韩干《圉人呈马图》笔意。画一奚官，乌帽朱衣，乘骏马，缓辔垂鞭②。溥化之诗意在描述此马神采，不失工整。字迹刚中带柔，亦中规矩，可知也先溥化能诗善书（图八）。

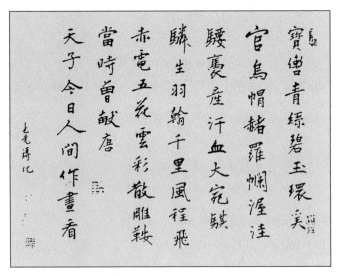

图八　也先溥化题《赵孟頫人骑图》

①《秘殿珠林·石渠宝笈续编》，页3218。《人骑图》于1959年由文物出版社出版，题作《元赵孟頫人骑图》。未见，不知此一题诗是否亦经一并印出。
②原图见《中国美术全集·绘画五·元代绘画》，图18。

（13）笃麟铁穆尔（Duril Temür）。原名因牙纳硕理（Yanashiri），文宗赐今名，又赐字"明良"①。札剌亦儿氏。为木华黎六世孙，右丞相拜住之子。其父于至治三年（1323）遇难南坡后，即袭职为宗仁卫都指挥使，时年方十一。文宗以其年幼，命受经奎章阁，以"端粹博硕，尚文下士"见称②。两度任翰林承旨，至正时官至大司农。至正八年（1348）奉敕为《北溪延公塔铭》及《鲁云兴公舍利塔铭》书篆③。

（14）镇南王。当即前述之孛罗不花。曾亲为伏龙山圣寿寺书匾额，当善正书④。

（15）哲理野台。事迹见前文。《姑苏志》称他"善书法"⑤。

六、综论

本节拟综合前面各节之资料，讨论汉学在蒙古人中的普及性、蒙古汉学者的成就、社会背景以及蒙古文人与汉文人间的关系。

表一　蒙古汉学者的专长及时代分布

专长 时期	儒学					文学				美术			总计
	研习	倡导	鼓吹	实行	合计	诗歌	散文	剧曲	合计	绘画	书法	合计	
前期	7	5	0	1	13 21.67%	1	1	1	35.77%	0	1	1 2.27%	17 10.90%

①吴当《学言稿》（四库全书）卷一《明良诗》，页1上。
②《金华文集》卷二四《中书右丞相神道碑》，页6下。
③《金华文集》卷四一，页1上、4上。
④《宋文宪公集》卷四二《普利大禅师塔铭》，页15下。
⑤引见《佩文斋书画谱》卷三八，页17下。笔者曾翻阅王鏊《姑苏志》（中国史学丛书影刊明本），惜未检获此条原文。

专长 时期	儒学					文学				美术			总计
	研习	倡导	鼓吹	实行	合计	诗歌	散文	剧曲	合计	绘画	书法	合计	
中期	10	10	1	1	22 36.67%	3	5	2	10 19.23%	4	8	12 27.27%	44 28.21%
后期	9	8	5	3	25 41.67%	25	10	1	36 69.23%	6	25	31 70.45%	92 58.97%
未定	0	0	0	0	0%	3	0	0	3 5.77%	0	0	0 0.00%	3 1.92%
合计	26	23	6	5	60 100%	32	16	4	52 100%	10	34	44 100%	156 100%

有如表一所显示,本文考索所得之蒙古儒者有六十人,文学者五十二人,美术者四十四人,总计一百五十六人①。除去一人兼具数长而致各项互见者外,实得一百一十七人。徙居中原之蒙古人可能达三四十万,百年之间,前后凡三四代,总数应逾百万。表面看来,本文所考得之一百一十七人仅为蒙古人中之沧海一粟。但是,由于史料残缺,本文就现存史料考索而得之汉学者人数与蒙古人中实际谙习汉学者的数目应该相去甚远。一百一十七人之数不过是后者的冰山一角而已。例如:以汉学角艺科场的逾万蒙古士子在汉学上都应有相当造诣。本文仅收入进士廿一人,乡贡士五人。其他的蒙古科第之士则因缺乏有关其人汉学造诣之记载而遭割爱。

就时代而论,蒙古汉学者有与日俱增之趋势,而在文学与艺术范畴之内尤其如此。元朝前期(即忽必烈时代)之汉学者不过十七人次,中期增至四十四人次,而远过于半数之汉学者皆集中于后

---

①表一、表二、表三系根据《蒙古汉学者资料总表》制作。因限于篇幅,《总表》无法刊入本文,该表基本资料散见上文各节。

期（九十九人次）。若论其专长，前期之蒙古汉学者绝大多数为儒学者，而以擅长文学及书画见于记录者可说是绝无仅有①。及至中后期，尤其是顺帝时代，不仅儒者人数有所增长，擅长文学、艺术之人数更有大幅之增加。显然蒙古士人已由儒学之研习登入文学与艺术之殿堂，从知识的吸收转入汉文化感性部分的培养。而且在一百一十七名汉学者之中，一人兼擅两门以上专长者有廿一人之多，多数集中于后期。中期之童童已是既善度曲，而又擅诗能画，晚期之朵尔直班、月鲁不花、拔实等人，则皆为儒者而又善诗能文并且擅长书法。而泰不华不仅事功与学术并济，而在艺文范畴之内更是项项皆通，已臻于汉地士大夫之理想型态。

陈垣考述华化之西域人，共胪列一百卅二人②。除去误收之五人，应为一百二十七人③。较本文之一百十七人略多。此二数字固然反映出汉学在蒙古人中之普及性未必远逊于西域人，但这种比较，在方法上言之，未必正确。原因有二：第一，陈著与本文范畴宽窄有别。陈著系以西域人之"华化"为研究主题，"华（汉）学"仅为其中之一部分。陈著除"华学"外，尚包括改奉释、道二教及改从汉俗之西域人，本文则对此类蒙古人未加讨论。第二，陈著及本文皆系根据现存史料而立论。以基于现存有限史料而重建的两个数字互作比较，意义不大。

若论蒙古人之汉学造诣，似较西域人逊色，但亦有颇高成就。蒙古儒者在学问上卓然成家者确实不多，而其中又少以提倡儒学

---

① 仅有四人次。其中大将伯颜兼擅诗歌、散曲与书法，因而计入三次。
② 《元西域人华化考》卷八，页 123 上。
③ 误收之五人：乃蛮和利氏鲁古讷丁、答禄乃蛮人别的因、伯牙吾氏泰不华皆为蒙古人，而非西域人。勖实带为怯烈人，亦属蒙古，而陈氏以其担任回回炮手千户而误以为回回。以上四人皆已在本文中考述。又郝天挺为汉人，亦非西域人，见本文附录。

或推行儒政有功于世者。诗人之中,善于吟咏而能成集者有勖实带之《伊东拙稿》、泰不华之《顾北集》、僧家奴之《崞山诗集》、月鲁不花之《芝轩集》、达溥化(溥仲渊)之《笙鹤清音》以及拔实汇辑其与友人酬唱诗而成之《四咏轩诗》等六种。其中泰不华之诗艺颇得当时及后来论者之赞赏,足与汉人名家相颉颃。僧家奴及达溥化之诗集皆得到当时文坛祭酒虞集作序并称赞。此外,聂镛虽然不闻有集流传,其诗却婉丽细腻,成就颇大。散文作者现知不少,但仅有答禄与权之文集曾经行世。蒙古剧作者现知不多,阿鲁威之散曲与杨讷之杂剧却皆有甚高之水准。张彦辅之绘画与泰不华之书法皆可跻身当代名家之列。而朵尔直班之书法亦得到当时文人胡行简之赞赏,并以之与大书法家巎巎相比拟。总之,虽然大多数蒙古汉学者之造诣仅达到功能之水平,其中成就甚大而足与汉人及色目名家争胜者亦不乏其人。

表二　蒙古汉学者之家庭背景

背景	宗室	高官	中官	低官	官不明	未仕	不详	总数
人数	7	45	10	5	12	2	36	117
%	5.98	38.46	8.55	4.27	10.26	1.71	30.77	100

表二及表三旨在显示蒙古汉学者的家庭背景及政治地位。在此二表中,“高官”乃指从三品以上之高级官职,“中官”则为正四品至正七品,而“低官”则指从七品至从九品的卑品下官①。在表二之中,蒙古汉学者之家庭背景系依其前三代祖先中持有最高官职者分类。“官不明”乃指其家确属官宦阶层,而现有史料未能显

①《元史·选举志》云:“凡迁官之法,从七以下属吏部,正七以上属中书,三品以上非有司所与夺,由中书取进止。”(卷八三,页77)可见元廷对品官依其轻重分为三级。

示其祖先官职以致无法分类者①。

现就表二而论，如合"宗室""高官""中官""低官"及"官不明"五类计之，出身贵族及官宦家庭之汉学者达七十九人之多，占现知汉学者的 67.52%。由于史料之缺陷，家世不详之汉学者多达卅六人（30.77%）。其中当有不少来自官宦之家。现可肯定出身于布衣家庭的汉学者不过二人而已（1.71%）。

出身官宦阶层的汉学者，甚多来自蒙古统治阶层的核心家族。除去皇室外，早期最为潢贵的蒙古家族中，札剌亦儿氏木华黎直系后裔中产生七名汉学者，旁系亦有一名。逊都思氏赤老温后裔中二人。兀良哈氏名将速不台直系后裔二人、旁系一人。斡罗那儿氏启昔礼后裔三人。而忙兀氏畏答儿后裔则有一人。元代后期蒙古人中则以蔑儿乞氏脱脱家族最为华贵。其家亦有三人为汉学者。可见甚多门第崇高、声势煊赫的家族皆已钻研汉学。

蒙古高门子弟汉学造诣较高应可理解。高门子弟学习汉学需要之迫切及环境之优越绝非下层子弟所可比拟。虽然多数高门子弟可以借荫袭得官，但熟谙汉学可以使其通政务，增强治理能力。另一方面，高门子弟在研习汉学上享有甚大利便：第一，官宦子弟多可得到良师教导。本文所述汉学者中，不少便因得名师教导以致成材，如拔不忽（其师为翰林周正方）、阿荣（宋本）、泰不华（周仁荣、李孝光）、月鲁不花（韩性）、右丞相脱脱及其弟也先帖木儿（皆师事吴直方）、哈剌章（郑深）。第二，高门子弟进入国子学研习之机会较大。上述汉学者中，十一人出身国子学，一人曾受经于奎章阁。其中脱欢（斡罗那儿氏）、月鲁帖木儿皆是因成宗之命而入国子学，而笃麟铁穆尔则因文宗之命而入奎章。这种机缘绝非寒素子弟所可企求。元末史家权衡说："所谓根脚人者，徒能生长

① 如脱欢（进士）为"勋阀世胄"。又如安童（字明德）则是出身"名相世家"。

富贵,裔羶拥毳,素无学问。"[1]元末诗人陈高则有诗描写蒙古高门子弟说:"自云金章胄,祖父皆朱辂。不用识文字,二十为高官。"[2]这类观察不尽正确。"不用识文字,二十居高官"的根脚子弟固然大有其人,但亦有不少世家子弟钻研汉学而有所成就。

研习汉学是否为高门子弟的专利而下层蒙古人则完全未受汉学熏染?元朝前期的情形可能如此,科举制度采行后的情势则全然不同。不少中下层子弟为博取前程不得不钻研汉学。本文所述进士或乡贡士出身的廿六名汉学者之中固然有来自高门者,但亦有不少系卑官或平民子弟。泰不华之父任录事判官,完迣溥化、完迣帖穆之祖任县主簿,都是八、九品的卑秩小官。如无科举,泰不华等皆无法由荫入官。同同、百嘉纳更可作为平民子弟研习汉学而登科举的代表,其祖先全无仕进纪录,显然皆是布衣[3]。而同同之家籍隶军户,可说为下层蒙古家庭的典型。同同却成为右榜状元。显然在科举采行后,汉学的研习在蒙古人之中由上层向下层日益扩散,蔚为风气。

表三　蒙古汉学者之政治地位

仕历	宗室	高官	中官	低官	不详	未仕	总数
人数	7	59	37	5	6	3	117
%	5.98	50.43	31.62	4.27	5.13	2.56	100

蒙古汉学者无论出身高门世家,或是来自布衣寒族,其本人多

---

① 《庚申外史》,页 55 上。
② 《不系舟渔集》(平阳陈氏刊本,1926)卷三《感兴》,页 13 上。
③ 拙作《元代科举与菁英流动——以元统元年进士为中心》一文指出:元统元年(1333)所录取之二十五名蒙古进士中,出身仕宦家庭者十四人,非仕宦家庭者十人。若论户计,有相关记载之十人皆出身于军户。见该文页 135、143。

数属于官宦阶层。表三显示:除去皇室七人外,拥有官职者达百人之多,占现知汉学者的 86.32%。其中高官更多达五十九人(50.43%)。而现知未仕之三人皆有特殊原因。张彦辅出身为道士,虽无正式官职,却也是"待诏尚方"的宫廷画师。雅勒呼与杨讷在元亡时年齿皆小,不及登仕。总之,绝大多数之汉学者属于官场人物,而身居高位者尤多,反映出汉学之掌握即使对蒙古人之仕宦亦颇有助力。

蒙古社会原是以"军事菁英"为核心。武将家族构成蒙古统治阶层的最高层。忽必烈平定南宋、统一中国后,许多大将都改就文职。汉学者之中,木华黎裔孙相威、速不台裔孙不怜吉歹便是由将而相。而其子孙大多续任文官。此一新文官阶层便是汉学者产生的温床。此外,继续担任军职的蒙古家庭亦有文士化之趋势。现知汉学者之中,身居武职者多达十人。如勖实带系以炮手千户从伐宋,却是所至唯取图书,归后创立伊川书院,其子孙皆通汉学。又如赤老温四世孙脱帖穆耳官亦居千户,长镇明、越,却是"息马投戈,以文易武",以致其子皆成进士。在元朝中后期,这些文士化的将门子弟与由将入相的高门后裔以及社会背景较为复杂的科第之士,合为一体,形成新兴的蒙古文士阶层。迄至元亡,此一文士阶层的人数可能仍然不多,也未必是蒙古族群中的主流,却是日益扩大,而其成员更由族群上层向下层漫延,扎根日深。

新兴蒙古文士阶层并非孤立于汉地士大夫阶层之外,而是与后者紧密结纳,相互之间存有千丝万缕的关系。蒙古汉学者或为汉母所生①,或为汉师弟子。长大以后,或为汉文人之赞助人(如

---

① 汉学者之母为汉人者有蕚克笃、脱欢(斡罗那儿氏)、忽都达而、万嘉闾、那海、月鲁不花、童童、卜颜帖穆尔等八人。彻理之母蒲察氏,籍隶女真,属于广义之汉人。祖母为汉人者则有拔不忽及哈剌台。

脱脱之与吴直方、郑深），或为政府同僚，或为文坛友好。在政治上，蒙古汉学者之见解往往与汉人士大夫近似，成为政坛战友。在文学艺术上，声气更是相通。在前述各节中，蒙古文人与汉族及西域高人雅士相互酬唱，赠诗题画之例子极多，不再枚举。皇家创设之奎章阁、宣文阁固然是由多族文人组成的艺文机构①，而元季重要民间艺文活动如顾瑛主持的玉山草堂雅集②及杨维桢所倡导的西湖竹枝词酬唱等皆不乏蒙古、色目骚人墨客的参与③。显然，一个包拥蒙古、色目以及汉族文士的多族文人圈业已形成。在此文人圈中，蒙古文士人数不多，所表现的艺文水平亦不突出，但显示蒙古人在汉文化之中浸润日深以及与汉族文人交往日密的趋势，亦充分反映出居留中原之蒙古族群在百年之间所产生的巨大文化及社会变迁。

〔附记〕初撰本文时，承蒙陈高华教授及石守谦教授惠告张彦辅《棘竹幽禽图》之收藏处所并惠赐该图影本。初稿付印前，复蒙柳存仁教授惠阅一过，指正数处。该稿出版后，潘柏澄先生远道惠寄其读后记，指正甚多。续写《再探》篇时，承蒙罗意果（Igor de Rachewiltz）教授暨王楼占梅女士惠寄所编《元人文集所见蒙古色目汉化人名索引》稿本〔现已收入《元朝人名录》(*Repertory of Proper Names in Yüan Literary Sources*)，台北：乐天出版社，1988〕，方便

---

①姜一涵前揭书，页79—133、179—208。
②参与玉山草堂雅集的蒙古文人有泰不华和聂镛。关于泰不华，见《玉山名胜集》卷五页20上，卷六页1上、14上。关于聂镛，见《玉山名胜集》卷三页16上，卷四页24上，外集页27下；《草堂雅集》卷一〇，页25上。
③参与西湖竹枝词酬唱的蒙古文人有聂镛、不花帖木儿。同页721注①及页724注③。另有燕不花（El Buqa），名似蒙古人，《西湖竹枝集》（页36下）云为张掖人，因难以考定，本文未收入。

翻检甚大。又蒙北京故宫博物院惠寄赵孟𫖯《人骑图》及钱选《秋江待渡图》全卷影本,因而得以将蒙古文人也先溥化及察伋题画诗手书真迹列为附图。去年返台,复蒙洪金富教授厚赐所辑新文丰版《石刻史料新编》及《续编》中辽金元石刻影本全套,此次改写时得以增添不少重要史料。总之,本文之撰成得力于友人协助之处甚多,隆情厚谊,谨此一并致谢。

〔本文系综合《元代蒙古人的汉学》及《元代蒙古人汉学再探》二文并加增补而成。前文刊于《国际中国边疆学术会议论文集》(台湾政治大学边政研究所,1985),页369—426;后一文则系刊于《国史释论·陶希圣先生九秩荣庆祝寿论文集》(台北:食货出版社,1988),下,页549—565〕

七、附录　有关元代蒙古人汉学的两点考证

(一)郝天挺非蒙古人及西域人

郝天挺(1247—1313)为元朝前期及中期的一位颇为重要的人物。在政事及文教上皆有相当之成就。政治方面,因协助武宗及仁宗夺取政权,遂得参与大政。文教方面,曾为其师元好问所辑《唐诗鼓吹》作注释,今仍传世①。又仿此书体例,辑宋、金、元三朝名人诗篇,号《鼓吹续音》,凡十二卷②。至元后期,任云南行省参知政事。在任期间,曾修《云南实录》,又曾兴学大理③。

①《注唐诗鼓吹》,台北,1972。
②瞿佑《归田诗话》(丛书集成)卷上,页12。
③方龄贵《关于郝天挺与云南的关系及其他》,《思想战线》第5期(1989),页62—68。

关于郝天挺之族属,过去学者众说纷纭。陈垣列天挺于华化之西域人之中①。近年出版之各种诗选中又以之为蒙古人②。元史前辈学者方龄贵则认为"郝氏一族为入居内地较早已经汉化了的蒙古人"③。此一争议之由来乃因《元史》有关郝和尚拔都(1204—1252)及郝天挺父子有关记载的相互抵牾。《元史·郝天挺本传》说:"出于朵鲁别族,自曾祖而上,居安肃州。"④而其父郝和尚拔都传则称其家为太原人,"幼为蒙古兵所掠,在郡王迄忒麾下"⑤。如郝氏出于朵鲁别族,应为蒙古朵儿边(Dörben)氏。如为太原人,则为汉人。援庵先生以天挺为西域人则无根据。

笔者认为天挺为汉人,理由有三:第一,有如钱大昕所指出:《元史》"列传第五卷至三十二卷皆蒙古、色目人。第三十三卷至七十五卷皆汉人、南人也"⑥。郝和尚拔都之传在卷三七,与何实、赵瑨等汉军将领同列;天挺之传在卷六一,与姚燧、郭贯等汉人文臣同列,显然《元史》编者不以天挺父子为蒙古人。第二,天挺生前位高名重,时人与其酬唱之诗文甚多,存世者仍有不少,无一提及其为蒙古人⑦,而赵孟頫为其序《唐诗鼓吹》亦是如此⑧。元朝汉文人与蒙古人酬唱时往往注明为"国人"或"蒙古人",对天挺不

①《元西域人华化考》卷四,页57下—59上。
②王叔磐、孙玉溱编《古代蒙古族汉文诗选》,页11;鲜于煌《中国历代少数民族汉文诗选》,页64。
③同页765注③。
④《元史》卷一七四,页9上。
⑤《元史》卷一五〇,页12下。
⑥《十驾斋养新录》(上海,1983)卷九《赵世延杨朵儿只皆色目》,页200。
⑦例如刘岳申《申斋文集》(台湾图书馆影印旧抄本)卷二《送郝右丞赴河南省序》,页1上;张之翰《西岩集》(文渊阁四库全书)卷二《题郝氏世德诗卷》,页9下。
⑧《注唐诗鼓吹》卷首,台北,1972。

应例外。

第三点理由,亦是最主要之理由:郝氏家族现存最早史料为王磐《忠定郝公神道碑铭》,该碑所言足以证明郝氏为汉人。该碑云:(郝和尚拔都)"安肃州安肃县人,曾大父讳广资……妣刘氏。大父讳佺……妣田氏。父讳增……妣孙氏。三世皆潜德不耀。公生九岁,为国朝所得,隶乞武(恐为"忒"之误)郡王帐下"①。又云:"读书虽不甚多,而喜与名士大夫游。"可见郝和尚拔都为汉人,祖先三代皆为定居河北安肃之平民,而其文化亦为汉人文化。但九岁为迄忒郡王所率领之蒙古兵所俘。迄忒当即怯台(Kētei),封德清郡王,太祖八年(1213),从伐金中都②。郝和尚当于此时被俘,以后即在怯台左右服役。怯台为蒙古兀鲁兀(Urūd)氏,与朵鲁别氏不同,不知《元史》何以误记郝氏为朵鲁别族。郝和尚自太宗十二年(1240)起任宣德西京太原延安五路万户,长驻太原。天挺一辈多生长于太原,故时人又以郝氏为太原人③。总之,郝氏父子无疑为汉人,本文未列其为蒙古汉学者。

(二)和礼霍孙非画家

和礼霍孙(Qurqosun)为忽必烈后期的中书右丞相。于至元十九年(1282)接掌政柄。但是长期以来美术史界流行他为画家的说法。《佩文斋书画谱》首先将其列入元代画家④。鄂·苏日台称他为"蒙古族肖像画家"⑤。东堂认为1953年北京历史博物馆发

①《弘治重修三原志》(台湾图书馆藏本)卷一〇,页18上—23下。
②《圣武亲征录》(蒙古史料四种本),页80上。
③《永乐大典》(北京,1959)卷五二〇五页17下引《太原志》,称天挺为"本县人"。
④《佩文斋书画谱》卷五三,页4上。
⑤鄂·苏日台《蒙古族美术发展概要》,《中国画研究》第3期(1983),页274—286。

现的成吉思汗像即出于其手笔①。这些都不过是臆测之词。而近年出版的王伯敏主编《中国美术通史》则说：

> 和礼霍孙(生卒未详)，蒙古人。至正时承旨，一生多半在宫廷作画。亦善琴，自制曲，专门为王门卿相作乐。②

此段文字将至元宰相变为至正弄臣，可说是满纸荒唐言，几乎无一字有来历。因此不能不加辩解。

由于缺乏完整传记资料，和礼霍孙之族属已难确考③。但元朝中书右丞相皆由蒙古人担任，和礼霍孙应为蒙古人。而阎复撰其谥制说"北方间气，实生命世之材"④，"北方"二字可能指他为蒙古人。

和礼霍孙为画家一说的根据为《元史·祭祀志》的一段记载：

> 至元十五年(1278)十一月，命承旨和礼霍孙写太祖御容。十六年二月，复命写太上皇(指拖雷)御容。与太宗旧御容俱置翰林院，院官春秋致祭。⑤

由此段史文看来，和礼霍孙乃系以翰林院长官——翰林学士承旨的身份，受命主办绘写太祖及睿宗拖雷御容，以供本院僚属祭奠，本人不必工于丹青。此外亦无其人精于绘事的记载。以常理推测，和礼霍孙必非画家。

---

① 东堂《成吉思汗画像跋》，《文物》第 10 期(1962)，页 17—18。美国学者 Marsha S. Weidner 采用此说，见所撰 "Aspects of Painting and Patronage at the Mongol Court, 1260-1368", in Chu-tsing Li(ed.), *Artists and Patrons*, pp. 37-60。
② 王伯敏主编《中国美术通史》(济南，1988)第 5 册，页 72—73。
③ 和礼霍孙《元史》无传。《新元史》则为之补传，见该书卷一九七，页 791。
④《国朝文类》卷一一，页 9 下。
⑤《元史》卷七五，页 21 上。

论元代蒙古人之汉化

一、引论

元代中国为一复合社会,其种族之复杂、文化之繁富,在中国历史上可说空前。各民族间文化及政治上的相互激荡与彼此影响,构成元史研究的中心课题。而征服民族蒙古人与被征服民族汉人(广义,包括"汉人""南人")间的文化关系尤为学者注意的一个焦点。过去论者颇多,但因牵涉广泛,较为全面的著作,尚不多见。

过去学者多认为古来征服中原的游牧及半游牧民族虽然族类各异,最后都难逃汉化的命运,而元代蒙古人却是其中汉化最浅的。清乾嘉史学大师赵翼(1727—1814)在其《元诸帝多不习汉文》札记中即指出:"元代不惟帝王不习汉文,即大臣习汉文者亦少也。"①意即元朝统治阶层多为汉文文盲,与汉文化枘凿方圆,格格不入。日本东洋史学者中,羽田亨(1882—1955)对传统的吸收

---

① 赵翼著,王树民校释《廿二史札记校证》(北京:中华书局,1984)卷三〇,页686—687。

论最早提出批判，其《元朝の漢文明に対する态度》一文即主张：元朝奉行"蒙古主义"，汉文化及汉人皆不受尊崇①。在西方，魏复古（Karl A. Wittfogel, 1896—1988）与冯家升（1904—1970）合著之《辽朝社会史》，则自人类学"涵化"（acculturation）的观点对吸收论作出较有系统的批评②。他们认为：征服状态造成了民族间的鸿沟，征服民族与被征服民族不可能相互认同、完全同化。两者的文化关系往往是双行的"涵化"，而不是单向的"同化"（assimilation）。真正的同化仅在征服王朝崩溃、民族鸿沟消失之后始有可能。而各征服民族与汉文化之关系每因其自身之文化背景及所处历史环境的歧异而有很大的差别。由半农耕、半游牧民族所建立的金朝与清朝倾向于汉文化的吸收，汉化因而较深，而元朝则与同为游牧民族所肇建的辽朝情形相似，对汉文化抗拒甚力，因而汉化较浅。

　　赵翼、羽田亨及魏复古等人的看法对过去元史研究影响颇大，但这些论著皆甚简短，而且举证亦见偏颇，多仅枚举元廷轻视汉文化之例证，而对元代蒙古、色目人受汉文化之影响则略而不谈，难窥史实全豹。事实上，早在六十年前，陈垣《元西域人华化考》已充分证明元代色目（即西域）人中汉文化造诣甚深者大有人在，不能以蛮夷视之③。而过去几十年间更有甚多学者对元代帝王为汉

---

①羽田亨《羽田博士史學論文集·歷史篇》（京都：东洋史研究会，1957），页670—696。

②Karl A. Wittfogel and Chia-sheng Feng, *History of Chinese Society*, *Liao*（907–1125）（Philadelphia：American Philosophical Society, 1949），pp. 1–32.

③原载《国学季刊》第 1 期（1923），页 573—653；《燕京学报》第 2 期（1927），页 173—232，后收入陈氏《励耕书屋丛刊》，北平，1935。此书有英译本，见 Ch'en Yüan, *Western and Central Asians under the Mongols*（trans. by Ch'ien Hsing-hai and L. C. Goodrich），Los Angeles：Monumenta Serica. 1966。

文化之门外汉一说加以辩驳（见下文第四节）。此外，日本学者小林高四郎（1905—1987）也曾为文修正羽田氏之说，认为元代统治阶层虽奉行"蒙古至上主义"，但亦不免有汉化之趋势。不过小林教授之文亦甚简短，未能细加论证①。

本文主旨不在驳斥赵、魏、羽田等先驱的看法，但是笔者感觉诸前辈过分强调蒙古君臣对汉文化之漠视而低估了蒙古人所受汉文化的影响，故拟对元朝蒙古人的汉化问题作一较为平衡之论证。论证之取材或系根据笔者过去一些粗浅之研究，或系得益于其他学者之论著。笔者试行综合诸家有关之研究，希望对此一重要历史问题勾勒出较为明晰而又反映研究现况的图像。

"汉化"一词用者甚多，其义或宽或窄。较为宽松之定义即指外族与汉人接触后接受了汉人文化的质素如艺文、风俗等。至于此一外族是否放弃原有文化及认同则不在考虑之列。陈垣《元西域人华化考》中"华化"（应与"汉化"同义）一词即采取此一定义②。"汉化"较为严格之定义则与人类学中"同化"一词同义。自人类学观点言之，"同化"所指涉的现象乃为两个民族或群体长期接触而导致文化上从属群体放弃其原有文化并全面接受文化主宰群体的文化，与后者融为一体，不可区分③。本文所采用之定义即为后者。有如下文所言，依此严格定义，终元一代蒙古人并未真正

①小林高四郎《元代社會における〈文化變容〉小考》，收入小林氏《モンゴル史論考》，东京：雄山阁，1983，页101—117。
②陈垣《元西域人华化考》（励耘书屋本）卷一，页3上。
③此处对"汉化"之定义主要系参酌华来士（F. C. Anthony Wallace）对"同化"的定义及陶晋生氏就其所作之修改。见 F. C. Anthony Wallace, *Culture and Personality* (New York: Random House, 1962), p. 163；陶晋生《女真史论》（台北：食货出版社，1981），页3—4；*The Jurchen in the Twelfth-century China. A Study of Sinicization* (Seattle: University of Washington Press, 1976), p. xiii。

汉化。但是,"同化"不仅指结果而言,亦为一过程,同化之深浅原是相对而言。因而,即使元代蒙古人并未真正同化于汉人,但对其各方面汉化之深浅作一衡量,仍应不无意义。

本文虽以元代蒙古人之汉化为主题,但并不否认当时汉人亦受到蒙古文化之影响,而蒙古人之"汉化"乃为蒙、汉二族"涵化"之一面。关于元季明初汉人所受蒙古文化之影响,司律思神甫(Henry Serruys, 1911—1983)所撰《明初蒙古习俗的遗存》(Remains of Mongol Customs in China during the Early Ming)一文已作较为详尽之论证,本文不再辞费①。

关于本文讨论之范畴,尚有两点须加说明:第一,本文所要讨论者为"蒙古人"之汉化,而非蒙元政府之汉化。凡讨论历代征服王朝的汉化问题,如果区分"政府的汉化"(或称儒家化)与"民族的汉化",则对问题之厘清应有助益②。边疆民族征服中原后,其政府为增强统治的合法性及效能,皆须采用中原固有之政治意识形态及政治制度。采用之多寡固然对其民族汉化之快慢有所影响,但是两者之间并无必然的关系。本文仅将政治上之汉化当作蒙古人汉化背景之一部分加以论列。有关元朝政府——尤其忽必烈一朝——对汉文化态度之论著甚多,读者可

①原文载 *Monumenta Serica* 16(1957), pp. 137-190。后收入 Henry Serruys, *The Mongols and Ming China*(London:Variorum Reprints, 1987)。此文有中译本,见朱丽文译《明初蒙古习俗的遗存》,《食货》(复刊)第5卷第4期(1975),页179—200。

②包弼德(Peter K. Bol)近撰 "Seeking Common Ground: Han Literati under Jurchen Rule"〔*Harvard Journal of Asiatic Studies*, 47:2(1987), pp. 461-538, (esp. p. 484)〕一文即认为讨论金朝女真汉化,应区别"帝国政府对(汉人)制度及价值结构的采用"与"女真作为一个原与汉人相异的族群之社会转化"。研究元代蒙古人之汉化亦应如此。

以参看①。第二,本文以移居中原之蒙古人为讨论对象。留居草原之蒙古人不仅生活环境未变,而且与汉人接触较少,多能维持原有的生活方式。而移居中亚、西亚及南俄之蒙古人则分别突厥化、伊朗化,并接受了伊斯兰教,与中原文化全无关系,故不在本文范畴之内②。

二、背景

过去学者讨论边疆民族汉化原因,往往归功于汉文化之魅力(charisma)。如陈援庵先生即认为元代色目人系由于"炫于中国之文物"而趋于"华化"③。而姚师从吾(1894—1970)论元世祖忽

---

① 姚师从吾曾有论文多篇论述忽必烈的汉化政策及其局限,其中最为全面者为:《元世祖忽必烈汗:他的家世、他的时代与他在位期间的重要设施》及《元世祖崇行孔学的成功与所遭遇的困难》。二文皆收入《姚从吾先生全集》(台北:正中书局,1982)第 6 册,页 399—416、417—448。大陆学者周良霄、白钢则对忽必烈是否施行汉法的问题持有相互不同的看法,见周良霄《忽必烈》(长春:吉林教育出版社,1986)及白钢《关于忽必烈"附会汉法"的历史考察》《中国史研究》第 4 期(1981),页 93—107。此外,柳存仁先生所撰《元代蒙古人汉化问题及其汉化程度》〔《新亚学报》第 15 期(1986),页 113—200〕一文亦着重讨论江南人儒臣如何劝说元廷采行汉法及元廷汉化政策的局限。西方学者中罗沙比(Morris Rossabi)《忽必烈传》(*Khubilai Khan. His Life and Times.* Berkeley; University of California Press, 1988)对忽必烈之文化政策有较为全面之讨论。而达德士(John Dardess)的《征服者与儒者》(*Conquerors and Confucians. Aspects of Political Change in Late Yüan China.* New York; Columbia University Press, 1973)则主张元季政治已充分儒家化。

② 参看 Charles J. Halperin, "Russia in the Mongol Empire in Comparative Perspective", *Harvard Journal of Asiatic Studies* 43:1(1983), pp. 239-261。

③ 陈垣《元西域人华化考》卷二,页 17 上。

必烈汗(Qubilai Qan,1260—1294)之采行汉化政策及杨志玖先生论西域人之华化,亦皆归功于儒家学说的合理性及吸引力①。诸先生所说皆甚确切。但是汉文化之优越性及吸引力仅为边疆民族汉化之一个原因。两个族群由接触而"涵化"与"同化",往往决定于其自身的条件及当时之客观政治与社会环境,原因甚多。蒙、汉二族自身所具条件及元代政治、社会环境对二族之交融具有有利因素,亦有不利因素。兹加分析,借以了解蒙古人汉化趋向及其局限的由来。

（一）有利因素

1. 政府的倡导

边疆民族入主中原,往往面临一个两难之局:一方面,为赢取汉人支持,加强其政权之合法性,不得不表示汉化;另一方面,为牢掌政权,又不得不鼓励其族人保持原有传统、抵制汉文化。金朝、清朝的情形如此,元朝的情形也是如此。蒙元朝廷一方面施行蒙古本位政策(即日本学者所谓"蒙古主义""蒙古至上主义"),另一方面为减低与汉人之间的隔膜,加强蒙古人统治汉地之能力,却又必须倡导本族菁英掌握汉文化。蒙元朝廷对蒙古菁英学习汉文化的政策前后不尽相同,可分三阶段言之:

第一,大蒙古国(Yeke Mongghol Ulus)时代(即忽必烈于1260年立国中原之前):此时蒙古立国草原,汉地不是帝国之政治重心,而汉人也不是主要统治对象,因此汉人进用于蒙廷者甚少,而蒙古、色目统治者与汉人隔阂甚大,有如宋子贞(1185—1266)所说:"加以南北之政,每每相戾,其出入用事者又皆诸国之人,言语之不

---

① 见页 773 注①引姚师文及杨志玖先生《元代西域人的华化与儒学》,《中国文化研究集刊》第 4 期(1987),页 188—203。

通,趣向之不同……"①为减低与汉人隔膜与便利统治计,蒙廷乃于 1233 年在燕京设置国子学,招收蒙、汉官宦子弟为学生,蒙古子弟学习汉语、汉文,而汉官子弟研习蒙古语文。虽然此校规模甚小,所起作用可能不大,但应可视为蒙、汉菁英涵化之滥觞②。

第二,元朝前期:忽必烈建立元朝于中原,虽然采行多元文化并重之政策,无意全盘汉化。但此时汉人已成为其主要统治对象,倡导蒙古菁英学习汉文化,较前更有必要,故采取种种措施,加以推动。忽必烈在其潜邸时代即已命诸王子及近臣子弟从汉儒习经典③。即位以后,皇子皆受双语教育,即由汉儒教授汉人经典,而从畏兀学者研习蒙文④。除去皇子之汉文教育外,又于 1270 年重建国子学,由大儒许衡(1209—1281)主持,最初仅有侍臣子弟十一人入学。1287 年又扩大规模,招生百人,其中五十人为蒙古生。1304 年起更实施国子贡试法,合格者即可任官,对蒙古官宦子弟

① 宋子贞《中书令耶律公神道碑》,载于苏天爵编《国朝文类》(四部丛刊本)卷五七,页 22 下。

② 萧启庆《大蒙古国的国子学:兼论蒙汉菁英涵化的滥觞与儒道势力的消长》,《劳贞一先生八秩荣庆论文集》(台北:商务印书馆,1986),页 61—86。

③ 忽必烈即位以前令皇子及近臣子弟从汉儒读书例证甚多:1244 年即命阔阔(Kökö,1223—1262)等近臣子弟从金状元王鹗(1190—1273)学〔《元史》(北京:中华书局,1976)卷一三四,页 3250〕,又曾命蒙古生十人从赵璧(1220—1276)受儒书(同上,卷一五九,页 3747),而其子真金(1242—1286)早年曾先后从学姚枢(1201—1278)、许衡、李德辉(1218—1280)等人〔见苏天爵《元朝名臣事略》(北京,1962)卷一一,页 1 下;姚燧《中书左丞姚文献公神道碑》,《国朝文类》卷六〇,页 14 上、15 下〕。

④ Igor de Rachewiltz,"Turks in China under the Mongols:A Preliminary Investigation of Turco-Mongol Relations in the 13th and 14th Centuries",in Morris Rossabi(ed.),*China among Equals*(Berkeley:University of California Press,1983),pp. 281–310;Thomas Allsen,"The Yüan Dynasty and the Uighurs of Turfan in the 13th Century",in Morris Rossabi(ed.),*China among Equals*,pp. 243–280.

研习汉学当有甚大激励作用①。中央以外,各斡耳朵(ordo)、诸王爱马(ayimagh,即投下)及以蒙古、色目军人为主的各卫军亦都设有儒学,方便中下层蒙古子弟入学②。此时,虽亦有蒙古国子学及路、州蒙古字学之设置,教授蒙古文字,但不及儒学所受欢迎③。不过,在科举恢复以前,官宦子弟入仕多倚恃"根脚"(即门第),仕宦与学术仍少制度性关联,蒙古、色目子弟学习汉文化的诱因仍然不大。

第三,元朝中后期:汉学在蒙古、色目人中日益普遍,与仁宗爱育黎拔力八达(Ayurbarwada,1311—1320)以降诸帝的提倡大有关系。1314年科举制度的恢复尤为重要。科举是以汉文、汉学为考试内容,欲想借科举进身官场的蒙古、色目子弟皆须钻研汉学④。故对其研习汉学具有极大激励作用,有如《元诗选》编者顾嗣立(1665—1722)所说:"自科举之兴,诸部子弟,类多感励奋发,以读书稽古为事。"⑤元代科举前后十六科,共录取进士一千一百三十九人,其中蒙古人应占四分之一,约三百人。乡试登榜而会试、廷试落第之蒙古乡贡进士应三倍于此。而曾参与乡试不幸落第的蒙古士子更可能数十倍于此。换言之,科举的举行促成数以万计的蒙古子弟埋首经籍、投身场屋,企图以学问来干取禄位,显然钻研

①《元史》卷八一《选举志》,页2029—2030。
②《元史》卷八六《百官志》,页2158下;《元史》卷四四《顺帝本纪》,页921。
③关于元代蒙古语文教育,参看洪金富《元代蒙古语文的教与学》,台北:蒙藏委员会,1990。
④关于元朝科举制度及其影响,参看姚大力《元朝科举制度的行废及其社会背景》,《元史及北方民族史研究集刊》第6期(1982),页26—59;丁崑健《元代的科举制度》,《华学月刊》第124期(1982)页46—57,第125期(1982)页28—51;萧启庆《元代科举与菁英流动——以元统元年进士为中心》,《汉学研究》第5卷第1期(1987),页129—160。
⑤顾嗣立《元诗选》(秀野草堂本)初集,庚,页1下。

汉学在当时蒙古族群中已形成风气。此外,仁宗时又曾规定,汉官子弟由荫入仕亦须试一经一史,通过者可免傜使,而蒙古、色目官员子弟可依志愿参试,及格者更可进一阶①。可见官宦子弟即使倚恃门第入仕,汉学之掌握对其仕途仍有裨益。元季帝王文宗图帖睦尔(Tugh Temür, 1328—32)及顺帝妥欢帖睦尔(Toghōn Temür, 1333—1370)更相继设置奎章阁、宣文阁,提倡艺文,并以勋旧贵戚子孙肄业其中②。对蒙古子弟学习汉文化当亦具示范作用。

2. 人口与杂居

两个族群同化的快慢与相对人口数目及居住环境具有密切的关系。蒙古之能征服天下并非由于人口众多。十三世纪初年蒙古人口显然不足百万之数,而移居中土者更不会超过三四十万人③。与六千万以上之汉人、南人相比实在居于绝对少数。移居中原之蒙古人皆与汉人杂居。赵翼《色目人随便居住》已指出蒙古、色目人散居各地,与汉人相混④。当时蒙古人主要有二类:其中一类为仕宦。蒙古人担任朝官、京官及地方官大约共有三四千人⑤。其

---

①《元史》卷八三,页 2061。

②姜一涵《元代奎章阁及奎章人物》,台北:联经出版事业公司,1981。

③关于十三世纪蒙古人口之估计,参看萧启庆《北亚游牧民族南侵各种原因的检讨》,《元代史新探》(台北:新文丰出版公司,1983),页 303—322(见页 318—319,注 20);Elizabeth Endicott-West, *Mongolian Rule in China* (Cambridge, Mass: Harvard University Press, 1989), p. 86。

④《廿二史札记》卷八〇,页 700—701。赵氏另一著作《陔余丛考》(石家庄:河北人民出版社,1990)中有《元制蒙古色目人随便居住》一条,所言大体相同(见该书页 291—292)。

⑤《大元圣政国朝典章》(以下简称《元典章》,台北:故宫博物院影印元刊本)卷七,《内外诸官员数》所列蒙古、色目有品级官员共 6782 员。若其中二分之一为蒙古人,则为 3391 人。但其中可能不包括各级军官。

家便因任所而定居,或在京师,或在各省,其例甚多①。另一类则为军户。元代蒙古人大多数编为军户,世服兵役,与清朝旗人相同。汉地军户主要隶属于山东河北及河南淮北两个蒙古军都万户府〔前者先以沂州(山东临沂)为中心,后徙濮州,而后者则以洛阳为大本营〕及驻扎大都附近之左、右都威卫,左、右翊侍卫及宗仁卫等中央卫军。此外,陕西、四川、东蒙古及云南等地也有蒙古大军屯驻②。科举恢复以后,各省乡试蒙古人皆有配额,亦反映出蒙古散居各地的情况③。散居各地之蒙古人,不论官员或士卒,往往与汉人杂居。大都蒙古贵人宅第与"民居犬牙相制"④。各省士兵有的固然"以营为家"⑤,有的则是"错居民间"⑥。元朝蒙古人分散各地而又与当地人民杂居的情形,与辽朝契丹人、金朝女真人、清朝满洲人及钦察(Qipchaq)汗国之蒙古人皆不相同。辽朝契丹人大多留居北方草原,并未移居燕云汉人地区。钦察汗国之蒙古人亦留居南俄草原而未与居住森林地区之斡罗思人相混杂⑦。金朝南徙之猛安谋克皆"筑寨而居",而清朝之旗人则局居于驻防各地之"满城""满营"之中。钦察汗国之蒙古人因与斡罗思人并未混

---

① 同页 777 注②。拙作《元代蒙古人的汉学》中亦引有不少蒙古人因仕宦而寓居各地之例证。载于《国际中国边疆学术会议论文集》(台湾政治大学边政研究所,1985),页 369—428。又俞希鲁《至顺镇江志》(宋元地方志丛书本)卷一九《人材志》所列侨寓于镇江之蒙古、色目家庭亦为因仕宦而定居该地者。

② Ch'i-ch'ing Hsiao, *The Military Establishment of the Yuan Dynasty* (Cambridge, Mass.:Harvard University Press,1978), p. 55.

③《元史》卷八一《选举志》,页 2021。

④《元史》卷一三〇《不忽木传》,页 3170。

⑤ 苏天爵编《国朝文类》(四部丛刊本)卷四一《经世大典·序录·屯戍》,页 64 上。

⑥ 姚燧《牧庵集》(四部丛刊本)卷六《千户所厅壁记》,页 4 上。

⑦ Charles Halperin, "*Russia in the Mongol Empire*", p. 239.

居,两者涵化甚浅,而满清旗人则形成一种"镇戍文化"(garrison culture)的次文化,与周遭之汉人文化不尽相同①。元朝蒙古人之杂居无疑有利于汉人间之交融与同化。第三节中将作进一步之探讨。

(二)不利因素

1. 文化差距过巨

如果两个民族的文化性质及水准相近,同化较易,反之则难。汉、蒙文化性质迥异,水准相去甚远。十三世纪初蒙古仍为一近乎纯游牧的行国社会,技艺落后,工商不发达,农耕经验几乎全无,而且建国之初始创文字,大多数蒙古人皆为文盲,与以农耕为主要生产方式、工商发达、文化渊源久长的汉人社会差距极大。蒙、汉之间的文化差距既大于女真、满洲,亦大于当时之色目人。色目人中畏兀、回回、吐蕃皆有甚高文明,而唐兀、汪古等族本来便受汉文化影响,因而汉化较易,而蒙古人汉化则较为困难。

2. 征服状态的局限

在当时征服状态下,汉人在文化上虽居主宰地位,政治上却居劣势。由于蒙古人享有不少政治上之特权,不少汉人冒用蒙名,仿袭胡俗,以谋取实际利益②。而蒙古人如"改就亡国之俗",放弃蒙古认同,在政治上有害无利,自为智者所不为。

3. 世界帝国之牵制

与中国史上其他征服王朝不同,元朝为蒙古世界帝国的一部

---

①Pamela Crossley, *Orphan Warriors* (Princeton：Princeton University Press, 1990),p. 225.

②《廿二史札记》卷三〇《元汉人多作蒙古名》(页 701—703)及页 772 注①引 Serruys 文。

分。各汗国分据中亚、西亚与东欧,文化互不相同。虽然忽必烈立国中原后,其"大汗"之地位屡受挑战,而对各汗国之宗主权的象征意义大于实质意义。但为保持其在蒙古世界中之统治合法性,忽必烈及其子孙不能仅以中国的"皇帝"自居,立法施政必须自蒙古"大汗"的观点着眼,否则便会引起严重政治问题。忽必烈定都中原、采行汉制,即曾有西北藩王质问:"本朝旧俗与汉法异,今留汉地,建都邑城郭,仪文制度,遵用汉法,其故何如?"①美国学者罗沙比(Morris Rossabi)近著《忽必烈汗传》一书之主旨即为:忽必烈自认为"普遍帝王"(universal emperor),必须接受在理论上受其控制地区之不同文化,而不能独重汉文化②。可说甚为允当。因此,元朝的文化政策是多元的,汉文化与其他文化处于平等地位,不受优待。

4. 西域文化之竞争

此一论点与上一点关系密切。元朝汉文化所承受外来文化压力之大,可谓空前。汉族王朝时代唐朝最称开放,但是即在唐朝亦无外来之文化或宗教足以撼动汉文化之中心地位。而元代之外来文化或则与蒙古渊源较深,或则与蒙古社会背景相似。如畏兀文化极受蒙古人重视,即是由于种族之间语言相似,历史文化渊源甚深。而吐蕃及回回文化受到重视则可能由于背景相似。故傅礼初教授(Joseph Fletcher, 1934—1984)曾分析为何蒙古人皈信回教与

---

① 《元史》卷一二五《高智耀传》,页 3073。据周良霄考证,遣使质问之西北藩王即窝阔台系宗王海都(Qaidu, 1235? —1301)及察合台系宗王八剌(Bala),事在 1270 年。其时二人正以维护蒙古传统生活方式为号召,发动战争,对抗忽必烈,见周氏《小考一则》,《元史论丛》第 4 辑(1992),页 182。

② 见页 773 注①。笔者曾为文评介罗沙比,见 *Journal of Oriental Studies* 26:1(1988),pp. 130-133。

喇嘛教而不信奉儒家、道教和东正教①。他认为回教、喇嘛教原为游牧民族之宗教,故易为蒙古人所接受,而汉地之哲学及宗教皆为农业社会所特有,与游牧民族扞格甚大。傅氏所言,可备一说。总之,西域文化之强力竞争使汉文化之吸引力减色不少。

三、社会交流及其局限

两个民族的涵化必须以密切交往与交流为先决条件。元代蒙古人由草原徙居中原,居住环境的更易导致生活方式及社会组织之蜕化。加以与汉人长期杂居与通婚,蒙、汉二族交流之势日益明显。

自经济生活方面言之,徙居中原之蒙古人,不得不放弃游牧,改营农耕。与当时的汉军一样,元朝蒙古、色目军户在经济上自给自足,出军费用亦须自行负担②。蒙古军户显然系以农耕为主要收入来解决经济负担问题③。元朝虽未像金、清二朝那样施行"圈地",将中原农地全面地分配于其族人,但曾屡次将黄河南北土地分于蒙古军人耕种。例如,1265 年诏以(黄)河南北荒田分给蒙古军耕种。明年又令凡良田为僧所据者,听蒙古人分垦。1295 年以山东荒田给也速带而(Yesüder,1252—1296)所统征南北返之军,

①Joseph Fletcher, "The Mongols: Ecological and Social Perspectives", *Harvard Journal of Asiatic Studies* 46:1(1986), pp. 11-50.

②关于元代军户的经济负担,参看陈高华《元代的军户》,收入陈氏《元史研究论丛》(北京:中华书局,1991),页 127—155;Ch'i-ch'ing Hsiao, *The Military Establishment*, pp. 24-25。

③关于军户经济中农耕与畜牧孰重孰轻的问题,见 Hsiao, *The Military Establishment*, pp. 20-22。

正军五顷,余丁二顷。三年后,又令以两淮闲田给蒙古军①。除黄河下游蒙古军户分得不少田土外,其他各地屯驻蒙古军情形亦颇相似,如西川蒙古军"耕遂宁沿江旷土以食,四顷以下者免输地税"②,可见亦与汉军军户一样,蒙古军户拥有农田四顷以下可免付地税。蒙古军户大多从事农业生产亦可由探马赤(Tammachi)蒙古军人应否入社的争论看出。"社"为农村劝农组织,农户皆须加入,但散居农村之探马赤军户却"推避不肯入社,又不存留义粮,亦不肯与诸人一体开兴水利",元廷于 1273 年命探马赤军户于现住各村庄"并行入社"。后来虽因恐泄漏军人数目未能贯彻,但仍令"蒙古军人另行为社,令见设本管奥鲁(a'urugh)官一体劝谕农事"③。可见蒙古探马赤军户系在掌管军户族属的奥鲁官监督下合作经营农业。

蒙古军户从事农业生产,自然不必完全亲自躬耕,而对驱口之耕作甚为倚赖④。但是基本上徙居中原之蒙古军户已成为农业人口。过去学者往往强调蒙古军人畜牧经济之重要性,显然不尽正确。

定居中原蒙古人的社会组织亦已发生甚大变化。蒙古社会本以氏族(obogh/omogh)为中心组织,而氏族原为出于共同祖先的亲族组织,虽然血缘纽带可能出于虚拟⑤。成吉思汗建立大蒙古国,

①《元史》卷六《世祖本纪》,页 105、110;卷一八《成宗本纪》,页 398;卷一九,页 418。
②《元史》卷一三《世祖本纪》,页 267。
③《元典章》卷二三,页 1 下,《复立大司农司》卷二三,页 5 上下,《蒙古军人立社》,参看杨讷《元代农村社制研究》,《历史研究》第 4 期(1965),页 1—50。
④海老泽哲雄《元朝治下におけるモンゴル軍人と漢人奴婢》,《北海道教育大學紀要》(第一部 B)17:1(1966),页 46—59;Hsiao, *The Military Establishment*, p. 21。
⑤符拉基米尔佐夫著,刘荣焌译《蒙古社会制度史》(北京:中国社会科学出版社,1980),页 74—94。

全部蒙古人皆编入九十五千户之中,千户遂取代原有氏族或部族而成为蒙古社会之基本组织。而千户组成并不尽以原来同属某一氏族或部族者为成分。甚多与成吉思汗长期争雄的氏族或部族皆遭解体,其族民分散于不同千户之中。亦有不少新千户系由来自不同氏族之人民所组成。有如符拉基米尔佐夫(B. Ia. Vladimirtsov, 1884—1931)所说:"氏族制度因而不可避免地要发生剧烈变化与消失。"①忽必烈立国中原后,蒙古军与汉军一样经历了中央化及官僚化的双重程序,或纳入中央诸卫军,或分属各蒙古军都万户②。而各蒙古军单位中,则是种族混杂,不仅纳入大批色目人③,而且亦有汉人④。可见千户中之血缘纽带更见削弱。总之,元朝蒙古族群主要是以千户为单位,氏族成为姓氏,而千户不仅包括来自不同氏族的军户,甚至包拥色目及汉人,种族凝聚力显已不大。

　　元朝虽有民族等级制度,但是民族等级制度并不足以构成族群间接触与交融不可逾越之壁垒。过去由于箭内亘(1875—1926)

---

① 符拉基米尔佐夫著,刘荣焌译《蒙古社会制度史》,页 174—176;Hsiao, *The Military Establishment*, p. 10。

② Hsiao, *The Military Establishment*, pp. 15-16.

③ 色目人为蒙古军户之例:唐兀人间马于 1271 年籍充山东河北军户,后又选入蒙古右翊侍卫亲军,官至百夫长。见穆朝庆、任崇岳《大元赠敦武校尉军民万户府百夫长唐兀公碑铭笺注》,《宁夏社会科学》第 1 期(1987),页 88—93。又如元季名儒伯颜(Bayan, 1291—1358,字宗道),为曷剌鲁(Qarlugh)人,亦隶山东河北蒙古军籍,见陈高华《读〈伯颜宗道传〉》,载陈氏《元史研究论稿》,页 450—453。

④ 汉人为蒙古军户之例:隰川人武展(? —1293),占河南蒙古军籍,官至河南淮北蒙古军都万户府千户。其曾孙女分别适蒙古军弹压谢某、千户范某、百户当间等。由此一家族历史可见蒙古军中含有不少汉人。见苏天爵《滋溪文稿》(适园丛书)卷一五《千户武君墓碣铭》,页 15 上—16 下。又如高天禄,开封人,任右翊蒙古侍卫亲军百户,见谢应起修《宜阳县志》(光绪七年刊本)卷一六《故高翁天禄墓志铭》,页 72b—73b。

及蒙思明(1908—1974)等前辈过分强调元朝民族"阶级"的重要性,造成不少误解①。如艾本华(Wolfram Eberhard,1909—1989)便曾说:"蒙古人制定严格之民族立法……汉人既不可学习蒙语,通婚亦为法所禁。汉人不仅不能供军役,而且不能持有武器。"②所言过分夸大了蒙、汉间在法制上之鸿沟。实际上,就政治社会地位而言,民族仅是一个决定因素,另一因素则为"根脚"。一个家庭"根脚"之大小决定于其对于蒙元建国的贡献及其与帝室之关系。蒙古人中固有大小根脚之别,汉人亦是如此③。蒙古人虽为统治民族,但下级之蒙古人——一般蒙古军户,却因履行兵役义务而致"每行必鬻田产,甚则卖妻子"④。不少蒙古人更沦为奴隶,卖身海外⑤,与清季旗人"铁杆子庄稼"不足凭借而致陷身贫籍,并无不同。可见民族并不是地位之保障。事实上,当时各族人士之交往是以"社会阶层"(social stratum)而不是以民族为基础。汉族上层人士与蒙古、色目中上层人士交往,而中下层之汉人亦以阶层相当的异族人士为交往对象。蒙、汉二族并未因民族不同而形成相互绝缘的个体。这与近代亚、非、拉各殖民地中白人与"土著"在社交上相互隔离的情形不大相同。

蒙、汉二族不仅密切接触,而且相互通婚。过去魏复古说元朝与清朝相似,禁止征服民族与汉人通婚⑥,可说全无根据。元朝从未颁布禁止蒙、汉通婚的命令,而1271年法律规定:

---

①箭内亘《元代社會の三階級》,载箭内氏《蒙古史研究》(东京:刀江书院,1930),页263—360;蒙思明《元代社会阶级制度》,北平:燕京大学,1938。
②Wolfram Eberhard, *Conquerors and Rulers* (Leiden:E. J. Brill, 1965), p. 133.
③参看萧启庆《元代几个汉军世家的仕宦与婚姻》,载于台北"中研院"史语所编《中国近世社会文化史论文集》,台北,1992,页213—278。
④《元史》卷一三四《千奴传》,页3258。
⑤蒙思明《元代社会阶级制度》,页96—97。
⑥Wittfogel and Feng, *History of Chinese Society*, p. 9.

诸色人同类自相婚姻者各从本俗法,递相婚姻者以男为
　　主。蒙古人不在此限。①

所谓"蒙古人不在此限",意即蒙古人与他族(应包括汉人)通婚,不论嫁娶皆从蒙古本俗法。可见法律允许蒙、汉通婚。

　　事实上,蒙、汉通婚例证甚多。洪金富《元代汉人与非汉人通婚问题初探》一文广泛搜罗各族间通婚的例证,其中蒙古人娶汉人者有五十二个案,嫁汉人者则有三十例②。洪教授所谓"汉人"乃是种族上之汉人,包括"南人",却不包括契丹、女真、高丽等族。如依照元代通例,将此等族类列入"汉人"之内,则蒙、汉通婚之例将会增加甚多。

　　若就蒙、汉通婚的嫁娶对象加以分析,无疑亦可反映出两族互动的社会阶层性。即蒙古上中下层家族分别与汉人对等家族通婚。蒙、汉上层家族通婚最佳例证为汉人世侯真定史氏、济南张氏二家的婚缘。史、张二氏皆为大蒙古国时代最重要的汉军世家,即在忽必烈建国中原后仕宦仍然甚盛,而史氏尤为显赫。史氏早期婚姻对象包括成吉思汗最重要的大将"太师国王"木华黎(Muqali,1170—1223)及北京都元帅乌也而(Üyet,1163—1258)等家族。而张氏则与其基地济南的蒙古投下主——成吉思汗季弟按只吉歹(Eljigidei)家族维持密切婚姻关系③。中下层蒙汉家族联姻之频繁则由池内功所撰《元朝における蒙漢通婚とその背景》一文所举例证可以看出④。池内教授分析之对象为管军百户太纳

①《元典章》卷一九《嫁娶聘财体例》,页 2 下。
②洪氏文载于《食货》(复刊)第 6 卷第 12 期(1977),页 1—19;第 7 卷第 1、2 期(1977),页 11—61。
③同页 770 注②。
④载于《アゾア諸民族における社會と文化・岡本敬二先生退官紀念論集》(东京:国书刊行会,1984),页 218—238。

（1254—1325）及潍州昌邑县达鲁花赤脱脱木儿（Tugh Temür）两个蒙古家族。两家皆定居山东潍州，历代皆任百户级的下级军职，而又多娶汉女为妻。此等汉女当不会为名门闺秀，而应为出身寻常百姓家之蓬门荆钗。

族群间之通婚不仅促进血缘交融，而且与相互涵化具有密切关系。前引洪金富文便是以异族通婚与文化同化之间的关系为研析主题。他认为："许多通婚异族的汉人具有异族化或蒙化的倾向；更多的通婚汉人的蒙古、色目人具有汉化的倾向，或者已经汉化了。"[1]而笔者对蒙古汉学者的研究则显示：甚多熟谙汉学的蒙古人皆为汉人母亲所生[2]。而《元代科举与菁英流动》一文更指出：元统元年（1333）登科蒙古进士二十五人中，其母亲姓氏可考者二十二人，具汉姓者十五人（68.18%）。其妻子姓氏可考者十四人，具汉姓者十人（71.43%）。蒙古进士家庭与汉人通婚比率之高，甚为惊人[3]。以上种种皆足以显示通婚与蒙古人之汉化及登第之间关系密切。这种密切之关系由哈儿柳温台氏马马（？—1231）家族之历史亦可具体看出：马马出身将门，娶黄冈儒者张泰鲁之女张氏（1256—1340）为妻。苏天爵《元故赠长葛县君张氏墓志铭》叙述张氏对其子孙之影响：

> 县君（指张氏）教子孙严而有法。初，皇庆（1312—1313）科举诏下，（孙）哈剌台（Qaratai）甫十余岁，县君呼而教之曰："我昔居父母家，岁时亲戚小儿来者，吾亲必祝之曰：长大作状元。自我为汝家妇，恒在军旅，久不闻是言矣！幸今朝廷开设

---

①同页 785 注②。
②萧启庆《元代蒙古人的汉学》，页 369—428。
③《汉学研究》第 5 卷第 1 期（1987），页 129—160。

科举,汝能读书登高科,吾复何恨?"于是悉资给之,俾从师
受业。①

结果其孙哈剌台于1326年登进士第,另有三孙亦"治进士"业。哈
剌台昆季之文化取向显然受其汉人祖母之"状元情结"影响颇大。

不过,尽管蒙、汉二族长期杂居、相互密切交流与通婚,但是有
如魏复古及冯家升所言,征服状态之存在阻扰了蒙、汉二族的真正
交融②。终元一代,元廷对民族等级制度的维持始终未曾松懈。
而且顺帝初年伯颜(Bayan,? —1340)执政时代于此更有变本加厉
之势。他采取种种措施,申严民族之防,压抑汉人,保障蒙古、色目
人之特权③。因而元季的政策与清朝同治(1862—1874)初年取消
旗人特权以弥补民族鸿沟的情形完全不同④。蒙古人所享有之特
权既然不变,自然不会放弃其民族及政治认同。换言之,民族等级
制度虽不能阻扰蒙、汉二族的交往与通婚,却足以防止蒙古人放弃
其原有之民族及政治认同。

四、汉文化的吸收

蒙古人徙居中土,与人数繁夥、文化较高的汉人杂居、交往与
通婚,在文化上受后者之影响乃为不可避免的趋势。早在忽必烈
时代,马可波罗(Marco Polo,1254—1324)即已发现:当时之蒙古人

①《滋溪文稿》卷二一,页14下—17下。
②同页770注②。
③蒙思明《元代社会阶级制度》,页217—219。
④Mary Wright, *The Last Stand of Chinese Conservatism*(Stanford:Stanford Univer-
sity Press, 1957), pp. 286-293; Pamela Crossley, *Orphan Warriors*. pp. 148-
150.

的"品质已趋恶化,放弃其原有之若干风俗。其长居汉土(Catai)者皆采用当地偶像教徒风俗,而背离原有之规矩"①。可见环境改变对蒙古人影响之大。元代中期以后,蒙古人定居中原已达数代,所受汉文化之影响自然更大。

以下将自姓名、礼俗及汉学等三方面来衡量蒙古人所受汉文化影响之大小。姓名为个人认同的表征,礼俗反映行为的规范,而汉学则为汉文化的精髓,自此三方面讨论应可言之成理。除此三方面外,语言、饮食、服饰及宗教信仰亦可用为衡量蒙古人汉化程度之准绳。但语言问题已涵盖于"汉学"之内,凡通汉学必通汉语,不必另行讨论。至于饮食、服饰及宗教信仰等方面,近人研究皆专注于元朝帝王②。帝王以外之蒙古人的情形现知不多,无法作有系统之论述③。唯有暂时从缺,殊为遗憾。

(一)姓名字号的采用

蒙古与汉人姓名字号之制互不相同。汉人重姓氏,用以明本始,别婚姻。蒙古人则与其他北亚游牧民族相同,有氏族之别,而

---

① A. C. Moule and Paul Pelliot(eds. and trans. ,) , *Marco Polo* , *Description of the World* (London:George Routledge and Sons,1938) ,vol. I,p. 174.

② 关于元朝帝王与汉人宗教之关系,参看札奇斯钦师《十三世纪蒙古君长与汉地佛道两教》,载于札奇斯钦《蒙古史论丛》,台北:学海书局,1980,页949—982;郑素春《全真教与大蒙古国帝室》,台北:学生书局,1987。关于元朝宫廷饮食,参看 Paul D. Buell, "Pleasing the Palate of the Qan:Changing Foodways of the Imperial Mongols", *Mongolian Studies* 13(1990) ,pp. 57–81。

③ 袁冀《元代蒙人生活之转变》〔《东方杂志》(复刊)22:8(1989) ,页 51—55〕从居住、衣着、家具器皿、交通工具、娱乐、生产等方面考述蒙古人生活的变迁。但该文所述主要为皇室生活,不能反映一般蒙古人的情状。

无姓,通常称名而不称姓氏①,有如宋使徐霆所云:"霆见其自上至下,只称小名,即不曾有姓。"②字号则尤为汉人所独有,古代男子二十冠而字,后世则唯有士大夫有字号,借以表德性、示风雅。蒙古人则无字号。元季名儒许有壬(1287—1364)认为蒙古人无字号乃因其文化古朴:"我朝肇造,浑厚真淳之气,粹然古初,名且强赘,况字乎!"③可见姓名字号之有无不仅代表民族间社会组织的差异,也反映文化的高低。

历代入居中原之边疆民族往往采用汉式姓名,但其普遍性大小不一,反映汉化程度之差异。蒙古入统中原后并未正式采用汉式姓氏,即皇室亦无姓氏。此一现象引起汉人及汉化较深蒙古色目人之不满。汉文臣王恽(1227—1304)任御史时曾上"请明国朝姓氏状"④。而出身畏兀将门之散曲名家贯云石〔小云石海涯(Sewinch Qaya),1286—1324〕于仁宗初年亦曾上疏建议"表姓氏以旌勋胄"⑤,显然希望朝廷明定族姓。但是二人之建议均无结果。元廷显然认为并无采用汉式姓氏之必要。

蒙元朝廷虽未采纳明定蒙古姓氏之建议,但是不少蒙古、色目人采用汉式姓名与字号,也有甚多汉人采用蒙古名⑥,可说是各族

①关于蒙古人的姓氏及名字,参看小林高四郎《モンゴル民族の姓氏と親族名稱》,收入《モンゴル史論考》,页125—143;Larry Moses,"Naming Patterns among the Mongols",*Mongolian Studies* 10(1988),pp. 25–34。

②《黑鞑事略》(蒙古史料四种本),页9下。

③许有壬《至正集》(元人文集珍本丛刊本)卷六五《兰庭芳字说》,页59上下。

④王恽《秋涧先生大全文集》(四部丛刊)卷八五《请明国朝姓氏状》,页3下—4上。

⑤欧阳玄《圭斋文集》(四部丛刊)卷九《贯公神道碑》,页21上。

⑥见页779注②。那木吉拉《元代汉人蒙古姓名考》,《中央民族学院学报》第2期(1992),页10—14。而Endicott-West对汉人冒用蒙古名以求仕亦曾讨论,见所著*Mongolian Rule in China*,pp. 81–83。

相互涵化的表现。不过,蒙古、色目人采用汉式姓名字号与汉人采用蒙古名之原因全然不同。由于蒙古人在政治上居于主宰,而汉人在文化上则占优势,汉人采用蒙古名者或为接近权力源头的宫廷近臣,或为冒充蒙古人身份而谋求一官半职的猎官之徒。而采用汉式姓名之蒙古、色目人则皆系汉化较深者。陈垣论色目人采用汉式姓名字号之原因说:"试一检元人文集,种人(启庆按:此处"种人"应包括蒙古、色目人)之请字请名者,触目皆是。其人慕效华风,出于自愿,并非有政府之奖励及强迫,而皆以汉名为荣。"①确是不错。换言之,蒙古、色目人采用汉名多出于文化的诱因,与汉人采用蒙名悉出于政治诱因者大异其趣。

关于色目人之采用汉式姓名,陈垣已加考述②。而蒙古人之采用汉式姓名、字号者则有以下几种不同方式:

第一,正式采用汉姓、汉名,以致其蒙古本名失传者:如张信(1248—1319)③、张彦辅④、陶静隐⑤、郭庸(? —1367)⑥、聂镛⑦、溥仲渊⑧、揭毅夫⑨、杨讷(暹、景贤)等人⑩。此类人士汉化甚深,而其采用汉式姓名似多出于特殊原因。如画家张彦辅为太乙教道士,其姓名或为教门中之名字。又如陶静隐亦为道士,从祖母姓陶,而元季明初杂剧名家杨讷自幼从其姐夫杨镇抚,因而姓杨。此

---

①陈垣《元西域人华化考》卷六,页 95 下。

②同上,卷六,页 95 上—102 下。

③萧启庆《元代蒙古人汉学再探》,页 252。

④萧启庆《元代蒙古人的汉学》,页 392。

⑤《至正集》卷一七,页 35 下。

⑥《元史》卷一九六《郭庸传》,页 4437。

⑦萧启庆《元代蒙古人的汉学》,页 388—389。

⑧萧启庆《元代蒙古人汉学再探》,页 557。

⑨席世臣《元诗选癸集》(扫叶山房本),丙,页 61 下。

⑩《至正集》卷一七,页 35 下;萧启庆《元代蒙古人的汉学》,页 391。

类人士为数极少,乃因蒙古人完全改用汉式姓名不仅无利可图,可能还有负作用。

第二,采用汉姓,却仍保持蒙古名:如帖木儿不花(Temür Buqa)于后至元间任侍正府都事,汉名刘正卿①。又如山东淄博刘五公一族,出于蒙古斡罗那歹(Oronardai)氏,"后之苗裔因留曰姓,故曰刘",其家虽取刘姓,但其子孙仍有蒙古名②。更如今湖北洪湖县之陆氏,据《陆氏宗谱源流序》云:此一家族本出于忽必烈弟阿里不可(Arig Böke,? —1266)。据说阿里不可与乃兄争位失败后,乘隙南逃,定居洪湖,因其为拖雷(Tolui? —1233)第六子,其家遂姓为陆③。此家子孙是否改用汉名则已不可考究。此类蒙古人不过为方便或特殊原因而采用汉姓,汉姓至多为第二姓氏,并不影响其种族认同。如上述刘五公一族即未忘其为蒙古斡罗那歹氏,不致数典忘祖。

第三,保持蒙古名,但采用汉文字号:此为受汉文教育之蒙古、色目人中极为通行之做法。最早之例证为忽必烈潜邸侍臣蔑儿乞(Merkid)人阔阔(Kökö,1223—1262)。此人为蒙古人中最早之儒者,即有"子清"一字④。科举制度恢复后,凡报考者不论族别,皆须有字,今有《元统元年进士录》可证⑤。此一规定当与蒙古、色目

---

① 杨瑀《山居新话》(笔记小说大观),页 9 上;陶宗仪《辍耕录》(世界书局本)卷一五,页 226—227。
② 杨志玖《山东的蒙古族村落和元朝墓碑》,《历史教学》第 1 期(1991),页 8—10。郭济生《山东淄博刘家营村蒙古斡罗那氏刻石》,《元史论丛》第 5 辑(1993),页 327—330。
③ 僧格仁钦等《关于湖北省洪湖县陆氏蒙古人问题》,《内蒙古师范大学学报》第 3、4 期(1987),页 129—132。
④ 萧启庆《元代蒙古人的汉学》,页 375。
⑤ 萧启庆《元统元年进士录校注》,《食货》(复刊)第 13 卷第 1、2 期(1983),页 72—90;第 13 卷第 3、4 期(1983),页 147—162。

人取字之盛行互为因果。当时汉人官员又常为蒙古、色目同僚撰取字号，蔚为一时风气。许有壬说："国人同官者或未字，同官必相与加之，否则皆若有缺然者，文治之渐其溥矣乎？"①如酐温台（Ji-ghuntai）氏万嘉闾（1278—1342），"既华学，友字以国卿"②。又如湖广行省正郎夏圃兰蹊（Buralki）原无字，其同僚"撷其名兰字以氏之，推兰之德曰'庭芳'以字之"，故友人称其为"兰庭芳"③。当时汉学造诣较高之蒙人不仅取字，而且有号，既示风雅，又便与人唱和。例如散曲名家阿鲁威（Alqui），字叔重，号东泉，自署"和林鲁威叔重父"，自钤"和林鲁威氏"。和林（Qara Qorum）为蒙古旧都，用以表明他为蒙古人。而唱和者则称他为"鲁东泉"，或"东泉鲁公"，与汉文人并无差别④。又如1321年右榜状元泰（达）不华（Tai Buqa，1304—1352），字"兼善"，号"白野"。白野者志其出身蒙古伯牙吾台（Baya'udai）氏也。唱和者皆称之为"达兼善""白野尚书"⑤。"鲁东泉""达兼善"为当时汉文人称呼蒙古文人的一种通行方式，有如揭傒斯《送燮元溥序》所说："庐州舒城长燮元溥，蒙古人，名燮里溥化，无姓氏，故人取其名之首字，加其字之上，若姓氏云者，以便称谓，今天下之通俗也。"⑥总之元朝中期以后汉化较深之蒙古人多有字号，方便与汉人之交往与唱和。

第四，汉文通俗名：此类通俗名原为汉人之乳名或为一般市井小民所用，而蒙古人采用者极多。司律思曾对此类名字加以分类，

---

①许有壬《至正集》（元人文集珍本丛刊本）卷六五《兰庭芳字说》，页59上下。
②《至正集》卷五七《万公神道碑铭》，页5下。
③同本页注①。
④朱德润《存复斋文集》（丛书集成续编）卷九《俞元明参军雪中以诗招饮就和韵》，页5上。
⑤许有壬《至正集》（元人文集珍本丛刊本）卷六五，页382、408注109。
⑥《揭傒斯全集》（上海：上海古籍出版社，1985）卷四，页315。

而认为或则源于佛教(如观音奴、三宝奴),或为国名及族名(如蛮子、忻都),或为动物名(如万家驴、骡骡)等①。此外,元代汉人以及蒙古、色目人采用数目字为人名者甚多(如五十、六十二之类)。洪金富认为蒙古、色目人之采用数目字人名可能系受汉人影响②。蒙古人采用汉文字号显然系受汉人"大传统"之影响,而取用通俗名则系受民间"小传统"的影响。取用通俗名之蒙古人并不限于中下阶层,达官贵人中亦比比皆是。但是,原取通俗名之蒙古人如在长大后成为文士,往往使其名典雅化。如上述之万嘉闾一名即系由"万家驴"而来。

总之,蒙古人汉式姓名字号反映了其汉化程度及其极限。从姓名字号之取用看来,蒙古人同时受到汉人大、小两种传统的影响。一方面采用汉文通俗名者甚多。另一方面,中期以后汉化较深之蒙古人采用字号者亦极普遍。但是,蒙古人完全采用汉式姓名者不多,因与其政治利益相扞格。此与当时汉人竞相冒用蒙名以谋取一官半职的情形大不相同。

(二)礼俗的变化

礼俗不仅反映一个民族的基本伦理道德,亦受其居处环境之制约③。环境改变,礼俗亦会发生或大或小之改变。蒙古之礼俗反映游牧社会之价值观念及居处环境,而汉人之礼俗则受儒家伦常观念及农耕社会环境之影响。两者出入甚大。女真籍御史乌古

①Henry Serruys,"Some Types of Names Adopted by the Mongols during the Yüan and the Early Ming Periods",*Monumenta Serica* 17(1958),pp. 353-360.

②洪金富《数目字人名说》,《"中研院"史语所集刊》第58本第2分(1987),页282—379。

③黄时鉴《元代的礼俗》〔《元史及北方民族史研究集刊》第11期(1987),页19—28〕一文对元代礼俗作了概括性之考述。

孙良桢于 1344 年所上奏疏便指出蒙古礼俗与汉人礼俗之重大不同："国俗:父死则妻其从母,兄弟死则收其妻,父母死无忧制。"[1] 儒家仪礼最重冠、婚、葬、祭,而婚、葬二事尤为重要。而有如乌古孙良桢奏疏所反映,汉、蒙二族在此两方面礼俗歧异甚大。现就蒙古人在婚俗及丧、葬两方面所受汉俗之影响及其局限略加考述。

1. 婚俗

蒙、汉二族婚俗互有不同,相差最大者则为寡妇再醮问题。蒙古人与汉人相似,重视妇女贞节,视奸淫为大恶[2],却不反对寡妇再醮。而且与古来北方诸游牧民族相同,盛行收继婚,同辈与异辈收继皆视为当然[3]。汉人自古重视妇女贞节,实际上,在宋以前妇女皆不讳再嫁。但是,宋朝理学勃兴之后,寡妇守贞不嫁乃成天经地义[4]。至少缙绅家庭妇女皆耻于再醮。收继婚在古代汉人社会中亦曾盛行,后来或系由于法律儒家化之影响,唐朝起已明令禁止。

由于金代女真人及蒙古人之影响,元代汉人下层平民亦颇盛行收继婚。当时元廷之政策为婚姻依据各族本俗,汉人、南人不可

①《元史》卷一八七《乌古孙良桢传》,页 4288。
②札奇师斯钦《蒙古文化与社会》(台北:商务印书馆,1987),页 127。
③研究元代蒙古人之收继婚及其对汉人之影响者有 Paul Ratchnevsky, "The Levirate in the Legislation of the Yüan Dynasty", 载于《田村博士頌壽紀念東洋史論叢》(京都,1968),页 45—61;王晓清《元代收继婚述论》,《内蒙古社会科学》第 6 期(1989),页 73—78;Jennifer Holmgren, "Observations on Marriage and Inheritance Practices: In Early Mongol and Yüan Society with Particular Reference to Levirate", *Journal of Asian History* 20(1986), pp. 127–192;页 778 注②引司律思神甫文对此亦有论述(pp. 171–190)。此外,洪金富亦有长论《元代的收继婚》一篇,见台北"中研院"史语所编《中国近世社会文化史论文集》,页 279—314。
④徐秉愉《辽金元三代妇女节烈事迹与贞节观念之发展》,《食货》(复刊)第 10 卷第 6 期(1980),页 21—33。

收继:"诸汉人、南人父殁,子收其庶母,兄殁,弟收其嫂者,禁
之。"①而蒙古、色目人依其本俗收继则为法所不禁。不少卫道之
士——包括汉化之蒙古、色目人——对此情况加以攻击并建议明
令禁止蒙古人行收继婚,以重伦常。如凯烈(Kereyid)氏拔实
(Baghshi,1308—1350)为一汉学造诣颇高之蒙古人,常自儒家观
点直言诤谏,顺帝初年任燕南河北廉访佥事,便曾建议"革蒙古婚
姻之俗"②。又如著名色目诗人马祖常(1279—1338)也曾建言"国
人暨诸部既诵周孔书,当尊诸母以厚彝伦"③。皆是指收继婚而
言。而乌古孙良桢及大斡耳朵(Ordo)儒学教授郑咺皆有相同建
议,而记载更为清楚。

乌古孙良桢说:

> 纲常皆出于天而不可变,议法之吏乃言"国人(指蒙古
> 人)不拘此例,诸国人(指色目人)各从本俗"。是汉、南人当
> 守纲常,国人、诸国人不当守纲常也。名曰优之,实则陷之,外
> 若尊之,内实侮之,推其本心所以待国人者,不若汉、南人之厚
> 也。请下礼官有司及右科进士在朝者会议,自天子至于庶人,
> 皆从礼制,以成列圣未遑之典,明万世不易之道。④

而郑咺于1355年所作建言则为:

> 蒙古乃国家本族,宜教之以礼。而犹循本俗,不行三年之
> 丧,又收继庶母、叔婶、兄嫂,恐贻笑后世,必宜改革,绳以
> 礼法。⑤

---

①《元史》卷一〇三《刑法志》,页2644。
②黄溍《金华黄先生文集》(四部丛刊)卷二五《凯烈公神道碑》,页5下—7上。
③《至正集》卷四六《马文贞公神道碑》,页63上。
④《元史》卷一八七《乌古孙良桢传》,页4288。
⑤《元史》卷四四《顺帝本纪》,页921。

乌古孙良桢、郑㕮等皆欲以儒家的纲常礼法改变蒙古人之婚俗。元廷却无意于此,所以二人建言的结果都是"不报"。郑㕮建言之时,下距元亡仅十三年,可见终元一代元廷未曾明令禁止蒙古人实行收继婚。

但是,汉人的贞节观念在蒙古人中并非全无影响。如武宗、仁宗之姐妹、文宗之岳母鲁国大长公主祥哥剌吉(Sengge Ragi,约1282—1332)于其夫死后,"早寡守节,不从诸叔继尚,鞠育遗孤",文宗因而诏议封号加以表扬①。有如后述,祥哥剌吉汉文化造诣颇高,其"不从诸叔继尚",当是受汉人贞节观念之影响。祥哥剌吉身属皇族,而脱脱尼则可作为一般蒙古妇女拒绝收继的代表。脱脱尼(Tuqtani)为雍吉剌(Ongghirad)氏,有姿色,年轻守寡,前妻二子欲以本俗收继之。脱脱尼不肯合作,斥为"禽兽之行",以死自誓,得以保全清白②。收继本为蒙古固有风俗,脱脱尼却斥为"禽兽之行",应系受汉人影响。不过,由于朝廷无意禁止蒙古人实行收继婚,直至元季收继婚在蒙古人中仍有迹象可寻,且经元廷允准。例如顺帝时中书平章阔阔歹(Köködei)卒,其侧室高丽氏"誓弗贰适",正室子拜马朵耳赤欲妻之,乃贿赂权臣伯颜而得以奉旨收继③。

元廷虽未禁止蒙古人行收继婚,但为迎合宋代以来中原社会风气而不断旌表节妇。但是,即在此方面,元廷仍承认蒙古、色目与汉人风俗之不同。例如官员所娶为再醮之妇,不得请求封赠,而蒙古、色目人则为例外④。然而蒙古人中仍出了若干拒绝改嫁的

---

①《元史》卷三三《文宗本纪》,页746。
②《元史》卷二〇〇《列女传》,页4495—4496。
③《辍耕录》卷一五《高丽氏守节》,页226。
④《元典章》卷一一《失节妇不封赠》,页25上。

节妇。《元史·列女传》中即记有几个例证。如只鲁花真(Jirghu-jin),蒙古氏,年二十六其夫卒,誓不再醮,孝养舅姑逾二十五年①。又如贵哥,亦蒙古氏,其夫于天历初得罪贬于海南,其家被籍。贵哥不奉以其别赐近臣之诏,自经而死②。载籍中蒙古节妇烈女之数目虽远逊于汉人,但此等记载已足以反映蒙古妇女所受贞节观的影响。

2. 丧葬

蒙、汉二族丧葬之俗相去亦远。汉人丧葬之俗受儒家重孝尚礼的影响,极为隆重繁缛。不仅葬敛须厚,而且孝子哀孙还须含辛茹苦居丧三年,服官者更须告假丁忧。蒙古人之丧葬乃游牧生活之反映,极为简朴。"无衰麻哭踊之节,葬则刳木为棺,不封不树,饮酒食肉无所禁,见新月即释服。"③即是帝王丧葬亦无冢,葬毕即以马践踏草地,使如平地④。与汉人厚葬长丧之制全然不同。

元廷对丧葬之规定为诸族各从本俗。但是徙居中原之蒙古人不免受到汉地环境影响而采行汉俗。元朝帝室虽始终遵从旧俗,帝王死后归葬起辇谷(克鲁伦河畔,或说在肯特山),但大多数之蒙古人显然皆留葬汉地。例如木华黎一族子孙中,元初之安童尚系"归葬只阑秃先茔"⑤,其孙拜住(Baiju,1298—1323)则葬于大都宛平县⑥,而其从孙别里哥帖穆尔(Belge Temür,1286—1317)则葬于檀州仁丰乡⑦,其地皆在中土。又如成宗朝大臣哈剌哈孙

①《元史》卷二○○《列女传》,页4489。
②同上,页4496—4497。
③《金华黄先生文集》卷二八《答禄乃蛮氏先茔碑》,页12上—17下。
④叶子奇《草木子》(北京:中华书局,1959)卷三下《杂制篇》,页60。
⑤元明善《东平忠宪王神道碑》,《国朝文类》卷二四,页7上。
⑥《金华黄先生文集》卷二四《郓王神道碑》,页6上。
⑦同上,卷二五《札剌尔公神道碑》,页24下。

（Harghasun，1257—1308），虽系卒于漠北和林（Qara Qorum），却葬于大都附近之昌平①。既然葬身汉地，其敛葬自不免追随汉俗。树立"神道碑""墓志铭"便是丧葬从汉俗之反映②。大臣之碑多系皇帝敕赐，一般蒙古人之墓碑则为子孙为表达孝思而树立。此等碑文固有蒙、汉合璧者，但绝大多数皆为汉文人撰写的汉文碑③。殡葬从华俗一事不仅限于高层显宦之家，中下级之蒙古人亦不例外。例如前述之百户太纳卒后，其子拜住为之营葬，"矧居中土，而又以礼葬其亲，封以树林"，"凡孝思追远之事，未尝不尽其所为"④。拜住又请乡贡进士徐佑为其父撰碑。可见太纳葬事全从中土之制。

葬敛方式为私人之事，而蒙古、色目官员应否丁忧三年则事关政治体制，因而争议较大。元廷于 1298 年初次规定："凡值丧，除蒙古、色目人员各从本俗外，管军官并朝廷职不可旷者，不拘此例。"⑤可见立制之初不允蒙古、色目官员离职服丧。此后，1304 年及 1311 年两次修改规定，除应当怯薛（Kesig）人员、蒙古色目管军官员及朝廷夺情起复者外，皆应服三年之丧⑥。显然在此规定之外的蒙古、色目官员皆须"丁忧终制，方许叙仕"。但允许部分蒙古、色目官员丁忧之规定，在泰定帝时却全遭推翻。泰定帝由漠北

---

① 刘敏中《顺德忠献王碑》，《中庵先生刘文简公文集》（北京图书馆古籍珍本丛刊）卷四，页 298。

② 李则芬《元史新讲》（台北：中华书局，1978）第 5 册，页 457—459。

③ 现存蒙古人汉文墓碑甚多，不胜枚举。至于蒙、汉文合璧碑之例，见 F. W. Cleaves, "*The Sino-Mongolian Inscription of* 1338 *in Memory of Jigüntei*", *Harvard Journal of Asiatic Studies* 14(1951), pp. 1—104。

④ 徐佑《太纳先茔之碑》，王金岳修《昌乐县续志》（1934）卷一七，页 63 下—66 上。

⑤《元史》卷八三《选举志》，页 2068。

⑥《元典章》卷一一《官吏丁忧终制叙仕》，页 7 上；《通制条格》（黄时鉴点校本），杭州：浙江古籍出版社，1986，页 99。

入主中原,政治上较为维护蒙古传统。1328 年 4 月更改规定,"凡蒙古、色目人效汉法丁忧者除其名"①,可说绝对禁止蒙古、色目人行丁忧之制。但在同年,文宗即位后,一反泰定朝种种立法,重新规定"蒙古、色目人原丁父母忧者,听如旧制"②。而顺帝即位后更于 1334 年"诏凡蒙古、色目人行父母丧"③,则已强迫蒙古、色目人行三年之丧。此时元廷可说已接受汉人之丧制及其背后之孝道。

元廷之政策与蒙古、色目人之实行丁忧应可视为互为因果。关于色目人之实行丁忧,陈垣已加考述④。至于蒙古人,载籍中亦留有若干例证。如乃蛮(Naiman)人别的因(Bedi'in,1229—1309)官至台州路达鲁花赤,其母张氏卒,"悉用中国礼,逾年乃从吉",时为 1284 年,犹早于元廷制定丁忧之制十四年⑤。可作为元朝早期蒙古人自动实行忧制的例证。朝廷颁行忧制后,蒙古官员奉行者自然更多。如自当,原任福建都转运盐使,顺帝初年丁母忧去职而"居闲久之"⑥。又如拔实于至正间授集贤侍读学士,因丁忧而不拜。改授中书参议,朝廷令其免丧就职,但拔实坚辞,服阕始复拜集贤学士。又如察罕不花为广西帅府经历,其父殁王事,不花守制三年,江南名儒陆文圭为诗以美之。有"正气初不限中华"句⑦。可见元季确有不少蒙古官员举行丁忧之制。

总之,自婚俗及丧葬两方面言之,蒙古人所受汉人贞节及孝道观念影响不小,因而改采华俗者为数不少。元廷虽始终未曾明令

①《元史》卷三〇《泰定帝本纪》,页 686。
②《元史》卷三二《文宗本纪》,页 723;《元史》卷八二《选举志》,页 2068。
③《元史》卷三八《顺帝本纪》,页 823。
④陈垣《元西域人华化考》卷六,页 102 下—105 下。
⑤《金华黄先生文集》卷二八《答禄乃蛮氏先茔碑》,页 12 上—17 下。
⑥《元史》卷一四三《自当传》,页 3419。
⑦黄溍《金华黄先生文集》(四部丛刊)卷二五《凯烈公神道碑》,页 5 下—7 上;陆文圭《墙东类稿》(常州先哲遗书)卷一六,页 2 下。

禁止蒙古、色目人实行收继婚,但在元朝季年收继婚遭到各族人士强力批评,斥为有违纲常,"贻笑后世"。也有若干蒙古妇女力拒收继及改嫁。在丧葬方面,由于汉地环境影响,蒙古人皆改采汉人敛葬方式。至于蒙古、色目官员是否应该实行丁忧,朝廷政策虽因政治动荡而前后有变,但最后终命令蒙古、色目行三年之丧。而蒙古人事实上奉行丁忧者亦确有与日俱增的趋势。

(三)汉学的研习

"汉学"乃指汉人所特有,尤为士大夫所专擅的儒学、文学与艺术,也就是汉人"大传统"中的主要部分。异族熟谙汉学者不仅应通汉语,而且其汉文化之水平超过一般汉族平民,可说汉化已达相当程度。

过去论者因受赵翼之影响,而认为元代蒙古人不论地位高低多为汉学之门外汉。但是近年来中外学者的研究已证明:不惟元朝帝王多通汉文,而帝王以外之蒙古人中汉学造诣颇深者亦不乏其人。

关于元朝帝王之汉学造诣,论者颇多。神田喜一郎(1897—1984)、吉川幸次郎(1904—1980)、傅海波(Herbert Franke)、蓝德彰(John Langlois, Jr.)、罗贤佑、李则芬等皆有相关论著①。以上各

---

① 神田喜一郎《元の文宗の風流に就いて》,《羽田博士頌壽紀念東洋史論叢》(京都:东洋史学会,1950),页477—488;吉川幸次郎《元の諸帝の文學》,《吉川幸次郎全集》(东京:筑摩书房,1986)第15册,页231—313;Herbert Franke, "Could the Mongol Emperors Read and Write Chinese?" *Asia Major* (New Series)3(1952), pp. 28—41;John Langlois, Jr., "Yü Chi and His Mongol Soverign:The Scholar as Apologist", *Journal of Asian Studies* 38:1(1978), pp. 99-116;罗贤佑《元朝诸帝汉化述议》,《民族研究》第5期(1987),页67—74;李则芬《元代诸帝的汉学修养》,收入李氏《宋辽金元历史论文集》(台北:黎明文化事业公司,1991),页743—748。

家取证容有差异,但大体皆认为:蒙元早期诸帝(包括忽必烈)确实对汉人高等文化甚为隔膜,不识汉文。中期由草原入主大统的三帝:成宗铁穆尔(Temür, 1294—1307)、武宗海山(Qaishan, 1307—1311)及泰定帝也孙铁木耳对汉文化浸润亦浅。中后期其他诸帝:仁宗爱育黎拔力八达、英宗硕德八剌(Shidebala, 1320—1323)、文宗图帖睦尔及顺帝妥欢帖睦尔对汉文学及艺术皆有相当之造诣。其中之文宗更是工诗、擅书、能画,可说多才多艺。傅海波教授指出:元朝诸帝之中虽然并无成就卓著的诗人与艺术家,但是假若元朝不速亡,假以时日,未必不能产生康熙、乾隆那样精通汉文化的帝王。

元朝宫廷艺术品之收藏甚为丰富。丰富之宫廷收藏是否反映元朝诸帝热心艺术及品味高尚? 过去英国汉学前辈威莱(Arthur Waley, 1889—1996)曾嘲讽说:元代诸帝与其收藏之间的关系有如大英博物馆门卫对馆中庋藏的态度,既不了解,亦不关心[1]。近年来不少艺术史家研析了元朝帝王与中原艺术之关系,足以否定前引说法。韦德娜(Marsha Weidner)之博士论文《蒙元朝廷对绘画之赞助》对元廷与绘画之关系作了较为全面之探讨[2]。她认为:元朝帝王对艺术之态度与历代汉族帝王并无二致,赞助艺术甚力,京城大都遂一跃而为全国之艺术活动中心。直至1345年以后其地位始由苏州所取代。谢成林《元代宫廷的绘画活动》一文虽较简短,结论与韦氏所言颇为近似[3]。谢氏认为:元代虽然中止两宋的画院制度,但其统治者对绘画艺术颇为重视并热心提倡。姜一涵、

---

[1] Arthur Waley, *An Introduction to the Study of Chinese Painting* (New York: Grove Press, 1958), p. 237.
[2] Marsha Weidner, "Painting and Patronage at the Mongol Court Of China, 1260-1368", Ph. D. Dissertation, University of California, Berkeley, 1982.
[3]《九洲学刊》第3卷第2期(1986),页45—52。

博申二氏则分别对皇室二成员之倡导艺文作了纵深之研究。姜一涵《元代奎章阁及奎章人物》考述了元文宗创建奎章阁,网罗人才,提倡艺文之贡献①。而傅申《元代皇室书画收藏史略》则主要研究皇室女收藏家鲁国大长公主祥哥剌吉之丰富收藏及其对艺文之爱好②。总之,上述之种种研究足以显示:元朝帝王并不尽是只识盘弓射雕的纠纠武夫,其中不乏汉文化浸润颇深而且热心提倡艺文的风流天子。即在皇室女性中亦有类似之人物。

至于帝王以外之蒙古人的汉学造诣,笔者曾撰《元代蒙古人的汉学》及《元代蒙古人汉学再探》二文作了初步探讨③。现经合编改写收入本论文集,而以《元代蒙古人的汉学》为题。该文所考述蒙古汉学之类别及人数为:

1. **儒学**

(1)儒学研习者:乃指对儒学有一定造诣之蒙古人,其人或则身居高官,或则一袭青衫,但史料中未见其以儒学发挥于事功之记载。两文共列阔阔等二十六人。

(2)儒学倡导者:乃指以兴学养士见于记载之蒙古人。共列拔不忽(Babghu,1245—1308)等二十三人。

(3)儒治鼓吹者:多为中上级之蒙古官员,或在台谏,或处翰苑,得以鼓吹儒道,提倡名教。共有拔实等六人。

(4)儒政实行者:皆为主政中枢之蒙古人员,因身居要位得以推行儒政,或维护儒治。儒家学说在元廷之地位端赖此等蒙古大员之维护。共列安童(1245—1293)、拜住(Baiju,1298—1323)、朵

① 姜一涵《元代奎章阁及奎章人物》,台北:联经出版事业公司,1981。
② 台北:故宫博物院,1981。
③ 关于前一文,见页784注①;后一文则载于《陶希圣先生九秩祝寿论文集·国史释论》(台北:食货出版社,1988),下,页549—565。

儿只(Dorji)、脱脱(Toghtō,1314—1355)及别儿怯不花(Berke Buqa,? —1350)等五人。

2. 文学

(1)诗人:共列伯颜(Bayan,1236—1295)、泰不华等三十二人。

(2)散文:共列阿鲁威(Alqui)、护都答儿(Qutughdar)等十六人。

(3)曲家:共列阿鲁威、杨讷等四人。

3. 美术

(1)画家:计有张彦辅等十人。

(2)书家:计有泰不华、朵尔直班(Dorjibal,1313—1352)等三十四人。

以上各类蒙古汉学者共有一百五十六人。除去一人兼长二种以上之学问而致分列者外,则有一百一十七人。这一百一十七人在留居中土之几十万蒙古人中,不过是沧海一粟。但是史阙有间,不见记载者自然更多。有如前文所说,历届科举参试及登第之蒙古进士、乡贡进士及乡试落第之蒙古士子为数可能逾万。此等蒙古士人皆应谙于汉学,但绝大多数因史籍未述及其汉学造诣,故不在一百一十七人之列。总之,一百一十七人不过反映通晓汉学蒙古人之冰山一角而已。

陈垣考述元西域人之华化,共胪列一百三十二人①。从这两个数字看来,西域人之华化较蒙古人更为普及。但是此种比较,自方法上言之,未必正确。援庵先生所论,尤其是笔者之考述,未必

---

①陈垣《元西域人华化考》卷八,页123上。陈氏所列之一百三十二人中,含有乃蛮氏二人、伯牙吾氏一人、朵鲁别氏一人,及怯烈氏一人。此五人皆为误收,因以上各族应属蒙古而不属色目。

详备。以两个未必详备之数字,妄作比较,很难得出正确之结论。而且陈著与《元代蒙古人的汉学》研讨范围广狭有别。陈著以西域人之"华化"为研讨对象,因而包括西域人改奉释、道二教及改从华俗者,都在《汉学》一文范畴之外,该文因而未加论列。若除去此两方面的人数,则陈氏所列华化西域人与笔者所论蒙古汉学者的总人数,相去不远。此种比较虽然未必正确,但亦可反映出汉学在蒙古人中之普遍性,未必远逊于西域人。

若自汉学造诣观点言之,蒙古人中有成就的大家似不及西域人之多。元代西域人汉学家中人才济济,如诗人萨天锡(约1300—约1348)、丁鹤年(1335—1424)、曲家贯云石、文家马祖常、画家高克恭(1248—1310)、书家巙巙(1295—1345)等成就之大,皆足以与历代名家相颉颃。蒙古人中造诣甚高之名家不多,可能与汉化起点较低有关。但是蒙古人中亦不乏卓然有成之名家。如泰不华多才多艺,在儒学、小学、诗歌、书法等方面皆有相当之成就。儒学方面,身体力行,"尚气节,不随俗浮沉",并以儒学见于政事,亟力改良风俗。在小学方面著有《重类复古编》十卷,考证讹字。其诗歌则撰有《顾北集》,时人苏天爵(1294—1352)誉其诗"清标雅韵,蔚有晋唐风度",而明人胡应麟(1551—1602)则称其绝句"温靓和平,殊得唐调"。其书法在篆、隶、楷书三方面造诣皆高。《元史》及《书史会要》等皆盛称之。总之,泰不华学艺方面之广,汉文人亦不多见①。除泰不华外,阿鲁威之散曲、杨讷之杂剧及朵尔直班之书法亦可跻身当代名家之列。

---

① 见萧启庆《元代蒙古人的汉学》,页 382、386、395。关于泰不华之诗艺,参看白乙拉《元代蒙古族诗人泰不华》,《内蒙古师范大学学报》(哲社汉文版)第 3 期(1988),页 44—49。关于其书艺,参看王连起《元代少数民族书法家及其书法艺术》,《故宫博物院院刊》第 2 期(1989),页 68—81。

自汉学者的社会背景言之,上述二文所考述之蒙古汉学者中,除去少数几位出身皇室外,绝大多数出身于中上层的文武百官之家,其本人也多历任中上级官职,足以反映蒙古中上阶层浸润汉文化日深之势。这是否意味着蒙古人中仅有高门子弟谙于汉学而中下层子弟则全为目不识丁的汉学门外汉?事实上并非如此。虽然蒙古高门子弟与汉人士大夫接触机会较多,而且多能够追随名师,在汉学上成就较易。但是下层蒙古子弟由于缺少荫袭入官之条件,更需要熟识汉学而由科第登仕。如泰不华之父塔不台(Tabutai)仅为九品卑秩的录事判官,实为最下级的蒙古官员。其家贫困,泰不华由于翰林待制周仁荣之教养而于至治元年(1321)成为右榜状元并以多才多艺闻名于世。拙作《元代科举与菁英流动——以元统元年进士为中心》根据《元统元年进士录》所作统计亦足以反映下层蒙古子弟谙于汉学亦为数不少。该文指出:元统元年(1333)登第蒙古进士二十五人中,十四人来自非仕宦家庭(58.33%)。而二十五人中,十一人出身军户。此十一家中,八家前三代全无仕宦纪录。此八名进士当系出身于普通蒙古士兵之家[1]。该科右榜状元同同便是如此,而同同至今仍有诗篇传世[2]。或可视为下层蒙古子弟因谙于汉学而跃登仕途的代表。

若自时代观点言之,不仅可看出蒙古汉学者与日俱增的趋势,亦可看出其专长逐渐由儒学而深入文学与艺术的领域。异族人士欲在汉文学及艺术上有所成就,似又难于经术的掌握。经术的掌握端赖学习的功力。但欲在汉文学及艺术上有所成就,则非自幼浸润于汉文化之中不可。忽必烈时代蒙古儒者已经为数不少,但长于文学、艺术之蒙古人仍寥若晨星。及至元代中后期,尤其是顺

---

[1]萧启庆《元代科举与菁英流动——以元统元年进士为中心》,页142—144。
[2]萧启庆《元代蒙古人的汉学》,页388。

帝时代，不仅蒙古儒者日益增多，而且擅长文学与艺术者也更形普遍。这些蒙古骚人墨客更常与汉文人相互唱和、题画赠诗，在元人文集中触目皆是。至少自汉、蒙、色目文人声气相通，密切交流这一点言之，种族藩篱已呈若有若无之势。一个多族文人圈已逐渐形成。

哈佛大学韦思特（Elizabeth Endicott-West）教授于去年出版的一篇论文中仍然维护赵瓯北之旧说而对笔者所言提出商榷①。她认为笔者有关蒙古人汉学造诣的考述仅修正而未能推翻前辈学者所主张的"蒙古人之内心对汉文化的精致面全然不感兴趣"。在她看来，汉文化对蒙古人之认同仅有最为肤浅之影响。事实上，韦氏所言牵涉两个问题：一为蒙古人之汉学造诣，一为蒙古人之认同。赵氏之札记及笔者的论文所讨论者皆为蒙古人之汉学造诣而不牵涉其认同。拙作及吉川幸次郎等人文章所列举之证据已足以推翻赵氏所谓"不惟帝王不习汉文，即大臣中习汉文者亦少也"。在大量证据面前，若说蒙古人对汉人精致文化全无兴趣殊难成立。至于蒙古人之认同问题，似应分民族、政治及文化等方面言之。笔者同意：终元一代蒙古人之民族及政治认同皆未改变（见本文第三及第五节）。但是，由蒙古汉学者日增、采用字号者渐多及婚丧习俗的改变等事实看来，甚多居住中原之蒙古人的文化认同显然已发生重大的变化。文化原是环境的产物，环境改变，文化亦会随之改变。蒙古人徙居中原数代之后，欲求保持原有之"游牧文化认同"（nomadic cultural identity）殊为困难。

---

①Elizabeth Endicott-West, "Aspects of Khitan Liao and Mongolian Yüan Imperial Rule: A Comparative Perspective", in Gary Seaman and Daniel Marks（eds.）, *Rulers from the Steppe. State Formation on the Eurasian Periphery*（Los Angeles: Ethnographics Press, 1991）, pp. 199-222。韦氏所著 *Mongolian Rule in China* 一书中（pp. 122-123）亦有类似的看法。

五、余论

从以上讨论看来,过去学者显然低估了元朝蒙古人所受汉文化之影响。蒙古人徙居中土逾百年之久,不得不改就汉地生活方式,并且与汉人杂居、交往与通婚。二族在社会上已显交融之势。由于蒙古人在人数、地理及文化水平等方面皆居劣势,其受汉文化之影响乃为势所难免。自名字方面言之,不少蒙古人采用汉式字号,与汉文人并无区别,也有不少蒙古人采用汉人通俗人名,与汉人市井小民做法相似。自礼俗方面言之,蒙古人受到汉人贞节及孝道观念的影响,在婚葬习俗上有一定程度的改变。自汉学方面言之,过去学者所言蒙古人全为汉学门外汉显然全不正确。事实上,蒙古人中熟谙儒学,精于诗、曲、书、画者大有其人,而且其人数更有与日俱增之趋势。虽然蒙古人之汉学成就平均不及色目人高,但其中亦不乏足以与当代汉人名家相颉颃的佼佼者。

过去学者论及元代蒙、汉二族涵化者多认为:汉化为一蒙古菁英的现象,而蒙古化则限于非菁英汉人之中①。此一说法亦不尽正确。事实上即在菁英阶层中,各个家庭每因其与中原渊源之深浅及其成员职务性质之歧异而在汉化程度上有甚大的不同。例如木华黎(Muqali, 1170—1223)、博尔朮(Bōrju, ? —1227)、博尔忽(Boroghul, ? —1217)及赤老温(Chila'un)等四大蒙古家族在汉化

---

①Henry Serruys, *The Mongols in China during the Hung-wu Period* (Bruxelles: Imprimerie Saint-Catherine. 1959), p. 162; John D. Langlois, Jr., "Introduction", in Langlois (ed)., *China under Mongol Rule* (Princeton: Princeton University Press, 1981), p. 15; Endicott-West, "Aspects of Khitan Liao and Mongolian Yüan Imperial Rule", p. 214.

深浅上便是相去甚远,木华黎、赤老温之后裔汉化皆深,而其他两家子孙则无汉化迹象①。在菁英阶层之外,中下阶层之蒙古人亦不免受到汉文化之影响。由前述通婚及进士多出身军户二事看来,中下层蒙古人与汉人交往亦密,而且也深受汉文化影响。上、下层蒙古人之间并无北魏洛阳与六镇之间的文化鸿沟。

本文虽强调过去学者低估了蒙古人所受汉文化的影响,但并不认为蒙古人已真正汉化。终元一代,蒙古人并未放弃其原有认同而与汉人融为一体。前文曾列举"文化差距过巨""世界帝国之牵制""征服状态的局限"及"西域文化之竞争"为不利于蒙古人汉化的因素,其中"征服状态的局限"所起负作用最大。蒙古人所享有之特权不废,便不会放弃其蒙古民族及政治认同而与汉人融为一体。蒙古人采用汉式字号者极多而正式采用汉姓汉名者甚少的现象便反映出不愿放弃其原有之认同。

蒙古人之真正汉化是在元朝覆亡、明朝代兴之后,明初蒙古人之迅速汉化一方面由于明廷采行种种政策迫使滞留中原之蒙古、色目人汉化②。另一方面则因鼎革之后的政治情势诱使蒙古、色目人主动放弃原有认同。由于失去政权,蒙古人之身份不仅不可倚恃,而且有妨前程,不得不急于改变身份。早在 1376 年海州儒学正曾秉正(仁)便曾上疏曰:

> 臣窃观近来蒙古、色目之人多改为汉姓,与华人无异,有求仕入官者,有登显要者,有为富商大贾者。③

可见元亡之后蒙古、色目人为了自身政治、经济利益而加速汉化。有如明代中期大儒丘濬(1418—1495)所观察:

①萧启庆《元代四大蒙古家族》,收入笔者《元代史新探》,页 141—230。
②Serruys, *The Mongols in China*, pp. 158–175.
③《明太祖实录》(台北:"中研院"史语所,1962)卷一〇九,页 5 上下。

> 国初平定,凡蒙古、色目人散处诸州者,多已更姓易名,杂
> 处民间,如一二稊稗生于丘陇禾稻之中,久之固已相忘相化,
> 而亦不易别识之也。①

可见至明朝中叶留居中原之蒙古人已与汉人混杂,"如一二稊稗生于丘陇禾稻之中","不易别识"。

研究外族之汉化,从个别人物及家族的历史着手最能具体勾画出其汉化之轨迹。现引伯颜宗道(1295—1358)及木华黎后裔之历史以作本文之结束。前一例证旨在说明出身游牧民族的军人家庭定居中原后文化上变迁的趋向,后一例证则在显示元明鼎革后蒙古人认同之丧失。

伯颜,字宗道,曷剌鲁人。曷剌鲁为原居中亚之突厥种人,应属色目,而非蒙古。但曷剌鲁与蒙古同为游牧民族,而且伯颜宗道家族于平宋之后隶属山东河北蒙古军籍,其文化背景及生活方式与一般蒙古军户子弟并无不同,故可作蒙古军人子弟之代表。由于史料中未述及其先世之仕历,伯颜宗道显然出身于中下级军人家庭。据《正德大名府志》说:

> 宋平……分赐刍牧地为编民,遂家濮阳县南之月城村。
> 时北方人初至,犹以射猎为俗,后渐知耕垦播殖如华人。侯父
> 早丧,诸子皆华衣锦帽纵鹰犬以为乐,惟侯谦恭卑逊,举止如
> 儒素,恒执书册以游乡校。②

有如陈高华教授所说:由此段史料"可知这些定居的蒙古及其他游牧民族的生活方式,逐渐发生了变化"③,即是由射猎而农耕,由弓

---

①丘濬《大学衍义补》(海口:海口书局,1931)卷一四四,页105。

②唐锦纂《正德大名府志》(天一阁藏明代方志选刊本)卷一〇《伯颜宗道传》,页78—82下。

③见页783注③引陈高华文,页452。

马而诗书，变化不可谓不大。伯颜宗道固然是蒙古、色目人中成就较大之学者，但其文化转变之过程在当时蒙古、色目人中并非独一。甚多出身军户家庭之蒙古、色目子弟皆经过此一历程。

木华黎后裔原为元朝最为显贵而汉化亦较深的蒙古家族。其家不仅产生不少"蒙古人中儒者"，而且元朝护卫"汉法"最得力之蒙古大臣如安童、拜住、朵儿只等亦皆出身此家。但是，由于此一家族世代金紫，命运与元朝政权共荣共枯，自然不会丧失蒙古认同。例如此家第七代之朵尔直班汉学造诣甚为深湛，文化上早已倾向于汉人。但其仅存之书法真迹中钤有"札剌尔（Jalayir）氏""太师国王世家"之印，可见其对家世之骄满，政治上自然认同于蒙元①。即在元亡之后，此家后裔纳哈出（Naghachu）降明而复叛，占据辽东，顽抗不屈，可见其对元室之忠心②。但在政治大环境改变之后并非全部木华黎之后裔皆是如此。八年前河南孟津县发现的《李氏家谱》显示了木华黎家族之一支系在鼎革之后为适应政治新环境之转变历程③。据《家谱》记载，木华黎六世（？）孙咬儿任松江府达鲁花赤（darughachi），其子可用于元亡后因为"款附意缓，谪戍河南"，遂为河南人。由于其家为亡国子遗，不敢再以札剌亦儿为氏姓，于是"从木从子，志所自也"，改姓为李。据云今大陆名作家李准即为此系后裔。除河南一系外，木华黎家于松江仍留有不少后裔。其中有李年者"不喜章句，肆力先秦两汉之文"。虽然终身未仕，却于明英宗（1435—1449，1457—1464）蒙难土木时"闻

①卞永誉《式古堂书画汇考》（鉴古书社本），书，卷九（一），页 501。
②萧启庆《元代四大蒙古家族》，收入笔者《元代史新探》，页 141—230。
③此一家谱系由匡裕彻、任崇岳二氏所发现。见匡裕彻《河南蒙古族来源试探》，《中南民族学院学报》第 2 期（1986）（原文未见）；任崇岳、匡裕彻《河南蒙古族探源》，《中州今古》第 2 期（1985），页 40—42。承匡裕彻教授惠赠该《家谱》影本及相关资料，谨此致谢。

之涕泣弥日"①。如果此一记载不讹,"太师国王世家"后裔之李年显然已丧失蒙古认同。显赫如木华黎家之后裔尚且如此,出身于寻常百姓家之蒙古人自然更是"相忘相化"而消融于主流的汉人社会之中。

〔**附记**〕本文系根据 1992 年 5 月 8 日于台湾大学历史系所作演讲词增订而成。承蒙该系之邀约及"科学委员会"之资助,得以完成本文,一了多年宿愿。谨向上述二机构敬致谢忱。

〔原刊于《台湾大学历史学系学报》第 17 期(1992),页 243—271〕

---

①方岳贡修《(崇祯)松江府志》(日本藏中国罕见地方志丛刊)卷四二《隐逸传》,页 20 上。

蒙元时代高昌偰氏的仕宦与汉化

一、引言

　　族群融合是中国社会史的一个重要层面,研究中国近世家族的历史,不仅必须着重汉人家族在其本土的荣枯与兴衰,也应该注意少数民族家族在徙入中原后的适应与融合。

　　蒙元时代是中国史上前所少见的民族大迁徙与混居的时代。元代内徙族类之繁、人数之多,远胜前代。自族类的观点言之,除去蒙古族外,尚有辽金时代已与汉族混居的契丹、女真、高丽等族,原住中原北边与西边的汪古(Önggut)、唐古(Tangut)、畏兀儿(Uighur)、哈剌鲁(Qarluq)、吐蕃等族,更有因蒙军西征而东徙的中亚、西亚及东欧的各族移民,包括钦察(Qipchaq)、康里(Qangli)、阿速(Asud)、斡罗思(Orus)、大食(Tazik)、波斯等族人民[1],种族、宗教、文化互不相同。自人数观点言之,除去契丹、女真等族在元

---

[1] 史卫民《元代社会生活史》(北京:中国社会科学出版社,1996),页 36—46;葛剑雄主编,吴松弟著《中国移民史》(福州:福建人民出版社,1997)第 4 卷,页 529—590。

代已列为汉人可以不计外,据估计,内迁之蒙古、色目人约有四十万户、二百万口,占全国总人口的百分之三[①]。这些数以百万计的外族人士大多以中原、江南为家,与汉人杂居,有如元季儒者王礼(1314—1386)所说:"于是西域之仕于中朝,学于南夏,乐江湖而忘乡国者众矣,岁久家成,日暮途远,尚可屑屑乎首丘之义乎?"[②] 这些外族人士对当时中土政治与社会环境的调适构成历史上极为有趣的一页。

元朝族群政策之下,蒙古、色目居于汉人、南人之上,享受不少特权[③]。但是,个人政治地位之高低与文化调适之快慢则与其所属种族及家庭背景具有密切的关联。

元朝色目各族中,畏兀儿人情形较为特殊。畏兀儿即九世纪中西迁新疆高昌〔哈剌火州(Qara Qocho)〕及北庭〔别失八里(Besh Baliq)〕之回纥[④]。畏兀儿人原属突厥种,营游牧生活,西迁之后却改营城廓生活,并创造本族文字、文学及艺术,形成一种"合成式文明",包拥能力颇强,在各种突厥民族中最为突出[⑤]。蒙元时代,畏

[①]这几个数字系根据东亚研究所编《异民族の支那统治史》,东京:大日本雄辩会讲谈社,1944,页172。数字仅为约略估计,因元朝蒙古、色目人数及户数皆缺乏明确记载。

[②]王礼《麟原文集》(文渊阁四库全书本)前集卷六《义冢记》,页19下。

[③]蒙思明《元代社会阶级制度》,北平:哈佛燕京学社,1938,页36—67。

[④]关于畏兀儿人及维吾尔族历史之通论,见李符桐《回鹘史》,收入《李符桐论著全集》第2册,台北:学生书局,1992,页1—263;维吾尔族简史编写组《维吾尔族简史》,乌鲁木齐:新疆人民出版社,1991。有关维吾尔族之史料,见冯家升等编《维吾尔史料简编》,北京:民族出版社,1958;陈高华《元代维吾尔哈剌鲁资料辑录》,乌鲁木齐:新疆人民出版社,1991。

[⑤]关于高昌回纥之历史与文化,参看 A. von Gabain, *Das Leben im uigurischen Königreich von Qoco*, *850-1250*, Wiesbaden; Otto Harrasowitz, 1973;安部健夫《西ウイグル國史の研究》,京都:文部省刊行费补助出版物,1954;程溯洛《高昌回鹘王国》,收入程氏《唐宋回鹘史论集》,北京:人民出版社,1993,页236—260。

兀儿人之政治地位、文化影响及汉化程度等方面皆甚特殊。有如
罗意果(Igor de Rachewiltz)教授所云:"畏兀儿人与蒙古统治者之
间维持着典型的共生(symbiosis)关系。他们一方面为其主子担任
重要的政治与行政、经济及文化的活动,另一方面得到保护与物质
利益作为回馈。"①政治地位方面,由于畏兀儿人在西北诸国中归
附最早,因而"宠异冠诸国",地位最高,因而在蒙元朝廷中受到重
用,"自是有一材一艺者,毕效于朝","内侍禁近,外布行列",为他
族所不及②。文化方面,由于畏兀儿与蒙古语言相近,接触较早,
因而成为蒙古初起时之文化启蒙者,有如俄国学者巴尔道(W.
Barthold)所说:蒙古最早之教师及文官皆为畏兀儿人③,对蒙古文
化之提升贡献甚大。在汉化程度方面,畏兀儿人原来所受汉文化
影响不大,缺少汉文士人,却有水准颇高之本土世俗及佛教知识分
子。徙居中原后,畏兀人在各种色目人中更是汉化较快的一个族
群④。迁住中原的蒙古、色目家族中,系出畏兀儿的高昌偰氏无疑

---

①Igor de Rachewiltz, "Turks in China under the Mongols: A Preliminary Investiga-
tion of Turco-Mongol Relations in the 13th and 14th Centuries", in Morris Ros-
sabi ed. , *China among Equals: The Middle Kingdom and Its Neighbors*, *10th-
14th Centuries*, Berkeley: University of California Press, 1983, pp. 281-295.

②关于畏兀儿在元朝之政治地位及贡献,参看李符桐《回鹘与元朝建国之关
系》,《畏兀儿人对于元朝建国之贡敌》,两文收入《李符桐论著全集》第 3
册,页 161—270、271—338;Thomas T. Allsen, "The Yuan Dynasty and the Ui-
ghurs of Turfan in the 13th Century", in M. Rossabi ed. , *China among Equals*,
pp. 243-280。

③W. Barthold, *Turkestan down to the Mongol Invasion*(4th ed. , London: Luzac and
Co, 1977), p. 387.

④关于元代畏兀儿人的汉化及文化贡献,参看胡其德《元代畏兀人华化的再
检讨——一个新的诠释》,收入蒙藏委员会等编《中国边疆史学术研讨会论
文集》,台北:蒙藏委员会,1995,页 169—201;罗贤佑《畏兀儿文化与蒙古汗
国》,《中央民族学院学报》第 5 期(1993),页 30—36。

是较为突出而有趣的一个案例。这一家族徙入中原之前早已位列突厥、回纥、畏兀儿国相阶层而活跃于漠北及西域政坛之上长达五百余年。在其追随蒙古进入中原以后，偰氏不仅跻身蒙古、色目统治阶层，累代仕宦不绝，而且全面掌握汉族士大夫文化而成为当代最为峥嵘的科举世家。元亡之后，此家子孙又一度活跃于明朝、高丽及朝鲜的政坛之上。偰氏的历史固然颇为特殊，但可以反映一个家族如何超越国家与文化藩篱而不断自我调适以致长保贵显。

本文旨在探讨偰氏家族在大蒙古国（1206—1259）及元朝（1260—1368）时代仕宦与汉化的历史。仕宦部分，考述的重点在于自偰氏入仕途径及官职的高低以显示其政治地位变化以及在政治上得以长保尊荣的原因。汉化部分的重点则在于探讨此一家族汉化的原因及程度。由于元代为一个多元种族、多元文化的门第社会，一个家族的婚姻关系对其成员之政治地位及文化取向皆有甚大影响，故在此一并论及。作为元代偰氏之背景，本文亦述及偰氏在漠北与西域之历史及归顺蒙元的经过。

关于偰氏的历史，前辈及当代学者之论著已多论及。陈垣《元西域人华化考》与胡其德《元代畏兀人华化的再检讨——一个新的诠释》对偰氏之汉化皆有颇为精辟之考述①，但是二氏之论著涵盖甚广，对偰氏未能深论。有关偰氏的专论共有八篇：田卫疆《元代高昌畏吾儿偰氏家族研究》②，郝浚、李斌《绵延百世之家族，维护统一之典范——高昌畏兀儿偰氏家族研究浅说》③，稻叶岩吉《朝鲜に於ける高昌偰氏世系》，罗贤佑《论元代畏兀儿人桑哥与偰哲笃的理财活动》，石晓奇《在中原文化熏陶下的偰玉立及其诗

---

①陈垣《元西域人华化考》，北平：励耘书屋，1935。
②《新疆历史研究》第1期（1985），页51—59。
③《西北民族学院学报》第2期（1990），页30—37。

词创作》①,叶泉宏《偰氏家族与丽末鲜初之中韩关系》,桂栖鹏、尚
衍斌《谈明初中朝交往的两位使者——偰长寿、偰斯》及陈尚胜
《偰长寿与高丽、朝鲜王朝对明外交》②。田、郝二文涵盖面虽广,
但取材较狭,篇幅亦短,对偰氏在元朝的历史皆未能深入探讨。稻
叶氏仅谈偰氏迁居高丽一支的世系。罗、叶、石、桂、陈等人所撰五
文论述之对象各为偰氏活动之一面,与本文重点不同。故偰氏家
族历史之研究仍留有不少空间,有待探讨。

二、先世

高昌偰氏为系出突厥、回纥及畏兀儿的世家。其家族奉暾欲
谷(Tunyuquq,? —731?)为始祖③。暾欲谷为突厥阿史德氏。阿

---

①稻叶文收入稻叶岩吉《朝鲜文化史研究》,东京:雄山阁,1925,页320—332。
  罗氏文刊于《民族研究》第6期(1991),页102—109。石氏文刊于《西域研
  究》第1期(1996),页84—88。
②叶文刊于《韩国学报》第12期(1993),页59—79;桂文刊于《民族研究》第5
  期(1995),页65—69;陈氏文系于1997年8月在长春举行之《第七届明史
  讨论会》上发表。
③现存高昌偰氏最重要之史料为元欧阳玄《高昌偰氏家传》。但不同版本之
  《家传》对偰氏族源却有迥然不同之记载。苏天爵编《元文类》(原名《国朝
  文类》)卷七〇《家传》云:"偰氏,伟兀人也。其先世曰暾欲谷,本突厥部。"
  (国学基本丛书本,页1014)而欧阳玄《圭斋文集》所收《家传》却云:"偰氏,
  伟兀人也。其先世曰暾欲谷,本中国人。隋乱,突厥入中国,人多归之突厥
  部。"(四部丛刊本,卷一一,页3下)若依《元文类》本,暾欲谷原为突厥人,
  若据《圭斋文集》本,则暾欲谷原为"中国人"而归属突厥者,两者出入极
  大。《家传》一文,不见于四部丛刊本《国朝文类》。而载有《家传》之国学
  基本丛书本《元文类》似系出自明末刻本〔参看王重民《中国善本书提要·
  元文类》(上海:古籍出版社,1983),页471〕。此二版本《家传》记载,究竟
  孰先孰后,尚需对《文类》及《圭斋文集》之古本作仔细比较,始(转下页注)

史德与阿史那氏构成突厥汗国之核心"贵族氏族群"①。两族相互联姻。阿史那氏为突厥历代可汗所自出,阿史德氏则世为后妃之族,也产生甚多辅政大臣。突厥史学者薛宗正称后东突厥汗国为"阿史那、阿史德二氏的联合政权",可见阿史德氏之重要性②。

　东突厥于贞观四年(630)为唐所灭,十万人归顺唐朝。唐朝安置突厥降户于河套之南,设都督府治理之。暾欲谷出生于中国,为隶属都督府之降户。永淳元年(682)暾欲谷辅佐骨咄禄(Qutulugh,682—691)起兵反唐,建立后东突厥汗国(682—745),故为突厥复国功臣,拜斐罗莫贺达干(boila bagha tarqan)③。后又为默啜(Bugu qur,691—716)及毗伽(Bilge,716—734)二可汗的重要辅佐,更为后者之岳父。1897年在库伦东南发现的突厥鲁尼文《暾欲谷碑》为其生前所撰,纪其一生功业,碑文生动自然④。唐人张说对暾欲谷之评价为:"暾欲谷深沉有谋,老而益智,李靖(571—649)、徐勣(594—669)之流也。"⑤李、徐二人为唐朝早期功臣,资兼文武。可见暾欲谷即在敌国人士心目中亦有极高的评价。

(接上页注)可探得真相。但就现知史实言之,暾欲谷显然生于中国,而非"中国人"。暾欲谷自撰《暾欲谷碑》说:"予足智暾欲谷,本生于唐,因突厥族当日属唐也。"关于暾欲谷出生于中国之原因,见下文。《暾欲谷碑》,见《韩儒林文集》,南京:江苏古籍出版社,1991,页437—444。

① 护雅夫《古代トルコ民族史研究》第1册,东京:山川出版社,1967,页11—13;林恩显《突厥政治社会制度》,收入林氏《突厥研究》,台北:商务印书馆,1988,页78—103。

② 薛宗正《突厥史》,北京:中国社会科学出版社,1992,页578。

③ 暾欲谷是否与汉籍中之阿史德元珍同为一人,史学界颇有争议,参看护雅夫《阿史德元珍とTonyuquq》,载于《山本博士還暦紀念東洋史論叢》,东京:山川出版社,1972,页457—468。

④ 韩儒林《暾欲谷碑》,见《韩儒林文集》,南京:江苏古籍出版社,1991,页437—444。

⑤《旧唐书》卷一九四上《突厥传》,页5175。

表一 偰氏世系

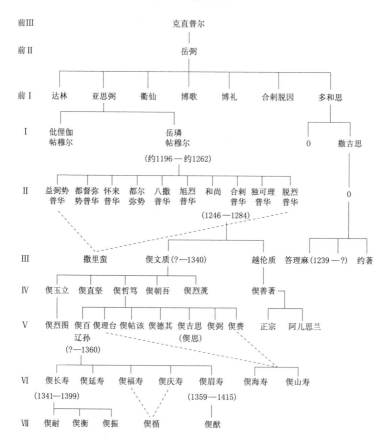

史源:《圭斋文集》,11.3 上—11 上;《至正集》,54.48 下—52 下;《金华黄先生文集》,25.1 上—5 下、39.17 上—18 下;《程雪楼集》,15.17b—18a;《元史》, 124.3049—3050、134.3243—3244、144.3431—3432、193.4384—4386;《高丽史》,112.357—359;《朝鲜实录·恭靖王》,2.14 上—15 上;《太宗》,7.18 下、29.12 上;《世宗》,2.67 上、30.18 上、37.18 上、44.4 上;《文宗》,8.36 上;《成宗》,8.6 上;《国朝文科榜目》,29.43、44.115。

事实上,暾欲谷不仅是突厥复国功臣与重要支柱,也是突厥最早的知识分子,"纪功文学的先驱者和代表作家"①。

天宝四年(745)回鹘取代突厥而成为漠北霸主,突厥各部大多归附,暾欲谷子孙亦是如此,"遂相回纥",其家族之政治地位显然未受统治民族的变化而有很大差异。欧阳玄《高昌偰氏家传》说:

> 相传暾欲谷初为国相,适当唐天宝(742—756)之际,唐以安史之乱,求回鹘援兵,暾欲谷与太子阙特勤率师与讨安禄山有功,封太傅忠武王,进位司空,年百二十而终。②

这段传说显然不符史实。第一,阙特勤(Kül Tägin,684—731)为突厥太子,非回鹘太子,且早已死于开元十九年(731),下距安史之乱二十余年③。第二,暾欲谷在开元四年已七十余岁,安史之乱发生时,如仍未死,则已一百一十岁,何能率师援唐?而《家传》称其"年百二十而终"亦是不近常情。总之,暾欲谷子孙虽然"相回纥",其本人则可能早已物化。

九世纪中叶,回鹘为黠戛斯击溃,国人四散。主要一支西奔吐鲁番盆地,在860年左右在其地建立新政权,即汉文史料中之西州(高昌)回鹘。西州回鹘系以高昌为都城,北庭为驻夏之地④。暾欲谷之裔显然亦迁高昌,故称"高昌偰氏",仍为其国贵臣。

偰氏世系中断约三百年。《高昌偰氏家传》在暾欲谷之后提

---

①薛宗正《突厥史》,页755。
②《高昌偰氏家传》,以下凡引《家传》,皆引《圭斋文集》本。此处引文见卷一一,页4上。
③陈垣《元西域人华化考》卷二,页31上。
④程溯洛《高昌回鹘王国史中若干基本问题论证》,收入程氏《唐宋回鹘史论集》,页261—284。

及之第一人为克直普尔,时已在933年西辽立国中亚并收西州回鹘为附庸之后①。克直普尔承袭为本国相·答剌罕(tarqan,即达干),赐号阿大都督(aday tutung)。由于当时西州回鹘已服属于西辽,辽主授以太师、大丞相,总管内外藏事,显然主管其国财政。克直普尔之子岳弼袭父职。岳弼有七子,次为亚思弼,其七为多和思(Toquz)。亚思弼之二子为仳俚伽帖穆尔(Bilgä Tämür),亦作仳俚伽普华(Bilgä Buqa),及岳璘帖穆尔(Aran Tämür,约1196—约1262),而多和思之子则为撒吉思(Sargis)。仳俚伽帖穆尔年十六即袭国相、答剌罕。其时已是蒙古崛兴漠北之时。

总之,偰氏家族在突厥汗国、回鹘汗国及西州回鹘皆为核心统治家族之一。其在漠北回鹘汗国的历史虽然缺乏记载,但亦位列"国相"。可知此一家族在突厥民族各政权中始终属于核心地位。这种核心地位之保持固然与其家世原极潢贵有关,与其政治敏感性亦应不无关联。偰氏对政治气候变化的高度调适能力在蒙古兴起时再度展现。

三、降附与奠基

十三世纪初蒙古崛兴后,东征西讨,灭国数十,在东西各国统治阶层产生极大震撼。有的家族善于顺从时势,望风归附,得以跻身大蒙古国的统治阶层,有的则昧于大局,肆力顽抗,致遭灭门。而且自成吉思汗时代起至忽必烈政权确立止,大蒙古国政治甚不稳定,皇室之中数度兄弟阋墙,互动干戈,帝系数变。在此情势之

---

① 《家传》云暾欲谷"传数世至克直普尔"(页4上)。二人相隔约四世纪,应在十世以上。

下,大臣贵族如不善观时势、巧于应变,殊不易长保其政治地位。

　　本节拟考述偰氏归顺蒙古的经过以及其在大蒙古国时代与忽必烈初年的政治地位。

　　畏兀儿(高昌回鹘)之自动归顺乃是因应蒙古兴起后的国际新情势,而偰氏家族中之仳俚伽帖穆尔即为此一重大国策之主谋者。畏兀儿自归顺西辽之后,西辽即在高昌派驻少监,负责征收贡赋。最后一任之少监擅作威福,对畏兀儿君臣多所凌侮,引起憎恨,导致畏辽关系之恶化①。当时蒙古已灭畏兀儿东邻乃蛮部,声威日大。畏兀国主亦都护(iduq qut)巴尔术阿尔忒的斤(Barchuq Art Tägin)乃决定杀少监而归降蒙古。据《高昌偰氏家传》说:

> (巴尔术)谋于仳俚伽云:"计将安出?"仳俚伽对曰:"能
> 杀少监,挈吾众归大蒙古国,彼且震骇矣!"遂率众围少监,少
> 监避兵于楼,升楼斩之,掷首楼下。②

波斯文史料所记与《家传》大体吻合,虽然未提及仳俚伽之名,仳俚伽显然为此事之主谋与执行者,并因此功而受大赏③,但不久因功招嫉,有人谮于亦都护,说他藏匿少监之珥珠,亦都护怒,仳俚伽无以自明,遂亡附蒙古④。

　　仳俚伽之亡附蒙古显然为单独行事,与畏兀儿之正式归附不同。亦都护之杀少监,事在1209年,当时与蒙古尚无直接接触。次年夏,成吉思汗(Chinggis Qan,1206—1227)闻其事,遣使与之联

---

①Juvaini,*History of the World-conqueror*. ed. and trans. by J. A. Boyle (Cambridge,Mass:Harvard University Press,1958),vol. I,p. 149.

②《家传》,页5下。

③Juvaini,*History of the World-conqueror*,pp. 42–43。魏良弢《西辽史纲》(北京:人民出版社,1991),页92。

④《家传》,页5下—6上;《元史》(北京:中华书局点校本)卷一二四《岳璘帖穆尔传》,页3049—3050。

络。而亦都护在 1211 年始亲身入朝,正式归附①。仳俚伽之亡附当在此之前。当时,成吉思汗得此畏兀儿重臣亡附,甚为高兴,赏赐极厚,"殆拟王者"②,为此家族在大蒙古国的政治地位奠定基石。

仳俚伽于归附后不久即逝世,在大蒙古国并无事功,而其直系子孙亦未见于记载③。偰氏在蒙元时代之政治地位是由其弟岳璘帖穆尔及从弟撒吉思所巩固。

岳璘帖穆尔及撒吉思早期之事业与甚多畏兀儿人颇为相似④。畏兀儿人因长于文字,故多担任王傅,教导皇子皇孙,或任必阇赤(bichēchi,秘书),处理文书⑤。岳璘"精伟兀书",成吉思汗任其为铁木格斡赤斤(Temüge Ötchigin, 1168—?)之王傅,教导后者诸子。撒吉思早年亦为铁木格斡赤斤下之必阇赤领王傅事。

岳璘一生主要之身份为斡赤斤之家臣,而撒吉思早年亦是如此。蒙古皇族、驸马、功臣皆享有分地、分民与陪臣,但其势力大小不一⑥。斡赤斤为成吉思汗季弟,成吉思汗分封时,斡赤斤所得最

---

①《元史》卷一二二《巴而尤阿而忒的斤传》,页 3000。《圣武亲征录》(蒙古史料四种本),页 153—157。

②《家传》,页 6 上。

③仳俚伽并未绝后,《家传》云:岳璘帖穆尔"赀算悉以畀兄子,身无私焉"(页 6 上)。"兄子"当指仳俚伽之子。

④关于岳璘帖穆尔之生年:《家传》云:"年十五,以质子从太祖征讨。"仳俚伽之降蒙事在 1210 年左右,岳璘之生年应在 1196 年前后。《元史·岳璘帖穆尔传》(页 3049—3050)则记其入质之年为"十六",稍有出入。

⑤Igor de Rachewiltz, "Turco-Mongol Relations", pp. 283–284.

⑥洪金富《从"投下"分封制度看元朝政权的性质》,《"中研院"史语所集刊》第 58 本第 4 分(1987),页 843—907;李治安《元代分封制度研究》,天津:天津古籍出版社,1992。

多,是东道诸王即成吉思汗诸弟的领袖,影响力最大①。窝阔台汗(Ögödei Qaghan, 1229—1241)伐金时,斡赤斤率军参战。岳璘帖穆尔从斡赤斤镇抚顺天(河北保定)等路,可见他与斡赤斤关系之密切②。撒吉思与斡赤斤家之关系更为明显。他于脱列哥那皇后(Töregene qatun, 1242—1245)摄政时,为斡赤斤家族解决嫡庶之争,使塔察儿(Tāchar)得以继承其祖之位,事后因功受命治理黑山(Qara'un jidun)以南,黑山即东兴安岭,此山南北皆为斡赤斤家族之分地,可见撒吉思具有斡赤斤家臣之身份。

1259 年蒙哥(Möngke Qaghan, 1251—1259)死,其弟忽必烈(Qubilai Qan, 1260—1294)、阿里不哥(Arigh Böke, ? —1266)争夺大汗之位,结果忽必烈得胜,大蒙古国之政治重心遂由漠北转移至中原③。对蒙元统治阶层而言,此次政争成为许多家族命运的转捩点。不少家族因支持阿里不哥而遭到政治毁灭的悲剧,也有不少家庭因选边正确,以致飞黄腾达。

由于撒吉思在政治上之机敏,偰氏未在这次政争中覆顶,而其政治地位得以在元朝延续。当时塔察儿为东道诸王之领袖,足以左右情势。但当政争初起,塔察儿"首尾进退",未决定支持忽必烈抑是阿里不哥。据说撒吉思闻之,驰见塔察儿,力陈:

---

① 关于斡赤斤家族之历史及影响,参看海老泽哲雄《モンゴル帝國の東方三王家に關すゐ諸問題》,《埼玉大學紀要》第 21 卷(1972),页 31—46;叶新民《斡赤斤家族与蒙元朝廷的关系》,《内蒙古大学学报》第 2 期(1988),页 14—26。

② 《家传》,页 6 上下;《元史》卷一三四《岳璘帖穆尔传》,页 3050。

③ 关于阿里不哥与忽必烈争位,参看田村实造《アリブ力の亂について:モンゴル帝國から元朝へ》,《東洋史研究》第 6 卷第 4 号(1941),页 1—26;孟繁清《试论忽必烈与阿里不哥之争》,《元史论丛》第 2 辑(1983),页 167—175。

世祖宽仁神武,中外属心,宜专意推载,若犹豫不决,则失机非计也。①

当时为忽必烈游说塔察儿者不仅撒吉思一人。同为畏兀儿人之廉希宪(1231—1280)即为其中之一②。廉希宪为忽必烈之家臣,而撒吉思则为塔察儿之家臣,撒吉思的劝说应该影响较大,而塔察儿之支持为忽必烈争得汗位的一个重要因素。撒吉思在忽必烈即位后获得重赏并被任命为东京宣抚使,而东京正为塔察儿之势力范围,忽必烈任命他担任此职,恐系利用他与塔察儿以前的主君与陪臣之关系。

撒吉思在忽必烈汗初年处理的另一件大事——李璮之乱——亦与其为塔察儿家臣身份有关。李璮(?—1262)系益都行省长官、江淮行省大都督,于中统三年(1262)叛元归宋,对忽必烈政权产生极大之震撼③。自窝阔台汗时代以来,东道诸王在汉地之分地皆在山东,而益都更是塔察儿家族的分地。李璮与塔察儿之间结纳颇深,不仅是领主与陪臣之关系,而且是姻戚。塔察儿为李璮之岳父。在此汉军将领反元附宋事件中,塔察儿应不致支持李璮,但李璮利用塔察儿威望以壮大声势,则不无可能。故在此乱发生

①《家传》,页 7 上;《元史》卷一三四《撒吉思传》,页 3243—3244。

②Hsiao Ch'i-ch'ing, "Lien Hsi-hsien", in Igor de Rachewiltz et. al. eds. , *In the Service of the Khan. Eminent Personalities of the Early Mongol-Yuan Period* (Wiesbaden:Harrasowitz Verlag,1993), pp. 480–499.

③关于李璮之乱,参看周良霄《李璮之乱与元初政治》,收入南京大学历史系元史研究室编《元史论集》,北京:人民出版社,1983,页 115—125;Hok-lam Chan(陈学霖), "Li T'an", in Igor de Rachewiltz et. al. eds. , *In the Service of the Khan*, pp. 500–519;黄宽重《割据势力、经济利益与政治抉择——宋金蒙政局变动下的李全、李璮父子》,收于台湾大学历史系编《世变、群体与个人:第一届全国历史学学术讨论会论文集》,台北:台湾大学,1996,页 87—105。

后，忽必烈即遣派撒吉思偕诸王哈必赤（Qabichi）征讨。同年七月李璮之乱平定后，撒吉思获任山东大都督，料理善后，又迁转为山东经略统军二使兼益都路达鲁花赤。

总之，自归顺蒙古到忽必烈初年，偰氏展现高度政治机敏，安然度过重大政治变更。仳俚伽先是洞烛国际情势变化，劝说亦都护摆脱西辽控制，归顺蒙古。继则因功招嫉而抢先个别亡附蒙古，为其家族奠定在蒙古国的政治地位。岳璘及撒吉思之身份皆为斡赤斤之家臣，立下不少功劳。忽必烈即位前后，撒吉思两度为忽必烈化解危机，其身份遂由诸侯陪臣转变为天子的封疆大吏，巩固其家族在元朝的政治基础。不过在元朝建立时，岳璘似因年龄老迈，以致默默无闻，未能为忽必烈立功，以后其子在元朝之事业皆有赖于撒吉思之提携。

偰氏虽然在大蒙古国时代及忽必烈初年始终保持其政治地位，但是否已跻身统治阶层核心家族之列？大蒙古国时代统治阶层系以皇族及重要蒙古勋臣家族为统治核心。忽必烈时代蒙古勋臣仍然位高权重，世享金紫，此外更由忽必烈之母唆鲁忽帖尼（Sorghaqtani，？—1252?）的"藩府旧臣"及忽必烈本人潜邸顾问组成一个新的核心阶层，包括蒙古札剌亦儿（Jalayir）氏木华黎（Muqali，1170—1223）家族、畏兀儿人孟速思（Mungsuz，1206—1267）及廉氏家族。这些家族与皇室本身形成一个最高的婚宦集团①。与此一集团相比，偰氏显然处于较为边缘的地位。

四、仕进

元朝的政治结构及政府组织与大蒙古国时代相较变化不小，

---

① Hsiao, "Lien Hsi-hsien", pp. 480–499.

各族人士仕进方式前后亦有不同。傒氏亦不例外。

大蒙古国的政治结构系以封建制为主,家产制(patrimonialism)为辅。一方面,基于帝国政权为皇族共有的观念,皇族、姻戚、勋臣皆经分封而成为世袭封建主。另一方面,政府组织不过是皇室家事机构的扩大,大臣皆系由与皇室具有私属主从关系的家臣——伴当(nököd)充任。不仅大汗朝廷如此,诸王藩府也是如此①。因此,在蒙古原有制度之下,选官用人,最重"根脚"(ijaghur,即家世)以及随之而来的世袭权利。

忽必烈立国中原后,蒙元政治制度发生重大却不完全的变化。元朝的政治制度系以中央集权官僚制为主体。但是,封建制虽受压抑,却未废除,与官僚制相平行。而官僚制中仍带有极为浓厚的家产制色彩。选用官吏,对"出身"(ascription)的考量超过个人"成就"(achievement)。

元朝前朝,文官之选用以荫叙为主,胥吏出职为辅,而武官端赖世袭②。与中原各朝相似,元朝文官荫叙以降四品为原则,即正、从一品官员子孙得荫正,从五品官职,六、七品以下官员子孙仅能充任流外吏职。虽然承荫各限一名,但是高门华族登仕者多,承荫机会亦大,荫叙品级亦高。至于胥吏出职,起点既低,前程亦欠远大,官宦子弟仅在缺少其他途径时始选择此一渠道入任③。

担任宫廷宿卫——怯薛(Kesig)——也是官宦子弟的一条登龙捷径。怯薛不仅是皇家卫队及家务机构,亦兼具质子营与干部学校之功能,可说是维持皇室与"根脚深重"家庭间私属主从关系

①萧启庆《元代四大蒙古家族》,收入萧著《元代史新探》,台北:新文丰出版公司,1983,页141—230。
②《元史》卷八一《选举志》,页2016。
③许凡(王敬松)《元代吏制研究》,北京:劳动人事出版社,1987。

的重要机制。怯薛成员例由三品以上官员子弟选充。高官子弟担任怯薛歹（kesigdei）后，多经"敕选"而出任官职①。总之，怯薛制是大蒙古国时代"家产制"的遗存，官员子弟经由怯薛之后便可不受任官资格限制而入仕。

表二　偰氏历代入仕途径

代次＼途径	降附	质子	门功	军功	宿卫	承荫	科第	学校	总计
Ⅰ	1 (33.3%)	1 (33.3%)	1 (33.3%)	0	0	0	0	0	3 (100%)
Ⅱ	0	0	0	1 (50%)	1 (50%)	0	0	0	2 (100%)
Ⅲ	0	0	0	1 (33.3%)	1 (33.3%)	1 (33.3%)	0	0	3 (100%)
Ⅳ	0	0	0	0	0	0	6 (100%)	0	6 (100%)
Ⅴ	0	0	0	0	1(10%)	2(20%)	4(40%)	3(30%)	10 (100%)
总计	1 (4.2)%	1 (4.2%)	1 (4.2%)	2 (8.3%)	3 (12.5%)	3 (12.5%)	10 (41.7%)	3 (12.5%)	24 (100%)

表三　偰氏仕进品级统计

代次	起　仕						
	上品	中品	下品	旧制	外国（朝）	不详	总计
Ⅰ	0	0	0	3(100%)	0	0	3(100%)
Ⅱ	0	1(11.1%)	1(11.1%)	0	0	7(77.8%)	9(100%)
Ⅲ	0	1(20%)	0	0	0	4(80%)	5(100%)
Ⅳ	0	3(50%)	3(50%)	0	0	0	6(100%)
Ⅴ	0	1(10%)	5(50%)	0	0	4(40%)	10(100%)
总计	0	6(18.2%)	9(27.3%)	3(9.1%)	0	15(45.5%)	33(100%)

---

① 萧启庆《元代的宿卫制度》，收入萧著《元代史新探》，页59—111。

			终　仕				
代次	上品	中品	下品	旧制	外国(朝)	不详	总计
Ⅰ	0	0	0	3(100%)	0	0	3(100%)
Ⅱ	2(22.2%)	0	0	0	0	7(77.8%)	9(100%)
Ⅲ	3(60%)	0	0	0	0	2(40%)	5(100%)
Ⅳ	2(33.3%)	4(66.7%)	0	0	0	0	6(100%)
Ⅴ	0	0	0	0	2(20%)	8(80%)	10(100%)
总计	7(21.2%)	4(12.1%)	0	3(9.1%)	0	17(51.5%)	33(100%)

表三说明：

1. “上品”“中品”“下品”的划分系根据元朝的“迁官法”，“上品”系指从三品以上，“中品”包括正四品至正七品，而“下品”则指从七品以下。

2. “旧制”乃指忽必烈定制以前之官职，无法判定品级。

3. “外国(朝)”乃指元朝以外之官职，“外国”指高丽、朝鲜，“外朝”指明朝。

元朝前期未实行科举，延祐元年（1314）科举恢复后，进士以从六品至正八品入仕，地位不可说不高①。虽然由于录取名额甚少，科举未能成为文官任用的主要渠道。但是，科举的恢复不仅使缺少“根脚”的汉族士人获得入仕的正途，而蒙古、色目布衣子弟也是如此。即使蒙古、色目官宦之家亦由此得到一条任官新途径。由荫袭入官原有名额限制，而宿卫禁中也有赖机缘。对于子孙繁衍而又早已研习汉学的蒙古、色目官宦家族而言，科举遂成为一条入仕的新康庄②。

---

①丁崑健《元代的科举制度》，《华学月刊》第124期（1982）页46—57，第125期（1982）页28—51；姚大力《元朝科举制度的行废及其社会背景》，《元史及北方民族史研究集刊》第6期（1982），页26—59。

②萧启庆《元代科举与菁英流动——以元统元年进士为中心》，《汉学研究》第5卷第1期（1987），页129—160。

代次	人名	入仕方式	始任官职	终任官职	史源
I	仳俚伽帖穆尔	降附	待遇拟王者(旧)	同左(旧)	《圭斋文集》11.6a
	岳璘帖穆尔	质子	王傅(旧)	河南都达鲁花赤(旧)	同上
	撒吉思	门功	必阇赤领王傅事(旧)	山东统军经略使兼益都路达鲁花赤(旧)	同上11.6a—8a
II	益弼势普华	不详	不详	不详	同上11.8a
	都督弥势普华	不详	不详	不详	同上
	怀来普华	不详	不详	不详	同上
	都尔弥势	军功	行省郎中(5B)	广西廉访使(3A)	同上11.8b
	八撒普华	不详	不详	不详	同上
	和尚	不详	不详	不详	同上
	合剌普华	宿卫	铁冶都提举(7B)	广东都转运盐使(3A)	《至正集》54.49a《金华文集》25
	独可理普华	不详	不详	不详	同上11.8b
	脱烈普华	不详	不详	不详	同上22.8b
III	偰文质	承荫	不详	吉安路达鲁花赤(3A)	《圭斋文集》11.12a
	越伦质	未仕	未仕	未仕	同上11.12b
	撒里蛮	军功	不详	不详	同上11.8b
	答里麻	宿卫	御药院达鲁花赤(5B)	陕西行台中丞(2A)	《元史》144.3431
	约著	不详	不详	隆禧院使(3A)	《雪楼集》15.17b
IV	偰玉立	进士	秘书监著作佐郎(7A)	海南廉访使(3A)	《秘书监志》10.196

代次	人名	入仕方式	始任官职	终任官职	史源
IV	偰直坚	进士	清河县达鲁花赤(7B)	宿松县花赤(7A)	《圭斋文集》11.12a
	偰哲笃	进士	泗州同知(7A)	淮南行省左丞(2A)	《皇元风雅》后集5.86b 《元史》194.4394
	偰朝吾	进士	济州同知(7A)	循州同知(6B)	《圭斋文集》11.12b
	偰烈篪	进士	河南府经历(7B)	潮阳县花赤(7A)	同上
	偰善著	进士	翰林编修(8A)	湘潭州同知(6A)	《圭斋文集》11.12b 《萨天锡诗集后集》66b
V	偰烈图	承荫	上虞县达鲁花赤(7A)	不详	《金华文集》225.4a
	偰百辽孙	进士	翰林应奉	知单州	同上;《高丽史》112.357
	偰理台	国子生	丰足仓使(8A)	不详	《金华文集》25.4a
	偰帖该	乡进士	翰林译史(吏)	不详	同上
	偰德其	宿卫	不详	不详	同上
	偰吉斯	国子生承荫	不详	知嘉定州(4B) 礼部尚书(明)	同上;《国朝列卿记》23.19a
	偰弼	国子生	不详	不详	同上
	偰赉	国子生	不详	不详	《金华文集》39.18b
	正宗	进士	江浙行省照磨(8A)	不详	《金华文集》25.4a
	阿儿思兰	进士	江浙理问所知事(8A)	不详	同上
VI	偰长寿	高丽同进士科	晋阳守(高丽)	门下侍中燕山君(朝鲜)	《高丽史》112.357 《朝鲜恭靖王实录》2.14a

代次	人名	入仕方式	始任官职	终任官职	史源
VI	偰福寿	不详	不详	不详	同上
	偰庆寿	高丽中第	不详	廉访使（高丽）	《国朝文科榜目》44
	偰眉寿	高丽中第	不详	检校议政府参赞（朝鲜）	《朝鲜太宗实录》29.12a《国朝文科榜目》43
VII	偰耐	不详	奉常令（朝鲜）	判礼宾寺（朝鲜）	《朝鲜太宗实录》7.18a《朝鲜世宗实录》13.24a
	偰衡	不详	护军（朝鲜）	不详	《朝鲜世宗实录》37.18a
	偰振	不详	通事副司值（朝鲜）	进贺使通事（朝鲜）	《朝鲜世宗实录》38.8a,69.1a
	偰循	朝鲜中第	礼曹佐郎（朝鲜）	同知中枢院事（朝鲜）	《朝鲜世宗实录》30.19a,66.23a
VIII	偰猷	武科	护军（朝鲜）	不详	《朝鲜文宗实录》8.36a
	偰从	不详	行判官（朝鲜）	不详	《朝鲜世祖实录》2.67a
IX	偰琛	不详	不详	灵光郡守（朝鲜）	《朝鲜世宗实录》44.4a
?	偰士忠	不详	不详	宦于姚州（明）	《古今图书集成·氏族典》4538a
?	偰顺	不详	不详	知州（明）	《万姓统谱》11.30b
?	偰宥	不详	不详	景陵县训导（明）	《古今图书集成·氏族典》4538a
?	偰永福	未仕	未仕	未仕	《隆庆二年进士登科录》105
?	偰文政	未仕	未仕	未仕	同上

続表

代次	人名	入仕方式	始任官职	终任官职	史源
？	偰云	不详	不详	湖州府学训导（明）	《万姓统谱》11.30b
？	偰惟贤	进士（明）	不详	同上	同上

偰氏历代仕宦的情况可由表二、表三看出,此二表系根据表四"偰氏仕进资料"制成。但表二、表三仅列入偰氏前五代之仕进资料,第六、七两代皆系出仕明朝、高丽、朝鲜,官制不同,国情亦异,无法与仕元各人合并统计。对于出仕明朝、高丽、朝鲜诸人,仅在讨论表二、表三后,略加叙述。

各表中,岳璘帖穆尔一支资料最为完整,撒吉思一支资料甚为残缺,而仳俚伽帖穆尔子孙完全无迹可寻。

撒吉思功业彪炳,其子孙仕宦亦盛,程钜夫《里氏庆源图引》说:

> 自大父赛吉思(即撒吉思)仗义归朝,佐定中夏,为山东大都督,其后列朝著,寄方伯,垂绅曳绂,分握符节者余六十人,亦既盛矣![1]

《里氏庆源图引》系撒吉思之孙隆禧院使约著托程钜夫(1249—1315)所撰,可见撒吉思之三代子孙出任大官者甚多,声华超过岳璘子孙,可惜事迹皆不见记载,无法引入。

表二旨在显示偰氏入仕途径的转变,表中仅列有入仕途径见于记载者廿四人。

第一代入仕时间皆在大蒙古国时代,其时偰氏新降于蒙古,而

---

[1]程钜夫《程雪楼集》(宣统二年陶氏游园本)卷一五,页 17 上—19 上。

大蒙古国之政治制度仍未官僚化。第一代三人中,仳俚伽因自动降附而备受尊崇,其弟岳璘因充质子而受命担任王傅①,从弟撒吉思亦系因仳俚伽之关系受任王傅②。

第二代二人皆出于岳璘系。即其四子都尔弥势③、八子合剌普华(Qara Buqa,1246—1284)④。两人入仕时间皆在忽必烈立国中原之初、戎马倥偬之际。由于岳璘未曾出仕忽必烈,其子皆系经由撒吉思提携而入仕,都尔弥势初从撒吉思讨李璮,以军功奏为行省郎中,而合剌普华因得撒吉思向忽必烈推荐而进入仕途。

第三代入仕途径现有记载者共有三人,分别为岳璘裔孙偰文质(Sävinch)、撒里蛮及撒吉思裔孙答里麻(Dharma,1279—?)。偰文质入仕系"以父荫",即承其父合剌普华之荫⑤,合剌普华终于广东都转盐使之任,秩正三品,文质当系以正七品登仕。撒里蛮初偕从叔都尔弥势从军攻宋襄樊,应系以军功入官,仕历不详⑥。答里麻于弱冠入宿卫,大德十一年(1307)授御药院达鲁花赤,是一根脚子弟入仕典型方式⑦。

偰氏第四代以下之入仕与三代以上大不相同,而是以科举与学校为入仕主要途径。第四代中,以进士中第而登仕途者有偰文质之子偰玉立〔延祐五年(1318)进士〕、偰直坚〔Sechegen,泰定元

---

①《家传》,页8下—9上。
②《家传》,页6下;《元史》卷一三四《撒吉思传》,页3243—3244。
③《家传》,页8下—9上。
④同上,页9下—11下;许有壬《至正集》卷五四(宣统三年聊城邹氏石印本),《合剌普华公墓志铭》,页48下—50下;黄溍《金华黄先生文集》卷二五《合剌普华公神道碑》,页1上—5下;《元史》卷一九三《忠义·合剌普华》,页4384—4386。
⑤《家传》,页4上。
⑥《家传》,页8下。
⑦《元史》卷一四四《答里麻传》,页3431—3433。

年（1324）]、偰哲笃〔Sechegtü，延祐二年（1315）]、偰朝吾〔Sechi'ür，至治元年（1321）]、偰烈篪〔至顺元年（1330）]及偰文质弟越伦质（Ögrünch）之子善著〔泰定四年（1327）]等六人①。第五代中，以进士入仕者则有哲笃之子百辽孙〔至正五年（1345）]、善著之子正宗〔至正五年（1345）]与阿儿思兰〔Arslan，至正八年（1348）]等三人。而百辽孙之弟帖该则中乡贡进士②。故偰氏二代之间，登进士第者九人，中乡试者一人。

偰氏第五代中曾入国子学研习者有哲笃之子偰理台、偰吉斯（Säkiz，入明后称偰斯）、偰弼、偰赉等四人③。在当时蒙古、色目世家中亦不多见。

偰氏第四代以下虽然经由科举与学校入仕者甚众，但是并未放弃根脚世家的特权，经由承荫与宿卫入仕。第五代经由宿卫入仕者有一人，经由承荫入仕者二人。百辽孙及其弟德其皆曾入宿卫，任速古儿赤（sügürchi，奉御），虽然百辽孙后以科举入仕，德其当系由宿卫进入仕途。偰玉立之子烈图则是用乃祖之荫而入仕，而吉斯则是用其父哲笃之荫而任上虞县达鲁花赤④。

总之，偰氏前三代入仕途径与一般蒙古、色目官宦家庭并无不同，主要经由承袭、承荫、宿卫、军功而入仕。第四代以下，偰氏一方面仍然利用根脚特权进入仕途，另一方面倚恃个人成就经由科举与学校为家族争取更多登仕之机会。元朝蒙古、色目高门子弟经由科举晋身官场者为数不少。蒙古人中，成吉思汗四杰之一的赤老温（Chila'un）家族、乃蛮太阳罕（Tayang Qan）族裔之答禄乃蛮

①《家传》，页 12 上下。
②《合剌普华公神道碑》，页 4 上下；《金华黄先生文集》卷三九《魏郡夫人伟吾氏墓志铭》，页 18 下。
③黄溍《魏郡夫人墓志铭》，页 18 下。
④同上。

（Dalu Naiman）氏、大德名相哈剌哈孙（Harghasun，1257—1308）皆有子孙扬名科场。而色目人中的汪古马氏、畏兀儿廉氏、康里名相不忽木（Buqumu，1225—1300）等家族亦有成员题名科甲，可见高门子弟亦有自科举登仕之必要①。但偰氏无疑持续性最强。延祐首科出身的许有壬（1287—1364）便称赞偰氏说："唐宋科举盛时，儒家世科，未有如偰氏一门兄弟之盛，天下传为美谈。"②科第之盛反映偰氏入仕途径的变化。

表三旨在显示偰氏各代入仕及终仕官职之高低及代次间的变化。

自起仕方面言之，第一代起仕时在大蒙古国初年，情形特殊，可以不计。第二代九人中，仅有二人起仕官职可知：岳璘之子都尔弥势与合剌普华分别以从五品之行省郎中及从七品铁冶都提举起仕。第三代五人中，仅知撒吉思之孙答里麻始任五品之御药院达鲁花赤。第四代六人皆系自科举入官，入仕品级决定于登第甲次。以中品入仕者三人（偰玉立、哲笃、朝吾），下品三人（直坚、烈篪、善著）。第五代十人中，知其起仕官职者六人。其中以中品出仕者仅偰烈图一人，系由承荫入官，以下品入仕者五人（百辽孙、理台、帖该、正宗、阿儿思兰），皆系自进士、乡进士、国子生入官。整体言之，偰氏倚恃根脚入官者之品级略高于自科举登仕者，但最高亦不过从五品。

自终仕官职言之，第二代之都尔弥势与合剌普华分别以广西廉访使、广东都转运盐使终，皆为正三品，官职不可谓不高③。三代诸人中，以撒吉思之孙答里麻官运最为亨通，历任刑部尚书、大

---

① 萧启庆《元代科举与菁英流动——以元统元年进士为中心》，页 139。
② 许有壬《合剌普华公墓志铭》，页 50 上。
③ 同页 833 注③④。

都留守、河南行省右丞等职，后以正二品之陕西行台中丞致仕①。
而合刺普华之子偰文质历任江西、湖广地方官，后以吉安路达鲁花
赤致仕，秩正三品②。

　　第四代六人中，偰哲笃、玉立二人皆官至上品。哲笃于至正时
期任淮南行省左丞，秩正三品③，玉立则累官海南道廉访使，亦为
正三品④。直坚、朝吾、列篪、善著则不过官至中品，所任且多为州
县之职。

　　第五代仕宦之时已是元末，未及终仕，已经改朝换代，加以资
料残缺，现仅知偰百辽孙及偰吉斯二人在元朝的最后官职。百辽
孙历任翰林应奉，端本堂正字，单州知府⑤。偰吉斯历任溧阳、昆
山知州。至正廿六年（1366）于嘉定知州任内降明⑥。

　　总之，偰氏二代以下，多以下品（26.5%）及中品官（17.5%）起
仕，而以上品（20.6%）及中品（11.8%）终官。第四、第五二代多以
科举入官，而终仕官职亦以科举出身诸人为较高（如哲笃、玉立），
由承荫、宿卫出身者官职则较低（如吉斯、烈图、德其）。可见元朝
仕宦虽重"根脚"，但对"根脚"并不算大的蒙古、色目子弟而言，科
举不失为登仕的一个优良出路。而偰氏家族后期的科第色彩显然

①《家传》，页 12 上下。
②《家传》，页 12 上；陈沂纂《南畿志》（明嘉靖间刊本）卷六《偰文质传》，页
　　28 上。
③《元史》卷一九四《李齐传》，页 4394。
④顾嗣立《元诗选》（北京：中华书局，1987）三集，庚，《偰廉访玉立》，页 375。
⑤《高丽史》卷一一二《偰逊传》，页 357。
⑥《明太祖实录》（台北："中研院"史语所，1962）卷一三二，页 4 上；雷礼《国
　　朝列卿记》（明代传记丛刊本）卷二三，页 19 上；焦竑《国朝献征录》（万历
　　四十四年刊本）卷二四页 12 上、卷三三页 4 上《偰斯传》；L. C. Goodrich e-
　　d. *Dictionary of Ming Biography*（New York：Columbia University Press，1976），
　　p. 559。

强于"根脚"色彩。

从表面看来,偰氏子弟的仕历不可谓不高,但算不上显赫。第一,偰氏子弟大多踟蹰州县,罕有参与中枢大政者。在有幸任官中朝者之中,最重要之答里麻、偰哲笃不过是刑部及工部尚书,算不上是参与大政。第二,偰氏虽有二人官至正二品,却无一品大员。

与当代蒙古、色目,甚至汉人中最为潢贵的世家相比,偰氏确有逊色之处。最为显赫的三个蒙古世家——博尔忽(Boroqul,?—1217)、博尔术(Bōrju,?—1227)、木华黎——之子孙多以一品(13.4%),二、三品(22%)起仕,而终仕官职更以三公(8.8%),一品(23.1%)及二、三品(17.6%)为主,真可说是累世金紫[1]。汉人的一般政治地位不及蒙古、色目人,但是功勋最高的几个汉军世家之子弟却多以上品(15.9%)及中品(28.5%)入仕,最后官至上品(43.5%)与中品(24.5%)者为数更多,声华亦远超偰氏[2]。总之,在注重家世的元朝,偰氏算不上"大根脚"家族。这一家族的特色是以科举补助其根脚之不足而由根脚世家转化为科举世家。

元亡之后,偰氏后裔出仕明朝、高丽、朝鲜而见于记录者为数不少。仕明最早而又最为显贵者为偰斯(原名偰吉斯)。偰斯归附明朝后,于洪武元年(1368)以元朝故官受征任兵部员外郎,累官至吏部与礼部尚书,其间二度出使高丽,于洪武十二年致仕[3]。其裔士忠曾官于云南姚州,其后即卜居于姚[4]。据《隆庆二年进士登科录》云:该科三甲进士偰维贤即以姚州为本贯,可能为士忠后

---

[1] 萧启庆《元代四大蒙古家族》。
[2] 萧启庆《元代几个汉军世家的仕宦与婚姻》,收入萧氏《蒙元史新研》,页265—348。
[3] 同页836注[6]。
[4] 《古今图书集成·氏族典》(台北:鼎文书局,1985),页4538上。

裔。维贤之曾祖永福、祖文政皆无仕历①,而其父云则先后任教谕及湖州府学训导②。此外尚有世系与代次不明之偰氏二人:偰顺,和州人,宣德(1426—1435)中任知州③;偰宥,天顺(1457—1464)间安陆府景陵县训导④,皆应为高昌偰氏苗裔。

出仕高丽、朝鲜之偰氏各人皆出于偰逊(原名百辽孙)一系,见于记录者人数颇多,地位亦高。偰逊任单州守时,因父丧隐居大宁(热河平泉)。至正十八年(1358),红巾乱至,逊率家入高丽避难,因与该国恭愍王(1352—1374)为端本堂旧识,亟受优遇,先后受封为高昌伯与富原侯⑤。逊于恭愍王九年(1360)逝世后,诸子仍备受照顾。

朝鲜理学名臣权近(1352—1409)《题三节堂诗后序》中记述偰氏入高丽后之仕宦情形云:

> 北庭偰氏,知元季将乱,携家避地于海东,封食君禄终其身,而子孙亦保,其智明如此。有男四人,伯氏位宰相,屡奉使上国,应对辨敏,每蒙太祖高皇帝称赏,有功于国家,卒曰文贞公。仲氏宽厚长者,亦至枢相。叔、季皆有才名,为达官,予皆友善,而与文贞同升廊庙,情意弥笃。⑥

权近与偰氏兄弟友善,所记应为实录。《后序》所说“携家避地于海东”者自为偰逊。但据《高丽史·偰逊传》云,偰逊有子五人,即长寿(1341—1399)、延寿、福寿、庆寿、眉寿(1359—1415)。其中

---

①《隆庆二年进士登科录》(《明代登科录汇编》第 17 册),页 105 下。
②凌迪知《万姓统谱》(四库全书)卷一一八,页 30 下。
③同上。
④《古今图书集成·氏族典》,页 4538 上。
⑤《高丽史》卷一一二《偰逊传》,页 357。
⑥权近《阳春集》(韩国文集丛刊)卷一九,页 6 上下。

延寿不见于《朝鲜实录》,当系早逝或未仕。又据《朝鲜实录》云:
福寿早卒①。权近所说长寿兄弟四人皆曾仕宦,已难究其实情。
至于长寿、庆寿、眉寿,皆出身于高丽科第,长寿于恭愍王十一年
(至正廿二年,1362)中式进士出身②,庆寿、眉寿则于禑王二年
(1375)同时登第。长寿于高丽朝仕至判三司事,实即宰相之位。
李氏朝鲜建立后,长寿仍受重用,官至门下侍中,封燕山君,极为显
赫。长寿又请准以鸡林(庆州)为乡贯,此支从此落土生根,归化
朝鲜③。庆寿于高丽仕至廉访使,而在朝鲜史料中未见其踪影,可
能未再出仕④。眉寿于朝鲜历任工曹典书、判汉城府事、检校议政
府参赞⑤。

　　偰氏第七代出仕朝鲜者甚多。长寿三子,其中偰耐历任奉常
令、判司译院事、判礼宾寺事。偰衡任前护军。偰振历任通事副司
值、右军副司值⑥。眉寿独子偰猷出身于世宗十一年(1429)武科
状元,曾任甲士、护军、司正,但因犯赃罪,未能大显⑦。庆寿之子
偰循先后于太宗八年(1408)及世宗九年(1427)试中文科考试丙
科及乙科,为世宗朝(1419—1449)儒臣,先后任集贤殿应教、经筵
检讨官、集贤殿副提学,累官同知中枢密院事⑧。另有偰从、偰琛

①《朝鲜王朝实录·太宗》卷二九,汉城:国史编纂委员会,1984,页12上。
②《国朝文科榜目》高丽朝,汉城:太学社,1984,页29。
③《高丽史》卷一一二《偰长寿传》,页357—359;《朝鲜实录·恭靖王》卷二,
　　页14下—15上。
④《国朝文科榜目》,页43—44;许兴植《高丽科举制度史研究》"附录二:高丽
　　礼部试登科录",汉城:一潮阁,1984,页304。
⑤同上,页304;《朝鲜实录·太宗》卷二九,页12上。
⑥《朝鲜实录·太宗》卷七页18下、卷一七页21下;《朝鲜实录·世宗》卷一
　　三页24上、卷三七页18上、卷三八页8上、卷四四页16上、卷六九页1上。
⑦《朝鲜实录·世宗》卷四四页4上、卷一一九页1上。
⑧《国朝文科榜目》,页115、148;《朝鲜实录·太宗》卷三五,页2上;《朝鲜实
　　录·世宗》卷一三页28上、卷二七页10上、卷六四页46上、卷六六页23上。

系偰循之孙、偰同寅之子,偰从于世祖朝(1456—1468)任行判官①。偰琛则于成宗朝(1470—1494)任灵光郡守②。

偰氏后裔出仕高丽、朝鲜者有两项特色:1. 出身科第者多:长寿、庆寿、眉寿、循皆出身高丽、朝鲜科举,偰猷则出身朝鲜武科,显然偰氏仍保持元朝科第世家之遗风。2. 多具外交长才:偰氏子孙多熟谙中原、蒙古的语言、文化,故在当时用于外交最为适合。长寿先后八次代表高丽及朝鲜出使明朝,眉寿亦五次奉朝鲜之命使明,而偰耐、偰振则先后以通事(译员)身份随使赴明。朝鲜训练外交人员之机构为司译院③,长寿曾任司译院提调,主持该院,而偰耐则任判司译院事。偰氏活跃于中、韩外交长达六十年,直至十五世纪廿年代。偰氏在高丽、朝鲜之贵显似与其超越国界的家族政治文化背景不无关联。及至中、朝宗藩关系确立以后,偰氏失去其在外交上之重要性,其在朝鲜政坛上始趋暗淡。

总之,偰氏不仅在元朝始终颇为贵显,即在明朝、高丽、朝鲜皆不失为官宦世家。在现有记载中,偰琛之出仕朝鲜已是十五世纪晚期,而偰惟贤之登明朝科第更迟至十六世纪后期,上距暾欲谷之初为突厥国相已历八九百年。而徙居韩国之一支更是绵延至今。偰氏入韩第十三世之偰敬曾从朝鲜儒者田愚(1841—1922)学,其

---

① 《朝鲜实录·世宗》卷二,页 67 上。
② 《朝鲜实录·成宗》卷八,页 6 上。
③ 朝鲜初期与北元仍保持联系,故司译院初设时,置有汉文与蒙文二科,偰氏对此两种语文皆有甚好之掌握,主持此院,自甚理想。参看国史编纂委员会《韩国教育史资料》第 2 册,汉城:探求堂,1975,页 494—521;叶泉宏《明代前期中韩国交之研究》,台北:商务印书馆,1991,页 54;林东锡《朝鲜译学考》,台湾师范大学国文研究所博士论文,1982;Henry Serruys, *The Mongols in China during the Hung-wu Period*(Bruges:Institute Belge des Hautes Etudes Chinoises,1959),p. 290,n. 372。关于偰氏对中韩关系之贡献,参看页 816 注②引叶泉宏、桂栖鹏、陈尚胜等三文。

时已是十九、廿世纪之交①。据调查,至近年偰氏在韩国仍有四百四十二家、一千九百五十二口,占韩国"总姓氏人口顺位"之一百四十五位②,则此一家族已绵延一千二百余年,而且现存人口尚有不少。

五、汉化

偰氏既是元代最成功的科第世家,显然亦是蒙古、色目人中汉化较深的家族。此家因何汉化较深、汉化的过程与程度究竟如何,都是值得探讨的问题。

蒙元时代百余年间,徙居中原的蒙古、色目人皆受到汉文化或浅或深的影响。其汉化程度之深浅则与个人所属种族、社会阶层、家庭背景与居住中原时间之长短有关。

畏兀儿归顺蒙古以前原有甚高之文化,而偰氏更是畏兀儿族中源远流长的知识与政治世家。其始祖暾欲谷不仅是突厥足智多谋的相臣,由《暾欲谷碑》所反映可知,他对突厥文字与文化具有甚高的造诣,可说是草原知识分子的先驱。其历代后裔皆任回鹘、畏兀儿国相,当熟谙突厥、畏兀儿传统文化。出仕蒙元的偰氏第一代中,岳璘帖穆尔因"精伟兀书"而任王傅。岳璘之子合剌普华幼年亦曾"习伟兀书"③。当时之"伟兀书"实即畏兀儿字蒙古文。由此可见,偰氏家族不仅具有深厚的突厥族文化传统,而且是最早掌

①同页816注①引稻叶岩吉文。
②金成洙《韩国姓氏发展史·庆州偰氏》,汉城:光复出版社,1988,页426;《韩国姓氏大百科·庆州偰氏》,汉城:中央日报社,1988,页961—962。
③《家传》,页6上下、9下。

握蒙古文的畏兀儿家族之一。突厥、蒙古文化传统虽与中原士大夫文化差异甚大，但知识分子的背景无疑为此一家族掌握士大夫文化树立了良好的基础。

偰氏徙居中原虽不甚早，但偰文质一支则是定居江南最早的色目家庭之一。第一代之岳璘帖穆尔与撒吉思早年供职斡赤斤藩邸，远在蒙古东北，应与中原无涉。岳璘出任河南等处都达鲁花赤，当在成吉思汗季年①，从此偰氏即与中原发生密切关系。与多数蒙古、色目家相比，时间亦不算晚。平宋战争中，此一家族多人身与其役。宋平后，都尔弥势及哈剌普华皆供职江南，可能已徙家其地。大德中，偰文质任江西行省理问，定居龙兴（豫章）东湖，诸子侄皆在此成长②。文质退隐后，徙居浙西溧阳州③，买地于永成乡沙溪之上④，徙祖墓于此，显然已以溧阳为家。其子哲笃在广东廉访金事任内被劾，即返回溧阳⑤，"买田宅，延师教子，后居下桥"⑥。偰斯在明朝之记录中，仍以溧阳为原籍⑦。可见自偰文质以下，此家已以溧阳人自居。总之，此一家族长期定居中原，尤其是士大夫文化甚高之江南，读书就试，颇为自然。

偰氏自归顺蒙古起，即已跻身统治阶层，与一般蒙古、色目平民身份有异。蒙元时代重视门第，族群互动系以社会阶层（social

---

①《家传》，页6下。

②刘岳申《申斋文集》（台湾图书馆影印旧抄本）卷五《三节六桂堂记》，页8下。

③《金华黄先生文集》卷三九《魏郡夫人伟吾氏神道碑》，页18下。

④永成乡位于溧阳州城东北，见张铉《至正金陵新志》（元至正四年刊本）卷四《疆域志》，页44上。

⑤孔齐（克齐）《至正直记》（上海：上海古籍出版社，1987年点校本）卷三《高昌偰哲》，页116—117。

⑥《至正金陵新志》卷四，页68上："下桥，去州三里。"

⑦《国朝列卿记》卷三一《偰斯传》，页3。

stratum）为基础，即是蒙古、色目菁英系以汉族士大夫为交往对象，而一般蒙古、色目人大多系身军籍，长居营垒，接触对象皆是汉族平民百姓。二者接触士大夫文化机会之多寡，不言可喻。而且，偰氏担任之职务主要系教育、治民、理财等文职，领兵征战为例外，担任文职官员对熟谙汉文化之重要性自然更易体认，亦有较多机缘研习汉学。

偰氏家族之研习汉学在第二代之哈剌普华即已开始。《家传》说：

> 儿时，父以断事官治保定，留之侍母奥敦氏，居益都。一日，忽作而叹曰："幼而不学，有不堕吾宗乎？"即趋父所自白，父奇之，俾习伟兀书及语、孟、史、鉴文字，记诵精敏，出于天性。①

哈剌普华生于定宗贵由汗元年（1246），其启蒙当始于宪宗蒙哥汗时代。上距此家徙居中原已廿年左右，开始研习汉学并不意外。哈剌普华之教育是双重的，不仅有畏兀文字，亦有儒书。

哈剌普华如何教育其子现无史料可证。偰文质之教育子弟则对此家未来之政治与文化取向具有决定性影响。刘岳申《三节六桂堂记》说：

> 大德（1297—1307）中，元帅（文质）理问江西，入奉太夫人甘脆，出领诸子就外傅，书声琅琅东湖之上，昼夜不绝。
>
> 余时贰教豫章，尝从众宾后，亲见元帅奉亲教子，当时岂知后有科兴？盖十年贡举始行。贡举行而偰氏一家兄弟如拾

---

① 《家传》，页9下；《至正集》卷五四《合剌普华公墓志铭》，页49上。

芥,此天也。①

刘铣《三节六桂堂颂》也说：

> 正议（文质）五子，世玉（即玉立）、世学（直坚）、世德（列麓）、世南（哲笃）、世则（朝晤），其犹子世文（善著）宿嗜学如饥渴，科举兴，遂连登上第，布列中外，天下谓之"六桂"。②

刘岳申、刘铣（1268—1350）皆江西名儒，由其记载，可见大德中偰文质已在龙兴东湖严格教育子侄，早于延祐科举复兴十年，上距其父哈剌普华研习汉学则已有五六十年，显然汉学已成为其家学之重要部分。大多数蒙古、色目子弟研习儒学是在科举复兴之后，偰氏起步既早，子侄苦读早成家风，取功名如拾芥，并不意外。偰氏第四代之哲笃继承其父文质教子甚严之家风。其溧阳同乡孔克齐《至正直记》说：

> 高昌偰哲笃世南以儒业起家，在江西时，兄弟五人同登进士第，时人荣之。且教子有法，为色目本族之首。世南以金广东廉访司事被劾，寓居溧阳，买田宅，延师教子，后居下桥。世南有子九人，皆俊秀明敏，时长子焘（原注：本名偰伯辽孙）年将弱冠，次子十五六，余者尚幼……一日，予造其书馆，馆宾荆溪储惟贤希圣主之，见其子弟皆济济有序，且资质洁美，若与他人殊者。③

作者孔克齐为孔氏南宗裔，好以儒家伦常臧否人物，由其论述，可

---

①刘岳申《申斋文集》（台湾图书馆影印旧抄本）卷五《三节六桂堂记》，页 8 下。
②刘铣《桂隐先生集》（元人文集珍本丛刊本）卷四，页 2 下—3 上。
③《至正直记》卷三《高昌偰哲》，页 116—117。

见偰氏家风之严及子弟资质之美。偰氏塾师储惟贤出身宜兴书香门第,其父能谦(1271—1344),为一隐居诗人。惟贤长于春秋,元统三年(1335)及至正七年(1347)江浙乡贡进士,后任安定书院山长①。其门生百辽孙为至正五年(1345)进士,惟贤任偰氏门馆当在其初登乡贡前后,为一青年教师。总之,偰氏严于择师教子,以致四、五两代子弟联翩登第。

除去研习儒学外,偰氏受汉文化影响之深,由以下几方面亦可看出:

(一)采用姓字别号

畏兀儿人原来虽有氏族之别,却无姓,通常称名而不称姓,情形与蒙古人相同。字号更为汉族士大夫所独有,借以表德性、示风雅。蒙古、色目原来皆无字号。姓与字号的采用可视为异族汉化的一个指标。

"偰"姓之采用显然始于文质。许有壬《合剌普华墓志铭》说:

> (合剌普华)二子,长曰偰文质,以其先世出偰辇杰河,因偰为氏焉。②

可见文质因其远祖居住于蒙古偰辇杰河〔唐称娑陵河,为突厥文Sälängä之对音,即今色楞格(Selenga)〕流域而采用"偰"为姓。有关偰氏重要文献中,文质子孙皆系偰性。文质之弟越伦质(Ögrünch)及其子孙(善著、正宗、阿儿思兰)则未冠姓。可见即在岳璘一支中,改偰姓者唯有文质一派。

---

① 宋濂《宋学士文集》(四部丛刊本)卷六四《元故樗巢处士储君墓志铭》,页3下;危素《危太朴文续集》(嘉业堂丛书)卷五《宜兴储先生墓志铭》,页21上。
② 《至正集》卷五四七,页49下。

撒吉思汗一支不仅未采偰姓,而且别用"里"字为姓。程钜夫《里氏庆源图引》一文系为隆禧院使约著所撰,约著为撒吉思之孙,该引云:

> 隆禧君(指约著)大惧世代日益远,生齿日益众,无命氏以相别,终亦茫唐杳渺,不可知而已,何以奉先而传后哉! 乃以身事本朝者,实自大父始,而大父之名,从世俗书,有从"土"从"田"之文,考若伯考之名,皆有"里"字,而春秋有里氏,遂自氏曰"里"氏。①

可见撒吉思一支自约著起命姓为里,与偰氏不同。

文质一系表面上采用"偰"字为姓,但是"偰"字是否真正具有汉姓之作用? 这一问题需与诸人之名合观始可究明真相。合剌普华以上皆以突厥、畏兀儿文命名,在此可以不论。三、四、五代似乎皆以汉文命名,实际上却非如此。"偰文质"为突、畏文 sävinch(快乐)之音译②,与其弟之名"月伦质"(Ögrünch,意为高兴)正构成相互配合之一对③。第四代之偰直坚、偰哲笃、偰朝吾之名分别为蒙文 sechegen④、sechegtü⑤、

①《程雪楼集》卷一五《里氏庆源图引》,页 17 上—19 上。

②Gerard Clauson, *An Etymological Dictionary of Pre-thirteenth Century Turkish* (Oxford:Oxford University Press,1972),p. 290.

③A. von Gabain,*Alturkische Grammatik*(Leipzig:Otto Harrasowitz,1950),p. 333.

④Sechegen 意为"小聪明"〔见 Ferdinand D. Lessing, *Mongolian-English Dictionary*(Berkeley:University of California Press,1960),p. 680〕。元朝以此字命名之蒙古、色目人甚多,译作薛彻干、薛阇干、燮彻坚等,例见王德毅等编《元人传记资料索引》第 4 册,台北:新文丰出版公司,1982,页 2603。

⑤蒙文 sechegtü 与 chechegtü 相同,意为开花、花面,见 Lessing, *Mongolian-English Dictionary*,p. 168。元朝蒙古人以此字为名者译作薛彻秃、彻彻秃等,见 Louis Hambis, *Le chapitre cviii du Yuan che*(Leiden:E. J. Brill,1954),p. 52。

sechi'ür 之音译①。第五代偰吉斯之名则系音译自突、畏文之
säkiz②。其他诸名之原文虽仍待重建,偰氏取姓命名之规律已有
迹可循。偰文质为纪念其家族起源于偰辇杰河上,乃译其名之第
一音节"sa"为"偰"。以后其子孙之命名亦皆取突、畏文 sä—或蒙
文 se—为首之字,姓与名实际上皆为一字之音译。由于诸人名皆
系由突、畏文或蒙文音译而来,以致同辈兄弟之名不仅缺乏表示行
辈之字,而且字数多寡不一,全无规律可循。一人之名亦有以不同
汉字表达的现象③。即是其姓氏"偰",时人亦有译之为"薛"者④。
在汉译突、畏文名之外,偰氏诸人可能皆有真正的汉名,如文质汉
名大贤,伯辽孙汉名焘⑤,但是诸人用以行世者为其译名,而非汉
名。偰氏第六代(即长寿、延寿一辈)始真正使用汉名,其时已在
元亡前后。

　　与汉族士大夫相同,偰文质子孙皆采用字号。关于表字,今知

---

①偰朝吾应为 Sechi'ür 之译音。伯希和(Paul Pelliot)与韩白诗(Louis Ham-
bis)认为 Sechi'ür 之蒙文原意为"刷子"。见 Pelliot et Hambis, *Histoire cam-
paignes de Gengis-khan.* Tome I(Leiden:E. J. Brill,1951),pp. 183–184。元代
蒙古、色目人以此命名者颇多。名曲家薛昂夫(又名马昂夫),畏兀儿人,原
名薛超吾,即为此字之异译(参看杨镰等《元曲家薛昂夫》,乌鲁木齐:新疆
人民出版社,1992)。又如至正十四年右榜进士第一薛朝晤,其名亦即
Sechi'ür,见《元史》卷四三,页 914;陈棨仁辑《闽中金石略》(菽庄丛书本)
卷一一,页 10 上。
②Säkiz 意为"八",见 Clauson,*Etymological Dictionary*,p. 823。
③偰百辽孙及偰吉思之名有异译:a. 偰百辽孙:(1)"偰百辽孙",见黄溍《合
刺普华公神道碑》页 4 上;《高丽史》卷一一二,页 357。(2)"偰伯辽逊",见
《魏郡夫人墓志铭》,页 17 上。(3)"偰百寮孙",见宋褧《燕石集》(北京图
书馆古籍珍本丛刊)卷一二,页 207。b. 偰吉斯,又译作偰吉思,见《魏郡夫
人墓志铭》,页 18 下。
④权衡《庚申外史》即称偰哲笃为"薛世南"。世南为其字,而"薛"则为"偰"
之异译,见任崇岳《庚申外史笺证》,郑州:中州古籍出版社,1991,页 53。
⑤同页 836 注②及页 844 注③。

文质字仲彬①,其子玉立字世玉②、直坚字世学③、哲笃字世南④、朝吾字世则⑤、列篪字世德⑥。其孙百辽孙字公远⑦、傻吉斯字公文⑧。曾孙长寿字天民、庆寿字天佑、眉寿字天用,而庆寿之子循字辅德⑨。越伦质之子善著则字世交⑩。可见傻氏自第三代起普遍采用表字。

有关傻氏子孙采用别号与斋名之记载亦有不少:玉立之号为"止庵道人",其于至正十年(1350)在泉州瑞象岩所题七律之末即自署"止庵道人高昌傻玉立书"⑪。玉立又有堂名"止堂"⑫。百辽孙则有"韦斋"及"近思斋"二斋名。王袆(1322—1373)⑬、释大䜣(1284—1344)⑭、郑元祐(1292—1364)皆有诗文记其事⑮。而百

①傻文质字仲彬,见邓文原《广德路修建庙学记》"侯名大贤,字仲彬"〔《巴西邓先生文集》(北京图书馆古籍珍本丛刊本),页761〕,可见文质字仲彬,又有大贤一名。但陈沂纂《南畿志》(卷六,页28上)称其字孟彬。
②《傻玉立等九日山题名》末玉立自署:"高昌傻玉立世玉父题。"见《闽中金石略》卷一二,页16上。
③《桂隐先生集》卷四《三节六桂堂颂》,页2下—3上。
④《至正直记》卷三,页116—117。
⑤王宜振《济州重修尊经阁记》,载于王昶编《金石萃编未刻稿》(清宣统三年刊本)卷中,页62上。
⑥范涞修《南昌府志》(万历十六年刊本)卷一八,页57上。
⑦江进修《弘治溧阳县志》(弘治十一年刊本)卷四《傻焘传》,页20上。
⑧刘崧《槎翁诗集》(文渊阁四库全书本)卷六《公文傻尚书由参政入拜礼部》,页89上。
⑨《朝鲜实录·太宗》卷二九,页12上;《朝鲜实录·恭靖王》卷一二,页14上—15上;《国朝文科榜目》,页150。
⑩《桂隐先生集》卷四,页2下—3上。
⑪《闽中金石略》卷一二《傻玉立瑞象岩诗》,页16下。
⑫《永乐大典》卷七二四一《止堂诗》,北京:中华书局,1986,页21下。
⑬王袆《王忠文集》(金华丛书本)卷六《韦斋记》,页33下。
⑭释大䜣《蒲室集》(文渊阁四库全书本)卷一五,页7下。
⑮郑元祐《侨吴集》(元人珍本文集汇刊本)卷七,页4上。

辽孙之子长寿则号芸斋、庆寿号佣斋①。其他各人或亦有别号及斋名。

自表面上看来，偰氏自第三代以下即已采用汉式姓、名、字、号，与汉族士大夫并无不同。但是，实际情形并非如此。偰氏第三、四、五代之命名仍以畏、畏文名为主，汉文姓、名不过为其突、畏文或蒙文名之音译，可说是极为巧妙之安排。在当时政治、文化环境之下，此种安排给予偰氏子孙莫大之利便，使其在蒙古、色目统治族群之中与汉族士大夫之间能收左右逢源之效。元亡以后，偰吉斯之改名为偰斯与偰百辽孙之改名为偰逊，始表明此一家族姓名之真正汉化，而这一转变乃系由政治时空转变所促成。

（二）笃于礼教

偰氏以严于门规、笃于礼教见称于当世。伦常礼教有的是普遍性的，为人类社会所共奉，有的是特殊性的，则为某一文化所特有。汉族与北亚游牧社会之礼教原有相同之处，亦有不同之处，而偰氏在这方面受到儒家深刻影响，至为明显。偰氏门规森严可由《至正直记》所记其塾师储惟贤之言看出：

> 希圣（即惟贤）曰："世南（即偰哲笃）处家甚有条理，僮仆无故不入中门，子弟亦然。自吾至馆中，因知诸生居于外者昏定晨省，皆候于寝门之外，非父母命则不敢入。盖谓私室中父母处之，或有未谨者，则肢体袒裼，使子弟窥见非所宜，故亦防闲之也。予始服其法之有理，深慕之，尝为家人辈言之。"②

---

①许兴植《高丽科举制度史研究》，页 299；《韩国人의族谱》，汉城：日新阁，1977，页 604—605。

②《至正直记》卷三，页 116—117。

游牧社会中,父母子女之间原重自然情感的流露,较少受人为礼教之束缚①。傻哲笃"非父母命,则不得入"于寝门的规矩显然受儒家礼教之启发。而其执行之严,即是孔子后裔亦大加赞羡。

傻氏家族之重名节在当时传为佳话。傻氏早期即以"三节"闻名。三节乃指合剌普华督粮遇盗,不屈而死,其妻希台特勒以盛年寡居,辛苦育子成材,而其子文质十岁时刲肉以疗母疾。时人以父忠、母贞、子孝三节合于一门而盛称之,绘《三节图》以传观。后玉立兄弟六人接武登科,时人又以二事相联,认为登科乃积善之福报,称之为"三节六桂"。傻文质对此家风与清誉极为珍惜,乃筑三节六桂堂于其私第。文人陈旅②、柳贯③、苏天爵④、刘铣、刘岳申、郑元祐等皆曾撰文赋诗加以表扬⑤。

《至正直记》又载有《文益弃母》故事一则,颇能反映傻哲笃对孝道之重视:

> 溧阳王文益……入国子监九年无成,母思文益而病卒,文益不即奔丧。寓公傻世南责文益曰:"汝母死逾年,吾家人附信至已四阅月矣,何不奔丧,以甘事于不孝乎?"文益不得已乃归。⑥

---

① 札奇斯钦师认为:"(按)蒙古的伦理观念,父子关系是建立在爱的基础上,是注重自然感情的;按汉地的伦理观念,则父子关系是以礼为基础,是偏重礼仪的。"(札奇斯钦《蒙古史论丛·自序》,上,台北:文海出版社,1980,页1)蒙古人与汉族差异如此,畏兀儿人与汉族差异亦是如此。

② 陈旅《安雅堂集》(元人珍本文集汇刊)卷九《书三节记序》,页402—403。

③ 柳贯《柳待制集》(四部丛刊本)卷一,页11上—12下。

④ 苏天爵《滋溪文稿》(陈高华、孟繁清校点,北京:中华书局,1997)卷三〇《题高昌傻氏三节堂记后》,页514。

⑤ 郑元祐《侨吴集》卷一《高昌傻侯三节堂》,页1下。

⑥《至正直记》卷四,页155。

偰哲笃以溧阳乡长之身份对滞留大都不肯返乡奔母丧之王文益严词责备。元代各族丧葬礼俗相去甚远。蒙古、色目官员应否仿效儒家制度而行丁忧三年之制一事在元廷争论颇久,而元廷亦曾有令禁止畏兀儿人丧事"效汉儿体制"①。偰哲笃为其汉族同乡不肯奔丧而大加谴责,可见其笃信儒家孝道。

偰氏徙居高丽诸子孙对其家族笃于礼教之光荣传统甚为珍惜。偰眉寿于明建文四年(1402)曾汇集中原诸名公题三节堂诗文之劫余诸篇为一轴,遍请朝鲜名流题跋。权近《题三节堂诗后序》云:

> 今公一门,三节联翩,继书简册,光耀罔极。宜其子孙振振,播于华夷,世世济美,以承余庆于无穷也。②

权近亦将偰氏之"子孙振振,播于华夷"归功于其家之谨守礼教。另一朝鲜儒臣成石璘(1338—1423)之《题三节堂诗卷》亦云:

> 三纲明似目,一死视如毛。
> 形影终相吊,贞良固所操。
> 垂髫知职分,割臂答劬劳。
> 东国桂枝秀,北庭秋气高。③

成氏于此诗中亦将此一"北庭"世家子孙在"东国"之联翩登第归因于其祖先之笃于礼教,可见偰氏之严格门风受到中、韩两国士大夫一致推誉。

(三)长于学艺

元朝蒙古、色目人中,精通儒学、长于文学、艺术者大有人在,

---

①陈垣《元西域人华化考》卷六,页106。
②《阳春集》卷一九。
③成石璘《独谷集》(韩国文集丛刊)卷上。

成就高者,足可与当代汉族名家相颉颃①。偰氏第四、五两代大多出身科举,谙习中原学术与文学者自然不乏其人。

自现存文献看来,偰氏第三代之文质已有撰述。文质于至元三年(1337)撰《无一禅师塔铭》,见于石刻②。系由玉立所书,父子合作,可谓佳话。玉立在其家族中学术与文艺成就较高而存世作品最多。据何乔远《闽书》说:玉立于至正中任泉州路达鲁花赤时,"考求图志,搜访遗闻,聘寓公三山吴鉴成《清源续志》二十卷,以补一郡故事"③,显示玉立对学术文献颇为热心。他对诗文、书法皆有造诣。诗歌方面,撰有《世玉集》,可惜不传。顾嗣立《元诗选》三集辑有其诗十一首④。此外,其诗《瑞像岩》《止堂》《游晋祠》,其词《菩萨蛮》、书法遗迹《九日山题名》《泉南佛国》及《滕州公廨碑》篆额散见于《闽中金石略》⑤《永乐大典》⑥《光绪湖南通志》及石刻中⑦。而其于延祐七年(1320)任秘书监著作佐郎时所撰《皇太子笺文》则见于《秘书监志》⑧。清冯登府称赞玉立之诗云:

---

① 关于元代蒙古、色目人之汉学造诣,参看陈垣《元西域人华化考》、萧启庆《元代蒙古人的汉学》。
② 黄立猷《石刻名汇》(石刻史料新编)卷九,页 167 下。
③ 《闽书》(福州:福建人民出版社,1994)卷五三,页 1405。
④ 《元诗选》(北京:中华书局,1987),三集己,页 375—379。其中《敬题范文正所书伯夷颂卷》系采自赵琦美编《铁网珊瑚》(四库全书本)卷二,页 70 上。
⑤ 《闽中金石略》卷一二,页 16 下。
⑥ 《永乐大典》卷三〇一二,页 21 下。
⑦ 曾国荃修《湖南通志》(光绪十一年)卷二八六,页 30 下—31 下。北京图书馆金石组编《北京图书馆藏中国历代石刻汇编》(郑州:中州古籍出版社,1990)第 48 册,页 48;方履篯《金石萃编补正》(石刻史料新编本)卷四,页 22 上。
⑧ 王士点、商企翁《秘书监志》(杭州:浙江古籍出版社,1992)卷八,页 14 下。

亦具金台、雁门风度，是色目人之矫矫者，以入《元诗选癸
集》，允称鸡群鹤也。①

冯氏显然认为玉立之诗可与色目第一流诗人迺贤（1309—1373）、萨
都剌（1272—1340）比美。冯氏又跋玉立《泉南佛国》四字书法石刻
云："落墨古朴，尚能自见骨力。"可见玉立书法风格颇为可观。

玉立之弟哲笃、朝吾亦善诗文、书法。哲笃之诗附载于《元诗
选》三集《世玉集》。所撰《句容儒学碑》及所篆《道林堂记》之石
刻仍存②。哲笃又曾以提调官身份参与《辽史》之纂修③。朝吾则
于元统三年（1335）为《济州重修庙学记》篆额，当擅篆书④。

哲笃之子偰吉斯于嘉定知州任内曾撰《万户郝天麟惠民
记》⑤。百辽孙著述较多，撰有《近思斋逸稿》及《之东录》。黄虞
稷《千顷堂书目》列《逸稿》于"外国类"⑥，而《东国书目》亦云：
"《近思斋逸稿》二卷，偰伯远、偰公远撰"。"公远"即百辽孙，"伯
远"应为误题。《逸稿》显然为百辽孙东徙高丽后之作品，仅流传
于高丽，不知是否仍存于天壤间？《之东录》则已亡佚⑦。现存百

①《闽中金石略》卷一二，页16下。
②《元诗选》（三集己，页379）共收哲笃诗三首，其中《赠墨士》系采自传习、孙
　存吾编《皇元风雅》（四部丛刊本）（后集卷三，页747上）。《题商德符李遵
　道合作竹树图》则系采自卞永誉编《式古堂书画汇考》（四库全书本）（画，
　卷五三，页102）。石刻二种见《中国历代石刻汇编》第50册，页44、73。
③脱脱等修《辽史》（北京：中华书局点校本）附录"进辽史表"后，页1559。
④徐宗干《济宁州金石》（石刻史料新编）卷三，页60上。
⑤杨振福《嘉定县志·金石志》（石刻史料新编）卷二九，页10上。
⑥黄虞稷《千顷堂书目》（适园丛书本）卷二八《集部·外国》，页36上。原
　注："回鹘人，名百辽，即偰哲笃子也。"邵懿辰《增订四库简明目录标注》附
　录三"东国书目"，上海：上海古籍出版社，1959，页1016。
⑦金烋《海东文献总录》，汉城：海东阁，1969，页160。原书未见，引自叶泉宏
　文，页63。

辽孙之诗仅有《山雨》五绝及无题七绝各一首,分别见于朱彝尊编《明诗综》高丽部及金烋编《海东文献总录》。另有《金元吉名字说》文一篇①。百辽孙出仕高丽、朝鲜之诸子孙亦不乏著作。偰长寿,《国朝文科榜目》称其"有诗名",著有《芸斋集》及《小学直解》②。据说此书"乃以华语解释小学",是一部编纂精良之汉语教科书,以致"中朝儒者见《直解》,皆以解说为至当,敬慕不已",朝鲜诸译学用为教本③。长寿之侄偰循,《国朝文科榜目》称他"博学能文",曾奉朝鲜世宗之命改撰卞季良原著《孝行录》及编纂《三纲行实》以进,以利教化④。又奉命与尹淮等修正《资治通鉴》,随事夹注,世宗赐名为《思政殿训义》⑤,可见移居高丽后之偰氏仍以学术见重。

　　总之,偰氏之成为色目人中汉化程度较深之家族,原因甚多。一方面,偰氏原为畏兀儿族中源远流长的知识仕宦家族,一方面偰氏归顺蒙元以后,不仅跻身仕宦阶层,而且以担任文官为主,对研习汉学之重要性较易体认。另一方面,偰氏定居中原、江南较早,浸濡于汉文化中既久且深。

　　偰氏第三代以下皆研习经术文学,以致父子叔侄接踵登第,而且诸人皆采用汉式字号并严守儒家礼教,与汉族士大夫无异,可说已充分"士大夫化"。但由其以汉译姓名来缘饰突、畏文名字一事看来,偰氏显然未能放弃原有之族群认同。与元代中后期甚多蒙

---

①《明诗综》(四库全书本)卷九四,页1下;《海东文献总录》,页160。《金元吉名字说》见于末松保和编《东文选》卷九七,汉城:庆熙大学,1967,页160。

②《国朝文科榜目·高丽朝》,页29;《朝鲜实录·恭靖王》卷二,页15上。

③《国朝文科榜目·朝鲜朝》,页115;《朝鲜实录·世宗》卷九三,页21上。

④《朝鲜实录·孝宗》卷二〇,页68下。

⑤《朝鲜实录·肃宗》卷四六,页52上。

古、色目人相似,偰氏显然呈现了文化认同与族群认同相互抵牾的矛盾。

六、婚姻

由于元代是一个多元民族的门第社会,族际通婚甚为习见[1]。考述一个家族的婚姻对象不仅有助于了解其政治地位之高低,亦可以反映其族群认同及文化取向。

偰氏现存婚姻资料不多,仅有娶入七例与嫁出二例而已(见表五)。娶入七例中,岳璘帖穆尔之妻为奥屯氏,奥屯氏为女真姓氏(汉姓曹),女真人在元朝为广义之汉人[2]。撒吉思之妻瓮吉剌真(Onggirajin)为忽必烈所赐宫人[3]。从其名判断,可能为蒙古瓮吉剌(Onggirad,即弘吉剌)氏,瓮吉剌氏为元朝皇室主要之后族。合剌普华妻希台特勒(1248—1320)所属种族不详,似为蒙古或色目人[4]。刘岳申《三节六桂堂记》称她为"韩氏",恐为其所采汉姓[5]。偰哲笃之妻月伦石护笃(Ögürnch Qudugh,1301—1341)则为畏兀儿人。月伦石护笃为福建道宣慰使八(达)里麻吉而的(1268—1329)之女[6]。八里麻吉而的于仁宗延祐初任饶州路达鲁花赤,奉

---

[1] 洪金富《元代汉人与非汉人通婚问题初探》,《食货》(复刊)第 6 卷第 12 期(1977),页 1—19;第 7 卷第 1、2 期(1977),页 11—61。

[2] 《家传》,页 9 下。奥屯氏为女真姓,见陈述《金史拾补五种》,北京:科学出版社,1960,页 160。

[3] 《家传》,页 7 上。

[4] 《家传》,页 11 上。

[5] 《申斋文集》卷五《三节六桂堂记》,页 8 下。

[6] 《金华黄先生文集》卷三九《魏郡夫人伟吾氏墓志铭》,页 18 下;危素《危太朴文续集》(嘉业堂丛书)卷五《古速鲁公神道碑》,页 1 上—4 上。

命与广德路总管偰文质共同经理田赋,二人因而结交,导致二家间的姻缘。偰百辽孙妻赵氏事迹仅在朝鲜史料中见之,但其子偰眉寿系生于百辽孙归顺高丽之年,百辽孙娶赵氏当在归顺之前,赵氏应为汉族①。偰长寿庶妻崔氏为朝鲜太宗时寿宁府司尹崔咸之妹,而其侄循所娶洪氏,为洪龟女,皆为朝鲜人。偰氏定居东国后,与当地官宦家庭联姻,甚为自然②。嫁出二例中,哈剌普华之女镇江忽都花嫁于霍氏海牙(Qosh Qaya)③。霍氏海牙族属不详,依名字判断,似为畏兀儿人④。而偰哲笃女懿宁则嫁于至元名相廉希宪从曾孙咬咬⑤。

表五　偰氏婚姻资料

		娶　　　入		
代次	夫名	妻名	岳父名	官职	史源 17.7a
I	撒吉思	瓮吉剌真(赐)	不详	不详	《圭斋集》11.9b
II	岳璘帖穆尔	奥屯氏	不详	不详	同上 11.11b
III	合剌普华	希台特勒氏	不详	不详	同上 11.11a
IV	偰哲笃	月伦石护笃	八里麻吉而的	福建道宣慰使都元帅	《金华集》39.17a；《危太朴续集》5.3b
V	偰百辽孙	赵氏	不详	不详	《朝鲜太宗实录》29.12a
VI	偰长寿	崔氏	(兄)崔咸	寿宁府司尹	同上 2.12b
VII	偰循	洪氏	洪龟	不详	《国朝文科榜目》115

---

①关于偰百辽孙妻赵氏族属,参见《朝鲜实录·太宗》卷一二,页 12 上。
②《朝鲜实录·太宗》卷一二,页 12 下;《国朝文科榜目》,页 115。
③《至正集》卷五四《合剌普华公墓志铭》,页 50 上。
④同上。
⑤《金华黄先生文集》卷三九,页 17 下。

嫁　　出				
代次	女名	父名	夫名	官职	史源
IV	镇江忽都花	哈剌普华	霍氏海牙	不详	《至正集》54.50a
V	偰懿宁	偰哲笃	廉咬咬	不详	《金华集》39.17a

自种族观点言之,偰氏婚姻对象似以本族畏兀儿人为主,但亦与蒙古及汉人通婚。自政治地位言之,背景尚可知晓的月伦石护笃与廉咬咬不仅来自官宦家庭,而其家族更属于前文述及的世祖初年之最高蒙古、畏兀儿婚宦集团。月伦石护笃之母廉氏为中书左丞廉希恕(布鲁迷失海牙)之女,亦即廉希宪之侄女,而其祖母阿里合赤则为孟速思之女。孟速思与廉希宪之父布鲁海牙(Buiruq Qaya,1197—1205)都是忽必烈之母唆鲁忽帖尼之藩府旧臣,孟速思亦为忽必烈之联襟,而廉希宪又为孟速思之女婿,两家皆为前述忽必烈时代早期婚宦集团的重要成员[1]。偰氏因哲笃之娶月伦石护笃及懿宁之嫁于廉咬咬而与孟速思及廉氏建立直接或间接之婚姻关系。偰氏与这些家族之婚姻关系建立较晚,上述婚宦集团的黄金时代早已过去,但是孟速思及廉氏家族根深叶茂,在元代中后期仕宦仍盛,对偰氏仕进应仍有助力。

族际通婚往往有助于家庭文化之涵化[2]。元代不少汉化较深之蒙古、色目家庭皆与汉人密切通婚。偰氏汉人通婚虽然不多,却不足以妨碍此一家族之汉化。事实上,元代中期蒙古、色目人中已

---

[1]关于孟速思及廉希宪家族之世系及婚宦,参看 Herbert Franke,"A Sino-Uighur Family Portrait",收入 Franke, *China under Mongol Rule*(Hampshire:Variorum,1994),pp.33-40;北村高《关于孟速思家族供养图》,《元史论丛》第5辑(1993),页9-12;Hsiao Ch'i-ch'ing,"Lien Hsi-hsien",p.42;胡其德《元代畏兀人华化的再检讨——一个新的诠释》,页183—187。

[2]同页855注[1]引洪金富文。

有不少汉化家庭,偰氏与这类家庭通婚亦可增强其汉化。廉氏便是畏兀儿人中汉化之先驱,廉氏姻戚往往受其熏染而浸润于汉学,著名散曲家小云石海涯(Säwinch Qaya,贯云石,1286—1324)即曾受其外祖廉希闵之熏陶①。偰哲笃妻月伦石护笃为廉氏所生,其家似已汉化,月伦石护笃之兄弟观闾(观驴)即为士人。观闾历任惠州路同知、杭州路达鲁花赤。危素称他"读书好古,廉而有为"②,王逢亦称他"平生善书诗,治迹多可称焉"③,元亡后更自缢殉国,行为合乎严格的儒家伦理。月伦石护笃亦是知书达礼,尤谙女学,黄溍《魏郡夫人伟吾氏墓志铭》说:

> 夫人生而聪慧,稍长,能知书,诵《孝经》《论语》《女孝经》《列女传》甚习。见前史所记女妇贞烈事,必再三复读而叹慕焉!④

月伦石诸子后均成材,固然由于哲笃严于管教,月伦石教养之功亦不可没。可见偰氏通婚虽以畏兀儿人为主,但无碍其汉化。

七、结论

高昌偰氏的历史显然构成中国史上乃至亚洲史上独特而有趣的一页。在现有历史记载中,一个家族先后在性质截然有异的文化与结构全然不同的国家之中欣欣向荣、保持政治尊荣长达八九百年之久,似不多见,偰氏为一特例。

---

① 杨镰《贯云石评传》,乌鲁木齐:新疆人民出版社,1983,页43—45。
② 危素《危太朴文集》(嘉业堂丛书)卷四《惠州路东坡书院记》,页9上。
③ 王逢《梧溪集》(丛书集成)卷五《梦观闾元宾》,页243。
④《魏郡夫人墓志铭》,页17上。

在元代大量迁居中原的蒙古、色目人中,偰氏的历史亦相当独特。从归顺蒙古到肆应大蒙古国时代及忽必烈立国的历次政治风暴,偰氏表现了无比的政治敏感与技巧。降蒙之前,此一家族肆应变局,早成传统。先后经历突厥、回纥、畏兀儿三个政权,始终保持其国相地位。降蒙之后,在大蒙古国政治结构中,偰氏原为宗王陪臣,不居于核心地位。在忽必烈立国中原、建立元朝过程中,撒吉思立有大功,其家族的地位始由诸王陪臣转化为天子的封疆大吏。但是,岳璘帖穆尔一支与忽必烈政权渊源不深,以致在元朝的政治起点不高,算不上"大根脚"家庭。

自仕宦的观点言之,偰氏无疑是一个累世官宦的家族。在现有记录中,五代之中共有三十三人出仕蒙元。偰氏仕宦的最大特色是由根脚家庭转化为科第世家。前三代入仕途径与一般蒙古、色目官宦家族并无不同,主要经由承荫、宿卫与军功入仕,第四代以下,科举则成为偰氏子弟登仕的主要途径。而且,由科举入仕诸人起仕及终仕官品并不低于凭借承荫与宿卫等特权而入仕者。可见元朝取官用人虽重家世,但对"根脚"不算特大的家庭而言,科举不失为一个补救根脚不足的入仕途径,而偰氏则是利用科举入仕最为成功的家族。元明鼎革之后,偰氏子孙在明朝仍不失为一官宦之家的地位,而迁入韩国之一支尤善于利用其超越国界的文化背景而成为高丽、朝鲜之外交与科第世家。

自文化观点言之,与当时多数蒙古、色目菁英家族相较,偰氏之表现既有特殊之处,亦有相似之处。整体而言,偰氏无疑为蒙古、色目人中汉化程度最高的家族之一,其文化及伦理与汉族士大夫极为相似。但由其在姓名与婚姻两方面的表现看来,偰氏并未放弃原有之族群认同而与汉族融为一体。在当时政治体制之下,文化上之汉化及原有族群认同之维持可说是偰氏在元朝长保尊荣之重要策略,与当时汉化较深之蒙古、色目家族并无不同。唯有在蒙元征服政权瓦解之后,留居中原及迁入高丽之偰氏子孙始不得不改变原有族群认同而消融于当地主流社会之中。

〔**附记**〕偰氏家族于元朝灭亡后在韩国绵延的历史,虽非本文之重点,在修改过程中却是收获最丰而且甚为有趣的部分。本文宣读后,承哈佛大学卡哈尔·把拉提(Kahar Barat)博士惠告:闻其韩国友人云,偰氏后裔今居韩国者仍多,可惜不见记载。乃进一步搜求韩国有关史料,所得甚丰。近阅韩国国史编纂委员会编《古书目录》(汉城:国史编纂委员会,1983,页49及75),见有关于偰氏著作二种:

《庆州偰氏诸贤实记》

写本。1929写1册27×19.5cm。被传者:偰逊(?—1360)等

《庆州偰氏族谱》

偰秉洙等编。写本。1929写序:岁丁未(1907)奇宇万谨书

碑撰:崇祯后五周癸丑(1913)奇宇万谨撰

前者当为偰氏先贤传记,后者则为其族谱。可惜目前尚无法检阅二书。

本文修正初稿完成后,又蒙学弟韩国史专家叶泉宏先生校读一过,匡正良多,并蒙惠赠不少有关偰氏在韩国事迹之史料,皆已补入,使本文更为充实,谨此铭谢。

〔原刊于《中国近代家族与社会学术研讨会论文集》,台北:"中研院"史语所,1988,页263—299〕

元色目文人金哈剌及其《南游寓兴诗集》

一、引言

元代中国为一复合社会,其种族之复杂、文化之繁富,在中国历史上可说空前。各族群间文化及政治上的相互激荡与彼此影响,构成元史研究的中心课题。而蒙古及色目(西域)人对汉文化之浸濡尤为一饶富趣味而为过去学者注目的焦点。

研究元代蒙古、色目人汉化,不免受到史料的限制。现存蒙古、色目人之碑传史料远少于汉人。而今存二百五十种左右的元人诗文集之中[1],色目文人的完整著作不过六种[2],而蒙古人更无全帙诗文集传世[3]。因其著作散佚、碑传不存以致生平难于稽考乃至为世所遗忘的蒙古、色目文人,为数当不在少,殊为遗憾。因

---

[1] 据陈高华统计,见陈高华、陈智超等《中国古代史料学》,北京:北京出版社,1983,页 337。

[2] 色目人诗文集原书仍存者为马祖常《石田集》、萨都剌《雁门集》、余阙《青阳先生文集》、迺贤《金台集》、王翰《友石山人遗稿》、丁鹤年《丁鹤年诗集》。参看周清澍编《元代文集版本目录》(《南京大学学报丛刊》,1983)。

[3] 蒙古人中,泰不华(1304—1352)存诗较多,也不过廿一首,其传世之《顾北集》为辑本。

此,对元代文史研究者而言,任何久遭湮没的蒙古、色目作者诗文集之发现,都应甚具意义。

金哈剌为元季多才色目文人,存世碑传史料却不多。而其诗集《南游寓兴诗集》在中国更是湮没已久,仅有之写本长埋于日本东京内阁文库之中①,不仅外国学者无人注意,日本学者亦未有一人引用。过去学术著作中唯有陈垣(1880—1971)《元西域人华化考》提及哈剌(误作哈喇)②。陈氏根据陶宗仪《书史会要》及无名氏《录鬼簿续编》而列哈剌为西域之中国书家及曲家之一,既未详考哈剌之生平,亦不知其人尚有专集传世。六百年来,金哈剌几乎已为世人所遗忘。

四年前,内蒙古大学历史研究所周清澍教授发表《日本所藏元人诗文集珍本》一文,记述其访日所见诸珍本。列《南游寓兴诗集》为"《四库全书》及《存目》未收,而中国国内所在不明者"之中,并对哈剌生平略为考述。但因限于篇幅,周氏对其人其书未加深论③。三年前,笔者承蒙新加坡国立大学图书馆之协助,获得该书影本一份,得以细加研析。深觉此一元代少数民族文人之事迹及著作不应长期埋没。特撰此短文以表彰哈剌其人其书,并兼缅怀韩鸿庵(儒林)先生倡导蒙元史及少数民族史研究的卓越贡献。

---

①该文库藏书目录曾著录此书。《内阁文库图书第二部汉书目录》(东京:帝国地方行政学会,1914),页333:"《南游寓兴诗集》,元金哈剌,日本写本,册数一。"《内阁文库汉籍分类目录》(东京:内阁文库,1957),页343亦云:"《南游寓兴集诗》,元金哈剌,江户写,(册)兼一,(函)312,(号)284。"
②陈垣《元西域人华化考》(励耘书屋本)卷四、五。
③周清澍《日本所藏元人诗文集珍本》,载于《东洋文库书报》第23号(1991)。

二、其人

金哈剌身处元末干戈扰攘之际，最后更追随顺帝（1333—1370）蒙尘朔漠，不知所终，以致载籍之中，缺少完备碑传。《南游寓兴诗集》发现前，有关哈剌生平的几种记载不仅简短，而且相互抵牾，其中待发之覆甚多。

元明之际学者陶宗仪（约1316—约1402）所编《书史会要》叙其生平及书艺云：

> 哈剌，字元素，也里可温人，登进士第，官至中政院使。能文辞，其书宗巙正斋。①

而十五世纪初年无名氏所编《录鬼簿续编》以其为曲家：

> 金元素，康里人氏，名哈剌。故元工部郎中，升参知政事。风流蕴藉，度量宽宏，笑谈吟咏，别成一家。尝有《咏雪》塞鸿秋，为世绝唱。后随元驾北去，不知所终。②

明朝后期柳瑛纂《隆庆中都志·名宦志》则谓：

> 哈剌，字元素，赐姓金，也里可温人，赐进士出身。至顺（1330—1333）间为钟离县达鲁花赤，能反冤狱，政为诸邑最。濠州学正曾好问为著碑。累官廉访佥事，江浙行省左丞，拜枢密院使。③

---

① 《书史会要》（陶氏逸园本），《补遗》。
② 《录鬼簿续编》，收入钟嗣成等著《录鬼簿（外四种）》，上海：古典文学出版社，1957。
③ 《中都志》（隆庆三年刊本）卷六《名宦》。陈沂纂《南畿志》（嘉靖间刊本）卷一〇《郡县志·宦迹》亦载哈剌事迹云："哈剌，钟离县达鲁花赤，能反冤狱，政为诸邑最。"

由这几项史料看来:哈剌(Qara,回纥及蒙古语皆为黑之意),字元素,赐姓金氏。登二甲进士第,由州县入官,以政绩著称,后来累任高官。明军入大都,哈剌从元帝北遁,亡身朔漠。其人风流蕴藉,不仅善于吟咏度曲,又擅书法。其书师法当代大书法家康里氏巙巙(1295—1345)。巙巙之书以"笔法遒媚,转擢圆劲"而名重一时①。哈剌之书风应该与其近似。

上述各史料有关哈剌族属及官历之记载相互矛盾,而于其家世及登科年代等问题则略而未谈。《南游寓兴诗集》卷首冠有刘仁本(?—1367)②、赵由正二序③。仁本及由正皆为哈剌游宦浙、闽时之同僚及挚友,对其家世及生平所知应较确切。因此,二序对哈剌事迹之考订皆有甚大之助益。兹综合上引诸史料、刘赵二序及《南游寓兴诗集》中若干诗篇对哈剌身世及生平的若干重大问题考述如次:

族属与家世:关于哈剌所属种族,各书记载不一,出入颇大。

---

① 《书史会要》卷七。

② 刘仁本,字德玄,台州路天台人,乡贡进士出身,入方国珍幕,为其佐谋议。至正十七年为江浙行省左右司郎中,廿年为江浙行枢密院判官,廿一年为温州路总管。国珍海运输元,仁本实司其事。其人学问淹雅,工于吟咏,著有《羽庭集》。与金哈剌唱酬甚密。见《明史》(北京:中华书局点校本)卷一二三,《方国珍传》附《仁本传》;钱谦益《列朝诗集小传》甲前集,上海:古典文学出版社,1957。

③ 赵由正,字正直,黄岩人(喻长霖纂《台州府志》(1936)卷二一《选举表》)。其为《南游寓兴诗集》所作序,自署"浚仪赵由正元直",浚仪乃指其祖贯。由正为国子进士出身,至正廿年任福建行省左右司都事,廿一年迁嵊县尹。由正为哈剌旧识,其任职福建,即出于哈剌荐引。由正之序即为二人共事福建时应哈剌之命而作。哈剌集中有《奉寄赵元直都司》及《贺赵元直都司迁居》二首皆系与由正唱酬者,可见二人关系之密切。参看《南游寓兴诗集》赵由正序;黄瑞编《台州金石录》(刘氏嘉业堂刻本)卷一三《元邬处士诗碑》。

《书史会要》及《中都志》皆称其为"也里可温人",《录鬼簿续编》云为"康里人"。赵由正《南游寓兴诗集》序则称他为"萭林人":

> 公萭林人,名哈剌,字元素,乃祖有功于国,赐姓金氏,"葵阳"其自号也。

哈剌为萭林人之说亦见于至正四年(1344)欧阳玄撰《刑部主事厅题名记》①。而刘仁本序则说他为"雍古(即汪古)人":

> 君雍古人,名哈剌,其先赐姓金氏,世居燕山,自号"葵阳老人"。

故哈剌之族别共有"也里可温""康里""萭林"及"雍古"四说,可谓众说纷纭。

哈剌之族属问题可与其家世问题一同寻求解决。刘仁本之序因追溯哈剌之家学而涉及其家世:

> 余闻君伯氏中丞石田公以诗文名当世,戮戮明堂清廊,能一变前代尘陋之习,为后来矜式。是编殆又家学有所受欤?

序中之"中丞石田公",显然是指马祖常(1279—1338)而言。祖常出身汪古(即雍古),曾官南台及中台御史中丞,于淮南筑有别业,名"石田山房",而其诗文集则称《石田集》。马氏累世华学,祖常尤为元代诗文巨擘②。苏天爵序《石田集》称其诗"接武隋唐,上追汉魏,后生争慕效之,文章为之一变"③。与仁本所言相似。祖常既为哈剌之"伯氏"(兄长),则哈剌与祖常同出汪古,应无可疑。

---

①此记见于熊梦祥纂,北京图书馆善本组辑《析津志辑佚·朝堂公宇》,北京:
  北京古籍出版社,1983。而不见于欧阳玄《圭斋文集》(四部丛刊本)。
②《元西域人华化考》卷二、四、六。
③苏天爵《滋溪文稿》(台湾图书馆影印旧抄本)卷五。

但是祖常家族自其高祖习礼吉思（汉名马庆祥，1177—1222）于金季，为凤翔兵马判官，已采用马姓，并定居开封①，故有"浚仪（即开封）可温氏"之称②。而哈剌之家，"世居燕山（即大都）"，又因"乃祖有功于国，赐姓金氏"，至少自祖父一辈已自马氏分出，别为一支。刘仁本虽称祖常为哈剌之"伯氏"，但哈剌与祖常至多为同曾祖之族兄弟而已。

哈剌既为汪古人，何以史料又称其为也里可温、莆林及康里氏？此一问题须自汪古——尤其是马氏——的族源及宗教信仰两方面加以剖析：汪古为金、元二朝居住阴山以北之突厥语部族，其人以唐代回鹘余部为主体。以后又吸收沙陀人及金初释放的回鹘俘虏融合而成③。马氏便非汪古土著，而是源出于九世纪西迁之回鹘，其祖先于辽道宗时居住狄道（甘肃临洮），"养马洮河上"④。金初掳至辽东，被释后始迁居净州（内蒙古四子王旗西城子村）之天山⑤。故马氏为自西东徙之回鹘遗民，加入汪古族甚晚。

金哈剌之称为"也里可温人"及"莆林人"皆与其家族世奉景教有关。汪古人多奉景教⑥。而马氏东徙之前即已皈依此教。黄

---

①《元西域人华化考》卷二。

②杨维桢《西湖竹枝集》（武林掌故丛编本）。

③周清澍《汪古部事辑》，载于《中国蒙古史学会成立大会纪念集刊》，呼和浩特：中国蒙古史学会，1979；盖山林《阴山汪古》，呼和浩特：内蒙古人民出版社，1991。

④马祖常《石田先生文集》（元人文集珍本丛刊本）卷一，《饮酒六首》其五。

⑤周清澍《汪古部事辑》，载于《中国蒙古史学会成立大会纪念集刊》，呼和浩特：中国蒙古史学会，1979；盖山林《阴山汪古》，呼和浩特：内蒙古人民出版社，1991。

⑥关于汪古人的景教信仰，见伯希和（Paul Pelliot）《唐元时代中亚及东亚之基督徒》，收入冯承钧译著《西域南海史地考证译丛》，上海：商务印书馆，1934；罗香林《唐元二代之景教》，香港：中国学社，1966；朱谦之《中国景教》第9章，北京：人民出版社，1992。

潜(1277—1357)《马氏世谱》即说"马氏之先,出西域聂思脱里贵族"①,聂思脱里(Nestorian)即景教。元朝人对基督教(包括景教及天主教)教士及教徒皆称为也里可温(erke'ün)②。哈剌称作"也里可温氏"乃指其宗教信仰,非指其族属。至于哈剌为茀林人一说,稍为复杂。"茀林"一名(亦作拂懔、拂菻)之意义,在中国史上前后有异。南北朝、隋唐时代此名乃指拜占庭帝国而言,而元明时期则为"Farang"一字的音译,乃波斯人、阿拉伯人对欧洲的称谓③。赵由正称哈剌为"茀林人",但哈剌家族之非源自欧洲,应可确定。由正为哈剌之僚属及好友,为其作序,当不至对其族属信口雌黄,而是根据哈剌之自述。"茀林"似为哈剌因其自身源出于西域也里可温教而采用的一种"郡望"。其诗《寄大兴明寺元明列班》有句云:"寺门常锁碧苔深,千载灯传自茀林。""列班(rabban)"为叙利亚语教师、长老之意,乃景教教士称号④。大兴明寺为泉州景教教堂⑤,而哈剌称其教传自茀林。可见其自称为茀林人乃因信仰景教之故。

哈剌为康里人之说显然出于《录鬼簿续编》著者之误记。康里原为居于西亚里海与咸海间从事游牧的突厥种部族。其人随蒙

①黄潜《金华黄先生文集》(四部丛刊本)卷四三。

②陈垣《元也里可温考》,上海:商务印书馆,1923;周良霄《元和元以前中国的基督教》,载于《元史论丛》第 1 辑(1982)。

③韩儒林《关于拂菻》,《元史及北方民族史研究集刊》第 4 期(1980);于化民《佛郎机名号源流考释》,《文史》第 27 辑(1986)。

④陈得芝《列班·扫马》,载于《中国大百科全书·中国历史》第 2 卷,北京:中国大百科全书出版社,1982。

⑤大兴明寺应即兴寺。元明·列班似为该寺住持。金哈剌当在其任职福建时,访问该去并结识元明。关于兴明寺,见杨钦章、何高济《泉州新发现的元代也里可温碑述考》,《世界宗教研究》第 1 期(1987);杨钦章《元代南中国沿海的景教教会和景教徒》,《中国史研究》第 3 期(1992)。

军东返而在元廷担任文臣武将者为数不少①。但是,马氏及金氏家族与康里毫无渊源。

哈剌既然出自元朝著名之官宦科第世家马氏,而其祖又因功而得赐姓,家世无疑甚为显赫,但其祖、父二代名字及官爵已不可探知。在其家族中,现仅可考知其弟及二子事迹的一鳞半爪。哈剌有弟名(或字)孟坚,集中有《弟孟坚扇》及《寄弟孟坚》二首。《寄弟孟坚》中有"近闻天使到东瓯……一纸除书膺录事"之句。可见其弟曾授浙东某地之录事。至于其子,《录鬼簿续编》说:

> 金文石,元素之子也,至正(1341—1368)间,与弟武石俱父荫补国子生。因其父北去,忧心成疾,卒于金陵。幼年从名姬顺时秀歌唱,其音律清巧,无毫厘之差,节奏抑扬或过之。及作乐府,名公大夫,伶伦等辈,举皆叹服。②

而刘仁本《南游寓兴诗集》序则说哈剌"有子名瑶同、元同者能诗",显然文石即瑶同、武石即元同。二人皆为国子生出身。仁本又有《寄金防御令子文石》七律,有句云"叨陪防御谈戎事,闻说成均令子材"③,即指文石就读国学事③。文子、武子皆能诗歌,而文石尤得其父真传,善谱曲,精歌唱。可见哈剌一族累代仕宦,精于艺文,风流蕴藉,不下于马祖常一支。

哈剌虽然出身宦族,却以科第登仕,与马祖常一族相似。其登第进士事,《书史会要》《隆庆中都志》皆言及之,但未明述其登科年代。其诗集中有《简德刚元帅》七律云:

---

① 陆峻岭、何高济《元代的阿速、钦察、康里人》,《文史》第 16 辑(1982)。
② 《录鬼簿续编》,收入钟嗣成等著《录鬼簿(外四种)》,上海:古典文学出版社,1957。
③ 刘仁本《羽庭集》(文渊阁四库全书本)卷四。

天历三年同应举,锦衣行乐帝城春,

花枝压帽闲骑马,竹叶倾杯醉劝人。

可见哈剌系于天历三年(亦即至顺元年,1330)登进士第。此为元朝实行科举以来之第六科。上距其族兄祖常跃登首科右榜探花时已历十五年。祖常于是年适为知礼部贡举①,族兄弟二人,一为座师,一为门生,可谓士林佳话。此科共录取九十七人②。《南游寓兴诗集》中有诗赠铁德刚元帅、永嘉监邑(即达鲁花赤)的理翰及延平监邑(亦即达鲁花赤)月沧海。三人皆为其同年进士③。

哈剌早年之仕途并不十分顺遂。其早期仕历以刘仁本序所述最为可靠。该序说:

> 早岁掇高科、隮膴仕,自试县绰绰有余,会朝廷始辟天官司绩署,首擢置之。继拜中台御史,奋身抗志,言事忤时,出任淮东宪贰。既又遭阽阻路,浮江涉海,持节开藩阃,为东南防御。

据《隆庆中都志》,哈剌于登第后初任钟离县达鲁花赤。刘仁本序中所云司绩署,系设立于至正元年(1341),隶吏部。该署置司绩一员,秩不过正七品④。可见哈剌浮沉于州县达十年之久。任职中枢后,在品阶上亦无进展。据欧阳玄《刑部主事厅题名记》,哈剌于至正四年任刑部主事⑤。当在转任中台御史之先。"淮东宪

---

①《滋溪文稿》卷九《马文贞公墓志铭》。

②《元史》(北京:中华书局点校本)卷八一《选举志一》。

③哈剌酬赠三人之诗为《寄的理翰德昭同年》《简德刚元帅》《铁德刚同帅挽诗》及《寄延平监郡月沧海》。

④《元史》卷九二《百官志八》。

⑤此记见于《析津志辑佚·朝堂公宇》,而不见于欧阳玄《圭斋文集》(四部丛刊本)。

贰"即佥淮东廉访司事,亦不过正五品而已。哈剌转职中枢是在蔑
儿乞氏中书右丞相脱脱(1314—1355)力行更化、一反乃伯伯颜
(?—1340)反汉、反儒政策之时。脱脱于至正十四年(1354)失势
去职,哈剌之由中台御史外任淮东佥宪是否与此有关,已不可考。

《南游寓兴诗集》系哈剌供职浙闽期间诗作之汇集。因而对
其在此期间之经历有详加考述之必要。

哈剌在东南初任之官职为海道防御都元帅(简称为"海道防
御""东南防御")。"防御海道运粮万户府"系元廷面对方国珍
(1319—1374)、张士诚(1321—1367)变起东南、海运中断的局面
而设置。元朝建都大都,而税粮则以江南所产最为丰饶。政治枢
纽地区与经济枢纽地区之连接端赖海运。海运盛时,江浙北运粮
食每年多达三百五十余万石,北方之政府及军队赖此维持①。及
至方国珍于至正八年(1348)起兵反元,占领台州、温州、庆元(宁
波)等浙东州郡,据有海道,阻绝粮道,海运已受影响②。至正十五
年高邮张士诚率军渡江,明年定都平江(苏州),割据浙西多数州
郡。平江原为漕粮集中之地,此地为张氏攻占后,元廷海运所受打
击尤为沉重,一度因而中断。北方之粮食补给发生严重问题,京师
屡次大饥。

"海道防御都元帅"系元廷为恢复海运而设置于台州的官职,
初称"海道运粮万户",系设于至正十五年。《元史·百官志》说:

> 至正十五年七月,升台州海道巡防千户所为防御海道运

---

① 吴缉华《元朝与明初的海运》,《"中研院"史语所集刊》第 28 本上(1967);
高荣盛《元代海运试析》,《元史及北方民族史研究集刊》第 7 期(1983)。
② 杨育镁《元代后期江南天灾及民变对海运的影响》,《中国历史学会史学集
刊》第 23 期(1991)。

粮万户府。九月分府于平江。①

但此时台州系由方国珍控制,元廷鞭长莫及。明年二月士诚陷平江,一时之间该府所起作用不大。同年三月,方国珍降元,十七年士诚亦降。元廷招降方、张二人的一个主要目的即在恢复海运。国珍降元后,最初所授官职即为海道运粮漕运万户兼防御海道运粮万户②。以后虽升任诸职,仍兼海道运粮万户如故③。但是方、张二人,一人有船,一人有粮,却不能合作。自至正十九年(1359),元廷多次派遣大臣至江浙催粮④。屡经协调,始由士诚供粮,自平江转输澉浦,再由国珍所备之舟北运。自至正十九年至二十三年间,每年北运粮食在十一万石至十三万石之间。比起盛时之数,已不及二十分之一。至正二十三年士诚自称吴王,拒绝继续供粮,海运完全断绝,元朝覆亡命运遂不可免。

金哈刺由文官转任海道防御都元帅是在至正十六年。刘仁本《贺金元素拜福建行省参政仍兼海道防御》说:

> 金君将相材,起身自文章,
> 时危多武备,帝命出防御。
> 三年持节钺,四境民康乐,
> …………

显然哈刺出任福建行省参知政事之前,曾任海道防御三年,而其出任福建参政是在至正十九年⑤。至正二十年刘仁本、赵由正为其

---

① 《元史》卷九二。
② 《元史》卷四四《顺帝本纪七》。关于方国珍之史料,见杨讷、陈高华等编《元代农民战争史料汇编·方国珍部》中编第2分册,北京:中华书局,1985。
③ 《元史》卷四五《顺帝本纪八》。
④ 《元史》卷九七《食货志五·海运》。
⑤ 见赵由正序。

诗集作序时,哈剌则又自福建转任江浙行省参政①。而在其担任福建及江浙参政时皆兼海道防御都元帅职。海道防御都元帅应系其基本职务。

哈剌之出任海道防御都元帅大约与方国珍出任防御海道运粮万户之时间相近。都元帅一职系"配虎符印章,锡万石职,监漕运,镇海邦"②,地位应与方氏所任运粮万户相当③。两者之间有无上下统辖关系已难确证。由诗集可以看出,哈剌在东南期间,长期活跃于方氏势力范围之台、温、庆元一带,与方氏幕僚刘仁本、张本仁、丘楠、郑永思等皆有唱酬关系。与方氏之左右手刘仁本交谊尤殷④。而仁本便是国珍主理海运业务者⑤。哈剌担任海道防御都元帅之主要任务显然在于负责与方氏协助海运工作并加监督。其与方国珍之关系可能有如元朝一般机构中达鲁花赤(多由蒙古色目人担任)与正官(多由汉人担任)之间的关系。

哈剌担任福建行省参政前后不足一年,似亦以监督海运为主要任务。江浙海运不仅数额不裕,而且由于张、方不和,甚不稳定,元廷必须另辟粮源。此时陈友定(?—1368)崛兴于福建,居延

---

①陈善等修《杭州府志》(明万历九年刊本)卷九云:"江浙行省,左丞,世次无考,哈剌,也里河(可之讹字)温人。"同卷又云:"江南浙西道肃政廉访司,金事,世次无考,哈剌,也里河(可之讹字)人。"此一哈剌当指金哈剌而言。但金哈剌显然未曾任此二职。

②赵由正序。

③方氏兼任之运粮万户一职后来升为都元帅。其兄国璋(?—1362)即为防御运粮义兵都元帅。见《台州金石录》卷一三张翥《江浙行省平章方公神道碑铭》。

④《南游寓兴诗集》中酬赠刘仁本之诗共达十四首之多,而刘氏《羽庭集》中与哈剌父子唱和者亦有四首。另《永乐大典》卷三五二六收入仁本《次金防御过海门韵》不见于《羽庭集》。可见二人友情之厚。

⑤《列朝诗集小传》甲前集《刘左司仁本》。

平,拥有八郡之地,仍奉元廷正朔,受命为行省参政①。元廷乃征粮于福建。户部尚书诗人贡师泰(1298—1362)于至正十九年(1359)受命至福建即为征粮②。权衡《庚申外史》叙述福建海运之由来及重要性说:

> 时张士诚据浙西,方国珍据浙东有船,二家攻战不和,粮竟不至。赖福建滨海,又为王土,独能运粮至京师。由是,京师民再活。③

至正十九年秋,陈友定所输之粮达数十万石④。哈剌任行省参政,职位与友定相等,其任务显然意在监督。为何不久即调返江浙则不可知。

哈剌在台州、庆州一带滞留至少有六年之久。其《西乡杂诗》之六自谓:

> 我本朝参客,来兹近六霜。
> 儿童知姓字,田亩乐耕业。

故其北返不会早于至正二十二年。至正二十三年九月起,因粮源断绝,海运不通。哈剌可能此时被调北返。其在东南前后六七年期间,对海运之复苏应有一定程度之贡献。但是此时元朝威信已衰,方国珍依违于元廷及朱元璋之间,而陈友定亦是威迫相臣。哈剌之工作不仅甚为艰巨,更是无力挽救已倒之狂澜。

哈剌北返后之事迹,记载极少。《书史会要》称其官至中政院

---

①《明史》(北京:中华书局点校本)卷一二四《陈友定传》;钱谦益《国初群雄事略》卷一三《福建陈友定》,北京:中华书局,1982。
②朱燧撰贡师泰《纪年录》,载于《玩斋集》(文渊阁四库全书本)"附录"。
③任崇岳《庚申外史笺证》,郑州:中州古籍出版社,1991,页100—101。
④《国初群雄事略》卷一三。

使。而《中都志》则云官拜枢密使。孰是孰非，不易断言。中政院使掌管中宫财富，而枢密院使则为最高军事长官。但是，枢密使一职，例由皇太子兼任，向不授予他人①。哈剌如曾任职枢密，当不至高于知枢密院事。中政院使秩正二品，而知枢密院事则为从一品，皆是高官崇爵。科举出身者之中，高官如此，已属罕见。但其出任中政院使或知枢密院事，应是在至正二十八年（1368）追随顺帝北遁沙漠之前不久而已②。

哈剌之生卒年皆无记载。其卒年无法考证，而生年则可推测。哈剌于至正二十年时已自称"葵阳老人"，必已年逾知命。如此时为五十五岁，则其于天历三年（1330）登进士第时约为二十五岁。而应出生于大德九年（1305）左右。在其出亡朔漠时则已为一年逾花甲或是近乎古稀的老翁。

三、其集

今传内阁文库本《南游寓兴诗集》为写本。除刘仁本、赵由正二序及目录外，共有六十二叶。全集未分卷，共收诗三百二十余首，在现存元朝色目人诗集中无疑已是存诗较多者。

此集所收诸诗，皆为哈剌宦游东南期间之作品。其所以称为《南游寓兴诗集》者乃因集中诸诗以寄寓性情、发抒胸臆为主，有

---

① 关于元代枢密院，参看李涵、杨果《元枢密院述略》，载于《蒙古史研究》第 3 辑（1989）。

② 《中都志》称哈剌为枢密使固属错误，该书是否误以为哈剌即至正二十八年任知枢密院事并追随顺帝北遁朔漠之哈剌章，现已不易考明。哈剌章为蒙古蔑儿乞氏，右丞相脱脱之子。刘佶（或云为张佶）《北巡私记》（云窗丛刻本）记述哈剌章从顺帝北遁事甚详。该书亦记有随从顺帝北遁大臣之部分名单，其中并无哈剌。

如刘仁本序所说:"凡感于胸臆者,悉发为诗歌。匪惟兴趣之寓,豳其郁结而已,且忠贞慷慨家国之忧,蔼然言表。"

集首刘仁本序作于至正廿年(1360)腊月,而赵由正序则作于同年四月。可知此集于该年四月之前已经结集。此后哈剌在东南尚滞留二三年,是否增入新篇,已难考究。刘序又说:此集系由"其学徒编辑镂梓",但因现传为写本,而书目资料皆未注明版本,故已无法证明确曾"镂梓"刊行。

此集写本之真实性,不容置疑。集中之诗见于石刻者有《书邬老人墓志后》一首①。明初收入《永乐大典》者则至少有五首②。以石刻及《大典》与写本所收相关诸诗对校,仅发现少数几字出入③。可见写本绝非后人伪造,而且笔误不多。此外,今存哈剌之诗不见于此集者仅有《书宿州惠义堂》一首,为其任淮东廉访佥事时所作,今见于《隆庆中都志》④。故欲研究哈剌之诗必须自本集着手。

此集明初于内府确有藏本,由《永乐大典》采入本集所收诗一事可知。英宗正统年间(1436—1449)杨士奇(1363—1444)主编《文渊阁书目》诗词类云:

---

① 《台州金石录》卷一三《元邬处士挽诗碑》,第二首为哈剌诗。下注之作者为"哈剌金元来","来"字当为"素"之误。

② 《大典》收入者为《偶成》《读葛逻禄氏马易之诗》(卷九〇〇)、《寄刘德玄知己》、《寄的理翰伯昭同年》(卷一四三八三)、《刘经历席上》(卷二〇三五三)。

③ 本集之写本与石刻及《大典》所收诗之字句有出入者:《书邬老人墓志后》第二句写本作"耆年八十过",而石刻作"耆年八秩过"。《寄的理翰伯昭同年》第三句写本作"金榜春风显姓字",《大典》本"显"作"题"。《刘经历席上》第一首末句写本作"满城箫鼓声",《大典》本"箫"作"萧",萧为箫之俗字。

④ 《隆庆中都志》卷八《题咏》。

余元素《南游寓兴》，一部，阙。《秘阁书目》：余作金。①

《秘阁书目》为宣德元年（1426）状元马愉所编，编纂时间应略早于
《文渊阁书目》，其时内府本《南游寓兴诗集》当仍存②。而杨士奇
编《文渊阁书目》时则已散失。成书稍晚之叶盛（1420—1474）《菉
竹堂书目》亦著录"金元素《南游寓兴》，一册"③。但是，《菉竹堂
书目》原本早已亡失，今本乃系后人根据《文渊阁书目》伪造④。叶
氏未必见及《南游寓兴诗集》。此后明清二代公私书目皆未著录
此书。清康熙年间（1662—1722）顾嗣立（1665—1722）所编《元诗
选》乃系集传世元诗之大成者，却未收录此集。顾氏所编续集《元
诗选癸集》所收皆为元人散佚单篇诗作。有其中仅自《中都志》采
入哈剌《书宿州惠义堂》一首⑤，顾氏为编纂《元诗选》及《癸集》曾
博览公私所藏群籍⑥。其未及见此集，亦可证明此集在中国已经
失传。

此集孤本在日本收藏之情形则可由内阁文库本之收藏印章加
以考述。该本首页钤有"蒹葭堂藏书印""浅草文库""日本政府图
书"等印，而末页亦钤有"昌平坂学问所"及"文化甲子"二印⑦。
"蒹葭堂"乃指木村蒹葭堂（巽斋，1736—1802）。其人为江户时代

---

① 《文渊阁书目》（丛书集成本）卷一〇。
② 《秘阁书目》今已不存，焦竑《国史经籍志》（丛书集成本）卷二，《总目类》
　 著录。
③ 《菉竹堂书目》（丛书集成本）卷四。
④ 吴枫主编《简明中国古籍辞典》，长春：吉林文史出版社，1987，页 775。
⑤ 《元诗选癸集》（扫叶山房刊本）丁，《金金事元素》。
⑥ 关于《元诗选》，参看顾廷龙《顾嗣立与〈元诗选〉》，《大公报在港复刊三十
　 周年纪念文集》，上，香港：大公报，1978，页 207—218；顾廷龙、陈先行《〈元
　 诗选〉琐谈》，《书品》第 4 期（1991）。
⑦ 关于蒹葭堂、昌平坂学问所、浅草文库等藏书印之考订，参看小野则秋《日
　 本藏书印考》，大阪：文友堂书店，1944，页 154—156、273 及图 18。

大坂本草学者,亦为著名之收藏家①。此书如何传至日本,何人抄写,如何归于木村之手,现已不可考知。但木村为现知日本之第一位收藏者。文化元年(1804)木村家属将其遗书二千余册贡献于昌平坂学问所,其中江户写本颇多,《南游寓兴诗集》当即其一。"文化甲子"即文化元年。昌平坂学问所乃德川幕府之最高教育机构,亦富藏书②。明治维新后,日本政府以德川幕府所属红叶山文库及昌平坂学问所旧藏成立浅草文库,本集乃归浅草文库所有。该文库即为明治十八年(1885)成立之内阁文库的前身。"日本政府图书"乃系大正九年(1921)至昭和七年(1932)间内阁文库藏书之印③,二次大战后,内阁文库并入国立公文书馆,本集遂亦成为该馆插架珍品。

《南游寓兴诗集》的重现,不仅为研究元诗发展增添了一项崭新资料,亦对了解元代色目人所受汉文化之影响具有不少助益。元代诗坛继金人南渡后之余习,以宗唐复古为风尚④。就其时代先后视之,前期诗人以宗李(白)、杜(甫)、白(居易)为主;后期,尤其天历(1328—1330)之后,则亦有仿效李贺、李商隐诗风者,如若干浙东诗人作品中,即出现绮丽、秾缛的倾向。自整体视之,元代诗人一方面在措辞、意境、格调等方面祖袭唐诗,同时则尝试摆脱宋诗雅好议论说理的影响。但是,元诗中并无唐诗所显露的高昂之情绪,亦少见唐诗中所习见的强烈之悲哀,此又与扬弃悲哀的宋

①国史大辞典编集委员会编《国史大辞典》第4册《木村蒹葭堂》,东京:吉川弘文馆,1990,页214—215。
②同上,第7册,《昌平坂学问所》,页608—609。严绍璗《汉籍在日本流布的研究》,南京:江苏古籍出版社,1992,页234—235。
③樋口秀雄《淺草文庫の創立の景況》,《参考書志研究》第4期(1972)。
④邓绍基主编《元代文学史》,北京:人民文学出版社,1991,页365—375。

诗风格较为接近①。再者,元诗中虽亦不乏刻意追求豪迈清放之作,显露北方醇厚之气,但或因诗人才情气势不足,与同类唐诗相比,则往往或流于粗粝,或稍嫌纤弱。

哈剌虽未能以诗名大显于元朝诗坛,其集中所收诸诗却可谓为元代诗坛之缩影。体裁方面,以近体为多;内涵方面,大凡行旅、游览、寄赠、送别、酬和、题画、咏物,样样俱备。其中不但浮现刘仁本所强调犹如杜甫一般的忠君爱国之情,亦不时流露白居易讽喻诗中对民生疾苦之关怀。或言"一寸丹心千里目,田边春色望皇州"(《观海上灵异敬成近体一首》),或叹"兵甲何时息,予心日夜忧"(《登楼》),或云"邑民饥渴否?立马问田夫"(《钱清驿》)。如其《和陈继善都事闻喜诗》一首则显示对国家民生的整体关怀:

> 攘攘干戈仅十年,几人忠节世堪传。
> 王师近报收河外,边将深能制海堧。
> 政用蠲徭纾兆姓,更宜束帛聘名贤。
> 书生拟作中兴赋,仰贺寰区复晏然。

此诗所传达者为其对王师报捷、边将得人之欣慰,以及对朝廷用贤、造福百姓、寰宇太平的殷殷企盼,与汉族知识分子心怀君国之典型并无不同。但在元廷命运危如累卵之际,蒙古、色目官员之危机意识可能更加强烈。

但是,除去忠君爱国的情怀外,《南游寓兴诗集》中,出现更多者则为哈剌个人日常生活片段和情趣的记录。或游览山水、造访古迹,或寄赠酬唱、宴饮雅集,或题画书扇,全然是传统士大夫文化的承传,其中流露的心情和趣味,亦属文人雅士所特有。试看《江

---

① 吉川幸次郎著,郑清茂译《宋诗概况》,台北:联经出版事业公司,1977,页37—45。

楼宴集》所写宴饮雅集之际,诗酒风流、览景折花之乐:

> 元帅台城驻节旄,兹楼时复一登遨。
>
> 倚栏呼酒传金碗,凭几题诗运彩毫。
>
> 海水遥通江水碧,黄山浑似赤山高。
>
> 盍簪俱是风流客,醉折梅花香满袍。

再如《西乡杂题六首寄郑永思员外》其三,写其乡居期间望云观池、俯仰自得之趣:

> 山中无酷暑,七月似深秋。
>
> 枕雪晨光润,松篁雾气浮。
>
> 望云观鹤过,俯槛看鱼游。
>
> 自觉添才思,题诗更上楼。

又如《偶成》所记春日乘兴优游赏玩之趣:

> 海天春雨正霏霏,半逐东风半作泥。
>
> 明日清溪舟楫便,看花直过画桥西。

这些诗篇的确如赵由正所言:"公之寓兴于诗也,词语平和,意趣高淡。不习乎体制之崛奇,不尚乎章句之雕琢。"揭示的是汉族文化传统孕育下的"温柔敦厚",而非蒙古、色目人的豪迈之气。

综观其人其诗,哈剌或可视为元代后期汉化蒙古、色目人之代表。哈剌出身于著名之色目仕宦科第世家,本人又以进士晋身官场。在汉文化之中浸润极深,诗歌、散曲、书翰无一不精。而其诗歌所反映的生活、思想及情趣,与汉人士大夫全然相同,并无"朔漠腥膻"之气。但在政治上,蒙古、色目官员与元室可说同舟一命,安危与共。哈剌中年以后,浮江涉海,历尽艰辛,肆力挽救元室之危亡。但在大厦倾圮、危机四伏之际,少数人之支撑,已经无补时艰。哈剌最后不得不追随元帝,亡身朔漠,其子则滞留中原,家庭破碎。

哈剌一生所呈现的政治认同与文化认同相互抵牾的情形反映出元季汉化蒙古、色目菁英的共同困境。而其无力挽救危亡,最后不得不以身家殉国的命运亦可说是甚多蒙古、色目菁英的共同悲剧。

〔原刊于《汉学研究》第 13 卷第 2 期(1995),页 1—14〕

元丽关系中的王室婚姻与强权政治

一、引言

婚姻关系的缔结,在传统东亚及北亚社会中,原不是为了两情相悦,而是为了家族的福祉。帝王之家,更是如此。帝王之家往往与国内豪门或域外君长结联姻娅,以增益政治利益。婚姻关系因而成为家与家之间或国与国之间纵横捭阖的工具,也可视为其间权力关系的指标。赓续几达百年之久的元丽联姻,便是一个例证①。

中国、蒙古、韩国皇室的婚姻传统各不相同。西汉以来,"和亲"常是中国外交政策的重要一环,而"公主下嫁"外族君长便是

---

① 关于元丽的联姻,金成俊及韩白诗(Louis Hambis)皆曾加以研究。金文为"丽代元公主出身王妃의政治的位置에关하여——특히忠宣王妃를中心으로",载于梨花大学校编《韩国女性文化论丛》(汉城,1958),页214—257。韩白诗文为"Notes sur l'histoire de Corée àl'Epoque mongole",*T'oung Pao* 43 (1957),pp. 151–218。两文所重与本文有所不同,金文仅着重忠宣王一代之事,而韩文则专注于谱系的重建。不过金、韩二文对本文的写成皆有不少助力。

和亲的主要项目①。中国历代以公主和亲的动机主要有二：敷衍外国使不为我害及羁縻外国使为我助。但和亲多仅施行于国势不振而又面临强敌之时，可说是为避免以战争为手段来维持"天朝上国"地位所付出的代价。历来各代和亲的对象，限于武力强盛的敌国，极少以公主下嫁于不足为患的外国君长，也极少纳外国王女为后妃。因而，狭义的和亲是单向的联姻。而且这种联姻，多不是世代相续的。和亲的是否存续，决定于两国相对力量有无变化②。

蒙古人的联姻外族，较中国历代远为积极。联姻外族，是蒙古帝国建立过程的一个重要手段。蒙古帝室之与外族联姻，一方面是由于习尚族外婚制，非外族不得结为秦晋③。但主要是为增益自身的军事、政治力量。成吉思汗（Chinggis Khan, 1206—1227）崛兴以后，蒙古帝室主要是以处于优势的地位，用婚姻为手段，收外族为股肱。这些姻族都成为成吉思汗的臣属，因而是一种不平等的姻娅关系。不过，通婚关系一经建立，便是屡世不替。其中与蒙古种的翁吉剌（Onggirad）、亦乞列思（Ikires）等氏族所建立的都是双向的联姻关系。通元一代，这些氏族都是"生女世以为后，生男

---

① 关于中国历代以公主和亲，参看王桐龄《汉唐之和亲政策》，《史学年报》第1卷第1期（1929），页21—31；林恩显《唐朝对回鹘的和亲政策研究》，台湾政治大学《边政研究所年报》第1期（1970），页259—289；Ying shih Yü, *Trade and Expansion in Han China*（Berkeley, California, 1967），pp. 10-12、36-39 and 41-43。

② 和亲政策与儒家伦理颇有抵牾，故儒学思想最盛之东汉、宋、明等三代皆未采行和亲。1042年，辽乘宋新败于夏，对宋提出和亲、增币以代割地，宋人允许增币而拒绝和亲。宁可纳贡称臣称侄，而不愿纳女而自居岳父，盖受狭隘的尊王攘夷思想影响。参见王桐龄前揭文，页12；陶晋生《宋辽间的平等外交关系》，《沈刚伯先生八秩荣庆论文集》（台北，1976），页223—252。

③ 参见高文德《蒙古奴隶制度研究》（呼和浩特，1980），页206—222；符拉基米尔佐夫（B. Ya, Vladimirtsov）著，刘荣焌译《蒙古社会制度史》（北京，1980），页76—78。

世尚公主"①。而突厥种的畏吾儿(Uighur)、汪古(önggüd)等部生女虽不得为后,却都享有尚主的特权②。这些蒙古、突厥贵族家庭与成吉思汗的家族——也就是所谓"黄金氏族"(Altan Urugh)——形成一个长远紧密的姻娅集团。这些姻族,不仅在帝国肇建时立有大功,也是以后的安定力量。这和满洲未入关前与内蒙首长约为世婚所起的作用相似。

高丽王室也以婚姻为政治工具,但出之于不同的方式。韩国古来习尚血族婚制③,而且高丽王室为维持独尊的地位,以为专制国家的支柱,鲜与其他家族通婚。宗亲之间,往往互为婚姻,不避血亲。与外国联姻之事,史不一见④。中国历代虽每以韩女为嫔妃,却没有以公主远适高丽的史例。因而,元丽联姻是中韩关系史上很特殊的现象。

元丽关系,从很多方面来说,都是中韩关系史上比较特殊的一章。近代以前中韩两国间的关系,主要是以封贡制度为基石⑤。封贡制度原是建构于华夏中心世界观及儒家普遍王权观之上的一

①屠寄《蒙兀儿史记》(结一宦本)卷一五一,页9下。关于成吉思汗家与翁吉剌氏的世婚关系,参看 F. W. Cleaves, "The Sino-Mongolian Inscription of 1335 in Memory of Chang Ying-jui", *Harvard Journal of Asiatic Studies* 13(1950), pp. 1–131。

②关于汪古部与成吉思汗家的世婚关系,参看周清澍《汪古部事辑》,《中国蒙古史学会成立大会纪念集刊》(呼和浩特,1979),页179—185。

③高句丽、百济婚丧之礼早受中国影响,而新罗僻处一隅,维持固有习俗最久,婚姻不避血族。高丽代兴,沿袭新罗旧习。参看朱云影《从历史上看中国风俗对日韩越的影响》,《师大学报》第10期(1965),页19—44。

④三品彰英《朝鲜史概说》(东京,1954),页74—76。

⑤关于封贡制,参看 John K. Fairbank(ed.), *The Chinese World Order*(Cambridge, Mass. ,1968)一书中各文。关于中韩封贡关系,参看 F. Nelson, *Korea and the Old Orders in East Asia*, Baton Rouge, Louisiana, 1946;全海宗《韩中关系史研究》(汉城,1970),页26—53;张存武《清韩宗藩贸易》(台北,1978)。

种不平等的国际制度。但是中国的绝对宗主权不过限于理论的层次,所着重的无过于国交礼仪的正确,中国对各国既不欲加以兼并,也极少干涉内政,对韩国也是如此,韩国历代由于"慕华"的心理,对中国确是"事大"唯谨①,但在实际的层次,可说是一个完全独立的国家。

元丽关系不能以传统的封贡关系来描述。在元代,中国对韩国的关系,由消极的领导转变为直接的主宰。元朝直接主宰高丽所反映的是蒙古人的威服各国的世界观,而不是中国的修文德以服远人的观念。中国历代君王多知武力不足恃,真正的普遍王权不易建立,故以远征外境为大戒,而强调以德治来诱服远人。而蒙古人征服世界的背后则有一股宗教性的狂热,相信自身乃系承受"长生天"之命,"倚恃长生天的气力"而建造一个世界帝国②。忽必烈汗(Khubilai Khaghan,1260—1294)建立以汉地为中心的元朝以后,蒙古人的世界观略有更改,以武力征服全世界的观念已为组织一由大汗君临的世界邦联的构想所取代,并已用道德词汇来缘饰外交关系,强调德威并济。但实际上,蒙古人仍倚恃武力使各国臣服,仅在兵威不及之处,始允许维持中国式的封贡关系③。

蒙古世界帝国创造过程中,对曾经抵抗的各国皆加以毁灭,对

①青山公亮《事大と華化——特に高麗朝のそれについて》,《朝鮮學報》第14辑(1959),页349—356。
②萧启庆《北亚游牧民族南侵各种原因的检讨》,《食货》(复刊)第1卷第12期(1972),页1—11;Igor de Rachewiltz, "Some Remarks on the Ideological Foundations of Chinggis Khan's Empire", *Paper on Far Eastern History* 7 (1973),pp. 21-36。
③Wang Gungwu, "Early Ming Relations with southeast Asia: A Background Essay", in John K. Fairbank (ed.), *op. cit.*, p. 49.

愿意臣附的各国也立下苛刻的条件,加以控制①,和封贡制度之止于羁縻者大不相同。高丽虽然能够侥幸保存其社稷②,但自始至终都处于蒙元的严格控制之下。蒙元在高丽先驻有达鲁花赤(da-rughachi),后设有征东行中书省,督察王室,又驻有军旅,辟有屯田、马场,而高丽对蒙元则负有纳贡、助军、置驿、输粮等义务③。这些控制和义务,远超出封贡制度下的宗藩关系之外。若用近代殖民制度中"间接统治"(indirect rule)一词来描述元丽关系,可能最为允当④。

---

① 参看 Koh Byong-ik(高柄翊),"Patterns of Conquest and Control by the Mongols of the 13th Century",in Ch'en Chieh-hsien and Sechin Jagchid(eds.),*Proceedings of the Third East Asian Altaistic Conference*(Taipei,1970),pp. 154–163。高教授此文将蒙古所征服及臣附各国的统治型态分作三类:(1)间接统治(indirect rule),即分予蒙古诸王为封地之各地。(2)直接统治(direct rule),如前属金、宋、畏兀儿及花剌子模之地。(3)附庸国(subordinate nations),高丽即属此类。敝见以为高教授所列各类别未必尽与时下史学用语相吻合,或可修改为:(1)中央集权官僚统治(centralized bureaucratic rule):前属金、宋、西夏的领域。(2)族产封建统治(patrimonial-feudal rule):分封于"黄金氏族"成员的各地。(3)间接统治(indirect rule):高丽及海都之乱以前的畏兀儿属之(关于间接统治的定义,见本页注④)。在此三类之外,或可另加:(4)封贡国家(tributary states):指未能以武力降服,却承认元室宗主权的各国,如安南、占城、暹国等。拙见未必成熟,在此提出,不过与高教授及读者相商榷而已。

② 在蒙古兵力笼罩的范围内,高丽之能保存其社稷,确为一例外之事。姚燧《高丽沈王诗序》便认为高丽之能保持其宗庙、百官及刑赏、赋税权,可说"万国独一焉",见《牧庵集》(四部丛刊本)卷三,页33上。

③ W. E. Henthorn,*Korea. The Mongol Invasions*(Leiden,1963),pp. 194–215.

④ "间接统治"是近代西方帝国主义国家在亚、非、拉等洲所采取的多种统治方式之一。在间接统治之下,当地传统的政治制度大体仍然保存,土著精英份子至少在名义上仍主持政务。理论上言之,殖民国的官员不过扮演顾问性的角色。因而,间接统治下的区域与"保护国"(protectorate)大体相同。不过间接统治的型态甚多,而且与"直接统治"(direct rule)之间也是错综重叠。参看 H. J. Benda,"Political Elites in Colonial Southeast Asia:An Historical Analysis",*Comparative Studies in Society and History*,Vol. 7,No. 3(Apr. 1965),p. 119。

元丽的联姻是两国间实质关系的反映，也是两国关系的拱顶石。本文的目的在于从时代的背景，探讨元丽联姻的意义。所着重的主题则是两国皆以联姻作为促进自身政治利益的工具。元廷以公主下嫁作为控制高丽的手段，而丽室则以求姻帝室作为内忧外患中力求自保和在蒙元世界秩序中提高自身地位的工具。元丽的联姻是一种不平等的关系，这种不平等的姻媾关系正反映了两国间不平等的权力关系。

二、联姻的成立

元丽的联姻，并非如某些史家所说：它是元廷强加于高丽王室的一项桎梏。实际上，高丽最先提出请求，而由元廷加以允准。高丽的请婚，乃是迫于内外交煎的情势。对外方面，至 1270 年左右，高丽陷于兵燹之中，已六十年。而自 1231 年起，蒙古屡次挥兵入侵。高丽王室虽因退保江华岛而得暂延残喘，但是半岛上下蒙骑纵横，所过之处，庐社为墟。高丽早已陷于兵财两竭、不能再战的地步①。

从表面上看来，自 1259 年高丽请求臣附，得到元廷允准后，蒙丽战争已告一段落。事实上，此后元廷对高丽的压力并未减轻。高丽方面，由于武臣的窒碍，对元廷的要求——如"出水就陆"（即还都开京）、助通日本、协济攻宋粮船等——未能认真践行。忽必烈对高丽的托词牵延极感不满，一再下诏谴责，严厉要求履行内属

① 关于蒙古侵高丽的历史，参看箭内亘《蒙古史研究》（东京，1930），页 451—508；池内宏《元寇の新研究》（东京，1931）第 1 册，页 1—116 及 Henthorn, *op. cit.*。

国的义务。1268 年,忽必烈更引用成吉思汗因西夏拒绝助攻回回而加灭亡的先例,警告高丽①。又对高丽元宗(1260—1274)之弟安庆公淐说:"尔好战,当约其地也。"直至 1269 年 5 月,领尚书省事马亨还对忽必烈建议②:"以攻日本为名,乘势可袭高丽,定为郡县,安抚其民,可为逆取顺守,就用本国战船、器械、军旅,兼守南宋之要路。绝日本往还之事情,此万全之势也。"③可见高丽虽已臣服,元廷君臣并未排除出兵攻灭的可能。

　　武臣的跋扈,更是高丽王室的心腹大患。自 1170 年以来,王权旁落、武臣专政已达百年之久。其中崔氏一门,更独秉政纲达六十年,欺凌王室,恣意废立。1259 年崔氏覆亡后,新武臣金俊、林衍又相继专政。武臣对王室的顺服蒙元,殊为不满。林衍遂于 1269 年迫元宗逊位,拥立王弟淐④。虽因元室出兵相助,五个月之后元宗得以复位,但是此时高丽已处于分崩离析的状态。一方面,丽将崔坦借口反对林衍,以西北面之地奉诸元廷,忽必烈乘机加以兼并⑤。林衍虽因迫于元廷威势而使元宗复位,但其势力依然存在,江华岛上反对还都者仍众。一年以后,且因还都问题促发了历时三年的三别抄之乱⑥。在这种情形之下,元宗乃决定牺牲国家主权换取元廷对他王权的保障,请求公主下嫁便是争取元廷保护的一个手段。

①《元高丽纪事》(学术丛编本),页 11 上、13 上、14 下—15 上。
②郑麟趾《高丽史》(国书刊行会本)卷二六,页 396 上。
③《元高丽纪事》,页 18 下—19 上。
④池内宏前揭书,页 49—79;Henthorn,*op. cit.*,pp. 158–162。
⑤池内宏《高麗元宗朝の廢立事件と蒙古の高麗西北面佔領》,《白鳥博士還暦紀念東洋史論叢》(东京,1925),页 133—156。
⑥关于三别抄之乱,参看池内宏《高麗の三别抄について》,《史學雜誌》第 37 卷第 9 期(1926),页 809—848;金庠基《东方文化交流史论考》(汉城,1948),页 124—156;Henthorn,*op. cit.*,pp. 173–183 and 226–235。

忽必烈的允准通婚则是为加强对高丽的控制,使后者全力支持他进攻宋、日的计划。忽必烈之所以改变过去对高丽的武力政策,改施怀柔,一方面是由于单恃武力使高丽完全屈服并非易事。另一方面,高丽由于地理位置,在忽必烈进攻宋、日的计划中占有很大的重要性。蒙元的伐宋,虽因忽必烈与其弟阿里不哥(Arigh Boke)争位,一度停顿,但自1262年起,因宋与元叛将李璮相勾结,战端又告重启。此后十几年中,攻灭南宋、统一中国,一直是忽必烈最重要的目标。自1266年起,忽必烈又欲招降日本。但因屡次遣使诱降都未奏效,自1270年起,即已准备出兵讨伐①。而在忽必烈的地理观念中,高丽与宋、日一衣带水,是一个理想的进攻跳板。他屡次在诏书中说:"宋则如得顺风,可两三日而至,日本则朝发而夕至","若至耽罗,欲往南宋、日本,海道甚易"②。由于高丽的重要性,元廷一方面必须加以控制,防阻暗通宋、日,结成反元三角海上联盟。另一方面,则须督促高丽履行属国义务,协济粮、舰、兵力,助攻宋、日。后来由于元廷采取西路攻宋的策略,取道襄樊,以致高丽在伐宋战争中未起作用。但在元军二次征日时,高丽发挥了预期的效用。

而林衍废元宗事发生后,忽必烈已决定支持元宗,一方面固然是由于宗主国必须维护臣属国的合法君主,但主要原因则是忽必烈已知悉高丽未能真正臣服的梗概在于武臣牵羁,而王室则甘愿臣服,易于操纵。因此,忽必烈即派遣大军,协助元宗即位,并铲除武臣。

元宗复位后,即于1270年2月亲朝忽必烈于大都。一方面表示愿意还都,另一方面则请求下嫁公主于世子谌:"伏朝降公主于

---

① 池内宏前揭书,页117—127。
② 《元高丽纪事》,页16上;《高丽史》卷二六,页396上。

世子,克成合卺之福,则小邦万世永倚,供职唯谨。"①事实上,世子谌此时年已三十有五,早在十年前即已纳有嫔妃,元宗的请求是出于政治动机,而不是纯粹为子觅妇,乃属显然。

忽必烈对元宗请婚世子一事,并未立即应允,拒绝的理由是:

> 鞑旦法:通媒合族,真实交亲,敢不许之。然今因他事来请,似乎欲速。待其还国,抚存百姓,特遣使来请,然后许之。朕之亲息,皆已适人,议于兄弟,会当许之。②

忽必烈显然洞察元宗请婚的动机。因而,虽已决定给予支持,但亦不愿予以空白支票。唯有待元宗归国,全面履行臣属国的义务,然后始可允婚。

元宗返国后,确能符合忽必烈的期望,1270 年 5 月铲除林衍的势力及完成还都开京,以及与蒙军协力追剿反对还都的三别抄。至此,元宗已以事实证明臣服的意愿,遂于 1271 年遣使再度为世子请婚,并遣世子入朝为"秃鲁花"(turghagh),即质子③。不久忽必烈即允许以幼女忽都鲁揭里迷失(Khudulugh Kaimish)下嫁④。但此时公主年仅十三岁,不能立即成婚⑤。三年以后,世子谌才得与公主完成婚礼。不久,因元宗逝世,世子返国即位,是为忠烈王(1275—1308)。据说,公主与王同辇入开京时,"父老相庆曰:'不

---

① 《高丽史》卷二六,页 402 上。

② 《高丽史》卷二六,页 403 上;"然今因他事来请,似乎欲速"一句,徐居正《东国通鉴》(京都本,1926)(卷三五,页 14 上)及《高丽史节要》(汉城,1972)(卷一八,页 484 下)皆作"今因事来请,似不可"。

③ 关于元朝的秃鲁花,即质子,参看 Ch'i-ch'ing Hsiao, *The Military Establishment of the Yuan Dynasty* (Cambridge, Mass. ,1978),pp. 40–41。

④ 《元史》(百衲本)卷二〇八,页 14 下;《高丽史》卷二七,页 416 上。

⑤ 据《高丽史》(卷八九,页 19 下)说,忽都鲁揭里迷失卒于 1297 年,年 39,当出生于 1258 年。参看池内宏前揭书,页 129 注 2。

表一　高丽王室婚姻关系

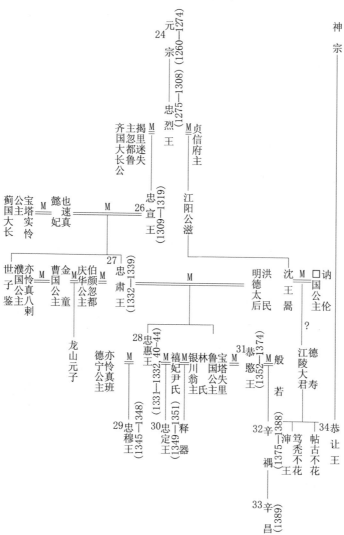

图百年锋镝之余,复见太平之期。'"①可见丽人对公主下嫁的重视。公主下嫁确实是元丽关系史上,也是高丽史上的一件大事。它象征着高丽对元廷的完全臣服和元廷对高丽王室的信任与支持。而且此后在元廷的支持下,高丽王室不必再忧心于武臣的跋扈。

表二　高丽王室蒙古后妃表

	人名	生卒年	封号	父名	夫名	结婚年代	子嗣
1	忽都鲁揭里迷失 *Khudulu(gh) Khaimish	1258—1296	齐国大长公主	世祖忽必烈	忠烈王(谌)	1274	忠宣王(谞)
2	宝塔实怜 *Botashirin	—1343	蓟国大长公主	晋王甘麻剌	忠宣王(谞)	1296	
3	也速真 Yesüjin	—1316	懿妃	不详(蒙古人)	同上	不详	忠肃王(焘)
4	亦怜真八剌 *Irinjinbala	—1319	濮国长公主	营王也先帖木儿	忠肃王(焘)	1316	无
5	金童	1307—1325	曹国长公主	魏王阿木哥	同上	1326	龙山元子(佚名)
6	伯颜忽都 Bayan Khudu	—1344	庆华公主	同上	同上	1333	无
7	讷伦 *Nolun	—1329	□国公主	梁王松山	沈王(暠)	1316	不详
8	亦怜真班 *Irinjinbal	—1375	德宁公主	镇西武靖王焦八	忠惠王(祯)	1330	忠穆王(昕)
9	宝塔失里 *Botashiri	—1365	鲁国大长公主	魏王阿木哥	恭愍王(祺)	1349	无

资料来源:《高丽史》卷八九,页 16 上—28 下;《元史》卷一〇九,页 2 下。

<hr>

①《高丽史》卷二八,页 428 上。

三、联姻的实行

　　齐国长公主忽都鲁揭里迷失的下嫁,揭开了为时近百年联姻关系的序幕。两个朝廷间世相婚姻的原则,可能在忽必烈以公主下嫁时即已决定。由 1257 年谴责高丽王室内婚的诏书可以看出:"尔国诸王氏娶同姓,此何理也,既与我为一家,自宜与之通婚。不然,岂一家之义哉?"[1]因而,自忠烈王起至恭愍王(1352—1374)止的高丽七王中,五王〔忠烈、忠宣(1309—1313)、忠肃(1314—1330)、忠惠(1331—1332)、恭愍〕共尚公主七人(见高丽王室蒙古嫔妃表)。另有沈王暠,虽非国王,但其地位与国王相当,亦尚公主[2]。高丽王及沈王所尚公主八人中,忠肃王妃之一的庆华公主伯颜忽都(Bayan Khudu)因高丽史仅称之为"蒙古女",未言明出于帝系,以前史家皆未列入公主计算。但是据李齐贤说,忠肃"尚英王女,又尚魏王二女"[3]。所谓魏王二女,一为曹国大长公主金童,另一当即伯颜忽都。而且伯颜忽都拥有"公主"头衔,亦可为证。除去系出帝家的八位公主外,忠宣王懿妃也速真(Yesüjin)虽非帝女,但也是蒙古人。因而,历代高丽王及沈王共娶蒙古女九人。至

---

[1]《高丽史》卷二八,页 430 上。

[2]钱大昕《十驾斋养新录》(上海,1935)卷九,页 218 说:"诸王表,沈王凡三人,其一云高丽王大顺,以驸马列于王暲王暠之前,按高丽王无名大顺者,唯昛首尚主……大顺二字当误。"氏著《廿二史考异》(上海,1937)卷九一页 1486 亦云:"高丽王大顺,以驸马封;按高丽传,未见有名大顺者。"按百衲本《元史》诸王表(卷一○八,页 6 上)沈王项下列于王暲、王暠之前者为:"高丽王昛,大德十一年以驸马封。"并无大顺之名。竹汀素以博雅审慎见称,不知何有此误? 或别有所本乎?

[3]《益斋乱稿》(丽季名贤集本)卷九上,页 18 上。

于七王中未尚公主的二人,都有特殊原因。忠穆王(1345—1348)以冲龄即位,卒时仅十二岁①。忠定王(1349—1351)则因狂悖而被迫逊位,年仅十四②。二王在位时皆未达适婚年龄,因而不得尚主。

高丽国王所尚公主中,除忠烈王妃齐国公主外,都非当时皇帝的女儿③,而为各宗王之女。元代公主一词,和中国历代的意义不同。《元史·诸公主表》序说:"秦汉以来唯帝姬得号公主,而元则诸王之女亦概称焉。"④在蒙古人观念中,"大蒙古国"原为成吉思汗后裔共有的世袭财产⑤。在理论上说,各系宗王子女与皇帝子女相等。因此,宗王之女,也得称"公主",也即蒙文所说的"别乞"(beki)⑥;凡

---

① 《高丽史》卷三七,页 564 上、570 上下。
② 《高丽史》卷三七,页 570 下、573 下。
③ 齐国公主,据《高丽史》(卷八九,页 16 上)说:"元世祖皇帝之女,母曰阿速真可敦(Asujin Khadun)。"据此,齐国公主为世祖女,当无疑义。其母名阿速真,按元代蒙古命名习惯,当为阿速人。但《元史·后妃传》及拉施德丁(Rashid al-Din)《史集》所记忽必烈后妃皆无此人〔见 J. A. Boyle(tr.), *The Successors of Genghis Khan* (New York, 1972), pp. 241-255〕,当为忽必烈之偏妃。但按元代习惯,偏妃所出女,亦得称公主。《元史·成宗本纪》(卷一九,页 7 下)却说:"兀都带等进所译太宗、宪宗、世祖实录。帝曰:'忽都鲁迷失非昭睿顺圣皇后所生,何为亦曰公主?'"毛岳生著《元史后妃公主传补》(台北,1968)页 41 下说:"古帝女号同,不以后妃异。又元世祖女与帝女无殊称,不知帝奚以诘焉? 时史官阿附而已!"毛氏所说颇是。
④ 《元史》卷一〇九,页 1 上。
⑤ 《元典章》(沈家本刻本)卷九,页 12 下:"太祖皇帝初建国时,哥哥弟弟每商量来:取天下了呵,各分土地,共富贵有。"
⑥ 《至元译语》君官门:"别乞:公主。"见长田夏树《元代の中蒙對譯語彙"至元譯語"》,《神户外大论丛》第 4 卷第 2,3 号(1953),页 115。别乞,《圣武亲征录》作伯姬,《蒙鞑备录》作鳖拽(参看额尔登泰等著《蒙古秘史词汇选释》,呼和浩特,1980,页 147)。不过,自唐以后,突厥蒙古文献往往音译公主一词。突厥文作 khunchüi,丽文作 gung juu,见 Paul Pelliot et Louis Hambis, *Histoire des campaignes de Gengis Khan*(Leiden,1951)I, p. 94 and 180; F. W. Cleaves, *op. cit.*, p. 99。

尚公主者，皆得称"驸马"，即蒙文的"古列格"（kuregen）①。因此，不论高丽王所尚是否为帝女，差别不大。

中国历代以帝女和亲，其中动机之一是使外国君王成为皇帝的女婿或外孙，再借辈份上的优势来压制外族。元代嫁高丽各公主的辈分却不尽低于当时在位的皇帝。公主比下嫁时在位的皇帝辈分低者仅三人〔即忽都鲁揭里迷失、忠宣王妃蓟国公主宝塔实怜（Botashirin），及浧王曷妃讷伦（Nulun）〕，平辈者三人〔即忠肃王妃濮国公主亦怜真八剌（Irinjinbala）、忠惠王妃德宁公主亦怜真班（Irinjinbal）及恭愍王妃鲁国公主宝塔失里（Botashiri）〕，更有公主二人辈分高于当时的皇帝（忠肃王妃曹国公主金童及庆华公主伯颜忽都）。因而，就辈分而言，元帝未必尊于丽王。不过，元丽间的甥舅关系是两个朝廷间固定的名份关系。高丽国王的实际辈分即使高于元帝，仍被视为"驸马国王"，如忠烈王为元成宗的姑丈，但后者仍封之为"驸马上柱国逸寿王"②。元廷诏书每称下嫁之公主为"皇姑"，却未见称高丽国王为"皇姑丈"者。由于两国名分有别，高丽国王永远是元帝的"驸马"。

蒙元公主虽不断下嫁于高丽，但元廷并未纳高丽王女为后妃。这与中国传统的和亲及蒙古帝室与突厥诸姻族的关系相同，而和帝室与翁吉剌等蒙古姻族的关系不同。这是一极堪玩味的现象。高丽女子以婉媚见称于元代，官宦之家，竞相收纳丽女为妻妾侍

①Güregen(=küregen>kürgen)。参看 Pelliot et Hambis, *op. cit.*, pp. 93–94；额尔登泰前揭书，页 207。

②《高丽史》卷三一，页 489 上。此时高丽王室婚姻并不注重辈分，忠宣、忠肃二王为父子，但忠宣王之顺和院妃、忠肃王妻明德太后为姐妹，皆洪奎女，见朝鲜总督府编《朝鲜金石总览》(汉城，1919)，上，页 611。

婢。元廷本身也屡屡诏令高丽贡女为宫女①。贡为宫女的高丽女子有几位终能跻身为后妃,其中以元顺帝脱欢帖睦尔(Toghon Temur)(1333—1368)的奇后最具声势,但都非出身于王室②。据元末流传颇广的说法,忽必烈曾有令禁止以丽女为后妃:"初世祖家法,贱高丽女子,不以入宫。"③忽必烈的不愿以丽女为后妃,可能是遵循世以蒙古种人为后妃的传统,而不愿"黄金氏族"的血统被列为"汉人"的高丽所污染。

四、高丽宫廷中蒙古公主的地位

元丽间的上下强弱之势充分表现于蒙元公主在高丽宫廷中的地位。就名分而言,不论国王是否原有嫔妃,公主下嫁后即册为正宫,得建宫、府,置官属,赐汤沐邑。齐国公主下嫁之时,忠烈王早于十四年前即已纳有始安公绹女贞信府主为妃,而且伉俪情笃。但是公主来后,贞信府主不得不移居别宫,与王绝不相通④。蓟国公主下嫁,忠宣王已娶有宗室女静妃、顺和院主洪氏及赵妃⑤,但

---

①参看柳洪烈《高麗의元에對한贡女》,《震檀学报》第 18 期(1957),页 25—48;劳延煊《论元代高丽奴隶与媵妾》,《庆祝李济先生七十岁论文集》(台北,1967),页 1005—1031。

②此外高丽女子在元廷位至皇后者,尚有仁宗后达麻失里(Dharmashiri),为金深女,见《高丽史》卷三五,页 545 下;明宗后伯颜忽都(Bayan Khuldu)亦高丽人,此女虽为忠宣王顺妃许氏之女,但非王女,而为顺妃前夫平阳公眩之女,见《益斋乱稿》卷七,页 11 上。

③权衡《庚申外史》(台北,1968),页 3 上;《元史》卷四二,页 17 下。

④《高丽史》卷八九,页 20 上。

⑤《高丽史》卷三〇,页 471 上;卷八九,页 22 上。

蓟国公主下嫁后即经立为正妃①。因而蒙古公主在丽宫中总是后来居上,"公主"的头衔便是独占正宫的保障。

公主所生王子,由于母亲的关系,得优先立为世子,而不顾长幼的顺序。从表面上看来,自忠宣王至辛祦间(1375—1388)七王中,仅忠宣王(齐国公主生)、忠穆王(德宁公主生)二人为公主所生,而忠肃王为并非出身皇室的蒙古女懿妃所生,此外的忠惠、忠定、恭愍、辛祦等王都不是公主所生。但是,公主所生王子得优先嗣位的原则不容置疑。忠烈王诸子中,原以贞信府主所生江阳公滋居长,"但以非公主出,不得立"。而且在忠宣王出生、立为世子后,更遭流放,"以避世子"②。公主以外嫔妃所生子得以册立者,都各有特殊原因。懿妃所生的忠肃王得以册立,乃因蓟国公主早与忠宣王乖异,并无所出③。明德太后洪氏所生的忠惠王得以继立,则与沈王暠争夺世子位有关。当忠宣王于1313年逊位于忠穆王时,以其侄暠为高丽王世子,自留沈王衔。1315年忠惠王祯生,忠肃王为自己儿子取得王位继承权,乃征得元廷允许,以祯为世子,而以暠为沈王。以后三十年间沈王一直觊觎世子之位,屡次勾结元朝权臣,在高丽掀起政潮,忠肃王为杜绝争夺,乃于1329年传位于世子祯,是为忠惠王④。当时曹国公主虽已生有龙山元子(佚其名),但年仅五岁,自不及年已十五的忠惠王适合⑤。以后继位的忠定王、恭愍王及辛祦等都是在并无蒙古公主所生子嗣竞争的

①《高丽史》卷三〇,页477上。
②《高丽史》卷九一,页45上下。
③《高丽史》卷八九,页20下—22上。
④参看冈田英弘《元の沈王と辽阳行省》,《朝鲜学报》第14期(1959),页533—543;北川秀人《高丽时代の潘王についての一考察》,《人文研究》第20卷第10分册(1972),页93—144。
⑤《高丽史》卷九一,页48上。

情况下取得继承权,并不违反公主所生子得优先册立的原则。

在实际的层次,蒙古公主在高丽宫掖之中及朝廷之上都扮演了很重要的角色。宫掖之中,公主可说是手操生杀予夺大权的主宰,国王及其他嫔妃都不得不仰其鼻息、屈节事之。例如忠烈王对齐国长公主所言所行,往往"禁之不得,但涕泣而已",而公主对王则动辄"以杖迎击之","且诟且击"①。丽季名臣李齐贤记述忠烈王与公主间的关系,以春秋笔法写道:"公主性严明果断,内外震慑,王济之以柔,事无过举。"②事实上,并非高丽国王都是惧内症患者,而是迫于岳家威势,以致乾纲不振。在夫妻、妻妾的争执中,蒙古公主都是志在必胜,不惜哭诉元廷,引起干涉,更有两次家庭纠纷导致国王逊位:(1)赵妃诅呪案:忠宣王妃蓟国公主妒忌赵妃专宠,于1296年上书元太后说:"赵妃诅呪公主,使王不爱。"元廷立即遣使干预,执赵妃以归,并迫使忠宣王逊位,复立忠烈王③。忠宣王的逊位固然与他推行新政引起反对及他与乃父忠烈王不和有关,但是蓟国公主的哭诉元廷则是直接原因。(2)忠惠王烝父妾案:忠惠王于1332年即位后,以佯醉得烝父王遗妃庆华公主。数月之后元廷遣使执返忠惠王。忠惠王的被废,主要是由于作恶多端,国内反对声浪极高。但是强烝公主也是一个重要原因④。事实上,北亚游牧民族史及高丽宫掖史中,子烝庶母的事例屡见不鲜,中国历代和番的公主,也往往以国母历配数君⑤。但是,忠惠

①《高丽史》卷八九,页17上下。
②《益斋乱稿》卷九上,页13上。
③《高丽史》卷八九,页21上下。金成俊氏认为赵妃仅为替罪羔羊,因其父赵仁规是保守派打击的对象,而公主所忌者并非赵妃,而为蒙古女懿妃也速真,见前引金文,页225—234。
④《高丽史》卷一三一,页660上。参看前揭冈田英弘文,页538—539。
⑤王桐龄前揭文,页12。

王却因卷入一位不愿合作的蒙古公主，以致被迫逊位。以上各事可以看出元廷对公主的维护。

在朝廷之上，公主参与的广泛，在东亚史上可说是前所未见。朝会、宴飨、巡幸、狩猎、接见使臣，公主几乎无不参与，而且常坐于国王的上位①。官吏的任免，公主可以任意为之，不必得到国王的同意②。国王的决策，公主亦可推翻③。公主的参与政事，尤其在牵涉元廷利益的大事上，往往得到元廷的认可，甚至鼓励。譬如征日名将金芳庆于 1277 年遭诬谋叛蒙古，忽必烈便命公主与国王同问④。以后庆华公主与德宁公主于忠惠王晚期及忠穆王、忠定王二朝，分别以先王遗妃及母后的身份临朝专政⑤。

蒙古公主在高丽政治上的广泛参与，和儒家思想影响下的中国社会着重男女内外有别、上下有分者大不相同，而与蒙古及韩国的传统并不牴牾。韩国早期似有母权制的痕迹，妇女地位不低。高丽前身的新罗便有真德（632—647）、善德（647—654）、真圣（887—897）等三女王主政的事例⑥。十三世纪的蒙古社会也有母权社会的残遗⑦。妇女可参与家中及政治上的决策，甚至在忽里勒台大会上，后妃、公主得与诸王、驸马等并立，参与立君大议⑧。

---

①例如：1291 年，元平哈丹（Khadan）之乱，诸将顺道访丽献俘，"王与公主慰宴之，公主坐当中，那蛮台（Naimandai）坐其右，王坐其左"；《高丽史》卷八九，页 19 上。

②例见《高丽史》卷一〇四，页 238 上；《东国通鉴》卷三九，页 6 上下、10 上下。

③《高丽史》卷九一，页 45 上。

④《高丽史》卷一〇四，页 136 上。参看池内宏前揭书，页 153—160。

⑤《高丽史》卷八九，页 23 上、25 上下。

⑥《朝鲜史略》（北平图书馆善本丛书）卷一，页 29 下、32 上下。

⑦符拉基米尔佐夫前揭书，页 89—90。

⑧青木富太郎《古代蒙古の婦人家庭内にすける地位權力》，《内陸アジア史論集》（东京，1964），页 200—231。

蒙古帝国早期更有几个母后摄政的例子①。因而,下嫁高丽的蒙古公主参与政事可说是相当自然的事。不过,就程度而言,蒙古公主参与高丽政事可能远超出蒙古原有制度的范围。这种程度上的差异正反映了元丽间的权力关系。蒙元兵力笼罩之下的高丽政体,可以国王与公主共治(joint rule)概括之。忽必烈于齐国长公主下嫁四年后便撤回驻在高丽的达鲁花赤,可能便是由于公主更能代表元廷利益、监督丽政的缘故②。

五、蒙元世界秩序中高丽的地位

高丽王的世尚公主,虽然造成宫中的内顾之忧,却有助于其国家在蒙元世界秩序中地位的提升。蒙古人对各国降附顺序及曾否抵抗,甚为注重。降附早者,畀予较高地位和较大特权。高丽曾顽抗蒙古逾三十年,迟至忽必烈时始告顺服,因而地位不高,忽必烈曾于 1270 年明告元宗说:"汝内附在后,故班诸王下。我太祖时,亦都护(Idi-qut)先附,即令齿诸王上,阿思兰〔A(r)slan〕后附,故班其下,卿宜知之。"③畏吾儿的亦都护巴尔术阿尔忒的斤(Barchukh art-tegin)早于 1209 年便举国入降,故地位最高,"宠异冠诸国",而海押立(Khayaligh)王阿尔思兰汗于二年后归顺,地位便略低④。高丽的地位自然更低。

借"驸马"的地位来增高在蒙元世界帝国中的地位可能便是

①萧启庆《西域人与元初政治》(台北,1966),页 40—45。
②池内宏《高麗に駐在したえの達魯花赤について》,《東洋學報》第 18 卷 (1929),页 277—283。
③《元史》卷七,页 2 上。
④萧启庆《西域人与元初政治》,页 19、114。

当初丽廷请婚元室的一个动机。"驸马"在蒙古帝国中有很高的地位。如前文所说,世得尚公主者限于降附很早的几个蒙古突厥氏族,是一个封闭性的贵族集团。《元史·诸公主表》序说:"元室之制,非勋臣世族及封国之君,则莫得尚主,是以世联戚畹者,亲视诸王。"①换言之,驸马由于是帝室的姻亲(khuda),得到比照"黄金氏族"成员的待遇,并可参与忽里勒台大会,共商国政。高丽王由于联姻,遂取得这个尊贵的身份。忠烈王对于"驸马"的头衔极为重视。尚公主后四年,元廷原已赐予"驸马高丽王印",但忠烈王于1281年又特别陈情元廷,请于宣命之上也增加"驸马"二字②。

元丽的联姻改变了两国间意理及实质上的关系。尚主以前,高丽不过是元朝的外藩之一,两国的交往仅限于藩属与宗主间的正式层次。例如:元宗于1270年朝觐忽必烈汗时,曾请求会见太子真金(Jingim),忽必烈断然加以拒绝,说:"汝一国主也,见朕足矣!"③显然外国君主会见太子不合宗藩间的礼仪。尚主之后,宗藩关系遂转为姻戚、亲族的关系。元武宗海山(Khaisan,1308—1311)加封忠烈王制便曾明白指出,由于尚主"遂罢时贡其方物,同岁赐于宗亲"④。在实际的层次,此后高丽对元廷的经济负担可能并未减轻,但在意理层次,礼物的交换已不代表宗藩间的外交行为,而是亲族间的亲睦行为。

国王亲朝,过去高丽曾力加抗拒。但尚主以后,国王与公主至元廷朝觐之事,几乎无年无之。忠烈王曾解释尚主后朝觐的双重

---

①《元史》卷一〇七,页1上。
②《元高丽纪事》,页27下—28上;《元史》卷二〇八,页16上;《高丽史》卷二八,页442下。
③《元史》卷七,页2上。
④见《国朝文类》(四部丛刊)卷一一,页18下。此制为姚燧撰,但不见姚氏《牧庵集》。

意义说:"朝觐,诸侯享上之仪;归宁,女子事亲之仪。"①换句话说,高丽王与妃的觐见除了一般朝觐的意义外,又加上省亲的意义。元廷对高丽国王、公主及世子等也确实待以家人之亲。以前元宗欲见太子而不可得,而忠烈王尚主后于1278年首次朝觐时情形便全然不同。未抵之先,帝后即派遣皇子、皇女及王妃郊迎。抵京以后,除去正式觐见外,忽必烈并教忠烈王以帝王御臣之道。又以家长的身份,诲以子婿应尽的孝道。公主则携世子及小王女谒见皇后及太子妃,而太子妃更为世子取蒙古名②。可见元室对丽廷已不拘泥于宗藩之礼。

驸马的身份,使高丽在蒙古帝国的地位提高不少。这可由元廷宴会的席次看出:1296年忠烈王朝觐,成宗命王与公主侍宴,当时诸王满座,忠烈王列第七席③。四年后,再次侍宴,坐于第四位,高丽史家认为是"宠眷殊异"④。同时,高丽国王亦得与蒙古宗王驸马一样,参加忽里勒台,选立大汗。忠烈王便曾参与1294年选立成宗的忽里勒台,以致"帝以王功大年高,诏出入乘小车,至殿门",并册公主为安平公主,都是酬庸拥立之功⑤。以后,逊位居于元廷的忠宣王于1308年参与拥立武宗海山汗,据说"功居第一"⑥,以是得封为沈王,不久且得重取高丽王位。这也显示高丽驸马在元帝国政治上的重要性。

---

① 《高丽史》卷二八,页438上。
② 同上,卷二八,页439上—442下;卷八九,页18上。
③ 同上,卷三一,页486上。
④ 同上,卷三一,页492上。
⑤ 同上,卷四一,页481下—482上;《东国通鉴》卷三九,页28下—29上。
⑥ 《益斋乱稿》卷九上,页19上;《高丽史》卷三三,页515。高柄翊氏认为李齐贤等夸大了忠宣王的拥立之功,不过他承认忠宣王确参与拥立武宗,见高氏著,村上四男译《高丽王の元武宗拥立》,《朝鲜研究年报》第6辑(1964),页16—20。

在高丽国内，驸马的身份不仅可用以抑制权臣，而且可以压制蒙古使臣及驻在官员的气焰。以前，蒙古官员往往颐指气使，欺凌王室。但自丽王贵为驸马后，便不得不一改前态，尊重丽王。例如，忽必烈允婚世子忠烈王后，元宗宴请元使黑的，黑的素以倨傲见称，元宗依旧制，请黑的上坐，黑的不敢承受，说："王乃驸马大王之父也，何敢抗礼？王西向，我等北向；王南面，我等东面。"[①]又如1281年忠烈王与元将忻都(Hindu)、洪茶丘合议征日本事，王坐南面，忻都等东西坐。高丽君臣颇以此为傲，据《高丽史》说："事大以来，王与使者，东西相对，今忻都不敢抗礼，国人大悦。"[②]《高丽史》之所以反复记载座次问题，乃因礼仪问题反映了高丽国王与蒙元官吏间相对关系的变化。

丽廷地位的改善，不仅止于礼仪，而且有实质的意义。驸马的地位使高丽国王对元帝有更大的进言力量，以致凡与元驻丽将吏有所争执时，往往可取得上风，而元廷某些不利于高丽的决策，也可获得平反。忠烈王尚主后于1278年首次朝觐时，向忽必烈当面陈言蒙古将吏之横暴构谗，又请召还"丽奸"洪茶丘军，发还被掳人口等，皆蒙允准。《高丽史》说："是行也，凡国家骚扰事，一切奏除，国人颂德感泣。"[③]可说是尚主以来第一具体收获。后来由于丽廷内争不绝，元廷屡次有意使征东行省实体化，比同内地行省，但终因高丽王的陈情，始未实行[④]。终元一代，高丽得以保持局部

---

①《高丽史》(卷二六，页401上)系此事于忠烈王十年(1269)十一月，时尚未允婚，时间当误。
②同上，卷二九，页458上。
③同上，卷二八，页443上。
④关于征东行省，参看高柄翊《丽代征东行省의研究》，收入氏所著《东亚交涉史研究》(汉城，1970)，页185—283；北川秀人《高麗に於ける征東行省について》，《朝鮮學報》第32辑(1972)，页1—73。

主权,在蒙元兵力所及范围之内是一个特殊的例子。这可能与"驸马国王"的身份有相当的关系。

六、高丽王室的蒙古化

婚姻的联结原是涵化的一个有效方法。汉代娄敬献议和亲匈奴,便曾寄望于匈奴的移风向化,以达到不战而臣的目的。蒙元公主的接踵下嫁,加上元廷的无比威势,高丽王室的蒙古化乃是很自然的趋势。

高丽王室在与蒙古和亲之前,对于游牧民族文化原怀有东亚农业社会的传统优越感。高丽太祖便曾留有遗训,叮嘱子孙维护中国的衣冠制度,弗效游牧民族:"唯我东方,旧慕唐风,衣冠礼乐,悉遵其制……契丹禽兽之国,风俗不同,言语亦异,慎弗效焉!"[1]即在蒙古兵力笼罩之下,丽室对蒙古文化仍显露鄙视之意。安庆公淐于 1254 年出使蒙古还国,不愿即日觐见父王高宗,理由是:"臣久染腥膻之臭,请经宿见。"而高宗命他:"悉焚尔所着衣,更衣即来。"[2]元宗顺服元朝后,仍不愿改从蒙古服饰,近臣印公秀屡次劝他改效蒙古发型,实行"开剃",即改留所谓"怯仇儿"(kekül)的发型[3]。但是元宗加以拒绝说:"吾未忍一朝遽变祖宗之家风,我

---

①《高丽史》卷二,页 26 下。
②同上,卷九一,页 44 上。
③"怯仇儿",意即辫发。据《高丽史》(卷二八,页 427 下)说:蒙古之俗,剃顶至额,方其形,留发其中,谓之"怯仇儿"。现代蒙语中辫发作 kükül,参看白鸟库吉《高麗史に見えたる蒙古語の解釋》,《東洋學報》第 28 卷(1929),页 174—176;Henry Serruys, "Remains of Mongol Customs in China during Early Ming", *Monumenta Sinica* 16(1957), pp. 151–161。

死之后,卿等自为之。"①可见仍恋栈传统,拒绝蒙化。但尚主各王,情形全然不同。

自忽必烈立国中原后,蒙元在表面上虽已恢复汉唐式的官僚制政府,但帝室仍是蒙古传统的堡垒。除以儒家君道来缘饰其治权外,皇室的文化大体上仍是沿袭蒙古传统,直至元季,始渐改变。元代的政体可说是蒙古皇室(兼有文化及种族的意义)加上汉唐式官僚制政府的一个两元体系②。高丽社会此时虽也不断接受中国文化的新质素,但是王室因与蒙古帝室保持密切的联姻关系而受蒙古传统影响最大。虽然忽必烈曾于1260年下诏,允许高丽"衣冠从本国之俗,皆不改易"③,王室却成为高丽社会中最蒙古化的一环④。

王室的蒙古化,可分下列各点来说:

(一)通血缘:自忠宣王以后,丽朝各王,除末代恭让王(1389—1392)外,都含有蒙古血统。其中忠宣、忠肃、忠穆等王,皆为蒙母所生,因而含有二分之一以上的蒙古血统。忠惠王及恭愍王虽非出于蒙母,但由于父系而含有蒙血。辛祸如确为恭愍王与婢妾盘若所生,而非为李朝史家所说的并非王种⑤,则祸及其子辛昌(1389)也都含有蒙古血缘。沈王一系,因曷尚公主讷伦,亦含蒙血。

---

① 《高丽史》卷二八,页428上。

② H. F. Schurmann, "Problems of Political Organization during the Yüan Dynasty", *Trudy XXI Mezhdun arodnogo Kongressa Vostokovedov* (Moscow, 1963). vol. IV, pp. 26–31.

③ 《高丽史》卷三五,页348下。

④ 关于高丽社会所受蒙古文化的一般影响,参看内藤隽辅《高麗風俗に及ぼせる蒙古の影響について》,收入氏著《朝鲜史研究》(京都,1961),页81—117。

⑤ 李丙焘《韩国史大观》(许晚成译,台北,1967),页246—247。

（二）用蒙名：自忠宣至恭愍各王皆有蒙古名，分别为：忠宣王，益智礼普化（Ijir Bukha）；忠肃王，阿刺忒纳失里（Aratnashiri）；忠惠王，普塔失里（Putashiri）；忠穆王，八秃麻朵儿只（Batma Dorji）；忠定王，迷思监朵儿只（Chosgen Dorji）；恭愍王，伯颜帖木儿（Bayan Temür）。沈王一系，情形亦复相似，暠名完泽秃（Oljeitu），孙辈二人，仅以蒙名传，一名帖古不花〔Tegü（s）Bukha〕，一名笃朵不花〔To（gh）tō Bukha〕①。元朝及高丽文书常以蒙古名指称高丽王及沈王，可见施用颇为广泛。

（三）易服发：在东亚社会，衣冠服发原被视为文明与野蛮的分野。韩国自新罗文武王（661—681）时便采用唐朝冠服之制，"衣冠同于中国"。高丽朝继新罗之遗绪，袭用中国之冠服②。但自忠烈王起，王室的服发便改宗蒙古。忠烈王留元为质子时即已改服易发。1273 年返国，高丽人见"世子发胡服，皆叹息，至有泣者"③。次年即位后，北迎齐国公主，王见从臣李汾禧未开剃，便加叱责，可见王讨好蒙古人的心理甚为急切。他于 1287 年更下令"境内皆服上国衣冠、开剃"④。高丽变服易发的程度，甚至连忽必烈都感觉过分，曾对丽臣康守衡说："人谓朕禁高丽服，岂其然乎？汝国之礼，何遽废哉？"⑤

（四）行胡礼：元朝大体上采用了中国传统的朝仪，因而高丽在这方面受蒙古影响不大。不过忠惠王曾行蒙古式跪见礼，《高丽

---

①关于这些蒙文名字的重建，见白鸟库吉前揭文；Paul Pelliot，"Les mots mongols dans le 高丽史 Korye sa"，*Journal Asiatique*，217. 2（1930），pp. 253-266；Louis Hambis，*op. cit.*，pp. 184-212。

②朱云影《中国衣冠文明对日韩越的影响》，《师大学报》第 6 期（1961），页 245—255。

③《高丽史》卷二八，页 417 上。

④同上，卷七二，页 476 上。

⑤同上，卷二八，页 440 上。

史》说:"上王(忠肃)将如元……(忠惠)王道上胡跪迎谒。上王曰:'汝之父皆高丽也,何行胡礼?'"①明代元兴后,恭让王曾于1389年下令禁胡跪,行揖礼②,可见胡跪曾相当流行于高丽。

(五)奏胡乐:高丽于某些场合采用胡乐。例如:恭愍王于1353年得到元廷允准为奇后之母李氏行孛儿札(būljar)宴③,席间"各奏胡歌、舞蹈而进"④。又如恭愍王妃鲁国公主卒后,王祭公主时,亦奏胡乐⑤。

(六)嗜狩猎:狩猎是游牧民族生活中重要的一环,也是元廷所保留蒙古传统的一部分。终元一代,帝室仍保持季节性的游猎生活⑥。但是在农业社会的东亚,狩猎却非宫廷生活的重要部分。不过,在蒙古影响下,高丽国王大多酷嗜游猎。其中忠烈王酖嗜最深,他常与公主"率忽赤(qorchi)、鹰房,亲御弓箭鹰鹘。纵横驰猎"。由于与高丽传统不合,以致"父老见者叹息"⑦。甚至连出身游牧民族的齐国公主都加以责问:"游畋是务,奈国事何?"⑧丽末的辛祸也以"好田猎"见称,几乎无日无之,弄得民怨沸腾⑨。丽廷又设有鹰坊,专事调教鹰鹘,供畋猎之用,也是受到蒙古影响,在高

---

① 《高丽史》卷三六,页553下。关于蒙古跪拜礼,见 Serruys, *op. cit.*, pp. 170-171。

② 《高丽史》卷八五,页709下。

③ "孛儿札"为蒙文 buljar(<būghuljar)的对音,意即许婚酒,见白鸟库吉前揭文,页173—176。

④ 《高丽史》卷一三一,页666下。

⑤ 同上,卷四三,页650下。

⑥ 劳延煊《元朝诸帝季节性的游猎生活》,《大陆杂志史学丛书》第2辑第3册(台北,1967),页111—117。

⑦ 《高丽史》卷二八,页443上。

⑧ 同上,卷八九,页18下。

⑨ 《高丽史节要》,页802。

丽史上是没有先例的①。

从上述各点看来,蒙古文化对高丽王室显然有相当影响。不过高丽王室的蒙古化,主要是震于蒙古威势和出于讨好蒙古的心理,和华化基于"慕华"观念者大不相同。因而,蒙古势力衰退后,继续蒙化是否得宜,便不免引起疑问,由下引《高丽史》可以看出:

> (恭愍)王用元制,辫发、胡服坐殿上,(监察大夫李)衍宗欲谏……既入,辟左右曰:"辫发、胡服,非先王制,愿殿下弗效。"王悦,即解辫,赐衣及褥。衍宗奸巧,善揣摩伺候。②

可见恭愍王早有扬弃蒙古习尚之意,故能与李衍宗一拍即合。如此批评蒙风,在忠烈王时代乃属不能想象的事。辫发胡服的本身并无变化,前后有变的仅是蒙古的力量和威势。丽廷本因震于蒙古威势而改发易服。蒙势既衰,恭愍王自然要扬弃蒙风,还我初服。在高丽王室蒙古化这件事上,文化与政治显然有不可分割的关系。

七、结论

元丽关系是中韩关系史上比较特殊的一章。十三四世纪的高丽完全为蒙元兵威所笼罩,元廷对高丽内政广泛干预,恣意废立。

---

① 内藤隽辅《高麗時代の鷹坊について》,《朝鮮學報》第 8 辑(1956),页 65—82。

② 《高丽史》卷一〇六,页 266 上;《高丽史节要》系此事于恭愍王元年(1352),见《节要》页 668 上。《朝鲜史略》(卷一,页 2 上)则称李衍宗"谏王辫发,皆欺世盗名也"。若衍宗确欲借谏王废蒙古服以盗名,亦可看出当时丽廷上下已不以保持蒙风为然也。

因而两国间的关系不同于前。高丽的地位,相当于近代殖民制度中处于"间接统治"之下的一个保护国。

元丽王室间的联姻是两国实质关系的反映,也是它的拱顶石。蒙元公主的下嫁高丽,与中国历代和亲政策不同。和亲原是中国处于弱势时的一个"羁縻"强敌的手段,而元丽联姻则是蒙古强权政治的产物。元廷以公主下嫁来加强对高丽的控制,驱使后者作为攻伐宋、日,扩大蒙古帝国的先驱。高丽则借联姻元廷以求免遭并吞,提高自身地位,并压抑国内武臣。双方皆欲以婚姻为推进己身政治利益的工具,不过强弱之势互殊,所求因而不同。

联姻的实质及后果反映出双方的权力关系。第一,由于元廷的威势,蒙古公主在高丽宫中、朝中都有极高的地位,广泛参与政事,形成一个公主与国王共治的政体。第二,王室间的联姻使两国关系从宗藩转变为亲族。"驸马国王"的身份,使高丽王室在蒙古世界秩序中的地位大为提高,对高丽的政治利益大有裨益。第三,公主下嫁加速高丽王室的蒙古化,但是高丽王室的蒙古化乃是震于蒙古的威势,因而在蒙古势力衰退后,便立刻扬弃蒙风。

总而言之,元丽的联姻是两国国势悬殊下的产物,不是一种平等的通婚关系,而是高丽完全屈服于蒙元的写照。这种联姻关系,反映了蒙古人特有的世界观和对外政策,和中国历代对韩所采政策大不相同。

〔**附记**〕本文宣读后,承陶晋生、王曾才、赵令扬、王民信、张存武等教授先后发言,匡正良多,谨此致谢。

〔原刊载于台湾韩国研究学会编《中韩关系史国际研讨会论文集:960—1949》,台北,1983,页103—125〕

附录 四十年来萧启庆教授的蒙元史研究

屈文军

　　当今台湾蒙元史学者中,现任教于新竹清华大学历史研究所的萧启庆教授无疑是成果最为丰硕的一位。萧教授出生于 1937 年,祖籍江苏泰兴,20 世纪 60 年代初毕业于蒙元史前辈姚从吾、札奇斯钦先生主持的台湾大学辽金元史研究室。在姚、札奇两先生的指引下,确立了以蒙元史作为自己的主要研究领域。1966 年出版了第一部学术专著《西域人与元初政治》(台湾大学文学院出版)。此后负笈哈佛,在著名汉学家柯立夫(F. W. Cleaves)和华裔学者杨联陞指导下,于 1969 年获博士学位,其博士论文《元代军事制度》(*The Military Establishment of the Yuan Dynasty*)修订后于 1978 年在哈佛出版(英文)。毕业后,萧教授先后在明尼苏达大学、台湾大学、新加坡国立大学等校任教,尽管以讲授中国近现代史为主,授课之余仍专注于蒙元史研究。1983 年出版了第一部论文集《元代史新探》(台湾新文丰出版公司,以下简称《新探》),收录自大学时代以来重要中文论文十一篇。1994 年第二部论文集《蒙元史新研》由台湾允晨文化公司出版(以下简称《新研》),该集收有 1984 至 1994 年十年间所撰论文十一篇。寓客海外近三十年间,萧教授同澳大利亚学者罗意果(Igor de Rachewiltz)、香港学者陈学霖(时在美国工作)合作,编撰了《蒙元前期名臣传论》(*In the*

Service of the Khan:*Eminent Personalities of the Early Mongol-Yuan Period*,*1200 - 1300*),1993 年在 Wiesbaden 出版。另外还参加了《剑桥中国辽西夏金元史》(*Cambridge History of China*,*vol.* 6,1994 年剑桥大学出版,1997 年中国社会科学出版社出版了中译本)的写作。1995 年起,萧教授执教于台湾清华大学,讲学与研究范围始合拍,1999 年允晨公司出版了他的第三部论文集《元朝史新论》(以下简称《新论》),收录了他近五年来发表的文章十三篇。

本文拟以笔者拜读过的萧教授的论著为基础,向读者介绍他四十年来蒙元史研究方面的主要成果,并略加论述它们在元史研究学术史上的意义。需要说明的是:(一)笔者远未能通读萧教授迄今为止的所有论著,如《蒙元前期名臣传论》至今未得一睹,另外萧教授尚有不少用中、英文发表的论文未结集,笔者多方寻觅,但所获不多,因而本文的评述肯定不够全面。(二)限于笔者学力,对萧教授论著的理解难免同其原意有所偏差,文中有些论述就很可能纯出于笔者个人的妄加揣测。这些不当之处,还望萧教授和读者见谅。

一、萧教授的蒙元政治史研究

蒙元政治史是萧教授很早就开始涉及,以后也一直注重的研究领域。其学士论文《忽必烈"潜邸旧侣"考》(《新探》)通过对忽必烈潜邸幕府旧臣的定性分类分析,探讨了忽必烈政权扬弃蒙古传统而倾向汉化的来龙去脉。文章认为忽必烈的潜邸旧侣,依据他们的学术、言论、进用途径和相互关系(包括同忽必烈的关系),可分为邢台集团、正统儒学集团、以汉地世侯为中心的金源遗士集团、西域人集团和蒙古人集团,他们中的多数主张采行汉法,正是他们导演了草原本位的蒙古帝国向以汉地为重心的元朝的转化。《西域人与元初政治》详细考述了从成吉思汗建国到元世祖晚年九十年间西域人(色目人)政治势力的消长。作者认为在这九十年间,除窝阔台初年和忽必烈即位初年外,西域人始终得势;论著分析了这种局面形成的原因和产生的后果。

《元代四大蒙古家族》(《新探》)和《元代几个汉军世家的仕宦与婚姻》(《新研》)是萧教授研究元代统治菁英的两篇力作。前文从四个最为显贵蒙古家族(博尔尤、木华黎、博尔忽和赤老温家族)的历史分析蒙古统治阶层的成分、性质及演变。文章认为元代这四大家族的子弟不仅保持了封建主的身份,而且大多成为最高级的官僚;忽必烈的中央集权官僚制未能减弱蒙古草原传统的封建家产制色彩,而且官僚制本身也因此发生变质。后文则以六个显赫的汉军世家(天成刘氏、真定史氏、保定张氏、东平严氏、济南张氏、藁城董氏)为研究对象,重点论述了忽必烈推行集权化与官僚化政策之后各家仕进的情况。文章指出六家后裔势力发展尽管各异,但都能维持世家身份于不坠;在仕进唯论"根脚"的元朝,"汉军世家的荣枯全系于蒙元政权的盛衰"(《新研》页346)。

元中期史向来是元史研究中的薄弱之处,萧教授对此则较为擅长。他参加的《剑桥中国辽西夏金元史》同《剑桥中国史》其他各卷一样按专题撰写,每一专题作者都是对该专题颇有建树的西方学者。萧教授承担的《元中期政治》一章译成中文长达六万字,是迄今为止所有通史或断代史著作中对这部分内容着墨较多的一章。作者以皇位继承和文化取向为线索对元朝中期政治作了较为全面的考述。作者认为,"帝位继承危机的不断出现,权臣和官僚派系的兴起,加剧了元中期政治的紊乱和政策摇摆,并且削弱了元朝政府"(《剑桥中国辽西夏金元史》中译本页640);元中期政府还受到官僚队伍膨胀但效率低下、财政紧缺、军队衰弱等问题的困扰,几次的改革并没有推动国家性格(源自蒙古的家产封建制和源自汉地的官僚制这两种传统的混合)的基本转化。

蒙元政治史方面,萧教授还有几篇重要文章。《说"大朝":元朝建号前蒙古的汉文国号》认为"大朝"是大蒙古国在汉地使用的国号,同"大蒙古国"一样都是蒙文 Yeke Mongghol Ulus 的汉译,后者是直译,前者为简译,而"元朝"则是"大朝"的文义化,两词意义完全相同。"从'大朝'到'元朝'名号的嬗变,反映出蒙古从游牧国家到中原王朝转变的完成"(《新研》页 45)。《元丽关系中的王室婚姻与强权政治》认为在元朝和高丽间主宰与被主宰的强权政治体系下,两国均以王室联姻作为"促进自身政治利益的工具"(《新探》页 234)。《北亚游牧民族南侵各种原因的检讨》对学术界有关这一问题的各种解释作了较系统的评价,认为单从一两个角度分析这一极复杂的历史现象难以把握到真相。作者融合各家学说,归纳出游牧民族侵略农耕地区几个一般因素后,又指出"游牧君长的对内政治设想和帝国意识,也是触动他们对外侵略的原因"(《新探》页 316)。《蒙古帝国的崛兴与分裂》(《新研》)除分析了造成题示两项史实的客观形势外,作者还认为成吉思汗树立的政治体系本身中君主专制与氏族公产观念的矛盾、帝国发展方向的争议以及各汗国与当地土著文明的涵化等都是导致帝国分裂的因素。

二、萧教授的蒙元军事史和军事制度研究

元代军事制度是萧教授留学哈佛期间着力最多的研究领域。他的博士论文《元朝军事制度》由两部分组成。第一部分全盘检讨了元代最主要的两项军制,即宿卫制和镇戍制,后来发展成两篇

重要论文《元代的宿卫制度》和《元代的镇戍制度》；后一部分是《元史·兵志》一、二的英译，于注释中含许多创见。《元代的宿卫制度》（《新探》）指出元廷宿卫军由源出蒙古传统之怯薛和源自中原传统之帝王卫军组成。文章分析了两者的演变和相互关系以及这一制度在元代政治结构中的地位。作者认为在蒙元机构采行汉法组织过程中，怯薛是受影响最少的一个。元代后期，"怯薛的衰败象征着蒙古统治集团的颓废，而卫军的变质则表示元代帝王已无法维持中国式专制帝王的绝对权力"（《新探》页93）。《元代的镇戍制度》（《新探》）则详尽考察了决定这一制度形成的诸多因素、镇戍军队的分布与建制、轮戍制对军户的影响以及整个镇戍制度之崩溃等内容。

20世纪90年代萧教授又发表了两篇元代军事史论文。一是《蒙元水军之兴起与蒙宋战争》，文章认为至元十一年（1274）以后蒙古灭宋的几次战役中，元朝水军已成为攻击主力。作者进一步探讨了以弓马称雄天下的蒙古人之所以能够建立强大水军而覆灭凭藉水军立国之南宋的原因，指出"战争的胜负又与双方整体政治、军事情势密不可分"（《新研》页377）。另一篇为书评《宋元战史研究的新丰收——评介海峡两岸的三部新著》（《新研》），作者在分析了《宋元战史》（李天鸣著）、《宋元战争史》（陈世松、匡裕彻等著）和《宋蒙（元）关系研究》（胡昭曦、邹重华编）三书的各自优点和不足之处后，对蒙宋战争中几个重大而有争议的史实提出了自己的看法，并且指出今后宋元战争军事层面有待研究的空间已经不大，研究者或可自两国之政治、外交、财政、文化等角度来探讨与此相关的一些问题。

三、萧教授对元代汉文化之延续与影响及相关问题的研究

20 世纪 70 年代后期以来，萧教授对元代汉文化之延续与影响及相关问题，特别是对这一文化的载体——各族士人可谓情有独钟，这方面的论著数量也是至今各研究领域内最多的。《大蒙古国时代衍圣公复爵考实》据民国《曲阜县志》中《褒崇祖庙记》考述了蒙古灭金后，孔门嫡长裔孔元措恢复衍圣公爵位和取得经济特权的过程，指出衍圣公爵位的恢复更多仰赖释、道二家的扶持，"在传统文化面临空前危机时，各种汉人势力破除畛域，共同予以维系，甚为自然"（《新研》页 62）。《元代的儒户：儒士地位演进史上的一章》研究了儒户设立的由来及经过、儒户的数目、义务、权利和出路。作者认为元代儒士，略和僧道相当，尽管仕进机会较其他各代艰难——主要是元代官员铨选制度使得儒士难于升任品官，但他们的社会地位并不算低，所受的待遇也不为恶。"从儒户在元代社会中的地位也可看出元代在中国历史上的延续性和特异性。"（《新探》页 40）《大蒙古国的国子学：兼论蒙汉菁英涵化的滥觞与儒道势力的消长》（《新研》）探讨了大蒙古国国子学的起源、组织与功能，指出该校开始即为全真教士掌握，其儒家化在忽必烈建立元朝之后，这反映了大蒙古国时期儒道势力的消长。文章以国子学的创设为例，认为蒙、汉菁英的相互涵化滥觞于窝阔台时代。

《元代蒙古人的汉学》（《新研》，系综合《元代蒙古人的汉学》和《元代蒙古人汉学再探》二文并加整理而成）和《论元代蒙古人之汉化》是萧教授反响很大的两篇研究汉文化对蒙古人之影响的论文。前文"根据现存史传、诗文集、戏曲集、方志、石刻及美术史

料等,考述了蒙古儒者、诗人、曲家及书画家一百一十七人的生平及造诣,显示不少蒙古学者、文人的汉学造诣甚深,足与当世汉人及色目名家争胜"(《新研》序言)。该文还探讨了这些蒙古汉学者的家世、社会背景以及汉学在蒙古族群中的普及程度。《论元代蒙古人之汉化》认为元代蒙古人虽未放弃原有之种族和政治的认同,从而难以实现真正的汉化,但是蒙、汉二族日益交融,蒙古人不免深受汉文化之影响。该文进一步从姓名字号之采用、汉人礼俗(婚葬习俗)的奉行和汉学的研习等三个方面较为具体地衡量了蒙古人所受汉文化影响的程度。作者认为过去学者显然低估了汉文化对蒙古人的影响。

对元代进士的研究,是萧教授在这一领域内的一个重点。1983 年萧教授对现存《元统元年进士录》作了内容极为丰富的校注和补充〔《食货》(复刊)13:1.2,13:3.4;《新探》收录了该校注前言〕。1987 年萧教授又据各种史料对《元至正十一年会试题名录》作了校补〔《食货》(复刊)16:7.8〕。其他各科进士录的重构目前也已完成,可望近期出版。1997 年萧教授发表《元代科举与菁英流动——以元统元年进士为中心》(《新论》),以前校注为依据,从仕宦、户计、婚姻三方面考察了该科百名进士的家庭背景。此后,萧教授在《元朝科举与江南士大夫之延续》(《元史论丛》第 7辑)中以科举恢复后,南人中登科之进士为研究对象,探讨了元朝科第之家与宋、明官宦、科第之家间的延续关系。

以已有研究成果为基础,萧教授于 1996 年发表了《元朝多族士人圈的形成初探》(《新论》)一文。作者认为元中期以后,各族士人借助姻戚、师生、同年、同僚等关系,建立较紧密的社会网络,并通过唱酬、雅集、游宴、书画品题等文化互动,形成了文化群体意识凌驾于族群意识之上的多族士人圈。据悉,萧教授已将这一问题写成一部十余万字的专著。

文化史领域内萧教授还有几篇重要论文。《蒙元时代高昌偰氏之仕宦与汉化》(《新论》)考述了徙居中原的高昌偰氏家族在大蒙古国时期和整个元代的仕宦情形和汉化程度。《元色目文人金哈剌及其〈南游寓兴诗集〉》(《新论》)据新见《南游寓兴诗集》考察了元末色目文人金哈剌之族属、家世、科第、仕历及其诗文集的流传情况和价值。该文性质类似萧教授早期论文《苏天爵和他的〈元朝名臣事略〉》(《新探》)。《苏》文中,作者考察了苏氏生平与著作,《元朝名臣事略》的内容、价值以及与《元史》列传部分的关系。另外,萧教授在《元朝的通事与译史:多元民族国家中的沟通人物》一文中考述了译职人员在蒙元时代的功能和社会政治地位。文章指出,蒙元时期的译职人员多来自各族菁英家庭,以对内沟通为主要职责,他们也享有不恶的政治前途,这些同汉族王朝时代大不相同。作者还认为,元朝后期,译职人员功能减少,这说明元朝之未能很好统合,"不是由于语文的隔阂"(《新论》页 384)。

四、萧教授对蒙元历史的反思

近年来萧教授较多注意对蒙元史的反思。《新论》第一部分收有这方面文章六篇。《元朝的统一与统合:以汉地、江南为中心》分析了元朝为巩固统一和促进统合(按萧教授文,意指"消弭构成国家的各部门——包括区域、民族、阶级——之间的差异而形成一个向心力高、凝聚力强的政治共同体"(《新论》页 15),所行各项政策的得失。作者认为由于元朝政权的特殊性格,其政策着重"因俗而治、多制并举以及对不同的族群给予差别待遇","这些分化政策导致意识形态、政治参与、民族融合与社会阶级等方面的统合程度不高"(《新论》序言)。《内北国而外中国——元朝的族群政策与族群关系》进一步对元代四大种族的族群生态、族群政策（等级制、多元文化制）、族群关系（政治关系、经济关系、社会关系、文化关系）以及族群心理等作了探讨，认为元中期以后在社会、文化方面，各族群有趋于融合与同化倾向，但在政治、经济方面，维护蒙古人之统治权的族群政策又导致族群间的对立乃至冲突。"元朝覆亡与族群关系恶化具有密切关联。"（《新论》页59）《蒙元统治对中国历史发展影响的省思》认为在政治上，蒙古人的统治一方面奠立了中国的版图，并巩固了她的统一；另一方面，又导致君臣关系的变化和国家对社会控制的加强。在社会、经济、文化层面，"蒙元统治的近程冲击，似乎大于远程的影响"。作者得出结论："蒙元统治对其后政治发展的影响，似乎大于对社会、文化、经济的影响。"（《新论》页80）

《中华福地，古月还家：蒙元兴亡与谶纬》认为蒙古萨满教和中国传统文化中均有谶纬意识，蒙元之兴亡也都与谶纬有关，"谶纬与政治密不可分，汉族王朝与征服王朝时代并无二致"（《新论》序言）。《宋元之际的遗民与贰臣》和《元明之际的蒙古色目遗民》两文通过考察朝代更迭之际遗民的抉择来思考历史。前文综述了宋元之际江南士大夫对于朝代鼎革的种种反应，认为元朝南宋遗民拒仕新朝主要受绝对忠君观念的影响，"夷夏之辨"所起作用不大，而且，"不久之后，'遗民'型人物多转化为'贰臣'"，"宋元之际的遗民似不如前辈所说的重要"（《新论》页118）。后文则以元朝灭亡之后，蒙古、色目遗民的行为和思想为研究对象。作者认为，元明鼎革，蒙古、色目遗民的亡国之痛与眷恋故国之情甚于汉族遗民，他们"虽无强烈的夷夏观念，却成为族群政治的牺牲品"（《新论》序言）。文章还指出，蒙古、色目遗民的出现，也系受到"宋代以来盛行的绝对忠君观之影响"，就此而言，他们的产生，"也可说是汉化的结果"（《新论》页154）。

五、萧教授的蒙元史研究在学术史上的意义

从以上的介绍中,可以看出萧教授的研究成果解决了蒙元史上的许多问题,他的不少考订成绩和论断将成为学术上的定论和进一步深入研究的基础。偶尔的一些史实考证和诠释也许尚有可商榷的地方,但也已成为蒙元史研究中的一家之言,启学术争鸣和继续探讨之先声。在元代儒士地位、科举之社会影响、蒙古人之汉化、元代族群关系等方面,萧教授澄清了许多学术上的成见,使我们对蒙元历史的面目有了重新的认识。他的《元代蒙古人的汉学》和《论元代蒙古人的汉化》二文,有评论者认为可和陈垣先生的《元代西域人华化考》相媲美(《新论》页241)。此外,笔者觉得萧教授的蒙元史研究在学术史上至少还具有以下三方面意义:

第一,萧教授的论著展示了蒙元史研究中微观与宏观相结合的成功范例。长期以来,蒙元史的研究似乎一直存在着微观和宏观间的不协调,不少论著成为纯粹的史实考订,也有小部分作品则多有缺乏根据的空谈。一些蒙元史知名学者,曾多次呼吁该研究领域不能只满足于名物、制度的考订(蔡美彪《中国元史研究的历程》,载《国际元史学术讨论会论文提要》,南京,1986。另参见中国元史研究会编各期《元史研究通讯》上相应文章),但成功之作不是很多。萧教授的论著多能从大处着眼,小处着手。首先有一通盘考虑之背景,再从一些具体问题切入,广泛搜集并仔细考订资料,弄清史实;于此基础上引出令人信服的结论,然后将它们再置身于时代的背景,得出更为宏观的认识。其论证之严谨、分析之精辟常常让人拍案叫绝。此外萧教授常将政治学、社会学、文化学等学科理论和方法引入蒙元史研究,也为我们提供了许多有益的

经验。

第二,萧教授的学术研究启示了今后元史研究的新方向。诚如萧教授在《新论》序言中指出的,元史研究有两条主线,"一为探讨元朝在中国史上的特殊性,一为考察其在中国史上的延续性"。"崛兴于三十年代的第一代学者偏重以语言学的方法从事于各种语文史料的比勘与译释以及名物的考证,可说是文本取向的。第二代以后之学者较为注重历史重大问题与趋势之探讨,但在择题方面比较偏重上述的第一条主线,即是横向的探讨草原传统及外来文化冲击所造成的元朝制度与文化上的特色。今后之元史研究显然应该重视第二条主线,即是注重直向的研析元朝与前后各代之异同及其在中国历史发展中的地位。"事实上,萧教授很早就注意到了第二条主线。他的不少论著,从元朝被统治民族汉族的观点出发把握这一时代历史,把元朝看作中国史上连接宋、明的中间环节。尤其是最近的作品,更是以探讨蒙元时代对历史进程的影响为宗旨。这些都将是今后该研究领域中应着重注意和加强的内容。

第三,萧教授在他的论著中体现了优秀蒙元史学者所具备的人文关怀。萧教授在学术界崭露头角之际,台湾蒙元史学者多注重思考汉族菁英保种存文的努力和汉文化历经危机而得以延续不坠的原因(参见萧教授几篇总结学术史的文章,下文将提及)。当时的萧教授尚不太具备思考这些大问题的条件,历史研究的基础在于扎扎实实的考证功夫和驾驭史料与分析问题的能力,因而萧教授 20 世纪 60—70 年代的论著似乎较多以史实之重构为主要目的,同师长辈们的题旨有些不同。不过,也正如萧教授说的那样,"任何优秀的历史家都不会以考订史料、重建史实为满足,他必然会进一步地从繁复的史实中抽绎出历史发展的规律,归纳出整个民族文化发展的轨辙与方向"(《姚从吾教授对辽金元史研究的贡献》,收入《新探》)。待具备了史学研究的基本功底,结合对自己国家、民族和文化的历史感悟,萧教授70年代后期之后的论著中体现了比以前强得多的人文关怀。而且,与同师长辈们难免有些感情化的意识相比,萧教授能够从历史发展的内在轨迹客观地探讨和省思诸如汉文化之延续与影响、蒙元的历史地位等问题。如果说萧教授早期的作品更多展现了他的史才,那么70年代之后的论著,尤其是研究重点转向文化史和反思历史趋势后的作品则更多体现了他的史识。

最后笔者想要补充的是,多年来萧教授一直为帮助提高海峡两岸的蒙元史研究水平和促进学术交流不遗余力。他始终关心着两岸学人的研究动态和成果,曾写过三篇重要综述:《近四十年来台湾元史研究的回顾》(《新研》)、《近四十年来大陆元史研究的回顾》(《新研》)、《近五年来海峡两岸元史研究的回顾(1992—1996)》(《新论》)。在这三篇文章中,萧教授对已有的研究成果作了实事求是的评价。除上文提到的一则书评外,就笔者所知,萧教授还曾写过另外两篇评介文章:《王德毅等编〈元人传记资料索引〉的评介》(《新探》)和《凯撒的还给凯撒:从传记论中外成吉思汗的研究》(《新论》)。在这两篇书评中,萧教授将中国学者的论著同国外类似题材的作品进行对比,分析它们各自的优点和不足,以便中国学者参考。萧教授一贯关注和支持中国元史研究会的各项学术活动,许多会员同他还有着深厚的私人友谊。他于1999年5月会同台湾几位蒙元史同道,组织召开了“蒙元史学术研讨会”,大陆、台湾、香港等地的几十位知名蒙元史学者受邀赴会,该会学术水平之高,为以前少见。可以这么说,萧教授之所以能够成为继姚从吾先生之后台湾蒙元史学界的执牛耳人物,成为改变70年代以来台湾该研究领域相对冷落局面的最主要功臣,一定程度上也得益于他同大陆同仁间持续不断的学术交流。萧教授奖掖后学之功,也当在此提及。在台湾,除担负着繁重的教学任务外,他还指导着好几位博士、硕士研究生。大陆不少学人,尤其是相当多的研究生,在他们的论文写作过程中,曾得到过萧教授经常的指点和帮助。笔者1997年第一次拜见萧教授时,曾凭少年意气,对蒙元史上的一些问题妄加议论,萧教授耐心听完后,委婉地指出其中的错误。这令笔者一直既惭愧又感动。文章结束,笔者肯定,读者也和本人一样,深信萧教授将会有更多佳作奉献给蒙元史学界。

〔此文发表于《中国史研究动态》第1期(2000),页14—20〕

后　记

　　我以蒙元史为主要研习范围忽忽已四十余年。收入本书的论文二十三篇,都是发表于一九九九年以前,后来收入《元代史新探》《蒙元史新研》《元朝史新论》等三部书中。其中虽有少数几篇论文曾在大陆刊物上发表,也有几篇被收入大陆出版的论文选集中,但大多数的论文是过去大陆读者难以读到的。现在中国史的读者群主要在大陆,台湾学术论著在大陆发行简体版是一方兴未艾的趋势。此次承蒙中华书局邀约,出此简体字版,使我的主要论文能够较为完整地呈现于大陆内外的读者面前,令我十分鼓舞。

　　上述《元代史新探》等三书共收论文三十五篇,此次改编,删去书评论文及研究现况等较有时效性的文字十二篇,合为二册。本书可说是上述三书的精华版,也反映了我在二十世纪的主要成绩。

　　此次改编以《内北国而外中国:蒙元史研究》为书名,以免与旧著相混淆。"内北国而外中国"原为元末明初学者叶子奇所著《草木子》所云"元朝混一以来,大抵皆内北国而外中国,内北人而外南人"中的一句话。在叶氏看来,"内北国而外中国,内北人而外南人"是元朝政权的特质,也是其速亡的原因,因为元朝违反了"公则胡越一家,私则肝胆楚越"的道理。研究一个时代的历史必须着重那个时代的精神,今以"内北国而外中国"为本书的主题,

922

应该适合。

原著三书,各有序论,改编之后,这些序论已不适合。今以《千山独行:我的习史历程》一文作为代序。该文是"国科会"《人文与社会科学简讯》"院士述学"系列的一部分,较为详细地刻划了我在学术上成长的历程以及在学术道途上踽踽独行的屐痕。列入此篇,或可增加读者对书中各文写作背景及内容之了解,应该不无意义。

新版中有三篇论文需加以特别说明:第一,以《蒙元统治对中国历史文化的影响》取代《元朝史新论》中的《蒙元统治对中国历史发展影响的省思》。后者原是 1996 年第二届中国边疆史学术研讨会上所作的主题演讲,前者则是三年后应韩国中国学会之邀而作的另一次演讲,内容由历史扩及于文化,较后者丰富许多,而且后者未有注释,而前者有详备的注释,因而以前者取代后者颇为合理。第二,《蒙元时代高昌偰氏之仕宦与汉化》"附记"中提及偰氏在韩国的后裔留下两种家族文献,即《庆州偰氏诸贤实记》、《庆州偰氏族谱》(偰秉洙等编)皆为写本,我撰写该文时以未能参考为憾。《元朝史新论》出版后,在浙江大学黄时鉴教授、台湾真理大学叶泉宏教授鼎力协助下,先后取得这两种偰氏家族文献的影本,并根据《庆州偰氏诸贤实记》中偰百辽逊的早年诗集《静思斋逸稿》撰写了《元季色目士人的社会网络:以偰百辽逊青年时代为中心》〔载于台北《"中研院"史语所集刊》第 47 本第 1 分(2003),页 65—96〕。至于《庆州偰氏族谱》的史料价值,仍待进一步研判。第三,与《元明之际的蒙古色目遗民》一文密切相关,三年前我又发表了《元明之际士人的多元政治抉择——以各族进士为中心》一文〔《台大历史学报》第 32 期(2003),页 77—138〕,更全面探讨了元明鼎革时代各族士人的多样政治抉择。有兴趣的读者可以参看。

书中诸文撰写时间的差异甚大。最早的《忽必烈潜邸旧侣考》，是我的大学毕业论文，写成于 1959 年；最晚的《蒙元统治对中国历史文化的影响》，则完成于 1999 年。四十年的岁月流逝，我已从年方逾冠的青年变为年近古稀的资深学者。这些论著，虽然成熟度并不一致，但毕竟见证了《千山独行：我的习史历程》中所说："对一冷门学问的执著与坚持。"

中华书局亦希望出版我在千禧年以来的研究成果。事实上，我已将近年出版之论文中的十一篇结集为《元代的族群文化与科举》一书，委托台湾联经出版公司付梓，不久当可问世。两书合而观之，包含了我四十余年来中文论文的大部分。

本书附录收入了广州暨南大学古籍研究所屈文军教授所撰《四十年来萧启庆教授的蒙元史研究》。屈教授是大陆元史学界的后起之秀，在此文中，对我 1997 年以前出版的中文论著，提出了较为客观的评介，并评估了这些论著在学术史上的意义，对读者了解本书内容及价值，应有不少助力。今蒙屈教授惠允将此文列入本书，甚为感谢。

本书之得以出版，必须衷心感谢中华书局编辑部顾青先生及李静女士。二位的热心邀约与细心编校，使本书有缘以较为完美的面貌与大陆内外的读者见面。此外，台湾清华大学历史研究所同学，我的研究助理洪丽珠、陈志铭、徐维里、刘曜君等的热心校阅，纠正了不少错误。丽珠出力尤多。在此一并感谢。

萧启庆

2007 年 8 月 6 日

谨记于台北